巴南年鉴

BANAN YEARBOOK

2015

重庆市巴南区人民政府

图书在版编目（CIP）数据

巴南年鉴. 2015/重庆市巴南区人民政府编. - - 北京：方志出版社，2015.12
ISBN 978-7-5144-1893-4

Ⅰ.①巴… Ⅱ.①重… Ⅲ.①巴南区—2015—年鉴
Ⅳ.①Z527.193

中国版本图书馆CIP数据核字（2015）第312322号

巴南年鉴（2015）

编　　者：重庆市巴南区人民政府
责任编辑：黄　彦
出 版 人：冀祥德
出 版 者：方志出版社
地址　北京市朝阳区潘家园东里9号（国家方志馆4层）
邮编　100021
网址　http://www.fzph.org
发　　行：方志出版社发行中心
电话（010）67110500
经　　销：各地新华书店
印　　刷：重庆巴南彩印厂
开　　本：889×1194　1/16
印　　张：38
字　　数：1046千字
版　　次：2015年12月第1版　2015年12月第1次印刷
印　　数：0001~1000册
ISBN 978-7-5144-1893-4　定价：280.00元

《巴南年鉴》审稿人员名单

（按分目先后为序）

李建春	李俊文	陈　刚	胡能兵	肖帮雷	朱激扬	梁　挺
冯光福	李　威	刘永全	夏杨松	和满秀	朱　勇	吴　伟
冯　玲	郭文厚	曾佑华	杨成忠	刘　莉	刘海翔	刘成素
童　锐	彭朝友	邓世军	付星群	黄　硕	温永学	杨　竞
邱献锋	陆晓霖	曹永友	郝文杰	刁维娜	唐　宁	李建文
封洪华	刘照全	夏　伟	吴莉娜	刘纯健	何内平	何迪迪
刘秀荣	薛云健	谭　飞	江朝忠	马　超	李　义	胥文怀
杨晓东	马　玲	朱明勇	代光成	刘剑锋	彭　勇	叶　勇
蒙　毅	姜嘉睿	卓　佳	周　强	汤晓东	王　宁	陈晓燕
陈洪志	李建生	陈　谨	徐江海	周维炜	王成虎	严　蕾
陈银焱	左　鹏	彭丕声	张　渝	陈智敏	沈仁兵	白　勇
骆弟强	王　伟	万卫能	叶　奇	李柏楼	张克强	罗兴琪
刘　荣	程　耀	曾　强	易　中	王　芳	曹一凡	陈素梅
张永强	龙　燕	胡俊良	吕　江	石传伟	张文俊	徐在中
张世海	简　伟	向　勇	马培忠	徐启伦	陈　洪	牟　彪
张远航	马义华	李　汀	张力跃	杨宜平	熊　琼	陈登明
张　敏	李禹萍	罗今成	孟优娟	蔡晓波	刘小渝	彭　力
赵黎明	唐兴渝	黄　曦	王　旭	唐松春	郑丽娟	吕国梁
田荣盛	潘亚利	袁　宏	龙超凡	王会前	卢黎明	苏忠良
王　琪	李厚华	王　华	谭晓东	赵　亮	彭光万	陈利华
薛东涛	王　俊	万耀东	朱定凤	李　容	邱　咏	周　正
孟世胜	石国全	戴　容	李中富	刘永洋	万孝基	

巴南交通区位图

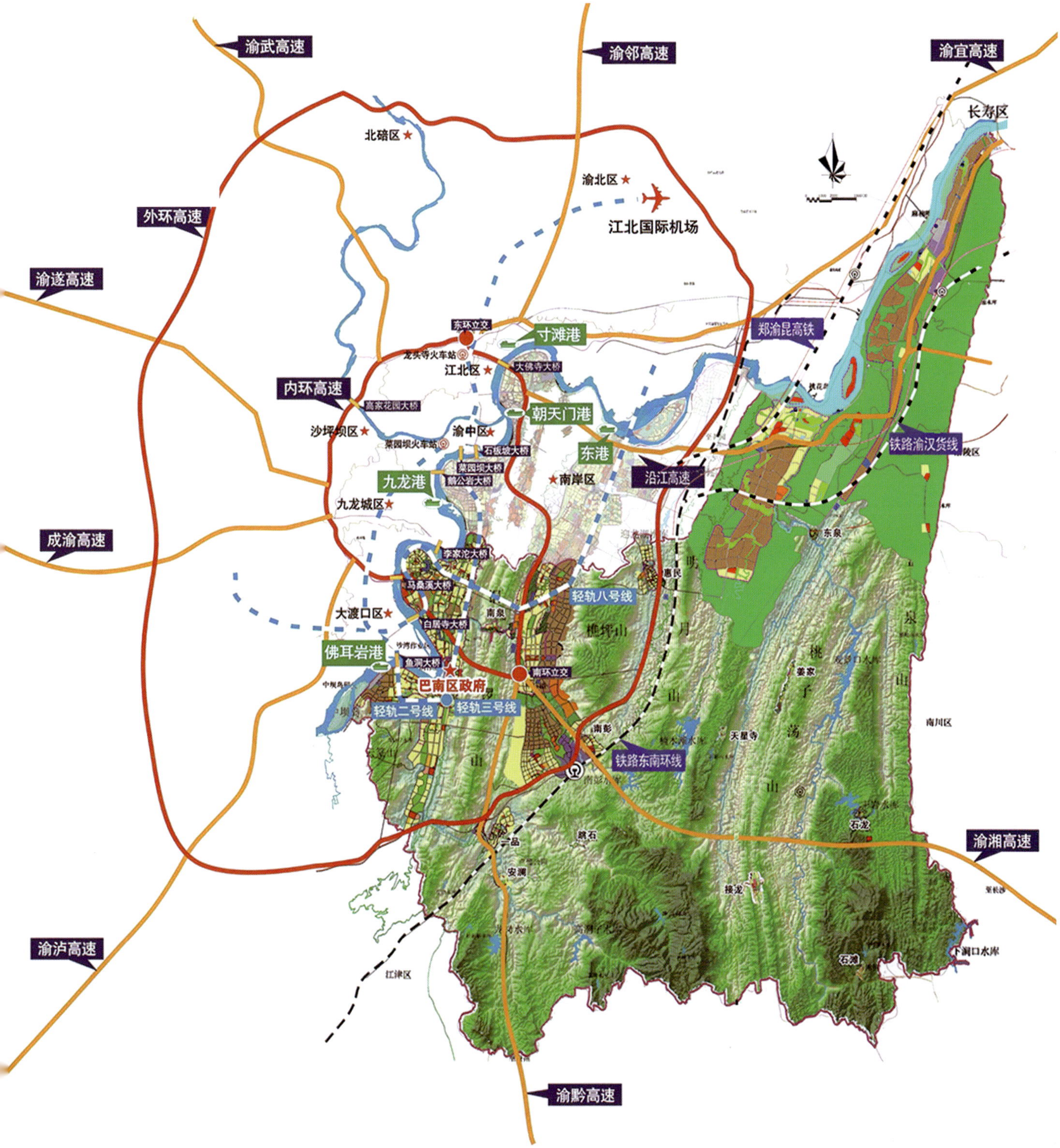

渝武高速
渝邻高速
渝宜高速
长寿区
北碚区
渝北区
外环高速
江北国际机场
渝遂高速
郑渝昆高铁
东环立交
寸滩港
龙头寺火车站
江北区
大佛寺大桥
内环高速
高家花园大桥
朝天门港
沙坪坝区
渝中区
东港
菜园坝火车站
石板坡大桥
铁路渝汉货线
菜园坝大桥
鹅公岩大桥
沿江高速
九龙港
南岸区
九龙城区
成渝高速
李家沱大桥
马桑溪大桥
轻轨八号线
大渡口区
南泉
白居寺大桥
佛耳岩港
鱼洞大桥
南环立交
巴南区政府
轻轨二号线
轻轨三号线
南彭
铁路东南环线
天星寺
南川区
石龙
渝湘高速
一品
跳石
安澜
接龙
江津区
石滩
下涧口水库
渝黔高速

“一城一极一区”战略目标

建设江南新城
打造主城第三增长极
建成城乡一体发展示范区

“四区一基地”功能定位

山水城市风貌展示区：
建成独具特色的“生态＋现代”的城市集聚区与魅力山水城市。

中央文化休闲活动区：
构建“商务＋商业＋文化＋休闲”的现代都市型态。

生态健康体验区：
重点发展健康管理\养生养老\医药器材\健康食品\健康用品等五大健康产业。

商贸物流集聚区：
贯通重庆—东盟物流大通道，建成重庆对外开放的重要门户。

先进制造业基地：
重点发展数码电子\云计算\大数据\高端装备\新能源汽车\新一代互联网\新材料\新能源\生物制药等先进制造业。

“一带三区”空间布局

龙洲湾滨江城市经济带：
山水城市风貌展示区和中央文化休闲活动区的主要区域。

环樵坪经济区：
商贸物流集聚区、先进制造业基地的主战场。

麻柳沿江开发区：
先进制造业基地的重要组成部分，产城融合发展的示范区域。

生态休闲经济区：
生态健康体验区、城乡一体发展示范区的主要区域。

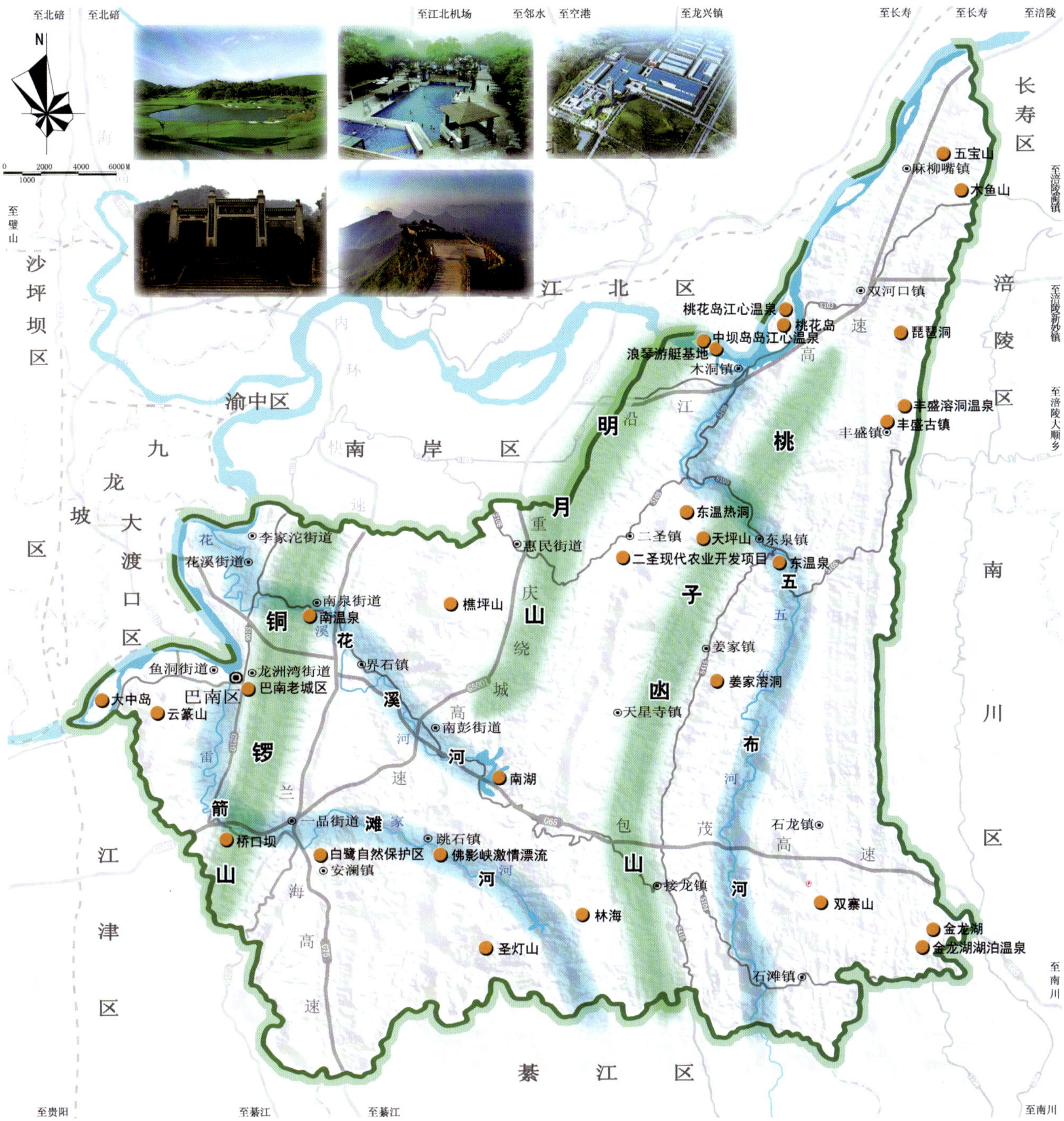

旅游资源分布

巴南区旅游资源具有“沿江、傍泉、依山、靠林、临湖、环岛”和“历史、民俗、宗教、红色、陪都、知青”的特点，重点旅游资源可概括为“六泉、六山、两湖、两岛、两洞、两镇”，呈山经水纬分布。

根据巴南区旅游资源休闲特性和休闲时代需求特点，参照《旅游资源分类、调查与评价》（GB/T18972—2003），将巴南区旅游休闲资源划分为自然景观旅游休闲类、文化民俗旅游休闲类、娱乐时尚旅游休闲类和生态三养旅游休闲类，共四大类。

图 例

- 资源点
- 水域
- 规划范围线
- 主要山体
- 主要河流

旅游资源分布图

数 字 巴 南

辖区面积	1824.60 平方公里
年末户籍总人口	90.20 万人
地区生产总值	510.10 亿元
地方预算内财政收入	40.01 亿元
工业总产值	740.38 亿元
农业总产值	62.48 亿元
全社会固定资产投资	616.31 亿元
社会消费品零售总额	242.02 亿元
金融机构存款余额	553.03 亿元
金融机构贷款余额	461.45 亿元
城市居民年人均可支配收入	28040 元
农村居民年人均纯收入	12548 元
城市居民年人均消费支出	22199 元
农村居民年人均生活消费支出	9178 元

编辑说明

一、《巴南年鉴（2015）》是巴南区人民政府主办，巴南区地方志办公室组织编纂出版发行的地方综合年鉴，是记载巴南行政区域内上一年自然、政治、经济、文化和社会等方面情况的资料性工具书。《巴南年鉴（2015）》的编辑以中国特色社会主义理论体系为指导，旨在为各级领导科学决策服务、为经济社会发展导航、为民众生活提供信息、为资政存史积累史料，是诠释“忠勇守德、尚文崇新”巴南精神的年度资料性文献。

二、《巴南年鉴（2015）》卷（总第8卷）共设有16个部类，分别是大事记、特载、专文、综述、政治、法治、武装、经济、社会事业、镇街、人物·光荣榜、重要文献、文件索引、统计资料、附录、索引。“经济”部类增设“四区一基地”分目，阐述其谋划背景、主体功能定位、主要经济社会发展目标及2014年建设发展情况。在有关行业分目中增加其所辖的国有（民营）工业企业、房地产（建筑）企业、金融和商贸企业等子目。大事记采用以事系图的方式记录。为便于大事记内区级领导人物直书其名，特将区级组织领导名录单设，置于大事记之前，为保证附录中组织机构完整，区级组织领导名录有所重复。

三、《巴南年鉴（2015）》采取部类编辑法，以部类为单元，单元中按照《国民经济行业分类》标准并结合本行政区域社会分工实际和特点设分目，分目下设条目。条目标题用黑体字加“【】”表示。不同层次的标题和正文用不同字体加以区别。行文采用记叙文、说明文等文体，运用第三人称，规范简化汉字。计量单位均使用法定（公制）计量单位。全书具备双重检索系统，即书前“目录”和书后“索引”。

四、本年鉴资料由辖区内各部门、单位和镇（街）专人撰写，并经供稿单位领导审核。数据主要由统计部门提供，但由于统计口径和统计时间不同等原因，有关部门、单位和镇（街）所用数据与统计部门的数据有不尽一致的地方，若需采用请注意核实。

五、本年鉴辑录资料以2014年1月1日至12月31日为限，但“特载”“专文”的内容不在此限。“重要文献”以发文时间排序。本卷中单用“区委”，均为中共重庆巴南区委员会；民主党派区委用“区委”简称时，在前面加上民主党派简称。组织机构、文件报告、会议活动等专用名称第一次出现时用全称，续文中用简称。文中人物直书其真实姓名，必要时在姓名前加职务或职称。

六、为免累赘，凡直书月、日而未注明年份的，即为2014年；数据增加或减少多少未说明与某年份比较，即为当年（2014年）与上年（2013年）比较。

七、撰稿人署名于该分目的最后条目末右下角，加括号表示；若在同一分目或条目中有两人以上撰写的，均在最后条目末逐一排列署名。

八、本年鉴在组稿和编审过程中，得到辖区内各级党政机关、企事业单位和各级领导、特约编辑、作者的大力支持，在此谨表谢意。由于编辑水平有限，卷中错误疏漏之处，恳请批评指正。

龙洲湾滨江城市经济带

鱼洞长江大桥

1314
520

界石花木世界

圣灯山旅游公路

2014 年巴南区区级组织领导名录

中共重庆市巴南区第十二届委员会

书　　记　李建春
副 书 记　段成刚（2014.01 离任）　陈　刚（2014.01 任职）
　　　　　杨钟馗（2014.03 任职）
常　　委　刘永全（2014.05 任职）　何永革　宋　葵　周存开
　　　　　何　平（女）　陈　果　夏杨松　杨红军　涂开祥
　　　　　廖渝川（2014.08 任职）　吕晓莉（女 2014.01 挂职）

重庆市巴南区第十七届人大常委会

主　　任　李俊文
副 主 任　王多富　邓世军　朱作芳　陈先觉　梁　挺

重庆市巴南区第二十届人民政府

区　　长　段成刚（2014.01 离任）　陈　刚（2014.01 任职）
副 区 长　宋　葵　何　平（女 2014.03 任职）
　　　　　吕晓莉（女 2014.01 挂职）　范　勤（女）
　　　　　黄　硕　张春平　朱本权
区长助理　陈昱阳

政协重庆市巴南区第十三届委员会

主　　席　胡能兵
副 主 席　罗　辑　付星群（女）　彭朝友　温永学　杜　伟
　　　　　朱　亿　李　伟

2014年巴南区大事记

一月

◆1日，巴南区开始第三次全国经济普查登记工作。

◆同日，巴南区实施村干部养老保险制度。对村干部参加城镇职工基本养老保险或城乡居民养老保险，实行养老保险政府补贴。

◆3日，重庆市委常委、组织部部长曾庆红在巴南区干部大会上宣布市委关于巴南区政府主要领导调整的决定，陈刚任巴南区委副书记、提名为区长候选人，免去段成刚巴南区委副书记职务，提名不再担任巴南区区长职务。

2014年1月3日，巴南区召开领导干部大会传达贯彻中共重庆市委关于巴南区政府主要领导职务调整的决定

2014年1月15日，中共巴南区第十二届代表大会第三次会议召开

◆6日，巴南区第十七届人大常委会第十八次会议任命陈刚为巴南区人民政府副区长、代理区长。

◆同日，原巴南区社会保险局、医疗保险中心、工伤生育保险中心合并组建成立巴南区社会保险局。

◆8日，李建春主持专题会议，研究解决重庆车谷项目规划及用地指标、征地拆迁及东城大道北段建设等问题。

◆同日，巴南区总部基地授牌仪式暨招商推介会在巴南区龙洲湾佳兆业广场营销中心举行。市政协副主席李钺锋出席仪式。

◆9日，李建春、陈刚主持专题会议，研究解决重庆公路物流基地规划及用地指标、资金工作、征地拆迁及工程建设等问题。

◆同日，重庆市政府决定巴南区鹿角地块划转重庆市地产集团储备。

◆13日，惠科电子在界石镇巴南区经济园区正式投产。

◆14日，重庆市烟草专卖局局长、市烟草公司总经理李恩华到巴南区洽谈打叶复烤项目推进工作，李建春、陈刚等出席会议。

◆同日，巴南区城乡一体发展中心与重庆温馨花卉有限公司签约总投资约3.5亿元的天台花谷观光农业园项目。

◆15~16日，中国共产党巴南区第十二届代表大会第三次会议在区行政中心召开。

◆17日，李建春、陈刚主持专题会议，研究巴南区滨江城市经济带香港城等项目推进情况。

◆同日，重庆华南城签约落户位于巴南区的重庆公路物流基地。

◆ 18 日，重庆第二届年宵花民俗文化节在巴南区界石镇重庆花木世界开幕。

◆ 22 日，重庆大学城市科技学院签约入驻重庆高职城。

◆同日，重庆万象城市广场在巴南区经济园区界石数码产业园奠基。

◆ 28 日，花溪街道成功创建为全国安全社区。

◆同日，巴南区党政机关办公用房清理整改工作开始。

◆是月，巴南区东温泉、南温泉旅游度假区被评为首批（10 家）重庆市市级（省级）旅游度假区之一。

◆是月，巴南区“麻柳荷叶”入选重庆市市级非物质文化遗产名录。

2014 年 1 月 17 日，华南城入驻重庆公路物流基地签约仪式

2014 年 1 月 22 日，重庆万象城市广场在经济园区界石数码产业园奠基

二月

◆ 3 日，中国共产党巴南区第十二届委员会第四次全体会议在区行政中心召开。

◆ 7 日，巴南区“石滩大米”成功注册为地理标志证明商标。

◆ 10~12 日，李建春集中调研党务工作，分别听取区委办、区纪委、组织部、宣传部、统战部、政法委工 作汇报，并提出 2014 年党建工作思路。

◆ 14 日，巴南区党的群众路线教育实践活动动员大会召开。全区 662 名副处级以上领导干部和区委 14 个督导组 56 名同志全程参加会议。重庆市委第二督导组到会指导。

2014 年 2 月 17 日，重庆市都市功能核心区、拓展区安全生产和应急管理工作会在巴南区召开，副市长刘强（右四）讲话

◆15日，《巴南年鉴（2014）》公开出版。

◆17日，重庆市都市功能核心区、拓展区安全生产和应急管理工作片区会在巴南区召开。副市长刘强出席会议。

◆同日，政协重庆市巴南区第十三届委员会第三次全体会议在区行政中心3号楼大礼堂召开。

◆18日，重庆市人大常委会委员、市人大农委主任高进进率队到巴南区调研现代特色效益农业工作。

2014年2月17日，政协重庆市巴南区第十三届委员会第三次会议开幕

2014年2月18日，巴南区第十七届人民代表大会第四次会议开幕

◆同日，巴南区第十七届人民代表大会第四次会议在区行政中心3号楼大礼堂召开。陈刚被选为巴南区人民政府区长。

◆19日，李建春会见新加坡吉宝集团（世界500强）旗下上市公司吉宝电信与通运有限公司中国区总裁高文俊一行，就第三方物流、冷链物流园以及数据中心等项目进行对接交流。

◆20日，李建春主持会议，专题研究巴南区委、区政府总值班室整合工作。

◆同日，李建春会见市（总商会）美容美发商会会长徐楠一行，就在巴南区内建设美都产业园进行交流。

◆18~23日，应台湾南投县邀请，巴南区政协副主席付星群率巴南区文化交流团参加“2014台湾灯会”，木洞山歌、接龙吹打等“非遗”传承人员随团开展文化交流活动。

◆25日，巴南区召开2014年度招商引资专题会。

◆同日，重庆市兴农担保公司董事长、总经理刘壮涛率队到巴南区开展融资担保调研。

◆26日，审计署经济责任审计司副司长张广春到巴南区调研指导经济责任审计工作。

◆同日，李建春会见SK集团中国高级副总裁李新明一行。探讨与SK集团在冷链物流、云计算、大数据处理、车联网和养生养老等方面展开深入合作。

◆28日，重庆工商大学融智学院在重庆高职城开工建设。

◆同日，李建春、陈刚主持会议，研究巴南区公立医院改革工作；对巴南区滨江城市经济带珠江欢乐园、啤酒主题公园等2个项目的初步设计方案进行评审。

◆同日，巴南区文化遗产保护中心成立（挂巴南区文物保护管理所牌子）。

三月

◆4日，巴南区人民医院妇儿医院启用。

◆同日，巴南鹿角立交竣工验收。

◆同日，李建春会见重庆大学人文艺术学院原常务副院长吴应骑教授、中国国家博物馆展览策划部主任李万万等十多位专家，就巴南区滨江博物馆群的战略发展等相关议题进行专题研讨。

◆7日，重庆市人民政府副市长刘伟到重庆公路物流基地调研工作。

◆同日，重庆市发改委主任沈晓钟率队到巴南区调研主城功能拓展区发展建设情况。

◆8日，“走进科技、缤纷节日”集中科普宣传活动在巴南区人民广场举行。

◆11日，重庆市人大农委主任高进进、市供销总社主任梁从友到巴南区调研现代特色效益农业。

◆同日，陈刚到建设工业集团调研。

◆12日，重庆市人民政府副市长谭家玲到重庆公路物流基地调研。

◆同日，巴南区召开环境保护“四清四治”专项行动动员会，布置环境保护“四清四治”专项行动。

◆14日，重庆市委批准杨钟馗任中共巴南区委副书记。

◆15日，融创启洋项目在巴南区鹿角组团开工。该项目总建筑面积约126.4万平方米。

◆15~23日，“赏花悟道·借花献佛”旅游文化节在巴南区天星寺镇天心寺禅茶文化生态旅游区举办。

◆17日，李建春、陈刚主持专题会议，研究统筹城乡一体发展和农业农村工作。

◆19日，重庆市人民政府市长、市委党的群众路线教育实践活动第二督导组组长黄奇帆到巴南区督导群众路线教育实践活动工作。

2014年3月4日，巴南鹿角立交竣工验收

2014年3月7日，副市长刘伟（左四）到重庆公路物流基地考察

2014年3月11日，陈刚（左三）到建设工业集团调研

2014年3月12日，副市长谭家玲（左三）到重庆公路物流基地调研

◆同日，重庆市农业委员会“质量安全保生产，放心农资送下乡”宣传活动在巴南区接龙镇启动。

◆22日，重庆国际马拉松赛（三星电子杯）在巴南区巴滨路举行。

2014年3月22日，2014重庆国际马拉松赛在巴南区巴滨路举行

2014年3月29日，陈刚（左三）调研跳石镇旅游工作

◆23日，“巴南银针杯”第五届重庆天坪国际山地自行车越野赛在巴南区二圣镇举行。

◆24日，中央第十巡回督导组组长、全国政协常委、港澳台侨委员会主任、全国政协原副秘书长、机关党组书记杨崇汇，副组长、湖北省政协原副主席李佑才到巴南区督导群众路线教育实践活动工作。

◆25日，巴南区行政中心被国家机关事务管理局、发展改革委和财政部评为“国家节约型公共机构示范单位”。

◆26日，巴南区食品药品监管机构组建暨2014年度食品药品监管工作会召开。

◆同日，李建春、陈刚调研南温泉整体开发建设工作。

◆28日，重庆华南城开工典礼在重庆公路物流基地举行。重庆市人民政府副市长陈和平出席开工典礼。

◆同日，巴南区“南彭草莓”成功注册为地理标志证明商标。

◆29日，陈刚到跳石镇调研旅游工作。

◆同日，重庆市政协副主席、民革市委主委杨天怡参加民革巴南区委坚持和发展中国特色社会主义学习实践活动动员会。

◆31日，巴南区地税局稽查局被撤销。

四月

◆1日，重庆市委常委、市委政法委书记刘学普到巴南区调研政法、平安综治及信访稳定工作。

◆同日，巴南区开展企业“双走服务”活动，区领导赴经济园区同企业代表面对面交流，倾听企业意见和建议，优化企业发展环境。

◆同日，巴南区广播电视服务（传输）中心开工建设。

◆2日，巴南区森林消防应急队成立。

◆9日，李建春率队专题实地调研巴南区部分农村地区缺水、饮水困难问题。

◆10日，重庆市司法局“驻所强基惠民生”专项行动推进会在巴南区召开。

◆11日，重庆市委人才办将巴南区确定为市级人才管理改革试验区。

◆13日，“2014李宁·中国10公里路跑联赛”在巴南区滨江路举行，来自全国各地近5000名选手参赛。

◆16日，巴南区AEFI监测工作接受世界卫生组织现场验收合格。

◆同日，巴南区在广东省东莞市举办重庆香港工业园招商推介说明会。

◆17日，李建春、陈刚与重庆市规划局曹光辉等领导专题研究巴南区城乡规划工作。

◆18日，重庆市文联王超等市级文艺专家8人到巴南区调研文化旅游工作。

◆同日，巴南区政府与市能投集团、农行保税港支行签定战略合作框架协议。

◆23日，重庆海关关长严楠一行到巴南区实地考察落户重庆公路物流基地的京东项目和华南城项目。

◆28日，重庆市政协主席徐敬业到巴南区视察光大奶牛项目和界石数码产业园项目，并与部分在区市政协委员举行茶叙会。

◆29日，重庆市首个行业性纳税人之家在重庆公路物流基地成立。

◆同日，巴南区第四届职工运动会在区行政中心广场开幕。

◆同日，巴南区民营（私营）经济协会第二届会员代表大会召开。

◆是月，茶树“巴渝特早”被全国茶树品种鉴定委员会认定为国家级茶树良种。

◆是月，重庆市科协命名巴南区花溪街道红光社区、石滩镇石滩河社区为“重庆市科普示范社区”。

2014年4月1日，重庆市委常委、市政法委书记刘学普（左三）到巴南区公安分局调研指导公安工作

2014年4月9日，李建春到双河口镇调研农村地区饮水安全问题

2014年4月28日，重庆市政协主席徐敬业（左五）视察光大奶业集团

五月

2014 年 5 月 6 日，重庆市委常委、统战部部长刘光磊到巴南区调研统战工作，实地查看党派助推发展典范——曙光工业园

2014 年 5 月 15 日，巴南区与悦康药业医药原料产业基地签订生态健康产业项目

2014 年 5 月 16 日，首届中国（重庆）—东盟家具博览会在巴南区铠恩国际家居名都开幕

◆ 6 日，重庆市委常委、统战部部长刘光磊到巴南区实地调研重庆抗战遗址蒋介石校长官邸、非公企业恒安纸制品公司、界石数码产业园和党派助推发展典范——曙光工业园。

◆同日，李建春就巴南区行政审批制度改革情况接受中央电视台《新闻联播》栏目专访。

◆ 7 日，李建春、陈刚听取第十七届中国（重庆）国际投资暨全球采购会（简称“渝洽会”）巴南区参展筹备工作情况汇报。

◆同日，国家督学林仕梁到巴南区指导督学责任区建设工作。

◆ 8 日，巴南区与中国移动重庆有限公司签署《打造“工业云应用示范区”战略合作框架协议》。

◆ 9 日，重庆市委批准刘永全任中共巴南区委委员、常委。

◆同日，李建春以《始终恪守为民务实清廉的价值追求》为题，为全区领导干部集中上党课。

◆ 12 日，巴南区举办《党政领导干部选拔任用工作条例》集中专题辅导会，重庆市委组织部副部长胡奕就新修订的《党政领导干部选拔任用工作条例》作专题辅导报告。

◆同日，李建春参加花溪街道举办的身边好人颁奖仪式暨“最美家风”梦想沙龙活动。中央电视台《新闻联播》栏目、《人民日报》《光明日报》作宣传报道。

◆同日，《平安巷 9 号》防灾减灾动画片发行仪式在巴南区重庆正大软件职业技术学院举行。

◆15 日，巴南携“生态健康产业国际合作论坛”亮相第十七届中国重庆投资洽谈暨全球采购会。

◆16 日，首届中国—东盟（重庆）家具博览会在巴南区铠恩国际家居名都开幕。重庆市人民政府副市长刘强出席开幕仪式。

◆20 日，重庆市政协副主席彭永辉到巴南区调研都市功能拓展区发展战略推进落实情况。

◆同日，重庆市地产集团与巴南区政府、重庆交通开投集团签订《鹿角组团移交工作备忘录》，鹿角组团移交地产集团开发建设。

◆22 日，巴南区与西演集团签订《西演集团入驻巴南合作协议》。

◆23 日，重庆市人民政府副市长刘伟到巴南区调研重庆公路物流基地的京东电商产业园和重庆华南城项目推进情况。

◆25 日，国家农发办副主任刘世江一行到巴南区调研农业综合开发产业化经营项目和国家农业综合开发财政补助资金以农民持股方式投入龙头企业管理办法等相关工作。

◆26 日，重庆市委常委、市人民政府常务副市长翁杰明调研巴南区经济园区长安铃木二工厂。

◆27 日，重庆德普外国语学校在巴南区龙洲湾街道奠基。

◆29 日，李建春调研巴南区石滩镇美德有机农业项目建设情况。

◆同日，团中央书记处书记徐晓到巴南区调研农村共青团微信体系建设工作。

◆同日，巴南区首个乡村市民学校——二圣镇集体村市民学校成立。

◆是月，重庆工程学院（原正大软件学院）获教育部批准升级为本科高等院校，这是巴南区本土成长起来的第一所本科院校。

2014 年 5 月 22 日，巴南区与西演集团签约入驻仪式

2014 年 5 月 23 日，副市长刘伟（左三）调研重庆公路物流基地

2014 年 5 月 26 日，市委常委、市政府常务副市长翁杰明（左四）调研长安铃木二工厂

2014 年 5 月 27 日，重庆德普外国语学校奠基开建

2014 年 5 月 29 日，团中央书记处书记徐晓（右三）到巴南区调研农村共青团微信体系建设工作

2014 年 5 月，重庆正大软件学院升格为本科院校，更名为重庆工程学院

六月

2014 年 6 月 5 日，重庆市委常委、宣传部部长燕平（右二）到巴南区调研宣传文化工作

2014 年 6 月，三峡集团董事长卢纯（左四）到巴南区考察小南海水电站项目

◆ 4 日，重庆市人民政府副市长张鸣率市政府办公厅、市财政局、市水利局、市水投集团有关负责人调研巴南区骨干水源工程建设情况。

◆同日，重庆市人大常委会副主任杨庆育带队到巴南区攀钢集团重庆钛业公司调研工业废气排放及环保搬迁情况。

◆ 5 日，重庆市委常委、宣传部部长燕平到巴南区调研宣传文化思想工作。

◆同日，三峡集团公司董事长卢纯、总经理王琳一行到巴南区考察小南海水电站项目。

◆ 6 日，斯努特啤酒小镇（啤酒主题公园）落户巴南区。巴南区滨江管委会与斯努特啤酒有限公司签署《投资合作协议》及《投资合作补充协议》。

◆同日，重庆渝南水务公司大江水厂扩能改造工程竣工。

◆ 8 日，成都军区副政委柴绍良率队到巴南区人武部检查指导工作。

◆ 10 日，巴南区首届“助你启航”创业大赛决赛举行。

◆ 11 日，中央党的群众路线教育实践活动办公室领导到巴南区视察调研群众路线教育实践活动开展情况。

◆同日，重庆市唯一的党建云服务器运行。巴南区投资建成装机 278 台服务器、存储容量 350T 的党建云计算数据中心。

◆13 日，“重庆市政协书画摄影系列展——巴南展”在重庆市政协大厅展出。此次展出获得市政协主席徐敬业高度评价。

◆14 日，“文化遗产保护与城镇化同行”——中国第九个“文化遗产日”暨重庆市第五届文化遗产宣传月展演活动在巴南人民广场举行。市人大常委会副主任沈金强、市政府副市长谭家玲参加活动。

◆16~17 日，中央第十巡回督导组副组长李佑才，重庆市人民政府市长黄奇帆到巴南区参加区委常委班子党的群众路线教育实践活动专题民主生活会。

◆17 日，重庆市人民政府副市长、市公安局局长何挺到巴南区调研平安巴南建设及公安信息化、队伍规范化建设工作。

◆19 日，中共中央政治局委员、国务院副总理汪洋到巴南区二圣镇调研农业农村工作。

◆26 日，重庆市人民政府批准巴南区天明组团 4.9 平方公里控规修编方案。

◆28 日，重庆华南城招商中心建成。

◆是月，巴南区残联组织残疾人举重队，代表重庆市到湖南株洲市参加全国残疾人举重锦标赛，取得 1 金 1 银。其中：张建军获 97 公斤级金牌，吴维军获 65 公斤级银牌。

◆是月，巴南区首家民办社会工作服务机构——重庆巴南企航社会工作服务中心登记成立。

◆是月，巴南区重庆界石仪表有限公司等 6 企业获得国家工商总局颁发的 2012~2013 年度“守合同重信用”企业。

2014 年 6 月 6 日，巴南区滨江管委会与斯努特啤酒有限公司签署《投资合作协议》

2014 年 6 月 13 日，市政协主席徐敬业（左三）观看市政协书画摄影系列展巴南专场展出

2014 年 6 月 28 日，重庆华南城招商中心建成

七月

◆ 1 日，巴南区纪念中国共产党建党 93 周年大会召开。表彰 95 个先进基层党组织、86 名优秀党务工作者、188 名优秀共产党员。

◆ 2 日，李建春主持召开巴南区木洞镇庙垭生态农业园项目、姜家镇亚太生谷林博园项目和石滩镇“三石绿岛”特色农业观光旅游度假村项目规划评审会。

2014 年 7 月 5 日晚，曲艺“车灯”《山娃背妈》在重庆市第四届戏剧曲艺大赛剧照

2014 年 7 月 14 日，市高院院长钱锋（左三）到巴南区人民法院调研

2014 年 7 月 18 日，中国重庆第二届“佛影峡杯”自然水域国际漂流赛在跳石镇举行

◆ 3 日，重庆市人民政府副市长张鸣到巴南区调研视察小南海移民工作。

◆同日，重庆东盟国际物流园开工仪式在重庆公路物流基地举行。

◆ 4~6 日，“中国梦 • 巴渝风”重庆市第四届戏剧曲艺大赛在巴南区举行。巴南区选送的小品《简单与复杂》荣获戏剧类一等奖，东泉车灯《山娃背妈》、相声《找关系》荣获曲艺类一等奖。

◆ 7 日，香港培侨书院重庆偏远地区学校关爱基金在巴南区姜家小学启动。重庆市政协副主席张玲参加启动仪式。

◆ 8 日，重庆市检察院第五分院检察长戴仕俸到巴南区人民检察院调研。

◆ 11 日，巴南区旅游休闲联盟成立。

◆ 14 日，重庆市高级人民法院院长钱锋到巴南区人民法院调研基层建设工作。

◆ 16 日，重庆市市政协副主席何事忠专题督办农工党巴南区委《关于以农村自然场镇改造为突破口推进新型城镇化建设的建议》提案。

◆ 17 日，李俊文在重庆市区县（自治县）人大常委会主任座谈会及人大新闻宣传工作座谈会上介绍巴南区人大工作先进经验。

◆ 18 日，2014 年中国 • 重庆（巴南）第二届“佛影峡杯”自然水域国际漂流赛在巴南区跳石镇举行。

◆ 28 日，李建春会见同济堂集团董事长张美华一行，就健康管理中心、居家养老、养老小镇、医药物流配送、健康总部基地等方面进行探讨。

◆ 31 日，巴南区政府出台《重庆市巴南区农村土地承包经营权流转管理暂行办法》。

八月

◆ 1日，成都银行股份有限公司重庆巴南支行开业。

◆同日，重庆市委批准廖渝川任中共巴南区委委员、常委。

◆ 4日，财政部与德国复兴银行签订2450万欧元的德促贷款项目贷款协议，用于迁建巴南区职教中心。该项目是巴南区首例外国政府贷款项目。

◆ 5日，李建春、陈刚召开民生实事专题会，听取上半年30件民生实事进展情况汇报，对一些民生实事在推进中遇到的问题进行研究解决。

◆ 7日，陈刚带队赴城口县开展对口帮扶活动。

◆ 10日，巴南区正式开通“信访绿色邮政”。

◆ 13日，李建春率队调研重庆公路物流基地，现场查看物流基地环道东路、东城大道北段、重庆华南城4号地块建设现场及重庆华南城招商中心。

◆ 15日，胡能兵率区政协委员视察重庆公路物流基地开发建设情况。

◆ 18日，国家审计署进驻巴南，对2008~2013年度土地出让金收支和耕地保护费使用情况进行审计。

◆ 19日，李俊文等视察区滨江城市经济带建设情况。

◆ 20日，巴南区设立产业引导股权投资基金。出台《重庆市巴南区产业引导股权投资基金管理暂行办法》。

◆ 24日，陈刚陪同农业部副部长陈晓华率国务院质量工作考核实地核查组，到巴南区检查农业企业质量安全主体责任落实情况和质量措施落实情况。

2014年8月13日，李建春（左三）到重庆公路物流基地调研

2014年8月15日，胡能兵（右二）率政协委员视察重庆公路物流基地

2014年8月19日，李俊文（右二）等领导视察滨江城市经济带建设情况

2014年8月24日，农业部副部长陈晓华（右二）率国务院质量工作考核组到巴南区检查农产品质量安全工作

◆28日，巴南区举行“科技服务平台”开通仪式暨科技进步奖颁奖和科技融资对接活动。

◆29日，巴南区跳石镇永隆村村民李世荣诉区政府在林权确权中“乱作为”，陈刚出庭应诉，成为主城区第一位出庭应诉“民告官”案件的政府“一把手”。

◆同日，武警七支队巡逻中队入驻巴南。

◆是月，巴南区东温泉镇被住建部等部门列为全国重点镇。

九月

2014年9月1日，巴南区四大家领导出席新屋小学建成暨开学典礼

2014年9月5日，2014环中国国际公路自行车赛在巴南区举行

◆1日，巴南区新屋小学、龙洲湾小学建成开学。

◆3日，巴南区鹿角组团大型房地产开发项目——融创金裕项目开工。

◆4日，巴南区委在界石镇召开全面加强服务型党组织暨加快三级服务体系建设现场会，部署全区三级平台建设任务。

◆5日，环中国国际自行车比赛在巴南区巴滨路举行。

◆8日，“巴文化与巴南精神”研究成果评审会召开。提炼形成以“忠勇守德、尚文崇新”的巴南精神。

◆15日，巴南区经济园区与北京美利信控股有限公司签订美利信扩能项目入驻天明汽摩产业园投资协议。

◆17日，李建春率队调研巴南区姜家镇工作。

◆18日，李建春、陈刚专题研究巴南区城区学校布局建设工作。

◆同日，中共中央组织部部务委员吴玉良率全国厂务公开协调小组调研检查组，到巴南区宗申产业集团调研检查厂务公开及党建工作。

◆19日，中共中央组织部副部长陈向群到巴南区调研基层服务型党组织工作，重庆市委常委、组织部部长曾庆红陪同调研。

◆同日，武警水电指挥部司令员岳曦到巴南区视察忠兴武警水电部队营房建设工作。

◆22日，国务院三峡办主任聂卫国率队到巴南区调研三峡后扶项目建设、带动库区移民增收致富工作。重庆市人民政府副市长张鸣陪同调研。

◆23日，中国光大银行股份有限公司巴南支行开业。

◆24日，巴南区龙岗水库工程通过重庆市政府组织的库区和枢纽区征地移民安置专项验收和市水利局组织的下闸蓄水验收。

◆26日，重庆市首届复旦大学金融学硕士研究生班开班仪式在巴南区举行，重庆市委组织部副部长、市委人才办主任谢礼国，市金融办主任阮路，复旦大学研究生院院长钟扬等出席开班仪式。

◆27日，中央综治委和总政联合调研组到巴南区人民法院调研工作，对“2+X”涉军案件纠纷化解机制给予充分肯定。

◆28日，巴南区第六次归侨侨眷代表大会召开。

2014年9月29日，全国人大外事委员会副主任委员、人力社保部原副部长王晓初（前排左二）一行到巴南区就业和社会保障服务大厅视察工作

◆29日，中国（重庆）职业技能公共实训中心暨重庆五一技师学院新校区奠基仪式在巴南区高等职业技术教育城举行。全国人大外事委员会副主任委员王晓初，重庆市人大常委会副主任杜黎明出席仪式，并到巴南区就业和社会保障服务大厅视察工作。

◆同日，巴南区政协举行庆祝新中国成立65周年暨人民政协成立65周年美术书法摄影展。

◆30日，重庆沿江高速公路巴南段丰盛立交开通。

◆是月，巴南区职教中心新校区迁建项目利用德促贷款2450万欧元获国家发改委批准。

十月

◆1日，入驻巴南区龙洲大道花溪街道民主新街的海宁皮草城开业。

◆9日，东温泉·2014中华山水茶道文化节开幕。李建春会见中国绿色发展高层论坛秘书长桂振华一行。

◆10日，重庆锦辉陶瓷西南日用陶瓷工业设计中心获“国家级工业设计中心”授牌。

◆同日，中央社会主义学院党组书记叶小文到巴南区作《民族宗教政策新论》中心组专题报告会。

◆同日，重庆麻柳沿江开发区木洞钱家湾安置房工程Ⅰ标段通过预验收，成为重庆市首个交付的绿色环保保障性住房项目。

2014 年 10 月 1 日，入驻龙洲大道民主新街的海宁皮草城开业

2014 年 10 月 9 日，东温泉·2014 中华山水茶道文化节开幕

2014 年 10 月 23 日，市政协副主席、民革市委主委杨天怡到巴南区出席同心·济困助学行动捐助仪式

◆ 13 日，南泉抗战旧址群（孔园、听泉楼）陈列展览方案评审会召开，李建春参加会议。

◆ 15 日，李建春会见美国宾夕法尼亚州切斯特郡特伦斯郡长、林肯大学校长罗伯特率领的代表团，实地考察巴滨路和重庆公路物流基地，双方就教育、先进制造业（微电子、自动化、信息技术）、金融服务业、农业等方面合作进行座谈。

◆同日，中泰国际文化交流大会开幕式在巴南区天星寺镇天心寺禅茶会所举行。泰国亲王一品诰命夫人娜娃拉葛娣雅纲娜阿玉塔雅，泰国五星上将切塔·他那乍洛，中泰文化友好促进会萧国刚博士等出席开幕式，天心寺正式挂牌“中泰佛教文化交流基地”。

◆同日，重庆市“红樱桃行动·寻找最美留守女童”捐赠仪式在巴南区仁流小学举行。仁流小学学生周文佳被重庆市精神文明办公室评选为“最美留守女童”。

◆同日，巴南公共保税仓获重庆海关批准。

◆同日，巴南区召开党的群众路线教育实践活动总结大会。

◆ 17 日，巴南区政府布置农村集体资产清产核资及量化确权工作。

◆同日，巴南区召开纪念西南服务团巴县中队组建暨进驻巴县 65 周年座谈会。

◆ 23 日，民革巴南区委践行学习实践活动“同心·济困助学行动”捐助仪式在石滩镇举行，石滩镇 60 名贫困生现场接受捐助。重庆市政协副主席、民革市委主委杨天怡出席捐助仪式。

◆ 28 日，巴南区首家民营投资公司——重庆倍赢投资有限公司成立。

十一月

◆1日，巴南区三峡移民档案工作经重庆市档案局、市移民局验收领导小组初验合格，三峡移民档案移交进馆。

◆同日，以索利·马派拉为团长的南非共产党考察组到巴南区鱼洞街道金竹村考察党建工作。

◆5日，国家质检总局执法司司长严冯敏一行，到巴南区调研汽车上装企业工作。

◆同日，国务院教育督导委员会办公室副主任、教育部督导办副主任周坚到巴南区调研责任督学挂牌督导工作。

◆6日，李建春会见重庆农村商业银行董事长刘建忠、行长谢文辉一行。

◆同日，巴南区文化馆选送的小品《简单与复杂》，在首届长江流域小戏小品展演活动中获得“优秀推荐剧目”奖。

◆7日，重庆市气象局局长王银民到巴南区检查指导巴南区气象防灾减灾应急指挥中心建设工作。

◆8日，中信银行巴南支行正式开业。

2014年11月1日，南非共产党代表团考察金竹党建工作

2014年11月5日，国务院教育督导委员会办公室副主任、教育部督导办副主任周坚（右三）视察鱼洞中学

2014年11月11日，市委副书记、市长黄奇帆（左三）到重庆公路物流基地调研

◆同日，重庆市商委主任周克勤到巴南区调研商贸流通工作。

◆11 日，重庆市人民政府市长黄奇帆到巴南区视察重庆公路物流基地。副市长刘伟参加调研。

◆同日，巴南区政府出台《巴南区全面深化统筹城乡综合配套改革的意见》(巴南府发〔2014〕171 号)。

◆14 日，巴南区观景口水利枢纽工程环境影响报告书获环保部批复。

◆17 日，巴南区丰盛镇桥上村入选第三批“中国传统村落”。

◆同日，重庆主城区高档小区违法整治工作经验交流会在巴南区召开。

◆同日，国务院推进使用正版软件工作部际联席会议检查组到巴南区对政府机关单位开展软件正版化工作进行专项检查。

◆21 日，原巴南区政协副主席、民革巴南区委主委周新民把由毛泽东、周恩来、李济深、刘伯承、李井泉等签发给其父周绍轩的 6 个任命文件原件，全部捐赠给民革重庆市委。重庆市政协副主席、民革市委主委杨天怡接受捐赠。

◆25 日，重庆市政协副主席李钺锋率市政协委员年终视察团第八分团到巴南区视察都市功能拓展区建设情况。

◆26 日，巴南区义务教育发展基本均衡区县创建工作通过国家督导认定。

◆是月，佛耳岩码头二期工程启动建设。

◆是月，巴南红柠檬和巴南五布柚在第十五届中国绿色食品博览会上获中国绿色食品博览会金奖。

十二月

2014 年 12 月 1 日，位于巴南区界石数码产业园的惠科电子重庆生产基地开工

◆1 日，惠科电子重庆生产基地在巴南区界石数码产业园奠基开建，重庆市委常委、市人民政府常务副市长翁杰明出席奠基仪式。

◆同日，巴南区政府出台《关于开展户改自愿退出暂不能复垦宅基地工作的通知》（巴南府办发〔2014〕243 号）。

◆2 日，民政部部长李立国，副部长姜力视察巴南区婚姻登记处。重庆市人民政府副市长刘强陪同视察。

◆3 日，云篆山水公租房项目启动签约入住工作。

◆8 日，巴南区政府出台《重庆市巴南区政府购买服务实施意见》（巴南府办发〔2014〕250 号），推进政府购买服务工作。

◆ 10日，重庆市人大常委会副主任、农工党重庆市委主委杜黎明，到重庆理工大学开展主委接待日活动；同日，应邀前往重庆公路物流基地视察京东、华南城等巴南区重点工程建设项目。

◆同日，人力资源和社会保障部副部长汤涛率队调研巴南区职业能力建设和专技队伍建设工作。

◆ 11日，巴南区人大常委会通过每年12月17日为建区纪念日决定。

◆ 12日，重庆新港农业发展有限公司被农业部命名为全国休闲渔业示范基地（第三批）。

◆同日，巴南区农村综合产权流转交易中心成立。

◆ 17日，巴南区建区20周年重大建设成就暨建设模范颁奖晚会在巴南区体育馆举行。

◆同日，巴南区体育馆开馆。

◆同日，由新加坡尧泰投资集团投资的重庆汉海极地海洋公园举行开工典礼。

◆ 22日，“看巴南”新闻APP正式上线。

◆ 23日，重庆市“智美杯”第23届迎新冬泳活动在鱼洞巴滨路长江河段举行。

◆同日，重庆海关关长严楠率队到巴南区调研口岸建设工作，并就规划建设重庆公路口岸及京东集团在重庆推进跨境电商事宜进行座谈。

◆ 28日，曙光·江南楼宇产业园开园，该产业园被工信部和重庆市中小企业局分别授予国家级和市级中小企业公共服务示范平台。全国政协副秘书长何丕洁，国务院国资委监事会主席董树奎出席开园仪式。

◆ 29日，巴南区水利局更名为巴南区水务局。

◆同日，巴南区与国开交通基金举行PPP签约仪式。

2014年12月2日，民政部部长李立国（左三）到巴南区婚姻登记处调研

2014年12月17日，巴南二十名感动人物表彰现场

2014年12月17日，巴南区体育馆投入使用

2014 年 12 月 28 日，位于界石数码产业园的曙光·江南楼宇产业园开园

2014 年 12 月 30 日，惠科液晶面板第 8.5 代生产线项目签约

◆ 30 日，总投资 120 亿元的惠科集团“液晶面板第 8.5 代生产线项目”落户巴南区经济园区。

◆ 30~31 日，中国共产党重庆市巴南区第十二届委员会第六次全体会议在区行政中心召开。

◆ 31 日，《人民日报》以“重庆巴南区探索基本服务均等化——为农民工推倒‘隐形墙’”为题目对巴南区农民工服务工作进行专题报道。

◆ 12 月，《中国共产党重庆市巴南区组织史资料（1995. 02~2012. 12）》出版发行。

◆同月，巴文化公园荣获 2014 年“全民探索重庆新名片”之文创产业新名片。

2014 年 12 月 30 日，中共巴南区第十二届委员会第六次全体会议召开

目　　录

法　　治

武 装

经 济

四区一基地

农　业

工　业

园区建设及区属国有公司

交通　邮电

城乡建设与管理

环境保护与管理

商贸流通

旅　游

金融　保险

财政　税务

经济监督管理

社会事业

科学技术

教 育

文化　体育　卫生

人民生活

街　镇

人物　光荣榜

重要文献

文件索引

统计资料

附　　录

索　　引

特　　载

特　　载

李建春在区第十二届党代表大会第三次会议上的讲话

（2014 年 1 月 15 日）

各位代表，各位同志：

本次党代会的主要任务是：深入贯彻落实党的十八届三中全会、中央经济工作会和市委四届四次全会精神，全面深化巴南体制机制改革，奋力实现2014 年经济持续健康发展和社会和谐稳定。现在，我代表中国共产党重庆市巴南区第十二届委员会向大会作报告，请予审议。

一、2013 年巴南经济社会发展实现新的突破

区第十二届党代表大会第二次会议以来，在市委坚强领导下，区委深入学习宣传贯彻党的十八大、十八届三中全会和市委四届三次、四次全会以及习总书记系列重要讲话精神，紧紧围绕建设“一城、一极、一区”总目标，始终突出战略谋划、体制机制改革和选人用人三项重点工作，全力抓发展、惠民生、促稳定，全面加强经济建设、政治建设、文化建设、社会建设、生态文明建设和党的建设，全区社会政治安定、经济持续健康发展、人民群众安居乐业，各项事业取得新的明显突破。一年来区委重点抓了五个方面的工作：

（一）认真贯彻中央一系列重要安排部署。按照十八大提出的“五位一体”“四化”同步发展的要求，形成了新型工业化、信息化、新型城镇化、农业现代化、国际化、城乡一体发展“五化一体”的科学发展战略体系，提出了实施“大美巴南”生态建设计划和“大善巴南”社会管理创新实践的重大构想，巴南发展的战略方向和路径更加清晰。

（二）精心谋划主体功能区建设。按照市委四届三次全会部署，科学谋划巴南在全市的主体功能，确立了巴南打造“山水城市风貌展示区、中央文化休闲活动区、生态健康体验区、商贸物流集聚区和先进制造业基地”的功能定位，优化了龙洲湾滨江城市经济带、环樵坪经济区、麻柳沿江开发区、生态休闲经济区空间布局开发建设，明确了“到2020年建成区面积达到120平方公里，常住人口达到120万人，地区生产总值达到1200亿元”的阶段性奋斗目标，巴南未来发展的目标任务更加明确。

（三）深入推进体制机制创新。突出“职能重组、组织重构”重点，围绕主体功能区建设的主要任务，针对机构设置不合理、职责交叉、权责脱节、人浮于事与人手紧缺并存、行政效能不高等问题，重新调整了镇街综合办事机构和事业单位，区级部门推行“大部门制”“大科室”制，简化审批程序，全区36个行政审批部门行政审批事项比2010年减少14%，行政效率有望进一步提高。理顺了城市执法管理体制，城市秩序管理更有实效；推进学前教育体制改革，入园难入园贵问题有望得到解决；创新安置房建设和分配机制，全年共分配安置房2500余套，安置6200余人；高职城、云计算产业园引进社会资本整体打造园区，创新园区1.5级开发模式，为降低政府性债务、加快园区建设探索出一条新路。

（四）推动经济实现积极向好转折。区委紧紧围绕发展第一要务，始终抓住经济建设这个中心不放松，推动地区生产总值、固定资产投资、公共财政收入、农民人均现金收入等重要经济指标取得重大突破，经济运行进入上行空间。全区政府性债务余额降至近90亿元，负债率降至GDP的19.57%，进入“绿灯”区间；银行存贷比保持81.9%的高水平，税收增长20.1%，经济发展逐步进入良性轨道。思科、香港工业园、京东商城、华南城、香港凤凰中国西部文化城、凤凰演艺大学等“重量级”项目相继签约，长安铃木二工厂、圣美、惠科、日立化成、桴之科、新加坡富裕、金泰航空等项目相继投产或试生产，君禧天地、万达广场、旭辉城等项目动工建设，巴南经济发展活力不断增强。

（五）加强和改进党的建设。探索改革领导干部初始提名权，建立健全提名公示、首提责任制和廉情公示等制度，10个科级领导职位跨部门竞争上岗，选人用人机制进一步完善，完善党代会常任及党代表任期工作配套制度和党代表“四联系四服务”制度，成功创建为全市“两新”党建工作首批示范区县。推进社会主义核心价值体系建设，评选“感动巴南十大人物”，充分发挥“百姓名嘴”等宣讲团的作用，意识形态阵地更加稳固。积极引导党外人士服务全区发展大局，在全市率先出台实施办法维护非公企业合法权益，成功创建为全国3个劳动争议调解示范点之一。认真贯彻落实中央八项规定，全面推行党政“一把手”五不直管制度，在全市率先开通阳光巴南网村居工作站，加大办信办案工作力度，共立案查处36件38人，党风廉政建设全面加强。围绕平安建设加强“三基”工作，进一步破解了信访不信法、社会对抗、特殊人群服务管理等社会治理难题，执法司法公信力、公众安全感和对队伍的满意度全面提升。

各位代表，同志们：回顾2013年，党管武装、科技、人口计生、老干部、群团等工作亮点纷呈，经济社会发展各项事业迈上新台阶。这些成绩的取得，得益于各级党组织和广大干部群众的共同奋斗，得益于各民主党派和人民团体、企事业单位、各驻区部队、各界人士和朋友的鼎力支持，得益于各位代表的积极参与和努力奉献，这其中也凝结着成刚、建超、中武同志的心血，饱含着三位同志的辛劳。在此，我代表区第十二届委员会，向大家表示衷心感谢，并致以崇高敬意！

二、奋力实现2014年经济社会持续健康发展

做好2014年的经济工作，关键是要在把握国际国内宏观形势的基础上，扬长避短，趋利避害，谋划好符合巴南自身实际的经济工作思路。

综合分析国内外经济发展形势，推动经济增长的积极因素仍然是主导力量。受发达国家政策调整、地缘政治风险影响，外部环境的不确定性仍然存在。控制政府性债务风险、消化过剩产能、用工紧成本高等多种因素并存，国内经济依然面临下行风险，我们必须引起高度重视。巴南经济运行中存在的经济增长基础脆弱，政府性债务总量偏大、结构不合理、成本偏高，规划空间和资金瓶颈制约严重，行政效率不高等问题也必须在2014年经济工作中积极予以解决。

基于上述分析，区委提出2014年全区经济工作的总体要求是：紧紧围绕建设“一城、一极、一区”目标定位和“四区一基地”功能定位，坚持稳中求进基本方略，以“促增长、抓建设、推改革、惠民生”为工作主线，全面深化改革开放，扎实推进“五化一体”“大美巴南”“大善巴南”和“六大文化工程”建设，加快转变发展方式和产业结构调整，全力保障和改善民生，促进经济持续健康发展和社会和谐稳定。

促增长是巴南经济工作的长期任务。“落后于主城”是巴南当前最突出的矛盾，加快发展是巴南经济社会发展工作的总基调，是解决巴南现实矛盾和保持健康稳定发展的必要条件。巴南经济总量相对偏低、基数较小，具有保持一定增长速度的合理空间，在保证发展质量的前提下，有条件也应该适当加快发展速度。我们必须要对巴南实际和整体形势有一个准确的判断，对今后一个时期的经济增长预期要有清醒的认识。倘若估计过低，就不能取法其上，我们就会错失发展的大好时机；倘若估计过高，增长的弦绷得过紧，我们就无力着手诸多矛盾的解决，经济增长的质量就会大打折扣。因此，区委反复考量，将2014年GDP增长速度定为12%。

抓建设是巴南推动经济发展的关键所在。近年来，一大批工业、商贸、物流、文化、“三养”项目相继进入巴南，成为巴南结构调整的重要载体，随着土地及规划的逐步落实，快速建设的条件已经具备。我们提出“到2016年提前全面建成小康社会”，今年是关键一年，必须要把加快推进项目建设作为形成投资量、推动经济有效增长的主要力量，确保今年固定投资超过600亿元，实现投资增长15%以上。只有这样，才能实现经济结构的真正调整，才能为经济增长增添后劲，才能实现提前建成小康的目标。

推改革是巴南解决体制障碍的必然选择。改革直接作用于各方面制度更加成熟更加定型，根本目的在于突破体制机制上的障碍，构建发展转型的新优势。巴南作为后发区域，要实现经济社会跨越赶超，就必须在完善制度设计上多下功夫，形成高度适应现代经济发展需要的体制机制。因此，我们要坚决按照中央和市委精神，积极探索、勇于创新，从条件成熟的、事权在区的和制约发展的问题和环节改起，真正做到用改革的精神、思路和办法破解发展难题。

惠民生是巴南一切工作的根本价值取向。民生既是人民生活问题，更是政治问题。党和政府一切工作的出发点和落脚点，就是让群众感受更多的温暖、过上更幸福的生活。必须从群众的实际困难和殷切期盼出发，以办好民生实事和群众路线教育实践活动为抓手，以更好更多的发展成果惠及广大人民群众。特别是收入问题是与群众关系最紧密、老百姓体会最深的民生问题，今年城镇居民收入和农民人均纯收入的目标是分别增长12%和13%左右，继续保持农民人均纯收入增长高于城镇居民收入的态势，逐步缩小城乡收入差距。

做好2014年经济工作，必须注重并做好五个方面的工作。

（一）注重创新驱动发展。牢牢把握经济发展的主动权，抢占未来发展先机，最根本的是要大幅提高技术创新、产品创新、组织管理创新、商业模式创新、市场模式创新等自主创新能力。今年，要研究出台区委促进创新驱动的具体意见，要更多运用市场和社会的力量，推动经济与创新的紧密融合，既要在经济发展中找准创新的主攻方向，又要把创新成果转化为现实生产力。特别是要进一步增强企业在技术创新中的主体地位，加快建立和完善以企业为主体、市场为导向、产学研紧密结合的技术创新体系，提高关键核心技术研发攻关的协同和集成能力，解决制约重点传统产业、战略性新兴产业发展的技术瓶颈问题。

（二）注重经济提质增效。经济提质增效的本质就是要追求结构调整有成效，经济活力进一步增强，确保经济质量和效益不断提高又不会留下“后遗症”。要把财政增收作为经济增效的重要标志，没有财政的积累就没有力量办大事，就没有能力解决民生问题。今年财政收入安排14%的增长，高于12%的GDP增速，就是出于这样的考虑。要坚持工业作为经济发展第一支柱的地位不动摇，加快推进经济园区、麻柳沿江开发区、公路物流基地增值加工区、云教育产业园各类项目尽快投产，力争全年工业总产值达到15%的增长速度。要紧紧盯住今年消费增长16%的目标，加快商贸物流集聚区、中央文化休闲活动区（CAZ）、中央休闲购物区（CSD）、李家沱—龙洲湾商圈和长江上游金融服务中心建设，千方百计繁荣消费市场，扩大消费对经济增长的带动力。

（三）注重政府性债务的管控。坚决按照市委“债务要有数、规模要有度、债务要分类、管理要有规、用债要有方、结构要调整、偿债要有责”的要求，继续加强债务管控，加强平台公司资金监管。一方面，要继续加快土地出让，今年出让综合建设用地要保持4000亩左右的规模，加速资金回笼。另一方面，要认真做好资金返还及成本分摊工作，缓解偿债压力。同时，要注重多渠道、多形式筹集资金，既要保证建设资金，又要调整负债结构，降低负债成本，更要调度好资金，提高资金利用效率，确保重点项目资金，确保资金链不断裂。

（四）注重解决要素制约难题。近年来，规划、土地、资金问题始终是制约巴南经济发展最核心的三大要素，必须着眼长远，着力当前，结合实际研究切实有效的对策措施。要尽快完善全域规划、分区规划、小城镇规划、村级规划、土地利用规划、产业规划以及各种专项规划方案，掌握规划资源，努力实现规划平移常态化，确保重大项目尽快落地。要进一步创新土地集约利用机制，多渠道多形式争取用地指标，综合运用土地规划调整、三峡移民政策、建设用地复垦、“三废”利用、增减挂钩、闲置土地收回等方式，为重点项目建设提供用地保障。要积极争取上级政策和资金支持，严格控制财政预算外的新增支出，加大土地出让力度，加强资本运作，扩大融资渠道，鼓励企业上市融资，深入开展银企对接活动，保障发展资金需求。

（五）注重保障和改善民生。突出基本民生这个重点，按照“保基本”“补短板”“兜底线”的要求，完善财政投入机制，扎实推进“大善、大美巴南”建设，扎扎实实办好市委22件民生实事中我区涉及的14项任务，统筹做好就业、社会保障、收入分配、住房、食品药品安全、安全生产、防灾救灾等各项民生工作。加快科教文卫等各项社会事业发展，认真解决群众反映强烈的实际问题，切实做好帮贫扶贫工作，做好雪中送炭的事情，努力在解决学有所教、劳有所得、病有所医、老有所养、住有所居方面有新的突破、新的举措。

各位代表，同志们，完成工作任务，实现既定目标，关键是要迅速行动、狠抓落实。我们一定要围绕“提前、提标、提质”实现全面建成小康社会的目标，坚定信念不动摇、咬定目标不放松、奋力拼搏不懈怠，努力创造无愧于时代和人民的发展业绩。

三、巴南未来发展更寄希望于改革

改革创新是民族进步的灵魂，是国家兴旺发达的动力源泉。在人口红利、土地红利渐趋消失的背景下，潜在的改革收益和制度红利愈加凸显。巴南推进主体功能区建设、担当主城“向南加力度”的主力责任，就必须紧紧把握发展道路上遇到的热点难点问题，把改革作为推动发展力量最足、效果最好、作用最持久的办法，通过体制机制创新破解发展难题、增添新的发展动力。

（一）推进改革重点在于基层实践创新。35年的改革历程证明，改革开放的道路，都是在中央大政方针的指导下，自下而上的创造，然后再由中央总结、肯定和推广。结合巴南实际，如何突出改革创新，如何抓住关键领域实施重点突破，我们要找准巴南在探索改革新路中的角色定位，主动担当，作出自己的探索，积极作为，走出自己的实践之路。

（二）推进改革目的在于扩大发展优势。发展的实践告诉我们，一个地方发展的道路是漫长的，但重要的往往也就是关键几步。今天，巴南已经站到了发展的关键路口，产业发展空间亟待拓展，行业领军企业培育不足，新的经济增长点不够突出，改善民生的任务依然较重，维护社会稳定任务艰巨，等等，都需要我们不断推陈出新。特别是在大力推进都市功能拓展区建设中，仅靠目前的自然、人文等资源优势是难以持续的，必须以前瞻性的战略思维，加快实施重点领域的改革，使巴南既有土地红利、人口红利，又能创造新一轮改革带来的制度红利。

（三）推进改革关键在于找准发力空间。全面深化改革，并不是把原来的体制机制推倒重来，而是在现行制度体系基本框架基础上，从细节上不断健全完善。因此，我们要坚决按照中央和市委确定的方向、目标、原则，紧密联系实际，坚持“要求导向”和“问题导向”两大逻辑，按照“三个先行”的原则和胆子要大、步子要稳的要求，推进最紧迫的事项、老百姓最期盼的领域、最突出的问题的改革创新。

条件成熟的先行改革。既要按照三中全会的总体部署和市委的统筹安排，积极推进改革事项，又要立足巴南的现实状况，对行政体制、生态文明、社会治理、城乡一体发展、权力制约监督等已经启动、条件成熟的事项，要继续深化，不断规范和丰富完善。

事权在区的先行改革。对于一些政策性强、涉及面广，特别是作为区县不能自主的改革，我们要深入调研、强化对接，做好相关前期筹备工作，一旦中央和市委部署安排下来，就不折不扣抓好贯彻落实。对事权在区里的改革事项，我们要把握主动权，及时研究、确定改革的战略重点、优先顺序和措施基点。

制约发展的先行改革。注重顶层设计和问题导向都是新一轮改革的显著特征，顶层设计有助于增强改革的协调性，更多要靠中央和市里；破解现实难题必须结合地区实际，更多地要依靠基层，有助于增强改革的针对性。因此，我们要认真梳理制约巴南发展的突出问题，加强对策研究谋划，从体制机制上构建更加成熟有力的解决方案。

各位代表，同志们，改革作为社会主义制度的自我完善，是经济社会发展的强力推进器。我们要更加主动地把握社会脉搏、人民期待，不断增强改革的自觉、自信，最大限度地凝聚改革共识，坚定不移地落实中央的改革决策部署，奋力推动巴南改革事业取得新的突破！

四、深化经济体制改革加快转变经济增长方式

在中国的改革历程中，经济体制改革每前进一步，都会带动其他领域改革向前迈进一步。巴南落后于主城的现实在经济领域表现尤为突出，我们要以现代市场体系、财税体制、国有企业、城乡一体发展为经济领域的改革重点，推进其他领域深层次矛盾的持续化解。

（一）激发市场主体发展活力。事物发展，内因是关键。巴南目前有各类市场主体5万多家，只要我们按照市场规律充分调动其内在创业激情，巴南经济增长就一定会获得永不衰竭的内生驱动力。

一是要完善市场导向机制。要通过统一市场准入标准、合理分配公共资源、创新发展地方金融、完善服务体系等各种制度设计，鼓励和支持市场主体平等使用生产要素，公开公平参与市场竞争，促进各类企业通过市场竞争实现各种资源和生产要素的最佳组合。要着眼于打破各种“玻璃门”，根据不同的创业主体、不同的资源优势，鼓励和引导有条件的市场主体依法进入重点开发区域、标准厂房、商务楼宇、战略性新兴产业、商贸流通、职业教育、旅游、现代农业、养生养老等和“负面清单”之外的领域，为更多的民间资本参与市场竞争进一步“松绑开路”。

二是要更好发挥政府作用。市场在资源配置中的作用由“基础性”上升为“决定性”，基本内涵就是市场主体有能力做好的事情都要交给市场主体去做，政府的职责是为市场主体创造公平竞争的环境。政府及组成部门要在服务理念、机构设置、运作模式等方面加大“再造”力度，进一步清理、取消、调整、合并行政审批事项，提高审批效率，把更多精力放在“市场失灵”的关键环节，组建市场综合监管机构，完善“黑名单”制度，整合形成全区社会诚信体系，建立不动产统一登记等，在维护市场秩序、加强公共服务、促进公平正义等方面更好地发挥作用，实现政府与市场、社会的良性互动。

三是要完善科技创新体系。政府引导和市场主体在科技体制改革中都有至关重要的作用，两者既不可偏废，更不能互相取代。政府要着眼于解决经济发展中的重大问题，完善科技创新激励机制，营造有利于自主创新的政策环境，支持与经济发展关联度较高的共性技术以及战略性新兴产业领域关键技术的研发。企业作为市场竞争的主体，是科技创新的直接受益者和长远受益者，要按照市场化的规则，加大科技创新投入，积极引进高新技术项目，加强与同类企业、科研院校的交流合作，吸引各类创新要素向企业集聚，真正成为研发投入、技术创新和成果应用的主体。

（二）深化财政体制改革。财政收支范围是政府职能和资源配置作用在经济上的反映。深化财税体制改革，核心理念是进一步促进区域财力平衡，增强基本公共服务能力。落脚到巴南，则主要基于三大目标：

一是要促进主体功能区建设。随着我区财政管理体制的不断演变，逐步打破了以往镇街财力苦乐不均的格局，降低了经济实力较弱镇街的负担，促进了基本公共服务均等化。按照“明确事权——支出责任——匹配财力”的思路，重点是结合各镇街、园区在“四区一基地”建设中的职责任务，通过“压专项、扩一般、公式化”的方式，统筹调整和规范区、镇街和园区两级收支关系和财力配置，建立与主体功能区相适应的财政体制。龙洲湾滨江城市经济带的4个街道，通过自主发展能够实现收支平衡，但社会管理压力较大，事权较多，实行以“税基+支出责任预算”为基础财政体制，增加事权，进一步增强街道统筹发展能力；其余18个镇街，对区级财政依存度较高，实行以保障性转移支付、事务性转移支付、激励性转移支付及债务管理为主要内容“类部门预算”体制，有利于引导镇街按照功能分区定位加快发展；对平台公司实行预算平衡制度，经营性项目资金缺口由公司经营创收弥补，公益性项目资金缺口由政府统筹平衡配置，有利于推动公司经营治理按市场化原则创新转变。

二是要健全预算体系。实施规范、透明的预算制度，既是统筹安排财力的客观需要，也是保障公民知情权、监督权的重要途径。结合我区多年的财政改革实践，进一步规范预算管理，要从完善预算编审办法、深化预算公开、国库集中支付、支出会审等方面入手，重点解决预算编制标准不够细化、追加支出额度较大、预算执行力不强等问题，提高财政资金分配和使用的规范、安全和有效性。三是要化解债务风险。近两年来，我们通过土地出让、控制融资成本、设立偿债准备金等，有效降低了政府债务水平，债务风险总体可控，但债务余额仍然偏大，尚未形成“借、用、还”的良性循环体系，按照三中全会“完善政府债务管理及风险预警机制”的要求，我们重点要从清理债务总量、编制偿债平衡计划、专户管理偿债准备金等措施入手，实现全区债务“举债有度、管控有力”的目标。同时，要进一步创新税收之外的其他财政融资手段，精心设计道路、桥梁、供排水、垃圾处理等公共收费机制，尽可能减少公共项目的财政支出；利用债券的长期、稳定和低成本特点，替代银行的短期信贷，改进和加强BOT、基金等各种形式的公私合营融资模式，努力形成多元化、更有效的财政融资体系，严控政府债务风险。

（三）增强国有企业竞争优势。经过多年的努力，区属国有企业在规模与实力、政企关系、公司治理等方面都有了长足进步，但受制于委托代理、政策性负担、多元化目标等因素，仍然存在国有企业产权结构不优化、法人治理体系不完善、发展动力不足等问题，必须坚持市场化的发展方向，主动推进改革。

一是要明确国企功能定位。要根据国有企业的业务属性、目标责任、市场地位科学界定功能定位，实施分类管理、分类考核，公益类企业主要提供公共设施、社会保障等服务，确保城乡政策运行和稳定，不以营利为目的；功能类企业既要负责城市建设、产业发展等战略任务和政府重大专项任务，又要参与资本运作，追求盈利；竞争类企业则完全进入市场，兼顾社会效益，其生存和发展取决于市场竞争。

二是要积极发展混合所有制经济。如果国有资产不能按市场规律和资本属性在市场上进行自由灵活的流动和交换，而是大量沉淀在实物上，一定程度上意味着无形中发生资产损失，无异于“夏天的冰棒”。因此，混合所有制在带给民营经济更多机会的同时，也更加有利于国有资本功能放大、实现保值增值，是推动国有企业真正成为市场主体的重要途径，也是社会主义公有制经济的重要实现形式。区属国有公司要通过交叉持股、资产置换、共同投资、整体上市等方式，引进更多的战略投资者进入教育、水利等传统国资领域，推动国有经济和民营经济在更大范围、更广领域形成“你中有我、我中有你”的新局面。特别是要推动国有公司通过组建产业发展基金、金融控股公司、投资控股公司等，以资本运作的形式，优化国有企业产权结构，进而增强国有公司的整体竞争力。

三是要倡导企业家精神。从企业家特质角度研究，企业家不仅是一种身份，更是一种职能和状态，具有创新、承担风险、把握利润机会等特性。推动国有企业进入市场参与竞争，就是要遵循市场逻辑，尊重和激励企业家的人力资本价值，坚持“去行政化”的改革方向，取消行政级别，去掉公务员身份，建立市场化的职业经理人制度和薪酬机制，促进国有企业在市场竞争中不断创新和超越。

（四）破解城乡二元的体制障碍。在城乡分割的二元体制下，城市发展具有明显的比较优势，而城市大量闲置的资金、技术、人才等要素难以进入农村市场，农村大量资源由于不能参与市场化，农民犹如“捧着金碗讨饭吃”，直接导致城乡差距不断拉大。推进城乡一体化改革，要着眼于城乡二元自然形态长期并存的基本事实，从体制机制上促进农业经营效益和农村资源资产化收益的大幅度提高。

一是要建立促进农民增收的利益机制。农民的财产性收入增长乏力，一直是农民增收的薄弱环节。激活土地这一农民最大的资产，必将唤起沉睡的巨量资本，给农民、农村及相关产业带来无穷的发展机会。重点是要健全完善农村土地承包经营权流转机制、小城镇修编后的土地征用和出让机制、农村集体建设用地复垦特别是夹心房、连体房退出机制等，通过规范化的制度建设，保证农民获得稳定收益。要探索创新农村产权交易市场和农村土地流转、租赁、抵押二级市场等交易平台，建立试点开展农村集体经营性建设用地出让、租赁、入股等工作，推进林地流转和林权抵押，促进农村土地从实物形态向价值形态转变。

二是要健全适应现代农业的产业格局。十八届三中全会对新型农业经营体系的决策，明确了土地产权、承包权和经营权分离的界限。我们要从提高土地适度规模经营的效益出发，把握现代农业集约化投入、专业化生产、产业化经营、标准化建设的发展要求，建立工商资本与农户的利益联结机制，积极推广土地股份合作制，鼓励村社集体、农民以土地、房屋等基本要素入股，与社会资本共同发展农业产业化经营项目，积极发展家庭农场，推进土地集中经营，努力形成家庭经营、集体经营、合作经营、企业经营共同繁荣发展的新型农业经营体系。

三是要完善新型城镇化的推进模式。推进新型城镇化，核心在于人的城镇化，基础在于城乡建设管理方面的创新。首先，要突出人的主体地位，在农业人口转移过程中，要通过制度化的设计手段，让社会保障覆盖城乡，保证常住居民老有所养、病有所医、学有所教、劳有所得，有效解决农民工的住房、土地、户口等问题，真正让农民工融入城市。其次，要把握好城乡规划、建设、管理等关键环节，进一步探索“规划台账+色斑管理”相结合的规划管理模式，完善城市建设管理联席会议制度、业主出资修建公建配套机制、特色镇村建设机制、城市基础设施共享机制等，统筹推进综合交通体系、特色小镇、幸福农庄建设，逐步完善公厕、农贸市场、停车场、垃圾收运、雨污管网等城乡公共基础设施布局，加强城镇管理的常态化、规范化、精细化，着力健全依法、科学、规范的城镇管理长效机制，在完善“城市聚集区——产城融合带——城郊特色镇”的新型城镇发展框架中努力构建“生态+现代”的壮丽图景。

各位代表，同志们，把握发展的主要问题，才能实现“牵一发而动全身”的突破；抓住矛盾的主要方面，才能取得“一子落而满盘活”的效果。只要我们以更大的勇气、更多的智慧，深化经济体制改革，清除阻碍经济发展的一切障碍，巴南改革发展的道路就一定会越走越宽广。

五、深化民主法治改革汇聚强大正能量

国家治理的水准，是现代化程度的标高。我们要按照十八届三中全会“推进国家治理体系和治理能力现代化”的改革新目标，深化行政体制、民主政治、法治建设领域改革，不断提高科学执政、民主执政、依法执政能力。

（一）*努力打造服务型政府*。推进行政体制改革，是实现“有效的政府治理”的内在要求。去年我们出台了“职能重组、组织重构”为核心的行政体制改革方案，已经具备一些基础，下一步，要以转变政府职能为核心，以简政放权为关键，建设一套高效务实的行政管理体系。

一是要全面优化组织架构。组织架构优化的最终目的是提高政府服务效能，群众办事只需找一个部门的一个科室。要继续推行“大部门”制，按照同一件事情由一个部门负责的原则整合集中相近职责，该强化职能的强化、该弱化的弱化、该撤销的撤销，从严规范和管理议事协调机构、临时机构，最大限度减少部门之间职责交叉，必须交叉的职能要完善管理体制和运行机制，优化职责关系，明确主办和协办部门。部门内部要深化“大科室”制，按职责整合内设机构，控制非业务科室设置，减少挂牌机构，按规定确定规格。镇街按规模、事权和发展特色优化综合办事机构和事业单位，分别设置“五办四中心”“四办四中心”或“三办三中心”。

二是要理顺政社关系。按照政事分开、政社分开、政企分开的原则理顺政府社会事务职能，缺位的职能补上、错位的扭转、越位的收回。要分类推进事业单位改革，清理规范事业单位职责任务，撤并整合职责相近、设置重复分散、规模过小的各类事业单位，对承担行政职能的事业单位要在行政编制限额下逐步转为行政机构或将职能收归行政机构，对公益类事业单位要重新界定职责任务，按照职责相近的原则撤并整合，对经营类事业单位要适时推进转制。要完善政府购买公共服务办法，明确购买范围、购买方式、购买程序、资金渠道，凡是适合市场化方式提供、有利于提高服务效能、降低行政成本的事项，尽可能交由市场运作。要将政府购买服务与事业单位转制相结合，建立事业单位人员分流机制，科学安置原承担所购买服务单位的事业人员。

三是要明晰层级事权。要全面梳理、优化事权关系，积极承接市下放区的事权，加强上下衔接，防止事权转移过程中造成职能混乱和空挡。切实推进区级部门简政放权，按照“可下放可不下放的坚决下放、可取消可不取消的坚决取消、可审批可备案的坚决备案”的原则，切实简化审批程序、减少审批环节，推行并联审批、网上审批，将行政审批与技术审查分开。在事权下放的同时要完善行政审批监管机制，将行政审批事项全部纳入行政审批电子监察系统，加强事中事后监管，形成规范高效、公开透明审批运行机制，从而优化投资环境，提高行政服务效能，打造群众满意的服务型政府。

（二）*发展更加广泛的人民民主*。民主政治制度是政治体制改革的重要内容，是构筑现代国家治理体系的重要环节。只有健全民主制度，丰富民主形式，扩大公民有序的政治参与，才能更加充分激发创新活力，形成改革发展的强大推力。

一是要完善人大及其常委会作用发挥机制。在保证人大及其常委会依法行使重大事项讨论、决定制度及选举、任免国家机关工作人员等职权的同时，要以“就职宣誓”为载体，健全“一府两院”由人大产生、对人大负责、受人大监督制度。要健全人大讨论、决定重大事项制度，实现决策的科学化、民主化。要加强人大预算决算审查监督、国有资产监督职能，在区人大常委会增设预算工作委员会。要通过询问、质询、特定问题调查、备案审查等积极回应社会关切，深入开展“密切联系群众·推动小康建设”主题活动，完善代表联系群众制度，不断发挥代表在闭会期间的作用，努力把人大常委会建设成为“为民务实、勇于担当、作风清廉、人民满意”的地方国家权力机关。

二是要突出统一战线和协商民主的政治优势。完善民主党派与区委联合议事机制，健全民主党派负责人和无党派人士参加重要活动制度，彰显社会主义民主政治的核心优势。要提高协商民主的计划性、系统性、规范性和针对性，每年制定协商年度计划，有序组织专题协商、对口协商、界别协商、提案办理协商。要发挥政协专委会、委员地区小组等专业化、属地化政治单元的作用，发挥他们熟悉相关领域、相关地域情况的优势，建立与相关行政单位定期沟通机制。要加强委员意见建议的办理和反馈，提高协商民主的时效性。

三是要加强基层民主政治建设。切实保证人民群众当家作主的权力，社会组织自治必须以群众为主体，并保障群众的主导地位，坚决防止自下而上的民主单元变成自上而下的行政单元。要不断培养人民群众的民主意识，提高群众行使民主权利的能利水平，以群众民主意识的觉醒提高基层民主制度执行水平，从而为社会主义民主不断前进打牢群众基础。要推进村务公开制度化、规范化，以公开加强监督，以监督确保公开，完善村（社区）干部经济责任审计制度，通过专业化监督确保群众自治组织依法为群众服务。

（三）深入推进法治建设。法治是社会利益关系的“调节器”。在经济体制深刻变革、社会结构深刻变动、利益格局深刻调整的新形势下推进改革事业，必须更加注重发挥法治的作用，切实加强法治政府建设、深化司法体制改革、营造法治氛围，提高社会法制化水平。

一是要加强法治政府建设。要提高政府运用法治思维和法治方式施政用权的自觉性和主动性，以法治规范政策行为、促进矛盾化解、保障社会和谐。要规范行政执法，统筹城市管理、生态文明、市场监管等领域的执法事务，探索建立权责统一、权威高效、力量集中的行政综合执法体制，规范委托执法事项，从执法主体、执法程序、执法环节全过程强化行政执法监督。要提高各级各部门依法行政的能力和水平，组建全区政府法律顾问库，广泛推行法律顾问制度，政府出台政策和重大决策必须经过法律层面审查，确保政策决策符合法律逻辑。

二是要深化司法体制改革。要确保司法机关依法执法，坚决按照法律授权行使司法权力，法无授权不实施。要坚决杜绝司法机关违规执法、执法犯法，实现执法“实体、程序、过程、手段”等“四个正义”有机统一，确保社会公器的纯洁性和权威性。要妥善处理依法独立审判与公安、检察机关相互配合、相互制约的关系，推进司法公开，建设审判流程、裁判文书、执行信息三大公开平台，完善人民陪审员、人民监督员工作机制，确保司法公正，为改革提供坚强的司法保障。

三是要多渠道提高普法工作实效。要加强普法工作，弘扬法治文化，增强群众法律意识，提高群众学法用法的积极性。要建立食品安全、生态安全等重点公共领域公益诉讼机制，逐步覆盖法律执行上的空白和死角，形成违法必究的法治环境，进一步彰显和增强法律效力。要加强法律援助工作，让法律成为全民可用的武器，特别是要让社会弱势群体不因经济状况和文化水平的局限而失去用法律保护自己权益的机会。要提高行政复议的透明度和公信力，落实行政首长出庭应诉制度，保证群众和政府作为平等的法律主体，同等享有法律保护，公平接受法律制裁，从而坚定广大群众的法治信心。

各位代表、同志们，从管理到治理，是我们党执政理念、执政方式的重大革新，是基于实现善治、长期执政的制度塑型。我们一定要认真贯彻落实十八届三中全会部署要求，大力推进行政体制、民主政治、法治建设领域改革，着力构建政府科学有效治理的体制机制，努力谱写政治清明、政治文明的政通人和新篇章！

六、深化公共领域改革努力创造更多民生福祉

经济的快速发展，伴随着只顾自我而不考虑公共利益、追求现世而不顾及子孙后代等不良行为，给社会、文化、生态环境等带来较大负面影响。深化公共领域改革就在于维护社会公平正义、增强社会基础活力、推动人与自然和谐发展。

（一）深化“大善巴南”社会管理创新实践。去年，我们启动了“大善巴南”社会管理创新实践，但是，在思想意识、价值取向、道德观念多元多变的社会背景下，民生水平与群众期望还有差距，社会对抗、信访不信法等问题依然存在，必须要在加强和创新社会管理上进一步寻求突破。

一是要提高基本民生水平。从改革的角度讲，保障和改善民生的着力点就是完善“当期可承受、长远可持续”的民生工作机制。教育方面，要建立优质教育资源扩充和义务教育资源均衡配置机制，构建公办、完全民办、公民办混合、购买义务教育资源等多元办学格局，扩大“白云计划”覆盖面和城乡校长、教师交流覆盖面，建立体育和艺术教育发展促进机制，推动学校设施设备向社会开放，培养全面发展的合格人才。医疗方面，要鼓励社会办医，支持以合资合作、托管等形式吸引社会资本参与医改，强化医疗服务行为监管和医疗费用综合控制，减轻群众负担，完善医疗纠纷第三方调解和第三方支付制度。就业及社会保障方面，要搭建全区劳动力资源调度平台，加强职业技能培训，逐步解决就业结构性矛盾，完善城乡统筹的社会保障体系，健全农村留守儿童、老人、妇女关爱服务体系。

二是要改进社会治理方式。改进社会治理方式是提升政府社会服务效能的有效途径，是维护广大人民群众利益推动社会和谐稳定的重要保证。要以破解困扰社会管理的制度性难题为目标，按照“平安中国”建设的社会治理改革大方向，健全公共服务体系，提高社会管理服务水平，激发社会组织活力，推行村（社区）事务“准入清单”制度，建立网格化的社区管理模式，完善社区矫正工作机制和特殊人群关怀帮扶机制。要健全社会稳定风险评估机制，从源头上预防和减少矛盾纠纷，完善人民调解、行政调解、司法调解联动的社会调节工作体系，提高社会矛盾调节水平。要推行网上信访、联合接访、绿色邮政等多种方式拓宽群众诉求表达渠道，落实诉访分离制度，引导群众通过法律途径解决涉法涉诉信访问题，加大对违法信访行为的处置及反面警示宣传力度。

三是要加强公共安全管理。安全是人的第一需要。要健全社会治安综合治理机制，推进“平联工程”等物防技防设施建设，建立立体化社会治安防控体系。要完善食品药品安全管理体系，严厉查处和打击食品药品安全领域违法犯罪行为。要加强安全生产管理，落实“党政同责”，探索安全准入制，健全隐患排查治理体系、安全预防控制体系和应急救援体系，遏制重特大安全生产事故。要积极适应信息化和自媒体高速发展下舆论安全管理的新形势，提高政府舆情管控水平，坚持疏堵结合，在依法打击危害国家安全、扰乱社会秩序、侵害公共利益的网络违法犯罪行为的同时，完善政府新闻发布制度，特别是加强重大突发事件的新闻发布，以真新闻占领舆论阵地，不给假新闻可乘之机，提高政府新闻公信力，压缩猜测空间。

（二）增强文化事业发展的持久动力。文化是民族的血脉，是人民的精神家园，是经济社会发展的精神动力。深化文化体制改革的要义在于理顺思想认识上的分歧，破解束缚文化发展的体制障碍，为文化事业的繁荣发展创造更加宽松的成长环境。

一是要正确看待市场和阵地的关系。社会效益和经济效益相统一是文化体制改革的根本方向，社会效益是社会主义文化事业前进的出发点和落脚点，经济效益是激活市场要素推动文化事业发展的持久动力源。要借鉴社会主义市场经济发展的成功经验，健全完善文化市场准入机制，大胆放开文化市场，以市场的方式激发文化产业发展活力，防止把市场看作坚守社会主义文化阵地的“异己力量”。要完善“六大文化工程”领导机制、协调机制、投入机制和考核机制。要通过对市场的有效管理和正确引导确保文化阵地的巩固，实现文化事业百花齐放而不走邪路，百家争鸣而不唱反调。

二是要正确看待资本注入和文化导向。正确的文化导向是社会主义文化事业健康发展的根本保证，资本的参与是增强文化产业活力，推动社会主义文化事业大繁荣、大发展的重要引擎。方向的正确与动力强弱没有关联，因此不能把资本的参与和坚持正确文化导向相对立。要形成国家资本、社会资本、文化发展基金并存的多层次文化产业投融资体系，鼓励和支持社会资本投资兴办公共文化实体、建设公共文化设施，建立政府掌握的文化产业发展专项基金，持股参与文化产业发展。要保持国有资本对文化导向的控制力，增强国有资本对非公有资本的引导力，保证党和政府对文化事业导向的把控力，形成多引擎同向驱动模式，确保社会主义文化事业沿正确方向加速发展。

三是要同等看待文化企业和文化事业单位。

文化企业和文化事业单位在社会主义文化事业发展中担当着不同角色，文化企业以提供文化产品为主，文化事业单位重在提供公共文化服务。理清职能是深化文化体制改革的一项重要工作。培育壮大文化市场主体，健全完善文化市场准入机制，探索建立退出机制，鼓励各类市场主体公平竞争，促进文化资源有序流动、有效配置。要修订文化产业扶持政策，扶持民营文艺团体发展，加大重点文化项目支持力度。要探索公共文化设施托管、服务项目外包机制，鼓励文化能人、文艺团队发挥专业优势承包运营基层文化阵地。完善文化行业协会管理机制，支持文化中介服务机构等行业组织发展，提高行业组织自我管理水平。

（三）用制度维护生态安全。改革开放前期，人们在强调经济发展、追求效率、获取良好经济效益的同时，给生态资源和生活环境造成较大损害。特别是近年来较多地区出现的极端天气，已经敲响了生态保护的警钟。我们要按照“源头严防、过程严管、后果严惩”的思路，健全完善生态保护制度，杜绝新的生态欠账。

一是要完善生态保护制度。围绕“大美巴南”生态文明建设计划，进一步健全资源利用与生态保护制度、环境治理与生态修复机制、生态补偿办法，加强节能降耗管控，综合运用价格手段调解企业排污行为，完善建设项目社会风险评估和环境影响评价信息公告制度，推行公共资源有偿利用，体现市场供求关系、资源稀缺程度和生态产品公平分配原则。改革生态环境保护执法监管体制，用法治方式解决环境污染引发的社会矛盾。

二是要强化生态保护责任。生态环境问题之所以成为经济发展最大的“后遗症”，除了环境问题本身的复杂性之外，体制机制特别是责任追究方面的问题越来越明显。要进一步完善政绩考核制度，建立体现生态文明要求的目标体系、奖惩制度，突出绿色、循环、低碳可持续发展的工作导向，编制全区自然资源资产负债表，建立领导干部自然资源离任审计与责任终身追究制度，严格使生态环境保护成为发展的“红线”、不能触碰的“高压线”。特别是对擅自引进、违规审批污染企业的责任人，要严格追究经济和法律责任。

三是要强化生态保护意识。要建立多渠道的公众沟通与对话机制，保障公众环境知情权、监督权和参与权，增强群众参与环保工作积极性和主动性。要加强公民生态教育，创新生态环保宣传教育内容和方式，把生态环保教育纳入干部培训和中小学教育课程，支持环保公益组织开展生态公益活动，引导全社会树立生态环保理念，构建绿色低碳的消费模式和生活方式，形成生态文明人人有责、生态文明规定人人遵守的良好风尚，全面增强对生态文明建设的自觉行动力。

各位代表，同志们，造福人民是党执政兴国的一贯追求，深化公共领域改革必将推动发展成果最大限度转化为人民群众的福祉，必将更好地维护人民群众的根本利益，我们坚信，伴随着改革的脚步，巴南人民的明天一定会更加幸福、更加美满！

七、提高党领导改革事业的艺术和水平

改革必然要触动一部分群体的切身利益，“触动利益比触动灵魂还难”，但唯其艰难，才更显勇毅。广大党员干部要从巩固党的执政地位的高度来认识改革，以“生于忧患”的使命担当投身改革，以“自我革命”的勇气推进改革。

（一）加强干部队伍建设夯实改革主体力量。深化干部人事制度改革是加强党领导全面深化改革事业的关键环节，要全面改进干部考核评价、选拔委任、教育培养等工作制度，激发广大党员干部投身改革发展稳定事业的积极性、主动性、创造性。

一是要选好人。进一步完善“三推一荐”干部提名机制，扩大让多数人从多数人中选人的范围。坚持会议投票推荐与谈话推荐相结合，建立得票情况综合研判机制，防止简单以票取人，强化党委（党组）、分管领导和组织部门在干部选拔作用中的权重和干部考察识别的责任。

二是要用好人。要走出唯分、唯票论英雄的干部评价误区，完善优秀人才成长机制，不断拓宽用人视野，注重从基层选干部、从经济社会发展的一线岗位上选干部，进一步畅通优秀村干部、企业管理人员成长为领导干部的通道。

三是要管好人。要完善不合格党员干部惩处制度，提高公务员待岗学习等负向激励制度执行力度，用“制度权威”整治作风顽疾，防止党员干部管理“失之于宽、失之于软”，对脱离群众不愿不会做群众工作干部要加强教育，对事业心责任心不强、作风懒散、精神萎靡不振、大错不犯小错不断的党员干部要加强惩戒，对不坚持原则、不顾公共利益、怕得罪人，占着位置不干事的干部要坚决调整，对道德败坏、生活腐化、违法犯罪，影响党员干部队伍形象的干部要坚决淘汰。

（二）加强权力监督制约保证改革健康推进。腐败是全面深化改革道路上最大“绊脚石”，必须把反腐倡廉作为加强执政队伍建设的长期任务，保持对腐败行为“零容忍”的高压态势，为改革事业提供风清气正的政务环境。

一是要完善领导干部权力制约机制让党员干部不能腐败。重点是加强对班子“一把手”的权力监督，完善“一把手”不直接分管财务、人事、工程项目、行政执法、行政审批等五不直管制度，实行副职分管、正职监督，并配套建立评议、质询等制度，构建决策科学、执行坚决、监督有力的权力运行体系，形成科学有效的权力制约和协调机制，把权力关进制度笼子。

二是要加强预防腐败体系建设让党员干部不易腐败。在为干部“洗洗澡”“治治病”的同时，要对权利运行环境“消消毒”“除除菌”，彻底根除滋养腐败的土壤。要建立决策后评估和纠错机制，对决策执行情况进行跟踪评估，根据评估情况适时调整和完善决策。要健全党务、政务和各领域办事公开制度，重点领域全环节公开，让权力在阳光下运行。

三是要加强监督和责任追究让党员干部不敢腐败。整合党内监督、人大和政协监督、司法监督和舆论监督等各方面监督力量，确保权力监督不留死角。改革纪检监察组织派驻、管理模式和纪检干部提名、考核方式，促进纪检监察工作双重领导体制具体化、程序化和制度化。建立决策失误评估体系，对决策失误的动因、造成的影响、产生的后果作出科学合理的评价，对决策者实行终身责任追究。

（三）改进作风保持良好的改革精神状态。作风问题关系到人心向背和事业成败。改作风，得一时成效不难，难在锲而不舍、久久为功。我们要在建立健全作风建设长效机制上狠下功夫。

一是要强化制度的执行力。各级领导干部要持之以恒贯彻落实“八项规定”等一系列作风建设规定，大兴求真务实之风，深入实际、深入基层、深入一线，围绕巴南改革发展稳定的一些重要问题，开展系统的调查研究，了解真实情况，更有效地推动工作。要切实抓好机关效能建设，进一步加大督查、暗访和投诉处理力度，营造良好发展环境。

二是要保持良好精神状态。任何一个团队，组织成员的精神状态好，就会群情激昂，群策群力，高标准、高质量、高效率地完成各项目标任务，创造出一流的工作业绩；反之，则会暮气沉沉，一盘散沙，对工作敷衍应付、推诿扯皮，结果错失机遇、贻误发展。面对全面深化改革的各种困难和繁重的工作任务，我们必须要有奋勇向前的决心。无论遇到多大的困难和压力，只要我们坚定信心，奋勇拼搏，就一定能够克服困难，取得胜利。全区广大干部特别是领导干部要敢于担当、敢作敢为，牢记肩负的神圣职责，在攻坚面前不退步，在困难面前勇破解，增强工作的主动性和创造性，敢于把有风险的事、困难的事、竞争性强的事办成办好。

三是要坚持群众路线。要扎实开展好“为民、务实、清廉”群众路线教育实践活动，使之成为广大党员干部端正思想、增强党性、改进作风、提高本领的重要途径，成为密切党群干群关系做好群众工作促进社会和谐稳定的桥梁。党心连着民心，党风引导民风，党风正、政风清方能社风良、民风纯，而人心聚、万马腾，必将凝聚起振兴巴南的强大力量。

各位代表，同志们：自信人生二百年，会当水击三千里。全面深化改革是当代共产党人必须承担的历史使命和政治责任，时代在呼唤我们，人民在期盼我们。让我们紧密团结在以习近平同志为总书记的党中央周围，在中共重庆市委的坚强领导下，以党的十八届三中全会精神和市委四届四次全会精神为指导，抢抓机遇、把握重点、夙夜在公、锐意进取，扎实推进巴南各项改革，为全面加快“四区一基地”建设，率先全面建成小康社会，实现中华民族伟大复兴的“中国梦”而努力奋斗！

重庆市巴南区人民政府工作报告

——2014 年 2 月 20 日在重庆市巴南区第十七届人民代表大会第四次会议上

重庆市巴南区人民政府区长　陈　刚

各位代表：

我代表区人民政府，向大会报告工作，请予审议，并请各位政协委员提出意见。

一、2013 年政府工作回顾

过去一年，全区上下深入贯彻党的十八大精神，在市委、市政府和区委的正确领导下，围绕"一城一极一区"目标定位，以"强工业、抓建设、促效益、惠民生"为主线，团结奋斗，扎实工作，较好地完成区人代会确定的目标任务。

（一）经济运行平稳向好。统筹推进"五化一体"建设，经济运行稳中趋好。实现地区生产总值465.9 亿元，同比增长 11.8%，增幅居主城区第四位。全社会固定资产投资 535.6 亿元，增长 24.8%；社会消费品零售总额 186.7 亿元，增长 14%，增幅均居主城区第一位。公共财政预算收入 25.2 亿元，增长 20.8%；其中税收收入 21.3 亿元，增长 20.1%，增幅分别居主城区第二位和第一位。出让土地实现成本收入 57.1 亿元，综合财力达到 133.9 亿元。城镇居民人均可支配收入 26942 元，增长 9.4%；农村居民人均纯收入 10600 元，增长 12.5%，增幅分别居主城区第四位和第三位。金融机构存款余额 483.3 亿元，比年初增长 14.9%；贷款余额 395.6 亿元，增长 9.1%；存贷比 81.9%，居主城区第三位。市场主体 4.36 万户，增长 15.1%；外资企业新增 28 户，增长 2.3 倍。

（二）工业经济加速回升。狠抓结构调整和产业升级，工业经济企稳回升。实现工业总产值 645 亿元，增长 11%，比上一年提高 7.1 个百分点。规上工业总产值 538.4 亿元，增长 10.9%，比上一年提高 8.9 个百分点。工业综合效益指数 233.8%，提高 19.8 个百分点。完成工业投资 132.9 亿元，居主城区第三位。新引进工业项目 27 个，协议投资 103 亿元。数码电子等新兴产业从无到有，提速发展。经济园区新建标准厂房 48 万平方米，建成部分已完成整体招租。长安铃木二工厂新车下线投产，金泰航空等 12 个项目投产，深圳惠科等 12 个项目开工。麻柳沿江开发区建成 10 万平方米标准厂房，新希望等 7 个项目启动建设。全区规模工业研发投入 8.2 亿元，居全市先进行列。高新技术产品和重点新产品实现产值277亿元，占工业总产值的42.9%。在全市率先推进企业精益管理创新，重点企业人均产能提高30%以上，被评为全市精益管理示范区。锦晖陶瓷创建全市首家国家级工业设计中心，4家企业获评全市技术创新示范企业。

（三）第三产业势头强劲。推进内需拉动、扩大消费，社零总额增速连续6年领跑全市。商品销售总额完成542.9亿元，增长18.3%，增幅居主城区第三位。商品交易市场综合发展指数居全市第三位。铠恩国际等四大特色专业市场实现销售420亿元，增长18.5%。商社汇？巴南购物中心建成开业。引进城市综合体万达广场，商业体量达70万平方米。成功举办家博会等10余场大型商贸活动，实现销售60亿元。公路物流基地入驻项目快速推进，新引进京东商城等6个项目。温泉旅游、乡村旅游等持续升温，接待游客1577万人次，增长32.1%。南温泉整体开发二期商业步行街、五星级酒店主体完工。丰盛、东温泉入选重庆美丽小城。新增金融机构12家。银行金融机构实现利润11.3亿元，增长9.7%。

（四）城市建设提速升级。推进新型城镇化和“大美巴南”行动，城市建设扩量提质。商品房施工面积1467.6万平方米，销售面积200.8万平方米，销售额119.4亿元，分别增长22.4%、27.6%、46.9%。龙洲湾滨江片区完成投资100亿余元，建成276.6万平方米，投资及开发量居主城十大城市片区第二位。滨江城市经济带在建城市综合体等项目23个，建筑面积达770万平方米。龙洲湾B区开发正式启动，旭辉城等项目开工。鹿角新城开发建设加快，引进融创集团竞得土地1924亩。沿江高速巴南段建成通车，境内高速公路形成“二环三射”路网。在全市率先启动4G试验网建设，光纤入户新覆盖1.7万户。新开工建设4座变电站，建成天然气主管线27公里。完成一批人行道、车行道、下水道整治，新增隔离护栏2000米，新增停车位5700多个，新增城市绿地61万平方米，新建污水管网19公里。城镇生活垃圾处置率达到98.9%，城市生活污水处置率95.4%。实施“蓝天行动”，空气质量综合指数居主城区前列。森林覆盖率达到43%。

（五）城乡统筹一体发展。致力于“三化”解决“三农”问题，农业农村稳步发展。财政投入3.5亿元，支持都市效益农业和特色小镇、幸福农庄建设。深入实施农业产业化十大工程、七大亮点项目，新发展优质蔬菜、水果、茶叶等特色农业生产基地4万余亩。光大奶业一期投产，重庆茶业集团被评为全国农业产业化重点龙头企业。二圣集体村被确定为西部唯一、全国首批5个之一的现代生态农业创新示范基地，接龙荷花村等5个村被确定为全国和市“美丽乡村”创建示范点。在国际上首创猪蓝耳病防控新技术，引起国内外广泛关注。首创鱼菜共生瓜果类立体蔬菜种植技术在全市推广。新增高效节水灌溉面积12900亩，成为全国规模化节水灌溉试点区。加快农民职业化，培育新型职业农民550人，发展种养大户476户，累计发展农民专业合作社329个。加快农村社区化和基础设施建设，建成社区公园、农贸市场等特色小镇项目98个，建成幸福农庄、农民新村14个28万平方米，惠及农民2399户。硬化建设农村公路200公里，新增农村人行便道500公里、沼气池500口。龙岗水库大坝建成，完成20座病险水库整治。三峡后续工作实施规划有序推进，争取项目35个、专项资金2.3亿元。

（六）改革开放步伐加快。着力深化改革、扩大开放，发展活力日益增强。在全市率先推动职能重组、组织重构改革，率先建立城市建设管理联席会议制度，率先实施商品房预售资金监管制度、城市道路占用挖掘管理办法，率先在主城区建立社区矫正机构“中途之家”。被纳入全国首批农村信用体系建设试验区。完成农村土地股份化、集体资产股权化、集体建设用地使用权流转改革试点。完善债务风险防控机制，新增融资77.6亿元，债务总量平稳下降。加快内陆开放高地建设，与重庆海关建立共同促进开放型经济合作关系。实际利用外资7.98亿美元，增长101%，增幅居主城区第一位；进出口总额13.3亿美元，居主城区第五位。招商引资再创新高，新签约项目总投资额487亿元，增长41%。实际利用内资370.9亿元，居主城区第一位。引进香港工业园、香港城，推动重庆中央活动区、重庆—东盟物流大通道上升为市级战略。

（七）社会民生保障有力。扎实推进“大善巴南”建设，促进民生发展。财政对民生支出37.7亿元，占公共财政支出的70.5%。城镇新增就业4万余人，城镇登记失业率2.62%。社会保险参保达176.7万人次，基本实现全覆盖。支出1.2亿元资助救助困难群众。在全国率先探索计划生育特殊家庭养老帮扶模式。花溪中学建成投用，新建11个镇街中心幼儿园。接龙、丰盛卫生院改扩建完工投用，完成71个村卫生室标准化建设。建成一批镇街和村居文化基础设施，接龙小观梆鼓舞、麻柳荷叶列入市级非遗保护名录，南泉抗战旧址群纳入全国重点文物保护单位。首创《巴国霓歌》大型广场文艺演出原创品牌。广泛开展群众体育活动和全民健身行动，参与群众达30万人次。成功举办环中国国际公路自行车比赛等10余项重大赛事。推进安全保障型城市建设，连续多年实现重特大事故“零目标”。完善矛盾纠纷排查调处机制，积极开展法律援助，健全立体化治安防控体系。投入19亿元完成一批区级民生工程。建成公租房230万平方米，建成入住廉租住房1368套，完成5640户农村危旧房改造。建成42个农村饮水工程，红层找水打井1200口，解决5万人饮水安全问题。188辆定线长安车有序退出，二环内基本实现公交全覆盖。最后4个贫困村实现整村脱贫。

过去一年，我们坚持为民务实清廉，坚决反“四风”，改政风。办结人大代表议案建议208件、政协提案385件，回执满意率100%。财政预决算、政府性融资等重大事项提交人大审议23件次。严格执行中央八项规定和市委“八严禁”“十二不准”，严格执行党风廉政建设责任制，反腐倡廉全面加强。深入开展纠风、效能监察和发展环境综合整治等工作，全区“三公”经费压缩20%。积极应对各种自然灾害和突发事件，确保了群众生命财产安全。人民武装工作、国防动员建设得到加强。完成对口帮扶城口县工作任务。外事、法制、民族、宗教、侨务、对台、监察及爱国卫生、妇女儿童、慈善、老龄、残疾人事业得到新发展，统计、审计、人事、政务服务、档案、地方志、保密、气象、地震、民防、消防等工作取得新成绩，规划、国土、工商、税务、质监、食药监、邮政、通讯、能源等部门为全区发展作出新贡献。

各位代表！过去一年，全区经济发展、社会进步和民生改善再上新台阶，得益于市委、市政府的关注关怀和坚强领导；得益于区委的统揽全局、定向导航和历届区委、区政府打下的坚实基础，也凝聚着段成刚同志的心血和汗水；得益于区人大和区政协的大力支持、有力监督；更是全区人民奋发图强、真抓实干的结果！在此，我代表区人民政府，向全区广大干部群众，向人大代表、政协委员、各民主党派、工商联、人民团体及各界人士，向驻区部队、武警官兵和政法公安干警，向所有关心和支持巴南建设发展的同志们、朋友们，表示衷心感谢并致以崇高的敬意！

回顾过去一年，我们清醒地认识到，巴南正处于爬坡上坎、转型升级的关键时期，面临的困难和问题还不少：经济总量特别是工业经济总量偏小；税收结构不优，财政收支矛盾突出；融资成本较高，债务总量和偿债压力较大，潜在风险不容忽视；“三农”问题仍然突出，城乡一体发展任务繁重；公共服务还不能满足群众需求，事关群众切身利益的种种矛盾问题仍很明显；政府自身建设不尽如人意，执行力有待提高，一些政府工作人员改革创新和服务意识不强，谋发展解难题办法不多，不作为、慢作为甚至乱作为现象依然存在。对这些问题，我们不回避、不绕道，务必切实加以解决。

二、2014年工作目标和任务

今年，是全面贯彻党的十八大、十八届三中全会精神，全面深化改革的关键之年，是贯彻市委四届三次、四次全会精神，实施五大主体功能区战略的重要一年。我们务必坚持解放思想、实事求是，低调务实、少说多干，敢于担当、积极作为，切实做好全年工作。

今年政府工作的总体要求是：以邓小平理论、“三个代表”重要思想、科学发展观为指导，认真贯彻市委、市政府和区委的决策部署，紧紧围绕建设“一城一极一区”目标定位和“四区一基地”功能定位，坚持稳中求进工作总基调，以“促增长、抓建设、推改革、惠民生”为工作主线，全面深化改革扩大开放，扎实推进“五化一体”“大美巴南”“大善巴南”建设，着力强化创新驱动，加快转方式、调结构，全力保障和改善民生，促进经济持续健康发展、社会和谐稳定。

主要预期性目标：地区生产总值增长12%左右；工业总产值增长15%；公共财政预算收入增长14%；全社会固定资产投资增长15%；社会消费品零售总额增长16%；城镇居民人均可支配收入增长12%，农村居民人均纯收入增长13%。主要约束性目标：万元地区生产总值能耗降低2.5%；空气中细颗粒物浓度下降4%；城镇登记失业率控制在3%以内。

实现今年目标，重点抓好以下工作：

（一）着力强化要素保障，确保经济可持续发展。切实加大经济运行调控力度，合理调度、优化配置生产要素，尽力消除制约发展的种种瓶颈因素，力促经济良性运行，发展速度、质量和效益得以兼顾。

抓好规划保障。做好“十二五”规划实施中期评估工作。编制“四区一基地”空间、产业等规划，推进小城镇规划修编和乡村建设规划编制，推动镇村规划全覆盖。开展专项专业规划编制和规划研究，科学指导产业发展、园区开发和基础设施建设。高效完成重大项目规划手续办理，推进规划指标平移，满足项目落地需求。严格城市规划管理，严厉查处违法建筑，遏制在建项目违反规划行为，确保开发建设规范有序。

抓好用地保障。拓宽思路、创新举措，通过大项目带指标、地票、增减挂钩、用足用活三峡移民政策等方式，积极争取用地指标。认真清理“两规”指标覆盖“家底”，规划好招商布局，超前为项目落地开建做好准备。强化用地指标的统筹管理，有效解决重大项目供地问题。坚持集约节约用地，高度重视招商项目投入产出比，算好“亩产税收帐”，每平方公里产出不低于150亿元。合理调控小城镇规划修编增加的用地指标，加强闲置土地清理，加大违法用地处置力度。全年争取落实6000亩用地指标，力保入驻项目如期供地。

抓好资金保障。创新融资方式，通过企业债、私募债、股权合作、未来收益权质押、融资加代建等拓宽融资渠道。完成15亿元企业债券发行工作，新增金融机构融资70亿元。加快出让商住用地4600余亩，回笼资金100亿元以上。按照“债务要有数、规模要有度、债务要分类、管理要有规、用债要有方、结构要调整、偿债要有责”的要求，加强政府性债务管控和责任审计，锁定偿债资源。建立健全“借、用、管、还”投融资模式和偿债机制，坚持“一盘棋”调度，收缩战线捏紧拳头，突出重点量力而行，确保债务风险可防可控。坚持“四划一体”，既立足长远谋划、策划、规划好发展目标和重点项目，又着眼当前条件和财力，按照先急后缓、效益优先和当期可承受、未来可持续的原则，有计划地分期分批实施，凡资金未落实的项目一律暂缓开工。

抓好能源保障。加强与电力、天然气部门沟通协调，力争实现全年不拉闸限电、不限气目标。确保220千伏虎啸、110千伏金竹、110千伏光国、35千伏永隆4座变电站投入运行，新开工220千伏白马山、110千伏梓桐及南彭变电站项目。加快外环天然气主干线建设，推进界石等镇储气站项目，实现天然气供应全覆盖。

抓好人力资源保障。鼓励企业招引各类专业技术人才，强化校企联合、订单培养人才。搭建劳动力资源服务平台，完善企业用工需求信息库。在完成市信息产业重点企业协助招工任务的同时，新增就业4万人，开展培训1万人次以上，实现回乡就业创业3500人，切实帮助重点企业解决用工问题。

（二）唱响“巴南制造”品牌，打造先进制

造业基地。实施品牌战略，培育一批名牌企业和名牌产品。着力在各园区、开发区培养“懂经济、会管理、敢创新、重契约”的具有工业精神的干部队伍和企业家队伍，以此大力发展战略性新兴产业，提升传统优势产业，深入推进新型工业化，切实做强“促增长”的主引擎、主支撑。

强力推进项目落地、投产达效，尽快形成增量。完成工业投资155亿元。已签约并供地的所有项目，第二季度全部实质性开工建设。经济园区标准厂房签约入驻企业全部投产，曙光、宁辉部分楼栋交付使用并形成产能，加快台湾圣美、深圳惠科、华雄等项目建设。园区实现工业总产值560亿元，规模工业新增产值60亿元。麻柳沿江开发区新建标准厂房80万平方米，开建北大国医、攀渝钛业等项目，新希望、百亚、拓为服装城、广泽中小企业基地等部分企业投产，规模工业实现产值10亿元。全力推进香港工业园招商，标准厂房上半年招商完毕，年底前10个以上项目建成投产，实现产值10亿元。

强力推进现有企业扶优扶强，壮大提升存量。认真开展第三次全国经济普查相关工作。大力实施“五转一创新”，推进无证转有证、个体转企业、分支转法人、规下转规上、限下转限上，创新服务企业体系。推动技改升级、扩能提质，支持重点骨干企业做优做强。以市场倒逼促存量盘活，提升汽摩产业综合实力和竞争力。推进长安铃木二工厂25万辆整车、一工厂自主品牌乘用车项目，支持宗申集团产业升级和多元化发展。实化领导干部联系企业制度，建立企业诉求信息平台，完善“三级联动”解决企业困难机制。引导支持民营企业抱团发展。投足用好工业发展专项资金，优化“新工通·助保贷”中小企业融资平台。强化工业经济运行监测，抓好规模企业特别是30户重点企业的协调服务。规上工业总产值增长13%以上、利润增长12%以上，工业综合效益指数提高3.5个百分点。

强力推进工业招商，增强发展后劲。瞄准“整机+配套”、垂直整合全产业链，大力开展以商招商、集群招商，以招商选商促增量做大做优。着力打造一支“精功课、善博弈、会算账、促双赢”的专业化招商队伍，紧盯行业领先、带动力强、附加值和科技含量高的知名企业，高效推进一批项目签约入驻。工业招商合同金额200亿元以上，实际到位资金100亿元以上。

强力推进新兴产业，促进可持续发展。编制战略性新兴产业发展规划，着力发展数码电子、新能源汽车、高端装备制造和新信息技术产业，培育发展新材料、生物医药和轻纺服装等产业，引进云计算、大数据、车联网、智能终端及下一代网络设备项目。云教育产业园建成产业用房3万平方米，入驻企业3~5个。新兴产业项目投资占工业总投资60%以上。

强力推进创新驱动，促进产业转型升级。整合资源、确保投入，研发经费（R&D）增长12%以上。鼓励企业与高校、科研院所共建关键技术平台和研发中心，构建“产、学、研、用”创新开发体系，培育核心竞争力强、产业带动大的工业企业。高新技术产品和重点新产品达到120项，国家级高新技术企业达到32家。推进全国知识产权试点城区创建，专利申请量增长25%以上，专利成果转化率达到60%以上。推进精益管理创新，新增10家企业深度系统服务，有效提升企业管理水平和生产效率。

（三）唱响“巴南服务”品牌，大力发展现代服务业。以建设商贸物流集聚区、中央文化休闲活动区、生态健康体验区为目标，围绕拓展产业方向、调整经济结构，加快发展现代服务业，做优“促增长”的加速器。

打造商贸物流核心平台。强力推进公路物流基地建设，加快形成“五大业态”。力促普洛斯、西联钢材等项目一期建成运营，实现营业额8亿元。落实已签约项目用地指标，推进宗申车谷、传化、中集、公运、烟草等项目建设。大力推进京东商城电子商务基地建设，确保项目一期6月交地并动工建设，制定和推行物流配送末端载具新型标准化。大力推进华南城百亿级市场建设，一期用地6月底前全部交付，确保上半年动工开建。推动华南城和京东商城尽快形成商贸物流集聚区的主要支撑。着力发展一般贸易、加工贸易、服务贸易，依靠京东商城、华南城等，重点突破保税仓库及车间、电子商务、离岸金融结算服务贸易以及云计算、大数据的外包服务，力争取得互联网第三方支付牌照。推动中小企业由传统经营模式向电子商务经营转变，完善花木世界、铠恩国际、锦晖陶瓷、愉购网等电子商务交易平台。

培育购物休闲新型业态。以滨江城市经济带为核心，打造中央活动区，加快博澳君禧天地、珠江御龙天下、融汇商业广场等项目建设，重庆高档商品一条街、重庆囍街等特色商业街区初步成型，提升做优渝南大道、红光大道汽车4S店群。以鹿角新城为核心，打造中央休闲购物区，加快引进国际品牌和高端消费项目。生态休闲经济区以特色小镇为核心，培育一批商贸强镇和星级农家乐，促进购物消费与休闲度假、农业体验、乡村旅游有机结合。突出“中国温泉之乡”品牌，坚持以市场为导向，强化宣传营销，提升巴南休闲旅游品牌形象。完善旅游基础设施，重点打造温泉旅游、古镇旅游、休闲避暑等精品项目，推进景点环线连接，形成生态特色突出的旅游“珍珠链”。南温泉核心景区建成开放，丰盛古镇全面开街。

加快商贸基础设施建设。着力打造李家沱—龙洲湾市级核心商圈，加快万达广场、通江广场、旭辉城等项目建设。以引进具有独立法人资格的公司机构为主，大力推进城市综合体、总部基地、商街、购物中心的二次招商。拓展提升渝南大道专业市场群规模和品质，促进西部国际汽车城、渝南汽车市场提档升级，办好中国（重庆）—东盟家具博览会、东温泉中华山水茶道文化节。培育东城大道新型专业市场群，加快南彭国际工贸城、重庆花木世界市场建设。大力发展民生商业，优化社区商业结构和布局，新建一批便民商圈，积极谋划发展夜市经济。同步发展农村商业，巩固提升“万村千乡”市场工程成果，推动电子商务农村网下店建设。

加快发展金融服务业。深化与深圳联合金融集团战略合作，着力打造重庆金融服务总部基地，促进重庆银雁金融配套服务公司等签约项目尽快入驻。加快金融机构集聚，新引进金融证券机构8家以上。完善银政、银企合作机制，进一步优化金融生态环境，稳步提高存贷比，引导和鼓励金融机构加大对地方经济发展的支持力度。

打造生态健康体验区。突出“天下休闲、养在巴南”品牌，以发展生态“三养”产业为方向，推进生态健康城和高品质养生、养心、养老基地建设。在鱼洞、龙洲湾等人口聚集区，发展健康管理中心、康复中心、专科医院等健康产业。在特色小镇探索“三养”新模式，有序有效推进常青国际养生园、如恩天伦城等全产业链养老项目。

（四）唱响“美丽乡村”品牌，扎实推进农业农村发展。以“农业强、农村美、农民富”为目标，突出产业为重、典型示范、以点带面，深入推进农业现代化，建设美丽乡村，促进城乡一体发展，做实“促增长”的稳压器。

加快发展都市效益农业。推动三大特色产业做优、五大优势产业做强，切实保障群众的“米袋子”“菜篮子”，加快形成“一村一亮点、一镇一特色、一片一产业”新格局。集中力量实施光大奶业、万亩生态渔村、天坪乡村旅游胜地、环云篆山观光休闲乐园等七大亮点项目，推进现代生态农业创新示范基地、“美丽乡村”创建示范点建设。加快农业科技推广，提高农业现代化水平，各产业主推品种和主导技术覆盖率达90%以上，开展各类农业技术培训6000人次以上，耕种收综合机械化水平达到43%以上。大力发展农业二、三产业，拓展农业增效、农民增收领域。保持农产品质量安全监管高压态势，确保群众“舌尖上的安全”。

完善城乡一体发展体制机制。构建新型农业经营体系，推进农业生产经营集约化、专业化、组织化、社会化。严格执行基本农田保护制度，完善土地流转经营权市场和机制，鼓励承包经营权向专业大户、家庭农场、农民合作社、农业企业适度流转。加强农村资源、资本、资产管理。扶持发展农村合作经济，新发展股份合作社10

家，探索财政补助形成的资产转交合作社持有和管护。完善农业基层服务体系，推动基层服务机构向实体型经济组织转变，大力发展社会化服务。鼓励城乡一体项目业主通过增减挂钩投资参与土地复垦，实现农村闲置集体建设用地资产功能。完成土地复垦3000亩以上，基本完成农转城退出夹心房、连体房的清理补偿。稳妥推进农村集体建设用地使用权、承包经营权、林权等产权流转交易，促进农业农村资源资本化，增加农民财产性收入。

加快实施城乡一体项目。充分利用资源禀赋，结合都市型效益农业、乡村旅游业发展，精心打造石龙低碳生态循环农业、天心寺禅茶文化生态农业、石滩美德有机农业、安澜锦绣山乡等项目，加快东温泉、圣灯山整体开发、二圣及惠民熙可、跳石林海等项目建设。推行和完善镇村公共服务建设标准，整合资金加快特色小镇、农村社区建设。加强幸福农庄质量安全及物业管理，严格按规定清理和制止小产权房。

改善农业农村发展基础。扎实开展土地治理、土壤改良、田间种养设施配套，改造中低产田2万亩，新建人行便道500公里、沼气池500口。硬化县乡骨干道路11条，硬化通村公路200公里，安装生命防护栏200公里。完成65座病险水库、800口山坪塘整治。丰岩水库全面完工，龙岗水库下闸蓄水。实施“水改旱”和饮水工程，缓解双河口、麻柳嘴片区缺水问题。

（五）深化“大美巴南”建设，着力提升城市品质。以山水城市风貌展示区为目标，深入推进新型城镇化，努力建设“生态+现代”的城市聚集区、“园城互动”的产城融合带，塑造“大美巴南”新形象。

实施一批重大基础设施项目。投资40亿元推进五大类基础设施项目。实施龙洲湾B区市政道路、界石数码产业园B区道路、渝南大道D段拓宽改造等项目，东城大道全线初通，建成物流基地纵三路、横四路、环道路东段。实施梓桐大道、南涪路木洞控规段扩建等项目，加快麻柳沿江开发区骨干路网建设。开展龙洲湾隧道、麻柳嘴长江大桥、茶惠大道等前期工作，推动铁路东南环线、轻轨6号线延伸段和渝湘高速接龙槐树立交等前期论证，加快建设苏家浩大桥。完成长江木洞防洪护岸二标段主体工程，做好麻柳港区及观景口水库、高洞子水库前期工作，配合推进小南海水电站建设。加快龙洲湾B区高压线路迁改。强力配合和督促业主，处理好鱼洞地下人防工程、龙洲水岸项目等历史遗留问题。

推进智慧城市建设。促进“三网融合”，提高光纤宽带入户率，推动城市无线热点全覆盖，加快城区及重点镇街4G网络建设。实施社区光网工程等五大重点项目，IPV4/IPV6下一代互联网络交换中心投入运营。启动人口健康信息平台建设，扩大中小学“数字校园”，推广智慧社区及“掌上巴南”、融信通等平台应用，建设智能生活先进区。提升城市数字管理系统，完善城市应急联动指挥平台，推进“阳光政务”平台建设。完善12582农信通、12316农业服务热线，提升农村信息化应用水平。

推进龙洲湾滨江片区建设。以巴滨路岸线为核心，坚守城市美学导则，强化山水轮廓线、天际线、滨水岸线的规划保护，在加快建设进度同时提升品质。新开工商住房200万平方米，建成170万平方米，新增投资100亿元。加快滨江城市经济带在建项目进度，促成香港城等新引进项目、小南海水电站总部基地落地建设。龙洲湾B区征地拆迁、市政设施配套齐头并进，加快推进长江国际原墅、重庆德普外国语学校等项目，开建龙洲湾地下人防工程。推进龙洲湾南苑公租房建设。高职城初步形成道路骨架，加快5所入驻学校建设，确保已签约并供地院校2015年9月新生入学。鹿角新城突出高端居住、养老社区定位，推进交通、电力等基础设施建设和城市功能配套，加快实施融创开发项目。

推进产城融合带建设。加快推进樵坪人家、百合家园公租房及周边环境、市政道路建设，加快实施界石公交换乘枢纽、万象广场、新界商街、新科城市综合体等项目。完成南湖供水系统技改工程，提高界石、南彭地区综合供水能力。各园区、开发区着力推进公用设施配套，加大商住开发力度，加快界石、南彭、木洞、麻柳嘴等产城融合带建设。持续推进城郊特色镇建设，完善综合交通体系、城镇基础设施、公共服务功能，逐步形成“城市聚集区—产城融合带—城郊特色镇”梯次发展格局。

推进城市精细化管理。按照净化、绿化、亮化、美化的要求，加强市容环境综合整治，提升城市管理水平。建成一批人行过街系统、停车场和公厕。挖掘和保护好鱼洞老街历史文脉。深化鱼洞城区综合整治。实施巴滨路、龙洲大道美化亮化，建成云篆山生态文化公路。优化城市客运线网，开通界石园区、公路物流基地、巴滨路等13条公交线路。完善城镇污水三级管网和生活垃圾收运处理系统。严格管理城市道路开挖和地下管线建设，推进移动、电信、联通等基础设施统一规划、共建共享。严格执行建管联席会议制度，确保已建和新建小区配套公用设施建设落实到位，确保建设项目规模、进度和品质符合规划设计要求。强化对小区物业管理的监管。

推进生态文明建设。严格执行环境准入规定，从决策源头防止环境污染和生态破坏。大力实施城镇污水处理厂改造及管网建设，确保达标排放、稳定运行。建成公路物流基地、东温泉污水处理厂。实施“蓝天行动”，空气质量稳步提升。实施“碧水行动”，次级河流监测断面达标率达到93%，花溪河重点河段堤防工程完工，开展五布河专项治理。实施“宁静行动”，区域环境噪声和交通干线噪声控制在标准值内。实施“绿地行动”，启动长江巴南段水域生态环保工程，新建改建城市绿地10万平方米，新建公园绿地8万平方米，森林覆盖率达到43.5%。完成松材线虫病除治年度任务。实施“田园行动”，强化农村生活污水治理，推进垃圾收运系统建设，巩固畜禽养殖污染整治成效。推动市级生态镇创建，开展国家生态区创建工作。

（六）深化“大善巴南”实践，切实增进民生福祉。以促进社会公平正义、增进人民福祉为出发点和落脚点，多谋民生之利，多解民生之忧，在社会建设和民生保障上持续取得新进展，让“大善巴南”惠及更多群众。

提高社会治理水平。支持工会、共青团、妇联、关工委、工商联、科协创造性地开展工作，更好地联系和服务群众。培育发展村、社区类社会组织，建立社会组织自治与政府管理相结合的新机制。减轻基层组织行政化负担，强化基层绩效考核。改革信访工作制度，推行网上信访、联合接访、绿色邮政，畅通群众诉求表达渠道。落实诉访分离制度，引导群众通过法律途径解决涉法涉诉问题，依法规范信访行为，加大对违法、非法上访的处置力度。健全社会矛盾纠纷排查调处机制，完善人民调解、司法调解、行政调解有机衔接的大调解体系。完善法律援助制度，做好社区矫正和刑释人员安置帮教工作。深入推进平安建设，依法防范和惩治违法犯罪活动。落实企业安全主体责任和政府监管责任，有效防控较大及以上事故。大力整治农村三轮车非法营运。查处消费侵权违法行为，推行消费维权公益诉讼，打造消费安全示范区。抓好食品药品安全监管，保障公共卫生安全。完善应急管理体系，增强应急处置能力。加强人民武装和国防动员工作，争创全国“双拥模范城”。

促进就业和社会保障。建立政府促进就业责任制度，确保完成城镇新增就业目标任务，农村劳动力累计稳定转移就业16万人。实施“五险”统征工作，加大扩面征收力度，城乡养老保险参保率92%以上，城乡医疗保险参保率96%以上。有序开展城乡养老保险业务下沉，推进社会保险网上申报。继续推进镇街、村和社区就业社会保障服务平台标准化建设。以最低生活保障为核心，医疗、自然灾害、临时救助等专项救助制度相配套，慈善和社会帮扶为补充，进一步完善社会救助体系。加大城乡医疗救助力度，探索重特大疾病医疗费用报销机制。积极发展社区养老机构。推进残疾人康复托养中心建设。完善农村留守儿童、留守妇女、留守老年人关爱服务体系。

推进公共服务均等化。建成龙洲湾小学、新屋小学和2所公租房配套小学，新建4所镇级中心幼儿园，加快松花江小学及曼哈顿小区配套学校建设，推进教育综合实践中心建设。加快农村幼儿园建设，扩大农村学前教育覆盖面。完善家庭困难学生资助体系，保障贫困家庭子女平等入学。创建全国义务教育发展基本均衡区。积极推进三级医院建设，加强村卫生室和乡村医生队伍建设。完善急救医疗服务体系。推进以市七院等为试点的公立医院综合改革。强化公共卫生服务，继续免费提供11类43项基本公共卫生服务项目。加强重大传染病防控，提升疾病预防控制能力。坚持计划生育基本国策，依法落实“单独两孩”生育政策。深入推进“六大文化工程”。建成区体育馆，完成区文化艺术中心、广播电视服务（传输）中心主体工程。建立公共文化单位到基层服务常态化机制，积极探索城乡公共文化产品供给新举措。丰富群众文化活动，实施城乡文化互动工程，推进“一镇街一品牌”特色文化创建活动。在促进文化事业的同时，大力发展文化产业，建立文化产业服务体系。

办好一批民生实事。严格按照“五个坚持”原则，“保基本、补短板、兜底线”，集中力量办好与群众关系最密切的基本民生。结合市里确定的22件民生实事，完成涉及我区的农村危旧房改造等15个项目。开工建设安置房100万平方米，实施农村饮水灌溉、撤并乡镇环境整治等49项民生工程，切实改善群众生产生活条件。

（七）凝聚智慧勇气，全面推进改革开放。以更大的智慧和勇气，以更强的自信和决心，全面深化改革、扩大开放。认真落实市委和区委关于深化改革的安排部署，充分发挥市场在资源配置中的决定性作用，大胆探索、试点先行，有序开展、蹄疾步稳。着力推进国有企业、现代市场体系、行政和权力监督、财税、城乡一体化、民主和法治、社会治理和社会事业、文化、生态文明、干部人事等改革创新，破除发展障碍，不断释放改革红利。

推进经济体制改革。加快国企制度改革，完善区属国有企业法人治理结构。发展混合所有制经济，鼓励区属国有企业以土地作价入股入驻项目，以固定分红模式参股非公经济，有效降低基础设施和产业发展负债。鼓励非公企业入股园区公司，合作推进园区开发，促进产业项目尽快达产。加快完善现代市场体系，统一市场准入标准，合理分配公共资源，创新发展地方金融，活跃民间资本。抓好市场主体发展，积极发挥市场主体在促进增长、增加就业、改善民生上的重要作用。推行工商登记制度改革，企业个数增长16%以上。加快企业信用体系建设，推动企业信用在工程建设、政府采购等多方面的应用。深化农村信用体系建设，充分发挥全国试验区示范效应。深化财税体制改革，建立平台公司经营预算平衡制度，促进事权与支出责任相适应。深化预决算公开，探索建立跨年度预算平衡机制。清理整合现有各种专项资金，建立产业引导基金，确保资金使用效益最优化。

推进政府职能转变。落实职能重组、组织重构改革方案，优化政府组织结构，力求机构更精简、职责更清晰、执行更高效、服务更到位。围绕园区开发、产业发展、城乡建设、城乡一体等重点工作，优化部门职能职责，提高办事效率。围绕市场监管、公共服务、社会管理等政府职责，调整组织结构，提升服务水平。深化行政审批“两集中、两到位”改革，推进政务服务标准化建设，进一步简政放权。加强镇街便民服务中心、村居便民服务站建设，完善政务服务体系。推行小型公共资源交易运行机制，推进公共资源集中拍卖。推进政府购买公共服务，在医疗、教育等领域，积极稳妥地引进社会资本投入和管理运行。

扩大对内对外开放。精心策划包装各类项目，加大城市宣传营销力度，切实提高招商引资的水平和实效。以战略性新兴产业、现代服务业、生态“三养”等为重点方向，以各经济板块、公共服务设施、城乡一体等为重点领域，深入开展招商推介，全力引进优势项目。实际利用内资370亿元，实际利用外资6亿美元以上。力推外贸进出口转型升级，支持宗申集团申报国家出口畅销品牌，扶持长安铃木、航天巴山、弘愿气动等出口企业发展，进出口总额完成10亿美元。深化与重庆海关的战略合作，推进东盟南向国际物流大通道建设；以公路物流基地和佛耳岩港为平台，建设保税仓并设立海关临时监管点，推进重庆公路口岸国际物流高地建设。

（八）践行群众路线，加强政府自身建设。严格按照中央、市委和区委的决策部署，扎实开展好党的群众路线教育实践活动，切实改政风、转作风，提高政府公信力和执行力，努力建设运行有序、高效廉洁的服务型政府。

严格依法治区，建设法治政府。深入实施法治政府建设五年规划，严格落实规范性文件合法性审查和备案制度，深化行政首长出庭应诉制度。严格依法自律，自觉接受人大的法律监督和工作监督、政协的民主监督，接受群众监督和舆论监督。全面推行政务公开，推行新闻发言人制度和权力清单制度，让权力在阳光下运行。健全科学、民主、依法决策制度，重视和发挥政府法律顾问、经济顾问的决策咨询作用，重大决策、重大项目和大额资金使用等经充分调研论证，实行集体决策，并按程序与政协协商、提交人大审议。严格依法履职，注重契约精神，尤其在招商引资活动中，严格履约“回头看”。既要督促检查企业依合同履约，又要依法按履约情况平等同比例兑现优惠政策，构建良好的政企关系和发展环境。探索综合执法，坚决纠正行政违法和执法不当问题。按规定经严格审批后，开展委托执法。适应和使用新媒体等传播工具，善待网络舆情和公众关切，传递正能量，强化公信力。

打造以结果为导向的执行模式，建设高效政府。以成败论英雄，凭结果看实绩。推行“工作项目化、项目目标化、目标责任化”，挂出网格化“作战图”，锁定目标任务、时间进度和责任单位、责任人，严格按结果进行绩效考核。推行“一线工作法”，落实工作“一竿子插到底”。决策在一线落实，问题在一线解决，业绩在一线创造，干部在一线锻炼成长。大力倡导立说立行，当天事、当天办，言必信、行必果，高效推进工作，高效服务基层、企业和群众，确保政令畅通、执行有力，坚决反对不作为、慢作为、乱作为。对重要工作、重大任务、重点项目，开展专项效能监察，加大问效问责力度，确保落实到位、见到实效。

树立成本行政意识，建设节俭政府。善算经济账，注重经济活动中的成本核算。科学配置、合理使用资源要素，优化产业设置和布局，避免资源浪费、要素失衡、产能重叠和过剩。规范招商引资程序，提升招商选商质量，科学把握和平衡招商成本。加强电子政务建设，推行网上申报、网上审批、网上办公和电子发票。严格执行党政机关厉行节约反对浪费条例，建立节约型机关建设长效机制，严控“三公”经费，全面推行“公务卡”。严格财政资金管理，把有限的财力、更多的精力，用在推动发展和改善民生上，少行“锦上添花”之举，多做“雪中送炭”之事。

认真贯彻落实党风廉政建设责任制，建设廉洁政府。严格执行中央和市委关于党风廉政建设一系列规定，大力整治“四风”问题，“接地气、有底气、聚人气”，以作风改进赢得民心。密切与群众的血肉联系，问政于民、问需于民、问计于民。践行宗旨意识，知民情、说实话、出实招。严守党的纪律，增强纪律观念和程序意识。加强政府系统反腐倡廉建设，严格落实“一岗双责”。加大审计监督力度，强化审计结果运用。完善工程建设、招标投标、土地出让、项目引进、政府采购等制度建设并公开，从源头上遏制腐败的发生。健全惩治和预防腐败体系，坚持以“零容忍”态度惩治腐败，把权力关进制度的笼子，让廉政成为自觉的行为。

各位代表！发展任重如山，奋斗开创未来。让我们更加紧密地团结在以习近平同志为总书记的党中央周围，在市委、市政府和区委的坚强领导下，以踏石留印、抓铁有痕的韧劲和实干精神，锐意进取，勇于负责，善于亮剑，敢于担当，攻坚克难，为加快实现“一城一极一区”目标、建设好“大美巴南”“大善巴南”而不懈奋斗！

生活谚语

马儿再好也要套,娃儿再乖也要教。

子女太溺爱,害了下一代。

当家才知盐米贵,养子方知父母恩。

家中有个老,犹如一个宝。

和气家不败,气高要蚀财。

要得兄弟亲,帐目日日清。

忘了爹娘情,如何教后人。

不孝父母不为人,前传后教是真情。

老多病痛,儿孙要敬奉。

庄稼汉爱秧地,丈母娘爱女婿。

专　　文

专　文

回眸建区二十年：奋进二十载　崛起新巴南

前言

20年前，曾铸造了“全国百强县”“全国养猪状元县”“全国种粮大县”等辉煌的老巴县站在撤县建区的历史关口，面临战略大转移、产业大转型和民生大建设的历史重任，面临在老巴县创下辉煌后再赴辉煌的历史挑战。

撤县建区，攻坚克难，天降大任！

20年间，巴南区历届区委、区人大、区政府、区政协领导班子团结带领巴南人民负重自强，砥砺前行，建起产业之城，筑起民生大厦，开创了老巴县三千年未有之大变局，迈上了一段不同寻常的开拓之旅！

撤县建区，披荆斩棘，鼎铸辉煌！

20年来，巴南区不惧建区之初基础薄弱的区情，执著坚持“忠勇守德、尚文崇新”的巴南精神一路走来，如今正投身重庆都市功能拓展区建设，向着“江南新城、主城第三增长极、城乡一体发展示范区”铿锵前行！

战略变革于时局

“老牌农业县”定格历史，三千年未有之大变局启幕　《巴县成为“养猪状元”去年出槽肥猪居各区县之首 再次名列全国产肉大县前茅》——1993年1月27日，《重庆日报》二版醒目位置刊载了巴县通讯员李汉成的一则消息。

其时的老巴县，不仅“猪名远扬”，也是全国的产粮大县，并跻身“全国百强县”行列，在全国声名远播。但这个时候，距1994年12月27日国务院批准巴县撤县建区正加速临近。老牌农业县的辉煌，也将要走入历史影像。

早在3000多年前的商代，巴人就在这片古老的土地上繁衍生息，立国建都。但漫漫3000年巴县历史，一直是沿袭着传统农业经济的生产方式。

撤县建区，三千年未有之大变局由此开启！

巴南区成立以来，每一届区领导班子继承了老巴县历届领导班子敢为人先、踏实苦干的优良传统，坚持把发展作为第一要务，根据当时的区情提出具有前瞻性、可行性、战略性的发展目标。这些战略路径清晰勾勒了建区20年来的发展路线图——

1995年初，巴南区第一届领导班子提出“发展城区，辐射农村，城乡一体，共同繁荣”的战略思想；

2003年2月，巴南区第十届党代会提出“工业强区、农业稳区、三产活区、科教兴区”的发展思路；

2008年1月，巴南区第十一届党代会第二次会议提出“建设全市‘科学发展先进区、和谐进步模范区、党建工作示范区’”的奋斗目标；

2011 年 1 月，巴南区第十一届党代会第五次会议提出“江南新城、主城第三增长极、城乡一体发展示范区”的“一城一极一区”战略定位。

2013 年 9 月，重庆市委、市政府掀开建设五大功能区域的时代大幕，巴南区被纳入都市功能拓展区。巴南区在“一城一极一区”战略定位基础上，提出构建山水城市风貌展示区、中央文化休闲活动区、生态健康体验区、商贸物流集聚区和先进制造业基地的“四区一基地”功能定位，以及新型工业化、信息化、新型城镇化、农业现代化、国际化、城乡一体发展的“五化一体”的发展思路，绽放一个全新的巴南愿景。

没有衔玉而生的巴南区风雨兼程，发展成就难能可贵 仅仅是一幅发展路线图，远不能诠释建区 20 年的“风雨兼程”。

“当时的财政太困难了!”20 年过去，原区委常委、宣传部部长岑万忠至今记忆犹新，撤县建区初期，全区一度面临“财政供给人员停发工资”的困局。

新成立的巴南区没有衔玉而生——在重庆主城区行政区划调整大棋中，原巴县城市基础设施和工业基础较强、财政收入占全县总额 60% 的 22 个乡镇，被分别划至南岸、九龙坡和沙坪坝区，余下区域除鱼洞、花溪以外，其他乡镇毫不例外地需要财政补助，全区综合实力明显下降。

直辖之初，重庆也处在这样区域发展极不平衡的时代背景，刚刚成立的巴南区，就是典型的“重庆缩影”——但巴南仍然义无反顾地上路了!因此，撤县建区既面临前所未有的历史机遇，更是重大的历史挑战。

岑万忠把建区 20 年来巴南区的发展历程分为三个时期：负重克难的过渡期、快速发展的崛起期、后发优势的凸显期。

“巴南区为重庆主城区的区划调整战略作出了重大贡献!”岑万忠认为，越是在这样的背景下，巴南区建区 20 年的发展成就，越是难能可贵。

同样需要提及的是，前些年，重庆主城的空间发展战略是“北上，西进”，较少有重大项目和产业布局在巴南区。因此，重庆市社科院经济研究所原所长王秀模曾有这样的评价：巴南区现有的产业尤其是工业，大多是区里自主谋划和招商引资不断培育起来的，实属不易，难能可贵!

“了解过去，特别是了解前几届领导班子付出的艰辛和努力，对新成长起来的各级党员领导干部有着重要的教育意义。”巴南区委书记李建春说，20 年来，巴南区一路走来风雨兼程，但风光无限。

“经济社会大发展，城乡面貌大改观，交通设施大改善，人民生活水平大提高!”原区人大常委会副主任冯文柱用“四个大”来概括建区二十年的建设成就。

用一组数据足以有力注释冯文柱概括的“四个大”，足以显现这 20 年开拓之旅的不同寻常——

2014 年，巴南区地区生产总值、公共财政预算收入、全社会固定资产投资、社会消费品零售总额、城镇居民人均可支配收入、农村居民人均可支配收入分别预计为 535.0 亿元、28.9 亿元、616.0 亿元、216.5 亿元、28219.0 元、12683.0 元，分别比 1994 年增长了 2288%、81381%、1346%、3766%、797%、600%!

跨入新一轮改革洪流，成长路上演绎“内涵增长” 撤县建区，不仅是区域名称的变化、行政级别的提升，更意味着曾经辉煌的老巴县跨入了新一轮改革洪流——由以“三农”工作为重心，转向任务更重、挑战更大的城市化进程。

所以，巴南区“初成长”的 20 年，从一个老牌农业县变身都市功能拓展区，也是一部“农转城”的战略演进史。

在第一届区领导班子的发展战略思想中，“发展城区、辐射农村”吹响了三千年老巴县城市化进程的集结号。

2003 年，巴南区成为主城九区之一，同年，作为未来行政中心的龙洲湾新区开发拉开大幕——自撤县建区以来就加速城市化的巴南区，城市建设又迈上新旅程。“撤县建区使巴南逐渐从传统农业县脱胎出来，开始以城市的角度推进自己的发展。”冯文柱说。

10 余年后，经历了过渡期的负重克难、崛起期的快速发展后，巴南区的后发优势逐渐凸显，发展理念更是有了深刻变化。

2011 年 1 月，巴南区第十一届党代会第五次会议提出的“一城一极一区”战略定位，是基于撤县建区以来产业基础逐渐累积、交通区位急剧改变生发出来的巨大发展空间，着眼未来作出的战略抉择。

2013 年 1 月，巴南区第十二届党代会第二次会议在全市首先提出：开展“幸福中国? 大善巴南”社会管理创新实践，围绕“学有所教、劳有所得、老有所养、病有所医、住有所居”五要素解决基本民生问题；实施“美丽中国 · 大美巴南”的生态建设计划，让巴南永远保持“自然之美”与“生态之美”，永远呈现“和韵之美”与“恒久之美”。

“大善大美”的提出，让巴南区干部群众感到耳目一新，而在外界看来，这是一种全新的执政理念和发展诉求。如果说各类经济数据大幅增长是外延式发展，“大善大美”则呈现内涵式增长。

2013 年 9 月，在重庆市建设五大功能区域重大战略中，作为都市功能拓展区的巴南以建设“四区一基地”作为积极响应——这是进一步找准发展区位，进一步明晰发展路径，进一步梳理发展优势。或者说，这是在建区 20 年来经济社会发展取得长足进步后，巴南区对现实状况的一种高度自信，对未来走向的一种有力把握。

产业崛起于园区

从头开始构筑发展主战场，在园区上建起产业之城 从老巴县的农业辉煌转战工业战场，巴南区开始了第二次创业。但巴南区擅长“制造”奇迹。

巴南区经济园区、重庆麻柳沿江开发区、重庆南彭贸易物流基地增值加工区、重庆云教育产业园——这四大工业园区不仅是巴南工业发展的“主战场”，在整个重庆工业经济当中，也占据重要地位。

谁也不曾想到，这四大园区所在，曾是大片生产力低下的农地和撂荒地。

20 年间，四大园区从零起步，现开发面积已达 13 平方公里以上，累计投资达 610 亿元，投产企业达到 88 户，完工和在建标准厂房面积 150 万平方米。

撤县建区前，巴南区的工业经济总量也显“荒凉”。1994 年建区时工业企业仅 804 个，去年已达 1751 个——20 年增长 1 倍多！1994 年，全区工业总产值为 26.7 亿元，2014 年预计为 751 亿元——20 年提升了 28 倍！与此同时，2013 年，巴南工业企业从业人数达到 11.2 万余人，工业经济对地区生产总值的贡献率达到 40.0%，已成为巴南经济发展“大户”。

无论是工业还是第三产业，巴南区一直努力改变农业唱主角的传统区域形象。

早在 2003 年，巴南区第十届党代会在新的发展思路中就提出“三产活区”，全面开启第三产业的“开拓之旅”。

20 年间，各个大型商场、星级酒店、专业市场陆续开张大吉，给巴南区第三产业带来前所未有的巨大活力——从 1994 年到 2014 年 20 年里，巴南区社会消费品零售总额从 5.6 亿元飙升至预计 216.5 亿元，创下 3766% 的惊人增幅！

而在全区，龙洲湾、李家沱、鱼洞三大商圈建设全速发力，典雅酒店、博澳君禧天地、万达广场、旭辉城等大型商贸项目纷纷入驻。其中，1.7 万平方米的重百李家沱商场在都和广场开业，结束了巴南无主力百货的历史。2013 年，商业体量 7 万平方米的全区首个一站式家庭消费购物中心在鱼洞建成开业，结束了巴南没有大型购物中心、大型主力百货店、高档国际影院、品牌咖啡店、大型钟表城、精品超市的历史。

开拓战果一直在不断扩大、深化，而且愈发振奋人心。

据统计，新中国成立至 1994 年底，巴南已建成和基本建成的项目仅 31 个，完成投资额仅 7.45 亿元，投资总额 36.45 亿元。而今年前 11 个月，全区就新签约招商项目 79 个，协议资金 386 亿元，深入推进项目 121 个，华南城、惠科电子、京东商城等一大批战略项目动工建设。

“倒蛋部队”谢幕去，区域产业实现“量变到质变” 如今，崛起于界石镇一片农地之上的巴南区经济园区界石组团，已成为巴南区工业化和信息化的高地、重庆市江南新城的重要组成部分。

20年的快速增长，是一个从量变到质变的“内涵演绎”过程。

20年前，重庆宗申产业集团，还是一个街边摩托维修店。在其成为业界巨人的过程中，巴南区的汽摩制造业一度在全区工业经济中占据“半壁江山”。

随着产业结构的调整，巴南区逐渐将工业经济的鸡蛋分放到了多个篮子——据统计，仅2007年至2013年7年间，汽摩产业在巴南工业经济中的比重下降了10.3个百分点。

20年间，巴南工业经济从“单兵作战”的汽摩产业，如今已延伸扩展到汽车制造、装备制造、数码电子、医药及精细化工、轻工服装和云计算“5+1”产业集群，拉开了工业经济“集群作战”的大幕。而预计2016年，全区可基本构建起工业持续增长的动力结构和能力体系。

商贸业同样一路快跑，欢歌猛进！

1995年，李汉成一则《巴南有个“倒蛋部队”》的新闻又被多家市级以及国家级报刊争相转载，生动描述了当年农村富余劳动力奔波城乡从事鸡蛋流通的场景。

这则新闻见证了建区以来巴南区最早的商贸物流业，但今非昔比了。

今年11月11日，重庆市民在京东商城当日订单超32万单，同比猛增2.28倍，还让重庆市民感受了主城“一日达”、远郊区县“次日达”的神速。这是今年6月，京东在位于巴南区重庆南彭贸易物流基地的运营中心投用后出现的“奇观”。

京东落户重庆巴南——不仅与传统商贸的脚板加提篮的“倒蛋模式”形成强烈反差，更是令很多重庆人至今难以置信的“大事件”。

其实，近年来，一直致力国际化的巴南，正“面朝大海，春暖花开”——2011年，重庆市确定了建设“一江两翼连三洋”国际物流大通道的战略规划。其中，“一江”“西北翼”即渝新欧铁路业已开通，大通道则是借力巴南区一直积极谋划的重庆南彭贸易物流基地，将成为“西南翼”重庆—东盟国际公路物流大通道的起点，成为重庆继渝新欧国际铁路之后的一条“新丝绸之路”。

目前，重庆南彭贸易物流基地已签约入驻包括世界500强的普洛斯、中国500强的浙江传化及行业100强的中集，以及华南城等数十家国际国内知名物流企业，其大物流、大商贸联动发展的千亿级商贸物流城格局业已形成。

经济结构渐趋合理，农业外延缩小内涵扩大

20年间，巴南经历了从传统农业大县到新兴工业大区的巨变，从最初“前店后厂”式的小作坊式生产，到建立多种行业并存的工业体系，从构建“5+1”主导产业的发展格局到龙洲湾滨江、环樵坪、麻柳等区域的“产城融合”工业园区……

这一切都是随着世情、国情、区情的变化而变化，更是对未来趋势的把握！

巴南出台了《新兴产业发展规划》，明确了扶持传统制造企业向工业研发、物流、现代商务等生产性服务业转型，加快新技术对汽车、摩托车、通机制造等传统优势产业的改造提升，向新能源汽车、高端装备制造和精细化工升级。

巴南区还重点打造天明新能源汽车基地、界石数码产业园、麻柳新材料基地、重庆（栋青）医药城等专业特色园区，着力提升新兴产业产值占比。

发展理念的改变，是为了向着更高层次迈进。

当年的“倒蛋部队”是依托农村家庭，而如今的巴南商贸，则站在更高平台之上。

在巴南三大商圈当中，龙洲湾商圈和李家沱商圈都是市级核心商圈，鱼洞商圈是区级城市核心商圈。与此同时，由重庆铠恩国际家居名都、重庆西部国际汽车城、重庆驰盛汽车城、重庆渝南汽车市场组成的渝南大道特色专业市场群，是全市16个批发市场群之一，也是全市重点培育的8个百亿级市场群之一。

撤县建区前，巴南区的三次产业结构比例为43.2:32:24.8，如今已调整为8.8:42:49.2。一切变化，都是发展理念的与时俱进。

毫无疑问，巴南区的农业比例大大下降。但在成为连续十年跻身“全市工业十强”的工业大区、现代物流强势崛起的商贸物流大区时，巴南农业的外延大大缩小，内涵却日渐丰富。

10多年前，跳石镇圣灯山村村民陈平靠着种粮养猪的“粮猪二元”模式，非常艰辛地把两个儿子送进大学。而今，陈平根据全区乡村旅游发展规划开起了农家乐，还在全区发展都市效益型农业的统筹之下种起了果树和蔬菜，不仅自己轻松养老，一个儿子还返乡一起经营。

陈平家庭经济的小转型，映射的是巴南区传统农业的大变局。

巴南区正立足建设“大美巴南、大善巴南”愿景实施“大休旅”战略，依托广阔农村土地上“傍泉、依山、靠林、临湖、环岛、沿江”六大自然资源，发挥“中国温泉之乡”品牌效应，重点培育以生态养生、养老、养心“三养”产业，都市效益农业与乡村旅游结合的新农业业态，将巴南区打造为重庆旅游休闲大区、国家级生态“三养”胜地。

民生改善于民愿

民生感恩发自肺腑，“国旗情结”辉映晚霞红 虽然远在云南，但82岁的离休干部喻光后每天都会打电话监督儿子：今天有没有升国旗?

喻光后每天在自家露台升国旗，已有10多年了。很多媒体都有过这样的诗意描述：巴南鱼洞巴县大道96号1单元四楼的露台上，总有一面鲜艳的国旗迎风招展，成为这段千米大道上，最引人注目的风景……

“小孩子读书不要钱，老人坐车、逛公园、乘轻轨不要钱……你说我们的日子幸福不幸福?”新中国成立前经历战乱、新中国成立后亲历国家建设，尤其是深切感受了建区20年的巨大变化，喻光后说，日子更好了，他迫切希望用某种方式表达对巴南区、对国家的感恩之情，最终选择了在露台上升国旗。

八旬老人在家里升国旗，是巴南人感恩民生改善最由衷、最鲜活、最接地气的表达方式。在巴南区，不论年龄、不论身份，也不论来历，每一个人都感受着事无巨细的民生福祉。

脚蹬高跟靴、手提时尚名牌手袋的郭玲玲，早已看不出当年綦江农家女孩的影子。嫁到巴南生活近20年，郭玲玲看到了巴南民生的巨变。“特别是近几年，好事一桩一桩地来，得到的实惠真是多!”郭玲玲脸上有种隐藏不住的兴奋。

对照《巴南日报》上刊登的“民生实事”，郭玲玲细数了一下，发现自己一家就受惠了6条。她说，公公婆婆家附近的山坪塘得到整治，老两口不再为缺水发愁；173公交开到他们家门口，周末去看老人方便多了；小区新建了养老服务站，可以接父母来养老；小区附近新建了过街人行天桥和公共厕所，不仅出行安全了，也不再有如厕难的尴尬；附近新建了新屋小学，孩子在家门口就能读书。

“重点保障”渐变“统筹兼顾”，民生理念变幻“主色调” 今年，石滩镇方斗村那条最早修通的泥石子村公路，已经完成硬化。这条路颇有“来头”——撤县建区之初，村里一个学生娃娃给区领导写了一封信，这条路很快就动工了。

“现在哪还需要给领导写信呢?农村公路建设，早就是有计划有步骤地实施了!”方斗村村委会主任张光伦告诉记者，20年来，村里面先后修建了11条公路共32公里，其中有13公里已经硬化。无论身处城乡，交通改善都是每个巴南人最为刻骨铭心的民生感受。

2014年1月，云篆山水公租房

撤县建区之时，巴南到主城核心区只有一条通道——渝南大道。虽然只有30多公里路程，但要花上1个多小时一路颠簸才能达到。而至2012年，巴滨路、渝南分流道陆续建成通车，串联起了鱼洞、龙洲湾、李家沱，并与渝南大道形成三大交通动脉，到市区行程缩短至20分钟！

与此同时，在区委、区政府的争取下，轻轨三号线于2012年12月28日掠过巴南城市上空，提前10年“南下”！

市民纷纷感叹：我们真正融入了主城！

建区之初，巴南也没有一条高速公路。而至目前，全区已通达渝黔高速、渝湘高速、内环高速、绕城高速、沿江高速，5条高速公路里程共计169.2公里，位居主城第一位。

从一个村的公路，到一个镇的公路；从一条渝南大道，到龙洲大道、巴滨路、轻轨……20年来，我区在实施民生（民心）工程上的方法也有一个显著特点，就是从优先解决大交通、大保障的重点变为统筹兼顾、全面发展。

重点、兼顾，曾是前些年经济社会发展工作的“主色调”。而近些年来，巴南区的民生建设开始向“吃、穿、住、用、行、医、学，以及城市与农村、发达地区与欠发达地区等各个方面兼顾，实现有重点、有一般，有倾斜、有压缩，有保证、有兼顾，而且从让群众吃饱穿暖，向全面提高其生活质量、生活水平转变。

2002年至今，巴南区民生（民心）工程数量由8个增加到50个，民生工程计划投资也从2004年的2.94亿元，增加到2013年的29亿元。尤其是近几年来，全区民生工程建设项目之多、投资规模之大、投资范围之广前所未有，民生支出均占全区公共财政预算支出的60%以上。

民生实事事无巨细，件件有真实的温度 今年3月27日，二圣镇集体村优质梨园示范基地举行了一场别开生面的果树管理现场培训——通过在集体村基地的现场示范，全区1200多个站点参与视频互动，11万基层群众通过巴南党建红云观看现场直播。

相对修路架桥引水这样的民生改善，把技术培训“课堂”开到田间地头、办到群众家门口，这是建区20年来，巴南区民生建设与时俱进的重大变化。

随着网络时代的到来，巴南区开始探索民生服务直上“云端”。

2011年，巴南区抓住建设重庆云计算基地契机，创建全国首个集党员需求服务与组织管理为一体的党建信息化平台——“党建红云”，并在“云”上设置区、镇（街道）、村（社区）、户（人）四级信息化平台，并开发出移动办公APP、社区老人“一键通”等特色服务，开设联系服务群众“快车道”。党员群众反映问题或需要路灯维修、房屋安全、气费缴纳、垃圾清理甚至代购服务等等，只需登陆平台即可轻松搞定。

既上云端，更接地气。建区20年来，巴南区一直改进民生服务理念，创新民生服务方式，形成“干部下沉，服务上门”的可喜局面。

天台村盐井坝社长草房组是石滩镇最边远的一个村民小组，没有公路，那些孤身在家、年迈体衰的老人，无法每年都来镇上办理养老金资格认证。为此，石滩镇社保所工作人员每年都要上山下村为所有行动不便的老人采集指纹。

上门为老人采集指纹，在巴南区20年经济社会发展的风云激荡中，远不算“大事件”，但却是民生服务变化最生动的例证之一。建区20年来，巴南区以各级党组织为引领，基层工作由“事务管理型”向“民生服务型”转变，从坐等群众办事到上门服务——全区98万城乡居民感受到了越来越有温度的民生实事。

服务群众呵护民生，永远在路上。而巴南区经济社会发展，同样永不停歇！

到2016年，巴南将提前全面建成小康社会；到2020年，将实现建成区域面积达到120平方公里、常住人口突破120万人，以及地区生产总值1200亿元的长远目标。

“经历届区领导班子与巴南人民奋勇开拓、共同打拼，巴南已站在了一个新的历史起点和发展平台。”巴南区区长陈刚表示，历史的潮流总是滚滚向前的，如今，98万巴南干部群众再次携手共进，向着“江南新城，幸福家园”的美好愿景坚定出发！

（田荣盛　颜明华）

生活谚语

要吃饭,大家干。

家有千金,不点双灯。

三肿三消,不死都要弯撬。

人为万物灵,全靠双手勤。

勤耕苦做般般有,好吃懒做样样无。

正业不务,吃掉衣裤。

赌博赌博,越赌越薄。

偷盗源于赌博,命案常出奸情。

字怕上墙,人怕倒床。

有志不在年高,无志空长百岁。

综　述

绕城高速惠民互通

综　述

自 然 地 理

【地理位置】 巴南区位于重庆市主城区南部，三峡库区上游，地跨北纬29°7′45″～29°46′24″，东经106°25′53″～106°59′52″，区境纵横幅度东西距51公里，南北距71公里，是主城九区中地域面积最大的一个区。辖区面积1824.6平方公里。地界东与重庆市涪陵区、南川区接壤，南与綦江区相连，西与江津区、九龙坡区、大渡口区毗邻，北交南岸区、江北区、渝北区、长寿区界。区人民政府驻地龙洲湾，距重庆市中心8公里、距重庆机场45公里、重庆火车站22公里、重庆港口23公里，长江流经境内60余公里，有544平方公里属重庆一小时经济圈核心层，占整个核心层范围的1/5。

【地质地貌】 巴南区地处长江南岸丘陵地带，地质地貌形态复杂多样。从西向东形成有石马向斜、南温泉背斜、樵坪向斜、龙岗向斜、石油沟背斜、明月峡背斜、太和向斜、姜家背斜、清和向斜、丰盛背斜10个向斜和背斜，而长宽幅度和展布面积最大的是太和向斜，位于明月峡背斜之东，长41.50公里，宽10.50公里，展布面积455.30平方公里，北起麻柳嘴镇，南至接龙镇和平桥，涉及麻柳嘴、双河口、木洞、丰盛、东泉、二圣、惠民、姜家、天星寺、南彭10个镇街，海拔500～700米。姜家镇的清和向斜，处姜家背斜与丰盛背斜之间，长34.50公里，宽10.50公里，北起东泉镇，南至石滩镇方斗山入綦江县境，境内涉及东泉、姜家、接龙、石龙、石滩5个镇，海拔600～800米。区境内出露的地层多为三叠纪、侏罗纪和第四纪3个纪14个组（层），总厚度3706～5154米，而厚度最大，展布面积最广的是三叠纪和侏罗纪，第四纪在境内只有零星分布的河流冲积堆积物和洞穴堆积物。境中地势南高北低，起伏甚大，北部边缘的麻柳嘴镇华光村冉家湾海拔154米，为区的最低点，东南边境的石滩镇方斗山海拔1132.60米，为最高点。地势起伏层次分明，全区以丘陵为主，山、丘陵、湿地、河谷皆具。海拔500～1000米之间为低山地貌，依其构造分为背斜低山和向斜低山，境内除少数海拔高的山头外，一般均为1000米以下的低山，有云篆山、燕尾山脉、樵坪山、白庙子山、天井坪山脉、桃子荡山脉、茶坪山脉、丰盛山脉、石油沟山脉、太公山山脉、石岭岗山脉11座山和山脉，山峦起伏，群山环绕，自然景观颇多。其中最长最高是丰盛山脉，此为巴南区与长寿区、南川区、涪陵区的界山，境内段长62.50公里，延至麻柳嘴镇的红松寨，海拔907米，为最高峰。海拔200～500米之间为丘陵地貌，广泛分布于境内各个向、背斜间，根据小山体（丘）和山沟谷的相对高差，分为低丘、中丘和高丘3类。海拔200米以下为河谷地貌，除河床外，其地貌组合主要有江心岛与沙洲、湿地和河漫滩3种类型，分别分布于鱼洞街道的中坝、木洞镇的中坝、麻柳嘴镇的南坪坝、垢坝和灯盘二岛；五布河、一品河、花溪河等较大溪河两岸；长江岸边和溪河两岸，上部与一级阶地相接，下部常被季节性洪水淹没。

（区志办）

【地震地质构造和地震活动】 重庆地处四川盆地，川黔湘鄂两大地震活动断裂构造区。在区域上发育有华蓥山基底断裂、七曜山—金佛山基底断裂、长寿—遵义基底断裂及方斗山基底断裂。这些基底断裂附近曾发生过MS≧5.0级的地震，辖区内，东部分布有长寿—遵义基低断裂、长岭—半边山断裂，中部发育有南温泉断裂、鸡冠石断裂，沿断裂有南温泉、桥口坝温泉出露，并与统景温泉成线状分布，与深部构造关系密切。曾多次发生过4级左右地震。说明巴南区不仅受到周边地震的威胁，同时也存在发生中强地震的潜在危险。具体分布情况如下：

南温泉断层。位于南温泉背斜轴部，沿垭口、洞子林一线展开，长约5千米，断层走向近西北，倾向西。

木洞背斜地腹断裂。明月沱—石灰沱断层带，走向近于南北向，长约40千米。

石油沟背斜地腹断裂。安澜石油沟—綦江断层带，走向近于南北向，倾向东，长约30千米。

接龙背斜地腹断裂。桃子荡断层带，走向近于南北向，长约20千米。

据重庆地震监测中心监测数据表明：2014年巴南区地震形势总体呈衰减趋势，巴南辖区发生地震为零。但受到云南、四川等周边地区地震影响波及，偶会有震感，应加强地震应急处置，防御地震次生灾害发生等工作。

（畅新房）

【气候】 2014年，巴南区年平均气温为16.9℃（云篆山巴南国家气象观测站），本年极端最高气温为37.7℃，本年极端最低气温为1.3℃；本年降水量为1306.0毫米，历年降水量为1070.3毫米，雨量距平百分率为22%；本年日照时数为960.5小时，历年日照时数为1147.4，日照距平百分率为－16%。3月20日出现的暴雨天气为本站历史上最早的一次；3月降水量（150.2毫米）为1960年以来3月最大降水量；6月日照时数（41.8小时）为1961年以来同期第2少。

【自然灾害】 2014年，巴南区共出现强降温3次，特强降温2次，轻度连阴雨6段，低温1段，适播连晴2段，轻度伏旱1段，暴雨7次，大风3次。

6月8日出现的暴雨过程，局地出现7级疾风，极大风速达15.3米/秒，此次过程造成部分镇街受灾，直接经济损失达1250万。6月20日出现的暴雨天气过程，有2个镇街达大暴雨、15个镇街达暴雨，全区最大降水量为花溪街道155.7毫米，平均降水量为60.0毫米，造成直接经济损失255万元。

6月9～16日、22～30日分别出现一段连阴雨天气过程，6月强降水和连阴雨共造成辖区耕地毁坏189.88公顷，成灾面积1936公顷，绝收面积262.41公顷，减产粮食262.3万公斤，蔬菜受灾241.4公顷，死亡家畜60只。其中，6月25～30日，全区持续降雨，最大降水量出现在丰盛镇（57.3毫米），造成辖区3200余人受灾，因灾死亡1人，因灾受伤2人，房屋倒塌95间，严重损坏房屋72间，一般损坏79间，农作物受灾面积230公顷，造成直接经济损失约279万元。

8月10～12日，巴南区出现区域性暴雨天气过程，并伴有雷电，造成部分镇街受灾，直接经济损失260余万元。

9月17～19日，巴南区出现大暴雨天气过程，有14个镇街达大暴雨、6个镇街达暴雨，区内最大累计降雨量为花溪街道（174.5毫米）。另外长江上游强降水天气过程使得长江水位上涨，造成沿江镇街受灾，受灾人口约600人，房屋倒塌42间，严重损坏房屋19间，一般损坏57间，农作物受灾140.42公顷，造成直接经济损失847万余元。其中，双河口镇基础设施损失约145万元，鱼洞街道因长江涨水导致沿江部分农作物被淹，损失约682万元。

总体看，2014年天气呈现“旱涝交替，暴雨均较常年偏多、偏重，高温、伏旱与常年基本相当”的特征，气象灾害属中等程度年份。

（王　旭）

自　然　资　源

【土地资源】　全区土地以丘陵为主，低山次之，平地极少，分别占总辖区面积的62.27%、32.99%和4.64%。土壤类型有水稻土、紫色土、黄壤土、潮土和石灰土等。2014年年末，全区土地总面积1824.6平方公里，人均土地面积0.2公顷，其中，耕地面积3.73万公顷，人均0.04公顷。

【植物资源】　境内自然条件有利于植物生长，植物资源丰富，起源古老的植物甚多。有古生代、中生代出现的孑遗植物中的多种蕨类植物，裸子植物中有以活化石著称的银杏和水杉；有白垩纪出现的松；第三纪出现的杉木。2011年，区境内有树种73科227种，其中优势树中有松科（7种）、杉科（4种）、柏科（9种）、樟科（11种）、豆科（9种）、禾本科（15种）等。经济果木有柚、柑橘、梨、枣、桃、李、杏、板栗和茶、桑、桐等。五布柚、木洞蜜枣、乌皮樱桃、巴南名茶等遐迩闻名；自然植被有阔叶林、针叶林、灌木林、竹林等类型。属国家保护的植物50余种，其中二级保护品种有水杉、银杉、红豆杉等，三级保护品种有穗花杉、木荷等，区内还有大量的花卉品种和药材品种。

【动物资源】　区境内有陆生野生脊椎动物128种，隶属于24目49科。其中，兽类24种（6目，12科），爬行类12种（1目，7科），两栖类3种（1目，2科），鸟类89种（15目，28科）。除大量的畜、禽、鱼等养殖品种外，有国家级珍稀濒危动物雀鹰、红隼、白冠长尾雉、领角鸮、斑头鸺鹠；省级重点保护动物小鹛、灰胸竹鸡、雉鸡、董鸡、赤狐黄鼬、果子狸、豹猫、小麂、毛冠鹿；中国特有种类华西蟾蜍、中华蟾蜍、鳖、蹼趾壁虎、丽纹龙蜥、北草蜥、翠青蛇、赤练蛇、王锦蛇、虎斑颈槽蛇、菜花原矛蝮、绿鹦嘴鹎、白头鹎、短尾鹛、泊氏长吻松鼠等。其中属国家保护的二级动物有白鹭、猫头鹰、穿山甲等。三级保护的动物有林麝、獐子、金鸡等。

【水资源】　区属四川盆地亚热带湿润气候区中的四川盆地东南部长江河谷区，年内降水量多，径流量较大，全区多年平均降水在1100毫米左右，水资源十分丰富。长江贯穿境内北部边境长达60公里，加之境内有大小溪河100多条，流域面积1702.24平方公里，占辖区面积的93.30%。多年平均地表水径流量9.08亿立方米，地下水补给量0.61亿立方米、长江过境水流1.14亿立方米。区内各种水利工程5075处，总蓄水量1.21亿立方米，常年灌溉面积2.23万公顷，有效灌溉面积1.73万公顷，农业生产有较可靠的水资源保证。

【矿产资源】　区地处四川盆地东部地台区的中台拗川东南褶皱带，为沉积型地层，矿产资源较为丰富，已探明矿产29种，其中能源矿产5种，金属矿产3种，非金属矿产18种，水气矿产3种。已开发利用的有原煤、铁矿、石油、天然气、页岩、石灰岩、白云岩、天然石英砂、含钾凝灰岩、地热水等。全区二环以外镇街已建厂开采页岩，生产页岩砖；地热水的出水点较多，已有东泉、南泉、桥口坝等地多处开发利用；石灰岩、白云岩、天然石英砂和含钾凝灰岩等资源的开采，成为当地村民利用矿产开发致富的优势资源。

（区志办）

行　政　区　划

【建置沿革】　巴南区的前身是具有2300多年历史的巴县。巴县是全国建县最早的地区之一，并历为郡、州、府、路附廓大县。东周慎靓王五年（公元前316年），秦灭巴国，东周赧王元年（公元前314年）置江州县，属巴郡。南朝齐永明五年（487年），析江州县地置垫江县，江州县治徙僰溪口，以其故治为垫江县治。北周武成三年

(561 年) 废垫江、枳两县，以其地置巴县，以垫江县故治为巴县治。

巴县初置属楚州巴郡。隋开皇三年（583 年）废郡实行州县两级制，并改楚州为渝州，巴县属渝州。北宋崇宁元年（1102 年）改渝州为恭州，巴县属恭州。南宋淳熙十六年（1189 年），升恭州为重庆府，巴县属重庆府，府治巴县。元至元十五年（1278 年）置重庆路，巴县属重庆路。明洪武四年（1371 年）改重庆路为重庆府，巴县属重庆府。自此，巴县与重庆府的隶属关系直至清末。

民国元年（1912 年）改巴县为重庆府。次年废重庆府恢复巴县，属川东道。民国 17 年（1928 年）撤四川各道恢复四川省，巴县隶属于省。民国 24 年（1935 年）四川省划设 18 个行政监察区，巴县属第三行政监察区。民国 28 年（1939 年）县治搬迁，暂住人和场（今九龙坡区华岩镇），民国 30 年（1941 年）迁驻新治李家沱马王坪。

1949 年四川解放后，巴县属川东区璧山专区。1951 年 1 月属重庆市。1952 年 10 月，县治暂迁驻南泉，1954 年 1 月迁驻鱼洞。1953 年 2 月属江津专区。1958 年 11 月复属重庆市。

民国 18 年（1929 年），巴县设建 10 区（为县政府派出机关，协助县政府管理地方事务，各区所辖乡镇不等）、4 镇 76 乡。1949 年 9 月，巴县所辖 12 个指导区、5 镇 65 乡。此后历经变化、几经调整，乡镇数无常定，至 1985 年巴县有 12 个区（镇）、89 个乡（镇）。即：铜罐驿、白市驿、虎溪、青木关、长生桥、木洞、姜家、接龙、一品、界石、鱼洞 11 个区和西彭镇；铜罐驿、白沙沱、白市驿、陈家桥、青木关、长生桥、木洞、一品、界石、鱼洞 10 个乡级镇；有元明、含谷、走马、曾家、西永、迎龙、栋青、天赐、小观、陈家、忠兴、大窝等 79 个乡。1986 年 1 月，撤销鱼洞区，建区级镇。

1993 年 12 月，区乡镇建制调整，撤销铜罐驿、白市驿、虎溪、青木关、长生桥、木洞、姜家、接龙、一品、界石 10 个区；保留鱼洞、西彭、铜罐驿、白市驿、陈家桥、青木关、长生桥、广阳、木洞、一品、界石 11 个镇和石板、中梁、清溪、南龙、凉水等 14 个乡；陶家、巴福、金凤、姜家、花石、安澜、百节、公平等 19 个乡改建为镇；石庙乡改建为圣灯山镇，跳蹬乡与白沙沱镇并建为跳蹬镇，撤销鱼洞街道、大窝、小坝、云篆山办事处，时有 45 个乡（镇）更名或撤并。至此，全县有 47 个镇 14 个乡，1034 个村、8153 个合作社、106 个居委会。

1990～1992 年，巴县按全国统一部署开展土地资源详查，利用航拍技术，测得全县幅员面积为 2580.09 平方公里。1994 年，巴县统计局年鉴报告：全县年末总户数 39.41 万户（其中：农业户数 34.15 万户、非农业户数 5.26 万户）；年末总人口 126.21 万人（其中：农业人口 108.9 万人、非农业人口 17.31 万人）；在总人口中，男性 65.34 万人、女性 60.88 万人。

1994 年 12 月，经国务院批准，撤销巴县建立巴南区。将原巴县所辖长江以北的全部乡镇和长江以南的长生桥、迎龙、广阳三镇分别划入沙坪坝区、九龙坡区、大渡口区和南岸区；划入九龙坡区所属长江南岸的李家沱街道、花溪街道和土桥街道（二塘村除外）遂成今之巴南区域。新建立的巴南区辖区面积为 1825 平方公里，时辖 29 个镇、12 个乡、2 个街道办事处。

2001 年 7 月，经区人民政府研究决定，并报重庆市人民政府批准，对乡镇建制进行了调整。全区辖花溪镇、南泉镇、界石镇、南彭镇、惠民镇、木洞镇、双河口镇、麻柳嘴镇、丰盛镇、二圣镇、东泉镇、姜家镇、天星寺镇、接龙镇、石滩镇、石龙镇、一品镇、跳石镇、安澜镇共 19 个镇和鱼洞、李家沱两个街道办事处。

2009 年 3 月，经区人民政府研究决定，并报重庆市人民政府批准，对乡镇建制进行了调整。全区辖界石镇、木洞镇、双河口镇、麻柳嘴镇、丰盛镇、二圣镇、东温泉镇、姜家镇、天星寺镇、接龙镇、石滩镇、石龙镇、跳石镇、安澜镇共 14 个镇和龙洲湾、鱼洞、花溪、李家沱、南泉、一品、南彭、惠民 8 个街道办事处。

2009 年 9 月，巴南区人民政府所在地由鱼洞新市街 80 号迁至龙洲湾龙海大道 6 号。

2014 年末，巴南区仍然辖 8 个街道办事处，14 个镇；198 个村委会，2074 个村民小组；社区居委会91个，居民小组913个。

（区志办）

民族　宗教　人口

【民族】　根据巴南区第六次全国人口普查汇总资料显示，巴南区属散居少数民族地区。2014年，巴南区境内常住人口以汉族为主，占常住总人口的99.5%；其中少数民族有土家族、苗族、满族、回族、彝族、壮族、蒙古族、藏族、维吾尔族、布依族、朝鲜族、侗族、瑶族、白族、哈尼族、傣族、黎族、傈僳族、佤族、高山族、拉祜族、水族、纳西族、柯尔克孜族、达斡尔族、仫佬族、羌族、布朗族、毛南族、仡佬族、独龙族，少数民族人口占常住总人口的0.5%；常住人口的民族构成比例无明显变化。

巴南区少数民族种类及人数情况

民族种类	人口数量（人）	民族种类	人口数量（人）	民族种类	人口数量（人）
土家族	1747	侗族	93	水族	7
苗族	1250	瑶族	40	纳西族	10
蒙古族	85	白族	37	柯尔克孜族	1
回族	182	哈尼族	33	达斡尔族	8
藏族	68	独龙族	1	仫佬族	8
维吾尔族	8	傣族	30	羌族	17
彝族	167	黎族	19	布朗族	3
壮族	153	傈僳族	8	毛南族	1
布依族	116	佤族	9	仡佬族	65
朝鲜族	17	高山族	2		
满族	223	拉祜族	1		

【宗教】　巴南区是重庆市宗教工作重点区县之一，全区有佛教、道教、伊斯兰教、天主教、基督教五大宗教，有佛教协会、天主教爱国会、基督教三自爱国运动委员会3个宗教团体；开放的宗教活动场所23个。其中佛教活动场所9个（重庆市巴南区云篆寺、重庆市巴南区云豁寺、重庆市巴南区白沙寺、重庆市巴南区灵香寺、重庆龙岗宝峰寺、重庆市巴南区天心寺、重庆市巴南区黄金庙、重庆市巴南区木洞显应寺、重庆市巴南区枣子庙），道教活动场所3个（重庆市巴南区老君庙、重庆市巴南区清玄观、重庆市巴南区建文宫），基督教活动场所9个（重庆市巴南区基督教南泉礼拜堂、重庆市巴南区基督教鱼洞礼拜堂、重庆市巴南区基督教姜家礼拜堂、重庆市巴南区基督教惠民礼拜堂、重庆市巴南区基督教木洞福音堂、重庆市巴南区基督教双河口活动点、重庆市巴南区基督教石龙活动点、重庆市巴南区基督教二圣活动点、重庆市巴南区基督教大江活动点），天主教活动场所2个（重庆市巴南区和平桥天主堂、重庆市巴南区木洞天主堂）。全区有信教群众8万余人，约占全区总人口的8.91%。

（杨　鹏）

【人口】　2014年年末，全区户籍人口902011人，同比增长0.4%。其中男性459730人，女性442281人，男女性别比为103.9∶100。非农业人口396347人，比上年增长2.2%，占户籍总人口的43.9%；农业人口为505664人，比上年下降0.9%，占户籍总人口的56.1%。按户籍人口计算，年内出生人口9129人，出生率为10.1‰；年内死亡7101人，死亡率为7.9‰；人口自然增长率为2.2‰。2014年年末，巴南区常住人口97.37万人，城镇化率（常住人口）为77.59%，城镇人口达到75.55万人。

（区统计局、区志办）

经济 社会

【经济建设】 2014年，区委、区政府认真贯彻落实党的十八届三中、四中全会精神，统筹推进“五化一体”发展，务实推进“四区一基地”建设，全区呈现经济稳中向好、民生不断改善、社会和谐稳定的良好局面。2014年实现地区生产总值510.1亿元，按可比价计算（下同），同比增长11.5%。其中：第一产业实现增加值42.0亿元，同比增长3.2%；第二产业实现增加值222.8亿元，同比增长12.1%；第三产业实现增加值245.3亿元，同比增长12.2%。按常住人口计算，人均地区生产总值为52386元，同比增加3462元。三次产业的比例，由2013年的8.8:42.0:49.2调整为2014年的8.2:43.7:48.1。三次产业对全区经济增长的贡献率分别为2.2%、49.2%和48.6%，对全区经济增长的拉动力分别为0.3、5.7和5.5个百分点。全区从业人员为51.3万人，比2013年51.0万人增长0.6%。其中：第一产业从业人员13.1万人，比2013年13.6万人下降3.7%；第二产业从业人员22.4万人，比2013年21.9万人增长2.3%；第三产业从业人员15.8万人，比2013年15.5万人增长1.9%。

农业提质增效。2014年，农业产值平稳增长，农业产业结构进一步优化，粮经产值比调整到18.08：81.92。全区粮食总产量33.36万吨，同比下降6.7%。农业总产值62.48亿元，同比增长3.1%。“3+5”特色优势产业提质增效，特色水果、花卉苗木、优质茶叶、生态渔业、优质粮油、优质蔬菜、特色畜牧业均有较大幅度的增长。实施品牌战略，培育鱼洞乌皮樱桃、二圣梨、姜家黑猪等“三品一标”特色农产品81个，其中农产品地理标志2个上田牌红柠檬、东温泉牌五布柚获中国绿色食品博览会金奖，“定心”获中国茶叶博览会优秀品牌称号，“巴渝特早”被认定为国家级茶树品种。发挥特色产业基地景观功能，休闲观光农业快速发展，建成星级农家乐37家，二圣镇集体村被农业部评为“中国最美休闲特色民居村”，丰盛镇桥上村入选第三批中国传统村落名录。启动新型农业经营体系和农业生产全过程社会化服务市级试点。累计培育国家级产业化龙头企业2家、市级龙头企业29家，新发展家庭农场23家、专业大户130户，新发展农民合作社81个、农户参合率达44.1%。新型经营主体带动新增土地流转面积2.10万亩，累计34.17万亩，流转率35.74%，规模经营度达29.17%。改造中低产田2.51万亩，建设农村人行便道500公里。丰岩水库一期完工，龙岗水库下闸蓄水；库区基础设施不断完善。全区农机作业水平稳步提高，农业机械总动力达到40.74万千瓦。

工业平稳增长，建筑业增速放缓。2014年，工业增加值161.2亿元，同比增长11.0%，增速比同期提高2.9个百分点，占地区生产总值的比重为31.6%；实现工业总产值740.4亿元，同比增长15.1%；实现工业销售产值702.8亿元，同比增长16.1%；实现利润总额36.0亿元，同比增长3.8%。在经济下行压力较大的情况下，规模以上工业结构调整效果明显，以汽车及配件为主的机械加工等支柱产业进一步发展壮大，生物制药、化工、电子等高科技产业发展加快。全年规模以上工业企业实现工业总产值605.1亿元，同比增长15.3%；主营业务收入553.0亿元，同比增长20.8%；产品销售率96.8%，同比提高1.0个百分点；利税总额68.7亿元，同比增长9.2%；利润总额30.2亿元，同比增长3.8%；工业经济效益综合指数251.7%，同比提高11.0个百分点。新认定国家高新技术企业10家、市级高新技术产品和重点新产品145项。经济园区成功引进液晶面板第8.5代生产线等33个项目。惠科电子标准厂房生产线投产，产值达20亿元，1000万台显示器重庆生产基地开建。190家企业签约入驻曙光？江南楼宇产业园开园。长安铃木二工厂全面投产，新增产值35亿元。麻柳沿江开发区新签约13个项目。2014年，实现注册地建筑业总产值207.6亿元，同比增长10.3%，实现增加值61.6亿元，同比增长15.4%，全年房屋施工面积

1589.5 万平方米，同比增长 3.3%，建筑业增速明显放缓。房屋竣工面积 593.9 万平方米，同比下降 26.0%，房屋竣工面积继 2013 年之后继续下降。

固定资产投资结构向好。2014 年，实现全社会固定资产投资 616.3 亿元，同比增长 15.1%。建设与改造投资 394.6 亿元，同比增长 11.4%，其中，工业投资 147.2 亿元，同比增长 10.8%，房地产开发 221.7 亿元，同比增长 22.2%。投资总额中，国有投资占投资总额比重为 44.27%，占比提高 2.92 个百分点；民间投资占 49.2%，下降 2.2 个百分点；港澳台及外商投资占 6.2%，下降 1.1 个百分点。三次产业投资结构进一步优化，产业间结构得到调整。全区第一产业、第二产业、第三产业分别完成投资 22.7 亿元、147.2 亿元和 446.4 亿元，占投资总额比重分别为 3.7%、23.9% 和 72.4%。第一产业占比下降，第二产业占比在转型升级中略有下降，第三产业占比进一步提升。各项设施建设有序推进，道路、电力、水利和城市公共设施基础建设等投资共计实现 167 亿元，与上年持平，占投资总额的比重达到 27.1%。

2014 年 6 月 6 日，重庆宝钢钢材加工配送有限公司奠基开工现场

交通运输稳步发展，邮政电信保持稳定。全年完成公路客运量 1755 万人，同比增长 4.1%；货物运输量 3032 万吨，同比增长 13.6%。运输基础设施不断改善。境内公路通车里程达到 3660 公里，其中等级公路里程 2403 公里（县道及以上公路里程 771 公里）。轨道 2 号线延伸段通车，与 3 号线无缝换乘。东城大道除立交外实现初通。开通农村客运线路 78 条。新增开 19 条公交线路，实现二环内公交全覆盖。全力完成“生命防护栏”工程，今年已完成 252 公里农村公路防护栏安装。创新农村公路建设模式，新建改建 400 余公里，实现通乡通畅率、通村通畅和通达率均为 100% 的“三百”目标。2014 年完成邮电业务总量 95399 万元，同比增长 16.7%。本地固定电话用户达到 17.6 万户，与去年持平；移动电话用户达到 94.7 万户，净增 10.8 万户，同比增长 12.9%。

城镇基础设施全面提速。2014 年，全区建成区面积达到 65.42 平方公里，城市房屋建筑面积 2644.26 万平方米，同比增长 13.1%，城市住宅使用面积 1470.1 万平方米，同比增长 15.2%。新建 1124 个 4G 基站覆盖城区干道及周边地区，光纤入户改造 2635 户；国内第一个 IPv4 与 IPv6 网络互通下一代互联网交换中心建成并投入运营；投运和新开工 7 座变电站，新建 39.4 公里天然气主管线，新建污水管网 23 公里、雨水管网 30.54 公里；建成公租房 230 万平方米，建成廉租房 3125 套。完成人行道、车行道整治 5.71 万平方米，新增停车位 15072 个。新增城市绿地 90.1 万平方米，其中新建城市公园 1 个，新建社区公园 1 个，新建城市广场 3 个。初步测算，2014 年建成区绿化覆盖率达到 42.8%，人均城市绿地面积 27.59 平方米。

商贸流通消费旺盛，房地产销售增速减缓。2014 年，全区实现社会消费品零售总额 242.02 亿元，同比增长 15.2%，增幅位居主城九区第 2 位；批发商品贸易总额完成 184.32 亿元、同比增长 12.9%，零售商品贸易总额完成 364.83 亿元，同比增长 18.7%，批发零售商品贸易总额增幅位居主城九区第 1 位；餐饮住宿业营业收入完成

20.78 亿元，同比增长 10 %。铠恩家居等五大专业市场年交易额 484 亿元，京东商城过渡仓投入使用并实现交易额 20 亿元，重庆首家家具类电商交易平台“愉购网”入驻开店 200 户，海宁皮草城一期建成开业。

全年商品房销售面积 207.6 万平方米，同比增长 3.4%，其中住宅 158.6 万平方米，同比下降 18.2%。商品房销售额 134.5 亿元，同比增长 12.6%，其中住宅 100.5 亿元，同比下降 9.5%。

旅游业局面良好。东温泉获评全国特色景观旅游名镇，“东温泉—南温泉”入选重庆市十大旅游度假区，二圣镇云林天乡成功创建国家 AAA 级旅游景区，佛影峡漂流三期已建成并投入运营，琵琶洞景区已完成洞内道路及灯光设备、广场及商业街建设，彩色森林、五洲园全面建成，天心寺禅茶养心会所、丰盛古镇等重点项目建成并开放。全区围绕“天下休闲、养在巴南”品牌主线和打造旅游精品、建设市级旅游休闲度假区主题，扎实建精品、创品牌、提品位，全面提升巴南旅游形象。全年接待游客 2023 万人次，同比增长 28.3%；实现旅游综合收入 62.8 亿元，同比增长 29.1%。

对外贸易趋势下滑。全区实际利用外资 3.17 亿美元，同比下降 60.3%；实际利用内资 465.1 亿元，同比增长 25.4%。据海关统计，全年外贸进出口总值 10.6 亿美元，同比下降 19.9%，其中出口 7.7 亿美元，同比下降 33.3%。服务外包执行额完成 9630 万元。与重庆海关深化促进开放型经济合作关系，公共保税仓获批。

财政金融保险稳步增长。全区实现地方预算内财政收入 40.0 亿元，与去年持平，实现公共财政预算收入 28.9 亿元，同比增长 14.9%（同口径）。地方财政预算内财政支出 96.1 亿元，同比增长 33.4%。其中公共财政预算支出 56.5 亿元，同比增长 5.6%（其中教育支出 11.8 亿元，同比增长 0.3%，医疗卫生支出 5.8 亿元，同比增长 22.2%）。

2014 年末，全区金融机构人民币存款余额 553.0 亿元，比年初增长 14.4%，增幅居主城第一，其中：个人储蓄余额 360.0 亿元，比年初增长 14.3%；各项贷款余额 461.5 亿元，比年初增长 16.6% 增幅居主城第二；不良贷款率 0.36%，低于全市平均水平。保险机构积极拓展业务，加快培育保险市场，拓宽保险资金运用渠道，规范保险市场秩序，创新保险品种，全区实现保费收入 13.49 亿元，实现了保险业务的较快发展。新增银行类金融机构 5 家、融资租赁等新型金融机构 5 家。

【社会发展】　2014 年，巴南区的科技、教育、文化、广播、电视、体育、卫生、社会保障等各项社会事业持续发展，有效地推进社会和谐稳定。

科技创新成果丰硕。全年实施国家和市级科技项目 41 项（其中：国家创新基金项目 3 项，市级科技项目 38 项），组织实施巴南区社会事业科研项目 32 项，农业科研项目 20 项，认定区高新技术产品和重点新产品 145 项，科技成果登记 39 项；新认定重庆市国家高新技术企业 10 家，全区现有重庆市国家高新企业 38 家。全年申请各类专利 5080 件、授权各类专利 1535 件，分别增长 19.9% 和 13.3%；发明专利申请量位居全市第 1 位，专利进步量位居全市第 1 位。有 6 项科技项目分别被重庆市人民政府评为重庆市自然科学奖（三等奖）1 项，技术发明奖（三等奖）1 项，科技进步奖 4 项（其中：一等奖 1 项、二等奖 1 项、三等奖 2 项）；6 个新产品被市科委评为“优秀重点新产品”。

教育事业进一步发展。2014 年，巴南区义务教育通过国家义务教育均衡区的评估验收，获评全国青少年普法教育示范区。4 所小学已建成，其中 2 所投入使用，完成 5 个小区配套幼儿园建设、启动 4 所新校建设。中小学招生秩序规范，27 所城区学校定点接收流动人口子女 16817 人。城乡学生平等享受优质高中教育资源，区属 4 所市级重点高中 70% 的招生指标分配到全区各学校，免试录取 1841 名学生。全区高考上线 4147 人，总上线率为 93.9%。其中本科上线 2199 人，重点本科上线 685 人，重点本科上线率超过市平均 1.8 个百分点，本科上线率超过市平均 6.2 个百分点；新增国家级教学工作评估合格学校 1 所，市级重点职业学校 1 所，市级示范中职学校 1 所。新增国家级示范专业 3 个，市级重点特色专业 7

个，新增与区域经济紧密契合专业2个，有国家级实训基地2个、各级各类“校企合作型”实训基地160个。全区中职招生7750人，中职毕业生就业率达99.8%，对口率91.1%，稳定率97.7%，就业满意度达到96.5%。获职业技能大赛国家级3项大奖、市级获奖66项，获全市中职学生文明风采大赛奖项318个。

文化广播电视事业得到新发展。2014年，围绕传统节日和重大庆典，开展传统文化活动208场，惠及城乡群众60万人次。全年完成文艺巡演50场，累计赠送各类图书杂志1.1万余册、放映电影3833余场，建成电子书屋中心平台和标准化社区文化室23个、农村文化中心户198户。组织创作了以中国梦为主题的100余件优秀作品，推进“一镇街一品牌”特色文化创建，培育镇街特色文化品牌17个。

体育运动广泛开展。2014年共举办健身活动和赛事500余场次，参与人数达到30余万人；新建5个健身俱乐部，建立健全了单项体育协会，全区15个体育协会年开展群众体育活动和比赛70余场次，新培训社会体育指导员250名，全区体育人口达到47.8%，体测合格率达到92.81%，群众体育工作进一步向基层延伸。建成区体育馆、市民健身广场。成功举办重庆？国际马拉松赛、环中国？国际公路自行车赛等国际赛事。开展全国第六次体育场地普查，全区共有体育场地1647个，建筑面积183.5万平方米；人均体育场地面积达2.13平方米，公共体育设施开放率达100%。

卫生事业继续发展。全面推进卫生基础设施建设，推进公立医院改革和引进民营资本。2个镇卫生院标准化全部完工并投入使用，1个镇卫生院即将验收投用，全区乡镇卫生院和社区卫生服务中心标准化率达到100%。继续免费向城乡居民提供10大类、41项基本公共卫生项目和10项重大公共卫生服务项目。累计建立居民健康档案806757份，建档率为85.26%。各项卫生监督协管项目实施率和巡查覆盖率均达到100%。继续强化医疗服务机构监管，提高救助效益。建立区级医患纠纷诉调衔接工作运行机制。

2014年，全区有医疗卫生机构40个，其中，医院36家、卫生监督所1家、卫生疾控防治中心1家、妇女保健机构1家、中等护士学校1家。共有编制床位5153张，卫生机构在岗职工5862人，卫生技术人员4696人，其中：职业（助理）医师人数1737人，其他技术人员152人。

劳动和社会保障制度进一步完善。2014年，全区新增城镇就业人员7.9万人，年末城镇登记失业人数4715人，城镇登记失业率为2.8%。实施“雪中炭火”就业援助行动，通过设立就业援助专线电话，积极开发公益性岗位，大力举办社区院坝招聘会，开展入户走访一对一服务等措施，帮助7540名就业困难人员实现就业。深化开展“助你启航”创业促进行动，积极创建市级创业型城市，通过加强宣传、开展特色创业培训、强化跟踪回访、加大贴息小额贷款扶持力度等措施，扶持230人成功创业，带动1217余人就业。完成高校毕业生实名制登记488人，通过实施高校毕业生定制服务计划，帮扶高校毕业生457人；通过开发公益性岗位托底安置各类就业困难人员就业，年底公益性岗位结存在岗2805人；新创建龙洲湾街道龙华社区等4个充分就业社区，充分就业社区（村）创建率分别达到90%以上。社会保障制度进一步完善。2014年全区享受城市居民最低生活保障人数6687人，农村居民最低生活保障人数7924人。改扩建敬老院2所，建立起敬老院对口帮扶长效机制。全年城乡医疗救助群众101326人次，实施临时困难救助2011人次。年末全区有各类福利收养单位55个，床位6800张。

城乡居民收入稳步提高。2014年，巴南区城镇常住居民年人均可支配收入28040元，比上年增长9.2%；城镇常住居民年人均生活消费支出为22199元，比上年增长11.4%；农村常住居民年可支配收入12548元，比上年增长11.3%，农村常住居民年人均生活消费支出为9178元，比上年增长11.51%。

（区统计局、区志办）

政　　治

麻柳嘴镇沿江高速公路出回

政　　治

中国共产党 重庆市巴南区委员会

【概况】 2014年，中国共产党重庆市巴南区委员会（简称：区委）认真贯彻落实市委、市政府决策部署，团结带领广大干部群众真抓实干、改革创新、积极作为，全区经济保持较快发展，社会事业全面进步，人民生活水平不断提高。

经济发展稳中向好。区委围绕“促增长、抓建设、推改革、惠民生”工作主线，深入实施“五化一体”（即：新型城镇化、新型工业化、国际化、信息化、农业现代化和城乡一体发展）战略，加快推进“四区一基地”（即：山水城市风貌展示区、中央文化休闲活动区、生态健康体验区、商贸物流集聚区、先进制造业基地）建设，推动全区经济持续健康发展。工业经济稳步回升，引进天语手机、化医控股、悦康药业等28个工业项目，长安铃木二工厂等20多个项目投产或试生产，经济园区、麻柳沿江开发区开发建设全面展开。城镇建设全面发力，征地拆迁完成886.67公顷，土地出让568公顷，均列主城九区第一。龙洲湾滨江片区全年完成投资95.3亿元，投入量、建设量列全市十大片区之首，万达、君禧天地等在建项目成为巴南新地标。重庆高职城一期完成院校布局，5所院校和云教育产业园开工建设。现代服务业加快发展，南彭贸易物流基地建设提速推进，华南城一期、京东商城“亚洲一号”运营中心加快建设，建成铁公鸡商贸城一期市场、普洛斯一期城市配送中心。电子商务发展、专业市场建设、金融机构引进等均取得突破性进展。现代农业效益提升，累计培育农业龙头企业国家级2家、市级29家、区级85家。城乡一体实现“亮点、扩面、成型”，

2014年6月28日，李建春在重庆华南城招商推介会致辞

创建农村产权交易市场，新发展农民合作社81个、农户参合率达44.1%，实施农村集体建设用地复垦210.47公顷，新增土地流转面积1401.07公顷，规模经营度达29.17%。

“大美巴南”亮点纷呈。深入实施“大美巴南”计划，有力推动生态文明建设。东温泉镇、丰盛镇桥上村分别成功申报为“全国特色景观旅游名镇”和“第三批中国传统村落”名录，二圣镇集体村被农业部办公厅评为“中国最美休闲特色民居村”，荷韵生态园被国家旅游局、农业部评为“全国乡村旅游示范点”，东温泉—南温泉旅游度假区成为重庆市十大旅游度假区。全区空气质量优良天数达到237天，PM2.5平均浓度同比下降12.7%，降幅列主城区前列。噪声功能达标覆盖率达93%。新建雨水污水管网53.54千米，城市集中式饮用水水源水质达标率100%。新增城市绿地90.1万平方米，森林覆盖率达43.5%。

“大善巴南”平安和谐。建立完善反恐防暴常态化工作机制，加强重点人员教育管控，严格落实社会稳定风险评估制度。坚持三级矛盾纠纷排查化解机制，调解各类矛盾纠纷成功率达98.9%，中央及市交办案件办结率和市交办案件化解率均达100%。八类主要刑事案件同比下降41.5%，安全事故总量下降7.6%。加强基层政法综治队伍建设，全面推进网格化管理，实现镇街法律顾问全覆盖。建立“谁执法、谁普法”、“谁管理、谁普法”的工作机制。

改革开放成效突出。始终坚持体制机制创新，不断破解发展难题，增添发展动力。按照“三个先行”原则，扎实推进39项改革重点任务和20项专项任务；在投融资管理、财税体制改革、行政审批等多个领域取得突破；积极对接“一带一路”和长江经济带建设，推动南彭贸易物流基地试点内陆公路口岸申报，促进华南城公共保税仓正式获批。

党建工作取得成效。深化干部人事制度改革，选好配强镇街和部门领导班子，规范区级部门党政分设，抓好超职数配备干部专项清理。实行党政机关“一把手”对人事、财务、工程项目等“五不直管”制度，立案查处违法违纪案件36件39人。全区22个镇街公共服务中心、289个村（社区）便民服务中心建成率和规范化率均达100%。制定民主党派向区委提出建议等6项制度，实现重庆理工大学6个民主党派组织属地化管理，吸纳高层次专家人才45人。成功申报全国和全市“巾帼文明岗”6个，花溪街道红光社区被中国科协、财政部评为“全国科普示范社区”，巴南区和区关工委分别被中国关工委、全国综治办、司法部评为“全国青少年普法教育示范区”、“全国青少年教育先进单位”。

教育实践活动开展。按照党中央和市委部署，扎实开展党的群众路线教育实践活动。认真落实“照镜子、正衣冠、洗洗澡、治治病”的总要求，周密安排、精心组织，学习教育认真扎实、听取意见诚恳充分、查摆问题准确细致、民主生活会辣味十足、问题整改动真碰硬、建章立制求真务实；“四风”突出问题、群众反映强烈的突出问题和联系服务群众“最后一公里”问题得到有效解决，取得阶段性成效。全区性会议次数比上年减少11.2%，以区委和区政府（含两办）名义发文数量减少15.9%，各单位上报区委、区政府简报种类减少12.7%、期数减少13.9%；全区公务接待批次、总人次比上年分别下降32%和30%。全区机关腾出办公用房259间共7973平方米；查处违反中央八项规定等问题32个、处理37人。巴南区教育实践活动得到中央第十巡回督导组和市长黄奇帆好评。

民生工作惠及百姓。始终把保障和改善民生放在重要位置。集中力量办好与群众关系密切的30件重点民生实事；全年民生支出38.9亿元，占一般公共预算支出的68.9%；扎实推进学有所教、劳有所得、病有所医、老有所养、住有所居等方面工作；切实抓好就业、高山生态扶贫搬迁、饮水安全、山坪塘整治、农村危房改造、农村客运、城市棚户区改造、社区养老服务等民生实事。

区域文化体育发展。深入推进“六大文化工程”建设。完成《巴文化系列丛书》编著工作；培育巴南精神，提炼出“忠勇守德、尚文崇新”表述语；巴滨一号、海洋公园、珠江欢乐园、巴文化电影公园等一批项目动工建设；举办“建区20周年重大建设成就暨建设模范颁奖晚会”“东温泉·2014中华山水茶道文化节”以及“重庆·

国际马拉松赛”“环中国·国际公路自行车赛”等节会和赛事，提振全区人民精气神，提高巴南美誉度。

2014年末，区委办公室内设7个科室：区委督查室、秘书科、综合科、公文科、信息科、行管科、技术科；挂牌机构2个：中共重庆市巴南区委机要局、中共重庆市巴南区委保密委员会办公室（重庆市巴南区国家保密局）。在职在编工作人员共有50人（在职行政编制人员29人、事业编制人员5人、工勤人员8人、临时聘用人员8人）。年末，区委办公室被区委区政府评为“2014年度区管领导班子先进集体”；区委办公室与区政府办公室、区编办共同荣获区委、区政府“2014年度工作创新‘金鹰奖’”（颁奖主题辞：“总值班室”创建区县应急新模式）。

（余柏松）

【十二届党代表大会第三次会议】 1月15～16日，中国共产党重庆市巴南区第十二届代表大会第三次会议在区行政中心召开。本次会议应到党代表406人、实到406人，列席人员96人。大会由区委常委、区委组织部部长杨钟馗主持，会议听取了区委书记李建春以《改革体制机制 创造制度红利 努力开创巴南经济社会发展新局面》为题的区委十二届委员会2013年工作报告，大会审议表决通过了《区委十二届委员会2013年工作报告》及《关于全面深化改革有关问题的决定》《区委经济工作报告》的决议；审议通过了《中国共产党重庆市巴南区纪律检查委员会2013年工作报告》的决议。审议通过了《关于深化干部人事制度改革的意见》，通报了中共重庆市巴南区第十二届代表大会第二次会议代表提案提议办理情况。在会议期间，共收集党代表提案和建议160件。闭会期间共收集党代表提议14件，办结率为100%，满意率为100%。

（金　涛）

【区委十二届五次全会】 1月10日，中国共产党重庆市巴南区第十二届委员会第五次全体会议在龙洲湾区行政中心召开。参加会议的区委委员应到44人、实到43人，区委候补委员应到10人、实到10人；列席会议的区纪委委员实到21人。会议由区委书记李建春主持，会议审议表决通过《区委常委会2013年工作报告（审议稿）》《区委工作报告（审议稿）》《关于全面深化改革有关问题的决定（审议稿）》《区委经济工作报告（审议稿）》《区纪委工作报告（审议稿）》《关于深化干部人事制度改革的意见（审议稿）》，表决通过《关于召开中国共产党重庆市巴南区第十二届代表大会第三次会议的决议》。

【区委十二届六次全会】 12月30～31日，中国共产党重庆市巴南区第十二届委员会第六次全体（扩大）会议在龙洲湾区行政中心召开。参加会议的有区委委员应到45人、实到42人，区委候补委员应到10人、实到9人；不是区委委员、区委候补委员的区级领导，部分离退休老同志，区纪委常委、区委巡查组负责人，区人大专职委员，区政协专职常委，各镇街、区级各部门、群团单位党政主要负责人，区内各民主党派有关负责人，区属国有公司、市级在区单位、部分金融机构和保险单位、在区通讯企业、大型企业主要负责人列席会议。全会传达贯彻了中央经济工作会、市

2014年12月30日，召开中共重庆市巴南区委十二届六次全会

委四届六次全会精神；听取和讨论了区委书记李建春代表区委常委会总结2014年工作、部署2015年经济社会发展和城市环境综合整治的工作报告；听取了区政府区长陈刚就2015年经济工作重点任务和城市环境综合整治工作安排的讲话；审议通过了《区委区政府关于进一步加强城市环境综合整治的实施意见》，表决通过《中国共产党重庆市巴南区第十二届委员会第六次全体会议决议》。

（彭　建）

【党的群众路线教育实践活动】　2月中旬至10月中旬，区委认真组织和领导全区开展党的群众路线教育实践活动。该项活动参加的对象是区“四大”班子、74个直属部门、22个镇街、289个村（社区）、93所中小学校、38个医院，333个非公经济组织和社会组织，以及其他企事业单位69个。在整个活动进程中，区委始终把开展好教育实践活动作为一项重大政治任务。在“学习教育，听取意见；查摆问题，开展批评；整改落实，建章立制”3个阶段中，紧紧围绕市委确定的10个专题，编印必读书目“口袋书”《群众路线300问》等学习资料，实行中心发言、以考促学等制度，创新推出“云课堂”学习方式，推动学习步步深入。区委常委会开展专题学习12次，召开16次常委会、8次领导小组会，研究部署教育实践活动事宜。制定“1+10”方案分类指导，组建15个督导组从严督导、严格把关。落实“四必谈”要求，各位常委共谈心谈话264人次。开好专题民主生活会，认真开展批评和自我批评，共提出批评意见196条。认真落实中央“八项规定”和市委“八严禁”“十二不准”，带头抓好整改，促进全区各级领导班子和党员干部整改措施落实。2014年全区性会议次数比上年减少11.2%，以区委和区政府（含两办）名义发文数量比上年减少15.9%，各单位上报区委、区政府简报种类减少12.7%、期数减少13.9%；全区公务接待批次、总人次比上年分别下降32%和30%，区直机关本级“三公”经费支出减少1051万元、下降17%。通过狠抓整改，“四风”突出问题、群众反映强烈的突出问题和联系服务群众“最后一公里”问题得到有效解决，党员干部作风明显好转。巴南区教育实践活动得到中央第十巡回督导组和市长黄奇帆好评。

【党的自身建设】　2014年，区委班子带头加强自身建设，深化干部人事制度改革，选好配强镇街和部门领导班子，制定日常考核办法和“一带三区”差异化考核指标体系，建立考核项目申报审批制度。认真开展“四联系四服务”“双走服务”等活动，督促基层组织“双向承诺”“7+X”积分管理等制度落实，完成42个“后进组织”整顿转化。将村（社区）服务群众工作专项经费纳入区财政预算。全区22个镇街公共服务中心、289个村（社区）便民服务中心建成率和规范化率均达100%。制定民主党派向区委提出建议、党外代表人士意见建议办理办法等6项制度，设立全市第二个市级新阶层党外代表人士挂职实践锻炼基地。认真落实“两个责任”和“一岗双责”，深入推进党风廉政建设，实行党政机关“一把手”对人事、财务、工程项目等“五不直管”制度。立案查处违法违纪案件36件39人，其中查办大要案14件14人，移送司法机关处理12件12人。成功申报全国和全市“巾帼文明岗”6个，花溪街道红光社区被中国科协、财政部评为“全国科普示范社区”，巴南区和区关工委分别被中国关工委、全国综治办、司法部评为“全国青少年普法教育示范区”“全国青少年教育先进单位”。

【经济社会发展】　2014年，区委围绕“促增长、抓建设、推改革、惠民生”工作主线，深入实施“五化一体”战略，加快推进“四区一基地”建设，推动全区经济持续健康发展。先进制造业发展壮大，城镇建设全面发力，现代服务业加快发展，都市效益农业发展水平提升，对外开放取得新的突破，城乡一体发展结出硕果。全年完成地区生产总值510.1亿元，同比增长11.5%，增幅居主城区九区第3位；完成全社会固定资产投资616.3亿元，同比增长15.1%，总量、增幅分别居主城区第2和3位；完成社会消费品零售总额215亿元，同比增长15.2%，增幅居主城区第2位；完成公共财政预算收入28.9亿元，同比增长

14.9%，增幅居主城区第4位；城镇居民人均可支配收入28040元、同比增长9.2%，农村居民人均可支配收入12548元、同比增长11.3%，增幅分别居主城区第1位和第2位。

【政策研究辅政】 2014年，区委办公室围绕改革发展大局，服务重大战略决策。一、围绕中央和市委改革发展大局和总体要求，起草完成区第十二届三次党代会报告、区委十二届五次全会报告、《关于全面深化改革有关问题的决定》《中共重庆市巴南区委常委会2014年工作要点》等指导全区经济社会发展的重要文件，起草了全区党建工作会、工业和信息化工作会、城乡建设管理工作会、农业农村及城乡一体工作会、区委全面深化改革领导小组第一、第二、第三次会议上的讲话等相关材料。二、深入开展调查研究，以文辅政助推发展。围绕行政体制改革、依法执政、基层社会治理、城市综合环境整治、基层干部队伍建设等方面的重点、难点和热点问题，牵头开展专项调研。先后完成《巴南区都市功能拓展区建设的调研报告》《巴南农村饮水安全情况调研报告》《我区二环内采石场关闭后存在的突出问题和有关建议》《关于巴南区机动摩托三轮车非法营运的情况报告》等多个调研报告。三、认真收集总结全区各部门、各行业的工作经验和亮点，在理论研究和理论文章撰写方面加大工作力度，先后撰写《探寻新型城镇化中的美丽小城镇建设之道》《始终恪守为民务实清廉的价值追求》《提升依法治区水平必须正确处理好三个关系》《整治“四风”顽疾务必做到真、诚、实》《真诚上门送服务、架起党群连心桥》《巴南区搭建“党建云”平台实现服务群众“六化”》《巴南区对都市功能拓展区农业发展的探索与实践》等一批理论文章。四、编辑出版《新巴南》12期，较好地发挥“指导全区工作、提供决策参考”的作用。努力挖掘工作亮点，积极宣传推介巴南。

（陶龙龙　张义其）

【督查工作加强】 2014年，区委督查室针对“大善巴南”“大美巴南”“五化一体”等重大战略决策开展督查，编发《督查情况通报》27期，上报《督查报告》19期，得到领导肯定性批示10条。10月23日，因人事变动，经区委、区政府同意，决定对区督促检查工作领导小组成员进行调整，调整为区委副书记杨钟馗为组长，区委组织部部长刘永全、区纪委书记何永革、区政府常务副区长宋葵、区委宣传部部长夏杨松、区委办公室主任涂开祥为副组长，以区委督查室、区政府督查室等37个单位为成员的党委督查工作领导小组。

（何　震）

【保密防范管理】 2014年，区委保密委员会办公室遵照习近平总书记等中央领导同志关于“要克服麻痹思想，切实加强保密教育，落实保密责任、严格保密纪律、完善保密措施，确保保密工作万无一失”的重要指示精神，围绕全区工作大局，深入开展保密宣传教育，着力提升保密技术防范能力，切实加强保密行政管理，保密监督检查，保密工作取得显著成绩，充分发挥“保安全、保发展”的作用。一、组织领导干部、涉密人员深入学习全国窃密泄密案件情况通报和《中华人民共和国保守国家秘密法实施条例》等文件和保密知识，在思想上强化保密观念，在工作上明确保密要求。组织开展区委保密委员会主任讲保密专题党课，对镇街、区级部门和区属国有公司的专兼职保密干部、涉密人员进行保密教育。在“五一”“国庆”“元旦”“春节”等重大节日，均要在干部职工会上强调保密要求，督促做好节假日期间保密工作。利用保密法“纪念日”“12·4”法制宣传日等特殊时间节点，通过电视、报纸、板报、传单、专栏、网络、短信等多种形式，广泛进行宣传教育，接受教育的群众达40多万人次，营造做好保密工作的良好氛围。二、组织开展专项检查。在相关部门自查基础上，区委保密委员会办公室联合有关部门组成检查组，对重点部门涉密中央文件的阅读传达、签收保管、清退销毁以及非涉密网络、保密管理、制度落实等情况进行抽查，对党政机关、涉密单位、涉密人员正确使用通讯设备进行规范。开展2014年保密普查工作，有效地推动全区各项保密措施的落实。三、加强涉密载体集中销毁工作。对全区镇街、区级部门和单位的涉密载体和资料进行统一回收、集中销毁，确保涉密载体安全。四、强化全国普通高考等国家级考试和涉密工程重要会议、活动的保密管理，确保高考等国家级考试的顺利进行和涉密工程的顺利建设。

（刘明均）

【党委信息“四向”】　2014年，区委办公室紧密结合区内政治、经济和社会发展动向，积极推行党委信息“四向”（纵向、横向、靶向、导向）工作法，较好地实现“收集实情有方法、反映问题有深度、领导参阅有价值、群众诉求有回音”目标。一、纵向下沉听实情。创建党委信息工作人员实时暗访调研机制、党委信息工作纪律约谈机制等制度，建立覆盖全区各级各部门的QQ群，并充分发挥“工作圈、亲戚圈、社交圈、媒体圈”联系界别广泛的优势，坚持以群众观点立题、据真案例切题、靠辩证法破题、用群众语言释题，持续为各级党委科学决策提供重要依据。全年编报问题类调研信息20余篇，获中央、市委领导重要批示数量列38个区（县）第1名。二、横向联通汇实情。创建党委信息工作全链条式推进机制，建立区委办与区委组织部、区委宣传部、区委统战部等部门信息平台的通联共享机制，主动占领党委系统统揽区“四大家”信息阵地，横向汇集重点区级部门信息资源，精准衔接，大幅缩短党委信息处理周期。全年共开展信息联通工作7次，汇集、核实经济社会发展情况、信息来源10余次，全年党委信息采用综合得分列38个区（县）第2名。三、靶向突破追实情。创建重点信息正反双向约稿制度、重点信息限时办结制度、重点信息错情问责制度，对市委办公厅专题约稿信息第一时间明确专人、责任、办理方式、办结时限，并同步启动党委信息工作人员实地走访调研等工作，分类收集、研判、编报在各单位事权内的重点信息。全年共完成市委办公厅专题约稿任务10余次，重点信息跟踪督改率达100%，被市委办公厅《上报中办》采用的篇数列38个区（县）第1名。四、导向引领报实情。创建优秀基层党委信息工作人员推荐任用机制、党委信息工作激励及正常增长机制等，创建推广“树型学习调研法”，基本实现党委信息工作规范化、长效化、人性化。全年推荐任用优秀基层党委信息工作人员12名，帮助各单位解决经济社会发展中的实际问题或困难30余次，被市委办公厅专呈市委书记孙政才、市长黄奇帆等领导同志参阅的《信息专报》采用篇数列38个区（县）第2名。

（徐　东）

巴南区人民代表大会常务委员会

【概况】　2014年，重庆市巴南区人民代表大会常务委员会（简称：区人大），内设8个工作机构〔即：办公室（秘书科、综合科和区人大信息中心）、信访办公室、人事代表工作委员会（代表联络科）、财经城环工作委员会、法制工作委员会（规范性文件备案审查科）、教科文卫工作委员会、农业和农村工作委员会、预算工作委员会（预决算审查科）〕；设有8个街道人大工作委员会（龙洲湾、鱼洞、李家沱、花溪、南泉、一品、南彭、惠民）为派出机构。机关在职干部职工49人。

2014年，区人大在中共巴南区委领导下，深入贯彻党的十八届三中、四中全会和习近平总书记系列重要讲话精神，认真落实市委、区委人大工作会议精神，依法履行各项职责，较好地完成区十七届人大四次会议确定的各项任务。全年召开常委会会议10次，听取和审议专项工作报告35项，作出决议、决定43项，开展执法检查4项，组织视察和调研23次，为推动全区经济建设、民生改善和社会稳定做出积极贡献。年末，被区委、区政府评为“2014年度区管领导班子先进集体”。

【区第十七届人大第四次会议】　2月18～20日，巴南区第十七届人民代表大会第四次会议在龙洲湾区行政中心大礼堂召开。本次大会应到代表286人，实到代表275人；邀请列席人员206人，旁听公民10人。出席政协重庆市巴南区第十三届委员会第三次会议的政协委员列席第一次全体会议。会议听取和审查了区《政府工作报告》《人大常委会工作报告》《人民法院工作报告》《人民检察院工作报告》；会议还审查了《巴南区2013年国民经济、社会发展计划执行情况和2014年计划（草案）的报告》、批准了《巴南区2014年国民经济和社会发展计划》；审查了《巴南区2013年财政预算执行情况和2014年财政预算（草案）的报告》，批准了《巴南区2014年区本级财政预算》；审查和批准了巴南区2014年263个一级预算单位的部门预算；审查了巴南区2013年重点项目、民心工程完成情况及2014年重点项目、民生工程安排计划（草案）的报告，批准2014年重点项目、民心工程安排计划；听取和审议区政府关于区第十七届人大三次会议代表议案和建议、批评、意见办理落实情况的报告，并进行满意度测评。补选陈刚为巴南区人民政府区长、余炳友为巴南区第十七届人大常委会委员。会议期间，代表共提出议案32件，经主席团决定立案2件；共提出意见、建议、批评257件。会议结束时，区委书记李建春作重要讲话。

【区委第五次人大工作会议】 3月27日，中共巴南区委召开区委第五次人大工作会议。会议全面总结区委第四次人大工作会议以来巴南人大工作取得的成绩和经验，制发《中共重庆市巴南区委关于加强和改进人大工作的意见》（以下简称：《意见》），该《意见》进一步统一思想、明确目标、落实举措，为更好地发挥区、镇两级人大的职能作用，服务全区经济社会发展和民主法治建设提出新的要求。《意见》充分体现党的十八大和十八届三中全会对人大工作的新观点、新思路，并落实贯彻市委第四次人大工作会议精神，确立支持人大及其常委会依法履职的“支持、放手、担责、容错”八字方针，肯定就职宣誓、财政预决算监督等近年来区人大的创新实践，进一步完善区委加强和改进对人大工作的领导等一系列制度和具体举措。巴南区贯彻落实市委第四次人大工作会议精神举措得到市人大充分肯定，并在全市区（县）人大常委会主任座谈会上交流发言。

【重大事项依法决定】 2014年，区人大常委会作出关于加快“四区一基地”建设的决定。听取和审议区政府关于国民经济和社会发展“十二五”规划纲要实施中期评估工作情况报告，依法批准“十二五”规划纲要指标调整方案的决议。全年就经济社会发展、融资议案等重大事项依法作出决议、决定34项，有力地推动全区经济社会全面发展。

【监督视察不断强化】 围绕“五化一体”发展战略和“促增长、抓建设、推改革、惠民生”工作主线，听取和审议区政府关于2014年国民经济和社会发展计划半年执行、重点项目民生工程和重大前期项目半年执行、推进工业经济发展等情况报告，提出审议意见16条。组织部分市、区人大代表和有关部门单位负责人视察龙洲湾滨江城市片区、经济园区、南彭贸易物流基地、高职城以及城乡一体项目建设情况，并将现代农业综合示范工程等7个项目作为常委会领导牵头重点督办项目，首次对政府投融资项目绩效情况开展调研。

【创新干部就职宣誓】 2014年，区人大常委会任免国家机关领导干部27人次，组织任命干部就职宣誓16人次，听取区经信委主任等6名干部履行誓词情况报告。市人大常委会主任张轩在全国县乡人大工作座谈会上，专门推介巴南区人大选举任命国家机关工作人员就职宣誓工作的创新做法，为上级人大制定宪法宣誓制度提供实践经验。

【财政资金管控审议】 听取和审议区政府关于2013年度预算执行情况和财政其他收支审计工作报告、财政预算半年执行情况报告以及2014年预算调整方案的报告，批准2013年区本级财政决算和2014年财政预算调整方案。首次试点将区交委等5个单位部门预算执行情况提交人代会审查，常委会还一并审查和批准其决算，市人大常委会有关领导多次批示和肯定巴南区财政预算决算监督的创新做法。听取和审议区政府关于区属国有公司融资计划和债务管控情况的报告，连续四年对国有资产管理实施监督。

【法治政府建设推进】 听取和审议区政府《关于法治政府建设工作情况的报告》，推动区政府修订《行政机关负责人出庭应诉办法》。上下联动对区政府在培育企业发展法制环境专项工作开展评议，提出评查意见37条。配合市人大常委会完成《科技投入条例草案》等6部法规的立法调研工作，为地方立法提出建设性意见。依法开展规范性文件备案审查工作，对区政府报备的18件规范性文件开展审查，依法向市人大常委会报送规范性文件4件。

【司法监督工作加强】 在全市率先制定《组织区镇人大代表联合评议人民法庭工作暂行办法》，组织区、镇部分人大代表对一品、接龙、东温泉、木洞4个片区基层法庭进行联合评议，创新人大对基层法庭的监督形式。听取和审议区法院贯彻实施《中华人民共和国民事诉讼法》、诉调对接和民生案件执行工作等情况报告。听取区检察院关于查办影响发展环境以及涉及民生领域职务犯罪的工作情况报告。依法确定增加区法院人民陪审员70名，组织市、区部分人大代表视察区公安分局“三所一队”和区检察院中心检察室建设情况。

2014年11月6日，区镇人大代表联合评议木洞法庭工作

【基层监督机制建立】 建立开门向社会征集人大监督议题机制，邀请公民旁听区人大代表大会和区人大常委会会议，通过区电视台直播代表大会，开通巴南人大官方微博，推进公民有序地参与政治活动。采取上下联动开展视察、调研和执法检查，定期召开座谈会，邀请镇（街道办）人大负责人和人大代表列席常委会会议，开展人大业务知识培训等方式，加强对基层人大工作的指导，提升人大工作的整体效能。

【公共服务均衡发展】 围绕促进教育和卫生服务公平，听取和审议区政府关于公立医院改革、义务教育招生、中小学布点规划等情况报告，听取区教委主任履行誓词情况报告并对区教委责任督学挂牌督导工作开展评议和专题询问。围绕村卫生室建设、城区义务教育资源保障等工作开展专题调研，提出理顺村卫生室管理体制、严格执行中小学布点规划等工作建议。区委书记李建春对《城区义务教育资源保障情况调研报告》给予肯定，并批示是“一份有价值的报告”。

【社会焦点难点调研】 听取和审议区政府关于预防和化解社会矛盾、食品药品监督工作等情况报告，对山坪塘整治及农村饮水安全、农村“三权”登记、龙洲湾B区高压线迁改工程开展调研和视察。连续三年关注安置房建设工作，推动区政府加快实施“3个100万”工程，使待安置5年以上拆迁群众诉求得到基本解决，并对区经信委搭建平台服务企业、区地税局优化纳税服务环境等工作开展评议和专题询问，督促有关部门建立服务企业的长效机制，营造良好的发展环境。

【生态环境保护关注】 听取和审议区政府关于加强生态和环境保护建设的情况报告，对区政府贯彻实施《中华人民共和国水土保持法》《中华人民共和国土地管理法》情况开展执法检查，对区旅游局旅游资源开发工作开展评议和专题询问。

2014年8月12日，区人大常委会评议区政府企业发展法治环境工作

围绕森林松材线虫病除治、拆并乡镇和行政村环境连片整治情况开展调研和视察。针对污水处理厂调研中发现的问题，区人大常委会依法作出《关于加强镇街污水处理厂建设和运营管理的决定》，要求区政府及有关部门加强污水处理厂运营监管，加快工艺改造和扩容建设，确保江河岸清库洁。

【群众来信来访办理】 充分发挥人大信访在维护正常信访秩序、保障信访人合法权益、化解社会矛盾、维护社会和谐稳定中的重要作用，全年共接待群众来访230人次，受理群众来信107件，其中市人大转办群众来信31件。受理涉法涉诉信访事项8件，重点督办1件，均按期办结回复，办理完结率为100%。区人大常委会领导阅批群众来信72件，并到基层社区、村组面对面倾听群众意见，了解群众诉求，协调相关部门化解信访中提出的问题，促进社会和谐稳定。

【人大代表活动开展】 确定2014年为“人大代表主题活动推进年”。组织全区1100多名“三级”人大代表深入开展“密切联系群众·推动小康建设”主题活动。围绕改善道路交通，开展调研视察活动42次，推动新增改造道路279公里；围绕保障居民饮水，推动新增和改造饮水工程35个，受益群众3多万人；围绕促进居民就业，推动提供就业岗位1747个，实现就业1236人；围绕帮扶贫困群众，资助贫困学生71名，解决群众实际困难345个；围绕增加群众收入，提出意见建议33条。通过主题活动的开展，切实增强代表意识，强化代表责任，较好地发挥人大代表的主体作用。

【人大代表建议督办】 坚持重点建议交办、跨年度跟踪督办、组织人大代表视察办理情况等工作机制。修改完善《关于人大代表议案和建议批评意见督办办法》，创新代表回执满意度评价模式。人大代表议案及重点建议采取“训、分、审、询”四步筛选机制，得到市人大常委会主任张轩批示肯定。“一府两院”及办理单位高度重视人大议案建议办理工作，区十七届人大四次会议代表提出的289件议案、建议、意见全部办理完毕并答复代表，满意和基本满意率达100%。

【人大代表履职提升】 通过在区委党校建立人大代表培训基地，组织人大代表开展履职专题培训，坚持为人大代表订阅《公民报》《人大公报》等方式，有效地提升人大代表的理论素养、法律素质和履职水平。充分发挥“人大代表之家”“人大代表联系群众工作站”作用。制定《人大代表联系群众办法》《区人大常委会组成人员联系代表工作办法》和《“主任接待日”工作制度》，认真落实常委会领导和工作部门分片联系镇街代表小组制度，加强与人大代表的联系。不断丰富市人大代表巴南联系组活动内容，组织开展集中视察等活动4次，推动人大巴南区代表团在市四届人大三次会议上提出议案建议47件。

【人大预算工委设立】 2014年，按市委、区委人大工作会议相关要求，区机构编制委员会批复同意设立区人大常委会预算工作委员会，内设预决算审查科。其主要职责是负责对巴南区财政年度预算决算、部门预算决算、专项资金、超收收入等进行初步审查监督，承办财政预算决算、部门预算决算等具体工作，以及区人大常委会和主任会议交办的其他事项。

【人大信息新闻宣传】　2014 年，组织开展纪念人民代表大会成立 60 周年等重点宣传活动 7 次，《重庆日报》《公民报》等市级以上新闻媒体宣传报道巴南区人大工作 350 余篇，在展示区人大形象的同时，也提升巴南的知名度。《市人大信息》转发巴南区人大工作信息 17 篇，市领导批示 6 篇。7 月，被市人大常委会办公厅评为“2013～2014 年度《人大信息》工作先进单位”；被市人大常委会公民报刊社评为“2014 年度《公民报》宣传发行先进单位”。认真办好《人大公报》，编撰完成《巴南人大志》。组织撰写各类理论和调研文章 40 余篇，其中《论全面深化改革与推动人大工作与时俱进》等 3 篇文章分获市人大制度研究会优秀论文一、二、三等奖。

（向　东　田　熙　李春雨）

重庆市巴南区人民政府

【概况】　2014 年，重庆市巴南区人民政府（简称：区政府）全面贯彻落实党的十八大和十八届三中、四中全会精神，深入学习贯彻习近平总书记系列重要讲话精神，在区委的坚强领导下，在区人大、区政协的有力监督支持下，强力打造以结果为导向的执行模式，统筹推进“五化一体”发展，务实推进“四区一基地”建设，全区呈现经济稳中向好、民生不断改善、社会和谐稳定的良好局面。2014 年年末，因机构改革，区政府办公室内设机构调整为 10 个科室：督查室、政策研究室、应急办公室（区委、区政府总值班室）、综合科、政务一科、政务二科、政务三科、信息科、法规科、公文科。区政府法制办、区政府外事办为挂牌事业单位；区政府信息中心、区政府综合应急指挥中心、区土储中心、区机关事务管理局、区行政服务和公共资源交易中心、区征地办和区“两违”整治中心为挂靠事业单位。区政府办公室在职行政人员 42 名、事业单位人员 14 名、行政工勤人员 11 名，临时聘用人员 14 名。全年区政府办公室与区委办公室共同荣获区委、区政府“2014 年度工作创新‘金鹰奖’”（颁奖主题辞：“总值班室”创建区县应急新模式），区“两违”整治中心与区国土分局、区规划分局共同荣获区委、区政府“2014 年度工作创新‘金鹰奖’”（颁奖主题辞：“三率先四创新”创“两违”整治的“巴南经验”）。区政府办公室被区委、区政府评为“2014 年度区管领导班子先进集体”。

（周　赛）

【区政府第二次全体会议】　2 月 10 日，区政府第二次全体会议在龙洲湾区行政中心大礼堂召开。区政府代理区长陈刚主持会议，区委常委、区政府常务副区长宋葵就《政府工作报告（讨论稿）》作了起草说明，与会人员分组讨论了《政府工作报告（讨论稿）》《重庆市巴南区 2013 年国民经济和社会发展计划执行情况和 2014 年国民经济和社会发展计划（草案）的报告（讨论稿）》《2014 年重点项目和民生工程安排情况的报告（讨论稿）》《重庆市巴南区 2013 年财政预算执行情况和 2014 年财政预算（草案）的报告（讨论稿）》。区长陈刚在会上要求：一、要做好“两会”相关工作；二、要抓好第一季度各项工作；三、要抓好重点项目落地并开工建设，要在招商引资的质量和效益上下功夫，要“招优、招强、招大”；四、要抓好安全稳定工作；五、要抓好政府系统党的群众路线教育实践活动，要坚决反对“四风”，厉行节约，严格自律；六、要抓好工作督查落实，在全区范围内形成“以上示下、以身作则、率先垂范”的良好工作局面，打造以结果为导向的执行模式，以“决战”的姿态，投入到全年工作中。

（周　赛）

【政府常务会议】　2014 年，区政府共召开常务会议 34 次。会议传达学习了党的十八届四中全会暨中纪委第四次全会、全市“两会”暨市纪委四届四次全会、全市规划建设管理环保及民防工作会、全市农村工作会、全市市级旅游度假区建设专题会、全国全市“十三五”规划编制工作电视电话会议、市级重点项目推进会议、全市企业债券预审工作会议、全市区（县）委书记区（县）长座谈会、全市促进夜市经济发展电视电话会议、全市 PPP 投融资模式改革专题培训、全市铁路大建设工作推进会议、全市纪检监察机关“转职能、转方式、转作风”专题研讨会议、全市深化科技体制改革工作推进会暨专利提升工作会议、全市统筹城乡重点改革及农村集体资产量化确权改革工作会议、全市扶持小微企业发展和深化工商登记制度改革工作推进会议、全国公务用车制度改革电视电话会议、全市重点项目与资金调度工作会、全市重大基础设施建设会议精神、全市信访稳定工作视频会议精神。

会议审议了《政府工作报告》《关于进一步减轻基层负担的实施意见》《关于建立小型公共资源交易中心的意见》《2013 年国民经济和社会发展计划执行情况和 2014 年国民经济和社会发展计划（草案）的报告》《2014 年重点项目和民生工程安排情况的报告》《2013 年财政预算执行情况和 2014 年财政预算（草案）的报告》《关于开展招商引资合同协议履行情况检查的工作方案》《关于完善食品药品监管体制的方案》《巴南区政府投资项目管理办法》《巴南区政府投资项目招标投标实施办法》《巴南区政府投资项目权力运行情况公开试行办法》《关于加快推进市场主体“五转一创新”的意见》《关于建立健全新增违法用地违法建筑预防制止工作机制的通知》《养老服务业综合改革试点方案》《关于 2014 年农业农村工作的意见》《开展“企业服务周”活动的实施方案》《矿产资源开发利用管理暂行办法》《再生资源回收体系建设实施方案（2014 ~ 2016）》《关于进一步加快商贸流通业发展的实施意见》《关于加快旅游休闲产业发展的意见》《深化国库集中支付改革加快推进财政代管资金管理模式转轨实施方案》《普通中学升学目标考核评价实施方案（试行）》《“企业服务周”走访工业企业收集问题解决方案》《区领导和区级部门 2014 年党风廉政建设和反腐败分工责任制》《贯彻落实中央 < 建立健全惩治和预防腐败体系 2013 ~ 2017 年工作规划 > 及市委〈实施意见〉工作方案》《〈巴南区国民经济和社会发展第十二个五年规划纲要〉中期评估报告》《巴南区房地产开发项目配建中小学校管理暂行办法》《社会筹集建校资金管理暂行办法》《农村土地承包经营权流转管理实施办法》《中小学布点规划（2014 ~ 2020）》《行政事业单位国有资产处置管理办法》《关于引进社会资本参与公立医院改革试点的实施意见》《巴南区国内公务接待管理实施细则》《关于进一步加强审计工作的意见》《巴南区棚户区改造资金管理办法（试行）的通知》《巴南区人民政府与重庆化医控股（集团）公司战略合作协议》《巴南区农村住房保险实施方案》《巴南区人民政府中国人寿财产保险股份有限公司重庆市分公司推动巴南区发展战略合作协议》《珠江欢乐园项目投资合作协议》《啤酒主题公园项目投资合作协议》《市七院与如恩公司合作协议》《2014 年巴南区城乡居民医疗保险付费总额控制指标分配方案》《规范性文件起草制定管理办法》《创新政府服务企业体系的实施意见》《巴南区公共资源保护性商标注册实施方案》《巴南区政府采购监督管理实施细则》《巴南区政府采购信息公告管理办法》《区政府党组党的群众路线教育实践活动专题民主会整改方案》《巴南区商业网点规划（2014 ~ 2020）》《巴南区 2014 年土地矿产卫片执法监督检查工作实施方案》《创建国家知识产权试点城区的工作方案》《巴南区产业引导股权投资基金管理暂行办法》《巴南区党政机关国内差旅费管理办法》《巴南区党政机关国内会议费管理办法》《巴南区督促检查工作实施办法（试行）》《关于进一步规范村级工程建设和项目管理的实施意见》《关于“十三五”规划编制工作的意见》《房地产建设项目周边市政道路建设管理历史遗留问题处置办法》《关于分解房地产建设项目公建及市政配套设施建设任务的通知》《加强政府投资项目中介服务管理办法（试行）》等“1 + 7”中介服务管理制度、《特色商业街区扶持政策》《进一步深化财政体制改革加强镇街财政管理的通知》《关于镇街财政体制改革的试行方案》《关于进一步加强村卫生室管理工作的意见》《巴南区行政审批服务首席代表制度》《加快区、镇街、村（社区）三级服务体系建设和规范的实施意见》《关于促进网络零售业产业发展的意见》《关于进一步加强社区矫正工作的实施意见》《关于进一步加强刑满释放人员安置帮扶工作的实施意见》《巴南区政府法律顾问管理暂行办法》《巴南区行政机关负责人出庭应诉办法》《巴南区 PPP 投融资模式改革实施方案》《招商引资合同示范文本》《巴南区全面深化统筹城乡综合配套改革的意见》《农村集体经济组织清产核资实施方案》《农村集体资产量化确权改革试点工作方案》《建立健全新型农业经营体系专项改革方案》《中共巴南区人民政府党组党的群众路线教育实践活动整改落实方案》《巴南区城乡困难群众重特大疾病医疗救助实施办法（试行）》《关于贯彻〈畜禽规模养殖污染防治条例〉的实施意见》《巴南区支持跨境电子商务零售业发展有关优惠政策》《开展综合治税专项行动的通知》《关于成立综合治税专项行动工作领导小组的通知》《巴南区学术和技术带头人及后备人选选拔管理暂行办法（修订）》《产业投资项目发展指导意见》《关于进一步推进巴南区违法建筑整治工作的通知》《关于开展违法用地违法建筑专项整治责任分解的通知》《关于进一步完善土地出让管理工作的通知》《关于设立巴南区招商引资专项奖励的通知》《巴南区政府购买服务实施意见》《巴南区预算绩效管理工作实施方案》《关于进一步扶持小微企业发展的实施意见》《全区区域性火灾隐患整治工作方案》《巴南区加快推进养老服务业发展的意见》《巴南区生态破坏与环境污染损害评估机制》《巴南区生态环保信息公开制度》《巴南区生态环保宣传教育工作联动机制（送审稿）》。

会议还研究了引进建设重庆华南城项目、引进香港万兆集团设立外资小额贷款公司、环境保护“四清四治”专项行动、渝兴公司与斌鑫集团合作建设安置房、长安铃木二工厂宝钢加工配套项目建设、区政府工作网格化管理目标任务分解、重点项目民生工程重大前期项目倒计时工作计划、2013 年度全区考核奖励、审计项目计划、区属投融资公司 2013 年度特别贡献奖评定和经营业绩考核、区文化中心项目建设、龙洲湾人防工程建设、同中国葛洲坝集团三峡建设工程有限公司合作建设龙洲湾 B 区基础设施建设项目、规范全区奖励表彰工作、规划全覆盖工作、第一批电力设施弃管小区改造、重庆渝江水务公司部分供水站自来水价格调整、龙洲湾 B 区高压线路迁改工程、华南城项目河道整治、编制巴南旅游专项规划、启动户改自愿退出暂不能复垦宅基地补偿兑现、规范建筑垃圾消纳场建设管理、龙洲湾街道团结村地质滑坡安置房建设、龙洲湾隧道建设及周边整治、申烨大道维修建设、炒油场片区整体打造、区属投融资公司 2014 年度经营业绩考核体系和目标、批准卢帮志为区“见义勇为先进分子”、招商银行和兴业银行到区设立分支机构、高职城一期农转非安置房建设、迎接义务教育发展基本均衡区县国家验收、申报国家新型城镇化综合试点、2014 年都市效益农业创新引导专项资金第一批项目安排、2014 年度统筹城乡一体发展建设项目审核及建设计划安排、调增国有土地上房屋征收优惠政策、2014 年公共停车场建设选址、引进东盟集团打造商业综合体、中国整形美容协会拟在巴南区建设中国西部医疗美容和抗衰老中心、南温泉温泉大道（炒油场至长南桥段）改造、天星寺 110 千伏线路下地、调整重庆市实验中学重庆市清华中学财政管理体制、推进全区污水管网建设、重庆公路物流基地污水处理厂建设、龙洲湾人防工程项目实施、成立巴南区产业引导股权投资基金公司、与英菲尼迪等基金合作成立相关子基金、丰岩水库（二期）建设、经济园区新科城市广场项目建设、木洞污水处理厂及黄金大道南北延伸段道路开展 PPP 投融资模式建设、松花江小学等 4 所学校融资建设等相关事宜。

（章　兵）

【区长办公会议】　2014 年，区政府共召开区长办公会议 10 次。会议传达学习了习近平总书记《在党的群众路线教育实践活动总结大会上的讲话》、市委书记孙政才《在全市党的群众路线教育实践活动总结大会上的讲话》、市政府第 35 次常务会议、市纪委四届四次全会、全市生态文明建设大会精神；听取了区属各国有公司、管委会和区征地办关于2013年运行情况，2014年工作计划、债务情况及偿债计划，区土储中心、区国资办2013年土地出让情况和2014年出让计划，区投促办关于建立健全投资决策及优惠政策兑现机制，春节期间全区安全稳定及商贸业、旅游业相关情况的汇报；审议了《“服务企业周”走访商贸物流企业收集问题解决方案》《“服务企业周”走访建设领域企业收集问题解决方案》《服务“企业周”走访城乡一体企业收集问题解决方案》《巴南区2014年30件重点民生实事》《西演集团入驻巴南合作协议（送审稿）》；研究了东盟集团在滨江经济带投资建设商业项目、全区2014年上半年土地出让、2013年三峡后续工作项目实施等相关工作。

（章　兵）

【新兴产业崛起】　2014年，全区实现工业总产值740.4亿元、同比增长15.1%。完成规模以上工业产值605.1亿元，同比增长15.3%。战略性新兴产业企业达到22户，实现产值44亿元、同比增长161%。工业经济综合效益指数251.7%，提高11个百分点。新认定国家高新技术企业10家、市级高新技术产品和重点新产品145项。园区、开发区面积达13平方公里，累计投资610亿元。经济园区成功引进液晶面板第8.5代生产线等33个项目。惠科电子标准厂房生产线投产，产值达20亿元，1000万台显示器重庆生产基地开建。曙光·江南楼宇产业园开园，190家企业签约入驻。长安铃木二工厂全面投产，新增产值35亿元。汽车上装项目整合集聚，得到国家质检总局肯定推广。麻柳沿江开发区新签约关西涂料等13个项目。建成标准厂房80万平方米，渝钛白等14个项目加快推进，图达电容等6个项目调试生产，春宝科技成为全市第三家上交所Q板挂牌企业。

【都市农业推进】　全区农业坚持“发展理念实体化、基础设施统筹化、涉农资金捆绑化、用地规模适度化、具体项目产业化”的工作方法，着力调整农业产业结构，大力推进都市效益农业发展，特色产业、乡村旅游、休闲农业融合互动发展，取得较好实效。农业总产值达62.48亿元，同比增长3.1%，农业增加值43亿元，同比增长3.2%，增幅列主城九区第一位。都市效益农业集群发展，木—高线木洞庙垭现代农业园已具规模，姜家、接龙“黑色”“紫色”特色粮油成为新亮点；南—南线万亩蔬菜基地和万亩花木走廊已成规模，花木世界核心区建成，光大奶业全产业链迁入巴南；惠—东线月亮湾渔村核心区开园，熙可晚熟柑橘、“十里柚果长廊”效益明显。云篆山荷韵园获全国休闲农业创意作品展银奖，并被评为全国休闲渔业示范基地；二圣集体村被农业部评为“中国最美休闲特色民居村”和“全国现代生态农业创新示范基地”。新培育市级产业化龙头企业3家，新发展家庭农场23家、专业大户130户、农民专业合作社81个。农业科技支撑不断强化。完成新型职业农民培训1500名、各类农技培训9000余人。5项实用技术分获市、区科技进步奖，3项人畜共患病防控技术全市领先，光大牛场创“全国规模养殖场动物疫病净化创建场”。培育“三品一标”特色农产品81个，无公害农产品产地认证57个，

2014年2月，巴南区工业和信息化工作会召开

农产品地理标志2个。城乡一体发展稳步推进。东温泉、木洞、接龙镇入选全国重点镇。累计投入1.7亿元，建成幸福农庄18个、36万平方米，并进入常态化有序管理。完成宅基地复垦208.73公顷，实现地票交易97.87公顷、交易额2075万元。土地流转率达35.74%，规模经营度达29.2%。完成户籍制度改革转户7325人、退地参保847人。建成特色水果基地4333公顷，花卉苗木5133公顷，优质茶叶1333公顷，生态渔业2666公顷，优质粮油种植3.84万公顷，优质蔬菜1.71万公顷，特色畜牧业出栏生猪53万头、家禽507万只。农业机械总动力达到40.74万千瓦。森林覆盖率达43.5%。农产品质量安全监管工作获国务院质量工作考核组表扬。农村居民人均可支配收入达12548元，同比增长11.3%，增幅居主城第二。6月19日，巴南区代表重庆市农业接受国务院副总理汪洋视察并获充分肯定。

【商贸物流兴盛】 2014年，全区商品批零贸易业销售总额549.15亿元、增长16.7%，增幅居主城第一；社会消费品零售总额242.02亿元，同比增长15.2%。第三产业增加值对地区生产总值贡献率达到48.6%。京东电商营运和电商广告实现营业额近20亿元。入驻重庆首家家具类电商交易平台“愉购网”家居企业近200户。巴南银针、锦晖陶瓷、黑山基等传统企业依托第三方电子商务平台实现网上交易1000余万元。会展经济和假日经济形成特色，家博会、年宵花节、春秋季购物美食消费节等节庆会展活动实现销售53.5亿元。铠恩国际、西部汽车城、驰盛汽车城、渝南汽车市场、花木世界辐射到重庆及周边8个省（市），年交易额484亿元，增长15.3%。电子商务发展迅速，4万平方米重庆京东商城过渡仓投入营运。商贸物流设施加快建设。完成全区商业网点规划编制工作。新增城乡商业设施面积45万平方米，龙洲湾商圈万达广场购物中心进入装修，旭辉城购物中心启动建设。李家沱商圈滨江危改片区商业综合体即将动工，赵家嘴地块商业综合体正在开展招商。界石镇级商圈新界商街基本建成，万象城市广场动工建设。典雅天城社区商圈建成37.8万平方米商业设施。中央活动区（CAZ）君禧天地购物中心主体工程即将完工，珠江城购物中心动工建设。加快特色商业街建设，海宁皮草城一期建成开街，南温泉商业街、嘉赢·尚河商业街基本建成，巴文化鱼洞老街主体工程即将完工。

【旅游休闲锻造】 2014年，全区旅游业大力实施“大投入、大项目、大营销”发展战略，着力“建精品、创品牌、提品位”。全年完成游客接待2023万人次，同比增长28.3%；实现旅游综合收入62.8亿元，同比增长29.1%。编制完成《旅游专项规划》和《东温泉—南温泉市级旅游度假区规划》。围绕“春观花、夏避暑、秋摘果、冬泡泉”主题，在主流报刊、门户网络、电视媒体上进行全面宣传。以市场为主体举办梨花节、圣灯山避暑欢乐季、果蔬嘉年华等旅游节庆活动20余次，各类子活动70余个，带动各类农产品、土特产品的畅销，开创农旅结合促农增收新路子。在全市率先成立十大旅游休闲联盟，完善区域旅游协作和联动机制，实施抱团发展，吸引84家旅游企业和个人加入联盟，联合开展线路打造和宣传营销。自主锻造旅游休闲精品线路7条。新培育星级农家乐37个，鱼洞街道被确认为创建市级农家乐示范镇，东温泉镇、鱼洞街道荣获重庆市最美乡村旅游度假村镇称号。丰盛镇被住建部、文化部、国家旅游局、农业部等部门联合评为“中国传统建筑文化旅游目的地”。佛影峡漂流三期、丰盛古镇、彩色森林、五洲园全面建成投运；琵琶洞、羊鹿山养生园一期工程基本建成。南温泉建成五星级酒店、商业步行街和车行桥。典雅戴斯国际酒店评为巴南区第一家五星级酒店。

【城市建设提速】 2014年，龙洲湾滨江片区完成投资101亿余元，建成237万平方米，投资及开发量均居主城十大开发片区之首。龙洲湾新区入驻极地海洋公园等5个项目。滨江城市经济带在建城市综合体等项目25个，新落地珠江欢乐园等10个项目，新开盘4个项目。重庆高职城一期完成院校布局，签约8所、其中3所正加快建设。沿江高速巴南段建成通车，境内高速公路形成“二环三射”路网。绕城高速百合立交建成投入使用，内环快速巴南立交、鹿角立交主体竣工。新建排污管网115千米。建成幸福农庄18个、36万平方米。城区市政建设和管理更加完善。维修车行道路面4.55万平方米、人行道板1.16万平方米、路沿石1488.3米，维修人行护栏1436.7米，维修防撞护栏227米，新安装中央隔离栏2551米，减速设施200平方米。新建路灯688盏，亮灯率达到99%，设施完好率达到98.5%。新增停车位1.51万个，其中室内1.44万个。完成新建旭辉城广场、佳兆业广场等6个公园绿地项目，社会单位配套类绿化项目45个。新增城市绿地面积90.1万平方米，区绿化覆盖率达到42.8%，人均城市绿地面积27.59平方米。

（刘俊军　孙付恋　喻　蛟）

【科技教育创新】　2014年，全区获得国家和市级科技项目41项，认定高新技术产品和重点新产品145项、优秀重点新产品6项，新认定重庆市国家高技术企业10家，现全区有国家高新技术38家。全年申请各类专利5080件，授权各类专利1535件，分别增长19.9%和13.3%。大力推进教育事业发展，积极探索集团化办学模式，引进德普教育集团举办剑桥小学、初中、高中以及高中国际部。采取PPP模式等方式推进松花江小学、龙洲湾中学等19所学校建设。新建成龙洲湾小学和新屋小学，完成云篆山水公租房配套小学的装修和设施设备购置。完成融汇清华实验中学、曼哈顿小学、花溪小学主体工程。27所城区中小学校定点接收流动人口子女1.68万人。区属4所市级重点高中70%的招生指标分配到各初级中学校，免试录取1841名学生。全区普通高考报名6136人，参加高校统考考生5346人，被各类高校录取5290人，录取率87.32%。全区中职招生7750人，中职毕业生就业率达99.8%。

【文体医卫发展】　2014年，全区开展传统文化活动208场，惠及城乡群众60万人次。建成电子书屋中心平台和标准化社区文化室23个、农村文化中心户198户。完成文艺巡演50场次，放映电影3833场。组织创作以“中国梦”为主题的100余件优秀作品，推进“一镇街一品牌”特色文化创建，培育镇街特色文化品牌17个。《立德童谣》获重庆市“五个一工程奖”。巴文化电影公园等一批文化项目开工，实现文化产业增加值23.8亿元。群众体育广泛开展，全年共举办群众健身活动和赛事500余场次，参与人数达30余万人。15个体育协会开展群众体育活动和比赛70余场次。全区体育人口达到47.8%，体育合格率达到92.81%。区体育馆年底开馆。全区共有公共体育场地1647个，人均体育场地面积达2.13平方米，公共体育设施开放率达100%。成功举办“重庆·国际马拉松赛”“环中国·国际公路自行车赛”等大型赛事。积极推进卫生机构改革，在全市率先组建区级卫生计生委。全区镇街卫生院和社区卫生服务中心标准化率达到100%。继续免费向城乡居民提供10大类、41项基本公共卫生项目和10项重大公共卫生服务项目。引进如恩集团参与市七院医疗体制改革。区人民医院妇儿分院建成投用，新建、迁建或升级改造7个基层医疗机构。

（刘俊军　何　睦）

【民生救助保障】　2014年，区财政民生支出38.9亿元，占一般公共预算支出的68.9%。全区新增城镇就业人员7.88万人，年末城镇登记失业人数为4715人，城镇登记失业率为2.79%。实施“雪中送炭”就业援助行动，设立就业援助专线电话，开发公益性岗位，举办社区院坝招聘会，入户走访“一对一”服务等措施，帮助7540名就业困难人员实现就业。开展“助你启航”创业促进行动，加大贴息小额贷款扶持力度等措施，扶持230人成功创业，带动1217人就业。完成高校毕业生实名制登记488人，通过实施高校毕业生定制服务计划，帮扶高校毕业生457人就业。通过开发公益性岗位托底安置各类就业困难人员就业，年底公益性岗位结存在岗2805人；向市级重点电子企业输送员工3424人。全区参保人数达到175万人次，征收各类社会保险费16.5亿元。推进社会保险金保网络建设，完成81个社区、25个村的网络建设。深入实施“阳光低保”建设，在全市率先建立跨部门、多层次的居民经济状况核对机制，进一步提高保障对象的准确性。全年

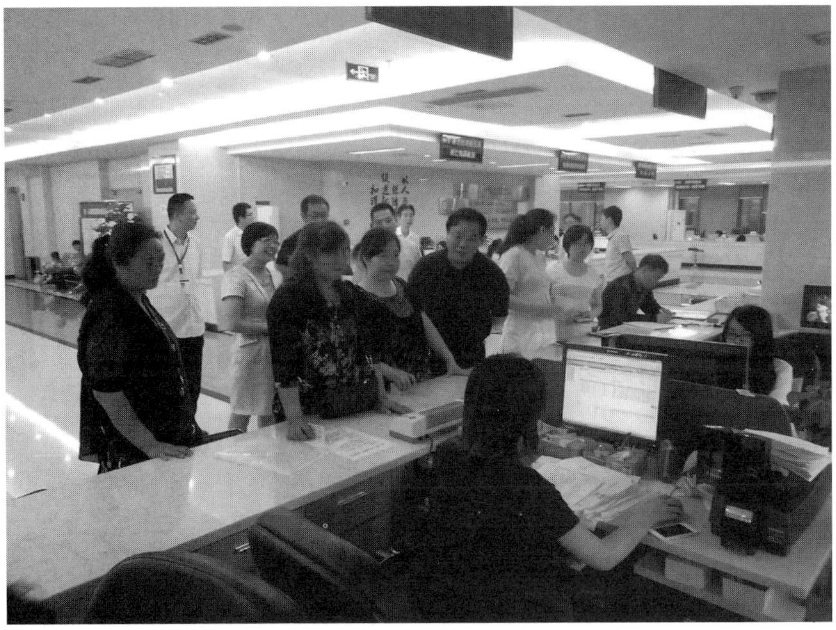

2014年6月，区长陈刚（前排左四）到就业和社会保障服务大厅调研

发放城市低保金2984.96万元、农村低保金1982.25万元，切实做到应保尽保。在全国率先建立困难群众重特大疾病和慢性疾病救助制度，将城乡医疗救助对象用药目录外的医疗费用纳入救助范围，按就医自付费用总额分段比例进行救助，切实减轻患重特大疾病群众的医疗负担。继续推行高标准、广覆盖的医疗救助模式，全年城乡医疗救助群众10.13万人次，累计支出医疗救助资金2515.97万元。住院救助平均水平达到87%，为全市住院救助率最高。在全市率先建立社会救助信息管理平台，实行村（居）、镇街、区三级信息联网，提高救助的时效性。全区享受城市居民最低生活保障人数6492人，农村居民最低生活保障人数7959人。全年实施临时困难救助2011人次，发放临时救助资金650.12万元。下拨冬春救助和倒房恢复重建补助资金570余万元，救助3.5万人次，修复损坏房屋302户，分期建房201户，确保受灾群众得到妥善安置。扎实开展城乡养老服务业综合改革试点，建立社会办养老机构建设补贴和运营补贴制度，打造善行老年养护院、花溪新屋村老年公寓等“医养融合”的养老机构。全区新增养老床位700张，享受五保供养5354人，发放供养金3034万元。在全市率先推行失独家庭养老帮扶工作。改扩建敬老院2所，建立敬老院对口帮扶长效机制。稳步推进城乡社区建设，率先建立并联审批制度，协议还建社区组织工作用房3198.37平方米。投入建设资金5965万元，新改（扩）建6个社区服务站，50个城乡社区养老服务中心（站）。及时足额兑现优抚对象各类抚恤优待补助3500多万元，为全区重点优抚对象解决住院及临时医疗补助208万元，累计完成200余户贫困重点优抚对象危旧房改造。

（夏永波　刘　雯）

【体制改革推进】　2014年，在市委、市政府和区委领导下，巴南区人民政府积极推进机构改革。政府工作部门从30个缩减为27个，在全市区（县）率先组建卫生计生委、文化委，完成食品药品监管和卫生系统体制改革。推行“大科室”制，减少内设机构26个。撤并整合事业单位51个。按照“三个先行”原则，扎实推进20项重点改革任务，多个领域取得突破。围绕推进“都市功能拓展区”发展战略，组织开展都市功能拓展区建设33个专项规划。完成“十二五”规划中期评估工作，启动“十三五”规划前期工作。创新投融资模式，制定企业禁投清单和产业投资项目发展指导意见，修订《政府投资项目管理办法》《政府投资项目招标投标实施办法》，进一步完善政府投资项目决策和实施程序，实现内外资一致管理和企业投资非禁即可。设立产业引导基金，在交通、市政、土地整治开发等重点领域推进PPP投融资模式改革，在全市率先推出国开交通基金“投贷协同、产融结合”PPP模式，落实5亿元先期投资。着力推进现代市场体系改革，使各类市场主体可依法平等进入清单之外领域，企业投资非禁即可。稳妥推进公务用车制度改革，推进农村基本公共服务均等化、镇村规划编制改革试点和社会信用体系建设综合试点工作。取消和免征行政事业性收费 8 项，落实结构性减税等政策为企业减负 5.75 亿元。推进小额人身意外伤害险和农村住房保险。积极推进镇街财税体制改革。深化国库集中支付改革，完善预决算管理和平台公司财税扶持政策，推进政府购买服务。完成区级行政审批项目清理，推行行政审批首席代表制、网上审批、工商领域并联审批等制度，审批时限总体压缩 20%、审批效率提高 98%。混合所有制和非公有制经济、现代市场和金融市场体系等改革稳步推进。

（夏永波　黄宏佩）

【法治政府建设】　2014 年，党的十八届四中全会和市委四届五次全会对依法行政工作做出新部署。巴南区贯彻落实中央和市委精神，统一思想、提高认识，全区依法行政、法治政府建设工作取得新成效。完善依法行政工作制度，制定印发《巴南区规范性文件起草制定管理暂行办法》《巴南区政府法律顾问管理暂行办法》《巴南区行政机关负责人出庭应诉办法》《巴南区政府合同管理暂行办法》等系列制度规范行政。严格规范性文件合法性审查制度，全年共审查规范性文件 50 件，向市政府报备 12 件，向区人大报备 12 件。完成全区 1000 余人次的执法人员培训换证工作，对执法人员信息实行网络动态监管，清理全区委托执法事项，进一步促进全区行政机关公正文明执法。开展行政执法案卷评查工作，巴南区行政处罚案卷获得重庆市行政执法案卷优秀案卷表彰。建立招商引资项目合同台账，制定七个类别的招商引资合同示范文本。全年区政府法制办审查《重庆京东电商产业园项目投资协议书》等经济合同、投资协议 156 件次，有效地防范政府参与市场经济活动的法律风险。创新行政复议审理方式，全年办理行政复议案件 21 件，撤销行政机关决定 2 件，维持 10 件，作其他处理 8 件，综合纠错率为 17%。加强行政机关负责人出庭应诉工作，8 月 29 日，区长陈刚亲自出庭应诉一件林权登记案件，取得较好的社会效果和舆论效果。

（任　懋）

【政务督查落实】　2014 年，区政府督查室按照区政府对督查工作的要求，坚持做“督查”的硬手，紧紧围绕区政府中心工作制定督查计划，开展督查。按时办结市、区领导批示交办的事项 37 件，牵头组织或参与开展督查活动 160 余人次，全年共编发《政务督查》43 期、专题报告 26 个、《督查情况通报》26 期。主要对区政府主要领导批示件的办理落实情况、区政府常务会、区长办公会议定事项落实情况、区政府工作报告网格化目标任务进展情况、专题会议定事项、土地出让、安置房建设、城区学校建设、农村饮水安全及山坪塘整治、松材线虫病防治等工作开展重点督查或专项督查。同时，还对区政府承办的 272 件区人大代表建议、347 件区政协提案的办理落实情况开展跟踪督查。

（徐金果）

【应急值班管理】　2014 年，巴南区在全市率先完成党委、政府两个值班系统的全方位整合，组建“区委区政府总值班室”，通过创新工作机制，完善工作体系，成功搭建起一套以总值班室为龙头，全区各级各部门值班室为骨干的应急值班网络。健全预警信息发布机制，丰富信息发布手段，增强突发事件信息发布的及时性、准确性和通达深度，全年共计发布突发事件信息 1 万余条；健全突发事件信息报告制度，全区突发事件信息一个口子进出，提高信息报告效率和质量。全年共计接处公开电话 2.5 万余个，各类突发事件信息 7000 余条，向市委、市政府上报值班信息 174 条，收到市领导批示 59 条，为区委、区政府科学决策提供了有力的参谋作用；建立现场应急处置机制，强化协同作战能力，牵头和参与突发事件现场处置 50 余起，坚持法律底线原则下，提高处置时效；健全应急指挥保障机制，强化突发事件处置统筹协调力度，确保全区应急处突快速有序开展。同时，通过制发《应急值班工作手册》，开办巴南应急讲座，建立值班快报、专报、周报、月报和台帐制度，切实发挥总值班室“枢纽、窗口、平台、桥梁”的作用，全区应急值班工作水平显著提高。年末，被区委、区政府评为“2014 年工作创新‘金鹰奖’”（颁奖主题辞：“总值班室”创建区县应急新模式）。

（郑力维）

【“两违”整治经验】　巴南区违法用地违法建筑整治中心（以下简称“两违”整治中心）全年共拆除违法建筑26.07万平方米，超额完成市“两违”中心下达的20万平方米的拆违任务；整改违法用地27.21万平方米，违法用地比例下降到历史最低。其中，8～10月，成功整治南泉街道保利小泉高档住宅小区22户新增违法建筑，拆除（回填）8850平方米，处罚予以保留面积975平方米。保利小泉集中整治，为全市集中成片整治高档小区违法建筑探索出经验，多次获得市、区有关领导肯定。11月，在主城区违法建筑整治工作会议上，巴南区作为唯一在会上播放保利小泉集中整治专题片。同月，全市违法建筑整治现场会在巴南区召开，巴南区作了经验介绍，“巴南经验”在全市推广。12月，副市长陈和平对巴南区“两违”整治工作做出批示：“总结得好，当然巴南做得好。注意推广点上经验”。年末，区“两违”整治中心与区国土分局、区规划分层共同荣获区委、区政府“2014年度工作创新‘金鹰奖’”（颁奖主题辞：“三率先四创新”创“两违”整治的“巴南经验”）；巴南区“两违”整治工作被市主城区违法建筑指挥部办公室评为主城区违法建筑工作目标考核“一等奖”。

（王广兵）

政协重庆市巴南区委员会

【概况】　中国人民政治协商会议重庆市巴南区委员会（简称：区政协）第十三届委员会由29个界别（民主党派、社会团体等）组成，有委员291名。其中主席1名、副主席7名、秘书长1名，常务委员46名。内设：办公室和提案、经济科技城建环保、文化教育体育卫生、社会和法制、信息联络5个专门委员会；下设龙洲湾、鱼洞、李家沱、花溪、界石、一品、接龙、东温泉、木洞9个地区小组。在职人员44人（其中：行政编制人员35人、事业编制人员4人、工勤人员5人）。

2014年，区政协在中共重庆市巴南区委领导下，高举爱国主义、社会主义两面旗帜，牢牢把握团结和民主两大主题，紧紧围绕中心，服务大局，充分发挥政治协商、民主监督的重要渠道作用，思想理论建设取得新成效，服务改革发展取得新成绩，改进工作作风取得新突破，推动政协工作迈上新台阶。

始终坚持正确履职方向。组织全区政协委员深入学习中共十八大、十八届三中、四中全会和习近平总书记系列重要讲话，学习习近平总书记在庆祝人民政协成立65周年大会上重要讲话精神，确保履职方向正确。坚持向区委汇报工作，贯彻落实区委政协工作意见。带领政协委员中的共产党员切实发挥先锋模范作用，严守党的政治纪律，团结引导社会各界人士自觉接受中国共产党领导。充分发挥大团结、大联合的组织优势和桥梁纽带作用，为全区改革发展稳定减阻力、添动力、聚合力。

充分发挥民主协商作用。认真落实专题协商、对口协商、界别协商和提案办理协商实施办法。制定年度协商计划，增强民主协商科学性、时效性、规范性。召开全委会，全面协商全区经济社会发展，提出意见建议121条；召开常委会专题协商，围绕新型城镇化、都市功能拓展区建设两大主题；开展主席会协商，围绕政府债务管控、商圈建设、休闲旅游业发展、物业管理、产城融合5个主题，提交协商报告7个；开展重点项目协商，围绕新型城镇化、都市功能拓展区建设等，提交协商报告4个；开展对口协商，围绕民生改善等，会商4次，提出意见建议20余条；开展界别协商，围绕农村交通建设等，会商6次，发挥界别在协商民主中的作用；推进基层协商，首次对委员地区小组下达年度协商、视察调研等工作任务，推进以委员地区小组为平台的基层协商。

强化基础性经常性工作。引导全区政协委员不断增强围绕中心、服务大局的履职能力。围绕战略性新兴产业发展等4个主题开展专项视察，围绕市政建设管理等3个主题开展委员年终视察，视察龙洲湾B区高压线路迁改工程等重点项目10个，促进委员知情明政。切实抓好提案工作，征集提案480件，审查立案400件，提案办复率100%，委员回执满意率97.9%。创新推行网上办理提案、二次回复和二次评价工作。首次以主席会方式民主评议重点提案，坚持党政领导人人领办重点提案，提升提案办理质量。召开提案工作交流研讨会，推动提案工作创新发展。收集社情民意信息468条，编辑《社情民意》134期，市政协采用41条，转报全国政协25条，发挥社情民意“直通车”作用。将“旧城改造”民主评议主题与专题协商、重点提案办理等工作有机结合，助推巴南城市建设。调整民主监督员26名，委派到38个重点职能部门开展民主监督。编辑出版《巴南文化史话》，再版《杨沧白传》。配合人民政协报报社在巴南开展“重走新丝绸之路”专题采访，2014年宣传通联工作在全市政协系统继续保持第一名位次。加强与市政协以及28个市内外政协组织的交流合作，联谊工作稳步推进。

创新履职活动。不断深化拓展政协委员传递正能量履职实践活动，组织开展走企业、走村社“双走”活动，走访55家企业、32个村（社区），听取民意并及时反馈党委政府。以“送文化、送教育、送卫生、送健康、送科技”为内容，组织界别委员深入镇街开展为期3个月的“委员传递正能量·教育实践下基层”活动。针对人民群众生产生活中的实际困难，组织参加单位、界别和委员开展资金帮扶、物资帮扶等活动，受惠群众约20万人。围绕工业经济发展、城乡规划一体化实施、幸福农庄建设与管理等八大课题深入基层调研，形成8篇调研报告，报送区委、区政府参考。以“中国梦·爱国心·政协情”为主题，举办庆祝新中国成立65周年暨人民政协成立65周年美术书法摄影展，组织参加“市政协书画摄影系列展——巴南展”，传递正能量。发挥参加单位、界别、委员优势，凝聚力量，开展履职实践活动，弘扬社会主义核心价值观。

加强自身建设。将29个界别整合组建成10个界别活动组，制定《政协重庆市巴南区委员会界别组活动实施办法》，增强界别活力，规范界别组活动。制定《关于发挥委员地区小组作用的意见（试行）》，促进委员地区小组作用发挥。开展有主题和无主题“政协主席接待委员日”活动8次，接访委员150余人次。走访委员，筹建政协咨询委员会，坚持每季度通报委员履职情况，及时调整委员11名，引导委员珍惜荣誉、发挥主体作用。深入开展党的群众路线教育实践活动，聚焦“四风”征求意见建议601条，分门别类建立问题台账，扎实抓好整改落实。加强制度建设，新建机关党建制度3个，修订机关管理制度9个。年末，被区委、区政府评为“2014年度区管领导班子先进集体”。

（刘　春）

【区政协十三届三次会议】　2月17～19日，区政协十三届三次会议在龙洲湾区行政中心举行。会议应到委员291人，实到委员283人；应到列席人员210人，实到188人。会议听取审议区政协主席胡能兵所作的十三届政协常委会工作报告和副主席杜伟所作的十三届二次会议以来区政协提案工作情况的报告；列席区第十七届人民代表大会第四次会议；听取讨论区《政府工作报告》，协商讨论《2014年巴南区国民经济和社会发展计划报告》《巴南区重点项目和民生工作情况报告》《巴南区财政预决算报告》《巴南区人民法院工作报告》和《巴南区人民检察院工作报告》；23个参加单位、专委会和地区委员小组就“加强环樵坪经济区产城融合”“全面开展农村自然场镇建设改造”“完善重点项目管理”“加强幸福农庄后期管理”等方面作大会发言，参加“两会”的区级领导、政协委员、列席人员认真听取大会发言，区委书记李建春在大会发言后即兴点评；会议调整区政协1名常委和11名政协委员；会议审议通过区政协十三届常委会工作报告和区政协十三届三次会议决议。会议期间，共收集政协委员提案427件，立案377件，其中集体提案94件。会议结束时，区委书记李建春作重要讲话。

（刘　恋）

【民主协商有序开展】　充分发挥民主协商、参政议政职能，研究制定并认真落实专题协商、对口协商、界别协商和提案办理协商实施办法。年初，经研究确定协商、通报、调研、视察年度计划，有序地开展系列协商活动，切实增强协商民主的科学性、时效性、规范性，推进协商民主发展。加强政协协商民主理论研究，成功申报市政协十大理论研究课题《健全和完善基层政协协商民主制度体系及工作机制研究——以巴南区政协系列协商制度实施情况为例》，并顺利结题。推进政协协商民主体制机制改革，具体改革任务进展顺利。召开区政协十三届三次全会，政协委员对区政协常委会工作报告、提案工作情况报告进行审议，对区政府工作报告、区法院工作报告、区检察院工作报告等进行全面协商，提出有关要素保障、农业农村发展、改革开放与政府自身建设等8个方面121条意见建议。23名政协委员分别代表不同界别和单位在大会发言，提出有关环樵坪经济区产城融合、战略性新兴产业、基层社会管理创新和校地合作等方面的意见建议。围绕新型城镇化建设、都市功能拓展区建设两大主题，召开常委会专题协商，汇总形成9个方面29条具体建议。围绕政府债务管控、商圈建设、休闲旅游业发展、物业管理、产城融合5个主题开展主席会协商，汇总形成26个方面85条具体建议。区委、区政府主要领导及时批转协商报告，相关区领导及部门认真阅研、吸纳借鉴。召开专题会议，对《关于加快发展夜市经济的实施意见》《巴南区商业网点规划》《“大美巴南”生态文明建设意见》《巴南区畜禽养殖污染防治规划》等开展座谈讨论，提出20余条书面参考意见。相关专委会和部门采取召开座谈会的方式，分别围绕市政道路设施建设与管护、民生改善中公共服务体系建设、预防和减少职务犯罪、政务服务和公共资源交易等主题开展对口协商，提出具体意见建议。农业界别以农村交通建设为主题，民盟界别以科技创新和科技成果转化、农村饮用水安全为主题，民建界别以推进新型城镇化为主题，医药卫生界别联合九三学社界别以医药卫生体制改革和医患矛盾纠纷工作为主题，少数民族界别联合宗教界别以民族宗教政策落实情况为主题，开展6次界别协商，提出一些针对性意见建议，充分发挥界别在协商民主中的作用。区政协首次对委员地区小组正式下达年度协商、视察调研等工作任务。各委员地区小组围绕主干道摆摊设点管理、居委会职能创新等九个方面的工作开展对口协商；围绕创新城市管理机制、专业市场建设等开展视察调研25次，积极服务当地经济社会发展；围绕农村道路设置乘车招呼站、新型合作医疗等群众关心的民生问题，收集信息、摸清情况，提出建议、及时反映，协商民主向基层延伸，为引导基层群众有序政治参与、促进社会和谐发挥了积极作用。不断探索提案征集、交办、督办新方式，充分发挥提案作为政协履职重要渠道作用。

（江　川）

【政协委员知情明政】　区政协委员积极参与区政协组织工作视察、调研、协商、通报及其他各类活动，深入基层、深入群众，并结合自身工作、生活实际，在履职中明政情、知民意。一、开展专题视察调研。围绕战略性新兴产业发展、社保服务平台标准化建设、民办教育发展、采石场环境保护等主题开展专题视察；围绕全区职工医保和居民医保运行工作、休闲旅游发展等开展专题调研；围绕市政建设管理、工业经济发展、安置房建设等主题开展年终视察；对龙洲湾B区高压线路迁改工程、嘉瀛·尚河风情街项目、山坪塘整治、次级河流环境开发与保护等重点开发建设

2014年8月15日，区政协主席会成员视察重庆公路物流基地开发建设情况

项目开展视察10余次。二、情况通报知情明政。政协委员通过情况通报深入了解区政府及有关部门工作开展情况，咨政建言有的放矢。区政协十三届委员会第十一次常委会上，区政府区长陈刚到会通报全区第一季度经济社会发展情况；其他区领导结合分管工作，在常委会、主席会或政协其他会议上对公路物流基地、巴县大道人防工程等建设情况进行通报；区级有关部门在政协常委会、主席会等政协会议及活动中，通报区管干部任免、机构改革、义务教育均衡发展、公立医院改革等情况。三、深入基层传递信息。积极参与"委员传递正能量·教育实践下基层"活动，开展走企业、走村社"双走"活动，走访55家企业、32个村（社区），深入了解企业存在的困难和群众关心关注的热点、难点问题，帮助解决实际困难。认真搜集自身所处工作岗位、界别群众的心声，听取意见建议，畅通所在岗位、界别群众的信息传递。

（何　鹏）

【提案质效不断提升】　全年共征集提案480件（会期427件，闭会53件），经审查立案400件（立案率83.3%），办复率100%。区政协提案工作不断开创新局面，《重庆日报》《人民政协报》《重庆政协报》先后宣传报道9次，各区（县）政协来人来函交流学习11次。加强提案质量、办理质量、服务质量的总结和研讨，形成研讨论文13篇。首次召开巴南区政协提案工作交流研讨会议，围绕"提质·创新"主题，从不同层面、不同角度总结、交流和研讨提案工作，市政协副主席何事忠、区委书记李建春、区政府区长陈刚、区政协主席胡能兵等参加会议，对提案工作给予充分肯定。在区委政协工作会议上，把新一届政协探索实践的提案办理"七方面商"、跟踪督办、效果通报、专项评议等创新举措写进区委文件，以制度的形式固定下来。区委、区政府领导带头领办重点提案17件，提案工作地位不断加强。积极精选提案内容，力求党政关注、群众期盼、部门能为、委员熟悉"四位一体"。积极探索提案办理回复和效果回复、办理满意度评价和效果满意度评价机制。区政协常委会、主席会把提案督办纳入视察调研内容，督办当年重点提案17件和跨年度重点提案8件，主席会首次对重点提案办理工作开展专项评议，对17件重点提案开展民主评议。深入开展提案办理协商和重点提案"七方面商"，与委员沟通率达100%，办理协商满意率95.8%，基本满意率4.2%。提案数字化管理日趋成熟，提案征集、审查、交办、答复、回执、统计、查阅的各个环节均可在管理系统处理，为提、办、督、评提供便捷、高效的服务。

（刘　恋）

【社情民意信息反映】　紧紧围绕全区改革发展稳定和民生实事，指导和组织政协委员积极反映社情民意信息，在促进党政科学民主决策和社会和谐中发挥人民政协的特有作用。全年收集政协委员报送的社情民意信息468条，区政协编报《社情民意》134期。《建议我国分税制税收体制克服一刀切实行差别化税收分成体制》等41件被市政协采用，市、区领导批示和部门办理回复16件次。《建议对换届后的村居成员进行法律培训》建议被市民政局采纳，并制定相关管理制度；《关于做好主城区居民住宅一户一表及二次供水设施改造工作的建议》受到市水务公司高度重视，对相关工作及时进行改进；《关于解决我区"老城区""产业空虚"加剧的建议》被区长陈刚批示："此建议很有针对性"，常务副区长宋葵批示："此建议很有含金量"；《关于加强我区城乡建筑风貌规划建设的建议》被陈刚区长批示："此建议对我区城乡建设存在的问题'点穴'很准"；《关于完善我区交通环境的建议》被副区长朱本权批示："请区交委速安排专业人员进行论证、请区城区交通秩序整治办牵头论证研究"。充分发挥社情民意信息的"直通车"作用。对社情民意信息报送、稿酬管理办法、评选表彰办法及《社情民意》版式等改革创新。重点培养信息队伍，与政协委员建立面对面点评机制，通过电话和报送信息系统及时点评反馈信息报送情况，与委员面对面分析点评拟写信息的价值性；与特约信息员建立重大选题共商机制，注重发挥特约信息员的优势，通过电话、QQ等方式邀请特约信息员共同商议讨论，有针对性地提出意见建议；

与参加单位、委组建立案例培训机制，增强培训的针对性、实效性，采取对各参加单位、委组进行“时政讨论+案例分析+实践操作”的培训模式。创新建立社情民意信息交办约谈制度。每月策划重点信息需求，交由相关委员、相关单位深入调研后，按规定时限向区政协反映社情民意信息；较重要的信息，转相关部门、镇街在规定时限内办理，相关部门、镇街及时向区政协反馈办理落实情况；特别重要信息的调研、报送或办理等，由分管主席或主席签字交办。

（陈 卓）

【民主评议推动整改】 修订完善《巴南区政协民主评议工作实施办法》，围绕“旧城改造”主题，对区城乡建委、区土储中心、区房管局、区国土分局、区规划分局5个部门开展民主评议，对区财政局、区市政园林局、区征地办、区信访办、区民防办、鱼洞街道、李家沱街道、花溪街道、一品街道、界石镇等10个部门镇街进行重点调研。成立由区政协主席胡能兵为组长的民主评议工作领导小组，领导小组下设5个评议工作组，每个评议工作组由1~2名分管副主席牵头，具体负责1个职能部门的民主评议工作和2个区级部门或镇街的重点调研。民主评议工作从3月开始到10月结束，共分为准备、调研、评议、总结提高4个阶段。评议过程中，5个评议工作组共召开座谈会40余次，发放问卷调查测评表730余份，收集意见建议120余条。通过民主评议，了解政府相关部门近年来开展“旧城改造”工作的情况，查找出工作中存在的问题与不足，并提出建设性和操作性的意见建议，相关部门认真进行研究整改。根据民主评议情况，经区政协主席会研究，五个被评议部门的评议等次均为满意。

（蔡 崧）

【民主监督员委派】 修订完善《区政协委派民主监督员工作实施办法》，进一步明确民主监督员的产生、组成，民主监督小组的划分及工作方式，民主监督员主要职责和工作保障等内容。将26名“政治素质好、监督能力强、参与热情高”的政协委员，委派到38个重点职能部门开展民主监督。按照《民主监督建议书制度》《情况通报制度》《部门联系制度》《履职报告制度》《限期回复制度》等五个制度要求，各民主监督员认真开展走访调查，收集并反馈意见建议250余条，各受派单位认真采纳意见建议，促进工作质量和效率的不断改进。

（蔡 崧）

【交流合作与联谊】 充分发挥统一战线组织的独特优势，重视联络联谊工作，加强与各级政协之间的交流与合作。一、密切与市政协交流合作。市政协主席徐敬业，副主席何事忠等6位副主席先后带队到巴南区，就巴南经济社会发展、巴南推进落实都市功能拓展区发展战略、巴南内陆开放高地建设等进行视察调研，指导工作。配合市政协人资环建委在巴南完成新型城镇化建设推进情况、市政协社法委调研巴南社区养老服务体系建设等25项视察、调研工作任务。组织政协委员积极参加市政协主席研讨班、南部片区会等各类活动，加强与市政协的交流合作。二、协助在区市政协委员履职。邀请在区市政协委员列席区政

2014年4月23日，区政协2014年民主评议暨委派民主监督员工作启动

协全委会、常委会议，组织在区市政协委员视察全区农业产业化、工业经济转型、商贸物流业发展等，积极为在区市政协委员咨政建言搭建平台。协助在区市政协委员参加市政协全会、市政协常委会议，积极运用提案助推巴南发展。三、参加台湾文化交流。2月18～23日，区政协副主席付星群率区文化交流团参加“2014·台湾灯会”，展示推介巴南深厚的文化底蕴和广阔的发展前景，进一步深化巴南区与台湾南投县两地文化交流合作。四、与市内外政协组织联谊。区政协先后接待吉林省政协、内蒙古通辽市科尔沁区政协、西宁市城东区政协等10多个市内外政协到区考察交流，相互就社区建设和服务管理、历史文化传承与开发、提案民主评议及提案办理信息化建设等工作进行交流。区政协围绕生态建设工作、商圈建设、新型城镇化、产城融合、工业经济发展等主题，分别赴万州区、南岸区、北碚区、璧山区、江津区等地考察学习。

（江　川）

【文史资料修订出版】　积极探索政协文史资料工作为现实服务的新途径，修订再版《杨沧白传》，编撰出版第23辑文史资料《巴南文化史话》。一、市政协学习及文史委员会、巴南区政协与杨沧白先生故居所在地巴南区木洞镇政府共同商议，再版四川文史专家马宣伟先生于1990年所著的《杨沧白传》。经过近三年的反复勘订，《杨沧白传》（原名《杨庶堪传》）增订版于12月15日由重庆出版社正式出版。书名由启功先生生前题写，根据查阅和征集的相关资料，在原书稿上新增珍贵的历史图片54幅，修订完善300多处，增加杨沧白先生在广州任职期间，曾经代理过孙中山陆海军大元帅职权，为定格杨沧白在中国近代史中的最高地位提供依据。孙中山先生曾手书《礼运·大同篇》赠杨沧白，此书法作品成为后人引用孙中山先生“世界大同”“天下为公”字样的蓝本，也是孙中山和杨沧白两人之间革命友谊的佐证。补正孙中山先生谋划第一次国共合作、讨伐军阀曹锟、促进共和等原书遗漏之处。同时还增补辛亥革命及民国时期许多鲜为人知的人文史实。该书以写实的笔调记述杨沧白先生的青少年和革命生涯，特别是品性及个性特色，有血、有肉、有情。该书为史志工作者提供史料和参考，也为喜爱历史的广大读者了解重庆，乃至全国辛亥革命这段历史，对研究孙中山先生和研究中国反清、反帝斗争史，以及反对军阀混战等近代史课题提供资料和素材。二、为真实记载巴南文化发展史上的重大事件、文存史话、文坛佳话、名人轶事等史实，反映巴南文脉的起源、特色、传承与发展，编撰出版第23辑文史资料《巴南文化史话》，全书约30万字，选用图片近百幅。该书可以让读者深入认识巴南文化古今演变的历史过程，了解巴南文化厚重的历史与底蕴，增强对巴南文化的形成与发展的理性审视。

（王　艳）

【理论研究成果获奖】　2014年，由区政协组织撰写的《健全和完善基层政协协商民主制度体系及工作机制研究——以巴南区政协系列协商制度实施情况为例》成功申报为市政协十大理论研究课题，并顺利结题。《略论基层政协推进协商民主面临的机遇》被市政协办公厅、市政协理论研究会评为三等奖。区政协组织相关政协委员围绕“幸福农庄建设与管理”这一主题开展对策研究，形成专题调研报告送区委、区政府参考，区政府主要领导作出批示，认为《关于我区幸福农庄建设和管理情况的调研报告》质量高、针对性强。充分运用《重庆政协报》、巴南电视台、《巴南日报》、巴南政协网站等媒介，及时宣传报道政协理论研究工作，充分展示和推介理论研究成果。组织理论研究会成员深入学习中共十八大，十八届三中、四中全会精神和习总书记系列重要讲话精神，营造积极探索、求真务实、勇于创新的研究氛围，有效地提高政协委员的政策水平和理论研究能力。

（刘　春）

【宣传通联三高三新】　不断创新宣传通联工作方法，在《重庆政协报》发表文章121篇。获得市政协宣传通联工作一等奖，3名通讯员获得市政协优秀通讯员。宣传通联工作实现三个历史新高、推动三项创新。三个历史新高：第一次有18

篇文章在《重庆政协报》头版发表；第一次有3篇文章上《重庆政协报》头版头条，位居全市区（县）政协第一；第一次有5篇文章被《重庆政协报》和市政协评为好新闻。在《人民政协报》发表文章9篇，并首次刊登《政协委员》风采类文章，首次刊载建言类文章，首次发表字数1000字以上的条位稿。三项创新：一、创新建立攻坚组。把通讯员分为新闻、民意、文学、文史等4个小组，每位组员至少撰写1篇稿件。涌现出一些新通讯员和新体裁的文章，其中，民意组撰写的文章还发表在《人民政协报》上，开创历史先河。二、创新考核奖励机制。加大考核奖励力度，要求每个专委会一年至少上稿5篇，委员地区小组和参加单位上稿2篇的任务，提出给予集体考核奖励，在年度的奖励名单中，就有4个参加单位获得集体奖励，每个专委会紧迫意识增强，主动配合通联站撰写文章。全年有5篇文章被评为好新闻，开创历史新高，位居区（县）政协前列。三、创新地区小组交流平台。区政协除了给每个委员地区小组打电话沟通宣传工作之外，还利用区政协走访地区小组的机会，培训新闻宣传稿件的写法，提出撰写要求，有效地激励政协委员地区小组发表文章的积极性。花溪地区小组经培训后，该小组的通讯员主动给通联站打电话，沟通稿件的写法，完成全年发表2篇的任务。界石地区小组组长亲自撰写稿件发表。

（张 茜）

【美术书法摄影展举办】 4～10月，为庆祝新中国成立65周年暨人民政协成立65周年，区政协精心策划组织，开展一系列相关活动。组织书法、美术和摄影3个创作室成员分赴接龙镇、石滩镇、石龙镇等地，为展览进行专题采风活动，使作品更贴近主题，更具现实意义。6月10～30日，在市政协大厅举办“市政协书画摄影系列展——巴南展”，市政协主席徐敬业，副主席何事忠、彭永辉、姜平，区委书记李建春，区政协主席胡能兵、副主席彭朝友以及区政协机关干部职工和参赛作者约70人出席开展仪式，32件参赛作品及组织工作得到市政协主席徐敬业等领导的高度评价。9月29日～10月1日，联合区文广新局在区人民广场举办“庆祝建国65周年暨人民政协成立65周年美术书法摄影展”，市政协秘书长、市政协书画院院长谢义亚，区委书记李建春，区政府区长陈刚，区政协主席胡能兵，区委副书记杨钟馗，区委常委、区委宣传部部长夏杨松，区委常委、区委统战部部长廖渝川，区人大常委会副主任陈先觉，区政府副区长黄硕，区政协副主席罗辑、付星群、彭朝友、温永学、杜伟、李伟出席开展仪式。此次书画摄影展共展出书画、摄影和美术作品122幅，展览期间，约有5000余人前往观看，同时，编撰出版《中国梦·爱国心·政协情》书法摄影作品集，获得社会各界人士一致好评。

（王 艳）

【履职实践活动开展】 继续深入开展“委员传递正能量”履职实践活动。一、“双走”听民意。主席班子成员带领政协机关干部、委员开展走企业、走村社“双走”活动，走访55家企业、32个村（社区），深入了解企业存在的困难和群众关心关注的热点、难点问题，建立问题台账，及时反馈给区委、区政府。二、“五送”惠民生。以“送文化、送教育、送卫生、送健康、送科技”为主要内容，组织文化艺术、医药卫生、科学技术、农业、教育、体育等界别委员深入镇街，开展为期3个月的“委员传递正能量·教育实践下基层”活动，在产业培育、项目策划、技术指导、信息提供、政策咨询等面对面、零距离服务群众。三、帮扶解困难。针对人民群众生产生活中的困难问题，积极开展资金、物资等各类帮扶。主席班子成员协调资金10余万元，解决界石镇公平社区饮水问题；助推界石镇桂花村200余套危岩滑坡安置房产权证办理工作；协调相关部门为李家沱街道李正街社区配套建设市政体育设施，捐赠4万余元办公用品。四、真情助发展。围绕工业经济发展、城乡建设一体化实施、幸福农庄建设与管理等八大课题深入调研，形成8篇调研报告，报送区委、区政府参考。五、发挥政协参加单位、界别、政协委员自身资源和社会优势，牵线搭桥，凝聚力量，助力发展，大力弘扬和践行社会主义核心价值观。

（蔡 崧）

【政协委员队伍建设】 继续以“强基础、重规范、出实效”为准则，扎实推进政协委员队伍建设。一、拓宽政协委员参政议政渠道。组织政协委员对龙洲湾B区高压线路迁改工程、嘉瀛·尚河风情街项目、山坪塘整治等重点开发建设项目开展视察10余次，帮助政协委员知情明政，咨政建言。邀请政协委员地区小组和界别负责人列席各次区政协常委会和重要会议，拓宽政协委员参政议政渠道。采取主题接待和无主题接待方式，开展8次“政协主席接待委员日”活动，接访政协委员150余人次，倾听政协委员的民情民意，帮助解决实际问题。开展走访政协委员活动，走访医卫、教育系统政协委员，激发政协委员履职热情。邀请部分政协委员参与民主评议和民主监督，有效地发挥政协监督作用。制定政协咨询委员会筹建方案，启动筹建组织工作，更好地发挥政协委员主体作用。二、发挥界别和委员地区小组委员作用。对29个民主党派和社会团体界别探索组建成10个界别活动组，制定《政协重庆市巴南区委员会界别组活动实施办法》，规范界别组活动。走访和调研政协委员地区小组，探索制定《关于发挥委员地区小组作用的意见》，指导政协委员地区小组履职活动经常化、制度化，不断提升政协委员地区小组工作实效。全年政协委员地区小组共提交提案161件（其中：立案134件，重点提案4件）；撰写社情民意83条（其中：被区领导批示5条，转送相关区级部门3条，被市政协采用并转送相关市级部门3条）。三、建立政协委员履职档案。坚持每季度通报政协委员履职情况，对履职情况不合格的政协委员予以书面告知，督促政协委员尽责履职。根据政协委员管理办法，及时调整委员11名（常委1名），增补委员11名（常委1名）。扎实开展“委员传递正能量”履职实践活动，引导政协委员“树正气、正言行”。规范政协委员评先评优，评选年度优秀委员29名，优秀委组5个。

（蔡 崧）

纪检监察

【概况】 2014年12月，中共重庆市巴南区纪律检查委员会、重庆市巴南区监察局（简称：区纪委、监察局）根据中纪委推行“三转”（转职能、转方式、转作风）要求，经区委同意，对内设机构进行调整，调整后的副处级机构为10个部室（即：办公室、组织部、宣传部、党风政风监督室、信访室、案件监督管理室、纪检监察一室、纪检监察二室、纪检监察三室、案件审理室）。2014年，区纪委监察局领导班子成员10人，在职干部34人。全区各镇街、区属各部门及有关单位设立纪检监察组织113个。

2014年，区纪委监察局认真贯彻落实党的十八大、十八届三中、四中全会和习近平总书记系列重要讲话精神和中央纪委十八届三次、四次全会和市纪委四届三次、四次全会的部署，按照“转职能、转方式、转作风”的总体要求，聚焦中心任务，强化监督执纪问责，党风廉政建设和反腐败工作取得新进展、新成效。

【“两个责任”实施落实】 制定《巴南区区领导和区级部门2014年党风廉政建设和反腐败分工责任制》《中共重庆市巴南区委关于贯彻落实党风廉政建设党委主体责任和纪委监督责任的实施意见》（即：“两个责任”）。区委书记李建春、区委副书记、区政府区长陈刚分别以党风廉政建设责任制第一责任人，对全区党风廉政建设以及政府系统廉政建设工作作安排部署。各牵头单位结合工作实际，制定工作方案，有序组织实施，将各项任务落到实处。进一步明确全区各镇街、各部门党组织的主体责任和纪检监察组织的监督责任。强化落实责任追究，由区纪委领导班子成员牵头组织7个检查组，深入46个镇街和区级部门采取听汇报、查资料、实地查看、个别谈话、民主测评等多种方式，对各单位“两个责任”落实情况进行检查，并对检查中发现的7个对“两个责任”认识不清、重视不够、贯彻不力或责任不明的单位党政主要负责人和纪检组织负责人进行约谈，责令限期整改，同时将检查情况向全区进行通报。

【“八项规定”“四风”整治】 紧紧围绕贯彻落实中央八项规定和反对“四风”，制定巴南区改进作风常态化的相关制度并加强监督检查，认真开展正风肃纪专项行动，对违反中央八项规定情况点名道姓通报批评并纳入年度考核。严控“三公”经费取得较好成效，全区“三公”经费在2013年大幅下降的基础上，同比下降5.6%。制定《关于全区党员干部从简办理婚丧喜庆事宜的通知》，纠正领导干部利用婚丧喜庆、乔迁履新等事宜大操大办、借机敛财的行为，对4名违反规定的党员进行严肃处理。在重大节假日，对茶楼、酒店、宾馆等开展暗访18次，共发现问题32个，处理37人，其中给予党纪政纪处分5人。

【基层党风廉政建设】 年初制发《2014年农村基层党风廉政建设工作要点》，安排部署全年工作。制发《2014年巴南区农村集体资金资产资源管理工作监督实施方案》，对加强农村“三资”管理工作的目标原则、组织领导、工作进度等作出明确安排。并着力开展农村集体“三资”监督检查，主要从加强年度财务检查和审计工作计划、集体经济组织票据管理监督检查、强化村级民主管理和民主监督、落实村民代表大会及民主理财等制度改革试点前期工作、建立农村集体“三资”管理网络平台、对农村“三资”管理和涉农资金管理中未履行职责的予以追责。在各镇街对所辖行政村进行自查的基础上，区纪委组织财政、民政、农委等部门深入各镇街、村（社区）进行专项检查，共发现镇街在“三资”管理方面存在的突出问题32个，发现案件线索12件，其中初核6件，立案检查2件，移送司法机关处理2人。制发《关于进一步规范村级工程建设和项目管理的实施意见》，规范村级工程建设和项目管理的廉政行为。

【反腐倡廉宣传教育】 突出“廉政法规”和“案例警示”两个重点，采取提醒谈话、情景案例教育、学廉心得交流、廉政风险评析会、“周二提醒”“周三夜校”、廉政法规知识竞赛及测试等形式，开展廉政教育每月一课活动。牵头组织开展“廉政法规月月读”活动，在《巴南日报》《巴南手机报》分别开设“廉政法规月月读”专栏，宣传法纪知识。组织全区处级领导干部和纪检监察干部700余人进行廉政理论知识考试；组织全区党员干部900余人次参观各类廉政教育基地、旁听案件庭审、听服刑人员现身说法；向全区党员干部通报巴南区查处的违纪违法案例。制作反映本区医疗卫生系统贪腐系列案件的警示片《悔之晚矣》光盘300盘；编印近年来本区查处的城乡建设领域、医疗卫生领域、教育领域典型案例的《巴南区岗位廉政教育警示录》3000册，并向全区各单位免费发放。积极向《中国纪检监察报》《重庆日报》等市级以上主流媒体投稿，宣传巴南区在反腐倡廉建设中的经验、做法，全年上稿19篇。调整充实网络舆情信息员队伍，完善相关工作制度。接地气推进廉政文化建设，会同区直机关工委、团区委举办全区党政机关青年廉政PPT制作大赛，建成龙洲湾街道法制廉政文

2014年1月3日，巴南区纪委组织部分党政主要负责人向区纪委全会述职述廉

化社区公园。

【信访举报受理】 全共受理信访举报件787件，其中接待群众来访85件，电话举报72件，网络举报147件，交办、转办基层纪检监察组织信访举报件（含重复件）591件，转办本委99件，实施信访监督19件，对涉及的9名镇街、部门正职领导进行信访谈话，向委局机关提供有价值的线索32条，其中27条上升为违纪违法案件，7人被移送司法机关处理。实行领导每月公开接待群众制度、包案制度，委局10名领导全年包案处理疑难信访问题31件。

【违纪案件查办】 2014年，共立案36件39人，其中处级干部9人，大要案14件14人，移送司法机关处理12件12人，涉案金额300余万元。严肃查处东温泉镇小产权房腐败窝案、麻柳嘴镇赚宝村村干部贪污国家补偿款案等。建立纪检监察协作办信办案机制，整合委局机关、区级部门、镇街办信办案力量，分片区成立8个办信办案协作组，对重大信访举报和案件实行片区协作办理。建立信访件办理抽查复核制度，抽取部分已经办结但信访人不服或问题反映较为集中的信访件进行复查。注重安全文明办案，认真汲取已发生的办案安全事故的深刻教训，着力加强办案安全的硬件和软件建设。成立案件监督管理室，加强对依纪依法、安全文明办案的全过程监督，制定实施“两规”措施流程暂行办法。在主城9区率先开展办案点规范化建设，在区内已选址建设办案点。组织全区纪检监察干部进行办案工作和办案安全专题培训，在培训中开展现场模拟教学，对参训人员进行闭卷考试，对考试不及格的12人进行约谈。加强案件审理，对已办结的36件案件逐一进行检查、整改，保证办案质量。对2011～2013年期间受党纪政纪处分的105人处分决定执行情况进行检查，对8起执行不规范的情况予以限期纠正。制定《巴南区“镇案区审”试行办法》《巴南区案件审理简易程序调研意见》，推进案件审理工作规范化建设。

【专项巡查成效】 2014年，区委四个巡查组先后对南泉街道、南彭街道、区发改委、区民政局、区水务局、区农委、区安监局、区征地办、区职教中心、麻柳沿江开发投资公司、清华中学等11个单位开展例行巡查。分别对全区2011年1月以来的政府投资项目管理情况、2012年1月以来的征地工作情况、2014年以来安全责任落实情况以及违法用地违法建筑的整治情况进行专项巡查。全年各组共计开展个别谈话1138人次，收到意见建议927条，共发现值得高度重视的问题140个，重点整改的问题163个，已督促有关单位进行认真整改。共向被巡查单位提出意见建议71条，向区级有关部门提出意见建议34条，向区委、区政府提出意见建议17条。区委巡查一组会同区“两违”整治中心开展例行巡查140余次，重点巡查80次，专项巡查50次，约谈违法业主60人次，依法查处违法建筑402处，拆除违法建筑6649平方米，没收违法所得近1800万元，依法查处各类违法用地案件67宗，面积约27.21万平方米。

【纪监机构“三转”】 2014年年末，按照中纪委关于纪检监察机关“转职能、转方式、转作风”的要求，及时厘清职责边界，收缩战线，攥紧拳头，取消或退出议事协调机构48个，精简率达85.7%。全面清理基层纪检组织负责人分工和兼职情况，原则上不再分管其他业务工作。完成区纪委、监察局机关内设机构调整，在保持内设机构、人员编制、领导职数均不增加的情况下，增设1个纪检监察室，组建宣传部，新成立组织部和案件监督管理室，直接参与执纪监督的工作人员数量占机关总人数的78%。认真落实中纪委提出的“两为主”（查办腐败案件以上级纪委领导为主；各级纪委书记副书记的提名以上级纪委会同组织部门为主），区纪委会同区委组织部探索试行区管纪检监察干部职务任免由区纪委为主进行提名和考察，实行案件线索区纪委集中统一管理和分片区协作办信办案。

（何向东）

组 织 工 作

【概况】 中共重庆市巴南区委组织部（简称：区委组织部），内设8个科室〔办公室（挂研究室牌子）、组织科、“两新”组织科、干部科（挂公务员管理科牌子）、干部监督科（挂信访举报科牌子）、人才科（挂干部教育培训科牌子）、考核科、党代表工作科〕；下设2个事业单位（区党员电化教育中心、网络信息管理中心）。区委“两新”工委与区委组织部合署办公，区委党代表联络办公室、区考核办公室在区委组织部挂牌。主要职能职责：负责全区组织机构建设、干部队伍建设和人才队伍建设、党代表联络等工作。2014年年末，共有在职人员43人（其中：行政人员25人、参公人员11人、事业人员5人、工勤人员2人）。

2014年，区委组织部按照“抓重点带整体、攻难点求突破、出亮点创品牌、用实招求实效”的工作思路，服务发展、开拓创新、狠抓落实，努力推进组织工作，为建设“一城一极一区”和“四区一基地”提供坚强有力的组织保证。认真开展干部选任专项检查、“裸官”清理排查、领导干部责任审计、个人有关事项抽查、三级服务中心建设、非公党建等工作。巴南区组织工作在全国、全市有关会议上多次交流发言和书面交流经验；中央及市级部门共有32批次到巴南区调研，有关经验和成效被《人民日报》、新华社《内参选编》等国家级刊物媒体报道215条次，被市委《每日要情》《重庆日报》等市级刊物媒体报道216条次。6月，被区委评为“2014年度先进基层党组织”；8月，被市委组织部评为“2014年重庆市干部任用政策法规学习宣传活动组织奖”；年末，被区委、区政府评为“2014年度区管领导班子先进集体”。

【教育实践活动开展】 党的群众路线教育实践活动在党中央、中共重庆市委的部署下，由中共巴南区委领导、区委组织部具体组织、指导和安排，2月14日正式启动；10月中旬，该项活动基本结束；12月起，开展“回头看”督查行动。该项活动参加的对象是区“四大”班子、74个直属部门、22个镇街、289个村（社区）、93所中小学校、38个医院，333个非公经济组织和社会组织，以及其他企事业单位69个。活动按照“照镜子、正衣冠、洗洗澡、治治病”总要求，认真组织开展“学习教育，听取意见；查摆问题，开展批评；整改落实，建章立制”3个阶段。在整个活动进程中，区委始终把开展好教育实践活动作为一项重大政治任务，高标准完成“规定动作”，创新开展“自选动作”。中央第十巡回督导组组长杨崇汇、副组长李佑才，中组部副部长陈向群，市委第二督导组组长黄奇帆市长，市委副书记张国清，市委常委、组织部部长曾庆红等各级领导多次到巴南区指导调研教育实践活动开展情况，并给予高度评价。全区活动开展情况被市级以上内部刊物登载46条次，市级以上电视媒体报道26条次，报纸报道72条次。5月6日，中央电视台《新闻联播》报道巴南区边学边查边改、精简审批环节服务企业的做法，得到社会各界一致好评。

2014年6月3日，巴南区召开党的群众路线教育实践活动推进会

【党建工作责任落实】 区委书记李建春任巴南区党建领导小组组长，带头树立党建主业意识。区委组织部先后建立区、镇街、村（社区）三级党组织书记就党建工作分别向上一级党组织进行专项述职的长效机制，务实开展三级党组织书记述职，同时还将区级部门和非公组织的党组织书记一并纳入述职范围，并制定巴南区三级书记“联述联评联考”办法。在镇街及区委直管部门党委（党工委）书记向区委常委会述职会上，7名党代表现场提问18个，并开展民主评议，切实做到将党建工作成效作为各级党组织书记考核的首要标准，将考核结果作为干部任用调整的重要依据，促使各级书记履职尽责。

【三级服务中心建设】 拟发《关于加快区、镇街、村（社区）三级服务体系建设和规范的实施意见》（巴南委办发〔2014〕18号），区财政投入4300余万元专项资金，修建标准一致、硬软件要求一致、服务效果一致的区、镇街和村（社区）三级服务中心。区行政服务中心、全区22个镇街公共服务中心、198个村、91个社区便民服务中心覆盖率、规范化率均达到100%。提前一年完成市委下达的目标任务。

【后进基层党组织整顿】 由33名党员区领导与全区42个后进村（社区）进行包点联系，各位包点区领导平均深入每个后进村（社区）指导整顿转化工作3次以上，帮助解决问题5个以上；区级相关部门结合实际，对后进村（社区）从项目、资金等方面进行帮扶；各镇街选派工作能力强的改非干部到后进村（社区）担任“第一书记”，实行蹲点帮助；通过先进村（社区）带后进村（社区）的方式，采取出谋划策、顶岗挂职等方式加快后进转化。全区后进基层党组织整顿转化率达100%。中组部副部长陈向群到巴南区调研后进基层党组织整顿转化情况后，给予高度评价。

【村（社区）事项清理】 2014年，由区委组织部、区民政局牵头，对需要村（社区）办理的审批事项进行逐项清理，列出巴南区村（社区）办理群众涉证事项清单，将以前村（社区）平均承担的432项工作减少为61项，消减率为85.9%。对法律、法规及党章明确规定应由村（社区）党组织承担的工作外，其他工作未经审批，一律不得纳入审批办理。同时，区政府统一购买服务，增配社工579名，采取多种方式为村（社区）减负。

【村（社区）工作保障】 2014年，全区村（社区）党组织书记基本补贴每月最低分别为1600元、2200元，分别提高25%以上；村办公经费由8000元/年提高到1万元/年，社区办公经费最高提到3万元/年；老干部离任补贴、党员活动经费提高到原来的3倍以上；按辖区户籍人口，全面落实村（社区）服务群众工作专项经费，确保村、社区每年专项经费最高分别可达6万元、25万元；按5000元/人/年标准，落实村干部参加城镇职工养老保险补贴；投入1000多万元建立困难党员党内关怀基金，通过提高党龄补贴、实行敬老补助、实施临时救助和开展结对帮助，确保党内关怀“落地生根”。

【党员发展教育管理】 结合党的群众路线教育实践活动，贯彻落实中央修订的《中国共产党发展党员工作细则》，开展相关业务培训25次，培训700余人次，印发《中国共产党发展党员工作细则》学习资料3000余册，全年共发展党员476名。按照中央组织部《关于做好处置不合格党员工作的通知》（〔2014〕21号）文件要求，将《巴南区不合格党员退出机制（试行）》进行修改完善，细化认定标准，规范“十项”程序，使其更具有针对性和操作性，成为全市不合格党员处置试点区（县）之一，新华社进行专题报道，《重庆日报》等多家媒体进行登载。

【“四联系四服务”活动】 制定《中共重庆市巴南区委关于进一步深化“四联系四服务”活动加强党员干部直接联系群众的实施意见（试行）》（巴南委组〔2014〕24号），通过“四联系四服务”活动，全区各级领导干部和一般干部、事业单位人员，采取经常性走访、开展节日慰问、结

2014 年 4 月 8 日，区委书记李建春深入接龙镇开展“双走服务”活动

对帮扶困难群众等形式服务群众，将党员干部联系服务群众落到实处；通过“三级上门”工作法，使区级部门、镇街、村（社区）转变工作方式，服务下沉；通过“双走服务”，机关干部走下去，基层群众走上来，转变工作作风；通过“在职党员进社区报到”，实行在职党员到社区开展“工作日”“活动日”活动等方式服务群众；通过党建平台—“党建红云”让党员群众随时随地学习办公、参与组织生活；通过群工系统平台，让党员群众办好事、办成事。

【区党代表履职尽责】 1 月 15～16 日，巴南区第十二届党代表大会第三次会议（党代会年会）召开。在党代会期间，共收集党代表提案和建议160 件；闭会期间共收集党代表提议 14 件，办结率为 100%，满意率为 100%。在群众路线教育实践活动中，为扎实推动“5＋10”专项行动及专题组织生活会和民主评议党员工作，抽调 40 名党代表组成 10 个督查组开展为期 15 天的专项督查行动，查找问题 66 个，提出解决措施 48 条。组织全区 406 名党代表，采取“4 个 1”的方式（即：进行 1 次入户走访、召开 1 次院坝会、发放 1 批调查问卷、召开 1 次“两委会”），全覆盖深入到全区 198 个村、91 个社区对当前基层减负情况、三级服务中心建设及运行情况、整顿后进基层党组织情况等方面开展调研，形成高质量调研报告 289 篇。在镇街及区委直管部门党委（党工委）书记向区委常委会述职会上，7 名区党代表向镇街及区委直管部门党委书记对抓基层党建工作现场询问。在区十二届四次党代会闭幕式上，7 名党代表围绕“依法治区”对相关行业提出建议发言。

【大学生村官培养管理】 建立大学生村官选聘制度，大学生村官按照分数高低自主选村，共选聘到村的大学生 29 名。建立健全培养制度，通过集中分级式培训、现场体验式培训、网络交流式培训等多种方式培养大学生村官成长。通过量化工作任务，采取“传、帮、带”方法，搭建“服务三农”平台等方式让大学生村官发挥作用。建立录用考核制度，通过实绩加分、双述双评、结果运用等形式，强化大学生村官的管理。中央电视台《新闻联播》《人民日报》《光明日报》《大学生村官报》等诸多媒体对此进行深入报道。

【非公组织活动开展】 制定全区非公有制经济组织和社会组织（以下简称：非公组织）党组织开展党的群众路线教育实践活动总体方案，指导非公组织党组织制定活动计划表和任务书 500 余份。指导非公组织党组织利用“三会一课”、专题组织生活会、车间“十分钟党课”“微党课”完成规定篇目和自选篇目学习。共发放学习书籍3000 余册，指导基层撰写发送教育实践活动相关信息 8000 余条次，开展专题辅导 1100 余场次，参加党员 4000 余人次。将非公组织业务主管部门、企业出资人、职工群众等九类人员列为意见征求对象，围绕突出问题广泛征求意见建议。全区非公组织党组织共走访群众 1.3 万余人次，发放调查问卷 8500 余份，收集意见建议 3000 余条，梳理突出问题 1200 余个。指导非公组织党组织建立问题整改台账，对重点难点问题主动协调、及时回应、限时整改。指导非公组织党组织整改突出问题1200余个，整改率达100%，建立长效制度机制400余项。成立区委、镇街（部门）两级非公组织督导组27个，重点对市级、区级、镇街（部门）级非公组织党组织督促指导2000余次，全区非公组织党组织战斗堡垒作用和党员先锋模范作用明显增强。

【动态组建夯实基础】 2014年，在区委组织部的指导下，对非公组织中流动性较大的党员队伍坚持主管单位与区工商部门双核双审抓组建，按照“六有”标准抓规范，确保应建尽建、建稳建实党组织，全年新建党组织23个。按照有利于提升组建质量，有利于党员教育管理的原则，对6类已不具备组建条件的党组织集中清理整顿。按照“控制总量、优化结构、提高质量、发挥作用”的总要求，全年共发展党员78名，培养入党积极分子304名，为扩大党的组织覆盖和工作覆盖奠定基础。截至年末，全区共有非公经济党组织228个，管理党员3256名。

【非公组织党建加强】 采取内部选、社会聘等方式，选优配强非公组织党组织书记25名。通过开展业务专题辅导、经验座谈交流、外出考察学习等方式，加强教育培训。举办非公组织党务干部培训班两期，先后赴重庆市璧山区、浙江省等地学习，培训党务干部200余人次。对非公组织党建专职指导员进行调整，新选聘2名处级退休干部担任专职指导员。各镇街、区属部门采取机关选派、组织返聘等方式，从改非处级领导干部、优秀大学生、企业党务工作者中选派（聘）专兼职指导员20余名。

【非公党建指导服务】 修订完善党员区领导联系非公党组织制度，调整4名区领导联系点。30名党员区领导带头深入联系点调研指导，帮助解决实际问题39个。各镇街、区属部门调整完善领导联系点50余个，到点联系指导300余人次，帮助非公组织解决实际问题500余件。建立健全联审联评制度，将党建工作与申报项目资金、享受财政补贴等优惠政策挂钩，作为评先评优、出资人担任政治（社会）职务的重要依据。全年对申报市级民营经济发展专项资金的23个非公企业开展党建工作情况进行审查，推荐评选重庆市优秀民营企业家4名、民营企业5个。

【非公党建项目认领】 2014年，非公组织党建将新“三会一课”、党建质量管理体系、“心桥驿站”等党建品牌以及非公党组织自创特色工作作为项目，形成“4+X”的项目设置模式。以非公党组织为单位，通过党组织认领、组织实施，使党建工作目标任务更明确，标准更具体，方式更贴近实际，实现党建工作同非公组织生产经营发展互促双赢。全区61个区级以上示范党组织共认领“4+X”项目65个。

【服务型党组织创新】 积极引导非公党组织以“三融入三争当”“双亮双争”行动为载体，结合生产经营实际和行业特点开展活动，充分发挥党组织在服务发展、服务员工、服务社会方面的作用。航天巴山公司党委组织开展“精益生产”活动，实现生产技术小革新6项，为企业创造效益近百万元。庞帆冲压厂党支部开展“技术头脑风暴”，降低产品毛刺率，年均节约成本30万元。赛英思公司党支部组织党员与入驻商家结成跟踪服务对子200余对，协调解决实际问题40余件。重庆工业管理职业学校党委开展“四走进”（走进员工、课堂、学生、家长）活动，优化学校管理和教学。

【非公党建信息建立】 全面开展非公组织总数、单位性质，经营状况、党建情况、党员数量等“五清”调查工作，同时培训信息系统操作人员，完成4万余户非公组织调查摸底和信息录入工作。区委两新工委落实专人负责信息系统管理，全区相关单位配备信息管理员28名，分领域负责信息系统日常维护工作。

【干部人事制度改革】 制发《关于深化干部人事制度改革的意见》，明确干部人事制度改革总体要求，指明改革方向，对22项重点任务分解到具体单位和责任人。先后印发《关于规范干部选拔任用工作若干问题的通知》《干部选拔任用工作保密纪律要求》《选派年轻干部挂职锻炼和到基层一线历练实施办法》《处级非领导职务干部管理办法》《关于规范全区副处级单位副职领导职务管理有关工作的通知》等制度办法，进一步理顺和完善区管干部选拔任用管理机制。

【区管领导干部调配】 2014 年，按照市委书记孙政才提出的“五看”（看党性、看作风、看实绩、看操守、看民意）标准比量干部。每调整一批干部都充分征求意见、反复比较研判、上下左右审示，坚持以事择人按岗选才，真正把最合适的人才选拔到最合适的岗位上。全年共调整交流区管领导干部 146 名（其中：新提拔 24 名，交流、轮岗 122 名）。区级部门党政分设彻底解决，调整干部 24 名。机构改革干部分流全面完成，调整干部 49 名。

【区管领导班子研判】 不断建立健全领导干部全息信息库，认真维护领导干部管理信息系统，严格干部档案审核管理，做到干部档案信息与干部管理信息系统同步更新。对全区 669 名区管领导干部的性别、学历、年龄等结构以及任职经历进行梳理分析，建立 8 个基础数据库。建立领导干部分工情况数据库和干部廉情电子档案，收集汇总班子巡查审计、人大评议、干部档案专项审核、个人事项报告、年度考核、督查督办等信息，进一步掌握全区领导班子和干部队伍整体情况。建立领导班子定期回访考察机制，在班子年度考核时同时开展班子回访考察，全面掌握领导班子和领导干部情况。做细做实日常谈心谈话，制定《领导干部谈心谈话暂行办法》，明确区委及区委组织部领导分类别分层次与干部开展谈心谈话工作，每年与每位领导干部至少谈心谈话一次。认真开展班子运行和干部队伍建设专题调研，深入 14 个镇街、部门和区属国有公司，与 100 余名区管领导干部进行个别谈话。

【年轻干部培养锻炼】 先后选派 18 名区级机关年轻干部到基层“墩苗”历练，抽调 30 余名干部到区委巡查组、群众路线教育实践活动办公室、“两岛”建设开发办、小南海坝工委等帮助工作，引导年轻干部从基层实践、群众智慧、处理棘手问题中汲取营养。选派 5 名干部参加“巴南·城口”年轻干部互派挂职锻炼。选派 22 名镇街干部到区级部门，12 名干部到市级机关，3 名干部到上海、深圳等地挂职锻炼，促进干部在实践中开阔视野、增长才干、提高素质。将市级部门选派到巴南区挂职的 10 名干部以及 5 名新阶层党外代表人士安排到一线工作岗位锻造。

【“违规兼职”专项整治】 根据中组部《关于进一步规范党政领导干部在企业兼职（任职）问题的意见》（中组发〔2013〕18 号）文件和中组部《执行中组发〔2013〕18 号文件有关问题的答复意见》（组厅字〔2013〕50 号）文件要求，全区共清理出 45 名机关事业单位干部（公务员 29 名，事业单位人员 15 名，退休干部 1 名）在企业兼职（任职），已全部按要求进行纠正处理。根据市委组织部《转发〈中共中央组织部关于规范退（离）休领导干部在社会团体兼职问题的问题〉的通知》（渝组发〔2014〕7 号）文件要求，清理出在社团兼职的退（离）休干部 29 名和在职干部 45 名，已全部按要求进行纠正。

【超配干部专项治理】 严格执行市里相关规定，制发《开展超职数配备干部问题专项治理工作的通知》，对全区副科级以上超配干部进行专项清理。通过严格控制新提拔干部、严格按“三定”方案配备干部、加大不胜任领导干部调整力度、建立科级干部选拔任用工作预审制度等措施，进一步规范干部选拔任用工作。经过专项清理工作，全区超配 45 名机关处级领导干部，除 7 个特殊岗位外，已全部消化，消化率达 84.4%。9 月以来，全区共消化占职数的处级非领导职务干部 7 名、科级领导干部 15 名、科级非领导职务干部 35 名。

【干部人事档案审核】 按照渝委组〔2014〕56 号、68 号、96 号、133 号等文件要求，印发《干部人事档案管理办法》以及收集归档、审核、保护、查（借）阅、转递等 5 个相关配套制度，制定《关于开展干部人事档案专项审核工作的建议方案》《关于进一步做好干部人事档案专项审核工作的建议方案》《关于成立干部人事档案专项审核工作领导小组的通知》《关于开展干部人事数字档案试点工作的建议方案》。在干部人事档案专项审核工作中，应审核档案1.45万本，截至12月底，共完成初审1844本、复审605本。按照市委组织部要求，区管干部（含领导职务和非领导职务）的档案在2015年3月底前完成，教育系统、卫生系统专业技术人员的档案在2016年6月底前完成。

【机构改革干部调整】 12月2日，市委、市政府批准巴南区政府职能转变和机构改革方案，区政府工作部门由30个整合为27个，涉及相关机构合并、更名和规范挂牌机构等任务。区委从领导班子和干部队伍建设的长远考虑，并结合治理“三超两乱”、突出纪检工作主业等有关要求，共调整区管领导干部115名。其中，机构改革涉及干部调整49名；规范区级部门党政分设干部调整24名；纪检体制改革涉及干部调整9名；超配干部调整29名（均含交叉统计人数）；因工作需要调整21名；改非或提前退休的7名。

【干部政策法规学习】 编印《干部工作政策法规学习资料选编》300余册，组织全区38名市管领导干部、660余名区管领导干部学习干部政策法规，邀请市委组织部副部长胡奕到巴南区作《干部任用条例》专题辅导。依托巴南电视台、《巴南日报》“党建红云”等媒体，分10期登载干部工作政策法规相关内容。通过“12371”平台，编发干部工作政策法规手机短信3.9万余条。组织全区8000余名干部，参加干部任用政策法规学习宣传活动、主题征文及知识竞赛。8月，获市委组织部“2014年重庆市干部任用政策法规学习宣传活动组织奖”。

【领导干部责任审计】 认真落实“离任必审、五年轮审”制度，加大领导干部在任中审计和专项审计力度，逐步推行党政同步审计。全区计划的7个审计项目已全部完成，对开展审计的10个单位进行试点，并将审计结果在一定范围内进行公告。

【个人有关事项抽查】 与区法院、区检察院、区公安分局、区民政局等11个单位建立领导干部个人有关事项报告抽查核实联系工作机制，并制发《领导干部个人有关事项报告抽查核实联系工作机制工作规则》。完成全区1056名领导干部个人有关事项报告的电子采集工作，采集率为100%。并按照3%的比例随机抽取32名领导干部的个人有关事项信息上报市委组织部。

【干部出国（境）严格审批】 制发《关于规范区管干部因私出国（境）审批工作的通知》（巴南委组〔2014〕76号）和《关于严格干部因私出国（境）审查的通知》（巴南委组〔2014〕170号）等文件。认真开展对全区干部因私出国（境）证件的清理工作，严格因私出国（境）时间和事由的审查，切实建立起谁审批谁负责，证件谁管理谁负责的责任制。与上年相比，巴南区因公出国（境）人员34人次，比上年减少20%。

【干部培训内容丰富】 2014年，巴南区在高质量完成各级各类干部培训的基础上，进一步丰富教学内容，强化信念、党性、知识、道德和廉政等五大教育。在各类培训课程中设置和完善“十八届三中全会精神解读”“习总书记系列重要讲话精神”“党性修养”“群众路线教育”“公务员职业道德修养”和“党纪党风”等专题系统培训模块；开辟以“反对‘四风’、净化自我”等为主题的学员论坛；深化案例警示教育模式，开展廉政教育基地参观活动；组织中青年干部分两批前往井冈山进行党性党风教育。全年共举办各类培训班次96期，培训各级各类干部1.06万人次。

【干部培训质效提升】 制定印发《关于大力推进干部教育培训“质量效益工程”建设的实施意见》，从制度层面上确保干部教育培训的质量和效益。坚持“双重”需求分析机制，以需求为导向设置课程，收集汇总调查问卷486份。完善课题招标、集体备课、新课试讲、课堂评教、教学比赛等系列教学管理制度，积极打造教学精品课程。建立完善教研岗位人员工作考核办法，认真实施骨干教师培养计划，不断提高师资队伍的整体素质和水平。

【干部培训方法创新】　2014年，干部培训的教学方法不断创新，全面推广案例式、行动学习法等培训方式，创设“双讲”案例教学法。坚持“第二课堂”教学模式，围绕不同的主题开展学员论坛、演讲辩论等学习活动。创新远程教育培训形式，充分利用清华大学现代远程教育高端教学资源，先后举办7期远程教育培训班，培训干部480人次。强化基层体验式教学，每期主体班均组织学员深入到基层一线，开展“三深入”暨挂职顶岗活动。全年主体班学员在基层单位召开调研座谈会102次，向基层单位提出各类意见建议340条，在群众中召开院坝会88次，帮助困难群众解决实际问题195件。

【干部培训机制健全】　制定印发《关于围绕都市功能拓展区建设开展2013～2017年大规模干部教育培训的意见》，全面落实大规模培训干部、大幅度提高干部素质战略任务。制定《现场教学基地管理办法》和《现场教学基地建设经费补助机制》，完善现场教学基地规范化建设。制定《重庆市巴南区干部教育培训学分制管理办法》，探索建立干部教育培训学分制管理，全区平均学分达到100.4分，位列全市第一。制定《领导干部和基层干部上讲台实施办法》，全年各级领导干部到党校上课达62人次。不断完善在线网络学习管理机制，通过季度实名通报制度、短信电话提醒机制，推进全区公务员在线网络学习良好运行。

【人才改革试验区建设】　坚持“问题导向”和先试先行原则，制定《关于建设人才管理改革试验区 服务“四区一基地”建设的实施意见》，提出5个方面18项人才改革举措。完善人才顺畅流动机制，构建引导人才向基层一线流动的制度体系，鼓励人才向基层流动、在一线创业。健全人才集聚机制，提出3项聚才计划，重点集聚科技创业领军人才、高端紧缺人才和一流专家。提出5项育才计划，着力培养七支人才队伍。构建人才制度优势，通过税收补贴、租金优惠等举措，集聚和促进人才资源投身于服务产业。

【西部人才产业园锻造】　明确建设模式，在重庆高职城核心区域规划用地，组织8次专题会议，研究解决土地性质等23个具体问题；大力招商引资，先后与北京科创集团等11家投资方洽谈，与重庆恒泉职业有限公司签订5亿元投资合作协议；细化功能布局，先后组团赴上海等地参观学习产业园建设，明确在5年内建成面积不少于8.5万平方米，实现8大功能的综合性人才服务园区。

【“人才引育”工程实施】　认真组织实施“人才集聚”工程，实施引进紧缺人才47条优惠政策，拓宽多种引才渠道。全年举办人才招录活动46期，引进优秀人才5600余人，调研收集需求紧缺人才61名。紧扣“四区一基地”功能定位，确定围绕金融、农业等行业引进紧缺人才20名。比选人才78名，完成18名优秀人才的体检、政审和录用工作。深入了解人才意愿，积极协调解决人才困难，为2名紧缺人才妥善安排家属就业。实施“人才素质提升”工程，调研掌握培训需求，将“两化融合”、经济改革等11个专题、约1030名人才纳入“千名重点人才培训计划”。由区委组织部牵头、主管部门负责落实，开展专题培训班10期，培训党政人才960人次；举办高级人才培训班22期，培训高技能人才1763人次；举办社区干部心理辅导培训班5期，培训社会工作人才269人次。实施“万名骨干农村实用人才培养计划”，开办农业科技创新人才、农村种养殖能手等培训专题5个，举办培训班12期，培训农村实用人才1050人次。

【西部人才金港做强】　加强项目建设，成功引进复旦大学与市委组织部、市金融办、区委党校合作培养在渝首届金融学硕士研究生项目。举办2014年在渝首届金融学硕士研究生班开班仪式，帮助全市14名金融人才到复旦大学深造，组织57人参加研究生项目的招考和辅导。加强业务指导，利用西部人才金港培训资源，开发“红色教育”和“经济发展”2个特色培训项目，“金融从业人员实操”和“投融资人才技能提升”2个人才孵化项目。合力开展人才引育工作，西部人才金港向全区累计推荐优秀人才500余名，承办区内专题培训5期。加强服务推广，西部人才金港主动联系媒体，积极拓展“区外市场”。与市金融办申办高端金融人才认证AFP；向沙坪坝等4个区（县）制定人才培训方案9个，推荐优秀人才42人。全年以西部人才金港为载体服务人才发展的创新做法被新闻媒体宣传报道37次。

【人才大数据试点建设】 2014年，巴南区被市委组织部确定为人才大数据建设试点单位后，加快推进相关建设。明确建设目标，深入高校学习调研，制定工作方案，建立动态可视化模型。收集整理数据，制发《关于推进人才大数据试点建设工作的通知》，建立数据信息日常报送机制，已收集和整理相关数据1.2万余条。组建项目模块，运用CRISP－DM（跨行业数据挖掘标准流程）数据挖掘机理，与重庆社科院合作，初步构建人才队伍建设分析、人才发展趋势预测、人才金港建设和人才服务发展贡献等4大模块，将实现人才工作展示、人才规模预测等基础功能。

【考核指标体系制定】 紧紧围绕都市功能拓展区发展定位，重新研制当年度考核指标体系，建立以促进科学发展、惠及民生、改进作风为导向的干部考核评价体系。按照“一带三区”发展功能定位，根据不同镇街、不同部门的职责要求，差异化设置指标及权重，进一步增强考核的科学性、客观性和针对性。严格按照市对区实绩考核指标体系、功能定位及职能职责等进行设置，对重点考核的指标在权重上凸显，对可考核可不考核的不纳入考核。同时，设置基础保障类指标，突出底线思维，不设分值，实行一票否决或倒扣分制，集中体现对所有单位基础保障性工作的普遍要求。精简考核项目，与上年度的指标体系相比，共精简考核项目43项，精简比例达56.6%，大大减少考核内容，让各单位有更多精力围绕中心任务和职能职责抓发展、促工作。

【考核项目申报审批】 为加强全区考核工作统筹指导，切实解决多头考核、重复考核、繁琐考核等问题，制定《重庆市巴南区考核项目申报审批制度（试行）》，要求对所有拟纳入考核指标体系的考核项目一律实行申报审批。严格按指标内容制定考核细则并开展考核，每项指标下设的三级指标不得超过3项；不准擅自将某项工作写入文件纳入考核，不准借机增添或变更考核内容。区考核办会同区委督查室、区政府督查室对考核工作开展情况进行不定期督查，对随意调整、增减、变通考核指标和考核方式的相关部门和单位进行通报，并在年度考核中予以扣分。

【“1+7”考核办法完善】 在深入调查研究、广泛征求各单位意见、反复修改完善的基础上，对区管领导班子和领导干部年度考核办法，进一步修改完善，形成“1+7”考核办法。考核构成方面，将班子考核分为经济社会发展实绩考核、党建考核、民主测评、民意调查四个方面，并适当增加经济社会发展实绩和党建考核权重，突出工作实际成效为考核重点；考核评分方面，将干部个人实绩与班子实绩进行有效挂钩，引导领导干部狠抓工作实绩；评先评优方面，科学限定优秀名额，有效解决优秀过于集中、评优面小等问题。建立政绩综合分析机制，对领导班子工作业绩和建设情况做出综合分析。

【日常考核办法实施】 按照“平时算细账，年终算总账”的工作思路，制定《重庆市巴南区日常考核办法（试行）》。将年度目标任务、市区领导批示交办事项、会议纪要明确的重要事项、议案、重点建议和重点提案办理落实情况等作为日常考核的主要内容，分别建立任务台账，通过开展季度督查、不定期抽查，多方面收集积累信息，了解目标任务落实情况、干部履职尽责情况等，全面、全程、准确地衡量区管领导班子的工作实绩。

【“党建红云”平台建设】 2月12日，完成“党建红云”服务器二期机房的建设分为装修工程、空调系统等7个子项目招投标工作，于2月19日进行项目集体签约，正式启动机房进场施工建设，6月底完成机房建设，7月1日正式运行。信息平台装机278台服务器，存储容量350T，接入电信和移动双线网络，建成行业领先的“云计算”机房，实现党员教育、管理和服务“三上网”，成为巴南区首个投入运行的“云计算”项目，且是重庆市唯一的党建云服务器机房，承担全市党建信息化建设的硬件支撑与基础服务工作。并将七一网、红岩网、“12371”、巴南群工、电子书屋、远教视频互动、干部网络学院等“两网五平台”统一纳入“党建红云”管理，把“党建红云”平台拓展到巴南党建微信，加强对党员的教育。10月22日，巴南区在全市党建信息化建设现场会上作了经验交流发言，得到市委组织部高度肯定。

【“大组工网”通过验收】 按照《2012～2014年重庆市区县大组工网分级保护建设实施方案》确定的建设标准和任务要求，通过政府采购配备专用涉密设备和台式电脑、电脑桌，全面完成“大组工网”建设任务。并严格按建设和管理要求，执行物理隔离、不进行非法外联及禁止NTA转换，健全人员、设备、介质和信息保密制度，规范上墙，配备保密专职人员，严格落实接入信息点数。严格技术要求，加强机房建设，独立布线，维护系统安全。4月23日，市委组织部检查组到巴南区检查“大组工网”硬件设施设备配备、网络畅通和运行情况等工作，获得好评，一次性顺利通过验收。

（李美铮）

宣传思想工作

【概况】 中共重庆市巴南区委宣传部（简称“区委宣传部”），内设办公室、理论科、宣传科、新闻科（互联网信息办公室）、未成年人思想道德建设科、网络舆情指导中心。2014年年末，在职人员21人（其中行政编制15人，事业编制6人）。

2014年，全区宣传思想工作围绕中心，服务大局，成绩突出。一、理论宣讲“接地气”。建立覆盖区、镇街、村（社区）三级理论宣讲网络体系；“百姓名嘴”宣讲得到市领导的肯定；理论宣讲工作入选《全国宣传思想文化工作案例选编》，并在全国宣传干部学院作经验交流。二、舆论引导“塑形象”。建成“看巴南”新闻APP、《巴南手机报》等新媒体，围绕民生民调及区委、区政府中心工作，开展十大主题宣传活动，在中央媒体刊播正面报道427条，讲好“巴南故事”；建立网络舆情三级队伍和快速处置机制，全年无重大负面网络舆情事件发生，巴南区荣获“天涯社区2014年度集体网络问政奖”，“巴南政务”位居全国舆情回应榜第一位并获评“积极应对奖”；成功举办“中华山水茶道文化节”等重大对外宣传活动18次；组织全区73名新闻发言人赴中国传媒大学进行专题培训。三、思想政治工作“促上善”。举办“梦想课堂”等活动56场次，“四堂互映”成为全市典范；牵头组织的建区20周年新闻宣传、颁奖晚会及摄影征文比赛得到群众好评；将“家风润万家”与善行义举榜发布相结合的做法在央视《新闻联播》等媒体刊播，受到中宣部和市领导的批示肯定；“感动巴南人物”评选形成品牌效应；宣传政务信息名列全市第1位。四、文明创建“显特色”。发挥“儿歌之乡”优势，联合出版《立德童谣》获市“五个一工程”奖，并在全国“社会主义核心价值观在基层的实践”研讨会上交流发言；率先在全市启动“一村一品”农村精神文明创建和乡村学校少年宫全覆盖工程。五、文化工程“润心灵”。深入推进“六大文化工程”建设，完成《巴文化系列丛书》编著工作，培育提炼出“忠勇守德、尚文崇新”的巴南精神；“公共文化物联网”试点工作、“欢笑巴南”等群众文化活动得到市领导的肯定，“有声书屋”被国家有关部委认可推广，全年共计100多件文艺作品在市级以上获奖；加快文化产业项目建设，全年完成文化产业增加值23.81亿元，增长60.7%，位居主城前列。

2014年末，被区委、区政府评为“2014年度

2014 年 6 月 5 日，市委常委、宣传部长燕平调研巴南区宣传文化工作

区管领导班子先进集体”，与区文联共同荣获区委、区政府“2104 年度工作创新‘金鹰奖’”（颁奖主题辞：“立德童谣”创市“五个一工程”新品牌）。

【新闻宣传】 精心组织区属媒体开展“践行社会主义核心价值观”“中国梦·我的梦”“大善大美·魅力巴南”“办好民生实事”“建区 20 年·巴南大发展”等十大新闻主题宣传活动，开设专栏专题 30 个，推出新闻报道 1000 多条。建成下载量达 5 万多人次的“看巴南”新闻 APP、用户量 24 万多人次的《巴南手机报》、日点击量达 5 万多人次的巴南网等一批新媒体，构建全媒体传播体系。扎实开展“马克思主义新闻观”教育，总编、台长带头“走转改”，建立健全采编播制度，切实加强新闻队伍培训建设，全年无一例刊播安全事件发生。

【对外宣传】 精心组织“2014·中国国际公路自行车赛”媒体行、“‘改革进行时’—2014·全国重点网络媒体巴南行”等重大对外宣传活动 12 次，有效地塑造对外交流的“巴南品牌”。组织东温泉镇参加“美丽重庆”北京首都国际机场城市形象展活动，举行“‘崛起的巴南’—东莞香港工业园招商推介会”，参加“‘重庆非去不可’—上海站展销”活动等城市形象推介活动 4 次。在台湾开展非物质文化遗产交流，在天星寺镇举办中泰国际佛教文化交流，在东温泉举行中华山水茶道文化节等对外文化交流活动 3 次。成功举办新闻发布会 63 场，在中央级媒体刊发新闻 430 条次，境外媒体刊发对外宣传稿件 180 余篇，名列全市前茅，锻造和提升巴南良好形象。

【理论研究】 区委中心组成员（区委常委）先后在《光明日报》《重庆日报》等市级以上刊物，发表《加强基层服务型党组织建设要上下联动》《强化基层党组织战斗堡垒作用》《“五个引领”生动践行社会主义核心价值观》《立德童谣：社会主义核心价值观的有效载体》等理论文章 11 篇。

【理论宣讲】 组织有关部门和单位扎实开展党的十八届四中全会和市委四届五次全会精神、“学读本、促发展、见行动”基层微宣讲活动 973 场次，受众 8 万余人。双河口镇“百姓名嘴”宣讲团被中共重庆市委宣传部评为全市基层理论宣讲先进集体。“大学生村官宣讲团”理论宣讲经验，在“2014 年第一期全国市（地、州、盟）党委宣传部副部长培训班”上作经验交流，并入选全国宣传干部学院培训教材《宣传思想文化工作案例选编（2013）》。

【中心组学习与建设】 组织和筹办区委中心组开展党的十八届四中全会精神、习近平总书记系列重要讲话精神、《党政领导干部选拔任用工作条例》等专题学习研讨 18 次，撰写调研报告、理论文章 65 余篇；先后邀请中共中央党校原副校长、博士生导师李君如，著名经济学家、党建研究专家、《求是》杂志研究员黄苇町，中央社会主义学院党组书记、第一副院长叶小文等著名专家学者，到区专题讲座9次；切实抓好镇街、部门中心组建设，进一步建立健全相关学习制度和考核评价办法。

【学习型党组织建设】 切实加强学习型党组织示范点培育工作，巴南区检察院机关党委被中共重庆市委宣传部评选为“学习型党组织建设市级示范点”。在全区广泛开展“学读本、促发展、见行动”征文活动和群众路线理论征文活动中，共收到优秀征文117篇，推荐上报优秀征文10篇。

【“中国梦”主题宣讲】 继续在《巴南日报》、巴南电视台开设“做有梦想有追求的巴南人”等活动专栏。深入开展“做有梦想有追求的重庆人”系列主题实践活动，开展“梦想接龙·四堂互映”启动仪式暨“学子成长话感恩、百姓茶堂论惜福”“田间地头话惜福”等梦想系列56场次。积极参加全市“梦想100”人生规划大赛，重庆长江石文化研究会会长（原巴南区观赏石协会会长）刘昌沛事业规划类作品《一个赏石人的“中国梦”》荣获市二等奖。

【巴南十大人物评选】 认真组织第二届“感动巴南十大人物”评选活动，按照“广泛发动、全面推荐、评审公示、颁奖晚会、典型宣传”五个步骤逐步推进。廖德元、沈兴荣、湛江、王书浩、刘帮辅、柯胡剑、蒋涛、刘祥鹅、张高洁、杨礼学荣获第二届“感动巴南十大人物”称号；江万芬、张林、柯代军、蒋敏、申妍、岑晓梅、唐明山、郭竞、卢华奎、杨平荣获第二届“感动巴南十大人物”提名奖。

【先进典型人物宣传】 制定巴南区典型人物宣传方案，认真做好重庆市“富民兴渝贡献奖”“感动重庆年度、月度人物”推荐工作，利用中央级媒体对“富民兴渝贡献奖”候选人张节明进行宣传报道，利用市级媒体对“感动重庆月度人物”杨陈伟、聂寿红、犹小飞进行宣传报道，利用区属媒体对各类典型人物或者事迹进行宣传100余次。巴南区推荐的张节明、犹小飞分别荣获重庆市“富民兴渝贡献奖”提名奖和“感动重庆年度人物”提名奖，杨陈伟荣获“感动重庆12月月度人物”。“感动重庆11月、12月月度人物”发布会在巴南区举行。在联系服务群众工作中，对涌现出来的10个先进典型人物采用汇编书籍、集中宣讲、巡回宣讲等方式进行广泛宣传，收到较好成效。

【六大文化工程推进】 组织有关部门撰写出版《巴文化与巴南精神》研究专著，整理出版《巴南历史人物》和《巴南历代诗歌选》，提炼形成以“忠勇守德、尚文崇新”的巴南精神。重点推进茶花广场、珠江欢乐园、巴南体育馆、通江广场（极地海洋公园）、龙舞剧院、长江剧场、凤凰文化城等13项城市文化景观重点项目建设。积极推进丰盛古镇、天星寺特色小镇建设。全区文化产业成效显著，实现增加值23.81亿元，占全区GDP比重超过5%，增长率达60.7%，居全市前列。创作舞蹈“闺绣”、曲艺“山娃背妈”、小品“简单与复杂”等优秀作品，在长江流域小戏比赛、全市乡村文艺汇演、全市戏剧曲艺大赛中均获一等奖。全年组织新作品300余件，100余件获市级奖项。现已建立公共文化人才数据库529人（其中：体制内229人、体制外300人）。重点引进国家非遗保护委员会副主任乌丙安等高层次文化顾问20余名。培养和选拔41名本地文化领军人才。启动公共文化物联网项目试点建设，开展图书馆“一卡通”通借通还项目建设，组建重庆第一家专业街头文化表演团体“巴滨游艺团”。完成23个标准化社区文化室和198户文化中心户建设。大力实施城乡文化互动工程，免费送戏、送电影等3900余场，送图书1.1万册。

【网络舆情引导处置】 成立由区委书记李建春任组长的网络安全和信息化领导小组，制定《巴南区互联网信息管理工作方案》《巴南区互联网信息监测工作方案》《巴南区网络舆情处置办法（修订稿）》。全年回复处置舆情1000多条，网络回帖率居全市第一。巴南区荣获“天涯社区2014年度集体网络问政奖”，政务ID（身份标志）“巴南政务”在《2014年天涯舆情应对能力榜单》中

“全国舆情回应榜”排名第一、“舆情应对榜”排名第二。实施网络内容建设工程和网络秩序整治专项行动，开展“‘鼎铸辉煌’—巴南区建区20周年成就展播”等5项网宣活动，开展整治网络谣言专项行动、整治政治类谣言专项行动、净网行动等整治行动，对辖区内网站的注册备案信息、论坛审批情况、网站违规登载新闻信息和网络谣言信息等进行全面清理。

【“巴南精神”提炼形成】 组建以区委常委、宣传部部长夏杨松为“巴南精神”课题研究领导小组组长，以区文艺评论家协会副主席王嘉丽为课题专家组组长，并聘请北师大教授梁玖等为课题顾问。开展“走基层、访民情、寻文脉”活动，收集整理全区文化碎片约1620件，收集相关图片资料1万余张；组织召开家族文化研讨会、课题大纲讨论会、研究成果评审会等专题研讨会16次；形成《巴文化与巴南精神》专著，为提炼巴南精神提供充分依据。通过报纸、电视、党政网和互联网面向区内外公开征集巴南精神表述语，共收到市内外应征稿623件。组织有关专家学者，对征集到的表述语进行筛选，确定6条候选表述语，面向社会进行公开评选投票，全区干部职工参与率达98%。对评选投票确定的巴南精神表述语，组织区内专家学者开展专题论证10余次，并邀请区文化顾问梁玖等到会指导。组织召开区人大代表、政协委员、民主党派代表意见征集座谈会，组织召开“巴文化与巴南精神”研究成果评审会。9月8日，通过区委常委会审定，“忠勇守德、尚文崇新”为“巴南精神”的表述语。

【“家风润万家”开展】 组织开展“我的家风”街头采访系列报道、优秀家庭专访、“家风·社风·政风”系列评论、政务微博微信讨论分享，以强化舆论引领，让家庭美德内化于心。丰富“议家风、立家训、传家礼、评家庭”活动载体，开展“和睦友善·惜福感恩”坝坝龙门阵，组织书法家为市民写家训作品，举办“学子成长话感恩”成人礼活动，评选表彰一批“孝老敬亲”的身边好人和最美家庭，以强化载体引领，让勤俭家风外化于行。编印《孝善训》《家训参考》等家风建设系列丛书，编制《家礼十循》等一批家礼手札，树立并推广家风建设示范试点，在中央电视台《新闻联播》《人民日报》《重庆日报》等媒体对先进典型进行宣传报道，强化彰显引领，让家庭文化显化于物。

【“茶道文化节”举办】 10月9～11日，“东温泉·2014中华山水茶道文化节”在东温泉镇举行。本届茶道文化节以“茶道·商道·城道”为主题，设置三大板块、共11项活动，包括“温泉茶道养生论坛”“古筝禅乐会”“国际茶文化论坛”“山水茶乐会”“小城镇发展论坛”五大主体活动和国际茶道交流、茶·茶席展示、茶艺术品展（“茶境”第二届国际茶文化交流展）、茶服饰·茶器展、东道主茶会和大众茶会六项支撑活动。在组委会、各执行单位以及“三级办公室”的共同努力下，文化节得到社会各界人士的广泛支持和热情参与，来自日本、韩国、英国、美国、土耳其以及海峡两岸、香港、澳门的佛学界、茶叶界及房地产界领军人物齐聚东温泉，品茶论道，赢得社会各界人士的广泛好评和群众的良好口碑。

（蒋鑫生）

2014年10月，东温泉举行山水茶道文化节

精神文明建设

【概况】 巴南区精神文明办公室（简称：区文明办），隶属于区委宣传部，是巴南区精神文明建设指导委员会的办事机构。现有在职行政编制人员3名。主要职能职责：负责全区精神文明建设工作的规划和调研，各种群众性精神文明创建活动的指导、评比、表彰，完成区文明委日常工作及文明委领导交办的各项任务。

2014年，区文明办组织全区开展公民道德建设、志愿者服务活动、精神文明创建、青少年道德培育、文明氛围营造等工作。

【公民道德建设】 组织全区开展“我推荐我评议身边好人”活动。年末，郭竞（界石镇自由职业者）被中央文明办入选“中国好人榜”；2～12月，全区共有12人先后被市委宣传部、市文明办评为“重庆好人”，他们分别是：吴伟（区政府党组成员、区委群工部部长）、郭竞（界石镇自由职业者）、黄小波（重庆玉洁家具有限公司总经理）、周安芳（花溪街道红光新村村民）、令狐昌容（龙洲湾街道窑坝居民）、张正凤（巴南区毛纺厂退休职工）、刘传芳（南彭街道水竹村村民）、杨维锋（龙洲湾街道盘龙村党总支书记）、卢华奎（南彭街道水竹村村民）、罗于泽（丰盛镇桥上村村民）、杨礼学（龙洲湾街道解放村村民）、廖大全（鱼洞街道大中村党总支书记），并认真开展重庆市“好人在身边”微访谈市级示范活动；开展个人信用宣传，利用通过“村村通”广播、政务公开栏等方式，宣传“守信为荣、失信为耻”的观念。

【志愿服务活动】 启动全区志愿服务制度化工作，在广泛调研的基础上，召开全区志愿服务制度化工作会。构建区、镇街、村（居委会）三级志愿服务网络，建立区骨干网络文明志愿者队伍。常态性开展“3·5学雷锋日”“12·5国际志愿日”等大型志愿服务活动。培育龙洲湾社区“一点通”“接龙社工”志愿服务品牌。

【精神文明创建】 组织开展“双百（100家企业、100个村）携手建文明”工程并参加全市“双百共建文明”行动，组织辖区内10个市级文明单位和10个村结为对子，捐资共计8万余元，帮助发展农村基础设施和文化设施，帮助实施美化农村人居环境等工程。同时，各文明单位、村（社区）开展常态性创建。打造花溪街道“一村一品”精神文明建设品牌。已建成“道德文化长廊”“论语广场”和“雷锋主题文化公园”。结合“一村一品”特色主题开展细胞建设活动，“孝心村民”“诚信文明户”“创业明星”评选等，为精神文明创建注入活力。在教育领域开展“善美行业”建设。组织鱼洞四小15名优秀教师到东原香郡广场开展“学雷锋·正师风”宣传活动，向市民提供招生咨询、政策咨询、学科帮助、心理咨询、家教咨询等服务。

【文明氛围营造】 在全区组织开展“微笑满渝州”文明礼仪行动。在机关推行文明办公、文明打接电话；在学校推行校门“正冠镜”、文明用

2014年2月，文化志愿者整理图书

语提示牌，开展诵读“三字经”活动、成人礼、编排礼仪小品、礼仪操，引导学生做文明有礼貌的人；围绕“衣食住行”，在主城社区开展闲置衣物回收行动，回收衣物2吨多；在机关食堂餐桌开展文明行动；在社区开展“包粽子、送爱心”邻里文明行动；在重要交通路口和商圈开展“马上留步”文明劝导11次，劝导车辆780多辆、行人2万多人次。开展公益广告展播。建立区级媒体联系机制，定期发布公益广告，在媒体刊播“讲文明、树新风”公益广告7000多条次。童谣作家、区文联主席戚万凯和市文明办共同创作的“九童圆梦”系列公益广告作品，在市主流媒体刊播。在鱼洞、花溪、丰盛、接龙等镇街开展“我们的节日”清明网上祭英烈、端午感念农事、中秋诗会、中秋拜寿、重阳慈孝等主题活动，弘扬优秀传统文化。在二圣镇开展“美景美行·二圣梨花节”活动，倡导市民文明旅游。

【青少年道德培育】 1月18日，市委宣传部、市文明办、市财政局、市教委联合在界石镇小学举行《立德童谣》首发仪式。市人大常委会副主任沈金强，市委宣传部副部长、市文明办主任樊伟等参加活动。4月12日，在惠民镇小学启动“重庆市‘诚信教育进校园’暨‘樱桃同心·春天有爱’关爱留守儿童公益活动”，全区224所学校、12万学生、1万多教师、12万多家庭签名参与“诚信校长、诚信教师、诚信学生、诚信家长”教育实践活动。4月15日，在花溪街道举行“我们的价值观·童讲中国梦”为主题的坝坝龙门阵，著名诗人傅天琳、巴蜀笑星凌淋出席活动。嘉宾以“和睦友善·惜福感恩”为主题，讲述友善的典故和趣事，进行诗朗诵；学生代表、市道德模范刘大双、刘小双和学生们进行现场互动；书法家向观众展出和赠送书法作品；市、区领导给友善树挂牌。10月15日，在安澜镇举行“关爱留守女童·红樱桃行动”捐赠仪式，在捐赠仪式上，重庆天子之歌钢琴集团向全区乡村学校少年宫赠送钢琴7台。

（钟　庆）

统一战线工作

【概况】 中国共产党重庆市巴南区委员会统一战线工作部（简称：区委统战部），内设机构1室1科（办公室、党派干部管理科），行政编制8名，工勤编制1名。下辖巴南区民主党派服务中心，为直属七级职员、公益一类、全额拨款的事业单位，编制2名。为巩固和完善大统战工作格局，在全区22个镇街均配备统战委员、专（兼）职统战干事各1名。主要职能职责：统筹协调和指导服务全区各民主党派、工商联、对台、侨务、民族、宗教等统一战线各领域工作。

2014年，区委统战部紧扣巴南区“四区一基地”建设，着力为全面深化改革凝聚智慧力量。争取区委支持，为每个民主党派增加工作经费5万元，提高民主党派成员活动费标准。协调落实4个事业编制，确保5个民主党派区委机关各有2名专职工作人员。全年召开双月座谈会、暑期谈心会等，着力围绕深化改革、加快发展凝聚共识，形成推动改革发展的共同意志。积极推进党员干部与党外代表人士联谊交友工作，党员区领导与党外代表人士开展交心谈心100多人次。积极组织党外人士围绕全面深化改革建言献策，区委专题向党外人士通报全区全面深化改革情况，全年采纳落实各民主党派、工商联、无党派人士、民族宗教代表建设性意见和建议50多条。建立涵盖不同层次、有180人的党外后备人才库，举办首届“巴雨论坛”，建立全市第2个市级新阶层党外代表人士挂职实践锻炼基地，落实5名市级新阶层人士到区挂职。制定民主党派区委（工委）向中共巴南区委提出建议制度、党外代表人士意见建议办理办法等6项制度。全年统一战线工作获各类奖项40余人次，被市委统战部宣传报道148次，统战信息采用累计得分659分，保持全市第一位。

【民主党派组织建设】 指导和支持区内各民主党派、工商联、无党派人士扎实开展坚持和发展中国特色社会主义学习实践活动，组织专题学习习近平总书记系列重要讲话精神，举办建国65周年纪念等各项有益活动30余次，引导统一战线广大成员牢固树立和践行社会主义核心价值观，进一步增强中国特色社会主义道路自信、理论自信和制度自信。支持民主党派基层组织调整和属地化，完成重庆理工大6个民主党派组织属地化管理。争取区委支持，为每个民主党派增加工作经费5万元，提高民主党派成员活动费标准，并纳入财政年度预算。协调落实4个事业编制，确保5个民主党派区委机关各有2名专职工作人员，为民主党派履行职能、开展活动增强组织保障。

【党外后备人才培养】　全面开展民主党派后备干部推荐工作，建立涵盖不同层次、有180人的党外后备人才库。启动党外代表人士个性化培养，举办全区党外中青年干部培训班、首届“巴雨论坛”等，为党外后备人才提供“拉长补短”式培训。建立全市第2个市级新阶层党外代表人士挂职实践锻炼基地，落实5名市级新阶层人士到区挂职。积极推荐优秀党外干部在各部门、各单位任（挂）职锻造，全区党群部门、政府部门、人大和政协机关、司法机关、区管事业单位配备党外处级领导干部共有38人，区政府部门配备党外干部达到50%以上。

2014年9月，重庆市新的社会阶层党外代表人士挂职实践锻炼巴南基地签约并启动

【政治协商制度促进】　制定《民主党派区委（工委）向中共巴南区委提出建议制度》《党外代表人士意见建议办理办法》等6项针对性强、具有实际可操作的制度，进一步规范统一战线参政议政、民主监督机制，有力地促进巴南区政治协商民主广泛、多层、制度化发展。全年共开展有关事项的民主协商会议8次，收集各项意见建议80余条，并积极协调督促相关部门得到办理落实。

【同心实践活动开展】　全面启动统一战线各组织与镇街互助共建“‘10+10’同心·实践”活动。以此为辐射点发挥优势助推全区改革发展和服务社会民生，形成《关于幸福农庄建设的思路和对策》等调研报告20多篇，捐赠人民币和物资（折价）共计2000多万元，全力开展技术帮扶、济困助学、乡村美食培训等活动40余项。

【民营经济发展推进】　在浙江大学等高校举办高端研修班，培训民营企业家及管理人员100余人。召开非公经济代表人士座谈会等，着力破解民营企业发展难题，提出10条建议被区政府采纳。协调安排3名干部入驻民营企业挂职促发展。进一步完善维权机制，协调解决企业困难50多件次。探索创新融资模式，帮助民营企业融资达5亿多元。推动混合所有制经济发展，引导重庆市如恩医疗产业发展有限公司等多家民营企业参与区内重大项目建设，推动企业转型和市场体系改革。

【民族宗教权益维护】　以打造民族团结进步模范单位和外来流动少数民族维权服务点为抓手，创新“宣传+管理+服务”三位一体工作机制，帮助少数民族群众解决实际困难，妥善处理维吾尔族、藏族流动人员的摊位问题和4件少数民族矛盾纠纷，促进各民族和团结互助、和睦相处、共同发展。依法深入开展“两乱一私设”、乱建露天宗教造像等专项治理工作，维护宗教活动的正常秩序，确保社会稳定。开展“发挥正能量，共筑中国梦”为主题的宗教政策法规学习月活动，引导宗教界人士和信教群众积极发挥在促进经济社会发展中的作用。以创建6个市级首批“和谐寺观教堂”场所为契机，指导督促宗教活动场所管理人员保护和修缮宗教设施，完善管理人员、财务人员等管理制度，规范民主管理。恢复和重建天禄寺和永峯寺，成功举办“‘巴南佛影’—巴南区佛教遗址拓片展”“中泰（重庆）佛教文化交流”“儒释道温泉养生论坛”等活动，满足宗教界人士和信教群众信仰需求，促进宗教和谐发展。

（赵彦琳）

对　台　工　作

【概况】 中国共产党重庆市巴南区委员会台湾工作办公室和重庆市巴南区人民政府台湾事务办公室（简称：区台办），牌子挂在区委统战部，与区委统战部合署办公，设主任1名（由统战部领导兼任），副主任1名。主要职能职责：是区委对台工作领导小组的办事机构，是区委、区政府处理全区涉台事务的执行机构，负责协调处理全区对台交流、联络等工作。

2014年，区台办坚定不移地贯彻中央的对台工作方针政策，落实市台办工作部署，执行区委、区政府决定，积极服务台胞、台属、台资企业，加大对台工作的宣传和联络，着力扩大经贸、文化交流，成效显著。

【对台联络】 开展全区性涉台基础数据信息调查，全面摸清在区台胞台属情况，了解他们工作、学习和生活等各方面的情况，利用传统节日或特殊假日登门拜访，尽力为他们办实事、好事，并通过他们密切同岛内亲属的联络和联系，加深感情。召开台胞迎新春座谈会，走访慰问台胞台属51人次，发放慰问金和慰问品折价约2万元。认真做好到区观光、探亲或投资考察的台湾各界人士特别是中上层代表人士的接待服务工作，巩固已有联系，建立更多新的联系。共计接待台湾原“行政院长”郝柏村、原台北县县长周锡伟、南投县县长代表王德明等一批颇具影响的人士。

【对台交流】 按照中央和市台办的要求，深化巴南与台湾在经贸、文化各领域的交流。区领导、区投促办、区文化委、区农委等部门和跳石、二圣、木洞、接龙等镇相关负责同志先后赴台开展文化、现代农业、光电子产业交流考察4批次，共计30余人。组织区有关部门和企业组团参加“第六届重庆·台湾周”，邀请台湾客商到区举办名特优商品展销会，邀请台湾禅茶及代表人士参加“第二届·东温泉山水茶道文化节”。积极与市台办、市台联、市黄埔同学会等涉台部门和单位对接，争取到渝参访考察的台湾团组到区交流。促成台湾彰化县田尾乡与巴南区界石镇缔结友好乡镇。接待彰化县田尾乡公路花园协会会长胡高伟等到区参访。先后接待4批次，共计台胞20余人次，让他们感受巴县厚重的历史文化底蕴，体验蓬勃发展日新月异的新巴南。

【对台经贸】 认真落实中央及市、区有关中小企业和台资企业优惠政策，根据重庆市五大功能区战略定位和巴南构建“四区一基地”新格局实际，积极协助台资企业的招商服务工作。通过“重庆·台湾周”“东温泉山水茶道文化节”、重庆花木世界、经济园区、南温泉颐养小镇等平台，积极开展对台招商和经贸工作。截至年末，在区台资企业（项目）共计23个，实际投资超过1亿美元，涉及电子、笔电、家具制造、现代农业、食品饮料、美容健康等领域。其中，圣美精工、渝强塑料、淇禾农业等企业产销两旺，市场份额不断扩大。年内，区台办开展台资企业专题调研，积极协调解决台资企业生产面临的具体问题。协调区安监局深入台资企业指导安全生产，受到企业欢迎。

【对台宣传】 对台宣传工作始终坚持“一国两制、和平统一”方针，组织通讯员队伍积极向岛内媒体投稿，扩大巴南在岛内的影响。截至11

月，共计在《人民日报海外版》以及《台湾古今艺文》《台湾重庆通讯》、台北《四川同乡会年刊》《高雄四川同乡会》等媒体上发表反映巴南各方面的文稿和图片近100篇（幅）。11月，根据区委的统一部署，原对台宣传写作小组职能划归区外宣办。与区委统战部、区委宣传部联合组织评选表彰李汉成、周仲初等5名“巴南区对台对外宣传工作30年先进个人”。主动适应新形势，改进对台宣传工作，发挥优势，突出强项。配合市台办抓好赴台团组行前教育，通过赴台团组交流参访、招商考察等形式，面向基层和有重要影响的代表人士搞好入岛宣传，同时做好到区观光、考察的台湾团组宣传工作，把宣传融入服务接待中，把宣传与慰问台胞台属结合在一起。

（高跃轩）

机　关　党　建

【概况】　2014年，中共重庆市巴南区直属机关工作委员会（简称：区直机关工委）在中共巴南区委领导下，深入学习贯彻党的十八届三中、四中全会以及习近平总书记系列重要讲话精神，扎实开展党的群众路线教育实践活动，积极为巴南“一城一极一区”和“四区一基地”建设服务。截至12月末，区直机关共有基层党组织220个，其中：机关党委8个，党总支23个，党支部189个（含机关党委、总支管理的支部），党员3787名。

【贯彻党的十八大历届会议精神】　始终把党的十八届三中、四中全会和习近平总书记系列重要讲话精神，作为各基层党组织学习的主要内容，作为区直机关党组织书记、党务干部以及入党积极分子培训的重要内容，组织全体党员干部原原本本、逐字逐句学习。6月，组织开展党的十八大和十八届三中、四中全会精神为主要内容的党的知识竞赛活动，30多个区直机关党组织组队参加竞赛活动。7月，邀请有关领导、学者进行系列专题辅导和深度解读。

【开展群众路线教育】　各基层党组织紧紧围绕党的群众路线教育实践活动安排部署，按照总要求，从严从实抓好各个环节工作。坚持领导带头。班子成员带头深入学习，带头查摆问题，带头开展批评和自我批评，带头制定整改措施，发挥表率作用；坚持聚焦“四风”。集中对“四风”问题进行深入查找和扎实整改，不冲淡主题，不变换频道，取得明显成效；坚持开门搞活动。始终将群众满意度作为活动成效的评判标准，每个环节、每个步骤都组织群众来评判、来参与；坚持立查立改。对查摆出的问题，制定专项整改措施，明确责任人和时间表，不等不拖，以实际效果取信于民。区直机关工委作为领导小组成员单位全程参与活动的指导协调，工委领导班子成员分别参加对36个区直单位专题组织生活会的指导，同时认真审核各单位党组织专题组织生活会整改方案和机关党组织书记整改清单。

【党的基层组织建设】　积极做好协调推进工作，科学规范设置机关党组织，强化机关党组织领导班子建设，严格要求区直各单位党组织按照规定配备党组织书记。全面推行党员发展预审和公示制度，认真学用《中国共产党发展党员工作细则》；研究制订《不合格党员处置工作细则》，稳妥开展处置不合格党员工作，基础性工作更加扎实。开展“四联系四服务”，与村、社区党组织开展结对共建活动，增强机关党组织服务发展能力；开展“机关服务品牌”创建活动，区市政园林局、区教委、区国税局等区直单位围绕“理念最新”“态度最好”“效率最高”“程序最简”的要求，完善服务流程、严谨服务规范、落实服务承诺等品牌服务体系，创出“城市美容师”“税企e家”“群众连心桥”等7个区直机关服务品牌，进一步深化服务型党组织建设。10月，开展基层党务干部岗位培训，74个区直单位130多名党务干部参加培训。健全完善机关党建协作组工作制度，定期开展座谈研讨、学习交流。

【党员干部队伍教育】　按照机关作风建设“实”“严”“细”的要求，把转作风、优服务、抓落实作为创新党建工作的突破口。结合党的群众路线

2014 年 10 月，区直机关举办机关党务干部培训

教育实践活动，与区纪委联合开展全区工作纪律涣散和执行力专项整治行动，聘请区党代表、人大代表、政协委员、热心市民和媒体记者组成一支机关作风监督员队伍，不定期开展暗访行动，对上班时间上网聊天、玩游戏、看电影以及工作日中午饮酒等问题进行问责通报。全面推行机关干部职工挂牌上岗，定期开展监督检查。开展作风调研督查和走访调研活动，74 个区直单位制订转变作风抓落实制度和举措 450 多项。积极协助区纪委严肃查处党员干部的违法违纪案件，2014 年处理违纪党员 7 人，其中开除党籍 7 人。

【区机关规范化指导】 大力推进区直机关规范化建设，印发《关于强化机关干部职工规范化管理的通知》，同时从机关党的建设、工作运行、制度建设、办公场所、队伍建设、作风建设、文明礼仪等七方面提出机关规范化建设实施意见。制订《全区机关干部职工公务活动文明行为规范》，区直机关规范化建设取得显著成绩。区交委制定“五方十划”工作制度，全面加强机关制度体系建设；区委群工部规范办公场所绿色植物摆放，增设“阅读角”“休闲区”“机关文化墙”；区委党校实行 OA 自动化办公、岗位管理和项目化管理等。通过检查考评，区委办公室等 24 个区直单位被评为机关规范化建设优秀单位。

【联合群团共显活力】 以“构建和谐、增强体魄、促进发展”为主题，与区总工会、团区委、区妇联等部门联合组织开展丰富多彩的机关体育文化生活，培养机关干部拼搏精神和协作精神。与区总工会等部门联合组织区直机关干部职工参加“巴南区第四届职工运动会”“区直机关干部职工趣味运动会”，4000 多名干部职工参加活动；与团区委联合举办“区直机关青年廉政 PPT 制作大赛”“巴南机关青年生活汇”；与区妇联联合开展“三八红旗手”先进集体和个人以及“最美家庭”评选推荐，充分激发区直机关女性的建功热情。

（李欣益）

信 访 工 作

【概况】 中共重庆市巴南区委重庆市巴南区人民政府信访办公室（简称：区信访办），内设 4 个科室：综合科（干部下访群众服务科）、办信接访科（人民建议征集办）、维稳科、复查复核科；下设区民生服务中心（六级职员事业单位）。行政编制 13 名（含机关工勤 1 名）、事业编制 14 名。实有在岗行政人员 12 人、事业人员 13 人。

2014 年，全区上下深入贯彻落实中央、市、区关于信访稳定工作的系列决策部署，不断强化工作措施，确保全国和市、区“两会”等节点的大局稳定。全年信访总量 3120 件次、21576 人次，同比件次上升 2.09%，人次下降 32.37%。办理初信 568 件、初访 864 件，均在《信访条例》规定期限内办结，办结率 100%。市交办疑难信访事项 16 件全部办结，办结率 100%，全面完成市委、市政府下达的目标任务。区自排领导包案 45 件已办结 42 件，办结率 93.3%。区级领导接访、下访信访案件 440 件，化解 434 件，化解率 99%。中央及市交办案件 6 件，办结率 100%。排查重大矛盾纠纷97件，化解92件，化解率95%。开展社会稳定风险评估19件。巴南区信访稳定工作得到市信访办及市督导组领导的充分肯定。但是，全区信访工作也存在一些问题和不足：总量仍高位运行，企业改制、城乡建设等领域的矛盾纠纷较为突出，到市到区集访、堵路堵交通及阻工等突发事件时有发生，部分信访老户化解后又出现反弹，化解难度较大。

2014年4月1日，市委常委、市委政法委书记刘学普（右二）到巴南区调研平安综治及信访稳定工作

2014年2月，与区委政法委、区公安分局共同荣获中共巴南区委、巴南区人民政府“2013年度突出贡献‘金牛奖’”（颁奖主题辞：维稳“给力”提升人民群众安全感）；年末，与区委政法委、区公安分局共同荣获区委、区政府“2014年度突出贡献‘金牛奖’”（颁奖主题辞：处突维稳守卫巴南平安）。

【信访制度改革】 深入贯彻落实党的十八大及十八届三中、四中全会精神，着力推进信访工作改革，不断地拓宽和畅通信访渠道。一、引导群众依法逐级走访。明确信访事项受理、不予受理、不再受理的范围，通过宣传栏、《巴南报》等多种形式大力宣传逐级上访相关规定，引导群众依法逐级走访。建立越级上访通报制度。通过系列举措，全区进京越级上访呈逐渐下降态势。二、全面开展联合接访。确定区经信委等信访量较大的事权单位，根据阶段性工作入驻接访大厅开展联合接访，每半年一换，推进情况良好。积极支持涉法涉诉信访工作改革，区涉法涉诉联合接访中心正式运行。三、大力推行网上信访。推进“重庆市联系服务群众工作信息平台”建设，全年累计受理事项1194件次，办结1141件，办结率95.5%，已移交区政务服务中心。全区22个镇街及区级重点部门开通全国信访信息系统，累计重新清理核实、补充完善录入信访事项5300件。办理国家信访局转送的初次信访件14件次，办结率100%。加大对网络舆情责任单位4小时回复的督办力度，累计督办111件次，督办回复率100%。四、实施信访绿色邮政。群众信访件可免费邮寄，已有部分群众使用信访绿色邮政专用信封。

【领导接访下访】 按照全市的统一安排部署，深入开展“干部下访化积案解难题办实事”专项行动。调整完善区级领导公开接访机制。坚持每周二、周四区委、区政府的领导轮流到接访大厅接待群众，每月对区领导公开接访的具体时间、领导姓名、职务及分管事项予以公示。严格落实律师、法官陪同接访机制。加大区领导公开接访事项的督促协调，严格落实信访事项办理情况报告制度。各镇街、区级重点部门实行开门接访，确保群众诉求得到及时就地解决。在坚持公开接访的同时，全区各级各部门坚持带案下访、重点约访，针对排查梳理的信访突出问题，主动与信访群众见面沟通，切实推进问题解决。区委书记李建春亲自率队对双河口片区缺水情况进行实地调研并召开现场办公会，研究解决群众饮水困难问题；区长陈刚深入丰盛镇约访群众，解决群众反映的生活环保问题等。区级领导累计接访、约访、下访信访案件440件，化解434件，化解率99%。

【初信初访办理】 进一步加大初信初访办理力度，累计办理初信568件、初访864件，均在《信访条例》规定期限内办结，办结率100%。区委、区政府主要领导对群众来信每件必阅、每件必批，累计阅批群众来信480件，严格实行到期办结率100%。严格办理程序，要求责任单位落实“两个告知”义务，明确告知信访人是否受理或不予受理及救济渠道。针对受理的信访事项，严格按照信访程序下达处理意见书。区信访办点对点对重点镇街、区级部门进行业务指导，使信访事项的甄别更加准确，处理意见更加规范，适用政策更加恰当。加大实地回访力度，规定所有初信初访事项回访率必须达30%以上。严格复查复核程序，全区收到复查申请22件，下达复查意见12件、不予受理7件，到期办结率100%，均未被市政府撤销或变更处理意见。

【疑难信访化解】 受理市交办的疑难信访事项16件，全部办结，办结率100%，全面完成市委、市政府下达的目标任务。区自排领导包案45件已办结42件，办结率93.3%。累计使用专项资金164万元。一、排查疑难信访。针对全区存在的疑难信访事项进行全面排查，切实做到“三个不放过”（群众合理诉求不放过；重复上访、越级上访不放过；群体性突出问题不放过）。二、落实领导包案。制发《巴南区区级领导包案处理疑难信访事项工作方案》，逐一明确包案领导、责任单位和办结时限。区委、区政府主要领导亲自带头，每人主动包案5件；其他区级领导根据分工每人至少包案1件以上。三、全力推进化解。包案区领导、责任单位切实将疑难信访事项的化解工作纳入重要议事日程，对包案事项逐一进行研究，制定有针对性的解决方案，全力推动问题解决。四、加强督导考核。将疑难信访事项化解工作纳入镇街、部门信访稳定实绩考核。区委督查室、区政府督查室将疑难信访事项纳入网络化管理；区委教育实践活动督导组将疑难信访事项化解情况纳入重点督导内容；加强与各职能部门之间的沟通协调，定期通报进展情况，全力推动问题解决。

【信访源头预防】 一、狠抓社会稳定风险评估。将涉及群众较多、稳定风险较大的双河口片区缺水问题、龙洲湾街道道角村何某某、万某项违法建筑拆除问题等19件重大事项开展社会稳定风险评估，完善工作预案，制定相应措施，切实从源头上预防和化解矛盾纠纷。二、狠抓矛盾纠纷排查调处。坚持区每月、镇街及区属部门每半月、村（居）每周定期召开矛盾纠纷排查调处会议，分析研判存在的突出问题，并实行网格化管理，逐一建立台账，明确责任区领导、责任单位及办结时限。全区排查重大矛盾纠纷97件，化解92件，化解率95%。三、加大对群体性突出问题化解力度。深入推进民办非学历教育机构培训、征地拆迁安置、房地产开展建设、厂办大集体改革“四个方面”的专项整治，总体情况平稳。针对安置房建设进展迟缓等问题，区委、区政府提出“3个100万”（即：建成100万平方米、新开工100万平方米、筹建100万平方米）安置房建设的目标计划，切实预防和减少征地拆迁安置方面的矛盾纠纷。定期排查突出不稳定事项提请群众工作联席会议研究，加大对群体性突出事项的督促协调力度。排查的全区37件突出不稳定事项已办结26件，其余事项均已明确工作意见，正在全力推进之中。

（熊晓松）

老干部工作

【概况】 中共重庆市巴南区委老干部局（简称：区委老干部局）内设1室1科（即：办公室、离退休干部科），下辖2个事业单位（即：老干部活动中心、关心下一代工作委员会办公室）。行政编制7人（含工勤编制2人），参公编制4人，事业编制3人。主要职能职责：管理和服务全区离休干部和退休时在巴南区党和国家机关、人民团体担任过县处级、厅局级职务（含享受待遇）以上退休干部。截至12月，全区有离休干部71人，副处级（含县局级）以上退休干部1312人。

2014年，区委老干部局以落实离退休干部政治和生活待遇、发挥离退休干部的积极作用为重点，开拓创新、狠抓落实，努力提高老干部工作科学化水平。5月，被市委老干部局评为“重庆市老干部工作部门信息工作先进单位”；《关于新形势下扎实推进离退休干部文化养老工作的实践与思考》被市委老干部局评为“2013年度全市老干部工作部门优秀调研成果一等奖”。

【思想组织建设】 认真贯彻落实市委组织部、市委宣传部、市委老干部局、市人力资源和社会保障局《关于加强和改进离退休干部思想政治工作的意见》（渝委组〔2014〕39）号精神，积极探索全区离退休干部思想政治工作途径。利用老干部信息平台举办“巴南区老干部手机讲堂”，定期发送学习信息2万余条；协调相关单位，全区离退休干部被纳入《巴南手机报》的赠送范围；积极筹措经费，为全区离退休干部每人每月赠送《老同志生活》；编印《巴南区老干部学习园地》81期，免费发放1.5万余份。定期组织离退休干部集中参加政治理论学习，邀请区领导、市委党校教授、区级部门领导为离退休干部通报经济社会发展情况等专题辅导报告11次，学习文件、观看电教片等6次。坚持发挥区老干部党校重要作用，加强对离退休干部党员，特别是离退休干部党支部书记的培训，举办2期培训班，培训120余人。邀请区发改委和区委党校领导作专题报告，组织部分老干部参观界石工业园区和区花木世界，发放调查问卷，听取老干部的意见建议。

【健康保健关心】 一、为了提高全区离休干部护理费的相关工作，及时转发通知，督促有关单位及时落实，确保离休干部护理费落实到位。二、为了贯彻落实部分建初（新中国成立初期参加革命工作）人员生活补贴调标和扩面工作，转发（渝委老〔2014〕70、71号）文件，召开会议向有关单位传达贯彻，对申报建初干部的个人档案进行逐一查阅和审核，对符合条件的人员按要求报批落实，全区108名建初人员的生活补贴标准得到调整。三、认真做好区（县）级离退休干部的健康体检工作。主动征求离退休干部意见，针对每个人的体检要求制定方案，分别在新桥医院、重医附一院和区人民医院等进行一年一次的健康体检。四、认真做好离退休干部来信来访和机关干部大下访工作。坚持局领导每周两次到区老干部活动中心接访制度，全年接待来访45人次，来信5件，并全部妥善处理。五、积极开展离退休干部困难帮扶工作。联合有关部门对19个镇街、29个区级部门的50名离退休干部进行帮扶，发放12.3万元特殊困难帮扶资金。六、利用社区资源做好离退休干部服务工作。经研究确定龙洲湾街道龙海社区为重庆市利用社区资源做好离退休干部服务工作的标准化示范社区。按市委老干部局要求，开展“智慧健康进社区‘双五一’工程”社区大型公益活动。

2014年4月17日，巴南区老干部党校2014年度第一期培训班

【精神文化生活】 一、加强老干部活动中心阵地建设。对活动中心制度进行修改完善，由原来的半天开放调整为全天开放，参加各类活动的离退休干部达1.1万余人次。还对老干部门球场、乒乓球室进行维修，添置身高体重仪器、快速心电检测仪等健康检测仪器；根据老干部兴趣爱好等情况，对利用率不高的台球室进行调整，添置乒乓球台。二、

组织丰富多彩、健康向上的文体活动。根据老干部的身心特点，组织离休干部开展趣味季度活动8次。组织区（县）级离退休干部开展调研、钓鱼等专项活动10次。组织全区离退休干部参与以“全面深化改革”等为主题的建言献策活动5次。三、改进离休干部学习活动和满旬祝寿方式。针对离休干部居住分散，平均年龄已高达85周岁，绝大部分已不能参加集中学习活动的实际，将李家沱地区的离休干部每月学习，每双月活动改为每季度学习活动，减少集中学习和活动时间，采取上门走访慰问、发放学习资料、电话问候等灵活多样的形式加强与离休干部的联系。同时，将离休干部集体祝寿改为上门祝寿，2014年对满旬的5名离休干部进行上门祝寿。

【余热优势发挥】 充分发挥离退休干部组织作用，全力支持老干部组织开展活动，继续保留每个老干部组织的活动补助费。一、区关工委开展“中华魂”读书活动，创新青少年普法教育活动形式，各级宣讲员深入基层开展普法宣讲175场，听众达11.64万人次，在校学生受教育覆盖面达100%。举办“中华魂·放飞梦想”主题教育读书辅导活动113场次，“学校放假，社区开学”暑期教育活动110场次，“社会主义核心价值观”主题讲座暨培训会和“关爱明天·普法先行”青少年普法教育活动各20余场次。在全区各中小学中开展“开学第一堂法制课”活动100余场，3677名“五老”结对帮扶4209名特殊群体青少年，292名代理家长接对帮扶100余名留守儿童。8月，巴南区和区关工委分别被中国关工委、中央综治办、司法部评为“全国青少年普法教育示范区”“全国青少年教育先进单位”，区关工委主任吴莉娜应邀赴北京人民大会堂领奖。二、区老干部艺术团坚持每周四活动，学唱新歌8首，排练新节目15个。舞蹈“茉莉花”、憨汉组合“巴渝农家乐”分别在“欢笑巴南”群众文艺大舞台比赛中获得年度总决赛二等奖、综艺专场演出获三等奖，舞蹈“茉莉花”选送参加重庆市社区老年文艺汇演获“风尚奖”。三、区老干部门球队开展8次全区性的门球活动，并积极参加市区比赛多次获奖。四、组织离退休老干部积极为区党史撰稿、投稿。区《老干部往事回眸》丛书编委会出版第十一集，收到稿件65篇，采用53篇，约13万字。五、大力支持离退休干部发挥余热。部分离退休干部受邀参加巴南区党代会、人代会、政协会，为全区重点项目和民心工程提意见、献建议。支持熟悉情况、具有写作编纂能力的退休干部参与区志、年鉴编纂审稿工作。支持熟悉政策、民情的离退休老干部，积极参与群众普遍关心的热点难点问题的解惑释疑工作，协助化解社会各种矛盾，围绕全区经济社会发展、“四风”问题以及群众关心的社会问题，积极建言献策。11月，区农委机关退休党支部被中央组织部评为“全国离退休干部党支部先进集体”；区农委退休干部李汉成被评为巴南区建区20周年“模范人物”。

（卢姝娜）

党校教育

【概况】 中共重庆市巴南区委党校（简称：党校）与巴南区行政学校、巴南区社会主义学院三块牌子、一套班子、合署办公。办学资质为重庆市一类党校、行政学校。

2014年，党校在中共巴南区委、区政府领导下，始终坚持开拓创新、从严治校、从严施教、从严管理，切实加强校风、学风建设，努力把党校办成理论宣传的“阵地”，人才培训的“高地”，风清正气的“圣地”，成为中央、市委重大理论和方针政策的最早学习者、宣传者，成为区委、区政府重要部署和决策的最早研究者、践行者。始终坚持干部培训主渠道不动摇，坚持深化教学改革、创新教学布局、创新教学方式、创新管理模式，认真履职，积极作为，充分发挥干部教育、科研资政和管理服务作用。9月，被区人大常委会命名为“巴南区人大代表培训基地”。11月，荣获中共重庆市委党校、重庆市行政学院“办学理论研究征文活动优秀组织奖”。

【干部教育培训】 以提升主体班培训质量与效益为主题，实施“干训质量效益工程”，打造内容科学、方式灵活、学风严谨、富有特色的教育品牌。一、加大干训力度，培训数量创历年新高。全年举办2期处干班、2期中青班、2期科干班、1期国家公务员初任班等7期常规班，处级领导干部学习党的十八届四中全会专题培训班等14期专题班，统战干部培训班、党外中青年干部培训班等9期其他班次，共培训主体班学员3342人；完成与市、区内外合作培训56个班次，培训人数达8290人，培训人数和培训期数创历年新高。主体班办学呈现培训质量高、效果好的发展态势。二、深化培训改革，打造培训亮点品牌。党校实施“干训质量效益工程”，促进改革创新。以培训内容改革为核心点，突出围绕中心服务发展的前瞻性和针对性，“都市功能拓展区”建设系列专题等教学模块地方特色明显；以党性教育改革为着力点，积极开展党的群众路线教育，“内化四环节”的党性教育模式富有巴南品牌特色；以培训方式改革为关键点，案例式、行动学习法、现场教学方式重点推广，“第二课堂”模式亮点纷呈；坚持从严治教治学，“十严禁”学风建设成为全市区（县）党校学风建设的响亮品牌；加大成果转化，形成党性教育心得300余篇，各类汇编10余册，学员成果受到区领导批示4次。三、健全落实培训制度，干部培训出实效。进一步建立和完善《主体班训前调研制度》《主体班课程库动态管理和课程优选办法》等管理制度，提升培训方案科学性；配套落实《主体班师资库动态管理和优选制度》，建立由领导干部、基层优秀干部、专业学术人才等组成的共200余名兼职师资库，区委、区政府领导班子成员到校授课比例达60%；认真落实《主体班现场教学基地管理制度》，规范建成二圣镇和重庆花木世界2个市级城乡一体化发展教学示范基地，承接2期中直机关党校赴重庆调研组、福建省委党校、重庆市委党校乡镇主要领导干部培训班等赴巴南区开展现场教学10次，建设并挂牌建新村、化龙桥社区、龙海社区等区级现场教学基地；完善《干部培训成果转化跟踪考评办法》《培训项目综合评估办法》等管理制度，强化考评和成果转化。

【科研咨政服务】 立足“培训立校，科研兴校，人才强校，特色活校”的办学理念，紧紧围绕科研、资政、宣传三大核心职能，实施“科研资政实效工程”，推进科研改革，采取课题拉动、教研互动、管理促动，课题成果、资政实效、科研工作成效显著。一、科研课题增长加速。2014年，顺利结题2项2013年市委党校校级课题，申报8项课题并成功立项4项市委党校2014年校级课题，区级校级课题结项量达到19项。二、理论研究成果丰富果实。2014年，共撰写各类理论文章60篇，其中公开发表论文21篇，1篇被区人大复印资料《中国共产党》全文转载；撰写各类征文和会议论文39篇，其中9篇入选各类刊物，7篇获区级以上奖励。三、资政服务效果显著提升。按照区委组织部要求，5月16日，“巴南智库”（都市功能拓展研究中心）在区委党校正式成立，吸收智库成员18人，已有21人次以上到党校授课；纳入智库课题9项。充分整合智库和学员优秀成果，报送资政报告9篇，获区领导批示5篇。四、思想宣传阵地作用加强。3月，校

2014年5月16日，处干班第二期开班典礼及第一期培训成果汇报会

刊《学习与实践》更名为《巴南论坛》，加强各类论文和信息的宣传报道。强化中心组学习，全年学习16次。组织骨干教师深入部门、镇街、社区和企业积极开展党的十八届四中全会等宣讲活动，全年共宣讲70余场。

【基础平台建设】 认真加强基础平台建设。一、搭建平台，历练干部队伍。党校加大培训学习力度，全力为干部职工搭建学习平台，全年选派20名干部参加市区内外各类专题培训学习，全面提升党校干部队伍综合素质；加大师资队伍建设，公招1名硕士研究生教师，不断优化师资队伍；加大教师实践锻炼力度，选派3名教师分别到区委组织部、区发改委、二圣镇挂职锻炼，努力提高教师社会实践能力。二、建章立制，持续改进管理。党校不断完善岗位职责，进行职能重组，优化管理流程，强化岗位管理，提高管理实效；加大建章立制工作力度，以党的群众路线教育实践活动为契机，2014年在原有62项制度基础上，精简完善为38项制度，确保各项工作有序开展，形成内部良性循环工作机制；注重平时考核，坚持日工作纪实、月工作公示、季工作考评、半年工作评审、项目化管理等五大管理考核体系，持续改进考核办法和激励机制，使管理更加科学规范，收到实效。三、加大投入，优化办学条件。党校积极推进设施设备改造升级，完成教学视频系统升级任务，提升培训硬件质量，实现校园无线网络全覆盖，更新学员宿舍电视机，改造校园前广场，为学员提供良好的学习生活条件。

（周　琼　左　阁　詹　懿）

党史研究

【概况】 中共重庆市巴南区委党史研究室（简称：区委党史研究室）是研究中共巴南区地方党史的区委直属事业单位，参照《中华人民共和国公务员法》管理。其主要职责是党史研究、党史业务管理；并承担和组织党史研究、党史学习教育、党史宣传、党史纪念活动、党史资料征编、党史咨询、党史遗址保护和场馆建设、红色旅游、党史题材作品编审出版、党史业务指导等职能。内设综合科、征编研究科。编制6人（含工勤编制1人），实有在岗人员5人（其中：主任1名、副主任1名，副调研员1名，正科级领导2名）。

2014年，围绕学习贯彻党的十八大、十八届三中、四中全会精神，以深入开展党的群众路线教育实践活动为契机，以存史研究为重点，以推动发展为目标，以资政育人为根本任务，不断深化党史研究、资料征编、宣传教育、遗址保护、纪念活动等，转化党史研究成果，强化党史宣传教育，取得优异党史业绩。12月，被中共重庆市委党史研究室评为“2014年度全市党史工作先进集体”。

【党史文集编纂出版】 一、编纂出版《中国共产党重庆市巴南区组织史资料（1995.02～2012.12）》。此书从2007年启动，历经8载，按照“分系统、分阶段、分层次”的编写方式，将综述、部门、镇街三个部分，分别落实编辑校改人员，从组织机构设置、沿革、领导人名录更替等方面反复进行查证、核实，从源头上保证资料的准确性、可靠性，数易其稿，9月形成51万字定稿，12月正式出版发行。二、为配合全区党的群众路线教育实践活动的深入开展，结合党史工作实际，挖掘利用党史资源，4月与区档案局共同编辑出版《习近平同志关于党史国史的论述摘编（2012年11月～2013年8月）》《中共中央南方局中共中央西南局群众路线文献资料选编》2000册，免费发送全区所有党的群众路线教育实践活动的单位及帮扶镇村干部，供学习时参考借鉴。三、3月，组建编纂领导机构，落实专人负责《中国共产党重庆历史·巴南区卷（简明读本）》编纂，年底已形成编纂提纲和初稿。四、2014年是中国人民解放军西南服务团巴县中队组建暨进驻巴县65周年，为纪念中国人民解放军西南服务团巴县中队，编辑出版《光荣的团队—重庆市巴南区纪念中国人民解放军西南服务团巴县中队组建暨进驻巴县专辑（2004～2014）》，该书于12月出版。五、为了进一步充实、补充完善《巴南区革命遗址概览》书稿内容，多次到龙洲湾、鱼洞街道和跳石、麻柳嘴镇以及九龙坡区铜罐驿镇等地进行实地走访，搜集党史、革命遗址文字资料5万余字、照片20幅等史料，在原有的基础上对资料、图片进行补充完善，已形成书稿。

【党史资料征集捐赠】 为开展好全区党史资料征集工作，1月，印发《2014年党史资料征集任务的通知》（巴南委史〔2014〕1号）；4月，印发《关于征集单位和个人留存党史资料的通知》（巴南委办〔2014〕48号），两个通知分别对各单位党史专题撰写和党史资料征集提出明确要求。为推进党史资料征集工作，积极动员全区离退休干部捐赠留存的党史资料，12月10日，在区老干部活动中心，与区委老干部局、区档案局共同举办“肖鲁樵（原巴县县长）个人留存党史资料捐赠仪式”，100余名处级以上离退休干部参加仪式。区委常委、宣传部部长夏杨松出席会议接受捐赠并作重要讲话，还为肖鲁樵的儿子肖平颁发捐赠证书。这次活动得到与会老同志的积极响应，纷纷表示愿意捐献党史资料，支持全区党史工作的发展。通过采取宣传动员、个别走访、重点跟踪等措施，已征集到离退休干部撰写回忆文章18篇。周贡植烈士后人捐赠周贡植在法国留学时拍摄的照片、烈士证书及周贡植八弟周文启在奔赴抗美援朝战场前的相片和在战场上写回的家书等珍贵资料。10月，开展陈家齐烈士史料征集工作；11月，征集到《三·卅一惨案二十三周年纪念特刊》史料。全年已收到区农委、区统计局等20余个单位交来党史专题文章29篇。

2014年12月，党史资料捐赠仪式

【史料数字化信息化】 为实现党史资料全面数字化、信息化，落实专人负责数字化工作，对需要进行数字化的《巴县党史资料汇编》、《迎来曙光》等20余部书籍和自1982年巴（县）南区委党史研究室成立以来的重要档案资料进行清理、汇总，重新制作电子图书版、电子邮件版。以利于更好地保存、查阅和交流。

【党史人物传记编撰】 为配合市委党史研究室主编的《重庆党史人物》一书，根据巴南区实际，收集筛选《巴南党史人物》烈士、党史人物清单共28人。2014年，区委党史研究室通过查阅资料、实地走访等方式，初步完成周贡植、程忧声、陈家齐3位党史人物1.5万字的传记撰写。

【党史遗址修建纪念】 10月，会同区民政局、区跳石镇等单位，共同筹资修建跳石烈士陵园，新建跳石烈士纪念碑，并为纪念碑文撰写和史实负责把关。4月30日，会同龙洲湾街道及红炉村干部到铜锣山脉寻找、踏勘解放鱼洞战斗遗址，标志着修建“解放鱼洞战斗遗址纪念碑”修建正式启动。11月13日，受区委常委、宣传部部长夏杨松委托，召集区民政局、区林业局、区文广新局、区龙洲湾街道等部门负责人，再次踏勘解放鱼洞战斗主战场遗址，并在红炉村村委会办公室召开现场工作会，力求尽快解决“解放鱼洞战斗遗址纪念碑”准确选址、方案设计、占地权属等修建中的具体问题，以便早日实现解放鱼洞战斗主战场遗址纪念碑动工修建。12月，通过征集完善程忧声烈士史料，协调组织有关部门进行评审，区委、区政府命名程忧声烈士墓为“巴南区爱国主义教育基地”。12月26日，在程忧声烈士墓前安置爱国主义教育基地标志。

【党史研究成果宣传】 大力宣传巴南党史和党史人物，利用党史资源和党史成果，开展资政育人工作。2014 年，由区委党史研究室撰写的《四川巴县两个早期共产党员》在《巴南老干部往事回眸》第 11 集书中刊载。国庆节期间，与巴南日报社联合创办“见证巴南变迁”栏目，该栏目先后采访报道 3 名老党员亲身经历巴南变迁的巨大变化，在社会上引起良好反响。审改的《首届“巴干班”辉映巴南党史》《肝胆每相照、冰壶映寒月》《白市驿空难发生后》《龙岗场剿匪的前前后后》等 10 篇党史文章在《巴南日报》上刊载。10 月，通过党政网向各镇街、区级各部门发出征订《红岩春秋》的通知，截至年底，全区共征订 1380 册。并向市委党史研究室、区委宣传部、巴南报社、《红色春秋》等有关部门或网站报送工作信息，信息从不同侧面、不同层次宣传全区党史工作的新思路、新举措和新成效。全年共报送信息 32 条，得到市委党史研究室采纳，并收录到其主办的红色春秋网站中。6 月 10 日、27 日，在区老干部活动中心、区档案局会议室分别为全区处级以上离退休干部 160 余人和区委党史研究室、区档案局全体党员 40 余人作题为《从巴南党组织艰难曲折的发展历程中汲取智慧和力量》党史宣讲，与会同志对巴南党组织的历史发展脉络有了清晰的认识，深受启发。

【团史、校史研究会服务】 认真做好西南服务团巴南区团史研究会、二野军大校史研究会日常工作的指导、服务工作。10 月 17 日，为了铭记革命前辈的历史功绩，牢记党的光荣传统，经过精心筹备，召开“巴南区纪念西南服务团巴县中队组建暨进驻巴县 65 周年座谈会”，区委书记李建春出席会议并作重要讲话，得到西南服务团巴南区团史研究会老同志的一致好评和称赞。同时，积极为西南服务团巴南区团史研究会、二野军大校史研究会在“清明节”祭扫烈士墓、“七一”“八一”纪念日座谈会组织服务，开展重大节日和新年慰问老同志活动，看望慰问生病住院老同志，尽力帮助团史、校史研究会的老同志解决实际问题和困难。

（孔相霞）

机 构 编 制

【概况】 重庆市巴南区机构编制委员会办公室（简称：区编办）是区机构编制委员会的常设办事机构，既是区委的工作机构，又是区政府的工作部门，列入区委工作机构序列。区编办内设综合科、机构编制管理科，行政编制 5 名、工勤编制 1 名，实有在编在岗 5 人（其中主任 1 名、副主任 1 名，正科级领导 2 名，工勤人员 1 名）；下设正科级的区事业单位登记管理局，负责全区事业单位登记管理工作，事业编制 2 名，实有 2 人（其中正科级领导 1 名，副主任科员 1 名）。主要职能职责：在区机构编制委员会的领导下，负责全区行政管理体制和机构改革以及机构编制的日常管理工作。

2014 年，全区机构编制工作围绕中心，服务大局，着力在推进政府职能转变和机构改革、行政审批制度改革、分类推进事业单位改革、创新机构编制管理等方面下好功夫，为推动全区经济社会协调可持续发展提供坚实的体制机制保障。1 月，与区房管局共同荣获区委、区政府“2013 年度工作创新‘金鹰奖’提名奖”（颁奖主题辞：“五房统管”让百姓住得更宽心）；2 月，撰写的《公益类事业单位管理体制改革研究》被重庆市编办评为“2013 年重庆市机构编制合作调研优秀论文二等奖”；9 月，被重庆市人力社保局、重庆市教委评为“尊师重教工作先进集体”；年末，与区委办公室、区政府办公室共同荣获区委、区政府“2014 年度工作创新‘金鹰奖’”（颁奖主题辞：“总值班室”创建区县应急新模式）。

【行政机构改革】 2014 年，区委、区政府积极推进政府机构改革。8 月，向市上报《重庆市巴南区人民政府职能转变和机构改革方案》，年底方案获市委、市政府批准。12 月 29 日，印发《关于巴南区人民政府职能转变和机构改革的实施意见》（巴南委发〔2014〕29 号）。年末，完成政府机构改革工作，区政府工作部门由30个调整为27个，政府挂牌机构由7个减少为5个。一、整合区卫生局、区人口和计划生育委员会机构职责，组建区卫生和计划生育委员会；二、区民防办公室的职责划入区城乡建设委员会，在区城乡建设委员会加挂区民防办公室牌子；三、区人民政府民族宗教侨务办公室的职责划入区委统战部，在区委统战部加挂区民族宗教侨务办公室牌子；四、区文化广电新闻出版局更名为区文化委员会；五、区水利局更名为区水务局；六、区商务局不再挂区粮食局牌子，其职责由区商务局承担，在区商务局粮油管理科加挂区粮食局牌子；七、区科学技术委员会不再挂区地震局牌子，其职责由区科学技术委员会承担，在区科学技术委员会防震减灾科加挂区地震局牌子；八、保留5个挂牌机构，分别为区人民政府法制办公室、区人民政府外事办公室、区农业综合开发办公室、区民防办公室、区知识产权局。

【职能职责优化】 积极推进党政机关、事业单位职能职责优化。一、完成卫生计生系统深度整合。使原卫生、计生系统的下属事业单位充分融合。整合镇街人口和计划生育生殖健康服务站与镇街卫生院（社区卫生服务中心）机构职责。区人口和计划生育生殖健康中心整合到区妇幼保健院，在区妇幼保健院加挂区计划生育服务中心牌子；整合区卫生局卫生监督所与区计划生育执法监察队，组建区卫生和计划生育委员会综合监督执法局；区人口和计划生育信息中心更名为区卫生和计划生育信息服务中心；二、完成食品药品监管体制改革。整合原卫生局、区工商分局、质监局、食药监分局食品药品监管职责，组建集食品药品的生产、加工、流通“三位一体”的区食品药品监督管理分局。加强食药监管理重心下移，在22个镇街设立食品药品监督管理机构，负责辖区内食品药品监管工作；三、完成“职能重组、组织重构”后续工作。完成64个党政群工作机构、15个处级事业单位的“三定”规定调整工作。按照一件事情由一个部门负责、“大科室”设置内设机构、“大服务”设置事业单位的要求，进一步调整理顺部门间职能交叉、分工不清晰的职责。

【行政审批清理】 认真贯彻区政府对行政审批权限的清理，深化行政审批制度改革。一、清理公布区级行政审批项目。全面清理核查区级行政许可、非行政许可和备案类项目，清理出行政审批大项441项（其中：行政许可242项，非行政许可审批129项，备案类70项），印发《关于公布巴南区区级行政审批事项目录的通知》（巴南府发〔2014〕143号）；二、狠抓“接、放、管”推进简政放权。核对清理市政府取消和下放的行政审批事项，提出承接措施，确保行政审批项目承接到位。对应取消城市房屋拆迁项目审批等11个行政审批服务事项，承接市级下放的建设工程施工许可等91个行政审批服务事项。印发《关于公布2014年行政审批制度改革事项目录的决定》（巴南府发〔2014〕142号）；三、深化行政审批“两集中、两到位”改革。结合“大科室制”改革，行政审批职责集中到一个科室，各部门审批职能向行政服务中心集中，减少办事程序，提高办事效率。全区38个行政审批职能的部门或单位均以独立窗口或综合窗口的形式进驻区行政服务中心或分中心；四、制定印发《关于创新政府服务企业体系的实施意见（试行）（巴南府发〔2014〕98号），优化行政审批流程，提高审批效率。

【事业单位撤并】 主动指导和协调有关事业单位分类撤并整合。一、推进农业、林业、水利、城乡建委、人力社保等系统下属事业单位改革，撤并整合机构类别相同、职责相近、功能单一、职责任务分散事业单位74个，净减少37个；二、收回公益类、经营类事业单位余编23名；三、启动区机关修理厂的转企改制相关工作。

【机构编制管理】 一、严格控制编制总量。制定印发《全区机关事业单位控编减编工作方案》，通过用编审批、工资、经费联动审批和编制动态调整，加强机构编制部门的源头管控，全年行政编制总量和部门不存在超编，事业编制控制在2012年的总量内；二、严格机构编制审批程序。

凡涉及设置副处级以上机构及部门挂牌、更名、整合、合署等事项，按程序报市审批。严格按规定核定领导职数，党委、党工委领导干部纳入职数管理；三、调整编制结构保障发展急需。探索跨部门、跨系统调整事业编制的办法，进一步优化编制结构。先后解决75名大学生村官转正录用，保障农业、水利、安全生产、生态环保、教育、卫生等重点行业和领域新增工作人员330名，以及7名军转干部、15名选调生和37名优秀人才引进的用编需求。动态调整事业编制219名；四、强化议事协调机构管理。撤销议事协调机构58个、整合职责相似议事协调机构14个，修订印发《巴南区区级议事协调机构管理办法》（巴南委办发〔2014〕4号），有效避免人为造成机构重叠、职责交叉等问题；五、扎实开展机构编制核查工作。按照中编办要求，对全区机关和事业单位开展机构编制核查工作，对有关单位存在的机构编制问题进行督查整改，并按质、按时完成机构编制核查各项工作任务。11月，市机构编制核查小组到巴南区实地开展核查工作检查验收，验收合格；六、强化机构编制基础工作。专人负责机构编制实名制数据库的维护，实名制数据真实可靠。强化机关事业单位网上名称规范管理，全区政务和公益中文域名注册量达438个，得到中编办书面表扬；七、规范事业单位登记管理。强化事业单位机构设立与事业单位登记一体化管理机制和信息共享机制，对427个事业单位的年检、设立、登记、变更和注销实行网上登记管理，并全部建立档案。2013年度事业单位年检率、合格率均达100%。

（覃世义）

人力资源和社会保障

【概况】 2014年，重庆市巴南区人力资源和社会保障局（简称：区人力社保局）下设8个科室：办公室、计划财务科（重庆市巴南区社会保障监督委员会办公室）、公务员管理科（重庆市巴南区军队转业干部安置办公室）、事业单位人事管理科（职称改革办公室）、机关事业单位工资福利科、行政审批科（社会保险科、重庆市巴南区劳动鉴定委员会办公室、重庆市巴南区医疗保险办公室）、群众工作科、政工科；下属6个事业单位：社会保险局、就业局、人才交流服务中心（人事档案管理中心、自主择业军队转业干部管理办公室、人事考试培训中心）、劳动和社会保障监察大队、劳动人事争议仲裁院、劳务经济服务中心。2月28日，经区编办同意，区人力社保局按照流程整合为主线、险种整合相结合的原则，将原巴南区社保局、医保中心、工伤生育保险中心整合，组建新的巴南区社会保险局。截至12月底，区人力社保局在编干部职工152人（其中：行政人员26人、参公事业人员120人、工勤人员6人）。

2014年，区人力社保局以深入开展第二批党的群众路线教育实践活动为契机，紧紧围绕全区“四区一基地”功能定位，坚持“民生为本、人才优先”工作主线，稳就业、促保障、举人才、维权益、抓服务、重创新、谋发展，圆满完成年度各项工作任务，并取得明显成效。城镇新增就业人数创历史新高；社会保险覆盖全区175万人次；基金征收任务全面完成；五一技师学院和国家级公共实训基地项目落户巴南区高职城并正式开工建设；“三服务三同享”（即：分行业、分年龄、分兴趣服务；同享城市资源、同享居民待遇、同享幸福生活）农民工管理服务模式被《人民日报》在“新常态新探索”栏目中专题报道；顺利完成社保经办机构整合；工伤事故预防联动机制取得积极成效；建筑施工企业参加工伤保险已实现全覆盖。

2014年，被人力资源社会保障部评为“2014年度《中国劳动保障报》评为新闻宣传工作成绩突出单位”；荣获重庆市政府办公厅主办的“第三届中国·重庆职业技能大赛中心赛优秀组织奖”。2013年度市对区实绩考核工作取得优异成绩，城镇万人新增就业人数及增长率指标全市并列第一位；2013年度市对区民调牵头指标工作，收入变化情况列全市第2位，完成区下达的目标任务。

【社保覆盖面不断扩大】 全区参保人数达到175

万人次，完成目标任务167.9万人次的104.2%，基本实现全覆盖。征收各类社会保险费16.5亿元，完成目标任务16.2亿元的101.9%。大力推进社会保险金网络建设，完成81个社区、25个村的网络建设，社保经办业务下沉工作推进顺利。指纹采集认证已延伸到114个村社，采集20.6万人，完成任务的95.81%。对全区53家定点医疗机构和550户企业开展专项稽核，共发现违规医疗费用30.6万元，涉及参保人数2.8万余人。同时，加强就业和社会保障服务大厅管理，为群众提供就业求职、社会保险办理工伤认定等“一站式”服务。率先在全市实现社保业务网上申报“一站式”服务，已有110家企业开通网上申报业务。为10个核心镇街配备制卡设备，缩短办卡周期。

【人事工作扎实推进】　全年组织公开招聘、考调、遴选机关事业单位工作人员664人，考核招聘83名紧缺人才。积极推进文化精英工程的实施，通过公招和遴选等方式招揽文化专业人才40人。认真开展职称评审工作，全区专业技术人员取得高级职称资格95人、中级职称资格520人。开展各类培训7245人次，对全区机关事业单位奖励表彰项目进行清理，暂停或取消117项。新创建市级、区级高校毕业生就业见习基地2家和6家，现区级高校毕业生就业见习基地达28家，接收回区报到的大中专毕业生790人，应届高校毕业生就业服务率达98%以上。完成“面试考官队伍”“考务人员队伍”和“考试监督人员队伍”三支队伍的建库工作。完成机关事业单位奖金、补贴等日常工作，顺利推行工资统发软件。劳务派遣建立合作单位240余个，派遣员工5480余人。

（赵小可）

2014年3月17日，国家发改委就业司司长纪宁（左一）到巴南区就业和社会保障服务大厅视察工作

民族　宗教　侨务

【概况】　重庆市巴南区人民政府民族宗教侨务办公室（简称：区民宗侨办），为区政府职能部门。内设综合科，行政编制5名，机关后勤服务人员事业编制1名。

【宗教文化发扬】　3月，根据重庆市民宗委下达的《关于同意巴南区天禄寺和永峰寺筹备设立宗教活动场所的批复》（渝民宗委〔2014〕4号），协调有关部门落实天禄寺和永峰寺恢复重建手续，已进入筹备建设阶段。9月，区佛教协会举办“巴南佛影—巴南区佛教遗址拓片展”；区民宗侨办与区委宣传部，共同举办“东温泉·2014山水茶道文化节”—儒释道温泉养生论坛。10月，区民宗侨办在天心寺举办中泰（重庆）佛教文化交流活动，来自泰国10多位高僧参加。

【宗教法规宣传】　6月，组织开展为期一个月的宗教政策法律法规学习宣传活动，加强宗教政策法规教育。8月，开展乱建露天宗教造像专项治理工作，向天星寺镇及天心寺下达露天宗教造像停建通知书。以创建“和谐宗教场所”为抓手，云篆寺等6个宗教活动场所创建为市级首批“和谐寺观教堂”场所。全年完善宗教活动场所人员、财务等管理制度，对场所安全及矛盾纠纷进行排查整改，规范民主管理组织。集中力量开展“两乱一私设”（乱建庙宇、乱塑宗教造像、私设基督教聚会点）专项治理工作，查处基督教非法聚会点1处，发现并劝阻1名基督教徒赴港非法集会和1名佛教信众赴印度集会。

【少数民族服务】 9月，在李家沱街道开展巴南区“第五个民族团结进步宣传周”活动，让少数民族群众在家门口办事、院坝前受惠，营造“三个离不开”（汉族离不开少数民族，少数民族离不开汉族，各少数民族之间也互相离不开）的氛围。12月，在李家沱街道渝沙社区建立巴南区首个民族团结进步模范单位和外来流动少数民族维权服务点，并召开工作会、专题会，处理维吾尔族、藏族流动人员的摊位问题，化解少数民族潜在的矛盾纠纷。据统计，全年共处理李家沱、界石等镇街涉及少数民族矛盾纠纷4件。

【归侨侨眷关爱】 开展“侨爱工程”和“关爱工程”。春节期间，看望慰问早期归国华侨；开展上门服务活动，免费为2名归国华侨办理侨眷证；根据市外事侨务办公室等部门通知精神，将早期归国华侨生活补贴标准由现行的每月100元提高到每月500元，解决其生活困难问题。

（张　利）

机关事务管理

【概况】 重庆市巴南区机关事务管理局（简称：区机关事务局）内设办公室、综合服务科（节能科）、保卫科、公务用车管理科，区政府接待办（2014年2月，根据巴南编委发〔2014〕2号文件精神，区政府接待办划转区机关事务局），在职干部职工17人（其中：局领导3人，区政府接待办公室主任由区机关事务局局长兼任）。

2014年，区机关事务局全体干部职工团结一心，努力工作，圆满完成党政机关办公用房清理整改、公共机构节能管理、公务车辆管理、公务接待等工作。3月，巴南区行政中心被国家机关事务管理局、国家发展和改革委员会、财政部评为“全国第一批公共机构节能示范单位”；区机关事务局被区直机关工作委员会评为“2014年度先进基层党组织”。

2014年1月，召开全区党政机关办公用房清理整改工作会

【办公用房清理整改】 为了切实做好全区办公用房清理整改工作，牵头代区委办公室、区政府办公室拟稿印发《巴南区党政机关办公用房整改工作实施方案》，会同区纪委（监察局）、区委督察室、区政府督察室、区编办等单位，对各党政机关办公用房清理整改工作进行指导和督查。整改主要采用腾大换小、集中办公等方式。通过清理整改，全区党政机关共腾空办公用房259间，腾空面积7973.25平方米。经多次与相关单位协商，拟定《区行政中心腾空办公用房安排方案》报区领导审定。按照该方案，努力协调区卫计委、区民政局、区文化执法大队、区城乡一体发展中

心等单位顺利入驻区行政中心1号楼。

【公共机构节能管理】　着力抓好公共机构节能。一、坚持抓好节能宣传培训，强化节能意识。组织全区各级公共机构认真学习贯彻《重庆市公共机构节能管理办法》等节能法规和政策；组织开展节能宣传周活动，有力地推动节能宣传周活动的开展；开展“低碳日”能源紧缺体验活动，以绿色低碳的出行方式支持节能减排；举办“我和我身边的节能故事”征文活动，共收到征文50余篇，评出优秀征文5篇；组织开展校园节能减排专题教育活动；轮流组织全区10个公共机构的节能管理人员参加国家机关事务管理局组织的远程培训，增强节能管理工作人员业务能力。二、制定下发《关于做好2014年公共机构节能工作的通知》，2014年人均综合能耗、单位建筑面积能耗、人均水耗比2013年分别下降3.5%、2.5%、3.5%，顺利完成全年公共机构节能目标任务。3月，巴南区行政中心被国家机关事务管理局、国家发展和改革委员会、国家财政部评为“全国第一批公共机构节能示范单位”。三、根据重庆市机关事务管理局、重庆市质量技术监督局《关于做好公共机构能源计量工作的通知》（渝机管发〔2014〕61号）要求，积极与区质监局协调沟通，密切配合，认真开展巴南区公共机构能源计量工作。

【公务车辆配用管理】　切实加强公务车辆管理：一、建立公务用车配备使用明细台账。通过清理，建立行政事业单位公务用车管理明细台账591个，完善行政事业单位公务用车违规使用记录台账。二、加强违规配备使用公务用车情况的督察。全面检查全区22个镇街机关公务用车情况，检查率达100%；抽查区级部门公务用车单位30个，抽查率达50%；抽查事业公务用车单位107个，抽查率达50%。全年行政事业单位无违规配备公务用车情况。三、开展全区行政事业单位、区属国有公司公务用车的相关情况调查统计工作，为公务用车改革奠定坚实的基础。2014年全区购置公务用58辆（其中：党政机关1辆，事业单位57辆），车辆购置费1346.2万元，比上年减少购车37辆，车辆运行购置费比上年下降29%，公务车辆购置数量实现负增长的目标。

【机关食堂日常管理】　一、全面推行“精细化”服务理念。教育引导干部职工坚持换位思考，以提供人性化、个性化、优质化服务为目标，始终坚持以服务对象满意不满意作为衡量一切工作的标准。在饮食服务上，围绕“卫生、可口、实惠、多样”的目标，实行每餐公布菜谱、季度征求意见、年度考核奖惩等机制，虚心听取干部职工对机关食堂、接待包房经营管理工作的意见，尽力根据个性化需求调整菜单，努力在“吃好”上做文章；根据干部职工意见，在自助餐中餐增加了面食，在晚餐增设了点菜小炒，深受干部职工欢迎。二、为提升服务质量，每季度组织开展机关食堂满意度调查活动，从调查结果看，满意率均达87.8%以上。同时，针对每次调查结果暴露的问题及干部职工提出的意见、建议，着力在整改上下功夫，采取切实有效措施，加强对机关食堂的监督管理。

【公务接待规范管理】　高度重视党政机关公务接待管理工作，切实做到厉行节约，反对浪费。结合巴南区实际，为区委办、区府办拟稿并印发《巴南区国内公务接待管理实施细则》和《巴南区接待办国内公务接待管理制度》。坚持统一、高效、优质、安全、节俭的原则，严控公务接待审批程序及公务接待经费支出，从严把握接待范围、接待规格，公务接待就餐原则上安排在区机关食堂，降低公务接待成本。全年接待上级领导和来宾193批次5465人次（其中：接待省部级领导30批次450人次；党政代表团12批次360人次；商务接待85批次2640人次；协助部门接待66批次2015人次），与上年同期相比分别下降32%和30%。

（周　洁）

行政服务和公共资源交易

【概况】　2014年11月，经区编委会第四次全体会议研究，同意将重庆市巴南区政务服务和公共资源交易中心更名为重庆市巴南区行政服务和公共资源交易中心（简称：行政服务中心）。主要职能职责：服务辖区内行政审批、公共资源交易、政府采购，管理区服务群众工作信息系统、平台和企业诉求平台，指导镇街公共服务中心和村（社区）便民服务中心业务和工作考核等。内设7个科（综合科、监督和信息科、计划财务科、政务服务科、交易科、基层指导科、诉求服务科），在职干部员工24人（其中：行政和参公人员18人、事业人员6人）；下设“巴南区采购中心”为财政全额拨款的正科级事业单位，在职干部员工5人；服务窗口25个（其中：专项服务窗口23个、综合服务窗口2个），工作人员41人（其中：参公人员28人、事业人员13人）。行政服务中心是巴南区规范行政审批服务行为，优化发展环境，打造阳光政务和加强党风廉政建设的重要平台。

2014年，中心在区委、区政府领导下，以“打造全市一流中心”和构建“利企便民、快捷高效”服务平台为目标，以推进都市功能拓展区建设为中心，以群众满意为标准，改革创新，务求实效，各项服务工作取得较好成效。年末，与区委组织部、一品街道共同荣获区委、区政府“2014年度突出贡献‘金牛奖’”（颁奖主题辞：三级服务体系打通“最后一公里”）。

【行政审批提速增效】 中心为利企便民，加快和改革各项行政审批。一、推行行政审批首席代表制，实现行政审批“一窗进出”，审批时限总体压缩20%，在窗口办理的即办件比例达到30%。二、深化工商领域并联审批，整体办结时限提速到1个工作日，审批效率提高98%。三、将与基层群众息息相关的82个行政审批及服务项目下放到镇街公共服务中心或村（社区）便民服务中心，确保基层群众办事“小事不出村，大事不出镇”。全年受理行政审批项目65.45万项，办结65.44万项，按时办结率为100%。

【服务功能拓展延伸】 强化服务功能，不断开拓创新、求真务实。一、全面完成三级服务体系建设任务，率先在全市实现覆盖率、规范化率“双百”目标。二、开发网上审批系统，建立网上虚拟审批大厅，实现网上申报和网上预受理功能，让群众足不出户也可以申请行政审批事项的办理。三、积极开展代办、预约、上门、延时服务等四大特色服务，全年开展代办服务44次、预约服务464次、延时服务1284次、上门服务131次。变“被动服务”为“主动服务”。四、新增三级政务服务体系建设及企业诉求相关职责，增设办税服务厅、企业诉求服务窗口和群众咨询接访窗口等15个窗口，进一步规范预登记窗口运行，服务机构体系更加完善。

【资源交易规范有序】 加大公共资源交易规范管理力度，全心全意为招投标双方、政府采购服务。一、协助制定区政府投资项目管理办法和区工程招标实施办法，区电子招投标系统全面更新升级，实现投标人无障碍递交投标保证金，全年完成招标项目492个，其中工程建设项目377个，交易额10.74亿元，与招标限价相比节约4704.2万元，节约率为4.2%。二、规范全区小型公共资源交易，在各镇街、区属国有公司设立小型公

2014年9月，龙海社区便民服务大厅

共资源交易平台26个。三、创建“1+X”政府采购新机制，全年完成项目437个，采购资金2.26亿元，实际采购金额2.02亿元，节约率达到10.62%。四、制定政府投资项目（工程项目）履约保证金集中管理办法和诚意金管理办法，维护招标人和中标人的合法权益，有效杜绝围标串标。

【监督体系健全有效】 不断完善监督体系，加强廉政建设。一、设立预登记窗口，辅以监控摄像，实现对行政审批项目的实时、全程监控，让办事环节全部暴露在“阳光”监督之下。二、推行“三借一督”保障机制，借监察中心、暗访组、群众投诉等各种力量，定期对工作纪律、服务质量、厅外办件进行督查。三、严格窗口考勤纪律，完善绩效考核办法，配以电子即评器、群众意见簿、66211234投诉电话，加大对行政效能的考核力度，大厅服务水平提档升级，群众满意度大幅提升。

（彭宏君）

民主党派　工商联

民革巴南区委

【概况】 2014年年底，中国国民党革命委员会重庆市巴南区委员会（简称：民革巴南区委）共有民革党员133人，平均年龄51.8岁。其中，女党员59人，占44.4%；大专以上学历者118人，占88.7%；高级技术职称者51人，占38.3%；中级职称者58人，占43.6%；现任厅（局）级干部1人，县（处）级干部4人。民革党员13人次担任民革职务，其中民革重庆市委常委1人，民革重庆市委委员2人，民革巴南区委委员13人。12月，被民革重庆市委评为“2014年度宣传思想工作先进集体”“2014年度参政议政工作先进集体”，鱼洞支部被民革重庆市委授予“‘伸出博爱之手—民革基层组织牵手困难群众’活动十佳基层组织”荣誉称号。

【思想建设】 组织党员认真学习中共十八大、十八届三中、四中全会精神和习近平总书记系列重要讲话及中共重庆市委四届五次会议精神。3月，民革巴南区委召开“坚持和发展中国特色社会主义学习实践活动”动员会，重庆市政协副主席、民革市委主委杨天怡出席会议并作重要讲话，另邀请重庆市委党校王顺达教授作题为《构建社会主义核心价值体系研究》的辅导报告。11月，区民革党员周新民将父亲周绍轩（白公馆脱险志士）由毛泽东、周恩来、李济深、刘伯承、李井泉等5位领导签署的6份任命文件原件，全部捐赠给民革重庆市委，重庆市政协副主席、民革市委主委杨天怡接受捐赠。这些历史文物具既是中国共产党与多党合作的历史见证，也是重庆民革的历史见证。

2014年，为了切实抓好思想宣传工作，引导全区民革党员践行同心思想，坚定理想信念，共编辑《巴南民革》信息21期。其中，信息51篇，简讯7条。据不完全统计，《人民政协报》采用2篇、《团结报》采用1篇、民革中央采用16篇、《重庆政协报》采用7篇、市委统战部采用16篇、民革市委采用69篇次、《巴南报》采用10篇。民革巴南区委被民革重庆市委评为“2014年度宣传思想工作先进集体”、获区政协宣传通联工作三等奖。

【组织建设】 2014年，共发展新党员3人，平均年龄44岁，大学以上学历3人，占100%，中高级职称3人，占100%，党员结构进一步得到优化。民革巴南区委届中增补区委委员2名，推荐区内挂职1人。组织支部委员开展《如何提高履职能力》的专题培训。不断加强后备干部队伍建设，制定《民革巴南区委关于做好2014~2016年领导班子后备干部队伍建设工作的实施方案》，并召开民革区委后备干部民主推荐会，经过市委统战部、民革市委、区委统战部等多方协商确定民革区委后备干部8名。按照区委统战部相关要求，推荐民革区委个性化培养对象16名。组织党务骨干参加民革市委举办的“2014年党务骨干培训班”；组织后备干部参加区委统战部举办的“2014年巴南区党外中青年干部培训班”。12月，民革鱼洞支部被民革重庆市委授予“博爱·牵手”活动十佳基层组织的荣誉称号。

【参政议政】 2014年，承担民革市委“重庆市国土房屋管理促进县域经济发展研究”调研课题，开展“巴南区‘老城区’产业转型升级研究”调研课题。3月，在调研报告评比会上，提交的《巴南区精神病患者救助体系研究》调研报告，被区政协评为2013年政协理论研讨论文一等奖、被区委统战部评为2013年民主党派工商联课题调研一等奖。

在区政协十三届三次会议上，提交大会发言1件、集体提案12件，均已立案（立案率100%）；担任巴南区政协委员的18名民革党员提交提案21件，立案18件（立案率85.7%），提案得到相关职能部门的高度重视。其中，集体提案《针对我区主体功能区建设，建立分类考核体系的建议》纳入17件重点提案中的第3号提案，由区委副书记杨钟馗领办。在区政协十三届三次会议上作《关爱精神世界·远离心理阴霾》的发言，得到区委书记李建春的高度评价。报送的《关于在巴南建立养老优惠政策落实机制的建议》《关于我区社区卫生服务中心“健康小屋”充分发挥作用的建议》《关于进一步打造云篆山旅游环境的建议》等3件提案被区政协评为2013年优秀提案；5名党员被区政协评为2013年优秀政协委员。

在2014年市“两会”前，民革巴南区委全面做好提案素材提供工作，共提交提案11件。其中，《进一步明确促进都市功能拓展区发展的细化措施的建议》《关于进一步推进我市新型农村股份合作制发展的建议》等2件提案被民革市委提交市政协四届二次会议并立案。特别是《进一步明确促进都市功能拓展区发展的细化措施的建议》提案得到民革市委的高度重视，被推荐到市政协四届二次会议的交流会上发言。民革区委以及3名党员分别被民革市委表彰为提案工作做出贡献的集体和个人。

2014年，共向市、区反映社情民意46条。其中市政协采用2条，民革市委采用4条，区政协采用12条。3月，在区政协2014年反映社情民意信息工作会上，民革区委及3名党员分别被评为2013年反映社情民意信息工作先进单位及先进个人。民革区委代表先进单位在会上作反映社情民意信息工作经验交流发言。

【社会服务】 本着量力而行、尽力而为的原则，开展社会服务。1月，到石滩镇敬老院开展慰问活动；看望慰问生病和困难的民革党员10余人次。5月，与重庆市渝都监狱十一监区签订帮教协议，并送去价值3000余元的体育用品。10月，向区品学兼优的91名贫困学生资助，资助金达45500元。11月，组织区7所基层医院12名医技人员，参加为期2天民革中央社会服务部会同香港仁丰慈善会，在重庆开展的2014年度公益医疗技术免费培训。12月，在全国首个宪法日到来之际，民革区委组织党员中的法律专家深入石滩镇开展普法进社区活动。

2014年10月，重庆市政协副主席、民革市委主委杨天怡（左三）到巴南出席同心·济困助学行动捐助仪式

【祖国统一工作】 2014年，认真组织学习和贯

彻落实中共中央对台工作的大政方针，及时了解海峡两岸形势的新动向、新变化，鼓励有“三胞”关系的党员在节庆时通过贺卡、书信、电话等方式联络亲情，并向海外亲属宣传党和国家关于祖国统一工作的系列政策，以实际行动为推进祖国统一事业尽一分力量。充分利用民革与原国民党有历史渊源关系，引荐台商（台资）到巴南区投资展业。1月，民革巴南区委组织台湾南投民俗文化村、重庆安顺贵金属投资有限公司（台资）等台商一行，赴石滩镇投资考察，寻求投资创业的商机。5月，在民革市委祖统委的协助下，将香港力丰国际玫瑰产业园项目考察团（含有台资企业）一行引荐到巴南区二圣镇中坪村和集体村进行实地考察，寻求投资商机。

（耿　琴）

民盟巴南区委

【概况】　中国民主同盟重庆市巴南区委员会（简称：民盟巴南区委）下设13个基层支部（机关支部、卫生支部、重庆市实验中学校支部、重庆市清华中学校支部、教育联合支部、科技文化支部、重庆市巴南中学校支部、重庆城市管理职业学院支部、重庆正大软件职业技术学院支部、重庆理工大学巴南支部、重庆道角中学校支部、重庆市土桥初级中学校支部、鱼洞退休支部）；4个工作委员会（组织联谊、参政议政、社会服务、信息宣传）。2014年年末，全区共有盟员300人，委员18人，其中主委1人，副主委5人。12月，民盟巴南区委荣获民盟重庆市委“2014年度反映社情民意信息工作三等奖”。

【思想建设】　2014年，民盟巴南区委采取多形式、多层次组织盟员深入学习中共十八大、十八届三中、四中全会和民盟中央十一届三中全会精神，学习市委、区委各次全会精神，把广大盟员的思想和行动统一到全面深化改革和全面推进依法治国的战略部署上来。制定“坚持和发展中共特色社会主义学习实践活动”年度计划方案，召开动员大会，通过QQ群、邮箱等多渠道下发学习资料，组织盟员参加重庆民盟大讲坛及学习报告会，将全年盟务工作与开展“坚持和发展中共特色社会主义学习实践活动”结合起来。积极配合盟市委完成民盟思想状况调研，撰写《加强民盟思想建设的对策建议》。通过学习实践活动，增强广大盟员对中国特色社会主义的道路自信、理论自信和制度自信，进一步巩固多党合作的思想政治基础。

【组织建设】　认真贯彻落实民盟中央“人才兴盟、人才强盟”战略，切实抓好组织建设。一、加强后备干部队伍建设。按照市委统战部、盟市委、区委统战部相关文件精神和协商意见，召开盟区委领导班子成员后备干部民主推荐会，民主推荐后备干部；举办两期“盟言堂”，为后备干部提供学习交流、锻炼展示的平台；与区政协协商，补选何雪锋为区政协委员；配合区委统战部推荐18名盟员作为区党外代表人士个性化培养对象；积极推荐后备干部参加学习培训，全年推荐2人参加中青班学习，8人参加党外中青年干部培训，2人参加挂职锻炼。二、继续抓好盟员发展工作。坚持“积极稳妥，坚持标准，注重结构，适应形势”的发展原则，全年发展盟员12名。三、努力做好盟内关怀。采取多种形式开展各种节日庆祝和慰问活动，及时看望、慰问生病的盟员。四、加强基层组织建设。在民盟市委和区委统战部的关心支持下，4月成立民盟重庆理工大学巴南支部。根据基层支部工作需要，完成机关支部、卫生支部、科技文化支部、巴南中学校支部、重庆正大软件学院支部的届中调整补选工作。巴南区民盟教育联合支部荣获民盟中央“先进基层组织”荣誉称号。组织开展支部工作经验交流活动，巴南区教育联合支部在“全市基层组织经验交流会”上作经验交流发言。

【参政议政】　开展“特色小镇建设”专题调研，并撰写调研报告《推进我区特色小镇建设的对策研究》。在政协全委会上作《从“接龙社工”看基层社会管理创新》的大会发言，同时还有两名盟员分别代表区政协提案委和社法委作大会发言；撰写并立案集体提案7件、个人建议6件、个人提案47件；盟员代表、委员在分组讨论中，累计发言近40人次。在区政协2014年度提案工作交流研讨会上，民盟作为唯一的民主党派进行经验交流发言。盟员中市、区政协委员及部分骨干盟员向民盟市委、市政协、区政协提交社情民意74件。其中：有1件被民盟中央采用，有5件被市政协采用，有7件被民盟市委采用，有11件被区政协采用。认真准备、积极参加区委、区政协、区委统战部组织的相关座谈会、谈心会、建言会10余次，围绕巴南区全面深化改革、党风廉政建设、经济建设等问题建言献策。先后与区科委、区水利局开展对口协商活动，针对巴南区科技和水利工作存在的困难和问题进行研讨，并提出意见和建议。12月，盟员刘茂琴被民盟市委评为“2014年度民盟参政议政工作先进个人”。

【社会服务】　积极开展“‘10+10’同心·实践”活动。组织多名专家到接龙镇塘边村调研并建言献策，助推塘边村农民新村和土特产交易市场项目建设。受接龙镇党委、政府邀请，为做好接龙镇的宣传工作出谋划策。组织各基层支部积极参与接龙社工活动，盟区委主委、副主委、专职干部以及各支部与接龙镇20户社工对象结成对子，形成“一对一”的社工服务活动模式，为他们提供心理情绪疏导、政策法律宣传、农业科技咨询、卫生健康指导等服务工作。持续开展“农村教育烛光行动”。组织优秀教师到接龙中学、木洞中学、东温泉学校等农村学校开展“烛光行动”送教下乡活动，不断提高农村教师教育教学水平。积极配合民盟市委在彭水县开展全县高中教师培训活动，组织巴南区优秀教师为彭水县的高中语文教师提供培训。11月，分管社会服务工作的副主委谭勇被民盟中央评为“民盟社会服务工作先进个人”。各支部也积极组织开展形式多样的社会服务活动。教育联合支部组织法律专家和心理健康专家到接龙中学开展法制讲座和心理健康讲座，得到《人民政协报》《重庆市政协报》等多家媒体宣传报道。卫生支部积极动员广大盟员到接龙镇小观小学开展关爱儿童活动。科技文化支部邀请《课堂内外》专家到农村学校作“烛光行动”公益讲座，同时坚持开展“送艺术教育下乡”活动，为美术教师和同学义务传授美术知识。

【宣传工作】　民盟巴南区委加强对重要会议及活动的宣传报道。积极主动地为各媒体报送相关稿件，其中《人民政协报》3篇、《重庆日报》1篇、《重庆市政协报》3篇、《巴南日报》5篇，分别宣传报道巴南民盟的工作。区电视台有两次报道巴南民盟开展的活动。同时，盟区委积极向盟市委、区政协、区委统战部报送相关工作信息，其中盟市委采用10篇，区政协采用20篇，区委统战部采用5篇。先后组织与民盟大渡口区委文化界别盟员联欢活动，民盟巴南卫生支部与民盟重庆三峡中心医院支部（万州）开展交流联谊活动。

（刘茂琴）

民建巴南区委

【概况】　中国民主建国会重庆市巴南区委员会（简称：民建巴南区委）下设6个支部（龙洲湾支部、鱼洞支部、李家沱支部、花溪支部、理工大学支部、界石支部）；3个专门委员会（调研工作委员会、经济工作委员会、妇女工作委员会）。2014年末，民建巴南区委有会员177人，其中，博士2人、大学本科以上学历88人，占51%；经济界人士88人，占50%。全区会员中，有全国政协委员1人；市人大代表、政协委员3人，其中市政协常委1人；区县人大代表、政协委员31人（其中：区政协副主席1人、常委3人）；区县级人大代表6人（其中：常委1人）。2014年，民建巴南区委获民建市委“会务工作综合考核一等奖”、区政协“社情民意工作先进单位”、中共巴南区委统战部“信息工作先进集体”和“专题调研成果”二等奖。

【思想建设】　2014年，深入开展政治理论学习，认真学习党的十八届三中、四中全会，习近平总书记系列重要讲话精神，中共重庆市委四届四次、五次全会和中共巴南区委十二届四次、五次全会精神，民建十大及民建中央市级组织建设会议、民建全国宣传思想工作座谈会精神。认真开展主题教育活动，制定“坚持和发展中国特色社会主义”学习实践活动方案，召开学习实践动员会，部署和安排学习实践活动内容。开展“坚持中国特色社会主义·实现中国梦”理论调研征文活动。举办新会员和会友交流会，宣传中国的政党制度和民建光荣历史，畅谈“做合格民建人”，加强对新成员的思想引导。组织新会员、民建区委班子成员及后备干部参加民建市委、中共巴南区委统战部举办的学习培训活动，筑牢政治共识。理论宣传工作进一步提高，63件稿件被各类新闻媒体、官方网站和杂志书刊采用，其中会员曹勇撰写的《发挥本职岗位优势履职尽责》在《人民政协报》刊载。完成《巴南年鉴（2013）》民建资料的编撰、审查和报送，编辑两期《巴南民建》会刊，完善《后备干部挂职档案及人才联系库档案》管理，登记完成《会员信息库》录入工作。

【组织建设】　民建巴南区委着力班子建设，提高班子成员的“四种能力”建设。认真做好党外代表人士的选送推荐工作，民主推选主、副委后备干部。修订《民建巴南区委会员发展工作实施细则》，组建“新会员之家”。全年发展新会员11人（其中：高级职称1人、私营企业主5人）。实现各支部“组织生活园地”建在镇街的基本目标，各支部的组织生活会均在6次以上，会员参会率近80%。

【参政议政】　2014年，被各级人大、政协采用的提案和建议案76件（其中：集体提案6件）。反映的社情民意35条，被市、区政协和民建市委会采用15条。会员秦怡撰写的《滥用管辖权异议的问题值得重视》、会员苟晓彬撰写的《关于应慎重对待妥善处理重庆市PETS－2听力考试徐悲鸿中学事件的建议》、会员薛红撰写的《关于“抢救”巴南区优质土壤资源的建议》、会员阁明鉴撰写的《关于降低310路公交车票价的建议》被市政协或市委会采用；会员陈智敏撰写的《关于加强公厕建设和管理》、会员薛红撰写的《对巴南区现代都市农业发展的建议》、会员冯毅梅撰写的《关于整合专项资金建立产业发展引导基金的建议》被列为区政协重点提案，作为区政府重要工作推进；会员苟晓彬撰写的《多措并举确保我市农村饮用水安全》调研报告被民建市委转为集体提案，在市政协四届二次会议上被列为第0425号重点督办提案，在提案办理会上得到副市长张鸣的高度肯定。《关于推进城乡道路客运一体化的研究》《关于把佛影峡—圣灯山景区打造成全国重要的动慢休旅体验区、度假区》的调研报告和《关于行政审批制度改革的建议》得到区委、区府的采纳。《关于巴南区现代都市农业发展的建议》在区政协十三届三次会议上发言并被列为集体重点提案，《多措并举确保我市农村饮用水安全》被列入市政协重点提案。

【社会服务】　积极开展社会服务。一、创建“同心·实践基地”。1月，在跳石镇举行“同心·实践基地”授牌仪式，共建“乡村旅游示范点”；助推第二届佛影峡杯“自然水域国际漂流赛”成功举办，促进“佛影峡漂流”旅游项目带动农业和景区商贸发展；开展村民慰问“乡村旅游”和院坝调研座谈“乡村风味营养美食”现场体验培训，赠送《蔬菜种植手册》书籍等系列活动。通过助推基地建设，初步实现该镇石林村摘掉“市级贫困村”帽子、解决农民工就业350余人，带动“农家乐”增收5～10万元/年/户，带动村民150余人从事旅游商业服务。二、引导组织会员为慈善机构和公益事业捐赠款物250.75万元（其中：会员卢加权为扶贫捐款100万元、严琦为公益事业和助学捐款80万元、谢光宇为扶贫捐赠设备价值30余万元、罗萍为扶贫和“善德基金”捐款20万元）。民建巴南区委援建接龙镇河嘴村人行便桥一座。龙洲湾支部开展“寒冬送温暖活动”慰问姜家敬老院孤寡老人。12名会员为扶贫捐赠20.75万元。三、广大会员建功立业。薛红获“全国农牧渔业丰收杯”三等奖、许大斌被评为“重庆市三八红旗手”、刘道群获重庆理工大学“先进教育工作者”，吴小兵、蒋勇、向莉、苟晓彬、王俊民、阁明鉴等众多会员分别受到民建市委和中共巴南区委、区政府、区政协的表彰。全年共有31人次荣获区级以上各种表彰奖励。会员企业重庆南润茶业公司清茗香茶获中国茶叶学会“国饮杯”优质茶奖、巴渝特早茶被认定为国家茶树品种；重庆海塑建材有限公司的“海塑同窗”品牌荣获“重庆名牌产品”“重庆著名商标”；重庆顺美吉医疗器械有限公司拥有31项专利产品。会员企业实现年总产值46.5亿元、纳税9423万元、解决就业人员2.51万人。

【“同心·实践基地”授牌】 1月24日，民建巴南区委、渝中区委同心·实践基地授牌仪式在跳石镇举行。民建中央常委、民建市委主委、市人大常委会副主任沈金强，区人大常委会副主任陈先觉，区政府副区长范勤，区政协副主席、民建区委主委付星群出席活动。沈金强指出，“同心·实践基地”建设是民主党派履行职能的重要实践形式，是开创工作新局面的重要平台，集合民建的优势资源，与企业和广大人民群众同心同德、同心同向、同心同行，把同心活动落到实处。

（向　莉）

民进巴南区委

【概况】 中国民主促进会重庆市巴南区委员会（简称：民进巴南区委），下设6个支部（民进巴县中学支部、民进李家沱支部、民进鱼洞综合支部、民进小教支部、民进中教支部、民进重庆理工大学支部）。2014年年末，有会员113人（其中：教育、文化、新闻出版界别会员86人，占76.1%；高级职称50人，占44.2%，中级职称35人，占30.9%），平均年龄47.3岁。民进会员中有区委委员14人（其中：主任委员1人，副主任委员3人）；民进市委委员2人（其中：常委1人）；市人大代表1人，区人大代表3人；市政协委员1人，区政协委员14人（其中：常委4人）。在本区担任副处级以上实职的民进会员3人（其中：厅级领导1人、正处1人、副处1人）。在学校担任校长3人，副校长1人。2014年，民进巴南区委被民进重庆市委评为“组织工作先进单位”“电子信息化建设工作先进单位”。

【思想建设】 秉持“有思有行、集智聚力、顺势而为、开拓创新”的工作方针，以深入开展“坚持和发展中国特色社会主义学习实践活动”为工作主线，不断提高全体会员的思想认识。结合庆祝人民政协成立65周年等活动，深入贯彻学习中共十八届三中、四中全会和习近平总书记系列重要讲话精神。召开学习实践活动阶段工作推进会、“创先争优”活动总结会、干部培训会及各类座谈会，不断提高会员的学习能力和实践能力，巩固“三个认同”、增强“三个自信”。加强新媒体宣传应用，组织会员积极参与“网上沙龙”大讨论等活动，及时掌握基层组织生活动态和会员思想状况，上报会内思想动态信息。加强理论研究，向区政协供稿并发表理论文章1篇，向民进市委供稿1篇。会员赵冬菊代表民进重庆市委在民进中央召开的“中国特色社会主义参政党的时代使命”理论研讨会上作交流发言。

【组织建设】 围绕2014年“组织建设年”工作主题，切实加强自身建设。以全市组织建设工作大调研为契机，深入开展基层组织调研。通过召开基层组织负责人座谈会，走访大江中学、理工大学统战部等，广泛收集基层组织工作意见和建议，认真分析当前基层组织现状，针对问题，明确思路，形成民进巴南区委《组织建设工作情况报告》。坚持择优发展会员，不断优化组织结构。本年度发展新会员4人（其中：高校教授1人、讲师1人、司法干部2人），有3人为硕士研究生学历、1人为本科学历，平均年龄36.7岁。同时认真组织开展新会员培训。坚持以班子建设带动队伍建设，严格遵循民主程序和决策议事规则，开展班子成员述职测评。召开后备干部推荐会，完成2014～2016年后备干部推荐工作。组织参加基层组织干部培训会、后备干部培训会，选择优秀会员及后备干部纳入到区委统战部个性化培养对象，使干部队伍整体素质得到不断强化和提高。以“创先争优”活动为载体，引导各支部积极开展特色组织活动。鱼洞综合支部组织会员参观蔬菜种植基地，感受新农村建设崭新风貌；巴县中学支部联合该校民盟支部、民革支部赴湖北恩施考察学习，既拓宽视野又促进交流、增进友谊；中教支部开展巴文化溯源活动，感受巴文化发展的多种形式，增加对巴文化更深层次了解；小教支部组织会员到山区小学送爱心等。通过各类活动，各支部认真总结提炼组织工作经验。鱼洞综合支部和小教支部撰写的经验材料被民进市委收录成册，在全国宣传推广。小教支部在“创先争优”活动中被民进中央评为“全国组织建设先进基层组织”、被民进重庆市委评为“先进基层组织”，鱼洞综合支部主任李江宁被民进重庆市委评为“先进个人”。

【参政议政】 2014年，民进区委会领导以及民进会员中的政协委员、人大代表参加双月座谈会、情况通报会、征求意见会和专题协商会近20余次；反映社情民意23条（其中：报民进中央和市政协各1条，市级采用1条，区级采用2条）；提交政协提案36件，立案32件（其中：区政协集体提案3件，立案3件，市政协提案2件，立案1件）。民进巴南区委主委黄硕执笔的《进一步做好我市殡葬改革工作的建议》在市政协大会联组会上发言，会员赵冬菊执笔的《关于加强社区文化建设的建议》集体提案、余四清撰写的《关于学校均衡发展之本的师资均衡建议》、舒娟撰写的《关于完善城市道路过街设施的建议》获区政协2014年度优秀提案，《关于完善城市道路过街设施的建议》被区政协列为重点提案办理。组织课题组成员到渝北区、区文广新局等地区和部门开展调研交流活动，先后完成《重庆市保障性住房社区建设存在的问题及对策研究》《传统文化与新型城镇化》《打造人民调解网格化管理》调研课题。围绕推进新型城镇化建设调研，形成《我区新型城镇化建设过程中规划管理和土地利用问题的几点建议》，在区政协常委专题协商会上作发言。积极配合民进市委会完成《乡村旅游发展中土地流转情况》的课题调研任务，助推调研质量进一步提高。

【社会服务】 以“‘10+10’同心·实践”活动为载体，坚持量力而行、尽力而为、注重实效的原则开展社会服务活动。一、助力麻柳嘴小学教育设施完善。协调相关部门，促进改建项目的规划调整和报建，争取拆迁改建资金50万元，推动改建项目的顺利实施。二、开展献爱心系列活动。统筹会内资源，向麻柳嘴小学、小学附属幼儿园、天池小学、清清幼儿园等捐款捐物近4.5万元，帮助麻柳嘴小学创建鼓号队伍。三、帮助麻柳嘴镇建设法治教育阵地。协调区司法局捐资13万元建设麻柳嘴镇法治文化广场。四、组织开展走进“乡村少年宫”课堂活动，搭建互助共建平台，通过组织形式多样、富有成效的各种活动引导会员积极参与智力帮扶达40余人次，助推城乡教育均衡发展。五、鼓励支持会员立足岗位争做新贡献。会员姜莹星获市司法局三等功，并被作为2014年度重庆市重点宣传的十个市人大代表之一，在市级各大媒体进行宣传报道；王清获重庆市教育系统先进个人荣誉称号；谢莉被评为重庆市优秀班主任；任洪波参编普通高等教育“十二五”规划教材；陈春林担任区非公企业投融资中心主任，为企业发展牵线搭桥，融资5个多亿解决中小企业融资难的问题；谯娟携手区交通执法大队在她所经营的幼儿园开展“心手相连·关爱儿童”主题活动，让社会都来关注留守儿童的成长；刘海峰、唐国洪、熊伟等书法家会员参与“书写中国梦·春联进万家”活动，义务到社区、广场为群众书写春联。全区民进会员在各自的岗位上立足本职工作，竭智尽力，弘扬主旋律，为巴南区经济社会发展作出积极贡献，塑造良好的民进形象。

（赵子元）

农工民主党巴南区委

【概况】 中国农工民主党是以医药卫生、人口资源和生态环境领域中的高中级知识分子为主的爱国者组成的政治联盟。中国农工民主党重庆市巴南区委员会（简称：农工党巴南区委），下设7个支部（即：重庆市第七人民医院、鱼洞地区、巴南区第二人民医院、巴南中学、龙洲湾地区、木洞地区、重庆理工大学）。2014年4月拆分鱼洞地区支部组建龙洲湾地区、木洞地区支部，单独组建重庆理工大学支部。2014年年末，农工党巴南区委有党员117人（其中：医卫界71人、文教界24人、科技界7人、其他界别15人）。中高级职称党员占89.7%，党员平均年龄52岁。党员担任农工党市委委员 1 人、市政协委员 1 人、市人大代表 1 人、区政协委员（含九龙坡）15 人、区人大代表 1 人、各类特约监督员 3 人，其中担任区政协副主席 1 人、政协常委（含九龙坡）4 人。党员担任政府机关处级和副处级实职 2 人，在区人大机关任职 1 人。设专职副主委 1 名。新发展党员 7 人，考察入党积极分子 2 人，纳入积极分子培养范围 6 人。

2014 年 9 月，农工党巴南区委荣获中国农工民主党中央委员会办公厅“2014 年度《前进论坛》发行工作先进单位”，12 月，宣传思想工作、组织工作、参政议政工作分别荣获农工党重庆市委先进集体称号。

【自身建设】 一、认真学习习近平总书记系列重要讲话，扎实做好中共和农工党各级重要会议、全国和市区“两会”精神的贯彻落实，正确解读社会热点问题，围绕认清形势、统一思想、凝聚力量开展党员思想政治工作。二、运用互联网优势，收集推荐《人民日报》《求是》《红旗文稿》等学习文章，拓宽党员阅读视野，探索加强党员自学新方法。三、持续弘扬革命先辈光荣传统。举办党史教育专题讲座，回顾新民主主义革命时期革命先辈在重要历史事件中的典型事迹，重温《我们的政治主张》等革命文献。四、组织党员参观农工党市委庆祝人民政协成立 65 周年书画展。五、组织指导党员参加农工党市委和中央“中国梦·农工情”主题演讲比赛，党员李幸萃荣获全市决赛一等奖、全国总决赛优胜奖；获奖党员深入支部分享参赛体会。六、组织党员参加市委主委杜黎明赴重庆理工大学开展的座谈会，开展“巴南休闲旅游业发展专题调研”活动，引导党员积极建言献策，及时做好相关建议成果转化应用。七、全年党员接受学习培训和实践锻炼达 29 人次。通过以上措施，促进全体党员进一步增强入党自豪感，筑牢坚持中国特色社会主义发展道路的思想长城，不断增强爱国奉献意识。

【参政议政】 作为区政协持续助推新型城镇化发展的三大重点工作之一，持续关注农村自然场镇建设，促进区政府加快形成长效推动工作机制，区委集体提案《关于全面开展农村自然场镇建设改造的建议》，作为区政协年度重点提案和优秀提案，得到区委书记李建春领办、区政协主席胡能兵督办。《关于以农村自然场镇改造为突破口推进新型城镇化建设的建议》，得到农工党市委集体提案采用，列入市政协年度重点提案，市政协副主席何事忠给予“找准了统筹城乡区域协调发展的难点，具有针对性、前瞻性和历史性”的高度评价，并被评为优秀提案。安排重庆理工大学支部以“提升巴南休闲旅游业发展”为题开展专题调研，促成其与重庆新港农业发展有限公司建立产学研合作示范基地，得到区政府、区政协领导的充分肯定。指导木洞地区支部完成《关于社区网格化管理的调研报告》，并纳入区委年度专题调研报告和集体提案备选素材。另，全年有 3 篇社情民意信息被市政协采用，5 篇党外人士建言和统战信息被市委统战部采用，4 篇党务工作信息获农工党中央网站编发。区委主委温永学撰写的学习实践活动主题文章《学习实践活动贵在知行合一》得到《前进论坛》刊用，实现农工党中央党刊发表文章的“零”

2014 年 4 月，农工党巴南区委重庆理工大学支部成立

突破。

【社会服务】 围绕“健康中国”和“美丽中国”为主题，持续推进“10 + 10”同心实践主题活动。开展“第七届中国环境与健康宣传周”活动，特邀农工党市委副主委刘德绍到巴南区作“让污染远离生活”主题讲座，让近60名党员第一次较系统地了解中国生态环境保护总体现状及其发展预期目标，增强为生态环境保护建言献策及开展社会服务活动的责任感和使命感。开展“第二十六届国际科学与和平周”活动，组织10余名中西医的党员医疗专家和计生、农技推广专家，赴木洞镇开展义诊咨询、计生卫生科普宣传和农业实用技术应用咨询活动，发放主题宣传资料1200余份，赠送生殖健康药具400余个，接待义诊义检和健康咨询群众300余人，受益群众达1500人。开展基层医疗机构能力建设帮扶活动，研究形成农工党对口帮扶区第三人民医院科室能力建设方案，选派农工党高级医疗专家组帮扶巴南区第三人民医院专家队伍。争取农工党市委支持，协调重医附一院等三级甲等医院对区第三人民医院开展医务人员进修培训。引导木洞地区支部赴双河口镇开展义诊义检及健康咨询服务活动，指导支部党员开展社区网格化管理专题调研活动。

（饶世伦）

致公党巴南区工委

【概况】 中国致公党重庆市巴南区工作委员会（简称：致公党巴南区工委），截至2014年年底，有委员11人（其中：主任委员1人，副主任委员4人），党员61人。党员中，有市政协委员2人，致公党市委常委1人，区人大代表1人，区政协委员8人（其中：常委1人），现任副处级干部3人；党员平均年龄40岁，其中女党员37人，退休党员2人，博士2人，硕士研究生8人，本科学历49人。区工委下设4个支部（综合支部、医卫支部、教育支部和理工大学支部）。2014年度，被致公党重庆市委评为“自身建设先进集体”。

【思想建设】 以开展“坚持和发展中国特色社会主义学习实践活动”为主线，多形式、多渠道、多层次组织全体党员学习中共党的十八届三中、四中全会及习近平总书记系列讲话精神，中共重庆市委四届五次全会，全国“两会”精神。形式多样的学习实践活动，激励广大党员继承和发扬“致力为公”的优良传统，切实履行参政党职能，积极参与巴南区全面深化改革的各项实践，为“科学发展、富民兴渝”全面建成小康社会作出新贡献。

【组织建设】 一、领导班子建设。召开“2013年度副主委述职测评工作会”，对副主委的工作进行总结测评。全年共召开2次主委会和4次工委（扩大）会，增强委员责任意识和区工委凝聚力。制定《支部考核办法》和《支部财务管理制度》，推动组织工作规范化、程序化、制度化。二、干部队伍建设。区工委2名领导参加区处干班学习；开展后备干部和成员个性化培养推荐，为领导干部梯队建设和骨干力量重点培养提供有力保证，推荐2名党员参加区委中青班学习；推荐党员刘伟政任职致公党重庆市委归国留学生联谊会理事、区侨联副主席、侨界青年联谊会会长，党员李沁阳任职致公党重庆市委归国留学生联谊会理事、区侨联侨界青年联谊会常务委员。三、基层组织建设。定期不定期走访基层组织，参加支部活动，并召开支部工作交流会议，促成支部间的相互学习、取长补短、共同提高。四、新党员发展。严把新党员“准入关”，注重新党员发展质量，全年发展新党员4名（其中：1名博士、2名硕士研究生，1名大学本科生；2名理工大学讲师、2名事业单位的工作人员），平均年龄30岁，为本党派注入新鲜力量。2014年，有党员17人次受到全国、市、区各类表彰，为致公党树立良好的社会形象。

【参政议政】 一、参加参政议政培训。专职副主委参加致公党中央举办的第九期参政议政培训班学习；先后三次组织骨干党员参加致公党市委组织的培训。二、建言献策。在市政协会提交个人提案3件；在区人大会提交议案1件；在区政协会提交集体提案6件，个人提案6件；均被立案并得到办理落实。在区政协第十三届三次会议上作《大力发展节能建筑 建设生态文明城市》大会发言；《关于我区行政首长出庭应诉存在的问题、原因及对策》被区政协评为优秀提案。三、全年提交社情民意15条。《建立婚登数据共享 有效杜绝管理漏洞》被致公党中央采用，《建议立法明确 因第三人侵权所致的工伤实行差额赔偿》被区政协采用，《关于远洋高尔夫国际社区设立公交汽车站的建议》得到副区长朱本权批示。四、课题调研。完成《关于深化巴南区与重庆理工大学全面进行校地合作的调研与建议》调研报告；针对互助共建二圣镇，深入开展现代农村建设状况调研，为该镇特色农村小镇建设提出建议。五、信息报送。全年报送各类信息76篇：致公党中央网站采用6篇，市委网站采用18篇、《重庆致公》采用7篇，《重庆统战信息》2篇，区政协网站采用34篇（条），《巴南统战》采用13篇（条），《巴南日报》采用简讯1条。

【社会服务】 一、继续做好“普法惠民”工作。充分利用党派法律界别优势，为群众免费提供法律知识培训1次，咨询2次，惠及人数达500余人。二、坚持开展“同心·助民”活动。3月，与鱼洞四小合作开展“学雷锋正师风”活动，党员许德伟针对家长在家庭教育中的疑难问题开展免费咨询活动；党员刘明春为跳石镇大佛村捐款人民币1万元修缮村委会办公楼。三、认真开展“10+10同心·实践”活动。5月，党员吴春梅（重庆市护士学校高级讲师、国家二级心理咨询师）在二圣镇中心学校举办“阳光心态·幸福成长”心理健康知识专题讲座；7月，邀请致公党重庆市委专家组到二圣镇调研，并就乡村旅游接待能力和知识提升等建言献策；7月，组织重庆理工大学学生到二圣镇开展“三下乡”社会实践活动，对现代农村建设状况进行实地调研并开展助学、助困活动。四、立足本职工作，展示党员风采。党员朱喆撰写的《短歌行课堂实录》《求真求善求美——2014重庆高考语文试题分析》在国家级刊物《科学咨询》发表；党员曾平撰写的《运用生活经验发挥学生能动性提高解决生活数学问题后能力》《让每个孩子在课堂中获得成功体验》《让学生成为学习的主人》分别在《教育百家》《读写算》《科技研究》等刊物发表。

（余　娟）

台盟巴南区工委

【概况】 台湾民主自治同盟重庆市巴南区工作委员会（简称：台盟巴南区工委）于2011年4月20日成立。鉴于台盟盟员数量和分布情况的特殊性，经中共巴南区委统战部报请市委统战部同意，确定以巴南区的盟员为主体，将巴南区、南岸区、江津区、永川区、璧山县、铜梁县、綦江县等区县盟员纳入台盟巴南区工委。现有盟员19人，其中主任委员1人，副主任委员2人，工委委员2人；盟员中有台盟市委常委1人，市人大代表1人、区人大代表1人、区县政协委员4人；盟员平均年龄40.6岁，文化程度均在大专以上。2014年，台盟巴南区工委被台盟中央评选为“地市级参政议政先进集体”。

【思想建设】 组织全体盟员深入学习和践行科学发展观、社会主义核心价值体系、党的十八大报告精神，全国及市区“两会”、第九次全盟代表大会精神，帮助引导盟员以理论上的清醒保持政治上的坚定，时刻保持昂扬的精神状态，积极履行参政党的历史使命感，增强盟员坚定走中国特色社会主义道路的信心和决心。

【组织建设】 由于台盟入盟受台籍条件的限制，长期以来，盟员发展有别于其他党派。2014年年初，通过区公安分局查询到一些未联系过的台胞后，就主动与其联系，和他们交流谈心，了解生活和思想动态，为盟员发展做好准备。并积极与台盟市委沟通，将台盟市委2名盟员转入到台盟巴南区工委，充实台盟巴南区工委的力量。

【参政议政】 带领盟员和机关干部深入相关部门和镇街，广泛收集调研素材，撰写提案和社会民意稿件，真实地反映台胞和民众的呼声和建议，较好地展示参政党的良好形象。并通过盟内相互交流、与政府部门对接、与专家恳谈，争取台盟市委支持等措施，围绕年初确定的调研课题，完成《关于在协商民主视野下充分发挥民主党派民主监督作用的思考》调研课题。还配合台盟市委完成调研课题7个。在区“两会”期间，台盟巴南区工委共提交提案12份，委员提案9份，人大建议5份。其中集体提案《加大监督力度推动社会办养老机构健康发展的建议》《关于企业大规模入驻引发用工难问题的建议》被确定为重点提案，得到区领导督办。副主委林丹在区政协第十三届三次大会上作交流发言。

（王洪健）

九三学社巴南区支社

【概况】　九三学社巴南区基层组织（简称：九三学社巴南区支社）是九三学社重庆市委直属基层组织，有五个支社。截至2014年年底，五个支社共有社员75人。九三学社巴南区基层组织认真履行参政议政职能，加强组织自身建设，积极开展社会服务活动。12月，九三学社巴南区三支社被九三学社重庆市委评为“2014年‘反映社情民意’‘社会服务’‘宣传报道’工作先进集体”。

【思想建设】　2014年，九三学社巴南区支社通过九三微课堂，一月一课、一课一题，开展坚持和发展中国特色社会主义学习实践活动，增强社员坚持中国特色社会主义的道路自信、理论自信、制度自信。3月，举办《展女性风采 谈核心价值》微课堂，社员们通过对九三学社章程的解读展开对社会主义核心价值体系的讨论。4月，召开纪念九三学社成立座谈会，阐释“民主与科学”的时代内涵。6月，与九三学社重庆市建科院支社开展“坚定政治信念、服务发展”为主题的联合调研活动。9月，征文《用社会主义核心价值观引领九三社员的素质构建》在九三学社重庆市委参政党理论研究与社史研究征文活动中获得优秀奖。11月，5篇论文在九三学社重庆市委首届青年论坛中获一等奖1篇，二等奖2篇，三等奖2篇，九三学社巴南区三支社获得组织奖。

【参政议政】　认真履行参政议政职能，全年提交政协提案13件，立案9件，其中《关于修建农村招呼站亭的建议》被区政协评为重点提案。3月，重庆市民政局副局长张维伦及社区建设处领导专程到巴南区，就市政协转送九三学社巴南区支社提案《建议对换届后的村居成员进行法律培训》听取意见。4月，在区政协反映社情民意工作会上作《“三有”“三精”提高社情民意反映的“音准”》的经验介绍。7月，重庆市人大机关报《公民报》以《让基层法庭监督不再缺位》在头版头条并加“编者按”刊登巴南区人大常委会落实区人大代表、支社副主委邓渝欣建议，制定区（镇）大代表联合评议法庭工作办法。据统计，2014年，向九三学社重庆市委报送社情民意被采用9件，被市政协采用7件；向区政协报送社情民意47件、被采用30件。4月，重庆市委常委、政法委书记刘学普对支社撰写的“对医疗纠纷和解赔偿加强监管的建言”作出批示：请市司法局会同市卫计委阅研吸纳，努力改进和做好医患纠纷调解工作。

【社会服务】　充分发挥九三学社社员智力和专业优势，坚持开展“大善巴南‘九三’行”活动，拓展“九三”法制课堂的品牌效应，从校园向镇街、部门、商会、党校延伸，开展法制知识讲座12次。全年为东泉中学、巴南中学、清华中学等3800多名学生举办法制讲座；在“10＋10”同心实践基地—东温泉镇开展“乡村法制课堂”活动，在天星寺镇举办“农村土地流转案例的是与非”法制讲座，听众有500余人；为全区卫生系统业务院长及医务骨干举办法律讲座，交流医患纠纷化解的新途径；为区委党校2014年科级领导干部培训班、中青班、初任公务员培训班等进行《依法行政的风险防范》专题讲座；为基层商会、保险行业协会等举办“劳动合同及争议调解”“调解的艺术与技巧”讲座；与区工商联联合召开“非公有制经济调解工作”座谈会，积极建言献策。

（刘秀荣　熊习立　赵彦琳）

巴南区工商联（总商会）

【概况】 巴南区工商业联合会（总商会）“两块牌子、一套班子”（简称：区工商联）是中国共产党领导的面向工商界，以及非公有制企业和非公有制经济界人士为主体的人民团体和商会组织，是区委、区政府联系非公经济人士的桥梁和纽带，兼有统战性、经济性和民间性。区工商联内设：办公室、会员科、民营经济服务中心。在岗工作人员11人。2014年，全区共有会员1677户（其中：企业会员953户，团体会员27户，个人会员697户），行业商会6个，22个镇街成立18个基层商会。现区工商联（总商会）设有主席（会长）1名，副主席（副会长）28名（其中：驻会3名），名誉会长5名，常委65名，执委101名。

【理想信念教育】 一、积极开展理想信念教育实践活动。4月，组织非公经济人士中的人大代表、政协委员等40多名企业家，视察区经济园区界石组团、重庆公路物流基地、麻柳沿江开发区等在建重点项目，为全区经济建设建言献策。二、广辟非公经济人士咨政建言渠道，全年共提交议案、提案、社情民意及意见、建议近200条，其中《关于加大中小企业政策扶持力度的建议》被区政协评为2014年度优秀提案。三、大力宣传非公经济领域先进典型，先后在人民政协网、重庆电视台、《中华工商时报》《重庆政协报》、重庆统一战线网站、重庆市工商联网站等累计宣传60多条次；在《巴南日报》、巴南电视台等媒体宣传报道30余条次，区工商联网站更新信息60多条。四、正确引导非公经济人士增强发展信心，通过上门走访慰问、协调解决困难、帮助融资投资、解决矛盾纠纷等方式，增强非公经济人士发展壮大企业的信心。全年三次深入基层商会及部分工商企业调研，两次组织餐饮商会企业召开座谈会梳理存在的问题和困难，探讨应对措施。并以党的群众路线教育实践活动为契机，深入基层工商会员，开门征求意见，将需要协调解决的问题向区政府主要领导及分管领导反映，得到领导高度重视，并责成相关部门研究落实。五、组织餐饮商会20余家企业赴成都郫县学习餐饮企业转型升级经验和餐饮行业的发展理念，积极引导抱团发展。

【会员权益维护】 一、协助巴南区非公经济发展维权工作领导小组帮助工商会员解决实际困难，全年陪同36位区级领导上门走访176户规模以上工业企业和部分工商会员，收集意见建议123条，区政府第64次常务会议对问题逐一分解、责成有关部门限期落实。二、以区工商联、区法院、区人社局、区司法局名义联合下发《关于印发〈重庆市巴南区非公有制经济调解工作室工作办法〉的通知》（巴工商联发〔2014〕9号），调整并增加非公调解室成员12名，认真抓好非公经济调解室工作，帮助企业维权7件次。

【融资投资协调】 一、与邮储银行巴南支行、中国银行巴南支行等10余家金融机构建立合作关系，通过“商会通”“微保通”、互助联保、牵线搭桥等多种方式，帮助60多家工商企业融资，累计达到5亿多元。二、10月28日，协调20余家会员单位共同出资，以重庆向南小额贷款公司股东为主体，成立巴南区首家民营投资公司——重庆倍赢投资有限公司，为中小企业提供方便快捷的短期融资服务。

【非公经济帮扶】 一、在十八届三中全会召开后，区工商联加大宣传力度，积极引导民营资本与国有资本合作，以混合所有制形式参与重大项目建设。帮助宗申产业集团成立重庆化工交易中心，并持有15%的股份；支持如恩公司参股重庆护士学校、市第七人民医院改制；助推永康节能科技公司和渝兴公司共同出资成立重庆筑能渝兴建设工程质量检测有限公司。二、指导宗申公司代持股份，筹备成立重庆首家民营股份制银行，全区工商会员可享有股份优先认购权，一批传统制造企业将跨入金融行业。三、积极支持宗申动力挂牌上市的服务工作，与区金融服务中心等相关部门合作，培育两家民营企业做好挂牌上市的前期工作。

2014 年 8 月，巴南区工商联主办的民营企业家管理创新与领导力提升研修班在浙江大学正式开课

【管理人员培训】 一、经努力争取，区财政首次安排67 万元专项经费，用于民营企业家高端人才培训，参训企业家只承担培训点的往返交通费。8 月、9 月，分别在浙江大学、中央财经大学、重庆工商大学，以“民营企业家管理创新与领导力提升”“民营资本管理与投融资”“商会组织建设和服务能力提升”为主题举办专题培训班，区委常委、统战部部长廖渝川高度重视，亲临开班仪式并作重要讲话。二、组织部分工商会员赴中国香港、台湾等地区以及美国、新加坡、加拿大等国家学习考察。三、2014 年，先后组织 200 余位民营企业家及管理人员参加由区工商联直接组织或间接组织的多项培训。

【社会公益参与】 一、组织广大工商会员参加理想信念教育实践活动，大力营造致富思源、致富不忘回报社会的良好氛围，据不完全统计，全年通过捐资助学、扶贫济困、尊老敬老等多种形式捐款捐物累计近 1000 万元。二、多数工商企业主动承担社会责任，在本企业发展压力增大的情况下，努力做到不裁员、不降薪，并通过现场招聘会等形式解决社会就业难问题，主动为党和政府分忧，维护社会和谐稳定。

【组织建设加强】 一、1 月 8 日，“巴南区工商业联合会（总商会）第十届第五次执委会”在区行政中心召开，会议经过选举，新发展会员 168 名，增补执委 37 名、常委 11 名，10 名老执委、常委因工作需要不再担任执委、常委。二、指导龙洲湾街道、接龙镇成立镇街商会。三、2014 年，先后与贵州六盘水市工商联、广西百色市工商联、四川通江县及隆昌县工商联建立友好合作关系。四、根据区委安排，牵头探索建立“资政、诉求、维权、融资、用工、帮扶、信息”七大平台，努力创建工商联主导服务企业的机制。

（白 净）

群 众 团 体

巴南区总工会

【概况】 重庆市巴南区总工会（简称：区总工会）内设 1 室 1 科（办公室、维权科），下辖 2 个事业单位（鱼洞工人俱乐部、李家沱工人俱乐部）。核定编制人员 8 人，实有人员 10 人（其中：处级领导干部 3 人，科级领导干部 2 人，调研员 2 人，科级干部 2 人，工勤人员 1 人）。2014 年，区总工会组织全区职工围绕“四区一基地”发展战略开展劳动竞赛活动，企业参与面达到 85%，职工参与面达到 80%。并加大依法治会力度，已建工会公有制企事业单位和非公企业的厂务公开、职代会建制率分别达到 100%、85% 以上。区职工法律援助中心免费为职工办理法律援助案件 37 件，切实维护职工合法权益。大力开展职工文化体育活动，成功举办区第四届职工运动会。深入实施“强基础、促规范、增活力”示范工程，新建立工会组织 58 个，全区工会组织达到 2318 个，工会会员达 22.8 万人。打造市级示范点 3 个，建立镇街总工会 5 个，推动基层工会组织规范化建设，切实增强工会组织凝聚力。被重庆市总工会评为“2014 年度区（县）工会工作综合目标考核一等奖”。

【区总工会十一届二次全委会】 2 月 28 日，重庆市巴南区总工会第十一届委员会第二次全体会议在区政府会议中心召开。会议总结 2013 年全区工会工作，部署安排 2014 年工会工作；根据部分同志工作调整，会议决定，免去万光杰、陈希鸿、李天友、王剑羽、封玲 5 人委员职务，免去万光杰、陈希鸿 2 人常务委员职务；按照法定程序，会议选举罗军、岑永安、杨太平、张波、薛岩明 5 人替补为重庆市巴南区总工会第十一届委员会委员，选举罗军、岑永安 2 人替补为区总工会第十一届委员会常务委员。会议还选举增补区总工会经费审查委员会委员和选举产生区总工会第四届女职工委员会。区人大常委会副主任、区总工会主席王多富在会上作工作报告，区总工会党组书记、常务副主席郝文杰主持会议。

【劳动竞赛组织开展】 紧紧围绕巴南区“四区一基地”发展战略，组织职工广泛开展合理化建议、技术攻关、技术创新、节能减排等多种形式的劳动竞赛活动，大力提高职工生产业务技能、劳动工作效率，促进企业自主创新、经济效益上台阶、上水平，为巴南“五化一体”建设建功立业。全区劳动竞赛企业参与面达到 85%，职工参与面达到 80%。与区卫生和计划生育委员会联合开展应急医疗救援比赛、妇幼健康技能竞赛，有效地提升卫生系统职工的技能水平。在劳动竞赛活动中，涌现出一批先进集体和先进个人：区环境卫生管理处清扫保洁科被中华全国总工会授予“全国工人先锋号”；重庆航天巴山摩托车制造有限公司、巴南经济园区建设实业有限公司荣获重庆市总工会“重庆五一劳动奖状”；重庆花溪建设（集团）有限公司第五工程部、重庆市国丰印务有限责任公司经营部等 11 个单位被重庆市总工会授予“重庆市工人先锋号”称号；重庆平山矿山机电设备有限公司技术员王家国、重庆吉力芸峰实业（集团）有限公司发电机车间主任刘祥福、巴南区总工会主任科员康万洋 3 人荣获重庆总工会“重庆五一劳动奖章”。

【关爱鼓励劳动模范】 分别在春节、“五一”节前，两次组织召开劳模座谈会，49 名劳模应邀参会，在会上抒情感怀、展望未来、表达信心。安排资金 15 万多元，对劳模开展慰问帮扶活动。组织 60 名劳模，免费在区人民医院进行健康体检。对全区劳模开展全面调查，健全完善劳模档案信息。通过组织劳模召开座谈会、外出参观学习和疗休养、健康体检、参加烈士纪念日等活动，把关心关爱劳模落到实处。同时，鼓励支持劳动模范特长发挥，先后建立卿小龙劳模机修、张杰明劳模红茶、邹勤劳模名校长、刘光银劳模葡萄改良、梁凤梧劳模商贸管理、温木生劳模针灸理疗 6 个区级劳模创新工作室。发挥劳模业务专长和技术优势，弘扬劳模精神，带动广大职工开展创新活动。

2014 年 10 月 8 日，劳模创新工作室授牌

【困难职工帮扶活动】 充分发挥工会特点和优势，强力打造“送温暖”“金秋助学”“炎夏送清

凉”工会品牌工程，切实关心帮扶职工，保障职工身心健康，积极为“大善巴南”建设做贡献。一、扎实推进“送温暖”活动。健全完善《巴南区困难职工建档范围及程序》，规范困难职工建档标准、程序和要求。把巴南区困难职工帮扶中心升级为服务中心，扩展服务职能，提高服务水平。全年安排近30万元资金，在重大传统节日对全区建档困难职工慰问。安排资金4.6万元，帮助因重大疾病而造成特殊困难的9名职工解决实际困难和问题。广泛开展“女职工关爱行动”活动，全区有90多个单位4800多名女职工参加健康保险，有5人因病得到12多万元赔付。举办女职工健康知识讲座，开展“心系女性·家庭药箱进万家”和女职工义诊义检活动。关心关爱单亲困难女职工，走访慰问建档单亲困难女职工44人，对3名患重病单亲女职工给予每人2000元医疗救助。3月，区总工会女职工委员会荣获市总工会“女职工关爱帮扶优秀品牌单位”。二、深入开展“金秋助学”活动。为更好解决困难职工子女上大学难问题，扩大资助面，提高资助金额，全年共发放助学金34万多元，帮助89名困难职工子女实现大学梦想。制定《“金秋助学”资助高中学生管理办法》，全年安排资金4万多元，对就读重庆市实验中学、清华中学、巴南中学、鱼洞中学等学校共39名困难职工子女进行资助。三、持续抓好“炎夏送清凉”活动。全年安排资金30多万元，对战斗在高温一线的2万多名职工慰问。并广泛宣传安全生产知识和法律法规，督促企业做实做好高温季节劳动保护工作。

【职工合法权益维护】　一、8月至10月，配合区人大常委会执法检查组，先后到界石、鱼洞等6个镇街和30多个企业工会，通过听取汇报、召开座谈会、实地走访和视察等形式，对全区贯彻实施《中华人民共和国工会法》情况进行检查，并针对检查发现问题提出整改意见。二、开展以“春风送法律，平安万里行”为主题的法制宣传活动，印发法律法规宣传资料2.5万多份，接待咨询256人次；区职工法律援助中心为职工提供法律援助案件37件，维护职工合法权益。三、深入推行厂务公开和职代会制度，全区已建工会的公有制企事业单位和非公企业的厂务公开、职代会建制率分别达到100%、85%以上。9月，全国厂务公开调研检查组到宗申集团检查，对该集团和巴南区厂务公开民主管理工作给予充分肯定。巴南区中医院第八届职代会被重庆市总工会评为“职工最满意职代会”。重庆凤梧商贸有限公司、重庆市鱼洞中学校、巴南区中医院被重庆市厂务公开协调小组命名为“重庆市厂务公开民主管理示范单位”。四、构建劳动争议协商调解机制。全区已建成镇街和园区协调劳动关系三方组织23个、基层劳动争议调解委员会691个，形成劳资双方沟通平台和企业内部劳动争议协商调解机制。重庆宗申发动机制造有限公司、重庆市巴南兴农融资担保有限责任公司、重庆巴南天然气有限责任公司被重庆市人力资源和社会保障局、重庆市总工会授予“重庆市和谐劳动关系AAA级企业”。重庆宗申通用动力机械有限公司被中华全国总工会、国家安全监管总局授予“全国‘安康杯’竞赛优胜单位”称号。

2014年8月29日，巴南区人大常委会对区政府贯彻实施《工会法》执法检查动员会

【第四届职运会举办】 4月中旬至5月下旬，与区体育局共同举办“巴南区第四届职工运动会”。该届运动会设有篮球、乒乓球、羽毛球、网球、游泳、广播体操、拔河、集体跳绳和中国象棋等9个项目，分别在区行政中心广场、重庆市实验中学校体育馆和恒大城运动中心举行，来自全区67个单位的3000余名职工利用双休日踊跃参赛，是历届参赛单位和参赛职工最多的一次运动会。区领导李建春、李俊文、胡能兵、杨钟馗、王多富、黄硕等区领导出席开幕式和闭幕式，区领导以职工运动员的身份参加多个项目比赛。经过激烈角逐，区人大办、区委办、区政协办、区政府办4个单位代表队获得A组团体总分前四名；区教委、区卫计委、区房管局、花溪街道、区公安分局、区民政局、东温泉镇、区市政园林局8个单位代表队获得B组团体总分前八名；龙洲湾街道等8个代表队获得“优秀组织奖”，鱼洞街道等8个单位荣获“体育道德风尚奖”。

【职工书屋创建拓展】 区总工会十分重视和关心职工读书学习，鼓励支持基层工会积极搭建“职工书屋”平台，并利用平台拓展多种形式的读书活动。全区共建成市级以上“职工书屋”85个。重庆搏永物业管理有限公司等5个单位被重庆市总工会评定为“重庆市职工书屋”。11月，交通行政执法巴南区大队荣获中华全国总工会“全国职工书屋示范点”称号。组织基层工会根据自身实际，拓展多种形式的读书活动，开展征文演讲比赛、知识竞赛、大讨论和读书月等活动，充分发挥职工书屋“加油站”“助推器”“减压阀”作用。积极引导广大职工成为学习型职工。

【示范工程组织实施】 为了全面推进工会组织建设，大力组织实施“强基础、促规范、增活力”示范工程。2014年，工会建会率动态保持在95%，职工入会率保持在96%；新建立工会组织58个，全区工会组织发展到2318个。并以建立工会台账、开展“双亮”（工会亮牌子、亮职责；工会主席亮身份、亮承诺）和会员评家（工会会员评议所在单位工会）为抓手，强化基层工会基础建设，全区有463家企业工会建立台账；以工会组织示范点创建为载体，推进基层工会规范化建设，南彭街道工会工作委员会、重庆浩浪机械制造有限公司工会委员会、花溪街道建新村工会联合会被重庆市总工会命名为“强基础、促规范、增活力”示范工程市级示范单位。在企业和职工较多的鱼洞、花溪、李家沱、界石、南彭等5个镇街建立总工会，充实工会工作人员，落实工会经费，不断增强镇街统筹工会工作活力。

（宋宪忠）

共青团重庆市巴南区委

【概况】 2014年，共青团重庆市巴南区委（简称：团区委）认真贯彻落实党的十八届三中、四中全会精神，深入开展党的群众路线教育实践活动，以促进青年创新、创业、创优为主线，以加强团的自身建设为重点，全面落实共青团各项工作任务。截至年底，全区共有基层团组织1593个（其中：基层团委63个、基层团工委14个，团总支70个、团支部1446个）；全区共有共青团团员33199人（其中：学校团员22324人、机关企事业单位团员1776人、“两新”组织团员3732人、农村团员4737人、城市社区团员630人）；共青团干部6095人（其中：专职团干部75人、兼职团干部6020人）。

2014年，全区各级团组织和个人荣获国家级奖项5项（其中：巴南区人民法院少审庭被共青团中央授予“全国青少年维权岗”、清华中学“绿野仙踪”环保社团荣获共青团中央“首届中国青年志愿者服务项目大赛全国赛银奖”）；市级奖项15项（其中：界石镇团委被共青团重庆市委评为“2013年度重庆市五四红旗团委”、鱼洞街道团工委被共青团重庆市委评为“2014年度重庆市大中专学生志愿者暑期‘三下乡’社会实践活动先进集体”、团区委被共青团重庆市委、重庆广播电视集团评为“让爱心在一起”重庆青年摄影大赛优秀组织奖）；区级奖项4项。全区共青团工作被国家、市、区级媒体报道150余次。

【促进青年创新创业】 一、抓资金帮扶。联合兴农担保公司、浦发村镇银行、浙商银行等推进

"青年创富通""青锋计划"等青年创业小额贷款项目，全年为47名创业青年争取贷款1035万元，带动就业321人，实现营业额4739万元，税收64万元。二、抓项目联动。建立市、区级青年就业创业见习基地5个，提供见习岗位204个，接纳各类见习人员315名；先后在南彭中小企业基地、界石镇、重庆花木世界等地开展青年创业培训6场，培训青年720名。在二圣、接龙等地实施"新型农民免费培训新芽计划"15场次，培训人数300人。帮助区内1名青年成功获得YBC（中国青年创业国际计划）创业支持。三、抓活动开展。全年开展创业辅导33期，创业沙龙2期，创业分享会1场。组建12人的青年创业导师团，为创业青年提供"1对1"创业辅导。邀请"猪八戒网"创始人、CEO（首席执行官）朱明跃，重庆工商大学商务策划学院骆东奇等知名专家走近创业青年，帮助青年解决创业难题。四、抓典型带动。以"奋斗的青春最美丽"为话题，印发《巴南青年创业故事》11期，其中农业技术员阮池春的事迹被《重庆日报》报道。推荐区内53家创业企业参加全国青年创业大赛并入围全市20强。部分青年企业家在共青团引领下积极回馈社会，思微集团卢坤为乡村市民学校捐资2万元。

2014年10月20日，由团区委、浙商银行重庆巴南支行、巴南兴农融资担保公司联合发起的"青锋计划"巴南区青年创业小额贷款签约仪式在巴南区行政中心举行

【引导青年创优争先】 以开展"我的中国梦"和社会主义核心价值观主题教育实践活动为重点，推进青春导航行动，塑造当代新青年。一、分层次、分群体开展主题教育活动。举办第二届"中国梦·少年强"重庆青少年才艺电视大赛巴南赛区比赛、机关青年廉政PPT（微软公司设计的演示文稿软件，在投影仪或计算机上进行文稿演示）制作大赛、流动少年文化宫免费培训等品牌活动。二、开展"寻找乡村好青年"活动。发起"践行核心价值观，携手共筑中国梦"寻找乡村好青年活动，向团市委推荐"乡村好青年"候选人2名。三、开展"青春倡廉"示范岗创建活动。区中医院肛肠科等9个集体被评定为区级"青春倡廉"示范岗。清华中学德体艺卫处和区公安分局出入境管理支队评为市级"青春倡廉"示范岗创建单位。跳石镇纪委书记王娅作为全市唯一的青年代表参加2014年"步入社会·廉留心中"市级示范活动，向全市青年讲述廉政"微"故事。

【青年志愿者服务】 一、加强志愿服务阵地和队伍建设。继续将城乡社区市民学校作为志愿服务的主阵地进行打造，截至年底，建立社区市民学校79所，乡村市民学校6所。其中，被评定为市级示范点2个、区级示范点3个、镇街级示范点3个。319名专（兼）职团干部参与领创办市民学校工作。依托重庆志愿者服务网上的"爱心储蓄银行系统"，进行志愿者组织和志愿者的注册登记、服务时长和服务内容的记录以及活动信息发布。截至年末，"爱心储蓄银行系统"上有注册青年志愿者组织116个，注册青年志愿者8329人，总服务6.39万小时。争取安利公益基金等各类社会捐资共9.7万元。跳石镇滩子口村市民学校获团中央"2014年青少年综合服务平台试点"，并获得10万元经费支持。花溪街道红光社区被评为重庆市首批12355城乡社区市民学校工作站。二、深化志愿者服务活动。持续在城乡社区市民学校开展技能培养、文明素养、爱心公益、邻里互助等活动。全年组织开展“孝心佳节”“亲子运动会”“放学时光”等活动402场次，服务社区居民2.13万人。围绕党政中心工作，全年累计组织志愿者1213人次开展春运服务、巴滨路周末小红帽接力服务、交通路口文明劝导、家博会、建区20周年活动、“百日纳凉·青年送爽”志愿者服务等，服务总时长1.71万小时。11月25日，巴南区作为唯一的基层代表在团中央召开的中国青年志愿者服务春运“暖冬行动”工作座谈会上作交流发言。清华中学“绿野仙踪”环保行动入围首届中国青年志愿者服务项目大赛全国赛并获得银奖；重庆实验中学教师蒋玉辉被评为第六届中国青年“丰田环境保护”资助行动先进个人并受邀出访日本。

【青少年权益维护】 一、帮助困境青少年群体。开展“爱心助学”活动，为木洞地区253名困难中小学生送去价值10万元的爱心礼包，帮助清河小学、天赐小学等争取5万元物资捐助。开展“希望工程·圆梦行动”助学活动，为51名贫困大学生争取26.4万元助学金。二、维护青少年合法权益。进一步做好预防青少年违法犯罪工作，开展重点青少年群体摸排，摸排五类重点群体4169人。落实“为了明天·彩虹帮教”项目，帮助5名重点青少年就读行知职业技术学校。在暑假期间，团区委与公安、消防等部门联合，以安全自护教育为主题开展多次活动，内容涉及消防、交通、反拐及反邪教等，吸引社区300多名儿童及家长参加。9月12日，成立由高校教师、公务员、在校大学生等60名热心公益事业的爱心专业人士组成的巴南区首个“莎姐”志愿者服务队。针对未成年人保护和犯罪预防工作，开展专题调研、青少年维权帮教活动、关爱农民工子女、授课宣传、爱心“一对一”等形式多样的志愿者服务活动。区人民法院少审庭荣获“全国青少年维权岗”称号。

【学校团队工作开展】 一、召开少先队重庆市巴南区第五次代表大会。8月28日，少先队重庆市巴南区第五次代表大会在巴南区恒大城小学大礼堂召开。160名正式代表、50名特邀代表参加会议。团市委副书记叶力娜、区政府副区长黄硕、区人大常委会副主任王多富、区政协副主席李伟出席开幕式。开幕式上，团区委书记刁维娜，少先队员张铠麟代表区第四届少工委作题为《红领巾相约中国梦，为巴南率先全面建成小康社会时刻准备着》的工作报告。大会期间，代表们充分履职，共谋少先队发展，积极建言献策，审议通过选举办法，选举产生少先队巴南区第五届工作委员会委员29名。区少工委五届一次全委会上，刁维娜当选为新一届区少工委主任，李孝琴和余娜当选为少工委副主任。二、举办区少先队辅导员职业技能大赛。大赛以“红领巾相约中国梦”为主题，设置少先队基本知识问答、少先队活动课例展示、个人才艺展示、即兴演讲四个比赛项目。来自全区各中小学的90名少先队辅导员同台竞技，12名选手进入决赛。决赛与区第五次少代会闭幕式统筹举办，选手以舞蹈、歌曲、茶艺、

2014年8月28日，少先队重庆市巴南区第五次代表大会在恒大城小学大礼堂召开

现场服装画等形式展示风采。区委常委、区委宣传部部长夏杨松出席决赛并讲话。三、丰富少先队基层工作。加强少先队基层组织建设和基层工作，有效规范少先队工作日常管理，拓展少先队校外活动基地建设，以组织教育、自主教育、实践活动为途径，让社会主义核心价值观的种子在少年儿童心中生根发芽。举办以“中国梦·大美巴南·展青少年风采”为主题的“第六届巴南区青少年管乐·鼓号大赛”，展示少先队组织特色风采。在全区少先队组织中广泛开展“创新、创业、创优”少先队活动课优秀案例评选。推广“红领巾跳蚤市场”“小农夫种植园”等品牌，广泛组织少年儿童参与小调查、小实验、小发明等实践活动。在团市委、市教委、市少工委开展的重庆市“红领巾示范学校”“红领巾体验教育基地”创建和评审工作中，李家沱小学、大江小学被命名为重庆市“红领巾示范学校”；鱼洞第二小学校被继续认定为重庆市“红领巾示范学校”，巴南区青少年活动中心被继续认定为重庆市“红领巾体验教育基地”。

【基层团队干部培训】 4月10～11日，举办“2014年新任村（社区）团干部培训班”，全区189名村、社区团干部参加培训。团市委副书记廖传锦以“如何做好一名基层团干部”为题给团干部们授第一课。根据新任村（社区）团干部的特点和培训需求，安排共青团基础理论知识、廉政教育、社工服务、主题团日活动设计等提高工作水平和综合素质的课程。7月8日，联合区委教育工委、区教委、区少工委举办“2014年少先队辅导员培训”，全区90余名少先队辅导员参加培训，团市委副书记、市少工委主任叶力娜参加开班仪式并授课。

【共青团组织建设】 一、试点推行区域化团建。建立区域青年工作共建委员会8个，吸引共建单位173家；新建区域青年工作新媒体平台31个，凝聚青年3000余名，形成区内机关事业单位、企业、学校、青年文明号等与社区实现“1+1+X”的区域工作模式；全区8个街道共开展区域共建活动381次。6月19日，巴南区在全国街道区域化团建工作第四片区调度会上作交流发言。10月31日，《中国青年报》头版头条登载巴南区域化团建工作的经验和做法。二、试点运行共青团微信集群。探索运用新媒体凝聚青春力量，建立“青春巴南”微信公众平台1个，共青团微信群32个，覆盖团员青年3440名。群内推送工作信息、生活资讯、活动通知、典型事迹等累计9724条，开展青年交友、技能培训、创业帮扶等线下活动692场次。在官方微博开设“我为核心价值观代言”“奋斗的青春最美丽”“青年好声音”三个特色栏目，发布信息3443条，吸引近13万名粉丝关注。5月，团中央书记处书记徐晓到界石镇专题调研共青团微信体系建设工作。三、探索与新兴青年群体沟通渠道。6～7月，开展新兴青年群体探访活动，对区域内的美容美发行业、网店店主（员工）、流浪歌手、临时代驾等500名新兴青年进行调查，形成《巴南区新兴青年现状调查及政策建议》调研报告上报区政协，该调研报告在重庆理工大学学报上刊登。突破传统青年组织实体化运作方式，组建微信青年组织凝聚青年。截至年底，“巴南机关青年生活汇”招募会员282人，自发开展活动176场次；“他（她）汇单身青年CLUB（俱乐部）”累计会员226名，开展青年交友联谊活动4次，参加人数312人。

（杨 卉）

巴南区妇女联合会

【概况】 重庆市巴南区妇女联合会（简称：区妇联）是区委、区政府联系妇女群众的桥梁和纽带。2014年年底，全区共有43个直属妇委会，22个镇街妇联，198个村（居）妇代会，91个社区妇联，200个教科文卫事业单位基层妇委会，97个“两新”组织妇委会，村社“妇女之家”覆盖率达到100%。全区女性有43.63万人。

2014年，区妇联组织全区妇女认真学习贯彻党的十八大，十八届四中全会精神，指导各级妇女组织履行组织妇女、引导妇女、服务妇女和维护妇女儿童合法权益的工作职责，开拓创新，扎实工作，团结带领广大妇女发扬“尚文、崇新、忠勇、守德”的巴南精神，积极投身巴南“四区一基地”建设，为促进全区经济社会发展作出了积极贡献。各基层妇联、妇女组织和妇女代表先后被重庆市妇联评为“重庆市巾帼文明岗”“重庆最美家庭”“重庆市三八红旗手（集体）”等。

【巾帼三大行动实施】 积极实施组织巾帼“三大”（巾帼建功、巾帼兴业、巾帼促农）行动，助推巴南区“三化”（工业化、城镇化、农业现代化）建设。一、“巾帼建功”行动助推工业化建设。全区各级妇女组织围绕巴南“四区一基地”建设，以“巾帼建新功·共筑中国梦”为主题，深化“巾帼文明岗”复查与创建工作。对2009年以来申报的各级“巾帼文明岗”进行审查，33个岗位通过市级复查。区审计局等5个单位被命名为重庆市“巾帼文明岗”，69个岗位命名区级“巾帼文明岗”。举办“大美巴南·美好生活”“巾帼城市美容师”技能大赛，45名艺术插花、园林绿化爱好者及环卫工人参与角逐，通过比赛，号召各级各部门、有关企事业单位广泛组织一线女职工踊跃参与岗位练兵、技能比武、劳动竞赛，赋予“双学双比”（在农村妇女中开展“学文化、学技术、比成绩、比贡献竞”赛活动）、“巾帼建功”活动新的时代内涵，激发各行各业妇女创业热情和创造活力。二、“巾帼兴业”行动助推城镇化建设。深入开展“春风送岗位”“第八个农民工日”活动，提供技术工、月嫂、保洁等用工岗位490多个，吸引560多名外出务工返乡人员应聘，达成用工意向158人。联合区人力社保局、友邻家政公司举办家政服务培训4期，帮助100多名妇女实现就业。推荐李仁会等9人参加“重庆市第五届家政服务职业技能大赛”；推荐谢菊等9名农村妇女参加“全国、市级女经纪人培训”。与有关金融部门联合推进妇女小额担保贷款工作，为148名妇女申请到小额担保贷款1756万元。三、“巾帼促农”行动助推农业现代化建设。联合区农业技术推广学校举办新型女农民培训班，培训新型女农民1500人。选送王凤等5名“妇字号”基地负责人参加全国、市级新型职业女农民培训。聘请10位农业专家作为巾帼现代农业科技示范基地科技特派员，分片结对开展现代农业技术帮扶工作。筹集资金6万元，对面临特殊困难的葡源社、邦天农业等6家巾帼现代农业科技示范基地分别给予1万元资金补助。区长陈刚、市妇联主席丁中平先后调研巾帼现代农业科技示范基地发展状况，并对区妇联积极服务巾帼现代农业企业给予高度评价。

2014年4月23日，区妇联联合区市政园林局在区政府广场举办“大美巴南·美好生活”“巾帼城市美容师技能大赛”

【核心价值观践行】 组织广大妇女践行社会主义核心价值观。一、“庆三八”倡节能环保理念。以庆祝“三八”国际劳动妇女节104周年为契机，传递节能环保正能量。举办“庆三八‘倡低碳生活·与健康同行’”健身长跑比赛，1100余名女干部职工参加比赛。区人大常委会副主任朱作芳、副区长范勤出席起跑仪式。广泛营造节能环保、崇尚低碳健康生活的良好氛围。二、寻找“最美家庭”。以培育和践行社会主义核心价值观为目标，开展寻找“最美家庭”活动。通过广泛宣传发动，有效扩大“最美家庭”评选活动的知名度与影响力。召开“最美家庭”表彰座谈会，邀请“最美家庭”主人公讲述家庭美丽故事，《巴南日报》

连载“最美家庭”动人事迹。对评选出的“十佳最美家庭”和10户“最美家庭提名奖”家庭，分别给予3000元和2000元的奖金。市妇联副主席谢晓曦、区委副书记杨钟馗出席表彰座谈会并给予高度评价。将刘传芳家庭、霍琴家庭推荐为建区20周年建设功臣候选人。邀请专人对拟选对象入户走访，采写感人事迹，印发“最美家庭”事迹1000册。组建“最美家庭”故事宣讲团，将20户“最美家庭”主人公作为宣讲团成员，进村入社开展“最美家庭”故事会活动，现场讲述家庭故事，让广大群众听故事、受教育。在区电视台开设“寻找最美家庭”活动专栏，轮流播报“最美家庭”事迹，在全区掀起学习“最美家庭”、争创“最美家庭”的热潮。7户家庭被评选为重庆市“最美家庭”提名奖。三、举办“巾帼大讲堂”。为提升女性素质开办“巾帼大讲堂”，首场讲座邀请南京大学心理学博士、江苏省委党校教授黄菡主讲，作题为“幸福从心开始”专题讲座。黄菡教授从树立合理信念、矫正A型性格、调整挫折反应、协调人际关系等方面，向在场听众传授调节心理之道，表达“幸福应从滋养内心开始追求”的主题。区委副书记杨钟馗、女性区领导、副处级以上女干部、各行各业优秀女性代表、家教讲师团成员700余人参加讲座。四、开展“家庭节能·度夏低碳纳凉”活动。为倡导全区妇女和家庭积极参与低碳纳凉、节能减排行动，深化环境保护意识。6月，联合区民防办在江龙干道人防工程举行“家庭节能度夏低碳纳凉全家总动员”启动仪式。邀请区曲艺家协会4名“故事大王”以诙谐幽默的语言向纳凉群众表演《遗嘱》《王美丽打官司》《重庆言子儿》等5个节目，在座的纳凉听众在欢笑声中受到维护权益、孝老爱亲的教育。此次低碳环保系列宣讲活动开展6场、“美邻美换”环保置换活动12场、“家庭故事会”5场。五、“家教讲师团”传递正能量。更新、充实家庭教育讲师团队伍，将72名专家学者、社会知名人士、巾帼志愿者、家长代表等充实到家教讲师团成员队伍。落实家庭教育专项资金30万元，按照每场300元标准给予各镇街妇联经费补助，为22个镇街配送讲课音响器材一套，由各镇街妇联联系讲师团成员进村入社宣讲现代家庭教育、社会主义核心价值观等知识，广泛传递社会正能量。六、“五项服务”温暖老人心。深化巾帼爱心呼唤活动，开展巾帼志愿者培训3次，提升巾帼志愿者服务空巢老人的能力。发动600余名巾帼志愿者继续为空巢老人开展“五项服务”。健全空巢老人服务机制，开展空巢老人调查摸底，逐步建立健全工作档案，向空巢老人提供热情、周到、快捷的服务。精心制作《门铃叮咚》等2部服务空巢老人情景剧被市妇联表彰。该情景剧在区电视台循环播出，以丰富、活泼、动人的形式营造倾注爱心、共同关爱空巢老人的社会氛围。

【妇儿合法权益维护】 紧紧围绕妇女儿童合法权益的维护，积极组织开展以下工作：一、组织实施“两纲”（《中国妇女发展纲要2011～2020》《中国儿童发展纲要2011～2020》）“两规划”（《巴南区妇女发展规划2011～2020》《巴南区儿童发展规划2011～2020》）。召开“两纲”“两规划”监测与评估工作培训会，对重点部门具体经

2014年2月，区妇联在区行政中心会议室举办农村贫困“两癌”母亲资助金发放仪式，28名贫困母亲获得28万元资助

办人员进行系统培训，按时保质保量完成2013年“两纲”“两规划”监测评估工作。通过监测评估，全面掌握全区妇儿“两纲”“两规划”实施的第一手资料，多项指标走在全市前列，降消项目连续5年保持为“零”。区妇联主席唐宁在国务院妇儿工委到渝调研座谈会上交流发言。二、优质服务接待来电来访妇女。积极引导妇女群众通过合法途径表达诉求，学会用法律手段维护自身合法权益。全年共接待和办结妇女来访来电263人（件）次，对影响社会、家庭稳定的问题及时协调处理，把矛盾化解在萌芽状态，办结满意率100%。三、广泛开展走访慰问活动。筹资50余万元，在元旦、春节、端午等传统节日开展走访慰问活动，慰问困难妇女儿童4300余人。利用“三八”国际劳动妇女节之际，入户走访慰问退休女职工、优秀基层妇女工作者及困难妇女25名。“六一”儿童节前夕，在双河口小学组织开展“大善巴南‘六一’慰问活动”，向100名贫困儿童送去价值4万余元的体育用品与课外读物，带去“六一”儿童节的祝福。四、关心妇女身体健康。联合区妇幼保健院将“母亲健康快车”驶进镇街，为8000多名农村妇女传授健康知识，并进行免费“两癌”筛查；并争取市妇联农村贫困母亲“两癌”救助专项资金28万元，向28名“两癌”患者每人发放资助金1万元。全国妇联到巴南区调研“两癌”救助工作，给予高度评价。五、开展“春蕾圆梦行动”。联合区总工会、团区委、区电视台共同打造“春蕾圆梦行动”专题公益栏目，把品学兼优的学生事迹搬上电视屏幕，在贫困学子中广泛传递自立自强、吃苦耐劳正能量。在区人民广播电台做专题节目，向广大群众宣传“春蕾圆梦行动”项目，解释政策，发出号召。筹集资助金28万元，资助困难女大学生、女高中生100人，每人给予2000~4000元的资助。

【妇联基层组织建设】 加大对基层妇联组织的建设。一、完成村、社区妇女组织换届选举。全力做好村（居）妇女组织换届选举工作，全面实现村（社区）妇联组织组建率、女性进“两委”、村妇代会主任（社区）妇联主席进“两委”，三个100%目标。二、开展基层妇联干部培训。举办2014年基层妇联干部培训班，对全区22个镇街妇联主席、部分新当选村（居）妇联主席共120余人进行为期2天的培训。重庆市“十佳调解员”马善祥应邀现场作专题讲座，市妇联副主席张淑钰亲临授课，区委副书记杨钟馗出席开班仪式讲话。三、推进“妇女之家”建设。评选巴南区“十佳妇女之家”“优秀妇女之家”14家。筹资17万元，分别对“十佳妇女之家”补助建设经费1万元，对14个“优秀妇女之家”补助建设经费5000元。

（谢治林）

巴南区科学技术协会

【概况】 重庆市巴南区科学技术协会（简称：区科协），是党和政府联系科技工作者的桥梁和纽带，是政协参加单位。区科协内设：办公室、普及科；在职干部职工7人（其中：主席1人，副主席2人）。

2014年，区科协以开展党的群众路线教育实践活动为契机，加强领导班子自身建设，团结和动员科协组织和广大科技工作者，充分发挥群团组织特有优势，突出特色，不断增强服务科学发展的能力，有效地开展科技普及、科技服务、提升全民科学素质、建设科技工作者之家等各项工作，取得可喜的成绩。7月，花溪街道红光社区在中国科协组织实施的“基层科普行动计划”中被评为“全国科普示范社区”，并获中国科协、财政部表彰奖励；12月，区科协被重庆市科协评为“2014年度重庆市科协工作考核一等奖”。

【科学素质行动实施】 一、实施青少年科学素质行动。新创建7所中小学校为科技教育特色学校；5月24日，由市科协主办、区科协、区教委协办，在巴南区鱼洞二校恒大城校区成功承办“重庆市第二十五届青少年科技模型大赛”，20多个区（县）1500余名师生参赛；积极组织青少年学生参加市级以上科技大赛，全年共获12金22银27铜；与团区委联合打造“青少年科技人才孵化基地”，并开办青少年科技免费培训班。二、实施城镇劳动人口科学素质行动。以打造百姓身边的“百科全书”为目的，全年累计运行23个社区科普大学教学点，实现全区街道办全覆盖。新建社区科普活动室4个，大型LED显示屏一块。同时，拓宽科普平台，全年“科普大篷车”电视栏目开播48期，《巴南日报》科普专版刊登94期。三、实施农民科学素质行动。围绕建设社会主义新农村和农业产业结构调整，开展经常性的送科技下乡活动。开展科普宣传活动、“科普大篷车进百村”活动，开展农业技术培训、推广先进的农业实用技术。

【科普宣传活动开展】 一、承办市科协主题活动。积极争取市级大型科普活动在巴南区举办，3月8日，由市科协主办、区科协协办的“走进科技、缤纷节日”集中科普宣传活动在区人民广场举行，市科协领导和副区长范勤到活动现场参观指导。5月24日，由市科协主办、区科协、区教委承办的“重庆市第二十五届青少年科技模型大赛”在鱼洞二校恒大校区举行，20多个区（县）1500余名师生参加比赛，市科协领导亲临现场指导。二、开展系列大型科普宣传活动。充分利用重要时间节点，突出科普主题，广泛与有关单位、镇街、学协会联动，先后开展“深化平安重庆·建设大善巴南”反邪教宣传、“5·12防震减灾日”“食品安全周”“科普大篷车百校行”“全国科普日”等一系列大型科普宣传活动。三、参加科普“三下乡”活动。在各镇街开展农技科普宣传咨询活动，共组织科技赶场30场次、开展技术咨询1万余人次，发放农业科普资料5万多份，展出科普挂图500余块，播放农业实用技术光碟56张。

2014年6月17日，区科协在花溪红光社区开展“合理营养，平衡膳食”科普报告会

【经济社会科普引领】 以“科学技术是第一生产力”引领经济社会发展，广泛传播科普知识。一、深入实施“基层科普行动计划”。花溪街道红光社区被评为“全国科普示范社区”，获中国科协、财政部表彰奖励；石滩河社区、丰盛镇油房村蔬菜基地、百节乌皮樱桃基地获得市科协、市财政局、市农委等部门联合组织实施的“重庆市基层科普行动计划”表彰及奖补。二、积极参与社会科学管理。11月28日，区委政法委、区科协等部门积极筹办并召开“巴南区反邪教协会第一会员大会暨成立大会”，会议审议并通过《巴南区反邪教协会章程》，并选举产生第一届理事会成员47名、常务理事15名以及理事长、副理事长和秘书长。该协会的成立，将宣告以正能量和正确的科学知识传播普及，抵制反对邪教恶果和伪科学。11月28～30日，联合有关部门、镇街在区委党校举办“社区干部心理辅导专题培训班”，聘请市级知名心理学专家，对76名社区干部进行为期3天的心理辅导知识培训，参训学员一致反映受益匪浅。三、组织科研人员建言献策。组织科研人员和企业员工开展“讲理想、比贡献”活动，促进企业科技进步和经济增效。开展学术交流活动，促进科技工作者围绕全区经济社会发展建言献策。全年完成调研课题3个，政协提案2件，社情民意2件。

【文化科普作品推广】 结合巴南文化底蕴深厚，积极推广青少年文化科普作品。一、科普儿歌成为全市亮点。联合区文联面向全国，举办“巴南区首届科普儿歌大赛”取得圆满成功。收到参赛作品500余件，并筛选优秀作品编印《生活科普儿歌》3000册，免费赠送全区各小学校，受到广大师生和家长欢迎；并作为全市科协系统的特色工作推广。二、科普作品在市级舞台展现。9月20日，《书信告状》《蔬菜娃娃分新房》两部科普文艺作品以话剧小品和歌舞形式，在重庆市文博会——“全国科普日”优秀科普文艺作品展演上演出；且《书信告状》在“重庆市首届科普文艺作品创作征集活动”评选中荣获唯一的一等奖。

【科协基层组织建设】 一、认真开展党的群众路线教育实践活动。全年共计开展中心组学习12次，领导班子及班子成员深入查找四风问题，开展专项整治，制定《班子整改方案》和领导干部个人整改清单，提出31项具体措施整改，按质按量完成整改任务。活动中建立完善《联系镇街、学（协）会制度》等10个制度，清理不适应发展的领导小组2个、办公用房3间、压缩三公经费54%。二、推动科普大联合格局建设。充分发挥镇街科协、学（协）会作用，分别召开镇街科协和学（协）会秘书长培训会议，落实职责，明确各成员单位的职责任务。多次联合各镇街科协、学（协）会举办科普宣传活动，相关单位的科普工作基本实现“有人员抓、有任务做、有成效显”。由《巴南日报》百科知识专版、“科普大篷车”专题电视栏目、新版科协网站、科协政务微博、全区基层科协工作交流QQ群、10000电信短信平台组成的科协工作平台进一步巩固，进一步巩固全区科普大联合格局。三、建设科技工作者之家。开展“读书月”“四联系四服务”等活动，建设学习型、效能型、创新型、廉洁型、服务型科协机关。组织基层科协和学会负责人赴区外交流学习经验，提高科普工作水平和服务能力，进一步增强科协的凝聚力和影响力，真正把科协建设成为“科技工作者之家”。

（高　婕）

巴南区归侨侨眷联合会

【概况】 重庆市巴南区归侨侨眷联合会（以下简称：区侨联）内设办公室，机关事业编制2人。第六届委员会委员21人（其中：主席1人、副主席5人、秘书长1人）。全区归侨侨眷约6000多人。2014年，区侨联认真履行为侨服务、联谊交流、维护侨益、参政议政职能。开展全区归侨、侨眷、华侨、华人、港澳同胞及眷属、留学人员及眷属的侨情调查，完善归侨侨眷信息档案。建立和健全侨联学习制度、活动制度、信访制度、看望制度等各种规章制度，规范主席会、主席办公会、全委会等会议制度，推动侨联工作制度化、规范化。

【第六次归侨侨眷代表大会召开】 9月28日，“巴南区第六次归侨侨眷代表大会”在龙洲湾区行政中心召开。大会应到代表87名，实到代表86名。大会听取区侨联第五届委员会主席封洪华所作的工作报告；选举产生区侨联第六届委员会，当选委员21名；审议通过区侨联第五届委员会工作报告，第六次归侨侨眷代表大会决议；聘请李捷秋、刘小渝担任区侨联第六届委员会顾问。区

2014年9月28日，巴南区第六次归侨侨眷代表大会在龙洲湾区行政中心召开

侨联第六届委员会第一次全体会议选举产生新一届侨联领导班子，主席1名：封洪华（女，不驻会）；副主席5名：蒋小东（驻会）、杨代南、刘伟政（女）、李富立、廖天湖；秘书长1名：蒋小东（兼任）。市政协副主席、市侨联主席张玲、区委书记李建春受邀出席会议并讲话，区政协主席胡能兵、区委副书记市杨钟馗、区委常委统战部部长廖渝川、区人大常委会副主任陈先觉、区政府副区长黄硕等应邀出席会议。12月，区侨联在云篆山清风峡酒店召开六届二次全委（扩大）会议，会议传达贯彻中国侨联第九届代表大会精神，市侨联三届六次全会精神，中共中央《关于加强和改进新形势下侨联工作的意见》。

【归侨侨眷服务】　利用春节、中秋节等传统节日，走访、慰问归侨侨眷代表和急难、重疾归侨侨眷。春节期间，集中走访慰问归侨侨眷60多人。全年共走访慰问归侨侨眷90多人次，发放慰问金和慰问品折合人民币2万余元。全年接待归侨侨眷来信来访10余人次，协调有关部门维护归侨侨眷合法权益。按照市外侨办、财政局、人社局、侨联联合下发的《关于调整早期归国华侨生活补助标准的通知》（渝外侨文〔2014〕199号文件），对早期归国华侨，生活补助由原来每人每月100元调整为每人每月500元。组织侨青会会员开展社会实践活动，先后到天星寺镇、二圣镇体验农村生活，采果、采茶、制茶，引导会员为新农村建设作贡献。接待陕西省侨联领导考察巴南休闲旅游业发展情况，并就如何加强省、市侨联互动，实现资源共享进行交流。

【参政议政主动】　积极支持侨界人大代表、政协委员积极参加相关会议和社会公益活动，通过各种渠道知情参政，反映侨情民意。组织侨界政协委员、人大代表以及侨联委员开展专题调研，撰写《提升城市经营管理水平，建设高品质生态城市》调研报告，并在政协大会上作交流发言。召开参政议政工作会，研讨集体提案和委员个人提案，撰写并被采用集体提案2件，撰写个人提案20余件，反映社情民意30余件。大力开展招商引资牵线搭桥工作，推介和接待广东名扬集团董事长张阳等侨商、华商10多批次到巴南区考察项目；市侨联专职副主席刘松勇带领意大利侨商王慧斌等华商多次到巴南区考察；发送《巴南招商引资项目》《巴南投资指南》等宣传资料200多份。组织侨联委员开展侨资企业走访活动，用实际行动支持侨资企业发展。

【作文大赛获奖】　按照重庆市侨联《关于做好“第十六届世界华人小学生作文大赛”征稿工作的通知》（渝侨联发〔2014〕32号）文件精神，及时与区教委和有关学校联系，深入宣传，广泛征稿，分别在几个重点学校征集参赛作文210篇选送上报中国侨联。9月，市侨联通报第十五届世界华人小学生作文大赛获奖情况，巴南区有26名师生分别获得一、二、三等奖，区侨联获重庆市侨联“优秀组织奖”。

【社会事业关爱】　“六一”儿童节，组织侨界政协委员、侨界青年开展“传递爱心·帮扶贫困（留守）儿童”的慈善活动。11月，在跳石镇举行“李常明社会福利基金”第11次发放，发放金额6000元，16名贫困中小学生得到资助。

（蒋小东）

巴南区残疾人联合会

【概况】　重庆市巴南区残疾人联合会（简称：区残联）内设1科1所（综合科、残疾人就业服务所），在职干部员工10人。区残联的主要职责职能：指导服务全区22个镇街残联工作，协调管理区残联五大协会（区残联智协、区残联肢协、区残联聋协、区残联盲协、区残联精亲协）日常工作。调查残疾人的状况需求建档立卡；核发“中华人民共和国残疾人证”；宣传贯彻残疾人事业法规政策；管理指导残疾人社团组织；维护残疾人合法权益；团结教育残疾人遵纪守法、自尊自信自强自立；沟通政府社会与残疾人之间的联系；动员全社会尊重关心帮助残疾人；协调落实残疾人的各种优惠政策；开展残疾人的康复、教育、劳动就业、扶贫解困、技能培训、社会保障等工作；促进残疾人“平等、参与、共享”社会氛围。

2014年，区残联完成残疾人各类辅助器具适配共340件；新增办理残疾人证1458个；开展“阳光家园计划”托养项目，对300名居家和65名机构托养的残疾人给予护理资助；举办农业实用技术培训班，300多名残疾人及残疾人家属受益；对22个镇街残联干部、社区康复协调员、镇街（中心）卫生院、社区卫生服务中心的康复医生150余人进行业务技能培训；对50户贫困残疾家庭进行危房改造；分别在鱼洞街道、花溪街道、李家沱街道、界石镇对60户残疾人家庭进行无障碍改造建设，改造资金达12万元；对105名贫困残疾人三轮车主进行帮扶、对42名下肢残疾人车辆路桥进行减免、对391名残疾人动轮椅车燃油补贴，帮扶资金达50万多元。10月，区残联组织15名残疾人运动员参加重庆市第五次残疾人运动会四个项目的比赛，取得“五金、一银”的历史最好成绩。

【组织联络】 一、6月，区残联召开22镇街残联理事长、残联干部、区五类残疾人协会主席40余人参加残联业务培训会，通过培训，残疾人工作者的业务素质、服务技能得到提高。二、区残联加强对区残疾人五大协会（盲人协会、聋人协会、肢残人协会、精神残疾人亲友会和智力残疾人亲友会）工作的指导，落实专门协会工作场地和活动经费，完善各项工作制度，发挥专门协会“代表、服务、维权”职能作用。三、按照中国残联基础管理建设年总体部署，以及市残联关于进一步了解残疾人生存状况与康复、就业、社会保障等方面的信息总要求，开展残疾人基本服务状况和需求专项调查。经区残工委决定成立区核查工作领导小组，由区残联指导，各镇街成立专项工作调查队，各村（居）成立专项调查工作组，开展残疾人基本服务状况核查与专项调查工作。符合信息采集要求，确保数据真实，截至12月31日，全区核查残疾人人口数达20338人，核查率达到100%。

（何陶军）

巴南区文学艺术界联合会

【概况】 重庆市巴南区文学艺术联合会（简称：区文联）设主席1人（驻会）、副主席兼秘书长1人（驻会）、另有副主席6人，常委17名，委员31名。全区有12个文学艺术协会（区美术家协会、区摄影家协会、区作家协会、区书法家协会、区戏剧曲艺家协会、区舞蹈家协会、区民间文艺家协会、区音乐家协会、区文艺评论家协会、区观赏石协会、区收藏家协会、花溪文联），会员800余人。

2014年，区文联以纪念毛泽东《在延安文艺座谈会上的讲话》发表72周年为契机，以出作品、出人才为目标，结合巴南区实际，开展丰富多彩的文艺活动，加强文艺作品创作生产和文艺人才培养提高。同时，创新文艺载体，打造“欢笑巴南”广场群众文艺大舞台、“巴人图语”文化系列讲座、“巴地听雨”文艺鉴赏沙龙、“茶说巴艺”等文化活动品牌，努力为优秀作品和优秀人才涌现搭建平台。

2014年，荣获重庆市委宣传部、市文明办、市人社局颁发的“五个一工程”优秀组织奖；荣获市委宣传部、市文明办、市财政局、市教委主办的“惜福童谣”征集活动优秀组织奖；荣获市委宣传部、市文化委、市科协主办的重庆首届科普文艺作品创作征集活动优秀组织奖；荣获市文联、市故事家协会举办的重庆首届创业故事大赛优秀组织奖。与区委宣传部共同荣获区委、区政府“2014年度工作创新‘金鹰奖’”（颁奖主题辞：“立德童谣”创市“五个一工程”新品牌）。

【学习贯彻习近平讲话精神】 11月12日，区委宣传部组织召开“学习贯彻习近平总书记在全国文艺工作会上的讲话精神座谈会”。区相关部门、有关镇街宣传委员、区各文艺家协会负责人和部分文艺骨干60余人参会。会上，组织学习《习近平在文艺工作座谈会上的讲话》以及市委书记孙政才在重庆市文化工作座谈会上的讲话精神，传达全市基层文联工作座谈会精神；广大文艺骨干，结合各自实际，踊跃发言；区委常委、宣传部部长夏杨松，副区长黄硕在会上讲话并提出工作要求。

【在市文艺家活动中心参展】 5月23日，为配合纪念“延讲”发表72周年暨首个中国文艺志愿者服务日、重庆市文艺家活动中心对外开放系列文艺惠民活动，区文联、区文广新局在新落成的市文艺家活动中心举办“‘筑梦巴南’——市文艺志愿者‘五大功能区’建设采风创作摄影成果展（巴南篇）”，展出摄影作品60件。巴南文艺志愿者现场表演国家级非物质文化遗产“木洞山歌”“接龙吹打”，市级非物质文化遗产“鼓椰舞”等。同时展出“巴南乱针绣”“巴南面塑”“巴南泥塑”等非物质文化遗产。中国文联党组书记、副主席赵实，中国文联办公厅主任陈建文，国内联络部主任刘尚军，市委常委、宣传部部长燕平，市政府副市长谭家玲，市政协副主席谢小军，市委副秘书长薛竹等领导出席观看。巴南展区受到各级领导好评，泥塑“午睡的棒棒”、乱针绣“重庆吊脚楼”被中国文联党组书记、副主席赵实收藏。

【《立德童谣》首发暨传唱活动】 1月22日，市委宣传部等单位在界石镇小学举行首发式，界石镇小学学生表演了儿歌舞蹈、立德童谣诵读等节目，与会市、区领导向学生代表赠送《立德童谣》书籍。市人大常委会副主任沈金强，市委宣传部副部长、市文明办主任樊伟，区领导夏杨松、邓世军、黄硕、付星群等领导出席活动，市区相关部门和界石镇小学师生代表800余人参加活动，《重庆日报》等10余家市级以上媒体作集中宣传。组织撰写并在《重庆日报》《重庆发展》等报刊发表《立德童谣》书评4篇，其中《让立德童谣浸润孩童心灵》被《光明日报》刊登报道。《立德童谣》创作传唱活动中的典型节目被中央人民广播电台录播。

【“中国梦”主题文艺创作】 2014年，巴南区共报送歌曲、美术、文学等“中国梦”主题文艺创作优秀作品53件。组织30多件作品参加市委宣传部等组织的“我的中国梦·重庆首届创业故事作品大赛”并获优异成绩。其中胡勇《夜晚洗车场》获一等奖，胡必凡《半斤八两》、戚万凯和许志勇《花仙子》获二等奖，陈显明《老板请客》、苟世阳《犟拐拐的龙门阵》获优秀奖。10多件摄影作品获市级以上奖励。其中“绘宏图”获“‘中国梦·文化情’第二届文化共享杯”全国群众摄影艺术作品征集大展个人奖一等奖。

2014年，我们的“中国梦”文化进万家新春活动

【“群众坝坝舞”组织管理】 4月30日，组织各文艺家协会和文艺工作者成功举办以“中国梦·巴渝风”为主题的“2014·巴南区广场坝坝舞大赛”，来自各镇街的13支代表队入围决赛。推荐花溪街道参加“2014年重庆市群众坝坝舞展赛”中被评为“精品节目”。制定《关于进一步加强坝坝舞群众文艺团队管理服务的通知》，进一步明确坝坝舞时间、场所、音量，引导“坝坝舞”文艺团队加强自我管理。全区坝坝舞管理有序，未出现坝坝舞扰民被媒体曝光的报道。

【建区20周年活动组织】 11月，为庆祝巴南建区20周年，举办“20年·与我同行”征文大赛和“大美巴南”摄影展，评选优秀征文41篇，遴选优秀摄影作品100幅。编印《一地阳光满城春》专集。“大美巴南”摄影展在龙洲湾街道、鱼洞街道、南彭街道巡回展览，受到广大观众好评。

【“2013年文艺佳作”表彰】 12月，区委宣传部、区文化委、区文联对2013年15篇文艺佳作进行奖励。戚万凯儿歌《烟囱画画》、熊光远摄影“钢铁战士”、刘海峰大草条幅“李白诗二首”、李德明美术“家在远方”等作品榜上有名。

【“茶说巴艺”沙龙品牌打造】 2014年，区文联利用新文化活动场所举办2期“茶说巴艺”文艺沙龙，开展楹联写作及故事创作培训，探讨文艺创作话题，促进全区文艺爱好者的文艺素养和创作水平提升。

【文艺家协会活动与联谊】 春节期间，联合区文广新局、区书法家协会，先后在区人民广场、新世纪广场、石龙镇、安澜镇等地举办迎新年春联现场写赠活动，20余位书法家现场赠送春联近2000幅。应邀为麻柳沿江开发区开展道路命名活动。3月，联合区作家协会深入安澜镇，举办安澜农民文学诗社成员讲座。并举办“我与档案”“龙洲扬帆”等采风活动。5月，邀请市作协副主席、市新诗学会会长傅天琳等一行10余人到巴南区跳石镇采风。与区教委等单位联合举办“美丽中国·校园风采”校园文化进社区活动（大江中学专场），区书法家协会与区语委、区教委在鱼洞四小联合举行区书法名家进校园活动启动仪式。区音乐家协会举办中学民族音乐欣赏会走进重庆实验中学校园，并深入东泉镇“三峰泉”采风，协助“三峰泉”打造民俗文化。安澜农民文学诗社举办文学进校园活动。区观赏石协会举行采石活动，并与重庆花卉盆景协会赏石分会联合在巴南滨江路举行“‘大美巴南’——2014夏季奇石文化展”。区美术家协会与区文化馆联合举办刘剑美术作品展览，区老年书画研究会先后与巫山县老年书画研究会、长江书画院开展书画联谊活动。花溪街道文联，花溪美术书画协会与重庆理工大学书画协会联合举办“茶韵琴心”活动。

【“六大文化工程”建设参与】 2014年，撰写的《对深入推进“六大文化工程”建设的建议》在区政协十三届三次全委会作大会发言。首次组织编写55万字的巴南文化系列丛书（《巴南文化与巴南精神》《巴南历史人物选》《巴南历代诗歌选》）。出版《巴南文化漫谈》等专著。协助做好“巴南精神”表述语的提炼及宣传工作。为区处级领导干部培训班及区中青班培训专题讲授区“六大文化工程建设”4期。

【围绕主题活动创作与宣传】 配合全区党的群众路线教育实践活动，抽调骨干力量参与全区联系服务典型先进事迹宣讲稿的撰写和讲演受到好评。应邀参加重庆市文明办举办的“我们的价值观·童讲中国梦”，花溪红光坝坝龙门阵等社会公益活动，传递正能量。

（朱丽红）

巴南区社会科学界联合会

【概况】 重庆市巴南区社会科学界联合会（简称：区社科联）是2010年11月24日成立的正处级群团机构，内设综合科，现有在职人员3名。2014年，区社科联在区委、区政府的正确领导和区委宣传部具体指导下，全面贯彻落实党的十八大和十八届三中、四中全会精神，深入学习贯彻习近平总书记系列重要讲话精神，围绕区委、区府“四区一基地”功能定位建设和构建“大善巴南”“大美巴南”开展工作。全年常态性开展社会科学理论和“进校园、进社区、进企业、进机关、进农村”活动；编印工作性季刊《巴南社科》4期，召开《巴南社科》研讨会，提升刊物编印水平。配合区委宣传部做好《巴文化与巴南精神》编印出版工作。开展重庆市进城务工人员思想状况调查；配合重庆市委宣传部思动中心、重庆市社科院开展“当前社会情绪状况及引导机制研究”调研。配合原重庆市东方周易文化研究院将业务主管单位区科协改为区社科联管理；批准同意重庆市东方周易文化研究院改为重庆市华夏周易文化研究院。

【社科调研】　围绕重庆市进城务工人员的生存现状、思想状况等开展综合调研。此次调研主要集中在都市功能核心区及都市功能拓展区（解放碑商圈、观音桥商圈、九龙坡、大渡口、巴南等），采取调查问卷、小组座谈、个案访谈等方式进行。调查结束后对问卷进行分析统计，将相关人员的思想状况、存在的问题进行深入分析，提出对应的对策建议，形成《重庆市进城务工人员思想状况调查报告》报送中共重庆市委宣传部思想动态研究中心，得到该中心采用并获得重大思想动态自主调研项目立项。同时根据此次调研结果撰写的《重庆市进城务工人员思想状况分析》被《重庆社科成果要报》采用。

（韩　娇）

关心下一代工作

【概况】　2014年，巴南区关心下一代工作委员会（简称：区关工委）共有驻会领导5名，秘书长1名；区关工委办公室工作人员3人。

2014年，区关工委以党的十八大，十八届三中、四中全会精神为指导，认真传达学习中央、市领导对关心下一代工作的重要批示精神，坚持“急党政所急，想青少年所想，尽关工委所能”的工作方针。认真贯彻《关于进一步加强基层关心下一代工作的意见》（巴南委办〔2013〕92号）精神，实施镇街党（工）委主要领导担任关工委主任的第一年，各镇街主要领导认真负责，亲力亲为；各级专干积极主动，尽职尽责。区关工委积极配合有关部门，充分发挥各级关工组织和“五老”（老干部、老战士、老专家、老教师、老模范）的作用，结合实际在广大青少年中深入开展以社会主义核心价值观为主要内容的思想道德教育和关爱青少年的各项活动，取得优秀成效。7月，获评中国关工委、教育部关工委、全国“中华魂”主题教育活动组委会“全国‘中华魂’（中华美德颂）主题教育活动先进集体”“全国‘中华魂’主题教育活动20周年最佳组织奖”；8月，获评中国关工委、司法部、中央综治办“全国青少年普法教育示范区”“全国青少年普法教育先进单位”。

2014年2月，巴南区关工组织普法宣讲团到一品中小学开展法制教育宣传

【“中华魂”读书活动】　2014年，“中华魂”主题教育读书活动的主题为：“放飞梦想”。区委、政府高度重视，区财政统一解决全区义务教育阶段学生的读本费用，为全区开展主题教育读书活动创造条件。区关工委把工作重点转移到提高质量上，采取一系列措施：邀请市关工委读书活动辅导团成员、儿童文学作家梁子高前来开展读书活动培训。与区教委、团区委紧密配合，对层层选拔出来参加全市比赛的征文稿、演讲选手进行严格的评议、审定，组织专业人员进行精心打磨、培训。在大家的通力合作下，巴南区“中华魂”读书活动取得12年以来的最好成绩：48篇征文参加全市比赛，13篇获一等奖，20篇获二等奖；15位选手参加全市现场演

讲比赛，3 人获一等奖，7 人获二等奖。区公安分局交巡警支队黄宇锋获全市演讲青年组第一名。巴南区获全市“中华魂”主题教育读书活动综合评分第一名。

【青少年普法活动】 2014 年，是中国关工委、司法部、中央综治办联合开展的第二届“关爱明天·普法先行”青少年普法教育活动的最后一年。区关工委纳入日常工作重点，广泛宣传、认真组织，各镇街、各部门大力支持，积极参与，不断创新形式，成效显著。6 月 18 日，《重庆法制报》整版刊登巴南区第二届“关爱明天·普法先行”青少年普法教育活动的开展情况。8 月 4 日，全国第二届“关爱明天·普法先行”青少年普法教育活动总结表彰会在北京人民大会堂宴会厅举行，巴南区荣获“全国青少年普法教育示范区”称号，区关工委作为重庆唯一代表上台领奖。区关工委、区教委、鱼洞四小 3 个单位获“先进单位”称号，区司法局、区法院、一品街道关工委、李家沱街道关工委、界石镇和平社区、南区学校 6 个单位获“优秀组织奖”，市护士学校、区职教中心、安澜镇中心学校、莲花小学、木洞镇中心小学、南泉中心小学、接龙镇中心小学 7 所学校被评为“零”犯罪学校，另有 49 人被评为先进个人，81 人被评为优秀辅导员。

【特殊群体帮扶活动】 2014 年，各级关工委大力开展特殊群体青少年的帮扶活动。“六一”儿童节，区关工委组织区教委、区农委、南彭街道，看望慰问月华小学的孩子们。“六一”儿童节前夕，界石镇争取到市关工委及市相关部门主办的“公益重庆·爱心之旅”帮扶贫困留守儿童活动项目，为 435 名贫困家庭子女送去每人价值 500 元的大礼包。李家沱街道开展“关爱贫二代”活动，对贫困家庭子女、孤残青少年等“贫二代”及其家庭实施救助、补助、慰问以及助学帮困，帮助大学生暑期勤工助学，推荐就业等，涌现出许多感人的事迹。姜家镇党委主要领导和关工委的同志在走访时了解到一位 10 多岁的女孩（孤儿）与养父同居一室，便带头出钱出力，并发动群众，为小女孩修建新房，改善居住条件。在各级关工委的大力支持下，对特殊群体青少年的帮扶活动影响力越来越大。

【暑假实践关爱活动】 2014 年，各级关工委认真总结，不断创新，“学校放假，社区开学”暑假实践关爱活动效果越来越好，质量也越来越高。在各镇街关工委的组织下，“五老”人员、社区干部、驻片民警、司法干部、团工委干部、农业科技人员、大学生志愿者等都参与进来，活动形式也拓展到讲座、培训班、文体活动、实践活动等，极大地丰富青少年的暑假生活。尤其是鱼洞街道的暑假活动很有特色，街道关工委牵头，社区配合，党工委主要领导亲力亲为，暑假实践关爱活动历时 1 个多月，邀请专业教师，举办泥塑、书画等培训，有开班仪式，有结业仪式，为贫困家庭子女提供免费学习的机会，社会反响很好。

（周玉祥）

2014 年 5 月 29 日，巴南区关工委、区农委、南彭街道到南彭月华小学开展“关爱童年 助飞梦想”六·一儿童节慰问活动

法　　治

渝湘高速石龙出口

法　　治

政法委及综治工作

【概况】　中共重庆市巴南区委员会政法委员会（简称：区委政法委）是区委领导和管理政法工作的职能部门。主要职能职责：维护巴南区社会稳定、社会治安综合治理、执法监督、流动人口管理、防范和处理邪教组织和人员、政法队伍建设等工作。

2014年，内设办公室、政治处和执法监督、综合治理、流动人口服务与管理、教育指导科等6个科室；下设巴南区社会管理信息中心（七级职员事业单位）。重庆市巴南区社会管理综合治理委员会办公室（简称：区综治办）与区委政法委合署办公；中共重庆市巴南区委防邪和处理邪教问题领导小组办公室（简称：区委防邪办）挂靠区委政法委。区综治办、区委防邪办由区委政法委统一领导、统一管理。共有编制18人，其中行政编制16人（含工勤人员2人）、事业编制2人；现在职行政人员18人、事业人员1人，退休职工7人。

2014年，区委政法委以贯彻落实中央、市委政法工作会议精神为动力，紧紧围绕“五个三”工作思路、五大工作目标、七项重点工作任务，坚持以建设“大善巴南”为抓手，坚持问题导向、民意引领，统筹兼顾、重点突破，扎实推进社会稳定各项工作。建立区委常委会每季度分析研判政法维稳和平安建设形势机制，及时研究解决影响政法维稳工作的一系列突出问题，实现“三个上升”（公众安全感、政法队伍满意度、执法司法公信力）。根据重庆市民调中心调查数据统计：巴南区公众安全感达91.05%，比上年上升1.16%；政法队伍满意度达93.88%，比上年上升3.16%，超过全市平均水平1.83%，名列主城第一；政法机关司法公信力达94.27%，比上年上升2.91%，超过全市平均水平1.68%，名列主城第一。有力地确保全区社会大局更加稳定、社会更加公平正义、治安秩序更加良好、人民群众更加安居乐业。

2014年，按照党的十八大、中央政法工作会议和巴南区第十二届二次党代会的要求，开展“幸福中国·大善巴南”社会管理创新实践。区委、区政府制定印发《关于创新社会管理建设大善巴南的实施意见》，明确2014年为“大善巴南”建设开局之年。区委政法委下发《2014年度大善巴南建设重点工作任务的通知》，确定社会组织管理、党组织建设、教育公平、医疗卫生服务水平、住房保障、“三基”（加强基层建设、夯实基础工作、提升基本素质）建设等24个方面、146项重点工作任务。量刑规范化建设、公立医院综合改革试点、接访下访问题化解工作、学前教育体制改革、重大疾病保障等141项工作任务已全部完成，三大公开（审判流程、裁判文书、执行信息）平台建设、执行指挥中心建设、桂花小学装修、樵坪春晓安置房开工、鹿角组团一期安置房B标段综合验收等5项工作正按序时进度推进。着力提高基本民生保障水平，切实改善民生、维护民利、促进民和、保障民安，最大限度激发社会创造活力、最大限度增加社会和谐因素、最大限度凝聚社会力量，更好地维护社会公平正义，不断提升人民群众的满意度和幸福感。年末，被中共巴南区委、区政府评为“2014年度区管领导班子先进集体”；与区信访办、区公安分局共同荣获区委 区政府“2014年度突出贡献‘金牛奖’”（颁奖主题辞：处突维稳守卫巴南平安）。

【社会综合治理】 区综治委先后印发《关于印发2014年全区平安建设暨综治工作要点的通知》《关于进一步加强镇街、村（社区）综治“三基”建设的意见》《关于全面推行社区（村）网格化服务管理工作的指导意见》。新型社会治安防控体系进一步健全完善，建立社会治安形势定期分析研判机制，不断提升社会治安的整体驾驭能力。始终保持对违法犯罪的高压态势，强化信息合成作战，深入开展“扫黄禁赌”“打黑除恶”、反扒、校园及周边治安治理、夏秋社会治安专项整治行动，分级分类集中挂牌整治22个社会治安重点地区。全面加强社区防控体系建设，加强村（社区）巡逻和群防群治工作，全区建有社区专职巡逻队97支、785人；农村专职巡逻队197支、1564人；楼栋长2007人、护村队1870人、治安积极分子2115人、治安信息员2127人、物业小区保安1436人，以及2.4万余人的平安志愿者队伍。巡逻防范中发现违法犯罪案件202起，群众举报违法犯罪线索4起，群众扭送违法犯罪人员5起。全区刑事案件发案5584件，同比下降6.58%；八类主要刑事案发案件104件，同比下降40.91%；“两抢一盗一诈骗”等侵财案件发案4662件，同比下降1.79%；可防性案件发案2387件，同比下降1.45%；破获刑事案件4309件，同比上升75.73%。群众安全感和满意度进一步提升。

2014年12月18日，巴南区召开深化平安建设推进会议

【涉法涉诉监督】 进一步落实《关于区委政法委员会对区政法部门执法活动进行监督的实施办法》，对政法部门执法活动进行监督，共抽查案件65件，经检查组评查合格案件51件，一般瑕疵14件，无重大瑕疵案件，无错案。修改完善《巴南区涉法涉诉信访工作联席会议制度》，加强全区涉法涉诉联合接访中心的常态化、规范化运行。办理群众来信182件，接待群众来访1346人次，办理交（督）办案件62件，处理涉法涉诉信访案件46件，办理重庆法院公众服务网上信访6件，有10件10人次同最高人民法院进行远程视频接访。妥善处理界石镇桂花村、雅丰玻璃等群体信访事件5起。继续对涉法涉诉历史遗留问题和疑难案件开展司法救助，共救助18件，救助金额达32.3万元。

【流动人口管理】 以深化“平安巴南”建设为统揽，以推进“三基”（加强基层建设、夯实基础工作、提升基本素质）建设为重点，创新社会治理，不断提高流动人口服务管理规范化、信息化水平。按照“做强区县、做实乡镇、覆盖村居、形成网格”的要求，流动人口服务管理规范化建设进一步落实。结合推进网格化管理工作，加强流动人口协管员队伍建设，全区社区366个网格中，有156个网格由流动人口协管员担任专职网格员。创新流动人口的动态管理和系统治理，全区共在库流动人口384453人，共在库出租房屋45167套，共计核查关注人群374人次，涉及人数达124人，发送协查请求719起，协查出异常情况56起，处理异常情况56起。积极推进各项公共服务均等化，不断提升流动人口计划生育管理与服务水平，认真做好农民工和外来务工经商人员子女接受义务教育工作。健全民主机制，保障流动人员的民主合法权益，加强对外来人员从事个体经营活动的管理。深入开展流动人口服务管理政策措施的宣传教育，为全区人民安居乐业营造良好的社会环境。

【邪教活动防范】 反邪教工作全面实现“四个不发生”的总体目标。圆满完成对“法轮功”“全能神”等邪教组织的攻坚人员和反复人员的教育转化；完成帮教队伍培训328人，举办科普知识培训，完成20%以上巩固对象进巩固教育学习班任务。开展“防邪知识进家庭”活动，共制作“防邪知识进家庭”宣传卡48万张，宣传卡签发卡率达96%以上。深入推进“无邪教创建”活动，正式命名无邪教镇街14个，无邪教村152个，无邪教社区56个。完成区教育转化与巩固基地建设和区反邪教协会成立工作。扎实开展以“依法治理邪教，共建平安家园”为主题的反邪教集中宣传教育月活动，在全区各镇街、101所各类学校、100个大中企业“两新”组织及10大旅游景区，共建宣传橱窗517块，反邪教警示教育室22个，充分利用电视台、巴南日报、农村广播“村村通”工程等，确保每月至少有一期反邪教宣传教育内容，扩大反邪教宣传覆盖面。

【政法队伍建设】 严格执行《党政领导干部选拔任用条例》，精选各科室负责人，做到人尽其才，才尽其用，新增内设机构区社会管理信息中心（七级职员事业单位）。加强基层政法综治组织建设，在全区各镇街成立政法委和综治办，配备政法委书记22名，配备综治工作人员171名，配备综治村（居）专干共284名，建立24个派出所、158个警务室、22个司法所、4个基层法庭、2个检务联络室，每个镇街建立社会管理服务中心，全区所有社区和44个村建立社会管理服务站。全面落实区委《关于从严教育管理政法队伍的决定》，对政法干警违法违纪实行“零容忍”。建立健全案件评查、执法档案以及执法责任追究等机制，确保执法公平公正；建立健全政法维稳中心组学习制度，制定司法公信力、政法队伍满意度民意调查和定期研判工作长效机制，落实协管政法干部职能，提高政法干部协管实效，加强执法公信力建设。深入开展“公正司法为人民”主题宣传活动，坚持“双十佳”评选制度，宣传典型。制定全区政法综治系统培训计划，切实提升政法综治干部的整体素质和工作能力，全面提升政法队伍的满意度。

（陆泽兰）

公　　安

【概况】 重庆市公安局巴南区分局（简称：区公安分局）内设26个直属单位，24个派出所，其中刑侦支队下设10个大队，交巡警支队下设12个大队。

2014年，在区委、区政府和市公安局党委领导下，严格按照全市公安工作会议精神和“两化”建设总体部署，以信息化建设为牵引，以队伍规范化建设为保障，统筹推进各项公安业务工作，维护社会治安平安稳定，为巴南区经济社会发展营造安宁的社会环境，实现“队伍形象好，业务在上游运行，群众安全感、满意度和执法公信力不断提升”的预定目标。通过全体民警勤奋有效地工作，辖区内未发生重大影响的安全事故和暴恐案件，群众安全感、政法队伍满意度、政法机关司法公信力分别达到91.05%、93.88%和94.27%，较上年比分别提升1.16、3.16和2.91个百分点；其中满意度、公信力继续保持主城第一，主要工作任务绩效评价排名主城第四。全年先后有152个集体、690人次受到各级表彰奖励；7月，分局督察支队被公安部评为“全国公安机关警务督察工作成绩突出”先进集体；年末，与区委政法委、区信访办共同荣获区委、区政府“2014 年度突出贡献‘金牛奖’”（颁奖主题辞：处突维稳守卫巴南平安）。

【刑事犯罪惩罚】 始终保持对违法犯罪行为的严打高压态势。全年立刑事案件同比下降6.58%。其中，立八类案件（指杀人、放火、爆炸、劫持、伤害、强奸、绑架、抢劫等八类）同比下降40.91%；破刑事案件同比上升75.73%，其中破侵财案件同比上升196.42%，捉获各类逃犯134人，其中外省66人，历年逃犯16人。一、严厉打击严重刑事犯罪。快侦速破故意杀人、故意伤害致死等现行命案，及时打掉犯罪分子的嚣张气焰，侦破全年8件现行命案，破案率100%；破历年积案1件，有力打击犯罪分子嚣张气焰。二、深入开展打黑除恶专项斗争。全年共打掉恶势力团伙3个。三、严厉打击侵财违法犯罪。全年破侵财案件3950件，同比上升219.32%。

【经济要案查处】 以打击涉众型经济犯罪为主线，以打击传销、非法集资、食药品安全犯罪为抓手，以夏秋专项行动为载体，严厉打击经济犯罪，维护人民群众切身利益，维护全区良好市场经济秩序。全年共立各类经济犯罪案件92件，破案41件，移交司法机关起诉20人，挽回经济损失1151万元。

【禁毒缉毒侦查】 加强毒品犯罪的打击。一、严厉打击各类毒品犯罪。全年共破获毒品案件163件，移交司法机关起诉涉毒人员194人，缴获各类毒品42.58千克。侦破公安部挂牌目标案件2件，市级目标案件3件。二、协调配合各镇街党委和政府、区级有关部门，有力地遏制区外流贩毒活动发展势头，未被国家禁毒办列入通报治理或挂牌整治地区，外流贩毒人员逐年下降。三、分局连续10年实现禁种铲毒“零目标”，全年未发生一起非法种植毒品原植物违法犯罪活动，实现全区禁种铲毒“零种植”和“零产量”。

【重大活动安保】 3月22日，“2014年重庆·国际马拉松赛”在重庆南滨路、巴滨路举行。参加此次比赛的有20多个国家和国内各省、自治区、直辖市等地区的马拉松爱好者近3万人，赛事全过程由央视体育频道全程直播。分局领导亲临巴滨路马拉松赛场详细察看安保警力部署、交通管控和应急准备等情况，现场督导指挥安保工作。此次活动共出动民警、辅警800多名，圆满完成巴南区赛段安保工作。4月13日，由中国田径协会、重庆市体育局主办，巴南区人民政府承办的“2014年李宁·中国10公里路跑联赛”在巴南区滨江路举行。来自全国各地近5000名选手参赛。在区委、区政府的统一部署下，分局高度重视赛事安保工作，缜密部署、精心安排各项安保措施，共出动警力400多人，圆满完成此次赛事安保工作。12月17日，“‘鼎铸辉煌’——巴南区建区20周年重大建设成就暨建设模范颁奖晚会”在新落成的区体育馆举行。分局精心组织、强化管控、全力以赴，圆满完成安保任务，确保联欢庆祝晚会顺利进行。

2014年12月31日，巴南区新年夜安全检查

【出境入境管理】 全年受理居民因私出国（境）申请34888人次，同比增长71.7%。一、营造申报受理的便民环境。合理布置接待大厅，规范相关指引牌和标示牌，设置LED大屏显示器和警务公示栏，公布相关申请指南、办事流程、收费标准及咨询电话、监督电话，并在大厅提供饮用水、常备药品等便民服务，营造温馨办事环境。二、实施延时预约的便民服务。为满足群众暑期出游需求，延时加班和预约受理群众申请，确保各类证件得到及时办理。三、实施急事急办的特别服务。针对少数居民留学、探望病人等紧急出境需求，落实专人负责办理追踪并协调上级部门，在最短的时间内为群众排忧解难，得到群众一致赞扬。四、提升窗口服务水平。深入落实12条便民利民措施，提高窗口服务质量、和谐警民关系。

【交通行政执法】 狠抓道路交通安全，规范路面行车秩序。全年共查处道路交通违法行为19万余起，暂扣驾驶证789个，拘留67人次，吊销驾驶证229个。查处饮酒驾驶319起，查处醉酒驾驶156起，查处超速3.55万件，查处客车超员273起，查处货车超载1220起。认真做好交通管理事故处理工作。全年辖区共发生交通事故6372件，死亡63人，同比下降5.97%；受伤2300人，同比下降3.56%；直接财产损失701.5万元。开展道路交通安全“两化一整治”（道路运输企业安全生产标准化，安全管理信息化，农村道路交通安全整治）专项行动和夏秋道路交通安全专项整治行动，全年共排查事故隐患203处，整改50处，在农村道路隐患处设立警示标牌。

【公安视频安装】 按照市政府、市应急指挥办统一部署，推进公安信息化建设。区应急指挥工程在市、区两级政府的领导下，公安视频安装快速推进。全年顺利完成2002个视频镜头建设，并接入网络的任务。截至12月31日，分局大厅可见视频镜头达到2041个。4月，市委常委、政法委书记刘学普到巴南区应急联动指挥大厅、分局作战办、网安支队视察时指出：一要抓好视频建设；二要深化信息应用；三要维护网络安全；四要强化指挥调度。

【警务执法规范】 全体干警严格警务执法，以维护人民警察的良好形象。一、健全执法办案制度。高度关注法制动态，确保各项执法办案制度与最新法律法规保持一致。健全完善受案和立案登记管理制度，坚决防止立案不实；细化完善操作规范标准，为执法活动提供标准；制定多发性刑事、行政案件证据指引，引导民警规范取证。二、规范执法执勤行为。按照市公安局制定的《公安机关常见警情处置规范》，严格规范民警接警、现场处警、行政执法、刑事执法等4个方面共计90多项具体执法行为。三、严格场所改造标准。扎实推进执法办案场所改造及装备管理，先后投入260余万元改造执法办案场所27个，高标准完成执法办案单位的办案、办公、接待、生活“四区”改造，候问室、讯问室、询问室、调解室、信息采集室、物证室、档案室等“七室”完备、规范。

（艾　鑫）

检　　察

【概况】 重庆市巴南区人民检察院（简称：区检察院）内设1局1处3室10个科室：职务犯罪侦查局（内设：反贪科、反渎科、情报科）、政治处、办公室、纪检监察室、法律政策研究室、侦查监督科、公诉科、民事行政检察科、控告申诉检察科、未成年人刑事检察科、监所检察科、职务犯罪预防科、案件管理科、检察技术科、行装科。政法专项编制116人、在岗干警105人。

2014年，区检察院在市检察院、中共巴南区委领导下，在区人大监督支持下，全面履行检察职能，为推进巴南“四区一基地”建设提供有力的司法保障。领导班子团结齐心，全体干警尽职尽责，各项工作稳步推进，7个办案组分别被重庆市检察院记集体二等功和三等功，“法到农家”工作系列作品荣获最高检预防职务犯罪比赛一等奖，1份预防检察建议获评全市检察机关预防职务犯罪“十佳检察建议”，继续保持全国检察机关“文明接待室”称号。

【职务犯罪查办和预防】 一、以查办有影响有

2014 年 7 月，市检察院第五分院检察长戴仕俸到巴南区调研

震动的大要案为重点，保持反腐败高压态势。按照“老虎苍蝇”一起打的要求，围绕农村建设、农业项目资金申报、征地拆迁等领域，全年立案查办职务犯罪案件 22 件 28 人，其中，大案 19 件 25 人，要案 8 件 8 人，为国家挽回直接经济损失近 400 万元。二、突出打击重点，针对群众反映强烈的腐败问题，积极运用“系统抓、抓系统”的方法，一举查办涉农惠农、乡镇建设工程等领域的窝案、串案 10 件 10 人，切实维护人民群众的合法权益。三、扎实推进职务犯罪预防工作，增强预防工作实效。建立关口前置预警机制，对关键领域的 6 个部门发出检察建议 6 份，促进建章立制，完善内部管理。四、开展经常性警示教育，区检察院领导分别到区委党校、区属部门、镇街开展法制讲座 16 次，2100 余人次受到教育。成立“预防职务犯罪巡回宣讲团”，全年开展巡回宣讲 22 次，实现村社干部警示教育全覆盖。五、完善行贿犯罪档案查询中心工作机制，实行网上 24 小时预约查询，全年共开展各类行贿档案查询 993 次。

【刑事检察】 一、坚持打击犯罪与化解矛盾并重，切实维护社会稳定和谐。全年受理审查批准逮捕各类刑事案件 430 件 572 人，依法批准逮捕 370 件 494 人，受理审查起诉 980 件 1299 人，向人民法院提起公诉 868 件 1118 人。二、依法严厉打击严重刑事犯罪。保持对严重刑事犯罪的高压态势，依法批捕故意杀人、故意伤害、强奸、抢劫、绑架等恶性暴力犯罪嫌疑人 49 人、起诉 44 人。快捕快办王某故意伤害其妻、杀害其子等社会影响恶劣案件，有力打击犯罪分子的嚣张气焰，维护社会稳定。三、着力维护全区市场经济秩序。会同相关部门开展夏秋整治、食药卫生监管等专项行动，依法打击制假售假、集资诈骗、侵犯知识产权等破坏市场经济秩序的犯罪活动。全年共起诉破坏市场经济秩序犯罪案件 15 件 31 人，依法快捕快诉杨某、甄某非法吸收公众存款 1100 万元等案件，较好地规范市场经济秩序。四、认真落实宽严相济刑事政策。依法宽缓处理轻微犯罪，全年对犯罪情节轻微的犯罪嫌疑人不逮捕 61 人，不起诉 82 人。积极完善检调对接机制，健全未成年人、老年人犯罪以及邻里、亲友纠纷引发的轻伤害等轻微刑事案件和解机制，先后对 6 起案件成功进行刑事和解，最大限度促进社会和谐。五、积极参与社会治安综合治理。完善微罪不起诉人员帮教制度、未成年人犯罪回访制度，扎实开展社区矫正法律监督工作，做好特殊人群帮教工作。与团区委联合组建巴南区“莎姐志愿者服务队”，开展志愿帮扶、“检察官周末故事会”等活动 10 余次，全面预防青少年犯罪。六、延伸法律监督触角，在木洞镇、界石镇成立派驻检察室。七、依托“举报宣传周”“12·4 国家宪法日”等载体，开展法律宣讲、司法救助等便民利民服务活动，深入基层化解社会矛盾。

【诉讼监督】 一、认真履行刑事诉讼活动监督职能。严格贯彻修改后的刑诉法，把人权保障、防冤纠错和严格执法的要求贯穿于执法办案各环节，全年共监督立案 2 件 3 人，追捕漏犯 2 人，追诉漏犯 6 人，追诉漏罪 3 条，提起刑事抗诉案件 1 件。二、认真履行民事审判和行政诉讼监督职能。共审查民事和行政申诉案件 50 件，审查后向上级院建议提请抗诉 4 件。三、强力推进行政执法与刑事司法衔接机制建设，在与区食药监局建立“两法衔接平台”基础上，加快建立全区行政执法机关与检察机关信息共享、案情通报、案件移送平台，努力实现行政处罚与刑事处罚衔接。四、切实履行控告申诉检察职能。以涉法涉诉信访工作改革为着力点，深入开展涉检信访接待工作，全年受理单位和群众来信来访88件。五、积极开展司法救助活动，向确有困难的11名刑事被害人发放司法救助金近4万元，有效缓解当事人之间的矛盾。六、切实做好以律师、人民监督员为主体的社会第三方参与化解涉法涉诉信访工作，不断促进矛盾解决机制的多元化，取得较好效果。七、加强对监管活动和刑罚执行的监督，积极开展羁押必要性审查工作，提请羁押必要性审查的3人均被变更强制措施，保障犯罪嫌疑人合法权益。八、加强对刑事诉讼时限的检察监督，认真督促落实“一证通”制度，连续5年保持羁押零超期。九、深化刑罚执行监督，共促使纠正监外执行罪犯脱漏管3人。十、改进监督方式，有效防范违法减刑、假释、暂予监外执行等问题发生。

（冯　华）

法　院

【概况】　重庆市巴南区人民法院（简称：区法院）内设15个机构（刑事审判庭、民事审判一庭、民事审判二庭、民事审判三庭、行政庭、未成年综合审判庭、执行局、立案庭、审判监督庭、办公室、政治处、研究室、监察室、审判管理办公室、司法警察大队），下设4个镇街人民法庭（一品街道、接龙镇、东泉镇、木洞镇）。共有政法专项编制189名，现有在岗干警177名（其中：法官98名、司法警察12名、书记员67名），工勤人员3名，临聘人员58名。

2014年，区法院坚持以司法工作服务大局，以司法为民促进和谐，以司法公开提升公信，以司法素能固本强基，以司法改革推动发展，认真履行宪法和法律赋予的职责，为巴南“一城一极一区”建设提供有力的司法保障。全年共受理各类案件16030件，结案14618件，比上年分别增长5.5%和9.6%；涉案标的额29.5亿元；法官人均结案145件。通过组织法官举行“12·4宪法日”集中宣誓活动，开展法官专业技能培训，开展法官庭审能力测评，完善“五问”（问行、问责、问心、问廉、问效）廉政工作机制等方式，努力加强法官队伍建设，队伍满意度列重庆市主城区法院第1位。

【刑事审判】　认真贯彻执行新的刑事诉讼法，坚持宽严相济的刑事政策。一、恪守证据裁判规则，共受理刑事案件910件，审结853件，判处罪犯1099人。其中，依法严惩故意杀人、故意伤害、强奸等严重暴力犯罪72件103人；抢劫、盗窃、诈骗等多发性侵财犯罪257件284人；贩卖毒品、聚众赌博、容留卖淫等涉“黄、赌、毒”案件232件287人。切实保障群众生命财产安全，净化社会不良风气。二、试行轻微刑事案件快速审理机制。对轻微犯罪、过失犯罪、主观恶性不大的犯罪以及未成年人犯罪，坚持依法从宽处理，共判处缓刑、管制、罚金及免予刑事处罚518人，努力减少社会对抗。三、对贪污、贿赂等职务犯罪保持高压态势，共审结17件19人。东温泉镇小产权房系列受贿案件、麻柳嘴镇村社干部腐败窝案被依法惩处。四、加大刑事被害人的保护力度，共审结刑事被害人提起附民赔偿案件32件，其中21件通过调解兑现结案。

【民商事审判】　坚持服务和保障民生，依法保护群众合法权益。一、倡导良好社会风尚，共审结婚姻家庭、人身损害赔偿等民生案件3118件。二、针对家庭暴力行为发出全市首份人身保护令，被重庆卫视《新闻解码1+1》栏目报道。三、充分运用调解、和解方式，依法审结与经济发展息息相关的商事案件3569件，促进公平交易，规范市场经济秩序。四、发挥小额诉讼优势，适用小额诉讼审结案件2293件，平均审理周期16天，无一当事人提出再审申请，群众诉讼维权效率提高。五、运用群体诉讼个案先行判决机制，成功调解某房地产开发商400余件商品房逾期办证纠纷，既为企业解“难”，又为业主排“忧”。

【行政审判】　坚持监督行政机关依法行政与保

护行政相对人合法权益并重。一、依法审理行政审查、行政诉讼案件。共审查非诉行政执行案件195件，审结土地征收等行政诉讼案件101件，其中行政机关败诉8件，通过和解后原告撤诉40件。二、全面落实行政案件交叉管辖制度，办理上级法院指定审理被告为其他区县人民政府的行政案件22件。三、协助区政府制定《行政首长出庭应诉制度》，定期通报行政首长出庭应诉情况，全年行政首长出庭应诉7件。8月29日，原告李某诉巴南区人民政府撤销行政登记一案，区长亲自出庭参加应诉。四、针对行政机关依法行政中存在的问题，发送司法建议11条，《加强未成年人犯罪预防工作》的建议获评全市法院优秀司法建议。

【依法执结】 加大依法执结力度，保障审判的公信力。一、成立执行指挥中心，快速出警450余次，司法拘留69人，典型经验被重庆卫视《午间新闻联播》报道。二、加强与交通、机场、公安等部门的执行联动，与银行“点对点”网络执行查控，全年执结各类案件2970件，实际执结率78.1%，兑现标的额为1.3亿元。三、开展“转变执行作风、规范执行行为”专项执行活动，集中清理并执结积案1149件，兑现标的总额2.02亿元。四、加大对“拒执”犯罪行为打击力度，7名涉案人员被移送公安机关。五、加大司法拆迁力度，开展“司法强拆周”活动，共执结案件66件，依法推进龙洲湾、花溪、界石等片区征地和危旧房改造工作，确保外河坪征地项目、重庆高职城、界石东城大道等一批市、区重大项目顺利推进。

【社会综治】 积极参与社会综合治理，依法维护人民群众的合法权益。一、在全市法院率先成立“保险合同纠纷调解室”。由市保险行业协会派人定点驻院，开启处理道路交通事故纠纷新模式，共调解案件85件，兑现金额835万元。二、在消费、物业、医疗领域拓展诉调对接平台，全年以诉调对接方式调处纠纷1250余件。三、创新未成年人审判工作机制，对涉未成年人的刑事、民事、行政案件实行“三审合一”。未成年人审判庭先后被共青团中央、最高法院授予“全国青少年维权岗”“全国少年法庭先进集体”称号。四、设立心理咨询室，推出个性化社区矫正方案，发出全市首份个性化社区矫正建议书。五、建立行业案件通报制度，向纠纷易发多发行业通报典型案例、提出工作建议22件次。《加强和规范医患纠纷赔偿工作》建议，被市委常委、政法委书记刘学普批示转办。《民事纠纷多元化解决机制的巴南实践》被评为2014年全国创新社会治理典型优秀案例。六、深入22个镇街开展“法制宣传周”“校园法制课堂”“乡村法制课堂”等法律服务活动，提供法律咨询1.3万人次。

【司法为民】 依托重庆法院公众服务网，完善网上立案、案件查询、联系法官等在线诉讼服务。一、设立“柜台式”导诉台和法律援助工作站。随案发送诉讼风险提示书、廉政监督卡，为当事人提供“一站式”诉讼服务。二、探索诉访分离机制。建立涉诉涉执信访案件排查、接访、听证、审查、终结、回访工作机制，坚持信访窗口日接

2014年12月4日，巴南区人民法院在首个“国家宪法日”法官代表向宪法宣誓暨法院公众开放日活动

访、院庭领导和青年干警周接访、远程视频定期接访制度，引导人民群众依法理性表达诉求，全年共办理群众来信87件，接待群众来访369人次；通过最高法院远程视频接访10人次，处理涉诉涉执信访案件19件，办理信访交（督）办案件26件。三、加大司法救助力度。为147名低保户、下岗职工等经济困难当事人依法减、免、缓诉讼费57.7万元，发放司法救助金18.5万元。四、优化便民诉讼网络。完善便民诉讼QQ群、便民联系卡等长效便民举措，加大巡回审判力度，全年上门立案325件，巡回审判620件。五、加强人民调解指导。与区司法局联合印发《人民法官指导人民调解工作意见》，指导镇村两级化解纠纷40余件，不断提升矛盾综合调处水平。

【审判改革】 积极探索法院审判权运行机制改革，理顺审判组织权责。一、制定合议庭、独任庭、审判委员会工作规则，明确职责范围，任命44名同志为合议庭成员。二、建立审判专业咨询机构。制定审判长联席会议、专业法官会议规则，在刑庭等五个业务庭建立审判长联席会议并成立民事、刑事两个专业法官会议，为法官办案提供咨询参考，为审判委员会决策提供意见。三、强化审判监督管理。制定《关于切实加强审判管理保障审判权独立运行的规定》，明确院、庭长审判监督管理职责，在全市法院率先实行个案留痕制度，确保法官依法独立公正行使审判权。四、严格审判责任追究。制定《瑕疵错误案件责任追究办法》，明确认定标准，有效防止瑕疵、错误案件发生，切实提高审判质量。五、建立法院门户网站，开通官方微博，有序推进审判流程、执行信息、裁判文书公开，多渠道回应公众关切，全年提供案件查询374次，公示曝光失信被执行人2043人次，上网公开裁判文书4751份。

【接受监督】 自觉接受人大法律监督、政协民主监督和社会各界监督。一、全年主动邀请人大代表、政协委员旁听重大案件审理、见证执行110余人次，收集司法公开、权力监督等方面建议13条。二、向区人大常委会专题报告诉调对接、涉民生案件执行、新的民诉法实施情况等工作，向区政协通报法院工作情况，全年报送法院审判工作简报12期，向人大代表、政协委员寄送工作情况通报580余份。三、配合区人大常委会开展镇街人大代表联合评议法庭工作，4个镇街人民法庭全面接受代表评议，满意度为96.2%。四、完成人民陪审员“倍增计划”，新增人民陪审员70名，为司法民主不断注入新鲜活力，人民陪审员参审案件达4631件，占普通程序案件的97.3%。

（涂　恩）

司　法　行　政

【概况】 2014年，重庆市巴南区司法局（以下简称：区司法局）紧紧围绕服务全区经济社会协调发展、维护社会和谐稳定大局，充分发挥法律宣传、法律服务和法律保障三大司法行政职能优势，立足本职，积极作为，着力创新，各项工作取得新成绩、实现新突破，为巴南区普法、综治、司法行政做出了较大贡献。3月，巴南区被全国普法办评为“全国‘六五’普法中期先进区”（全市7个）；8月，巴南区被中国关工委、司法部、中央综治办评为“全国青少年普法教育示范区”（全市2个）。8月，区司法局被中华人民调解员协会评为“全国人民调解宣传工作先进单位”；年末，先后被重庆市司法局评为“2014年度全市人民调解工作优秀单位”“2014年度全市区县司法行政系统服务功能区建设优秀单位”“2014年度全市区县（自治县）司法局执业执法综合管理目标优秀等次（位居全市第一）”；被区委、区政府评为“2014年度区管领导班子先进集体”。2014年度全区司法行政队伍群众满意度和公信力分别为95.36、95.65，双双跃居全市第一位。

【法律宣传】 深入开展“把法律带回家”“加强法制宣传，服务都市功能扩展区建设”等法治宣传主题活动，积极送法“进机关、进乡村、进社区、进学校、进企业、进单位、进监所、进中介、进娱乐场所、进园区”。率先在全市以区委办、区政府办文件印发《落实“执法即普法、管理即宣传”强化大普法格局的实施方案》，推进全社会参与大普法格局。全年共开展现场法律咨询近700场次，法制文艺巡演135场次，举办法治讲座927场次，发放《农民工法律知识读本》、《老年人维权法律知识读本》等各类法律法规宣传资料及书籍近54万份（册）。8月，龙洲湾街道道角村、石龙镇大兴村等7个村被市委法建办、市司法局、市民政局命名为第七批“重庆市民主法治示范村”；鱼洞街道乌洋街社区、双河口镇慕禹社区等5个社区被市委法建办、市司法局、市民政局命名为第五批“重庆市民主法治示范社区”。9月，区委法建办组织全区新提任领导干部参加法律知识考试。10月，区委法建办组织全区干部参加法制理论知识考试。12月3日，在区委党校举行“国家宪法日”集体宣誓仪式，全体区级领导、各镇街党政主要领导、区级各部门主要领导、区属国有公司代表等200多人到场宣誓。12月11日，在南彭街道举行“国家宪法日法治文艺巡回演出”，市委法建办、区委法建办、区司法局、南彭街道等单位领导及南彭街道干部群众600多人观看演出。

【法律服务】 积极开展法律服务进园区、进村（居）活动，印发《关于切实做好律师参与区领导公开接访工作的通知》，推进律师参与信访、涉法涉诉稳定工作，公证处积极参与城乡统筹、拆迁安置等工作，在矛盾化解、突发事件处置、重大项目和重大决策提供优质高效法律服务。律师事务所组织执业律师联系重点企业10家，走访企业23人次，到界石经济园区企业开展“安全与责任事故”“企业风险防范和劳动合同法”等专题讲座6场，出具法律意见书9份，提出合理化建议18条；到村（居）开展法制讲座8场，解答法律咨询2736人次，调解纠纷49件，提出合理化建议15条；参与值班接访286件，接待441人次，涉及4666人；担任常年法律顾问59家，代理诉讼事务436件（其中刑事案件52件，民事案件372件，行政诉讼8件，非诉讼法律事务4件），办结法律援助129件。公证处办理各类国内公证3392件（其中经济224件，民事3168件），办理涉外公证408件，涉港澳台公证25件。司法鉴定所办理司法鉴定事项360件。

2014年12月11日，在南彭街道开展“国家宪法日法治文艺巡回演出”

【法律援助】 坚持“司法为民、务实创新、优质高效”的服务理念，创新便民措施，降低受理门槛，简化办案程序，设身处地为群众排忧解难。构建以区法律援助中心为枢纽，镇街、工青妇、民政等单位工作站为触角，村（社区）联络员为网点的纵到底、横到边“大法援”新格局，实现“援助进家门、服务贴民心”。全年受理各类法律援助案件1289件（其中刑事229件，民事1060件），办结948件（其中刑事案件98件，民事案件850件）；其中涉及农民工535件、残疾人47件、未成年人140件、老年人185件、妇女305件、农村土地流转和林权改革138件，挽回困难弱势群体经济损失1378.38万元。

【人民调解】 不断加强人民调解员队伍建设，全年各级开展人民调解员培训28场次，制定印发《巴南区人民调解员监督管理办法（试行）》，规范管理调解员

2014 年，巴南区优秀调解员颁奖

队伍。完善人民调解、行政调解、司法调解“三调”联动机制，建立矛盾纠纷综合解决机制，推进大调解体系建设。联合相关职能部门制定印发《巴南区人民法官指导人民调解工作实施办法（试行）》《劳动争议人民调解工作方案》《物业纠纷诉调衔接工作实施办法（试行）》《医患纠纷诉调衔接工作运行机制实施办法（试行）》《非公有制经济调解工作室工作办法》。全年共调解纠纷23210 件，调解成功 22906 件，成功率达 98. 7%。6 月，在全市人民调解工作会上，区司法局局长姜莹星以《多措并举，务实创新谱写人民调解工作新篇章》为题作经验交流发言。木洞镇人民调解委员会、南彭街道司法所胡贤俊分别被市司法局、市人力社保局评为重庆市人民调解先进集体和先进个人。

【社区矫正】 巴南区率先在全市以区委办、区政府办文件印发《关于进一步加强社区矫正工作的实施意见》《关于进一步加强刑释人员安置帮教工作的实施意见》《巴南区社区矫正和安置帮教工作责任追究暂行办法》。1 月，市司法局社区矫正处处长谭爱国到二圣镇调研基层社区矫正工作。6 月，市政协社法委专职副主任王建西、张继军到巴南区调研社区矫正工作。12 月，在市社区矫正视频工作会上，市委常委、政法委书记刘学普在讲话中高度评价：巴南区为规范社区矫正工作，以“两办”名义在全市率先制定出台《巴南区社区矫正工作责任追究暂行办法》，为职能部门和相关工作人员划定履职“禁区”和追责情形，确保职能部门和基层单位依法履行社区矫正工作职责，值得学习和借鉴。率先在全市全面开展社区矫正执法检查暨社区服刑人员集中点名训诫教育。8 月，重庆法制报、重庆卫视台在《重庆新闻联播》先后宣传报道。全年接收社区服刑人员 510 人，解除矫正 513 人，无脱漏管人员，已累计接收社区服刑人员 2109 人、解除矫正 1650 人，现在册 459 人。全年接收刑满释放人员和解除社区矫正人员 1000 人，在册安置帮教对象 3067 人，年安置率 95%，帮教率 98%，无一人重新犯罪。

【司法调研】 认真开展基层司法所建设调研，对司法所人员、机构、工作运行等情况进行摸底梳理。从争取中央政法专项编制、地方行政编制和事业编制，到政府购买公益岗位、聘用人员等方式，消灭无人司法所，不断充实 1 人司法所，保障每个司法所工作人员至少 3 人以上。针对城市街道矛盾纠纷多、工作任务重等情况，就组织机构、管理体制、人员编制和工作场所等情况，重点对主城内司法所开展专题调研，提出有针对性加强主城区司法所建设的解决措施。开展司法行政向村（居）延伸工作专题调研，草拟《关于在村（居）建立司法工作站（试点）的实施意见》，从基本模式、人员设置、工作制度、工作职责等方面对司法行政向村（居）延伸提出明确要求。

（熊伯均）

武　　装

武　　装

区人民武装部

【概况】　2014年，中国人民解放军重庆市巴南区人民武装部（简称：区人武部）深入学习贯彻党的十八大、十八届三中、四中全会、全军政治工作会议精神，认真贯彻执行民主集中制，突出应急应战强能力，深改作风抓落实，军民融合求发展，各项工作有序推进。

*铸军魂正作风，听党指挥思想更牢固。*扎实开展“牢记强军目标、献身强军实践”主题教育。将学习成果转化为抓建能力，规范建设秩序4类16项。扎实开展第二批党的群众路线教育实践活动，突出实践特色和问题导向。警备区原司令员高晓勇参加区人武部党委班子的对照检查，对区委书记李建春等班子成员在对照检查中坚持严格剖析问题，扎实开展批评与自我批评的做法给予充分肯定。先后有军区2位首长、警备区5位首长、上级机关多次检查调研，都给予高度评价。

*抓训练砺素质，强化专武干部队伍建设。*为适应警备区“训比考评”新形势，着眼成长选拔、能力考核、工作考评和任务检验等环节。4～7月，组织镇街民兵共计2000余人开展军事基础科目训练。李家沱街道、木洞镇、石滩镇、大江工业集团、宗申产业集团、建设工业有限责任公司等单位积极组织应急分队民兵开展轻武器实弹射击训练。交通战备办公室和民防办公室认真做好专业队伍年度训练筹划，科学制定训练计划，高标准完成专业科目训练。11月，木洞镇、东温泉镇两支水上救援分队开展冲锋舟装卸、漂浮物打捞等科目自训，救灾能力进一步提升。8月，东温泉镇发生洪灾，有群众一家4人被洪水冲走，区人武部领导组织水上应急民兵及时赶赴现场救援打捞，赢得百姓称赞。认真组队参加全市民兵预备役“四会”（会做、会讲、会教、会做思想工作）教练员比武竞赛，选派安澜镇武装部长杨晓海、接龙镇武装干事曾勇涛、东温泉镇武装干事王刚代表巴南区参赛，取得团体第一、单项共11个名次，3名选手在全市140多名尖子中脱颖而出，全部进入个人全能前5名。

*严制度抓规范，日常战备水平明显提升。*为扎实推进应战应急准备，年初，组织区人武部干部职工和镇街专武干部80余人进行战备拉练。区委书记、区长亲自审定方案并担任连长、指导员，该做法被警备区作为经验向全市推广。4月，组织宗申集团应急民兵分队150人开展长途拉练，磨砺企业民兵队伍。1～3月，以警备区赋予的战备试点任务为契机，狠抓日常战备秩序整治，完善《战备工作实施细则》，规范“三室两库”建设，研究“三情”分析机制，接入地方应急系统，落实应急值班制度，交流试点工作经验，为全区推进战备达标建设提供参考。警备区战备工作集训期间，警备区首长、机关处室领导和全体

与会代表对区人武部战备工作进行现场观摩，认为建设有亮点、学习有经验、推广有价值。

*重质量促转型，后备力量建设科学推进。*结合巴南区实际，创新编组模式，优化布局结构，压缩编组规模，将原来的四类队伍调整为应急、支援、储备三类队伍。为适应建设“四区一基地”战略，在高新技术产业，职业学校开展建立民兵队伍的可行性调研。重点就界石工业园区成立武装部、建立新型产业民兵队伍进行调研，与园区和企业领导进行研讨和对接，各项准备基本完成。依托重庆建设摩托车股份有限公司、大江工业（集团）有限公司、重庆耐德新明和工业有限公司3家军工企业和宗申产业集团，推动民兵队伍由普通型向对口型转型。加大木洞镇和东温泉镇2支“民兵水上快艇救援分队”等应急力量建设力度，应急队伍处置突发事件综合能力进一步提升。

*重联系强感情，融洽驻区军政关系。*为密切与驻区部队之间的联系，加深感情，确保关键时刻政令军令畅通，深入驻区部队走访调研，了解需求，协调解决实际困难。先后两次会同分管区领导，带领区应急、林业、水利等部门的同志和驻区部队领导一起分析预判巴南区可能面临的自然灾害，熟悉地形地貌，研议应对措施，提升应对灾情的组织指挥能力。强化服务意识，通过“小事亲为、小事大为、小事常为”解实难帮实困，为驻区部队的部分官兵协调解决家属就业、子女就学、转业安置等切身利益问题。发挥引领带动和牵头组织职能，驻区部队积极参加区内经济社会活动和各种应急行动。先后会同区有关部门3次到现场解决武警7支队、武警水电8支队进驻后少数民工与承包方纠纷等问题。与区人力资源和社会保障局、区民政局等一道做好退伍士兵安置事业编制的选拔工作，确保退伍士兵安置公平公正。

【国防动员会议召开】 2月13日，区人武部组织召开“2014年巴南区国防动员工作会议”。中共巴南区委副书记、区长陈刚，区人武部领导、各镇街和企事业单位武装部长共76人参加。区国防动员委员会副主任、人武部部长陈果在大会上作工作报告，区长陈刚在会上对做好当年度国防动员工作作安排部署，并提出具体要求。会议还表彰了2013年度民兵预备役工作先进单位和个人。

【战备工作秩序规范】 根据警备区的战备工作试点要求，以新的《战备工作条例》为依据，坚持信息主导，需求牵引，机制推动，先后投入40余万元完成值班室和作战室信息化改造，建设“三网三系统”（即国防动员指挥信息网、地方政府党政网、互联网、营区监控系统、地方公安天网系统、地方应急信息发布系统）。建立健全应急联训联考联评常态机制，通过强指挥、抓队伍、促联合，使战备工作更加系统化、规范化，初步建立“需求对接紧、体系配套好、制度规定严和信息化程度高”的战备工作秩序。

2014年11月12日，区人武部组织东温泉和木洞抗洪抢险分队集训

【民兵应急军事训练】 4～7月，组织镇街、企业民兵共计2000余人开展军事训练，分批次组织李家沱街道、木洞镇、石滩镇、大江工业集团、宗申产业集团、重庆建设摩托车股份有限公司等单位民兵应急分队开展应急处置突发事件集训和轻武器实弹

射击训练。训练中采取“讲解示范、分组练习、评比竞赛”等方式，全面提高参训人员处置突发事件的能力和实弹射击能力，为参加全市应急力量联考联评夯实过硬基础。

【征兵任务圆满完成】 2014年，是实行夏秋季征兵的第二年，要求征集工作各个环节在网上同步进行。为确保征兵任务圆满完成：一、改革宣传方式。对象上变普遍宣传为针对性宣传为主，盯住高学历人群和大中专院校学生。5月，就启动两所高校的集中宣传，防止与学校暑假出现时间差。方法上不断改进，在搞好基本政策宣传的基础上，加大国防形势、强军趋势和军人形象宣传，邀请全市优秀士兵事迹报告团到理工大学等作事迹报告，增强直观印象，激发荣誉感、认同感。二、形成工作合力。注重上下全力推进、部门紧密协作、镇街全方位支持，营造良好氛围。公安、教委等部门针对学历提升、政审与学校暑假重合等情况，加大把关力度。部分镇街采取升学跟踪排查等办法，确保高学历兵员比例。三、积极探索院校征集路子。在接受所在街道提供相关服务的同时，对2所大学实行直接领导和指导。为防止在校大学生征集对象流失，暑假前单独组织两所大学进行征兵体检，让学生离校前吃下定心丸。积极探索既不干扰复习迎考，又切实有效地征集应届高中毕业生。教委利用信息平台，在高考后的第一时间一人不漏进行宣传发动，与镇街协同对落榜学生包干盯人发动。对巴南籍在外就读大学生登记造册，针对性地搞好宣传发动和服务保障。无一起责任退兵，圆满完成市征办下达的征集任务。

【“四会”教练员比武】 4月，为迎接市警备区民兵预备役“四会”（会做、会讲、会教、会做思想工作）教练员比武。区人武部采取“基层重点推荐、全区整合选拔、封闭集训淘汰”的方式，重点突出国防知识、军事理论、武装工作、政策法规、业务技能以及队列动作与指挥、警棍盾牌术等课目的强化训练，坚持集中普训、重点精训、以比促训。通过近1个月的强化训练，最终选派安澜镇武装部长杨晓海、接龙镇武装干事曾勇涛、东温泉镇武装干事王刚代表巴南区参加比武。6月，在全市民兵预备役“四会”教练员比武中，3人全部进入全能前五名，并取得团体第一，获单项11个名次的好成绩。

【应急处突分析会召开】 8月3日，会同各驻区部队、武警、消防等力量，召开“驻区部队应急处突形式分析会”。应急、防汛、林业、气象、地震等区属部门分别介绍辖区季节性自然灾害的特点，并对当前社会矛盾和民情社情进行分析梳理研判，明确易发灾情和防范重点，完善应对措施，扎实做好灾情社情收集、预案修订、强化训练等预防工作，有效地增强巴南区整体应急处突预防能力。

【参加建区20周年庆典】 11月22日，受区委、区政府委托，邀请区人武部历任部长和政委8人，并组织200多名驻区官兵，参加区委、区府主办的“庆祝巴南区建区20周年座谈会”，并参观人武部的军营、库室和信息化建设，退休老领导对区人武部近年的喜人成绩给予充分肯定和高度评价。

【抗洪抢险分队集训】 11月12日，组织东温泉、木洞两支抗洪抢险分队开展为期一周的集训，主要对冲锋舟驾驶、靠停、水上漂浮物打捞、落水群众营救和物资装卸等科目进行补差和强化。区人武部政委梁江波带领军事科人员全程坚持在现场指导并参训。

【专武干部行军拉练】 2月12日，组织全区镇街、企业人武部专武干部及本机关干部职工共计78人进行徒步拉练。整个活动按部队行军着装标准，沿渝南分流道向重庆市国防教育基地徒步行进，整个拉练共行军约30公里。到达目的地后，参观了国防教育基地，学习重庆地区革命先烈的英模事迹，参观学习后，又按原路徒步返回。通过此项行军拉练，既提升基层专武干部的精神状态，又增强基层专武干部的国防观念，为全区民兵预备役工作建设再上新台阶夯实基础。

（马　超）

驻　军

巴南区公安消防支队

【概况】　重庆市巴南区公安消防支队（简称：区消防支队，于2005年8月1日挂牌成立）内设1部3处（司令部、政治部、防火处、后勤处），下设4个中队（李家沱、鱼洞、龙洲湾、界石）。共有消防车24辆（其中：指挥车1辆、运兵车1辆、泡沫车4辆、水罐车11辆、抢险救援车4辆、登高平台消防车2辆、豪士科高层供水车1辆），消防官兵234人，主要承担巴南区火灾预防、扑救和应急救援工作。2014年，区消防支队党委以总队年度党委（扩大）会议精神为指引，紧紧围绕三年规划和全年重点工作目标任务，全面提升部队正规化建设水平和社会火灾防控能力，实现火灾形势和部队管理双稳定。全年共有接警出动记录3214起，出动车辆4845辆次，出动警力31229人次，疏散被困人员44人，抢救财产价值2132万元。参战人员死亡0人，受伤0人。共查询火灾374起，过火面积8934.6平方米，受灾196户，受灾人数42人，直接财产损失782.19万元。全年加强消防宣传普及，清华中学成功创建市级“消防安全示范学校”，鱼洞二小获得全市消防示范课决赛二等奖。连续推出40期《消防连万家》电视广播品牌节目，完善媒体联动机制。

【消防安全防控】　2014年，区消防支队以体系建设为切入点，不断提升全社会火灾防控能力。一、提请政府将消防工作纳入政务督查、社会治安综合治理和安全生产考核内容。区长陈刚5次作出重要批示，充分肯定全区消防工作。二、制定印发《巴南区火灾公众责任保险消防安全评估细则》，规范火灾风险评估程序及方法，消防重点单位投保率达到100%。投入专项资金450万元，建成木洞、丰盛、东温泉、接龙四支政府专职消防队。三、规范执法功能库室布局，配齐消防监督装备。全年办理269个行政许可项目，受理并按时办结举报投诉181件，办理行政案件151件，罚款160万元，行政效能测评居26个区级部门之首，群众满意度达100%。四、持续开展“清剿火患”、重大隐患和消防车道专项整治，提请政府将“三合一”场所整治列为年度民生工程，安排专项经费100万元，用于整改奖励、困难补贴和公共设施建设。推动“三合一”场所向园区标准化厂房转移，辖区1100余家“三合一”场所隐患得到有效整改，该经验做法在公安部简报刊发推广。日月山庄等11处重大火灾隐患和丰盛古镇、木洞老街等3处老街古镇的隐患得以治理，群众反映强烈的现实矛盾得到缓解。采取“预审预验、事前监督”的原则，强化工业园区消防管理，园区违法建设、违规使用消防器材的现象得到有效遏制。

【实战能力增强】　2014年，区消防支队以实战需求为出发点，不断提升消防官兵整体战斗能力。一、深化训练改革。强化全员岗位练兵，组织开展装备器材和“六熟悉”周考核，训练工作“月对抗、季比武”活动。在新兵集训、比武集训等重要时期，聘请专业体育教练跟训指导，切实提高训练的针对性和科学性。二、夯实战训基础。规范执勤作战秩序，完善值班备勤、信息报送、装备管理和战评总结等“四项制度”。立足辖区实际，牵头组织主城南片区跨区域联合实战演练、巴南区环境污染事故应急救援演练，制作修订灭火救援预案498份，开展实战演练260次、“六熟悉”460次，部队实战能力不断提升。三、强化部队正规化管理。完善制定16项规章制度，着力抓好“四个秩序”“八小时”内外管理。投入资金110万元，对各库室功能进行完善，统一设置办公生活物品摆放、标识标牌。开展安全隐患集中排查整治12次，健全和完善管理机制和问责机制，全年无安全责任事故发生。四、坚持信息主导警务。接入辖区应急救援指挥平台和道路、重点单位监控平台，实现消防指挥中心与社会救助力量信息共享，提高火情侦查、火场供水、救援行动的科学性。完成车辆北斗定位系统、营区门禁系统和指挥中心中控系统建设，部队灭火救援和管理工作信息化水平得到全面提高。

【基础保障支撑】　2014年，区消防支队以夯实基础为支撑点，不断提升部队综合保障能力。一、积极争取经费支持。全年共落实地方业务经费3803万元，其中专项经费2149万元，正常业务经费1654万元，人均业务经费达11.15万元。二、优化装备作战效能。投入291.6万元购置德国曼车底盘水罐泡沫消防车及多功能抢险救援消防车各一辆。总额1978万美元的美国进出口银行主权贷款购置车辆器材装备项目获得市财政局担保，已完成招标代理公司选聘工作，正在稳步推进。三、强化基础设施建设。界石消防站驻兵投入使用，南彭消防站顺利开工建设。新建1950平方米的战勤保障仓库完成主体封顶，正进行内外装修工程，即将投入使用。李家沱中队营房改造和机关办公大楼广场改造已进入评审阶段，计划分别投入约300万元、100万元进行全面改造。完成基层中队健身房、洗漱室、理发室改造等暖兵工程，为基层中队生活提供便利。四、完成营房产权办理。在全市率先完成支队指挥中心、鱼洞、龙洲湾中队房产遗留及界石中队新建房产权办理工作。

（汤云尧）

77109部队

【概况】 2014年，中国人民解放军77109部认真学习贯彻中央军委主席习近平系列重要讲话精神，按照能打仗、打胜仗的要求，围绕军事斗争准备，坚持“举旗铸魂、真抓实备、夯实基础、以稳促进”的思路，积极开展拥政爱民和双拥共建活动，为地方经济建设、社会发展、安定团结做出了较大贡献。被成都军区评为“依法治军从严治军先进单位”；被13集团军评为“新闻宣传工作先进单位”“基层后勤管理先进单位”。

【拥政爱民教育】 77109部队党委始终把拥政爱民工作作为一项重要任务来抓。成立主要领导任组长的双拥工作领导小组，建立健全双拥工作规范化组织和制度。狠抓教育落实，扎实开展社情民情教育，介绍驻地历史和发展成就，让每位官兵都了解驻地的风土人情、民风民俗，不断提高广大官兵对驻地的认识了解，努力为驻地经济社会发展和群众安居乐业贡献力量。

【严明纪律管理】 严明军队纪律和认真执行各项规章制度，以促进拥政爱民工作顺利开展，赢得当地政府和人民群众对子弟兵爱戴和拥护，并充分发挥解放军“生产队、战斗队、宣传队”的优良传统，重点从“三讲”（讲文明、讲礼貌、讲卫生），“三严”（严要求、严纪律、严作风）上入手，大抓部队管理，全体官兵严守“三大纪律八项注意”，严于律己，不侵犯群众利益，充分展现威武文明之师良好形象，获得社会各界赞誉。

【双拥共建推进】 立足自身实际，主动联系地方政府，积极参加双拥共建活动。部队领导与当地燕云村贫困村民结成对子，并设立帮扶热线有困必应，为贫困群众送去大米、食用油、慰问金等，为病者求医问药，解决生产生活中的困难。在“扶贫日”活动中，部队对营区周边10余名困难群众进行义务巡诊送药、打扫环境卫生等活动，组织400余名官兵参加义务献血活动。投入5万多元，绿化营区2.4公顷，植树500余株，极大改善营区绿化环境。通过双拥共建活动的开展，进一步强化全体官兵爱民助民的思想意识，深化视驻地为故乡、视群众为亲人的认同感，展现人民子弟兵爱人民、为人民的良好形象。

（游　江）

77728部队

【概况】 2014年，77728部队始终坚持以新时期强军目标为指引，紧紧围绕铸牢“听党指挥”这一强军之魂，扭住“能打仗、打胜仗”这一强军之要，夯实“依法治军、从严治军”这一强军之基。以开展党的群众路线教育实践活动为抓手，推动思想政治教育工作；以完成重大任务为考验，提高军事业务水平；以狠抓后勤精细化管理为契机，提升综合管理能力；全力守住安全稳定这条底线，稳步推进部队的全面发展。

【军事战备训练】 以军事训练大纲和警备区年

度军事训练指示为依据，围绕装备保障职能，以军事基础训练内容为主导，以消防、防爆、轻武器射击为重点，以处置突发事件的应急演练为突破点，严格军事训练“四落实”。一、规范战备秩序。投入20余万元专项经费，配备消防、防暴等4个种类600余件应急应战物资及器材；组织消防、防暴、营门遇袭等应急演练16次，并在推演过程中不断修订和完善各类预案15份；落实干部蹲点驻班和重大活动及节日期间双人值班制度，提高敏感时期和重大节日的战备要求。二、严格按纲施训。按照《军事训练大纲》要求，严抓综合演练等实战强化科目训练，开展军体拳、警棍盾牌术、消防车和灭火器操作科目训练，开展驾驶员复训、野战帐篷搭建等科目训练；通过开展“老兵集训、新兵复训”，“队列会操”和“体能比武”等军事活动，营造良好的军事训练氛围。全年共进行训练610小时（军事理论学习36小时，基础科目训练254小时，体能训练220小时，装备保障业务训练100小时），组织考核4次。三、落实军事化管理制度。落实一日生活、请销假、查铺查哨、营区巡逻等制度，及时发现处理安全隐患和苗头；坚持每天连队晚点名小结、随机检查督促、周交班会讲评通报，管理实现上下联动、全面互动。坚持车辆出车前后普查、每晚9点出入库房检查、每日营门出入抽查、半月安全警示教育，每月保养检查，确保车辆安全。四、深入排查整治隐患。每月第一周进行安全隐患排查，最后一周开展整治“回头看”活动，先后组织安全隐患排查16次，排查整治隐患问题35项530个，新置营门一键报警器和路障，加高围墙，更换营区用电线路，逐步完善人防、物防、技防“三位一体”的安全防范体系。

【后勤保障服务】 按照“能打仗、打胜仗”的要求，紧紧围绕提高综合保障能力这一中心任务，始终扭住安全稳定不放松，不断强化责任意识和执行力，着力于保障质量和成效，圆满完成后勤保障的各项工作任务。一、管理精细化。从细化完善后勤管理制度和考评奖惩标准入手，制定《后勤精细化管理细则及实施方法》，对后勤设施、经费物资、生产生活、营产营具等方面的管理内容进行统一规范，明确人员职责，高标准迎接总部两项普查任务。二、自查常态化。采取个人自查、单位普查、主官抽查等方式，对财务管理和经费使用情况进行认真清理。全面调查评估62栋营房数质量状况和保障效能，准确掌握现有保障资源基础现状。设置监督员，严把食品采购关、加工关，确保部队官兵身体健康，饮食饮水安全。三、服务人性化。为解决官兵住房难、洗澡难等问题，对10套战士宿舍进行全面整治，新修卫生间、洗漱间、洗澡间，安装各类设施15套，更换窗式空调13台。充分发挥军医作用，拨出1万余元专项经费，购买日常急需药品，为官兵解决看病难、吃药难问题。对5处损坏的路面进行整修，确保营区道路状况良好。11月，对篮球场进行改造，确保官兵活动有场所。科学进行伙食调剂，努力让官兵吃饱吃好，吃出健康、吃出营养，吃出战斗力。

【政治思想教育】 一、抓党委班子思想建设。采取集中学习与个人自学、领导讲评与群众评议相结合的方式，积极组织学习习主席系列重要决策指示精神和上级文件精神，全年共组织集中学习26次，集中评比3次，有效地激发官兵的学习兴趣。二、扎实开展教育实践活动。坚持以党员干部为重点，以狠刹“四风”为抓手，以转变作风为目的，扎实推进教育实践活动。先后4次召开党委会，专题安排部署、专门进行分析、专项进行整治。采取问卷调查、集体座谈、谈心交心等方式，掌握官兵思想。统筹安排各项学习内容，按照党委委员、党员干部、普通战士3个层次，查找“四风”问题，对查出的4大类16个问题，实行挂销账，专人负责进行解决。三、修改完善规章制度。对已有的《干部管理规定》《召开党委民主生活会相关规定》等进行修改完善，并印发《营门管理规定》《库房登统计管理8项措施》等制度规定。编配领导与部属、干部与战士、战士与战士的“三互”谈心结对小组，开展谈心和互助活动。四、抓官兵经常性政治思想教育。针对执勤岗位多、人员难集中等实际，注重结合融合，搞好层次区分。把法纪、时政、婚恋等经常性教育常态化，坚持每月上一课、每周看一片、每日解一问，先后集中备课8次、轮流授课10次，确保官兵思想纯洁。五、开展“扶贫解困”活动。利用元旦、春节等时机，走访慰问巴南区光荣院和离退休老干部；拨出3万元专项经费，对口扶贫酉阳县南腰界乡；帮助干部、战士及职工解决子女上学、随军家属就业等问题；投入2万元购买常用药品，解决官兵日常看病难的问题。六、高标准完成新闻报道。采取交任务、压担子、施奖惩的方式促进官兵写作投稿，全年在各级各类报刊上稿30余篇，反映部队工作与生活。

（胡宗军）

重庆陆军预备役后勤保障旅

【概况】 2014年，重庆陆军预备役后勤保障旅（简称：后勤保障旅）聚焦强军目标，团结进取，真抓实干，较好地完成上级赋予的各项任务。被成都军区评为“依法治军从严治军先进单位”，被重庆警备区评为“军事训练先进单位”。

【思想政治建设】 坚持从思想上、政治上建设部队，突出抓好中央军委主席习近平系列重要讲话和党的十八大及四中全会、全军政治工作会议精神的学习贯彻。组织70名预任基层政工干部进行专题培训。扎实开展“牢记强军目标、献身强军实践”主题教育，官兵理想信念更加坚定，强军兴军意识更加强烈。积极开展经常性思想政治工作，坚决肃清军内腐败分子徐才厚等案件的恶劣影响，清查处理相关信息近两千份，开展案例警示教育，广泛进行大谈心活动，确保部队思想稳定和顺利完成各项任务。加强军营文化建设，广泛开展强军风采系列文化活动，积极参加警备区篮球赛，丰富官兵业余文化生活。宣传报道工作有新突破，全年在各级新闻媒体上稿80篇（条），其中《战旗报》头版头条2篇。

【战备军事训练】 狠抓作战筹划、战例研究，突出物资器材“箱组化”，扎实推进战备库室建设，强化实战拉动演练。兴武备战，爱军精武，参加上级各类比武竞赛，获得1项团体第一，1项个人综合第二，6项单项第三的优异成绩。强化体能技能和军事基础训练，参加军区半年军事抽考和警备区年终军事普考，成绩优良。理塘高原驻训，围绕“备得实”“上得去”“存得了”“联得上”“留得下”“不破坏”等重难点问题，在警备区历史上实现首次组织成建制分队高原驻训，首次沿川藏线千里摩托化机动，首次与野战部队在现地对接联训，首次在高原展开综合保障要素合成训练，遂行边境支援作战保障能力明显提升。强化分队训练，物资营野战炊事保障、卫生营应急医疗救护、油料营油料快速补给、汽车营远程摩托化机动、修理一营特种装备维修、修理二营运输车辆抢修能力得到极大提高。

【后勤保障管理】 强化后勤服务保障，经费使用“精打细算”，做到向战备训练、基层分队建设、困难官兵补助等“三倾斜”；经费管理“精雕细刻”，做到预算、资产、资金安全、空余房地产租赁管理等“四严格”；经费开支“不遗巨细”，做到压缩公务接待费、会议费、办公费、车辆维修费、差旅费等“五压缩”。扎实组织开展公务用车专项整治活动，确保军车使用规范化、制度化。认真开展工程建设和房地产资源两项普查工作，受到军区工作组的较高评价。严格武器装备日常管理、维护和检查，实现装备管理科学化、制度化、规范化。

（何　阳）

武警重庆市总队第六支队巴南区中队

【概况】 2014年，中国人民武装警察部队重庆市总队第六支队巴南区中队（简称：武警巴南中队）全体官兵在上级党委和区委、区政府的领导下，始终牢记中国人民武装警察的性质、宗旨和使命，始终坚持为人民服务的优良传统，把驻地当故乡，视人民为父母，想方设法为驻地群众做好事、办实事。科学谋发展，扎实打基础，精心保稳定，圆满完成以执勤、处突、反恐维稳为中心的各项任务，为维护巴南区社会安全稳定和人民群众安居乐业作出应有贡献，部队全面建设呈现持续稳步发展的良好态势。

【执勤处突履职】 坚持把“两个确保”（确保以执勤、处置突发事件为中心的各项任务圆满完成，确保部队内部高度稳定和集中统一）作为武警部队建设的出发点和落脚点，着力于提高官兵体能、擒敌和突发事件处置能力。一、着力抓好基础训练。按照《军事训练与考核大纲》要求，坚持依法治训、严格按纲施训，提高遂行多样化任务能力。认真抓好部队基础技能、体能科目训练，努力提高单兵执勤（作战）能力，确保人员、内容、时间和质量落实。扎实抓好“五小练兵”、专勤专训和勤训轮换，促进军事训练水平整体提升。二、出色完成各类勤务。充分发挥“三个载体”作用，与目标单位共同集中治理执勤隐患，确保固定勤务万无一失。同时，还精心组织各类临时勤务，出色完成武装押解15起，有效地履行职能使命。三、战备工作正规有序。按照“执勤安全有保证、处突反恐有把握、防卫作战有准备”的目标，认真加大落实战备教育的力度，特别是抓好敏感时期的敌情社情讲解和教育。加深《处置突发事件规定》《战备工作规定》的学习，牢固树立“上一线、打头阵”的思想。四、认真执行战备制度规定。有针对性地进行一些模仿对抗性的训练和方案演练，严格战备管理，始终保持良好的战备状态。

【军事技能训练】 2014年，武警巴南中队立足武警部队性质，加强军事训练。一、强化执勤管理能力。严格按照上级部署，以实现“两个确保”为目标，以经常性执勤和管理为重点，突出整治固定目标执勤和经常性管理中存在的各种安全隐患；以任务需求为牵引，强化执勤信息化指挥手段的研究，不断增强执勤管理能力和素质。二、贯彻武警总队《“五小练兵”实施细则》，广泛开展“五小练兵”活动，营造群众性练兵热潮；积极参加市武警支队各项比武科目，加强对擒敌术基本动作、射击、五公里武装越野拉练等课目的训练，官兵体能、军事技能得到进一步提高。三、10月，在武警重庆市总队组织的年终《纲要》考核中，五公里武装越野拉练、擒敌术基本动作、射击等科目均取得优秀成绩。

【思想政治教育】 2014年，武警巴南中队紧紧围绕培养“永远做党和人民忠诚卫士”要求，认真学习中国特色社会主义理论，打好拒腐防变主动仗，确保官兵政治信念坚定和思想道德纯洁。一、坚持把学习实践科学发展观作为重大政治任务。全体官兵思想观念和政治觉悟进一步提高。二、开展经常性的主题教育活动。着眼官兵思想实际，深入细致地抓好经常性思想教育，扎实开展“牢记强军目标，献身强军实践，永远做党和人民的忠诚卫士”主题教育、“学创新理论、学党史军史、学英模典型，做忠诚卫士”和“立足本职为建设现代化武警做贡献”等主题实践活动。三、抓好遂行任务中的思想政治教育。广泛开展“深知兵、真爱兵、带好兵”活动，扎实做好一人一事的经常性思想政治教育工作，认真抓好“四反”“个别人”排查转化、心理疏导、法律服务等工作，官兵中没有发生错误的思想政治问题。四、组织全体官兵广泛参与驻地警民共建活动，警政警民关系和谐密切。

【基层组织建设】 2014年，武警巴南中队党支部为了发挥战斗堡垒作用，狠抓党支部班子自身建设。一、坚持把学习作为加强基层组织建设的根本途径。按照“高起点筹划、高标准推进、高质量落实”的要求，扎实开展党的群众路线教育实践活动。围绕“提高党支部依法决策”“加强遂行多样化任务能力建设”“破解部队安全发展难题”等8个课题，着力提高党支部“三个能力”建设，“一线战斗堡垒”作用得到有效发挥。切实把学习成果转化为服务官兵、解决问题的强大动力。通过学习教育实践活动，进一步改进支部班子成员的工作作风，有效提高班子成员的理性思维层次和实际工作能力。二、坚持用“小中队大作为”的共同理想信念统一思想。用“四抓五突出”的工作思路统一思想，增进团结，逐渐形成“想干事、会干事、干好事、好共事”的良好局面。三、坚持风清气正取信于官兵。认真抓教育预防，营造“以廉为荣、以贪为耻”的氛围；逐步规范重点敏感事务办理，突出“四不”等问题的纠治；严格办事程序，妥善处理官兵关注的敏感事务。

【后勤服务保障】 2014年，武警巴南中队坚持把后勤服务保障摆在和其他中心工作同等重要的地位。一、在后勤人员挑选上，坚持标准，把军政素质过硬、热爱后勤工作、具有一技之长的战士选入后勤队伍。并严格后勤人员管理，抓好后勤人员的思想教育和业务培训，努力提高后勤人员的责任心和业务水平。二、加强营房和系列化营产营具的维护，并对营区进行绿化美化，使官兵的生活条件得到很大改善。三、加强经费审查管理，严格按照规定，对重大经费开支实行"阳光操作"，互相监督。每月公布经费收支情况，向官兵做好解释说明工作。四、认真落实伙食管理五项制度，按照营养均衡、口味兼顾、花色搭配的原则，努力搞好伙食调剂，官兵对伙食十分满意。五、严格落实卫生防病制度，及时接种疫苗，开展环境卫生整治，突出抓好甲流、口蹄疫、人禽流感，乙肝、肠道传染等重点传染病和食物中毒的防控，全年卫生防病工作实现无食物中毒和烈性传染病发生，昼夜发病率控制在1.5%以下。

（李楷林）

武警水电第八支队

【概况】 武警水电第八支队前身为中国人民解放军基建工程兵六〇七大队（后改为六〇七团），1985年转为武警水电独立支队，1991年在西藏羊湖改为武警水电第十一支队。2012年12月，经公安部和总参谋部批准，武警水电第十一支队由成都市金牛区调整部署到重庆市巴南区；2013年4月，武警水电第八支队纳入重庆市应急救援体系，加入重庆市综合应急救援总队序列。2013年10月，武警水电第十一支队改编为武警水电第八支队。2014年10月，武警水电第八支队成建制入驻巴南区，占地面积约20公顷。

2014年，武警水电第八支队先后投入兵力363人，抢险设备148台（套），圆满完成重庆市巴南区双河口镇龙洞口水库危坝排险、丰都县龙孔镇东风水库危坝排险、云阳县江口镇永发煤矿人员搜救、奉节县太平桥堰塞湖排险、云阳县江口镇新里村堰塞湖排险、长寿区洪湖镇人员搜救和道路抢通等抢险救援任务。9月21日，中共重庆市委、市政府向武警总部发出《感谢信》，对武警水电八支队在重庆地区抢险救援中的出色表现给予充分肯定。

（孙青杰）

民　兵　建　设

【概况】 2014年，全区民兵建设在重庆警备区党委和区委、区政府领导下，在区人武部具体指导下，民兵预备役工作坚持以中央军委主席习近平提出的"强军目标"为使命，强化组织整顿、思想政治教育、军事训练、抢险救灾等集训，不断增强民兵预备役战备观念。各项工作呈现出稳中有进，协调发展的良好局面。

【组织整顿建设】 为区政府拟稿印发《关于做好2014年度民兵整组及兵役登记统计工作的意见》，并指导各镇街专武干部和有关企事业单位贯彻落实此《意见》。3月，组织民兵整组培训；4月，高质量完成普通民兵、基干民兵的整组任务，并利用3个月时间，按计划对全区民兵骨干和地方转业技术人员实施轮训。6月，在辖区内挑选民兵参加重庆市民兵预备役"四会"（会做、会讲、会教、会做思想工作）教练员比武竞赛，并获得团体冠军。利用集训契机，组织指导宗申集团民兵骨干和全区专武干部两次开展徒步行军拉练活动，检验民兵预备役队伍的应急反应能力。12月，为更好地落实警备区重点在"两新"经济组织中开展民兵编组工作，部领导和界石工业园区领导多次对接，商议在园区成立武装部具体事宜。着力在民兵队伍中组建应急分队，重点组建森林灭火、抗洪救灾等专业力量和反恐维稳应急队伍。在全区已有8支960人的民兵应急队伍的基础上，各镇、街道还先后建立30～50人的综合应急救援队，为全区维稳处突、抢险救灾的增添力量。

【思想政治教育】 认真指导各镇街专武干部和有民兵组织的企事业单位，扎实开展"牢记强军目标、献身强军实践"主题教育活动，强化旗帜意识、使命意识、荣誉意识。结合民兵整组、军事训练、抢险救灾，开展民兵思想政治教育，确保民兵预备役人员在政治上、行动上与党中央保持高度统一。按照应急应战政治工作准备相关要求，修订完善与军事行动配套的政治工作预案。利用比武集训之机，在民兵骨干中开展“历史使命、理想信念、战斗精神、社会主义荣辱观”四项重大教育，利用战备工作试点为契机，打牢全区民兵预备役战备工作建设基础，强化战备观念。利用党政领导军事日活动、民兵骨干和专武干部集训、党校学习等时间，为区级机关及镇、街道、学校开展国防讲座和授课10余次。各镇街以《中国民兵》《西南民兵》和《重庆国防》等军事刊物为基本教材，狠抓民兵思想政治教育。

【军事应急训练】　4～7月，组织镇街和企业民兵共计2000余人开展军事训练，分批次组织李家沱街道、木洞镇、石滩镇、大江工业集团、宗申产业集团、重庆建设摩托车股份有限公司等单位民兵应急分队开展应急处突集训和轻武器实弹射击训练。11月，组织东温泉镇、木洞镇两支抗洪抢险分队开展为期一周的集训，主要对冲锋舟驾驶、靠停、水上漂浮物打捞、落水群众营救和物资装卸等科目进行补差强化。

（马　超）

人民防空

【概况】　重庆市巴南区民防办公室（简称：区民防办）是巴南区人民政府人民防空工作主管部门，受政府和军事部门的双重领导，并接受上级民防部门的业务指导。主要职责职能：贯彻人民防空实行长期准备、重点建设、平战结合的方针，推进与经济建设协调发展、与城市建设相结合、战时防空与平时防灾、减灾、救灾相结合。区民防办内设2个科室（综合科、指挥通讯与工程管理科），下辖2个事业单位（巴南区人防应急指挥所、巴南区自然灾害预警预防中心）。

2014年，认真贯彻落实党的十八、十八届四中、五中全会精神，以及中央、市、区有关安排部署及全市民防工作会议精神，低调务实、少说多干、奋发进取、积极推进民防建设融入地区经济社会发展。11月，被市民防办评为“重庆市人民防空袭方案修订工作表现突出单位”；12月，被区国防动员委员会评为“2014年国防动员工作先进单位”；年末，被区委、区政府评为“2014年度综合目标考核一等奖”“2014年度区管领导班子先进集体”。

【人防工程建设】　2014年，新启动一个人防工程建设，建成后将有效缓解该工程周边停车难和过街难问题。本着“以建为主，以收促建”的原则，对确因地质、地形等条件限制不能结合地面建筑修建防空地下室的建设项目，严格收取防空地下室易地建设费，全年共收取防空地下室易地建设费7064万元。加强对人防工程的维护管理，为确保已建人防工程的安全，区民防办分别与人防工程管理单位和租赁户签订维管责任书和消防安全责任书，有效地保证平战转换功能，提高区人防工程的整体抗损能力和自我发展能力。

【民防组织指挥】　先后分别在跳石镇、天星寺镇规划建设民防疏散基地各增加疏散安置2000人；在安澜镇、接龙镇规划建设民防疏散基地各增加疏散安置3000人。2014年，全区民防疏散基地安置能力达到6万余人。同时，结合党的群众路线教育实践活动，与南岸区民防办在共建的东温泉民防疏散基地出资20余万元，帮助东温泉镇进行基础设施建设，助推城乡一体发展。制定《2014年应急指挥通信训练计划》，积极参加市民防办组织的联合通信保障训练，开展训练共计100余次，参训人员800多人次。全年新增加防空警报器5台，全区现建有45台固定警报器，2台移动警报器，警报音响覆盖率达100%。组织完成“6·5”全市人民防空警报信号统一试鸣活动，全区鸣响覆盖率达100%。

【平战结合惠民】　认真贯彻落实“长期准备、重点建设、平战结合”建设方针，将民防设备设施在和平时期用于社会、利于群众，产生良好的社会效益和经济效益。全区人防工程利用率达到100%，为上百人提供就业岗位，年营业额达500

2014 年，区人防办在纳凉点开展丰富多彩的文化活动

万元以上，为繁荣城区商贸、解决群众就业、增加地区税收、构建和谐社会做出了贡献。

【民生公益服务】 坚持开放 3 个纳凉点，在最炎热时段，每日接待纳凉群众近 1 千人次。并联合团区委等部门在纳凉点开展为民服务活动，组织市民学校、区内部分医院和区消防支队等开展流动少年宫、大型义诊义检、健康知识讲座及消防、安全和环保知识宣讲等。举行“民防助学金”发放仪式，向 17 位优秀大学生发放 5.1 万元助学金，赢得广大市民的高度评价，《重庆日报》一并宣传报道。结合“四联系四服务”“双走服务周”活动，提供 8 万元资金，为安澜镇疏散接收户安装天然气；提供 20 万元资金，为双河口镇塘湾村新屋基社修建 3 公里人行便道和维修村办公室；资助 30 万元资金，为双河口镇石门村修建政务服务中心；提供 10 万元资金，为一品街道修便民桥；资助 5 万元资金，为安澜镇棋盘村、李家沱红光社区购置办公设备；资助 10 万元资金，为石龙镇大兴村改造水利设施。受到社会各界和广大干部群众好评。

【防空防灾宣教】 积极拓展宣传教育渠道，提高民防意识在社会各界的知晓度和影响力。一、在龙洲湾街道龙海社区开展“防空防灾 · 安全同行”为主题的防空防灾社区科普宣传教育活动，进一步增强社区居民的公共安全意识和应对突发灾害时的自救互救能力。二、开设民防“平安课堂”，组织全区 22 个镇街武装部部长和 20 多位民防警报设台单位负责人到市民防宣教中心参观学习，40 多位参加者认为在应对突发事件、灾害事故的防范意识和应急能力上得到提升。三、有组织有计划地在巴南实验中学开展一次大型的民防宣传活动和演练活动。四、向全区各部门、镇街赠阅《中国民防》和《重庆民防》杂志。五、在巴南电视台播放人防专题宣传片。全年实现全区 36 所初级中学现代防空知识教育的全覆盖，受教育人数达 7400 多人，社区受教育群众 200 多人，培训人防专业队伍骨干 80 余人。

【示范社区组建】 在龙华社区、木洞二社区、乌洋街社区 3 个社区积极组建“防空防灾一体化”市级示范社区，每个社区组建 7 支民防志愿者队伍。社区民防工作站通过宣传教育、应急演练、组织疏散等措施推进民防工作融入辖区居民，不断提高社区居民防灾意识和救灾能力。11 月 28 日，市民防办领导带队分别对龙华社区和乌洋街社区“防空防灾一体化”示范社区进行检查验收，并给予高度赞扬，认为巴南区社区民防组织建设走在全市的前列，为全市开展社区民防建设提供样板。

（冉海燕）

经　　济

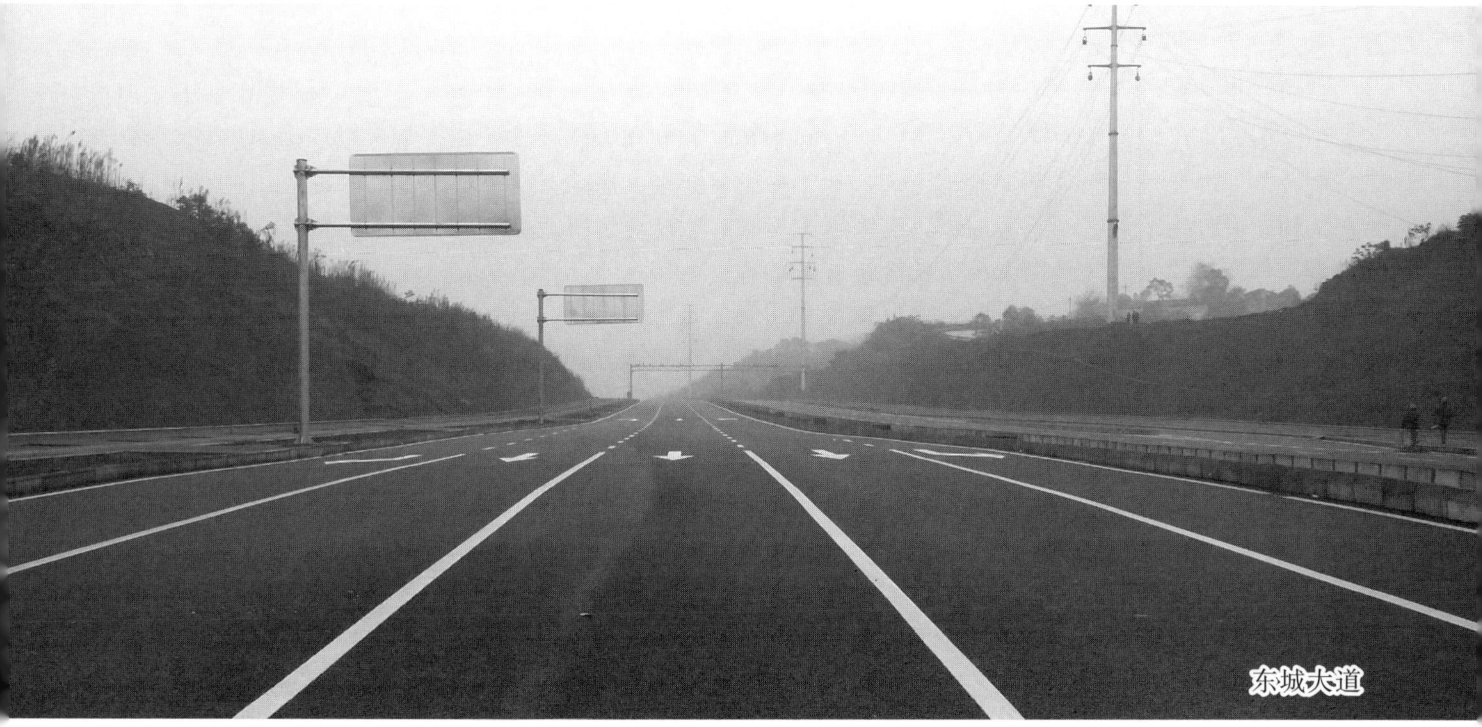

东城大道

四区一基地

概　　述

中共重庆市委在四届三次全会上，着眼于重庆改革发展要求，准确把握城市发展规律，作出加快建设五大功能区的重大决策，巴南区全境被划入都市功能拓展区。作为都市功能拓展区的核心区域，中共巴南区委审时度势，根据市委四届三次全会决策，在思路、空间、功能、产业等方面集思广益，立足于区域发展差异化、资源利用最优化、功能发挥最大化，科学规划、有序拓展，及时提出构建“四区一基地”（山水城市风貌展示区、中央文化休闲活动区、生态健康体验区、商贸物流集聚区、先进制造业基地）发展新格局。

“四区一基地”的主体功能定位：

——山水城市风貌展示区。作为重庆建设美丽山水城市的功能拓展，依托山水条件、生态特色、产城相融禀赋优势，在巴滨路沿线、鹿角新城、高职城等重点区域，保护好绿地、水体等生态系统，控制城市建设风貌，提升建设质量水准，保持良好的山际线、天际线、水际线，推进低密度、高品质、生态好的宜居城区建设，建成独具特色的“生态+现代”的城市集聚区与魅力山水城市。

——中央文化休闲活动区。依托优美的生态环境和便捷的交通条件，重点打造中央活动区（CAZ）、中央休闲购物区（CSD）、文化创意体验区、长江上游金融服务中心，构建“商务+商业+文化+休闲”的现代都市形态。

——生态健康体验区。运用先进发展理念，利用良好生态资源，重点发展健康管理、养生养老、医药器材、健康食品、健康用品等五大健康产业，打造重庆都市生态健康城。

——商贸物流集聚区。加快公路物流枢纽建设，培育发展电子商务、专业市场、第三方物流、第四方物流、增值加工等五大核心业态，贯通重庆—东盟物流大通道，建成重庆对外开放的重要门户；加快城市综合体、商业综合体和商贸服务体系等建设，建成商贸物流集聚区。

——先进制造业基地。依托雄厚的产业基础，积极引进跨国公司地区总部、研发中心、服务中心及国内外著名培训中心和咨询公司，重点发展数码电子、云计算、大数据、高端装备、新能源汽车、新一代互联网、新材料、新能源、生物制药等先进制造业，建成全国有影响力的云教育产业园，打造重庆先进制造业基地。

“四区一基地”布局及重点项目建设：

（一）龙洲湾滨江城市经济带。着眼于完善城市功能，优化产业结构，提升现代都市形象，精细化城市管理，适当聚集人口，展现国家中心城市的科教中心、宜居城区等功能。

——滨江城市经济区建设。按照“自然、生态、休闲、亲水”的理念，在巴滨路沿线建设“有山有水、依山傍水、显山露水”的山水城市展示区域，大力发展高端商务、星级酒店、高档休闲娱乐、总部经济等业态，推进重庆君禧天地、重庆·香港城、重庆汉海极地海洋公园、珠江欢乐园、融汇半岛、巴滨一号等项目建设，打造重庆中央活动区（CAZ）。

——龙洲湾新区建设。大力发展金融服务及非银行金融业、商贸商务、文化娱乐、大型城市综合体等业态，推进金融服务中心、龙洲湾商业街、通江广场、文化中心、外国语实验中学、万达广场、协信星澜汇、嘉瀛·尚河滨江风情街等项目建设，打造靠山滨江生态宜居城。

——重庆高职城建设。结合职业技术学历教育、技能培训、技能鉴定、技能竞赛、技能研发、高技能人才培养和就业指导“七位一体”的功能定位，加快推进国家级公共实训基地、五一高级技工学校、艺术学院、融智学院、护理学院、凤凰演艺学院等入驻院校项目建设，打造成为重庆职业技术教育的核心区；加快云教育产业园建设，实现产教融合、产城互动的教育发展新模式，打造云教育产业城。

（二）环樵坪经济区。主要布局商贸物流、专业市场、先进制造、生产性服务等产业，建设生态宜居的现代城市和对外开放口岸，展现国家中心城市的物流中心、综合枢纽、开放门户和先进制造业集聚功能。

——鹿角新城开发。围绕独特的产业和城市区位，发展休闲购物、文化娱乐、特色商街、金融服务及信息等业态，推进马术主题公园、唯泰·重庆精品购物村、融创养老社区等项目建设，建成重庆高端人士生态聚居地、高端养老社区，打造中央休闲购物区（CSD）；积极融入温泉、古寨等文化元素，借景建城，打造具有中国山水诗、山水画意境的城市风貌。

——经济园区建设。围绕先进制造业集聚区的定位，重点发展数码电子、新能源汽车、第二代互联网、环保装备、高端装备制造、珠宝加工等产业，加快重庆·香港工业园、鱼洞千亿汽车城、曙光工业园、宁辉创业园、金泰航空、香港力源、惠科电子、台湾圣美、德普电气等项目建设，打造先进制造业研发制造基地。

——重庆公路物流基地建设。围绕公路物流枢纽定位，发展现代仓储、大型专业市场集群、货运配载、城市配送、城际配送、电子商务与结算等产业，推进京东商城、华南城、浙江传化、普洛斯城市物流配送中心等项目建设，打造成为商贸物流功能的主要载体。

（三）麻柳沿江开发区。包括麻柳嘴镇、双河口镇、木洞镇等区域，是先进制造业基地的重要组成部分，产城融合发展的示范区域。主要任务是发展轻工服装、精细化工、新材料、生物医药等产业，加快推进产城融合发展，展现国家中心城市的经济辐射力、影响力和先进制造业集聚等功能。

——建设轻工产业基地。依托安全（应急）产业园、现代服装产业园，以广泽安全产业、百亚卫生用品、拓为服装城等项目为龙头，发展安全（应急）装备、轻工轻纺等产业，打造高端制造产业集群；同时加快木洞旧城改造，完善基础设施，推进桃花岛旅游开发，建成集旅游、轻工业、安全产业于一体的木洞新城。

——建设重庆医药产业城。依托重庆（栋青）医药城，以西南合成、重庆科瑞制药、重庆康刻尔制药等项目为龙头，发展化学原料药、生物制药、现代成品药和医疗器械等产业，打造医药产业集群；发展精细化工、新材料等产业，打造化工新材料产业集群；用活用好三峡移民政策，加速产业、人口集聚，加快麻柳嘴、双河口城镇基础设施和公共设施建设，建成沿江产业新城。

（四）生态休闲经济区。包括二环以外的惠民街道、一品街道、接龙镇、东温泉镇、跳石镇、安澜镇、石龙镇、姜家镇、丰盛镇、二圣镇、石滩镇、天星寺镇等区域，是生态健康体验区、城乡一体发展示范区的主要区域。主要任务是加强生态建设，发展“三养”（养生、养心、养老）、旅游、特色效益农业，加速城乡资源配置、基础设施、公共服务和社会管理等一体发展步伐，体现主城生态屏障和农业生产、生活、生态“三生”功能。

——发展都市型效益农业。以向都市功能区提供生态服务和生态产品为导向，推进花木世界、光大奶业、观光休闲乐园、万亩蔬菜基地、十里柚果长廊、乡村旅游胜地、万亩生态渔村等“七大项目”建设，着重打造以花卉苗木、水果茶叶、无公害蔬菜、有机农业、生态养殖等为重点的优势特色产业基地。

——发展乡村休闲旅游业。依托“中国温泉之乡”品牌，加强旅游宣传和营销，加快推进旅游休闲产业转型升级，推进文化与旅游融合，提升旅游文化品位和内涵，丰富旅游业态；依托丰富的山、水、泉、林、洞等自然资源及区位优势，推进丰盛古镇、圣灯山、东温泉、天坪山等重点旅游项目建设，打造为重庆知名乡村旅游大区及都市休闲旅游区。

——发展养生养心养老业。利用优越的自然生态环境和历史文化资源，加快天星寺禅茶文化、羊鹿山国际养生园等项目建设，与农业产业化、乡村旅游业、“幸福农庄”建设结合，建设“风格各异、档次有别、文化突出、生态良好”养生养心养老设施，打造集休闲度假、养老疗养、旅游观光、静闭养心于一体的“三养”基地。

“四区一基地”的主要经济社会发展指标：

到2020年，全区常住人口达到135万人、地区生产总值达到1300亿元，其中城市建成区面积达到120平方公里、常住人口达到120万人、地区生产总值达到1200亿元。

2014年，“四区一基地”空间布局进一步优化，功能进一步提升。取得征地批文540公顷，完成土地出让用地规划覆盖533公顷，核发建设用地规划许可证472.13公顷。

【山水城市风貌展示区建设形象初显】 2014年，巴滨路沿线、高职城、鹿角新城完成建设形态控制性方案。巴滨路沿线着重保护好绿地、水体等生态系统，重庆君禧天地、依云江湾、华宇龙湾、恒大御景湾等24个重点在建项目进展顺利，完成建筑面积约72万平方米，销售房屋面积约23万平方米，实现投资约24亿元。高职城按照“融合、开放、生态、智慧”四大理念规划建设，10平方公里范围内教育用地已完成院校布局，重庆大学城市科技学院、工商大学融智学院等7所院校及国家级公共实训基地、长江剧场等2个项目入驻，签约项目总用地约267公顷，计划总投资达73亿元，融智学院一期19万立方米的主体工程已基本完工，文化艺术职业学院正在实施2.8万立方米的主体工程，五一技师学院、教育管理学校等已实现交地，巴南职教中心完成征地并成功取得德国复兴银行贷款。鹿角新城加快基础设施建设，融入温泉、古寨等文化元素，借景建城。

【中央文化休闲活动区建设速度加快】 2014年，龙洲湾滨江片区完成投资77.4亿元，居主城十大城市开发区之首。小南海水电站总部、珠江欢乐园、凤凰中国西部文化城加快办理前期建设手续，斯努特啤酒文化公园调规工作启动，香港城项目规划调整、土地收储和征地拆迁已进入扫尾阶段。珠江城完成投资22.15亿元。海洋公园项目正按市规划局意见对设计方案进行修改完善，预计于2016年年底建成。巴南万达广场累计完成投资33亿元，主体和购物中心裙楼已封顶，写字楼主体工程正在施工。君禧天地商业综合体主体工程完成约35%。完成《南温泉数字娱乐产业区策划性规划》。西演集团入驻巴文化公园，成立巴滨游艺团，在巴南主城商业繁华地段开展街头巡演，每周不少于两场，全年不低于100场。

巴文化公园

【生态健康体验区建设有所破题】 2014年，完成《巴南区生态健康体验区规划》。全区空气中细颗粒物PM2.5年均浓度同比下降21.7%，降幅列主城区前列；可吸入颗粒物PM10年均浓度同比下降12%，降幅列主城区第1位。中国整形美容协会在南温泉建设健康服务产业基地，打造全国首个整形美容抗衰老示范项目，正在建设的抗衰老临床医学中心，计划在一年内建成运营。重庆世纪美都投资集团在南温泉建设温泉美容整形抗衰中心，依托重庆市商委、巴南区人民政府与全国美容美发协商联盟及重庆美容美发商会下属1万多家美容院组成BTB（即：企业与企业之间通过互联网进行产品、服务及信息的交换）、OTO（即：是一种新诞生的电子商务模式，这种模式一定程度上缩短消费者决策时间）模式线上采购线下体验平台。香港荣峰国际和渝福医院投资3亿元的重庆同济老年医院和巴南区爱民养老康复中心，面积达1.6万余平方米，设床位599张，计划明年2月开业。重庆润一江集团与英国皇家医院签订入驻协议，计划总投资约100亿元，在鹿角联合打造国际高端养老养生机构。引进如恩集团打造集护理人才培养、医院托管、医药配送、中药种植以及社区养老和生态养老为一体的健康产业链。大力推动圣灯山整体开发、羊鹿山常青国际养生园、林海、佛影峡溯溪、天心寺禅茶养心等项目建设，截至12月，已建成生态“三养”项目20余个。全年旅游接待游客2023万人次，同比增长28.3%；实现旅游综合收入62.8亿元，同比增长29.1%。

【商贸物流集聚区建设全面发力】 2014年，南彭贸易物流基地总规批复覆盖面积已达到8平方公里，年底预计达到9平方公里，启动南彭贸易物流基地试点内陆公路口岸申报工作。华南城一期383公顷、京东一期36公顷、宗申一期A部分34.67公顷和烟草一期20公顷“两规”均已取得批复。华南城完成征地386.67公顷，招商中心已建成投用，一期仓储物流、专业市场已启动建设，以华南城为主体的公共型保税仓已获海关批准，为集聚跨境电商企业提供关键条件。京东电商产业园完成征地30公顷，西南运营结算中心已建成投用，2.5万平方米过渡仓正式开仓，将完成20亿元以上结算；重庆京东海嘉电子商务有限公司（广告公司）已完成工商注册和税务登记。东盟国际公路物流港已建成约2万平方米过渡货运市场。重庆西联国际建材物流中心一期已建成17万平方米仓储设施，普洛斯城市配送物流中心一期8万平方米仓储正在进行营运前准备，二次招商引入安德、苏宁易购等品牌企业。铁公鸡项目一期A区17万平方米仓储建成投用，已有360户商家签约。烟草、传化等项目已完成平场。建成后的物流基地，将聚集专业市场、电子商务、第三方物流、第四方物流、增值加工等商贸物流“五大业态”。

【先进制造业基地建设突破性进展】 2014年，搭建“企业服务周”平台、“精益管理”服务平台、“新工通”融资平台三大服务平台。新认定国家高新技术企业10家、市级高新技术产品和重点新产品145项，正式开通巴南区技术展示与交易平台。战略性新兴产业企业达到22户，实现产值44亿元、增长161%。新签约工业项目30个，协议资金230亿元，实际到位资金90亿元。引进天语重庆移动互联创新基地、香港东荣发电子、会凌电子、重庆宏普盛汽车电子等ICT电子信息产业项目，悦康药业重庆高端原料药项目、重庆化医控股战略合作项目、科博生物国内首个生物诊断试剂盒项目等医药化工产业项目，香港科技创新创意产业基地、重庆·香港工业园ICT产业科技孵化基地、重庆彭家湾标准厂房等工业楼宇项目，以及重庆靖佳齿科生产及总部基地，全市第三家上交所Q板挂牌企业、国内首个儿童智能服装产业化项目春宝智能服装等。曙光都市工业园一、二期52万平方米标准厂房全部封顶，麻柳沿江开发区拓为、尚盟项目完成标准厂房80万平方米。惠科、圣美、光宇、金泰航空、北京识科耘科技、康百世机电、图达电容、春宝科技等20多个项目投产或试生产，长安铃木二工厂全面投产，新增产值35亿元。

（陶龙龙　张义其）

农　　业

概　　述

重庆市巴南区农业委员会并挂重庆市巴南区农业综合开发办公室牌子（简称：区农委），内设7个科室：办公室、计划财务科、政工科、政策法规科、都市农业科、科教信息科、农业综合开发科；下设13个独立法人事业单位：农技站、植保站、种子站、农经站、渔政（水产）站、经作站、动物卫生监督所、疫控中心、农广校、农机监理站、农机推广站、执法支队、农产品质量安全中心。核定行政编制30名（工勤3名），参公事业编制91名，事业编制116名；实有干部职工（行政编制、参公事业编制、事业编制、工勤人员）215名。有正高级职称5名、副高级职称20名、中级职23名、初级职称21名；离退休干部职工156名。主要职能职责：负责全区农业农村工作的综合协调和指导服务工作，承担全区农业技术推广、农产品质量监管、农村经济经营管理、新农村建设、农业机械管理、畜牧业管理、农业综合开发、扶贫开发等。2014年1月，根据区政府“职能重组、组织重构”的要求，区农委将22个基层畜牧兽医站175名在职和160名退休干部职工分别移交各镇人民政府、街道办事处管理。

2014年，全区农业总产值62.47亿元，同比增长3.1%；农村居民人均可支配收入达到12548元，同比增长11.3%。粮食总产量33.36万吨，同比减少6.7%，蔬菜总产量56.5万吨，同比增长3%，水果总产量4.87万吨，同比增长0.1%，茶叶总产量3823吨，同比增长3%；生猪出栏53.05万头，同比减少3.1%，家禽出栏507.02万只，同比减少14.2%，水产品产量2.15万吨，同比增长5.3%。

2014年，在农业战线广大干部职工的共同努力下，巴南区农业成效显著。机关退休党支部被中组部评为“全国离退休干部先进集体”；区农委被市农委评为“植保植检”“农业环保与能源”“农产品质量安全”等先进单位，被区委、区政府评为“2014年度区管领导班子先进集体”“2014年度突出贡献‘金牛奖’提名奖”（颁奖主题辞：国家品种“巴渝特早”获赞“中国第一泡”）；区扶贫办被市扶贫办评为“新一轮扶贫开发建档立卡工作考核特等奖”。国家级茶树品种“巴渝特早”实现巴南区国家级农作物品种“零”的突破；“蔬菜嫁接栽培技术体系构建及推广应用”等5项实用技术分别荣获市、区科技进步奖；“奶牛安全用药科技推广与示范”等3项兽医领域研究技术全市领先。二圣镇集体村被农业部办公厅评为“中国最美特色民居村”，重庆新港农业发展有限公司被农业部办公厅评为“全国休闲渔业示范基地（第三批）”，云篆山荷韵园获“全国休闲农业创意作品展银奖”，巴南区众喜早熟梨种植专业合作社、巴南区油房榨菜专业合作社、重庆安绿蔬菜专业合作社被农业部等9部委评定为“国家农民合作社示范社”；晓阳坝稻米种植专业合作社、思粟西瓜专业合作社被市农委评为“重庆市农民合作社示范社”；东果农场、锦轩生态园、鲜泰养殖场、赵明海家庭农场被市农委评为“重庆市示范家庭农场”。天坪现代农业示范园区被评为巴南建区20周年重大成就。上田牌红柠檬、东温泉牌五布柚荣获“第十五届中国绿色食品博览会金奖”，“定心”绿茶获“2014·中国茶叶博览会优秀品牌”，“清茗香”茶获“第三届国饮杯·优质茶奖”。

5月25日，国家农发办副主任刘世江一行，到巴南区调研农业综合开发产业化经营项目和农业综合开发财政补贴资金以农民持股方式投入龙头企业管理办法相关工作；6月19日，国务院副总理汪洋视察重庆茶叶集团、二圣镇昌元家庭农场和王家河村水稻保险试点，对巴南农业给予充分肯定和高度评价；8月24日，以农业部副部长陈晓华为组长的国务院质量工作考核组到接龙镇和二圣茶叶有限公司实地核查农产品质量安全监管工作，并给予充分肯定和认可。

2014年巴南区主要农产品产量

产品名称	单位	产量	与2013年增减%
粮食	万吨	33.36	-6.7
蔬菜	万吨	56.5	3.0
水果	万吨	4.87	0.1
茶叶	吨	3823	3.0
生猪	万头	53.05	-3.2
家禽	万只	507.02	-14.2
水产品	万吨	2.14	5.3

（贺娅丽　马国辉　赵品惠）

种植养殖业

【概况】　2014年，巴南区围绕建设都市效益农业示范区目标，着力打造特色效益农业，合理布局，凸显特色，种植、养殖业发展态势喜人。水稻、大豆高产创建示范面积2720公顷，蔬菜种植面积2.2万公顷，果树种植面积8733公顷，茶叶面积2667公顷，水产品养殖面积2673.33公顷（其中池塘1946.67公顷）。培育农业龙头企业国家级2家、市级29家、区级73家。累计通过无公害农产品产地认证57个，培育“三品一标”认证农产品共90个（无公害农产品68个、绿色食品认证22个），地理标志认证2个。

（马国辉）

【优新品种推广】　大面积种植国标2级优质米三系水稻“宜香2115”、两系水稻“深两优5814”获得成功，单品种推广700公顷以上，粮油品种推广由产量型向优质型转化，优质化率不断提高。大春粮油引进推广“渝香203”“深两优5814”“忠优78”等杂交水稻品种81个，供种数量27.12万公斤，种植面积2.26万公顷；推广“帮豪108”“农祥11号”“东单80”等杂交玉米品种82个，供种数量21.33万公斤，种植面积1.42万公顷；推广油菜品种5个，供种数量0.03万公斤，种植面积212公顷；推广小麦品种2个，供种数量4.27万公斤，种植面积713.3公顷；推广“渝苏303”“豫薯王”“渝紫7号”等红苕品种，“渝豆1号”“浙春3号”等大豆品种，“泸糯8号”等高粱良种。全区大春粮油生产良种推广总面积4.47万公顷，良种覆盖率达到90%，同比提高3.6%；全年优质特色粮油面积3.44万公顷，优质率达到60%，同比提高1.05%。推广春系列丝瓜、燕系列黄瓜、大红大果系列番茄等10个蔬菜优新品种，供种数量1.48万公斤，良种覆盖率达85%，种植面积7480公顷，同比分别增长10%、20%、5%、20%。引进红肉蜜柚等柑橘新品种，“南高丛”“北高丛”优质蓝莓新品种，优质红心猕猴桃品种，试验示范“多多季果树”品种20公顷，对巴南香桃、五布柚等开展品种筛选和改良。茶叶无性系良种化率81%，同比增长2%，种植面积2173公顷。引进“中科3号异育银鲫”等5个新优水产苗种5500万尾，同比持平。

（马国辉）

【优新技术推广】　推广水稻旱育秧抛秧、机插秧等新型节本轻简技术面积1.87万公顷，占水稻总面积的87.8%，同比提高2.2个%；推广粮经作物测土配方施肥面积7.35万公顷，覆盖率达到85%。推广蔬菜嫁接技术、瓜类蔬菜水肥一体化栽培技术、速生绿叶蔬菜集成技术等蔬菜技术，覆盖率67.9%，种植面积5115公顷，同比增幅分别是10%、25%、30%。制定地方标准《绿色食品乌皮樱桃生产技术规程》（编号：DB500113/T 5—2014）和企业标准《巴南区翠冠梨标准果园建设规范》（编号：Q/BNZXL001－2014），示范推广乌皮樱桃良种良法配套技术和不同颜色黏虫板防治樱桃果蝇技术。推广茶园绿色防控综合配套技术1100公顷，比上年增加400公顷。推广“吨鱼万元集成技术”295.33公顷、“池塘鱼菜共生”221.33公顷、“微孔增氧技术”33.33公顷、水质改良增氧技术66.67公顷，安装涌浪曝气增氧机250台。

（马国辉）

【特优粮油种植】 采取基地＋农户（公司或专业合作社）的发展模式，规模种植优质特色粮油。在石滩镇发展绿色精品优质稻面积334公顷，在接龙镇、姜家镇试种优质黑（紫）特色粮油面积40公顷，生产优质特色粮食2000多吨，加工成品投放市场受到消费者喜爱。

【水稻高产示范】 2014年，在石龙镇、接龙镇、安澜镇建成3个万亩水稻高产示范片，实施面积2050公顷。在示范区域集成推广良种良法，其中，水稻良种覆盖率达到100%，旱育秧及旱育抛秧技术覆盖率达到100%，机插秧及划格拉绳规范化栽秧覆盖率达到65%，配方施肥覆盖率达到96.8%，分别高出全区平均水平10%、12.2%、25%、11.8%，促进水稻单产水平的提高。按照农业部粮油作物高产创建产量评估办法进行产量评估，项目区水稻平均每公顷产量1.01万公斤，比非项目区对照高出18.6%，增加稻谷总产330.92万公斤。

（何久荣）

2014年8月，接龙优质水稻基地

【蔬菜种植】 2014年，巴南区蔬菜播栽总面积2.2万公顷，同比增加2.1%；总产量56.51万吨，同比增长3%；农民来自蔬菜产业的销售收入达14.65亿元，同比增长2.1%。茄果类、速生叶菜、瓜类等时令鲜菜专业化生产能力进一步增强，有效地保障主城都市圈蔬菜供应。巴南区都市效益农业优势产业，蔬菜产业发挥了促农业增效、农民增收的重要作用。培育丰盛镇油房村黄氏农业、南彭东冒山蔬菜种植股份合作社、接龙东果农场等蔬菜高产高效示范基地。黄氏农业公司蔬菜基地已成为巴南区蔬菜高效生产标准化基地。年末，黄氏农业公司蔬菜基地面积8公顷，年产蔬菜780吨，年销售收180万元，亩产量6500公斤、亩收入1.5万元。

（匡正权）

【水果生产】 巴南区全年水果总产量4.87万吨，水果总产值1.46亿元，果树总面积8733公顷，呈现产业增效、果农增收的良好态势。开展果业技术集中培训20余次、参训果农1000人次以上，印发技术资料1万份以上。制定发布地方标准《绿色食品乌皮樱桃生产技术规程》（编号：DB500113/T 5—2014）和企业标准《巴南区翠冠梨标准果园建设规范》（编号：Q/BNZXL001－2014），推动全区果业规模化、标准化、安全化生产。科技支撑进一步推进全区果业基地建设标准化、规模化发展，形成水果休闲观光采摘链条，与水果相关的各类节庆和营销活动不断呈现，二圣梨花节与采梨节、接龙高山葡萄采摘节、安澜猕猴桃采摘节等，有效地促进果业生产附加值提升。

（马国辉）

【茶叶生产】 及时指导茶农和业主抓住有利气候时段和市场需求早采、多采名优茶。运用绿色防控综合配套技术，加强对小绿叶蝉、茶附线螨、茶蚜发生的监控和防治，茶叶产品质量安全大幅度提高。为茶业企业和生产业主提供茶树栽培管理、茶叶加工技术指导，协助企业开展品牌营销。示范运用茶树夏剪秋养技术133余公顷。全区茶园总面积2667公顷，其中投产茶园2253公顷。茶叶总产量3823吨，比上年增长3%；总加工产值9400万元，比上年增长6.82%。

（薛　红）

【畜禽养殖】 全年出栏生猪53.02万头。出栏家禽507.02万羽。出栏肉兔40.48万只，出栏肉牛1181头，出栏山羊1.38只。年底存栏奶牛2010头。禽蛋产量1.92万吨。畜牧业产值13.86亿元。

（易永碧）

【水产养殖】 水产业紧紧围绕“强能、提质、增效”目标，加大生态渔业工程建设力度。一、全区水产养殖面积2673.33公顷（其中池塘1946.67公顷），同比增长0.2%（其中池塘面积同比持平）；繁育生产鱼苗2.1亿尾，同比增加10.5%；引进优质苗种5500万尾，同比基本持平；投放鱼种4000吨，同比增加11.1%；水产品产量达2.14万吨，同比增长5.3%；渔业总产值4.16亿元，各项指标与上年稳中略增。二、强力推进月亮湾渔村建设。该渔村已成功创建为全国休闲渔业示范基地，成为巴南区第一个全国休闲渔业示范基地。完成《重庆月亮湾渔村总体规划》及一期启动项目建设性方案编制工作，并通过区政府和市农委共同组织的专案组评审，渔村建设完成投资2020万元，建设渔村“鱼菜共生”核心示范片66.67公顷、“鱼鳖混养”示范片33.33公顷，渔村入口大道、沿河休闲观光道、鱼池生态改造及民房改造等基础设施项目启动实施。重庆新港农业发展有限公司被农业部办公厅评为“全国休闲渔业示范基地（第三批）”。

（池成贵）

【蚕桑生产】 2014年，蚕桑生产走多元化发展模式，在全国率先采用“蚕儿饲养岩蛙”先例，建成标准化桑园6.67公顷，培育幼蛙2万余只；种植果桑面积26.67公顷；麻柳嘴镇平桥村“千担村”建设项目通过市级专家组验收。全区桑树面积1415.3公顷，养蚕农户2720户，发放蚕种3782张，蚕茧产量281吨，同比减少3.4%，蚕农养蚕收入389.5万元。

（王　忠）

林　业

【概况】 重庆市巴南区现有林地面积8万公顷，其中森林面积7万公顷，森林覆盖率43.5%，占主城全部森林面积的40%以上，是主城重要的“肺叶”，也是长江上游重要的生态屏障。全区森林中优势树种有松、杉、柏，竹类等，尤以马尾松分布最广，现有31466公顷，占主城全部松林面积的40%。森林主要分布于铜锣山、明月山、桃子荡、鲜家坪四大山脉和云篆山、圣灯山、樵坪山、天台山、安澜龙岗、石龙长岭六大林区。

重庆市巴南区林业局（简称：区林业局）下辖巴南区森林公安局、巴南区森林病虫害防治检疫站（参公事业单位）及6个直属全额拨款事业单位（巴南区退耕还林管理中心、巴南区天然林保护管理中心，南泉、桥口坝、东泉、接龙4个国有林场）；所辖各单位干部职工共有166人（其中，高级以上职称5人，中级职称20人）。区林业局机关内设：办公室、政工科、资源管理审批科、计划投资科、森林防火科；在职干部职工30人。

【造林植树】 积极推动三峡后续生态屏障项目

2014 年 1 月，巴南区在鱼洞街道新华村开展春季义务植树活动

和长江绿化工程项目对接，完成三峡后续项目生态人工造林等 7 个项目 1466.67 公顷，建设地块优化方案编制已上报相关部门审批。聘请国家林业规划调查设计院，完成三峡后续生态屏障区原绿化长江工程建设标段竣工验收，并指导 7 个建设标段上报竣工决算书。积极开展项目区竣工验收后不合格“小班”（进行森林经营组织木材生产的最小单位）的整改工作，积极筹备迎接市级和国家核查验收。3 月 19 日，区四大家办公室组织相关部门共计 250 多人，在鱼洞街道新华村 6 社的绿化用地开展春季义务植树活动；10 月 10 日，重庆市林业局副局长杨富权率队到李家沱街道陆军预备役后勤保障旅开展秋季义务植树活动。

【天保工程】 有序推进天保二期工程建设。加强森林资源管护，全区各镇街、国有林场按要求选聘集中管护人员 388 名，签订管护合同，落实管护责任。积极落实公益林生态补偿政策，协调区财政局、区邮政储蓄银行，实现打卡直补，兑付直补金额 518.2 万元，受益林农 6.2 万户。本年度直补标准由过去 0.06 公顷/年 10 元增至 0.06 公顷/年 15 元，政策调整后，区林业局积极指导镇街开展直补政策变更调整工作，并对镇街上报资料进行校验修正。开展中幼林抚育工作，全年完成 1133 公顷中幼林抚育任务并通过市级验收。

【退耕还林】 按照“稳面积，增收益”思路，大力实施退耕还林工程建设。完成 2013 年巩固退耕还林成果后续产业项目建设 1040 公顷，深入打造林果、速丰林、茶叶、花卉苗木等十余个林业产业基地。通过镇街申报和区内平衡，与区发改委等部门会商，分解下达本年度成果巩固建设任务 666 公顷，涉及镇街 11 个。结合年度退耕还林市级检查验收情况和成效调查结果，认真开展自查自纠，深入分析原因，制定切实有效的整改措施，敦促镇街开展不合格“小班”整改工作。及时落实退耕还林直补兑现工作，共兑现 2013 年度退耕户直补资金 1657.4 万元，涉及农户 48263 户。

【林相改造】 巴南区现有森林树种单一，结构简单，林分结构极不稳定，是导致全区松材线虫病疫情加剧的一大主因，同时也给森林防火工作增加压力。为改善现有森林林相，增加生物多样性，提高森林抗性，建立稳定的森林生态系统，通过“规划统筹、项目整合、社会合作”探索全区林相改造工作。结合森林进城、园林下乡等城乡美化理念，对以马尾松为主的四大山脉、六大林区开展林相改造总体规划。与交通、水利、农业相关造林项目打捆，培育经济林、景观林 1040 公顷。鼓励社会业主改造林相，引进 7 家业主入驻。丰盛镇建成彩色森林示范园 100 余公顷，重庆五洲园林公司栽植红枫园 68.53 公顷，重庆华强科技公司落户姜家镇，大力发展以元宝枫为主要品种的核心产业园。

【林业产业】 高度重视“兴林富民”工程，不断壮大林业产业。一、花卉苗木产业。巩固全区 4000 公顷花卉苗木成果，提质壮大以跳石为中心的一品—安澜—跳石沿线、以界石为中心的南泉—界石—南彭—接龙沿线、以二圣为中心的惠民—二圣—东泉—丰盛沿线的“三线三中心”苗木产业带。打造跳石五洲红枫园观赏、天星寺格桑花观赏等一批优质花卉苗木观赏带。继续重点打造重庆花木世界高、精花木品种为主的花木市场电子商务平台建设，完成 67 公顷仓储式基地建设。二、特色经果林产业。以退耕还林、三峡后续产业建设项目为依托，加大对前期产业建成区基础设施、品种更新的投入，巩固二圣梨、茶叶，鱼洞乌皮樱桃等产业面积 1333 公顷。推动产业链条升级，依托现有产业资源优势，推行二圣采梨节、采茶节、东温泉红橙采摘节等赏花、品果等游、购、娱于一体的产业模式，带动地方经济发展。三、森林生态旅游业。加大基础设施打造，借助低效林改造项目，打造桥口坝国家森林公园凤凰谷登山游憩区，修建观景亭、步游道等基础设施。借助退耕还林项目，在石龙、石滩、安澜、跳石、东温泉等地农村居住地外围林区，逐渐培育色叶景观林，为“三养”产业营造优美的发展环境。结合林相改造，按照抽针补阔等方式，打造丰盛七彩森林 667 公顷。四、木材及木材制品产业。在第 17 届“渝洽会”期间，积极主动争取市林业局支持，在铠恩国际名都成功举办首届“中国（重庆）·东盟木材及木材制品采购订货会”，实现签约总额 476 亿元。同时，策划并促成中国重庆家具商会、东盟家具工业协会、重庆市林业局、巴南区人民政府签订“四方战略合作协议”。协议议定，每年渝洽会期间同时在巴南区举办“中国（重庆）·东盟木材及木材制品采购订货会”，并在巴南区建立木材及木材制品采购订货电子商务及实体平台，打造西南地区乃至全国与东南亚各国木材及木制品交易最大集散地。五、继续加强科技兴林。组织林业技术骨干深入镇街开展经济林木栽培管理技术培训和现场技术指导，向林农发放经济林木树种栽培管护技术和病虫害防治要点小册子 1000 余份。

【森林防火】 2014 年，继续加强全区森林防火工作。一、强化森林防火组织领导。成立森林火灾扑救指挥专家组和指挥团，修订完善区《森林火灾应急预案》和《简易预案》，进一步提高预案可操作性。二、强化扑火基础设施建设。争取财政投入防火经费 280 万元，购置森林消防运水车 4 台、水袋 1.1 万米、移动式水泵 8 个，健全完善室内和车载指挥系统。规划建设森林防火公路 16 公里，防火阻隔带 1.68 公里，防火瞭望塔 7 座。三、加强应急队伍建设。建立一支以退伍军人为主的 10 人专业森林消防应急队伍，配备消防水泵、喷雾器、森林消防运水车等设施设备，通过日常训练和实战演练，提升快速扑灭山火的技能和水平。全年森林火警、火情大幅下降，发生一般森林火灾 1 起，过火面积 1.87 公顷。

【生物防治】 全面开展林业有害生物防控工作，累计实施林业有害生物监测面积 49.91 万公顷次，林业有害生物成灾率为“零”；实施无公害防治面积 1.27 万公顷，无公害防治率 100%，开展产地检疫 67.96 公顷，签发“产地检疫合格证”48 份，种苗产地检疫率 100%；检查涉木企业 269 家，检疫监管率 100%。松材线虫病防控工作继续高位推动，区政府常务会两次专题研究，落实防控资金 3300 万元。防控工作实行项目化、表格化、网格化管理。2013～2014 年度，全区开展横向到边，纵向到底的集中除治工作，共除治松林

2014 年 10 月，巴南区召开松材线虫病防控工作大会

面积1.25万公顷，枯死松树104.66万株，入户清理12.22万户，焚烧疫柴5238吨，防控到位率达100%。

【依法治林】 加大依法护林治林力度。一、强化林区治安管理。以“天网行动”“松材线虫疫木清理专项行动”“打击非法侵占林地”和“林区缉枪治爆和禁种铲毒”等专项行动为载体，全面开展森林公安执法工作。全年共立案查处林业刑事案件4起，刑事处罚11人，办理林业行政案件63起，行政处罚63人，林业案件综合查处率达100%，无重大涉林案件和特大涉林案件发生。同时，对全区林区进行拉网式排查，对涉爆单位登记造册，加强监管，排除隐患。禁种铲毒实现“零”目标。二、严格控制林地流失。按照“重审核，强管理”的原则，既要积极服务落实重大工程占地，又要千方百计严格控制林地流失。全年共办理永久占用、临时占用、农民建房和林业生产设施等四类占用林地手续10宗（其中，永久占用林地3宗共5.33公顷、临时占用林地1宗12.62公顷、办理直接服务林业生产的设施建设占用林地3宗1.38公顷）。三、严格采伐限额。印发《关于下达2014年度林木采伐指标的通知》，特别是结合林业松材线虫病疫情情况，加大对松木采伐利用的管控力度。全年共办理林木采伐9476立方米，控制在市限额以内。

【林业改革】 加快生态文明建设重心转移，从造林向护林转变。一、改革森林资源保护方式。结合全区实际情况，合理调整全区各森林类型的数量、分布，因地制宜划分公益林地、商品林地，明确林地保护等级，严格实施分类管理、分类保护，实现分类经营向林地分类保护的转变，确保全区林地底线安全。在市林规院指导下，区林业局已完成林地变更外业调查、室内判读、数据统计及报告编写等技术性工作，涉及变更“小班”3224个、面积1786.12公顷。同时，探索建立林地用途管理制度，生态有偿使用制度。二、深化林权制度改革。深入开展林权抵押贷款工作，全年办理解除抵押登记2宗，林地面积95公顷、金额1100万元（丰盛邦天公司81.33公顷、林地抵押贷款600万元，接龙朗润公司13.66公顷、林地抵押贷款500万元）；办理林权抵押登记1起（丰盛邦天公司81.33公顷、林地抵押贷款1000万元）；推进林地流转，办理林权转让1宗，涉及面积1.35公顷，金额18万元。同时，对2宗审查合格的林权转让申请，进行林权登记公示。认真做好林权登记，全年对152户林权登记申请进行仔细审核，并对申请审核合格的林农颁发林权证160本。

（周小波）

水　务

【概况】 重庆市巴南区水务局（简称：区水务局）内设6个行政科室（办公室、计财科、政工科、建设管理科、供排水科、防汛抗旱科）；下设17个事业站所（区水利工程管理站、区水资源管理站、区水政监察大队、区河道堤防管理站、区水利规划移民管理站、区水利安全生产监管站、区水保监督站、区水文站，鱼洞、一品、东温泉、接龙、木洞5个水利站和南彭、下涧口、丰岩、龙岗4个水库管理所）。现有在职干部职工158人，退休职工60人。

为加快巴南区水务一体化进程，2014年12月29日，经市编办批准，巴南区水利局更名为巴南区水务局，实施巴南区城乡水务一体化管理。更名后，其机构设置，在原有科室设置的基础上，新增供排水科（2013年试运行一年后区编委会今年正式下编）。在职责上，除承担原有各项职能外，新增全区城乡供水、排水的管理职能。区水务局主要职能职责：负责全区水利基础设施建设、重点水利工程建设管理、城乡饮水安全建设、病险水库除险加固、高效节水灌溉工程建设、小型农田水利设施建设、水利工程后期扶持管理、水生态和水环境保护、防汛抗旱、城乡污水处理等工作。

2014年，巴南区已建成各类水利工程5745处，其中水库95座〔中型水库3座，小（一）型水库16座，小（二）型水库76座〕；山坪塘4525处；引水堰224处；固定电力提灌站382处，电力提灌年蓄、引、提水能力1.2亿立方米，有效灌溉面积2.02万公顷，实际灌溉面积8333公顷，分别占耕地面积的53%和21%；建成小型水力发电站34处、安装运转55台发电机，装机容量为1.85万千瓦，年发电量4012万千瓦时；建成城乡饮水安全工程464处，解决61.22万人饮水安全问题；管理运行全区场镇污水处理厂21个，服务人口17万余人，日处理污水量约0.95万吨。完成大中型水库移民后期扶持8638人。

2014年，区水务局以解决民生实事、夯实水利基础为总目标，以促进水生态文明建设为抓手，以项目建设和水务改革为突破口，大力推进“责任水利、民生水利、活力水利、和谐水利”建设。完成各类水利投资12.65亿元，占投资完成计划的196.4%。整治山坪塘877口，新建蓄水池7口，新增高效节水灌溉面积333公顷。完成投资1100万元，整治9座病险小（二）型水库。新增村级集中式供水站38处，有效解决18个镇街、42个行政村6.61万人的饮水问题。投资（技术服务费）110.8万元，完成花溪河河道岸线（两岸）60公里的确权划界工作。水土流失治理20.1平方公里，占下达计划的131.5%。完成17个污水处理厂改技，累计处理污水265.48万吨，较上年同期增长42.9%。

年末，被区委、区府评为“2014年度区管领导班子先进集体”；并荣获区委、区政府“2014年度突出贡献金牛奖”（颁奖主题辞：整治数千塘库“润泽”巴南大地）。

【民生水利实施】 一是农村饮水安全建设。全年投入资金3504万元（其中：中央预算内资金2803万元，市级财政配套701万元），在全区18个镇街42个行政村新（扩）建38处集中式供水工程，解决6.61万人的饮水安全问题。二、城区自来水一户一表改造。2月，由区政府主导，水务局牵头实施，城区自来水一户一表改造工程启动，截至12月30日，全区投资约4000万元，完成城区1.81万户一户一表改造，在全市率先超额完成1万户的改造目标任务。三、农村山坪塘整治。全年共投入资金5718万元，整治完工1415口山坪塘，新增和恢复山坪塘蓄水量260万立方米，现全年可供水量390万立方米，解决供水人口3.29万人和灌溉面积2633公顷，超额完成市下达给巴南区山坪塘整治877口的目标任务，并荣获区委、区政府“2014年度突出贡献金牛奖”（颁奖主题辞：整治数千塘库“润泽”巴南大地）。

【骨干水源筹建】 以“责任水利”为己任，积极筹建辖区骨干水源。一、观景口大型水库筹建。该水库是巴南区唯一拟建的大型水库，水库建设概算投资26.35亿元，占地803.8公顷，移民5770人，建成后可解决70万人饮水问题，实现灌溉面积3333公顷。11月，《重庆巴南区观景口水利枢纽工程环境影响报告书》通过环保部审查，地灾、节能等10余个专题报告已获批复，并成功组建重庆市观景口水利开发有限公司。12月，国家发改委、国家投资项目评审中心对水库坝址现场踏勘并进行审查，可研报告通过评审。二、高洞子中型水库筹建。该水库位于跳石镇，是一座以城乡供水和农业灌溉为主，兼有改善生态环境功能和提高防洪能力的中型水利工程。建成后，可解决1.5万农村人口、11万城镇人口的饮水问题。10月，初步设计报告通过市水利局技术审查，市发改委正在进行投资概算审查。12月底，获得可行性研究批复。三、樵坪小型水库筹建。该水库位于南泉街道新式村，是一座以农业灌溉为主，兼有农村人畜饮水和樵坪山旅游景区供水等综合性水利工程。工程建成后能缓解南泉街道新式、迎龙和光国3个村（社）197.73公顷农业灌溉区、66.67公顷花卉苗木基地的灌溉用水紧张问题，缓解南泉街道新式、迎龙、光国和龙井4个村（社）的人畜饮水和樵坪山旅游景区供水问题。12月底，规划方案已通过市水利局专家审查，并完成初步设计报告正待市水利局审批。

【龙岗水库蓄水】 12月18日，龙岗水库正式下闸蓄水，标志着该水库大坝主体工程已经全部建设完成，正式进入蓄水阶段。龙岗水库建设工程为重庆市“泽渝二期”建设主要项目之一。龙岗水库位于一品河左岸一级支流龙岗河上，坝址位于安澜镇平滩村松林岗，距离巴南城区约30公里。工程总库容1052万立方米，总投资3.8亿元；是一座以农业灌溉和城乡供水为主，兼有防洪等综合利用效益的中型水利工程。9月24日，水库大坝枢纽和管理房建设已全面完成，并顺利通过市政府组织的库区和枢纽区征地移民安置专项验收和市水利局组织的下闸蓄水验收。该水库下闸蓄水后将为巴南区龙洲湾街道、一品街道和安澜镇等提供供水保障，缓解辖区域内的居民用水、农业灌溉和农村人畜饮水困难等问题。

【高效节水推进】 高度重视农田水利高效节水灌溉工作。一、编制完成《巴南区2014～2017年节水减排实施方案》。该方案拟建设投资估算约为8000万元，并编制完成《巴南区高效节水剩余资金安排项目实施方案》，完成116个高效节水项目，已会同区财政局完成大部分项目的竣工验收。投资750万元完成二圣镇中坪村、集体村规模化节水灌溉项目，新建节水灌溉面积333公顷。二、修订完成《巴南区规模化节水灌溉增效示范项目2013～2015年总体实施方案》，并获得市发改委批复。已完成规模化节水年度实施方案专家审查，正在进行施工招标，年底前正式进场施工。三、完成下涧口水库、丰岩水库中型灌区实施方案编制。12月，已启动初步设计工作。

【水土流失治理】 组织专业人员对辖区内水土流失进行专项治理监管。一、综合治理水土流失面积20.1平方公里（麻柳嘴镇鱼藏溪小流域治理12.5平方公里，安澜镇五通村柏林沟小流域治理7.6平方公里），完成总投资797万元，占下达计划的131.5%。二、审批31个生产建设项目水土保持方案，征收水土保持补偿费174.98万元，投入水土保持资金2.45亿元（其中：中央投入590万元，市级投入135万元，区级投入72万元；生产建设项目业主投入2.37万元），用于中央预算类、农业综合开发、生产建设等水土保持项目。

【河流护岸整治】 认真规划招标、积极组织施工，整治辖区内中小河流护岸。一、投资800万元，建成花溪河重点河段磨滩桥段和平滩桥主体工程，新建护岸工程2.5公里，现正在开展景观绿化前期工作。二、投资3000万元，建成花溪河花木世界段防洪护岸综合治理工程，新建堤防9公里。三、完成“五布河石龙场镇河段综合治理工程”“长塘河重点河段综合治理工程”“一品河安澜场镇、跳石场镇河段综合治理工程”《初步设计报告》，并通过市水利局审查。四、完成花溪河至土桥河段综合治理工程施工招标限价审查，正在进行施工招投标工作。

2014年8月，整治后的花溪河花木世界河段

【涉水事务管理】 2014年，区水务局自更名后，进一步加强涉水事务管理。一、严格执行水资源取水许可制度。全年审核发放取水许可证94套，批准取水许可总量2.14亿立方米。同时，按照“可操作、可监控、可评价、可考核”的原则，在大量调查研究并反复征求意见的基础上，制定印发《巴南区实行最严格水资源管理制度实施意见》，对全区11条河流、11座水库水功能区的纳污能力和排污总量提出意见及水质保护措施，使辖区水资源管理不断完善。二、严肃查处涉水违法违规案件。全年共查处、调处涉水违法案件和水事纠纷21起，挽回经济损失20余万元。三、加强河流护岸、塘库堤坝安全巡查。投入专项监

测资金，委托专业机构开展安全监测，确保堤防安全可靠。四、严格涉河建设监管。按程序对涉河建设申请进行审批，协助华南城、德国马术公园、万达、典雅花溪半岛等区重点项目完善涉河建设手续。

（胡吉萍）

农业机械

【概况】 2014年，巴南区农业机械化工作在中央和市、区支农惠农政策的引导下，按照重庆市农机推广工作“一转、三抓、三强化”（即：“转变观念”，抓“五支队伍、五个依靠、五个到位”，“强化培训、强化宣传、强化协作”）总体思路，坚持以提高农业耕种收综合机械化水平为中心，以推进水稻全程机械化生产为主线，以加强农产品加工技术引进和推广使用为重点，大力推动农机服务组织的发展，加快农业机械和技术的推广，快速提高农业机械装备水平和农田作业机械化水平，使全区农业机械化水平不断提高。全区农业机械总动力达到40.74万千瓦，农业机械拥有量达到22.79万台（套），农业机械原值达2.13亿元，农业耕种收综合机械化水平达到43.29%，实现农机经营收入1.37亿元，机械烘干粮食4000吨，机械脱粒粮食22.3万吨，农副产品加工23.27万吨；农机化作业服务组织39个，农机户8.09万户，农机专业户3105户。

【农业机械作业】 全年开展水稻机收服务5746.67公顷，开展机耕作业面积6.4万公顷。一、继续开展水稻机插秧作业补贴试点，印发《关于下达2014年水稻机械化育插秧作业补贴任务的通知》（巴南农业发〔2014〕18号），落实8个镇街重点推进水稻机械化育插秧作业补贴试点。二、农机部门在机插秧前，及时对插秧机进行检修，并组织区内插秧机维修机手对老旧无法修复的插秧机拆装组合，以提高废旧插秧机的使用率，共检查维修插秧机56台，拆装组合旧插秧机9台。三、派出技术人员到镇街实地指导机械化插秧，组建农机服务队开展服务，完成机插秧作业补贴示范423.8公顷，带动全区机插秧3780公顷。四、成立机收协调机构，加强统筹协调，指导农户搞好放水晾田，组织区外、区内各类型收割机165台有序合理流动开展机收作业。五、联合植保防控稻水象甲疫情通过外来收割机携带传入，从区外调入的收割机，必须经现场检查并备案后，方可机收作业。六、设立机收作业24小时热线服务电话，开展“送清凉，保安全”活动，深入机收作业现场检查机收进展及安全。

【农机抗灾救灾】 面对春旱、伏旱和暴雨等自然灾害的袭击，积极组织农机技术人员、调配农业机械深入抗灾救灾第一线，落实抗旱救灾所需的机具、油料和配件等物资。督促农机销售维修点做好抗旱物资所需的农业机械、配件、油料等物资储备，确保抗旱机具随时供应，满足抗旱和生产急需。6月20日，连续降雨致使李家沱街道西流沱社区和花溪街道先锋村居民房屋被洪水袭击，无法正常生活，立即组织农机技术人员和机手调动10台抽水泵，进行抽水排涝作业，经过两天一夜的奋战，受灾居民房屋积水全部排干，排除险情，恢复正常生活。

【新机具新技术推广】 2014年，随着农机购置补贴惠民政策的全面落实，推进全区农机化的快速发展，机具拥有量大幅增加。但农民对农机新技术、新机具的知识比较缺乏，迫切需要先进适用农机技术的培训和指导。区农机部门采取不同的形式，结合各镇街机具拥有情况，分别举办农业机械维修、农机操作机手、水稻机插秧及经销商培训等技术技能提升培训班，共培训各类农机人员3471人次，提高农民对农机新技术操作、新机具使用技能。3月，在接龙镇马路村召开的全区春耕春播现场会上，组织20多个农机企业生产的拖拉机、微耕机、农用挖掘机、插秧机、抽水机等农业机械现场演示；在现场会上，水稻工厂化育秧新技术、航空植保机械和山地拖拉机现场展演成为现场会的特色和亮点，受到参会的区领导和当地群众的好评，市、区新闻媒体进行报道。全年共推广各类农机购置补贴机械3896台（套），其中耕作机1498台，插秧机3台、联合收割机6台。拨付农机购置补贴资金347.94万元。

【农机购置补贴监管】 为全面落实农机购置补贴政策，成立以副区长为组长的农机购置补贴工作领导小组，印发《巴南区2014年农业机械购置补贴实施方案》，针对区内薄弱环节的两行、四行插秧机和35马力以下联合收割机，在市定额补贴的基础上，再配套50%的补贴，并纳入区财政预算。大力宣传农机购置补贴政策，充分利用广播、网络等新闻媒介和科技赶场等形式宣传农机购置补贴政策，为解决部分群众对购机政策不了解最后一公里问题，印制农机购置补贴政策口袋书7000册，赠送给有关部门领导、镇街及村社干部群众。每季度组织补贴操作人员、经销商、监管人员开展业务知识培训交流。与区财政局联合成立"农机购置补贴核查工作组"，开展农机购置补贴专项核查，通过补贴操作系统，安排专人电话随机抽查核实购机真实性。推行购机补贴阳光操作程序，更新巴南农业农村信息网专门开设的农机购置补贴信息板块内容，公示有关补贴文件、补贴程序、补贴额一览表、补贴资金进度情况等，自觉接受群众监督。还与镇街签订"重庆市巴南区农机购置补贴工作责任书"，加强农机购置补贴的监管力度。

（王庆林）

【农机安全监督管理】 进一步落实农机安全责任制，分别与22个镇街农业服务中心和拖拉机驾驶员（所有人）签订农机安全责任书，各镇街农业服务中心与村社和机手也分别签订安全责任书。加强农机安全宣传力度，举办拖拉机驾驶员安全知识和法律法规培训5期，培训农机人员280人，印发农机法律法规和安全操作手册2000份、农机安全歌谣2000份、《致巴南区农机驾驶员的一封信》1500份、《"平安农机"倡议书》1000份，书写宣传标语40余幅，提升广大农机人员的安全生产意识和应急处置能力。强力推进"平安农机"示范镇、示范村建设，建成部颁标准市级"平安农机"示范镇1个、示范村6个。组建成立"重庆市公安局巴南区分局交巡警支队驻农机交通安全管理警务室"，农机执法监管能力得到有效提升。清理登记备案外籍拖拉机450台，持外地拖拉机驾驶证人85人。加强农机安全监管，全年共检验拖拉机85台，联合收割机25台，耕作机登记率100%，开展安全检查48次，检查拖拉机运营168台，纠正违法行为59人次，罚款7000元，实现农机事故"零死亡"目标。

（程仁贵）

农村基础设施建设

【美丽乡村建设】 2014年投入市级新农村建设示范村和市级美丽乡村建设资金80万元。完成二圣镇中坪村、惠民街道显林村、鱼洞街道干塆村、鱼洞街道云篆山村四个市级美丽乡村建设任务和二圣镇集体村、鱼洞街道云篆山村、天星寺镇芙蓉村三个新农村示范村建设任务。广场硬化1100平方米，新建花台1500米、排水沟500米、公厕2个、化粪池2个、垃圾坑4个、院坝硬化3100平方米、污水处理池1个、排污管网300米、生产便道40米、安装路灯4盏、设置宣传栏40平方米、休闲农业与乡村旅游配套设施标志牌40块。二圣镇集体村被农业部办公厅评为"中国最美特色民居村"。

【人行便道改建】 聘请"重庆时盛建设工程质量检测有限公司"开展2013年农村人行便道改建验收工作。专业验收人员历经3个月时间，采取测距轮据实验收方式进行实地验收，全区完成农村人行便道改建258.93公里。与区财政局联合制发《关于下达2014年度农村人行便道建设项目及补助资金的通知》（巴南农业发〔2014〕251号），将农村人行便道建设项目和补助资金安排到各镇街，落实资金906万元，各镇街按要求认真组织实施。年底，组织专业验收人员进行实地勘察验收，全区新建农村人行便道226.5公里，全面完成建设任务。

（姜荣富）

【基本口粮田建设】 组织有关部门在木洞镇、麻柳嘴镇、丰盛镇退耕还林区建设基本口粮田面积约200公顷，项目总投资225万元。基本口粮田建设项目配套完善农田水系，农田复种指数提高0.5个百分点，人均粮食占有量达到420公斤左右。

（何久荣）

【沼气建设】 2014年，全区完成2013年计划的500户户用沼气建设，投入资金230万元（其中国家补助资金100万元），荣获重庆市农业委员会“农村能源工作先进集体”。在户用沼气建设中，按照统一规划、分户实施、标准化施工、规范项目建设和资金管理、强化安全生产措施的工作程序，严格工程质量和管理，圆满完成计划任务，推进巴南农村户用沼气发展。

（刘怀全）

农业综合管理

【农产品质量安全监管】 3月19日，市农委和巴南区人民政府在接龙镇联合举办“2014年质量安全保生产·放心农资送下乡”咨询活动。全年组织有关部门共抽查农产品32批次64个品种308个样品，合格率100%。对水产品抽检样品6个，水产苗种抽检样品6个，水产品快速检测样品13个，合格率100%。对饲料、兽药及畜禽及畜禽产品随机抽样检测；在生猪屠宰环节，督促业主做好“瘦肉精”快速监测事宜。取缔南彭街道的忠兴、石岗和南泉街道的樵坪3个生猪非法屠宰点，关闭惠民街道1个牛非法屠宰点，协助市农委联合执法查处“重庆结义食品有限公司”所辖3个牛屠宰车间非法给屠宰牛注水的违法案件。开展农资经营专项治理，对全区215家农药经营门店开展检查，检查农资和农产品生产经营企业或门店535余家次，责令整改30余家，已立案查处7起，结案5起，处罚金额3.85万元。

（王　浩）

【农作物病虫害防控】 全年编印发布病虫情报5期，印发相关技术资料10万余份；培训镇街植保员3次，培训农民21场次，参训人员2100人次。在石龙镇等建立1333公顷水稻重大病虫灾害应急控制示范片。7月9日，在接龙镇召开“农业有害生物灾害应急防控演练现场会议暨水稻穗期病虫专业化统防统治工作会”。在南彭街道青年茶场，实施茶树健康栽培，推广生物农药，开展灯光诱杀，避免农药残留。在石滩镇双寨村建立20公顷绿色稻米核心示范片，组装集成太阳能杀虫灯灭虫技术、稻鸭共育生态种养控害技术、植物源农药应用技术、微生物源农药控害技术、健身栽培技术等绿色防控主要配套技术，控害保产效果显著。在百胜乌皮樱桃基地，采取糖醋酒液诱杀成虫、清除园内杂草、垃圾和落地果等腐烂物之后，进行地面喷药消灭虫源，取得预期效果，果农增收明显。

（肖华勇）

【动物疫病综合防控】 认真落实重大动物疫病防控目标责任制，开展技术培训，统一免疫方案，严格执行仔猪阉割首免、畜禽春秋集中免疫和每月定期补免相结合的防疫制度。一、坚持规模养殖场自主免疫，推行散养户自行免疫。对规模养殖场免疫的猪、牛、羊全部佩带免疫耳标，对散养户按家畜一畜一证、家禽一户一证发放免疫证明，建立健全免疫记录档案。二、开展春秋两季重大动物疫病综合防控突击行动，对猪瘟、高致病性猪蓝耳病、口蹄疫、高致病性禽流感、鸡新城疫、羊小反刍兽疫、犬只狂犬病等进行免疫预防，开展畜禽圈舍消毒、疫情普查、生猪驱虫等工作。三、实行疫情报告制度，严格督促检查。在春秋动物疫病防控期间，组建督查组，采取听汇报、查资料、现场检查、询问养殖户等方式，对各镇街开展春、秋两季重大动物疫病防控工作进行检查督促，对检查中发现的问题，进行及时整改。四、强化规模养殖场防疫监管和风险评估。严格病死畜禽无害化处理监管和奶牛布病和牛结核病净化。五、加强生猪屠宰场的监管及肉品品质监管。全面实行动监指挥调度平台信息监管，按规定录入动物防疫监管、检疫监管、流通监管、执法办案、人员管理等相关信息，全面实施电子化出证。六、进一步健全兽医官方制度，强化执业兽医、乡村兽医监管，完善官方兽医体系。七、加强疫病监测，摸清疫源情况；加强流调分析，及时预警预报；加强疫病诊断，确保“早、快、严、小”疫情处置；强化产品质量监测，确保产品质量安全。

（易永碧　何　琴）

【养殖污染治理监督】 从2010年开始畜禽养殖

污染综合整治以来，全区二环线内禁养区内已关闭或搬迁的养殖场514家。按照“属地管理”原则及区政府要求，禁养区内各镇街已建立巩固畜禽养殖污染综合整治成果的长效机制，对辖区内的畜禽养殖污染综合整治的监督管理，禁养区内禁止从事畜禽规模养殖，对已关闭养殖场出现反弹的，采取措施立即进行关闭。限养区内禁止再建和改扩建畜禽规模养殖场，切实巩固整治成果。

（易永碧）

【渔业生产安全监管】 通过实施水产品质量安全承诺制，加大检查力度和产地抽检力度，全区水产品监督抽检合格率达100%，质量安全形势稳定。强化渔船安全监管制度建设和档案资料规范管理，扎实开展“打非治违专项行动”，建设渔船GPS应急救援系统，开展渔船水上安全突发事故应急演练，渔船安全监管能力得到提升，全年实现渔业船舶安全生产“零事故”的好成绩。

（池成贵）

【农业项目政策性保险】 积极开展水稻种植、能繁母猪、渔业养殖政策性保险试点工作。一、水稻种植保险。在安澜、跳石、接龙等13个镇开展水稻种植政策性保险试点工作（即：水稻收割前遭遇自然灾害、病虫害损失率达到40%～100%，投保农民最高可获得保险公司每公顷1800元～4500元赔偿），为减轻农民自然灾害损失，保护种粮积极性提供保险支持。全区共投保农户7359户，投保面积1275公顷，每公顷缴保险费270元（其中：由投保农民承担25%、中央财政承担45%、市财政承担25%、区财政承担10%）。二、能繁母猪保险。按照《重庆市人民政府办公厅关于印发重庆市能繁母猪保险工作实施方案的通知》（渝办发〔2010〕237号）及《重庆市财政局关于做好2013年度农业保险保费补贴工作的通知》（渝财金〔2013〕25号）要求，2014年全区共承保能繁母猪3305头，育肥猪4698头。三、渔业养殖保险。为增强渔业生产抵御自然灾害的能力，通过积极协调争取，巴南区成为全市19个渔业养殖保险试点区县之一，试点面积为333公顷。区农委制定巴南区渔业养殖保险试点实施方案，印发《巴南区关于开展渔业养殖保险试点工作的通知》，并召开相关工作会议，全区渔业养殖保险试点工作得到顺利推进。

（何久荣　易永碧　池成贵）

农村经营管理

【概况】 2014年，巴南区农村经营管理工作紧紧围绕农经“三大管理、三项指导、一个基础”（即：土地承包管理、农民负担监督管理、集体财务和资产管理；指导农业产业化发展、指导农民专业合作经济组织建设、指导农业社会化服务体系建立健全；农村经济统计为基础）的工作目标，稳定和完善农村土地承包关系，推进农村土地承包经营权流转；加大力度培育发展农民合作社、家庭农场农村新型经营主体；加强农村集体资产管理，逐步深入产权制度改革，在全区开展农村集体经济组织清产核资和农村集体经济组织量化确权改革试点工作。

（蔡　春）

【土地经营权流转】 2014年，全区累计流转面积达到2.21万公顷，占家庭承包耕地面积6.19万公顷的35.7%，累计新增土地流转面积0.07万公顷。土地适度规模经营面积为1.8万公顷，规模经营度为29.2%。区政府印发《重庆市巴南区农村土地承包经营权流转管理暂行办法的通知》（巴南府发〔2014〕97号），进一步规范农村土地流转行为。区农委有关部门及时更新发布流转信息213条，为流转双方提供快捷的供需信息服务，充分发挥土地流转市场的职能作用。公布《2014年农村土地流转中以黄谷为支付价款方式时的指导价格的通知》（巴南农业发〔2014〕228号）。为方便农村土地流转双方当事人合理约定和计算流转价款，规范土地流转行为，减少土地流转纠纷，加快农村土地流转将起到积极的推进作用。按照市农委办公室《关于开展“农迁农”情况调研的通知》要求，完成对巴南区农民自主选择从山区、远郊区农村迁入平原近郊区农村开展的调查。依法调处农村土地承包经营纠纷，全年受理土地承包及流转纠纷393件，镇街、村（社区）

调解无土承包372件，仲裁委调解4件，仲裁5件。审核设施农用地报批，监督经营者按照审核、审批内容具体实施农业设施建设，全年共审批农业企业附属设施建设用地25宗，7.93公顷。

（娄华容）

【农村“三资”管理】 3月，区纪委、区民政局、区财政局、区农委、区审计局联合下发《关于印发2014年巴南区农村集体资金资产资源管理工作监督实施方案的通知》（巴南农业发〔2014〕87号），5月，区纪委、区民政局、区财政局、区农委联合下发《关于开展农村财务管理专项检查的通知》（巴南农业发〔2014〕116号），在全区范围内开展农村财务管理专项检查。10月，区政府下发《关于印发巴南区农村集体经济组织清产核资实施方案和巴南区农村集体资产量化确权改革试点工作方案的通知》（巴南府发〔2014〕157号），并召开动员会，全面启动农村集体经济组织清产核资和农村集体资产量化确权改革试点工作，选定南泉街道和接龙镇为量化确权改革试点镇街。组织对镇街进行三期清产核资和量化确权政策及业务培训会，共培训相关人员250余人。进一步加强村级财务委托代理工作，区农委印发《关于进一步加强村级会计委托代理服务工作的通知》（巴南农业发〔2014〕216号），要求做到村级会计委托代理全覆盖。加强基层财务人员业务培训。11月，与区财政局联合组织全区所有村的报账员和村财镇代理的会计进行三期共12天的财务业务培训，重点对农村集体经济组织会计核算、财务管理、一事一议等业务进行培训，共培训村级报账员220人、镇街农村财务会计30余人。

（蔡　春）

【农民负担监管】 一、开展农民负担基点调查。巴南区是农业部确定的农民负担基点调查区县。选定接龙、木洞两镇各三个村，每村五户农户作为基点调查对象，严格按照农业部基点调查的要求和规定，如实上报基点调查数据，并进行、数据分析。二、加强“一事一议”筹资筹劳项目审核。巴南区是全国公益事业建设一事一议筹资筹劳信息化试点区（县），认真做好一事一议筹资筹劳项目网上申报、网上审核工作，全年有20个镇街申报62个一事一议筹资筹劳公益事业建设项目。根据市农委、市财政局《关于开展一事一议项目专项审计的通知》（渝农发〔2014〕178号）精神，联合区财政局加强村级公益事业建设一事一议筹资筹劳规范管理，开展一事一议专项审计活动，采取查看账目、档案资料和实地勘察、走访群众等方法，对二圣镇幸福村、邓家坝村，惠民街道沙井村、龙凤村2013年一事一议财政奖补项目，包括村民筹资筹劳及资金来源情况，资金使用情况，筹资筹劳范围、对象，议事方案审核、实施情况等进行审计。三、强化农民负担工作管理。根据《中共重庆市委农村工作领导小组办公室关于加强2014年农民负担监督管理工作的意见》（渝委农工组办〔2014〕2号），制发《巴南区2014年农民负担监督管理工作意见》（巴南农工组发〔2014〕1号），对进一步加强组织领导，健全管理制度，加强重点治理，延伸监管领域，强化检查监督，切实做好减轻农民负担各项工作的具体落实，坚决防止农民负担反弹工作提出具体工作内容。四、开展涉农乱收费专项治理。为了认真贯彻《中共重庆市委农村工作领导小组办公室关于开展2014年涉农乱收费专项治理的通知》（渝委农工组办〔2014〕4号）精神，切实加强新时期农民负担监管工作，推动减负惠农政策的贯彻落实，巴南区对22个镇街的198个村集体组织的涉农乱收费情况进行清理，在治理涉农乱收费项目中，包括农村义务教育、计划生育、农民建房、农机服务、殡葬服务、农业用水用电等收费项目，未发现向农民增加收费和减少收费的情况。

（张有贤）

都市效益农业

【概况】 2014年，巴南区紧紧围绕建设“城乡一体发展示范区”目标定位和“生态健康体验区”功能定位，坚持“亮点、扩面、成型”总基调，按照“发展理念实体化、基础设施统筹化、涉农资金捆绑化、用地规模适度化、具体项目产

接龙镇“五黑基地”黑花生

业化”的工作方法，以改革创新和项目推进为抓手，唱响“美丽乡村”品牌，加快现代农业发展，促进农业增效、农民增收。产业结构进一步优化，加快建设“七大亮点项目”，突出区域特色，初步建成木—高线（麻柳—接龙高洞）生态农业长廊、南—南线（南泉—南彭）万亩蔬菜基地和万亩花木走廊、惠—东线（惠民—东温泉）生态休闲渔业带、环云篆山休闲农业乐园和天坪乡村旅游胜地等“三线二片”特色产业带。特色效益农业、乡村旅游业、生态养生养老养心业融合发展，依托特色产业基地，举办各具特色的农业节庆活动，大力发展乡村休闲旅游业、“三养”业，全年乡村休闲旅游共接待游客近1000万人次，实现综合收入20亿元以上，有效地拓展农业增效、农民增收。科技支撑不断强化，完成新型职业农民培训1500名、各类农技培训9000余人；开展新品种试验185个，推广测土配方施肥7.33万公顷（含复种指数）、高产创建2667公顷、新特水果86.67公顷、名优水产良种5500万尾、“鱼菜共生”等水产优新技术666.67公顷；全区机耕作业面积6.4万公顷（含复耕），耕种收综合机械化水平达到43%以上，比上年提高2%。农业生产全程社会化服务步伐加快，经争取成为农业生产全程社会化服务市级试点区，积极推进水稻全程社会化服务、病害统防统治、水果茶树修枝整形、测土配方施肥、农产品产地加工等关键薄弱环节的社会化服务，有效降低农业生产成本。全区开展水稻机收服务5746.67公顷，为农民节约收割成本2000万元。

【五大农业产业带建设】 一、木—高线生态农业发展喜人。麻柳“江南柳庄”生态鱼深得百姓喜爱，木洞庙垭现代农业园设施蔬果种植已具规模，五布柚探索产地加工，姜家接龙“黑色”“紫色”农业提升农产品知名度。二、南—南线万亩蔬菜基地和万亩花木走廊已成规模。海棠水藤菜基地、南彭白云基地、石塔基地、东冒山基地、石岗瓜类等蔬菜基地基础设施进一步完善，促进蔬菜产业不断提质增效。花木世界核心区100公顷建成，“年宵花·民俗文化节”吸引市民竞相前来休闲购物。三、惠—东线生态渔业成为当地农户增收主渠道。鱼菜共生改善养殖水质，提升饲养鱼品质，鱼池生态改造再次成为全市亮点，推动月亮湾渔村加快建设。四、环云篆山休闲农业乐园成为巴南休闲名片。荷韵生态园年接待游客5万人次以上，实现年收入1700万元，乌皮樱桃、巴南香桃、果桑、红柠檬等特色水果采摘接连不断，成为市民周末度假首选。五、天坪乡村旅游胜地名副其实。发挥特色产业基地的景观功能，举办农业节庆活动，“云林天乡”积极申报AAA级景区，全年共接待游客约50万人次，拉动消费约1亿元，旅游业给农民人平增收900元。

【七大亮点项目推进】 一、月亮湾渔村项目：成立月亮湾渔村建设指挥部及办公室，核心区“福地生态园”开园，鱼池生态化改造夯实渔村生态特色基础。二、休闲农业乐园项目：美丽乡村建设、环山公路建设改善环境条件，环云篆山休闲农业乐园成为巴南休闲名片。三、乡村旅游胜地项目：二圣镇的梨花节、采梨节吸引游客近

30万人次，实现4000多吨高山梨全部在土销售，“云林天乡”格桑花美哭主城市民，天星寺禅茶文化农业园更吸引全国各地高端人士纷纷前来休憩养心，天坪乡村旅游胜地名副其实。四、光大奶业新城项目：与光大集团签订补充协议，光大集团总部、销售公司等全产业链将全部迁入巴南，光大乳制品加工厂建设用地13.13公顷基本落实，各级领导纷纷前来视察调研，光大奶业新城提速推进。五、万亩蔬菜基地项目：东冒山基地不断扩大，三峡工程后续项目助推丰盛、木洞、麻柳片区蔬菜生产发展，“万亩优质蔬菜基地”建设保障主城市民蔬菜的有效供给。六、花卉苗木之都项目：100公顷核心区建成，特色花木展示厅开业营运，开通直达公交线路，“花木世界”多样功能聚集。七、十里柚果长廊项目：熙可晚熟柑橘长势良好，五布柚生产基地基础设施不断改善，“柚惑”成为东温泉山水茶道文化节吸引点，“十里柚果长廊”丰富东温泉景区的内涵。

（韦开华）

新型农业经营主体

【种养大户】 培育刘昌元、李显六、重庆科超水稻种植专业合作社、重庆美德实业集团有限公司等种粮大户10户，粮食种植面积140.2公顷，平均每户种植规模达14.2公顷。培育何正昌、谭世洪、沈功银等蔬菜种植大户400户。培育王义春、史福秀、瞿开友、刘光银、彭卡拉等水果种植大户65户。培育重庆木犴生猪、四维科技、木洞沁鑫养殖场等生猪养殖大户172户。培育木洞镇朝荣鸡场、麻柳嘴镇张清华等蛋鸡养殖大户8户，双河口镇高枫、丰盛镇马丹、跳石镇瞿开禄等肉鸡养殖大户36户，一锄金、瑶星等肉鸭养殖场（户）3户。胡维富、鲜思学、石文均等肉兔养殖大户13户。培育重庆光大奶牛养殖大户1户。培育李家勇、雷燕、倪月刚等水产养殖大户144户，养殖水面477公顷。

（马国辉）

【家庭农场】 积极培育发展家庭农场，全区家庭农场发展到110个（其中：种植业52个、畜牧业34个、渔业17个、种养结合7个）。全区家庭农场经营面积808.27公顷，其中流转土地面积644.27公顷，全年家庭农场农产品销售总值7871万元。启动巴南区家庭农场示范场建设，按《巴南区家庭农场示范场评定办法（试行）》，评定安庆家庭农场、周述军家庭农场、锦轩生态园、东果农场、赵明海家庭农场、鲜泰养殖场、杨伦强家庭农场、重庆秋爽果木种植场、重庆市巴南区荛晰果园、重庆市北寨水果种植场10个区级家庭农场示范场。

【农民合作社】 积极推进农民合作社规范发展和示范社建设。培育发展“重庆市巴南区众喜早熟梨种植专业合作社”“重庆市巴南区油房榨菜专业合作社”“重庆市安绿蔬菜种植专业合作社”3个国家级示范社；“重庆晓阳坝稻米种植专业合作社”“重庆市巴南区思粟西瓜专业合作社”2个市级示范社；“巴南区世雄蔬菜种植专业合作社”“重庆东冒山蔬菜种植股份合作社”“重庆市巴南区祚伟蔬菜种植专业合作社”“重庆晓杨坝稻米种植专业合作社”“重庆碑垭养蜂专业合作社”“巴南区顺友稻米种植专业合作社”“重庆官房坝蔬菜种植专业合作社”“重庆金水丘蔬菜种植股份合作社”“重庆市巴南区思粟西瓜专业合作社”“重庆普冠西瓜种植专业合作社”10个区级示范合作社。截至年底，全区有国家级示范社6个，部级示范社1个，市级示范社14个，区级示范社10个。全年新发展并经工商登记注册农民合作社81个，总数达到410个（其中：种植业212个、林业93个、畜牧业34个、渔业34个、服务业36个、其他1个）；入社农户9.03万户，带动农户8.45万户，农户参合率达43.7%。股份合作社农民成员5700户，入股土地面积1149公顷，股份合作社注册资本2.58亿元（其中：农民土地入股折价1.59亿元）。

（杨吉华）

【新型职业农民】 采取教育培训、认定管理和政策扶持等措施，大力培育新型职业农民。积极探索在新时期的新型职业农民培育的模式、途径和方法，通过调查培训需求、遴选培训机构、优选培训人员，利用“农民田间学校”平台，在接龙、惠民等15个镇街进行分时段、分季节有针对性、时效性的培训，突出专业、就近办班和实训的培训特色，提高新型职业农民的生产技能、农业经营能力和综合素质。全年培训新型职业农民1500人（其中：生产经营型农民900人、专业技能型和社会服务型农民600人）。

（王坤珍）

【产业化龙头企业】 从土地流转、农业项目支持、农业生产配套设施建设用地、税收、奖励等多方面扶持农业产业化企业发展。年末，全区有国家级重点农业产业化龙头企业2家、市级29家、区级85家，其中新培育市级农业产业化龙头企业3家，区级12家。

【社会化服务组织】 巴南区公益性社会化服务组织较为完善，主要有区和镇街农技推广机构、林业技术推广机构、畜牧兽医机构、农机推广机构、农村经济管理机构、水利电力推广机构、供销合作社、农村信用、村社集体经济组织等。经营性社会服务组织尚需培育，包括各类涉农公司、协会、农民合作社、农户等，涵盖农业生产产前、产中、产后各环节，其中提供农业生产资料（产前）社会服务组织较多，且较为健全，如农药、农膜、饲料等经营组织较多，全面实现社会化服务。开展病害统防统治、测土配方施肥、产品加工、品牌培育等关键环节社会化服务的组织较少，并且规模较小，服务能力不足，还不能有效解决“怎么种地”的问题。

（韦开华）

农业综合开发

【概况】 巴南区农业综合开发办公室（简称：区农业开发办）按照“都市功能拓展区”战略定位要求，坚持以项目建设为支撑，以产业发展为重点，以促农增收为目标，加强基础设施建设，改善生产生活条件，努力提高综合生产能力，形成以“项目建基地、基地育产业、产业促致富”的农业综合开发产业化格局，有效地助推“都市效益农业”大发展。全年市农业综合开发下达巴南区财政投资计划4183万元（其中：中央财政资金1649万元，市级财政资金692万元，区级财政配套资金173万元，自筹资金1669万元）。新建水稻、蔬菜、茶叶、水果、花木基地2000公顷。

【综合开发效益】 农业综合开发土地治理项目4个，共计投资计划2608万元，以生态综合治理为重点，加强基础设施建设，改善农业生产条件，改造治理土地1740公顷。修建整治山坪塘32口，蓄水池50口，灌排沟渠、排洪渠9160米。修建整治机耕道2.37万米，生产管理便道、路带沟2.69万米，挖填土石方8万立方米，配套修建便民设施20处，群众投工投劳3.18万个，进一步提高土地综合整治效益。

【科技项目推广】 2014年，集中推广“特色柑橘新品种示范及配套技术”和“深两优5814杂交稻绿色种植示范”农业科技项目2个，投资65万元，全区推广面积达88.67公顷。

【产业化项目实施】 农业综合开发产业化项目实施3项，投资计划1422万元。其中：重庆市产业化财政补助项目2个（巴南区3000头黑土猪养殖扩建项目、扶持龙头企业带动茶叶产业发展试点项目），市财政补助资金1152万元；农业产业化固定资产贷款贴息项目1个（生态奶牛养殖场一期建设），市财政贴息资金270万元。通过产业化项目实施，极大地调动龙头企业发展农业产业化。

（徐晓洪）

农村扶贫开发

【概况】 2014年，农村扶贫开发以新一轮建档立卡工作为首要任务，严格识别标准，规范操作程序，圆满完成新一轮建档立卡工作。有效地开展上一轮整村脱贫的贫困村后扶建设，避免脱贫后返贫。继续实施“雨露计划”、到户帮扶和社会扶贫工作。

【扶贫建档】　按照贫困户“八步二公示一公告”（即：规模分解、初选对象、公示公告、结对帮扶、制定计划、填写手册、数据录入、数据更新）和贫困村“八步一公示一公告”（同上）程序，先后识别确定姜家镇蔡家寺村、接龙镇马路村、东泉镇黄金林村、二圣镇幸福村和双河口镇塘湾村5个建档立卡贫困村，共识别确定新一轮建档立卡贫困户3755户、1.21万人。其中，保留历史贫困户1.11万人，动态新增贫困人口1020人（整户新增746户、972人，个人入户154人，返贫83人，个人出户189人）。1.21万名贫困人口中，按照收入标准划分：A类1184人、B类6814人、C类4072人，分别占贫困人口总数9.81%、56.45%和33.75%；按致贫原因划分，因病因残致贫有1753户、5501人，因学致贫有1205户、4099人，此两类共占贫困户总数和贫困人口总数的78.77%和79.54%，其他原因致贫占21.23%和20.46%，因病因残和因学是主要致贫因素。

【整村扶贫】　2014年，对2013年年底已脱贫的木洞镇水口寺村、双河口镇石门村、麻柳嘴镇平桥村和姜家镇水源村等4个市级贫困村安排验收合格奖励资金200万元，继续巩固基础设施建设和产业发展。4个村在扶贫脱贫中共新建村社公路0.85公里，修建涵洞4个，整治改建公路12公里，硬化人行路和生产便道10.1公里，新建抗旱水池3口，安装入户自来水管道1.2万米。对100公顷果园统一施肥、修剪、除草和病虫防治管理，发展林果业种植20公顷，发展姜家“黑”（系列农产品）种植基地20公顷，发展蔬菜种植20公顷。开展产业技术培训5次、650人次。对新一轮5个建档立卡的贫困村，启动整村扶贫规划编制。

【到户帮扶】　利用元旦、春节、五一、端午节、国庆和中秋节等重大节日期间，对建卡贫困户实施全覆盖慰问，全年共慰问1.14万户次，慰问金和物资折合121.66万元。和相关镇街20名领导干部和技术干部，组成5个驻村工作队，分别对口帮扶5个建档立卡贫困村。区级有关部门派出3354名干部，结对帮扶农村贫困家庭1687户。

【雨露工程】　全年共组织25人次参加市扶贫办组织的17期扶贫政策业务培训。联合区人社局、区卫计委、区科委、区科协、区妇联、区残联和团区委等单位，深入镇街和贫困村，开展岗前培训、就业能力提升培训、微型企业创业培训、家庭服务培训、乡村医生培训、卫生知识培训、防灾减灾知识培训和新型职业农民培育等培训145期，参训人员达1.57万人次，组织劳务输出4000余人。区扶贫办利用市扶贫协会筹集资金2.4万元，对8名农村贫困大学生实施“雨露工程”资助和救助，缓解贫困学生及其家庭教育支出压力。

【社会扶贫】　2014年，区级有关部门、单位、群团组织和社会爱心人士，直接投入扶贫奖金2.61亿元（其中：投入现金2.47亿元、物资折款1388万元），积极支持农村基础设施建设、支柱产业发展、文教卫生事业发展和农村贫困户生产生活帮扶。区人大办、区政协办、区民政局、区总工会、团区委和民防办、区妇联共募集资金445万元，资助贫困学生1479名。

【对口帮扶】　2014年，巴南区继续对口帮扶城口县发展建设，直接向城口县投入资金和物资折合1845万元，帮助城口县引进资金1.1亿元，引进重大项目1个，引进高技术和管理型人才16名，修缮校舍1所（城口县蓼子乡桃园小学），资助贫困学生400名，举办培训班6期，培训1100人次，组织劳务输出100余人，安排4名干部到城口县相关部门挂职，派出11名教师到城口县支教，派出6名医生到城口县交流，各单位到城口调研指导33人次。

（赵新儒）

工　业

概　述

2014年，巴南区实现工业总产值740.4亿元，比上年增长15.1%；实现销售产值702.8亿元，比上年增长16.1%，产销率为94.7%，比上年提高0.8个百分点；实现利润36.0亿元，比上年增长3.8%。全区工业实现增加值161.2亿元，比上年增长11.0%，占全地区生产总值（510.1亿元，比上年增长11.5%）的31.6%，拉动全区地区生产总值增长3.9个百分点，对全区地区生产总值增长的贡献率为33.8%。全区工业实交税金税收31.2亿元，比上年增长13.7%，占全区税收总收入（55.7亿元，比上年增长21.3%）的56.0%。全区工业完成工业投资147.2亿元，比上年增长10.8%。

2月24日，中共巴南区委、区政府召开“2014年工业和信息化工作会”，贯彻落实市、区“两会”精神，总结2013年全区工业和信息化工作，全面安排部署2014年工作。区委常委、常务副区长宋葵主持会议。会议提出2014年全区工业发展的奋斗目标：工业总产值增长15%；规上工业总产值增长13%以上；工业投资增长16.5%；新产品产值提高15%；工业利润增长12%；工业经济综合效益指数同比增长3.5个百分点；万元地区生产总值能耗下降2.5%；研发投入增长12%；全员劳动生产率增长10%。工业产能达到千亿布局。区长陈刚在安排部署2014年全区工业和信息化工作中强调：一、要提高认识，把握形势，坚定不移地把强工业放在经济工作的首位来抓；二、要锁定目标，突出重点，以促增量、优存量为抓手，推动工业经济实现新突破。要重点抓好招商引资、项目投产达效、扶优扶强现有企业、大力培育新兴产业、加速“两化融合”和信息化建设、切实推进“五转一创新”六项工作；三、要落实以结果为导向的执行模式，奋勇争先、奋发图强、协同作战，强力推进工业发展各项工作取得实质性突破。区委书记李建春就2014年全区工业和信息化工作提出要求：一、坚定不移做强“第一支柱”。聚全区之力，以务实之举，加快转方式、调结构，着力抓改革、促创新，加快推进工业和信息化发展，努力打造“千亿级”工业强区；二、深化改革突破工业经济“制约瓶颈”；三、积极创新驱动“先进制造”，提升“巴南制造”整体水平；四、甩开膀子干得更加出彩。市经信委党组副书记、常务副主任蔡永生出席会议，区领导朱作芳、付星群、朱亿、陈昱阳参加会议。

3月31日至4月4日，巴南区36位区级领导集中一周时间，开展“企业服务周”走访企业活动。分别对全区76户重点工业企业，35户重点商贸物流企业，36户重点城乡一体企业，49户房地产（建筑）企业进行联系服务，共收集各类企业问题290个，截至10月，已解决问题286个，解决率98.6%，受到区内广大企业好评。

4月11日，区委、区政府召开“巴南区‘五转一创新’工作会议”。区委常委、区政府常务副区长宋葵主持会议，并对区委、区政府联合印发的《关于加快推进市场主体“五转一创新”的意见》等“1+4”文件进行说明；区长陈刚在会上提出2014年至2015年“五转一创新”工作任务。“五转一创新”（即：规范无证照经营转为有证照经营、个体工商户转型升级为企业、限额以下商贸企业转型升级为限额以上商贸企业、规模以下工业企业转型升级为规模以上工业企业、公司分支机构转型为独立法人机构；全面改革创新政府服务企业体系）工作是保障巴南区经济平稳增长的重要基础，加快经济转型升级的重要举措，扶持企业做大做强的引擎动力，促进就业增加收入的治本之举和集聚商气优化环境的重要手段。

9月15日，区经济园区与北京美利信控股有限公司签订美利信扩能项目入驻天明汽摩产业园投资协议。该项目占地约13.34公顷，总投资约10亿元，年产值约20亿元，年税收约1亿元，主要生产汽车发动机缸体、变速箱壳体等动力总成压铸件和通信基站相关产品，计划2015年年底全面建成投产。区领导李建春、陈刚、杨红军、梁挺出席签约仪式。

10月10日，由工信部颁发的“国家级工业设计中心”正式授牌给重庆锦辉陶瓷西南日用陶瓷工业设计中心。该设计中心是2014年重庆市唯一的、也是中国陶瓷行业唯一的国家级工业设计中心，将为全市工业设计引领企业转型升级起到示范作用。区长陈刚，市经信委总工程师赵刚，区委常委、区政府党组成员杨红军出席揭牌活动。

12月17日，由中共巴南区委、区政府主办的“巴南区建区20周年重大建设成就暨建设模范颁奖晚会”在区体育馆隆重举行。市政协原主席张文彬、市政协原副主席李兵、江西省高级人民法院院长张忠厚、区委原书记史锦杰、姚代云、李科，区委书记李建春、区长陈刚、区人大常委会主任李俊文、区政协主席胡能兵以及建区以来在巴南工作过的市管区级领导干部和在区离退休的市管县级领导干部，在家的全体区领导出席晚会。全区工业和信息化领域“长安铃木二工厂项目”被评为巴南区建区20周年重大建设成就；宗申集团左宗申、大江工业集团郑晓明当选巴南区建区20周年建设模范。

12月28日，曙光·江南楼宇产业园在巴南区经济园区界石数码产业园开园。全国政协副秘书长何丕洁，国务院国资委监事会主席董树奎，十一届全国人大财经委副主任贺铿，民建中央常委、市人大常委会副主任沈金强，中国金融工会党组成员、经审委主任贾文礼，工信部产业政策司副司长辛仁周，中国机电招投标中心副主任王建翔，民建中央社会服务部副部长夏赶秋，国家发改委办公厅副主任郭淑芝；市中小企业局局长尹华川，民建重庆市委副主委、市工商局副局长杨光，民建重庆市委专职副主委杨亚丽，市中小企业局党组成员、副局长周奎，市投资促进局常务副局长金蕾；巴南区领导陈刚、胡能兵、朱作芳、梁挺、付星群出席开园仪式。曙光·江南楼宇产业园是区内第一个由民营资本打造的楼宇产业园，是巴南区产业结构转型升级的重要载体。

12月30日，区政府、市经信委与惠科集团在巴南区正式签订“液晶面板第8.5代生产线项目投资协议”。市长黄奇帆，市委常委、市政府常务副市长翁杰明，市政府党组成员、秘书长、办公厅主任欧顺清，市政府副秘书长张智奎，市经信委主任郭坚、副主任周青，重庆渝富集团董事长、党委书记李剑铭，区领导李建春、陈刚、宋葵、梁挺，惠科集团总裁王智勇等出席签约活动。该项目总投资120亿元，力争2015年3月开工建设，2017年达产后将年产1150万片液显模块，年产值110亿元。液晶面板产业将成为巴南区乃至重庆市新的增长极。

巴南区经济和信息化委员会（以下简称：区经信委）内设10个科室（即：办公室、组织人事科、经济运行科、科技教育科、改革指导科、企业发展科、安全环保科、能源科、信息产业科、工业服务中心）。机关行政编制为32名，事业编制25名，后勤服务人员编制为6名，实有在职干部职工55人。与区工商分局、区商务局共同荣获中共巴南区委、区政府“2014年度工作创新‘金鹰奖’”（颁奖主题辞：“五转一创新”激发市场主体叠加效应）。

【规模工业发展】 2014年年末，全区有规模工业企业170户（含跨区产业活动单位3户）；从业人员年平均人数为6.52万人，比上年增长6.6%。统计数据显示：2014年，全区规模工业完成总产值605.1亿元，比上年增长15.3%；实现销售产值585.9亿元，比上年增长16.5%（含跨区产业活动单位数据）；产销率为96.8%，比上年提高1.0个百分点。主营业务收入553.0亿元，比上年增长20.8%；实现利润30.2亿元，比上年增长3.8%；应交增值税41.7亿元，比上年增长9.5%。

2014年，巴南区规模工业产值在全市主城9区中排名第7位（第6位江北区693.7亿元，第8位大渡口区158.0亿元）；在23个区县中排名第11位（第10位万州区669.8亿元，第12位荣昌县583.6亿元）。

2014年度巴南区工业主要指标完成情况

单位：个、人、万元

范围	指标名称	上年	本年	比上年增长%（±百分点）
全区工业	企业个数	1769	1675	-5.3
	年末从业人数	112076	116156	3.6
	总产值	6449513	7424404	15.1
	营业收入	6176754	7202902	16.6
	利润总额	347001	360280	3.8
	实交税金	274420	312108	13.7
	固定资产投资	1329003	1472222	10.8
	增加值	1443165	1611782	11.7
规模工业	企业个数	162	167	3.1
	年平均人数	61175	65182	6.6
	总产值	5248279	6051266	15.3
	产品销售收入	4577454	5529564	20.8
	利润总额	290539	301579	3.8
	应交增值税	264952	280584	5.9
	销售税金及附加	75022	106081	41.4
	利税总额	629406	687311	9.2
	工业经济效益综合指数	240.7	251.7	11.0

2014年规模工业产值亿元以上企业名单（75户）
（按产值降序排列，含跨区产业活动单位）

001	重庆长安铃木汽车有限公司	039	重庆德川汽车内饰件有限公司
002	重庆宗申发动机制造有限公司	040	重庆市巴南区新星橡胶厂
003	重庆恒安心相印纸制品有限公司	041	重庆天禄混凝土有限公司
004	重庆航天巴山摩托车制造有限公司	042	重庆宝钢钢材加工配送有限公司

续表

005	重庆惠科金扬科技有限公司	043	重庆凯源石油天然气公司巴南分公司
006	重庆宗申汽车进气系统制造有限公司	044	重庆耐德新明和工业有限公司
007	重庆市麒龙服装工业发展有限公司	045	重庆长铃中德摩托车有限公司
008	重庆建设摩托车股份有限公司	046	重庆信奇建材机械制造有限公司
009	重庆宗申机车工业制造有限公司	047	重庆大江渝强塑料制品有限公司
010	重庆宗申通用动力机械有限公司	048	重庆玉宇纺织有限公司
011	重庆市南方阻燃电线电缆厂	049	重庆市嘉卡变速箱有限公司
012	重庆大江信达车辆股份有限公司	050	重庆锐斯德科技有限公司
013	重庆宏立至信汽车部件制造有限公司	051	中石化重庆坪润滑油分公司矿物油脂厂（巴南）
014	重庆弘愿工具（集团）有限公司	052	重庆众恒电器有限公司
015	重庆威星橡胶工业有限公司	053	重庆平山泰凯化油器有限公司
016	市电力公司巴南区（产业活动单位）	054	重庆浩立塑胶有限公司
017	重庆四方混凝土有限公司	055	宗申派姆（加拿大）重庆氢能源有限公司
018	重庆吉力芸峰实业（集团）有限公司	056	重庆三四零三汽车零部件有限公司
019	重庆特种机械有限公司	057	重庆桴之科科技发展有限公司
020	重庆光宇摩托车制造有限公司	058	永塑（重庆）新材料科技有限公司
021	攀钢集团重庆钛业有限公司	059	重庆弘愿压缩机制造有限公司
022	重庆大江美利信压铸有限责任公司	060	重庆巴南天然气有限责任公司
023	重庆百亚卫生用品有限公司	061	重庆全悦祥精密锻造机械工业有限公司
024	重庆川渝精工机械配件开发有限公司	062	重庆市宏立摩托车配件制造有限公司
025	重庆平山矿山机电设备有限公司	063	重庆胜成畜产制品有限公司
026	重庆结义食品有限公司	064	重庆丰盛环保发电有限公司
027	重庆驰骋机械制造有限公司	065	重庆市东土实业有限责任公司
028	重庆公牛摩托车发动机工业有限公司	066	圣美精工（重庆）有限公司
029	重庆水轮机厂有限责任公司	067	重庆耐德摩托车零件制造有限公司
030	重庆力之星机车制造有限责任公司	068	重庆中海弹簧有限公司
031	重庆耐德山花特种车有限责任公司	069	重庆市渝路混凝土有限公司
032	重庆航利实业有限责任公司	070	重庆长江链条有限公司
033	重庆众强有色金属有限公司	071	重庆锦晖陶瓷有限公司
034	重庆市豪威摩托车制造有限公司	072	重庆界石仪表有限公司
035	重庆重钢集团钢管有限责任公司	073	重庆宗申吕田机械制造有限公司
036	重庆宗申动力机械股份有限公司	074	重庆市畅阔公路养护工程有限公司
037	重庆驰成金属冶炼有限公司	075	重庆昊辉钢结构制造有限公司
038	富裕注塑制模（重庆）有限公司	/	/

2014 年规模工业产值 2000 万元 ~1 亿元以下企业名单（95 户）

（按产值降序排列）

001	重庆汇仁有色金属有限责任公司	049	重庆尧鑫工贸有限公司
002	重庆市界石燃气设备有限公司	050	重庆宗申汽车发动机制造有限公司
003	重庆多普橡胶有限公司	051	重庆胡氏机械有限公司
004	重庆长富食品有限公司	052	重庆渝文模具机械制造有限公司
005	重庆彭氏科技开发有限公司	053	重庆万里江发链轮有限公司
006	重庆市兴康纸业有限公司	054	重庆冠钟机械制造有限责任公司
007	重庆市二圣茶业有限公司	055	重庆市春满江机械配件有限公司
008	重庆君卓机械有限公司	056	重庆富登机械制造有限公司
009	重庆邦图科技有限公司	057	重庆江南康融电力器具厂
010	重庆市力波机械制造有限公司	058	重庆弘顺橡塑制品有限公司
011	重庆中迪医疗设备有限公司	059	重庆市佳佳机械制造有限公司
012	重庆大江本大工程机械有限责任公司	060	重庆海杰机械制造有限公司
013	重庆市神羽服饰有限公司	061	重庆顺建金属制品有限公司
014	重庆迎旭灯具有限责任公司	062	重庆联合机器制造有限公司
015	重庆晶晶乐食品有限公司鹿角分厂	063	重庆弘创机械有限公司
016	重庆市龙泉食品有限公司	064	重庆合力达电梯配件有限公司
017	重庆定普工贸有限公司	065	重庆联科印务有限公司
018	重庆奥卡机械制造有限公司	066	重庆贡宏焊管厂
019	重庆道角齿轮制造有限公司	067	重庆光明消防设备厂
020	重庆双羽家具有限公司	068	重庆大江比特车辆技术有限公司
021	重庆市兴贸食品有限公司	069	重庆市龙彪机械制造有限公司
022	重庆博森电气（集团）新川江电控设备厂	070	重庆中瑞鑫安实业有限公司
023	重庆双狮摩托车制造有限公司	071	重庆市腾瀚工贸有限公司
024	重庆喆淞公路工程材料有限责任公司	072	重庆爱瑞机械制造有限公司
025	重庆其龙机械制造有限公司	073	重庆立崧电机设备有限公司
026	重庆牧田摩托车配件有限公司	074	重庆安冶精密钢管有限公司
027	重庆利箭摩托车制造有限责任公司	075	重庆璐驰机械制造有限公司
028	重庆华山无纺布有限公司	076	重庆市巴南区露晓机械厂
029	重庆永康节能科技有限责任公司	077	重庆全茂机械制造有限公司
030	重庆八运机械有限公司	078	重庆市庞帆冲压厂
031	重庆力扬工业有限公司	079	重庆龙洲科技发展有限公司
032	重庆长庆压铸有限公司	080	重庆锐翔科技发展有限公司
033	重庆市竹风纺织品有限公司	081	重庆国宏机电有限公司
034	重庆泰通机电科技有限公司	082	重庆助友刃具有限公司
035	重庆中轻装备有限公司	083	重庆市巴南区供电有限责任公司
036	重庆市渝南自来水有限公司	084	重庆智鑫建材厂

续表

037	重庆山河机械有限公司	085	重庆神盾水泥实业有限公司
038	重庆新铝城幕墙工程有限公司	086	重庆长江预应力有限公司
039	重庆康电发电设备有限公司	087	重庆亿美成套设备有限公司
040	重庆劲霸摩托车制造有限公司	088	重庆建涛装饰材料有限公司
041	重庆中远精密模具有限公司	089	重庆惠源螺丝制造有限公司
042	重庆山城电器厂	090	恒安（重庆）纸制品有限公司
043	重庆桥头火锅调料有限公司	091	重庆市沙坪坝区民建机械厂
044	重庆祥明仪表机箱有限公司	092	重庆市江北区长安汽车座椅内饰板厂
045	重庆琦珠机械制造有限公司	093	重庆华丰蓄电池有限公司
046	重庆勃润防锈技术有限公司	094	重庆湛氏机械制造有限公司
047	重庆协禾包装制品有限公司	095	重庆渝腾机械锻造有限公司
048	重庆布莱迪仪器仪表有限公司	/	/

【主要产品产量】 2014 年，全区规模工业企业产品中列入国家统计目录的有 42 种。其中，28 种产品增长，占 66.7%，增幅在 30% 以上的有：显示器、蓄电池、塑料制品、泵、无纺布（无纺织物）、小麦粉、模具、纱、电动手提式工具、人造板、鲜冷藏肉和商品混凝土等 12 种产品；14 种产品下降，占 33.3%，降幅在 10% 以上的有：硫酸、电动机、发电机组、矿山专用设备、橡胶轮胎外胎和弹簧等 6 种产品。

2014 年度巴南区规模工业主要产品产量

序号	产品名称	计量单位	本年	同期	比上年增长%
1	小麦粉	吨	26398	18421	43.3
2	鲜、冷藏肉	吨	33780	25750	31.2
3	精制茶	吨	854	856	-0.2
4	纱	吨	6701	4872	37.5
5	无纺布（无纺织物）	吨	5099	3121	63.4
6	服装	万件	1243	1127	10.3
7	人造板	立方米	20674	15144	36.5
8	家具	件	131000	140040	-6.5
9	纸制品	吨	319906	312648	2.3
10	硫酸（折 100%）	吨	4033	55277	-92.7
11	橡胶轮胎外胎	条	12919490	15099163	-14.4
12	摩托车充气橡胶轮胎外胎	条	5131311	5011382	2.4
13	塑料制品	吨	23196	6540	254.7
14	水泥	吨	88350	96533	-8.5
15	商品混凝土	立方米	5439918	4178368	30.2
16	钢材	吨	116426	90358	28.8

续表

序号	产品名称	计量单位	本年	同期	比上年增长%
17	用外购国产钢材再加工生产钢材	吨	115911	90358	28.3
18	用外购钢材再加工生产钢材	吨	115911	90358	28.3
19	铝合金	吨	53406	53959	-1.0
20	金属切削工具	万件	2	2	7.8
21	发动机	千瓦	39578118	40067781	-1.2
22	起重机	吨	16617	14107	17.8
23	泵	台	62161	32937	88.7
24	气体压缩机	台	222204	231568	-4.0
25	气体分离及液化设备	台	130	118	10.2
26	电动手提式工具	台	1908448	1394920	36.8
27	弹簧	吨	9176	10260	-10.6
28	矿山专用设备	台	32181	44554	-27.8
29	模具	套	1228	870	41.1
30	机械化农业及园艺机具	台	10402	8206	26.8
31	汽车	辆	169536	141986	19.4
32	改装汽车	辆	845	702	20.4
33	摩托车整车	辆	1700095	1796258	-5.4
34	发电机组（发电设备）	千瓦	827390	1954546	-57.7
35	电动机	千瓦	9321	33630	-72.3
36	互感器	台	201204	220805	-8.9
37	高压开关板	面	1922	1651	16.4
38	低压开关板	面	1645	1295	27.0
39	电力电缆	千米	253517	253173	0.1
40	蓄电池	千伏安时	53541		
41	显示器	台	1893481		
42	自来水生产量	万立方米	1979	1872	5.7

【转型升级调结构】 一、加快项目建设，促进转型升级。全区新落地的18个项目全部实现开工建设或投产。长安铃木二工厂25万辆整车项目加快推进，新车型“启悦”上市、代工长安汽车A301项目开始生产。宗申集团向汽摩后市场等产业大力进军，宗申车谷项目一期10.66公顷用地已挂牌出让。大江工业井口机器人、激光制造与再制造、建设工业精锻空心轴等新产品项目加快推进。威星橡胶、大江渝强、忠德锻压等汽摩配套企业加大投入和研发，产品向汽车高端配套扩展；大江美利信、桴之科等企业产品向全球高端通信、先进车载电子等新领域进军；信奇机械由传统砖机生产向智能机器人开发转换。成功创建市级工业设计中心（企业技术中心）5个，市级技术创新项目（新产品）17个，中迪医疗等5家企业成功获批重庆市知识产权示范企业。全区规模企业研发投入达11亿元，研发投入居全市前列。二、产业结构调整成效显著。汽摩产业占全区工业比重从2007年的61.6%下降到2014年末的50.6%。

经济园区标准厂房

金竹组团、木洞轻纺城及龙洲湾商圈引导企业打造产业园，引进中小微企业85家，着力打造中小微企业孵化中心。三、强化平台合作，打造最优环境。启动建立具有政策宣传、咨询诉求、帮扶维权、监测统计的政府服务平台，全面清理行政审批事项及收费，加快审批提速，保证并联审批8小时对时办结和小微企业绿色通道。强化部门协会商会间联动机制，不断深化中小微企业的升级与提质，累计落实市级民营经济发展专项资金990万元，办理西部大开发企业所得税减免企业16个。全面开展小微企业培训工作，组织管理和技术培训50场次，以校企合作模式为中小微企业输送产业工人5320人次。

【工业园区建设】 区经信委大力推进经济园区、麻柳沿江开发区、公路物流基地增值加工区三大园区建设，园区开发面积达13平方公里，累计投资达610亿元，投产企业达到88户，完工和在建标准厂房150万平方米。其中：经济园区完成规模工业总产值529.6亿元，同比增长17.3%；惠科电子标准厂房生产线全部投产，产值达20亿元；曙光·江南楼宇产业园开园，190家企业签约入驻。麻柳沿江开发区已开发5平方公里，建成标准厂房80万平方米；新签约关西涂料等13个项目，加快推进渝钛白等14个项目，图达电容等6个项目调试生产，春宝科技成为全市第三家上交所Q板挂牌企业。公路物流基地增值加工区加快推进烟草加工、宗申车谷增值加工项目。

【中小企业扶持】 一、整合部门资源，强化政策保障。整合部门、行业协会、镇街等资源，形成点面覆盖，多位一体的工作格局。积极梳理优惠扶持政策条款，会同区工商分局编印《扶持政策手册》，保障政策执行性和可操作，全年累计帮扶中小企业139户，落实帮扶资金4923万元。二、谋划楼宇基地，拓展发展空间。积极引导园区企业打造楼宇产业园和中小微企业发展基地。将建设3个市级小、微企业创业基地，3个区级小、微企业创业基地。已在巴南科技文化产业园引进布局中小微企业138家，在经济园区界石、

【能源扩投协调】 一、破解能源供应难题，建成220千伏虎啸、110千伏金竹、光国和35千伏永隆变电站，完成110千伏梓桐变电站主体工程建设，开工建设220千伏白马山、110千伏南彭变电站。二、完成外环天然气主管网35公里铺设。三、投资2074万元，完成弃管小区电力设施改造1969户。

【安全环保指导】 一、区经信委监管的电力、民爆、天然气行业的企业主要负责人、安全管理人员、特种岗位作业人员持证上岗率达100%，均在有效期范围内。全年无一般安全事故发生，无人员死亡事故发生。二、开展环保“五大”行动。在“宁静行动”中，搬迁或关闭2家噪音污染企业；在“碧水行动”中，环保搬迁5家污染企业；在“大美巴南”行动中，建立生态型工业体系，加快界石生态型数码产业园建设，完成集中收集处理花溪园区企业排放的工业废水，并将处理后的废水接入李家沱污水厂进行处理后排入长江。三、建立循环经济体系，鼓励企业在生产工艺和产品中增加废旧物的利用率，指导5家混

凝土实心砖厂，完成产品掺入粉煤灰、煤矸石、建筑垃圾、废料等物品比例达30%；四、指导协助重庆美福橡胶制品有限公司的生产工艺和产品达到资源综合利用要求，完成资源综合利用认定工作。五、全区万元GDP能耗比上年下降2.5%。

【信贷融资服务】 2014年，区经信委积极与金融部门协调，搭建“新工通·助保贷”等融资平台，全年放贷5180万元，为中小企业解决融资难、融资贵问题。

【招商引资促进】 2014年，区经信委围绕年初确立的招商目标，进一步规范招商流程和招商快速决策机制，成立招商引资项目评审领导小组，严格按照《巴南区招商引资谈判决策约束性指标》《巴南区招商引资工作流程方案》及实施细则等系列招商规范要求，组建“精功课、善博弈、会算账、促双赢”的9支工业招商专业队伍。明确招商责任主体、招商重点，瞄准“整机+配套”、集聚整合，大力开展集群招商、以商招商、平台招商。全年新签约工业项目30个，协议签约资金230亿元，实际到位资金90亿元。

【信息产业推动】 2014年，区经信委着力实施巴南区《关于加快信息化发展的意见》和《2013—2016年信息化发展规划》。一、促进“三网融合”，实施社区光网工程等五大重点项目，推动城市无线热点全覆盖。通信网络、出口带宽、4G基站数量位居全市前列。国内第一个IPv4与IPv6网络互通的下一代互联网交换中心正式运营。二、全市首个示范性多网接入数据中心建成营运。中迪医疗实现全区软件服务类规上企业的零突破。国内最大B2C电商平台“京东商城”在巴南区上线运营。中国首个专业家居电商平台“铠恩家居”上线，助推重庆至东盟南向大通道建设。着力打造5家“两化融合”示范企业，深入推进“融信通”项目示范应用。三、推进工业云试点项目和精益管理，促进工业化与信息化深度融合。云教育产业园完成征地32.8公顷，启动入园道路、孵化楼和招商中心建设。

【科技创新支撑】 2014年，区经信委组织全区工业战线深入实施创新驱动战略，累计创建国家级企业技术中心3个，设计中心1个，知识产权优势企业4个；市级企业技术中心17个，企业设计中心1个，企业研发中心3个，中小企业科技信息化公共服务示范平台4个，知识产权试点企业5个，创新工业示范企业3个，技术创新项目（新产品）112个，获得“重庆名牌”43个，居全市第三；区级企业技术中心9个，研发投入居全市前列。

【“五转一创新”效应】 2014年，区经信委针对全区市场主体总量不大、结构不优，“低小散弱”（产业层次低、企业规模小、区域分布散、竞争实力弱）等状况，会同区商务局、区工商分局按照区委、区政府印发的《关于加快推进市场主体“五转一创新”的意见》（巴南委发〔2014〕12号）精神，大力推动市场主体上档升级，规范市场经营行为，激发市场主体活力，建立“服务三级联动和并联审批”为核心的一系列创新服务企业机制。全年实现“无照转有照”1669户、“个体转企业”634户、“分支转法人”55户，规下转规上50户，限下转限上50户。多重叠加效应显现：一、创业热情得到极大激发。新注册企业同比增长超全市平均数190%，企业增长数量为主城区第一；二、区域经济结构优化。现代企业治理意识增强，公司企业代替个体户成为创业首选模式；三、激活消费、提升GDP、增加税收。“五转”新增商品销售额50亿元、工业产值25亿元、税源1.8亿元；四“倒逼”政府部门加速转职能、强服务。成效的彰显，荣获区委、区政府“2014年度工作创新‘金鹰奖’”。

【汽车摩托车制造业】 2014年，全区规模工业汽摩行业实现产值338.9亿元，比上年增长11.9%。其中汽车工业增幅较大，实现产值169.5亿元，增幅达到29.0%。摩托车制造业有所下降，实现产值169.4亿元，降幅为1.2%。长安铃木、宏立至信、耐德山花、德川汽车内饰件、耐德新明和5户汽车及零部件生产企业销售较好，拉动汽车制造业的增幅较大，5户企业全年实现产值147.2亿元，比上年增长38.9%，影响汽车工业产值增长31.4个百分点。航天巴山、川渝精工、建设摩托3户摩托车及零配件生产企业销售欠佳，影响摩托车制造业的下降，3户企业全年实现产值41.亿元，比上年下降17.3%，影响摩托车制造业产值下降5.1个百分点。

【战略性新兴产业】 2014年年末，全区引进培育惠科电子、天语手机、桴之科、新加坡富裕等战略性新兴产业企业。规模工业战略性新兴产业企业已达22户，比上年增加10户，占规模工业企业户数12.9%。实现产值44.0亿元，比上年增长161.7%；占规模工业产值产值比重由上年的3.1%，上升到7.3%，提高4.2个百分点；占全区规模工业7.3%，比上年提高2.1个百分点。其中，2014年战新产业产值上亿元的企业有：惠科金扬、攀渝钛业、锐斯德科技、众恒电器、桴之科科技、永塑（重庆）新材料、浩立塑胶和界石仪表等8户，实现战新产业产值达到36.9亿元，占全部战新产业产值的82.0%。

2014年战略性新兴产业企业名单（22户）

（按战新产业产值降序排列）

01	重庆惠科金扬科技有限公司	12	重庆中迪医疗设备有限公司
02	攀钢集团重庆钛业有限公司	13	重庆博顺电气有限公司
03	重庆锐斯德科技有限公司	14	重庆山城电器厂
04	重庆众恒电器有限公司	15	重庆布莱迪仪器仪表有限公司
05	重庆桴之科科技发展有限公司	16	重庆江南康融电力器具厂
06	永塑（重庆）新材料科技有限公司	17	重庆联合机器制造有限公司
07	重庆浩立塑胶有限公司	18	重庆尧鑫工贸有限公司
08	重庆界石仪表有限公司	19	重庆安冶精密钢管有限公司
09	重庆市界石燃气设备有限公司	20	重庆助友刃具有限公司
10	重庆多普橡胶有限公司	21	重庆大江信达车辆股份有限公司
11	重庆信奇建材机械制造有限公司	22	重庆长江预应力有限公司

【出口贸易创新】 2014年末，全区有进出口经营权工业企业61户，全年实现出口交货值71.7亿元，比上年增长45.4%。规模工业出口企业29户，比上年26户增加3户。其中，出口交货值增长的企业19户（其中2014年新增出口企业5户），下降的企业10户（其中2014年没有出口的企业1户）。全年实现交货值为71.3亿元，比上年增长45.8%，占销售产值比重为12.2%，比上年增加2.4个百分点。2014年，出口交货值1亿元以上且增幅20%以上的企业有：宗申通用动力、惠科金扬、弘愿工具、公牛摩托、大江美利信、攀渝钛业、永塑（重庆）新材料、建设工业和浩立塑胶等9户企业，全年共实现出口交货值40.6亿元，比上年增长119.7%，占全区规模工业出口交货值的57.0%，对全区规模工业出口交货值增长的贡献率达到98.8%，拉动全区规模工业出口交货值增长45.3个百分点。

2014年规模工业出口企业名单（29户）

（按出口交货值降序排列）

01	重庆航天巴山摩托车制造有限公司	16	重庆道角齿轮制造有限公司
02	重庆宗申通用动力机械有限公司	17	重庆威星橡胶工业有限公司

续表

03	重庆惠科金扬科技有限公司	18	重庆胜成畜产制品有限公司
04	重庆弘愿工具（集团）有限公司	19	重庆吉力芸峰实业（集团）有限公司
05	重庆宗申机车工业制造有限公司	20	重庆水轮机厂有限责任公司
06	重庆光宇摩托车制造有限公司	21	重庆锦晖陶瓷有限公司
07	重庆公牛摩托车发动机工业有限公司	22	重庆百亚卫生用品有限公司
08	重庆宗申发动机制造有限公司	23	重庆双狮摩托车制造有限公司
09	重庆大江美利信压铸有限责任公司	24	重庆平山泰凯化油器有限公司
10	富裕注塑制模（重庆）有限公司	25	重庆市神羽服饰有限公司
11	攀钢集团重庆钛业有限公司	26	重庆市巴南区新星橡胶厂
12	永塑（重庆）新材料科技有限公司	27	重庆川渝精工机械配件开发有限公司
13	重庆建设摩托车股份有限公司	28	重庆万里江发链轮有限公司
14	重庆特种机械有限公司	29	重庆中轻装备有限公司
15	重庆浩立塑胶有限公司		

（王聪颖　王廷明　郑小明）

部分国有企业简介

重庆大江工业有限责任公司

【概况】　重庆大江工业有限责任公司（简称：大江工业公司）位于重庆市巴南区鱼洞大江工业园，是中国兵器装备集团公司下属的大型国有企业。在重庆巴南和河南焦作设有两大制造基地，重庆以汽车零部件和特种车辆为主（军民特种车辆、重车桥、汽车冲焊件、汽车塑料件、汽车铸锻件）；河南焦作基地主要制造高端能源装备（液压支架等）。重庆大江工业有限责任公司是由原147、257、5007、5017、5027、5037、5047、5057、5067等九个三线军工企业于2000年10月27日合并重组而成立，是全国最大的三线调迁企业。现大江工业公司法人代表为贾立山，共有员工6200余人（含合资公司），生产性建筑面积135万平方米，资产总值超过40亿元。

大江工业公司秉承“军品立位、靠车发展”的战略理念，坚持走军民融合的发展道路。先后荣获“中国机械工业500强”“中国汽车零部件100强企业”“重庆市工业50强企业”“重庆市高新技术企业”等荣誉。现拥有大江、迈克、庆江、渝齿四大主要品牌。

2014年，大江工业公司实现营业收入20.7亿元，获得专利受理数37项（其中发明专利13项）。3月，专用车公司受邀参加中国人民解放军后勤工程学院举办的“2014·军事应急装备应用大会（军事应急救灾与应急物流装备技术展）”，卫星通讯车和吸污净化车参展。6月，车桥公司自主研发的替代高端进口的55吨级越野轮胎起重机桥，成功打破国外产品垄断的格局，产品出口到中东地区。9月，大江工业公司生产的新产品多功能车QZ8GK21参与并成功完成在巴南区举办的“2014·华南城环中国国际公路自行车赛”后勤保障服务。10月，大江工业公司生产的首台蓝牌吸污净化车成功交车。11月，大江工业公司生产的10个产品参加“第十届中国国际航空航天博览会”，受到中国人民解放军空军装备部的高度评价。由军品公司负责生产的某型巡逻车项目，在兵器装备集团公司组织的科技成果奖评选中荣获二等奖。12月，大江冲压件公司荣获2014年度重庆市嘉陵川江汽车制造有限公司（潍柴汽车）“最佳质量奖”、重庆长安铃木汽车有限公司“最佳质量进步奖”。

（重庆大江工业有限责任公司）

重庆长安铃木汽车有限公司

【概况】　重庆长安铃木汽车有限公司是国内大型股份制合作的综合性现代汽车制造企业。公司创建于1993年5月，由重庆长安汽车股份有限公司（股份占50%）、日本铃木株式会社（股份占40%）、铃木（中国）投资有限公司（股份占10%）三方持股，注册资本19000万美元。公司法人代表为张宝林，现有4700名员工。长安铃木公司有两个工厂，其中：第一工厂位于重庆市巴南区鱼洞大江工业园，占地面积42万平方米，建筑面积10万平方米；第二工厂位于重庆市巴南区经济园天明汽摩产业园，（规划）占地面积135万平方米，（规划）建筑面积50万平方米。

公司产品包括“启悦”“锋驭”“天语SX4”“雨燕”“新奥拓”五个系列车型，G、M、K三个发动机机型，“锋驭”获评重庆市市级新产品，“天语SX4”获得重庆市市级科技进步奖三等奖。公司现已具备年产35万辆整车和35万台发动机的生产能力。

公司引进日本铃木的科学管理模式，推行国际通用的精益生产方式，将“小、少、轻、短、美”企业价值观贯穿于生产制造全过程，实行“准时制”生产和“零库存”管理，生产效率在全国汽车制造行业中处于领先地位。

为满足不断扩大的市场需求，长安铃木积极提升产能。第二工厂项目共分三期建设，第一期于2013年底建成投产，引进铃木全球同步开发的全新车型，整车设计产能达10万台/年；三期建成后整车设计产能将达75万台/年。三期建设完成后，最大总产能将达到100万台/年。

21年来，公司已累计产销轿车超过200万辆，为社会创造利税155亿元，有力拉动重庆市、巴南区区域经济的发展。公司先后荣获“全国模范劳动关系和谐企业”“全国守合同重信用企业”“重庆市纳税大户”“重庆市高新技术企业”“重庆市十佳外商投资企业”等诸多荣誉称号。

（区经信委）

长安铃木“启悦”车型

重庆建设摩托车股份有限公司

【概况】　重庆建设摩托车股份有限公司（CHONGQING JIANSHE MOTORCYCLE CO., LTD.）隶属于中国兵器装备集团公司，系中外合资的大型上市企业。法人代表李华光，公司员工人数2445人。公司源于1889年张之洞所创汉阳兵工厂，公司发展历程跨越三个世纪，曾先后迎来毛泽东、邓小平、江泽民等党和国家领导人的亲临视察。2008年，为适应大规模技术升级与产能扩充，历史性的完成第四次整体搬迁，分别在重庆市巴南区花溪工业园区建设大道1号和九龙工业园设立摩托车和汽车空调研发、制造基地。

现公司涵盖有重庆建设销售有限责任公司、重庆北方进出口贸易有限责任公司、重庆建设车用空调器有限责任公司、上海建设摩托车有限责任公司等四个子公司；上海雅马哈建设摩托车销售有限责任公司，重庆建设雅马哈摩托车有限公司、株洲建设雅马哈摩托车有限公司、重庆平山泰凯化油器有限公司等四个合资公司。企业占地面积（巴南）26.28万平方米，建筑面积（巴南）15.34万平方米。

公司先后被国家有关部门授予“中国名牌产品”“中国驰名

商标”“全国用户满意产品”“最具竞争力的中国民族品牌”等荣誉称号，是国内最卓越的摩托车和汽车空调企业之一。在对外合作上与日本雅马哈发动机株式会社已有30多年战略合作历史。在3000万用户的信赖支持下，将继续创造和引导中国摩托车未来的潮流。

2014年，公司持续围绕兵装“22项摩托车关键技术攻关计划”，在造型、动力、NVH等关键技术领域取得进展，全面掌握声品质提升、燃烧分析、发动机平衡优化等核心技术。自主研发的行业首款单缸四气门水冷发动机F50，并通过兵装集团验收，牵头修订的QC/T681《摩托车和轻便摩托车用起动继电器技术条件》（行业标准）通过摩标委专家组审查。6月，公司顺利通过安全生产标准化国家二级企业建设和持续改善情况的验收评价。11月，由中国汽车工业协会摩托车分会举办中国摩托车行业年度车型评选中，无界、U悦荣获“年度创新车型奖”、驭界荣获“年度时尚车型奖”。12月，公司顺利通过由德国莱茵公司组织进行的ISO 14001和OHSAS18001管理体系换证审核。公司先后组织参加“第十三届中国国际摩托车博览会”，展会以“Open Your World +一起打开芯世界”为主题，参展车型20余辆，涵盖JS150－31（无界王）、JS125T－32（U悦125）、JS125－7F/150－7F（驭界）等最新产品。参加第115届春季广交会、第116届秋季广交会及第十届平壤秋季国际商品展览会，开展大量品牌推广活动，为建设品牌“走出去”起到良好的助推作用。在现有电商平台的基础上，不断探索电商平台运作模式，完善互联网购物，积极参加“双十一”购物节等系列商城促销活动，全年电商零售各型摩托车1200辆，同比增长20%。公司先后申请并获得专利许可81项（其中：发明专利15项、实用新型专利35项、外观设计专利31项）。荣获国防科技工业企业管理创新成果三等奖3项，荣获兵装集团科技进步二等奖1项、科技进步三等奖2项。

2014年，公司总产值达49.82亿元，创汇总额达1.75亿美元，利税达2.95亿元。

2014年，公司职工书屋被中华全国总工会授予“全国工会职工书屋示范点”称号，并赠送价值3万元图书；重庆市总工会另赠1万元电子图书。公司及所属合资公司积极履行社会责任，向云南鲁甸等地震灾区捐助，在抗震救灾、社会公益等方面累计捐赠现金11万元，捐赠笔记本电脑、乒乓球台等物资折合人民币约4万元。

（重庆建设摩托车股份有限公司）

攀钢集团重庆钛业有限公司

【概况】 攀钢集团重庆钛业有限公司是攀钢集团钛业有限责任公司全资子公司，国有企业，是重庆市高新技术企业。企业位于重庆市巴南区走马二村51号，占地面积36万平方米，建筑面积6.7万平方米。法人代表周明勇，在岗员工798人，退休职工1292人。

公司拥有2套硫酸法钛白粉生产线，生产能力达到4万吨/年，主要生产钛白粉R－298、R－248、R－278、R－249等产品。金红石产品R－298，R－248获得重庆市“名牌产品”“重庆市高新技术产品”，塑料专用产品R－248处于世界领先水平，通用型新产品R－298品质已达到国际先进水平。

2014年，公司按照“稳生产、提质量、强管理、促转型”的要求，苦练内功，深挖潜力，实现安全环保受控、产品质量提升、管理基础夯实，各项工作取得较大发展。全年钛产品总量为3.82万吨（其中：自产钛白粉2.26万吨，初品加工1.08万吨，偏钛酸4864吨）。全年实现生产总值8.19亿元，销售收入6.37亿元，利润－3932万元，应缴税费1422万元。

（攀钢集团重庆钛业有限公司）

重庆水轮机厂有限责任公司

【概况】 重庆水轮机厂有限责任公司是国家专业制造水力发电成套设备的大型（二类）骨干企业，为国有独资企业，隶属于重庆机电控股（集团）公司控股的重庆机电股份公司，香港上市公司，股票代码：02722HK。重庆水轮机厂有限责任公司是中国最早的水电设备制造厂，1938年开始设计制造中国第一台水轮发电机组，1957年改名为重庆水轮机厂，2000年更名为重庆水轮机厂有限责任公司。公司位于重庆市巴南区李家沱，占地19.83公顷，其中主厂房建筑物面积11万余平方米，生产厂房近8万平方米。总资产7.3亿元，净资产3.15亿元，资产负债率54.99%，银行信用等级AA。从业员工1246人（其中：工程技术人员204人，高级职称38人，中级职称118人）。

2014年，公司先后荣获“国家高新技术企业”“中国机械工业科学技术二等奖”“重庆市2013年守合同重信用单位”。“三叶”牌商标获“重庆市著名商标”。新增发明专利6项（“水轮发电机机壳防结露防腐结构及制备工艺”“水轮发电机定子铁芯的装配方法”“扁绕线圈绕制装置及绕制方法”“冲击式水轮机转轮整体制造方法”“大型水轮发电机转子测圆架及其使用方法”“冲击式水轮发电机组喷针拆卸方法”）。全年实现生产总值达4.01亿元，销售收入4.08亿元，利税4756万元。

（重庆水轮机厂有限责任公司）

重庆钢铁集团钢管有限责任公司

【概况】 重庆钢铁集团钢管有限责任公司（简称：钢管公司）系重钢集团的全资子公司。钢管公司始建于1966年，原名重庆无缝钢管厂，1992年加入重庆钢铁集团，1995年12月27日更名为“重庆钢铁集团钢管有限责任公司”，是重庆市属国有及国有控股中型企业。公司位于重庆李家沱长江大桥与川黔公路交汇点重庆巴南区土桥，距重钢本部6公里。厂区面积15.89公顷（含职工住宅用地10396平方米）。主要设备有：Φ76毫米自动穿孔机一套、SRM355Ⅰ－八机架微张力减径机一套、Φ76毫米自动轧管机一套、Φ50毫米曼式穿孔机一套、Φ40毫米曼式穿孔机一套，Φ7米环型加热炉一座、斜底式加热炉两座、退火炉3座，冷拔链条15根，矫直机7台，涡流探伤线2条，超声波探伤线2条，Φ89毫米和Φ50毫米精密焊管生产线各一条，冷轧机9台，共有生产设备237台（套）。现有生产设备年生产能力10万吨。主要生产产品：冷拔无缝钢管、冷轧无缝钢管和焊接钢管3大类、22个品种、25种材质，2000多个产品规格。

2014年，钢管公司设5个车间（76车间、50车间、焊管车间、机修车间、环保车间）、13个职能处室（含党群系统）。法人代表熊明祥，在岗职工598人（其中：具有高级职称15人，中级职称33人，工人技师16人）。6月，钢管公司质量体系ISO 9001:2008获中国冶金质量体系认证中心换证审核。高、中低压锅炉用无缝钢管、输送流体用无缝钢管继续保持“重庆市名牌产品”称号，冷拔或冷轧精密无缝钢管继续保持“重庆市知名产品”称号。钢管公司继续保持“重庆市文明单位”称号。

2014年末，钢管公司总资产4.55亿元，固定资产原值6296万元，净值873万元。全年完成产品产量6.59万吨，销量6.61万吨。实现营业收入3.16亿元，利润－1480万元，上缴税金1032万元。

（重庆钢铁集团钢管有限责任公司）

中冶建工集团钢构公司

【概况】 中冶建工集团有限公司钢构分公司（简称：钢构公司）隶属中冶科工集团（世界500强企业）下属子公司中冶建工集团有限公司。钢构公司位于巴南区花溪工业园区建设大道39号，占地面积12.53公顷，建筑面积5.36万平方米。法人代表李公正，公司员工近1000人（其中：具有各类中、高级技术人才300余人，一、二级注册结构工程师5人，一、二级建造师90余人，高级技师、技师70余人，从事钢结构设计的技术人员60余人）。

近年来，钢构公司以新技术、新工艺为支撑，以差异化、低成本战略为导向，致力于中、高端钢结构工程的设计、制造和安装以及钢结构新技术的研发与应用，已成为国内为数不多的几家集研发、设计、制作、安装、检测五位一体的大型钢结构企业。

钢构公司擅长特大型工业厂房钢结构、超高层钢结构、大跨度钢结构、复杂空间钢结构、桥梁钢结构、住宅钢结构、电力钢结构、彩钢板维护结构、轨道交通钢结构、医药化工钢结构、压力容器及非标设备的制造安装。制造安装钢结构能力达20万吨/年，跻身中国建筑钢结构行业30强企业。

宗申摩托车柔性生产线

钢构公司具有国家钢结构工程专业承包一级资质、钢结构制造特级资质、建筑工程甲级设计资质，取得一、二类压力容器制造和安装、GC1、GB类压力管道安装资质，能从事超声波、X射线拍片、磁粉探伤、渗透探伤等无损检测，具备重庆市质监局授权特种设备焊接焊工培训及考试资格、中国工程建设焊接协会钢结构焊工培训及考试资格、重庆市安监局焊工安全技术培训及考试资格，并通过质量、环境、职业健康安全三标管理体系认证，企业资信等级为AAA级。

钢构公司业绩遍及全国，辐射海外。工程建设涵盖冶金、市政、汽车、交通桥梁、超高层建筑、展场馆、民用建筑、医药化工、电力、电网、微电子、通讯、非标设备制造等众多建筑施工领域，精于高精尖钢结构工程制作与安装。

钢构公司承建的重庆西永微电子工业园标准厂房一期A栋工程、重庆国际会议展览中心钢结构工程、重庆赛迪重工设备有限公司二期工程联合厂房钢结构工程、重庆市南川体育场工程等为代表的施工工程项目先后荣获“中国建筑工程鲁班奖”“中国建筑钢结构金奖”“中国优秀焊接工程一等奖”等奖项，并取得斜拉桥Y型钢锚箱索道管开孔方法、在轨道交通高架车站站台层屋面吊顶的措施支架等授权专利。设计开发出大跨度大截面H型钢桁架的组装、轨道交通高架车站结构安装安全设施快速拆装等多个工法。

（区经信委）

部分非公有制工业企业简介

宗申产业集团有限公司

【概况】 宗申产业集团有限公司位于重庆市巴南区花溪街道炒油场宗申工业园，占地面积约93.33公顷。公司法人代表左宗申，在岗员工人数1.5万人。是以整车制造、核心动力、通用机械产品生产，通航、高端制造研发的大型民营企业。先后荣获“中国制造企业500强”“重庆企业100强”“重庆企业效益50佳”等荣誉。“宗申”商标被国家工商总局认定为“中国驰名商标”，还被商务部列入“重点培育和发展的出口名牌”“最具市场竞争力品牌”。

宗申集团研发中心成立于1999年，总投资3亿元，下辖设计中心、检测中心、工程中心三大资源中心，承担燃油（汽油、柴油）和电动摩托车（两轮、三轮）、小型特种车辆、通用机械等产品的动力及终端应用产品设计研发。发明专利及专利总量均在中国摩托车行业位居前列。与德国宝马、意大利比亚乔、意大利塞尔瓦、法国麦卡康姆、美国MTD、美国哈雷戴维森等形成紧密的战略、技术、生产合作关系，科技实力比肩国际。除在中国重庆、江苏设立制造基地外，还在巴西、越南、泰国等国所在地生产销售，为全球用户提供更为便捷的产品服务。2004年被认定为第十一批“国家企业技术中心”。

（宗申产业集团有限公司）

恒安（重庆）生活用纸有限公司

【概况】 恒安（重庆）生活用纸有限公司是福建恒安集团有限公司与恒安（中国）投资有限公司联合出资兴办的企业之一。公司始建于2009年12月23日，是重庆市巴南区重点招商引资企业之一，属于中外合资企业。公司位于重庆市巴南区界石镇富城路88号，工厂占地面积约为33.33公顷，设有浆料制备、造纸及后加工车间，后加工及成品仓库、浆板库、天然气站、维修车间，配套后加工进口及国产生产线等，已从奥地利、德国、意大利、瑞典、韩国等进口现代造纸生产线和后加工设备，现引进的奥地利安德里茨造纸设备，造纸工艺是世 界最先进。建设项目分两期进行，现一期基本完成，二期即将开展。公司主要生产销售高档纸巾、厨房用纸、卸妆纸、湿巾等高级纸制品系列。公司法人代表许连捷，总经理魏兵，现有职工1000余人。公司总投资6.8亿元人民币，注册资本5.59亿元人民币。

2014年，公司产品市场占有率已上升到35%。“心相印”产品其知名度在消费者心中有较大提升。现已成为国内西部区域最大的生活用纸生产基地。公司全年实现销售收入23.2亿元，比上年增长0.68亿元；全年纳税1.07亿元，比上年增长3113万元，被巴南区财政局评为“2012～2013年度A级纳税信用企业”。全年从国外进口木浆3亿多美元（二期建设完成将达到6亿多美元）。

（恒安〈重庆〉生活用纸有限公司）

重庆锦晖陶瓷有限公司

【概况】 重庆锦晖陶瓷有限公司前身为“重庆华陶瓷业有限公司”。2003年按照重庆市国有企业体制改革要求，成功改制为股份制民营企业。重庆锦晖陶瓷有限公司是中国陶瓷协会副理事长单位、中国硅酸盐学会陶瓷分会设计艺术专业委员会副主任单位、重庆市技术创新示范企业、“中国名牌”产品、国家级工业设计中心企业、中国陶协信用等级“AAA”级企业；拥有中国第一、世界一流的装备，工业产品设计能力和技术水平远远领先于国内同行，质量达到欧盟和美国FDA标准，享有“中国第一瓷”的美名，是全球最大的高档日用瓷企业之一。

重庆锦晖陶瓷有限公司位于巴南区李家沱，占地5.56公顷，现代化厂房10万余平方米。拥有20多条大型全自动窑炉，10条全自动注浆生产线，9台德国多尔斯特制造的等静压生产线，德国利伯特全自动数控滚压机群和塑压机群。

2014年，公司销售收入达1.12亿元；获得2个发明专利，18款新花面版权证书；荣获中国轻工业联合会授予“2013年度百家研发创新投入能力先进企业单位”；部分国礼产品被纳入中央电视台《国礼档案》栏目的拍摄范围，“锦晖陶瓷篇”将作为纪录片《国礼档案》专题之一。

（重庆锦晖陶瓷有限公司）

重庆弘愿工具集团

【概况】 重庆弘愿工具集团是一家从事气动钉枪、小型空压机、通用机械研发、生产、销售的中型民营企业。拥有重庆弘愿工具（集团）有限公司、重庆弘愿压缩机制造有限公司、重庆弘愿动力设备制造有限公司、重庆弘愿金属表面技术有限公司。企业法人代表朱益民，企业员工人数约800人。分别在巴南区界石镇占地约2.33公顷、在花溪工业园占地约3.6公顷，共拥有6万余平方米的生产厂房、办公楼及生活用房。

重庆弘愿工具集团坚持“以精良的工具服务社会，以产业的发展报效国家”的企业宗旨，以“追求尽善尽美，服务至真至诚”为质量方针，以GB/T1900－1994标准建立质量体系为产品的质量保障，拥有发明、实用新型、外观等各项专利40余项，“弘愿”“HYBEST”“天工”等商标30余个，其中“HYBEST”在美国和欧盟均有注册商标，“弘愿”商标是重庆市著名商标，多项产品被评为“重庆市名牌产品”。建有覆盖全国四十多个主要大中城市的销售网络，国内市场占有率位居前列，国际市场的出口也出现逐年大幅增长的势头，现已批量出口欧美、东南亚等国家并销往中国台湾、香港等地区，享有“中国钉枪大王”的美誉。

重庆弘愿工具集团2014年实现销售收入3亿元人民币（其中：出口销售4500万美元），利税3000万元。

（重庆弘愿工具集团）

重庆吉力芸峰实业（集团）有限公司

【概况】 重庆吉力芸峰实业（集团）有限公司作为吉力芸峰实业集团的母体公司，是一家致力于科研、开发、生产、销售各类微型电机、漆包线生产的民营高新技术企业。公司于1994年登记注册，注册资金3000万元，法人代表张代强，公司员工2100余人（其中：技术人员215人）。公司位于巴南区李家沱，占地近8.67公顷，建筑面积3.79万平方米。公司拥有90项专利和先进的生产设备、完善的检测手段、现代化的管理体制。

重庆吉力芸峰实业（集团）有限公司主要生产：通机交流发电机、起动电机、摩托车用磁电机、电器件和漆包圆线等。电机、电器件年产量达1200万台（套），漆包线生产年产能达5000吨。公司已通过ISO 9001:2000质量认证体系，2011年获TS16949质量认证，所生产的产品已通过CUL、CE、EMC、VDE、UL等相关认证。生产规模已逐渐发展成为国内专业生产摩托车磁电机、起动电机最大的企业之一。先后荣获“重庆市高新技术企业”“重庆市出口三十强企业”“重庆市工业‘小巨人’企业”“重庆市优秀民营企业”“巴南区工业二十强企业”“纳税大户”“守合同重信用企业”等荣誉称号，并被多家金融机构评为“AAA”级信用企业。公司“JEA”商标被评为“重庆市著名商标”，“JEA”牌磁电机、起动电机被评为“重庆市名牌产品”，被重庆市人民政府认定为重庆市中型企业。

2014年，生产总值达8.99亿元，销售收入8.95亿元，上缴税费3749.8万元。产品销往国内30余家摩托车厂家，并出口日本、韩国、意大利、俄罗斯、美国、巴西、印尼、伊朗、越南、巴基斯坦、土耳其等国家。12月，公司技术研发中心通过市经信委等部门评审，评为“市级技术中心”。JF发电机定转子、QD系列起动电机/通机起动电机、CF系列磁电机定转子分别被市科委评为“市级重点新产品”。

（重庆吉力芸峰实业〈集团〉有限公司）

重庆市南方阻燃电线电缆有限公司

【概况】 重庆市南方阻燃电线电缆有限公司（简称：南方线缆）是非公制工业企业，西南地区最大的电线电缆生产供应商之一。南方线缆生产总部设在重庆市巴南区界石镇，法人代表吴政菊，现有员工500余人，生产用地约14公顷，总资产12亿元；企业具有优秀的科技研发团队和先进的生产技术设备及现代化的质量检测仪器。销售总部设在重庆市九龙坡区袁家岗中新城上城5栋24楼，在全国设有销售（代理商）点650多家，是重庆市合同守信企业。

南方线缆生产的“玉兔”牌电线电缆是重庆市著名商标、重庆市名牌产品。企业生产高低压电线电缆、矿用橡套电缆、预分支电缆、防火电缆（环保型）及各种电缆等，产品均获全国生产许可证、国家强制CCC认证、国家煤炭部MA安全认证，同时通过ISO 9001（2000版）质量体系认证。

南方阻燃电线电缆有限公司，将始终把“科技为先、品牌创新、管理创新，质量为本、服务创新”作为企业的经营发展理念。“有电就有南方线”这句广告语，是南方线缆领跑市场和参与市场竞争的必胜信念。创造社会财富，服务社会经济建设是南方线缆价值观体现，做一个有社会责任的企业是南方线缆追求的奋斗目标。

10多年来，南方线缆以优质的服务、合理的价格赢得广大用户的一致好评。是国家经贸委城乡电网改造和建设部住宅产业化推荐产品，已在全国电力、煤炭、化工、冶金、建筑、铁路交通及城市基础设施中广泛使用。面对经济全球化、知识化和信息化的挑战，南方企业将与时俱进、开拓创新。

（区经信委）

重庆威星橡胶（集团）

【概况】 重庆威星橡胶（集团）是非公有制民

营橡胶加工企业，下设重庆威星橡胶工业有限公司、重庆市巴南区新星橡胶厂。主要生产中高档摩托车、电动自行车、微型载重普通断面斜交轮胎，公司占地约34.66公顷，先后投入1.5亿元人民币，已形成年产值达10亿元规模。先后荣获“科技先导型企业”“守合同重信用企业”“创新成长型企业”“再就业工作先进集体”等荣誉。

威星系列轮胎在国内外市场享有较高的知名度。“威星”轮胎2006年荣获“重庆名牌产品”、2009年被评为“重庆市著名商标”。公司不断建立完善质量保证体系，提升产品品质，先后通过ISO 9001质量管理体系认证、国家3C强制性产品认证、欧洲E-MARK认证、美国DOT认证，尼日利亚SONCAP认证、巴西INMETRO认证。是雅马哈、嘉陵、建设、洛北易、大阳、隆鑫、宗申、钱江等国内知名企业的主要配套单位。在全国各省、自治区、直辖市建立经销网络，产品远销美国、澳大利亚及欧洲、非洲、南美、东南亚等国际市场。

2014年，公司大力引进技术管理人才对产品质量进行技术革新，对产品结构进行调整，加大投入和改善能耗系统，减少能源消耗，细化成本管理，盈利指标较大提升。一、产品结构调整。增加锂电车产品开发和金刚豹高端品牌，由中端产品调整为中、高端产品的生产和销售，产品结构更加合理化。二、成本核算管理。加大投入和改善能耗系统，将全自动胶囊硫化机介质由热水改为氮气硫化，缩短轮胎硫化时间，每天节约用电三千千瓦时，同时硫化机产能提高20%。三、环保节能治理。对燃油锅炉进行改造生物质燃料锅炉，减少锅炉尾气CO2、SO2的排放量。减少环境污染，实现节能和减排。

（区经信委）

重庆航利实业有限责任公司

【概况】 重庆航利实业有限责任公司位于重庆市巴南区界石镇界南街122号，占地面积2.61万平方米，建筑面积9079平方米。公司创建于1994年12月，系民营工业企业。公司主要加工生产无铬达克罗、电力金具两个项目。拥有配置精良的研发、检测设备和中国西部唯一的年产5000吨各类车用无铬达克罗制品，年产1万吨通用型达克罗涂覆制品的自动生产线。主要从事无铬达克罗表面技术、特种表面处理技术、REZA镀膜电力金具制品的研发、生产等，是一家集科、工、贸于一体的高新技术企业。法人代表赵航，现有员工119人。2014年实现总产值3.05亿元，销售收入3.02亿元，利润1232万元，上缴税金256万元。

（重庆航利实业有限责任公司）

重庆麒龙服装工业发展有限公司

【概况】 重庆麒龙服装工业发展有限公司（简称：麒龙公司）成立于2004年3月1日，位于巴南区渝南大道32号。公司法人代表田孟生，注册资金1500万元，现有资产总额1.04亿元，净资产3000万元。拥有各类管理人员50多人（其中：大专以上学历达90%以上）。是一家集服装服饰生产加工、服装研发、面料设计、服装服饰展示和销售等为一体的民营企业。

麒龙公司以“科学管理，回报社会，实现经济效益”为根本目标，坚持“求实、创新、团结、拼搏”的发展理念，在行业中率先提出“竭诚服务、高效反馈、迅捷响应、最佳效益”的服务理念。遵守“规范、客观、公正、实事求是”的原则，重质量、求效率，与客户建立供需双方的绿色通道，达成“双赢”的局面。麒龙公司自成立以来，以市场为导向，以人才为根本，以技术为支撑，以资本为纽带，不断优化产业结构，强化内部管理，以科学管理，推动企业稳步发展，深受社会各界及业内人士的好评。

2014年，麒龙公司主要生产加工“欧雅妮斯”“爱吉丽尔”“伊姿美”“羽柔”“瑞丽”“嘉贝尔”“庞龙”等品牌服装。全年实现销售收入10亿元，比上年增加0.38亿元。缴纳税金1亿元，比上年增加0.02亿元。

（重庆麒龙服装工业发展有限公司）

园区建设及区属国有公司

巴南经济园区

【概况】 重庆巴南经济园区建设实业有限公司（简称：经济园区）隶属于巴南区经济园区开发建设管理委员会指导。经济园区是重庆市首批特色工业园区，位于重庆市主城南部、重庆市“1小时经济圈”核心层，是重庆市“江南新城”的重要组成部分。园区总体规划面积46.36平方公里，包括花溪、金竹建成区和界石、天明、武新拓展区。

2014年年底，公司内设12个部门（综合部、财务融资部、资产经营部、征地拆迁部、工程管理部、总工办、招商引资部、促建服务部、规划发展部、安全环保部、法律监察部、人力资源部），设立临时机构1个（天明组团），子公司1个（南投商业管理有限公司）；在职员工144人（其中：公司领导7人、挂职领导1人，管理人员85人，专业技术人员30人，工勤人员21人）。入驻投产企业已达250余家，其中，规模以上企业117家，主要涵盖汽车、摩托车整车及零配件制造、电子信息技术产业、装备制造及楼宇工业等。包括日立化成、上海宝钢2家世界500强企业，长安铃木、宗申集团2家百亿产值企业，惠科电子、建设集团、恒安国际、航天巴山、圣美精工等9家十亿产值企业。

2014年，经济园区以强化“工业精神”为统领，全面落实“工业强区”发展战略，按照“工作项目化、项目网格化”要求，一手抓基础设施出形象、一手抓项目招商促发展，园区经济呈现出平稳向好发展。1月，国内最强的综合性IT企业、也是经济园区首个电子整机生产企业——惠科电子6条生产线正式投产。1月，全区产城融合典范项目—重庆万象城市广场在界石数码产业园A区奠基开建。该项目总建筑面积32万平方米，旨在打造集时尚休闲、餐饮、娱乐及生活休闲为一体的中高端生活体验式购物广场。5月，惠科电子第一条液晶电视机生产线试生产。6月，位于天明汽摩产业园的重庆宝钢汽车板加工配送项目举行开工仪式。9月，大江美利信签约入驻天明汽摩产业园。该项目总投资10亿元，占地面积13.33公顷。建成达产后，预计年产值20亿元。12月，惠科电子重庆生产基地在界石数码产业园举行奠基仪式，市委常委、市政府常务副市长翁杰明，区领导李建春、陈刚、李俊文、胡能兵、梁挺出席奠基仪式。12月，经济园区与新科公司合作开发的新科城市广场住宅楼隆重开盘，当日劲销房源达80%。12月，经济园区首个都市楼宇工业项目——曙光·江南楼宇产业园正式开园。该项目总投资16亿元，建筑面积62万平方米，可承接600余家中小企业入驻。曙光·江南楼宇产业园中小企业公共服务平台被工信部和重庆市中小企业局分别授予国家级和市级中小企业公共服务示范平台。12月，巴南区人民政府、市经信委与惠科集团签订《液晶面板第8.5代生产线项目投资协议》。三方共同出资120亿元在经济园区建设具有全球领先水平的液晶面板第8.5代生产线项目。该项目为巴南区最大的工业投资项目。预计2017年达产后年产值约110亿元人民币。2014年5月，公司荣获重庆市总工会"2014年重庆五一劳动奖状"。年末，与区投促办共同荣获区委、区政府"2014年突出贡献'金牛奖'"（颁奖主题辞："惠科液晶"：工业转型升级的里程碑）。

【经济增长】 全年累计实现规上（规模以上企业）总产值529.6亿元，首次跨入全市500亿园区之列，同比增长17.3%，高于全市4.7个百分点、全区2.2个百分点。界石、天明两大组团新增总产值67.5亿元，同比增长47%。全年累计完成固定资产投资79亿元，同比增长29.5%，高于全市11.5个百分点，全区14.4个百分点。入驻的电子信息技术产业实现规上总产值25.86亿元，同比增长近7倍，实现从无到有、从零部件到整机、从代工向品牌的转变。

【项目建设】 2014年开工建设宝钢、玛格、劲劦等10个项目，四方、光宇、众恒、汉嘉、宏普盛等20个项目建成投产。惠科标准厂房6条生产线全部投产，月产量达30万台，年产值超20亿元。长安铃木（二工厂）四大车间全线投用，新增产值35亿元。万象城市广场完成70%的商业主体工程，合作开发的新科城市广场开盘当日劲销80%，曙光52万平方米的工业楼宇建成并正式开园，190余家企业签约入驻，产城融合效果初显。

2014年7月，曙光一二期50万平方米标准厂房

【招商引资】 成立ICT（信息、通信和技术）、汽车、工业楼宇、香港工业园专业招商小组，瞄准"整机+配套"，垂直整合全产业链，依靠标准厂房大力开展以商招商、集群招商，高效推进一批项目签约入驻。全年共引进华雄、美利信、东荣发、民生物流等33个优质项目，投资总额222亿元。天语手机的成功引入，为ICT产业发展再添砝码，标志着巴南电子信息技术产业正在实现从无到有、从零部件到整机、从代工向品牌的转变。液晶面板8.5代生产线项目的引进入驻，有效地提升巴南工业在全市的地位，建成后将形成年产值200亿元~300亿元的液晶面板产业集群，巴南工业将实现真正的转型升级。

【要素保障】 新增融资44.7亿元，按期还本付息26亿元，安全渡过偿债高峰。征地补差、工程款支付和历史遗留问题均得到妥善解决。取得征地批文218.07公顷，园区建设范围实现全覆盖。天明组团规划修编获批，北京美利信项目征地，二号道路、长安铃木一、二工厂连接道等顺利实施，全年完成界石、天明组团共计7.9公里骨干道路建设，界石数码B区完成80公顷征地、53.33公顷平场以及相应的骨干道路、管网和水电气建设。

【领导重视】 4月28日，市政协主席徐敬业视察经济园区界石数码产业园，区领导陈刚、胡能兵陪同。5月6日，市委常委、统战部部长刘光磊视察界石数码产业园区，区领导李建春、涂开祥、付星群陪同。5月26日，市委常委、市政府常务副市长翁杰明调研经济园区长安铃木二工厂，区领导陈刚、宋葵、陈昱阳陪同调研。12月1日，市委常委、市政府常务副市长翁杰明，区领导李建春、陈刚、李俊文、胡能兵、梁挺出席惠科电子集团重庆生产基地在界石数码产业园奠基仪式。12月28日，全国政协副秘书长何丕洁，国务院国资委监事会主席董树奎，十一届全国人大财经委副主任贺铿，民建中央常委、市人大常委会副主任沈金强，中国金融工会党组成员、经审委主任贾文礼，工信部产业政策司副司长辛仁周，中国机电招投标中心副主任王建翔，民建中央社会服务部副部长夏赶秋，国家发改委办公厅副主任郭淑芝；市中小企业局局长尹华川，民建重庆市委副主委、市工商局副局长杨光，民建重庆市委专职副主委杨亚丽，市中小企业局局党组成员、副局长周奎，市投资促进局常务副局长金蕾；区领导陈刚、胡能兵、朱作芳、梁挺、付星群等出席曙光·江南楼宇产业园开园仪式。12月30日，市委副书记、市长黄奇帆，市委常委、市政府常务副市长翁杰明，市政府党组成员、秘书长、办公厅主任欧顺清，市政府副秘书长张智奎，市经信委主任郭坚、副主任周青，重庆渝富集团董事长、党委书记李剑铭；区领导李建春、陈刚、宋葵、梁挺出席《液晶面板第8.5代生产线项目投资协议》签订仪式。惠科电子集团总裁王智勇、副总裁杭卉强及经济园区相关负责人出席签约仪式。

【重点项目简介】 近年来，经济园区建设初见成效，不断加大宣传报道和招商引资力度，一个又一个的重点项目纷至沓来。现将部分入驻经济园区的重点项目简介如下：

惠科电子（深圳）有限公司重庆生产基地项目：惠科电子重庆生产基地位于巴南经济园区界石数码产业园。2013年5月，正式签约入驻。主要生产中高端电子整机产品，平板电脑、液晶显示器、液晶电视、智能手机、液晶模组（含液晶面板切割、IC邦定、LED背光系统组装等核心工艺）、导光板、触控、闪存等。该项目注册资金1亿元，主要分为标准厂房入驻和自购地建设两部分。其中，标准厂房入驻共计7万多平方米，于2014年1月13日正式投产，包括6条液晶显示器和电视机生产线、1条注塑机生产线、一条丝印生产线。2014年，惠科电子全年实现产值20亿元人民币。自购地建设部分位于数码产业园B区，用地面积约18公顷，总建筑面积约21万方，总投资约20亿元人民币。12月1日，市委常委、市政府常务副市长翁杰明出席奠基仪式。项目预计2016年下半年建成投产，达产后将形成年产1000万台液晶显示器和液晶电视机的生产产能，年产值不低于80亿元。

长安铃木二工厂项目：长安铃木二工厂建设是2012年市级重点项目，业主单位为重庆长安铃木汽车有限公司。长安铃木二工厂项目位于鱼洞街道天明村，占地面积约134.67公顷。计划分三期建设，主要生产B级、C级轿车、MVP、SUV等车型。项目一期占地约36.67公顷，投资约16亿元，于2013年12月建成投产，已上市“锋驭”“启悦”两款新车型。项目秉承“小少轻短美”方针，打造科技领先、节能环保的整车四大工艺生产线。冲压车间，采用全自动化高速生产线，

2014年6月20日，惠科电子产品展示厅投入使用

实现双件同时生产；焊接车间，采用混流柔性化生产线，大量使用焊接机器人，主线自动化率达到100%；涂装车间，采用水性涂料“三涂一烘”工艺，挥发性有机化合物排放减少50%，废水排放减少50%，全面减少能源消耗；总装车间，借鉴日本铃木成熟的总装工艺和平面布局，实现搬运距离较传统模式减少30%，物流费用减少15%。2014年，长安铃木公司整车产量16.9万辆，销售16.5万辆，产值125.5亿元，同比增长39%。该项目已制定“1850”发展战略（即：力争到2018年，实现50万辆/年的产能）。

天语重庆移动互联创新基地（重庆轩博科技有限公司）项目：该项目是一个智能终端及配套产品创新基地，主要致力于最新移动及互联网技术开发，新产品研发、生产及销售，形成西部地区的出货结算中心，满足西部市场对天语移动终端产品的需求。2014年5月27日，该项目签订协议入驻界石数码产业园A区标准厂房10号楼第三层。该项目在巴南区龙洲湾设立天语研发基地，每年研发新机型不低于10款（含智能穿戴设备）。在巴南区经济园区界石组团标准厂房设立天语新机型中试基地，设立包括SMT、组装、测试在内的完整生产线，负责重庆研发新机型试制和批量生产。并在巴南区设立天语西南片区结算中心，包括但不限于巴南基地研发产品的全部销售产值在巴南区结算中心，该项目总投资约5亿元，产出每年结算金额不低于20亿元人民币。

【规模以上企业名单】 截至2014年年末，经济园区已入驻投产企业250余家，其中，规模以上企业117家。现将34家规上企业名单公布如下：

日立工业（重庆）有限公司、重庆桴子科科技发展有限公司、富裕注塑制模（重庆）有限公司、重庆德普电气有限公司、重庆康百世机电设备有限公司、重庆宏普盛电子科技有限公司、重庆汉嘉电气有限公司、重庆博顺电气有限公司、

金泰航空工业有限公司、重庆惠科金扬科技有限公司、圣美精工（重庆）有限公司、重庆识科耘科技有限公司、重庆轩博科技有限公司、惠虹科技（重庆）有限公司、重庆耐德山花特种车有限责任公司、重庆众恒电器有限公司、重庆曙光宇特建设发展有限公司、重庆浩立塑胶有限公司、重庆宁辉置业有限公司、重庆创石界置业有限公司、重庆通彩科技有限公司、重庆龙江置地有限公司、重庆智慧城实业发展有限公司、恒安（重庆）生活用纸有限公司、重庆中远精密模具有限公司、重庆市皓新科技有限公司、重庆大江美利信压轴有限责任公司、重庆宝钢钢材加工配送有限公司、重庆光宇摩托制造有限公司、重庆长江预应力有限公司、重庆劲劦润滑油有限公司、重庆南兴包装印务有限公司、重庆浩浪机械制造有限公司、重庆长安铃木汽车有限公司乘用车产能扩建项目（第二工厂）。

（石荣贵）

重庆公路物流基地建设有限公司

【概况】 重庆公路物流基地建设有限公司（简称：物流基地）是重庆建设长江上游综合交通枢纽、国际贸易大通道而规划布局的国家级物流枢纽“三基地三港区”之一。物流基地定位为全国物流网络重要节点，西南地区重要陆路物流配送平台，重庆—东盟国际物流大通道战略基地，也是重庆市重点物流园区，重庆都市功能拓展区商贸物流功能的重要载体。

2014年年末，物流基地根据建设发展趋势，对内设机构进行调整充实。现设有12个部门（办公室、财务部、融资部、土地利用部、法务监察部、规划发展部、招商服务部、经营服务部、工程管理部、总工部、合同部、安全环保部）。在职员工107人（其中：管理人员26人、专业技术人员31人、工勤人员50人）。

2014年，按照“以产兴城、以城聚产，产城互动、产城融合”理念，重点发展电子商务、专业市场、第三方物流、第四方物流、增值加工五大商贸物流业态，重点布局五大功能区（电子商务区、交易展示区、仓储物流区、增值加工区、商住配套区）。引进专业巨匠华南城项目签约落户，并开工建设。京东西南结算中心入驻巴南，京东重庆过渡仓投入使用。由物流基地承建的南彭安置房竣工并完成销售。年末，与界石镇、南彭街道共同荣获区委、区政府“2014年度突出贡

献‘金牛奖’”（颁奖主题辞：商贸物流“航母”：华南城扬帆起航）；被区委、区政府评为“2014年度区管领导班子先进集体”。

【基地规划】 自2010年年底动工至2014年年末，已累计投资60亿元，完成“一桥两路”（百合立交、东城大道南段和环道路东段）、27万平方米标准厂房、安置房建设。已签约入驻京东电商产业园、华南城、普洛斯、传化公路港、烟叶打叶复烤等21个项目，预计总投资580亿元，建成后可形成3000亿元年产值，实现年税收约60亿元，提供就业岗位30万个。现规划建设用地由4平方公里调增至近9平方公里。融资到位34.85亿元。完成征地约513.33公顷，挂牌约280公顷。东城大道北段一期基本实现初通，东城大道北段二期、海棠立交、纵三路、横四路启动建设，南彭安置房二期建成投用。重庆华南城开工建设200万平方米专业市场，京东项目完成土石方平场约400万立方米。运营公司、项目公司、电商广告数字营销全球结算中心顺利落户物流基地，实现销售和广告业务额约20亿元。

【基础设施】 强力推进基础设施建设。一、重点抓东城大道北段建设。东城大道北段一期基本实现初通；东城大道北段二期及海棠立交启动建设。二、纵三路、横四路启动建设。三、南彭安置房二期4.6万平方米建设竣工，并完成销售和安置。四、完成10千伏双回路专线安装工程并通电，加快推进110千伏变电站建设。五、完成物流基地内配套消防站工程平场工程。

2014年5月，安置户入住南彭安置房二期

【项目建设】 全力推进京东、华南城等入驻项目建设。1月，重庆华南城成功引进，3月，重庆华南城举行开工奠基典礼，6月，重庆华南城招商中心建成，开工建设专业市场200万平方米，12月，完成70万平方米建设。重庆京东电商产业园一期土石方平场已完成80%，运营公司（重庆京东创盟信息技术有限公司）、项目公司（重庆正益成远物流有限公司）等顺利落户。4月，电商广告数字营销全球结算中心的销售数据切换和税收移转巴南，全年营业收入约20亿元。

【资本运行】 加大资本运行力度。一、克服物流基地资产少的困境，创新融资思路，融资到位34.85亿元（其中：通过项目贷款、流动资金贷款、借壳入驻企业及子公司、开具银行承兑汇票、华南城担保等方式筹集资金16.05亿元、发行PPN（非公开定向债务融资）债券和借壳巴南区建设集团有限公司在上海证券交易所发行中小企业私募债筹集资金11.5亿元、采用发行信托方式筹集资金7.3亿元，融资成本低于11%。提前超额完成全年20亿元的融资任务。二、为控制政府平台融资规模，采取委托融资代建模式，实施纵三路南段、横四路东段等六个项目（预计投资3.5亿元）及华南城8.5公里城市道路土建工程（预计投资0.8亿元）。

【安全稳定】 加强安全稳定工作。一、完善安全管理机制。制定印发《物流基地建设工程安全文明施工管理办法》，定期召开安全工作例议，从组织上、制度上、行动上抓好物流基地安全工作。二、认真做好信访接访工作。区委群工部（区信访办）转来的群众信访案件第一时间进行妥善处理，全年办结信访件及网络舆情信访事项共5件。三、强化综合管理力度。由于华南城的全面动工，安全生产形势骤然紧张，为全力保障安全稳定，牵头组织区建委、区交委、区市政园林局、区安监局、区食药监分局等区级部门对物流基地内综合环境管理执法方案进行多次专题研究，并多次开展联合执法行动，取得良好的效果。

2014年11月，重庆华南城启动200万方专业市场建设

【重点项目介绍】 近年来，物流基地建设初见雏形后，加大宣传报道和招商引资力度，一个又一个的重点项目纷至沓来。现将部分入驻的重点项目介绍如下：

重庆华南城：该项目于2014年1月17日正式签约入驻，规划建筑面积约1350万平方米，计划总投资超过200亿元，拟建设集商贸交易、物流集散、展示推广、信息交流、产业培育、特色旅游、城市化综合配套等功能于一体的商贸物流中心。项目全面建成后，预计将形成1000亿元的市场规模，增加约10万个创业机会、20万个就业机会，年缴纳各项税收可超30亿元。

重庆京东电商产业园：该项目于2013年10月21日正式签约入驻，占地约66.67公顷，总投资约30亿元，分两期建设，包括电子商务管理、智能物流、运营中心及订单生成中心等业态，拟规划建设小件库、中件库、补货仓、大货仓、综合仓、分拨中心、综合办公楼和“亚洲一号”运营中心。项目全面建成后，预计年交易额1000亿元以上，年缴纳税收15亿元，可提供就业岗位约2万个。

重庆传化公路港：该项目占地23公顷，总投资10亿元。建设包括：物流信息交易为核心，甩挂运输中心为主的物流运营中心；以物流企业办公、中介服务办公、仓储物业、物流专业设施设备展示展销中心为主的物流商务中心、司机之家、三产配套等。项目建设周期2年。达产后年交易额20亿元以上，年缴纳税收0.5亿元，可提供就业岗位约2000个。

普洛斯（重庆）城市配送中心：该项目占地38公顷，总投资5.6亿元。定位为：重庆乃至成渝经济圈最大的城市配送物流中心（分拨、配送、采购和结算中心），即为重庆的制造业提供生产物流的配套服务以及生产线配送服务，为重庆乃至成渝经济圈的商业流通企业，特别是超市、专卖店提供采购及销售的城市配送服务，为重庆乃至成渝经济圈虚拟经济和电子商务的发展提供生产、分拨、配送、结算及交易平台。达产后年交易额10亿元以上，年缴纳税收0.35亿元，可提供就业岗位约500个。

重庆烟叶增值加工（打叶复烤）物流项目：该项目选址位于重庆公路物流基地增值加工区内，占地44公顷，总投资14亿元，建设周期2年。将建成集烟叶增值加工、货运仓储、原料供应物流等业态为一体的打叶复烤公司，烟叶吞吐量10万吨/年。达产后年交易额20亿元以上，年缴纳税收0.5亿元，可提供就业岗位约2000个。

【入驻企业名单】 截至年末，物流基地已引进21个入驻企业，企业名单如下：

重庆铁公鸡物流港、西部公路物流集散中心、普洛斯（重庆）城市配送中心、长安铃木商品车综合配送基地、重庆车谷、天冠物流港、重庆工矿物流中心、工业玩具礼品专业市场、重庆协信汽车公园、顺天城市物流配送中心、重庆中集公路物流中心、重庆传化公路港、重庆烟叶增值加工及物流项目、重庆东盟国际公路物流港、重庆电子商贸服务中心、重庆京东电商产业园、壳牌润滑油西部物流转运及配送增值加工基地、重庆华南城、劲予综合配套设施项目、重庆凤梧商贸有限公司物流配送中心、西部消防产品防火建材交易博览中心。

（张　翠）

重庆麻柳沿江开发投资有限公司

【概况】　重庆麻柳沿江开发投资有限公司（简称：麻柳开发公司）隶属于重庆麻柳沿江开发区建设管理委员会（简称：麻柳开发管委会）领导。区委、区政府为实现全区经济社会均衡发展，加快巴南东北部工业化、城镇化进程，形成重庆主城东部新的增长点而组建麻柳沿江开发区。麻柳沿江开发区规划涉及木洞、双河口、麻柳嘴、丰盛、二圣五个镇部分适宜建设区域，规划控制范围面积约60平方公里（其中：拟规划工业用地约40平方公里，产业配套用地20平方公里），市政府已批复近期规划建设“3＋2”平方公里（即：木洞组团3平方公里，麻柳组团2平方公里）。

麻柳开发管委会按照巴南建设“四区一基地”的战略布局，规划打造麻柳沿江开发区成为主城第三增长极核心区、巴南先进制造业基地和产城融合发展示范区、重庆江南万亿工业走廊龙头区、三峡移民生态工业园区的发展定位。充分利用麻柳、木洞片区紧邻两江新区、长寿化工园区、重庆经开区的独特优势，科学谋划“一带二团五区”的发展格局：一带，是指以精细化工、轻工、医药等产业为重点，打造沿江的木洞—麻柳滨江千亿产业带；两团，指麻柳组团一期规划建设2平方公里，重点发展精细化工及化工新材料、化学原料药等产业；木洞组团一期规划3平方公里，重点发展轻工轻纺、安全（应急）等产业；五区，即建设重庆轻工产业基地、重庆（栋青）医药产业城、麻柳精细化工产业基地、麻柳港及现代物流区、木洞滨江城市区等五大功能区。

2014年，公司内设13个部门（行政法务部、人力资源部、规划发展部、招商引资部、促建服务部、土地开发部、总工办、工程建设一部、工程建设二部、木滨路工程建设部、公用工程建设部、财务融资部、安全环保部），下设2个子公司（重庆宏远投资管理有限公司、重庆麻柳水务有限公司）；在职员工85人（其中：中层以上管理人员21人，高级职称5人、中级职称19人、初级职称27人）。年末，被区委、区政府评为“2014年度区管领导班子先进集体”；与渝兴公司、巴源公司共同荣获区委、区政府“2014年度突出贡献‘金牛奖’”（颁奖主题辞：“三个一百万”提速安置房建设）。

2014年，是管委会全面推进麻柳沿江开发区入驻企业建设，加快完善基础设施的重要一年。公司克服规划指标不足、建设资金紧张、医药招商难等重重困难，拼搏创新、锐意攻坚，开发区建设呈现出生机勃勃的发展局面：一、项目建设速度加快。封顶标准厂房80万平方米，图达电容等6个项目调试投产，渝钛白、西南合成医药等企业开工建设，建成道路4.5公里、堤防2.48公里，木洞安置房建成5.9万平方米、麻柳安置房主体封顶5.6万平方米，科技孵化楼建成、企业入驻运营，木洞青年湖水厂竣工、日供水量1万吨，木洞天然气配气站建成、达到供气条件。二、13个招商项目签约。与重庆化医集团签订战略合作协议，引进关西涂料、科博生物、春宝科技儿童智能服装、图达电子电容等特色项目。三、全年实现征地154.8公顷。取得征地批文138.73公顷、用地指标154.8公顷，完成土地储备63.07公顷。四、全年获得融资额度10.31亿元，到位资金5.11亿元，完成目标任务的260%以上，为开发区建设提供了可靠的资金保障。

【基础设施建设】　以骨干路网、安置房、水、电、气等基础设施为重点，加快完善沿江开发区配套，积极为开发项目建设投产创造条件。一、交通设施建设推进。建成道路4.5公里（其中：麻柳梓桐大道3公里，木洞黄金大道1.5公里）；木洞滨江路二标段完成涵洞220横延米，堤防建成挡墙2.48公里，主体工程完工，木洞河街初具规模；南涪路扩建工程动工建设。二、公用设施工程建设。麻柳变电站建设完成。主城区输电距离最远的110千伏梓桐变电站完成外线及变电站主体施工，设备全面安装调试。木洞青年湖水厂主供水管网及扩网工程收尾。可解决木洞组团企业生产用水和周边村社2200多农户的生活用水。木洞天然气配气站达到供气条件。木洞天然气配气站输气主管道工程进展顺利，达到供气条件，为木洞组团及木洞镇区域生产、生活提供可靠的天然气保障。木洞污水处理厂率先实施PPP建设模式。区政府第83次常务会同意木洞污水处理厂实施PPP建设模式，为该项目加快建设打下基础。三、科技孵化楼投入使用。斯努特啤酒、尚盟公司、东温泉国税所等单位入驻运营。四、安置房建设进度加快。木洞镇5.9万平方米514套安置房开始分房，实现对群众3年内建成安置房的承诺，节省大笔过渡费用；麻柳安置房实现主体工程封顶。安置房建设工程荣获区委、区政府“2014年度突出贡献‘金牛奖’”。

【项目建设推进】 全年共完成企业用地整治土石方305万立方米。向渝钛白及其配套企业、西南合成医药、关西涂料、巴源建材等企业交地80余公顷。已签约的20余个在建项目总体进度良好。拓为重庆中国轻纺服装城、尚盟时尚产业园、广泽中小企业科技成果转化基地项目共封顶标准厂房80万平方米。新希望饲料加工、富江LNG加气码头、图达电容、春宝科技、利万家商品混凝土、宁泰商品混凝土等6个项目调试投产。渝钛白、西南合成医药、百亚卫生用品、斯努特啤酒项目全面开工。

【招商引资成效】 以医药招商为重点，加强项目对接，全年签约项目13个。重庆化医集团战略合作项目、关西涂料、科博生物、图达电子、春宝科技等项目落户沿江开发区，协议投资额75.95亿元。一批行业领先的特色项目落户园区。其中，重庆化医集团与巴南战略合作项目总投资将达30亿元，其旗下医药板块将布局麻柳沿江开发区，在医药工业、医药商业、物流配送、医药教育等领域全面合作，与巴南共同打造集研究开发、技术孵化、生产制造为一体的西部医药高地。关西涂料项目总投资4亿元建设涂料生产基地，主要生产重庆一流的汽摩、建机、铝型材等涂料，建成后年产量可达3万吨、年产值可达7亿元。重庆科博生物诊断试剂盒项目总投资1.1亿元，年产值2亿元，将打破罗氏、雅培、西门子、贝克曼等国际巨头的垄断局面，填补国内空白。重庆春宝电子科技有限公司智能童装项目是国内首个儿童智能监护服装产业化项目，该项目于8月成功登陆上交所Q板，成为巴南首家、全市第三家Q板挂牌企业。

2014年7月10日，巴南区人民政府与重庆化医集团签订战略合作协议

【征地出让安置】 全年完成安全（应急）产业基地、尚盟重庆时装产业园、渝钛白热岛、梓桐大道等项目征地154.8公顷，满足企业建设用地需求。取得征地批文138.73公顷、用地指标199.6公顷。完成土地储备92.67公顷。完成西南合成医药、重庆中国服装城等土地出让和梓桐大道土地划拨。完成木洞钱家湾5.9万平方米、514套安置房交付。完成征地补差工作，累计

支付补差资金约2亿元。

【融资模式创新】 在资产规模有限、信用评级低、无抵押物的情况下，积极拓展融资思路，创新抓好融资工作。一方面通过创新财务管理，转变运营模式、扩大资产规模、提高增信等级为融资创造条件；另一方面创新融资渠道，探索中小企业私募债等融资方式，尽可能多争取融资资金。全年共获得融资审批额度10.49亿元，到位资金6.49亿元，完成年度融资目标的262%，较好地满足建设项目资金需求。同时，麻柳开发公司主体评级升为A+级，为后续融资夯实了基础。

【重点项目简介】 2014年，在麻柳沿江开发区的入驻企业施工建设和试产投产日新月异，为巴南区建设“四区一基地”“主城第三增长极”增添新光彩。现将部分重点项目介绍如下：

重庆轻工产业基地：属市级重点项目，位于开发区木洞组团，以轻纺服装、家用卫生用品、啤酒饮料等产业为重点，建设全市最大的轻工产品创新中心。截至12月，已成功引进重庆市工商联（总商会）轻纺服装商会重庆中国轻纺服装城和重庆朝天门市场服装企业协会尚盟·重庆服装产业园、百亚国际卫生用品产业园、斯努特原浆啤酒等项目签约入驻。将建成重庆最大、辐射西部、国内一流的服装设计、生产、展示、贸易基地，重庆时尚服装之都，“渝派服饰”摇篮。

重庆（栋青）医药城：是全市重点发展的三大医药园区之一，位于木洞组团和麻柳组团，将集中建设能整合区域医药产业，集中区域产业优势，推动区域产业升级，集医药产品生产、流通、仓储、贸易于一体的医药综合发展平台。重点发展化学医药、生物医药、医疗器械等相关产业，打造西部地区重要的医药生产基地、全球医药产业转移重要承接地和西部医药出口基地，将医药产业培育为巴南区新兴支柱产业和全市行业标杆。医药城规划建设面积30平方公里，一期启动10平方公里（其中：麻柳嘴组团约5平方公里，布局原料药产业；木洞、栋青约5平方公里，布局制剂产业、中成药产业，发展医疗器械及生物医药等产业）。

北大国际医院集团医药产业园：该项目将建设化学合成原料药、中间体及其他医药产品生产线和相关配套设施，满足医药产品研发、生产、销售需要。项目达产后年产值约18亿元，利税总额不低于1亿元，将解决就业2000人左右。项目建成后将成为西部最大的化学原料药出口基地和全球最大的磺胺类药物生产基地。

国内最大的钛白粉基地：攀钢集团钛白粉产业基地项目，拟建设年产量达7.5万吨硫酸法金红石型钛白粉生产线，配套建设年产量达30万吨硫磺制酸生产线及其他配套附属装置。总投资约16亿元人民币，达产后年销售收入约18亿元人民币，税收约1.1亿元人民币，可解决就业约1000人。项目将建成国内最大、生产水平领先的钛白粉基地之一。

尚盟·重庆时装产业园：该产业园位于木洞组团重庆轻工产业基地核心区，一期占地24.73公顷，投资总额近7亿元，达产后年产值约15亿元，年税金约4000万元。将按照全产业链集群发展模式，打通服装产业上中下游产业链，形成“研发设计—原料采购—生产加工—仓储物流—展会营销—品牌孵化”的全产业链集群，建设重庆服装时尚产业高端平台。

【入驻企业简况】 2014年，入驻麻柳沿江开发区的企业先后投产运营。现推选30家企业介绍如下：

麻柳沿江开发区部分入驻企业基本情况

序号	签约年限	项目名称	项目投资方	项目概况
1	2011年	成都蜀邦甘油精炼及脂肪酸分馏项目	成都蜀邦化工有限责任公司	建设10万吨/年的甘油精炼和5万吨/年的油酸混合脂肪酸提炼装置。

续表一

序号	签约年限	项目名称	项目投资方	项目概况
2	2012年	重庆旷博新型保温建材、混凝土外加剂项目	重庆市旷博新型建材有限公司	减水剂、对氨基苯磺酸钠、焦亚硫酸钠、葡萄糖酸钠、天然彩色外墙装饰砂浆和预拌砂浆等生产制造。
3	2012年	重庆中国服装城项目	重庆拓为建设投资有限公司	集服装、纺织品、服装面辅料，物流仓储、大型批发零售市场及休闲购物步行街等于一体的综合性服装产业基地
4	2012年	富江能源液化天然气船舶加气项目	重庆富江能源科技有限公司	陆地建设存储能力为900吨LNG（液化天然气）储气站，水上建设带有加气装置的浮动帮船
5	2012年	重庆宁泰商品混凝土搅拌站	重庆宁泰混凝土有限公司	建设年产150万立方米的商品混凝土搅拌站。
6	2012年	重庆巴源年产9万吨混凝土外加剂项目	重庆巴源建材有限公司	建设年产9万吨的混凝土外加剂生产基地。
7	2012年	重庆博多涂料生产等项目	重庆博多涂料有限公司	建设年产各类涂料6000吨，加工出口摩配生产涂件1100万件的生产项目。
8	2012年	重庆百亚卫生用品有限公司百亚国际产业园	重庆百亚卫生用品有限公司	建设一流卫生用品生产基地、研发中心、营销中心以及物流配送中心等。
9	2012年	北大国际医院集团医药产业园	重庆西南合成医药集团	建设西部最大原料药生产基地。
10	2013年	新希望50万吨饲料加工项目	新希望六和股份有限公司	建设50万吨饲料加工项目。
11	2013年	中国西部安全（应急）产业基地总部项目	重庆安轩安全产业投资发展有限公司	该企业负责对安全园内安全产业项目进行投资，从事安全应急产品研发、销售、租赁等。
12	2013年	中国西部安全（应急）产业基地总部项目	重庆重安投资有限公司	该企业主要负责利用自有资金对外投资、投资咨询、企业管理咨询，对入园的安全产业项目控股、参股、促进安全产业发展。
13	2013年	中国西部安全（应急）产业基地总部项目	重庆急网信息技术有限公司	该企业主要负责信息技术服务、互联网咨询服务、安全产业相关产品的销售，利用互联网促进安全产业发展。
14	2013年	中国西部安全（应急）产业基地总部项目	重庆安产建设发展有限公司	该企业主要负责安全应急产业基地建设、招商引资、发展产业基金，同时负责防护栏采供。
15	2013年	重庆广泽中小企业科技成果转化基地	重庆广泽安全产业发展有限公司	建设中小企业科技成果转化基地标准厂房
16	2013年	春宝儿童智能服装	重庆春宝科技有限公司	从事监测监控智能服饰加工制造。
17	2013年	图达电子电容生产项目	重庆市图达电子科技有限公司	该项目建设集科研、生产、加工、销售为一体的电容器件生产项目。

续表二

序号	签约年限	项目名称	项目投资方	项目概况
18	2013年	重庆尚盟实业有限公司西部时尚产业园	重庆尚盟实业有限公司	服装标准化厂房项目，以“渝派服饰”为代表，打造西部最大服装生产基地，由国际时装展贸中心、时尚设计硅谷、生态绿色工场及现代物流园四个重点项目构成。
19		利万家搅拌站	重庆利万家商品混凝土有限公司	建设一座年产150万立方米的商品混凝土搅拌站。
20		10万吨/年斯努特原浆啤酒生产项目	成都合盛昌达商贸有限公司	建设10万吨/年原浆啤酒生产线。
21		西部国际时尚产业园面辅料标准厂房项目	重庆尚盟宏远实业有限公司	建设面料、辅料生产标准化厂房，以及创业孵化园。
22		重庆主城港区麻柳作业区东琪化工码头工程	重庆东琪实业有限公司	建设以石油沥青为主，其他新能源材料、化工产品为辅的中转、储运和生产加工基地。
23	2014年	重庆市巴南区人民政府重庆化医控股（集团）公司战略合作项目	重庆化医控股（集团）公司	1. 在麻柳沿江开发区共同打造生物医药产业基地及医疗医药专业人才教育基地；2. 就巴南区公立医院改革试点进行合作；3. 建立高端专科医院；4. 发展养老休闲产业。
24		攀钢集团重庆钛业有限公司75kt/a硫酸法太白技术改造升级搬迁项目	攀钢集团重庆钛业有限公司	建设75kt/a硫酸法金红石型钛白粉生产线；配套建设300kt/a硫磺制硫酸生产线、热电联产暨园区供热工程等
25		重庆关西涂料有限公司生产项目	重庆关西涂料有限公司	主要建设重庆关西涂料有限公司生产基地。
26		重庆科博生物诊断试剂项目	重庆科博生物技术有限责任公司	主要从事生化酶类诊断试剂盒和分子诊断试剂盒生产。
27		艾伯尔生物制品工厂建设项目	艾伯尔生物科技（重庆）有限公司	1. 开发新一代高科技生物局部抗感染系列产品，建立集研发和生产于一体的现代化生物制品工厂；2. 成立产品销售公司，建立公司产品销售中心。
28		20万平方工业橡胶防腐胶板生产项目	重庆飞宁橡胶防腐有限公司	建设年产工业防腐橡胶板和橡胶衬里20万平方米生产项目。
29		重庆蓝洁20万吨/年铁系水处理药剂生产项目	重庆蓝洁自来水材料有限公司	该项目为攀钢集团重庆钛业有限公司处理副产物一水硫酸亚铁的配套项目，年产14万吨聚合硫酸铁、除磷剂、三氯化铁液体产品。
30		重庆思必水处理5万吨/年钛白粉专用化学品生产项目	重庆思必水处理材料有限公司	该项目为攀钢集团重庆钛业有限公司的配套项目，年生产钛白粉后处理化学品偏铝酸钠2万吨、硫酸铝1.4万吨、硫酸锆0.6万吨，水处理化学品聚合氯化铝0.8万吨，盐处理化学品氯化锌0.2万吨；销售氢氧化铝0.6万吨、固体硫酸锆0.2万吨。

（罗建东）

重庆市巴南公路建设有限公司

【概况】 重庆市巴南公路建设有限公司（简称：公路建司）成立于2003年12月，属国有独资公司。2011年8月，区政府决定成立滨江管委会，与公路建司合署办公，实行两块牌子，一套班子。主要负责滨江城市经济带范围内基础设施道路建设、土地储备、项目业态的规划、风貌控制审查、协助辖区内的征地拆迁、危旧房拆迁等工作。公路建司内设10个部门（行政部、人力资源部、财务部、融资部、招商规划部、资产经营土地开发部、合同部、工程部、滨江建设管理部、安全环保部），并批准成立党组（党员33人）、工会、团委等组织；2014年年末，共有干部员工111人（其中：管理人员和专业技术人员92人、工勤人员19人）。主要承担巴南区交通、农业、水利、林业、森林工程、环境保护、旅游等建设项目的投融资及建设施工。

2014年，公路建司紧紧围绕巴南区建设“江南新城、主城第三增长极、城乡一体发展示范区”战略目标和构建“四区一基地”新格局，大力招商引资、强化资产运作、加大融资力度、推进征地拆迁、安全生产在建项目、拓展基础设施建设，努力扩张企业发展活力，为巴南区经济开发作出较大贡献。年末，与渝兴公司共同荣获区委、区政府“2014年度突出贡献‘金牛奖’”（颁奖主题辞：龙洲湾滨江片区建设领跑主城十大片区）。

1月，小南海总部基地正式落户巴南滨江城市经济带；6月，斯努特啤酒文化公园正式落实巴南滨江城市经济带；6月，珠江欢乐园正式落户巴南滨江城市经济带；10月，美国宾夕法尼亚切斯特郡郡长、切斯特郡经济发展委员会首席运营官、美国宾夕法尼亚大学校长及校长助理、美国ABD国籍商业开发有限公司总裁等外宾一行，实地考察巴南滨江城市经济带，并到滨江管委会参观规划沙盘；11月，德国马术协会在巴滨路阳春湿地公园中德马术运动中心项目现场进行专业马术表演，区领导李建春、陈刚、涂开祥、梁挺、朱本权出席活动；12月，珠江欢乐园项目在位于巴滨路发药山顶举行开工奠基仪式，区领导李建春、陈刚和市级相关部门领导出席开工仪式。

【招商引资】 大力招商引资，已引进10个项目落地入驻，受让净地面积73.19公顷，项目租地50.64公顷，计容建筑规模187.6万平方米，土地出让成交总价约35亿元。签定勾地协议3个，其中市地产集团1个（与中国东盟集团签订）、

2014年8月15日，前奥运冠军李宁（左二）到巴滨路参观考察

区土储中心1个（与曦圆房地产签订），拟受让净地面积14.71公顷，计容建筑规模17.2万平方米。随着斯努特啤酒公园、珠江欢乐园等一系列具有国际影响力的文化产业项目落地，集高端商务、星级酒店、高档休闲娱乐、大型商业城市综合体及非银行金融业、总部经济等为一体的巴南滨江城市经济带业态布局基本成形。

【资产运作】 加大资产运作和融资力度。一、出让光明村1社B－1－2/04地块，收入1778万元。积极与谛威公司商议13.8公顷土地分割后的审计评估工作。二、开展建筑垃圾消纳场建设。5

2014 年 10 月 15 日，美国宾夕法尼亚州切斯特郡郡长（右二）一行到区滨江管委会（公路公司）参观考察

月 30 日，界石镇桂花村滩子口社渣场；9 月 17 日，花溪街道建新渣场分别投入运营，创收约 327 万元。三、搭建巴滨公司、巴和公司、瑞洲公司等公司为主的经营性子公司架构，明确经营方向和范围，逐步向实体化公司转型。四、整体转租仙沐苑酒店资产，止住经营亏损。五、对已抵押的贷款抵押物进行重新评估增值，以农村公路建设项目资产为依托，推进资产证券化和信托融资工作。全年公路建司通过委贷、借款、施工单位贷款、争取补助资金等方式筹集资金 15.96 亿元，偿还贷款本息 11.03 亿元，支付工程款及“BT 工程”（即：业主缺资金，由施工方垫资建工程，工程竣工后再通过各种收益或资产转移给施工方支付工程款）款 4.24 亿元，支付其他款项 2.13 亿元，确保资金链不断和社会稳定。

【拆迁建设】 创新实施“六个一”（即：制定“一套机制”、制作“一张联系卡”、召开“一次联席会”、每周“一次意见收集”“一次现场督查”“一次专报”）的举措，畅通沟通渠道，及时解决落地项目建设中的重大困难和问题，全年共解决拆迁、立项、规划等问题 100 余个。一、建设征地拆迁工作有序进行。建新村 63.33 公顷储备地征地拆迁全面启动，项目楼栋拆迁签约数近 80%。二、配合花溪街道完成市城投公司外河坪储备地 199.13 公顷、1121 栋农房和先锋村 1、2、3 社，香港城地块 51.66 公顷、267 栋农房的征地拆迁。三、顺利完成交旅集团储备地 29.13 公顷、186 栋农房和李家沱其龙村 1 社的拆迁。四、片区内 25 个在建项目有序推进，建设用地面积约 375.47 公顷，建筑总规模约 860 万平方米，已累计建成建筑面积约 493 万平方米，完成投资约 161 亿元，完成全社会固定投资约 60 亿元，实际利用内资约 55 亿元，滨江“24 小时活力区”的轮廓初显。

【设施改建】 积极推进基础设施改造和建设。一、8 月，总投资约 550 万元的惠（民）—南（彭）路忠兴段改造工程延伸段通车。二、石龙立交及连接道 2 标、花卉园区路、双河连接道、木洞连接道路灯工程全面完工。三、3 月，茶花广场建设启动，完成路基土石填方 6 万立方米。四、5 月，巴滨路占地 13.8 公顷渣场启动渣体拉运，已清运渣体 12 万立方米。五、界石镇桂花村滩子口社渣场永久性借道道路设计有序开展，花溪街道建新渣场高效运转，龙洲湾沿河村 5 社渣场地勘设计顺利推进。六、承建的红光大道和苦竹坝人行天桥竣工投用。七、农村公路和次级河流 29 个项目的结算审计和巴滨路二期工程竣工验收圆满完成。

【安全维稳】 强化建设项目的安全教育和技术操作防范，确保社会稳定。一、安排部署到位。充分发挥牵头协调作用，坚持召开季度安全工作例会，结合片区入驻项目多、管理难度大的特点，制定《巴南区滨江城市经济带片区安全生产管理办法》。二、开展安全检查。成立安全检查组 3 个，不定时先后组织安全检查 11 次，下发安全隐患整改通知书 6 份，隐患整改率 100%。三、清理工资拖欠。对农民工的工资拖欠问题，提前谋划，积极主动与入驻项目的相关单位研究协商，提出解决方案和要求，通过施工单位贷款等多种方式筹措资金，有效地解决项目工程款支付。四、做好信访维稳。妥善处理群工件3件，信访维稳7件，配合花溪街道妥善解决建新村1社征地环境差的信访包案。

（蒲世海）

重庆市巴南区鹿角组团开发建设管理委员会

【概况】 根据重庆市人民政府部署要求，巴南区人民政府与重庆市交通开投集团联合，2007年成立重庆市巴南区鹿角组团开发建设管理委员会（简称：鹿角组团）。鹿角组团实行双主任负责制，双方主要领导（区长、总经理）兼任主任，分管领导（副区长、副总经理）兼任常务副主任，双主各派1名人员任副主任常驻鹿角负责处理日常事务工作。其主要职能职责：负责鹿角组团12.25平方公里土地储备和开发建设，打造集特色商业、生态居住、温泉养生、旅游服务、休闲度假五大功能为一体的“鹿角新城”。

“鹿角新城”位于主城核心区东南部，分布于内环快速路的南岸区茶园—巴南区南泉段两侧，规划总面积15平方公里，入住人口24万人。“鹿角新城”地理环境优美，东临樵坪山风景区、南傍南温泉风景区及界石镇数码产业园、西靠南山风景区、北连茶园城市副中心，处于“两山一温泉”怀抱之中。是重庆市“二环时代”21个城市聚居区之一，是“江南新城”的组成极。“鹿角新城”开发坚持“宜居、活力、绿色、生态、现代”理念，以国际化视野，前瞻性视角“高起点、高水平、高标准”规划设计，建造真正近繁华、享宁静的宜居之城。

2014年1月29日，经重庆市人民政府决定鹿角地块划转重庆市地产集团储备。5月20日，重庆市地产集团与巴南区人民政府、重庆交通开投集团签订《鹿角组团移交工作备忘录》，鹿角组团正式移交市地产集团开发建设。8月21日，市地产集团与巴南区人民政府联合召开第一次主任会议，并决定设立管委会办公室，负责处理日常事务工作。10月13日，鹿角组团召开第二次主任会议。巴南区人民政府区长、管委会主任陈刚，区委常委、区政府党组成员、管委会常务副主任杨红军；市地产集团总经理、管委会主任蒙毅，市地产集团副总经理、管委会常务副主任邵威远出席会议。

2014年，鹿角组团共出让土地146.47公顷，实现土地综合价金59.76亿元。会同区征地办、南泉街道、鹿角组团开发投资有限公司开展为期三个月的“拔钉子”“除拦路虎”二、三期扫尾攻坚行动，共摸排“钉子户”102户，已拆除94户，司法强拆1户，还剩7户“钉子户。在建路网工程6项，共计14.4公里（其中，续建项目共5个：东城大道A1段、东城大道A2段、纵一路北段及M1路、MZ5路、M4路及M7路，新开工项目1个：东城大道A3段）。3月4日，鹿角立交及连接线通过竣工验收。

（龚　桃）

高等职业技术教育城

【概况】 重庆高等职业技术教育城（简称：高职城）前身为巴南区江南职教城，于2012年6月更名为重庆职业技术教育城，2013年1月更名为重庆高等职业技术教育城。位于巴南区龙洲湾C区，区域内通达渝南大道、龙洲大道、巴滨路、内环快速、外环高速、轨道2、3号线。总体规划面积约10平方公里，以箭滩河为界分为云教育产业园（虚拟教育）和职业技术教育园（实体教育）两大板块，计划总投资495亿元，规划常住人口24万人（其中：在校学生约10万人）。

高职城是重庆市职业技术教育布局“一核心两基地四中心”中的“一核心”，以“融合、开放、生态、智慧”四大理念进行规划建设，按照市委、市政府的决策部署和“统筹规划、分年建设，市区共建、以区为主”的原则，主要承接全市高等职业技术院校的迁建，以“中高结合、以高为主，虚实结合、以实为主，校企结合、以校为主”的建设方针，打造“西部职教高地、全国最大云教育产业园”。

高职城以“立足巴南、服务重庆、走向全

国、面向全球”为发展战略，按照职业技术学历教育、技能培训、技能鉴定、技能竞赛、技能研发、高技能人才培养和就业指导“七位一体”的功能定位，优化院校布局，完善技能人才培养链条，打通中职、高职、应用型本科、专业硕士研究生相衔接的职业技术教育通道，培养面向特色支柱产业和战略性新兴产业的高技能人才。计划用5～8年时间建成，形成“西有大学城，南有高职城”的战略格局。

重庆高等职业技术教育城建设管理委员会（简称：高职城管委会）与重庆职业技术教育城建设有限公司（简称：职教城公司）实行“两块牌子、一套班子”管理运行。2014年4月，中共巴南区委〔2014〕49号文件决定整合高职城管委会与云教育产业园管委会，统称为“高职城管委会”。管委会主任为区委副书记杨钟馗，管委会办公室主任由职教城公司法定代表人、执行董事、总经理谢成兴担任。高职城管委会作为项目业主，负责高职城规划设计、征地报批、土地整治、市政基础设施建设、项目引进、资产经营、物业管理和财务融资等工作。职教城公司注册资本5000万元。内设9个部门（综合部、财务融资部、规划发展部、工程管理部、土地利用部、项目促进部、招商部、法律事务部和人力资源部）。共有领导7人（含挂职），职工50人。

年末，与区金融发展中心、区财政局共同荣获中共巴南区委、区政府“2014年度工作创新‘金鹰奖’”（颁奖辞：PPP投融资模式让巴南投资建设前景一片光明）。

【规划设计】 完成实体教育二组团5.7平方公里和云教育产业园2.7平方公里控规编制工作。云教育产业园控规编制已对外公示，实体教育控规编制成果完成市规划局处室会审。并积极争取二组团两规覆盖工作，通过区内平移方式新获得145.67公顷城规指标。按照“融合、开放、生态、智慧”四大理念，严格把关院校设计方案，突出高职城城市形象，提升学校建设的整体水平，完成重庆文化艺术职业学院、重庆工商大学融智学院、重庆教育管理学校的设计方案审核把关和整合工作。

【项目引进】 引进2所学校（重庆大学城市科技学院、重庆市护士学校）和1个产业项目（西部人才产业园），完成招商引资21亿元。其中城市科技学院是经教育部批准设立的以本科教育为主的综合性全日制普通高等学校，是重庆大学创办的独立学院。项目用地约58.4公顷，总建筑面积不低于45万平方米，总投资不低于12亿元人民币，建成后将达到全日制在校生1.6万人。同时还将建成对外开放的丙级公共体育馆以及为地区经济发展提供大数据应用服务支持和促进科研成果转换的大数据中心，完善园区公共基础设施，将为巴南区经济转型、新兴产业发展、都市功能拓展区建设提供有力的人才支撑。

2014年9月，中国（重庆）职业技能公共实训中心暨重庆五一技师学院新校区奠基仪式

截至2014年年底，高职城累计签约8所院校（文化艺术职业学院、五一技师学院、教育管理学校、重庆工商大学融智学院、巴南职教中心、凤凰艺术大学、重庆大学城市科技学院、重庆市护士学校）和3个产业项目（长江剧场、国家级

公共实训基地、西部人才产业园），签约项目总用地约280.93公顷，计划总投资82亿元。8所院校中，3所为中职，5所为高职、本科。高职、本科院校办学招生规模占80%以上，实现“中高结合、以高为主”的结构定位，形成工、经、管、艺、教、医等多元发展、覆盖广泛的学科体系，为实现职业技术教育“七位一体”功能奠定基础。

【征地拆迁】 针对征地项目多、范围广、任务重、矛盾突出的现状，与区征地办、龙洲湾街道成立拆迁领导小组，实行人员包片包户和项目专人负责制，加大宣传引导和政策解释力度，积极参与拆迁谈判。全年取得征地批文28.27公顷，累计取得批文193.2公顷并同步实施补偿兑付：全年共签约农房239幢、农户429户、企业30家，约187.73公顷全面交地，约165.6公顷完成征地扫尾，在全区率先进行征地新旧政策补差工作，完成征地补差约6400万元，补差金额全部兑现，促进各项目顺利实施。

【项目融资】 公司自2011年12月成立后，面临无资产、未上贷款平台、BT方式受限等不利局面，通过融资解决投资问题无路可走。为突破瓶颈，加快建设，高职城顺应国家鼓励社会资本投资、建设和运营基础设施的趋势，在全市首次尝试由社会资本投入整体打造园区的新模式（PPP投融资模式），与重庆市高等职业技术教育城实业发展有限公司（以下简称：高职城实业公司）签订《重庆高等职业技术教育城项目合作协议书》，与新鸥鹏教育集团签订《中国云教育产业园合作开发框架协议》，缓解发展资金难题，减少政府债务，加快园区建设速度。2014年，职教城公司通过PPP投融资模式共筹集社会资本达8.9亿元（其中：职业技术教育园5.2亿元，云教育产业园3.7亿元）。融资成本全部由合作方买单，政府不承担融资成本。该模式的探索及成功得到区委、区政府的高度赞扬，并荣获中共巴南区委、区政府“2014年工作创新‘金鹰奖’”（颁奖主题辞：PPP投融资模式让巴南投资建设前景一片光明）。

【道路建设】 克服雨天多（全年间歇性雨天超过100天），国道过往车辆多，管线迁改数量大、道路改造审批难等诸多困难，对组织道路施工和进度造成十分不利影响，每月召开道路工程建设推进会，加快道路建设速度。一、渝南大道D段一期（约4公里）完成K0+887-K2+000段（约1.1公里）东半幅路基土石方、水稳层施工和雨污管网的铺设工作。完成4公里范围内所有综合管网迁改，其中D325燃气管线迁改已完成道路范围约4.2公里的管道安装及回填。二、教育大道高职城段（约1.2公里）完成路基土石方和车行道水稳层铺设，同步完成综合管网、通廊的预埋工作。三、横九路（约550米）完成所有路基土石方和400米路基精平，完成道路雨污管网预埋和车行道水稳层铺设。四、为解决院校建成后污水排放问题，启动一组团范围内污水管网建设（约2.3公里），并全部完成铺设工作。

2014年11月28日，重庆教育管理学校奠基仪式

【院校建设】 搭建院校建设促建班子，对口进行跟踪、指导、服务，定期召开项目促建会沟通

2014 年 9 月 1 日，巴南区龙洲湾小学建成开学

情况，帮助学校解决迁建过程中的疑难问题。从为学校节省投资的角度出发，对土石方挖填实行园区统一平衡，为入驻院校建设节省数千万元。8 月，融智学院完成一期 13 万立方米主体工程建设（其中教学楼 1 幢、食堂 1 座、学生宿舍 12 幢），12 月，完成坡屋顶及外墙装饰；文化艺术职业学院完成一期 2.8 万立方米主体施工；9 月，五一技师学院暨国家级公共实训基地举行奠基仪式，现正在进行平基土石方工程；10 月，巴南职教中心启动建设。11 月，教育管理学校动工建设。

【云教育产业园】 全年引进 6 家企业，并在区工商局登记注册，与 3 家企业签订入驻协议（智慧城市终端投资建设运营项目、中国联通重庆第二枢纽楼、神州通信全业务经营项目），协议金额达 13.5 亿元。产业园 8.3 公顷工业用地修建性详规编制已通过规划部门审批，并完成土地招拍挂工作和土石方平场。已完成产业园临时性接待中心建设，招商展示中心动工实施。产业园区先期平移规划指标的 33.33 公顷用地范围已基本完成 28.07 公顷征地工作。启动园区进出道路建设，入园道路及综合管网已完成设计，11 月，纵一路已开工建设。

（叶昌雨）

重庆市渝兴建设投资有限公司

【概况】 重庆市渝兴建设投资有限公司（简称：渝兴公司）系重庆市巴南区国有独资公司。2014 年末，渝兴公司注册资本金为 20 亿元，总资产 220 亿元。内设 12 个部门（行政部、监察人事部、财务部、融资部、土地运营部、法律合同部、总工办、前期开发部、质量安全部、征地拆迁部、工程一部、工程二部），下设龙洲湾商圈管理办公室和 4 个子公司（重庆市城南建设投资有限公司、重庆龙滨建设工程有限公司、重庆源邦置业发展有限公司、重庆市威通公路运输集团有限公司）。在职员工 173 人（其中：管理人员 37 人、专业技术人员 35 人、工勤人员 101 人）。经营范围：国有资产经营管理、基础设施建设与投资、房地产开发等。

2014 年，渝兴公司按照“建队伍、强运营、推建设”的工作思路，坚持稳中求进工作总基调，按照现代企业制度管理和运作，在不断发展中优化产业结构、组织架构和管理机制。抓住机遇、积极探索、团结协作、拓展创新、锐意进取，克服“遗留问题多、资金压力大、工程战线长、开发压力大”的困难。偿还金融债务 50.48 亿元，偿还财政资金 2.51 亿元，土地出让综合价金 12.32 亿元；经营性资产实现营运收入 9094 万元（含威通公司）；完成项目投资约 15 亿元。与公路建司共同荣获区委、区政府“2014 年度突出贡献‘金牛奖’”（颁奖主题辞：龙洲湾滨江片区建设领跑主城十大片区）；与巴源公司、麻柳公司共同荣获区委、区政府“2014 年度突出贡献‘金牛奖’”（颁奖主题辞：“三个一百万”提速安置房建设）。

2014 年，由渝兴公司承揽的建设项目和招商引资项目、房地产开发取得了显著成绩。2 月 28 日，区政府与葛洲坝集团举行战略合作签约仪式；5 月 27 日，重庆德普外国语学校奠基典礼；6 月 13 日，葛洲坝集团龙洲湾 B 区融资建设合作协议签约；8月21日，中交丽景公司、渝兴公司举行合作框架签约仪式；9月1日，由渝兴公司承建的龙洲湾小学投入使用；11月14日，渝兴公司与香港华夏公司签订龙舞剧院框架协议；11月20日，由渝兴公司承建的巴南立交建成正式通车；12月17日，重庆汉海极地海洋公园开工典礼；12月17日，由渝兴公司承建的巴南区体育馆开馆。

【融资偿债】 按照“拓宽融资渠道、调整债务结构、严控融资成本”的工作思路，克服重重困难，积极开拓进取，推动融资偿债工作稳妥开展。全年共偿债50.48亿元，偿债率达100%。在大力推进常规融资方式的同时，强化融资项目包装，尝试开展资产证券化、发行PPN（非公开定向债务融资）债券等融资形式，成为国家开发银行重庆分行报送国家开发银行总行的第一批棚户区改造贷款项目。在确保本公司资金顺利运转的前提下，与金融机构进行多次对接和磋商，采取低成本融资置换高成本融资和提前还贷等方式，节约资金成本和利息成本约8117万元。

【征地拆迁】 2014年，鱼洞型钢厂片区拆迁项目顺利结束，标志着龙洲湾A区征地拆迁工作全面完成。渝兴公司积极配合区征地办、龙洲湾街道等单位，先后完成968项目（万达、旭辉片区开发968亩项目）、通江广场以北项目等龙洲湾B区228.53公顷土地征地拆迁，共拆迁860户居民和13家企业，确保极地海洋公园、凤凰文化城等重点项目用地需求。同时，竞买84.8公顷地票，办理90.87公顷征地批文。

【资产运作】 对闲置资产进行有效处置，全年共处置闲置资产收入1155万元。签订8宗土地勾地协议，出让土地56.42公顷，实现综合价金26.24亿元，共计收取勾地按金9500万元。其中，中交丽景巴南项目用地龙洲湾B区40.8公顷，成交总价为全区地王。

【项目建设】 全年竣工项目共计27个。其中，16个项目已完成结算工作，4个项目正在办理结算工作，完成投资约28.29亿元。全年可按进度竣工完成安置房38.81万平方米，占全区全年安置房竣工的48.43%，可安置群众5000户。9月1日，龙洲湾小学已交付投入使用、顺利开学。11月29日，巴南立交工程竣工，正式通车。12月17日，巴南区体育馆项目全面完工，剪彩开馆。新华村公租房周边市政道路工程全面竣工。龙洲湾B区高压线路迁改工程已完成开挖、结构施工及回填，进展顺利。承建的在建项目32个正在有序推进。

2014年11月20日，巴南立交正式建成通车

【招商引资】 着力于打造龙洲湾市级特色商圈，将“知名”“特色”作为招商引资要求，瞄准重点开发商和特色项目，开展精准化招商，引进“极地海洋公园”“龙舞剧院”“巴文化电影公园”等5个特色项目，引进重庆中交丽景置业有限公司等知名地产企业4家，合计协议资金近50亿元。“极地海洋公园”填补了巴南区乃至重庆地区缺乏科普类海洋动物公园的空白；“龙舞剧院”填补巴南区缺乏剧院、音乐厅等高端艺术场所的空白，对丰富巴南区文化内涵以及增强城市竞争力有着重要作用；“巴文化电影公园”填补巴南区体验式电影主题公园的空白。招商引资成功地推动龙洲湾新区产城融合，为打造高品质龙洲湾商圈奠定了坚实基础。

（简晓锋）

交通 邮电

交 通 运 输

【概况】 重庆市巴南区交通委员会（简称；区交委）是主管全区客货运输及农村公路建设管理、区内铁路港口规划、水路交通行政管理和行业管理的政府职能部门。区交委机关内设2室5科（办公室、监察室、财务科、组织人事科、计划建设管理科、安全养护科、法制运管科），共有机关干部职工46人；下辖6个事业单位和1个行业执法大队（公路养护段、道路运输管理所、路政管理大队、港航管理处、公路质量监督站和铁路港口建设服务中心，交通执法巴南大队），共有干部职工230人。区交委设有14个党委（支部），中共党员226人，成立工会、团委、妇委会等群团组织。

2014年，全区共有高速公路里程169.2公里、县道以上公路里程777公里、乡道331公里、村道2576公里。新开行和调整城区公交线路19条，农村客运线路74条，185个行政村客运实现“村村通”，全区拥有客运车辆980余辆。有港口10个、泊位13个，有66艘营运船舶。有3427家客货运输企业。

2014年，区交委在中共巴南区委、区政府和市交委领导下，稳中求进，打了一场交通民生攻坚战。全年完成固定资产投资约30亿元，镇村联网公路突破1000公里大关。8月20日，组建“巴南区铁路港口建设中心”，负责辖区铁路交通中长期规划和铁路港口建设规划。9月30日，总投资6400万元的重庆沿江高速公路巴南段沿线的丰盛立交正式开通。区交委被交通运输部、公安部等部门评为“2014年春运工作全国先进单位”，被交通运输部评为“全国农村公路养护与管理先进集体”、被中华全国总工会评为“职工书屋示范点”；在市交委目标考核中连续三年排名全市第一，先后被市交委、区政府评为“2014年度安全生产目标优秀奖”；被区纪委评为“2014年度巴南区发展环境综合评价第二名”“2014年度纪检监察目标考核一等奖”，被中共巴南区委、区政府评为“2014年度突出贡献‘金牛奖’”（颁奖主题辞：1000公里镇村联网公路造福70万山区群众）。

【重点项目建设】 积极主动地采取多种形式筹措资金，加大对交通建设重点项目投入，推进全区交通更加便捷。一、巴南区财政投资7亿元完成佛耳岩码头进港道路前期可研、设计等工作，进入实质性启动阶段；投资3.2亿元的佛耳岩码头二期工程启动建设。会同有关单位投融资10多亿元，完成南涪路、东城大道等重点项目，加快推进一批园区道路建设，高职城教育大道即将竣工。自筹资金推进东温泉快捷通道、惠（民）—天（星寺）路建设，建成后将对巴南区旅游产业发展起到重要助推作用。二、争取市公路局近1

亿元完成南涪路、东泉绕景公路、木洞—隆盛（綦江区）路等大中修工程，完成云篆山生态文化公路和文化招呼站60余个等项目，成为“大美巴南”的交通文化符号。三、主动积极与市交委等部门衔接，确保投资10多亿元在“南川—涪陵—两江新区”巴南段中的麻柳开发区设立交开口。

【交通运输管理】 加强交通运输管理，全心全意为人民服务。一、重点对鱼洞、李家沱及南泉地区公交站点进行改造完善，新增站点50余个，取缔站点12个。二、加快推进乡镇客运站建设，重点打造云篆山、东温泉、丰盛古镇等沿线景区道路招呼站27个、招呼点97个。三、创新优化审批服务，共减少审批项目5项，缩减办事时限11项，简化办事程序8项，共提供365天预约和延时服务32次，解答群众咨询1220余次，获评文明服务标兵3人次、获评流动红旗、党员示范岗、青年文明岗3次。

【千公里镇村联网】 充分发挥项目策划管理委员会作用，经过三年的不懈努力，全区镇村联网公路突破1000公里，造福70万山区群众。一、区交委积极向市交委及区政府争取农村公路补助资金约2亿元，补助镇街实施“通村通畅工程”，全年完成新建、改建任务400余公里（其中：补助镇街新建改建近100公里的11条县道、骨干道路）。二、区财政安排资金1.2亿元，强力推进公路防护栏“生命工程”，超额完成防护栏安装260公里，做到应安尽安。为全区200余家观光旅游业及农业龙头企业打开产业发展通道。镇村联网公路突破1000公里被中共巴南区委、区政府评为“2014年度突出贡献‘金牛奖’”。

【公交线路优化】 不断优化调整公交客运线路，为民提供便捷的交通途径。一、农村客运实现“村村通”。区交委按“成熟一条，开行一条”的原则，新开丰盛镇—主城区2条客运，接龙—李家沱、樵坪景区万泉村—李家沱、跳石镇幸福农庄—佛影峡景区—主城区班线等农村10条客运线路。全区现共开行农村客运线路74条，完成全区185个行政村客运“村村通”。区财政每年安排资金300余万元对冷僻农村客运线路进行补贴，解决山区群众“出行难”问题，实现农村客运“双百”（镇街客运线路通达率100%；行政村客运线路通达率100%）目标，是完成市交委下达首批实现“双百”目标的区县之一。二、城区客运不断优化。区交委采取片区联营方式，新开或调整城区公交线路19条，现全区拥有公交车辆980余辆，实现二环内公交全覆盖。及时新开行云篆山水公租房—南坪公交线路，优化鱼洞、大江厂区—南坪、解放碑公交线路。新开行界石工业园区、南彭公路物流基地公交线路，适应“四区一基地”战略布局对公交出行的需要。三、二环外客运拓展试行。区交委在充分调研论证的基础上，开展二环以外公交开行试点，将根据区财力情况分步骤稳妥推进，力争三年全区实现公交全覆盖。

2014年9月，镇村联网公路建设三年突破1000公里大关

【渡口码头监管】 对港口码头坚持定期开展安全检查，注重港口危险货物码头安全隐患排查。

一、加强重点时段、重点区域、港口码头等运输较为集中场所的安全监管，开展拉网式排查，完善应急预案，实行24小时值班制度，严格执行客渡船签字发航及乘客数额登记制度，杜绝超载、抢航等违法现象的发生。二、配合执法部门加大对违规船舶的查处，重点配合水上安全监管机构做好渡口渡船、乡镇运输船舶、港口码头等行业范围内安全督查活动，维护水上交通安全秩序。全年区辖水域无水上交通安全上报事故，辖区渡口连续30年安全渡运。

【水上船舶检验】 运行船检检验质量管理系，《船舶检验发证管理系统》全面投入使用，严格船舶检验发证管理。一、对相关“四客一危”（客渡船、客滚船、高速客船、旅游船和危险品运输船）船舶严格打表，突出对动力装置、舵系、救生设备、消防、信号等设备的检验，确保群众人身财产安全。二、严格船检档案管理程序，对新建、改建和入籍船舶，按一船一档的要求建档，资料完善可靠，全年共受理船舶检验业务119艘次，执行船舶检验119艘次，总吨位6.05万吨、总客位910位。三、启动春运客渡船附加检验工作，对辖区21艘客（渡）船全部进行检查，“春运”和“黄金周”期间共投入运力34艘，完成客运量8.1万人次，安排应急船舶3艘。

【农村公路养管】 在交通运输部发布“农村公路管理养护年”活动中，不断提升农村公路养护水平，保障农村公路畅通。一、争取区财政提高农村公路养护费标准。全区实施硬化的村道养护标准提升至4000元/公里、泥结石的村道为2400元/公里，全部纳入区财政预算，列养率达到100%，确保农村公路养护全覆盖。二、推进养管体制改革，先后制发《农村公路养护管理办法》《农村公路养护管理考核方案》，建立区政府、区级部门、镇街分级负责、权责统一的农村公路养护管理责任体系，并将养护专项资金与考核结果综合考评后，视其养护管理差异拨付。三、结合全区乡村道路现状，创新制定乡村道路建控区管理办法，明确乡村道路控制区范围、遏制乱搭乱建现象。四、积极打造农村公路“三位一体”（交通、生态、文化）整体功能，优化“两山生态文化路”（樵坪山、云篆山），实施131.9公里的“鲜花绿草工程”，巴南农村公路已成为一道亮丽风景线。被交通运输部评为“全国农村公路养护与管理先进集体”。

【公路质量监督】 在创设“廉政防火墙”、参建各方廉政谈话、7%廉政违约金等的基础上，推行邀请纪检监察、检察机关参与预防职务犯罪“五步工作法”，确保交通建设领域再造精品工程。全年累计监督公路工程项目115个，排查、治理安全隐患22起，交工验收的项目全部合格，未发生责任范围内的安全事故，实现责任范围公路工程质量、安全监督覆盖率达100%，交工验收项目质量合格率达100%，安全生产总目标、控制目标，质量安全监督成效显著，被市交委工程质量安全监督局予以全市通报表扬。

【交通行政执法】 先后开展安全生产大检查、“打非治违”、水上交通安全专项整治、交通运输系统安全隐患排查治理等专项行动。一、区交委

2014年3月，农村公路防护栏安装

与安监部门开展联合执法和自行组织检查相结合方式，开展“五查”活动（查思想认识、查制度建设、查措施落实、查隐患整改、查实际效果），严格落实监管责任。二、严厉打击非法营运、违章残疾人三轮车、非法载客摩的等行为，着力整治鱼洞—李家沱城区交通秩序，城区交通秩序进一步好转。三、开展交通行政执法，全年共组织检查组543个，组织检查人员1.06万人次，检查企业1496个，发出警告3014次，责令改正、限期整改、停止违法行为1.48万件，责令停产、停业、停止建设312家，暂扣或吊销有关许可证、职业资格证9个，罚款492.24万元，纠正治理违规、违章、违法行为1.48万件。

【治超管理加强】 为保护公路建设，加强治超管理。一、将路政大队的内设科室由4科1室精简为2科1室，新成立2个治超管理所对治超站实行24小时监管。二、在省道S106巴南段新建鱼洞治超站，区交委投入资金200余万元，对五布和姜家治超站进行改扩建。三、全年共检测货运车辆68.68万台次，卸载货物2484吨，查处超限车辆1294台次，收取公路补偿费1212万元，审批办理超限运输许可11件。

【网络舆情处置】 修改完善交通网络舆情管理办法，规范网络舆情信息收集整理、分析研判等工作，加快交通网络舆情处置，最大限度的消除负面影响，树立巴南交通良好形象。一、全年正面回帖130余条、正面发帖50余条，办理群众来信来访23件，市级政府系统公开电子信箱交办件98件。区交委在全国各省（市）天涯舆情应对能力榜单中排行第17名。二、全年综合运用报刊、广播、电视等传统媒体和微博、微信等新兴媒体，对上、对外报送各类信息530余条，被《重庆日报》《重庆晨报》等主流媒体正面报道3次，交通系统获得国家级表彰3个、市级表彰14个、区级表彰11余个，营造了良好的巴南交通风貌和舆论氛围。

【交运企业整改】 对辖区内维修企业、驾培机构进行规范整改。一、以各镇街为单位将一、二、三类维修企业分别归类，对达不到维修标准的企业坚决不予许可，对不合格企业进行清理整顿。二、建立健全驾培机构和维修企业考核机制，将日常监管与年终考核相结合，驾培维修市场逐步得到规范。三、对辖区内维修企业和驾培机构进行安全服务质量考核。全年共评出AAA维修企业192户、AA维修企业76户、A维修企业11户；四星驾校5所、三星驾校5所、合格驾校7所。四、认真开展航运企业安全标准化达标考评工作，先后对3家公司（重庆市巴南区生源运输有限公司、重庆永伦商贸有限公司、重庆金宏祥船务有限公司）进行标准化达标考评，促进企业整改，保障航运安全。

（谭　艺）

海　事　管　理

【概况】 中华人民共和国重庆巴南海事处（简称：巴南海事处）成立于2002年，隶属于中华人民共和国重庆海事局。现有正式职工31人，下设鱼洞执法大队和白沙沱执法大队。主要职责职能：管辖长江段马桑溪大桥下沿（上游航道里程682.7公里）至青草背（上游航道里程723公里），全长40.3公里的交通运输安全和海事执法。

2014年，荣获重庆海事局“水工管理先进集体”“船舶安检工作先进集体”荣誉称号。全年保障客运量66.78万人次、货运量1318.92万吨（其中危险品货物187万吨）的安全运输。办理船舶航次签证10469艘次、定期签证2195艘次。实施行政处罚176件，查处违法船舶135艘次。全年辖区内未发生一般以上水上交通事故和船舶污染事故。

【渡口安全管理】 2014年，巴南海事处在区政府和重庆海事局的领导下，大力打造“平安渡”“放心船”，不断夯实群众出行安全基础，形成区交委、海事和镇街等部门齐抓共管的安全管理网络。一、整改渡口渡船隐患。清理辖区无政府批文渡口，积极走访地方政府完善批文。二、加强节假日等重点时段和重点渡口的巡查和维护。对客流高峰时段派员到码头渡口进行蹲点执法，认真做好高峰期渡运秩序的维护工作，确保渡运安全。三、不断加大渡船、船员帮扶力度。免费为渡船安装 AIS 设备，赠送救生浮具；对辖区客渡船船员开展安全知识、安全技能的培训工作和渡船船员特殊安全培训。全年开展培训 13 次，参加培训船员 216 人次。四、强化渡船监管。认真开展“春雷行动”、客渡船“斑马线”行动等活动，落实渡船恶劣气况下的禁航制度，防止客渡船冒险航行，专项整治渡船违法行为；严格执行乘客穿拿救生衣制度；认真执行渡船航次报告制；更新完善客渡船数据库和内外安全监管网络。五、加强应急搜救。组织搜救行动 28 次，救助遇险船舶 8 艘次，救助落水人员 9 人次，得到被救助船舶、落水人员及社会各界好评。

【船舶航运执法】 坚持“安全第一、预防为主”的方针，坚持长效管理和专项整治相结合的工作思路，切实保障船舶航运安全。一、加大危险品运输管理。认真落实危险品运输分类分级管理，强化危险品船舶动态跟踪，全年接受危品申报 952 次，装卸危险品货物 187 万吨。现场检查危险品船舶 783 艘次，现场检查率达 82.2%，录入率 100%。二、严格砂石船航运执法。禁止砂石船超载航行和 600 吨以下砂石船夜间航行。全年对 28 艘次砂石船舶实施行政处罚，罚款 8.86 万元。三、加强非运输船舶执法力度。在春运、节假日、赶集日、乘客高峰、水文复杂、气象不佳时段增大巡航密度，查处冒险航运行为；加大对小型货船、自用船的整治力度，严查非运输船舶船员航行及作业中未按规定穿戴救生衣。

（沈施岑）

港 航 管 理

【概况】 重庆市巴南区港航管理处（简称：区港航处）位于区龙洲湾街龙洲大道 99 号。是区交委下属的财政全额拨款正科级事业单位，实行“三块牌子，一套班子”管理，即重庆市巴南区港航管理处（法人）、重庆市巴南区地方海事处（法规授权的内部业务机构）、重庆市巴南区船舶检验处（法规授权的内部业务机构）。业务受重庆市港航管理局、重庆市地方海事局、重庆市船舶检验局管理，是国家法律、法规授权的重庆市巴南区水上交通行业管理单位和行政审批主体。行使相关海事管理、水路运输市场管理、港口行政管理和船舶检验四项职能。内设：船检海事科、港口运政科、财务人事科和综合办公室。编制 15 人，现有职工 24 人（其中：正式在编职工 14 人，派遣临聘人员 10 人）。

区港航处管理巴南辖区内长江岸线 56 公里，其中上游 27 公里（即：鱼洞灌子溪至花溪娄溪沟）；下游 29 公里（即：南岸温家沱至长寿扇沱）。五步河通航水域 4.5 公里。航运企业 4 家（即：重庆金宏祥船务有限公司、重庆华航轮船有限公司、重庆市巴南区生源运输公司、重庆市南江船务有限公司）。港口企业 5 家（即：重庆航运建设发展有限公司佛耳岩分公司，重庆市巴南区生源运输公司，重庆永伦商贸有限公司，重庆公路运输集团有限公司集装箱运输分公司，重庆科德工贸有限公司）。有船镇街 7

2014 年 10 月，渝海巡 1201

个（即：鱼洞街道、木洞镇、麻柳嘴镇、东温泉镇、龙洲湾街道、二圣镇、姜家镇）。营运渡口9个（即：木洞镇章岩渡口、团鱼渡渡口、木洞渡口、苏家浩渡口；麻柳嘴镇麻二浩渡口、麻柳嘴渡口；鱼洞街道罐子溪渡口、大溪口渡口、鱼洞渡口）。公义渡口6个（即：木洞镇中江寺渡口、中坝渡口、杨家洞渡口；鱼洞镇磅苏渡口；龙洲湾街道苏家溪渡口和二圣镇王爷庙渡口）。

2014年，全区港口有泊位13个，港点10个，可利用港口岸线18.4公里（其中：已利用港口岸线2.35公里，未利用的岸线16.05公里）。共有运输船舶66艘，净载重量6.43万吨，载客量808客位，共完成货运量66.25万吨；货物周转量33643.27万吨/公里；港口货物吞吐量70.75万吨，其中集装箱1822TEU。全年共完成各项规费征收100.1万元，其中港口费78.9万元，船检费21.2万元。全年辖区内支小河流及封闭水域、码头作业区未发生一起水上交通安全事故，渡口渡船有望实现30年安全渡运。获重庆市港航管理局“2014年度港航管理工作先进单位”称号。

【船舶检验】 一、认真运行船检质量管理体系。牢固树立“质量求生存，质量求发展”的思想，努力增强全体验船师的质量意识，积极贯彻重素质、重预防、重控制的质量管理原则，坚持“安全第一，服务至上”的工作宗旨，坚持依法检验、到位检验的工作原则，确保船检质量管理体系运行正常，《船舶检验发证管理系统》已全面投入使用。二、加强“四客一危”船舶质量规范管理。按照船舶检验的要求，对相关“四客一危”船舶严格打表，按照年初市局对客渡船外观着色的要求对客渡船外观进行检查，突出对动力装置、舵系、救生设备、消防、信号等设备的检验，严厉杜绝重大质量缺陷滞留船舶，确保群众生命财产安全。三、严格船检档案程序管理。根据质量体系的要求加强船舶档案管理，对新建、改建和入籍船舶，按一船一档的要求建档，资料完善可靠。在市船舶检验局授权的范围内按规定程序开展检验工作，迄今为止违反检验行为发生率为“零”，无“大船小证”的情况，管辖船舶事故快报率为100%。全年船检登记船舶共114艘，总吨位60534吨，总功率18737.8千瓦，总客位910位。共受理船舶检验业务119艘次，执行船舶检验119艘次，其中船舶改建检验2艘次（兴盛601、兴盛602），营运检117艘次。

【航运管理】 一、加强水运企业资质动态监管，保障水运市场健康有序。严格按照交通运输部《国内水路运输经营资质管理规定》和市港航局相关要求，把好港口经营市场准入关，做好港口经营许可申请受理、初审、上报等工作。全年共检查航运企业19次，年审船舶65艘，核查企业资质4家，辖区4家航运企业和13家个体全部通过核查，资质核查率为100%。二、推进水运转型升级，引导企业向“全程物流”发展。2014年，为推进辖区水运转型升级，示范引导行业内企业综合发展，积极推动重庆市巴南区生源运输有限公司由原来的单一航运企业转型为现阶段航运、港口多源式综合运输企业；重庆金宏祥船务有限公司为适应市场发展由原来的客运企业成功转型为货运企业；佛耳岩码头二期已开始修建，建成后力争与南彭贸易物流基地形成联动，开展综合物流，该项工作正在积极推进中。

【港航安全巡查】 一、扎实做好日常安全监督管理工作。以船舶安全为重点，以落实企业安全责任制为基础，以“压事故、保安全”为核心，加强全方位的安全现场监督，开展经常性的安全检查，做到全处工作人员有2/3的时间深入有船镇街、渡口、码头和船上进行安全检查，配合执法部门加大对违规船舶的查处，重点配合水上安全监管机构开展渡口渡船、乡镇运输船舶、港口码头等行业范围内安全督察活动，落实辖区支小河流、封闭水域船舶监督执法，维护水上交通安全秩序。二、把安全监督管理的重点放在各港口码头、渡口渡船上。坚持定期进行全面安全检查，做到不漏一艘船，不漏一个码头、督促船舶所有人、船员及企业经营人树立良好的安全意识，配齐救生设备，严禁船舶大雾、大水、带病和超载航行。三、抓好节假日期间安全监督工作。“春运”和“两会”期间区港航处制定安全工作方案，召开企业负责人和船舶经营人会议，将安全责任落实到各有船镇街和企业，并与企业和船舶经营人签订2014年安全目标责任书。同时启动春运客渡船附加检验工作，对辖区21艘客（渡）船全部进行检查，有效确保节日期间乘客的出行安全。四、加大现场安全监管和专项整治力度。以建设“平安交通”为主线，以“打非治违”为抓手，对辖区从事水上交通行业生产经营的企业，港口码头进行逐一梳理，重点对船舶的监管、证书证照是否齐全、资质、安全生产条件等进行检查，并配合执法部门集中整治港口码头违法建设、非法经营等行为。通过开展“打非治违”专项行动，集中打击、整治一批当前表现突出的非法违法行为，确保辖区水上交通安全平稳有序。专项行动期间，共检查港口码头78次，检查水上交通行业114次、渡口渡船126次、出动检查车辆318车次、出动检查人员721人次、船舶检验25次，开展安全宣传12次。五、加强重点时段、重点区域、港口码头、餐饮趸船的现场监管、实行24小时值班制度。针对各渡口、渡船、码头运输较为集中的场所，进行有针对性的拉网式排查，对投入运输的船舶加大现场检查力度，督促从业人员严格按照有关港航法规及操作规程航行，严格执行客渡船签字发航及乘客数额登记制度，杜绝超载、抢航、抢漕等违法现象的发生。

【港口码头管理】 一、以滚装、集装箱、危险货物和客运码头为重点，定期开展码头巡查工作。二、开展港口危险货物码头安全隐患排查，对排查出来的问题，提出整改意见和安全管理建议，并加强事后跟踪督察，避免整改工作流于形式。三、结合开展“安全生产月”活动，深入水运企业指导安全管理工作，督促其建立和完善危险化学品事故应急救援预案，落实岗位责任制，严格操作规程，强化安全防范措施。四、坚持宣传与整治相结合的原则，在深入港口危险货物码头督查的同时，向码头从业人员宣传危险品安全作业知识，不断提高从业人员的安全责任意识、专业技术水平和操作能力。2014年，辖区企业申报危货作业共3次，开展港口安全检查138次，出动检查人员303人次、检查车辆138车次。四、完善港航管理机构监督站岸线审批手续。5月，以巴南港航文〔2014〕22号文件向区交委请示在长江右岸巴南区沙湾江段修建应急救援基地，申请使用岸线长150米，并将相关文件资料按照程序上报区政府、市交委，已取得相关批复。

（黎　容）

邮　　政

【概况】 重庆市邮政公司巴南区邮政局（简称：区邮政局）辖9个支局、51个邮政营业网点。区邮政局内设5个职能部门（综合办公室、人力资源部、市场经营部、计划财务部、运行保障部）和5个专业公司、部（金融业务部、函件集邮公司、报刊发行公司、电子商务公司、分销业务部）。在职干部员工543人（其中：合同工288人、劳务工255人）。

2014年，区邮政局按照“保持合理增长，提高质量效益，促进协同发展，扩大能力支撑，强化企业管控，实施创新驱动”的总体思路，认真落实借力都市功能拓展区的建设发展，奋力掘金本地市场，全面加强同业对标，努力拓展“三农和民生领域”，扎实开展以整改“四风”、解决突出问题为主要目的的党的群众路线教育实践活动，有力地推进了企业各项工作平稳、健康发展。一、经营工作平稳有序开展。全年累计实现收入10876万元，完成目标任务的101.65%，同比增幅7.81%，完成确保目标的100.36%；累计实现邮政业务总量15038.46万元，完成目标计划的100.15%，同比增长10.16%。二、业务发展亮点纷呈。代理金融业务：全年新增代理金融业务总资产9.98亿元（其中：新增储蓄余额7.13亿元），余额规模达到61.02亿元，网点平均余额为11965万元，高出全市点均余额2813万元；新增保费1.26亿元；新增大理财（即：理财产品、基金、国债）保有量1.59亿元。函件业务：在全区全面开办国内小包业务，以建立仓储吸引电商大客户入驻，实现交寄量82118件，同时，加大对制造业、零售商家、快递行业、电商等的开发力度，实现收入占巴南片区邮政分公司小包收入的90%。集邮业务：努力营造集邮专卖店优美赏邮、购邮的环境，全年实现预订收入92万元，销售收

2014 年，巴南片区局投递人员业务技能竞技大赛

入40余万元。报刊业务：实现2015年度报刊大收订入机流转额1446万元，完成率100.77%，同比增幅7.73%；党报党刊工作受到区委宣传部门的表彰。分销业务：继续围绕“百千万”（即：百场农资旺季集中促销活动、千场院坝会、万亩示范田）思路开展农资冬储促销活动、院坝会及示范田建设工作，全年召开院坝会131场，建设示范田166.67公顷；着力推动巴南特色产品的宣传推广力度，精心打造巴南特产店；积极开展助农惠农活动，着力打造送工业产品下乡、引农产品回城的“双向流通渠道”，在将邮政农资产品向农户配送的同时，将优质的巴南土特产运送回城，实现农资销售328.17万元，助农销售土特产8.81万元。电子商务业务：在全市率先实现全面开办机票、火车票、汽车票、酒店预订、旅游等商旅票务业务，为广大群众出行提供购票便利；以电商平台+电子银行自助缴费渠道的模式，积极发展代收费业务，推动便民服务工作的扎实开展。三、管理工作日趋完善。邮政分公司加强基础管理工作，积极推行目标管理，结合市公司邮政工作会、经服工作会、片区邮政工作会、全区邮政工作会等相关会议的工作部署，认真对各部门工作职责进行梳理，明确各项工作目标的责、权、利，并严格遵照执行，取得财务管理精细化、人力管理科学化、安全管理常态化、服务管理优质化、合规管理制度化的有效成果。四、能力建设得到提升。全年投入资金571万元，整改或购置网点7个，企业竞争实力进一步提升；全区ATM/CRS达到45台，51个网点全面开通无线上网功能。五、党建工作扎实有效。党的群众路线教育实践活动取得明显成效；党风廉政建设和反腐败工作有效推进；1个基层党支部获重庆市邮政公司“十佳红旗党支部”称号，2名党员分别获重庆市邮政公司“优秀共产党员”、区直机关党工委“优秀共产党”荣誉称号，界石支局邮运驾驶员覃久礼获得“感动重庆”邮政十大人物提名奖。六、和谐企业建设深入推进。实事好事全面落地，继续为A、B类员工、退休员工办理补充医疗住院保险及疾病身故保险，极大地解决员工的医疗负担；坚持深入开展两节“送温暖”“送清凉”、职工互助医疗保障及疗休养活动；为“职工小家”配置冰箱、微波炉等生活设施设备，“家”的氛围进一步浓厚；选派5位选手组队参加重庆市邮政公司“代理金融转型明星PK赛”，人人揽金夺银；牵头成功组织“重庆市邮政系统第九届职工运动会羽毛球、乒乓球比赛（初赛）”二赛区的各项比赛，得到市公司和兄弟分公司的一致肯定。

【生肖邮票首发活动】 1月5日，2014年马年生肖邮票首发式在区邮政局集邮专卖店隆重举行。为了组织好首发式活动，区邮政局组织一批与马相关的集邮产品供广大集邮爱好者选购，同时，现场为邮戳爱好者在各种邮品的封套内加盖马年生肖纪念戳、马王坪邮政所日戳等，以此纪念马年生肖邮票发行。马年生肖邮票首发式活动取得10万余元的销售业绩，“重庆天天630”、区电视台对此进行专题报道。

【邮政储蓄再上台阶】 1月31日，所辖界石邮政支局界新街邮政所储蓄余额突破2亿元大关，余额规模达20070万元；2月2日，一品邮政支局沿河街邮政所、安澜邮政所，东泉邮政支局本部储蓄所的储蓄余额先后突破亿元大关，余额规模分别达到10180万元、10042万元、10359万元；2月10日，东泉邮政支局余额规模突破6亿元大关，达到61566万元。10月31日李家沱邮政支局储蓄余额突破12亿元大关，达到120252万元。2014年，6个邮政支局、所储蓄余额规模再上新台阶。

【七项举措促进发展】 2月27日，召开全区邮政工作会暨一届三次职代会，提出2014年全区邮政工作七项举措：一、加快发展，实现增量增收。加快邮务类业务发展步伐，不断调整业务结构；根据区域特点拓展城市、农村两个市场，强化三支队伍建设，按照“四个发展”要求促进金融业务合理增长。二、强化管理，提升企业效益。认真落实基础管理工作，严格按照标杆管理要求，实现提档升级。三、整合资源，强化专业间板块联动。进一步加强邮银、邮速合作，形成三大板块相互支持、合力发展、共享成果。四、加大渠道、营销队伍、名址库建设，不断提升企业竞争能力。五、不断加大业务发展、奖励考评及营销政策支撑力度，推动业务持续较快发展。六、切实做好创新、转型工作。强势推进代理金融转型发展，加快邮务类发展方式转型。七、扎实开展党的群众路线教育实践活动，持续开展党风廉政建设和反腐败工作，构建和谐劳动关系，大力推进民心工程建设。

【报刊发行校园推介】 5月10日，由全国重点畅销报刊课堂内外杂志社、区邮政局联合举办《课堂内外》公益大讲堂在界石小学开讲。课堂内外期刊社主编以《创新作文·创新思维》为题，用幽默且极具亲和力的语言，从“真实的体验、灵动的感悟、新鲜的表达”入手，结合鲜活的生活实例，深入浅出地向学生介绍创新作文的特征，引导同学走出模式化作文的误区，大力倡导少年儿童把握人生的黄金阶段，热爱阅读、享受阅读。

【国内小包寄递服务】 在“双十一”期间，以“建立仓储中心吸引客户、专人定时收件、营造宣传氛围”三项举措确保国内小包寄递服务质量。同时，为提高国内小包的社会影响，安排重点商家接受《重庆商报》《重庆时报》《重庆日报》《都市热报》等多家媒体采访，客户在畅谈当前电商蓬勃发展的同时，对邮政小包寄递服务大加赞赏。采访报道相继在“双十一”期间见诸各媒体头版或显著位置。

【收寄包裹进入军营】 11月23日，界石邮政支局组织员工走进驻区部队武警七支队、水电八支队营房开辟绿色通道，为即将退伍返乡的官兵们提供上门收寄包裹服务。由于两个部队均需当日进行收寄，时间紧、任务重，界石支局在现场设置3个临时收寄点同时进行收寄。为了给寄递包裹的退伍军人提供方便，支局还准备纸、笔、胶带和专用包裹袋、箱等用品，受到退伍官兵们一致好评。当天共收寄军营包裹500多个，实现收入1.6万余元。在做好拥军工作的同时，又增加企业的经济效益，实现双赢。

【“巴南邮政”微信启动】 11月25日，正式启动“巴南邮政”微信公众号上线推广活动。该微信公众号内容涵盖自驾游推荐、自邮一族会员最新专项等活动，将为广大群众提供更多的产品销售、宣传、活动推广及便民缴费等服务项目。

（刘　丽　沈　星　王丽佳　高舒婷　张秋月　赵　秦　王曼霓　傅　彦　刘天齐）

中国电信巴南分公司

【概况】 中国电信股份有限公司巴南分公司（简称：电信巴南分公司）内设二级机构4个：综合管理部、销售服务部、网络部、政企客户部；三级机构11个：9个支局（鱼洞支局、龙洲湾支局、李家沱支局、界石支局、大江支局、一品支局、接龙支局、木洞支局、东泉支局）、2个核心营业厅（鱼洞营业厅、李家沱营业厅）。在职员工238人。主要经营范围：巴南区行政区域内的基础电信业务和增值电信业务，通信及通信信息业务相关的系统集成、技术开发、技术服务、信息咨询、设备生产、销售和设计与施工，广告设计、制作、发布、代理。

2014 年，公司积极响应电信集团公司“一去、二化、新三者”（即：去电信化；建市场化、差异化；创新智能管道的主导者、综合平台的提供者、内容和应用的参与者）发展战略，坚持“加快发展、强化管理、提质增效”经营思路，积极接应 4G 技术，发展 4G 网络基站，实施“蓝光计划”，提升服务质量，强化基础管理改革。全年电信业务总收入 1.88 亿元。拥有宽带网客户 11 万户。

【电信业务拓展】 依托优质的光宽带网络和稳定先进的 4G 网络技术，加快电信业务发展。一、通过总机服务、天翼办公、翼校通等多项重点行业应用凸显差异化，进而拉动移动业务的快速发展。二、通过“群工系统”移动办公行业应用解决党政机关、镇街的移动办公需求。三、通过“翼校通”应用，结合校园“一卡通”打造信息化校园，涉及考勤、食堂、移动 OA 等。四、积极拓展移动互联网行业应用，为银行、医卫、教育行业等提供 OA 办公、智慧校园、智慧医院、手机看店、旺铺助手等信息化智能应用，提高事业单位工作效率和企业管理水平，深受广大客户的欢迎和好评。

【渠道窗口争优】 公司渠道终端销售取得“量”的突破，智能机终端销售占比达到 93%。所有专营店统一营销风格，对陈旧的专营店进行改造，传统的电信收费厅已经全部打造成手机综合卖场，成为电信转型的对外标志。对代理商人员开展“以店带点渠道能力提升培训”“首届 POP 手写海报培训”“实体门店人员强化培训”等提升代理商人员的业务、销售技能。

【电信网络建设】 大力推进宽带移动网络建设。一、4G 网络建设。一期工程新建 TDD 13 个站点，FDD 13 个站点；二期工程新建 FDD RRU195 站。新建室内分布系统网络 41 套，4G 网络基站建设完成速度在全市分公司中排名第二。实现巴南城区范围内 4G 网络良好覆盖，并对高档商务楼宇、酒店实现室内覆盖。二实施“蓝光计划”。为打造光网城市，辖区内“蓝光计划”完成 78 个蓝光小区，光纤区域覆盖居民点 20 万户，其中大江厂片区完成光纤全覆盖。三、全力退铜和节能减排。全年铜退 4.5 万线对公里，退铜率超过 10%，超额完成市电信公司下达的年度退铜目标。节能减排完成 84%，同比下降 3.9%。

【基础管理改革】 加大基础管理改革。一、对各项目标任务进行分解、跟踪、管控，严格奖惩制度，逐步实现规范化。二、对本公司的土地房屋进行资产清查盘活，对“三库”物资进行彻底清理，强化管理制度，已达到市电信公司规范要求。规范渠道管理，加大风险管控力度。三、坚持预防为主，确保安全生产。各生产单位严格遵守和执行安全管理规定，鱼洞、李家沱营业厅组织防恐演习和消防演练，全年员工和车辆无重大安全责任事故。四、加大机构改革力度，激发支局和渠道承包活力。对设备维护组和农村支局进行脱产承包，建立市场化资源配置和经营机制，提高经营效率和效益。

（陈　新）

中国移动巴南分公司

【概况】 中国移动通信集团重庆有限公司巴南分公司（以下简称：移动巴南分公司）位于巴南区龙洲大道 101 号，隶属于中国移动通信集团重庆有限公司。内设 4 个二级部门（综合部、市场经营部、网络部、集团客户部）；7 个三级部门（业务支撑中心、渠道运营中心、校园社区营销中心、集团行业一中心、集团行业二中心、集团行业三中心、集团行业四中心）。2014 年年末，在职干部员工 186 人，平均年龄为 31 岁。

主要经营范围：移动通信业务（语音、数据和多媒体等）、数据、传真、IP 话机以及互联网接入、信息机和互联网等网络设计、投资、建设和维护等多种增值业务。主要业务品牌整合为“和”4G 品牌，并拥有代表移动通信领域先进技术的政务易、电梯卫士、一卡通、车管家等业务日益成熟，受到越来越多用户的喜爱。1 月 28 日，龙洲湾 IDC 数据中心正式投入运行。

2014 年，在区委、区政府的领导和关心下，在中国移动通信集团重庆有限公司的指导下，围绕年度奋斗目标和工作思路，秉承“正德厚生、臻于至善”的核心价值观，勇于探索实践，再创佳绩。截至年底，年收入 3 亿元，客户总数 61 万户。

【4G 网络建设】 2014 年，公司以“4G”网络（4G 是第四代移动通信技术的简称，中国移动和 4G 采用 4G LTE 标准中的 TD－LTE）发展元年，为用户带来新的、高速的网络体验。在 4G 基站建设上，通过内部开展“4G 建设劳动竞赛”，“LTE 沙场阅兵—技能大比武”，“大战 100 天”等竞赛活动，提高员工业务技能、完善生产建设流程、激发员工生产热情，提前一个多月完成全年建设任务。截至年底，完成 4G 基站建设 730 个，相当于之前用 15 年时间建设 2G 基站数量的总和，实现巴南城区全覆盖及乡镇场镇、高速路、主干道的覆盖，圆满完成国家 TD－LTE 发展规划的要求，及时让巴南区群众体验到 4G 网络的高速、便利。在网络优化上，实行“建设与优化并行”，在保障建设进度的基础上，通过专职 4G 优化人员配置、海量测试、自查自检、探索中创新等方法提升质量打造精品。全年仅道路测试就达 5 万余公里，天线调整超 1000 次，参数优化不计其数，攻克并全部解决初期接通率、切换率、呼叫成功率低的问题，实现 4G 网络下载速率在 30M 以上的快速网络，满足用户对数据流量爆发式的需求。在驻地网的建设上，采取网络速度较快的“光纤入户”，为全区人民群众提供质量更上层、选择更多样化的优质网络。截至年底，完成建设 26 万户驻地网的建设，完成巴南城区 90% 以上的小区有移动宽带覆盖，极大地推进区经信委提出的光进铜退，提升带宽，合理促进竞争，让广大用户享受高速网络的同时得到更多实惠。同时，大力建设 WLAN、专线、信息化业务的基础建设，全年完成 WLAN 热点 144 个，专线上千条的建设，为信息化产品发展提供强有力的支撑。截至 12 月，4G 网络可以提供车管家、千里眼、移动办公、智能公交、智能城市、智能家庭等信息化产品的使用，进一步为实现数字化城市贡献力量。

2014 年 11 月 18 日，中国移动重庆分公司副总经理李曲调研巴南龙洲湾通信生产楼

【4G 用户发展】 为及时让巴南区人民群众享受 4G 网络的便利，在年初 4G 网络基本覆盖城区满足使用后，又立即部署 4G 用户发展工作。在资费上，以“惠民”为主要发展方向，以实惠的低资费吸引用户，年初把主体资费从语音型产品切换到流量型产品，为 4G 的发展提供基础产品保障；在终端上，以“支撑”为主要发展方向，在辖区范围内的所有渠道进行 4G 终端铺货，提供 4G 手机购买服务，并赠送免费 4G 流量；在服务商，以“便民”为主要发展方向，客户不需要换号，只需升级成 4G 卡即可享受 4G 服务。为方便用户换卡，营业厅均提供免费升级 4G 换卡服务，并通过“10086”开展免费送卡邮寄到家服务。针对重点集团单位开展多场“送 4G 进集团”“送 4G 进校园”“送 4G 进社区”等专项活动，由于为用户提供足不出户即可享受 4G 网络的优质服务，加

之4G网络的强大功能，能够解决办公、学习上的诸多问题，在集团单位内受到热烈追捧，截至年底，集团成员换卡率平均达到80%。截至年底，全区4G用户达4.8万户，占通信客户的8%，4G换卡客户39万，在全市各区县排名第一，4G发展带来流量收入8000万元，增幅达60%，人均4G流量每月达730MB。

【信息化产品开发】　随着消费者对数据业务的需求日益增大，在精品网络建设支撑下，抓住“4G”元年的发展契机，加大力度推进电梯卫士、车务通、一卡通、政务易等信息化产品发展。以针对不同行业集团量身定造与之相适应的信息化解决方案为指导思想，为多个行业集团提供不同的信息化解决方案，受到越来越多集团的青睐。在对集团单位服务过程中，建立客户经理日报制度，对客户经理每日服务内容进行审核，对客户经理提出的困难问题当日及时解决，并建立信息化产品台账，对所有产品的性能特色、使用进度、存在问题均进行监管、及时处置。在云OA产品拓展上，基于解决PC端与手机端OA使用的统一，可24小时使用办公，由于费用低、使用方便，在推行“无纸化办公”节能减排的今天，在多家政府机关单位得到推广使用。截至年底，这一新兴产品就发展33家使用单位。在“政务易”产品拓展上，针对大型集团“政务易”等信息化办公推广，实现企务公开、商贸易推广，可通过政务易轻松为集团成员发送各类信息，让集团单位体验到“政务易”等信息化平台给企业管理和服务工作带来的方便和快捷。在IMS平台发展上，集“桌面电话”“综合V网”“集团彩铃”“一号通”等功能为一体，以低廉的费用整体解决集团单位便捷的通信需求。2014年，由于推出的信息化产品更加贴近用户，费用更加低廉、服务更加完善，营业收入显著提高。截至年底，信息化产品收入达到1505万元，较上年增幅为18.2%。

【实名制用户管理】　为保障用户信息安全，遏制垃圾短信、骚扰电话等行为，从四个方面对实名制用户进行推广，实施优化管理。一、印发《关于下发巴南分公司实名制违规处理办法的通知》。明确实名制的实施及违规处罚内容。定期组织暗访，对违规渠道或个人按文件进行处罚并通报；二、加强社会渠道培训，提高业务能力。举办双专单专代理商、直供渠道、村级渠道实名制专题培训会，强调用户入网必须持本人证件原件且人证核对一致后才能办理相关业务，并通过现场模拟的形式使各销售人员穿越实名制办理的每一个环节，将用户真实信息登记和信息保护纳入社会渠道考核奖惩体系；三、加强实名制宣传，提升用户知晓度。专门制作实名制宣传小卡片，通过前台递送给客户，多种途径确保实名制宣传在营业厅最显眼、客户最容易看到的位置。渠道运营中心对辖区内各网点的实名制、用户信息保护公告进行自查，对缺失的进行补充，补充完后并按渠道名称进行命名后反馈至本公司；四、内部自查常态化，执行考核层层负责。渠道运营中心、片区营销中心逐一对辖区内所有号卡销售网点、实名制登记号码，以及存量号卡进行自查清理，避免出现非代理商但仍能录实名制的问题，核实领卡渠道必须一对一的领取销售。

（祝东方）

中国联通巴南分公司

【概况】　中国联合网络通信有限公司重庆市巴南区分公司（简称：联通巴南分公司）于2008年11月成立，系原中国联合通信有限公司重庆市巴南区分公司和中国网络通信有限公司重庆市巴南分公司重组融合而成。主要经营业务：移动电话、本地市话、长途电话；数据、互联网等网络设计、建设和维护；多种增值业务等电信服务。建立网上营业厅、手机营业厅、短信营业厅等电子化服务平台，开通24小时客户服务热线10010，建有数百个移动通信基站和机房，基本实现通信网络城区及重点区域无缝覆盖、边远乡村全覆盖的长期目标。

2014年年末，在职人员共计130人；下设5个职能部门和4个经营部门，拥有自建营业厅4家，各类业务代理网点近140个。全年完成营业收入1.1余亿元。新增用户9万多户。

2014 年 5 月，中国联通巴南分公司被重庆市消费者权益保护委员会评为“2013 年度售后服务先进单位”

【市场经营】 2014 年，公司顺应 4G 时代新变化发展年，坚持以规模效益为导向，以“移动宽带领先”为引领，全面实施“移动宽带领先与一体化创新”战略，全力推动市场经营发展。一、通过构建 4G/3G 一体化优势，强化客户体验，着力流量经营与存量经营，使 4G 运营实现良好起步，移动宽带业务保持稳健增长；二、满足各类客户需求，坚持宽带差异化竞争模式，通过“高带宽、高价值”宽带产品提升产品效益，进一步提升用户感知；三、积极创新销售模式，加大以流量产品为重点的创新型业务发展，转变经营思路，抓住机遇，大力发展数据与信息业务；四、加强渠道建设，扩张渠道规模，推广互联网平台与实体渠道相结合的线上线下一体化渠道，为业务发展提供有力支撑；五、集团客户市场实现稳健发展，加大重要单位客户和重点项目的合作力度，在行业应用方面得到商企单位的好评，集团客户规模得到提升。

【网络改造】 努力提高网络质量，全力打造 4G/3G“覆盖和网速”双领先精品网络，积极改造宽带接入网，推动技术创新，网络承载能力持续提升。在能力建设上，以 4G 网、3G 网、宽带网、基础传输网为重点，建设 4G 网络基站近 60 个站点、新建 3G 网近 70 个站点，年末达到近 390 个 3G 网站点；室内分布系统网络完成近 40 个站点、WLAN 完成近 10 个站点，网络覆盖规模进一步扩大。固网宽带新建和改造投资 1300 余万元，新增覆盖用户数约 5.7 万户，累计完成 11 个重点镇街覆盖，“光纤入户”工程改造完成 2.8 万户，并完成 70 余条集团客户互联网专线建设，有力地支撑辖区内的通信产品推广和用户的网络体验。在网络维护方面，针对网络薄弱环节，积极推进网络优化，加强号线日常管理控制和代理维修队伍管理，通过对宽带端口进行监控、分析，新增 1 台宽带核心出口设备 ME60，使现有的网络形成 2 台设备热备份，出口带宽最大能达到 40G；对全网 DSLAM 端口分类别进行提速，以及对各局间、末端设备带宽达到带宽门限值的端口进行及时扩容，使整体宽带网络更加健壮、安全；加强基站技术防范，减少被盗损失；加强节能减排，持续开展转供电改直供电和新风节能系统改造，降低能耗。

【服务监管】 持续推进大服务运营体系建设，认真履行移动、宽带服务承诺，重点开展网络质量、宽带装维、客服热线、营业厅渠道服务。围绕“服务领先”这一目标，建立服务质量责任认定及考核制度，强化渠道服务细节，加强服务质量监管，狠抓服务短板，梳理、优化服务流程和工作标准，形成客户感知指标体系，用户感知率和满意率不断提升。通过对网络障碍修复及时率和解决率、用户投诉处理、装机工单处理等工作流程的梳理和确定，建立监控、预警、通报、考核等机制，有效控制重复故障量，提升网络装机、维修服务及处理满意度；积极推动技术创新，对于用户反映的焦点问题，通过对客户投诉的现场测试，全面分析移动网络投诉存在的问题，并采用室内分布系统网络外引的方式解决多个小区的深度覆盖问题，得到用户的好评。

（冯激漪）

城乡建设与管理

概　述

【概况】　2014年，巴南区城乡建设紧紧围绕“一城、一极、一区”战略目标和“四区一基地”功能定位，坚持“打基础、利长远”的工作方针，以“推改革、强管理、抓建设、惠民生”为工作主线，按照“城市聚集区+产城融合带+城郊特色镇”的新型城镇发展格局，助推全区城乡建设再上一个新台阶。

【城市功能逐步完善】　启动建设龙洲湾B区道路、渝南大道D段、海棠立交等一批事关巴南发展的城市基础设施项目，巴南立交、黄金大道一期建成通车。轨道2号线延伸段通车，与3号线无缝换乘。水、电、气、通讯等综合管网进一步完善。南彭贸易物流基地建设全面提速，产城融合全面推进。

【城乡一体加快建设】　加大项目服务力度，着力建设“山水城市风貌展示区”。万达、旭辉等商业综合体项目推进迅速，珠江欢乐园、茶花广场、巴滨一号开工建设。城乡一体实现“亮点、扩面、成型”，建成18个、36万平方米幸福农庄，都市效益农业、休闲观光农业快速发展，城乡面貌焕然一新。

【市政建设不断改善】　完成7万平方米城市道路整治，新增城区停车位1.5万余个，新改建垃圾站23座，新建雨污管网115千米，竣工人行天桥6座。新增绿地90万平方米，空气质量优良天数237天，宜居环境不断改善。成功创建4个市级生态镇、46个市级生态村。

【民生工程全面完成】　龙洲湾小学、区体育馆建成投入使用。云篆山水公租房1.68万户、5万人分房入住。界石樵坪人家87万平方米公租房建成。18万平方米棚户区改造和2118户农村危房改造任务全面完成。2740户城镇低收入住房困难户实现廉租住房应保尽保。实施32个村的农村环境连片整治工程，农村环境连片整治工程任务全面完成。

【建管机制不断健全】　在有效坚持城市建管联席会议制度的基础上，探索建立并联审批制度、城市管理综合执法联席会议制度，努力破解项目建设、城市管理执法中的重点难点问题。健全完善物业服务矛盾纠纷排查机制，着力解决物业矛盾纠纷。

（张彦鹏　邓　燕）

城　乡　规　划

【概况】　2014年，重庆市规划局巴南区分局

（简称：规划分局）深入贯彻落实党的十八届三中、四中全会、全国城镇化工作会议精神，以及市委四届三次、四次全会精神，认真落实五大功能区发展战略，以法定“城乡规划”和“规划管理”两个全覆盖为抓手，着力提升规划能力和服务效率，全面完成年度目标任务。年末，被重庆市规划局评为“2014 年度目标考核先进单位”；分别与区国土分局、区“两违”整治中心共同荣获区委、区政府“2014 年度工作创新‘金鹰奖’”（颁奖主题辞：“三率先四创新”创“两违”整治的“巴南经验”）；与区旅游局、东温泉镇共同荣获区委、区政府“2014 年度工作创新‘金鹰奖’”（颁奖主题辞：“旅游规划”破解城乡一体项目落地难题）。

【城乡规划全覆盖】 2014 年，在区政府安排 7200 万元专项规划经费保障的前提下，全面启动规划编制任务，加快构建覆盖区域、镇街、村（社区）3 个层级，以及法定规划、专业规划、专项规划、基础工作和规划研究 5 大类型，统一衔接、功能互补、相互协调的空间规划体系。其中，中小学布局规划、李家沱交通深化规划和规划用地清理均已完成编制工作。美丽山水规划、总体城市设计、绿道系统规划、历史文化传统风貌保护与利用规划均已同步开展编制。

【控制性详细规划新编】 启动新编龙洲湾街道重庆高等职业技术教育城（二期）控规，界石组团 B 标准分区部分（浪琴）控规，界石组团 B 标准分区部分（桃花岛）控规，鱼洞等街道云篆山 B 标准分区、李家沱街道 S 标准分区（部分）和（云计算教育产业园）控规等。

【控制性详细规划修编】 启动木洞镇控制性详细规划修编，天星寺镇控制性详细规划编制，东温泉镇控制性详细规划编制，安澜镇总体规划修编（2012 ~ 2020 年），石龙镇总体规划（修编），二圣镇总体规划（修编）等。

【重大项目控规修改】 积极推进李家沱组团 B - 14 - 1 等地块（水轮机厂）控规修改、李家沱组团 A、B 标准分区 A03 - 1、B10 - 1 等地块（香港城）控规修改、李家沱组团 G 标准分区 G3 - 1/02 等地块（珠江欢乐园）控规修改，一品街道功能区 A20 - 01 等地块（农产品批发市场）控规修改等。

【双河口镇规划修编】 2014 年 11 月，重庆市人民政府批复“巴南区人民政府关于双河口镇规划（2012 ~ 2020 年）修编的请示”（巴南府文〔2014〕237 号），同意双河口镇规划（2012 ~ 2020 年）修编。修编的主要内容为：一、对功能定位作调整；二、城镇用地和人口规模调整；三、对镇域各村等级、职能进行调整；四、优化镇域交通体系，完善基础设施配套。修编后，规划城镇建设用地 49. 9 公顷，较原规划增加 33. 8 公顷，城镇常住人口 0. 6 万人，较原规划增加 0. 38 万人。城镇建设用地中，居住用地 14. 25 公顷，公共管理与公共服务设施用地 4. 71 公顷，商业服务业设施用地 20. 9 公顷，道路与交通设施用地 4. 86 公顷，公用设施用地 2. 18 公顷，绿地及广场用地 3 公顷。

【违法建筑整治】 与区“两违”整治中心、区属有关部门和镇街共查处 406 处违法用地和违法建筑，拆除违法用地和违法建筑约 23 万平方米，超额完成市政府下达的“两违”拆除任务。立案查处违法建设行为 80 件；收缴罚没款 682. 7 万元。荣获区委、区政府“2014 年度工作创新‘金鹰奖’”，创“两违”整治的“巴南经验”。11 月，重庆市违法建筑整治工作指挥部在巴南区召开主城区高档小区违法整治工作经验交流会上，“两违”整治指挥部领导对巴南区违法建筑整治工作给予充分肯定和高度评价。

【建设项目审批】 全年共办理建设项目选址意见书 18 件，总面积 128. 4 万平方米；用地许可证 62 件，总面积 945. 6 万平方米；方案审查意见 66 件，总面积 1107. 4 万平方米；建设工程规划许可证 34 件，总面积 225. 2 万平方米；规划核实确认书 67 件，总面积 298. 6 万平方米。

（王蕊雪）

城　乡　建　设

【概况】　重庆市巴南区城乡建设委员会（简称：区城乡建委）内设6个科室〔即：办公室、监察室、发展计划科、建筑管理科（行政审批科）、城镇建设科、建筑节能与设计科〕；下设5个事业单位（即：巴南区建设工程质量监督站、巴南区建筑工程施工安全管理站、巴南区城乡建设综合执法队、巴南区村镇建设服务中心、巴南区城市综合开发服务中心）。行政事业编制共87人，实有在编在岗人员77人（其中：领导班子成员5人）。区城乡建委的主要职能职责：规范全区城乡建设管理秩序；统筹协调推进城乡建设；监督管理建筑市场，勘察设计市场；统筹协调城市基础设施建设；规范和指导镇村建设；监督管理房地产开发和保障性住房建设；协调建设领域矛盾纠纷；推进建设科技进步和建筑节能；负责建筑从业人员培训管理。

2014年，区城乡建委协调推进龙洲湾80万平方米公租房建设，完成界石樵坪人家120万平方米公租房建设，推进南彭百合佳苑34万平方米公租房建设。加快推进龙洲湾滨江片区建设，完成投资95.3亿元，新开工建设297.4万平方米，完成建设213.2万平方米，投入量、建设量列全市十大片区之首。培育和引导建筑业提质增速，全区建筑企业达292家，其中新办10家、升级5家、增项3家。据统计，全区建筑业总产值达280亿元，同比增长21%。房地产固定资产投资实现221.68亿元，同比增长22%。内资完成256.26亿元，同比增长83%；年末，被区政府评为“2104年度消防安全工作先进单位；荣获区委、区政府“2014年度工作创新‘金鹰奖’提名奖”（颁奖主题辞：制度“小变样”促审批“大变脸”）。

【并联审批制度改革】　针对企业反映的行政审批程序复杂、时间较长等问题，探索建立内部建管联席会议并联审批制度。改变以往“各科室分别审核、逐级上报管理”的“串联”审批，改革为各环节同时并举的“并联”审批。同时，针对一些前置条件进行调整和精减，手续办理时间从正常审批时间30个工作日压缩至最长15个工作日，提高工作效率。全年召开14次内部建管联席会议，并联审批了万达、旭辉等10多个项目建设和手续办理问题，企业满意度大幅提升。该项改革荣获区委、区政府“2014年度工作创新‘金鹰奖’提名奖”。

【房地产项目开发】　2014年，巴南辖区房地产开发企业共有106家（其中：一级资质1家、二级资质24家、三级资质11家、四级资质1家、暂定资质69家）。共完成房地产固定资产投资221.68亿元，同比增长22%；内资完成256.26亿元，同比增长83%；商品房施工面积1612万平方米，同比增长9.8%；商品房竣工面积81万平方米，同比下降36.4%；商品房销售面积208万平方米，同比增长3.4%；商品房销售额134.49亿元，同比增长12.6%；商品房空置面积144万平方米，同比增长40.3%。

【建筑市场培育扶持】　大力实施扶持建筑业企业“做大做强”“走出去”发展战略。通过扶持政策、服务企业、搭建平台等措施，促进建筑业市场快速稳步发展。扶持发展总承包及专业承包一级企业共2家，发展二级施工企业5家，涉及房屋建筑工程、市政公用工程、钢结构工程、建筑智能化工程等，新发展8个专业承包三级及2个劳务企业。年末，全区共有建筑业企业292家(其中：一级资质17家、二级资质45家、三级资质126家、劳务企业104家)。建筑企业经营业务覆盖房地产开发、水利、建材生产、园林绿化等多个领域，形成优势互补、协调发展的新格局。

【龙洲湾滨江片区开发】　2014年，龙洲湾滨江片区完成投资101.3亿元；完成建设面积237万平方米；新开工建设面积349.5万平方米，新开工量同比增长28.5%。滨江城市经济带正式落地项目5个，受让净地面积19.04公顷，项目租地37.33公顷，计容建筑规模28.02万平方米，土地出让成交总价约7亿元；签订勾地协议7个，涉及拟受让净地面积96.99公顷，计容建筑规模

轨道交通带动新区发展

278.23万平方米，土地挂牌出让底价约65.74亿元。高职城新签约入驻2所院校，已成功签约1所学校（重庆大学城市科技学院），同时有效跟进待签3所学校，累计签约7所院校和2个项目，签约项目总用地约266.67公顷，计划总投资达73亿元。

【特色镇村建设申报】 全年完善18个幸福农庄（农民新村）规划、用地手续。印发《关于完善农民新村（幸福农庄）工程建设管理手续备案工作的通知》（巴城建发〔2014〕264号）。认真开展农村危房改造工作，全年开工2133户，竣工2118户。向市城乡建委成功申报丰盛古镇核心区历史建筑抢修工程、东温泉镇红橙街立面整治工程、木洞镇自来水厂及供水管网改造等市级中心镇建设项目；指导东温泉镇、木洞镇、接龙镇成功申报为住房和城乡建设部命名的“全国重点镇”；有较高保护价值的传统村落“丰盛镇桥上村”被住建部列入第三批中国传统村落名录；积极引导景观特色明显、旅游资源丰富的东温泉等镇向国家旅游局成功申报为“全国特色景观旅游名镇”；向市城乡建委成功申报石龙镇汽车客运站、天星寺镇市民广场为一般小城镇建设项目。

【人行过街设施建设】 针对辖区道路交通基础设施配套相对落后、人车平面抢行等问题，并结合人大代表提案、政协委员建议，网络舆情、群众来信等反映的民生民情需求，按照“先全局谋划，后逐步实施”原则，科学规划，仔细斟酌，反复论证，并公示征求群众意见，大力推进人行过街设施建设。对辖区人行过街设施进行五年建设规划布点，使待建过街设施位置更优，作用更大，反响更好。完成恒大城小学人行天桥、李家沱街道办事处人行天桥和龙洲水岸人行天桥等6座人行天桥建设，并启动龙海大道人防工程地通道施工，预计2015年年底竣工。

【建筑工程招标投标】 截至2014年年底，全区共办理完成招标类建筑工程和直接发包建筑工程111项，建筑工程总造价共计70.74亿元。建筑总面积为734.32万平方米（其中：招标项目共计32项，中标金额23.88亿元，建筑面积121.97万平方米。应公开招标工程的公开招标率100%。直接发包项目共计79项，承包金额46.86亿元。建筑面积612.35万平方米）。招标工程无投诉。通过并联审批会议，妥善解决万达广场、旭辉城、万象广场、物流园区东城大道、海棠立交等20余项目工程的招投标手续问题，缩短办件时间，得到建设单位的好评。

【在建工程联合执法】 联合区房管理局深入开展房屋与市政基础设施在建工程执法大检查，对在建工程进行“随机、突击、全面”联合执法大检查。综合执法检查以查看现场及检查资料为主，涉及工程勘察设计及节能、质量、安全、市场行为等多个方面，着重针对施工现场安全生产措施、各种合同规范情况、违法情况等60余项进行详细检查。对检查过程中发现违反设计、质量、安全、市场行为等，采取约谈、责成限期整改等10余种措施进行严格处理。全年共开展联合执法大检查10余次，检查项目20余个。共发出行政执法文书406件，立案查处166件，涉及项目91个共处罚款345.3万元。其中未按规定办理建筑工程施工许可证的立案查处94件（涉及项目47个），违反现场安全文明施工管理的23件，未按规定办理塔机安装告知手续的42件，未按规定办理塔机拆卸手续的2件，超年限使用塔机的查处1件，违法分包工程项目的1件，违反建筑节能设计的3件。

【建筑施工安全管理】 认真对监管的工程进行建筑施工安全专项排查整治，重点检查在建项目参建各方贯彻落实各级安全生产会议及重要文件精神情况，依法落实安全生产主体责任的情况、从业人员持证上岗及履职情况、危险性较大的分部分项工程的安全管理情况、安全防护用品用具的采购、查验、使用的情况。继续完善已建立的安全生产形势分析、巡查督查、安全生产预警、差异化管理、重大事故约谈等制度，在保证面上工作要求的同时，重点对差的项目和企业进行跟踪检查，对安全工作较差的、存在较大安全隐患、整改不到位的企业及项目负责人进行约谈。强化事故预警提示制度，为提高各参建单位应对各类突发事件的应急管理能力，确保“汛期”“假日”“重要会议”“高温”等时期的安全生产，通过短信、文件等形式及时发出紧急通知，有针对性地提出安全要求，敦促各参建单位健全安全生产管理，防止事故发生。全年共受理安全监督项目190余个，监管面积1400余万平方米；竣工89个，竣工700余万平方米；出动安全检查人员4000余人次，巡查、检查2000余个次建筑工地；签发安全隐患整改通知书600余份，其中发出局部停工整改通知书50余份，对50余家企业依法实施行政处罚，对30余个项目的参建各方进行约谈。

【建筑工程质量监管】 2014年，全区新报监工程103项，面积约597万平方米；竣工验收84项，面积约419万平方米；较上年均有大幅度增加。区城乡建委改进建筑工程质量监督管理方式，改变事先发通知、打招呼的检查方式，采取交叉、专项等检查方式，实施抽查、巡查监督制，对建筑工程现场实施有效监督。认真贯彻执行住建部全国工程质量治理两年行动要求，全面推动质量终身责任制的落实；进一步规范建筑市场秩序，严厉打击转包挂靠等违法行为；健全质量监管机制，工程质量总体处于受控状态，全年无质量安全事故发生，工程竣工验收合格率达到100%。积极培育质量精品工程，增强企业创优意识，本年度辖区有3个项目获得“重庆市三峡杯优质结构工程奖”。6月，在全国建设工程质量、安全、市场行为监督执法中，巴南区融汇中学2号楼，南彭公租房项目（一标段）8号楼顺利通过住建部检查。

【建筑建材节能增效】 认真贯彻落实《中华人民共和国民用建筑节能条例》（国务院令第530号）、《重庆市建筑节能条例》，严格把守建筑节能设计关。辖区内的初步设计审查项目，均按照《公共建筑节能（绿色建筑）设计标准》《居住建筑节能65%设计标准》文件执行。全年通过能效测评项目61个，总建筑面积309.09万平方米，其中满足居住建筑65%节能率的项目43个，达到公共建筑50%节能率标准的项目18个。通过初步设计审查建筑类46个，总建筑面积517.73万平方米，总投资135.86亿元；通过市政类项目初步设计审查8个，总投资5.96亿元。提倡应用“合同能源管理”模式，首先着力公共建筑节能改造，再逐步对住宅建筑进行改造。完成典雅戴斯酒店和李家沱重百商场的节能改造，区政府办公大楼节能改造工程正在实施，改造面积约9万平方米，改造后可达到25%以上的节能率。

【建筑施工人员培训】 强化建筑施安全培训。加强对建筑行业的安全员、施工员、质检员、材料员、预算员等“五大员”继续教育培训，共计培训922人次；组织“五大员”专业技术岗位培训，共计培训280人；组织返乡农民工进行职业技能岗位培训，完成培训、鉴定学员471人次。

附：

2014 年巴南区部分房地产开发企业基本情况

序号	单位名称	公司注册地址	法人代表	注册资金	资质等级	员工人数	2014 年开发承建的主要工程	利税（万元）
1	重庆浩立地产（集团）有限公司	重庆市巴南区巴滨路 6 号 12 幢 1 －1	熊浩	5168 万元	二级	78	浩立·碧海湾 8#、12#楼	3811
2	重庆典雅房地产开发集团有限公司	重庆市巴南区花溪镇花溪村	张谊生	1.8 亿元	一级	256	1. 典雅温泉城（60 万平方米）；2. 典雅花溪半岛（50 万平米）3. 典雅天城（38 万平米）4. 湖南龙山典雅龙领国际（23 万平米）5. 渝北典雅温德姆五星酒店；6. 华陶典雅商务大厦等项目。	2718
3	重庆市巴南建设（集团）有限公司	巴南区鱼洞箭河路 5 号附 9 号	陈孝斌	10023 万元	一级 统计年鉴是一级	86 人	1. 黔江金盾华府小区；2. 黑山幸福小镇；3. 云南广南城一号项目。	700

2014 年巴南区部分建筑企业基本情况

序号	企业名称	注册地址	法人代表	注册资本金（万元）	资质等级	员工人数（人）	2014 年承接的主要工程（包括工程数量及名称）
1	重庆花溪建设（集团）有限公司	重庆市巴南区花溪新村 15 号	张朝刚	5008	房屋建筑施工总承包一级	5610	1. 巴南自由时光一期一标段；2. 巴南芸峰·兰亭 2#、3#、4#、5#楼工程；3. 巴南“狮子山花园”项目周边市政道路工程三个项目。
2	重庆明华建筑（集团）有限公司	重庆市巴南区龙洲大道 1 号	何荣国	6668	房屋建筑施工总承包一级	1362	鱼洞老街市政道路工程
3	重庆市巴南建设（集团）有限公司	巴南区鱼洞箭河路 5 号附 9 号	陈孝斌	10023	房屋建筑施工总承包一级	4683	1. 花溪半岛项目；2. 南彭公租房二标段工程；3. 自由时光项目一期二、三标段等。
4	重庆一品建设集团有限公司	重庆市巴南区一品镇新街 19 号	李嘉豪	20018	房屋建筑施工总承包一级	10566	2014 年无新建项目
5	重庆长坪建设集团有限公司	重庆市巴南区渝南大道 162	周陵	8000	房屋建筑施工总承包一级	4800	丽景龙湾 11#楼、12#楼、13#楼、16#楼、地下车库（三期）

（张彦鹏　邓　燕）

城乡一体发展

【概况】 重庆市巴南区城乡一体发展中心（简称：城乡一体中心）于2011年7月成立，为区发改委直属的五级职员事业单位。内设3个科室（即：综合信息科、改革试点科、规划建设科），事业编制9名，设主任1名（五级职员），副主任2名（六级职员），科长3名（七级职员）。主要职能职责：围绕全区城乡一体发展开展相关服务性、事务性工作。

2014年，城乡一体中心全面贯彻落实党的十八大、十八届三中、四中全会精神，紧紧围绕建设“城乡一体发展示范区”目标定位和“生态健康体验区”功能定位，按照“发展理念实体化、基础设施统筹化、涉农资金捆绑化、用地规模适度化、具体项目产业化”的工作方法，以“三化”促“三农”，推动特色效益农业、乡村旅游业、生态养生养老养心业融合发展，促进农业增效、农民增收，基本达到“亮点、扩面、成型”的总要求。区委、区政府十分重视和支持城乡一体发展。3月，召开全区农业农村暨城乡一体工作会；5月，召开全区城乡一体特色小镇工作推进会；12月，召开全区城乡一体发展工作专题会。巴南区正稳步迈向城乡一体发展示范区，受到国内外政府代表团、商贸企业关注。5月，美国加州政府、商会、企业代表团，福建省莆田市政府考察团到巴南区考察调研城乡一体发展；7月，市人大代表巴南联系组视察巴南区城乡一体发展建设实体；10多个省市地区和市内区（县）的领导干部先后多次到巴南区考察调研，交流城乡一体发展工作经验。年末，被区委、区政府评为“2014年度区管领导班子先进集体”。

2014年5月27日，美国加州代表团一行赴巴南区二圣镇考察城乡一体项目

【工作机制健全】 6月，区委办、区政府办对区统筹城乡一体发展综合配套改革工作领导小组成员作相应调整。领导小组下设办公室（即：统筹城乡一体发展综合配套改革工作领导小组办公室）和六个工作指导组（即：都市型效益农业、生态养生养老养心产业、特色镇村建设、农村建设用地复垦、就业及职业技能培训、农村社区建设及公共服务工作指导组）。

【城乡配套改革】 11月，区政府印发《巴南区全面深化统筹城乡综合配套改革的意见》（巴南府发〔2014〕171号），明确10项重点改革任务。12月，区政府印发《关于开展户改自愿退出暂不能复垦宅基地工作的通知》（巴南府办发〔2014〕243号），户改工作进入常态化管理。2014年全区农转城2288户7325人，退地参保847人；完成宅基地复垦208.73公顷、申请地票交易97.93公顷，全面启动夹心房、连体房退地工作。巴南区积极向市发改委、市国土房管局争取，在全市率先组建“农村综合产权流转交易市场”。12月，区编办批复设立“重庆市巴南区农村综合产权流转交易中心”（巴南编委发〔2014〕159号），主要依托重庆市土地交易所，按照“六统一”（即：统一交易规则、统一交易鉴证、统一信息发布、统一收费标准、统一监督管理、统一平台建设）模式进行构建，为农村土地承包经营权、林地使用权等交易品种提供交易服务，并设立交易中心专项资金，专款专用；新建交易大厅，配备多功能电子显示屏等设施；建立网站，实现从信息收集、发布、交易公示等一站式服务。

【特色小镇建设】 9月，东温泉镇、木洞镇、接龙镇被住建部评为“全国重点镇”。丰盛、跳石、双河口等镇规划修编获市政府批复，天星寺、木洞等10个镇规划修编通过专家评审，天星寺芙蓉、石龙大连等24个村启动乡村建设规划编制。全区特色小镇总体方案编制基本完成，一品、二圣、天星寺特色小镇实施方案通过评审。政府累计投入1.7亿元建成103个特色小镇项目，丰盛、东温泉、跳石等特色小镇面貌得到根本改善。12月，区政府印发《关于进一步加强农村自然场镇建设管理工作的通知》（巴南府办发〔2014〕255号），重点支持接龙、跳石等镇自然场镇基础设施改造。本着因地制宜、适度集中、合理布局以及“成熟一个、推进一个”的思路，全区建成18个幸福农庄、36万平方米，并进入常态化有序管理。

丰盛古镇

【城乡一体项目】 2014年，天心寺禅茶文化项目、常青国际养生园、丰盛彩色森林、跳石五洲园、二圣云林天乡、姜家三亭园等6个项目先后建成开放。丰盛古镇、惠民科业教育城、安澜佳宇英皇、跳石林海、木洞庙垭生态园、接龙药泉花谷等项目有序推进。安澜绵绣松湖、姜家亚太生谷林博园等14个城乡一体项目签约落地，协议建设资金约52亿元。

【重点提案办结】 2014年，牵头主办区政协第十三届第三次会议第320号提案《关于全面开展农村自然场镇建设改造的建议》，委员回执满意，办理结果为A类。8月，区委书记李建春亲自组织召开政协第320号提案“七方面商”会议，区政协主席胡能兵主持会议，区政府副区长范勤、区政协副主席杜伟参加会议。会议明确重点整治“脏乱差”问题，采取“一镇一策”的方式改造农村自然场镇。12月，区政府印发《关于进一步加强农村自然场镇建设管理工作的通知》（巴南府办发〔2014〕255号），建立农村自然场镇改造工作机制，按照分类推进、分年实施、分专题、分责任的“四分”原则推进农村自然场镇改造。全年完成13个镇小城镇规划修编，启动白隘口村、石林村等7个自然场镇所在村乡村建设规划编制工作；投入930万元对跳石镇圣灯山、麻柳嘴镇清溪等自然场镇路灯、公厕、停车场等改造项目，并积极向市级相关部门争取，将自然场镇改造作为重要内容纳入农村基本公共服务均等化的市级试点。

（余　欣）

市政园林建设与管理

【概况】 重庆市巴南区市政园林管理局（简称：区市政园林局）机关行政管理人员有15人，工勤人员3人；下设7个队、所（市政管理监察支队、环境卫生管理处、园林绿化建设管理所、路灯管理所、市政设施管理所、公园广场所、市政管理指挥中心），共计事业编制人员295人（其中，巴南区市政管理监察支队为参公单位，支队参公在编人员31人，镇街中队参公在编人员150人）。

2014年，区市政园林局以“街洁、路平、灯亮、水畅、桥安、景美”为目标，在常态管理、细节整治、源头控制上下功夫，较好地完成全年工作目标任务，为巴南区建设“一城一极一区”“四区一基地”的战略目标作出积极贡献。截至年底，管理维护面积达881万平方米（其中：保洁307万平方米，设施维护288万平方米，绿化管护286万平方米），维护管网180公里，保洁公厕62座，维护路灯1万余盏，每天收运生活垃圾约424吨、餐厨垃圾约80吨，数字城管55平方公里。2014年，新接收管护面积23.59万平方米，新建绿地12.8万平方米，新建公厕16座，新改建垃圾站23座，实施桥隧检测加固整治16座，新整治道路5.71万平方米，新改建路灯773盏，灯饰7项，新增停车位1.49万个，新增安全隔离栏4公里，新建雨污管网115公里。

4月，区环境卫生管理处清扫保洁科被中华全国总工会授予“全国工人先锋号”。

【市容环卫管理】 一、强化清扫保洁。区市政园林局严格按照《重庆市主城区环境卫生作业要求与质量标准》要求，加大主次干道、背街小巷、居民社区、城乡接合部等重点区域的清扫保洁力度和机械化作业力度，确保城区干净整洁。自环境综合整治以来，加大暴露垃圾、卫生死角的整治力度，及时清除龙洲大道、渝南大道等主次干道乱倾倒的生活垃圾700余吨。4月，区环卫管理处清扫保洁科被中华全国总工会授予“全国工人先锋号”称号。二、主动延伸生活垃圾收运范围。区市政园林局与相关单位联合印发《关于加强建筑工地垃圾收运管理的通知》，主动为全区近20个建筑工地配备生活垃圾收集箱，定期收集建筑工地内入场、施工和退场后产生的生活垃圾，并建设垃圾清运专用车辆通行道路，确保垃圾的清运，不断改善建筑工地内脏、乱、差现象。三、坚持以考核促发展。区市政园林局加大对镇街城市管理工作的考核力度，全年开展月度暗查12次，面对面综合检查2次，制发专题通报12期，确保镇街市政设施完好，街面干净整洁，同时，加大所属队（所）的考核力度，全年开展徒步暗查24次，考核结果与绩效直接挂钩。

2014年，新建炒油场公厕

【市政设施更新】 一、2014年，区市政园林局争取区政府投入资金2500万元，更新补充城区垃圾收运设施设备，第一批价值1855.5万元的设备已到位并投入使用。二、新建公厕16座，并加大现有公厕冲洗设施的养护管理，确保公厕干净整洁，协调24个社会单位将单位公厕免费对外开放，缓解市民“如厕难”问题。三、完成区国土分局、鱼轻路、鱼洞财邮路等及四个街道的23座楼式垃圾站改建为水平移动式压缩站和垃圾收集点工程。

【市政设施维护】 一、2014年，完成金竹工业园区车行道“白改黑”和云山路车行道提档升级等工程，累计完成鱼洞、李家沱、花溪、龙洲湾等街道辖区内城市道路整治5.71万平方米，改造无障碍通道41个，安装树圈石801米，安装维修路沿石1488米。二、全年新建、改造下水管道305.5米，清掏、疏通地下管道1.73万米；清掏维修水篦子、检查井2493个；油漆、维修防撞护栏3093米，人行护栏3400米，新安装中央隔离桩1956根、隔离带4000米。三、加固整治结构设施。一方面，对清华中学人行天桥、34中人行天桥等9座桥隧结构设施进行安全检测，实现应检必检率100%；另一方面，对箭滩河复线桥、花溪一桥、岔路口立交桥等7座桥隧结构实施加固整治，实现有病必治率100%。四、改建维护照明设施。在合建社区路、南泉虎啸口等地新改建路灯773盏；在东原香郡、融汇半岛、十里堤香等地新改建灯饰工程7项。加强路灯日常维护，确保照明设施完好率达到95%以上、亮灯率99%以上，设施完好率达到98.5%以上。五、加快污水管网建设。完成职教城、界石工业园区、渝南大道、龙洲湾片区、炒油场片区等区域的污水管网建设任务。六、加强城区停车管理。一方面，新增城区停车位1.49万个（其中：室内车位1.42万个，室外车位652个），占道车位80个；另一方面，对新农街、疾控中心周边、江滨路等路段开展占道停车专项整治，并对全区占道停车编号进行全面修补，规范占道停车位2552个。

【园林绿化建管】 一、强化增绿补绿。2014年，区市政园林局及时对裸露的绿地、公园广场进行补栽，共补栽各类乔木4000余株、灌木80万余株，补栽地被植物约3.5万平方米。二、强化整形修剪。在搞好常规修剪的基础上，根据路段特点、植物观赏特点及生长习性，重点对城区园林绿化进行整形修剪，达到美观效果。三、强化技术创新。深入开展大树成活复壮，对新栽大树、长势较差的大树施用树动力、施它活、大树吊针液等树木养护专用品。深入研究抗旱型绿地、节水灌溉技术等节水措施，在既节省投入的前提下，又确保抗旱效果。

自制的抗旱滴灌桶

【道路扬尘控制】 联合有关部门查处违规运渣车辆1516台次，查处违章施工95个次，开出行政执法处罚决定书159件，罚没收入共13.51万元。强力推进运渣车密闭改装。2014年，改装完成运渣车496台，位列主城十区改装数量第一位。现辖区内所有工地运渣车辆全部使用新型改装运渣车，并加大综合执法力度，运渣车辆冒装、撒漏现象得到有效控制，道路控尘效果良好。

【城市盲区整治】 2014年，区市政园林局针对城区新建成但未移交且无责任单位管理或管理不到位的道路，通过实地调查统计，共梳理出30条40万平方米无责任单位有效管理的盲区道路。根据“重心下移，属地负责”原则，将盲区道路分别移交给鱼洞街道、龙洲湾街道、李家沱街道等相关单位管理，及时督促相关单位对城市盲区进行管护，并要求各街道对车行道、人行道、路灯等市政基础设施进行维护管理，从而营造良好的人居环境。据统计，在城市盲区道路的整治中，累计清理暴露垃圾1500余吨，完善市政设施45处。

【市政建设监管】 一、城市道路开挖监督。2014年，巴南区先后实施开挖龙洲大道高压线下地、鱼洞江滨路和大江片区旧水管改造、公安视频监控安装等工程，由于施工工期长，占道挖掘面广，市民反映强烈。区市政园林局组织相关单位和群众代表召开专题通报会6次，工程协调会

20余次，并安排专人每天对施工进度进行督导，确保按时竣工和交通及时恢复，得到市民的理解和支持。二、严格公建设施配套验收。在开发项目中存在公建设施不配套问题。区市政园林局根据市政环卫基础设施与项目建设同规划、同建设、同验收的要求，全年共参加各类开发项目联合验收50次，累计完善公厕垃圾站11个，设置垃圾箱体48个。

【市政管理监管】 一、按照“主干道严禁、次干道严控、背街小巷规范”的原则，加大占道经营、马路市场、夜市摊点等违规行为的查处力度，特别是李家沱街道马王坪正街、鱼洞街道新市街、花溪街道清华中学北大门旁以及申烨太阳城等群众反映比较突出的区域，集中力量进行整治，累计出动3000余车次、8000余人次，查处违规占道摊点1000余个、规范设置摊区163个。二、加大违规设置广告治理力度。定期或不定期的加强巡查，发现违规设置的软体广告、落地灯箱广告等户外广告，督促相关单位及时整改。累计拆除违规软体广告、游走字幕广告62块，约3500平方米。三、加大“牛皮癣”的清除力度。聘请专业保洁公司对城区的小广告、“牛皮癣”等进行铲除清理，全年在27条主干道路约70余公里里程中，共清除“牛皮癣”1500余处，清理规范城区公示栏43处，确保城市道路市容干净清爽，有效地遏制小广告、“牛皮癣”蔓延。

【市政舆情处置】 积极引导和认真监测市民在天涯论坛、华龙网、大渝爆料台、阳光巴南、民生110等网络媒体的投诉或建议，全年共受理案卷6.72万件，结案率99.42%；受理“12319城管热线”市民投诉1464件，结案率100%；受理网络舆情159件，结案率均为100%。市民多渠道反映的城市管理问题得到快捷地反馈和解决。在天涯社区发布的《2014年舆情应对能力榜单》中，巴南区市政园林局官方账号在舆情回应数量、舆情回应效果、舆情回应时效、舆情动态反应等方面综合得分位居全国第16位。

（陈　琳）

房　屋　管　理

【概况】 重庆市巴南区房屋管理局（简称：区房管局）是区政府设立的27个政府工作部门之一。机关内设1室4科（办公室、物业科、住房保障科、房屋征收科、执法监察科）；所辖事业单位3个（区国有土地上房屋征收中心、区物业管理服务中心、区保障性住房管理中心）。房管系统共有干部职工345人（其中：在职干部职工114人、退休职工119人，聘用人员112人）。

2014年，区房管局按照“以作风建设提振精神、以作风建设优化服务、以作风建设助推事业、以作风建设美化形象”的工作思路，有力地推进本年度各项工作。

【房屋征收拆迁】 完成市、区重点项目轻轨大江站房屋征收工作，确保轨道二号线在年底实现通车目标。完成陈家湾三村项目征收扫尾工作。针对鱼洞鱼轻路、李家沱水轮机厂、东城大道、“华南城”等重点项目征收范围问题，开展实地调研、充分论证、及时建议，有效推进工作，其中东城大道建设项目节约资金2亿元。启动实施花溪王家坝、李家沱林荫村等片区旧城改造工作，完成光宇摩托、耐德山花等企业共10.5万平方米收购工作。全面完成危改拆迁任务，对42户“钉子户”下达行政裁决，推动榆纱村等3个片区拆迁扫尾。做好拆迁维稳，全年共开展政策咨询、接访800余人次。

【住房保障维护】 累计审核分配入住538户，发放租赁补贴639户，对2740户城镇住房困难家庭实施廉租住房保障，其中实物配租2544户，发放租赁补贴196户，保持廉租住房保障应保尽保。加强直管公房管理，收缴租金865.4万元。重视公房日常养护和维修，全年共计维修养护1800余次，涉及住户2650户。及时处理鱼洞工农坡149号等20余件房屋安全隐患。

【物业管理服务】 制定《物业服务提前告知》《物业项目负责人述职》《物业项目重大事项报

巴南云篆山水公租房A区一角

告》三项新的物业管理制度，完善物业项目巡查制度。推行每月定期排查、节假日和重大活动前特别排查和物业服务矛盾纠纷排查预测“三查”机制，全年共计处理涉及物业和大修资金的群众来信来访538件次，现场调处各类物业矛盾纠纷147次。强化物业专项维修资金管理，全年归集物业专项维修资金1.78亿元，其中追收历年欠款1489万元。加强资金透明化管理，严格资金使用审核，全年共审批使用176笔，450万元。

【房屋安全管理】 组织开展全区汛前和汛期城镇房屋及老楼危楼安全大排查，排查房屋2750栋，面积295.7万平方米，督促指导相关镇街做好房屋隐患整改工作。全面开展安全生产和房屋住用安全检查、巡查17次。扎实抓好房屋安全鉴定工作，鉴定房屋安全339栋，面积26.2万平方米（其中：AB级149栋、面积16.7万平方米，C级58栋、面积6.7万平方米，D级132栋、面积2.8万平方米）。发出危房整改通知书36份，并督促产权单位或业主进行整改，全年未发生一起重大房屋安全事故。

【房屋权属登记】 认真做好商品房预售资金监管和房地产市场监测分析。全区商品房成交面积176.75万平方米，成交金额121.04亿元，成交均价6848.09元/平方米。参与调处因商品房销售、交房等产生的各类矛盾纠纷138起，其中群体性事件8起。开展房地产经纪行业清理规范工作，组织力量对全区176个房地产中介机构、门点进行全面清理登记，强化中介市场和中介行为的监管。加大城镇房屋办证遗留问题处置力度，认真组织开展全区集中解决房屋办证工作，全年共计办理镇街群众房屋办证遗留问题280件、教师安居工程办证遗留问题669件、曼哈顿城群众办证遗留问题1677户。

（蔡学建）

征 地 拆 迁

【概况】 重庆市巴南区人民政府征地办公室（简称：区征地办）是财政全额拨款的五级职员（正处级）事业单位。其主要职能：组织实施全区的集体土地征收、农房拆迁以及补偿安置工作。内设5个科室（综合科、财务科、征地拆迁一、二、三科），核定事业编制37名，在编31名。2013年4月，区征地办出资注册成立“重庆巴源建设投资有限公司”（简称：巴源公司），负责全区新建安置房（限价房）项目的开发建设、销售及物业管理等工作。

2014年年末，与龙洲湾街道、花溪街道共同荣获区委、区政府“2014年度突出贡献‘金牛奖’”（颁奖主题辞：征地拆迁创巴南新速度）；巴源公司与渝兴公司、麻柳开发公司共同荣获区委、区政府“2014年度突出贡献‘金牛奖’”（颁奖主题辞：“三个一百万”提速安置房建设）。

【征地拆迁】 2014年，全区共实施征地38宗约2069.41公顷。其中，征地范围涉及14个镇街，完成23宗约903.2公顷。共签订住房安置协议3252户，安置分房2090套计7982人。拆除农房2865户计2139幢；拆除企业143个。办理征地农转非4510人，办理农转非基本养老保险1303人。完成新政策补差项目10个约242.75公顷。受理司法强拆案件226件。华南城、京东、外河坪、交旅其龙、东城大道、渝南大道D段、巴滨路2号地块、龙洲湾B区中交地块和民主城中村扫尾等一批重点项目用地实现交地，为有关项目建设用地需求提供保障。

【安置房建设】 2014年，自建及回购安置现房总量达102.4万平方米，分房2500套，约18.13万平方米，实现安置5400人。帝豪·富达城一期、南彭公路物流基地二期、高尔夫二期、亲和佳苑、聚源老街、鹿角组团一期、建新村片区、岔路口村安置房、经济适用房龙洲湾片区、解放3社等安置房项目竣工，可为因征地拆迁提供总量达100万平方米的安置房。

【信访维稳】 全年共计接访200余次800余人，收到信访件135件，办理完结135件。未发生一起因征地拆迁进京到市上访和大规模群体性上访及恶性事件。

（廖恩礼）

供　水

【概况】 重庆市渝南自来水有限公司（简称：渝南水司）隶属于重庆市水务集团股份有限公司，是集自来水生产、销售、服务为一体的经重庆市人民政府授权的巴南区供水特许经营企业。渝南水司下属鱼洞、大江、道角三个水厂（其中：鱼洞水厂设计供水能力5万吨/日；大江水厂设计供水能力6万吨/日；道角水司设计供水能力1.2万吨/日）。供水片区包括：大江片区、鱼洞片区、金竹工业园区、龙洲湾新区、道角机床厂及工具厂、南泉片区、天明工业园区、红炉和盘龙村、自由村等。供水面积达34平方公里，供水人口约30万人。截至2014年12月31日，渝南水司总资产达2.31亿元。

随着巴南区“大开放、大开发、大发展”全面推进，供水需求量增长迅猛，对供水量和水质安全提出更高要求。为此，渝南水司在中共巴南区委、区政府和重庆市水务集团的领导下，率领全体职工秉承“以保障供水为己任、以服务社会为荣耀”的核心价值观，团结一心、众志成城，全力保民生、促发展，为地方和谐稳定、快速发展做出显著贡献。

【重点工程建设】 一、大江水厂扩建工程投入试运行。为满足大江厂片区日益增长的供水需求，渝南水司投资1700余万元实施大江水厂扩建工程，大江水厂供水能力由3万吨/日提升至6万吨/日，安装主管道9.5公里，各池体经过联调试运行，出厂水质经检测符合国标要求，6月6日，正式投入运行。同时改造沉淀池，安装高扬程水泵，用于大江水厂与鱼洞三级联合供水，利用大江水厂生产能力，实现互调互补，缓解鱼洞水厂长时间满负荷运行的压力。7月8日，因电力部门停电检修，导致鱼洞水厂停产，大江水厂扩建工程通过调水措施，确保鱼洞高区、龙洲湾及南泉部分片区的正常供水，发挥大江水厂扩建工程的功能。二、红炉、盘龙村应急饮水主体工程完工。龙洲湾街道红炉、盘龙村村民因水源枯竭造成饮水困难，渝南水司遵照区政府要求，成立专项工程项目部，克服时间紧、任务重、沿途施工条件复杂等诸多困难，加班加点推进工程施工，修建红炉200立方米和松园2000立方米调节池各1个，铺设DN100－500管线13公里，工程总投资2219万元，11月中旬完工通水。解决红炉、盘龙村民饮水难题，为政府分忧、为村民解难。

【管网改造安装】 一、加大旧管改造，提升饮用水质。秉承“以保障供水为己任，以服务社会为荣耀”的核心价值观，狠抓从源头到龙头的供水全过程质量管理，积极筹措资金加大旧城管网改造力度。全年投资额逾2600万元，实施DN100以上旧管改造20余公里，有效减少管网二次污染，供水和水质得到较大提升，受到广大用户称赞。二、支持重点建设项目，解决高职城供水。密切跟进高职城建设，投入900余万元，实施近8公里DN100－DN600供水主管道安装，现工程量已过半。并随着高职城道路的逐步延伸将及时同步安装铺设供水管道，为推进区重点建设项目当好“排头兵”。三、落实区长交办事项，解决铃木供水压力难题。辖区内重点企业长安铃木二分厂反映存在自来水欠压问题，根据区长陈刚批示，主动与长安铃木二分厂沟通协商，投资60余万元在供水管道中安装全自动智能化管中泵，安装后用水压力恒定，保障长安铃木二分厂用水需求，促进巴南区重点企业发展。

【一户一表惠民】 按照市政府交办的“民生实事”要求，在巴南区人民政府的领导下，积极参与“一户一表改造”的惠民实事。一、2月，成立由董事长挂帅的领导小组及专门办事机构，细化分解全年任务，定期召开“一户一表改造”会议，统筹推进改造工作。二、推行“每周汇总、半月通报、每月考核”跟踪督促机制，建立专项考核制度，落实各级各环节责任人，制定相应技术标准和实施计划，实施中严控质量、进度、成本，确保按时保质完成目标。三、积极与区相关部门沟通，做好开发商、物管及用户宣传解释工作，形成工作合力。经过周密部署、辛勤改造，2014年共完成“一户一表改造”11004户（其中：一供5239户、二供5765户），提前超额完成本年度1万户改造任务，赢得政府和用户赞誉，社区代表赠送锦旗两面。

（华　露）

2014年9月，明华龙洲小区送锦旗

供　电

【概况】 国网重庆市电力公司南岸供电分公司（简称：南岸供电分公司）承担重庆市南岸区、巴南区2090平方公里的供电业务，负责供电区内的电网建设、电力调度、电力销售及服务业务等。近年来，南岸供电分公司紧紧围绕巴南区“一城一极一区”目标定位，超前谋划和大力推进巴南电网建设，着力加强民生服务，为巴南区经济社会发展提供了有力的支撑和保障。

2014年上半年，国网重庆市电力公司顺利完成对原国网重庆市巴南区供电有限责任公司的吸收合并，其资产、人员一并划入南岸供电分公司。整合完成后，南岸供电分公司用电客户数从84.9万户增至91万户，供电面积从1457平方公里增至2090平方公里，成为主城区供电面积最大的供电单位。巴南区由南岸供电分公司统一供电，电网投资能力和优质服务水平得到进一步提升。

【电网建设】 2014年，南岸供电分公司着力改善巴南区电网结构。开工建设220千伏白马山变电站及110千伏送出工程、110千伏梓桐变电站、110千伏南彭变电站。竣工投运220千伏虎啸变电站及110千伏送出工程、110千伏金竹变电站以及35千伏永隆变电站，开工量与投运量为历年最高，有效地缓解龙洲湾、界石、金竹工业园及鱼洞片区高峰时段供电紧张局面。投入4580万元专项资金推动农网建设与改造，完成界石、接龙、木洞、东泉、丰盛等片区95个低电压台区治理，2470户客户的电能质量显著提高。截至年底，巴南区内共有19座变电站，变电总容量403.26万千伏安。属南岸供电分公司管辖的变电站共16座，其中110千伏变电站8座，35千伏变电站8座。

【优质服务】 2014年，巴南区实现用电量20.3亿千瓦时，同比增长6.9%。南岸供电分公司设立抢修服务、营销服务和公益服务三支“国家电网红岩共产党员服务队”，出色完成“3·20”“6·18”等七次大风雷暴雨灾害电力抢险任务。完成巴南区“两会”（人代会、政协会）、万象城市广场“群星演唱会”等18次特重特大保电工作任务。与区市政园林局、区经济园区、公路物流基地、麻柳沿江开发区、巴滨路管委会以及12个镇街等多个层级建立常态涉电工作对接机制。主动跟进麻柳沿江开发、南彭公路物流基地、重庆高职城等电源建设。按时完成花溪街道民主村安置房和界石镇“樵坪人家”公租房等民生工程通电任务。完成民主新村、宏源小区等11个弃管小区移交改造任务，供电保障能力明显提升。支持巴南区“十二五”重点惠农工程“幸福农庄”建设，推行村居经理服务制，主动对接客户，提供个性化服务，使农村客户享受到无城乡差异的统一、畅通、快捷服务。

（李福健）

天　然　气

【概况】 重庆巴南天然气有限责任公司（简称：巴南天然气公司）是重庆燃气集团股份有限公司下属具有独立法人资格的全资子公司，内设6科2室1站。主要职责职能：经营管理鱼洞街道、大江厂地区、龙洲湾街道、一品街道、惠民街道、南彭街道、跳石镇、木洞镇、二圣镇、姜家镇、东温泉镇、天星寺镇以及新工地、道角和南岸区迎龙镇街部分区域的天然气储、输、配工作，天然气发展规划、燃气工程设计安装等。

2014年年末，公司有在岗员工88人，劳务派遣及劳务外包工68人。资产总额1.82亿元，其中净资产8557万元；管理客户15万余户；年供气量5436万立方米；有1000立方米储气球罐2个，供气管线长676公里，管理阀井216座，调压箱（柜）1248个。

2014年，公司被重庆市人力资源和社会保障局、市总工会、市工商业联合会等单位联合评为“重庆市和谐劳动关系AAA企业”；公司民商用气安装工程的城南未来二期民用气安装工程获重庆市燃气集团公司“优质工程奖”；先后被重庆市燃气集团评为“安全生产先进单位”“统计工作先进单位”“安全标准化场站建设单项奖”“优质服务奖”；党支部荣获“党建工作‘金点子’二等奖”；职工郭中华荣获市燃气集团公司“2014年调压箱安装维护工种技能竞赛二等奖”，职工常泽宇荣获市燃气集团公司“2014年输配气工种状元大赛二等奖”，职工王斌荣获市燃气集团公司“2014年输配气工种状元大赛三等奖”。

【镇街燃气发展】 公司主动进入麻柳沿江工业园木洞组团，惠民永兴、南彭忠兴、跳石林海、圣灯山旅游景区、东温泉旅游景区、二圣镇、姜家镇等区域进行燃气规划、设计、安装。现姜家、五布、二圣、东温泉片区主管线已完成，已发展客户158户，可实现5000余户安装；惠民街道永兴片区已安装216户，可实现500余户安装；南彭街道忠兴片区已安装672户，武警七支队和武警水电八支队已使用天然气；鱼洞街道云篆山风景区安装168户，可达500户；跳石镇旅游景区已安装812户，可达2000户；木洞镇和南彭街道石岗片区已纳入安装规划，预计可达1522户。

【燃气管线拓展】 公司共投资2909万元开展管线建设。分别完成跳南线天然气管道工程、木洞镇黄金大道主管线工程、姜家镇气源线工程；重庆职业技术教育城（高职城）教育大道中压1540.6米；重庆物流基地燃气管线工程7911米；巴南区跳石镇街至旅游开发区气源管线工程（二郎桥—幸福农庄）159米；二圣镇气源管线（惠民—永兴）7092米；跳石镇（社区）至旅游开发区气源管线工程（跳石—佛影峡）6853米；跳石镇（社区）至旅游开发区气源管线工程（翁家店—二郎桥）792米；南彭街道忠兴社区中压管线工程（延伸段）540米；一品街道四桥村幸福农庄管线工程2700米。现已开工建设工程有：重庆职业技术教育城（高职城）教育大道中压工程、外环迎龙分输站至木洞调压计量站供气管线工程。

【“云篆山水”通气】 公司高度重视鱼洞街道“云篆山水公租房”通气工程，专门成立领导小组，并制订通气工作方案和应急抢险方案。为确保该公租房入住户能顺利及时通气，在其交房前抽调工程安装队伍和户内维修人员，对室内燃气表后管道逐户进行严密性试压，对发现的问题，属本公司安装责任的立即进行整改，属市城投公租房建设有限公司责任的及时函告整改。在公租房签约入住期间，安排专人在接房现场签订天然气用户合同、发放客户资料和安全用气宣传资料、现场受理通气申请并及时通气。在交接房期间，每天有1位领导和科长在现场值班，抢险科每天有1位抢险人员在现场，负责应急处置。因措施得力，“云篆山水”公租房按时顺利通气。截至12月11日，已签订天然气使用合同3565户，受理通气申请2256户，通气2200户。

【供气安全管理】 坚持以“安全第一”为先导、“预防为主”为前提、“综合治理”为保障，深入落实安全生产主体责任和“一岗双责”，深化燃气安全标准化管理，强化安全隐患排查和防治。一、加强燃气安全基础管理。建立安装燃气泄漏报警装置客户档案，对安装有燃气泄漏报警装置的客户实行动态管理，对鱼洞大宗客户（含特殊用气场所）进行相应的用气安全知识教育。针对工程设计、施工、验收及投入运行操作上存在的不足，重点加强工程质量的验收和通气作业管理，从源头把好安全关。二、开展各项应急预案救援抢险演练。陆续开展《储配站消防灭火预案》《储配站防恐怖袭击应急预案》《储配站特种设备事故应急救援预案》《埋地天然气钢管泄漏应急抢险预案》和《埋地天然气PE管泄漏应急抢险预案演练方案》的演练，及时高效地处置各种突发事件的抢险，并修订《生产安全事故综合预案》，通过专家评审。三、及时查找和治理各项安全隐患。全年公司级检查15次，出通报11期。居民客户完成入户安检11.62万户，其中新通首检1.59万户，完成总管理户数的80.97%（11月系统内新增管理客户2万余户，其中公租房1.5万户）；非居民客户完成入户安检2013户，其中新通首检117户，完成总管理户数的109.40%。对发现的隐患问题，及时制订整改计划和方案，并安排专人督促整改。针对非居民客户整改需安装报警切断装置和无机械通风设施，从而导致整改费用较高推进难度较大的问题，多次召集有关单位客户，召开专题会议，并协调区相关职能部门获得支持，以区经信委的名义下发《关于非居民天然气用户推广安装燃气报警控制系统的通知》，并主动联系相关厂商洽谈安装价格等事宜，在取得低于市场价格的一致意见后，积极主动逐户上门向客户做宣传动员工作。截至12月，此项工作正在持续进行中。

【为民优质服务】 认真遵循“为政府分忧、为客户解难”的优质服务宗旨，全心全意为客户提供优质服务。一、狠抓基层一线和各窗口优质服务意识教育、优质服务能力培训、优质服务环境打造，规范各项基础资料、台账管理，切实提高服务质量和效率。二、大力推行《客户服务规范》和“87651星级服务标准”，在服务大厅设置前台服务咨询引导员，全面提升客户服务工作。三、加强各班组长执行力培训、对前台人员进行普通话、礼仪培训等，提升员工综合素质。四、与一线窗口员工签订“优质服务零投诉”目标责任书，统一印制前台服务资料，规范员工优质服务行为，并严格评比考核。五、加强对通气客户回访的督促检查，采取100%手机短信回访，对回复不满意和吃拿卡要的投诉，及时查处。六、通过《巴南日报》《巴南手机报》、巴南电视台开展安全用气、停气预告、行风服务等方面的宣传报道。

（曹玉莲）

库 区 移 民

【概况】 重庆市巴南区移民局（简称：移民局）并挂巴南区三峡水库管理局牌子，属两块牌子、一套班子。内设3个科室（办公室、三峡后续工作科、三峡水库管理科）；下属1个事业机构（三峡移民发展扶持管理服务中心）。移民局行政编制12人，在岗12人；事业编制7人，在岗6人。

2014年，移民局牢固树立“心系三峡、服务移民”和“勤奋、务实、优质、高效”的理念，从争取项目、资金、政策着手，紧紧围绕三峡后续工作、移民工程竣工验收、小南海移民前期工作、库区移民信访稳定的4条主线和重点勤奋工作，较好地完成年度各项任务。2月，获评市委移民工委“2013年度移民信访‘三争活动’先进集体”。3月，《重庆长江小南海水电站可行性研究阶段建设征地移民安置规划大纲》通过国家水利水电规划设计总院专家评审；6月，三峡集团公司董事长卢纯、总经理王琳一行到巴南区考察小南海水电站项目，区委书记李建春、区长陈刚、副区长朱本权陪同考察；7月，副市长张鸣率市移民局局长蒋又一和市级相关部门负责人到巴南区调研视察小南海移民工作，区委书记李建春、区长陈刚、副区长朱本权陪同调研视察；9月，市政府批复同意《重庆长江小南海水电站可行性研究阶段建设征地移民安置规划》；9月，三峡建委副主任、国务院三峡办主任聂卫国率队调研巴南区三峡后续工作，副市长张鸣及市移民局局长蒋又一局长、区委书记李建春、区长陈刚等陪同调研；10月，市移民局副局长欧会书调研巴南三峡后续工作；11月，市移民局召开小南海水电站坝区移民安置试点工作会，标志坝区移民安置试点工作正式启动。

【小南海移民规划】 2014年，克服小南海水电站移民前期工作情况复杂、任务艰巨的困难，做

2014年6月，三峡集团董事长卢纯（左四）到巴南区考察小南海水电站项目

好移民前期规划和宣传工作：一、配合有关部门编制完成移民安置规划。按市政府的进度安排，移民安置大纲、试点方案通过市政府审批；配合长江委编制移民安置规划报告初稿，小南海水电站坝区移民试点工作正式启动。二、有序推进移民安置房建设前期工作。争取市政府同意，优化调整安置房规划方案，组织开展移民安置规划方案的意愿调查和成果公示工作，做好征地拆迁准备。三、不断完善体制机制。按照区委、区政府要求完成与区坝工办整合；设立移民政策咨询站，及时宣传移民政策；落实资金55万元，帮助86户群众解决危房排险。

【移民工程建设】 严格监理移民工程建设。一、严格执行基本建设程序。辖区内的移民工程严格按照相关法律法规完善手续，委托开展勘察设计、地灾评估、施工监理等工作。二、严格规范招投标行为。所有移民工程严格按市、区移民工程项目管理规定，公平、公正、公开招投标。三、严格移民工程质量检查。定期检查、不定期抽查，发现问题、及时整改，确保移民工程质量安全。全年实施工程项目32个，招投标率达100%、监理率达100%、验收合格率达100%。

【移民工程验收】 紧紧围绕三峡移民工程收官之际，组建机构，动员部署，分层培训，对三峡移民四期工程阶段性验收成果和验收整改、稽查整改、审计整改情况进行复核整理，对2008年后实施的移民工程进行分类逐项验收。在此基础上，准确分类逐项汇总填表，其农村移民搬迁安置、集镇迁建、工矿企业迁建、专设复建、移民档案等12个专项完成区级自验；其中，移民档案管理、高切坡防护等2个专项成功通过市级初验。验收统计成果为：累计完成投资11.39亿元，还建房屋33.91万平方米，搬迁建房人口9876人，安置农村移民15355人，迁建企业25户，复建港口码头、道路交通、水利工程等一批专设项目。

【库区产业扶持】 以移民受益为目标，大办扶持库区产业发展。一、利用三峡库区移民政策，争取移民用地指标，全市15个设施农业示范项目之一“木洞庙垭生态农业园”项目建成投入使用，推动库区产业项目落地。二、围绕全区战略目标，争取国家无偿投入，整合打捆使用资金9376万元（其中三峡后续资金5046万元），3平方公里移民生态工业园建设有序推进。三、优化库区发展环境，建设库区“美丽乡村”项目2个，提档升级库区交通、水利等基础设施。

【三峡后续推进】 重点围绕项目申报、项目组织实施和二期（2015～2017年）项目库编制，积极推进三峡后续工作：一、全面实施2013年批复项目。2011～2013年，全区获批项目45个，获得三峡后续补助2.23亿元。截至2014年年底，已组织实施项目45个，开工项目36个，目标任务完成率分别为150%、171%。二、按期申报2014年项目。申报2014年三峡后续项目28个，总投资4.7亿元，其中三峡后续补助0.9亿元。国务院三峡办批准项目22个（资金待财政部核定），成功率78%，比全市平均水平高5个百分点，位列全市非重点区县第二位，成功率为历年新高。三、顺利完成二期规划编制。全面完成三峡后续工作二期（2015～2017年）项目库编制工作，申请项目68个，总投资49亿元，其中三峡后续补助9.9亿元、项目建设移民用地指标146.66公顷，涵盖经济社会发展各方面，申报补助占控制规模的133.6%。

【移民后期扶助】 加强移民后期扶持扶助政策宣传贯彻，精心筛选移民后期扶持项目，切实解决移民群众上学难、出行难、就医难等困难。按时兑现移民后期扶持扶助资金，解决移民生产生活实际问题。根据市场需求，选择发展前景好的项目，对移民进行职业技能和实用技术培训。全年申报库区基金项目7个，审批高考加分118人，完成移民后期扶持扶助投资960万元，实施扶持项目7个（受益群众达2.71万人），直补和扶持扶助库区移民9745人。

【库区综合管理】 以保障三峡水库综合效益稳定发挥为目标，狠抓三峡库区综合管理。一、不断完善三峡水库综合管理联席会议制度，定期研讨三峡水库管理有关工作。二、抓目标管理，与相关镇街、单位协议，签订三峡水库2014年度工作目标责任书，明确各自的工作职责和任务。三、抓生态环境建设与保护。重点开展水质监测，175米蓄水安全监测防范，确保库区群众生命财产安全。四、综合治理消落区违规行为。组织开展消落区“八乱”专项集中整治行动2次，张贴公告300份、横幅宣传教育标语75条、发放宣传册250本、开展联合巡库4次；审批占用库容项目1个、处置违规占用消落区事件1项。全年实现“三无目标”（无人员伤亡、无事故发生、无疫情产生）。

移民资料归档

【库区移民稳定】 一、稳妥处置移民突发事件。严格按照预案要求，采取领导包案、政策帮扶、政策咨询、回访结案等多种形式，稳妥化解木洞镇中坝村和麻柳嘴镇梓桐村等移民集访的突发事件。二、耐心化解移民诉求。强化干部下访、超前预防、规范程序、热情接访、处置回访等工作，认真处置移民来信来访55件、上级交办11件，办结率、回复率均100%，无非正常上访情况发生。三、主动解决移民困难。结合党的群众路线教育实践活动，争取市级统筹资金200万元，落实资金255万元，帮助232户群众（鱼洞86户、木洞146户）解决出行难、旧危房改造、生活困难等问题。

【移民资金监管】 始终将移民资金作为移民综合管理的核心，严格执行“三关、二审、二查”制度（即：村社大多数社员签字同意，镇街审查，区移民局审批；市审计局对区移民局进行审计、区审计局对使用移民资金的单位进行审计；区移民局进行内部检查、移民资金监管网络组织进行拉网式检查），将大额移民资金和重大项目提交网络联席会议讨论决定。继续对移民镇街实行会计委派，与镇街签订项目资金管理责任书，定期审计，不定期抽查。全年未发现违规违纪行为，确保移民资金安全。

【移民资料归档】 2014年，三峡移民档案管理是移民工作的重点。一、严格按照三峡移民档案管理要求，坚持“三统一、一集中”（统一组织、统一标准、统一时间，集中进行）原则，完善“横向到边、纵向到底”的移民档案工作体系，规范整理各类移民档案5127卷14585件，累计形成电子档案资料53.1万页。移民档案资料管理规范、保管安全，利用率高，并顺利通过市级初验和区级自验。同时，编纂完成《巴南移民志》初稿和移民长篇资料文字80余万字。

（陈飞龙）

环境保护与管理

【概况】 2014年6月，重庆市巴南区环境保护局（简称：区环保局）根据巴南编委发〔2014〕75号文件精神，调整和增加了主要职能职责：组织拟定主要污染物及有机污染物和重金属排放总量控制实施办法；组织拟定并监督实施重金属污染防治规划，对重金属污染防治实施统一监督管理；加强农村环境保护、环境污染投诉查处、环境监测监督。局机关内设5个科室（办公室、建设项目审批服务科、环境整治科、污染防治与总量控制科、环境安全与应急管理办公室）；区环保局下辖3个直属事业单位（环境监察支队、环境监测站、环境宣传教育信息中心）。现在岗干部职工77人（其中：行政编制人员15人、事业编制人员62人）。

2014年，区环保局以稳步改善环境质量为目标，继续强化环保“五大行动”（蓝天、碧水、绿地、宁静、田园），逐步改善生态环境质量；大力实施总量减排，确保全区经济后续发展；加大环境监督和执法力度，切实解决突出环境问题；广泛开展环保宣传教育，着力提升人民群众的环保意识；扎实推进环保“四清四治”（清理“三同时”、治理违法建设，清理排污权、治理违法排污，清理风险源、治理安全隐患，清理监管点、治理监管缺位），污染治理取得明显成效，为稳步推进“大美巴南”建设奠定了坚实基础。年末，荣获区委、区政府“2014年度突出贡献‘金牛奖’提名奖”（颁奖主题辞：“四清四治”呵护“大美巴南”）。

【环保“五大行动”】 继续以环保“五大行动”为抓手，强化环境保护和整洁，不断改善辖区生态环境质量。一、蓝天行动。区环保局成立蓝天行动综合执法队，落实专项经费60万元，严查建筑扬尘、道路扬尘、工业烟粉尘、机动车尾气等污染。落实资金160万元，购置2台雾炮移动式水雾降尘车，用于重点路段及区域的湿法降尘。完成东土实业、四方混凝土等8家企业的粉尘治理。完成12家餐饮企业的油烟治理，创建一条餐饮油烟治理示范街。完成淘汰黄标车和老旧车1403辆。加强道路清扫保洁，城区主、次干道机械化清扫率达91%；创建10个扬尘控制示范道路和示范工地。全年辖区空气质量优良天数为238天，比上年增加42天，空气中PM2.5（细颗粒物）浓度同比下降18.5%，PM10（可吸入颗粒物）浓度同比下降12%（同比上升44.6%），SO2（二氧化硫）浓度同比下降27.5%，NO2（二氧化氮）浓度同比下降28.6%，降幅列主城区第1位。二、碧水行动。指导有关镇街、部门和单位，强化监督集中式饮用水源地保护，城镇集中式饮用水源地水质达标率100%。开展次级河流整台后续工作，次级河流水质达到水域功能要求。取缔长凼子水库养鱼，周边工业污染治理，生活污染治理工程全面完成。加强环保基础设施建设，完成南泉鹿角污水处理厂扩建改造、一品污水处理厂新技术试验和李家沱污水处理厂二期工程前期工作，新建排污管网26千米。全年辖区共建成污水处理厂25座，排污管网共计336千米，设计日处理能力12.97万立方米，实际日处理量10.75万立方米，基本实现城镇生活污水处理全覆盖。长江巴南段、五布河水质稳定保持Ⅱ至Ⅲ类，花溪河、一品河水质达到水域功能标准。三、绿地行动。配合林业部门加强森林资源培育，完成天保林6200公顷和集体公益林2.67万公顷管护。协助园林部门加强城市绿地、城市公园、城市干道、斜坡和垂直绿化建设，新建城市绿地7.45万平方米，公园绿地5.27万平方米。积极推进生态文明创建工作，按照巴南区生态创建规划，全年完成木洞、东泉、丰盛、二圣、跳石5个镇和46个村的生态创建工作。四、宁静行动。联合交通部门严格控制交通噪声污染，整治道路脱空板176公里，完成车行道“白改黑”工程2.5万平方米。设置禁鸣标志，加大执法力度，全年查处违法鸣笛68件。联合城管部门加强建筑工地夜间施工管理，整治社会生活噪声，全年共查处噪声污染投诉1796件。推进安静居住小区和噪声功能达标区创建，本年度创建李家沱街道安静居住小区1个和花溪街道5平方公里的噪声功能达标区。全年辖区安静居住小区累计达14个，噪声功能达标区达58.7平方公里，覆盖率达93%。五、田园行动。加大农村环境综合整治力度。全年共投资1686万元，实施32个村农村环境连片整治工程，同时，纳入67个村进行连片整治，已完成项目实施计划编制。通过深化农村环境连片整治，强化畜禽养殖污染治理等措施，持续改善农村生态环境质量。现全区已累计投入资金7957万元，完成17个镇街，47个村的农村环境连片整治。

2014年9月，布置环保“四清四治”专项行动

【环保“四清四治”】 3月12日，区政府召开“巴南区环境保护‘四清四治’专项行动动员会”，区长陈刚、副区长何平等区领导及相关部门、22个镇街有关领导参加会议。会议要求：对污染源在环评“三同时”、排污许可、环境风险源和环境监管点四个方面进行彻底清理和治理。与此同时，成立“巴南区环境保护‘四清四治’领导小组”，区财政划拨专项治理资金156.8万元，落实专职人员13名。经过摸底排查，确定“四清四治”排查对象7332家，经过清理，确定纳入整治的污染源共3155家（其中：工业2632家、危化品18家、畜禽养殖72家、餐饮336家、医疗39家、集中治理设施8家、辐射源50家）。纳入监管的307家工业企业为重点开展集中整治，年底已完成整改。对非监管企业督促完善环保手续，第一批212家已通过初审，98家已完成整改。年末，此专项行动荣获区委、区政府“2014年度突出贡献‘金牛奖’提名奖”（颁奖主题辞：“四清四治”呵护“大美巴南）。

【污染总量减排】 积极推进环境污染管理减排，强化新建项目和排污企业监管，实现“增产减污”目标。提高工程减排能力，推进城镇排污管网建设，实现污染物减量。促进结构减排，关闭“两高一资”（高能耗、高污染、资源消耗型企业）类企业，淘汰不符合国家产业政策的企业和落后工艺、技术、设备和产品，从源头上减少污染物产生。全年辖区内共完成30个总量减排项目，其中关闭2家水泥厂，淘汰落后产能36万吨，新建排污管网14.65千米，日增加进水量

0.95 万立方米，完成 5 家规模化畜禽养殖污染治理，全面完成全年环境污染总量减排任务。

【环境安全应急】 按照风险企业全过程管理要求，在规划环评和建设项目环评审批时对防范环境风险提出明确要求，将建设项目环境应急预案编制备案纳入试生产审查和环境日常监管，并与重污染企业签订环境安全目标责任书，全年累计对全区 59 家企业制订的企业突发环境事件应急预案进行备案。并与相关部门签订环境应急联动工作机制协定，以应对环境突发事件的处置。全年有 3 家风险源企业完成突发环境事件风险评估，并通过专家评审。

【环境监测认定】 2014 年，区环境监测站顺利通过市监测机构资质认定。其监测领域扩展为：水和废水、空气和废气、土壤、噪声、振动和生物六大参数 126 个方法，共持证 194 项。全年共获得监测数据 37044 个（其中：污染源监测数据 30677 个，环境质量监督数据 6367 个）。为水和大气综合整治、环境污染总量减排、环境监管等重要环保工作提供可靠的数据依据，为改善辖区内水和大气环境质量提供科学的技术支持。

【行政审批服务】 严格执行《重庆工业项目环境准入规定》，执行建设项目环境影响评价和“三同时”（建设项目在建过程中，必须与环境污染治理设施同时设计、同时施工、同时投入使用）制度，严格按照“四个不批”（企业环境污染严重的不批、企业不符合国家产业政策的不批、企业没有总量来源的不批、企业选址不合理的不批）原则，把好项目审批关。同时，遵循“以人为本”原则，开通环保“绿色审批通道”，促进项目早日报批。严格执行新增主要污染物排放指标的工业项目排污交易制度，规划环评和项目环评严格按照审批审查级次执行。全年共完成项目环评审批 104 件，试生产批复 39 件，竣工验收 90 件。因选址不合理，产业政策不符合，没有排污总量来源等原因未受理的项目 4 件。

【环境监管执法】 充实监管力量，成立镇街环保办，设 2 人以上专职环保员，并配备执法车辆和办公设备及工作经费。279 个村（居）招聘环保协管员，每村 2～3 人。不断建立健全网格管理体系，将全区污染源按点面结合划分网格，对纳入日常监管的 300 个污染源按部门、镇街、村（居）分级管理，初步形成环境监管三级网格体系。重视民生环保，及时解决人民群众的关注的环境问题，全年共受理各类群众投诉 4045 件、市投诉中心“12369”转办 2336 件、群众信访案件 188 件、网络舆情案件 92 件。均办结并回复投诉人，办结率 100%，保障人民群众环境权益。严格依法行政，在强化日常监管的同时，对违法企业坚决实施行政处罚，全年共查处环境违法案件 35 件，罚没资金 64.5 万元。

【环境信息宣教】 通过媒体广泛开展环境保护宣传，不断增强广大干部群众的环保意识，营造建设“大美巴南”的良好社会氛围。在市级各媒体报道巴南区环保工作 4 次，区级媒体报道环保工作 68 次。组织开展生态文明“十进”活动、“六五”世界环境日宣传活动、次级河流“走河”活动、“世界无车日”万人骑行活动等。全年组织辖区环保干部和环保从业人员参加新《中华人民共和国环境保护法》培训 8 次。组织开展中小学环境教育，组织全区 94 所中小学计 8 万多名学生参加环保网络知识竞赛，组建学生环保小记者队伍，创建环境教育实践基地，已建成市级基地 1 所、区级基地 2 所。积极开展政务微博、公众信息网宣传，全年在各大网站论坛发布网评 22 篇，在区环保网发布政务信息 384 篇，开通“巴南环保”微信平台和“巴南环保”新闻政务 APP（智能手机的第三方应用程序）。

（邛自力）

商 贸 流 通

概 述

2014年，重庆市巴南区商务局（简称：区商务局）按照“促增长、抓建设、推改革、惠民生”的工作主线，坚持以改善民生、扩大内需为导向，以城乡商贸统筹发展为主线，狠抓责任落实，较好地完成年度工作目标。全年社会消费品零售总额完成242.02亿元、同比增长15.2%，增幅位居主城九区第2位；商品销售总额实现549.15亿元、同比增长16.7%，增幅列主城9区第1位；批发商品贸易总额完成184.33亿元、同比增长12.9%，零售商品贸易总额完成364.83亿元，同比增长18.7%，批发零售商品贸易总额增幅位居主城九区第1位；餐饮住宿业营业收入完成20.78亿元，同比增长10%。年末，与区工商局、区经信委共同荣获区委、区政府“2014年度工作创新‘金鹰奖’”（颁奖主题辞：“五转一创新”激发市场主体叠加效应）。

2014年，区商务局内设7个科室（办公室、政工科、规划发展科〈行政审批科〉、市场流通科、会展餐住科、粮油管理科、行业监督管理科）；在职人员34人（其中：行政人员22人，参公事业人员3人，事业人员2人；工勤人员7人）。主要职能职责：贯彻执行国家商贸流通、粮食流通业的法规、规章和方针政策，提出商贸流通、粮食流通、餐饮服务、酒类流通、药品流通发展规划和政策建议，依法实施行政管理。负责推进商贸流通业发展，负责城乡商贸统筹发展工作，承担组织实施重要商品市场调控和流通管理及储备管理的责任。负责拟订促进餐饮服务发展规划和政策的职责，负责各类会展活动的统筹和协调工作，指导、监督商贸流通各类节庆、促销活动等工作。年末，根据区委、区政府《关于巴南区人民政府职能转变和机构改革的实施意见》（巴南委发〔2014〕29号）精神，区商务局不再挂区粮食局牌子，其职责由区商务局承担。在区商务局粮油管理科加挂区粮食局牌子。

【商贸改革发展推进】 一、积极培育商贸流通主体，限下企业转型升级为限上企业的数量已达到51户，新增商品销售额50亿元。二、积极推进简政放权，将再生资源回收经营网点备案登记权下放给镇街，由镇街直接办理再生资源回收经营网点备案登记工作。三、开展肉菜流通追溯体系建设，推进东南亚、马王坪菜市场和结义屠宰场的肉菜流通追溯体系试点建设，上传肉菜追溯溯源信息50万条，实现销售1.6亿元、1000万公斤。四、创新贸易发展方式，4万平方米重庆京东商城过渡仓已于5月投入营运，全年实现交易额20亿元。重庆首家家具类电商交易平台“渝购网”入驻开店的家居企业已近200户。巴南银针、锦晖陶瓷、黑山基等传统企业依托第三方电子商务平台开展网上交易，全年实现交易超1000万元。

2014 年 9 月 30 日，2014 年巴南区秋季购物美食消费节开幕

【节会经济形成特色】 积极指导和配合有关镇街、商贸企业利用节假日、时令季节、专项会展等平台，组织家博会、年宵花节、春秋购物美食消费节、年猪美食文化节、果蔬采摘节等节庆活动，已成为全市特色展会品牌。组织上田“红柠檬”、姜家“五黑”、东温泉“五布柚”“巴南银针”等巴南农副产品参加渝交会。全年节庆会展经济实现销售 53.5 亿元。

【专业市场规模扩大】 2014 年，在渝南大道经营的家居、汽车专业市场群基本形成，东城大道花木市场初具规模。铠恩国际、西部汽车城、驰盛汽车城、渝南汽车市场、花木世界年交易额近 500 亿元，增长 15.3%。市场现已辐射到重庆及周边的四川、贵州、云南等省份。

【民生商业快速发展】 一、建设和培育便民商圈 1 个、社区便民店 6 个、兆辉农贸超市 1 个、乡镇规范化农贸市场 5 个，满足城乡居民多样化、多层次的消费需求。二、李家沱东南亚菜市场、马王坪菜市场和结义屠宰场肉菜流通追溯体系试点建设实现销售 1000 万公斤、1.6 亿元。三、搭建二圣镇众喜等专业合作社与区内永辉、新世纪等“农超对接”平台。四、新建、改造“万村千乡市场工程”镇级商贸中心 4 个、村级商贸中心 5 个、村级便民店 12 个、村级示范店 13 个、农村电子商务示范点 10 个。五、引进重庆巴弟心餐饮管理有限公司落户巴南，已在城区投放 3 台早餐车进行试营业。六、建成 1 家市级二手车诚信示范店、10 家区级再生资源回收示范网点、3 家区级液化气充装站标准化示范点。七、推进“粮安”工程建设，推广使用彩钢仓4000 套，建成 1 个粮食应急加工生产基地、1 个区域性粮食配送中心、5 个镇街（社区）粮食供应网点。八、储备 300 余万元的保供物资，圆满完成全年保供任务。。

【商业设施加快建设】 完成全区商业网点规划编制工作。新增城乡商业设施面积 45 万平方米，龙洲湾商圈万达广场 19.4 万平方米购物中心进入装修，旭辉城 20 万平方米购物中心启动建设，城南未来 10 万平方米商业综合体已部分完成土建工程。李家沱商圈滨江危改片区商业综合体即将动工建设，赵家嘴地块商业综合体正在开展招商。界石镇级商圈 7 万平方米新界商街基本建成，32 万平方米万象城市广场动工建设。占地 6.67 公顷的接龙镇级商圈建设有序推进。典雅天城便民商圈建成 37.8 万平方米商业设施。中央活动区（CAZ）建设有序推进。君禧天地 20 万平方米购物中心主体工程即将完工。珠江城 28 万平方米购物中心动工建设。南彭贸易物流基地建设提速，华南城一期 200 万平方米市场已全面动工建设，重庆车谷一期 40 万平方米市场、京东商城一期 16 万平方米“亚洲一号”运营中心动工建设，建成铁公鸡商贸城一期 16.2 万平方米市场、普洛斯一期 8 万平方米城市配送中心。加快特色商业街建设，海宁皮草城一期 1.48 万平方米建成开街。南温泉商业街、丰盛古镇商业街即将开街，嘉赢·尚河商业街基本建成，巴文化鱼洞老街主体工程即将完工。

【商贸流通政策支持】 区委、区政府先后制发《关于进一步加快商贸流通业发展的实施意见》《关于加快发展夜市经济的实施意见》《关于促进网络零售产业发展的意见》《关于鼓励限额以下商贸企业转型升级为限额以上商贸企业的实施意见》《特色商业街（区）扶持政策》《再生资源回收体系建设实施方案》等系列商贸发展文件，进一步明确全区商贸业发展目标、工作重点和保障措施。完成全区商业网点规划编制工作，结束巴南区无网点规划的历史。

【商业系统安全稳定】 开展商业系统安全生产大检查，检查商业企业233户，整改各类安全隐患126起，立案查处2件。接访职工群众约400人次，处置并办理各类信访案件20件，其中完成区领导包案2件。及时完成对企业军转干部和企业下岗分流人员特别是粮食系统下岗分流人员的排查和稳控工作。

（唐　砚）

商　业　网　点

【概况】 2014年，巴南区商业网点发展加快，区政府办公室印发《关于重庆市巴南区商业网点规划（2014~2020）的通知》，该《通知》要求，在规划期内建成以“三圈两带”为龙头、以六大商业副中心为重要节点、以市场物流为重要支撑的商业中心区、特色商业街（专业市场）、乡镇（社区）商业和村社便民店四个层面相结合的城乡一体全域商业网点体系。成功引进万达及新界商街等商业综合体。全区商业网点达到2.9万余个。其中：再生资源回收网点达到143个、典当行5个，加油站48个、液化气充装站5个、液化气销售网点44个，粮食收购23个、大中型超市27个、大中型商场9个、大型专业市场5个、汽车4S店24家。商业网点面积达到360万平方米。其中：城区营业面积240万平方米，乡村120万平方米。全年商业网点总体显现“两多、两少”特征：城区网点多，镇街网点少；一般网点多，专业网点少。

【商圈规划建设】 在2014~2020年规划期内，基本建成重庆中央活动区（CAZ），包括3个城市商圈，1个滨江休闲带。分别将李家沱商圈建成为重庆市级核心商圈，核心区面积1.5平方公里；龙洲湾商圈建成为重庆主城城市副中心，重庆市级核心商圈，核心区面积2平方公里；鱼洞商圈改造提升为区级城市核心商圈，核心区面积1平方公里；巴滨路滨江休闲带建成为南重庆最具活力和影响力的滨江主题休闲游乐商业区。2014年龙洲湾商圈万达广场一期12.6万平方米、旭辉城20万平方米的购物中心已进入全面建设中。

【商业特色街区】 一、明确特色商业街区建设任务。龙洲湾负责以商务休闲为主题的“龙洲湾·新都汇”建设；鱼洞负责以健康和运动为主题的“巴南活力大道”建设；李家沱负责以汽车为主题的“巴南引擎大道”和以创意家居为主题的“巴南·家世界”建设；花溪负责以婚庆为主题的“重庆囍街”和以餐饮、文化为主题的“理工YOUNG（年轻人）街”等6条特色商业街区建设。二、特色商业街政策扶持。区政府办公室印

2014年10月1日，皮草城开业

发《重庆市巴南区特色商业街区扶持政策》（巴南府办发〔2014〕176号），对特色商业街区建设、培育、经营等环节分别给予具体的政策扶持。三、努力推进特色街建设。协调解决海宁皮草城、鱼洞老街、嘉赢·尚河等特色商业街建设的推进，1.48万平方米的海宁皮草城已建成开业，全年实现零售额1.1亿元。巴南引擎大道入驻的汽车4S店已有宝马、凯迪拉克、东方悦达起亚等22个品牌。巴南·家世界商业街，建立家居云街区。网上商城正在试运行。

【专业特色市场】 全年在巴南辖区内的重庆渝南汽车市场、重庆铠恩国际家居名都、重庆西部国际汽车城、重庆西部机动车交易市场、重庆花木世界五大特色专业市场继续发挥主力军作用，实现商品成交额484亿元，同比增长8.6%。五个市场内的限额以上企业实现社会消费品零售总额140.92亿元，占巴南区社会消费品零售总额的65.53%；实现批发零售销售总额291.3亿元，占巴南区批发零售销售总额的48.23%。在渝南大道的四大专业市场积极响应区委、区府对专业市场提档升级的要求，努力打造经营之道。重庆铠恩国际家居名都大力推进电子商务的发展，建立家居云街区；重庆西部国际汽车城重新规划布局二手车交易市场，将其打造集售后、金融、担保为一体的综合性的楼宇交易场所；重庆西部机动车交易市场将打造成为城市汽车展厅、4S店集群及后汽车市场；重庆渝南汽车超市将打造重卡及商务车的一极经销商和代理商。

【社区商业项目】 指导协调有关部门和企业在巴南区保障性住房小区、新建小区和消费不便的已建成小区，建成7个社区商业项目（其中：便民商圈1个、便民店6个），并通过市、区相关部门检查验收。

【农村商贸中心】 积极支持有关部门和企业在辖区内建成乡镇商贸中心4个，村级商贸中心5个，村级信息化示范点13个，村级日用品便民店12个，镇村电子商务示范点10个。

（娄 艺）

烟草专卖管理

【概况】 重庆市巴南区烟草专卖局（中国烟草总公司重庆市公司巴南分公司）隶属于国家烟草专卖局（中国烟草总公司）（简称：区烟草专卖局）。履行烟草专卖行政管理及卷烟经营双重职能。内部机构设置“一室五科一部”（即：办公室、综合科、专卖监督管理科、财务审计科、政工科、专卖内管与法制监督科、客户服务部）。下设一个政务大厅、一个稽查支队、三个稽查大队、三个区域客户服务部。2014年年末，全区共有卷烟零售客户3216户。

2014年，区烟草专卖局（分公司）牢牢把握“稳中求进”总基调，围绕实践“三大课题”、提升“五个形象”，坚持“稳增长、调结构、强基础、保规范”工作主线，深入开展党的群众路线教育实践活动，以扎实的工作作风，履职尽责，攻坚克难，取得显著成效。全年实现税利

2014年12月，巴南区烟草专卖局荣获重庆市烟草专卖局专卖基层队所十佳示范点

17564.14万元。被重庆市烟草专卖局评为“2014年度全市烟草专卖管理工作先进单位”“2014年度全市烟草系统职业技能鉴定工作先进单位”“全市烟草专卖基层执法十佳示范点”。

【卷烟市场营销】 以经济运行质量提升为主线，把保持良好市场状态作为卷烟营销工作的出发点和落脚点，积极转变发展方式，助推卷烟营销上水平。通过广泛收集意见，准确分析市场，把握客户需求，合理分解任务，落实相关措施，加强考核跟进，做好对“双十五”（即：全国批发销售收入排名前十五位品牌；三类及以上卷烟销量排名前十五位品牌）重点品牌、一二类重点品规和焦油含量及以下品牌的培育，使销售任务得到较好完成。全年累计销售卷烟43410.59箱，同比增长2.96%（其中：一二类重点品牌销售13939箱，同比增长21.21%；低焦油卷烟完成1418箱，同比增长33.64%）。全年为客户解决经营中存在的问题47起，客户满意度得到明显提升，实现客户零投诉。

（程莉莉）

日用品贸易

【概况】 2014年，巴南区日用工业品购销活跃，呈现稳步增长的良好发展态势。一、日用商品满足城乡居民需求。以汽车市场、商社汇购物中心、新世纪百货、国美电器、苏宁电器、重百商场等为主力的卖场商品丰富，基本满足城乡居民的生活需要。商品包括汽车、电视机、洗衣机、空调、冰箱、数码产品、手机、小家电、化妆品、服装等等。全年汽车销售额实现293亿元，同比增长16.7%；家电、化妆品、服装销售额实现7.8亿元，同比增长13.5%；家具销售额实现126.9亿元，同比增长3.6%。各大商家充分利用春节、五一、国庆等节日，组织开展满额送、满额省、刷卡送礼、抽奖、特价等形式多样的促销活动，整个市场呈现出繁荣景象。二、城乡居民消费热情持续上升。全年巴南区城镇居民人均消费性支出达22199元，比上年增长11.4%。其中：食品消费8200元，比上年增长11.2%；衣着消费2333元，比上年增长15.7%；家庭设备用品及服务消费1832元，比上年增长13.1%；医疗保健消费1925元，比上年增长9.7%；交通及通信消费2354元，比上年增长11.6%。全年巴南区农村居民人均消费性支出达到9178元，比上年增长11.5%。其中：食品消费4320元，比上年增长10.7%；衣着消费535元，比上年增长11.5%；家庭设备用品及服务消费693元，比上年增长13.6%；医疗保健消费894元，比上年增长14.6%；交通及通信消费690元，比上年增长16.2%。三、汽车销售额快速提升。截至年底，落户巴南区汽车4S店24家，涉及福特、日产、现代、大众、斯巴鲁、奔驰、雪佛兰、起亚、双龙等品牌。全年巴南区汽车4S店实现销售额25亿元，比上年增长47.7%。

【城乡市场共同繁荣】 2014年，巴南区社会消费品零售总额实现242.02亿元，居主城9区第7位；比上年增长18.7%，位居主城9区第2位。其中：城区市场社会消费品零售总额实现204.13亿元，比2013年增长15.2%；农村市场社会消费品零售总额实现10.9亿元，比2013年增长14.7%。

【重点企业引导消费】 2014年，巴南区实现商品销售总额549.15亿元，比上年增长16.7%。全区315家限额以上批发和零售企业、住宿和餐饮企业实现社会消费品零售总额179亿元，比上年增长15.2%，其中餐饮住宿业实现营业收入20.78亿元，比上年增长10.0%。

（李洪旺）

副食品贸易

【概况】 2014年，巴南区副食品贸易活跃，购销两旺，呈现三大特点：一、区内各大、中型超市和集贸市场仍然是人民群众购买副食品的主渠道。全年副食品消费达22余亿元。全区拥有大中型超市22家，经营面积达6万余平方米。其中：经营面积5000平方米以上的有7家；城区标准化菜市场17个，经营面积达5万余平方米；农村规范农贸市场18个，经营面积达3万余平方米。二、生活必需品价格基本保持平稳。根据2014年12月26日生活必需品市场运行监测表明，大米每公斤零售均价4.86元，同比下降2.2%；面粉4.79元，同比下降0.26%；食用油（色拉油）10.81元，同比上涨5.36%；鲜鸡蛋15.96元，同比上涨54.6%；鲜牛奶7.82元，同比下降6.68%。三、城乡居民对食品的消费呈上升趋势，农村居民增加速度明显快于城市居民。2014年城镇居民人均食品消费支出为8200元，同比增长11.2%，占城镇居民人均消费性支出的36.94%，比上年下降0.2个百分点。2014年农村居民人均食品消费支出为4320元，同比增长10.7%，占农村居民人均消费性支出的47.07%，比上年下降0.2个百分点。

【重要商品储备】 2014年，区商务局十分重视重要生活必需品的商品储备工作。一、继续履行与重粮集团巴南公司、新世纪超市巴南店、重庆市巴南区凤梧商贸有限公司等12家企业签订价值285万元的应急保供物资储备协议。二、继续履行主城九区联供联保合作协议，协议签订应急保供储备物资金额238万元。

【名特食品产销】 巴南区有广阔的农村地区，是主城重要的农副产品生产加工基地，盛产名特食品：木洞镇晒枣、油酥鸭、榨菜；二圣镇巴南银针茶叶；南泉街道小燕子牛肉干、桥头火锅调料；石滩镇干豇豆、蕨菜；惠民街道花椒；天星寺镇老鸭汤调料；界石镇南泉挂面、长富牛肉干；龙洲湾街道樵坪贡米；接龙镇麻竹笋等。樵坪贡米、南泉挂面、小燕子牛肉干、长富牛肉干、桥头火锅调料、巴南银针等名特食品已进入市内外的各大连锁超市销售。

（李洪旺）

粮油贸易

【概况】 2014年，区商务局经机构改革和职能转变后，其主要职能就是负责全区粮食流通行政管理工作。依法对从事粮食收购、储存、加工、销售等经营活动进行监督管理，维护市场稳定，促进粮食生产，确保国家粮食安全。全区国有粮食企业2家，从业人员121人，仓库容量9万吨（其中：危仓老库5万吨）；民营粮食企业10家；粮食供应网点128个；市级放心粮油进农村进社区示范销售店26个、示范配送中心3个、示范加工企业2个；粮食应急加工生产基地1个、应急配送中心1个；粮油市场监测点7个；取得粮食收购许可证的23户。粮食购销市场化以来，逐步形成以国有粮食购销企业为主渠道，民营粮油经营企业为辅助，粮油经纪人为纽带的粮油流通网络。

【“粮安工程”建设】 按照《重庆市人民政府关于实施粮食收储供应安全保障工程建设的意见》（渝府发〔2013〕39号）、《重庆市巴南区人民政府关于粮食收储供应安全保障工程建设的实施意见》（巴南府发〔2013〕159号），以“抓粮源、保供应、稳粮价”为中心，扎实推进“粮安工程”建设。完成粮食应急加工配送供应网点布局，建成1个粮食应急加工生产基地、1个区域性粮食配送中心、5个镇街（社区）粮食供应网点。向农户发放科学储粮彩钢仓4000个，保障农户储粮安全，减少储备粮食损失。区政府安排资金维修巴南粮食公司二圣粮仓，确保逐年建立区级粮食储备。

【粮食仓储管理】 监督指导全区粮食仓储企业严格按照储备粮管理规定，做到承储的市级储备粮数量真实足量、品质良好、储存安全、管理规范，实现安全储粮，科学储粮，全年储存安全无事故，为区域粮食安全提供可靠保障。在全国粮食清仓查库工作中，共检查库点2个，检查粮食（折合原粮）2.22万吨，库存实物与账务相符。全年市级储备粮轮换任务稻谷4089吨，小麦4000吨；市级应急储备大米700吨，区应急储备大米100吨；食用植物油20吨；分别完成100%。

【粮食宏观调控】 着力粮食宏观调控，保证市场粮食供应，保障居民用粮安全。一、抓粮源购销基地建设。在东北吉林九台、大安，内蒙古赤峰，黑龙江虎林、密山，安徽颍上和湖北荆州、京山等地，分别建立粮食采购基地，逐步形成全国购销网络，全年掌控粮源量达50万吨，常年吞吐量在30万吨左右，并将80%以上的粮源运回区内调剂总量余缺。充裕的粮源，为全区保证粮食供应，稳定市场粮油价格、储备粮轮换和宏观调控奠定坚实基础。二、举办“粮食科技活动周”活动。开展普及粮油质量辨别知识和科学健康饮食常识宣传，保障用粮安全。三、认真做好粮食统计工作。及时准确报送粮食统计报表，做好市场监测预警工作；建成7个粮油市场监测点，及时掌握市场行情变化，加强政府宏观调控；做好社会粮食供需平衡调查汇总上报工作，为政府决策提供可靠依据。四、组织粮食安全专项检查。开展转圈粮、国有粮仓、粮食加工企业粉尘防爆等专项检查，确保全区粮食储藏、生产安全。

【粮食加工产业】 2014年，全区实现粮油加工业产值3.74亿元，年销售收入3.05亿元，缴纳税费1504万元，实现利润1220万元。樵坪米业完成车间设备技改验收，通过技改，大米加工指标恢复正常，加工工艺得以提高，从而保持大米应有的品质。全年加工生产大米3万余吨，培育发展“樵坪牌”系列产品30余个。

（余　姣）

餐饮住宿业

【概况】 2014年，巴南区有关部门、镇街和商业认真组织开展各种节庆活动，拉动餐饮消费，努力促进全区餐饮住宿业持续健康发展。据不完全统计，年末全区餐饮住宿业单位共3324个（其中：限额以上餐饮住宿业单位112个，包括法人企业13个，个体经营户97个，产业活动单位2个；全区有钻级酒家3家，包括四钻级2家、五钻级1家；全区有农家乐243家，包括星级农家乐54家，其中一星级5家、二星级21家、三星级27家、五星级1家）。全年共举办各类节庆会展活动19次。全区餐饮住宿业收入为20.78亿元，同比增长10.0%，增幅比上年回落4.9个百分点。

【知名餐饮遐迩闻名】 大力实施餐饮品牌化、规模化、连锁化及多档次方向发展，取得长足发展。一、“赵大妹酸辣粉”是一家巴南本土地方名特小吃，自1992年在李家沱开设第一家店以来，已成为重庆本地同行业的典范，正在向品牌化、连锁化发展。赵大妹系列产品发扬传统风味休闲小吃的优点，其中酸辣粉以酸、麻、辣、鲜、香五大特色为主，其他产品综合重庆本地特色名小吃及港、台、沪饮品，因此不论季节交替，赵大妹系列产品总能提供给顾客满意的产品。二、“老街味道”位于巴南区鱼洞老街，装修风格古朴典雅，青砖青瓦廊檐飞角，天井庭院尽显巴渝特色。老街味道大厅宽敞明亮，拥有大小各异的包房九间，特别推出老火老灶乡土菜、江湖传统家常菜，土碗土菜粗犷豪迈绽放美味，三蒸九扣水八碗，碗碗留香、香香诱人。三、“花房村老火锅”采用独特配方，香气扑鼻、回味悠长，真正做到辣而不燥、油而不腻。花房村老火锅坚持“只选好料”的原则，严格把控原料生产、验收、采购、运输、储存等各个环节，确保每一种原料均为上等好料。构建“从土地到餐桌的完整产业链”，在海拔700余米的天星寺，建立大宗原材料基地“小白鹭”农场，坚持原料从田间地头得到监控，每一种原料都可以溯源。由专人去屠场直接购买毛肚，确保货真价实。有贵宾毛肚、冷锅鸭血、农家土豆芽等招牌菜。

【“农家乐”星级评审】 指导全区农家乐经营者自愿申报、镇街推荐，并组织统一评审，对全区18个镇街推荐的农家乐进行评审，通过评审的星级农家乐新增37家（其中：南湖湾等16个农家乐被评为三星级农家乐，蓉趣山庄等17个农家乐被评为二星级农家乐，银桂园等4个农家乐被评为一星级农家乐）。现全区星级农家乐累计达到54个。在重庆市农家乐产业协会、重庆市乡村旅游协会组织的“第四届重庆农家乐旅游休闲节”中，荷韵园获评“最具餐饮特色农家乐（乡村酒店）”；荷韵园、南泉中湖山庄获评“最具环境特色农家乐（乡村酒店）”；鱼洞街道、东温泉镇获评“最美乡村旅游度假村（镇）”。此外，鱼洞街道云篆山村还获得“重庆市农家乐示范村”的殊荣。

【巴弟心早餐车引进】 引进重庆巴弟心餐饮管理有限公司早餐车项目落户巴南，现已在多个轻轨站、学校和公园广场等地试点经营。餐车外观阳光、时尚，车体布置整洁、有序，餐车的食品加工设备均采用电力供能，安全环保，餐车供应的食品种类丰富、味道可口、荤素搭配合理，受到广大上班族、附近小区居民及流动人群的广泛好评，是一次早餐车经营的尝试，也是早餐工程的一个补充。

（吴 静）

服 务 业

【概况】 2014 年，巴南区服务业规模不断壮大，特别是现代服务业档次和水平不断提高，知名连锁品牌引进量不断增长，各类加盟店不断增加，经营业态不断延伸，服务功能不断增强，为解决城镇居民和农村富余劳动力就业拓宽渠道。

【家政服务】 2014 年，在辖区从业的重庆友邻家政服务有限公司主要开展家庭服务、保洁服务、外墙清洗、园林绿化养护；为国内企业提供劳务派遣服务等服务活动，2012 年获得人社部授予的“家政服务工程”家政服务人员培训资格，被重庆市商委、重庆市财政局确定为重庆市培育大型龙头家政服务企业试点单位。该公司在巴南区、沙坪坝区、九龙坡区、江北区、渝北区、长寿区等区县建设规范化的家政服务连锁网点 30 余个，为社会提供就业岗位 2500 余个，实现税收 4.3 万元。公司建立各项管理制度和服务质量监控机制，员工必须持证上岗，为所有员工办理健康体检和工伤保险、社会养老保险等福利，解除员工后顾之忧。

【美容保健】 随着经济水平的不断提高，人们对美容、美发和保健的需求越来越多，巴南区美容、美发、保健行业的整体水平也随之不断提升。一、美容业。“柔婷”“安利”“雅芳”“欧莱雅”等世界知名品牌的化妆品专卖店和美容店分布在巴南区各镇街，为爱美的人们提供越来越个性化的美容服务。二、美发业。随着生活水平的提高，人们越来越注重个人形象，发型已成为人们张扬个性的标致，“尖端”“春意”“劲彩品质美发”“阿金”“尚涛”等美发店坚持以独特的创意、精湛的技术、经典的造型吸引着爱美的人们，以优质服务为宗旨，不断学习和引进国内外最时尚、最前沿的美发方案和美发手法，用精湛娴熟的技艺，把美发奉献给顾客。三、洗浴保健业。健康的重要性越来越得到大家的认同，工作之余，做做保健按摩已成为人们联络感情、解除疲劳的重要方式，“北海道·巴南会所”“家富·富侨巴南店”“家富·富侨明华龙洲半岛店”“殷德君洗浴保健”“东京人洗浴保健”等保健业专营店的发展，满足人们的健康保健需求。

【婚纱摄影】 2014 年，“龙摄影”巴南店解决就业人数 100 余人，营业额 300 万元。“龙摄影”巴南店涵盖婚纱照、宝宝照、全家福、艺术造和写真照，公司员工以“热忱、和蔼、负责、求精”为服务目标，赢得顾客好评。“龙摄影”巴南店入驻以来，提升巴南区婚纱摄影的档次和形象。

【家电维修】 2014 年，重庆市巴南区展鹏家电维修部、重庆市喆合商贸部等家电维修企业相继开业，为巴南区家电维修服务业发展作出贡献。重庆市巴南区展鹏家电维修部现有员工 30 余人，服务社区人口 5 万余人，年营业收入 200 万元。重庆市喆合商贸部员工 20 余人，服务社区人口 2 万余人，全年营业收入 80 余万元。

（苏 平）

会 展 节 庆

【概况】 2014 年，区商务局充分发挥社会力量作用，积极组织举办家博会、年宵花节、春秋购物美食消费节、年猪美食文化节、果蔬采摘节等节庆活动成为全市特色展会品牌；组织上田红柠檬、姜家“五黑”、东温泉五布柚、巴南银针、定心等巴南农副产品参加“渝交会”，节庆会展活动实现销售 53.5 亿元。积极参加第二届（中国）重庆商品展示交易会、第四届重庆农家乐旅游休闲节，成功举办巴南区春、秋两季购物美食消费节活动，重点开展第七届重庆巴南年猪美食文化节、东温泉山水茶道文化节、丰盛古镇开街活动、接龙第二届农体活动、鱼洞荷花节、二圣采梨节等10余项活动。

【第二届“渝交会”参展】 11月27日~12月1日，组织区内8家名特优产品企业参加“第二届（中国）重庆商品展示交易会”巴南分展馆的展示。巴南分展馆以“聚美集善·泽润巴南”为主题，集中展示巴南区内的特色农副产品和生活日用品，受到广大参观市民的欢迎，其中，姜家黑系列农副产品还接受重庆卫视采访，对提高巴南形象、增进地区间商贸交流、广结客户、增加产品销量有积极的促进作用。区商务局获得组委会颁发的“先进组织奖”。

2014年11月27日，第二届中国（重庆）商品展示交易会巴南展区

【第七届天坪山采梨节】 7月17日，由重庆市巴南区天坪山旅游休闲联盟主办、重庆市巴南区众喜早熟梨专业合作社承办“第七届重庆·天坪山采梨节”，以“硕果二圣·美丽天坪”为主题，在二圣镇天坪梨园举行，采梨活动为期近一个月。本届采梨节除200万千克新鲜“翠冠梨”可供采摘外，游客还可游览天坪山“万亩梨海”，并有热闹的“吃梨子”比赛、梨王评选、篝火晚会、“童耕中国梦”、葡萄采摘、“悠骑天坪游”等丰富多彩的活动争相竞艳、异彩纷呈。吸引众多游客前往参观品尝，为市民提供休闲娱乐、避暑纳凉的好去处。

【圣灯山避暑欢乐季】 7月18日，重庆圣灯山避暑欢乐季暨中国·重庆第二届“佛影峡杯”自然水域国际漂流赛拉开序幕，唱响圣灯山农家乐避暑旺季的精彩乐章。圣灯山海拔1064米，常年烟雨弥漫，是主城避暑休闲首选胜地。同时，游客们可在被誉为“重庆漂流第一站”的佛影峡顺流而下，感受与众不同的水上激情，也可经螺旋梯垂直而下，探寻原始丛林的奥秘。

【东温泉茶道文化节】 10月9~11日，“东温泉·中华山水茶道文化节”在东温泉镇举行。本届茶道文化节以“茶道·商道·城道”为主题，以茶为媒，文化搭台，经贸唱戏。来自儒、释（佛教）、道三家的专家学者、中国房地产界领军人物以及日、韩、英、土耳其等国的茶人、艺术家，立足于巴南区旅游资源优势，通过茶道交流、小城镇发展论坛等活动，探讨以旅游、养老养生等产业为支撑的新型小城镇发展之路，进一步推动巴南旅游、养生养老产业和城乡一体发展，打造巴南“茶泉”文化品牌。

【巴南年猪美食文化节】 “第七届重庆（巴南）年猪美食文化节”在东温泉开锣。本届年猪美食文化节以“巴滋巴味·年味巴南”为主题，深度挖掘巴人传统“刨猪汤”文化。开幕式上以情景剧的形式还原与再现独属于巴南的“刨猪汤祭祖”活动，并融入“接龙吹打”“姜家舞龙”等传统文艺表演。杀猪匠慷慨激昂的“年猪号子”、庄严肃穆的祭祖仪式和传承的巴人“刨猪汤菜谱”，让巴人的“刨猪汤”文化穿越千年，来到今天。

（吴　静）

主要商贸企业概况

【重庆铠恩国际家居名都经营有限公司】 位于巴南区渝南大道19号。东靠南山，西临渝黔高速公路主干道，北面有建设中重庆市最大的商品物流配送中心，距市中心解放碑约八公里、港务码头十公里，交通十分便捷。法人代表：张永钻；公司网址：http：//www. kaien. cn；注册资金：4200万元；职工人数：159人。市场内从业人员近万人。经营范围：以研究、设计、生产、销售（家具及材料、装饰材料、家居用品、化工产品、五金、交电）、建筑机械、物业管理、企业管理咨询服务等于一体的大型综合企业。企业规模：大型企业。规划建设面积80万平方米，分三期建设，总投资15亿元，一、二期现已建成40万平方米并投入使用。2014年，销售总额高达123.9亿元，利税达到9.7亿元。

【重庆西部机动车交易市场有限公司】 位于巴南区渝南大道20号。企业规模：大型企业。经营范围：汽车销售、市场管理、市场摊位及设施租赁、物业管理、停车服务、商贸信息咨询服务。法定代表：周涛，注册资金：5000万元，职工人数：101人。市场入驻商户240户，商用车品牌50余个，市场内从业人员5000人。2014年，公司实现销售量44860台，销售额79亿元，利税总额6.3亿元。

【重庆市渝南汽车销售有限公司】 位于重庆市巴南区渝南大道66号，占地8.53公顷、经营面积13万平方米。企业规模：大型企业。法人代表：刘元章，注册资金：500万元，员工人数：71人。市场内从业人员6000人。经营范围：汽车交易管理服务、二手车交易管理服务、商用汽车销售、汽车零配件、工程机械、汽车装饰美容、停车服务。2014年，实现汽车销售56101辆（其中：新车39451辆，工程机械162台，二手车12925辆，二手摩托车3563辆）。销售额为130.50亿元，上缴税费466万元。

【重庆赛英思实业有限公司】 位于重庆市巴南区界石镇武新村重庆花木世界。企业规模：小型企业。法人代表：刘晓东，注册资金：1.4亿元，员工人数：87人。经营范围：生态农业综合开发、花卉园艺植物的种植、销售，农业技术研究、咨询、服务，企业管理咨询，餐饮、旅游服务、酒店经营，普通机械销售等多元化发展的集团化民营企业。2014年，商品销售总额：78.99亿元，利税情况：免税期。

【重庆凤梧商贸有限公司】 位于重庆市巴南区李家沱街道新坪村2号附14号、15号、16号。企业规模：大型企业。法人代表：胡忠林，注册资金：330万元，职工人数：1800人。经营范围：预包装食品、散装食品、乳制品（含婴幼儿配方乳粉）；卷烟、雪茄烟（以上经营范围按相关许可核定事项和期限从事经营）。百货（不含农膜）、文化体育用品、五金、交电、化工（不含危险化学品）、日用杂品（不含烟花爆竹）、家具、建筑材料（不含危险化学品）。市场设施及摊位出租（限分支机构经营）销售：蔬菜、水果、鲜肉、鱼、冻制品、服装、床上用品、针织品、办公用品（以上经营范围法律、法规禁止的不得经营，法律、法规限制的需取得许可或审批后经营）。2014年，公司拥有120多家连锁超市（其中：直营店90多家，加盟店30家），门店营业面积达3.68万平方米，配送中心面积1.3万平方米。营业销售额达5亿多元，实现利税6200多万元。

（娄　艺）

供销商业

【概况】 重庆市巴南区供销合作社联合社（简称：区供销社）是区政府推进农村合作经济组织发展、促进农产品流通、参与农业社会化服务和农村金融等方面工作的职能部门。主要职能职责：为巴南区农村农产品流通、农业生产资料储供、农民日用品供应等服务，协调、指导并管理全区农村合作经济组织联合会（简称：农合会）改革发展等工作。机关内设：办公室、企业指导科、政工科、合作经济发展科、资产管理科。机关在职干部职工25人，离退休人员44人。

2014年末，区供销社系统参控股企业及基层供销社共有17个（即：重庆鸿茂日杂有限公司、巴南区干菜果品公司、重庆博迈综合贸易公司、重庆广博农产品开发有限公司、重庆市渝中区必佳百货经营部；鱼洞、土桥、南泉、鹿角、木洞、姜家、接龙、一品、界石供销社；巴南区得民供销合作社有限公司、巴南区二圣供销合作社有限公司、巴南区跳石供销合作社有限公司3个基层供销社）。成员单位3个（即：重庆群鑫农业生产资料有限公司、鑫壮物资回收有限公司、重庆通达汽车修理厂）；市级控股子公司1个（重庆市烟花爆竹集团金和商贸有限公司），代管企业1个（巴南区供销社集体商业管理委员会），关闭歇业企业1个（农资公司）。同时，还建有巴南区农村合作经济组织联合会和巴南区农资、烟花爆竹等行业协会。资产总额1.65亿元，共有各类房产11万平方米。从业人员1027人，离退休职工708人。

2014年，区供销社按照“改造自我，服务农民”，努力打造“农民生产生活服务的生力军和综合平台”的新要求，团结带领供销系统广大干部职工大力弘扬“为农、诚信、创业、合作”的新时期供销合作社精神，积极投身全区“四区一基地”建设，参与全市统筹城乡改革试点，全面推行“工作项目化、项目目标化、目标责任化”。全年销售总额首次突破10亿元大关，合作经济组织成为农民专业合作的带动力量，农村现代流通服务网络更加健全，农资商品储备能力不断增强，基层社有资产得到有效利用，企业管理更加严谨，为“三农”服务的质量和效益进一步提高。连续三年荣获市供销社系统年度综合业绩考核“特等奖”，并获得区委书记李建春批示：祝贺区供销社，争取更大光荣。

【销售总额突破10亿】 2014年，全区供销系统实现销售总额10.01亿元，同比增长33.4%，首次突破10亿大关。实现农副产品购销3.9亿元，同比增长29.1%；储备供应农资商品2.02万吨，约占全区市场份额的75%；实现再生资源销售1.1亿元，同比增长28.6%；连锁经营总额1.5亿元；汇总利润实现395万元，同比增长30%。

【农资商品储备供应】 依托区农资储备（配送）中心，组织2.02万吨农资商品开展淡储旺供工作，充分发挥农资销售主渠道作用，在助农活动中创新思维积极储销，以实际行动服务“三农”。1月17日，在新春佳节和春耕时节，区供销社农资储备中心为姜家镇文石村、槐园村的村民们送去12吨免费化肥；2月27日，又在惠民街道开展“送优质农资下乡·助力春耕生产”活动，邀请中化重庆涪陵化工有限公司的专家向广大农民讲解农业生产用肥相关知识，示范讲解如何识别优劣化肥的方法，并接受农民的现场咨询。活动现场，发放宣传资料1000余份，凡购买化肥的农民均可享受既打折又送礼的双重优惠活动，销售化肥55吨，销售金额5万元，让利于农民5000余元。

【烟花爆竹专营监管】 2014年，扎实抓好烟花爆竹专用仓库、烟花爆竹经营、储存、运输等过程的安全监管工作，确保烟花爆竹专营在年内无安全生产、经营责任事故发生。组织参与烟花爆竹打非专项行动19次，查收违法产品3341件，实现市场秩序持续好转，达到让政府放心、群众满意的目标。按照“总量控制，严格条件、合理规划、规范经营、方便群众”的原则抓烟花爆竹布点工作。6月，完成642个常年布点任务；11月下旬，完成100个主城限放区布点工作任务。全年无烟花爆竹安全事故发生。

【流通服务网络健全】 不断健全完善全区供销系统的配送中心、镇街超市、村便利店、社服务专柜的四级流通网络体系。完成天坪山现代农业示范园区涉及3个村级农资配送中心、6个直营店建设任务。推进农产品现代流通、农业生产资料现代经营服务、烟花爆竹及日用品连锁经营、再生资源回收利用四大网络体系建设。新建30个含日用品、农资、再生资源的农村商品流通网点，新建重庆市巴南区云山店等3个绿优鲜连锁店，农村现代流通服务经营网点常年保持在1500个左右。

【统筹城乡改革试点】 根据市委、市政府统筹城乡重点改革方案，确定巴南区作为“建立健全新型农业经营体系”专项改革重点试点区，经区深改领导小组反复研究决定，在三个方面增强供销社职能职责：一、牵头负责全区专业合作社、联合社、股份合作社、涉农协会等农民合作经济组织及合作经济的发展；二、牵头负责镇街农村商品流通网络体系建设；三、将镇街农业服务中心部分职能划转到基层供销社，在涉农镇街组建“镇街农业供销服务中心”或“镇街农业供销合作社”或“镇街供销合作社有限公司”。同时决定：通过政府购买服务的方式，增加基层供销在农业政策宣传、技术服务等方面的公益性服务功能，力争把供销社建设成为管理现代化、经营多元化，集农资储备供应、农产品购销、加工销售、品牌培育、农村金融合作互助等功能完善的经营性社会化服务组织。市供销社拟将巴南区作为全市首个供销社全面深化改革的试点区。

【基层供销组织新建】 按照“因地制宜、产业优先、合作经营”的原则，争取市、区资金120万元，新组建重庆市巴南区得民供销合作社有限公司、重庆市巴南区二圣供销合作社有限公司、重庆市巴南区跳石供销合作社有限公司3个基层供销社，新建重庆市巴南区鹿角社庄稼医院等8个庄稼医院。15个农民专业合作社与相关基层社建立起资本（股份）和营销关系。严格按照中华全国供销合作总社要求，对供销系统所属各单位的标志标牌进行更换，投资10万元全面完成供销系统标准化建设任务。在《中华合作时报》《西南商报》《西部开发报》、中国合作经济、中青网、重庆合作经济网等报刊媒体刊发52条供销社各类信息。全面提升供销社形象，消除部分社会人员认为供销社已消失的错误认识。

【资产经营模式创新】 全力整合供销系统资产，在不减少供销系统资产营运现有收益的前提下，为渝兴资产公司、麻柳经济园区、公路物流公司等提供融资担保，将资产放大再利用。有力地支持全区重大项目建设，企业创收300多万元，为发展合作经济、开展为农服务等工作增强经济实力。

【合作经济组织建设】 指导完成天星寺合作经济产业园66.67公顷核心区建设任务；完成产业园核心区洗布滩水库观光步道、湿地景观步道1200米、7米宽公路600米、特色水果种植13.33公顷建设；启动2个家庭农场建设，安装完成3座俄罗斯木屋；组建重庆良优优花木种植专业合作社等12个专业合作社，新建重庆市巴南区得民供销合作社有限公司等3个股份合作社、新建重庆市巴南区农每家果蔬种植专业合作社联合社1个、新建巴南区农合会鱼洞分会等8个农合会分会。依托系统网络体系为专业合作社搭建农产品销售平台，畅通销售渠道，合作经济组织已成为农民专业合作的带动力量。

【供销系统安全稳定】 按照安全生产“党政同责”和“一岗双责”的原则，在全系统内组织开展消防、烟花爆竹、房屋住用等安全大检查、大整治专项活动。查出隐患132件，投入近70万元进行100%整改。全年供销系统无安全责任事故发生。年内办结原木洞榨菜厂69名下岗分流人员“两险”补贴等历史遗留问题4件，其他信访问题13件，领导下访124人次。区领导包案解决的接龙供销社肖某某信访问题已结案。全年无进京上访、无到市到区集访、无非正常上访情况。

（吕兴礼）

旅　游

概　述

2014年，重庆市巴南区旅游局（简称：区旅游局）紧扣塑造“天下休闲·养在巴南”城市品牌形象主线，积极推进旅游产业转型升级，大力实施“大投入、大项目、大营销”发展战略，立足“建精品、创品牌、提品位”，着力旅游资源开发、景区建设、节会营销、旅游宣传、标牌设置、规范管理。全年累计接待游客2022.68万人次、实现旅游综合收入62.8亿元，分别比上年增长28.3%和29.1%。

2014年，按照“边建设、边宣传”的宣传工作思路，加大投入力度，充分整合媒体资源，积极拓宽宣传渠道，加快宣传营销频率，不断提升“天下休闲·养在巴南”城市品牌形象。一、媒体宣传在宽度上取得突破。全年累计开展电视专栏45期、短片宣传65天、广告植入125天、广播投放135次、微信宣传300余条。实现主流报刊时时有讯息、门户网络周周有报道、电视宣传月月有主题。二、节庆活动在频率上取得突破。围绕“春观花、夏避暑、秋摘果、冬泡泉”主题，举办以“二圣梨花节”“圣灯山避暑欢乐季”“山水茶道文化节”“东温泉五步柚采摘节”为代表的四季旅游节庆活动20余次，各类子活动70余次。三、旅游宣传在实效上取得突破。旅游宣传和节庆活动提升巴南旅游知名度，全年吸引2000余万游客涌入巴南，带动各类农产品、土特产品的畅销，开创旅游业带动果农、花农、茶农、菜农及各类“农家乐”勤劳致富的新路子。

2014年，区旅游局认真编制《巴南区旅游专项规划》和《东温泉—南温泉市级旅游度假区规划》，分别规划布局旅游用地指标1963公顷和822公顷，并以创新方式把规划指标全面覆盖到辖区所有区域，破解旅游项目落地的最大难题。一、积极争取市规划局同意，把《巴南区旅游专项规划》作为指导城市建设用地指标调整、小城镇规划修编和重点项目布局的旅游专项规划，开创全市把旅游专项规划作为指导调规编制的先例。二、从只能用于城市建设的城市建设用地指标中平移1005公顷重点解决旅游项目用地问题，开创全市城市建设用地指标下乡的先例。三、把只能用于城镇建设的小城镇用地指标467公顷布局到具体旅游项目，开创全市小城镇建设用地指标下村的先例。四、突破只能通过编制风景区规划解决风景设施用地的限制，单列旅游设施用地指标491公顷，开创全市单列旅游设施用地指标的先例。

2014年，位于巴南区跳石镇的佛影峡漂流三期已建成并投入运营，接待漂流游客10万余人，实现旅游综合收入5000余万元，佛影峡漂流成为主城最火热的旅游项目之一。羊鹿山养生园一期工程已基本完成，琵琶洞景区全面完成洞内道路、音箱和灯光等基础设施。12月27日，已开洞试营业。丰盛镇的彩色森林全面建成，并被市政府高级顾问、重庆唯一的旅游博士生导师蒲勇健教授称赞为“重庆唯一具有北欧风情的旅游度假屋”。丰盛古镇十全堂、生态文化广场、游客接待中心和古镇外立面装修进展迅速，并将于近期开街。南温泉建成五星级酒店、商业步行街和车行桥，并重新恢复启动滑道、索道等旅游设施活动项目。

2014年，位于云篆山上的“荷韵生态园”被农业部评定为“全国乡村旅游示范点”，这是巴南区继2011年被国土资源部评为“中国温泉之乡”后获得的又一个部委级旅游品牌。丰盛古镇被中国民族建筑研究会评定为“中国传统建筑文化旅游目的地”。区旅游局争取国家旅游局、市旅游局支持，将典雅戴斯国际酒店评定为巴南区第一家五星级酒店。争取市政府支持，将东温泉—南温泉旅游度假区评定为“重庆市十大旅游度假区”，也是重庆市唯一的温泉旅游度假区。天坪山被重庆市旅游局评为“最美乡村”。云林天乡景区成功申报国家AAA级旅游景区。为实现旅游企业“资源互补、品牌共建、客源互流、利益共享”目的，7月11日，巴南区十大旅游休闲联盟成立，并吸引84家旅游企业和个人加入联盟联合开展线路打造和宣传经营。十大旅游休闲联盟是重庆主城乃至全市最先组建的旅游休闲联盟，为推动巴南区旅游业快速发展的积极探索。区旅游局为编制《巴南区旅游专项规划》和旅游产业发展提出建议意见52条，加快规划编制进程。自主打造精品线路7条，并配合全区开展“点”和“线”上的宣传86次。主动担负起中介服务、对内学习、内外交流的桥梁作用，并协助相关主管部门开展行业自律和市场整顿，开展行业共建活动，打造有序、稳定的旅游市场，有力地推动全区旅游业快速发展。

2014年，获评区政府办公室“2014年度安全生产目标考核优秀单位”；主办的“爱她，就带她去天坪山找幸福”活动被《重庆晨报》评为“2014重庆十大年度营销事件奖”；年末，与区规划分局、东温泉镇共同荣获区委、区政府“2014年度工作创新‘金鹰奖’”（颁奖主题辞：“旅游规划”破解城乡一体项目落地难题）。

旅 游 发 展

【旅游市场拓展】 按照“走出去、请进来”的思路，积极拓展旅游市场。一、先后组织有关部门和单位参加广州旅游交易会、上海“重庆非去不可”专题宣传活动、第十四届重庆都市旅游节、第五届长江三峡国际旅游节、中国·西安国内旅游展览会、第十一届中国·内蒙古旅游文化节等专业旅游交易会6次，共发放各类宣传资料2万余份，有效地助推巴南区“天下休闲·养在巴南”旅游品牌形象的知名度和影响力。二、坚持以“政府主导、企业辅助”形式，与重点旅游项目及旅游商品业主联合开展旅游宣传，精心包装特色精品旅游线路20余条，实现政企共赢发展。三、指导协助涉旅企业和单位，制作旅游宣传片和宣传画册3万余册。四、服务营销涉旅镇街和旅游景区、景点开拓旅游市场。丰盛古镇、天心寺、荷韵生态园等项目游人如织；佛影峡漂流全年接待游客10万余人；特别是格桑花开期间，天坪山每天有3000余辆自驾车、百余辆旅游

2014年3月15日，第七届天坪山梨花旅游文化节启动

大巴车出入天坪山，累计接待游客12万人次，景区、景点出现吃饭难、行路难等国内知名景点才会出现的“堵人”现象。

【旅游项目建设】　2014年年底，全区已经落户旅游休闲项目73个、累计投资77亿元（其中：34个已建项目、累计投资近40亿元，39个在建项目、累计投资近37亿元），在谈项目10个。旅游项目建设呈现出面大点亮的良好势头：一、南温泉整体开发项目建设。商业街房屋主体立面装修完成100%，室外环境、硬质铺装完成90%。已有2户商户进入室内装饰，正在加快推进商户入户装饰工作，商业街雏形初步展现。商业街商务楼区域主体全面完成，房屋主体立面装饰完成95%，室内二次装修完成75%，室外环境、硬质铺装完成60%，正在全面进行房屋的招商、销售工作。五星级酒店区域房屋立面装修完成，客房区域室内二次装修完成80%，会议中心及商务中心室内二次装修完成60%，室外环境、硬质铺装全面动工，酒店别墅区房屋基础完成，主体完成100%，正在进行样板房外立面装饰，室外环境整治完成20%。南温泉15个市政基础设施建设项目全面动工建设，其中完成2个，正在施工13个，预计在12月底前核心区建设任务将全面完成。文物修缮工程“听泉楼”已进场施工；11月，“孔园”等抗战遗址群已动工建设，均达到网格化目标任务时序要求。二、羊鹿山常青国际养生园项目建设。2.4公里园区道路路基已完成；琵琶洞洞内全息设备正在调试中；琵琶洞广场琵琶仙子安装、商业街小木屋油漆、地面铺装工作已完成；贡茶山山顶大木屋装修基本完成；琵琶洞景区力争12月底试营业。三、丰盛生态文化旅游特色小镇开发项目建设。“十全堂”主体工程完工，内部装修基本完工；接待广场、景观大道施工完成总工程量60%；古镇一期工程外立面维修完工；风貌改造二期完成，善地文化广场已经完成总工程量50%，新建旅游公厕已启动，旅游标志标牌改造、环卫设施改造、旅游公共休息设施建设完成总工程量50%。四、佛影峡漂流项目建设。佛影峡漂流游客接待中心、停车场、购物区、溯溪项目、攀岩等户外项目建成并正式对外开放。7月10日，成功举办漂流启动仪式。五、七彩森林项目建设。完成“七彩林海”森林人家乡村酒店装修、停车场、景观配套建设；景区道路硬化完成，景区大门正在施工，正在制作旅游指南、风光片、解说词、景区内路牌和标志等。六、重报集团樵坪老年护养中心建设。项目一期道路改造工程完成总工程量90%；项目一期道路改造工程（C、E栋）（C组团改建工程）完成工程量80%；一期项目主入口至B组团售楼中心沿线道一路景观工程完成总工程量75%；樵坪老年护养中心一期项目C组团室内装修工程完成总工程量5%。七、双寨山养生养老项目建设。项目区2.6公里环道完成施工，修建完成农业生产便道和机耕道3公里；完成回龙路两边护坡整治；整修生态广场2300平方米；接待中心全面装修。新建山坪塘3口、人饮工程1项、生态厕所1个、钓鱼管理房1间、垂钓平台2个。

2014年，市旅游景评委专家现场指导云林天乡、东温泉景区创建国家A级景区

【旅游规划实施】 2014年5月，区旅游局委托重庆市规划设计院编制《重庆东温泉—南温泉旅游度假区总体规划》。经过多次修改完善，于10月16日通过市政府第65次常务会评审，以渝府〔2014〕64号文件正式批复实施。区旅游局赓即着手旅游度假区控规编制工作，先后编制完成《巴南区中国温泉之乡发展建设总体规划》和《巴南区旅游专项规划》，并通过市级有关专家评审。先后启动《天坪山—天心寺禅茶养心旅游度假区总体规划》和《圣灯山避暑休闲旅游度假区总体规划》。旅游规划的编制和实施，有效地推进全区城乡一体发展示范区建设。因此，荣获区委、区政府“2014年度工作创新‘金鹰奖’”（颁奖主题辞：“旅游规划”破解城乡一体项目落地难题）。

旅 游 宣 传

【旅游节会营销】 2014年，区旅游局围绕“春观花、夏避暑、秋摘果、冬泡泉”四季活动主题，加强对涉旅镇街、企业旅游节会的统筹和指导力度，组织涉旅镇（街）先后举办“第七届重庆·天坪山梨花旅游文化节”“天心寺·借花献佛民俗文化季”“第四届中国（重庆）定心·巴南银针采茶节”“乐游花木世界·梦回田园”“红豆山庄·阳光午后采茶节”“卡拉草莓采摘节”“东温泉钓鱼节”“圣灯山避暑欢乐季”“第二届鱼洞荷花节”“第七届采梨节”“第二届清和西瓜节”“第四届接龙葡萄采摘节”“首届安澜猕猴桃采摘节”“东温泉五步柚采摘节”等共计15场节庆活动。积极参与承办“2014年东温泉·山水茶道文化节”开幕式和温泉茶道论坛。牵头策划丰盛古镇、南温泉开街节会活动。通过举办系列旅游节会活动带动旅游接待增量占整个旅游接待增量的80%以上。旅游节会的营销不但提升旅游业形象、扩大旅游业影响力，还有力地促进地方经济发展，开创旅游节会带动群众致富的新路子，二圣镇、跳石镇是旅游节会带动经济发展的最突出的受益者。

【导游标牌设置】 2014年，区旅游局根据区委书记李建春“要突出抓好旅游宣传及旅游交通标识系统建设”和副区长范勤“旅游局的重要职能是吆喝拉客，要做好节庆活动、旅游线路、媒体宣传、旅游标志等宣传工作”的指示，及时编制《巴南区旅游交通标志设置方案》，经过现场踏勘定点、征求有关部门和镇街意见等前期工作后，投资380万元，交付重庆金马城建交通设施有限公司实施，一期工程完成安装标识标牌493块并顺利通过验收。二期工程经过招投标已启动，总计安装113块标示标牌，预计投资100万元，由重庆渝达交通安全设备公司负责实施。

【多种媒体推介】 2014年，区旅游局整合媒体资源，搭建宣传平台，围绕“天下休闲·养在巴南”品牌形象塑造，动用多种媒体，广泛开展旅游业宣传推介。一、电视媒体推介。自8月中旬起，在重庆卫视18：55～19：00围绕六大休闲资源（傍泉、依山、靠林、临湖、环岛、沿江）投放10秒巴南旅游形象广告，扩大巴南休闲旅游的知晓度和影响力；在重庆电视台“风景区天气预报”栏目开展巴南总体形象宣传；与重庆电视台“第一旅游”栏目合作，结合巴南春、夏、秋、冬旅游宣传专题，开展新闻、背景板植入、游走字幕等宣传，共制作专题2个、发布图像新闻10期、30秒巴南旅游形象短片传播65天、游走字幕展现12期、背景板植入广告125天；与巴南电视台联手打造45期“旅游休闲”专栏。通过巴南旅游资讯、魅力巴南游、旅游情报站三大板块，全面推介巴南旅游资源、旅游景区、旅游精品线路及旅游政策法律法规。二、平面媒体推介。结合巴南区“三会”（党代会、人代会、政协会）、避暑休闲、采茶摘果、梨花格桑花绽放、温泉颐养等主题，在市区级报刊媒体开展整版宣传9次；与《重庆晨报》合作开设图片专栏，发布图片宣传推介40期；据不完全统计，市区级报刊媒体转载巴南旅游资讯300余条。三、网络宣传推介。结合赏花、避暑、摘果等主题，在大渝网、新华网等制作专题6个，可在百度网搜索巴南旅游关键词，相关资讯达228万条。四、户外媒体推介。积极争取市公益办和区委宣传部的支持，在内环界石、华陶及外环一品下道口设立3块户外T型广告牌，宣传“天下休闲·养在巴南”旅游品牌。在重庆机场T2B航站楼“智慧旅游”宣传平台开展为期一个月的灯箱广告、多媒体刷屏广告及一体机视频广告。五、广播电台推介。根据自驾游游客是巴南旅游市场客源的主体实际，加大在重庆交广电台的广告投放力度。结合重大旅游节事、重要旅游节点在重庆交广电台共投放广告135次，对自驾游客加大针对性地宣传推介，为自驾游客的首选目的地营造良好氛围。六、新媒体宣传推介。依托智慧旅游发展的趋势，开通巴南旅游官方微信平台、新建休闲巴南旅游网站，构建巴南智慧媒体宣传平台基础。通过巴南旅游微信平台、重庆旅游策信平台、重庆市旅游局微信平台累计发布巴南旅游资讯300余条。

旅　游　管　理

【领导重视支持】　2014年，巴南区旅游业的快速发展，与区委、区政府领导的重视和支持分不开。区委书记李建春、区长段成刚（离任前）、副区长范勤30多次专题研究旅游工作，四大家领导40余人次参加本年度各类旅游宣传节庆活动。在召开全区旅游工作会上，区委书记李建春、区长陈刚分别对生态三养、旅游休闲作重要讲话，多名区领导亲自挂帅指导重点旅游项目和旅游景区建设。

【旅游联盟指导】　7月11日，巴南区旅游休闲联盟成立。区旅游局积极主动地为该联盟的筹办成立做了大量的指导服务工作。办公场地落实、联盟章程拟定、联盟大会举办等后勤服务、协调沟通尽心竭力。积极引导国辖区70余家旅游企业、40余家景区成立十大旅游联盟，并指导联盟成员在宣传营销、路线打造、基础设施建设等方面实行“一体化”运作。

【旅游市场整治】　2014年，区旅游局为了规范旅游市场秩序，加强行政执法和行业监管力度。一、开展旅游市场专项整治。对全区5家星级酒店和4个A级景区开展复核，依法取缔1个A级景区资格。全年处理投诉8起，投诉处理及时有效，游客满意率达100%。二、强化旅游安全监管。全年开展景区安全检查60人次，领导每月带队检查2次，发现安全隐患37处，整改完成37处。召开全区旅游安全统计工作会，落实旅游安全目标管理责任制，签订旅游安全目标管理责任书，并联合多部门进行旅游安全专项大检查，实现全区旅游“无责任事故”目标。

【行业人员培训】　2014年，区旅游局为适应辖区旅游业的快速，积极组织旅游业人才培训。一、景区从业人员培训。邀请市旅游局下辖市景评委专家3人次到巴南区开展A级景区创建培训，参培人员67余人；邀请高级导游、重庆市海外旅行社门市部经理对旅游服务规范和导游讲解等知识技巧培训，参培人员20余人。二、安全消防人员培训。邀请市旅游局执法总队、区安监局、区消防支队等部门专业人员对旅游行业的安全、消防知识技能培训，参培人员达150余人。通过有针对性的培训，有效地提高辖区旅游从业人员的素质和服务水平。

（朱　柯）

附：

巴南区旅游资源概况

巴南区位于重庆市主城南部，是川、黔、渝旅游经济走廊上的重要节点和长江三峡国际黄金旅游带的新起点，区位优势十分突出。全区辖区面积1825平方公里，是城市功能拓展最宽广的平台。巴南区森林覆盖率43%，是主城九区森林覆盖率最高的区，拥有“傍泉、依山、环岛、临湖、靠林、沿江”六大自然资源和“巴文化、民俗、陪都、宗教、知青”等人文资源，自然景观与人文景观交相辉映。有山高路险的圣灯山峨眉，有星罗棋布的樵坪山寨，有风景秀丽的氧吧林海，有名扬天下的千年古刹，有气势雄伟的云篆风情，有恬静优雅的木洞古镇……；还有100万平方米避暑度假休闲“后花园”，其中有圣灯山避暑休闲度假区、双寨山避暑休闲度假区、东温泉民俗旅游度假区、南温泉颐养温泉小镇、鹿角国际养老社区、木洞长江休闲度假岛……。尤以世界唯一恒温的东温泉热洞为核心的温泉喀斯特特色自然资源和以南温泉的蒋介石校长官邸、林森听泉楼别墅、国民党中央政治大学研究部、日本战俘营等为代表的“抗战旧址群”人文资源最为闻名。2002年3月，被重庆市人民政府授予“优秀旅游城区”；2011年7月，经国土资源部复核再次荣获重庆市唯一的“中国温泉之乡”。

历史文化底蕴深厚。巴南区前身是千年历史名邑巴县，历史文化底蕴深厚。源远流长、影响深远的巴文化，传承千载、声名远播的民俗文化，和谐共存、荡涤心身的宗教文化，记忆历史、熏陶后人的陪都文化、抗战文化水乳交融、交相辉映，孕育出了“宁抛头颅不丢寸土”的英雄将军巴蔓子、“革命军中马前卒”邹容、孙中山大元帅府秘书长杨沧白、新中国首任女大使丁雪松等一代代默默诠释着巴南儿女铮铮傲骨及不屈精神的巴文化杰出代表。中国国家非物质文化遗产“接龙吹打”“木洞山歌”华而不燥、丽而有蕴；重庆市非物质文化遗产“姜家舞龙”“接龙傩戏”“跳石昆词”富含浓郁地方特色，至今仍显示着强大的生命力。

自然资源风光无限。“川东小峨眉”圣灯山，“古巴渝十二景”之一的云篆山，江南新城“中央森林公园”樵坪山，“天然氧吧”双寨山、林海、木鱼山等原生态森林资源富集，全区森林覆盖率43%，居重庆主城之首，被誉为“渝南绿色明珠”。长江流经巴南境内57公里，居重庆主城第一；九级台阶五布河自然呈现出是河而不见流水的湖泊河流奇观；花溪河、梅溪河、箭滩河等20余条内河回环曲绕，尽显盎然溪趣。主城第一大湖泊“金龙湖”、第二大湖泊“南湖”等93个秀丽湖泊水质优良，湖光山色熠熠生辉、蔚为壮观。喀斯特地貌上唯一恒温东温泉热洞被中国工程院院士卢耀如先生曾赞誉“世之自然瑰宝”；千万年地质奇观姜家溶洞有“亚洲第一穴盾”的美誉；双河口琵琶洞内空三层并与多洞互联，“水晶瀑布”“伟人峰”等景观惟妙惟肖，令人叹为观止。

温泉资源富甲巴渝。截至2014年底，已探明热流体储存总量85.69亿立方米，年可开采量3500余万立方米，日可开采量9.7万立方米，已开发的温泉项目占重庆市“一圈百泉”温泉总量的40%，在全市“五方十泉”项目中独占“两方四泉”，位居重庆市第一。全区各类温泉地热出露15处，主要为含偏硅酸、偏硼酸的氟、锶中矿化低温热矿水，属珍贵的医疗保健型温泉水。已开发温泉资源主要分布在东温泉、南温泉和桥口坝温泉三大区域，东温泉以裸浴民俗为特色，以温泉热洞为支撑建设鲜花温泉小镇，成为全市温泉旅游明珠；南温泉风景优美、历史文化厚重，被评为重庆“新巴渝十二景”之一；桥口坝温泉“华清第二汤”闻名重庆。

巴南旅游专用名词解释

“三环一线一区”：东温泉喀斯特旅游休闲环线、南温泉都市旅游休闲环线、金龙湖生态养心旅游休闲环线；小南海至麻柳长江沿岸旅游休闲线；圣灯山生态养心旅游休闲区。“三环一线一区”重点培育以生态养生养老养心、温泉养生和乡村旅游为主的旅游新业态发展，全区旅游业发展向休闲度假与养生养心综合型转变，将打造为重庆旅游休闲大区、国家级生态养生养老养心胜地。

“两山一湖生态三养”：围绕樵坪山—南湖—圣灯山发展生态三养（养身、养老、养心）旅游项目，包括樵坪山、南湖、圣灯山、林海、南温泉、佛影峡、云篆山、桥口坝温泉、棋盘山等项目，打造避暑、休闲、三养“后花园”。

“一心两翼”：一心：以二圣镇为中心；两翼：北翼—向北延伸，包括东温泉、木洞、双河口、丰盛和麻柳嘴在内的5个镇街；南翼—向南延伸，包括李家沱、花溪、龙洲湾、惠民、南彭、南泉、跳石、鱼洞、一品、接龙、石龙、石滩、姜家、天星寺、安澜、界石在内的16个镇（街），其中：重点发展天星寺、姜家、接龙、石龙、石滩5个镇街。

（朱　柯）

金融　保险

金　　融

巴南银监分局

【概况】　中国银行业监督管理委员会巴南监管分局（简称：巴南银监分局）内设3个科室：办公室、监管一科、监管二科，在编正式职工11人。职责管辖范围：巴南区、綦江区、万盛经开区的银行业金融机构。主要职责：负责辖区内有关银行业金融机构的设立、变更、终止和业务活动的监督管理；依法对金融违法、违规行为进行查处；审查和批准辖区内有关银行业金融机构高级管理人员任职资格；统计有关数据和信息等工作。2014年年末，巴南区一级支行级以上银行机构19个（2014年新增5个），银行机构网点总数176个，自助银行68个，单台ATM机262台，银行从业人员2141人。

2014年，巴南银监分局在重庆银监局和中共巴南区委、区政府的领导下，以“工作深化年”为主题，突出重点，防控结合，牢守银行业风险底线；引督并举，优化服务，全面提升金融服务水平；顺应改革，简政放权，落实银行监管改革要求；改进作风，精细管理，加强内部管理和团队建设。有力地促进辖区银行业平稳运行，支持地方经济金融快速发展。成都银行巴南支行、中国光大银行巴南支行、中信银行巴南支行先后经批复开业。被重庆银监局评为“优秀单位”和“文明单位”。

【银行风险防控加强】　一、缓释政府融资平台贷款风险。加强全口径监测、统计和分析，国发43号文出台后，及时召开政府、银行、平台公司的专题会议，进行政策解读、现场答疑和信息交流，印发文件要求辖内银行做好存量债务清理核对工作，多方联动缓释风险，帮助2家平台公司调整为退出类公司，1家土储中心纳入名单制管理，巴南区银行业到期平台贷款本息全部按期收回。二、盯防影子银行和外部风险传染。通过调研摸清辖内影子银行业务整体状况，布置银行开展中间业务自查，整顿市场纪律，组织银行开展打非宣传月活动，协助政府快速破获重庆渝丰行投资管理有限公司非法集资事件，防范非法集资风险向银行系统蔓延。三、严控案防安保风险。督促各银行建立健全“双线”风险防控责任制，建立覆盖全流程、全岗位的案件风险防控机制，开展“案防在心中，合规在脑中”教育活动，针对电信诈骗高发态势，发文提出六个加强要求，辖内银行业实现“零案件”目标。四、防范房地产贷款风险。召开银行座谈分析会，共同应对房地产市场波动，督促银行落实房地产“名单制”管理，加强对房地产贷款的支付及贷后管理。五、加大监管惩处力度。实施现场检查、巡（督）查、自查抽检、专项检查等多种监管方式，对巴

2014年12月，区委书记李建春一行到银监分局调研

南区银行业开展现场检查11次，检查银行机构9家，对1家银行实施行政处罚。

【金融服务水平提升】 一、服务巴南都市功能拓展区建设。引导银行业转变发展思路，调整信贷结构，创新金融服务，主动对接都市功能拓展区建设，加大信贷支持力度。截至2014年年末，巴南区银行业各项存、贷款余额分别为555亿元和465亿元，较年初分别增长13%和17%，存贷比84%，不良贷款占比0.36%，实现利润12亿元。二、助推小微企业发展。印发《关于进一步加强小微金融服务严禁违规收费的通知》，规范银行服务收费行为，降低小微企业融资成本。开展“小微企业金融服务宣传月”活动，鼓励银行开展小微企业信贷模式和产品创新。截至2014年年末，小微企业贷款余额较年初增加20.81亿元，增长27.94%，高于贷款平均增速10.5个百分点，实现“两个不低于”目标。三、优化“三农”信贷服务。引导银行下沉服务网点，延伸支农服务半径，逐步建立多层次农村金融服务渠道，打通农村金融服务“最后一公里”。涉农贷款余额较年初增加10.15亿元，增长24.8%，高于贷款平均增速7.36个百分点，实现“两个不低于”目标。

【金融消费者权益保护】 一、简化市场准入行政审批。加大简政放权力度，简化市场准入等行政审批事项，银行网点设置更加合理便民。二、组织开展普惠金融活动。开展“保护消费者权益，争做零投诉银行”活动，以“两标准”规范银行经营行为。开展“送金融知识下乡”“促监管政策进基层、送金融服务到万家”等普惠金融活动，提升社会公众金融意识。三、及时妥善处置金融舆情。制定金融舆情监测制度和舆情提示制度，建立辖内银行业舆情监测和网评队伍，安排专人每天查看《舆情简报》，妥善处理涉及银行业的舆情和信访，有效化解负面影响，维护巴南区经济社会稳定。

（龚荣洁）

金融发展管理

【概况】 重庆市巴南区金融发展中心（简称：区金融发展中心）于2011年7月经巴南区人民政府批准，由原巴南区金融服务中心更名为巴南区金融发展中心，升格为五级职员事业单位（正处级），挂靠巴南区发改委。2014年4月，主办单位由区发改委变更为区财政局。区金融发展中心现有在编在岗员工9人，内设机构：综合科、银行金融科、非银行金融科。主要职能职责：服务全市长江上游金融中心核心区建设，发展以基金、融资租赁、小额贷款公司、担保公司等为代表的非银行类新型金融业和以金融后援服务为代表的金融服务外包业；负责全区银行、保险、证券等传统型金融机构和小额贷款公司、融资性担保公司、基金等新型金融机构的招商引进和管理；防范和化解区域性金融风险，维护全区良好的金融生态环境。

2014年11月8日，中信银行巴南支行举行开业庆典，区领导李建春、陈刚、宋葵出席开业仪式。12月29日，巴南区与国开交通基金举行PPP

（即：政府与民间组织之间为了合作建设公共基础设施项目和公共事务管理的模式）签约仪式，与巴南区进行PPP投融资合作。区领导李建春、陈刚、宋葵出席签约仪式。区金融发展中心与区财政局、职教城公司共同荣获中共巴南区委、区政府“2014年度工作创新‘金鹰奖’”（颁奖主题辞：PPP投融资模式让巴南投资建设前景一片光明）。

截至2014年12月31日，巴南区金融机构总数为49家，其中银行类金融机构21家，非银行类金融机构28家，巴南区金融机构情况参见下表：

巴南区金融机构情况

类别	名称	性质
银行机构	农发行巴南支行	政策性银行
	工行巴南支行、交行巴南支行、建行巴南支行、中行巴南支行、农行巴南支行、邮储银行巴南支行	大型国有银行
	重庆银行巴南支行、重庆农村商业银行巴南支行、三峡银行巴南支行、哈尔滨银行巴南支行、浙商银行巴南支行、兴业银行巴南支行、广东南粤银行巴南支行、成都银行巴南支行、中信银行巴南支行、光大银行巴南支行、华夏银行巴南支行、招商银行巴南支行	地方性商业银行/股份制商业银行
	巴南浦发村镇银行	村镇银行
	渣打银行巴南支行	外资银行
保险公司	人民财保巴南支公司、太平洋财保巴南支公司、平安财保巴南支公司、永安财保巴南支公司、天安财保巴南支公司、阳光财保巴南支公司、中华联合财保巴南营销部、中国人寿财险巴南支公司；中国人寿巴南支公司、人保寿险巴南支公司、太平洋人寿巴南支公司、平安人寿巴南支公司、泰康人寿巴南支公司；	财险和寿险机构
小额贷款公司	向南小贷、诚通小贷、嘉信小贷、融穗小贷、农产品小贷、予求小贷、万兆小贷、明亮小贷、重庆市小贷融资中心（截至2014年底，7000万美元注册资本已全部到位，暂未开展业务）	民营
担保公司	渝信担保公司	民营
	升华担保	民营
	西联担保公司	民营
	区兴农担保公司	国有
证券公司	光大证券巴南营业部、光大证券李家沱营业部、西南证券巴南营业部	证券机构
基金公司	华融渝富、金樽、优势资本、重庆市安全产业、融汇天和基金、永安信基金	内资
	海皇、德睿、	外资
	英飞尼迪、鼎玺、联合金融基金、香港兆富基金	内外资均有
融资租赁公司	上海融联租赁（重庆）有限公司、重庆港宏融资租赁有限公司	
	中国融资租赁有限公司	
投资管理公司	峻康投资、康润投资、瑞金投资、汉履投资、博威投资	投资管理公司

【银行存贷增长】 2014年，全区各银行机构克服各种不利因素，保持金融市场平稳、快速发展。截至2014年12月，巴南区银行业金融机构人民币存款余额553.03亿元，比年初增长14.14%；贷款余额461.45亿元，比年初增长16.63%，贷存比为83.4%，

【金融机构招商】 2014年，全区新增银行类金融机构5家：中信银行、光大银行、华夏银行、招商银行、成都银行；新增非银行类金融机构6家：2家小贷公司（予求小贷、明亮小贷）、1家担保公司（升华担保）以及2家基金公司（融汇天和基金、永安信基金）、外资融资租赁公司1家（重庆港宏融资租赁有限公司）。

【PPP投融资模式探索】 2014年，巴南区大力开展PPP投融资模式探索，以巴滨路项目为试验田，与国开交通基金通力合作，探索提出“投贷协同，产融结合”的投融资模式，设计并拟定PPP合作方案和流程、交易结构图，成功争取国开交通基金先期5亿元投资资金，并向市发改委上报巴南区PPP投融资项目合作方案。待巴滨路项目PPP融资模式取得成功后将进一步拓展至全区各类政府项目。

2014年12月，区长陈刚代表区政府与国开基金签订PPP战略合作协议

【农村保险保障体系完善】 2014年，按照“政府引导、企业运作”的原则，完善巴南区农村保险保障体系，在区金融发展中心和中国人寿巴南支公司、中国人寿财险巴南支公司的共同推动下，通过“政府补贴+部分保费自缴”的方式探索建立“小额人身意外伤害险”和“农村住房保险”，制定印发《巴南区城乡务工人员小额人身意外伤害保险实施方案》（巴南府办发〔2014〕175号）和《巴南区农村住房保险实施方案》（巴南府办发〔2014〕171号），进一步完善针对农民人身安全和财产安全的保障体系。截至2014年12月31日，全区小额人身保险参保农户6375人，签订保险合同8577份，保费收入42.88万元，为参保农户提供保险保障4.37亿元。

（刘　行）

中国人民银行巴南中心支行

【概况】 中国人民银行巴南中心支行（简称：人行巴南中心支行）位于巴南区鱼洞街道化龙中街87号，正式在册职工56人，内设13个科室（办公室、货币信贷科、调查统计科、货币金银科、会计财务科、国库科、人事科、外汇管理科、保卫科、纪检监察室、宣传群工部、后勤服务中心、营业室）。主要职能职责：负责在巴南区、綦江区及万盛经济技术开发区内贯彻执行国家有关法律、法规、方针、政策及上级行的有关规定；贯彻执行货币信贷政策，监督管理金融市场，根据有关规定参与辖区系统性金融风险的防范化解，维护地区金融稳定；维护辖区支付结算系统的正常运行，负责大额和可疑支付交易报告制度的实施和反洗钱案件的协查；承担辖区内外汇管理、经理国库、货币发行及人民币流通管理、统计研究、征信管理、安全保卫、党的建设等职责。

【货币政策贯彻落实】 2014年，人行巴南中心支行积极引导优化信贷结构。通过金融情况通报会、走访、调研等形式，宣传和传导总行稳健的货币政策。及时印发年度信贷投向指引，优化信贷结构，推动地方经济金融良性互动和协调发展。巴南区社会融资规模为151.75亿元，同比增长1.06倍。2014年末，金融机构人民币贷款余额461.45亿元，同比增长16.63%，较全市平均增长水平高1.9个百分点，增速在主城九区中排名第2位；存款余额553.05亿元，同比增长14.44%，比全市平均增长水平高3.98个百分点，增速在主城九区中居第1位；贷存比为83.44%，同比上升1.57个百分点，较全市平均水平高1.77个百分点，贷存比在主城九区中排第4位。涉农贷款、小微企业贷款余额不断增加，增速均高于各项贷款增速。2014年年末，巴南区涉农贷款余额54.53亿元，同比增加12.21亿元，增长28.85%，高于各项贷款平均增速12.22个百分点；小微企业贷款余额70.39亿元，同比增加12.28亿元，增长21.12%，高于各项贷款平均增速4.49个百分点。

【法人金融机构指导】 引导法人金融机构加大对“三农”及小微企业的支持力度。加强对支农再贷款发放后的后续监测，确保法人机构新增涉农贷款不少于再贷款额度；加强再贴现票据审核，确保贴现银行将资金用于辖内中小企业。全年巴南区法人银行发放支农再贷款5503万元，办理再贴现1790万元。

【农村信用体系建设】 采取“信用村”滚动评选方式，对2014年初第二批评选出的2个信用镇街、22个信用村逐一进村授牌。建立“信用村”档案，建立农村专业合作社和农户信用评价制度，积极推动政府修订信用村、信用镇街评定办法及贴息办法。2014年，巴南区各涉农银行对信用村及信用镇街累计发放贷款2182万元，贷款余额3556万元，同比增长50.36%，高于同期各项贷款增速33.73个百分点，涉及信用村、信用镇（街）22个，平均利率7.54%，兑现贷款贴息25.62万元，让农户真正得到实惠。2月，总行将巴南区列为全国首批农村信用体系建设试验区（全国共计29个）；3月，国家社会信用体系建设督导组到巴南区调研，高度肯定巴南区农村信用体系建设工作。5月，巴南区人民政府区长陈刚作出批示，充分肯定巴南农村信用体系建设取得的成绩。

【反假货币取得成效】 深化反假货币宣传，营造全社会反假货币的良好氛围。全年巴南辖区共计收缴假人民币124万元，同比增长39%。继续深化綦江区无金融机构的边远地区反假货币中心建设。自反假货币中心成立来，累计发放宣传资料12.5万份，接受咨询约5.8万次，接受可疑人民币鉴别金额21.6万元，协助查获假币0.8万元。

【金融防范机制建立】 继续完善和推广内外协作的区域金融风险防范保障机制，搭建区域金融风险监测机制。组织实施綦江区平台公司压力测试工作，对辖区重点领域金融风险进行评估。2014年12月，在綦江区成功开展“重庆准金融机构及民间融资风险传染突发事件应急演练”，这是重庆市内首次针对以民间融资为风险源，向小贷、担保、典当等准金融机构及金融体系传染的突发事件联合应急演练，也是金融突发事件应急处置成员单位首次全员参与的演练。

【服务民生职能强化】 按季召开财税库银工作协调推进会，加强对集中支付业务宣传培训，扎实推动国库集中收付改革工作，努力提高国库电子化水平，实现巴南区国库集中支付业务电子清算，确保财政资金安全高效快速支付。继续优化出口退税业务流程，加快退税资金到账速度，提高企业资金使用效益。2014年办理出口退税业务金额6.61亿元，同比增长5.25%。积极创新国债投资及权益保护宣传管理模式，建立国债投资者权益保护义务宣传站，形成人民银行国债管理部门、代理银行国债销售网点、城乡义务宣传站多层次国债投资及权益保护宣传管理模式。2014年辖区共计发行国债3.44亿元，同比增长35.43%，创历史新高。

【货币流通环境净化】 积极开展“万村千乡、零售企业、10 万商户”现金服务工作宣传活动，加大小面额零钞投放和残损币回收力度，提高流通中人民币整洁度。全年辖区内共计回收残损人民币 19 亿元，综合计划完成率为 141%。组织辖区 32 家银行业金融机构开展反假货币知识竞赛，提升金融业从业人员反假货币知识。合理计划和投放发行基金，确保辖区现金供应。

【外汇投融资便利化】 按照外汇管理“五个转变”要求，贯彻落实外汇管理重点领域改革。积极优化外汇金融服务体系，促进跨境人民币结算与投融资便利化。2014 年年末，辖区外汇指定银行增至 19 家，结售汇网点达到 67 个，远期结售汇网点增至 3 家，外币代兑网点增至 3 家。积极争取国家外汇管理局和重庆外汇管理部的政策和额度，成功支持 1 家企业“外保内贷”融资 3100 万元人民币；支持两家企业获得境外融资近 3 亿元人民币。2014 年年末，辖区银行代客跨境收支 9.21 亿美元，同比增长 50.75%；代客跨境人民币收支总额为 9.39 亿元，同比上升 75.43%；代客结售汇总额 6.21 亿美元，同比增长 31.36%。

【金融消费者权益保护】 2014 年，首次开展银行卡领域金融消费者权益保护专项执法检查。组织辖区金融机构开展“3·15 金融消费权益保护日”“金融知识普及月”，“12·4”首个宪法日和全国法制宣传日等一系列宣传活动，组织开展“12363”全国金融消费者投诉电话测试和对外挂牌公布。妥善处理 3 起金融消费者投诉。组织辖区金融机构首次开展金融消费权益保护评估工作。

（人行巴南中心支行）

中国工商银行股份有限公司重庆巴南支行

【概况】 中国工商银行股份有限公司重庆巴南支行（简称：工商行巴南支行）位于重庆市巴南区龙洲湾街道龙海大道 3 号，是工商银行重庆分行的二级分行。2014 年年末，工商行巴南支行在岗员工 194 人（其中：大专及以上学历 133 人），支行行长张克强。内设机构：办公室、业务运行管理部、个人金融业务部（下设个人贷款中心）、公司金融业务一部、公司金融业务二部（下设小企业金融业务中心）；有 9 个营业网点（支行营业部、8 个二级支行）。截至 2014 年年末，支行各项存款余额 72.32 亿元，比年初新增 7.57 亿元，同比增加 8.08 亿元；各项贷款余额 89.8 亿元，同比新增 6.94 亿元，增幅 8.38%。

【日均存款稳定增长】 工商行巴南支行在日均存款管理上夯基础，抓落实。一、针对银监会、财政部、人民银行联合发文出台的存款偏离度考核指标，支行及时转变经营思路，强化“没有日均存款就没有效益、没有日均存款就没有发展”的经营理念；二、多渠道保证日均存款稳定增长。初步建立日均存款考核激励和问责制度，提高全员揽存的积极性，将大额日均存款稳定工作做在平时；三、完善存款分层营销服务体系，逐级落实存款营销责任，加强网点专业化营销力量，实现掌控大户、维护中户、拓展新户的目标，提高客户在本支行结算流量和资金沉淀。

【融资业务实现突破】 2014 年，本支行成功推进葛兴公司新型城镇化 4 亿元股权融资项目，此项目既是本支行首单金融资产服务业务，又是重庆市分行首单 PPP 项目。该项目已进入协议磋商、前提条件落实阶段。该项目为本支行新增融资客户，将带来中收、托管、存款、结算、个人金融等综合回报，并深化与区政府的合作关系，为后续营销辖区内重点项目创造良好条件。

【营业网点增添搬迁】 2014 年，工商行巴南支行根据未来五年发展规划和区域经济发展趋势，在渠道建设方面积极推进。一、新购置营业网点 2 个（云篆山水、界石营业点）；二、搬迁租赁网点 1 个（将鱼洞支行搬迁到鱼洞都汇里办公）；三、新增离行式自助银行 3 个（土桥自助银行、海宁皮草城自助银行、东原自助银行）。

（中国工商银行重庆巴南支行）

中国银行股份有限公司重庆巴南支行

【概况】 中国银行股份有限公司重庆巴南支行（简称：中行巴南支行）位于巴南区龙海大道5号。本部下设5个部门（公司业务部、个人金融部、国际结算部、综合管理部、营业部），有6个经营性支行（鱼洞支行、马王坪支行、李家沱支行、大江支行、铜锣湾支行、龙洲支行）。现有在岗员工129人（其中：正式员工126人，劳务工3人）。中共党员50人。截至2014年年末，本支行人民币一般性存款余额37.66亿元，外币余额946万美元，人民币贷款余额33.1亿元。全年上缴各项税收1334.67万元。

【服务地方经济】 2014年，中行巴南支行全力支持巴南区建设“一城一极一区”战略目标，信贷资源主要用于辖区内企业及个人。全心全意向地方融资平台提供咨询服务，全力支持地方实体经济发展，尽力发挥自身优势，积极引导区内企业“走出去”。成功叙做多笔海外协议融资、海外代付业务。支持民生经济，做实消费金融。大力支持南彭公租房、华南城、巴南高职城等项目建设，积极发展区内楼盘按揭贷款业务。

【合规经营管理】 2014年，中行巴南支行认真开展党的群众路线教育实践活动，推动作风建设，为客户和员工办了10件好事、实事。不断加强内部管理，倡导合规文化，连续两年在人民银行巴南中心支行综合评价排名中荣获第一名。不断强化优质服务，开展“文明优质服务月”活动，客户满意度持续提升。

（何　洋）

中国建设银行股份有限公司重庆巴南支行

【概况】 中国建设银行股份有限公司重庆巴南支行巴南区龙海大道5号。支行内设7个机构：办公室、财务会计部、风险管理部、公司业务部、小企业业务部、个人金融部、住房金融业务部；现有10个营业网点、7个自助银行和3台独立的ATM取款机，分布于龙州湾、鱼洞、李家沱、大江、八公里、南彭、界石等多个人口密集区。直接参与为客户服务员工150余人，其中专业客户经理30余人，国内金融理财师18人。

2014年，支行荣获重庆市分行综合贡献二等奖，在银行业金融机构第三轮安全评估中，获得巴南区优胜单位。连续五年被巴南区评为纳税大户。全年不良贷款余额和不良率呈现双降，未发生重大差错事故和违规违纪的情况。

【经营业绩】 截至2014年12月31日，支行一般性存款时点余额61.71亿元，在系统内排13位；新增12.35亿元；实现中间业务收入1.05亿元，比上年增长0.14亿元，增幅达到14.77%；各项贷款（含贴现）余额72.63亿元，其中公司类贷款38.4亿元，本年新增15.2亿元；个人类贷款余额34.23亿元，本年新增8.55亿元；支行实现营业收入33.09亿元，同比增加0.64亿元，增幅达到20%；拨备前利润2.38亿元，同比增长0.37亿元，增幅达到18.4%；支行不良贷款余额为518.1万元，比年初下降65.3万元，不良率为0.07%，均实现不良贷款额和不良贷款双降。

【重点项目建设支持】 支行与重庆市巴南公路建设有限公司的合作，为公路公司发行一期4亿元资产收益权理财产品，用于“巴南区花溪街道建新村片区土地整治项目”；为重庆公路物流基地发行10亿元私募债，成为全国首单区县平台私募债；通过深圳建行的资源配置，为公路物流公司和公路建设公司分别带来5亿元和8亿元的信托资金；对入驻经济园区的圣美精工、惠科金扬、恒安纸业、富裕注塑、长安铃木及新入驻的轩博科技（天语手机）等企业，实现信贷业务合作，全年累计发放外汇贷款4525美元，折合人民币2.79亿元；本支行是华南城项目公司首家授信银行，为该项目累计发放流动资金贷款3亿元。

【中小企业发展助推】 2014年，支行全年共申报珠江城A区、典雅天城东区、丽景龙湾三期、蓝光御江台、典雅温泉城、丰和园、城南未来三期、凯川紫依云二期、万达广场、申烨太阳城五期、蓝光COCO四五期等按揭项目11个，审批合作金额35.8亿元。支行以投行业务和国际业务为突破口，围绕其上下游企业，做好服务工作，全年小企业客户增至70多户，累计投放贷款6.39亿元，贷款余额4.4亿元，其中商贸流通类客户1.24亿元、建筑类客户0.98亿元。支行利用建设银行“助保贷”产品，对一批通过贷流动资金维持企业运转较难的小企业客户，经过认真筛选，与企业反复沟通，通过“助保贷”为10户客户满足融资要求，投放金额0.47亿元，已初步实现批量化合作。个人类贷款余额34.19亿元，较年初新增8.51亿元。

【互联网金融服务】 2014年，支行通过建设银行“善融商务”平台，持续发展善融商务客户，给巴南区的生产型客户，寻找到更好的销售平台，全年申请的商户31户，实际通过认证的商户25户，达到活跃及商户客户23户。

（建设银行巴南支行）

中国农业银行股份有限公司重庆巴南支行

【概况】 中国农业银行股份有限公司重庆巴南支行（简称：农行巴南支行）位于重庆市巴南区龙海大道5号。内设6个部室：综合管理部、监察保卫部、风险与信贷管理部、运营财会部、个人金融部、公司业务部和支行营业部；下辖12个营业机构：鱼洞支行、兴隆支行、大江支行、李家沱支行、花溪支行、马王坪支行、新工地支行、一品支行、南泉支行、界石支行、木洞支行、兴正支行。支行行长程耀，在职员工252人、其中党员114人。2014年，农行巴南支行被中国银行业协会评为“2014年安全管理先进单位”，连续15年实现案件“零”目标；支行营业部荣膺“2014年中国银行业文明规范服务千佳示范单位”“2014年中国银行业文明规范服务五星级营业网点”。

2014年年末，各项本外币存款余额82.68亿元，各项贷款余额96.52亿元，实现中间业务收入7037万元。各项贷款余额、对公存款余额、对公贷款余额在区内同业中保持第一。

【三农信贷服务拓展】 2014年，农行巴南支行始终将服务“三农”放在改革发展的重要位置，不断拓宽“三农”金融服务渠道，加大对“三农”领域的信贷投入。全年涉农贷款余额7.6亿元，比上年新增3亿元，增速为64.83%，高于本行全部贷款平均增速40个百分点，实现涉农贷款“双增”目标。一、支持农业产业化。为重庆百科茶业有限公司、重庆宏嘉农业发展有限公司等农业产业化企业和重庆赛英思实业有限公司、花木世界建设提供信贷保障。二、深化农户金融服务模式。“以惠农卡为载体，以农户小额贷款为驱动”为广大农民群众提供支付、结算和信贷等综合金融服务，全年发放小额农户贷款125户，金额616万元；发放农村个人生产经营贷款3.23亿元，“三农”金融服务的广度和深度大幅提升。三、拓宽“三农”金融服务渠道。在人民银行的支持下，本支行与区商委合作，在农村超市设置带POS功能的“农商通”信息机，为农民提供小额现金支取、转账结算等服务，有效延伸服务渠道。截至年末，有效运行“农商通”达167台，累计发放惠农卡3.67万张，主要分布在南彭、惠民、姜家、东泉、接龙、石龙、木洞、丰盛、一品、跳石、安澜等镇，使农民足不出村即可取现，改善偏远地区农民支付环境。

【基础设施建设助推】 2014年，农行巴南支行继续加强与国有平台公司合作，支持区内重大项目和民生工程的建设。对区属国有公司直接发放贷款4.94亿元，其中向重庆市巴南区鑫土土地整治有限公司贷款3.84亿元，用于巴南区安澜镇等农村集体建设用土地复垦项目建设，并认真贯彻房地产信贷政策，全年对本区域房地产行业开发贷款余额7.86亿元，占比8.14%。重点围绕以龙州湾为核心的重庆新兴城市副中心建设，先后支持远洋地产集团等全国知名房地产企业和重庆源聚房地产开发有限公司、重庆宗申天润地产有限公司等地方龙头房地产开发商。

【实体经济发展支持】 2014年，农行巴南支行始终围绕着国家宏观经济的重点和促进发展的主线，积极支持区内传统优势产业，推动区内工业向高端化、高质化、高新化发展。全年累计投放法人贷款49.05亿元，累计投放个人贷款12.99亿元。新增贷款主要投向区内工业企业，促进区内经济发展。先后向宗申产业集团、长安铃木、华南城有限公司、建设摩托、巴山摩托等重点企业累计投放各项贷款12.48亿元。同时加强对区内中小企业信贷扶持，截至年末，为区内中小企业贷款余额为43.73亿元，占法人客户贷款总量的74.47%，有效地化解中小企业融资难题。

【房贷个贷消费支撑】 2014年，农行巴南支行强化自住型和改善型住房消费的信贷支持力度，认真落实人行贷款利率和首付款比例优惠政策，对中低价位、中小套房普通商品住房贷款给予信贷支持，助推个人金融业务的发展。支持本地商品房开发及按揭合作楼盘，主要有远洋高尔夫、宗申动力城、源聚、金源御府、佳兆业、凯川·紫依云、乔鹤·西苑等，进一步贯彻执行房地产调控政策，有效地支持区域内房地产行业平稳健康发展，并推出装修分期、汽车分期、助业贷款等灵活多样的个人信贷产品，满足广大客户多方位的信贷需求，助力区域内个人金融的发展。

【为民服务始终不渝】 2014年，农行巴南支行始终坚持为民服务先行。一、积极做好区内社保卡发行，扩大便民服务渠道，全年共发放金融社保IC卡2.8万多张。二、认真开展“打击非法集资”“保护消费者权益”和“金融知识送万家”等活动，全面普及金融知识，提升全民金融素质，增强风险防范意识。三、组织青年志愿者开展“送温暖，关注孤寡老人”为主题的“3·15”学雷锋活动，有效地提升农行巴南支行社会形象。

（许 悟）

交通银行股份有限公司重庆巴南支行

【概况】 交通银行股份有限公司重庆巴南支行成立于1994年5月，隶属于交通银行股份有限公司重庆市分行。支行现有员工29名，2个营业网点（支行营业部、李家沱支行），5家离行式自助银行（大江工业园区、龙洲湾街道、鱼洞街道、云篆山水片区等）。

截至2014年年末，支行人民币时点存款余额为11.26亿元，较年初减少6042万元，其中对公存款减少7000万元；储蓄存款较年初增加958万元；支行人民币平均存款余额11.57亿元，较年初增加358万元；贷款余额为7.99亿元，较年初增加2168万元。实现利润3653.39万元，缴纳税金360.05万元，比上年增长115.6%。

（交通银行巴南支行）

重庆银行股份有限公司巴南支行

【概况】 重庆银行股份有限公司巴南支行成立于1996年9月，是一家地方性股份制商业银行。重庆银行股份有限公司巴南支行（简称：重庆银行巴南支行）隶属于重庆银行股份有限公司。在巴南区拥有3个营业网点（重庆银行巴南支行本部、重庆银行巴县大道支行、重庆银行李家沱支行），营业网址分别位于重庆市巴南区鱼洞新市街60－1号、重庆市巴南区鱼洞镇巴县大道80号、重庆市巴南区李家沱马王坪正街5号楼商－5号，共拥有自购营业面积1584.38平方米。内设7个职能部门（公司业务一部、公司业务二部、零售业务部、小微业务部、风险管理部、营业部、综合部），主要经营：办理存贷、汇兑、结算、现金供应及回笼、代理证券、代理保险、代收代付等各项金融业务。现有在岗员工84人。重庆银行巴南支行认真贯彻执行国家的金融方针、政策、法律和法规，自觉接受中国人民银行巴南中心支行的指导、管理和监督。秉承“真诚服务、用心回报、追求卓越、持续发展”的经营理念，通过实施品牌战略，实现规模、质量及效益同步增长。被巴南区地方税务局评为“2014年度纳税信用A级企业”，被重庆市国资委、重庆市精神文明办评为“示范青年文明号集体”，被重庆银行评为“2014年度小微业务先进单位”。

截至2014年年末，重庆银行巴南支行资产总额达22.7亿元，存款总额达20.38亿元，贷款余额22.02亿元，实现利润8193万元，人均创利122.28万元，缴纳各种税金1540万元，人均创税22.99万元。

（重庆银行巴南支行）

重庆农村商业银行股份有限公司巴南支行

【概况】 重庆农村商业银行股份有限公司巴南支行（简称：农商行巴南支行）是重庆农村商业银行股份有限公司在巴南区的分支机构，成立于2008年6月，其前身是巴县信用合作社联合社，现位于重庆市巴南区龙洲大道145号。截至2014年年末，支行有正式在岗员工404人，派遣用工23人，内设10个部门，3个中心（个人贷款中心、小企业贷款中心、监控中心）；下辖56个营业网点（二级支行1个、营业部1个、一级分理处10个、二级分理处44个）；设有农村金融自助服务终端3台。经营范围主要包括：吸收公众存款；发放短期、中期和长期贷款；办理国内结算；办理票据承兑与贴现；代理发行、代理兑付、承销政府债券；买卖政府债券、金融债券；从事同业拆借；从事银行卡业务；代理收付款项业务；提供保管箱服务；经中国银行业监督管理机构批准的其他业务。2014年12月，农商行巴南支行被巴南区国家税务局、地方税务局评为“2012～2013年纳税信用等级‘A级纳税企业’”，被区公安分局评为“2014年巴南区内保工作先进集体”。

【主要经营业绩】 截至2014年年末，农商行巴南支行各项存款总额127.38亿元，较年初净增8.06亿元，市场份额占比23%，存款总量居区内同业第一。各项贷款余额89.98亿元，当年累计发放30.56亿元，贷款市场份额排名区内同业第二。不良贷款占比0.22%。全年共缴纳税金1.01亿元。

【支农责任践行】 2014年，农商行巴南支行充分发挥支农“主力军”作用。重组个人贷款中心，扩大“三农”信贷投入，积极探索灵活多样的担保、抵押信贷方式，贯彻信用村农户小额信用贷款执行基准利率等优惠政策，支持区域内“农家乐”、花卉果树种植、家禽养殖等特色农业、观光农业、基地农业的发展，年末涉农贷款余额8.86亿元，同比增长27.97%。新设立小企业贷款中心，投放涉农贷款1.59亿元，其中向二圣茶叶、新港农业、长富食品等5户市级农业龙头企业贷款4570万元，打造一系列强农富农惠农的典型品牌。

【经济发展支撑】 2014年，农商行巴南支行结合区域经济发展特点，全力推动区内重点民生工程建设，支持区属国有平台公司融资26.25亿元，支持区内重点招商引资客户贷款2亿元。同时认真落实市委、市政府有关金融部门支持小微企业发展的部署，3月试运行铠恩小微企业专营支行，服务区域覆盖铠恩、花溪、李家沱、龙洲湾、鱼洞、鹿角、界石等多点一线。6月，向区内的重庆驰成金属冶炼有限公司发放重庆农商行第一笔“税易贷”。年末，小微企业贷款新增2.63亿元，户数36户，位居重庆农商行小微企业专营支行之首。

【金融服务宣传】 2014年，农商行巴南支行装修改造网点14个，新投放各类自助机具27台，进一步优化渠道布局。成立专职宣讲队，配合网点深入镇街村社开展大型金融服务宣传活动，全年开展活动185场（其中：进单位93场，进社区43场，进村镇38场，进市场11场），受众面超过2万人次。独家冠名赞助“巴南区首届广场舞电视大赛”，大赛历时4个月，参赛人员2640余人，由支行员工表演的百人《农商行小苹果》深受群众喜欢，并被广为转传，大赛将金融宣传与健身锻炼融为一体，取得良好的社会反响。

（农商行巴南支行）

中国农业发展银行重庆市巴南区支行

【概况】 中国农业发展银行重庆市巴南区支行（简称：农发行巴南支行）系农业政策性银行，隶属于中国农业发展银行重庆市分行。位于巴南区鱼洞巴县大道67号，内设3个部室（办公室、信贷部、会出部)，下属营业机构1个。正式员工26人（中共党员11人），大专以上文化程度26人，获得经济师、会计师、政工师等中级技术职称的10人。主要职责职能：按照国家的法律、法规和方针政策，以国家信用为基础，筹集农业政策性信贷资金，承担国家规定的农业政策性金融业务，代理财政支农资金的拨付，为本区域粮油收储企业和“三农”经济服务，大力促进地方新农村建设。

2014年年末，农发行巴南支行各项贷款余额12.38亿元，无不良贷款；各项存款余额0.78亿元，人均存款289万元；信贷资金运用率92%；利息收入0.92亿元，贷款收息率100%；实现账面利润0.22亿元，人均利润83万元；人均中间业务收入1300元。

【业务发展】　按照农发行总行制订实施“两轮驱动”的发展战略，将业务发展与贯彻落实中央支农、惠农、强农政策与支持巴南区城乡一体化和农业实体经济的发展结合起来，积极配合巴南区建设“一城一极一区”和“四区一基地”战略目标，寻找支农新亮点，始终把政府主导的融资平台项目和经营效益好的民生重点项目、带动作用大的产业化龙头企业，作为优先服务的支持重点，促进业务经营稳健发展和巴南区城乡一体化发展。正确执行国家粮油信贷政策，尽力满足重庆粮食集团巴南分公司收购储备信贷资金需求，为巴南区粮食市场繁荣稳定和国家粮食安全作出较大贡献。积极支持农业产业化龙头企业做大、做强、做亮，配合地方农业产业结构调整，向巴南区3个农业产业化龙头企业发放贷款3000余万元，促进企业有效发展和农民现金增收，帮助企业打造3个国家级农业示范基地和省部级特色农业品牌。重点营销巴南区涉农中长期贷款项目4个，营销项目总投资逾8亿元，企业申请贷款近6亿元。

【风险防控】　根据银监局、人民银行和上级行信贷风险排查、内部控制试评价检查等规定，对每笔贷款、每个环节的信贷风险进行全方位排查，对重要岗位定期轮岗、强制休假等制度执行情况进行滚动式案件风险排查，确保全年无违规行为发生。深入企业和闹市区开展防范和打击非法集资、反假币、反洗钱宣传活动。扎实开展“信贷管理年活动”，稳步推进信贷基础工作实现精细化管理。强化专业条线、涉密岗位的保密工作督导检查，全年未发生一起泄密事件。

【廉政安保】　支行行长与职工全面签订《党风廉政建设责任书》《安全保卫责任书》。全面启动与司法部门的联谊协作机制。积极开展反腐倡廉、勤政从业教育，组织全体员工学习讨论中纪委、上级行纪委廉政会议精神。坚持行务和党务公开，对领导班子权力运行进行监督制约，要求领导班子成员管好自己和家属，严禁“吃、拿、卡、要、报、借”，确保廉洁从业。落实职工周一至周五中午安全值班制度。定期开展安全、突发事件演练。邀请区公安分局消防人员到本支行指导工作。保障领导和业务用车安全。全年实现“四无”目标。

（张仲军）

重庆巴南浦发村镇银行股份有限公司

【概况】　重庆巴南浦发村镇银行股份有限公司（简称：巴南浦发村镇银行）是经重庆市银监局批准、报银监会备案，于2009年12月23日成立的股份制商业银行，注册资本5000万元，是巴南区唯一的具有一级法人资质的金融机构，由上海浦东发展银行发起成立，重庆市巴南区区属国有企业、重庆市农业投资（集团）有限公司等9家企业出资组建。其中上海浦东发展银行持股占51%，其他8家股东持股占49%。巴南浦发村镇银行设“三会一层”（即：最高权力机关股东大会、董事会、监事会及经营管理层）；经营管理层内设四个部门（即：风险管理部、业务管理部、综合管理部、营业部）。截至2014年年末，共有员工45人。经营范围：吸收公众存款；发放短期、中期和长期贷款；办理国内结算；办理票据承兑与贴现；从事同业拆借；从事银行卡业务；代理发行、代理兑付、承销政府债券；代理收付款项及代理保险业务；经银行业监督管理机构批准的其他业务。经营地址：重庆市巴南区鱼洞巴县大道102号。

巴南浦发村镇银行秉承“立足巴南、服务三农、创新金融、建设城乡”的经营宗旨，坚持“服务三农、以工促农、以城带乡”的经营思路，注重社会效益与自身效益的同步发展，把支持农业、农户、农村基础设施建设等涉农贷款作为本银行的特色业务，依靠控股股东上海浦东发展银行的资金、技术、人力及管理等方面的支持，各项业务得到快速健康地发展，规模和效益在重庆村镇银行系统中名列前茅。开业以来，通过不断地加大信贷投放力度，为巴南区农业生产、农户增收作出较大贡献，为探索村镇银行发展走出了一条特色之路。

截至2014年年末，本银行总资产达25.13亿元，比上年净增6.81亿元，增幅达37.15%；各项存款达22.99亿元，比上年净增6.39亿元，增幅达38.54%；各项贷款达12.68亿元，同比增加1.91亿元，增幅达到17.74%。

（巴南浦发村镇银行）

重庆三峡银行巴南支行

【概况】 重庆三峡银行巴南支行于2012年1月19日正式对外营业，位于巴南区龙州湾龙海大道。在册员工18人，人均年龄30岁，均为本科以上学历。内设机构：营业部、业务部、综合部、保卫部四个部门。被重庆市巴南区金融发展中心、人民银行巴南中心支行评为“2014年反假货币工作先进集体”。

重庆三峡银行巴南支行秉承“一切为你着想”的服务理念，围绕“一年打基础、二年求发展、三年上台阶”的经营思路，合规稳健经营。服务中小企业，扶持微型企业，扶助农业企业，协助地区统筹发展。针对小微企业融资的需求特点，持续推出积数贷、灵活贷、优惠贷、组合贷、互助贷、流量贷等多款效率产品，并推出“小企业信贷快车”品牌，包括农保通、打包贷、物流贷、应收账款池融资。更为小企业专门打造金融服务平台“1+1小企业之家”，依托与商会、协会、市场、商圈、园区以及核心企业等共同搭建“银行+管理方”的综合金融服务平台，通过平台的金融服务功能，为小企业之家的会员提供融资、理财、结算以及增值等全方位的金融服务。充分利用网点柜台上方LED宣传屏的金融知识宣传，梳理归类常用金融知识和消费者权益保护宣传折页展架，将各类产品、金融安全、消费者保护内容统一归类；大堂设置宣传台，由大堂经理接待客户，向客户宣传相关金融产品知识；到龙州湾社区、李家沱街道、鱼洞人民广场等地开展反假货币、反洗钱、打击非法集资等金融知识普及宣传活动12次，发放宣传折页1200多份，接受咨询600余人次。重庆三峡银行巴南支行以支持地方经济建设为己任，为居民提供优质金融服务为目标，创建特色产品、特色服务，践行社会责任，扎根巴南，回报巴南，奉献巴南。

截至2014年年末，重庆三峡银行巴南支行为区属平台公司融资9.51亿元，引进信托资为区平台公司金融资6.2亿元。为巴南区实体经济融资6.69亿元。存款余额为13.51亿元；融资余额为10.95亿元；新增存款7.64亿元、增幅为130%；新增融资余额7.81亿元、增幅163%。

（重庆三峡银行巴南支行）

中国邮政储蓄银行有限责任公司重庆巴南片区行

【概况】 中国邮政储蓄银行有限责任公司重庆巴南片区行于2007年12月30日挂牌成立，2012年1月依法更名为中国邮政储蓄银行股份有限公司重庆巴南区支行，2013年9月机构进行改革，巴南区支行升格为中国邮政储蓄银行股份有限公司重庆巴南片区行。位于巴南区龙洲湾龙州大道100号附42号。内设7个部门（办公室、个人金融部、公司业务部/内设小企业金融部、零售信贷部/三农金融部、会计/营运部、风险管理部/法律与合规部）；1个营业管理部（巴南营业管理部，内设综合管理部、个人金融部、公司业务部3个部门，辖11个自营网点，51个二类支行及代理邮政金融网点，拥有自助存取款设备83台）；3个一级支行（江津区支行、綦江区支行、万盛经开区支行）。巴南片区行坚持植根巴南沃土，融入地方经济，与地方政府合作共建“绿色信用村、镇”，为区内广大中小企业提供上亿元融资贷款，深受社会各界欢迎，为统筹城乡发展做出积极贡献。被邮政集团公司评为“2013 年全国邮政用户满意企业”。

2014 年，邮储银行巴南片区行开办有：小额贷款、商务贷款、小企业贷款、消费贷款、信用卡、结售汇、理财、ETC、公司存款、公司贷款、供应链金融、票据等业务。截至 12 月，累计实现总收入 7375.28 万元，完成预算目标 6879 万元的 107.21%，同比增幅 37.53%（其中：实现个人业务收入 2806.15 万元；公司业务收入 2209.7 万元；零售信贷业务收入 2254.63 万元）。实现考核利润总额 2349.46 万元。

（张文佼）

中国光大银行股份有限公司重庆巴南支行

【概况】 中国光大银行股份有限公司重庆巴南支行于 2014 年 11 月 3 日开始试营业，位于重庆市巴南区龙洲湾龙洲大道 100 号附 57 号。内设机构：业务部、零售业务部、营业部。现有在岗员工 17 人（其中：正式工 14 人，劳务工 3 人）。本支行经营思路：适应国家政策导向，积极支持小微及三农领域的金融服务需求；针对巴南作为主城功能拓展区的发展定位，积极跟踪新进企业，寻求合作；高职城实业公司、重庆华南城有限公司、惠科集团相关合作项目在积极推进中；支持农业领域，积极营销和办理农业龙头企业的小额短期信用贷款业务。

截至 2014 年年末，本支行总资产 9536 万元，总负债 9531 万元，各项存款 9526 万元，其中储蓄存款 3966 万元，各项贷款 5560 万元。

（光大银行巴南支行）

成都银行重庆巴南支行

【概况】 成都银行巴南支行位于重庆市巴南区龙海大道 3 号 13 幢，经营面积 844 平方米。2014 年 8 月 15 日正式营业。成都银行巴南支行在岗员工 14 人，内设机构：业务部，营业部和综合管理岗。本支行确立“立足巴南辐射周边”的营销思路，主要立足于巴南区当地，契合巴南区大力推进产业和布局的战略性调整的步伐，着力从汽车制造、装备制造、数码电子、精细化工及新材料、轻纺服装和云计算等“5 + 1”主导产业方面做好区域内企业的营销开拓工作，在稳定现有客户授信的基础上加大对中小企业的营销力度。同时能够“快速、准确”地为客户提供优质服务，满足地方居民需要和支持地方经济建设发展。积极普及金融知识，努力提升当地群众的金融知识水平和安全防范意识。

截至 2014 年年末，本支行资产总额达 12.7 亿元；一般性存款余额为 6.99 亿元（其中：对公存款余额为 6.43 亿元、个人存款余额为 0.56 亿元）；各项贷款余额为 5.71 亿元（其中：对公贷款 5.705 亿元、个人贷款 50 万元）。

（成都银行巴南支行）

哈尔滨银行重庆巴南支行

【概况】 哈尔滨银行成立于 1997 年 2 月，总部位于哈尔滨市。现有天津、重庆、大连、沈阳、成都、哈尔滨等 17 家分行，在北京、广东、江苏、吉林、黑龙江等 14 个省及直辖市设立 24 家村镇银行，营业机构 317 家，在职员工超过 7000 人，分支机构遍布全国六大行政区。

2010 年 10 月 22 日，哈尔滨银行正式入驻重庆，成立哈尔滨银行重庆分行，截至 2014 年 6 月，哈尔滨银行重庆分行资产总额 379.76 亿元，存款总额 216.73 亿元，119.04 亿元（含贴现），分行小额信贷占比 56.3%。截至年底，在重庆顺利开设大坪支行、南坪支行、巴南支行、万州支行、渝北支行、观音桥支行、涪陵支行、北部新区支行、开县支行、两江支行、西永支行、沙坪坝支行、九龙坡支行、秀山支行、南川支行、瑞天路社区支行在内的 16 家营业网点，成功注资 4 家村镇银行。截至 2014 年 6 月，分行共有正式员工 416 名，平均年龄 29.3 岁，硕士研究生占比 10.3%，本科生占比 76.7%。

2012 年 8 月 6 日，哈尔滨银行重庆巴南支行成立，位于重庆市巴南区龙洲湾商业街 A 区。本支行员工认真践行总行“普惠金融，和谐共富”的经营理念，密切依托巴南区的区位优势和良好的金融环境，充分发挥小额信贷领域的特色和优势，坚定不移地走特色化经营道路，以服务小微企业的“乾道嘉”产品、服务三农的“集约农贷”和服务金融消费者的“丁香花”理财产品为杠杆，以专业的服务与专注的态度倾情服务，为巴南区的经济社会发展做出积极贡献。截至2014年12月31日，哈尔滨银行重庆巴南支行资产总额5.82亿元，全口径存款总额5.83亿元，小微企业贷款余额3.16亿元。

（哈尔滨银行重庆巴南支行）

中信银行股份有限公司重庆巴南支行

【概况】 中信银行股份有限公司重庆巴南支行于2014年11月8日正式对外营业，位于鱼洞街道都汇里广场，在编员工23人。截至2014年12月31日，中信银行巴南支行存款时点余额达11.9亿元，日均10.8亿元；零售存款时点余额达5769万元，日均3755万元；各项贷款余额22.6亿元。

（中信银行巴南支行）

浙商银行重庆巴南支行

【概况】 浙商银行重庆巴南支行于2013年5月成立，位于巴南区龙海大道5号龙洲湾商业街内。内设7部1室（行长室、综合管理部、风险管理部、业务发展一部、业务发展二部、小企业业务一部、小企业业务二部、营业部），现有员工30人。浙商银行重庆巴南支行经营个人贷款、小企业“随e贷”、小企业便利贷以及小企业“三年贷”等信贷产品支持区域中小企业建设发展。

截至2014年年末，浙商银行重庆巴南支行存款余额11.78亿元，较年初增加3.38亿元，增幅40.23%；贷款余额7.77亿元，较年初增加3.13亿元，增幅67.45%。存贷比为65.96%。共计发放个体户及小微企业贷款161户，余额2.77亿元（其中：农林牧渔业9户，金额1810万元；加工制造业39户，金额7525万元；批发零售业77户，金额1.11亿元；交通运输业6户，金额500万元；建筑业27户，金额2340万元）。

（浙商银行重庆巴南支行）

渣打银行（中国）有限公司重庆巴南支行

【概况】 渣打银行（中国）有限公司重庆巴南支行共有员工9人。自2012年设立以来，累计为94位小微客户提供信贷金额6899万元。截至2014年年末，存款余额1662万元，贷款余额5628万元，与上年同比增速58%。

（渣打银行巴南支行）

广东南粤银行股份有限公司重庆巴南支行

【概况】 广东南粤银行的前身为湛江市商业银行。2011年9月，获中国银监会批准更名为“广东南粤银行股份有限公司”，简称“广东南粤银行”。广东南粤银行重庆分行成立于2010年5月，巴南支行于2013年12月24日正式获批设立。广东南粤银行巴南支行位于巴南区龙海大道3号13幢1－35，在岗员工18人。本支行始终秉承“天道酬勤、和谐成长”的核心价值观，坚持服务民生、服务地方经济、服务中小微企业、服务广大市民的市场定位，大力支持巴南地方经济建设。始终坚持“普惠金融”导向，客户全球ATM、网银、手机银行、账户管理费等基础个人金融业务全部免费，切实做到让惠于民。在网点所在地龙海社区居委会的支持下，对周边社区及巴南区部分商圈、经济园区开展金融服务20多次，赢得当地居民和小企业主的认可和称赞。

截至2014年年末，本支行存款余额为4.20亿元，贷款余额为5.89亿元。

（广东南粤银行巴南支行）

重庆市巴南兴农融资担保有限责任公司

【概况】 重庆市巴南兴农融资担保有限责任公司（简称：兴农担保公司）是经重庆市人民政府

金融办公室批准、重庆市工商行政管理局核准成立的国有非银行金融机构。兴农担保公司在重庆兴农融资担保集团有限公司、重庆市巴南区国有资产管理办公室共同出资组建的基础上，又新增加重庆市巴南经济园区实业建设有限公司、重庆麻柳沿江开发有限公司为股东组建而成，注册资本金1亿元。主要经营范围：贷款担保、票据承兑担保、贸易融资担保、项目融资担保、信用证担保等融资性担保业务；再担保、债券发行担保业务；诉讼保全担保业务，履约担保业务，与担保业务有关的融资咨询、财务顾问等中介服务，以自有资金进行投资。

2014年，兴农担保公司坚持“突出三权特色、服务中小企业、情系三农发展、助推城乡统筹”的经营理念，成功开发“农旅产业·商会通”“青峰计划”等新产品，为企业融资搭桥铺路，为企业和资本搭建起“融资金桥”。全年帮助115个城乡一体化项目、中小企业、青年创业者融资担保115笔，在保余额3.97亿元，总收入1598万元，代偿和损失控制为“零”。农村“三权”资产抵押担保贷款占在保余额的97.9%。新华社、《重庆日报》记者分别对“青年创富通”“三权抵押”“青峰计划”作专访。8月，被重庆市人力资源和社会保障局、重庆市总工会、重庆市企业联合会、重庆市企业家协会、重庆市工商业联合会评选为“重庆市和谐劳动关系AAA级企业”，2月，被重庆市兴农融资担保集团有限公司评为“区县公司考核三等奖”。

【三权抵押融资】　坚持以“三权”为特色、以“三农”为主业，帮助借款人以其自身或第三人所拥有的农村土地承包经营权、林权和农村居民房屋作为抵押担保向融资机构银行申请贷款融资，并将“三权”抵押贷款延伸扩大至城乡一体化建设、乡村旅游及现代都市农业等方面，逐步将农村塘、库、堰承包经营权、承包土地上的附着物及生物性资产纳入抵押，通过扩大反担保范围，使虚化的产权得到量化，推进农村金融服务创新，激活农村评估难、抵押登记难、处置难的“沉睡”资源。全年已为接龙、界石、双河口等镇街提供84笔“三权”项目融资担保，累计在保余额2.37亿元，助推城乡一体化建设和农村经济发展。

【青锋计划实施】　9月，联合团区委、浙商银行巴南支行开发融资新产品“青峰计划”。该产品不但延续“青年创富通”低门槛、低利率、无抵押的优势之外，还有“三大”特点：一、融资成本更低，采取“先收后返”的方式，提供“零担保费”；二、融资额度更大，单笔最高担保贷款50万元；三、服务更优，聘请创业导师提供智力服务。新华网、《光明日报》、中国青年网等数十家主流媒体均作宣传报道。

【农旅产业·商会通开发】　会同区工商联（总商会）、城乡一体农旅产业商会、重庆巴南浦发村镇银行巴南支行三方签订《巴南区“农旅产业·商会通”担保融资业务战略合作协议》，联合开发出“农旅产业·商会通”金融新产品，主要支持区内农旅产业融资，按照其保证金的6～8倍放大担保融资，单笔最高1000万元。该产品开辟简捷畅通的融资渠道，实现“见保即贷”，受到城乡一体农旅产业商会会员的广泛欢迎，已获得浦发村镇银行的3亿元授信，有效解决农旅企业的融资瓶颈。

（李　娟）

重庆市巴南区明亮小额贷款有限责任公司

【概况】　重庆市巴南区明亮小额贷款有限责任公司位于重庆市巴南区渝南大道101号，注册资本3亿元人民币。内设机构：总经理办公室、营销部、风控部、财务部、综合部。部门经理4人、业务人员8人（其中：4位高级管理人员，具有多年的银行工作经历和管理经验）。

2014年，公司累计放贷3.04亿元。年末客户17户，贷款余额1.94亿元（其中，向巴南区内经济实体累计放贷1.2亿元）；年末余额7300万元，比年初新增7300万元，增幅100%；实现利息收入719.5万元；经营利润247.3万元；缴纳税金148.4万元，比上年均增长100%。

（明亮小额贷款有限责任公司）

重庆市巴南区向南小额贷款有限公司

【概况】 重庆市巴南区向南小额贷款有限公司于2011年1月7日经重庆市金融工作办公室批准成立。向南小额贷款有限公司位于巴南区鱼洞街道新市街79号附16－2号，隶属于巴南区金融发展中心管理；在职员工32人（其中：大专以上学历30人，有从业银行、金融行业经验人员27人），内设市场营销部、风险管理部、信贷审查部、法务部、财务部、综合管理部等部门。公司注册资本金人民币：3亿元，主要经营范围：办理各项贷款、票据贴现、资产转让等业务。

2014年，公司以“立足巴南、服务企业、回报社会”为经营理念，本着“手续从简、放款从快、利率从活”的服务宗旨，坚持“小额、分散”原则，发挥灵活、快捷的优势，为中小企业、个体工商户特别是“三农”和微企客户提供便捷、高效、优质的融资服务。规章制度健全，内部管理规范，人员配备合理，组织架构完整。截至年末，累计发放各项贷款33.54亿元，客户总数为486户，有效地解决中小企业融资难问题；缴纳税金1006.39万元，有力地支撑地方财政收入和经济发展。

（王　莉）

重庆市巴南区融穗小额贷款股份有限公司

【概况】 重庆市巴南区融穗小额贷款股份有限公司（简称：融穗小贷公司）下设综合管理部、信贷业务部、风险控制部、财务管理部。截至2014年12月，融穗小贷公司员工23人。

2014年，融穗小贷公司以十八届三中、四中全会精神为指导，认真贯彻执行《中国银行业监督管理委员会中国人民银行关于小额贷款公司试点的指导意见》和《重庆市小额贷款公司试点管理暂行办法》，按照《中华人民共和国公司法》等法律法规要求，不断完善公司法人治理结构，建立健全各项管理制度。努力践行普惠金融理念，坚持“小额、分散”定位，积极为本地区中小企业、微型企业、个体工商户和“三农”提供融资服务。公司累计发放贷款1.71亿元，实现总收入1039万元，实现利润547万元，缴纳税金155万元。

（融穗小贷公司）

保　　险

中国人民财产保险股份有限公司重庆市巴南支公司

【概况】 中国人民财产保险股份有限公司重庆市巴南支公司（简称：人保财险巴南支公司），是巴南区境内经营财产保险业务的保险公司中经营规模最大、经营范围最广、经营历史最长、经营网络最全、服务能力最优、经营实力最强的国有财产保险公司。人保财险巴南支公司现有员工52人；内设综合部、出单分中心、理赔分部、业务部等部门，下设李家沱营业部、巴南工业园营销服务部等机构；公司经营范围包括：车险、财产险、货运险、责任险、农业险、建筑工程险、综合险、短期意外险、短期健康险等上百险种。

2014年，人保财险巴南支公司开展能繁母猪保险及森林保险等农业保险品种，共承保能繁母猪3305头，承保公益林52万亩、国有商品林近8000亩。全年实现保费收入1.43亿元，在巴南区财产保险市场保持较高的市场份额，对巴南区区级财税贡献额达800余万元，连续多年被授予“纳税大户”和“A级信誉企业”称号。

（人保财险巴南支公司）

中国人寿财产保险股份有限公司重庆市巴南区支公司

【概况】 中国人寿财产保险股份有限公司重庆市巴南区支公司（简称：人寿财险巴南支公司）是中国人寿（集团）财产保险股份有限公司在巴南区设立的三级经营机构，成立于2012年11月，位于巴南区鱼胡路25号2幢2单元4－6号。人寿财险巴南支公司内设总经理室、综合管理部、车商部、非车险部、银邮部5个职能部门；现有在岗员工16人。

2014年，人寿财险巴南支公司采取“政府引导+企业运作”方式对全区农村住房12万余户进行统一起保，并快速开展理赔，得到广大农户和社会各界好评。全年完成保费3110万元，同比增长51%。其中，车险保费2436万元，占比78.3%，同比增长45.8%；非车险保费收入674万元，占比21.7%，同比增长74.1%；上缴税收210万元；保费规模在重庆分公司各分支机构中排前列。

（人寿财险巴南区支公司）

中国太平洋财产保险股份有限公司重庆巴南支公司

【概况】　中国太平洋财产保险股份有限公司重庆市巴南支公司（简称：太平洋财险巴南支公司）是中国太平洋财产保险股份有限公司重庆分公司设在巴南区的分支机构。位于巴南区鱼洞街道下河路70号。内设4个职能部门：业务一部、业务二部、车商业务部、综合管理部。现有在岗员工23人。

2014年，太平洋财险巴南支公司实现保费收入8141万元，完成年初计划的115.31%，与上年同比增长1774万，增幅27.86%；累计理赔3954万元，与上年同比增加838万元，上升26.89%；赔案件数1.2万余件，与上年同比增加3472件，上升40.55%；缴纳税金456万元，与上年同比增加136万，增幅42.5%；实现考核利润400万元，与上年同比增加180万元，增幅81.82%；实现人均产能353.95万元，较上年增长35.95万元，居太平洋财险重庆分公司远郊分支机构第一位。

（太平洋财险巴南支公司）

中国平安财产保险股份有限公司重庆市巴南支公司

【概况】　中国平安财产保险股份有限公司重庆市巴南支公司（简称“平安产险巴南支公司”）位于巴南区龙洲大道10号18幢2层。平安产险巴南支公司是辖区内经营规模最大、实力最强、经营网络最全、服务能力最优的专业性财产保险股份有限公司之一，辖綦江、万盛两个四级支公司。现有员工78人，内设经理室、综合部、业管部、客服部。经营范围：车险、企财险、家财险、工程险、货运险、责任险、意健险等一切法定产险业务；近年开发推出电话营销专用车险、环境污染责任险、董事及高级职员责任险、国内贸易信用保险、境外旅行意外伤害保险、个人账户资金损失险、非机动车综合险、船舶保险、能源保险、学生综合险、种养殖保险等符合市场需求的新险种。

2014年，平安产险巴南支公司全年实现保费收入1.39亿元，同比增长19%，增速超市场6.1%，超同行业7.7%，市场份额提升1.1%。其中车险保费收入1.19亿元，占比85.9%；财产险保费收入1334万元；意健险保费收入623万元。

（平安产险巴南支公司）

天安财产保险股份有限公司重庆市巴南支公司

【概况】　天安财产保险股份有限公司重庆市巴南支公司成立于2003年5月28日，现有员工9人。公司成立以来，秉承“化险为夷、补天爱人”的企业精神，坚持“以客户为中心”的经营理念，诚信经营，用心服务。2014年，完成保费收入1521万元，其中车险保费收入1009万元，非车险保费收入511万元。

（天安财险巴南支公司）

中国人寿保险股份有限公司重庆市巴南区支公司

【概况】　中国人寿保险股份有限公司重庆市巴南区支公司（简称：中国人寿巴南区支公司）辖1个营业部，10个营销服务部。内设5个职能部门：综合部、客户服务中心、个险销售部、团体业务部、银行保险部。共有员工43人，寿险代理人481人。

2014 年，中国人寿巴南区支公司实现总保费 2.40 亿元，同比增长 1.63%；理赔支出 562.61 万元，同比增长 9.35%；满期给付 2255.42 万元。其中，长险首年保费 9322.3 万元，同比增长 6.13%，首年期交保费 3234.15 万元，10 年期及以上首年期交保费 2006.24 万元，短期险保费 2298.69 万元，同比增长 26.29%。

（刘　兰）

中国太平洋人寿保险股份有限公司重庆市巴南中心支公司

【概况】 中国太平洋人寿保险股份有限公司重庆市巴南中心支公司成立于 2002 年，位于鱼洞街道巴县大道 67 号。巴南中心支公司管辖巴南、綦江、万盛、南川 4 个支公司，主要经营寿险、银行保险、团体险等险种。下属合同制员工 64 人，代理制合同员工 871 人。2014 年，完成经营业绩 1.42 亿元，理赔款支付 951 万元。

（太平洋寿险巴南中心支公司）

中国平安人寿保险股份有限公司重庆市巴南中心支公司

【概况】 中国平安人寿保险股份有限公司重庆市巴南中心支公司（简称：平安寿险巴南支公司）于 1996 年 9 月组建，1997 年 5 月正式挂牌成立。现辖 8 个营业网点（綦江支公司、鱼洞营销服务部、万盛营销服务部、西彭营销服务部、李家沱营销服务部、木洞营销服务部、打通营销服务部、三江营销服务部）；内勤员工 79 人，营销业务员 1530 人。主要经营：人寿保险、健康保险、意外伤害保险等各类保险业务；代理财务保险业务。截至 2014 年底，在市场销售的产品有 100 多种，全年实现保费收入 4.16 亿元，拥有客户 8.13 万。

（平安寿险巴南中心支公司）

中国人民人寿保险股份有限公司重庆市巴南区支公司

【概况】 中国人民人寿保险股份有限公司重庆市巴南区支公司是一家与台港澳和境内合资的股份有限公司支公司（外资比例低于 25%）。位于巴南区鱼洞街道鱼轻路 8 号 9 楼。业务经营范围：人寿保险，健康保险和意外伤害保险等保险业务。

2014 年末，公司在岗员工有 95 人。全年保费收入为 3597.94 万元，赔款支出为 92.44 万元。

（人寿保险公司巴南区支公司）

阳光财产保险股份有限公司重庆市巴南支公司

【概况】 阳光财产保险股份有限公司重庆市巴南支公司（简称：阳光财险巴南支公司）为阳光财产保险股份有限公司下辖三级分支机构，成立于 2006 年 6 月。位于重庆市巴南区鱼洞镇巴县大道 57 号。内设 7 个职能部门：总经理室、客户服务部、综合管理部、直管业务部、综合开拓业务部、车商业务部、理赔服务中心。承保主要险种：车险、财产保险、责任保险、法定责任保险、信用保险和保证保险、农业保险、其他财产保险业务、短期健康保险和意外伤害保险及上述保险业务的再保险业务。正式员工 14 人。

阳光财险巴南支公司秉承“分担风雨、共享阳光”的核心价值观，“让我们的服务成为客户选择阳光的理由”的客户服务理念，依法合规经营，强化诚信服务经营意识，获得客户与社会的广泛认可，保费规模年年攀升。先后被市分公司评为“先进集体”“利润贡献特别奖”，被巴南区税务部门评为“税费贡献大户”“纳税信用 A 级企业”。

（石玉华）

财政 税务

财 政

【概况】 重庆市巴南区财政局（简称：区财政局）内设9个科室（办公室、预算国库科、行财科、农业科、企业科、经济建设科、社会保障科、会计科、监察室）；4个直属事业单位〔区金融发展中心、区国库支付中心、区税费征收管理局、区政府采购（投资评审）办公室〕。2014年末，在职干部员工112人，退休干部职工33人。

2014年，区财政局牢牢把握科学发展主题，紧紧围绕“强工业、抓建设、促效益、惠民生”的工作主线，充分发挥职能作用，强化收入征管、优化支出结构、严控债务风险、深化体制改革，较好地完成各项财政工作任务。年末，圆满完成全年收入目标任务，全区一般公共预算收入28.94亿元，增长14.9%；其中，税收收入25.01亿元，增长17.3%；增幅分别居主城区第5位、第3位。全区一般公共预算支出56.5亿元，其中，公共安全、教育、社会保障、农林水利等民生支出38.9亿元，占一般公共预算支出的68.9%。全面推进财税体制改革，顺利完成12项财税体制改革任务，为建设“四区一基地”提供坚强的财力保障，受到区委、区政府领导的肯定。与区金融发展中心、职教城公司共同荣获区委、区政府“2014年度工作创新‘金鹰奖’”（颁奖主题辞：PPP投融资模式让巴南投资建设前景一片光明）。

2014年1月14日，巴南区财税金融工作会召开

【财政收入持续增长】 2014年，全区财政收入保持持续增长态势，圆满完成全年收入目标任务。年末，一般公共预算收入28.94亿元，为年初预算的100.8%，增长14.9%，其中，税收收入25.01亿元，为年初预算的102%，增长17.3%，增幅

分别居主城区第5位、第3位。区财政局在征管工作中主要实施以下措施：一、强化税收征管。坚持定期召开财税分析会，动态掌握全区收入形势，努力挖掘增收潜力。加强税源培植，发挥财政杠杆作用，促进落户企业尽快投产，形成新的税收增长点。全年辖区税收收入56亿元，增长19.8%。二、推进综合治税。通过开展综合治税专项行动，有效规范经济活动秩序，加强涉税信息的传递和利用，形成良好的税收征管与服务环境。调整部分税务所的设置地点和征管范围，解决征管范围与行政辖区交叉问题，提升税收征管效率。三、加强非税征管。坚持“以票管收、源头控收”，严格“收支两条线”管理，加大非税征收力度，做到应收尽收。全区非税收入3.93亿元，增长1.4%，壮大巴南区财力。四、大力协调争取。围绕都市功能拓展区发展定位，抢抓发展机遇，全年共向上争取专项资金24亿元，比上年增加3亿元，保障各项重点项目和民生工作的资金需求。此外，成功协调渝南分流道建设成本14.9亿元，分摊到渝南分流道沿线117.4公顷土地成本中。协调落实武警七支队、水电十一支队入驻巴南区配套设施建设资金，市级承担1.1亿元全部补助到位。区职教中心新校区迁建外国银行贷款项目2450万欧元已获财政部批准。

2014年度巴南区公共财政收入

单位：万元

预算科目	决算数
一、税收收入（区级）	250144
增值税	17033
营业税	60278
企业所得税	13272
企业所得税退税	
个人所得税	3708
资源税	1334
固定资产投资方向调节税	
城市维护建设税	9662
房产税	3994
印花税	6504
城镇土地使用税	26670
土地增值税	32985
车船税	
耕地占用税	14115
契税	60589
烟叶税	
其他税收收入	
二、非税收入（区级）	39277
专项收入	9504
行政事业性收费收入	18981
罚没收入	6906
国有资本经营收入	
国有资源（资产）有偿使用收入	3886
其他收入	
本年收入合计	289421

【支出结构不断优化】 区财政局坚持“保运转、保民生、保稳定”的支出原则，优先保障市、区民生实事和重点改革支出需求，提升巴南“大善”与“大美”，促进全区经济社会持续健康发展。2014年，全区一般公共预算支出56.5亿元，其中：公共安全、教育、社会保障、医疗卫生、节能环保、农林水、住房保障等方面民生支出38.9亿元，占一般公共预算支出的68.9%。一、社会保障与就业支出8.1亿元，有效保障群众基本生活。特别是安排5899万元，提高村（居）干部待遇，全额保障政策规定内的村居干部待遇；安排590万元，建立村（居）干部养老保险补贴制度，解决村（居）干部后顾之忧。安排1.7亿元，兑付城乡低保、农村五保等民政优抚支出。安排8730万元，实施城乡居民养老保险补贴和征地农转非养老保险补贴。安排5130万元，落实就业再就业社会保险补贴等政策。安排3425万元，支持农村危房改造，保障群众生命财产安全。安排1398万元，在法定节假日期间慰问困难群众12.6万人次。二、教育、科技、文体等支出13.4亿元，促进社会各项事业全面发展。其中：教育支出11.8亿元，推进义务教育均衡发展，落实学生资助、营养改善等教育民生政策，调整重庆市实验中学和清华中学财政管理体制，特别是投入2222万元，保障义务教育均衡发展项目建设及设

备购置，巴南区以全市总分第二名的成绩，顺利通过全国义务教育发展基本均衡区县国家评估验收，得到教育部专家组充分肯定。安排1465万元，引导企业进行科技创新，创建国家知识产权试点城市（城区）。安排3339万元，保障区文化馆、图书馆、镇街文化站推进免费开放及文化事业和文化活动。安排2275万元，加快三级政务服务体系建设。安排1048万元，举办“2014年国际马拉松赛”、“环中国·国际公路自行车赛”等赛事活动。三、医疗卫生与计生支出5.8亿元，医疗保障水平不断提高。其中：安排3.5亿元，落实2013年居民医保超支补助、离退休人员及企业军转干医疗补助、基本公共卫生资金等。安排9277万元，落实医疗保险缴费和医保垫底金。特别是稳步推进公立医院改革，区人民医院和中医院从9月1日起实行药品零差率销售，建立政府、医保、个人共同承担的药事服务费补偿新机制，预计年让利病人2500万元；出台《城乡困难群众重特大疾病和慢性疾病医疗救助办法》，最高救助比例达60%，最高救助金额可达10万元，有效缓解老百姓看病难、看病贵问题。安排4462万元，实行计划生育奖扶扶助，开展计生免费技术服务等工作。四、公共安全支出4.1亿元，保障社会治安防控体系建设。全面保障公检法司运行经费，其中：安排7843万元，有力保障应急联动指挥系统建设，完成外场2002个视频、内场机房、指挥大厅建设，顺利通过市应指办考核。安排1500万元，推进“三所一队”迁建工程建设。安排640万元，保障流动交巡警平台正常运行。安排1826万元，保障校园安保装备和校园安全工作。安排415万元，实施农村生命防护工程建设，对250公里农村道路安装防护栏，使群众出行更加安全。五、“三农”工作支出5.9亿元，持续推进城乡一体统筹发展。其中：安排1981万元，用于农村饮水工程建设及维修管护，特别是年初预算安排农村饮水工程运行管护费400万元的做法，在全市支农工作会上得到推广。安排8000万元，保障城乡一体统筹发展。安排3000万元，推进都市效益农业发展。安排3300万元，加强松材线虫除治工作，防治率基本达到80%的目标要求。安排2000万元，实施500公里新农村人行便道建设。安排1524万元，保障山坪塘建设顺利推进。六、城乡建设投入30亿元，城乡综合功能不断增强。其中：安排20亿元，推进区内土地整治及基础设施建设等。安排2.3亿元，推进城中村及危旧房改造。安排1.6亿元，加快次级河流、污水管网等整治改造，推进“大美巴南”生态文明建设。安排7110万元，修建农村公路200公里。安排1745万元，修建16个公厕和恒大小学等6座人行天桥。安排1200万元，保障全区3082公里乡村公路养护。安排1000万元，启动四大类城乡规划全覆盖工作，健全区内规划指标平衡机

2014年度巴南区公共财政支出

单位：万元

预算科目	决算数
一、一般公共服务支出	93716
二、外交支出	
三、国防支出	1053
四、公共安全支出	41258
五、教育支出	117588
六、科学技术支出	9074
七、文化体育与传媒支出	7645
八、社会保障和就业支出	81005
九、医疗卫生与计划生育支出	57761
十、节能环保支出	19584
十一、城乡社区支出	32161
十二、农林水支出	58535
十三、交通运输支出	16655
十四、资源勘探信息等支出	2969
十五、商业服务业等支出	5201
十六、金融支出	
十七、援助其他地区支出	
十八、国土海洋气象等支出	721
十九、住房保障支出	18491
二十、粮油物资储备支出	203
二十一、预备费	
二十二、国债还本付息支出	1224
二十三、其他支出	100
本年支出合计	564944

制，拓展巴南产业布局和城市发展空间。七、工业发展投入3.3亿元，提升市场主体发展能力。其中：争取市级政策支持，并安排资金1.5亿元，助推长安铃木、宗申等工业企业加快发展。安排9872万元，用于支持工业企业提挡升级、地方特色产业集群建设及企业节能减排等。安排1889万元，用于开拓国际市场、出口技改研发等，提升企业国际竞争力和创汇能力。落实微企创业补助资金932万元，138户微型企业入驻科技文化微型企业创业园。

【债务管控效果明显】 在经济增长放缓的压力下，加强资金统筹调度，确保平台公司按期偿还金融机构到期债务本息110亿元，助推“四区一基地”建设。一、坚持抓好资金调度。加强土地成本资金监管，争取市财政返还土地收入33亿元，向上争取项目超调资金3.6亿元，坚持全区“一盘棋”，统筹安排、精准调度，全年向各平台公司调度资金16次，涉及资金12.6亿元，平台公司之间相互拆借资金7次，涉及资金5.7亿元，保障全区正常运转和各项改革任务稳步推进。此外，向物流基地调度资金2亿元，推进华南城、京东商城开工投产；向麻柳沿江开发区调度资金3.56亿元，推进园区建设；成功争取职教城项目总体规划范围10平方公里内基础设施征地建设费用，分摊到规划范围内商住用地土地成本中。二、完善债务管控制度。建立债务风险“防火墙”，完善偿债准备金制度，筹集偿债准备金达4亿元，用于平台公司周转还债，防范偿债运行风险。建立债务风险预警报告月报制度，适时掌握债务变化情况，加强债务风险分析。制定全年融资计划，建立规范的融资审批流程，控制融资成本，全区平均综合融资成本较上年下降1.2个百分点，全区债务率57.9%，处于绿色安全区域。三、开展债务清理甄别。按照规范政府性债务管理工作要求，对债务进行清理甄别，推进政府性债务分门别类纳入全口径预算管理，为争取市级债券分配额度，延长偿债周期，降低融资成本，减轻本区偿债压力，打好基础。

【财政体制深化改革】 2014年，财税体制改革工作领导小组坚持以结果为导向，细化改革措施，明确任务时限，圆满完成12项财税体制改革任务。一、保障均衡发展。结合“四区一基地”功能定位和“一带三区”空间布局，完善区对镇街财政管理体制，促进镇街发展和公共服务水平均衡化，既避免镇街之间相互挖税，规范镇街财政管理，又有效控制镇街间财力差距，6个试点镇街可用财力比体制改革前平均增加220万元，共计1320万元。同时，还调动“一带”街道增收积极性，促进其实现版块主体功能，保障“三区”镇街按照功能分区定位寻求自身发展，促进其管理职能由收入征管型向公共服务型转变。二、助推经济建设。制定《重庆市巴南区产业引导股权投资基金管理暂行办法》，设立总额为1.5亿元的产业引导股权投资基金，促进巴南区产业结构升级和经济社会发展。完善“四区一基地”财税扶持政策，并及时兑付长安铃木、宗申集团等工业企业。三、推进政务公开。深化预决算公开，将所有预算单位细化部门预算在年初提交区人代会审议，将220个单位部门预算和“三公”经费预算向社会公开，增强财政透明度。制定巴南区公务接待、差旅费、会议费等管控办法，全区“三公”经费进一步下降，管控效果较好。公务卡改革覆盖全区所有行政事业单位，全年公务卡报销占比达76.2%，圆满实现既定目标。四、提高管理效益。继续深化国库集中支付改革，取消代管资金现金业务，将代管资金、专户资金等均纳入国库集中支付管理。完善预算编审，制定《重庆市巴南区区级行政事业单位办公设备配置标准（试行）》和《重庆市巴南区预算定额调整管理办法（试行）》。完善追加支出管理办法，严控一般性支出。印发《重庆市巴南区政府购买服务实施意见》和政府购买服务目录。开展预算绩效管理工作，实现区级单位年初预算绩效目标编制全覆盖。加强税收分析，完成建立重点税源企业纳税趋势模型工作方案和数据收集任务。

（洪德斌）

国　　税

【概况】 重庆市巴南区国家税务局（简称：区

国税局）内设 11 个科室，2 个事业单位，下设 7 个税务所和 1 个办税服务厅；在职干部职工 146 人，退休职工 75 人。主要职能职责：征收管理全区 2.3 万余户各类纳税人的增值税、消费税、企业所得税等税务。

2014 年，始终牢记“为国聚财、为民收税”的工作使命，紧紧围绕组织收入中心工作，以绩效管理为抓手，进一步提高税收管理工作质量，深化依法治税，优化纳税服务，强化干部队伍建设和反腐倡廉建设，充分发挥税收职能作用，为地区经济社会发展做出了积极贡献。

【组织收入】　在政策性减收因素较多、辖区传统产业增长乏力、房地产企业销售萎缩的状态下，加强税收形势预测，强化重点税源管理，严格清收新增欠税。既统筹施策又精准发力，既不收过头税又设法堵漏增收，税源管理水平与征管质量稳步提升。全年共入库税收收 15.84 亿元，同比增收 1.25 亿元、增长 8.53%；完成区级收入 1.97 亿元，同比增收 3170 万元、增长 19.15%，圆满完成市国税局和区委、区政府下达的全年税收任务。

2014 年 11 月 28 日，区国税局、区地税局在重庆理工大学联合开展预防职务犯罪专题讲座

【税收征管】　按照区政府的统一部署，在各部门的大力支持配合下，积极开展“综合治税行动”，共清理出 432 户漏征漏管户，将其纳入正常税收征管。对 63 户企业实施纳税评估，查补税款千万余元，有效地维护税收秩序。强化专业市场管理，开展专题研究，主导制定专业市场个体征管模式和征管方案，自主开发税收征管软件，专业市场的税收征管秩序得以规范。着力抓好税收风险管理工作，提炼风险指标 27 个，建立风险模型 18 个、风险扫描方案 6 个，完善风险分析监控，提高税收征管的质量和效益。

【税收法治】　按照国家税务总局 2014 年年初公布的国税系统 87 项审批项目，对现行审批及备案事项进行清理。对未纳入总局审批项目的涉税事项，一律将“事前备案”改为“事后备案”；持续推行审批事项办税服务厅集中受理、内部流转、限时办结；继续实行重大涉税事项集体审议制度，全年共集体审议涉税事项 850 件次；将区国税局行政审批项目清理结果报送区编办和区政务服务中心，进入区级行政审批项目库管理。认真贯彻依法治税理念，深入开展小规模纳税人超标未认定一般纳税人、个体工商户定期定额、结构性减税政策落实情况的重点执法督察。

【税收政策】　牢固树立“不落实税收优惠政策也是收过头税”的理念，认真贯彻各项税收优惠政策。全年共办理残疾人就业企业增值税退税 8340 万元，资源综合利用企业增值税退税 339 万元，软件产品增值税退税 1045 万元，积极协助落实地方“营改增”过渡补贴政策 532 万元。全区共有 879 户企业享受小型微利企业所得税优惠政策，占应享受户数的 100%，共计减免企业所得税 265 万元。落实安置残疾人加计扣除纳税人 39 户，加计扣除金额 3667 万元。享受西部大开发优惠 83 户，优惠金额 7442 万元。全年为出口企业共办理出口免抵（退）税 7.23 亿元，同比增长 0.96 亿元，增幅 15.31%。为促进全区企业发展、产业结构调整和支持外贸出口做出了积极贡献。

【纳税服务】 整合纳税服务资源，创建巴南国税“税企e家”服务品牌，使其成为新常态下巴南国税的形象标志，体现服务型机关建设的新成果。大力开展“便民办税·春风行动”，深入推进优化服务、勤政便民、规范执法和廉洁办税“四项行动”。打造标准化办税服务厅，全面推行首问责任制，完善投诉响应机制，现可实现78个涉税事项在办税服务厅即时办结，33个涉税事项可由办税服务厅提供免填单服务。积极推行网上办税，努力实现纳税人“足不出户办理涉税事项”的目标。4月以来，网上申报率一直稳定在98.5%以上，在全市位列前茅。科学制定推行普通发票网络税控系统的实施方案，全年共推行网票用户1900余户，将符合条件的纳税人100%纳入税控系统管理。公开行政审批和行政处罚权力清单，规范进户行政执法，优化出口退税等减免退税审批。开展“吃拿卡要报”专项治理工作，加强作风建设，严格正风肃纪。全面推进《全国县级税务机关纳税服务规范》落地生根，在全区国税范围内实现“一把尺子衡量、一个标准服务”，积极推进“纳税人学校”“同城通办”“一窗全办”等特色服务，切实为纳税人提供规范、便捷、高效服务。联合区地税局对全区符合评定条件的纳税人开展2012～2013年度纳税信用等级评定，公平、公正、公开的评定出A、B、C、D四个等级，其中A级纳税人70户。在全市国税系统组织开展的2014年度全市纳税人满意度第三方调查中，以综合得分90.11分的历史最好成绩位列全市第三。

【绩效管理】 2014年是全国税务系统绩效管理启动年。区国税局上下统一思想，统筹推进，扎实开展绩效管理试运行工作。坚持整体谋划、分步推进，从全面承接市国税局考评到分步推进系统考评、从1.0版到2.0版、从试行组织绩效管理到探索个人绩效管理，平稳有序地实现组织绩效管理纵向到底、横向到边的全面覆盖和逐步优化。在遵循上级统一制度规范的前提下，结合本局实际，初步建立一套行之有效的绩效管理体系和导向突出、管用有效的指标体系，以及“一把手”负总责、分管局领导、部门负责人、具体经办人分工负责的组织体系。经过积极探索和深入实践，绩效管理体系作用逐步显现，既推动工作落实，又促进管理方式从粗放管理转变为标准化、规范化、精细化管理，激发国税队伍活力，提升国税使命形象。

（蔡锦玲）

地　　税

【概况】 重庆市巴南区地方税务局（简称：区地税局）内设9个科室，下设8个税务所，担负着巴南区2.5万余户各类纳税人的地税征管工作。

2014年，区地税局围绕既定目标认真履职，改革创新、转变作风，税费收入再创新高。全年共组织各项收入58亿元，同比增加6.12亿元、增长11.8%，圆满完成全年收入任务。其中，税收收入完成38.16亿元，同比增长22.97%；市级税收收入完成12.29亿元，同比增长20.5%；区级税收收入完成22.12亿元，同比增长17.5%，

2014年12月30日，房地产交易管理税务所挂牌成立，区局领导班子出席挂牌仪式。

税收收入、市级税收收入和区级税收收入在主城九区增幅均排名第一位。社保费等其他收入完成19.84亿元。人均征收税费4427万元，税费征收成本为0.62%。

区地税局主要从四个方面确保组织收入中心任务的完成：一、加强对重点税源、重点行业、重点工程、重点税种的监控和管理。纳入重点税源监控的68户企业和8个重点工程项目全年缴纳税收24.56亿元，占总税收的比重达64.46%。二、开展对52户房地产企业和7户区级平台公司的纳税辅导和税收风险排查工作，共查补税款1.62亿元。三、加大欠税追缴力度。组织开展对历年陈欠和新增欠税的清理，全年共追缴欠税1.41亿元。四、深化综合治税。切实抓好《重庆市地方税收征管保障办法》的对内对外宣传，强化源头控管和信息共享力度，通力协作入库耕地占用税、土地使用税和契税1.2亿元。

2014年4月29日，重庆首个行业性“纳税人之家”在重庆公路物流基地成立

【纳税征管改革】　2014年，成立征收税务所，入驻区行政服务中心，进一步下放行政审批权，实现征收和管理职能的彻底剥离。对4个税务所的征管范围进行调整，彻底解决征管范围交叉、征管职责不清、镇街多头衔接等问题。重新调整税务所布局，使之更加科学合理、更加符合区域经济发展的要求。12月，一品税务所撤销，在区政务中心成立龙洲湾税务所；房地产交易管理税务所正式挂牌成立，规范房地产交易的税收管理；重庆市首个行业性纳税人之家在重庆公路物流基地成立；根据渝编办〔2014〕6号文件精神，决定在主城区成立跨区域稽查机构，撤销巴南区地税局稽查局。强化征管质效考核，不断提高基础数据质量。强化运维保障，充分运用ITSM运维管理平台，定期组织人员进行问题研讨，先后解决30个常见问题，使金税三期系统的操作使用更加顺畅。强化税务登记管理，结合区政府“五转一创新”和“综合治税”，共清理2038纳税户，新办税务登记256户，基础征管有效夯实。以土地增值税清算为切入点，仅半山一号房地产公司就评估入库税款1500万元。

【纳税服务尽职】　服务区域经济发展，准确研判经济形势和收入形势，每月为区发改委提供税收收入情况数据分析，每季度为区政府报送分析报告。帮助纳税人用足用好税收优惠政策，对小型微利企业的税收优惠面达86.73%，全年依法审批减免各项税费2.96亿元，其中减免税收2.94亿元。大力开展“便民办税春风行动”，实施优化纳税服务十项措施。建立局领导联系纳税人服务制度，对口联系5户重点税源企业。编印《常用税收优惠政策》《纳税服务宣传手册》等宣传资料3万余册免费发放给纳税人。

（陈佳璐）

经济监督管理

经济发展管理

【概况】 重庆市巴南区发展和改革委员会（简称：区发改委）内设办公室（监察室）、综合改革科、产业发展科、招投标科、投资科（节能监察室、重大项目稽查办）、价格科 6 个科室；辖 1 个派出机构：物价检查所；下属 2 个参公事业单位：价格认证中心、重点项目服务中心；直属事业单位 1 个：城乡一体中心。在编人数 48 人。

2014 年，区发改委全面贯彻落实党的十八大和十八届三中、四中全会精神，深入学习贯彻习近平总书记系列重要讲话精神，在区委、区政府领导下，坚持稳中求进的工作总基调，大力实施主体功能区建设发展战略，统筹推进“五化一体”发展，务实推进“四区一基地”建设；以改革统领经济社会发展全局，全面深化改革开放，着力强化创新驱动，着力加快转方式、调结构，着力保障和改善民生，不断提高经济发展质量和效益，促进全区经济持续健康发展和社会和谐稳定。年末，荣获区委、区政府“2014 年工作创新‘金鹰奖’提名奖”（颁奖主题辞：“禁投清单”严守市场经济生命线）。

【产业发展规划编制】 编制《建设重庆都市区“江南新城”战略研究》，遵循“2 年打基础，5 年见成效，7 年基本建成”的思路，到 2020 年基本建成与国家中心城市地位相适应的开放门户、创新中心、综合枢纽、物流中心、先进制造业集聚区，基本建成经济繁荣、社会和谐、环境优美、文化深厚的现代化大都市核心区。编制《巴南区产业结构调整和空间布局优化研究》，将巴南区区域在空间上划分为三个圈层：第一圈层为都市核心区；第二圈层为新兴产业发展区；第三圈层为城乡协调发展示范区。充分利用区域资源禀赋推动产业发展。编制《巴南区生态健康体验区规划》，围绕打造“天下休闲·养在巴南”的愿景，发展休闲养生、文化养心、生态养老、健康运动、医疗服务、健康管理、生物医药、健康食品、健康用品和配套产业等，突出集医疗、保健、颐养、食养和体养等五大功能。编制《巴南老城区转型升级发展研究》，细化“老城区”城镇功能，加快产业转型升级发展，提档升级专业市场，推动老城区加快转型发展。

【经济运行调研监测】 面对错综复杂的国内外形势，加强经济运行监测分析，密切关注经济社会发展环境和形势，跟踪主要指标运行情况，按月度提出经济监测报告，按季度提出经济形势分析报告，全年共完成 1 个年度、3 个季度全区经济形势报告。针对经济社会发展中的重大问题及时向区委、区政府提出搞好“三个统筹”（统筹国际国内两个大局、两个市场；统筹当前和长远；统筹促增长、抓建设、推改革、为民生、防风险），做到“三个坚持”（坚持稳中求进、改革创新；坚持问题导向、底线思维；坚持创新发展、务实发展），把握“三个着力”（着力激发市场活力，加快落实改革举措；着力增加公共产品供给，持续加强民生保障；着力支持实体经济发展，积极培育新增长点）意见建议。完成国民经济和社会发展年度计划报告编制工作，向区人大报告执行情况，并通过人大审议。

【都市功能拓展区建设】 以生态人文为核心推进山水城市风貌区建设，坚持理念引领、规划先行，充分利用山水生态资源、人文资源，结合运用现代网络技术和城市信息服务平台，高标准推进城市建设，“生态＋现代”的山水城市形象初显；以项目落地为突破推进中央文化休闲活动区建设，中央活动区（CAZ）“活力增强”，中央休闲购物区（CSD）“魅力提升”，文化休闲功能“热力四射”；以自然资源为依托推进生态健康体验区建设，立足打造“天下休闲·养在巴南”的愿景，建设一批“配套齐全、风格各异、档次有别、文化突出、生态良好”的生态养生、养心、养老目的地；以公路物流基地为支撑推进商贸物流集聚区建设，着重打造商贸物流首要功能，全力推进商贸流通设施建设，多种业态蓬勃兴起；以产业园区为平台推进先进制造业基地建设，产业结构优化加快，园区建设成效显著，先进制造业基地雏形显现。

【政府投资项目管理】 牵头代区政府草拟制定《巴南区政府投资项目管理办法》（巴南府发〔2014〕49号）和《巴南区可研评审机构考核管理暂行办法》（巴南府办发〔2014〕193号）。全年审批、核准及备案项目共425个，投资估算848.5亿元。其中建设项目立项338个、企业投资建设备案项目74个、核准13个；变更项目76个，增加金额7217.6万元。加强项目招投标管理，严把政策关、审核关和监督关，全年招标项目126个，投资估算金额28.7亿元。其中，公开招投标率为98%，招标文件会审15个，规模以下承包商选择95个，投资估算金额0.4亿元。全年通过发展改革系统争取上级补助资金1.5亿元，有力地推动全区经济社会发展。

【重点民生项目协调】 在区委、区政府的领导和区人大、区政协的法律民主监督下，克服项目多，任务重、时间紧和资金不足等诸多困难，强力推进重点项目民生工程建设。据统计，共牵头完成全区128项重点项目民生工程建设，总投资约328亿元，占当年投资计划255亿元的129%；完成巴南区电力设施弃管小区改造工作，总投资1139.04万元；完成619人的高山生态扶贫搬迁任务，建设房屋1.86万平方米，总投资1741.93万元。

【经济体制改革推进】 牵头制定《巴南区产业投资禁投清单》和《巴南区产业投资项目发展指导意见》，完善市场规划和竞争秩序，使各类市场主体可依法平等进入清单之外领域，实现内外资管理协调统一，企业投资非禁即可。年末，“禁投清单”工作被区委、区政府评为“2014年度工作创新‘金鹰奖’提名奖”（颁奖主题辞：“禁投清单”严守市场经济生命线）。制定《巴南区PPP投融资模式改革实施方案》，启动PPP投融资模式改革试点工作。成功争取农村基本公共服务均等化和镇村规划编制改革试点。稳妥推进公务用车制度改革。探索推进社会信用体系建设，并成功争取社会信用体系建设综合试点区。

【市场物价监测执法】 围绕老百姓关心的热点、焦点问题，实施市场物价监测、预警和执法，及时公布市场价格情况，处理价格投诉。全年检查大型购物超市、农贸市场、客运车站、药店及诊所近50家，发布价格快讯24期、价格信息7篇、市场价格监测分析资料12期，处理价格举报投诉17件，受理价格政策咨询102件。

（付　强）

招商引资管理

【概况】 重庆市巴南区投资促进办公室（简称：区投促办），内设3个科室（综合科、贸易促进科、投资促进科）、2个中心（巴南区招商服务中心、巴南区总部经济服务中心）。主要职能职责：统筹协调全区招商引资项目管理，招商引资项目信息收集、项目宣传包装、项目手续办理，围绕总部经济开展事务性和服务性工作。现在职干部员工 26 人（其中：行政编制 5 人、事业编制 21 人）。

2014 年，区投促办在区委、区政府领导下，积极主动地配合招引企业、商业、金融和事业单位项目，协调区属相关部门和镇街，大力开展招商引资工作。全区新引进招商项目 112 个，协议资金 668 亿元人民币，同比增长 37%，实际到位资金 324 亿元。华南城、京东、惠科、海洋公园等重大项目动工建设。在新引进的项目中：工业项目 28 个，协议资金 113 亿元，包括惠科液晶面板、化医控股、悦康药业、关西涂料、天语移动互联创新基地、东荣发电子、香港科技创新创意产业基地等；商贸物流项目 9 个，协议资金 210 亿元，包括华南城、劲予物流等；地产及商业开发项目 19 个，协议资金 214 亿元，包括中德马术基地等；金融及总部项目 28 个，协议资金 18 亿元，包括中信银行、银宝总部等；民政卫生及教育项目 17 个，协议资金 28 亿元，包括如恩集团、同济老年医院、美年达健康等；休闲娱乐项目 7 个，协议资金 31 亿元，包括巴文化电影主题公园、斯努特啤酒小镇、龙舞剧院等；旅游及观光农业项目 4 个，协议资金 54 亿元，包括香江国际、安澜镇锦绣松湖等。年末，被区委、区政府评为“2014 年度区管领导班子先进集体”；与区经济园区公司共同荣获区委、区政府“2014 年度突出贡献‘金牛奖’”（颁奖主题辞：“惠科液晶：工业转型升级的里程碑）。

【招商引资促进】 成功举办“土地招商恳谈会”“渝洽会投资主题展”“生态健康产业国际合作论坛”“东盟家具博览会”“香港工业园·东莞、深圳招商推介会”等大型招商经贸活动。组织相关部门和单位参加第十七届渝洽会、第十八届厦洽会、第二届京交会、第 116 届广交会、墨西哥两轮车展、第六届重庆国际服务贸易高峰会等国际国内知名展会。外派驻上海、广州、深圳等地招商机构，谋划开展赴法国、意大利、德国、瑞士、丹麦、韩国等国和中国台湾、香港地区的电子、化妆品、养老养生、医疗、美容等产业招商活动 6 批次。

【招商机制优化】 一、规范招商项目决策。招商项目从谈判、决策、签约到政策兑现进行科学的制度安排。成立招商引资项目评审领导小组，制作《招商引资工作流程方案》《招商引资谈判决策约束性指标》等规范性文件。对关西涂料、艾伯尔生物、长安民生物流、悦康医药、会凌电子、东荣发电子等 18 个项目进行评审。二、组建专业招商小组。组建云计算及大数据、信息及通讯技术、智能装备、医药及精细化工等 16 个专业招商小组。专业招商小组组织开展产业的分析研究，分别牵头推进专业项目 121 个。三、规范招商合同及招商协议归档管理。对全区招商引资合同进行全面清查、整理及归档，制定工业、旅游、商贸等七个类别的《招商引资合同示范文本》，收集管理招商协议 165 件。

2014 年 5 月，惠科电子投产

【经济贸易推动】 精心组织和推动国内外经济贸易往来。对接美国、英国、韩国等 10 余个国家、600 余批次的商务考察团，谋划开展赴德国、丹麦及中国台湾、香港地区等 6 批次境外的招商促进活动。新批外商投资项目 9 个，实际利用外资 3.2 亿美元。实现进出口总额 10.6 亿美元，服务外包执行额完成 9630 万元。华南城、京东、惠科等具有国际市场份额的产业项目及万达广场、海洋公园、云教育产业园、剑桥学校等具有国际化元素的城市功能项目纷纷动工建设。神州通信、凌感科技完成注册。巴南对国内外经济贸易交往日新月异，交易额年年攀升。

【投资平台搭建】 积极帮助区内企业"走出去"，组团参加德国汉诺威工博会、墨西哥两轮车展、香港中小企业博览会等国际性知名展会，向上争取外经贸专项资金 943 万元。积极推进电子商务、云计算大数据产业、保税商品展示交易、保税贸易专项工作，并纳入重庆市产业布局。谋划南彭贸易物流基地内陆公路口岸及保税物流中心申报，促成公共保税仓正式获批。全力推动京东特殊监管仓申报。巴南口岸及开放平台建设取得重大突破。

【经贸展赛组织】 主动谋划并组织经贸展销主题会及大型赛事活动，唱响"巴南品牌"。统筹协调有关部门和单位成功举办"生态健康产业国际合作论坛""首届东盟家具博览会""2014·重庆国际马拉松""2014·环中国国际公路自行车""佛影峡自然水域国际漂流"等赛事活动。正式开启巴南生态健康产业发展之路，"天下休闲·养在巴南"成为城市休闲养老的新名片。5 月 16 日，主题为"互利合作·美好家园"的首届东盟家博会在铠恩国际家居名都举行开幕式暨签约仪式，该会汇聚东盟 10 国和尼泊尔、肯尼亚、坦桑尼亚等国的家具企业和商家参展，会期 5 天。会议期间，先后举办"第 28 届东盟家具产业联盟会议""首届·中国东盟'10+1'家具产业联盟会议""中国·东盟家具产业论坛""中国·东盟木材产品采购订货会""中国·东盟酒店用品订货会"等活动，共签订各类采购项目 282 个，金额 476 亿元。本届东盟家具博览会与以往历届中国西部家具博览会相比，展示的家居产业链更加完善，品牌企业参展集中度更高，展品的国际化色彩更加浓厚，对提升巴南区专业市场及会展经济水平，推动"商贸物流集聚区"建设及国际化进程具有重要的引擎带动作用。搭建起巴南与世界合作发展的新平台。

【国际合作论坛】 5 月 15 日，"生态健康产业国际合作论坛"在重庆国际博览中心举行。美国、荷兰、新加坡、韩国、日本、匈牙利、比利时等近 10 个国家，国际老龄联合会、韩国保健协会、中国老龄产业协会、中国医疗整形美容协会等 30 家国际国内专业商协会及中华老龄福利开发公司、民生养老股份公司、中国青旅实业发展公司、中冶寰泰生态城投资公司、国寿投资控股公司等 100 余家国内外知名龙头企业负责人齐聚论坛，围绕国际国内健康产业发展趋势及投资机遇交流分享。组织有关部门和单位搭建巴南对外开放、全球合作的投资洽谈平台。论坛上，全国老龄工作委员会办公室向巴南区授予"全国智能化养老试验区"匾牌，中国西部医疗美容和抗衰老中心、悦康药业医药原料产业基地与巴南区签订入驻或合作协议。

（张云亮）

国有资产管理

【概况】 重庆市巴南区国有资产管理办公室（简称：区国资办）为财政全额拨款的参照公务员法管理的正处级事业单位。机关内设：4 个科室（综合科挂纪检监察室、资产管理科、发展改革科、人力资源科）、直属事业单位 1 个（园区服务中心）。2014 年，区国资办领导班子成员 5 名（主任兼任党工委书记 1 名，副主任 2 名，纪工委书记 1 名，主任助理 1 名）。核定机关参照公务员编制 20 名，在岗人员 18 名；核定园区服务中心事业编制 60 名。在岗人员 47 名。主要职能：监管全区机关、企事业单位国有资产；负责区属行政事业单位国有资产监督管理、配置、调拨和处置等工作；按照出资人职责，指导所监管企业改革和重组，完善公司治理结构等。2014 年年末，全区行政事业单位共有 321 家（其中：行政单位含参公事业单位 92 家，财政拨款事业单位 229 家），固定资产总额 27.11 亿元，比上年同期固定资产总额增长3.92%。区国资办与区卫生计生委共同荣获中共巴南区委、区政府授予“2014年度工作创新‘金鹰奖’”（颁奖辞：社会资本助推公立医院改革）。

【国有资产规范管理】 6月，区政府印发《重庆市巴南区行政事业单位国有资产处置管理办法》（巴南府办发〔2014〕120号），进一步规范全区行政事业单位国有资产处置程序和审批权限。7月，印发《关于进一步加强资源性国有资产管理的通知》（巴南府办发〔2014〕154号），将区辖的建筑垃圾消纳场经营权、注册商标转让、加油（加气）站、码头经营权等公共资源、公共产品和特许经营权纳入区资源性国有资产管理范畴，扩大资源性国有资产的范围及种类，进一步规范资源性国有资产的处置程序和审批权限。9月，在重庆市联合产权交易所成功出让239块路名牌，出让底价280万元，拍卖成交价402万元。全年河道砂石处置、矿产资源开发、市政公用设施出让等资源性国有资产规范管理，实现财政收入1000多万元。

【国资监管信息规范】 6月，对全区321个行政事业单位资产信息系统操作人员组织3期培训，共培训400余人次，完成全区行政事业单位资产信息系统数据参数和模块设置，确保全区行政事业单位资产管理信息系统的联网覆盖和动态监管，达到图文并茂、内容翔实、使用便捷的效果，实现巴南区行政事业单位资产管理的科学化、规范化、信息化“三化”目标，有效地提升全区国有资产的监管水平。

【区属国有资产改革】 区委、区政府印发《关于进一步深化国资国企改革的实施意见》，为区属国有公司改革发展指明方向。在医疗、教育等领域，区国资办积极稳妥地引进社会资本投入和管理运行，2月，成功引入重庆如恩医疗产业发展有限公司托管辖区内的重庆市护士学校；7月，完成重庆如恩医疗产业发展有限公司托管区辖的市七人民医院。

【融资投资实力增强】 为增强区属投融资平台公司实力，拓宽投融资渠道，向区属各投融资平台公司调集资产共446宗。其中向重庆公路物流基地公司调集资产340宗，房屋面积22.57万平方米、土地面积42.27公顷，林地20宗共203.27公顷，价值约2亿元；向重庆市巴南公路建设有限公司调集林权资产85宗，共4735.33公顷；向重庆职业技术教育城建设有限公司调集重庆市护士学校净资产1902.6万元（其中：固定资产1319万元）。截至2014年年底，区属投融资平台公司总资产597亿元，净资产249.5亿元，资产负债率58.2%，比2013年底总资产增加102.9亿元，增长21%。

（汤思军）

国土资源管理

【概况】 巴南区国土资源管理分局（简称：国土分局）是重庆市国土房管局的派出机构，内设6科2室（办公室、纪检监察室、规划计划科、建设用地科、土地资产科、权籍科、法制监察科、地质矿产科），下设2个事业单位（巴南国土事务中心、巴南地质环境监测站），管辖9个镇街国土资源管理所（鱼洞、花溪、南泉、界石、安澜、木洞、惠民、东泉、接龙）。有在职员工97名。主要职能职责：管理巴南区1822平方公里范围内的国土、矿产资源及地质灾害监测。

2014年，国土分局在市局和中共巴南区委、区政府的领导下，紧紧围绕“四区一基地”功能定位和“促增长、抓建设、推改革、惠民生”经济工作主线，坚持改革创新、依法行政、认真履职、扎实推进巴南区国土资源管理各项工作，全力服务“大美巴南”“大善巴南”建设。与区规划分局、区“两违”整治中心共同被中共巴南区委、区政府评为“2014年度工作创新‘金鹰奖’”（颁奖主题辞：“三率先四创新”创“两违”整治的“巴南经验”）。

【国土规划管理】 以市政府审批的乡镇土地利用总体规划为依据，严格对各建设项目的土地规划情况进行审查。全年共完成65宗征地项目、27

宗农民新村、78 宗设施农用地、52 宗临时用地项目符合土地利用总体规划的审查认定工作。7 月，完成土地利用总体规划中期评估工作，为土地利用总体规划布局调整奠定基础。完成华南城、宗申车谷等 11 个建设项目共计 701.6 公顷土地规划局部调整，全力保障巴南区重点建设项目征用土地手续的顺利报批。

【国土征收审批】 2014 年，共向上级申请上报并取得新增建设用地指标件 38 宗 651.47 公顷，居全市首位（除两江新区外），有力保障物流基地华南城、界石数码产业园等重点项目顺利落地，为全区经济社会发展提供用地保障。全年共审批农房 1780 件 15.84 公顷；审批矿山临时用地和其他临时用地共 29 宗 100.57 公顷；审批设施农用地 26 宗 8.25 公顷。

【国土开发整理】 2014 年，实施并完成区级农村土地整治项目 5 个，新增耕地 168.07 公顷，超额完成 100 公顷的补充耕地任务。通过农村土地整治项目补划和稍加改造项目，建成高标准基本农田 1333 公顷，超额完成年度 800 公顷任务。全面完成永久性基本农田划定区级层面工作，市政府下达巴南区基本农田保有量为 6.03 万公顷，划定基本农田面积为 6.06 万公顷，超出规划 5%。完成区、镇街、村三级耕地保护目标责任书，强化耕地目标保护责任考核。

2014 年，石龙镇大兴村土地整治项目

【国土资产经营】 印发《重庆市巴南区人民政府办公室关于进一步完善土地出让管理工作的通知》（巴南府办发〔2014〕259 号），进一步规范完善土地出让管理工作。土地出让量大幅攀升，全年出让土地 43 宗 566 公顷，较上年度增长 40%，成交量在全市各区（县）中名列第一，成交价款 108.4 亿元，在全市各区（县）中名列第四。

【国土执法监察】 认真抓好卫片（卫星拍摄片）执法检查和自查整改工作，主动协调区“两违”整治中心严肃查处新增违法用地行为，共查处违法用地 38 宗 57.37 万平方米；采取快速制止，非立案拆除 14 宗 2.71 万平方米。在土地卫片执法检查中，全区违法用地比例创历史最低（违法用地比例降到 2%，位居全市前列），创新建立定期土地巡查网格化管理和快速制止“两违”行为处理工作机制，并承办全市“两违”整治工作现场会，得到副市长陈和平高度肯定。国土分局与区规划分局、区“两违”整治中心共同被中共巴南区委、区政府评为“2014 年度工作创新‘金鹰奖’”（颁奖主题辞“三率先四创新”创“两违”整治的“巴南经验”）。

【地籍地政登记】 以优化重组土地房屋权属登记管理事权改革为契机，积极协调区土地房屋权属登记中心、区公安分局和区公证处，并联合印发《关于农村集体土地房屋权属登记有关问题的通知》（巴南国土发〔2014〕77 号）和《关于加强房地产坐落登记管理的通知》（巴南地房登发〔2014〕10 号），着力解决办证时限长、程序繁杂、互为前置等难题。全年共办理农村宅基地和房屋登记发证3769件。并积极协调区土地房屋权属登记中心，解决一品街道四桥村、乐遥村、桥口坝村，因渝黔高速公路和绕城高速公路建设，部分被征地农户房屋搬迁办证遗留问题。精简用地规模审核流程，全年办理国有遗留房地产权证18.56万平方米登记发证工作。

【矿产资源监管】 积极组织实施2000口的“红层找水”项目，成功打井1977口（合格率98%），解决5920人饮水难题。办理采矿权延续登记34件、变更登记2件、注销登记2件、办理矿产压覆10件、采矿权抵押备案1件。征收矿产各项费用959.61万元，做到应收尽收、及时入库。

【地质灾害防治】 对全区范围内已查明的696个地质灾害隐患点进行监测预警全覆盖，实现零伤亡目标，并开展突发地质灾害灾（险）情应急调查70次，出具应急调查报告70份。会同界石镇做好武新村蒋家山滑坡70户214人的紧急撤离工作，避免人员伤亡。积极主动做好麻柳嘴镇水淹凼村三社南家湾地下可燃气体溢出燃烧事件处置工作，确保人员和财产安全。

【金土工程实施】 完成地质灾害搬迁避让“金土工程”（即：由市国土房管局牵头，区县政府为实施主体，通过统筹土地开发整理和新增土地，整合政府实施的项目和投入的资金，对受地质灾害威胁和影响的群众，按自愿原则进行搬迁避让到宜居地区安置的项目。是有效防治农村地质灾害的重要途径）项目申报工作，对3处地质灾害隐患点118户336人实施搬迁避让。

（许孝龙）

土地整治储备出让管理

【概况】 2014年，重庆市巴南区土地整治储备中心（简称：区土地整储中心）为区政府办所属五级职员（正处级）事业单位。主要职能职责：负责全区及市属公司经营性土地招拍挂出让方案的审查；棚户区（危旧房）改造；小城镇修编及土地整治出让；协助全区闲置土地清理等工作。内设6个科室（综合科、土地储备科一、二科、土地出让科、土地整治科、计划财务科），核定事业编制28个，在编24名。2014年6月，根据区委、区政府部署，区编办发文设立花溪工业园区土地整治储备中心（简称：花溪土地整储中心），为区政府所属七级职员事业单位。该中心划归区土地整储中心，实行两块牌子，合署办公，独立核算。主要负责区经济园区、麻柳沿江开发区、高职城和公路物流基地的土地储备、出让和融资工作。年末，荣获区委、区政府“2014年度突出贡献‘金牛奖’提名奖”（颁奖主题辞：融资28亿确保建设资金链不断档）。

【土地储备】 全年完成储备土地49.53公顷，超额完成全年目标任务。花溪土地整储中心储备土地89.33公顷，已上报市国土房管局待批储备地110公顷。4月，收购浙南机车项目2.33公顷，并取得重庆市人民政府下发的土地储备批文（渝府发〔2014〕445号）；5月，香港城项目1.47公顷，获得重庆市人民政府下发的土地储备批文（渝府发〔2014〕495号）；5月，巴南区棚户区改造项目29.8公顷，先后取得重庆市人民政府下发的土地储备批文（渝府发〔2014〕497号、570号、696号）。

【土地出让】 全年全区出让土地44宗（其中：商住地21宗，工业地23宗），约566.27公顷（含市属公司储备地），商住地总建筑规模约410万平方米，总综合价金约108.93亿元（其中：商住地88.12亿元，工业地20.81）。出让区属商住地12宗，约82.8公顷，总建筑规模约191万平方米，综合价金约42.23亿元；出让区属工业用地（含物流仓储）20宗，约393.53公顷，综合价金约19.51亿元；出让市属公司商住用地9宗，约87.47公顷，总建筑规模约219万平方米，综合价金约45.89亿元；出让市属公司工业用地3宗，约2.47公顷，综合价金约1.30亿元。5月，花溪街道民主工贸园区D分区D2－3/03、D2－6－2/05地块10.4公顷成功出让，总价款6.67亿元，解决了区政府与重庆天联置业公司欠款遗留问题。

【土地复垦】 全年全区实施农村集体建设用地复垦项目共计77个、210.47公顷（其中：已申请地票交易32个、92.07公顷；已通过市级验收9个、26.33公顷；已通过区级验收12个31.2公顷；基本完工15个、34.4公顷；正在施工9个、26.47公顷）。12月，全面启动户改退出暂不能复垦宅基地补偿兑付。

2014年，审计署经济责任审计司领导调研指导巴南区审计局经济责任审计工作

【棚区改造】 根据市政府的统一部署，市棚改办下达给巴南区2014年的新一轮棚户区改造35.9万平方米。区政府确定全区2013～2017年棚户区改造总体目标，并建立由区城乡建委牵头，区国土分局、区规划分局、区房管局、区土储中心等部门和相关镇街协同作战的工作机制，并确定区土地整储中心为新一轮棚户区改造的业主单位，负责实施改造成本测算和融资等工作。截至12月底，完成鱼洞百货公司片区等约12万平方米拆迁工作，并启动李家沱林荫村片区和王家坝片区（一）的征收工作。全年累计投入棚改项目资金约7亿元。

【融资管控】 全年融资20.84亿元，超额完成区政府下达10亿元的年度目标任务108.4%，确保土地拆迁、整治、储备、出让等工作资金平衡。借壳区内平台公司融资3.75亿元，为全区资金链不断提供了支持。同时，直接借款2.7亿元给公路公司，为公路公司及时偿还贷款本息提供支持，维护区属国有公司在金融机构的信用。因此，荣获区委、区政府“2014年度突出贡献‘金牛奖’提名奖”（颁奖主题辞：融资28亿确保建设资金链不断档）。

（封　荷）

审　计

【概况】 重庆市巴南区审计局（简称：区审计局）核定人员编制35人，在编30人（其中：行政编制26名、在编22人；参公事业编制9人，在编8人）。内设办公室、财政审计科、行政事业审计科、经济责任审计科、投资审计科、综合法制科、审计中心。

2014年，区审计局在中共巴南区委、区政府和市审计局的领导下，紧紧围绕“五化一体”“大美巴南”“大善巴南”建设要求，忠实履行宪法和法律赋予的职责，紧扣中心工作，依法审计，突出重点，服务大局，为加快巴南建设都市功能拓展区作出积极贡献。全年完成审计项目82个（超计划39个），其中4个审计项目被市审计局评为优秀审计项目。查出管理不规范金额57.5亿元；违规金额8.9亿元；上缴财政1604万元；减少财政拨款6.5亿元；向区纪委（监察）、司法机关、主管部门等移送违纪线索6件；提出审计建议203条，全部被采纳；提交审计要情和信息68篇，被批示、采用57篇次，为中共巴南区委、区政府宏观决策提供可靠依据。1月，被重庆市审计局评为“2013年度审计工作一等奖”，9月，被重庆市妇联评为“2014年度重庆市巾帼文明岗”，12月，被人力资源社会部、审计署评为“全国审计机关先进集体”，被中共巴南区委、区政府评为“2014年度突出贡献‘金牛奖’提名奖”（颁奖主题辞：敢“亮剑”省减真金白银6.5亿元）。

【预算执行审计】 以推动健全政府预算体系，优化资源配置和提高资金使用绩效为目标，努力做到财政资金全口径审计。分别对区水利局、区交委、鱼洞五小等5个单位2013年度财政预决算执行及其他财政收支审计。树立财政审计“一体化”的新理念，以完善财政政策和规范财政管理为目标，深化财政预算执行审计。实行本级支出与转移支付审计并重，对财政专项转移支付资金，一般性转移支付资金，缓解镇街财政困难转移支付资金以及扩大内需资金的管理、使用和效益情况进行审计。重点检查预算编制是否科学合理，预算执行结果是否真实合法，以及政府债务风险是否可控和税收征管是否到位等情况。同时对党委政府重视、社会关注和群众关心的“三公”经费、退耕还林资金、教育资金进行专项审计。揭示列收列支比重偏大、行政事业性收费未做到应收尽收、借出财政资金不及时归还可能转化为财政风险等问题，并进行综合分析研究，注重从机制、体制和制度上提出加强财政预算管理的意见与建议，增强财政预算执行审计的完整性、针对性和建设性，促进建立公共财政管理体制。受区政府委托向区人大常委会作审计工作报告，获得人大代表的一致好评。

【行政事业审计】 对8个行政事业单位的财政、财务收支情况进行审计。发现财政、财务核算不规范，固定资产不入账，往来账项清理不及时，内控制度执行不到位等问题。查出管理不规范金额2947万元，违规金额287万元。向区纪委（监察）、司法机关、主管部门等移送违纪线索6件，为区纪委、区检察院查处涉案人员提供可取数据和资料。

【项目投资审计】 以园区标准厂房、安置房、市政设施、公路、水利建设等项目招投标、项目管理、现场签证等环节是否合规、工程造价是否合理进行审计。完成项目55个，送审金额43.3亿元，审减金额6.5亿元，审减率达15%。在项目投资审计中，针对征地拆迁、工程招投标和资金管理使用等重点环节的违法违规行为，以及工程高估冒算、损失浪费等突出问题，分析原因，提出建议，有效加强项目预算管理，提高政府投资建设项目质量和效益，促进政府投资建设项目的规范运行。

【经济责任审计】 对8个单位10位领导干部实施任期经济责任审计（其中：镇街领导干部4个，部门领导6个）。通过审计，揭示被审计单位执行政策不力、内部控制不严、滥发津补贴、违反财经纪律和专项资金管理规定等问题，查出违规金额4022.03万元、管理不规范金额3819.94万元、上缴区财政129.08万元、清退73万元，向区纪检监察部门移送违纪违规线索2件。根据审计结果，区委组织部诫勉谈话1人，区纪委约谈2人。通过开展经济责任审计，提高领导干部的经济责任意识和经济效益意识，促进领导干部守法、守纪、守规。牵头起草《巴南区经济责任审计结果运用办法》，对纪检、组织等部门如何运用经济责任审计结果首次予以明确化、具体化，推进经济责任审计结果运用工作。并不断拓展审计内容和重点，把贯彻落实中央八项规定及“三公”经费执行情况纳入审计内容，以政策执行、经济决策、事业发展、内控管理等为审计重点，提高审计报告的针对性和实用性，推动全区经济责任审计从传统的财政财务收支审计向新型审计方向转变。在区政府领导下，区编办被纳入区经济责任审计联席会成员单位之一。区经济责任审计联席会议印发《巴南区关于加强内部审计工作的通知》，年初对重点部门下达内审任务，年底安排重点抽查，有力推动经济责任内部审计。

【专项资金审计】 采用经常性审计与专项审计相结合、项目审计与专项审计调查相结合的方式，开展专项资金审计项目。紧紧围绕贯彻落实惠民利民政策措施，以保障和改善民生为目标，重点开展城镇保障性安居工程跟踪审计、农村危旧房改造专项资金审计、退耕还林资金审计以及基础教育经费审计等项目。通过审计，查出挤占挪用、套取、骗取和侵吞扶贫资金，严重侵害群众利益的问题，促进专项资金发挥最大效益和惠民政策的落实。

【单位内部审计】 2014 年，全区各部门、各企事业单位设内部审计机构 104 个（其中：专职机构 19 个）；配备内部审计人员 104 人（其中：专职审计人员 19 人）。全年各单位内部审计机构共完成审计项目 73 个，查出损失浪费金额 76 万元，增加效益 49 万元，提出的建议和意见被采纳 147 条，无人员被移送司法机构、纪检监察机关和有关主管部门处理。

（皮开伦）

统　计

【概况】 重庆市巴南区人民政府综合统计机构包括：重庆市巴南区统计局（简称：区统计局）及其直属参公事业单位重庆市巴南区普查中心、重庆市巴南区社会经济调查队、重庆市巴南区统计执法检查队和国家统计局巴南调查队。

2014 年，区统计局内设三科一室（办公室、综合统计监测科、专业统计科、服务业统计科）；直管区普查中心、区社会经济调查队、区统计执法检查队三个正科级单位。区统计局及三个事业单位编制 26 人，在编在岗 20 人，另聘用劳务派遣人员 4 人，退休干部 2 人，年末从业人员 26 人。国家统计局巴南区调查队是中央事业参公管理单位，与区统计局同级（正处级），内设三科一室（办公室、综合科、城镇调查科、农村调查科）；编制 13 人，在编在岗 11 人，另聘用劳务派遣人员 1 人，退休人员 1 人，年末从业人员 13 人。

2014 年，巴南区统计工作紧紧围绕区经济建设和社会发展中心工作，继续深化统计方法制度改革，以提高统计能力、数据质量和统计公信力为核心，以统计基层基础规范化建设为基础，构建统计数据大生产格局，抓好重点，突出亮点，整体推进，圆满完成常规专业统计和各专项调查工作任务。在重点统计执法中检查 37 个单位，对有统计违法行为单位下达整改通知书。举办机关企事业单位统计人员继续教育培训班 1 期，参训统计人员 140 人，考试成绩全部合格；举办统计从业资格考前培训班 1 期，参训人数 123 人，参考 106 人成绩合格，取得统计从业资格证书；组织区统计局、区级部门、镇街统计人员 143 人参加统计人员业务培训。撰写统计调查资料 74 期，统计信息 125 篇（其中：被中办、国办采用 2 篇，国家统计局采用 18 篇，被市统计局和重庆调查总队采用 49 篇，被区委、区政府采用 28 篇）。印发《统计月报》11 期，编纂《巴南统计年鉴》1 册，编印《重庆市巴南区领导干部手册》1 册，发布年度统计公报 1 次。

2014 年，区统计局建设领域统计工作和名录库工作荣获在市统计局“专业年度考核二等奖”；工业统计工作、人口就业统计工作、服务业统计工作荣获市统计局“专业年度考核中获三等奖”。国家统计局巴南调查队规下服务业抽样调查、批发零售住宿餐饮抽样调查被市调查总队评为“专业年度考核优秀”。

【投资统计改革试点】 5 月，按照国家统计局和重庆市统计局固定资产投资统计制度方法改革试点方案，巴南区被列入固定资产投资统计改革试点单位。通过试点，改革固定资产投资源头数据采集方式，提高固定资产投资统计数据质量，实现投资统计制度方法两大转变：一、将固定资产投资调查对象由投资项目转变为法人单位；二、将固定资产投资额计算方法由形象进度法转变为财务支出法。对纳入企业“一套表”联网直报统计的调查单位，随企业“一套表”通过国家统计联网直报门户采集试点数据；对纳入小微企业统计范围的调查单位，由国家统计局巴南调查队利用国家统计局现有抽样调查制度确定的样本单位采集试点数据；对“一套表”联网直报和小微企业统计外的调查单位，由各镇街负责采集试点数据。6 月 10 日、7 月 10 日、10 月 10 日、2015 年 1 月 10 日前分别上报 2014 年 1、2、3、4 季度的试点数据。试点中，固定资产投资常规统计报表工作正常有序开展。

【服务业统计全面推进】 2014 年，区统计局增设服务业统计科，强化对服务业的统计管理。认真构建“22+6”（即：22个镇街+6个园区）的统计管理模式，在6个园区平台公司建立统计机构，实现镇街、园区统计工作全覆盖。全面清查，开展当年新增重点服务业企业的入库工作。加强部门统计力量，明确部门审核数据质量责任，确保统计数据的真实性。

【特色效益农业监测】 为全面反映巴南区特色效益农业发展状况，根据《重庆市特色效益农业发展监测方案》开展特色效益农业监测工作。特色效益监测范围包括全区各镇街、行业的农林牧渔生产经营、农业休闲观光及农产品初加工单位，包括专业大户、家庭农场、联户经营者、农民专业合作社、龙头企业、其他涉农企业以及从事特种种植养殖生产经营单位、效益突出的普通农户。调查内容为特色效益农业生产经营单位的基本情况、主要产出效果、成本投入及带动情况等。经过摸底调查，全年进入单位样本库的特色效益农业经营体有2618户。

【住户调查样本轮换】 2014年，为增强城乡住户调查样本的代表性，在2012年开展城乡住户一体化调查确定的70个调查小区，700个住宅单元中，重新确定40个调查小区，近200住户进行样本轮换，并对新样本调查户进行记账培训和开启调查。新样本调查户记账工作进展良好。

【第三次全国经济普查】 第三次全国经济普查的标准时点是2013年12月31日24时，时期资料为2013年度。在2013年全区做好第三次全国经济普查前期各项准备工作的基础上，2014年1月1日正式进行普查登记。第三次全国经济普查创新调查手段，首次运用现代信息技术，由普查员手持电子终端设备PDA（掌上电脑）对非联网直报单位，采集处理报送数据至国家统计局信息平台。联网直报单位通过国家统计联网直报平台填报普查表。3月底，完成登记工作；4月，完成区级验收上报工作；5月，国家统计局巴南调查队完成第三次全国经济普查个体户抽样调查PDA采集数据工作；6月19～20日，接受重庆市第三次全国经济普查事后质量检查组的检查验收，检查组对巴南区第三次全国经济普查工作给予充分肯定。

【其他专项调查开展】 2014年，全区继续开展服务业抽样调查、非普查年份1%人口抽样调查、劳动力变动抽样调查、畜禽监测调查、房地产价格调查、企业景气调查、固定资产价格调查、工业生产者价格调查等专项调查工作，各项调查任务圆满完成。

（左辉富）

工商行政管理

【概况】 2014年，重庆市工商行政管理局巴南区分局（简称：区工商分局）紧紧围绕巴南区建设“江南新城、主城第三增长极、城乡一体发展示范区”战略目标和构建“四区一基地”新格局，认真贯彻落实区委、区府和市局的总体部署，全面深化工商登记制度改革，加大帮扶小微企业发展力度，持续实施商标战略，维护消费者权益，支持非公有制经济党组织建设，严格工商行政执法，强化市场秩序监管，为巴南区经济社会发展作出了应有的贡献。2月，巴南区消费者权益保护委会被中国消费者协会评为“全国消协组织消费维权先进集体”；4月，被国家工商总局评为“全国工商系统广告监管工作先进单位”；7月1日，分局机关党委在巴南区庆祝建党93周年大会上荣获“先进基层党组织”；7月，分局团支部荣获市直机关工委、团市委联合颁发的“重庆市青年文明号”；年末，与区经信委、区商务局共同荣获区委、区政府“2014年度工作创新‘金鹰奖’”（颁奖主题辞：“五转一创新”激发市场主体叠加效应）。

2月18日，根据重庆市人民政府办公厅《关于改革完善区县（自治县）食品药品监管体制有关问题的通知》（渝府办发〔2013〕239号）精神，区工商分局将“食品监管职责”和23名工作人员划转到区食品药品监督管理局。4月29日，巴南区召开民营（私营）经济协会第二届会员代表大会。会议选举出四方混凝土有限公司总经理李德志担任区民营（私营）经济协会第二届理事会会长，并且聘请区人大常委会副主任朱作芳、区政协副主席李伟为协会顾问。

【市场主体发展】 巴南区全年新增市场主体7519户，同比增长23.93%，平均每天新增市场主体达21户；年末，全区市场主体实有50022户，同比增长15.1%。其中：新增内资企业3317户，同比增长60.55%，是近6年增长最快的一年，内资企业期末实有14561户，同比增长26.8%；全年新增外资企业15户，外资企业期末实有132户，同比增长12.82%；新增农民专业合作社82户、同比增长34.83%，农民专业合作社期末实有410户，同比增长24.62%；新增个体工商户4105户、同比增长4.8%，个体工商户期末实有33903户，同比增长10.11%；非工商登记电商主体实有1016户，同比增长21.18%。

【工商登记改革】 积极推进工商登记制度改革，工商并联审批全面提速，由3个工作日缩短为8小时对时办结。先行试点"先照后证"制度和注册资本认缴制，简化经营场所（住所）登记手续，创业门槛进一步降低，极大方便创业群众。推进工商注册登记便利化。9月，设立外商投资企业巴南远程登记站；实行镇街执照代办制度，开展企业办证政府购买服务和园区企业执照集中上门办理服务，现已与16个镇街签订镇街执照代办协议，共接受群众咨询300余人次，开展代办业务300余件次，市场准入更加方便、快速。

2014年12月5日，首家在巴南区完成远程登记的外资企业

【小微企业扶持】 在全市率先牵头扶持小微企业发展，全面启动小微企业动态数据库建设与100户小微企业调查摸底。精心打造微型企业孵化园创业环境，提供政策支撑与市场专业化服务，引进109家科技型、技术型、创意型的微企入驻，巴南区科技文化微型企业孵化园被市工商局评为"全市十大创业孵化基地"。界石镇武新村"市级微型企业示范村"成功通过验收。严格小微型企业监督管理，全面开展清查微企，责令退出微企4户，共退回财政补助资金12.5万元。建立微型企业异常经营数据库，将124户微企纳入异常管理。以数质并举为目标，全区小微企业实有12093户，带动就业人口10余万人，全年新发展小微企业2920户，带动就业人员约2.17万人（其中：享受创业补助的微型企业585户，带动就业人员4761人）。"双带动"（商会带动、大中型企业带动）微型企业模式效果明显，现有142家大中型企业带动732户微型企业发展成长，实现107户微型企业增资或增加规模。

【非公经济党建】 积极支持非公有制经济中党组织建设并发挥战斗堡垒作用，协助基层党组织在非公有制经济中新发展党组织21个，新发展党员27人，找出"隐形"党员155名。在非公有制工商企业中开展亮身份、亮职责、亮承诺的"三亮"活动，为全区136户非公工商企业党员授予"共产党员经营户"牌子，增强经营户的责任感和使命感。开展争创"共产党员示范经营点"活动，申报市级示范点1个，打造区级示范点3个。积极配合区委组织部清理"空心"党组织330个，得到区委组织部肯定和好评。

【市场秩序监管】 严厉查处扰

乱社会经济秩序的不正当竞争行为，立案查处商业贿赂、虚假宣传、商标侵权等案件27余件，向公安机关移交1件涉案400余万元的非法集资案件。树立“查处一批违法行为，规范一个行业”的理念，查处汽车、成品油、红木家具等货值金额500余万元的产品质量不合格案件20余件。构建行业管控机制，建立广告、合同、维权三位一体房地产市场监管模式，全面清理房地产虚假广告34户，开展商品房买卖格式合同后延监管有效率达90%以上，解决协信星澜汇、宗申青年国际等多起虚假宣传群体性事件。建立专业市场业主、“12315”消费维权站、工商监管干部、行业协会互动式监管机制，实现专业市场管控互动化。深化链式溯源抽检机制，加强主体行为监管，开展红木家具、成品油、家用电器等抽检179组，完成全年目标任务的224%，立案查处43件。开展校园周边市场环境、民办非学历教育、综合治税等40余项专项整治行动，市场经济环境明显优化。

【消费权益维护】 建立“全时段”维权模式，快速维权反应队8小时无空档时段，快速处置消费纠纷能力得到显著增强。设立京东重庆分公司“12315”消费维权服务站，解决网络投诉增长38%，网络维权能力明显提升。实行消费投诉既解决消费纠纷，又查处经营违法行为的“一事双查”制度，受理消费者申诉、投诉、举报866件，办结率100%，转化为案件线索17条，立案查处2件。举办全市首个校园消费维权大使大赛，开展维权案例分享和消费实践体验两大主题活动，维权氛围更浓厚。

【信用体系建设】 2014年，巴南区市场主体数据质量监测连续12个月准确率和完整率均为100%。“诚信巴南”网站完成全新改版，累计更新信用信息记录66万条。企业信用信息在工程建设招标投标、融资贷款领域应用进一步深化，涉及政府评优评强、招投标、融资贷款、企业申请资质等方面信用信息查询服务35次，出具信用报告9份。开展区级“守合同·重信用”企业及微型企业公示活动，评定113户区级“守合同·重信用”企业，16户区级“守合同·重信用”微型企业；6月，6家企业被国家工商总局评为“守合同·重信用”企业，10家微型企业荣获市工商局“守合同·重信用”称号。

【商标战略实施】 启动公共资源保护性商标注册工作，加快巴南名山、名水、名镇商标化保护使用进度。加大著名商标、地理标志的运用，促其价值体现。积极为百亚、建设摩托等重点企业开展维权行动，取得较好社会效应。全年注册商标突破5000件。现拥有中国驰名商标4件、地理标志4件（“石滩大米”“南彭草莓”分别在2014年2月、3月在国家工商总局注册为地理标志证明商标）、重庆市著名商标73件、巴南区知名商标69件，数量在全市名列前茅。大力实施广告战略，新发展广告经营主体202户，同比增长15%。办理户外广告登记证72份，同比增长380%；办理户外广告备案289份，同比增长12%。全面清理房地产楼盘广告34户，立案查处6家涉嫌虚假宣传的楼盘和1件电视药品广告虚假宣传，罚没金额25.54万元。4月，广告监管工作被国家工商总局评为“全国工商系统广告监管工作先进单位”。

【工商行政执法】 2014年，区工商分局依法行政、有章可循。修改制定《法制员工作制度》《案件核审制度》《行政处罚案件审批流程和权限》《重大行政决策程序规则》等5项重要规章制度，规范行政处罚审批权限、范围、程序，实现案件核审和审批的规范化、制度化、法制化，依法决策机制更加健全。加强重大执法案件审核力度，从支队和工商所抽调办案精干人员，对2013年10月至2014年11月共50余件处罚案件进行多次反复交叉评查，针对评查过程中发现的问题及时整改，有效提升执法办案质量。认真做好行政诉讼和投诉举报回复，积极处理2起行政诉讼案件，及时向法院提交答辩状和相关证据，2起案件均撤诉。妥善处置职业打假人李某某举报提交分局虚假材料登记案，消除行政争议，降低履职风险。

【"五转一创新"推动】 牵头组织开展全区无证照经营转有证照经营，个体工商户和分支机构转型升级为企业和独立法人工作。先后召开座谈会、推进会60余次，走访市场主体1.8万余户，完成"无证转有证"1517户，"个体转企业"712户，"分支转法人"55户。搭建民营经济服务平台，实行全方位免费服务，畅通诉求渠道，收到各类市场主体诉求建议83条次，已解决75条次。在"五转一创新"的大力推动下，内资企业保持高速增长态势，全年新增内资企业3317户，其中"五转一创新"贡献率达24%。同时，个体工商户增速放缓，企业个体户比例由年初的0.38:1上升到0.42:1，市场主体结构更加优化合理。"五转一创新"工作得到区委、区府主要领导充分肯定和书面批示，与区经信委、区商务局共同荣获区委、区政府"2014年度工作创新'金鹰奖'"。

（杨　勇）

物价管理

【概况】 2014年，区发改委所属的价格科、物价检查所、价格认证中心按照市物价局工作要点和要求，围绕区委、区政府的中心工作，认真履行职责职能，全面加强民生价格监测监管。主要抓价格调控、价格监测、价格审核备案、价格监督检查及价格举报投诉、涉案物品价格鉴定、民生价格调研等工作，确保全区市场物价稳定有序发展。

2014年巴南区主要商品零售价格

商品名称	规格、等级	计量单位	币值：元	同比
1. 粮食				
黄豆	标准品	500克	3.98	0.00%
绿豆	一级	500克	6.40	0.00%
大米	当地主销	500克	2.58	-0.77%
粳米	东北大米	500克	2.68	0.00%
面粉	特一粉	500克	2.50	0.00%
面粉	标准粉	500克	2.35	0.00%
2. 食用油				
花生油	桶装一级压榨	5升	149.80	0.00%
菜籽油	桶装一级压榨	5升	69.80	-6.81%
大豆油	桶装一级浸出	5升	51.90	0.00%
菜籽油	散装	500克	6.60	0.00%
大豆油	散装	500克	4.60	0.00%
色拉油	桶装一级	5升	49.90	0.00%
3. 日用品				
洗衣粉	当地主销 袋装1千克	袋	8.83	-2.11%
洗洁精	当地主销 瓶装500克	瓶	4.62	10.00%
洗发液	当地主销 瓶装750毫升	瓶	45.23	0.73%
沐浴液	当地主销 瓶装750毫升	瓶	33.07	0.82%
香皂	当地主销 普通125克	块	5.97	-3.71%
牙膏	当地主销 普通120克	支	9.03	-0.77%
4、家用电器	品牌、型号			

续表

商品名称	规格、等级	计量单位	币值：元	同比
洗衣机	当地主销 波轮式（5千克）	台	1099.00	-12.08%
洗衣机	当地主销 滚筒式（5千克）	台	2316.00	-5.39%
空调	当地主销1.5匹冷暖	台	2548.00	-4.93%
冰箱	当地主销210-250立升	台	2699.00	-3.57%
彩电	当地主销 液晶42英寸	台	2999.00	-16.23%
微波炉	当地主销 功率700瓦	台	899.00	-10.01%
手机	当地主销 彩屏带摄像头	台	1998.00	-22.56%
数码照相机	当地主销1200万像素，5倍光学变焦	台	1490.00	-6.29%
电取暖器	当地主销 油汀型	台	624.00	-4.00%
电热水器	当地主销50L钢化搪瓷内胆	台	1398.00	1.30%
燃气热水器	当地主销8L	台	1580.00	-4.24%
抽油烟机	当地主销 直吸式	台	2590.00	-3.72%
燃气灶具	当地主销 嵌入式燃气灶	台	1002.00	-12.87%
电脑	主流品牌台式机（标准配置）	台	3399.00	-5.06%

【价格监测】 围绕市物价局和区委、区府中心工作，认真履行工作职能，加强“米袋子”“菜篮子”“油瓶子”等民生主要商品的生产供应监测调控，确保全区居民生活必需品价格的基本稳定。一、加强应急物资储备。全年完成区级保供应急物资储备285万元。其中：大米60万元、食用油60万元、肉蛋奶55.63万元、副食饮料和蔬菜41.92万元、液化气14.9万元、汽柴油19万元、复合肥26.8万元、工业用品6.75万元。二、积极组织农业生产。全区粮食产量33.36万吨、同比减少6.7%，蔬菜产量56.5万吨、同比增长3%，水果产量4.86万吨、同比增长1%，茶叶产量3823吨、同比增长3%，出栏生猪53万头、同比减少3.2%，家禽产量507万只、同比减少14.2%，水产品产量2.14万吨、同比增长5.3%。三、强化价格监测。按照《重庆市价格监测办法》及《2014年重庆市价格监测报告制度》要求，设立市场价格监测点10个，围绕群众关心的180个商品常年实施价格监测和预警，发布价格快讯24期、价格信息7篇、市场价格监测分析资料12期。全年巴南区市场商品货源充足，商品价格有升有降。其中：粮油、豆类价格小幅上涨；肉、禽蛋类价格先降后升；蔬菜价格总体上涨；水产品、水果类价格小幅波动；农资商品价格基本稳定。

【鉴定认证】 接受区商务局、区检察院、交巡警大队、镇街派出所等单位的委托，完成涉案财物价格鉴定298件，涉案财物标的金额252万元。配合市中心道路交通事故车物损失价格鉴定200余次，标的物价格100余万元。

【投诉处理】 2014年，共受理价格举报投诉17件，按举报方式分类：来电101件，来信6件，电子邮件10件，来人来访2件。举报内容主要涉及：交通运价、教育收费、停车收费、药品价格及医疗服务收费、旅游收费、物业服务收费、邮政通信、自来水和天然气价格等。价格政策咨询102件。所有价格投诉件和政策咨询件已全部办结，投诉人和咨询人均无复议。

【检查执法】 坚持日常巡查提醒告诫与集中整治相结合，不断加大价格监管执法力度。强化政策宣传，针对重点行业、重要商户、大型超市等开展价格政策提醒告诫工作，敦促其严格执行国家价格管理政策，引导价格行为，倡导价格诚信。

全年发放医疗、房地产、交通等价格政策宣传资料 400 余份。

（黄文武）

劳动管理

【城乡就业成绩突出】 2014 年，巴南区城镇新增就业、失业人员就业和困难对象就业再就业分别为 7.9 万人、4715 人和 7540 人，分别完成市下目标任务的 326.09%、134.38% 和 220.41%。城镇登记失业率为 2.79%，控制在目标任务 2.8% 以内。向市级“6 + 2”重点电子企业（富士康、广达、英业达、旭硕、纬创、仁宝 + 新普、展运电子）输送员工 3303 人，为区内市级重点配套企业输送员工 3211 人。开展职业培训 3938 人，完成市下目标任务的 131%。发放国家职业资格证书 3625 人，完成市下目标任务的 118%。新开发公益性岗位 30 余项，公益性岗位结存在岗 2868 人。回引返乡就业人员 4021 人，完成市下目标任务的 115%；返乡创业户数达 1.15 万户，吸纳就业人数 6.66 万人。全区农村劳动力累计稳定转移就业 16.3 万人，超额完成 16 万人的目标任务。审批符合条件的小额担保贷款户 251 户，发放贷款 3109 万元，扶持创业 267 人次，直接带动就业人数 1200 余人；失业保险参保总人数达到 13.05 万人，征收失业保险费年底达到 6267 万元。开展家庭服务从业人员，培训月嫂、育婴、养老护理共计 532 人。被人力社保部统计调查中心确定为全国三个家庭服务业统计调查试点地区（包括：江苏省徐州市、北京市东城区、重庆市巴南区）。

【劳动关系和谐稳定】 全年共受理和查处各类侵害劳动者权益的劳动保障监察举报投诉案件 605 件，结案 604 件，结案率 99%。先后开展劳动保障专项行政执法检查 5 次，有力地遏制劳动用工违法行为。进一步健全农民工工资清欠长效机制，加大主动监察执法力度，收取建设领域农民工工资保障金 4924 万元，为 1.07 万名农民工追讨工资 7561 万元。共立案受理劳动争议案件 950 件，结案 924 件，结案率 97.26%，有效地维护劳动关系双方的合法权益。已建工会企业集体合同签订率达 90% 以上，引导 125 户企业成立劳动争议调解委员会。开展工伤认定 2693 件、工伤鉴定 1445 人次。

（赵小可）

质量技术监督

【概况】 2014 年，重庆市巴南区质量技术监督局（简称：区质监局）在市局党组和区委、区政府领导下，认真贯彻全市质监工作会议精神，树立“为民服务、为企业解难”的工作理念，强化与人民群众生命健康和安全相关产品的监督检查，以企业需求的标准、计量、质量、认证认可、名牌产品、特种设备安全等方面做零距离帮扶指导，助推汽车上装产业结构调整和资源整合，引入市计量质检院在区经济园区建立工作站，邀请区内知名企业重庆建设摩托车股份有限公司、重庆南方阻燃电线电缆有限公司等企业质量负责人开展质量知识讲座，组织辖区 20 多家重点企业到重庆众恒电器有限公司、恒安（重庆）生活用纸有限公司现场学习企业质量文化与质量管理。以“内强素质，外树形象”为抓手，强化质监队伍建设。年末，荣获区委、区政府“2014 年度工作创新‘金鹰奖’”（颁奖主题辞：创新服务方式救活 32 家车改企业）。

【产品质量管理】 把服务区域经济发展作为质监工作的新举措，倾力提升企业产品质量。一、推进名牌产品建设。成功创建重庆名牌产品 8 个，重庆知名产品 4 个，积极导入卓越绩效管理模式，形成可持续、良性发展的名牌培育体系。二、实施质量提升工程。开展质量成本管理项目试点工作，协调重庆助腾企业管理咨询有限公司给辖区重庆众恒电器有限公司等 3 家企业开展质量成本管理咨询，帮助企业进行质量成本构架建立，进行有效质量成本分析，降低企业不良成本。三、提升质量管理水平。联合重庆宗申通用机械公司编写通用汽油机行业质量分析报告，为通用汽油机的发展提供参考，促进通用汽油机行业产业结构调整和发展。动员引导宗申集团、重庆机床（集团）等多家企业开展“QC（质量控制）小组”活动，夯实企业质量基础。四、开展质量调查活动。为掌握规模企业质量水平，开展全区规上企业质量大调查活动，为质量竞争力分析提供基础数据，科学指导全区质量宏观管理工作。五、组织重庆机床（集团）、百亚公司等10家企业负责人参加全市首席质量官培训。六、组织召开质量管理专题培训会。先后组织《新形势下企业质量管理和品牌建设》《质量管理知识基础》专题讲座，辖区规上企业36家和43家的质管人员分别参加听课学习提高。

【行业标准推行】 坚持把行业标准化推进工作作为质量基础工作的重要环节来抓。一、推进行业标准化战略。全区备案企业产品标准114个，指导企业主导或参与制定、修订地方标准4个（其中：市级3个）。二、指导技术标准体系建设。指导50家企业开展技术标准体系建设，2家企业获AAAA级标准化良好行为企业。指导重庆世界温泉之都服务标准化（国家级）及公路物流服务标准化（市级）示范项目建设，各项工作已全面完成，并通过市局验收。新申报标准化试点示范项目1项（巴南区行政服务标准化）。指导企业申报产品标准奖2项。三、宣传贯彻国标条例。举办国家新颁布的国家强制性标准培训班3期，共培训企业质检人员200余人次。与南岸区质监局联合举办“庆祝2014年世界标准日暨标准化工作务实”培训班，巴南区有30多家企业相关负责人参加培训。全年新办代码2538套，变更1152套，换证1312套，注销227个，年检10504套。

【计量器具监督】 把计量器具监督的重心放在规范各行业计量行为上。一、开展对镇街社区的医疗计量器具检定情况调查，为规范该行业计量器具使用夯实基础。二、积极推行诚信计量体系建设，组织1家集贸市场、1家超市开展诚信计量示范单位创建。李家沱东南亚农贸市场获得市质监局、市商委授予“诚信计量示范单位”称号。三、积极配合重庆市计量检测院开展全区集贸市场电子秤检定工作，对13家有主办者集贸市场、3个镇街农贸市场家的2371台电子秤进行免费检定。免费发放标准砝码2000件。四、加强煤矿计量工作监管，对辖区重庆永荣矿业有限公司丰盛一矿的计量安全加强巡查力度，与煤矿所在地双河口镇政府一同深入煤矿，对强检计量器具安全管理情况进行联合检查，并与煤矿负责人签订煤矿生产企业在用强检计量器具管理责任书。五、强化民生计量知识宣传。组织30多家工商企业和医院，开展“‘5·20’世界计量日宣传暨诚信计量自我承诺”为主题的宣传活动。

【认证认可检查】 认真开展全区有关企业和产品的认证认可检查。一、对辖区12家实验室、47家次强制性产品认证企业、25家质量管理体系认证企业、11家无公害农产品、1家绿色食品认证企业进行日常检查和巡查。二、组织开展实验室社会开放日、实验室质量提升现场观摩会、实验室质量提升经验交流会。并组织开展区内实验室日常管理工作专题培训。三、组织开展区内电线电缆、小家电、汽车摩托车配件、室内加热器、电风扇、木器漆、儿童玩具、建筑玻璃等产品的认证认可专项执法检查。四、在质量宣传月活动中，区质监局召开“生产许可证企业证后监管工作会”，辖区50家生产许可证企业参加会议。

【特种设备监察】 坚持“安全第一、预防为主、综合治理”的方针，严格特种设备安全监察，全年无特种设备事故发生。一、开展气瓶充装和“两站”（加油站、加气站）安全专项检查。二、开展电梯安全排查整治。组织开展对公众聚集场所和民用住宅电梯使用现场安全巡查，共检查各类电梯170余台，对在电梯维保中未按照安全技术规范进行电梯维修保养等行为进行重点检查。处理电梯各类投诉35件，办理电梯故障确认27起，有力地整治不按安全技术规范进行电梯维保，维保过程中缺项、漏项，超期使用电梯以及电梯三角钥匙管理不规范，管理制度落实不力等行为。三、宣传贯彻《中华人民共和国特种设备安全法》。广泛开展特种设备安全知识宣传，分行业对镇街安全监管人员和企业特种设备管理人员进行培训，举办培训班15期，参训人员1200余人，发放宣传资料3万多份。

【行政执法规范】 高度重视专项行政执法和规范行政执法。一、规范行政执法。区质监局严格执行有关法律、法规和上级有关规定，根据《巴南区质监局行政执法工作规范》，实行案件主办、协办制度，明确案件办理各个环节审批制度，建立决策、执行、监督三权适当分离的运行机制，注重在行政执法中罚前、罚中、罚后“三个环节”的关系，有效地杜绝在执法过程中的违法违纪行为。全年先后出动执法人员360余人次，出动执法车辆180台次，检查建筑工地20家次，检查企业60家次，现场抽取样50组，服务企业18家次，建立档案信息10余份。受理举报投诉13起，处理回复13件，办结13起，行政处罚3起。在处理举报投诉案件中，无一例行政复议、行政诉讼、行政赔偿案件，投诉人对举报投诉处理满意率达100%。二、指导企业遵纪守法。深入企业调研，根据企业质量管理需求制定帮扶计划，并主动联系上级业务部门，走进企业对特殊行业上岗人员进行培训，得到企业高度认可。三、坚持服务企业为先导。积极探索服务与监督并重的行政执法方式，以预防为主，立足事前防范、事中监督警示和查处后的帮扶整改，规范企业生产经营行为。四、开展农资、建材、车厢改装厂等专项整治行动，打假治劣和行政执法。按照“监管前移、狠抓源头、标本兼治、防打结合、重在规范、注重实效”的指导原则，全面强化监督，突出服务，为维护区域经济发展秩序、促进区域经济快速发展起到保驾护航的作用。

（刘　平）

食品药品监督管理

【概况】 重庆市食品药品监督管理局巴南区分局（简称：区食药监局）按照《重庆市人民政府办公厅关于改革完善区县（自治县）食品药品监管体制有关问题的通知》（渝府办发〔2013〕239号）和《重庆市巴南区人民政府关于改革完善食品药品监督管理体制的通知》（巴府办〔2014〕22号）要求，整合工商食品流通领域监管、质监食品生产领域监管职能，2014年3月，组建成为新的食品药品监管机构。其主要职能：对辖区内的食品生产、流通、消费安全和药品的安全性、有效性进行统一监管，并履行区食品药品安全委员会办公室相关职责。5月，龙洲湾、鱼洞、李家沱、花溪、南泉5个街道建立食品药品监管直属所，为分局派出机构；其余木洞、一品等17个镇街设立食品药品监管所（办），为镇街综合办事机构，负责各镇街食品药品监管日常工作。

机关内设9个科室（办公室、人事财务科、综合科、法制监督科、行政审批科、食品监管一科、食品监管二科、药品监管一科、药品监管二科）；在编干部职工60人（其中：区工商分局转入23名，区质监局转入2名、区卫生系统转入7名）。

2014年，区食药监局紧紧围绕“保安全、促发展、惠民生”总目标，突出“深化改革、落实责任、强化监管、提升能力、共管共治”五大主题，着力改革食品药品监管体制、创新食品药品监管模式、强化食品药品监督管理，服务食品药品经济发展，以监管实效取信于民，以食品药品安全惠及于民，取得良好成效。全年检查食品药品生产、经营、使用单位15836家次，抽检“四品一械”（食品、药品、保健品、化妆品、医疗器械）1070批次，规范指导农村家宴1650起，开展专项整治、专项检查47项。全年立案查处各类食品药品安全违法行为115件，结案115件；捣毁食品生产黑窝点1个，移送公安部门处理1件，罚款60.96万元。

【食品流通监管】 多措并举加大食品生产、流通领域的监管力度。一、科学开展抽检工作。按照市局下达的生产企业食品抽检任务要求，制定年度食品监管巡查计划，实行分级分类监督巡查。成立抽检领导小组，强化组织协调，有效地保障抽检工作顺利进行。全年共抽检生产领域食品223批次，流通领域食品177批次，完成食品快速检测1537批次。二、认真做好监管巡查。对辖区内食品生产、流通单位分级分类开展日常巡查，组织开展节日食品安全大检查和23个专项执法整治。共监督巡查食品企业及小作坊500余家次，出动执法人员2500余人次，整改163家，抽检食品400批次。共查处各类生产环节食品案件23件，办理流通市场食品执法案件15件。三、有效处理投诉举报。认真受理群众举报投诉，全年共受理各类投诉举报案件134件，所有投诉举报案件均及时进行核查并及时回复，群众满意率100%。

【餐饮食品抽检】 一、日常监管。全年共抽检餐饮食品211批次，立案查处经营企业4家，罚款13万元。继续推进量化分级管理，评定餐饮经营单位3589家，其中A级29家、B级2469家、C级1100家。加强对建筑工地餐饮食品的监管，对华南城物流基地、龙洲湾万达广场、界石镇工业园区、麻柳沿江开发区等在建工地食堂及周边餐饮临时摊点进行拉网式检查，确保不发生食品安全事故。二、强化学校食堂、校园及周边餐饮经营单位的许可和食品安全监督管理。联合区教委等相关部门开展2014~2015学年春秋季学校托幼机构食品、卫生专项检查，对全区大中小学校、托幼机构进行餐饮食品安全进行全覆盖的专项检查。三、规范农村家宴管理。充分利用镇街、村居的食品药品监管网络，加强农村地区餐饮服务食品安全监管工作。要求农村地区集体用餐单位严格执行集体用餐提前向本地政府（办事处）报告备案制度。全年共规范农村家宴1650起，保障农村家宴就餐人数约17.5万人次的食品安全，有效地预防农村食品安全事故的发生。

2014年9月，鱼洞永辉超市开展食品快速检测

四、重大食品安全保障。完成“三会”“两节”“二圣·梨花节”“国际马拉松比赛”“高考中考”“重庆春季购物美食消费节”“天心寺开光庆典暨禅茶文化节”“环中国·自行车赛”“东温泉·2014中华山水茶道文化节”等14项重大活动餐饮食品安全保障任务，确保全年餐饮食品事故“零发生”。

【药品经营管理】 一、加强药品日常检查和专项整治。区食药监局对全区药品生产经营单位进行拉网式检查，共检查涉药单位1725家，抽检药品125批次。先后开展流通领域药品、中药生产、含麻醉药品等5类专项检查，立案查处13件，罚款1.16万元。二、着力推进GSP（即：《药品经营质量管理规范》的英文缩写，是药品经营企业统一的质量管理准则）认证。全年受理GSP换证申请151家，认证（新开办）申请34家，截至年底，完成认证现场检查156家，整改79家，顺利通过换证检查56家，认证（新开办）检查21家，对16家主动申请企业依法予以注销。三、开展规范化药房创建。对2013年取得“规范化药房”称号的4家医疗机构实施跟踪检查；对2014年新申报的5家医疗机构进行指导，并顺利通过验收。年末，辖区共达标的“规范化药房”有9家。四、抓好不良反应监测。2014年上报药品不良反应报告1220份，较2013年增加186份，增长率17.99%；上报药物滥用报告266份，报告数量和质量都有明显提高。

【医疗器械检查】 一、开展经常性医疗器械监管。全年共检查医疗器械生产单位10家（其中：Ⅱ类生产企业3家，Ⅲ类生产企业3家，II类和I类各2家）；检查医疗器械经营单位50家（其中：Ⅱ类经营企业26家，Ⅲ类经营企业24家）；检查医疗器械使用单位789家。二、着力开展专项整治。深入开展医疗器械“五整治”（虚假注册申报、违法生产、非法经营、夸大宣传、使用无证产品）、“高风险医疗器械经营使用关键环节”“无菌和植入性医疗器械”“定制式义齿”“注射用透明质酸钠”等专项整治，对辖区内347家医疗器械经营企业、652家医疗机构、4家医疗器械生产企业进行检查，立案14起，罚款10万元。三、积极做好不良反应监测。全年共上报医疗器械不良反应213件，比2013年增加64件，增幅42.95%。

【保健食品监测】 强化保健食品监测。一、开展摸底清查。全年共清查保健食品专（兼）营门店471家，清查覆盖率100%。二、建立健全监管档案。开展保健食品生产经营单位档案电子化工作，共采集1家保健食品生产企业、168家保健食品经营企业相关信息，为实行电子监管打下坚实基础。三、狠抓日常检查和专项整治。开展保健食品信用等级评定，对辖区内保健食品经营单位进行信用评定，共评定A级60家，B级408家，C级3家。

【化妆品质检测】 强化化妆品质量检测。一、逐步完善化妆品经营单位监管档案。全区化妆品经营使用单位共有1039家，已完善259家美容美发经营单位监管档案。二、完成化妆品抽检。对全区化妆品生产企业、化妆品经营使用单位进行全面摸底抽检，全面完成市抽三个阶段和国抽下达的全部任务（其中：市抽抽取化妆品21批次，国抽抽取化妆品12批次；国产产品6批次，进口产品6批次）。三、开展“打四非”（非法生产、非法经营、非法添加、非法宣传）专项整治。对辖区内的美容美发经营场所等进行专项整治，共检查生产、经营单位1167家次，责令整改53家，立案查处2家。

【食药审批许可】 简化下放食药审批认可。一、简化行政审批手续。实行“一站式”服务，认真落实限时办结、一次性告知、首问负责等便民措施，针对特殊申请人推行“送证上门”。全年审核办理审批服务事项3109件，其中药品经营企业换发许可证160家，新开办20家；医疗器械经营许可12件；餐饮服务许可1149件、食品流通许可1559件，保健食品备案209件。二、下放行政审批权限。将食品流通个体户、食品流通摊贩备案、餐饮环节中型餐馆、快餐店、建筑工地食堂、农村家宴“一条龙”等16项审批权限下放。全年各镇街食药监管所共办理餐饮许可403件，食品流通许可679件。

【行政联合执法】 一、加强食品药品安全监管综合协调。代区政府草拟并以区政府办印发《关于调整区食品药品安全委员会的通知》（巴南府办函〔2014〕35号），由区长任食药安委会主任、分管区领导任副主任，进一步明确区食药安委会和食药安办综合协调的工作职责。二、组织执法人员培训。制定《2014年度执法人员学习培训计划》，针对体制改革后执法人员业务不熟，执法能力不高的问题，采取专题讲座、集中学习、自学等方式，加强相关法律法规的培训，共组织全区22个镇街行政执法人员执法培训2次，培训人员398人次。三、建立健全行政处罚制度。制定印发《行政处罚案件审核办法（试行）》，该“办法”规定案件办理内部审核程序，明确八种需经过集体讨论决定的重大、复杂行政处罚案件类型，规范文书制作，保证行政处罚案件查处依法、公开、公平、公正。落实行政处罚案件信息公开制度，对属于主动公开范围的行政处罚案件信息，自作出处罚决定或处罚决定变更之日起20个工作日内在分局网站上予以公开，公开期限不少于2年。四、强化与有关部门协作联合执法。全年先后开展牛肉市场、猪肉及肉制品、农村食品市场“四打击、四规范”等专项整治行动。共立案查处各类食品药品安全违法行为115件，结案115件；捣毁食品生产黑窝点1个，罚款60.96万元。五、完善行政执法和刑事司法的衔接。与公安、检察、法院、司法局建立一体化协作机制，建立健全日常联络、季度联席、信息归口、联合执法、情报共享、案件互移、重案会商、绿色检鉴、联合培训、联合督办等十项制度，构建食药监管与刑事司法无缝衔接、协同作战、合作双赢新格局。全年与公安等司法部门开展联合执法8次，通报、移送线索3次，移交食品药品案件1件。

【食药安全宣传】 广泛开展食药科普宣传。一、在全区22个镇街设立基层食品药品安全宣传站。开展"食品安全宣传周""食品药品安全知识大讲堂活动""食品药品知识四进"等系列宣传活动，大力宣传食药安全科普知识。发放宣传资料2.1万份，接受群众咨询约1500人次。二、开展食品药品从业人员培训。全年共举办餐饮食品安全管理员定期培训24期，培训考核食品安全管理员1695人；开展药械从业人员培训6期，培训药械从业人员1730人；开展食品生产企业包装标志专题培训，培训食品生产企业安监人员115人次。

（杨　皎　胡晓峰　张　靓　王海峰　唐　欢　刘　婧　邓小强　郑　鑫）

烟草专卖管理

【卷烟市场整顿】　继续将"内管外打"工作放在突出位置。对外坚持打假高压态势，杜绝不规范经营行为，坚持不定期的市场走访，共走访300余户，保持良好的市场状态；对内通过内管信息系统共分析异常预警信息5403条，启动处理预警189条，预警处理率100%。完成市局内管处下发异地监测任务1起。认真开展客户档次清理，对全区549户零售档级进行重新划定，有效遏制大户控制小户的行为，进一步规范市场的经营秩序。全年累计办结涉烟违法案件341起，查获案值149.18万元（不含网络案件涉及的个案6起，案值55.42万元）的各类非法卷烟358.96件，收缴罚没款21.10万元。破获涉及购进、存储、销售三个环节的国家局级标准的网络案件2起，查获运输车辆20台，移交司法机关刑拘3人，直诉2人，判刑5人。全年共受理行政许可申请240起（其中：准予许可239起，不予许可1起），注销514起，变更109起，恢复经营5起。行政处罚、行政许可案卷评查合格率达100%，被市烟草专卖局抽查的行政处罚、行政许可案卷均评为优秀。

【双核集整推进】　以深化双核集整管理体系建设为载体，打造企业管理新机制，员工自律意识不断增强，企业管理水平不断提升。一、抓好动员部署。根据《重庆烟草双核集整管理体系建设方案》，及时召开"双核集整"管理体系运行动员大会，就"双核集整"管理体系深化贯彻实施；二、对非通用文件、记录进行清理、补充和完善。先后修订完善专卖、营销、采购等流程文件116个，确定并优化关键流程节点143个；三、抓好季度"双核集整"体系内审。共审核品牌培育、许可证管理、内部监管、顾客投诉、教育培训等要点101个。企业管理效率明显提高。在市烟草专卖局组织的"双核集整"体系建设内部审核中，位列全市行业第2位。

（程莉莉）

安全生产监督管理

【概况】　重庆市巴南区安全生产监督管理局（简称：区安监局）按照区编委会《关于调整区安监局主要职责内设机构和人员编制事项的通知》（巴南编委发〔2014〕44号）要求，内设5个机构（办公室、工矿商贸监管科、职业卫生监管科、危化烟爆监管科、综合监管科）；下设参公事业单位2个（区安全生产监察执法大队、区安全生产应急救援指挥中心）。在职干部职工29人（其中：局机关13人，区安全生产监察执法大队11人，区安全生产应急救援指挥中心5人）。

2014年，局领导班子带领全局干部职工敢于担当，开拓进取，牢固树立安全发展理念，增强"红线"意识，创新安全监管机制，强化责任落实，加强宣传教育培训，严防各类事故发生，全区安全生产形势呈现出"经济快速发展、事故持续下降"的可喜局面。一、安全生产形势良好。全年发生安全生产死亡事故22起、死亡26人，与上年同比减少6起2人，分别下降27.2%、7.2%。未发生重特大事故和"一票否决"情况。二、创新制度向全市及全国辐射产生推广效应。全年创建安全生产"两查一会"（暗访检查、联合抽查、警示教育现场会）、建设领域安全资质"一票否决"等制度，得到副市长刘强批示并在全市推广，市委办公厅《每日要情》和《中国安全生产报》《重庆日报》

多次刊载报道。三、多项工作经验交流发言。先后在全市安监系统专题大会上就工贸安全、安全宣传、安全统计和考核、综合监管、行政执法等工作经验交流发言5次，交流发言频率居各区县之首。四、成功创建全国、全市安全社区。强化“政府主导、部门（企业）协同、共创共建、全民参与”的创建工作机制。李家沱街道荣获国家安全生产监督管理总局、中国职业安全健康协会联众授牌“全国安全社区”。跳石镇等3个镇成功创建“重庆市安全社区”。全区安全生产目标考核获重庆市“先进单位”，连续3年获此殊荣。发展环境综合整治工作名列全区第4位，获得优秀等次；年末，被区委、区政府评为“2014年度区管领导班子先进集体”。

【工贸行业安全监管】 按照区编委会《关于调整区安监局主要职责内设机构和人员编制事项的通知》（巴南编委发〔2014〕44号）要求，将冶金、有色金属、建材、机械、轻工、纺织、烟草、商贸等行业的生产经营单位划到区安监局直接监管。据统计：全区有规模以上工业企业170家，限额以上商贸企业120家。为此，多举措加强工贸行业安全生产监管。一、在全区工贸企业中重点开展有限空间作业、粉尘防爆、液氨制冷专项整治。清理确认的锅炉、管道等有限空间131处；排查涉及燃爆粉尘企业有106家，突出“强除尘、禁火源、严防护、重管理”整治重点。二、扎实推进工贸企业安全标准化建设。全年启动安全标准化企业95家，完成二级安全达标企业5家，三级安全标准达标企业49家。三、强化执法检查。共检查工贸企业56家，查出隐患261条，下达责令整改限期指令52份，对8家企业下达停产指令。四、建立辖区内中央和市属企业安全管理实行特派员制度。聘请14名安全特派员派驻到14家在辖区内的中央和市属企业，年底对特派员进行工作考核。五、建立园区安全监管联席会议制度，明确部门、镇街和园区职责，形成全区齐抓共管园区安全的工作格局。

2014年，区安监局领导带队检查企业安全

【非煤矿山生产整改】 全区现持有安全生产许可证的非煤矿山共有42座，其中地下矿山1座。分布在姜家镇、麻柳嘴镇和界石镇等15个镇街，为石灰岩、页岩和砂岩开采作业。一、严格安全标准化达标考评。对未达标的企业，严格监督，责令整改。并按照“降、保、升”原则，组织评审机构对已达标企业开展“回头看”考评。经考评，全区有41家非煤矿山企业达到国家三级以上安全标准（其中：2家达到国家二级安全标准，39家达到国家三级安全标准）。二、专项整治效果明显。督促企业分解落实地下矿山“三字经”（严设计、强通风、控冒顶、防水害）和露天矿山“三字经”（用机械、先剥离、分台阶、控边坡、重防护）并上墙，将“三字经”图牌设置在矿山明显位置，同时将开采方式、开采参数等以图文形式设置在矿山办公区域明显位置，督促企业严格执行开采设计要求，全部露天矿山实行分台阶、分层规范开采。三、“打非治违”效果突出。联合国土、公安、环保等部门召开联席会议，

并对非煤矿山行业每年开展两次集中安全生产联合执法检查和企业采空区形成的高陡边坡治理整改。坚持镇街每月全覆盖检查，每季度全覆盖检查，严厉打击非法违法生产经营行为。全年查出一般隐患236项，已完成整改225项，整改率95%，对存在重大安全隐患的4家非煤矿山企业作出暂时停产停业整顿的行政处罚。

【建筑施工安全监控】 一、开展“两查一会”。先后两次在建筑行业开展安全生产“两查一会”，对20个施工项目现场进行暗访检查，排查整改安全隐患134条。二、强力实施专项整治。强力开展安全生产“百日攻坚”“六打六治”、建筑施工“两防”（防范高处坠落事故、防范危险性较大的分部分项工程发生群死群伤事故）、“三防三反”（防范高处坠落事故、防范危险性较大的分部分项工程发生群死群伤事故、防范物体打击事故为重点；反“三违”作业、反冒险交叉作业、反盲目施救）、建筑起重机械等专项行动，共出动4000余人次，巡查、检查累计2000余个次建筑工地，签发安全隐患整改通知书600余份（其中：发出局部停工整改通知书50余份），对50余家建筑企业依法实施行政处罚。三、创建建设领域安全资质“一票否决”制度，严肃查处建筑企业中的“甩手掌柜”。全年有2家建筑施工企业因被“一票否决”而失去进入巴南建设领域“分蛋糕”的机会。四、强化安全生产预警机制。在节假日、恶劣天气季节以及施工高峰期，向建筑施工企业发送安全预警信息，全年累计发送安全预警信息8000余条。同时开展高温防暑、防汛、冬季施工以及重大节假日前的安全检查工作，有效地防范建筑施工安全事故的发生。

【交通运输营运检查】 通过开展道路交通“两化一整治”（道路运输企业安全生产标准化、安全管理信息化建设，持续深化农村道路交通安全整治）、“交安行动”等一系列专项行动，全区客运、危险化学品运输企业全部实现安全生产标准化。区交委组织检查客货运输企业、维修企业、驾校、客运站（点）617次，查处超限车辆1680台，超限率为0.3%；查获非法营运案件310件，安装农村公路安全护栏250公里。检查渡船202艘次，港口码头安全151次，港口岸线巡查76次，辖区渡口连续30年安全渡运。区交巡警支队深入营运企业检查840余次。有关运输营运单位按照“一岗双责”和“属地监管”原则分级分类开展自查自改。区政府在道路交通、水上交通等2个行业领域开展“两查一会”1次，在交通行业开展安全生产综合检查督查4次。

【危化烟爆隐患整治】 加大对危化烟爆生产营地及物品隐患整治力度。一、开展危险化学品“四化”（重点重大自动化、检修维修指令化、视频监控规范化、安全培训全员化）专项整治。督促位于城区的设备老旧的攀渝钛业公司加快搬迁进度，已注销其危险化学品生产许可证，正在加快“三同时”手续进行迁建。二、排查整治加气加油站安全隐患。加强对液化石油气中添加二甲醚的查处力

2014年5月，区安监局领导带队开展“交安行动”检查

度，对不合格的2家单位进行行政处罚。开展对5座社会加油站设施设备改造监督，加快非埋地罐改造进度，其中3座已完成改造并通过竣工验收；重庆长城油料供应公司加油站油罐和管沟实施防渗改造，消除非埋地储油罐和高位罐。三、开展油气输送管线安全专项排查整治。督促成品油天然气等危险化学品输送管线经营单位全面排查整治安全隐患，集中整治管道设施设备老化、安全防护距离不足、交叉铺设、监控措施不到位及违法占压、违规开挖施工等突出问题，对排查出的3处重大隐患、1处较大隐患及19处一般隐患已召开整治协调会，落实相关单位责任进行整治。四、加强管道保护工作，以区安委会名义联合凯源巴南分公司等17个部门和单位举办燃气管道泄漏事故应急救援演练，检验应急处理能力和水平。

【特种设备使用监管】 一、开展特种设备安全检查和隐患排查治理。组织开展对公众聚集场所和民用住宅电梯使用现场安全巡查，共检查各类电梯170余台，立案查处1件。处理电梯各类投诉35起，办理电梯故障确认27起。检查特种设备使用单位36家。二、全力做好老旧电梯改造工作。全年完成5台“老旧电梯”改造任务。三、严厉打击特种设备违法行为。检查特种设备生产、使用和检验检测单位87家次，下达安全监察指令64份，立案查处特种设备违法案件23件。四、修订完善《巴南区特种设备应急预案》。开展1次液化石油气充装应急演练，对50台以上特种设备使用单位进行安全生产标准化宣传培训。

【消防区域网格监护】 联合有关部门和镇街加强消防安全网格监护。一、全面落实消防安全责任。依托“四个能力”（检查消除火灾隐患能力、扑救初级火灾能力、组织疏散逃生能力、消防宣传教育能力）建设、“户籍化”管理两项抓手推动社会主体责任落实，大力培育学校、医院等9大行业消防安全示范典型，上下联动、齐抓共管的消防安全责任链全面形成。全年共发生火灾235起，死亡2人，受伤3人，直接财产损失518.07万元，各项火灾指标全面下降。二、深化消防网格化管理。全区22个镇街消防网格化管理全部达标，实施重点单位“户籍化”管理和“三项报告”（消防安全管理人员报告备案表、建筑消防设施维护保养报告备案表、消防安全重点单位四个能力自我评估报告备案表）备案，消防重点单位投保率达到100%。健全城乡应急保障网络，投入450万元建成木洞、丰盛、东温泉、接龙4支政府专职消防队建设，打造市级“消防安全示范学校”2所和消防科普宣传教育基地1处。三、强化火灾隐患排查整治。全区分别建立大、中、小消防安全管理网络22个、275个、2721个；安排消防安全专项经费189.3万元，对辖区800余家“三合一”（生产、住宿、仓储经营一种或一种以上使用功能违章混合设置在一空间内的建筑）场所隐患进行火灾隐患整治；建立部门监管联络制度，安装建筑消防水压实时检测系统20套；查处假冒伪劣消防产品62批次，共检查单位12605家/次，发出《责令改正通知书》8617份，督改隐患11余万处，办理消防行政案件830件，罚款12.64万元。四、加强消防宣传教育培训。在区广播电视台设立专题栏目《消防连万家》，连续播出40期，中央电视台上稿2条，中央报刊2条，重庆电视台44条，市级报刊57条，中国消防在线71条。

【职业卫生健康监督】 按照中央编办职能划转的要求，职业卫生监管工作，从区卫生局调整到区安监局并成立职业卫生监管科，编制2人。一、以工作场所职业卫生监督执法年为主题，以用人单位职业卫生基础建设、水泥生产石材加工行业防尘防毒专项整治、职业卫生“三同时”为抓手，夯基础、抓重点、求深化、重责任和措施落实，成功创建职业卫生市级示范企业3家。二、组织企业负责人和职业卫生管理人员205人通过培训考试并取得证书。三、开展职业卫生知识竞赛，收到2000余份答卷。印制职业病防治手册2000册、宣传海报3000张发送到相关企业和职工，开展宣传教育，提示企业重视关心职工卫生和健康，深受广大职工欢迎。

【安全生产应急救援】 一、创新安全生产应急管理的“五早”（苗头早发现，信息早报告，隐患早排除，矛盾早化解，事件早处置）办法。将其运用于日常的安全监管工作之中，定期开展安全生产形势分析，确保应急工作的针对性。二、完善市局应急平台数据建设。将辖区内企业、重大危险源、应急救援队伍及应急救援物资输入系统内，实现互联互通，便于指挥调动。三、建立突发事件预警信息发布平台。投入资金6.4万元，实现部门、镇街之间高清视频互通，方便全区应急管理工作及安全生产管理工作任务的安排部署，提升工作效率。全年牵头组织开展3次突发事件应急救援演练，以应急救援演练为契机，不断提升应急能力。

【安全生产监察执法】 高度重视安监执法工作。一、先后选派17人次到市安监局参加行政执法培训、选派4人参加市安监局组织的脱产2个月集中学习培训，提升执法人员依法行政意识和能力；对22个镇街、6个园区安监人员进行新的《中华人民共和国安全生产法》和规范执法工作的业务培训，提高安监执法人员的执法水平。二、创新建立《建设领域建设项目安全生产资质一票否决制度》《黑名单制度》等多项制度，修改《黄名单》制度，建立《安全生产事故预防体系》，规范执法人员的执法行为。三、按照《安全生产监管年度执法工作计划》，根据监管任务分时段、分批次进行检查。坚持首查不罚原则，向各生产经营单位下发整改指令书，到期未进行整改的再进行事前处罚。对5家企业实行“黄名单”挂牌整治，对3家安全生产事故单位负责人进行约谈，对3家行政单位7名公职人员进行诫勉谈话，对28家投资建设项目的单位进行资质审查，严肃查处各类安全生产违法行为。四、按照“四不放过”（事故原因未查清不放过、责任人员未受到严肃处理不放过、事故责任人和广大员工没有受到深刻教育不放过、事故制定的防范措施未落实不放过）原则，对12起安全生产事故进行查处，处罚106.5万元；接到安全事故隐患举报50件次，处理回复50件次。

【安全生产宣传教育】 深入开展全区安全生产宣传教育。一、组织开展日常安全生产宣传教育。以巴南电视台“安全与生活”、《巴南日报》《重庆日报》、“渝州安全”、《中国安全生产报》等媒体为阵地，宣传安全生产常识；以木洞山歌、界石儿歌为载体，推广特色安全文化宣传；以征集传播安全谚语为推手，培育安全谚语文化；以开展“三个一”（上一节安全课、写一篇安全作文、学生向家长宣传一次安全知识）为主要内容的“安全从学生抓起”的安全教育活动，使安全意识在学生中生根发芽。二、抓好新颁布的《中华人民共和国安全生产法》宣传贯彻。11月20日召开千人大会，邀请时任市安监局副巡视员彭立宪作新《中华人民共和国安全生产法》辅导报告；举办新《中华人民共和国安全生产法》辅导培训班，组织部分安全管理人员参训；局主要负责人带头送安全法律法规进企业、进部门、进单位；组织召开事故单位主要负责人、安全管理人员培训会；开展执法检查，助推新《中华人民共和国安全生产法》的普及。三、认真开展主题安全生产月活动。以“强化红线意识、促进安全发展”为主题，举办群众喜闻乐见的文艺作品现场演出会，将木洞山歌、安全儿歌、安全生产谚语、安全作文获奖作品进行现场展示。全区各级各部门通过设立宣传展板、发放安全宣传资料、悬挂宣传标语、接受群众现场咨询等方式开展安全生产月宣传活动。广大市民、企业员工安全意识逐步增强，安全知识知晓率达74.24%。

（程　静）

社会事业

科学技术

概　述

重庆市巴南区科学技术委员会（简称：区科委）与巴南区知识产权局、巴南区地震局合署办公，三块牌子、一套班子。内设办公室、科技管理科、知识产权科、防震减灾科；下设巴南区生产力促进中心（事业单位）。区科委主任兼任区知识产权局、区地震局局长，副主任分别兼任区知识产权局、区地震局副局长。机关在职行政人员 15 人（其中：主任 1 名、副主任 2 名、纪检组长 1 名），参公事业人员 3 人。

2014 年，区科委紧紧围绕区委、区政府“一城、一极、一区”建设战略目标，按照“创新科技、经营科技、宣传科技”工作思路，立足区情，结合实际，突出抓好区域科技创新，加速科技成果转化，较好地发挥科技在经济社会中的支撑引领作用。全年组织实施国家和市级科技项目 41 项（其中：国家创新基金项目 3 项，市级科技项目 38 项），获得国家、市的项目支持资金 1493 万元；组织实施巴南区社会事业科研项目 32 项，农业科研项目 20 项、共补助科研经费 91 万元。认定巴南区高新技术产品 74 项，重点新产品 71 项，科技成果登记 39 项；新认定重庆市国家高新技术企业 10 家，全区现有重庆市国家高新企业 38 家。全年申请各类专利 5080 件、授权各类专利 1535 件、分别增长 19.9% 和 13.3%；发明专利申请量位居全市第 1 位，专利进步量位居全市第 1 位；发放专利资助金额 314.7 万元。有 6 项科技项目分别被重庆市人民政府评为重庆市自然科学奖（三等奖）1 项，技术发明奖（三等奖）1 项，科技进步奖 4 项（其中：一等奖 1 项、二等奖 1 项、三等奖 2 项）；有 6 个新产品被市科委评为“优秀重点新产品”，共获得奖励资金 70 万元。依托二圣茶业、木扦生猪和光大奶牛等龙头企业，加强农业科技“专家大院”建设，为农村科技普及、科技成果转化、科技人员创业提供有力地引领支撑。年末，荣获国家知识产权局“2014 年度全国知识产权系统人才工作先进集体”“2014 年度国家知识产权试点示范城市工作先进集体”；荣获中国地震局“2014 年度全国地方防震减灾工作先进集体”；荣获重庆市知识产权局“2014 年度重庆市专利引领产业和促进企业发展工作先进集体”“2014 年度重庆市知识产权人才工作先进集体”；被区委、区政府评为“2014 年度区管领导班子先进集体”。

【技术创新平台搭建】　与重庆市科学技术研究院深度合作，建成并开通巴南区企业技术展示与交易平台。其主要功能是展示巴南区重点企业，宣传企业主导产品，开展技术对接交易，广泛开展科技招商，解决企业技术瓶颈，促进企业创新发展。据统计，全区有 54 家重点企业 156 项产品上线展示，45 项专利技术上线交易，12 项技术难题招标。通过该平台，21 项产品有商家咨询并订货，1 项专利技术被转让，5 项技术难题被摘标，初步显示该平台所发挥的作用。

【科技科研项目实施】 全年巴南区经申报被认定的国家和重庆市科技项目 41 项（其中，国家创新基金项目 3 项、市级科技项目 38 项），共获得项目支持资金 1493 万元。比上年 1292 万元增长 15.56%。组织实施巴南区社会事业科研项目 32 项，农业科研项目 20 项、共补助科研经费 91 万元。

2014 年巴南区组织实施的国家、市级科技项目

序号	项目名称	承担单位	资助金额（万元）
1	重庆教育云产业科技支撑示范	重庆云教育文化产业投资开发有限公司	700
2	三网融合和物联网技术的家庭信息新产品研发团队	重庆理工大学	10
3	载重汽车用齿轮冷挤压成形技术开发与应用	重庆理工大学	20
4	高强钢板冲压成形关键技术研究及轿车部件工艺开发	重庆理工大学	20
5	高可靠性山地旋耕机刀具关键技术及产品研发	重庆理工大学	20
6	页岩气压裂用新型调节滑板阀研发	重庆理工大学	20
7	双庆红韵（工夫红）茶高效加工与利用技术研究	重庆市二圣茶业有限公司	20
8	转向系统 5 轴性能试验台开发	重庆理工大学	47
9	柑橘园多功能综合作业机械的开发与应用示范	重庆嘉木机械有限公司	50
10	光伏组件表面除尘技术开发	重庆理工大学	50
11	高压无气喷涂机器人	重庆莱力喷涂设备有限公司	58
12	液压支架立柱、油缸激光熔覆制造与再制造	重庆江陆激光科技有限公司	100
13	制造业精益生产技术咨询及培训服务项目	重庆路睿科技有限公司	47
14	二冷区连铸坯电磁超声波传播特征及固液界面测量研究	重庆理工大学	2.5
15	多功能益生芽孢杆菌 AF 的生物学与益生特性研究	重庆理工大学	2.5
16	镁合金零部件激冷液固连续成形技术的应用基础研究	重庆理工大学	2.5
17	基于肝癌细胞“巨胞饮”特征的亚微米级莪术油蚕丝蛋白控释载体研究	重庆理工大学	2.5
18	时栅位移传感器误差等时间采样模型与实时自修止方法研究	重庆理工大学	2.5
19	种群及传染病动力学中的稳定性和分支问题与计算机辅助论证	重庆理工大学	2.5
20	双螯合剂 EDTA – NTA 诱导大生物量植物修复土壤重金属研究	重庆理工大学	2.5
21	基于 mTOR 信号探讨牛蒡子苷元诱导肝纤维化中星状细胞凋亡的作用机制研究	重庆理工大学	2.5
22	锆中晶间残余热应力诱发孪晶界面精细结构及其与晶体缺陷交互作用	重庆理工大学	2.5
23	状态相关型非线性切换系统的稳定性分析	重庆理工大学	2.5
24	AMT 离合器接合过程动态传递转矩建模及控制策略研究	重庆理工大学	2.5

续表

序号	项目名称	承担单位	资助金额（万元）
25	松萝酸不同脂质载体经皮给药系统的设计及体外经皮渗透行为研究	重庆理工大学	2.5
26	心血管系统的多尺度电网络耦合建模与动脉狭窄诊断研究	重庆理工大学	2.5
27	全光谱色稀土掺杂氯硅酸盐制备及发光性能调控研究	重庆理工大学	5
28	CTLA－4竞争性拟肽抑制剂设计与抗肿瘤作用机制研究	重庆理工大学	5
29	非参数回归及其在超宽带窄带干扰抑制中的应用	重庆理工大学	5
30	轧制－剪切－弯曲复合工艺制备高性能变形镁合金板材的基础研究	重庆理工大学	5
31	低空风切变下微下击暴流信号处理与检测技术研究	重庆理工大学	5
32	TCE胁迫条件下甲烷氧化菌共代谢菌群的功能鲁棒性分析	重庆理工大学	5
33	基于极大角度倾斜光纤光栅的表面等离子体共振生化传感器理论研究	重庆理工大学	5
34	低碳钢换热管表面纳米复合涂层的制备及在地热水能源中的防腐蚀机理研究	重庆理工大学	5
35	重庆市“十三五”创新驱动发展规划前期战略研究	重庆理工大学	30
36	早市名优茶——“定心”绿茶产业化关键技术研究与示范	重庆市二圣茶业有限公司	30
37	重庆市实验中学校优秀科技教师工作室建设	重庆市实验中学校	5
38	重庆市科技服务业创新发展规划研究	重庆理工大学	45
39	重庆市汽车动力系统及控制工程技术研究中心能力提升项目	重庆理工大学	47.76
40	京尼平苷对神经元葡萄糖吸收和代谢的调节及作用机制研究	重庆理工大学	60
41	时栅传感及先进检测技术重庆市重点实验室能力提升项目	重庆理工大学	49
	合 计		1493

2014年巴南区组织实施的社会事业科技项目

序号	项目名称	承担单位	主研人员	完成时间	补助金额（万元）
1	护理人员岗位管理的研究	重庆市巴南区人民医院	张卫萍等	2014.12	5
2	急性脑梗死超早期rt－PA静脉溶栓的相关研究	重庆市巴南区人民医院	肖　静等	2015.1	
3	中药制剂气囊上冲洗联合喷雾式鼻腔清洁法对严重创伤患者呼吸机相关性肺炎的影响	重庆市巴南区人民医院	张志坚等	2015.12	
4	糖尿病患者空腹血糖测定时间对血糖值的影响	重庆市巴南区人民医院	乔旭霞等	2014.12	

续表一

序号	项目名称	承担单位	主研人员	完成时间	补助金额（万元）
5	阑尾炎发病与人体体感温度关系的研究	重庆市巴南区人民医院	徐永鸿等	2016. 3	
6	糖化血红蛋白水平与非糖尿病人冠脉病变程度的相关性	重庆市巴南区人民医院	唐　杨等	2015. 12	
7	高同型半胱氨酸血症对老年高血压患者血压变异性的影响	重庆市巴南区人民医院	赵　艳等	2014. 12	
8	探讨剖宫产静吸复合全麻采用欧普乐建立气道的益处	重庆市第七人民医院	段　波等	2014. 12	5
9	数字化音乐电胃肠起捕治疗仪治疗胃肠动力紊乱性疾病	重庆市第七人民医院	刘万福等	2015. 12	
10	MIPPO 技术下 LCP 钢板治疗胫骨骨折的临床应用研究	重庆市第七人民医院	王瑞峰等	2015. 1	
11	1. 5T 高场磁共振在产前胎儿评估诊断的临床应用研究	重庆市第七人民医院	王显峰等	2015. 12	
12	李家沱地区青少年近视发病率流行病学调查	重庆市第七人民医院	张伶俐等	2015. 7	
13	中药效方结合针刺治疗失眠临床疗效观察	重庆市巴南区中医院	温木生等	2015. 9	4
14	巴南区木制家具企业职业病危害现状评估	重庆市巴南区疾病预防控制中心	雷　勇等	2014. 12	5
15	巴南区健康人群麻疹、流行性腮腺炎、风疹、脊髓灰质炎免疫抗体水平监测分析	重庆市巴南区疾病预防控制中心	方旭东等	2014. 12	
16	农村初中语文良性循环学习法研究	重庆市巴南区石滩镇初级中学校	陈远明等	2017. 5	4
17	高中语文教材必修和选修内容个性化整合的研究	重庆市巴南区教育科学研究所	李奇生等	2016. 5	4
18	高中数学卓越课堂教学设计研究	重庆市实验中学校	马林刚等	2015. 6	4
19	高效学习背景下小学高段引控式教学策略研究	重庆市巴南区道角小学校	赵仁平等	2016. 12	4
20	培养小学生良好阅读积累习惯提高写作能力的实践研究	重庆市巴南区鱼洞第四小学校	潘　宇等	2016. 5	3
21	以生为本的初中数学课堂教学设计与实践研究	重庆市接龙中学校	黄宗全等	2016. 6	2
22	云教育下学习共同体构建策略研究	重庆市巴南区鱼洞大江小学校	张永东等	2016. 7	4
23	利用农耕文化提升农村小学生综合素质的研究	重庆市巴南区南湖中心小学校	罗　勇等	2016. 4	4

续表二

序号	项目名称	承担单位	主研人员	完成时间	补助金额（万元）
24	公立医院改革研究	重庆巴南区国有资产管理办公室	李俊伟等	2016. 12	5
25	区属投融资公司薪酬与绩效考核制度研究	重庆市巴南区园区服务中心	吴　勇等	2014. 12	
26	土地经济视角下的公共设施配套研究	重庆市规划局巴南区分局	何　平等	2014. 12	5
27	巴南区养老设施规划发展模式及用地标准研究	重庆市规划局巴南区分局	陈　春等	2015. 4	
28	违法建筑体制机制探索	重庆市规划局巴南区分局	周维炜等	2014. 12	
29	巴南区村规划编制研究	重庆市规划局巴南区分局	周维炜等	2015. 6	
30	信息化、智能化办公系统开发	重庆市规划局巴南区分局	刘　睿等	2015. 6	
31	巴南区职业卫生监督管理软件系统研究、开发与应用	重庆市巴南区安全生产管理局	罗　军等	2015. 10	4
32	巴南区科技特派员信息建档及其绩效评估应用研究	重庆理工大学	杨仁辉等	2015. 12	2

2014 年巴南区组织实施的农业科技项目

序号	项目名称	承担单位	主研人员	完成时间	补助金额（万元）
1	林下土鸡放养循环养殖技术示范	重庆琢玉农业发展有限公司	李 硕等	2014. 12	5
2	无公害水果栽培技术研究及产业化示范	重庆市天雍农业开发有限公司	胡宗海等	2015. 12	5
3	特色濒危石斛资源调查与可持续利用研究	重庆妙坤生物科技有限责任公司	谢守清等	2015. 6	5
4	蔬菜瓜茄类架棚高产技术推广示范	重庆官房坝蔬菜种植专业合作社	冉廷辉等	2014. 12	5
5	金银花智能烘干与黄茶制作技术推广	重庆德文金银花种植场	李德文等	2014. 12	5
6	优质水果" 同树异果" 技术示范	重庆坚特农业发展有限公司	刘云彩等	2015. 12	5
7	巴南玫瑰香李丰产技术示范	重庆市敬弘水果种植专业合作社	张 敬等	2014. 12	5
8	小观蜜柚优质高产技术示范	重庆市美亨柚子种植专业合作社	陈开容等	2014. 12	5
9	中华花鳅人工养殖关键技术示范	重庆映慷农业发展有限公司	石光元等	2015. 10	5
10	琯溪蜜柚栽培技术示范	重庆市巴南区发多果园	余明海等	2015. 3	5
11	农村实用技术培训	重庆市城口县科委	王 永等	2014. 12	3
12	优质茶叶基地建设与技术示范	重庆市巴南区满轩茶叶种植专业合作社	杨人于等	2014. 12	5
13	安澜镇水稻病虫监测与防治	巴南区安澜镇农业服务中心	魏启全等	2014. 12	5
14	农业科技培训	重庆市巴南区农广校	张开华等	2014. 12	3
15	专家服务热线建设及维护	中国移动巴南分公司	李竺阳等	2014. 12	5
16	优质果树母本园建设技术示范	重庆房美农业发展有限责任公司	何施岑等	2014. 12	4

续表

序号	项目名称	承担单位	主研人员	完成时间	补助金额（万元）
17	桃园喷灌技术示范	重庆市巴南区多成蔬菜水果种植专业合作社	毛丽华等	2014. 12	5
18	200 亩生姜连种技术推广	重庆市巴南区小贝滩蔬菜种植专业合作社	官 斌等	2014. 12	5
19	200 亩茶花无性繁殖技术推广	重庆市巴南区华唐苗木种植专业合作社	何朝义等	2014. 12	5
20	巴南区科技特派员信息建档及其绩效评估应用研究	重庆理工大学	杨仁辉等	2015. 12	1
	合 计				91

【高新技术企业培植】 全年申报成功被认定为重庆市国家高新技术企业 10 家。年末，全区共有重庆市国家高新技术企业 38 家。高新技术企业的迅猛发展，为巴南区工业企业调整结构，经济腾飞打下坚实基础。

2014 年巴南区的重庆市国家高新技术企业

序号	企业名称	认定时间
1	重庆宗申发动机制造有限公司	2009 年
2	攀钢集团重庆钛业有限公司	2009 年
3	重庆平山矿山机电设备有限公司	2010 年
4	重庆工具厂有限责任公司	2010 年
5	重庆川渝精工机械配件制造有限公司	2010 年
6	重庆万里江发链轮有限公司	2010 年
7	重庆耐德新明和工业有限公司	2010 年
8	重庆宗申通用动力机械有限公司	2010 年
9	重庆宗申动力机械股份有限公司	2010 年
10	重庆市宏立摩托车配件制造有限公司	2012 年
11	重庆中瑞鑫安实业有限公司	2012 年
12	重庆航利实业有限责任公司	2012 年
13	重庆金鸿电气工程有限公司	2012 年
14	重庆耐德山花特种车有限责任公司	2012 年
15	重庆宗申宏立坐垫制造有限公司	2012 年
16	重庆布莱迪仪器仪表有限公司	2012 年
17	重庆方盛净化设备有限公司	2012 年
18	重庆大江信达车辆股份有限公司	2013 年
19	重庆吉力芸峰实业有限公司	2013 年
20	重庆中迪医疗器械有限公司	2013 年
21	重庆界威模具股份有限公司	2013 年
22	重庆长江预应力有限公司	2013 年
23	重庆桴子科科技发展有限公司	2013 年
24	重庆百亚卫生用品有限公司	2013 年
25	重庆联合机器制造有限公司	2013 年
26	重庆大江至信模具工业有限公司	2013 年
27	重庆罗曼耐磨材料有限公司	2013 年
28	重庆定普工贸有限公司	2013 年
29	重庆大江美利信压铸有限责任公司	2014 年
30	重庆界石仪表有限公司	2014 年
31	重庆众恒电器有限公司	2014 年
32	重庆水轮机厂有限责任公司	2014 年
33	重庆中远精密模具有限公司	2014 年
34	重庆中轻装备有限公司	2014 年
35	重庆大江杰信锻造有限公司	2014 年
36	重庆信奇建材机械制造有限公司	2014 年
37	重庆市忠德锻压有限公司	2014 年
38	重庆三四零三汽车零部件有限公司	2014 年

【高新技术成果认定】 全年经评审批准认定高新技术产品 74 项，重点新产品 71 项，高新技术

产品和重点新产品同比增长 7.25% 和 14.52%；科技成果登记 39 项。预计全年高新技术产品和重点新产品实现产值 300 亿元，占全区工业总产值 44%。

2014 年巴南区高新技术产品

序号	产品名称	完成单位
1	智能燃气调压装置	重庆界石仪表有限公司
2	AQZ 紧急切断阀	重庆界石仪表有限公司
3	卧式双轮六喷嘴冲击式发电机组	重庆立崧电机设备有限公司
4	中迪 MPET 医用胶片	重庆中迪医疗设备有限公司
5	4G 网络基站机体	重庆大江美利信压铸有限责任公司
6	锋驭 SUV 气缸罩	重庆大江美利信压铸有限责任公司
7	A301 汽车座椅	重庆宏立至信汽车部件制造有限公司
8	B211 汽车座椅	重庆宏立至信汽车部件制造有限公司
9	A102 汽车座椅	重庆宏立至信汽车部件制造有限公司
10	Y3140CNC5 数控滚齿机	重庆机床（集团）有限责任公司
11	YDZ4232CNC5 数控自动剃齿机	重庆机床（集团）有限责任公司
12	YBS3120A 滚齿机	重庆机床（集团）有限责任公司
13	Y3132CNC5 数控滚齿机	重庆机床（集团）有限责任公司
14	激光熔覆双伸缩立柱	重庆江陆激光科技有限公司
15	自由点牌卫生护垫	重庆百亚卫生用品有限公司
16	妮爽牌卫生护垫	重庆百亚卫生用品有限公司
17	好之牌成人护理垫	重庆百亚卫生用品有限公司
18	好之牌成人纸尿裤	重庆百亚卫生用品有限公司
19	自动备料系统	重庆璐驰机械制造有限公司
20	自动压紧系统	重庆璐驰机械制造有限公司
21	自动进给系统	重庆璐驰机械制造有限公司
22	自动上料系统	重庆璐驰机械制造有限公司
23	下料机定尺系统	重庆璐驰机械制造有限公司
24	车厢可卸式垃圾车	重庆耐德新明和工业有限公司
25	ZDY3000－3500 煤矿用全液压坑道钻机	重庆平山矿山机电设备有限公司
26	ZDY620－2300 煤矿用液压坑道钻机	重庆平山矿山机电设备有限公司
27	ZDY380－650 煤矿用全液压坑道钻机	重庆平山矿山机电设备有限公司
28	ZLJ360－500 型煤矿用坑道钻机	重庆平山矿山机电设备有限公司
29	下料机润滑系统	重庆市忠德锻压有限公司
30	曲轴抛丸辅助定位装置	重庆市忠德锻压有限公司
31	零度弧锥盘齿	重庆渝南科技股份有限公司
32	零度弧锥轴齿	重庆渝南科技股份有限公司
33	零度农耕机齿轮	重庆渝南科技股份有限公司
34	YB125 发动机	重庆宗申发动机制造有限公司

续表一

序号	产品名称	完成单位
35	CBS300 发动机	重庆宗申发动机制造有限公司
36	CM180 发动机	重庆宗申发动机制造有限公司
37	FL125 发动机	重庆宗申发动机制造有限公司
38	ZS125GY－5	重庆宗申机车工业制造有限公司
39	LZX100－8	重庆宗申机车工业制造有限公司
40	1P90F 垂直轴汽油机	重庆宗申通用动力机械有限公司
41	161F 水平轴汽油机	重庆宗申通用动力机械有限公司
42	4LZ－0.3 小型收割机	重庆宗申通用动力机械有限公司
43	P61 系列垂直轴通用汽油机	重庆宗申通用动力机械有限公司
44	VP200 系列垂直轴通用汽油机	重庆宗申通用动力机械有限公司
45	GH210 水平轴汽油机	重庆宗申通用动力机械有限公司
46	QF5.0 汽油发电机组	重庆宗申通用动力机械有限公司
47	QF3.0 汽油发电机组	重庆宗申通用动力机械有限公司
48	CG200/SB250 双冷气缸头	重庆宗申吕田机械制造有限公司
49	YB 系列气缸头组合	重庆宗申吕田机械制造有限公司
50	CG150 海啸自动离合系列发动机	重庆宗申发动机制造有限公司
51	Vespa50 四气门发动机	重庆宗申发动机制造有限公司
52	SB350 海啸发动机	重庆宗申发动机制造有限公司
53	CG200－G 海啸自动离合系列发动机	重庆宗申发动机制造有限公司
54	高性能新型材料铝合金箱体、箱盖	重庆宗申动力机械股份有限公司
55	DM2540W20/22 大面积玻璃镀膜与表面改性生产线	重庆中轻装备有限公司
56	JGLZ50C 烛式硅藻土过滤机	重庆中轻装备有限公司
57	区域移动数字医学影像会诊系统	重庆中迪医疗设备有限公司
58	中迪基础数据维护系统 V4.0	重庆中迪医疗设备有限公司
59	脉冲袋式除尘器	重庆伊曼环保设备有限公司
60	1WG4.0－105FC－ZC 微耕机（178）	重庆鑫水机械制造有限公司
61	JF－MTC 新型低噪音链轮	重庆万里江发链轮有限公司
62	JF－MTC 新型排屑链轮	重庆万里江发链轮有限公司
63	JF－MTC 新型厚齿链轮	重庆万里江发链轮有限公司
64	ZDY1200～4200SWY 型煤矿用全液压坑道钻机	重庆平山矿山机电设备有限公司
65	GdA 系列后置式天然气干燥器	重庆联合机器制造有限公司
66	GdT 系列前置式天然气干燥器	重庆联合机器制造有限公司
67	G7000－A LED 背光液晶显示器	重庆惠科金扬科技有限公司
68	A301 汽车座椅	重庆宏立至信汽车部件制造有限公司
69	B211 汽车座椅	重庆宏立至信汽车部件制造有限公司
70	滑门下限位块加强铁	重庆定普工贸有限公司

续表二

序号	产品名称	完成单位
71	前罩锁销焊接总成	重庆定普工贸有限公司
72	前壁板下加强件	重庆定普工贸有限公司
73	YTP 隔膜压力表	重庆布莱迪仪器仪表有限公司
74	B－JFR 偏心半球阀	重庆布莱迪仪器仪表有限公司

2014 年巴南区重点新产品

序号	产品名称	完成单位
1	YTP 隔膜压力表	重庆布莱迪仪器仪表有限公司
2	YTN 抗震压力表	重庆布莱迪仪器仪表有限公司
3	城镇燃气调压器（RX30/0.4A－C）	重庆界石仪表有限公司
4	YB110 系列气缸头组合	重庆宗申吕田机械制造有限公司
5	悍威 150/200 风冷气缸头组合	重庆宗申吕田机械制造有限公司
6	A102 汽车座椅	重庆宏立至信汽车部件制造有限公司
7	A301 汽车座椅	重庆宏立至信汽车部件制造有限公司
8	B211 汽车座椅	重庆宏立至信汽车部件制造有限公司
9	GH210 水平轴汽油机	重庆宗申通用动力机械有限公司
10	QF3.0 汽油发电机组	重庆宗申通用动力机械有限公司
11	QF5.0 汽油发电机组	重庆宗申通用动力机械有限公司
12	美式太子（ZS150－58）摩托车	重庆宗申机车工业制造有限公司
13	酷仔（LZX100－8）摩托车	重庆宗申机车工业制造有限公司
14	ZS125GY－5 摩托车	重庆宗申机车工业制造有限公司
15	ZS250GS－3/3A 摩托车	重庆宗申机车工业制造有限公司
16	CPS180（ZS163FMK－2）发动机	重庆宗申发动机制造有限公司
17	NC250 倒挡摩托车发动机（ZS177MM）	重庆宗申发动机制造有限公司
18	ZY125（ZS152FMI－5）发动机	重庆宗申发动机制造有限公司
19	悍威 175/200/250 风冷发动机 ZS162FMK/ZS163FML/ZS167FMM	重庆宗申发动机制造有限公司
20	悍威 200/250/300 水冷系列发动机 ZS163ML/ZS170MM/ZS174MN	重庆宗申发动机制造有限公司
21	摩托车用低噪音链轮	重庆万里江发链轮有限公司
22	摩托车厚齿链轮 ZS110－26（Ⅱ）36/DP	重庆万里江发链轮有限公司
23	摩托车用排屑链轮（11212＋49 520）	重庆万里江发链轮有限公司
24	XP140 箱体、箱盖	重庆宗申动力机械股份有限公司
25	YB115 箱体、箱盖	重庆宗申动力机械股份有限公司
26	S35 箱体、飞轮盖	重庆宗申动力机械股份有限公司
27	5T15 齿轮变速器组件	重庆神箭汽车传动件有限责任公司

续表一

序号	产品名称	完成单位
28	零度弧锥主动齿	重庆渝南科技股份有限公司
29	微耕机齿轮	重庆渝南科技股份有限公司
30	1WG3.5－95FC－ZC 微耕机	重庆鑫水机械制造有限公司
31	1WG3.8－95FQ－Z 微耕机	重庆鑫水机械制造有限公司
32	1WG6.3－135FC－ZC 微耕机	重庆鑫水机械制造有限公司
33	GdA 系列后置式天然气干燥器	重庆联合机器制造有限公司
34	区域移动数字医学影像会诊系统	重庆中迪医疗设备有限公司
35	中迪区域移动会诊平台	重庆中迪医疗设备有限公司
36	医疗专用手持式移动数据终端	重庆中迪医疗设备有限公司
37	中迪基础数据维护系统 V4.0	重庆中迪医疗设备有限公司
38	保温砌块 240x200x190	重庆巨康建材有限公司
39	保温砌块 240x240x190	重庆巨康建材有限公司
40	BE 型耐磨陶瓷涂料	重庆罗曼耐磨材料有限公司
41	高速滚刀 m1－m8	重庆工具厂有限责任公司
42	径向剃齿刀 m≤6.5	重庆工具厂有限责任公司
43	倒角触角单圆弧插齿刀 m2－m8	重庆工具厂有限责任公司
44	GdT 系列前置式天然气干燥器	重庆联合机器制造有限公司
45	YBC3150 半自动滚齿机	重庆晨宇机床制造有限公司
46	YCNC4230 二轴数控剃齿机	重庆晨宇机床制造有限公司
47	YKC3132 型二轴数控滚齿机	重庆晨宇机床制造有限公司
48	YK5130 三轴数控插齿机	重庆晨宇机床制造有限公司
49	D568 模具	重庆界威模具股份有限公司
50	ZDY1200SWY 型煤矿用全液压坑道钻机	重庆平山矿山机电设备有限公司
51	ZDY3200SWY 型煤矿用全液压坑道钻机	重庆平山矿山机电设备有限公司
52	ZDY4200SWY 型煤矿用全液压坑道钻机	重庆平山矿山机电设备有限公司
53	ZDY1900SWY 型煤矿用全液压坑道钻机	重庆平山矿山机电设备有限公司
54	JF 发电机定转子	重庆吉力芸峰实业（集团）有限公司
55	QD 系列起动电机/通机起动电机	重庆吉力芸峰实业（集团）有限公司
56	CF 系列磁电机定子/磁电机转子	重庆吉力芸峰实业（集团）有限公司
57	铁路货运列车用锻造钩尾框	重庆大江杰信锻造有限公司
58	新烛式过滤机（JGLZ、JPLZ、JCLP 型）	重庆中轻装备有限公司
59	B211 汽车座椅	重庆宏立至信汽车部件制造有限公司
60	JDS45 变速器齿轮组件	重庆神箭汽车传动件有限责任公司
61	DG150D 系列发动机（ZS162FMJ－G）	重庆宗申发动机制造有限公司
62	EH2000 增程器（ZS168FL2S）	重庆宗申发动机制造有限公司
63	Z125－A 系列发动机（ZS154FMI－5）	重庆宗申发动机制造有限公司

续表二

序号	产品名称	完成单位
64	CG250 水冷系列发动机（ZS167MM－P）	重庆宗申发动机制造有限公司
65	CBB 油冷系列发动机（ZS165FMM－P）	重庆宗申发动机制造有限公司
66	ZS2V78FE/P－A 通用汽油机	重庆宗申通用动力机械有限公司
67	ZS170F/P－G 通用汽油机	重庆宗申通用动力机械有限公司
68	QF6.0 汽油发电机组	重庆宗申通用动力机械有限公司
69	QF2.8 汽油发电机组	重庆宗申通用动力机械有限公司
70	CG 系列副变速器总成	重庆川渝精工机械配件开发有限公司
71	中迪 MPET 医用胶片	重庆中迪医疗设备有限公司

2014 年巴南区科技成果登记

序号	成果名称	批准登记号	完成单位
1	金刚石砂轮修磨工装	巴南科成字 2014Y001	重庆工具厂有限责任公司
2	梳齿机对刀及自动复位系统	巴南科成字 2014Y002	重庆工具厂有限责任公司
3	金刚笔修磨砂轮大端面工装	巴南科成字 2014Y003	重庆工具厂有限责任公司
4	铲磨机顶尖与心轴连接结构	巴南科成字 2014Y004	重庆工具厂有限责任公司
5	铲磨床刹车安全控制装置	巴南科成字 2014Y005	重庆工具厂有限责任公司
6	刃磨锥度花键拉刀的加工装置	巴南科成字 2014Y006	重庆工具厂有限责任公司
7	线切割加工插齿刀或剃齿刀工装	巴南科成字 2014Y007	重庆工具厂有限责任公司
8	一种大螺旋角蜗轮滚刀精度测量方法	巴南科成字 2014Y008	重庆工具厂有限责任公司
9	平面磨床上用于刃磨插齿刀前刀面的夹具装置	巴南科成字 2014Y009	重庆工具厂有限责任公司
10	一种碳罐总成	巴南科成字 2014Y010	重庆宗申通用动力机械有限公司
11	一种割晒机割台	巴南科成字 2014Y011	重庆宗申通用动力机械有限公司
12	一种发动机曲轴箱负压形成机构	巴南科成字 2014Y012	重庆宗申通用动力机械有限公司
13	一种无轴承结构的汽油机呼吸系统	巴南科成字 2014Y013	重庆宗申通用动力机械有限公司
14	一种微耕机拖挂机构	巴南科成字 2014Y014	重庆宗申通用动力机械有限公司
15	手持式四冲程发动机润滑系统	巴南科成字 2014Y015	重庆宗申通用动力机械有限公司
16	一种以水平轴为动力的微耕机	巴南科成字 2014Y016	重庆宗申通用动力机械有限公司
17	一种以垂直轴为动力的微耕机	巴南科成字 2014Y017	重庆宗申通用动力机械有限公司
18	一种半喂入式收割机	巴南科成字 2014Y018	重庆宗申通用动力机械有限公司
19	一种汽油机排气消声器外罩	巴南科成字 2014Y019	重庆宗申通用动力机械有限公司
20	一种通用汽油机呼吸系统	巴南科成字 2014Y020	重庆宗申通用动力机械有限公司
21	一种传动箱减速机构	巴南科成字 2014Y021	重庆宗申通用动力机械有限公司
22	一种汽油机的润滑机构	巴南科成字 2014Y022	重庆宗申通用动力机械有限公司
23	一种手持式发动机减压装置	巴南科成字 2014Y023	重庆宗申通用动力机械有限公司
24	一种手持式发动机曲轴箱体	巴南科成字 2014Y024	重庆宗申通用动力机械有限公司
25	一种通用汽油机油门操纵机构	巴南科成字 2014Y025	重庆宗申通用动力机械有限公司

续表

序号	成果名称	批准登记号	完成单位
26	一种行星齿轮机构	巴南科成字 2014Y026	重庆宗申通用动力机械有限公司
27	一种汽油机空滤器	巴南科成字 2014Y027	重庆宗申通用动力机械有限公司
28	微耕机用急停装置	巴南科成字 2014Y028	重庆宗申通用动力机械有限公司
29	摩托车车架焊接工位传递装置	巴南科成字 2014Y029	重庆建设摩托车股份有限公司
30	一种摩托车前挡泥板安装结构	巴南科成字 2014Y030	重庆建设摩托车股份有限公司
31	摩托车离合器分离行程调整机构	巴南科成字 2014Y031	重庆建设摩托车股份有限公司
32	四轮沙滩车单摇臂车架吊装结构	巴南科成字 2014Y032	重庆建设摩托车股份有限公司
33	一种摩托车发动机吸振降噪结构	巴南科成字 2014Y033	重庆建设摩托车股份有限公司
34	一种摩托车发动机正时传动机构	巴南科成字 2014Y034	重庆建设摩托车股份有限公司
35	JY110 发动机缸头摇臂轴安装结构	巴南科成字 2014Y035	重庆建设摩托车股份有限公司
36	摩托车燃油蒸发系统缺陷检测方法	巴南科成字 2014Y036	重庆建设摩托车股份有限公司
37	重庆优势蔬菜产业化关键技术集成与示范推广	渝科成字 2014Y131	重庆市农业科学院
38	镁合金特种新型大塑性变形技术研究	渝科成字 2014J260	重庆理工大学
39	温泉废水资源综合利用技术研究示范基地建设	渝科成字 2014Y469	重庆绿谷开发建设有限公司

【市级科技项目奖励】 2014 年，巴南区荣获重庆市人民政府颁发的科技奖励项目 6 项（其中：自然科学奖 1 项、技术发明奖 1 项、科技进步奖 4 项）；有 6 家企业的 6 个新产品被市科委评为“优秀重点新产品”，并获得奖励资金 70 万元。为巴南区科技创新赢得荣誉。

2014 年巴南区荣获重庆市科技奖励项目

序号	获奖项目		完成单位
一、自然科学奖			
1	三等奖	高性能镁合金组织性能调控机制研究	重庆理工大学
二、技术发明奖			
2	三等奖	微贮牧草技术研发推广	重庆理工大学
三、科技进步奖			
3	一等奖	节能环保型无取向电工钢带关键技术开发与应用	重庆理工大学
4	二等奖	复合三坐标测量机及关键技术	重庆理工大学
5	三等奖	汽车用微电机换向器刷片材料研制及产业化	重庆理工大学
6	三等奖	整车式计重收费系统	重庆理工大学

2014 年巴南区获取重庆市优秀重点新产品名单

序号	企业名称	产品名称	获奖资金（万元）
1	重庆中迪医疗设备有限公司	中迪远程医疗影像综合系统 V4.0	20
2	重庆宗申发动机制造有限公司	EH1000 增程器（ZS154FF1S）	10
3	重庆大江杰信锻造有限公司	QP－123－421 非调质钢曲轴锻件	10

续表

序号	企业名称	产品名称	获奖资金（万元）
4	重庆大江安通国辆配件有限公司	货车 LZ50 钢 D2、RE2B 型车轴	10
5	重庆金鸿电气工程有限公司	CNDR 核电站通风空调设备电加热器	10
6	重庆机床（集团）有限公司	YXZ3132CNC5 数控自动滚齿机	10

【科技人员网络给力】 团结和组织广大科技工作者积极投入经济建设主战场。一、与西南大学和重庆农科院 2 个专家团队的合作，充分发挥市级茶叶、生猪、奶牛科技示范基地的作用，带动和促进巴南区特色农业产业的发展。二、大力支持到巴南区挂职的 9 名科技副职干部开展工作，充分发挥其信息、技术等方面的资源，重点帮扶农业产业化和龙头企业做大做强做优。三、选派辖区 50 名具有中级以上职称的技术人员和专家担任区级科技特派员，进驻企业、镇街和村（社区）开展科技帮扶活动。四、建成农业科技示范基地 15 个，建立科技特派员产业指导站 8 个，先后引进农业新品种 18 个，推广农业新技术 28 项，转化农业科技成果 15 项，开发新产品 7 个。逐步构建起“市、区、镇、村”四级农业科技特派员网络。

【农业科技培训服务】 协调配合有关部门和镇街组织开展农业科技培训 38 期，培训农民 2.7 万人；开通科技服务专家服务热线 28 条，为农户提供针对性强的点对点科技咨询服务；建成综合科技信息网站 1 个，加大农村实用技术的传授和咨询互动；建成镇、村两级农村科技信息服务站 12 个，为科技人员开展科技培训等服务活动搭建平台；选聘农村科技信息员 40 名，联系科技专家和农业技术人员召开现场培训会等，拓宽科技专家与农民联系的渠道；加大 18 户农业科技示范户指导力度，培育农村科技辐射源，带动周边农民学科技、用科技；科技下乡发放科技资料和光盘 2 万余份，现场接受群众咨询 1500 余人。

（畅新房）

知　识　产　权

【概况】 2014 年，巴南区知识产权局深入推进创建全国知识产权试点示范城区工作。专利申请受理 5080 件，同比增长 19.9%；专利授权 1535 件，同比增长 13.3%。发放专利资助金额 314.7 万元。据重庆市知识产权局《2014 年度专利发展指标排名通报》：巴南区专利申请量位居全市第 2 位，专利授权量位居全市第 4 位，发明专利申请量位居全市第 1 位，专利进步量位居全市第 1 位。年末，荣获国家知识产权局“2014 年度全国知识产权系统人才工作先进集体”“2014 年度国家知识产权试点示范城市工作先进集体”；荣获重庆市知识产权局“2014 年度重庆市专利引领产业和促进企业发展工作先进集体”“2014 年度重庆市知识产权人才工作先进集体”。

【试点示范城区创建】 2014 年，为了有序地推进国家知识产权试点示范区创建工作，区政府和区科委先后制定印发《巴南区创建国家知识产权试点示范城区工作方案》（巴南府办发〔2014〕115 号）《巴南区区级知识产权试点企业认定暨管理办法》（巴南科委发〔2014〕19 号文件）。12 月，经企业申报，审核认定“重庆中轻装备有限公司”等 13 家企业为巴南区第一批区级知识产权试点企业，并给予被认定的每家企业 1 万元的工作补贴，对从事知识产权的工作人员每人 2000 元的工作补贴，共计工作补贴 15.6 万元，以鼓励和推动企业知识产权管理标准化体系建设。年末，荣获国家知识产权局“2014 年度国家知识产权试点示范城市工作先进集体”。

2014 年巴南区第一批区级知识产权试点企业

序号	申报单位（户名）	经办人
1	重庆中轻装备有限公司	王　渝
2	重庆大江美利信压铸有限责任公司	梁朝坚

续表

序号	申报单位（户名）	经办人
3	重庆宗申发动机制造有限公司	何 英
4	重庆宗申通用动力机械有限公司	覃 涛
5	重庆宗申机车工业制造有限公司	吴世川
6	重庆宗申技术开发研究有限公司	吴世川
7	重庆界石仪表有限公司	杨显均
8	重庆市界石燃气设备有限公司	杨显均
9	重庆布莱迪仪器仪表有限公司	杨 挺
10	重庆百亚卫生用品有限公司	韦祥惠
11	重庆市豪威摩托车制造有限公司	杜宁杰
12	重庆航天巴山摩托车制造有限公司	杜宁杰
13	重庆宗申吕田机械制造有限公司	李 燕

【专利增量提质促进】 为认真贯彻落实全市专利提升工作会议精神，配合专利特派员入园进企调研、搭建企业培训会议平台、建立专利提质增量激励机制等方式，全区专利增量提质工作成效显著，全年专利申请达到5080件，圆满完成市知识产权局下达的专利挖掘与布局工作任务。据重庆市知识产权局《2014年度专利发展指标排名通报》：巴南区专利申请量位居全市第2位，专利授权量位居全市第4位，发明专利申请量位居全市第1位，专利进步量位居全市第1位。

【专利资助金奖励兑现】 根据《重庆市巴南区专利资助和奖励办法》（巴南府办〔2012〕178号）规定，经申报核实，奖励兑现在2013年获得国内发明专利申请837件、授权79件，国内授权实用新型专利611件，国内授权外观设计专利406件的单位和个人资助金，共计314.7万元。

2013年度巴南区专利资助金的奖励单位和个人

序号	申报单位或个人	专利类型	元/件	件数	补助金额（元）	合计补助金额（元）	备 注
1	重庆市清华中学	实用新型	1200	45	54000	54000	花溪
2	重庆大江至信模具工业有限公司	实用新型	1200	10	12000	12000	巴南大江
3	重庆水轮机厂有限责任公司	发明（授权）	5000	4	20000	83200	巴南区李家沱
		发明（申请）	2000	7	14000		
		实用新型	1200	41	49200		
4	重庆中迪医疗设备有限公司	实用新型	1200	3	3600	3600	巴南区鱼洞
5	重庆市界石燃气设备有限公司	实用新型	1200	2	2400	2400	巴南区界石
6	重庆界石仪表有限公司	实用新型	1200	6	7200	7200	界石
7	重庆建设工业（集团）有限责任公司	发明（授权）	5000	8	40000	76400	花溪
		发明（申请）	2000	11	22000		
		实用新型	1200	10	12000		
		外观设计	800	3	2400		
8	重庆市豪威摩托车制造有限公司	实用新型	1200	2	2400	2400	巴南区康超路
9	重庆航天巴山摩托车制造有限公司	实用新型	1200	6	7200	98000	花溪工业园
		发明（申请）	2000	3	6000		
		外观设计	800	106	84800		

续表一

序号	申报单位或个人	专利类型	元/件	件数	补助金额（元）	合计补助金额（元）	备　注
10	重庆市宗申发动机制造有限公司	发明（授权）	5000	1	5000	110200	巴南区宗申工业园
		发明（申请）	2000	5	10000		
		实用新型	1200	66	79200		
		外观设计	800	20	16000		
11	重庆市宏立摩托车制造有限公司	发明（申请）	2000	2	4000	4000	花溪工业园
12	重庆神箭汽车传动件有限责任公司	实用新型	1200	16	19200	19200	巴南区
13	重庆罗曼耐磨材料有限公司	实用新型	1200	6	7200	7200	鱼洞
14	重庆宗申通用动力机械有限公司	发明（申请）	2000	4	8000	57000	宗申工业园
		发明（授权）	5000	1	5000		
		PCT（美国）	20000	1	20000		
		实用新型	1200	8	9600		
		外观设计	800	18	14400		
15	重庆欣彦生物技术有限公司	发明（申请）	2000	3	6000	6000	巴南大道
16	重庆界威模具股份有限公司	实用新型	1200	8	9600	9600	金竹工业园
17	重庆舰韩机械有限公司	发明（申请）	2000	80	160000	239200	土桥
		实用新型	1200	46	55200		
		外观设计	800	30	24000		
18	重庆信奇建材机械制造有限公司	发明（申请）	2000	86	172000	255200	界石
		实用新型	1200	24	28800		
		外观设计	800	68	54400		
19	重庆百亚卫生用品有限公司	发明（授权）	5000	2	10000	74800	南泉
		实用新型	1200	38	45600		
		外观设计	800	24	19200		
20	重庆市实验中学校	实用新型	1200	12	14400	19400	鱼洞
		发明（授权）	5000	1	5000		
21	重庆联合机器制造有限公司	实用新型	1200	5	6000	6000	界石
22	重庆布莱迪仪器仪表有限公司	发明（申请）	2000	2	4000	4000	鱼洞
23	重庆理工大学	实用新型	1200	32	38400	335400	李家沱
		发明（授权）	5000	29	145000		
		发明（申请）	2000	76	152000		
24	重庆市忠德锻压有限公司	发明（申请）	2000	8	16000	16000	金竹工业园
25	重庆璐驰机械制造有限公司	发明（申请）	2000	8	16000	16000	界石镇
26	重庆宏立至信汽车部件制造有限公司	实用新型	1200	7	8400	8400	宗申工业园
27	重庆中瑞鑫安实业有限公司	实用新型	1200	3	3600	3600	花溪

续表二

序号	申报单位或个人	专利类型	元/件	件数	补助金额（元）	合计补助金额（元）	备　注
28	重庆耐得山花特种车有限责任公司	实用新型	1200	2	2400	4000	土桥
		外观设计	800	2	1600		
29	重庆宗申机车工业制造有限公司	外观设计	800	2	1600	1600	炒油场
30	重庆平山矿山机电设备有限公司	实用新型	1200	3	3600	11200	南彭街道
		外观设计	800	2	1600		
		发明（申请）	2000	3	6000		
31	重庆耐得摩托车零件制造有限公司	实用新型	1200	7	8400	8400	花溪王家坝
32	重庆耐得新明和工业有限公司	发明（申请）	2000	3	6000	26600	花溪王家坝
		发明（授权）	5000	1	5000		
		实用新型	1200	7	8400		
		外观设计	800	9	7200		
33	重庆桴之科科技发展有限公司	外观设计	800	1	800	800	界石
34	重庆巨康建材有限公司	实用新型	1200	39	46800	218800	花溪
		发明（申请）	2000	86	172000		
35	重庆锦晖陶瓷有限公司	发明（授权）	5000	1	5000	5000	李家沱
36	重庆机床（集团）有限责任公司	发明（申请）	2000	4	8000	142000	道角
		发明（授权）	5000	10	50000		
		实用新型	1200	70	84000		
37	重庆金泰航空工业有限公司	发明（申请）	2000	4	8000	8000	界石
38	重庆金鸿电气工程有限公司	发明（申请）	2000	3	6000	6000	鱼洞
39	重庆布莱迪仪器仪表有限公司	发明（申请）	2000	41	82000	82000	鱼洞
40	重庆建设摩托车股份有限公司	发明（申请）	2000	16	32000	152400	花溪工业园
		发明（授权）	5000	6	30000		
		实用新型	1200	36	43200		
		外观设计	800	59	47200		
41	重庆芯域机电设计有限公司	实用新型	1200	1	1200	1200	鱼洞街道
42	重庆大江工业有限责任公司	发明（申请）	2000	10	20000	76600	鱼洞大江
		发明（授权）	5000	7	35000		
		实用新型	1200	16	19200		
		外观设计	800	3	2400		
	小 计					2275000	
1	陈立新	实用新型	1200	3	3600	6000	巴县大道
		外观设计	800	3	2400		
2	吴 斌	发明（授权）	5000	3	15000	15000	李家沱

续表三

序号	申报单位或个人	专利类型	元/件	件数	补助金额（元）	合计补助金额（元）	备　注
3	熊吉磊	实用新型	1200	2	2400	3200	黄溪口
		外观设计	800	1	800		
4	左 红	发明（授权）	5000	1	5000	16600	龙洲湾
		发明（申请）	2000	4	8000		
		实用新型	1200	3	3600		
5	杨 欣	发明（授权）	5000	3	15000	15000	巴南大道
6	徐文忠	实用新型	1200	1	1200	1200	渝南大道
7	郑忠华	实用新型	1200	1	1200	1200	广益街
8	石 凯	实用新型	1200	1	1200	1200	南彭镇
9	晏长友	实用新型	1200	2	2400	2400	木洞镇
10	黄有能	发明（申请）	2000	2	4000	5200	巴南区（服刑中）
		实用新型	1200	1	1200		
11	於友红	实用新型	1200	10	12000	12000	一品镇
12	王彦喆	实用新型	1200	1	1200	2000	花溪镇
		外观设计	800	1	800		
13	陈 旭	实用新型	1200	2	2400	3200	南泉镇
		外观设计	800	1	800		
14	朱朝全	实用新型	1200	2	2400	6400	鱼轻路
		外观设计	800	5	4000		
15	霍信赤	实用新型	1200	1	1200	1200	石滩镇
16	唐为民	发明（授权）	5000	1	5000	5000	花溪街道
17	陈安模	发明（申请）	2000	2	4000	4000	花溪街道
18	蒋春兰	发明（申请）	2000	6	12000	12000	巴县大道
19	韦继东	发明（申请）	2000	6	12000	12000	双安街
20	周祖江	发明（申请）	2000	5	10000	10000	鱼轻路
21	何光俊	发明（申请）	2000	6	12000	12000	鱼轻路
22	张 洪	发明（申请）	2000	1	2000	2000	新农街
23	刘存福	发明（申请）	2000	5	10000	10000	花溪街道
24	石永丽	发明（申请）	2000	1	2000	2000	花土湾
25	石成富	发明（申请）	2000	1	2000	2000	花土湾
26	蒋和平	发明（申请）	2000	1	2000	2000	花土湾
27	黄长斌	发明（申请）	2000	5	10000	10000	石龙镇
28	余登会	发明（申请）	2000	16	32000	32000	丰盛镇
29	肖 伟	发明（申请）	2000	5	10000	10000	李家沱
30	冯艳云	外观设计	800	6	4800	4800	花溪街道

续表四

序号	申报单位或个人	专利类型	元/件	件数	补助金额（元）	合计补助金额（元）	备　注
31	陈绍强	发明（申请）	2000	6	12000	13200	姜家镇
		实用新型	1200	1	1200		
32	王家钰	发明（申请）	2000	5	10000	11200	姜家镇
		实用新型	1200	1	1200		
33	陈 阳	发明（申请）	2000	5	10000	10000	姜家镇
34	岳 云	发明（申请）	2000	1	2000	2000	南泉街道
35	余学明	发明（申请）	2000	27	54000	54000	南泉街道
36	余学贵	发明（申请）	2000	33	66000	66000	南泉街道
37	王 贞	发明（申请）	2000	27	54000	54000	鱼洞街道
38	卢 进	发明（申请）	2000	29	58000	58000	鱼洞街道
39	杨崇书	发明（申请）	2000	29	58000	58000	鱼洞街道
40	袁祖六	发明（申请）	2000	4	8000	8000	李家沱
41	郑 静	发明（申请）	2000	27	54000	54000	鱼洞窑坝
42	彭武荣	发明（申请）	2000	28	56000	56000	东泉镇
43	唐昌犬	发明（申请）	2000	9	18000	18000	双安街
44	张维庆	发明（申请）	2000	1	2000	2000	合建村
45	吴恭谦	外观设计	800	42	33600	33600	下山村
46	彭风箫	实用新型	1200	1	1200	1200	鱼轻路
47	张栃文	实用新型	1200	1	1200	1200	鱼轻路
48	彭 雪	发明（申请）	2000	1	2000	2000	南泉街道
49	陈 熙	发明（申请）	2000	1	2000	2000	南泉街道
50	刘智慧	发明（申请）	2000	1	2000	2000	接龙镇
51	罗 敏	发明（申请）	2000	1	2000	2000	花溪街道
52	陈 强	发明（申请）	2000	1	2000	2000	鹿角镇
53	韩 晗	发明（申请）	2000	2	4000	4000	花溪街道
54	杨广生	发明（申请）	2000	1	2000	2000	鱼洞
55	彭忠松	发明（申请）	2000	28	56000	56000	东泉镇
56	胡良勇	发明（申请）	2000	28	56000	56000	陈家湾
57	王坤伦	发明（申请）	2000	11	22000	22000	东泉镇
	小 计					872000	
	合 计					3147000	

【知识产权平台建设】 为了保护知识产权权益，努力搭建知识产权服务和权益维护平台。一、搭建知识产权服务平台。为了切实解决巴南区中小企业知识产权意识薄弱、无专人管理、维权意识差等共性问题。与上海汉光知识产权数据科技有限公司合作搭建“重庆市巴南区知识产权一站式

服务平台”，为全区中小企业提供从专利检索到政策宣讲等各个方面的“一对一”服务，有效地提升巴南区的知识产权管理和公共服务能力。二、牵头“两法衔接”（行政执法、刑事司法）平台建设。协同区法制办和区检察院，牵头将区公安分局、区法院、区监察局、区农委、区林业局、区文广新局、区工商分局、区食药监分局、区商务局、区质监局等 13 个部门的行政执法和刑事司法工作接入“两法衔接”信息共享平台，进一步健全行政执法与刑事司法衔接工作机制，解决“以罚代刑”“有案不移”“有案难移”等问题，有效地促进依法行政和法律监督实施，切实保护知识产权正常的市场秩序。

2014 年 8 月 7 日，重庆市应急管理办公室应急处置处处长罗世友等领导调研突发事件预警信息发布平台信息共享工作

【知识产权培训宣传】 以区委党校为阵地，加大对中青年干部的知识产权专题培训，先后两次聘请市知识产权局袁杰局长为两期“2014 年中青年干部培训班”讲授《知识产权与经济发展》《知识产权与企业竞争》为主题的知识产权有关知识。12 月，《中国知识产权报》“走基层”栏目组到巴南区调研并报道知识产权服务工作。充分利用“科技三下乡”“知识产权宣传周”“入园进企走基层”等重点时间节点，加大对知识产权相关知识和保护的宣传，努力提高全民的知识产权意识。

（畅新房）

气 象 服 务

【概况】 重庆市巴南区气象局（简称：区气象局）为重庆市气象局和巴南区政府双重领导、以重庆市气象局为主的管理体制，实行市和区双重计划财务体制。局内设办公室、防灾减灾科、气象台（自然灾害预警预防中心）、气象服务中心（防雷中心）。在职在编干部职工 14 人，编制外聘用 8 人，退休职工 8 人。2014 年，在市局和区政府的领导下，区气象局重点围绕气象现代化建设、防灾减灾、气象服务、防雷年度检测等工作，全力推动气象事业快速、健康、全面发展。当年，先后荣获“第六届重庆市气象行业技能大赛”团体二等奖、重庆市气象局“2014 年重大气象服务先进集体”和“2014 年综合考评优秀单位”。

【气象现代化建设】 根据《巴南在全市率先基本实现气象现代化方案》，以“五大重点工程”为突破口，大力发展现代气象业务，全力推进气象现代化建设。一、综合气象观测系统建设。完成国家气象观测站新型自动站建设和验收工作。新建 1 个特种观测站（混凝土、沥青地面等 17 要素观测），2 个旅游气象观测站（负氧离子站）。更新 2 个能见度自动观测站。新建和改扩建 18 个区域站，加强对移动自动气象站使用培训工作。全国酸雨观测质量样品考核成绩为优秀达标。全年区域自动站成绩为 98.99 分，全市排名第 6 位。二、气象预警预报系统建设。组织完成近 3 年强降温天气条件分析，对城市自动气象站夏季高温期间的环境气温进行研究，建立预报公式。完成

2013年雾、霾观测数据订正。细化30年整编资料候资料统计。收集整理2004年后的气象资料并存档。每日2次分析镇街实时资料，加强精细化预报准确性。2014年短期预报质量在全市排名第7位，较2013年上升5位。三、气象预警信息发布系统建设。新建武装部、交巡警、消防支队、陆军预备役保障旅突发事件预警信息发布工作站。对全区LED屏（由发光二极管组成的显示屏）和LCD屏（由液态组成的显示屏）进行本地化改造，加载辖区内的镇街天气、旅游天气、为农服务等内容。四、现代农业气象服务系统建设。完成二圣茶叶示范基地和丰盛蔬菜示范田建设，建成二圣万亩渔村智慧气象服务项目。五、基层气象台站建设。年底，高标准建成巴南区防灾减灾应急指挥中心并投入使用。

【防减灾体系构建】 一、构建突发事件预警信息发布平台（简称：预警平台）和互联互通信息枢纽。根据区政府下发的《巴南区应急应战平台和预警信息发布平台以及全区有关平台管理制度》和《关于全区应急平台系统资源整合的通知》，分管应急工作的副区长朱本权对预警平台资料共享和使用提出具体要求。年初，成功将预警平台迁入党政内网，实现预警平台和政府应急应战指挥平台的音频视频互联互通，区委书记李建春对预警平台互联互通表示赞赏。不断完善预警平台与手机短信、3100只农村大喇叭、100余块电子显示屏、80多个专用预警终端、200多个移动智能终端等12类发布渠道相衔接的多渠道、全覆盖预警信息发布网络。二、充实预警平台数据库。成功将区水务局11个河道水位站和9个山洪雨量站的实时监测资料接入预警平台实现共享。三、凸显预警平台效益。在“9·18”强降水天气过程中，各涉灾部门利用预警平台发布预警及应对信息43条，转发信息7647人次，各镇（街道办）累计转发信息21563人次，全区无一人伤亡，预警平台发挥的效益受到区领导和区级有关部门的肯定，《中国气象报》在11月14日对预警平台发挥效益进行专题报道。

【气象综合服务】 一、全力做好决策气象服务。年初，制定全年决策服务方案，全年共提供气象决策服务材料311期。二、积极提供公众气象服务。通过电视、电台、报纸、电子显示屏、微博、网站、声讯、短信等传播方式，大力推进公众气象服务。三、认真搞好专业专项气象服务。全年为春运、高考、采茶节、梨花节、猕猴桃采摘节、山水茶道文化节、首届中国（重庆）·东盟家具博览会、2014·环中国国际公路自行车赛等13项重大活动和64家服务对象提供气象保障和服务。四、深化气象为“三农”服务。加强与区农委下属业务单位的合作，与植保站合作利用预警平台上报农作物病虫害，将329个为农服务对象纳入直通式服务并定期回访。对12个镇街37个农业大户进行农业气象服务现场调研。收集整理中稻、玉米、梨等28种作物生产布局的气象资料，建立中稻等5种常规作物生长气象指标，初步建立猕猴桃、茶叶等7种经济作物农业气象指标。五、指导服务人工影响天气工作。年内对人工影响天气作业人员进行培训，并与人工影响天气作业人员签订《高炮作业安全责任书》。全年出动作业共计30余次，开展火箭作业16次、碘化银燃烧作业10次，发射火箭弹44枚、燃烧碘

2014年11月7日，重庆市气象局局长王银民（左二）到巴南区检查指导气象防灾减灾应急指挥中心建设工作

化银烟条10根，为农业增效农民增收和“蓝天行动”提供有力保障。同时，规划在二圣镇新建固定炮站一处。六、气象科普成乡村旅游亮点。年初，区政府做出推进城乡一体化重要部署，要唱响“美丽乡村”品牌，建设“环云篆山休闲农业乐园”。为配合乡村旅游，区气象局将地处云篆山的国家气象观测站作为云篆山的一张名片进行打造，制定气象科普与宣传周年方案，确定定时开放时间和预约开放时间，广泛普及气象及防灾减灾科普知识，被巴南区科委授予“云篆山巴南科普示范基地”。

【防雷年度检测】 将防雷避灾纳入工作中的议事日程，组织经常性检查、监督和整治，预防重大事故和灾难发生。一、认真做好防雷设备设施年度检测。全年共年检加油加气站54家（77次）、民用爆炸危险品仓库7家（14次）、燃气供应企业7家（14次），危化场所18家，银行及大型企业22家，对检测不合格单位下发整改通知书16份。3～4月，对中石油旗下的14个加油站进行专项年度检测。二、加强在建工程的防雷设备设施跟踪服务。全年来共参与跟踪检测133次。

（王　旭）

防 震 减 灾

【概况】 2014年，巴南区地震局按照区委、区政府和市地震局有关防震减灾工作任务的要求，强化地震监测预报、震害防御、地震应急救援工作，并取得优秀成绩。年末，被中国地震局评为“全国地方防震减灾工作先进集体”；被重庆市地震局评为“2014年度防震减灾目标考核优秀奖”。

【示范单位创建】 积极开展防震减灾示范社区、示范企业、示范学校的创建工作，认定鱼胡路小学等5家区级示范单位，申报1家市级示范单位（鱼洞街道万泉街社区），争取创建一批国家地震局认定的国家示范单位，通过创建防震减灾示范单位的宣传认定工作，推进全社会防震减灾的科普教育和宣传。

【科普中心申报】 重庆地震台（南泉台）成功申报为市级地震科普教育中心。区地震局为了发挥市级地震科普教育中心作用，将南泉地震科普中心位置标注在风景区景点引导牌，引导游客免费参观；并组织区内中小学生和部分机关干部职工到科普中心进行地震科普知识教育和防震减灾自救技能培训。

【应急救援演练】 10月31日，在桥口坝林场训练营召开“2014年地震应急演练及防震减灾工作培训会”。中国人民解放军陆军重庆预备役修理营、重庆轻工业机械厂、重庆市地震台主要领导，各镇街片区防震减灾助理员、志愿者救援队员50余人参加会议。会议以片区“三网一员”和地震志愿者演练为主题进行培训。市地震局副局长王强一行到会做了重要讲话，并在现场进行应急救援演练指导，充分肯定巴南区防震减灾、应急救援工作取得的经验和成绩。

【监测设施维护】 2014年，巴南区安澜台监测用房出现险情，及时向市地震局专题报告，受到市地震局高度重视，下拨维修费6.5万元，委托区地震局维修管理，并按要求圆满完成安澜台观测用房险情排除维修项目，并对周边环境破损部分加以抢险维修。年末，通过市地震局监测处的验收。

【防震减灾宣传】 牵头认真组织有关部门开展“5·12”防震减灾宣传周宣传工作。期间，在鱼胡路小学开展“5·12”防灾减灾宣传启动仪式和讲座；组织一批小学生到南泉地震科普中心参观，接受地震科普知识教育。9月24日，“全国科普日”集中宣传活动在李家沱街道都和广场举行，会同区科协等19个部门，现场开展防震减灾100题有奖知识竞猜问答，激励广大群众在趣味性活动中获得地震科普知识。10月，《防震减灾法》纳入全区干部法制理论知识考试内容，全区1.61万名干部参加防震减灾普法考试。

（畅新房）

教 育

概 述

2014年，巴南区有各级各类学校233所，比上年增加11所，增长5%；在校学生118692人，比上年增加1391人，增长1.2%；教职工9361人，比上年增加312人，增长3.4%。全区学校占地285万平方米，比上年增加24.9万平方米，增长9.6%；校舍建筑面积135.1万平方米，比上年增加5.5万平方米，增长4.3%。全年教育经费总收入140546万元，比上年增加2345万元，增长1.7%；总支出140263万元，比上年增加2418万元，增长1.8%。

2014年，重庆市巴南区教育委员会（简称：区教委）紧紧围绕加快城乡教育一体发展、实现义务教育均衡发展为主线，推进学前教育机制体制改革，推广“委管校用”师资管理办法，健全责任督学管理体系，11月，巴南区义务教育发展基本均衡区县创建工作顺利通过教育部国督导认定，年末，首次荣获区委、区政府“2104年度工作创‘金鹰奖’”（颁奖主题辞：“教育督导四化”创全国教改“样板”）。强力推行廉政防控“五项重点制度”，获得“2014年巴南区纪检监察年度考核一等奖”。

创新实施“群众路线和教育督导相结合”的“双督导”体系，并获教育部邀请，在北京举行的群众路线教育实践活动推进工作会上作“双督导”经验介绍。

【**教育改革深入推进**】 教育工作在“以区为主”管理体制下，不断完善责任督学管理体系，全区责任督学挂牌督导工作的成功经验受邀到教育部作《以督学为载体，边学边查边改，扎实推进教育实践活动》的交流发言，受到教育部领导的好评，认为巴南区责任督学挂牌督导工作是具重庆特色和巴南特点的“重庆巴南模式”。实施干部教师“顶岗、互派、支教”管理模式，继续深入探索干部教师“委管校用”新路子，干部教师队伍综合素质整体提升。制定学前教育体制机制改革办法，认定106所普惠性幼儿园，10所农村学校附设幼儿园开始民营化试点，城乡学前教育得到进一步普及。大力实施“卓越课堂”五年行动计划，全面实施减负提质“1+5”行动计划（即：实践大课堂和科学素质提升行动计划、阅读行动计划、书法教育行动计划、演讲能力提升行动计划、英语能力提升行动计划），启动“翻转课堂教学模式”（即：教师创建教学视频，学生在家中或课外观看视频中教师的讲解，回到课堂上师生面对面交流和完成作业的教学形态），义务教育阶段学校实现结对帮扶全覆盖，深入推进新课程改革。高中新课程评价体系、学分管理制度和校本选修制度进一步完善，课程方案得到全面落实；高中学校捆绑发展实现全覆盖，重点中学通过硬件支持、资源共享、教师互派等方式帮扶普通高中学校，普通高中学校办学水平和教育质量明显提高。

【队伍素质整体提高】 切实加强干部教师队伍思想建设、作风建设，引导干部教师牢固树立宗旨意识、责任意识、质量意识，组织干部教师参加各级各类集中培训3638人次。完善“委管校用”干部教师管理办法，进一步扩大城乡教师“顶岗、互派、支教”交流范围。全年各类教师交流397人、占专任教师总数9.5%，校级干部交流61人；公开招聘教师180人，区外引进骨干教师15人；调整校级干部21人。修改完善《义务教育学校奖励性绩效工资实施暂行办法》《义务教育学校及教职工绩效考核实施暂行办法》。开展中小学、幼儿园教师业务知识考试，提高教师业务水平。切实加强师德师风建设，开展师德师风专项整治和“培育和践行社会主义核心价值观”师德建设主题教育实践活动，教师职业道德修养和专业素养得到进一步提升。

【办学条件不断改善】 调整、修订《巴南区教育设施布局规划（2013～2020）》，并报区政府备案。区政府制定印发《巴南区人民政府关于建立中小学校舍安全保障长效机制的实施意见》（巴南府发〔2014〕177号），制定并实施《全面改善义务教育薄弱学校基本办学条件的实施方案》（2014～2018）（巴南府办函〔2014〕75号）；在全市率先制定《巴南区房地产开发项目配建中小学校管理暂行办法》（巴南府办发〔2014〕114号）、《巴南区社会筹集建校资金管理暂行办法》（巴财局发〔2014〕175号）。进一步优化学校布局结构，加快城区学校建设，促进全区义务教育均衡发展，适应主城功能拓展区建设和人口集聚趋势。区政府加大财政对教育的投入，新建改建学校，切实改善学校办学条件。投入约3.62亿元，建成新屋小学和龙洲湾小学，完成融汇清华实验中学、曼哈顿小学、花溪小学的主体工程；投入194.1万元实施青杠林小学、小观小学等15所附属幼儿园新（改、扩）建项目。投入资金3400万元，完成接龙小学、青杠林小学、马王坪小学等扩建项目14个；投资1500余万元，实施惠民小学、接龙小学、南湖小学改功能室扩建项目12个；投资1400余万元，完善班班通、实验室、六大功能室、录播教室及图书装备；投资600余万元，为70所学校重新粉刷34.3万平方米内墙面，提升全区义务教育学校办学基本条件，顺利通过义务教育均衡发展合格区县检查验收。

【教育民生惠泽百姓】 继续推进义务教育均衡发展，均衡配置教育资源，进一步扩大优质教育资源，城乡、校际差距进一步缩小。制发文件严厉禁止义务教育公办学校择校乱收费，平等接收流动人口子女16817人。全年投入资金1112万元为全区义务教育阶段学生提供免费教科书，惠及66366名学生；投入资金170万元为义务教育阶段学生提供免费作业本。农村义务教育阶段学校补助办公经费2256万元；城市义务教育阶段学校免杂费补助经费1406万元；公用经费补贴405万元。落实学生资助资金7707余万元，惠及14.9万人次学生。“留守儿童之家”“亲情室”“爱心书屋”覆盖每所学校，农村留守儿童受到常态化安全监管和资助帮扶，学生中的特殊群体享受到关心爱护。

【教育质量稳步提升】 加强教育科研，提高教育科研在教育教学实践中的实效性，坚持“大课题引领，小课题深做”的科研策略，进一步完善“集中开题，分别指导，过程监控”的课题管理模式，教育科研与教育教学实践结合越来越紧密，部分成果得到推广，对稳步提高全区教育教学质量起到关键性作用。中考“联招”上线2705人；高考上线4147人，总上线率93.9%，比上年上升1.4%；本科上线2199人，重本上线685人。全体学生综合素质不断提高，参加各级各类竞赛活动成绩优异，全区学生参加国家、市级竞赛获市级以上奖700余人次。全区中小学生科技作品获国家级奖33人次、市级奖240人次、区级奖508人次。选派出国教学、传播中国文化优秀教师8人次，接待10多个国家和地区的110余名师生代表考察访问。

【义教均衡通过国检】 将义务教育均衡发展纳

入区经济社会发展总体规划，编制《重庆市巴南区“十二五”教育发展规划》《重庆市巴南区义务教育均衡发展专项规划》（2010～2020），制定印发《重庆市巴南区人民政府关于推进义务教育均衡发展的意见》。依法落实教育经费“三个增长”（即：财政拨款的增长高于财政经常性收入的增长，生均教育经费逐年增长，生均预算内公用经费逐年增长）和“一个比例”（即：公共财政教育支出占公共财政预算支出比例），采取多渠道筹资，加大薄弱学校和农村学校经费倾斜力度；大力推进标准化学校建设，全面落实寄宿制学校建设，全面实施功能室建设，着力推进校安工程建设；采取校长交流，名校长工作室建设，集团化办学，优势学校与薄弱学校“结对”帮扶；实施教师学科专业化、名师工作室、区域内教师交流，学科知识考试和信息技术运用全覆盖；构建督学责任区、“三位一体”教育督导工作网络（即：形成区政府教育督导室、五大督学责任区、学校督导办公室三级督导网络机构；形成以专职督学为主导，责任区督学为主体、学校督导员为基础的教育督导工作网络），全面整改义务教育发展基本均衡区县创建工作中的重点、难点问题。11月26日，巴南区义务教育发展基本均衡区县创建工作顺利通过国家的督导认定。

【教育督导全国样板】 认真落实国务院《教育督导条例》和教育部《中小学校责任督学挂牌督导办法》，紧紧围绕市政府教育督导室和区教委年初工作要点，按照“理论引督导，队伍强督导，制度保督导，创新促督导，特色兴督导”的工作思路，在责任督学挂牌督导、督学责任区建设、学校办学水平督导评估、监督指导学校工作、义务教育发展基本均衡区县创建、教育质量监测等方面取得佳绩。制发《重庆市巴南区教育委员会重庆市巴南区人民政府教育督导室关于进一步加强督学责任区和责任督学挂牌督导制度建设的通知》，实现督学责任区办公场地标准化，责任督学管理规范化、队伍专职化、素质专业化，教育督导工作常态化。国家督学教育部督导办副主任林仕梁等督导专家相继深入巴南区调研督学责任区建设情况，认为巴南区在责任督学挂牌督导工作方面大胆探索和实践，积累大量可以学习借鉴和示范推广的成功经验，形成具有重庆特色和巴南特点的“巴南模式”。督学责任区建设成为全国典范，先后有新疆沙湾县等兄弟省市区县到巴南区学习交流。5月28日，区教委主任唐松春应邀到教育部作《以督学为载体，边学边查边改，扎实推进教育实践活动》的交流发言。4～6月，全面开展办学水平综合督导评估，组织专家组，对全区各级各类学校、幼儿园及有关单位实施2012～2015年的终结性督导评估，35所普通中小学、2所幼儿园、1所职业教育学校、5个委属单位评为优秀级，52所普通中小学、1所特殊教育学校评为良好级，3所普通中小学评为合格级。年末，荣获区委、区政府“2014年度工作创新‘金鹰奖’”。

【教育安全和谐稳定】 健全教育安全工作组织机构，建立教育安全稳定分片包干督查工作责任制，落实分片“横向到边、纵向到底”的党政同责“一岗双责”机制。签订安全责任书，40万余人次参加应急救援疏散演练。校方责任险参保率100%，学生意外平安保险参保率93%以上；全区92所公办中小学、幼儿园全部创建为市级“平安校园”，达标率100%，提前完成市下达的目标。投入3000余万元，整治安全隐患200处，整治率100%。处理各类信访事项287件，其中区委书记李建春、区长陈刚批示件11件；接待来访群众63批次99人次；化解疑难信访问题1件。表彰信访安全稳定工作先进集体30个、先进个人150名。全区没有发生一起学校安全主体责任事故，没有发生一起到市、进京上访、集访和群体性事件，教育系统安全稳定形势良好。

2014 年巴南区教育事业情况

单位：所、人

	学校数	毕业生数	招生数	在校生数	教职工数	
					计	其中专任教师
总计	233	31692	34134	118 692	9361	7430
中等职业教育	5	3744	3414	12 550	786	683
普通高中	9	5469	4582	15 744	1196	1024
普通初中	29	7086	7047	21312	2038	1813
普通小学	55	6658	8794	45 526	2910	2738
特殊教育	1	9	12	80	25	21
学前教育	134	8726	10 285	23 480	2406	1151

注：此表数据包含民办教育，数据来源于 2014 年巴南区基础教育事业统计数据

2014 年巴南区办学条件情况

单位：万平方米、万册、万元、GB、台

	占地面积	校舍面积		运动场地面积	固定资产值		图书		教学用计算机
		计	其中教学行政用房		计	其中教学仪器设备值	计	其中电子图书	
总计	285.05	135.13	90.45	72.00	141851	21794	226.34		13 043
中等职业教育	51.27	20.39	14.59	4.75	17070	4417	36.19	/	1488
普通高中	61.41	33.34	16.40	16.73	47 932	6204	49.17	/	2694
普通初中	49.03	24.42	15.36	15.37	33 301	4756	58.06	/	3437
普通小学	106.21	44.19	33.48	29.37	43 548	6417	70.59	/	5424
特殊教育	0.50	0.15	0.10	0.10	/	/	0.40	/	/
学前教育	16.63	12.64	10.52	5.68	/	/	11.93	/	/

注：此表数据包含民办教育，数据来源于 2014 年巴南区基础教育事业统计数据

2014 年巴南区教育经费情况

单位：万元、元、%

	2014 年	与上年比较（±）	
		数量	比例
教育经费总收入	140546	2345	1.7
其中：国家财政性教育经费	119363	347	0.29
社会捐、集资办学经费	6	0	0
事业收入	19723	7161	57
教育经费总支出	140263	2418	1.75
公共教育支出占公共财政预算支出的比例	14.91	/	0.15
公共教育支出增长高于财政经常性收入增长（百分点）	7.49	/	/

续表

	2014 年	与上年比较（±）	
		数量	比例
生均公共财政预算教育事业费	/	/	/
其中：小学	8926.06	121.89	1.38
初中	9073.82	209.79	2.37
普通高中	6090.35	105.54	1.76
中等职业学校	6128.56	569.10	10.24
生均公共财政预算公用经费	/	/	/
其中：小学	1061.73	9.63	0.92
初中	1566.22	17.13	1.11
普通高中	829.51	12.49	1.53
中等职业学校	2026.77	15.78	0.78

注：此表数据包含民办教育；数据来源于2014 年巴南区基础教育事业统计数据

2014 年巴南区办学水平情况

单位：人、年、%

	2014 年	与上年比较（±）	
		数量	比例
每万人口在园幼儿数	260.3	15.4 人	6.3%
每万人口在校小学生数	504.7	44.6 人	9.7
每万人口在校初中生数	236.3	4.3 人	1.9
每万人口在校高中阶段学生数	396.3	-2.6 人	-0.7
学前三年毛入园率	94.5	/	0.3
小学适龄人口入学率	100	/	0
初中适龄人口入学率	99.9	/	-0.1
高中阶段教育入学率	95.6	/	-1.1
小学毕业生升入初中比例	100	/	0
初中毕业生升入高中阶段教育比例	95.6	/	-1.1
其中：升入普通高中比例	54.18	/	-14.7
教育人口占总人口的比例	13.98	/	-0.1
人均受教育年限	9.61	0.12	1.3

注：此表数据包含民办教育；数据来源于区档案局2014 年人口普查数据、2014 年巴南区基础教育事业统计数据。

学　前　教　育

【概况】　全区共有各级各类幼儿园134 所，其中教育部门办独立幼儿园2 所，学校附属幼儿园41 所，民办幼儿园89 所，村集体办幼儿园1 所，其他部门办园1 所；市级示范幼儿园2 所，一级幼儿园18 所，二级幼儿园36 所，三级幼儿园82 所。在园幼儿23480 人，专任教师1151 人。学前三年入园率从2013 年的94.2%增至94.5%，学前教育发展水平明显提高。

【普惠性幼儿园建设】 严格按照《巴南区普惠性幼儿园管理暂行办法》新认定、命名第四批普惠性幼儿园20所，全区总计已有106所（红旗小学幼儿园、百节小学幼儿园2所原普惠性幼儿园停办），其中公办普惠性幼儿园38所、民办普惠性幼儿园68所，占全区幼儿园总数的79.1%；在园幼儿达13474人，占全区在园幼儿总数的57.39%。全年普惠性幼儿园公用经费补助655万余元，普惠性幼儿园在园幼儿有2026人次享受国家对贫困家庭幼儿入园资助，资助金达218.81万元。进一步加强对普惠性幼儿园的管理，组织开展普惠性幼儿园园长、教师专业培训和幼儿园综合督导评估、年检等工作，促进全区普惠性幼儿园规范、优质发展。

【学前教育投入提高】 全面提高幼儿园生均公用经费标准，全年幼儿园公用经费补助788万余元，公办幼儿园生均公用经费标准由每生每年150元提高到400元，民办普惠性幼儿园按照公办幼儿园的50%执行（由零元提高到每生每年200元）。进一步加大幼儿园建设，投入520万元，已完成新（改、扩）建中心幼儿园4所；投入194.1万元，已完成新（改、扩）建小学附属幼儿园15所；投入经费近300万元，改善全区幼儿园的设备设施配置。

【幼儿园规范化管理】 强化幼儿园规范化建设。以防止和纠正幼儿园“小学化”倾向为重点，深入开展以学习贯彻《3～6岁幼儿发展指南》，全面实施保教质量为中心的规范办园行为工作。5月，在全区开展以“指南引领我”为主题的幼儿教师主题征文评选活动，共评出一等奖12篇，二等奖22篇，三等奖32篇。10～11月，召开全区普惠性幼儿园、城乡结对帮扶幼儿园、三级及以下幼儿园的管理工作会，以会代训的方式切实规范全区各级各类幼儿园办园行为。11月，重庆市教育督导室区县督导组对巴南区学前教育规范化办园和安全工作进行专项督导，督导组高度肯定巴南区学前教育规范办园工作。全区幼儿园的保教质量得到不断提升，学前教育的覆盖面不断扩大，普及率大幅度提高，全区学前三年入园率达94.5%。

【学前教育机制创新】 以深化学前教育体制机制改革为突破口，着力解决入园难、入园贵等突出问题，构建政府和市场、社会共同参与的新型治理方式，探索出一条巴南特色的学前教育路子。制发《巴南区普惠性幼儿园复查考核指标体系》，对普惠性幼儿园进行动态监管，实行退出机制（鱼洞童才幼儿园退出普惠性幼儿园）。制发《关于印发农村学校附设幼儿园民营化试点工作方案（试行）的通知》（巴南教委发〔2014〕32号），2014年秋期，东温泉镇天赐小学附设幼儿园等10所农村学校附设幼儿园开始民营化试点。确定鱼洞幼儿园等15所城区优质幼儿园，采取“一对一”“一对多”的方式与接龙镇中心幼儿园等25所农村幼儿园结成姊妹园，开展结对帮扶活动。通过建立城乡幼儿园结对帮扶、学前教育师资队伍聘管用培、小区配套幼儿园建设管理、学前教育经费保障等新机制，全面提高保教质量和办园水平。

基 础 教 育

【概况】 全区基础教育秉持“宜学巴南·品质教育”的地区教育理念，强力推进义务教育均衡发展。全区基础教育各级各类学校共94所，其中义务教育学校84所（单办小学55所，初中20所，九年一贯制学校9所），高中教育9所，特殊教育1所。共有在校学生82662人，其中义务教育66838人，高中教育15744人，特殊教育80人。2014年，全区小学毕业生总数为5675人，学生综合素质评价合格率为100%。初中毕业生总数为7086人（较上年减少495人），上“联招”线人数2705人，其中600分以上人数1679人，最高分为704分（不含加分）。全区普通高中高考参考人数4418人，上线4147人（含体育艺术），总上线率93.9%，比上年增长1.4%。其中，重点本科上线685人，本科上线合计2199人，600分以上高分段人数37人，文科最高分

2014 年 7 月，区教委荣获全国青少年五好小公民先进集体

625 分，理科最高分 652 分（均系裸分）。市实验中学学生邓于吉被清华大学录取。全年义务教育学校共有 22 校次获得重庆市及以上教育教学工作先进集体称号，42 校次获得重庆市及以上教育教学竞赛活动团体一、二等奖。为继续强化教学常规管理，印发《巴南区普通中小学教学质量考核评价修订方案（试行）》（巴南教委发〔2014〕33 号）。建立考查学科学生素质发展测查制度，开展全区小学品德、科学、美术学科学生素质发展水平随机抽样测查，保证各学科课程的全面落实和学生综合素质的提高。

【推进新课程改革】　继续实施“卓越课堂”五年行动计划，深入推进新课程改革。搭建“资源、研究、展示”三个平台，整合 8 个卓越课堂学校共同体、11 个名师名校长工作室，全面落实减负提质“1 + 5”行动计划和课程辅助活动，注重校本课程建设，推行中小学生综合素质评价。启动课改达标三年行动计划，制发《关于全面深化基础教育课程改革实施三年行动计划的意见》（巴南教委发〔2014〕203 号），创造性同步实施国家课程、地方课程和校本课程。启动“基于微课程的翻转课堂教学模式”“学科教学关键问题”实践研究项目和“一师一优课、一课一名师”系列活动，全区中小学 85% 以上的教师在国家教育资源公共服务平台上“晒课”，开展“优课”评选和网络教学研究，改进教学手段，优化教学资源和教学过程，提高课堂教学效率。

【流动人口子女入学】　增扩城区义务教育阶段教学班 59 个，招收区内外流动人口及农民工子女 16817 人，确保无一例义务教育阶段学生因户口、交通等问题而辍学。6 ~ 11 周岁（小学阶段）和 12 ~ 14 周岁（初中阶段）正常适龄儿童少年入学率分别达 100%、99.97%，6 ~ 14 周岁残疾适龄儿童少年入学率达 89.6%；小学、初中在校学生年辍学率分别为 0%、0.05%；小学、初中毕业率均达 100%；15 周岁人口初等义务教育、17 周岁人口初级中等义务教育完成率均达 100%。小学生综合素质评价合格率达 100%。

【继续实施学校捆绑发展】　继续实施普通中小学捆绑发展、领雁工程项目以及“卓越课堂”共同体项目，制发《关于深入推进义务教育阶段学校捆绑发展工作的通知》（巴南教委发〔2014〕179 号），实施“校校牵手”工程，实现全区义务教育阶段学校结对帮扶全覆盖。加大干部教师交流的力度，建立课程改革区域、校际协作制度和骨干教师跨校兼课制度，通过强弱结对，捆绑考核、联动发展，增强结对双方工作实效。

【深化科技教育课程改革】　整合科技教育与社会实践活动，以“科技—创新—实践”为主线的综合教育模式，依托“1 + 5”行动计划平台，走出“科技与素质教育相结合”的巴南科技教育特色道路。组织开展“巴南区第三届科技活动月”系列活动，成功举办全区“科技征文比赛”“创新科技大赛”“科技模型大赛”等青少年科技竞赛活动，区级科技竞赛活动获奖人数达 4000 余人。参加各类科技竞赛活动共获得国家级和市级组织奖6个，国家级一等奖16个、二等奖28个、三等奖12个，市级一等奖37个、二等奖77个、三等奖88个；5人入围宋庆龄发明奖，10人获科技创新区长奖和区长奖提名奖，鱼洞四小学生杨小蝶获科技创新市长奖。民主新街小学等7所学校被区科协、区教委命名为第二批“巴南区科技特色学校”。

【深化中考招生制度改革】 按照市教委关于“中考”招生考试制度改革的要求，将市实验中学、清华中学、巴南中学、木洞中学普通高中统招计划按70%的比例分配到区内初中学校，进一步完善选送推荐和考核录取办法。实际录取1841人，比例达70%，市实验中学录取525人（其中综合素质加特长录取23人）、清华中学录取552人（其中综合素质加特长录取27人）、巴南中学录取485人（其中综合素质加特长录取19人）、木洞中学录取279人（其中综合素质加特长录取11人）。

【高中学校办学特色日益彰显】 全区新课程评价体系、学分管理制度和校本选修制度进一步完善，课程方案得到全面落实。高中学校捆绑发展实现全覆盖，重点中学通过硬件支持、资源共享、教师互派等方式帮扶普通高中学校，普通高中学校办学水平和教育质量明显提高。高中学校办学特色日益彰显：重庆实验中学以“科技教育”为办学特色；清华中学以“自强不息、厚德载物”为办学特色；巴南中学以“责任教育”为办学特色；渝南田家炳中学以“爱的教育”为办学特色；接龙中学校以“仁爱”为办学特色。重庆市实验中学校、重庆市清华中学被全国环境教育示范学校推选委员会和《环境教育》杂志社评为“全国环境教育示范校”，重庆市清华中学校获“全国首届青年志愿者项目大赛全国银奖”，重庆市实验中学校科技馆入围重庆市省部级重大科普建设项目，获得专项支持50万元。

中等职业教育

【概况】 全区共有中等职业技术学校9所（含技工类学校）。其中，公办4所（含1所技工类中职学校），民办5所（含3所技工类中职学校）。全区中等职业技术学校中有：国家级示范建设项目中职学校“重庆市机械高级技工学校”，市级示范中职学校“巴南职业教育中心”，国家级重点中职学校“巴南职业教育中心”“重庆工业管理职业学校”，市级重点中职学校“重庆市卫生技工学校”，合格达标学校“重庆人文艺术职业学校”“重庆市民族专修学院”“重庆市护士学校”“重庆市机电技工学校”“重庆渝州车辆工程技术学校”。全区中等职教在籍学生20220人；教职工1310人〔其中：专任教师1125人，专任教师中，有市级骨干教师38人；“双师型”教师396名（含技工类学校138名），占专任教师的35%〕。生师比18:1。

全区各中职学校共开设专业70余个。其中，市级重点特色专业5个，区级重点专业12个。培训层次涵盖高级技工和预备技师等。共有各类实

2014年3月23日，区长陈刚到职教中心调研

训设备1万余台/套，设备总值9865万元，生均设备值5026元。各中等职业技术学校整体学生就业率均保持在99%以上。

【招生就业】 2014年，市教委下达给巴南区的中职招生任务为5500人，在全区初中毕业生源减少的情况下，完成招生7750人，任务完成率达140%。在中职招生任务超额完成的同时，毕业生就业率也不断提高。全区毕业生人数达5160人，在市、区各类企业就业人数达5100人，就业率达99%。全区中职学校支持市、区信产用工人数达3000余人。区教委被市教委评为“2014年度信产送工优秀单位”，重庆高级技工学校被评为“2014年度信产送工优秀学校”。

【职校建设】 2014年，巴南职业教育中心正式启动学校搬迁工作；重庆市卫生技工学校完成市级重点中职学校创建工作；重庆市工业管理职业学校征地扩建工程顺利完工；重庆市机械高级技工学校国家级项目学校建设顺利推进；重庆市护士学校顺利通过中等职业学校教学工作合格评估试点评估。

【师资培训】 2014年，全区各类职业学校组织教师参加国家级培训20余人、市级培训50余人、校本培训1000余人次。全区职业学校逐步推行中等职业技术教育“考教分离”教育模式。组织全市汽修、英语等各类教研活动8次，助推巴南区职业技术教育教学质量稳步提高。

【教学管理】 全区职业学校认真落实“三个服务计划”（学校服务计划、教师服务计划、学生服务计划）。逐步推行中等职业技术教育“考教分离”教育模式。学校采取教学和考试分开的方式，严格按教学大纲教学，根据培养目标、教学目的、教学大纲，制定考核大纲，建立一套包括试题库、自动命题、阅卷、评分、考试分析、成绩管理等各种规章制度完备的考核管理系统，促进学校教育教学质量的提升。

【竞赛获奖】 组织中职生代表参加“重庆市第七届中等职业学校职业技能大赛”获奖50个（其中：一等奖9个、二等奖20个、三等奖21个），巴南区再次斩获“区县优胜奖”；参加“重庆市文明风采大赛”获奖作品318件（其中：一等奖96件、二等奖95件、三等奖127件）；参加“重庆市第三届三峡库区技能大赛”获奖16个（其中：一等奖3个、二等奖5个、三等奖8个），巴南区获团体优胜奖；巴南职教中心代表重庆市参加“全国第七届技能大赛”的汽车运用与维修项目获奖3个（其中：一等奖1个、三等奖2个）。

高　等　教　育

【概况】 巴南区辖区内有高等教育机构4个（其中：公办高等教育机构3个，重庆理工大学、重庆工程职业技术学院巴南校区、重庆广播电视大学巴南分校；民办高等教育机构1个，重庆工程学院）。各高等院校校园环境优美，设施设备完善，师资力量雄厚，专业设置合理，共有在校大学生45000余人，教职工2100余人。

【重庆工程学院】 位于巴南区南泉街道白鹤林16号。学校占地51.04公顷；校舍建筑面积22.56万平方米。学校开设32个专业面向全国招生。2014年5月27日，教育部下发文件《教育部关于同意在重庆正大软件职业技术学院基础上建立重庆工程学院的函》（教发函〔2014〕148号），学校由原高职专科院校升格为本科院校，更名为重庆工程学院。

2014年，全校有在校学生7647人，比上年减少236人，减少3个百分点。应届毕业学生2725人，就业率98.39%，签约率96.99%。专升本34人，入伍当兵15人，自主创业102人。全校有教职工584人，比上年增加2人，增长0.33个百分点；其中专任教师490人，比上年增加39人，增长8.63个百分点。专任教师中有硕士以上学位和学历197人，比上年增加57人，增长403个百分点；有副高以上职称152人，比上年增加28人，增长22.63个百分点。

特殊教育

【概况】 巴南区继续坚持特殊教育学校和普通中小学随班就读相结合的特殊教育入学保障体系。全区7~15周岁三残（视残、智残、听残）适龄儿童少年共141人，入学126人，入学率达89.4%，基本满足残疾儿童少年的入学要求。加强特殊教育学校建设，深化特殊教育改革，强化基本生活和劳动技能教育培训，培育残疾学生适应社会生活和学习能力，为将来平等、充分参与社会增强自尊、自信、自立、自强的信念。

【巴南区特殊教育学校】 位于李家沱街道郭家岗35号。该校有教职工25人（其中：专任教师22人）。在校学生80人，教学班8个（其中：聋童班2个，学生18人；培智班6个、学生62人）。

学校以“有爱无碍·育残成才”为办学理念，坚持全面贯彻党的教育方针，走“教学—实践—就业”之路，把培养“自尊、自信、自立、自强”信念和具有一技之长，能适应社会、自食其力的人作为培养目标。高度重视学生的自理能力的训练和职业技能教育，在严格执行特殊教育课程计划的基础上，联系实际开设语言康复、音乐康复、感统训练以及生活实训等特色课程，为学生毕业后就业做好准备。针对智障学生开设生活自理实践课，生活语文、生活数学以及生活品德与适应等提升学生生活能力，为残疾儿童少年今后的生存和发展奠定基础。

全年投入资金38万余元，改造食堂地面和添置部分设备，改造维修学生宿舍和厕所，添置空调18台，装修康复教室2间，购置一批康复设备和500余册教师专业书籍。5月，学生参加西南地区特奥会获得6金3银3铜。10月，参加“重庆市第五届残疾人运动会”获得羽毛球男单和男双金牌。教师获得市级竞赛奖7人次，区级竞赛奖20余人次。

民办教育

【概况】 按照《中华人民共和国民办教育促进法》和《重庆市民办教育实施条例》，坚持“积极鼓励，大力支持，正确引导，依法管理”十六字方针，认真开展民办学校的审批、监管工作。确立“加强监管，规范审批，扩大规模，提升档次”工作思路，促使现有民办学校做大、做强、做优，全区民办教育事业健康、持续发展。

【民办学前教育】 全区共有民办幼儿园132所，比上年新增18所，增长15.79个%。民办幼儿园中，一级幼儿园17所、比上年新增6所，二级幼儿园23所，三级幼儿园62所，新办未评级民办园12所。在园幼儿19004人，占全区在园幼儿数的80.94%。按照《巴南区学前教育机构审批条件和程序》，严格审批程序和资格准入，确保学前教育机构资格准入的高起点、高标准。坚持幼儿园等级审定制度。继续深化改革，优化学前教育体制机制。秋季学期，东温泉镇天赐小学附设幼儿园等10所农村学校附设幼儿园开始无偿交给社会民营化试点。民办普惠性幼儿园生均公用经费由0元提高到每生每年200元，进一步加大对民办幼儿园的扶持力度。国培、市培、区培人数进一步向民办幼儿园倾斜，全年民办幼儿园共有近600人次园长、教师参加培训。确定鱼洞幼儿园等15所城区优质幼儿园，采取“一对一”“一对多”的方式与25所幼儿园结成姊妹园，开展帮扶工作，其中有民办园24所。加大对民办幼儿园安全整治力度，重点加大对民办幼儿园接送校车的规范管理，完善《巴南区幼儿园校车管理暂行办法》，坚持每月定期召开校车驾驶员、园长培训会，狠抓民办幼儿园规范办园工作。

【民办义教机构】 全区有3所义务教育民办学校（全善学校、融汇·清华实验中学校、重庆史迪威外语学校）。有在校学生4788人，比上年增加406人，增长9.27%；教职工358人（其中：中高级教师143人，占教职工总数39.94%）。按照市教委要求，区教委认真开展民办义务教育学校“五独立”（即：独立法人，独立经费核算和人事管理，独立校园、校舍，独立进行教育教学，独立招生和颁发毕业证书）的审批监管工作，各学校基本实现“五独立”，全区民办义务教育呈现良好发展态势。

【民办中职机构】 全区共有民办中等职业学历教育学校5所（重庆市卫生技工学校、重庆人文艺术职业学校、重庆渝州车辆工程技术学校、重庆工业管理职业学校、重庆民族专修学院）；在册学生共计10063人；教职工604人（其中：专任教师476人，占教职工总数的78.8%）。各民办中职学校共开设59个专业。根据市教委的统一要求，区教委认真开展民办中职学校的审批监管工作，重点开展中职学籍学历管理、学生资助金管理专项检查，加大民办中职学校规范办学行为管理力度，推动民办中等职业学历教育内涵发展。

【民办培训机构】 全区新增民办非学历培训机构4所，现共计35所。区教委、区工商分局、区公安分局、区民政局、区消防支队等相关部门联合对非法培训机构进行查处，全区检查摸排违规非学历培训机构共计98家，发出整改通知书58份。全区民办培训机构非法办学活动得到遏制。

成人教育和社区教育

【概况】 巴南区有成人教育和社区教育学校22所。各镇（街道办）成人教育和社区教育学校通过各种形式免费为当地群众提供技术咨询、技能培训、再就业培训、下岗职工培训等服务。全年组织农民工技能、转岗培训5346人次，开展农村实用技术培训4.52万人次，引导农民工就近就地创业就业5286人。社区教育共建设区域志愿者队伍3支，涵盖书画艺术、音乐舞蹈、民间工艺、法律服务等10多个专业项目。11月，成功举办“2014年巴南区全民终身学习活动周”系列活动。

【界石镇成人（社区）教育学校】 该学校按长班和短班培训同时并举，举办文化技术长班6期，举办实用技术培训短期培训12期。学校还深入到村社搞实验实习，推广实用技术，搞科技示范；养奶牛，养猪、养鸡、养兔、种平菇、蘑菇；花卉种植、苗木栽培等。同时出售农药、化肥、添加剂；给猪治病、驱虫、打预防针。随着城市化进程加快，学校增加社区教育和社区培训，包含中小学生寒暑假校外的教育、培训、管理等。

【鱼洞街道成人（社区）教育学校】 充分整合街道内学校、图书馆、文化馆场地，各行业优秀人员（医生、学校在职和退休教师）、大学生志愿者等各种教育资源和教育平台。通过培训、讲座、咨询、印发宣传资料等多种形式开展活动，以职业技能培训为重点，发挥社区教育对提高市民素质的作用。从孕妈妈、青少年儿童、中青年、老年人、特殊人群，全方位、多层次向全体居民提供教育培训服务，立体提升社区居民的文化素养、技术职能、科普知识、法律意识、环境保护理念等。组织周末美术书法培训、下岗失业人员培训；开展中老年健康知识讲座、法律宣传咨询；举办之春、之夏、之秋、之冬广场演出活动。

【二圣镇成人（社区）教育学校】 该学校以“立足农村，服务农村”为宗旨，以就业为导向，是一所以创业、再就业、农村实用技术、种植养殖技术、家政培训等为一体的多层次成人教育基地。全年举办5期农村劳动力技能培训班，培训500余人次，其中就业指导培训200余人次。全年实现劳动力转移输出800余人。指导农户大力发展种植业和养殖业，帮助农民增收致富，助推二圣镇农村经济发展。

交流与合作

【概况】 2014年，巴南区教育交流与合作在国内外、市内外参与面和规模面进一步扩大，重点交流项目逐步做大做强；开放层次和影响不断提升，全方位、多角度、宽领域、多层次格局初步形成。汉语推广勇于争先，城乡学校统筹兼顾，特教职教稳步跟进。得到教育部及其所属部门、市政府和市教委等部门领导的充分肯定，市、区和国内外媒体对巴南区教育合作与交流工作进行多次采访报道。

【教育交流增进友谊】 2014年，全区教育系统接待国际交流、访问和考察涉及英、美、德、加、韩、泰等10多个国家和中国港、澳、台等地区，接待外国友人和境外客人近180人次。选派干部及师生赴国内各地及出国、出境（港、澳、台）参加国际研讨、交流访问、游学和考察100余人次。3月，加拿大BC省歌摩士谷教育局高地中学国际事务负责人访问清华中学；马来西亚驻华大使馆教育参赞林佑穰和马来西亚大学境外办公室主任刘蓉访问市实验中学。4月，香港劳工子弟中学师生34人访问南华学校；英国贝辛斯托克学院（BCOT）校长、英国GSM机构执行官、英国英中文化中心主任访问市实验中学、清华中学和职教中心；澳大利亚坎特伯雷学院高中部院长东尼·纳特招生一行访问市实验中学。5月，韩国仁川青少年代表团访问市实验中学。11月，由国家汉语办主办的“2014年汉语桥·美国校长访华之旅”活动，美国校长代表团访问并考察市实验中学、清华中学、鱼洞中学、鱼洞四小、恒大城小学等学校。12月，澳大利亚昆士兰州坎特伯雷学院校长当娜·安德森一行访问市实验中学进行友好，并结为友好学校。

2014年，北京、新疆、宁夏、福建等省市自治区到巴南区考察教育督导工作

【合作办学再上台阶】 进一步加强管理规范中外合作办学行为，加大对社会留学中介机构的审查和监管力度。推进清华中学与德国歌德学院的合作与交流，加强清华中学与德国歌德学院合作的课程设置、教师培训和德国教师、学生全额奖学金赴德夏令营工作，接待德国歌德学院北京分院领导到访。继续办好重庆市实验中学校与澳大利亚坎特伯雷学院联办国际班。5月，清华中学与加拿大BC省歌摩士谷教育局高地中学合作举办中加班国际高中课程项目推广会。6月，清华中学与加拿大高地中学联办中加班获市教委批准，并报教育部备案，于9月开班行课。11月，美国西雅图波音航空职教项目进入重庆高职城。

【“推汉推广”成绩突出】 市实验中学、清华中学、鱼洞中学、大江中学、鱼洞四小、鱼洞中学、鱼洞二小等校先后共选派优秀教师8人次赴国（境）外教学和传播中国文化。9月，巴南区作为全市唯一区（县）、清华中学作为唯一非直属学校代表参加国家汉语办组织的纪念孔子学院（课堂）10周年重庆地区系列庆祝活动并做交流发言。全年先后接待10多个国家和地区参加“汉语桥”等“汉推”活动来访人员110人次。清华中学首次招收日本、泰国自费留学生2人，并入选中美“千校携手”项目中国首批100所学校，校长邓朝阳和副校长张礼作为重庆学校代表赴上海参加“中国·北美国际教育论坛”。12月，全善学校教师王颖作为重庆市教师代表在海南省与全国各地含港澳台地区及新加坡等国400多名教师出席“华夏园丁大联欢”活动，共同研讨交流当今华人教育；区教委和清华中学共同承办中美“千校携手”项目西南及西北地区首批项目学校培训工作会，教育部、市教委及西北五省教委（教育厅）等领导和70多所学校120余名代表出席。

教 育 科 研

【概况】 全区教育科研工作由区教科所指导、协调、服务和管理。区教科所内设行政办公室、中学教研室、小学教研室、科研部；有中小学各学科教研员23名。区教科所在区教委的领导和指导下履行“研究、指导、服务、管理”职能，促进“卓越课堂”五年行动计划的全面推进和教育教学质量稳步提高，在全区教育教学改革发展中发挥引领作用。区教科所不断创新科研管理和指导模式，以课题科学研究提升全区教师队伍的专业化素质，推动全区教育教学改革向纵深发展。

【教育科研改革创新】 为了提高教育科研在教育教学实践中的实效性，以提高课堂质量为中心，继续坚持“大课题引领，小课题深做”的科研策略，进一步完善“集中开题，分别指导，过程监控”的课题管理模式，严把科研课题结题评审关，建立结题材料初检制度，拟定“结题材料初检情况记载表”，对结题材料的规范性、完整性、丰富性、价值性等制定明确标准。全区形成“校校有课题，人人有机会”的良好局面，教育科研与实践结合越来越紧密，部分教育科研成果得到推广，全区高初中教育教学质量得到稳步提高，有力地推动城乡教育的均衡发展。

【科研课题成绩突出】 全区科研课题立项54个（其中：市级规划课题立项3个，区科委立项8个，区教规办2014年度“十二五规划课题”立项43个），顺利结题30项。全区中小学幼儿园小专题立项共计396个，比上年增长45%。重庆市实验中学承担的国家级课题“科技教育特色学校建设研究”顺利结题，受到国家教规办和市教规办的好评。区教师进修学校副校长胡忠于承担的“普高新课程实验区级教研指导与管理研究”课题，总结出一套“可操作，有实效”的区级教研指导与管理的策略，并出版专著《教研与反思》；清华中学化学教师文继明承担的市教育学会课题“高中化学趣味性学习资源的开发与应用研究”，已经被其他区（县）多所学校借鉴和运用，受到市教育学会和市教科院领导高度赞赏。教师论文参加市第十届基础教育课程改革征文活动，800余篇获奖（其中：100多篇获一等奖），远远超出其他区（县）获奖数量。参加市第十一届基础教育课程改革征文活动，873篇获奖。巴南区组织的以“立德树人·共筑梦想”为主题的征文活动，评出一等奖33篇，二等奖70篇，三等奖100篇。

教 师 培 训

【概况】 全区教育系统干部教师培训按照区教委《关于开展2014年干部教师培训工作的通知》要求开展，由区教师进修学校具体负责组织实施。培训形式包括：国家级培训、市级培训、区级培训、校本培训、名师名校长工作室、指导教师自助研修等形式。全年实施培训项目共计34个，培训干部教师3638人次（其中：培训干部823人，培训教师2815人次）。区教师进修学校精心组织，

2014年4月26日，巴南区举办科技模型竞赛和师生科技作品展示交流评选活动

加强培训管理，优化培训方案，创新培训内容和形式，注重培训的针对性和实效性，形成巴南干部教师培训工作特色。

【市区培训项目】 共组织实施市、区培训项目24个，参培教师750人次（含民办幼儿园100余人）。每个培训项目实施前组织调研，撰写实施方案和工作方案，然后确定培训内容，再组织实施。由于培训项目管理到位、措施有效，成果良好，市国培办专门为巴南区培训工作印发《简报》报道。区内培训项目：校级干部提高培训一期、40天，培训78人；督学干部培训一期、10天，培训43人；德育干部培训一期、10天，培训100人；班主任培训一期、10天，培训100人；教育督导员培训一期、2天，培训101人；安全管理干部教师培训一期、1天，培训100人；幼儿园青年教师培训一期、3天，培训120人；专业教师培训五期、每期培训5天，培训440人；组织人事干部培训一期、2天，培训100人；工会干部培训一期、1天，培训98人；成人社区教育干部培训一期、5天，培训70人；成人社区教育教师培训一期、2天，培训50人；学校教学设备管理干部培训一期、2天，培训97人；幼儿园基础信息系统培训一期1天，培训175人；中职学籍管理培训一期、2天，培训35人；学校食堂管理人员培训一期、2天，培训230人；学校卫生工作管理人员技能培训一期、2天，培训97人；德育干部培训一期、10天。培训96人；小学语文教师培训一期、10天，培训200人；小学数学教师培训一期、10天，培训200人；初中语文教师培训培训一期、10天，培训92人，初中数学教师培训一期、10天，培训104人；初中英语教师培训一期、10天，培训62人；中小学体育教师培训一期、10天，培训100人。

【培训资源利用】 区级教师培训工作以建立专家资源库、课程资源库和基地资源建设为基础。"专家资源库"是从市内高校和教育研究机构选聘高水平专家、在区内选聘具有一定理论水平的领导和中小学校长、从区内中小学选聘具有影响力的骨干教师和教学能手以及特级教师三方面组建，发挥支撑作用；"课程资源库"主要是依托教育部"全国中小学教师继续教育网"，从全区教师培训工作的需要择优选用优质课程资源，作为培训范本；"基地资源建设"主要是以重庆市实验中学、重庆市清华中学、重庆市巴南中学、渝南田家炳中学、鱼洞二小、鱼洞四小、清华小学、界石小学、巴南实验中学、石滩小学等区内重点中小学作为教师培训的基地学校，充分利用其优质培训资源为全区教师培训服务。

（贾翱翔）

巴南区教育考试中心

【概况】 巴南区教育考试中心内设1室2科（办公室、高校入学考试科、自学考试科）；在编在职干部职工10人。主要职能职责：负责普通高校招生考试，成人高校招生考试，高等教育自学考试，英语等级考试二级（PETS－2）听力考试。

2014年，共组织各类国家级考试7次（其中：普通高校招生考试1次，成人高校招生考试1次，高等教育自学考试3次，英语听力考试2次）。高校考试报名（含对口高职）6316人，被各类高等院校录取5290人，录取率为87.32%；成人高校招生考试考生4453人，被各类成人高校录取3318人，录取率为74.51%；高等教育自学考试3039人，5498科，办理毕业证23人；英语等级考试二级（PETS－2）听力考试考生10785人。7次考试过程中，严格执行国家保密法规定，特别是试卷的领取和运送，有公安人员双人双岗值守，试卷进出库、交接过程严格登记，实现无缝连接。实行试卷保密室6小时监控录像回放制度，确保各项考试顺利安全进行，未出现任何差错和失密泄密情况。

【普通高校招生考试】 普通高校考试时间是在6月7～8日进行，设置考场181间，经重庆市教育考试院批准，同意巴南区设置重庆市实验中学、全善中学、清华中学、巴南中学4个考点。区教育考试中心设试卷保密室，考试期间，由公安、

2014 年，区长陈刚（左二）、副区长黄硕（左三）带队检查高考备考情况

考试中心人员双人双岗 24 小时值守，试卷出入库到各考点由公安、考试中心人员押送，确保试卷安全保密。教育考试中心派出联络员分赴各考点指导工作。按照《考务细则》的规定选聘监考员，严格执行高考回避制度，同一考场的监考员不能来自同一所学校，高三年级的教师不能当监考员，监考员实行每科考试随机轮换并由区教委同一调配。大江中学派 33 名教师到全善学校监考，鱼洞中学派 58 名教师到重庆市实验中学监考，清华中学派 25 名教师到巴南中学监考，巴南中学派 64 名教师到重庆清华中学监考，其余所需监考教师由各考点选派。2014 年，全区普通高中高考参考人数 4418 人，上线 4147 人（含体育艺术），总上线率 93.9%，比上年增长 1.4%。

【成人高校招生考试】 成人高等学校招生考试在 10 月 25～26 日进行，考试地点在重庆市实验中学、清华中学和巴南中学进行，共设置考场 151 间，其中清华中学考点设置高中起点文科考场 29 间，高中起点理科考场 41 间。重庆市实验中学考点设置高中起点理科考场 47 间。巴南中学设置高中起点文科考场 11 间，高中起点理科考场 15 间，专升本考场 8 间。共有 4453 人报考成人高校（其中：专升本 232 人，高中起点文科 1171 人，高中起点理科 3050 人），被各类成人高校录取 3318 人，录取率为 74.51%。

【高等教育自学考试】 组织高等教育自学考试 3 次。考试地点设在巴南职教中心。第一次考试在 1 月 11～12 日进行，考场 71 间，应考科数 2062 科。第二次考试在 4 月 19～20 日进行，考场 69 间，应考科数 2010 科。第三次考试在 10 月 18～19 日进行，考场 49 间，应考科数 1426 科。总报考人数 3039 人，报考科数 5498 科，办理自考毕业证 23 人。高等教育面向社会开考 58 个专业（其中：专科 26 个，本科 32 个）。

【英语等级考试二级（PETS－2）听力考试】 2014 年 3 月和 9 月各组织一次 PETS－2 听力考试，共有 10785 名考生报考，考试地点设在重庆市实验中学、清华中学、巴南中学、全善学校。考生自主决定参加考试的时间和次数，最终取考生最好的一次成绩计入高考英语成绩，分值占高考英语总成绩的 20%（即：30 分）。

【军飞民飞选苗保苗招生】 2014 年，全区在军飞选苗保苗工作中，有 31 名考生初检合格，3 名考生全面检测合格并录取；在民飞选苗保苗工作中，有 85 名考生初检合格，7 名考生全面检测合格并录取。巴南区教育考试中心荣获成都军区空军招飞中心“2014 年度招飞三等奖”。

（俞　鹏）

文化　体育　卫生

概　述

2014 年 12 月 29 日，重庆市巴南区文化广电新闻出版局正式更名为重庆市巴南区文化委员会（简称：区文化委）。内设 4 个科室，分别是办公室、文化事业科、文化产业科和新闻广电出版科（行政审批科）；核定行政编制 11 名，机关工勤编制 2 名；实有人员 13 人。下辖区文化市场行政执法大队（参公管理事业单位）、区文化馆、区图书馆和区文化遗产保护中心（文物保护管理所）等 4 个直属事业单位。

2014 年，巴南区文化事业和文化产业协调、健康、持续发展，主要呈现五大亮点：一、公共文化服务水平不断提升。建成标准化社区文化室 20 个、文化中心 198 户；“两馆一站”（文化馆、图书馆、文化站）免费开放，全年接待群众 50 余万人；开展各类群众文化活动（服务）4000 余场，培养镇街特色品牌 17 个；吸纳社会力量参与公共文化服务，组建重庆第一家专业街头文化表演团体“巴滨游艺团”。二、举办大型文化赛事活动。举办“中国第九个文化遗产日暨重庆市第五届文化遗产宣传月展演”活动，承办“重庆市第四届戏剧曲艺大赛”。三、优秀文艺作品不断涌现。东泉车灯“山娃背妈”、舞蹈“闺绣”等作品在全市获多项大奖。四、文化遗产保护成果显著。组织编印《姜家舞龙习俗》《木洞山歌传承保护初探》《木洞古镇文脉》等非遗理论书籍；修订《木洞山歌》《接龙吹打》《界石儿歌》三本特色文化教材，并发放到全区中小学校进行传承；接龙小观梆鼓舞、麻柳荷叶被列入第四批市级非遗代表性保护名录；深入推动“孔园”“听泉楼”等抗战文物修缮工程；配合南温泉、丰盛古镇等地旅游开发。五、文化产业发展迈出新步伐。牵头引进文化产业项目 2 个，协议资金 2.06 亿元，到位资金 1.4 亿元。文化产业增加值达 23.81 亿元，占 GDP 比重 5%，增长率达 60.7%，位居全市第一。

2014 年，巴南区文化广电新闻出版局被重庆市文化委员会评为“2013～2014 年度全市文化统计工作先进集体”，被重庆市人力资源和社会保障局、重庆市文化委员会评为“重庆市文化广电新闻出版系统先进集体”，被重庆市文化委员会评为“2013《重庆广播影视年鉴》编纂工作先进单位”。年末，更名为巴南区文化委员会，荣获区委、区政府“2014 年度突出贡献‘金牛奖’提名奖”（颁奖主题辞：多元投入打造全市文化新地标）。巴南区图书馆被全国文化信息资源共享工程重庆市分中心评为“2013～2014 年度重庆市文化共享工程培训考核优秀单位”。

群众文化

【节日文化活动】 元旦、春节期间，以“我们的中国梦”为主题，策划举办“我们的中国梦·迎新春美术作品展”“童心共筑中国梦·迎新年民乐音乐会”“大美巴南·我的家”第三届乡村文艺会演、“书写中国梦”巴南区春联写赠活动、“欢笑巴南·群众文艺大舞台”2013 年度总决赛、“文化大篷车”送文化下乡活动、“快乐新春·逐梦巴南”春节气球嘉年华、“欢乐元宵·情动巴南”元宵节民间民俗活动和春节电影专场放映等 10 余项群众文化活动，累计逾 150 余场次，包含文艺演出、春联写赠、民俗巡游、书画展览、民间艺术表演等内容，惠及群众 30 余万人次。

【城乡文化互动】 1～3 月、9～10 月，由市委宣传部、市文化委主办，区委宣传部、区文广新局先后承办“渝州大舞台·重庆市城乡文化互动工程暨 2014 年春（秋）季送演出进基层”活动，由区委宣传部、区文广新局主办的“文化大篷车·2014 送文化下乡”活动，深入全区 22 个镇街开展送演出、送展览、送图书、送春联等活动近 50 场次。来自市话剧团、市歌舞团、巴苑文化服务团的艺术家和文艺爱好者为城乡群众表演女声独唱“中国梦”、小品“称妈”、舞蹈“水姑娘”等讴歌时代精神、贴近群众生活的文艺佳作，惠及基层群众近 15 万人次。

2014 年 10 月 14 日，渝州大舞台走进天星寺镇

【镇街品牌扶持】 以打造“一镇街一品牌”特色文化活动为载体，培育扶持“木洞山歌”“接龙吹打”“鱼洞乱针绣”“东泉车灯”“麻柳荷叶”等镇街特色文化品牌 17 个。围绕“东泉车灯”“鱼洞乱针绣”“麻柳荷叶”等品牌打造的《山娃背妈》《闺绣》《耗子告猫》作品和舞蹈“闺绣”在重庆市第四届戏剧曲艺大赛、重庆市第六届乡村文艺会演、重庆市第四届舞蹈比赛中，荣获多项大奖。

【文化品牌锻造】 一、“欢笑巴南”群众文艺大舞台。坚持每月举办 1 场，引导基层文艺爱好者自我表演、自我展示、自我教育。全年举办 12 场，群众自编、自导、自演的百姓文艺作品达 40 余件，参演群众达 1000 余人，被大家称为“永不落幕的群众大舞台”。二、“巴地听雨”文艺鉴赏沙龙。坚持每季度举办 1 期，引导文艺骨干积极开展文艺创作、优秀作品赏析和文化交流。为了扩大鉴赏范围，“巴地听雨”文艺鉴赏沙龙首次走进校园，增进广大文艺爱好者与师生距离，将“接龙吹打”等非物质文化遗产纳入赏析范围。三、“巴人图语”市民文化知识讲座。坚持每月定期 1 场，邀请市、区名家免费讲授社会文化知识热点，打造“百姓身边的课堂”。并根据群众需求，将“巴人图语”市民文化知识讲座搬进镇街和社区。

【文艺作品创作】 全年共组织开展美术、音乐、戏剧曲艺、舞蹈、摄影创作采风活动 15 次、看稿会 23 次、作品研讨会 24 次。创作出美术作品《传递》、小品《简单与复杂》《门铃叮咚》、相声《找关系》、故事《贫二代的好姐姐》《承诺》等一批具有浓郁地方特色、民族特色和时代特色的舞台艺术精品。3 月 17 日，与区文联联合举办“‘我们的中国梦’2014·巴南区文艺创作座谈会”。会上，回顾总结 2013 年区文艺创作工作情况；明确2014年文艺创作方向；并对曹秋圃、郑彬等17名优秀群众文艺创作者进行表彰。会议要求，以“我们的中国梦”为主题，围绕“一镇街一品牌”、文化精品工程、常态性群众文化活动和重大文化赛事为重点，注重文艺创作的思想性、艺术性、群众性。

【戏剧曲艺大赛】 7月4~6日，由市文化委、中共巴南区委、区政府联合主办，市群艺馆、中共巴南区委宣传部、区文广新局承办的“‘中国梦·巴渝风’重庆市第四届戏剧曲艺大赛”在巴南区举行，来自全市33个区（县）和2所院校的57件作品参加本届大赛的决赛。巴南区选送的小品《简单与复杂》，荣获戏剧类一等奖，《门铃叮咚》获二等奖；选送的曲艺作品《找关系》，荣获曲艺类一等奖，“麻柳荷叶”《耗子告猫》获三等奖。

【镇街文化服务】 坚持对镇街文化服务中心、村（社区）文化室、学校图书室等文化干部进行业务培训和指导。推行区文化馆、区图书馆带镇街文化站服务模式，推进镇街文化站公共文化服务提档升级。全年实施区（两馆一中心）带镇街各类服务项目176项，帮助基层新建图书室5个，受惠群众达1.6万余人。并举办“巴南区戏剧曲艺（谐剧）表演培训班”“全区中小学图书管理员培训会”，开展重庆市戏剧曲艺大赛节目辅导。利用流动图书车为学校、社区、部队、福利院累计送书刊2万多册。

2014年10月，巴南区开展2014年度农家书屋管理员培训会

【老年大学辅导】 区老年艺术大学是由区文化馆主办的区级老年艺术培训学校，免费招收社会各界有文艺特长的中老年同志实施艺术教育，学员有500余人。2014年，巴南区老年艺术大学开设课程为音乐、美术、舞蹈、戏剧、曲艺、书法等多种艺术门类，全年共培训7万余人次。老年大学星光舞蹈团、星光合唱团分别担任多次下乡演出活动。区文化馆成功举办教学成果展示，集中展现文化馆免费开放服务成效。

【游艺团体监管】 2014年，成功引进西演集团，创办重庆第一家专业街头文化表演团体——重庆巴滨游艺团。同时建立观众满意度测评、志愿者督查和文化业务干部巡查为一体的三级纵向监管机制，对游艺团演员资质、节目内容质量、日常演出管理等开展横向监管，让街头演艺活动有章可循，演出内容常换常新，演出效果群众满意。

【建区20周年颁奖晚会】 12月17日晚，巴南区建区20周年重大建设成就暨建设模范颁奖晚会，在新建成的巴南区体育馆举行。区文广新局为本次晚会策划组织做了大量工作，晚会以“鼎铸辉煌”为主题，分《热血巴土》《足音铿锵》《建设之光》《为祖国放歌》四个篇章，展示巴南区建区20年来的20件重大建设成就，再现20位建设模范的先进事迹。

图书、软件、广播、电视、电影

【农家书屋建设】 全区已建成标准的农家书屋228个（其中：涉农社区书屋30个，示范农家书屋10个)。主要开展致富培训、读书辅导、送书进户等惠民活动，全年累计开展各类读书活动1100余次，接待读者40余万人次，已成为农村地区传承文化、传播科学的重要阵地。全面推广“背篼书屋”“有声书屋”服务模式，发挥农村广播与农家书屋贴近基层、贴近农民的优势，进一步盘活农村公共文化服务资源，提升农村广播、农家书屋惠民功效。

【读书活动开展】 策划和组织“倡导全民阅读·共建书香巴南”全民阅读活动，参与群众达2000余人。举办“文化巴南·全民阅读·关爱贫困学生”为主题的图书公益联展和图书捐赠活动，累计捐赠各类图书近1万册。4月，举办“4·23世界读书日”活动；5月，开展“全国公共图书馆服务宣传周”活动；7月，组织“‘阅读伴我成长’巴南区2014年书香童年阅读”活动，并参加“重庆市第六届‘红岩少年’读书活动暨网络知识竞赛”和讲故事比赛。

【读者服务拓宽】 区图书馆按照公共图书馆免费开放要求，不断提高服务质量，拓宽服务空间。一、向读者推荐新书、期刊、视听文献、优秀书籍等3800余种；二、举办报告会、讲座、展览、座谈会等活动50余场；三、开展阅读辅导、阅览服务、外借服务等工作，全年读者外借逾17万人次，年外借各类图书、文献近57万册次；四、开展文献传递与馆际互借工作，全市公共图书馆“一卡通”借阅服务运行良好；五、做好参考咨询服务，解答读者咨询4000余条，完成代检索课题140项；六、坚持二次文献及工作信息编辑工作，编印《悦阅巴图》5期。

【软件正版迎检】 4月11日，市文化委副主任雷平、市文委版权处处长左图强专程到巴南区检查指导政府机关软件正版化工作。5月22日，区政府召开“机关软件正版化整改迎检工作动员会”。区长陈刚在会上对开展政府机关软件正版化整改迎检工作做重要讲话，市文化委副主任雷平，区委常委宣传部部长夏杨松，副区长黄硕，市文化委、区政府机关、市属驻区单位的相关领导和技术人员参加会议。11月20日，国务院推进使用正版软件工作部际联系会议检查组来到巴南区，对全区政府机关单位开展软件正版化工作进行专项检查。检查组由国家机关事务管理局、国家机关政府采购中心副主任李春杰带队，财政部、国家机关事务管理局等单位人员组成。市文化委副主任雷平、巴南区副区长黄硕陪同检查。副区长黄硕就政府机关整改使用正版软件有关工作做汇报。巴南区代表重庆市迎检并通过国务院专项检查，得到市版权局高度评价并要求在全市推广。

【广电行政管理】 认真贯彻执行国家广电总局、市文化委行业管理法律法规，坚持正确舆论导向，积极推动广电公共服务创新，推进指导区广播电视台标准化创建工作。深入开展卫星电视专项整治，成功创建市级无小耳朵（非法地面接收设施）社区3个。强化广播电视广告管理，加强广告监听监看，不断提高巴南区广播电视节目质量。

【广电安全播出】 全面完成国家、市部署的广播电视安全播出任务，并加强督促检查。重点围绕全国、全市“两会”，元旦、春节等重要时节安全保障期、重点时段、重要部位进行安全隐患排查。与播出、传输单位签订安全播出责任书，确保全年广播电视播出“零”事故。

【农村广电维护】 继续巩固和完善广播电视村村通工程，向区财政争取专项运行维护管理资金93万元，保障农村综合广播信息系统的运行管理及广播设备维修和线路维护，确保“长期通、优质通”。利用农村广播开展政策宣传、灾害预防等各类宣传1.57万余次，将其打造成为基层政策宣传、知识传播、突发事件预警的重要平台。

【数字电影惠民】 深入推进农村电影放映惠民工程，组织20多支放映队深入全区198个行政村、92个社区、93所中小学放映爱国主义和优秀主旋律影片公益电影3833场，观影群众近30万人。开展“百场电影进社区”“‘光影见证·辉煌成就’—庆祝新中国成立65周年暨全国第十三届‘五个一工程’获奖电影巴南区展映活动”等活动。

文化遗产保护

【特色文化教材培训】 9 月 24～26 日，为加强特色文化教材校园传承力度，进一步做好巴南区特色文化教材进课堂活动，分别在界石镇、木洞镇、接龙镇举办“巴南区特色文化教材培训班”，全区 60 所中小学教师参加培训。培训会通过观摩教学示范课、研讨活动、教材培训、传承人现场展示等生动多样的形式，帮助全区广大教师更好地掌握和使用《界石儿歌》《木洞山歌》《接龙吹打》等特色文化教材。

【文化艺术之乡申报】 “中国民间文化艺术之乡”是 1987 年文化部为传承和弘扬我国优秀民间文化艺术、丰富广大人民群众精神文化生活而设立的文化品牌项目。自 2008 年起，由文化部组织，每三年评选一次。“接龙吹打”是国家级非物质文化遗产项目，接龙镇再次申报“2014～2016 年度中国民间文化艺术之乡”，待文化部批文。

【非遗名录传承人申报】 12 月，巴南区接龙“小观梆鼓舞”“麻柳荷叶”被列入重庆市第四批非物质文化遗产项目代表性保护名录。鱼洞乱针绣传承人柳瑞平、麻柳荷叶传承人李明和姜家舞龙习俗传承人朱学普，被列入重庆市第四批非物质文化遗产项目代表性传承人名单。截至年底，巴南区已拥有国家级名录 2 个，市级名录 11 个，成功申报国家级非遗传承人 3 名，市级非遗传承人 24 名，公布区级传承人 49 名，位居重庆市前列。

【非遗传承教育基地】 凭借“木洞山歌”“姜家舞龙”习俗非遗项目在校园传承起到的示范、带头作用。2014 年 12 月，木洞中学、姜家小学荣获“重庆市第二批非物质文化遗产传承教育示范基地”称号。自 2012 年启动重庆市非物质文化遗产传承教育基地创建工作以来，巴南区现有 4 所学校获得该项称号。

【文化遗产活动承办】 6 月 14 日，是中国第九个文化遗产日。由市文化委、市文明办、市民政局、区政府共同主办，市文物局、市非遗中心、区文广新局承办“‘文化遗产保护与城镇化同行’中国第九个‘文化遗产日’暨重庆市第五届‘文化遗产宣传月’”展演活动在巴南区人民广场隆重举行。活动当天，开展丰富多彩的文化遗产知识宣传、图片展览、技艺展示、文艺演出等系列活动。市人大常委会副主任沈金强、副市长谭家玲，市委宣传部、市人大教科文卫委、市政协科教文卫体委、市文化委、市民政局、巴南区四大家领导出席活动，市内 38 个区（县）代表队参加活动。

【阴沉木及抗战文物征集】 1 月 24 日，在鱼洞街道大中村四社大溪口河道处征集一棵 11 米长阴沉木；5 月 13～14 日，在木洞镇征集一批阴沉木。征集的阴沉木由区文管所保管，暂存于南泉街道“彭氏民居”内，待区博物馆建成后供市民免费参观。11 月 6 日，区文物保护管理所接受鱼洞街道天明村十四社村民万先成、彭官文夫妇捐赠“民国三十一年尹国芳乐捐钱物收据”一件。该文物为皮纸、长方形，长 16 厘米 、宽 6 厘米，发黄多皱褶。格式油印乐捐寒衣费收据，铅笔填写，内容为民国 31 年（1942 年）尹国芳（万先成母亲）捐钱物后由巴县界石乡中心小学校长张思化给出的收据。是当时抗战宣传深入民间、深得人心的实物见证。

【抗战旧址文物修缮】 为了保护全国重点文物“南泉抗战旧址群”中的孔祥熙官邸（孔园）、听泉楼，由重庆红岩精神研究会厉华工作室承担展览设计策划，该展览设计方案征集的史料翔实、图片丰富，采取传统的布展方式结合先进的声光电科技手段，全面展示孔祥熙、林森两位民国时期著名人物及相关史实。修缮工程通过公开招投标由上海建筑装饰集团第一工程合作公司承建，10 月底至 12 月中旬，听泉楼、孔园 2 项国家级文物保护单位修缮工程先后开工。

【盗掘古墓案件破获】 7月7日晚，石滩镇方斗村方斗山组何家岗村民何德一老屋后的一座古墓被盗掘。区文化委接报后立即组织区文化遗产保护中心（文物保护管理所）、区文化市场行政执法大队人员会同石滩镇派出所办案民警赶赴现场调查，初步认定被盗墓葬属文物点“何家岗墓群”其中一座清朝晚期墓葬。7月18～29日，犯罪嫌疑人张某某、田某某、陈某某、杨某某、袁某某先后被区公安分局土桥派出所抓获。7月25日，经重庆市文物鉴定组专家刘豫川、杨成茂、白九江鉴定，被盗掘墓葬为清朝墓葬，属于《中华人民共和国文物保护法》保护的古墓葬范畴。

【地下重点文物控制带划定】 7月，为了保存巴南区地下文物的现状和文物资源开发利用，结合历年开展的文物调查和考古发掘工作，与市文化遗产研究院联合召开专题会议，研究划定5处重点地下文物控制带。一、位于花溪街道沿江及支流区域的窑堡墓地“蒋家湾崖墓群”控制带，主要分布有旧石器时代石器采集点、新石器至商周时期遗址，汉至六朝遗址与墓葬。二、位于木洞镇、双河口镇、麻柳嘴镇沿江地带的洞堡石室墓群“梓橦窑遗址”控制带，主要分布有大量汉至六朝、唐宋、明清时期遗址与墓葬。三、位于石滩镇、石龙镇山间地带的岩洞扁岩墓群“七树扁崖墓群”控制带，主要分布有大量汉至六朝时期崖墓及明清时期墓葬。四、位于姜家镇以东地区的长瓷垭口窑址“泡通炼铁遗址”控制带，主要分布有宋代涂山窑址和清代炼铁遗址。五、位于姜家镇的铁瓦寨“铜鼓坪寨”控制带，主要分布有大量山寨遗址。通过这次重点地下文物控制带专项规划工作，区内现存的各个历史时期的文物将得到更好的保护和利用。

【第三批中国传统村落名录认定】 11月17日，经国家传统村落保护发展专家委员会评审认定，住房城乡建设部、文化部、文物局、财政部、国土资源部、农业部、旅游局公布第三批中国传统村落名录，丰盛镇桥上村列入该名录。

【第一次全国可移动文物普查】 7～12月，区文化遗产保护中心在巴南区第一次全国可移动文物普查中，同步推进数据采集、文物档案建立和文物修复。陆续在文物库房清理出旧藏的一批陶瓷器残件、残片，已修复陶瓷器150件/套。其中，复原1件东汉灰陶甗，做工精致细腻、夔纹装饰精美，在巴南区属首见，本市亦属罕见器物。9～10月，为顺利推进可移动文物普查工作，先后聘请国家级专家黄万波，市级专家王川平、杨成茂、柳春鸣、魏光飚等对化石、石器、书画类文物进行筛选、认定，剔除明显不符合此次普查认定标准的文物，并对命名标准化提出改进意见，严把上传信息质量关。截至12月31日，区位列全市藏品登录进度第7位；在全市166个收藏单位中，巴南区文物保护管理所藏品登录总数进入前10位。

文化交流与合作

【台湾灯会交流】 2月18～23日，应台湾地区南投县政府邀请，区政协副主席付星群率队木洞镇、接龙镇非遗传承人等组成的巴南区文化交流团一行12人参加“2014·台湾灯会”，并开展文化交流。期间，巴南区文化交流团先后在台北、台中、南投等地表演“木洞山歌”“接龙吹打”等节目，深受台湾同胞喜爱和欢迎。巴南文化交流团的表演，向台湾省同胞展示和推介巴南深厚的文化底蕴和广阔的发展前景，进一步深化重庆市巴南与台湾省南投县两地文化交流合作。

【外地考察学习】 10月27～30日，为深入贯彻党的十八届三中全会提出的文化体制机制改革创新，大力实施巴南区开展的“六大文化工程”，学习借鉴外地先进经验。区委宣传部部长夏杨松带队前往江苏省无锡、苏州和文化部考察学习先进经验，为完成区文广新局与市社科院联合调研课题《关于巴南区政府购买公共文化产品和服务的实施办法》搜集整理素材。

【小品展演获奖】 11月6日，在中国文联、中国戏剧家协会、张家港市人民政府联合主办的“首届长江流域小戏小品展演”活动中，巴南区文化馆选送的小品“简单与复杂”被组委会评为“优秀推荐剧目奖”。

【西演集团合作】 6月28日，由重庆西演集团创办的“重庆巴滨游艺团”注册成立。来自美国、法国、韩国、南非等国家和地区以及重庆的青年艺术工作者在龙洲湾“商街”进行首场表演。区委书记李建春，区委宣传部部长夏杨松，重庆西演集团董事长杨帆出席“巴滨游艺团”成立启动暨首场表演仪式，夏杨松和杨帆共同向“巴滨游艺团”授牌，受到广大观众的热烈欢迎。巴滨游艺团先后在区人民广场、龙洲湾商街、李家沱都和广场、巴文化电影公园、鱼洞商社汇等公园、广场、街区开展歌舞演艺、器乐、魔术、绘画、活体雕塑等街头文化活动56场，为巴南城市文化建设注入新的活力。

2014年4月，西演集团入驻巴南区论证会

文化产业

【珠江欢乐园项目开工】 由重庆珠江欢乐园文化科技投资有限公司投资建设的“珠江欢乐园”项目位于巴滨路李家沱段，占地面积约26.67公顷；建设内容包括：主题公园设备、主题公园配套商业、配套建筑等，建成集游、购、娱、吃、住、行为一体的AAAAA级高科技旅游综合体验园区。2014年间，主要开展项目方案设计、规划调整等建设前期工作。12月29日，“珠江欢乐园”项目举行开工仪式，区委、区政府领导及市旅游局、市文化委领导参加开工活动。

【汉海海洋公园项目开工】 由新加坡尧泰投资集团投资建设的“重庆汉海海洋公园”项目原选址位于李家沱长江大桥下，由于项目功能增加，建设地址调整至龙洲湾B区通江广场内，项目计划总投资约18亿元，占地面积约14公顷，总建筑规模约4.26万平方米；建设内容包括：动物表演馆、极地动物馆、大洋生物馆、热带雨林馆等海洋主体公园及家庭酒店、主题酒店等。2014年3月20日，“重庆汉海海洋公园”项目正式签约入驻，区委、区政府主要领导出席签约仪式。12月17日，项目举行开工仪式，区委、区政府领导及市文化委、市旅游局、市市政园林局领导参加开工活动。

【文化产业数字出版统计】 2014年初，以第三次全国经济普查为契机，组织开展全区文化企业普查工作，根据普查要求完成统计工作任务。经市级、国家统计部门认定和核算，全面掌握巴南区文化产业数量、类型、规模、效益等情况。10～11月，开展大型文化企业统计申报入库工作，组织西演集团、希界维影城2家企业成功升级为规模以上企业。11～12月，按照市文化委统一部署，开展全区数字出版统计工作，高质高效地完成统计任务。

【文化专业招商小组成立】 按照上级统一部署，于2014年3月成立“文化专业招商小组”，区委、区政府分管领导任组长，区文广新局为牵头责任单位，区委宣传部、区投促办为成员单位，并制定招商引资工作方案，编写文化招商分析报告。牵头引进“西演集团”“希腊神话娱乐会所”2

个文化专业项目，协议投入资金2.06亿元，落地资金1.47亿元，完成招商引资目标任务。完成“彭氏民居”开发利用项目策划，牵头对接“华夏神园”“西部影都”2个大型文化招商项目。联合渝兴公司引进区文化中心合作建设单位中国能源建设集团，配合引进“龙舞剧院”项目。

【文化产业建设项目推进】　依托“孔园”“听泉楼”两处国家级抗战文物，委托专业机构策划“国民政府在重庆巴南景区”抗战遗址旅游文化项目。积极推进“西演集团”打造巴文化电影公园项目，实施公园内文化功能改造和景观美化；开展街头演艺、“缘梦工坊”微电影拍摄、非遗小铺等特色项目，并开展电影实景剧策划筹备工作。指导促进丰盛古镇开街工作，完成古镇“十全堂”“禹王宫”及四大场口建设，积极筹备古镇民办博物馆项目，打造古镇文化核心。跟踪服务重庆文化艺术职业学院新校区建设，并邀请市文化委现场调研，加快项目建设进度。

【文化企业发展指导服务】　组织筹建“巴南区文化企业重点项目库”，跟踪服务重点项目和重点文化企业发展。组织“珠江实业”“名都丰盛”等企业申报国家文化产业重点项目和专项资金，推荐“赛英思实业”申报市级文化产业示范园区，并推荐10余家企业申报市文化委成长型文化企业培育计划。结合党的群众路线教育实践活动，4月，组织专业人员两次开展文化创意微型企业的入户调研工作，为文化企业发展排忧解难。

文化市场

【文化市场行政执法】　12月底，全区文化市场共有565家，其中，歌舞娱乐场所118家、电子游戏场所63家、网吧130家、印刷业75家、复打印102家、书店74家、电影院3家，电影放映经营企业4家。一、区文化执法大队加大日常巡查力度，对文化市场实行分组分片巡查的同时，大力开展错时执法、突击检查、交叉执法，切实做到关口前移、工作下沉。全年共出动执法人员7773人次，检查文化场所2126家次。二、加强网上监管，充分发挥文化市场监控平台的监督作用，减少违规经营行为。全年利用文化市场监控平台纠正网吧轻微违规行为为300多家次。三、完善镇街联合巡查制度，免费为镇街制发各种巡查簿册，促进镇街文化市场有序经营。四、加大业主教育培训力度，全年组织网吧、歌舞、电游、印刷等场所业主召开文化法制和安全教育培训会议5次，培训文化业主1500余人次。五、加强法制宣传，结合“保护知识产权宣传周”“平安巴南建设宣传月”“消防宣传周”等活动，采取法制“十进”方式加大文化法制宣传力度，全年共发放各类法制宣传资料3000余份。六、加强举报查处，加大举报电话“12318”“12390”的宣传力度，引导群众积极举报违法违规行为，并及时依法查处，规范市场秩序。

【“扫黄打非”成效凸显】　在区委、区政府和区“扫黄打非”工作领导小组的领导下，区文化市场行政执法大队牵头，配合区公安、工商、综治、市政、环保等相关职能部门，在全区深入开展“净网”“清源”“秋风”“护苗”“平安”等综合执法行动。通过高压打击、有效震慑，减少违法违规行为，净化社会文化环境，推动文化市场的健康繁荣。全年共立案查处文化行政案件12件，收缴行政罚款4.25万元；收缴非法出版物898册（份）；取缔无证电子游戏娱乐场所3家，没收儿童弹珠机、拍拍乐、动物滚滚球、大鱼吃小鱼等游戏机15台，没收违法收入7602元；收缴非法地面卫星接收设备12套；吊销网吧“网络文化经营许可证”1家。全区文化市场无责任安全事故，无行政投诉和行政复议行为。

【文化市场行政审批】　本着“公平、公开、公正、便民”的原则，严格依法依章开展文化市场行政审批工作，文化市场行政审批限时办结率为100%，没有行政复议案件发生。全年共勘验场地26次，共办理行政审批、备案及年度核验594件。其中：年度核验475家；网吧变更有9家、吊销3家；歌舞娱乐场所新办4家、变更13家；游戏娱乐场所变更2家；印刷企业新办3家、变更3家；复打印新办9家、注销18家；出版物报刊零售新办12家；内部非连续出版物准印许可63件。

文化设施

【区文化中心在建】 巴南区文化中心项目位于巴南区龙洲湾新区A区M25－5/01地块，总用地面积2万平方米，由重庆市渝兴建设投资有限公司负责工程建设。截至年底，区文化中心项目完成基础工程、图书馆地下部分及地上2层框架结构。

【社区文化室建设】 按照市文化委、市财政局《关于实施社区文化室建设的通知》精神，拟定巴南区《关于开展社区文化活动室建设工作的通知》及《社区文化活动室建设标准》，遵循分期分批建设原则，推进全区社区文化室标准化建设。总投入近500万元，先后建成鱼洞街道万泉街社区文化室、石洋街社区文化室等20个标准化社区文化室，总建筑面积4168平方米。各社区均建有多功能厅、图书阅览室、电子阅览室（共享工程基层服务点）、办公室（综合用房）、室外广场和宣传栏等场地设施，社区总服务人口近20万人。于11月顺利通过市检查组的验收。

【文化中心户建设】 按照全市统一要求，结合巴南区实际情况，开展标准化文化中心户建设工作。区、镇街两级财政累计投入150万元，建成标准化文化中心户198户，实现标准化文化中心户全区行政村全覆盖。

【设备采购与配送】 2014年，为全区部分镇街和社区采购配送电脑334台、电子书220万册、图书3.54万册、共享工程服务器及投影仪28套，书架、期刊架、报架、阅览桌椅、电钢琴、电子琴、便携式移动音响、相机、展架等系列群众文化活动设备，总价值近530万元。近年来，累计为全区22个镇街、81个社区和198个村配送总价值2000余万元的群众文化活动设备，有力地促进全区群众文化活动的蓬勃开展。

【管理平台软件安装】 按照文化部及市文化委要求，全面对镇街和社区公共电子阅览室进行管理平台软件安装，累计安装管理平台软件766套。改变对电子阅览室运行和服务传统的监督管理模式，实现远程化、现代化监督与管理，有利于各电子阅览室不断提升和改善服务质量，保障广大群众的基本文化权益。

【“一卡通”通借通还】 2014年，巴南区被纳入全市稳步推进区域内中文图书“一卡通”通借通还服务向有条件的镇街延伸试点区县。按照重庆文化委员会《关于印发2014年公共文化服务创新工作方案的通知》要求，巴南区启动全区20个镇街图书馆分馆及中文图书通借通还“一卡通”建设工作。截至年底，全区已完成“一卡通”平台软件采购和鱼洞街道等14个镇街的图书数据加工工作。20个镇街图书分馆的建成和“一卡通”的开通，将为广大市民就近享受优质、便捷、无差别和均等化的公共图书馆免费借阅服务提供便捷条件。

2014年11月，界石镇桂花社区文化室图书借阅室

【中心平台试运行】　12 月，巴南区电子书屋中心平台正式上线试运行。巴南区电子书屋建设是区第十七届一次人代会确定的 4 件重点议案之一（27 号），是巴南区“六大文化工程”重点文化项目。历经考察、多方论证，2014 年巴南区电子书屋中心平台完成硬件及机房建设、软件（网站）建设、网络采购、数据资源采购等系列工作。现正在进行 APP 平台和 IPTV 数字电子平台建设。该项目采用先进的技术和设计理念，与巴南区党建红云、中小学远程教育网等单位共建共享，为区内政府机关、企事业单位、学校和市民提供免费服务。

【文化共享工程服务】　新建文化信息资源共享工程基层服务点 2 个（武警重庆七支队九中队、重庆市第二社会福利院服务点），并配送电脑、投影仪、图书等设备设施，为驻区部队官兵的文化共享和满足社会特殊群体和弱势群体的文化需求，提供优质服务。区文广新局利用文化信息资源共享工程，组织“青少年电子书设计比赛”“农村种养殖技术知识讲座”“农民工技能提升培训班”“巴图 · 共享工程影视 Salon”“‘圆梦 · 共享阳光’艺术课堂”等特色化、个性化的品牌服务活动。全年文化信息资源共享工程服务群众逾 5 万人次。

【公共文化物联网试点】　8 月，巴南区公共文化服务物联网试点工作启动。该网围绕“你点我送，互联互通，政府购买，社会参与”的试点目标，按照“招队伍、不招场次”原则，招募市、区级专业院团 4 支、区（县）级演出团队 1 支、业余文艺展演团队 18 支，文化志愿者 90 余人，建成演出、讲座、培训和展览 4 个资源库。12 月，重庆市公共文化物联网巴南分中心上线试运行，在龙洲湾、鱼洞、李家沱、花溪 4 个街道和龙海、乌洋街 2 个社区共计 6 个基层服务点开展配送服务试点工作。

【公共文化免费开放】　积极开展群众文化活动、书报刊借阅、文化信息共享服务、知识讲座、实用技术培训、科技进步辅导等公共文化设施和单位免费开放。区图书馆年总流通达 41 万人次，年外借近 46 万册次，年举办讲座培训等读者活动达 50 场/次以上。区文化馆年服务群众达 50 余万人次，举办展演及大型活动 40 余场次，组织创作各类文艺作品 200 余件，全年开展各类培训累计 7 万余人次。镇街文化站全年开展活动达 23 万余人次，年外借图书逾 2.8 万册次，举办群众文化活动 145 场，展览 56 场次，免费讲座培训 182 场，培训达 1.35 万人次，文化专干开展各种辅导指导 2890 次。3 月，市文化委和市财政局联合下发《关于 2013 年“两馆一站”免费开放绩效评价等次结果的通报》，区图书馆和区文化馆被评为三等，花溪街道等 5 个综合文化站（中心）被评为一等，鱼洞街道等 10 个综合文化站（中心）被评为二等，石龙镇等 7 个综合文化站（中心）被评为三等。

（吴文静　陈　理　牟俊宇　刘　程　代　源　赵昌松　邹　毅　王功梅　孙　喜　傅小裴　陶　野）

2014 年 2 月，巴南区“两馆一站”免费开放

巴南区广播电视台

【概况】 2014 年，重庆市巴南区广播电视台（简称：区广播电视台）坚持“导向立台、新闻强台、效益固台、改革兴台”的发展思路，团结进取，务实奉献，全年共制播《巴南新闻》《民生巴南》等新闻节目 463 期 3582 条；开辟“群众路线教育实践活动”等专栏 28 个，推出主题报道 600 多条；结合民意主题宣传，制播《民生故事汇》，结合建区 20 周年，制播专题片《鼎铸辉煌》；推出《休闲之旅》《安全与生活》等新栏目；全年共制播各类专题 629 期。组织了少儿才艺大赛、诗词小英雄朗诵大赛、庆祝建区 20 周年广场舞大赛等一系列有影响力的活动。全年有 11 条新闻在中央电视台播出，396.5 条稿件在重庆电视台各档新闻栏目中播出，列全市第 7 名。两次被重庆电视台评为唯一的月度优秀合作单位。成立新媒体组，将广播、电视、网站、微博、微信宣传融合起来；在西部区县电视台率先引进第三方收视率调查，优化频道频率栏目考核机制；完成安全播出系统与制播系统方案、频道频率定位方案。广电中心建设完成主体工程 10%。2014 年，区广播电视台分别荣获重庆广播电视集团（总台）“知识产权保护先进集体一等奖”“电视节目交流先进集体一等奖”“内容生产合作先进集体一等奖”。

2014 年 11 月，巴南区广播电视台与重庆邮电大学签订实习基地协议

【对内播放正能量】 2014 年，区广播电视台共制播《巴南新闻》《民生巴南》《一周要闻》等新闻节目 463 期 3582 条。开辟“群众路线教育实践活动”“依法治国”“建区 20 年 · 巴南大发展 ”“大善大美 · 魅力巴南”“平安大善 · 幸福家园”等 28 个专栏，推出主题报道 600 多条。加大重大事件宣传组织协调，做好党代会、“两会”等重大会议报道，策划《记者跑“两会”》专栏，并首次在“两会”现场通过现场连线方式进行直播。结合主题宣传精心制播专题，结合民意主题宣传，制播《民生故事汇》；结合建区 20 周年，集全台之力制播专题片《鼎铸辉煌》。

【对外宣传新巴南】 2014 年，区广播电视台高度重视外宣工作。全年有《立榜弘扬美德 践行核心价值观》等 11 条新闻在中央电视台播出。其中，《重庆：听从民意整改 让群众得实惠》在《新闻联播》中播出——采访区委书记李建春谈党的群众路线教育实践活动的做法。《巴南：细化个体转企扶持政策》等 396.5 条稿件在重庆电视台各档新闻栏目中播出，列全市第 7 名。在 39 个区县台中，两次被重庆电视台评为唯一的月度优秀合作单位，得到区委书记李建春的书面批示肯定。10 月，在市台新闻上稿量列全市第二名，在《重庆新闻联播》上稿 18.5 条，列全市第一名。

【专题栏目接地气】 2014 年，区广播电视台精心策划摄制专题栏目。在打造《凡人小事》《今日巴南》等传统品牌栏目的基础上，继续做好《影视新干线》《消防连万家》《科普大篷车》等栏目，推出《休闲之旅》与《安全与生活》两档全新栏目。其中，《休闲之旅》是一档反映巴南旅游的专题栏目，该栏目以巴南旅游资源为依托，介绍巴南的人文景观和旅游服务项目，让人们更加清楚地了解巴南；《安全与生活》是一档介绍工作与生活中安全事项的栏目。11 档专题栏目全方位展现巴南的人文、经济及社会面貌，受到广大观众的喜爱和好评。

【媒体融合促发展】 2014 年，区广播电视台大力开展广播电视与新媒体融合工作，成立新媒体组，将广播、电视、网站、微博、微信宣传融合起来。8 月，区广播电视台官方微博、微信正式启动。截至年末，共发布微博 1600 多条，其中被市级官方微博、个人认证大 V 转发 100 余条，微博粉丝也从 8 月份的 200 多名增加到近 1000 名；微信发布 153 组共计 460 多条，粉丝从启动之初的 60 多名增加到 300 多名。区广播电视台网站点击率从年初每周 1 万多次增加到 5 万多次，网站全年浏览量为 289. 17 万次，其中视频最高点播次数为 869 次，音频最高点播次数为 497 次。

【开门办台贴民心】 2014 年，区广播电视台提出“开放办台、开门办台”的理念，以节目化、活动化、互动化为思路，举办少儿才艺大赛、诗词朗诵小英雄、歌王争霸赛、庆祝建区 20 周年首届广场舞电视大赛等一系列群众喜闻乐见的活动，吸引上万名群众直接参加，推动频道、栏目收视率及网站点击率的提高，不断扩大区广播电视台在人民群众中的影响力和感染力。

【电台发出好声音】 2014 年，区人民广播电台调频 104. 5 共开设有 13 档栏目。有 8 档自制类栏目：《巴南新闻》《一周要闻》《新农村》《1045 爱生活》《开心茶馆》《茶馆龙门阵》《音乐随身听》《消防连万家》。其中《开心茶馆》《茶馆龙门阵》《音乐随身听》为直播栏目，其余栏目为录播栏目。制播类节目全年共播出 1426 期，其中《巴南新闻》全年共计播出 262 期，《一周要闻》全年共计播出 52 期，《新农村》全年共播出 165 期，《开心茶馆》全年共播出 265 期，《茶馆龙门阵》共计播出 49 期，《音乐随身听》全年共播出 261 期，《1045 爱生活》全年共播出 346 期，《消防连万家》26 期。同时还有 5 档编播类节目：《爱车天天汇》《黄金剧场》《华语音乐流行榜》《华语民歌榜》《FM 中国好声音》。直播 + 录播 + 转播栏目的组合形式，丰富多彩的栏目内容，发出好声音，滋润广大听众心田。

（邓　涛）

巴南日报社

【概况】 重庆市巴南区巴南日报社（简称：区报社）内设机构 5 个（记者部、通联部、总编室、新媒体部、办公室），2014 年年末，在编记者、编辑人员 17 名，聘用记者、工勤人员 14 名。

2014 年，区报社始终坚持“传递党政之声，服务基层群众”的宗旨，围绕中心，服务大局，按照“政治强、业务精、作风硬、纪律严”的要求，圆满完成《巴南日报》《巴南日报数字报》《巴南手机报》、巴南网、新闻 APP 的采访、编辑、排版、校对、发行（发送）任务。截至 12 月 30 日，《巴南日报》已出版 1259 期，期发行量 2. 3 万份，在“民测民调”期间，《巴南日报》发行量达 10 万份。12 月 22 日，“看巴南”新闻 APP 正式上线。在全社干部职工的共同努力下，“三报一网”新闻宣传质量和水平得到不断提高。1 月，获评重庆市文化委员会“2013 年度重庆市优秀区县报”。

【围绕中心突出主题】 一、围绕大局，主题报道再提升。围绕区委、区政府的中心工作，做好深化“四区一基地”“大善大美巴南”建设宣传。先后推出“2014 年开门有喜 · 瞭望经济主战场”“聚焦 2014 巴南春季购物美食消费节”“巴南经济新亮点”“聚焦渝洽会”“东盟家博盛夏来袭”“走四区一基地，看改革发展新颜”等专栏，刊发稿件 620 余篇，反映巴南经济发展新貌。刊发建设“四区一基地”系列评论、发展旅游商贸业系列评论、“三养”产业系列解读、“两违”整治系列评论共计 28 篇，为区委、区政府决策提供参考。其中“两违”评论受到区政府主要领导的好评。围绕全党全国全市重大事件、重点战略、重要精神，做好科学发展的报道。先后围绕“中国梦”的宣传、习近平系列讲话精神、党的十八届四中、五中全会、全市五大功能分区等重大会议和重要部署，推出“聚焦全国‘两会’”“聚焦重庆‘两会’”“聚焦巴南‘两会’”“全民深化改革进行时”等栏目，及时传递党政之声。二、深入挖掘，典型报道更突出。围绕党的群众路线教育实践活动，推出“贯彻群众路线，办好民生实事”“群众路线教育实践活动，整改进行时”专版，以及“为民、务实、清廉”专栏，群众路线、双走服务周、党的群众路线教育实践活动大家谈等言论栏目，全景式、鸟瞰式地报道全区在教育实践活动中取得的成绩、经验和对群众的承诺。围绕“中国梦”推出典型。推出“圆梦巴南十大励志人物”“身边好干部”“时代先锋”“我是共产党员”等栏目，报道了毛佳强、刘顺友等40多位基层干部、普通群众践行“中国梦”的事迹。深度挖掘区域亮点，浓墨重彩报道建区20周年取得的成就。重磅推出“建区20周年、巴南大发展”“建区20周年重大建设成就·建设模范人物巡礼”等专版、专栏，刊发稿件200余篇（条），特别是12月17日第1249期《巴南日报》推出的“鼎铸辉煌——纪念撤县建区20周年”特刊，总计28版，反映巴南区建区20年来的发展成绩、建设成就，鼎铸巴南辉煌。三、内外统筹，外宣工作再提升，稿件质量上台阶。先后在《人民日报》《光明日报》《重庆日报》等国内主流媒体，发表重点报道100多篇（条），占领区外舆论高地，树立巴南良好形象。全年获得重庆市区县报新闻奖、中国地市报新闻奖35人次。

【为民服务专栏报道】 一、传达百姓心声，反映各类诉求。在《巴南日报》《巴南手机报》上办好“群众来电”“记者帮你跑”“网络问政”热线栏目，反映群众诉求150余条、网友留言1000余条，形成报网良性互动新局面。二、强化舆论监督，促进问题解决。办好“记者观察”“曝光台”栏目，先后刊登《高频娱乐如何兼顾他人生活》《坝坝舞新规：10人以上须登记备案》等报道50多篇，对城市管理不规范、社会不文明等行为进行批评，促进城市管理突出问题的解决。三、报道惠民活动，福泽弱势群体。策划“扶贫助学在路上”等系列报道，为贫困学子鼓与呼，向政府和社会为杨月莲等100余贫困学子争取上百万元的助学资金。

【改革创新激发活力】 一、创新版面和报纸语言表达方式，增强感染力和影响力。10月8日，《巴南日报》启动新一轮改版，报眉由传统的上面改在左面，既美化版面，又方便阅读。《巴南手机报》改变语言风格，增设导读、微评、掌声问政等栏目。内容更具可读性、贴近性；形式更加时尚、现代。同时争取上百万元资金，扩大覆盖面，让《巴南手机报》拥有24万受阅者。此外，巴南网开通微博、微信。12月22日，“看巴南”新闻APP正式上线，现下载量达5万余户，让巴南日报社成为集报纸、网络和手机等媒介的全媒体。二、创新体制机制，激发内部活力。6月，按照区长陈刚的调研指示精神，创新制定《巴南日报社版面主编负责制暨首席记者管理办法》。该办法分工更细，职责更明确，奖励更科学，缩短了编辑工作时间，激发了记者写好稿热情，提高了工作效率，提升了办报质量。三、加强学习评比，提高业务素质。从5月起，区报社将星期五下午定为业务学习时间，加强学习交流。并开辟“单位大练兵，创先争一流”专栏，评比好稿、好版面、好标题，营造“比、学、赶、帮、超”的氛围。

（杨　超）

文学艺术

【概况】 2014年，区文联、区文化委员会团结组织全区文艺界各社会团体、广大文艺工作者和文艺爱好者积极开展内容丰富、形式多样的文艺活动，推动文艺队伍不断扩大、文艺创作不断涌现、文艺精品不断提升、文化活动十分活跃。全年巴南区文学艺术作品有33件在市级以上各类展赛中获奖；众多文艺成果收入《重庆市志·文学志》和《新时期重庆文艺名家名作选》。

【文艺队伍】 春节期间，区委常委、宣传部部长夏杨松代表区委、区政府，集中对黄鹏先、明三娘等老文艺工作者代表进行慰问，上门看望慰问“农民工”作者陈鸣禹。市文联副主席杨矿深入巴南慰问残疾画家黄绍江。区文联领导在党的群众路线教育实践活动中走进区文艺评论家协会主席刘达灿家中看望慰问并征求意见。推荐文学创作骨干刘学兵参加“鲁迅文学院”西南片区培训。命名徐平等首批儿歌工作室4个。区作家协会举办青年诗人杨康诗歌作品研讨会。杨康加入中国作家协会。田松加入市书法家协会。区作家协会举办戚万凯散文《一把水瓢》研讨会。评选表彰巴南区作家协会等4个先进集体和周玉祥等11名先进文艺工作者；评选表彰2014年度《巴南文艺》刊物优秀作品，散文《字水宵灯的前世今生》等30件文艺作品榜上有名。表彰胡勇等7名为2014年度优秀文艺信息员。

【文艺创作】 举办2期“巴地听雨”文艺鉴赏沙龙，200多人次文艺爱好者参与。举办14期“巴人图语”市民文化知识讲座，为市民讲授各类文化热点和社会话题，20万余人次群众受益，成为“百姓身边的课堂”。举办14场“欢笑巴南”群众文艺大舞台，直接惠及巴南20万群众，让百姓成为舞台明星。《立德童谣》首获第十三届重庆市精神文明建设“五个一工程”优秀作品奖。承办重庆市社会主义核心价值观《立德童谣》首发暨传唱活动。协办重庆市慈孝童谣、重庆市惜福童谣大赛。《让立德童谣浸润孩童心灵》被《光明日报》刊登报道，《立德童谣》创作传唱活动中的典型节目被中央人民广播电台录播。巴南区应邀为市委宣传部“讲文明·树新风”公益广告创作童谣10首，在重庆五家主流媒体连载。区儿童文学研究会成立“巴南儿歌网络医院”。100余首儿歌在天津等省市大赛中获奖，30余首儿歌在泰国、中国台湾地区等国（境外地区）发表。300多首儿歌收入人民教育出版社《小学语文课本单元平行阅读》丛书、《中国儿童文学年选》等。

2014年1月，《立德童谣》首发暨传唱活动在界石小学举行

【文艺精品】 2014年，巴南区陆续出版长篇传记文学《关桥传》（刘凡君），诗集《我的申请书》（杨康），国画集《余泽洋国画集》（余泽洋），歌曲集《曹秋圃创作歌曲选》（曹秋圃），儿歌集《快乐生活》（戚万凯等）、《历史长河》（崔英等）、《神奇地球》（喻言等）、《宇宙奇观》（廖弟华等）、《诗歌欣赏》（崔英）。区委宣传部、区文联编辑出版一套55万字的巴文化系列丛书《巴文化与巴南精神》《巴南历史人物选》《巴南历代诗歌选》。30多件文艺作品在市级以上展演中获奖，其中儿歌《单词对我眯眯笑》获第五届全国优秀童谣征集评选一等奖；摄影“绘宏图”获第二届“文化共享杯”全国群众摄影艺术作品征集大展个人一等奖；小品“简单与复杂”在江苏张家港市参加首届长江流域小品小戏展演活动获优秀推荐剧目奖；10余件文艺作品在重庆首届创业故事作品大赛、第十六届重庆市美术书法摄影联展、重庆市第四届戏剧曲艺大赛、首届科普文艺作品创作征集活动等众多市级比赛中获一等奖。11件美术作品入选第五届重庆市美术作品展暨第十二届全国美展重庆选送作品展。组织舞蹈、曲艺、歌曲等5件表演艺术作品参加第六届重庆艺术奖评选，东温泉镇选送的曲艺“山娃背妈”入选。

【文化活动】 精心组织优秀摄影及民间文艺作品到新落成的重庆市文艺家活动中心展示，受到中央、市领导好评，其中泥塑“午睡的棒棒”、乱针绣“重庆吊脚楼”被中国文联党组书记、副主席赵实收藏。承办重庆市社会主义核心价值观《立德童谣》首发暨传唱活动，市级各大媒体作全面报道。开展“中国梦”主题文艺创作100余件，其中1件在全国获奖。精心组织建区20周年“20年·与我同行”征文大赛和“大美巴南”摄影展。编印《一地阳光满城春》集。组织文艺志愿者开展“送欢乐·下基层”活动，义务为群众送春联、送演出、送图书等，深受群众欢迎。

【文艺阵地】 坚持精品原则，编印《巴南文艺》刊物4期、《巴渝儿歌》12期，办好“巴南文艺”博客和“云篆清风”网上摄影沙龙等。老街艺术厅举办艺术作品展3次。区委书记李建春、区人大常委会主任李俊文、区委常委、宣传部部长夏杨松分别在《巴南文艺》《巴渝儿歌》上作批示。编印《巴南文艺》电子简报13期，编发信息300多条。被市区有关部门采用200余条。

（朱丽红）

档案　地方志

【概况】 重庆市巴南区档案局（巴南区档案馆、巴南区地方志办公室）是区政府直属的局馆办合一机构（简称：区档案局）。内设办公室、档案管理科、业务指导科、方志科，原信息科于2014年1月撤并至档案管理科，增设副科长一名（空缺）。在职干部职工19人，离退休人员15人。

2014年，区档案局以推进巴南档案方志事业科学发展为第一要务，不断健全档案资源、利用、安全三个体系，加强对地方志编修工作的组织和指导。全年制发重点项目档案、党的群众路线教育活动档案及镇街遗留户籍移交等档案管理文件8个，集中举办档案业务培训1次，上门开展档案知识专题讲座32场。全年接收文书财务档案3108卷8.24万件，婚姻档案1400卷（2011年10月~2013年12月）；完成5114卷1.48万件三峡移民档案的整改、数字化质检和接收进馆工作，移民档案顺利通过市级初验；完成1671卷民国巴县档案抢救任务；完成馆藏档案数字化扫描3.05万卷计617.37万页，目录录入89.42万条，馆藏档案数字化率达40.9%。结合农业、林业、社保工作，开展涉民生档案业务指导；组建重点建设项目档案工作领导小组，启动全区重点建设项目档案备案登记工作。投入25万余元增添安全设施，举办春秋消防知识讲座，开展安全应急预案演练，完成市档案局部署的安全专项督察任务。继续积极组织推动《巴南区志（1995~2011）》“三级”志书编修和年鉴编纂工作，完成《巴南区志》29篇约300万字的长编初稿任务，完成19部镇街志部门志的终审，《东温泉镇志》等4部志书出版发行，《巴南年鉴（2014）》总体结构得以调整和优化，并如期公开出版发行。被重庆市地方志办公室评为“2013年度地方志工作先进单位”“2013年度区县年鉴工作先进单位”；被重庆市档案局评为“2014年度区县档案工作目标考核先进单位”。

【馆藏资料不断丰富】 2014年，区档案馆积极组织开展2011~2013年纸质档案与数字化档案同步接收进馆工作。全年共接收区水利局等31个单位文书财务档案3108卷8.24万件，婚姻档案1400卷（2011年10月~2013年12月）、三峡移民档案5114卷1.48万件进馆，馆藏档案增至16.43万卷30.15万件。全年新接收全文数字化处理画幅95.08万页，电子目录13.83万条。同时完成区志办资料清理及新征集资料696卷800余册的进馆工作，馆藏资料达到5715卷1.32万册，报纸1347份。

【档案数字化全面提速】 为加快档案馆数字化进程，区档案馆特举办馆藏档案全文数字化处理业务培训会，邀请市档案局信息处及经科处处长现场指导授课；指定专人负责馆藏档案数字化处理工程的现场业务指导、协调联络和质量监督。同时，外聘3名退休教师负责档案开放鉴定工作，成立质量检验组，负责馆藏档案数字化工程质量检验。全年完成馆藏档案数字化扫描3.05万卷，目录录入89.42万条，扫描档案617.37万页（含

A3 画幅 21.52 万页）。馆藏档案数字化率达40.9%。

【档案资源开发利用】 2014 年，区档案馆根据馆藏资料出版《巴县政府工作报告汇编》（1988~1994），与区委宣传部联合编撰出版《巴县历史人物》，与区党史研究室汇编出版《习近平同志关于党史国史的论述摘编》资料，赠送全区党员干部学习；为《巴南日报》“巴南史话”专栏、区政协《巴南文化史话》提供珍贵图片 29 幅及文稿 9000 余字，为建区 20 周年提供 1.4 万多字的 40 件最具影响力的大事件；编撰印刷精选的 206 条 6000 余字的“巴南建区 20 周年大事记”手册；为区委研究室提供 7900 多字的“巴县与巴县衙门的关系”材料；成功创建巴南区中小学档案教育社会实践基地，更新基地成就篇版面，接待中小学生、党校青干班学员及社会各界人士 1000 余人次。

【档案为民服务新举措】 自 2 月 24 日起，区档案馆面向群众，提供午间档案查阅服务，全年共为 130 位群众提供午间查阅利用档案。同时开展电话查询和送档上门服务，为 24 位群众查阅档案，送档上门活动 6 次。简化档案查阅手续，凡单位有介绍信，涉及征地撤迁的婚姻档案查阅馆长不再签字。继续推行接待利用“一窗受理、首问负责”机制和文明窗口服务，采取来馆查档、电话查询、传真、网上查档，提供放大镜、老花眼镜等多种形式开展档案信息利用服务。全年档案馆共接待群众查阅档案 5814 人次，利用档案 2.23 万卷，出具各种证明材料 1.85 万份，复印档案资料 6.13 万页。

【“三级”志书初现成果】 2014 年，区志办制定印发《部门（行业）志、镇街志终审工作细则》等 6 个地方志指导性文件，规范和指导修志工作。召开部门志、镇街志各类推进会 20 余次，3 个业务指导组不定期到 73 个独立成志单位，巡回开展业务指导和复审工作，定期收集各单位修志工作进展情况，并进行季度通报。《巴南区志》篇目 8 易其稿，通过市志办评审，21 个镇街提供的资料长编及相关资料通过区志办的验收，年底初步完成《区志》29 篇近 300 万字的初稿或长编编写任务，全区 73 个独立成志的部门和镇街，60 个单位如期完成志稿，其中，21 部志书进入复审程序，22 部志书进入终审程序，17 部通过终审的志书中。《东温泉镇志》已出版发行，《区人大志》等 8 部志书已取得合格通知，即将出版。

【巴南年鉴公开出版】 2014 年，区志办根据国家统计局《国民经济行业分类与代码》要求，结合巴南区行政区域社会分工实际，对《巴南年鉴（2014）》的总体结构进行重新设计和编排。全书共设 15 个部类，重点反映巴南实施建设“江南新城、主城第三增长极、城乡一体发展示范区”战略目标和构建“四区一基地”新格局所取得的新进展和新成就。为便于读者快捷了解巴南当年经济社会发展重大成果，特增设文字清新、可读性强的“专文”部类，展示巴南的新成就、新面貌。《巴南年鉴（2014）》于年底由方志出版社公开出版。在区“两会”（人代会、政协会）期间，向区人大代表和政协委员、离休干部、各有关单

2014 年 3 月，巴南区年鉴培训工作会

位赠送《巴南年鉴（2014）》800 余册。

【档案方志领导重视】 2014 年，巴南区档案地方志工作得到各级领导的高度重视，区长陈刚在全区修志工作情况通报上批示，要求全区修志单位要高度重视修志工作。区政府分管档案和分管安全工作的两位副区长组织公安、财政等 10 个部门到区档案馆召开安全工作现场协调会，提出解决档案馆安全隐患和经费补助问题。区委、区纪委领导先后到区档案局调研干部队伍建设工作。重庆市档案局和市方志办的领导也多次到巴南区调研指导档案方志工作。修志和年鉴编纂出版经费全额纳入区财政预算，馆藏数字化处理经费如期到位。

（刘宁蓉　马华琼）

体　育

【概况】 重庆市巴南区体育局（简称：区体育局）内设 4 个科室（办公室、群众体育科、竞技体育科、产业发展科）；在职干部 11 人。下属事业单位 2 个（体育运动学校、体育局招待所）。全区共有 10 个体育协会，会员近 6 万人。

2014 年，区委、区政府为了支持巴南体育事业发展，建立 500 万元/年的体育事业发展专项基金，为承办大型赛事、开展群体活动和后备人才培养提供有力的资金支持。先后承办“2014 年重庆·国际马拉松赛”“环中国·国际公路自行车赛”“重庆第二届佛影峡杯·自然水域国际漂流赛”等大型赛事活动，获得参赛者报名踊跃、观赛群众激情高昂、媒体曝光率高的良好成效。区体育馆建设历时 4 年、投资 1.65 亿元，于年底交付使用。完成“第六次全国体育场地普查”任务，被重庆市第六次体育场地普查领导小组评为“重庆市体育场地普查工作先进单位”。年末，巴南区体育实绩目标考核，经市体育局考核排列为全市第 3 名。

【群众体育活动】 一、广泛开展群众体育活动。全区各镇街、部门和企事业单位共举办健身活动和赛事 200 余场次，其中 500 人以上规模的大型赛事 28 次，参与人数达到 20 余万人。春节期间，在区人民广场开展“2014 · 红红火火过大年”全民健身志愿服务，2000 余名群众参与趣味体育游园、免费体质监测和健康知识宣传。在“全民健身月”活动中，继续为 10 名贫困体尖生捐赠助学资金。10 月下旬，市国民体质监测中心到巴南区开展免费体质监测宣传活动，为 100 名群众开具“运动处方”。二、成功举办各类体育比赛和运动会。3 月 4 日，与区妇联在巴滨路共同举办“庆三八倡低碳生活与健康同行”健身长跑比赛，1010 名女职工参加活动。3 月 22 日，“2014 · 三星电子重庆国际马拉松赛”吸引 48 个国家和地区的 3 万余名马拉松选手和马拉松爱好者报名参赛。4 月 13 日，“2014 年李宁 · 中国 10 公里路跑联赛”重庆站在巴滨路举行，参赛人数近 5000 人。6 月 28 日，“招商地产 · 爱行走”公益健步活动在龙洲湾举行。7 月 18 日，“重庆第二届佛影峡杯 · 自然水域国际漂流赛”在跳石镇佛影峡举行，33 支代表队参赛。另，全年共举办 10 场“江南新城杯”网球、乒乓球等邀请赛。11 月 18 日，“2014 · 重庆市社区运动会（巴南站）”在区体育场举行，12 个社区的 300 名运动员参加 5 个项目的角逐。三、加强教练员、社会体育指导员等培训。参加“香港马会助力全民健身 · 社会体育指导员西部行活动”，培训国家二级社体指导员 100 名；选派 5 名国家 1 级社体指导员参训国家级社会体育指导员培训。开展羽毛球、钓鱼等裁判培训班 3 期，参训人员达 300 余人。

【竞技体育比赛】 组织竞技运动员刻苦训练，积极备战国家、市级有关体育赛事。一、完成体校重点项目布局。贯彻新一轮《奥运争光计划》，对田径、举重、篮球、足球、游泳等项目进行规划布局，和区教委联合制定《布局项目年度评估实施办法》，并开展首轮评估考核。二、组队参加市级比赛取得优异成绩。组队参加市级以上比赛共获得 24 金、16 银、14 铜和 1 个团体第 1 名、2 个团体第 2 名的好成绩。选派世纪星轮滑俱乐部 7 名选手在重庆市全民健身运动会轮滑比赛中获得 8 金 1 银 1 铜。接龙中学学生徐金豪参加在山东淄博举行的“全国少年举重锦标赛”获得铜牌。中学组 6 名运动员参加“2014 · 全国铁人三项邀请赛总决赛”取得女子团体第一名，男子团体第二名。区钓鱼协会组队参加中国钓鱼协会和国家社体中心举办的“全国自然水域钓鱼大赛”获得第 1 名。

【体育设施建设】　一、区体育馆建成投入使用。该馆共投资 1.65 亿元，建设历时 4 年，可容纳 5000 人。正式开馆，标志着结束巴南区 12 年无室内体育馆的历史，奠定“体育强区”的硬件基础。12 月 17 日，“巴南区建区 20 周年纪念活动”在新建的区体育馆举行。二、善农村体育基础设施不断完。新建安澜镇、天星寺镇 2 个农民体育健身广场。为村、社区安装农民体育健身工程 60 套，配送健身路径 22 条。南彭全民健身登山步道建成完工。

2014 年 12 月 17 日，巴南区体育馆建成并投入使用

【体育产业发展】　一、加强体育彩票管理。举办体彩销售人员培训班 2 期，参训人员 100 人；体彩销售完成 8300 万元，已成为体育事业发展的重要经济支撑。二、社会力量办体育呈现良好局面。2 月 14 日，中德马术运动中心启动表演仪式在巴滨路阳春湿地公园举行，标志着中德马术运动中心正式落户巴南。该中心投资 1200 万元，训练场及表演场面积占地 7200 平方米，拥有 40 余匹国外纯种温血、纯血马匹。平时进行训练，周末举行免费表演供市民观赏。三、组织开展户外运动项目。5 月，跳石镇佛影峡新建的溯溪探险户外运动项目对外开放。8 月，二圣镇天坪户外营地扩建项目启动建设。

【体育总会换届】　11 月 28 日，“巴南区第三届体育总会换届工作会”在区政府行政中心召开。各团体会员单位及会员共 90 余人参加会议。副区长黄硕出席会议。巴南区第三届体育总会主席邓学华在会上作本届工作报告，会议通过选举，选举出巴南区第四届体育总会主席 1 人、常务副主席 1 人、副主席（兼秘书长）1 人、副秘书长 1 人，新当选主席肖陵川代表新一届体育总会领导班子在会上作表态发言，区体育局局长杨林会在会上对新一届体育总会工作提出要求。

【第六次全国体育场地普查】　1 月 10 日，巴南区“第六次全国体育场地普查工作会”在行政中心召开，副区长黄硕出席会议并担任普查工作领导小组组长。组建 100 余人的普查队伍，按照学校、旅游景区、镇街三条线开展普查工作。截至 7 月底，圆满完成各项工作任务，并通过市体育局检查验收。据统计，全区拥有各类体育场地 1162 个，体育设施建筑面积 180 万平方米，按年底常住人口 97.37 万人计算，人均体育设施面积达 1.85 平方米。按场地类别分类为：登山步道 8 条，城市健身步道 6 条；樵坪度假村户外营地 1 个；10 公里巴滨路自行车赛道 1 条；全民健身路径 285 条；室外篮球场地 211 块、网球场地 21 块、排球场地 4 块、羽毛球场地 59 块、乒乓球场地 158 块、门球场地 3 块；校园运动场及田径场地 167 个、学校体育馆 2 个；游泳池 31 个、游泳馆 4 个；室内健身房（馆）34 个；其他类体育场地 168 个。

【环中国·国际公路自行车赛】 9月5日，“2014环中国·国际公路自行车赛”第七站走进巴南。1050人的业余选手和22支车队的132名世界职业车手参加比赛。重庆市副市长吴刚鸣枪发令，市体育局局长辛世杰，副局长张欣和副巡视员陈玉林，区领导李建春、陈刚、夏杨松、黄硕，以及环中国组委会官员和赞助企业代表参加发车仪式。区长陈刚致辞，总冠名企业重庆华南城有限公司常务副总经理郑求兴讲话。中央电视台体育频道和重庆电视台分别进行航拍录播和定点直播，50余家全国新闻媒体进行宣传报道。业余组成绩分别是：成都老车迷队的刘成学获得公路车公开组冠军；金桢鸿个人获得山地车男子组冠军；成都合珍车队的黄静获得山地车女子组冠军；重庆市九龙坡区的林超获得群众骑行组冠军。专业组成绩分别是：中国台北RTS森地客洲际队的车手SHPILEVSKY Boris获得本赛段冠军，中国恒翔洲际队车手ZHAO Jing Biao获得大中华地区最佳选手，哈萨克斯坦阿斯塔洲际队获得团体总成绩冠军。

【2014重庆·国际马拉松赛】 3月22日，由中国田径协会、重庆市体育局、重庆市南岸人民政府、重庆市巴南区人民政府承办的“2014重庆·国际马拉松赛”（中国·国际马拉松锦标赛第2站）在南岸区南滨路、巴南区巴滨路鸣枪开赛。本次比赛吸引48个国家和地区的3万多名马拉松选手和爱好者报名参赛。经过近3个小时的激烈角逐，非洲选手包揽男子全程（42.195千米）冠、亚、季军。其中，肯尼亚选手Mike以2小时10分43秒夺冠；中国甘肃女选手张景霞以2小时29分45秒摘取女子全程（42.195千米）桂冠。

（何　健）

卫　生

【概况】 2013年12月31日，重庆市巴南区卫生和计划生育委员会（简称：区卫计委）根据区委、区政府《关于印发〈重庆市巴南区区级部门职能重组组织重构方案〉的通知》（巴南委发〔2013〕45号）精神，新组建重庆市巴南区卫生和计划生育委员会，撤销原重庆市巴南区卫生局和原重庆市巴南区人口和计划生育委员会。2014年7月，区卫计委办公地点由原鱼洞街道石子坪286号迁至区行政中心（龙洲湾街道龙海大道6号）。机关内设11个科室（办公室、组织人事科、规划财务科、政策法规科、医政科、公共卫生科、爱国卫生科、监察审计科、计划生育指导科、计划生育家庭发展科、中医科）；直属（代管）事业单位6个（区计划生育协会、区卫生计生委药具管理中心、区卫生计生信息服务中心、区卫生服务中心、药械管理中心、红十字会〈代管〉）。行政编制31名，参公事业编制5名，事业编制13名，后勤服务5名。

2014年3月4日，根据巴南区人民政府办公室《关于印发重庆市巴南区卫生和计划生育委员会主要职责内设机构和人员编制规定的通知》（巴南府办发〔2014〕31号）精神，区卫计委的主要职能职责：贯彻执行卫生和计划生育工作方面的法律、法规和方针、政策；编制和实施区域卫生和计划生育规划；组织和指导全区突发公共卫生事件预防控制和各类突发公共事件的医疗卫生救援；依法开展职业卫生、放射卫生、环境卫生、学校卫生、公共场所卫生、饮用水卫生的监测、调查、评估和监督工作；负责辖区传染病防治监督；负责组织拟订并实施基层卫生和计划生育、妇幼卫生发展规划和工作措施；完善基层卫生运行新机制和乡村医生管理制度；负责制定全区医疗机构和医疗服务全行业管理办法并监督实施；制定医疗机构及其医疗服务、医疗技术、医疗质量、医疗安全以及采供血机构管理的规范、标准并组织实施；会同有关部门贯彻执行国家卫生专业技术人员准入、资格标准，制定和实施卫生专业技术人员执业规则和服务规范，建立医疗服务评价和监督管理体系；建设和谐医患关系，协调医疗投诉、纠纷的处置；负责组织推进公立医院改革，建立公益性为导向的绩效考核和评价运行机制；贯彻落实国家药物政策和国家基本药物制度，执行国家和市基本药物目录，组织遴选全区基本药物采购目录，制定药品、耗材、医疗器械的采购、配送、结算、使用的监管和实施办法，执行医疗服务和药品价格政策；贯彻执行生育政策，组织监测计划生育发展动态，负责计划生育技术服务管理工作；组织建立完善计划生育利益导向、计划生育特殊困难家庭扶助和促进计划生育家庭发展等机制；制定流动人口卫生和计划生育服务管理制度并组织落实，推动建立流动人口卫生和计划生育信息共享和公共服务工作机制；加强全科医生等急需紧缺专业人才培养，贯彻落实国家住院医师和专科医师规范化培训制度；组织拟订全区卫生和计划生育科技发展规划，组织实施卫生和计划生育相关科研项目；参与制定医学教育发展规划，组织指导实施毕业后医学教育和继续医学教育；完善综合监督执法体系，规范执法行为，组织查处违法行为；负责卫生和计划生育宣传、健康教育、健康促进和信息化建设等工作；组织卫生和计划生育国际交流合作与卫生援外工作，开展与港澳台的交流与合作；拟订全区中医中长期发展规划；负责在本区召开的国际性、国家、市和区重要会议、重大活动的医疗卫生保障工作；承办区委、区政府委托或指定的有关保健医疗方面的工作任务及相关事项。

2014 年底，全区有各级各类卫生机构 667 个。其中，医院 17 所（公立二级甲等综合医院 3 所，公立二级甲等中医医院 1 所，厂矿企事业医院 6 所，民营医院 7 所）；基层医疗卫生机构 645 个（社区卫生服务中心 10 个，社区卫生服务站 13 个，中心卫生院 4 个，镇卫生院 10 个，村卫生室 375 个，诊所 222 个，卫生所、医务室 11 个）；专业公共卫生机构 4 个（疾病预防控制中心 1 所，二级甲等妇幼保健院 1 所，皮肤病防治院 1 所，综合监督执法局 1 个）；其他机构 1 个（重庆市护士学校）。全区医疗机构实有床位 5358 张，每千人口医疗机构床位 5.9 张。卫生机构在岗职工 5536 人。其中，执业（助理）医师 1737 人，每千人口执业（助理）医师 1.91 人；注册护士 2076 人，每千人口注册护士 2.28 人；药师（士）、技师（士）及其他卫生技术人员共计 860 人；其他技术人员、管理人员、工勤技能人员等 863 人。全区门急诊人次 246 万人次，比上年同期 186 万人次增长 32.25%；全区出院病人 21.6 万人次，比上年同期 17.24 万人次增长 25.29%。实际占用总床日 174 万床日，比上年同期 141 万床日增长 23.4%。2014 年全区平均期望寿命为 80.12 岁，比上年 78.46 岁增长 1.66 岁（其中：男性 76.84 岁、比上年 75.34 岁增长 1.5 岁，女性 84.01 岁、比上年 82.26 岁增长 1.75 岁）。

2014 年年末，与区国资办共同荣获区委、区政府“2014 年度工作创新‘金鹰奖’”（颁奖主题辞：社会资本助推公立医院改革）；综合监督执法局被重庆市卫生计生委卫生监督局评为“2014 年度卫生计生监督执法目标考核先进单位”。

【卫生计生机构改革】 1 月，巴南区高效快速地完成卫生计生机构改革和资源整合任务，在全市率先组建卫生和计划生育委员会，彰显“巴南速度”。一、完成区级行政机构改革。高效完成班子配备、三定方案、科室设置等各项工作。设领导班子 6 名，行政编制（含参公）36 名，内设 10 科 1 室。二、完成卫生计生服务机构整合。整合区妇幼保健院与区计划生育生殖健康中心，实现一套班子两块牌子；整合 19 个镇卫生院（街道社区卫生服务中心）和生殖健康服务站，完成“编制、财产、职能”划转，基层医疗卫生机构承担计划生育技术服务职能职责。三、完成卫生计生监督执法机构整合。组建区卫生计生委综合监督执法局，内设科室 7 个，下设派出机构 1 个。四、区人口和计划生育信息中心更名为重庆市巴南区卫生和计划生育信息服务中心。

【医卫体制改革推进】 以“保基本、强基层、建机制”为指导方针，全面推进医卫改革纵深发展。一、积极推进区级公立医院综合改革。9 月 1 日起，区人民医院和区中医院作为公立医院综合改革试点单位，正式启动以药品“零差率”销售为核心的各项改革，实施药事服务费和按病种收费、收入分配、人事制度、信息化建设等综合改革措施，概算每年可为看病就医群众节约 2700 余万元。二、积极引入社会资本参与公立医院改革。引入“重庆市如恩医疗产业发展有限公司”托管市七院，托管后市七院国有性质等“九不变”在全市属首创。引进“重庆美年大健康产业有限公司”与区人民医院合作新建健康体检中心，满足群众不同层次的健康需求。积极洽谈引入社会资本参与区二院合作运营事宜。引入社会资本参与公立医院改革受到社会各界一致好评，并荣获区委、区政府“2014 年度工作创新‘金鹰奖’”。三、鼓励社会资本入区办医。新准入“善行康复医院”“重庆邦泰中医肛肠医院”等专科医院正式运营。引进中国整形美容协会等多家集美容、抗衰老为一体的美容专科医院，在南温泉打造医疗美容产业。引进“荣峰国际（香港）投资有限公司”投资 3 亿元，建设重庆同济老年医院和区爱民养老康复中心，即将开业运营，将助推巴南养老、养生、养心产业大发展。

【医疗机构服务监管】 一、打造放心医疗。深化抗菌药物临床应用专项整治活动，推进临床路径管理，规范精神药品和麻醉药品管理；强化临床用血管理；建立完善卫生应急工作平台体系，成功举行巴南区地震灾害应急医疗救援演练和比赛，得到市卫生计生委领导高度评价。二、推进惠民医疗。区中医院成功创建二甲中医院；实施检查、检验结果互认制度，为 8651 名患者节约费用 181 万元；组织义诊义检 573 次，举办健康讲座 553 场，发放医疗资料 42 万份；控制医药费用不合理增长，全区次均门诊费、人均住院费增幅低于上年同期；开展“贫困白内障复明工程”，累计筛查 4648 人，免费手术 314 人；组织无偿献血总量达 39.5 万毫升；遗体捐献登记 45 人，器官捐献登记 2 人；实施救助款物共计 40.4 万元，援建资金 105 万元。三、提升优质医疗。抓质量控制和重点学科建设，成功创建市级医疗特色专科 2 个、市级临床重点专科 2 个，成功申报市级医学科研项目 1 项；通过邀请市级专家授课、派送人员外出培训等方式，培训卫生专业技术人员和行政管理人员 3113 人次，到上级医疗机构进修学习 162 人次；区人民医院外一科荣获中国医院品管圈联盟、清华大学医院管理研究院“第二届全国医院品管圈大赛二等奖”。四、构建和谐医疗。全年办理卫生计生民生实事 15 件；拒收红包、回扣 32.55 万元；组织职工观看警示教育片，对 8 名违纪医卫人员严肃查处；建立医疗投诉、医疗质量安全事件月报告制度，协调区法院、司法局建立医患纠纷诉调衔接工作机制，全年妥善处理医疗纠纷 92 件。

【卫生计生监督执法】 一、严格行政许可审批。进一步简化审批程序，集中统一受理各类卫生计生行政许可，共办理各类行政许可 4698 件；非行政许可审批 2.33 万件；办理服务类件 7445 件。所有行政许可项目均按时办结，没有投诉情况发生，得到广大办事群众的充分肯定。二、执法队伍建设。监督执法人员参加国家级专业培训 5 次、市级专业培训 14 次、基层卫生监督协管员、信息员培训 2 次，组织全区卫生计生系统法律考试 1 次，有力地提高卫生监督执法人员的执法素质和执法工作水平。三、卫生计生专项监督执法。开展食品卫生、公共场所卫生、饮用水卫生、放射卫生、职业卫生、医疗卫生、传染病防治等专项整治工作。全年立案查处卫生违法案件 105 件；行政处罚金额 17.8 元，警告 18 家，责令改正 233 家，取缔（黑诊所）90 家；检查医疗机构 20 家；发现在互联网违法发布医疗广告 1 家；拆除违法医疗广告牌 1 块（南泉）。有效地遏制卫生监督领域的各种卫生计生违法犯罪活动。四、违法生育整治。全年查处违法生育案件 595 件，征收社会抚养费 630 万元，违法生育案件立案率达 100%；同时，进一步明确了镇街计生执法工作经费。五、专项整治。全年组织开展“食品安全抽检”“婴幼儿沐浴场所卫生”等为主题的 14 专项整治工作，成效显著，受到社会各界好评。

【公共卫生服务提升】 一、强化公共卫生服务项目。全区人均基本公共卫生服务经费补助标准由 30 元提高至 35 元，免费向城乡居民提供 11 大类 43 项基本公共卫生服务和 19 项重大公共卫生服务项目。完成宫颈癌筛查、乳腺癌筛查任务，申报贫困妇女患者争取全国妇联补助资金，接受市卫生计生委专家组督导并获得好评。二、加强基层公共卫生建设。区财政从今年起，每年补助 100 万元用于村卫生室房屋维修整治，50 万元配置村卫生室基本设施设备，连续补助三年；努力提高乡村医生待遇，村医每月待遇提高 200 元并实行综合考核，稳定乡村医生队伍；在全区375个村卫生室实施药品“零差率”销售，保障群众在基层放心就医；加强撤并村卫生室建设，完成“重点民生工程”20个撤并村卫生室建设任务，方便广大群众就地医疗。三、巩固爱卫工作成果。广泛开展丰富多彩、形式多样“爱卫月”活动。积极推进市级卫生城区复查工作，巴南区再次确认为市级卫生城区。大力开展病媒生物防制和城乡卫生创建工作，石滩镇、双河口镇成功创建为市级卫生镇。四、不断加强红十字会工作。调整管理体制，强化工作力量，大力开展博爱进万家和贫困助学活动，创新开展遗体和器官捐献工作。

【健康教育活动开展】　2013年10月1日~2014年9月30日，全区开展健康教育周年活动，发放健康教育宣传资料82种、68万份；播放健康教育影音材料62种、7万小时；开办健康教育宣传专栏209个，更新661期；配合相关节日和卫生宣传日开展健康教育宣传咨询活动438次，受教育群众12.73万人次；举办健康教育讲座926场，受教育群众达5.28万人次；开展个体化健康教育受益群众31.45万人次。区疾控中心有计划、有组织地开展“3·24世界结核病日”“4·25计划免疫宣传日”“5·31世界无烟日”等各种重大卫生宣传日宣传咨询活动共计14次。

【疫情疾病预防控制】　一、成功处置霍乱疫情，及时救治霍乱病人1例，带菌者1例，未出现重症病例和二代病例，疫情在9天内取得有效控制，得到市、区领导充分肯定。二、在全市率先开展埃博拉出血热卫生应急桌面推演。开展AEFI（疑似预防接种异常反映）监测工作，受到世界卫生组织专家组高度评价。三、全区各级预防接种单位免费为0~6岁儿童提供国家免疫规划常规疫苗接种服务。其中，基础免疫接种12.98万剂次，加强免疫接种5.89万剂次；卡介苗接种率99.99%、脊灰疫苗接种率99.77%、百白破疫苗接种率99.70%、麻疹类疫苗接种率99.81%、“四苗”全程接种率为99.70%。四、乙肝疫苗接种率99.79%、乙肝疫苗首针及时接种率98.31%、流脑疫苗接种率99.75%、乙脑疫苗接种率99.75%、白破疫苗接种率99.78%、甲肝疫苗接种率99.61%；查漏补种7217人，补种率98.04%。五、全区累计管理65岁及以上老年人9.86万人，老年人健康管理率为73.45%；累计开展老年居民健康体检22.17万人次，健康指导23.69万人次。六、全区高血压患病人数为16.04万人，管理人数为6.06万人，管理率为37.77%；其中，规范管理人数为5.14万人，规范管理率为84.89%。

【妇女幼儿健康保健】　认真开展爱婴医院复核工作，并举办妇幼健康技能竞赛。一、组织有关医务人员，深入基层对农村妇女免费宫颈癌筛查3.15万人次，乳腺癌检查1.21万人次；为6036人次待孕妇女和早孕妇女提供叶酸增服预防新生儿神经管畸形；为3152名农村孕产妇发放住院分娩补助，补助资金126.08万元。二、重视产妇产前、分娩、产后服务。全年全区产妇7410人、建册7365人、建册率99.39%；早孕检查7051人、早检率94.45%；产前检查7367人、产检率98.69%；孕产妇系统管理6945人、系管率

2014年4月16日，AEFI监测接受世界卫生组织现场验收

93.03%；高危孕产妇1509人、管理1509人、管理率100%；住院分娩7457人、住院分娩率99.89%，新法接生100%；非住院分娩8人、非住院分娩新法接生100%；产后访视7157人、访视率95.87%；孕产妇死亡1人、死亡率13.4/10万。三、强化0~6岁儿童健康保健管理。全年7岁以下儿童5.12万人；参与保健4.75万人、保健覆盖率92.80%；3岁以下儿童2.54万人；参与系统管理2.31万人、系管率90.97%；5岁以下儿童死亡率5.22‰；婴儿死亡率4.02‰；新生儿破伤风为“零”。

【中医药事业扶持】 认真贯彻国务院《关于扶持和促进中医药事业发展的若干意见》和重庆市人民政府《关于加快中医药事业发展的意见》精神，落实有利于提供和使用中医药服务的优惠政策。一、建立完善区中医院和区级综合医院中医科、镇（中心）卫生院和社区卫生服务中心、村卫生室和社区卫生服务站的三级中医药医疗保健服务网络和分工协作机制。发挥中医药服务在国家基本公共卫生服务项目中的作用，开展中医预防保健服务工作。二、区中医院成功创建为二甲中医院。对10家基层医疗卫生机构进行中医药集中区建设。开展基层医疗机构中医药服务情况调查，建立健全中医药监测网络。三、培训中医药人员25人。开展区级中医药师带徒工作，有6名中医药师被确定为带教老师，8名中医药人员被确定为跟师学习。

【卫生应急平台建设】 以卫生应急指挥决策系统、预警信息发布平台为核心，打造现代化、信息化、精细化、科学化的卫生应急工作平台体系。一、全年成功举行28支队伍参加的“地震灾害应急救援演练”和“埃博拉出血热卫生应急桌面推演”，得到市卫生计生委领导高度评价。二、卫生应急指挥和预警信息平台参加信息发布、洪灾抢险和化工泄漏等全区性综合演练，推进卫生应急实战化能力进一步提升。三、卫生应急平台全年成功处置车祸、自然灾害等突发事件医疗救援10余次。快速扑灭外地酒楼婚宴引起的霍乱暴发疫情，救治霍乱病人1例，带菌者1例，未出现重症病例和二代病例。四、卫生应急平台圆满地完成在巴南区举办的“重庆·国际马拉松”“2014环中国·国际公路自行车赛”等重大活动的医疗保障任务20余次。

【医疗卫生科技创新】 以推广应用临床实用技术为重点，积极引导医疗机构开展临床适宜技术，特别是指导基层医疗机构开展成熟技术研发。一、全区新开展新技术新项目研发196项，进一步提高医疗技术水平。二、申报立项市级科研项目1项，区级科研项目16项，结题6项；其中市七院《欧普乐喉罩用于髋关节置换手术的临床观察》获巴南区科技进步三等奖，区人民医院《医学实习生心理健康调查及对策研究》获区科技进步二等奖。三、全区发表医卫学术论文215篇，同比上升11.98%。

【医疗机构设施改善】 不断增加资金投入，努力改善医疗设施条件。一、区人民医院妇儿分院建成投用，市七院门诊住院综合楼开工建设，改造完成区二院医技楼，区精神卫生中心和南泉社区卫生服务中心破土动工。二、累计投入1.16亿元对木洞、双河口、南彭、接龙、跳石等7个基层医疗机构进行标准化建设和升级改造。三、完成“重点民生工程”20个撤并村卫生室建设任务。

【爱国卫生活动开展】 一、积极推进市级卫生城区复查工作，通过市爱卫办复审巴南区再次被确认为市级卫生城区。二、广泛开展城乡卫生创建工作。巴南中学、市七院等3个单位创建为市级（优秀）卫生单位；石滩镇、双河口镇成功创建为市级卫生镇；石龙镇创建为区级卫生镇。三、组织开展病媒生物防制工作。投入专项经费30余万元，在12个镇街和54所学校开展病媒生物防制市场化运作。开展城区春秋季灭鼠活动。四、高度重视农村改厕工作。全年累计农村改厕361个，补助改厕资金32万元。区爱卫办对全区近三年来的改厕情况进行核查。

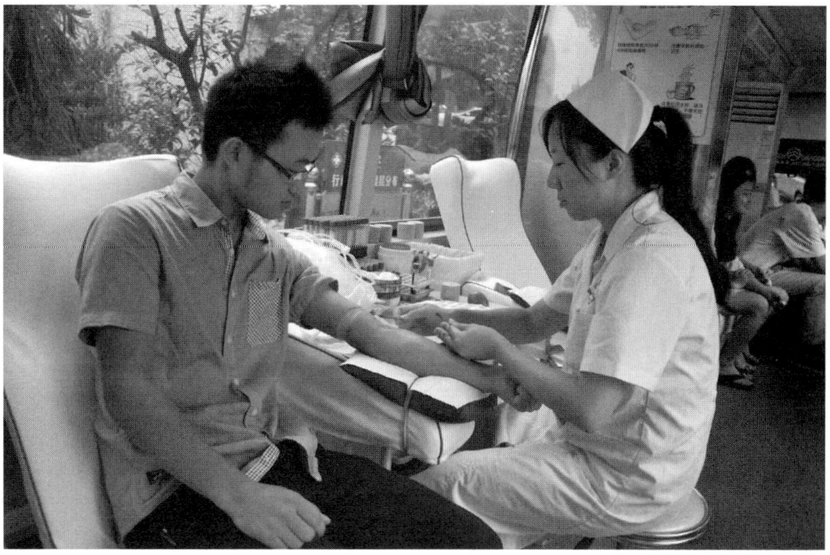

2014 年 7 月 16 日，红十字会献血活动

【医卫人员招引培训】 一、全区公开招聘 84 名紧缺卫生专业技术人才，优选 24 名高层次紧缺专业技术人才，引进高级人才 2 名。二、举办本系统专业技术人员培训班 8 期，共计 800 余人参加培训。三、举办区级继续医学教育 654 项，参加继续医学教育人数 2710 人，达标 2655 人，继续教育合格率 98.52%。；参加在职学历教育 632 人，同比上升 51.56%，其中专业技术人员占 98.26%。四、全年邀请市级专家到巴南区授课、派送人员外出参加培训及自行举办培训学习 59 起。五、培训医卫专业技术人员和行政管理人员 3113 人次，到上级医疗机构进修 162 人，同比上升 35%。六、圆满完成 2013 ~ 2014 年度医师定期考核及业务水平测评补考工作，合格 1652 人，合格率 99.82%；完成全区 344 名执业医师考试的报名、资格审查工作。

【大善卫生惠及百姓】 以开展党的群众路线教育实践活动为契机，安排部署各医疗机构实施“大善卫生”惠及百姓。一、支援城口县医疗卫生。市七院、区人民医院对口支援城口县葛城、坪坝中心卫生院，共派驻 9 名医务人员到城口县开展为期一年的对口支援工作。在对口支援期间，组织义诊活动、健康知识讲座等 86 次，义诊咨询 6084 人次，发放宣传资料 3.42 万份，免费体检 8020 人次，诊疗病人 3000 多人次，开展手术 58 例，开展新技术 1 项，完善医卫制度 2 项，援助医疗设备 1 台，免费接收城口县进修人员 1 名，援助城口县卫计委 20 万元。二、组织“服务百姓·健康行动”大型义诊服务周活动。全年共组织义诊义检 573 次，举办健康讲座 553 场次，参与活动医务人员 5240 人次，发放资料 41.19 万份，使用经费 88 万元。三、开展“贫困白内障复明工程”。全区累计筛查白内障患者 4648 人，其中免费手术 314 人。四、积极推进红十字事业。全区遗体捐献登记 45 人，进行器官捐献登记 2 人。五、组织“大善卫生”爱心义举。组织捐献救助款物共 40.4 万元，援建资金 105 万元，组织无偿献血总量达 39.5 万毫升。

【非公立医院发展概况】 近年来，巴南区民营医疗机构发展比较快。截至 2014 年年底，全区非公立医院有：重庆和睦佳医院、重庆济仁医院、重庆九洲医院、重庆熙康医院、重庆创泰其济医院、重庆邦泰中医肛肠医院、重庆颐宁医院等 7 家民营医院，成为公立医院的有益补充。民营医院均为医疗保险定点单位，共有床位 438 张，民营医院总体规模较小，医护人员和医疗设施与公立医院相比较为薄弱。

（谭琳琳）

人民生活

城乡居民收入与支出

【城镇常住居民可支配收入】 2014年，巴南区城镇常住居民年人均可支配收入28040元，比上年增长9.2%。其中：工资性收入15968元，比上年增长9.3%，占可支配收入的56.95%；家庭经营性收入4034元，比上年增长4.7%，占可支配收入的14.39%；财产性收入2044元，比上年增长11.6%，占可支配收入的7.29%；转移性收入5994元，比上年增长11.3%，占可支配收入的21.37%。

2014年巴南区城镇常住居民可支配收入情况

指标名称	金额（元）	构成（%）	与上年同比（±%）
可支配收入合计	28040	100.00	9.20
其中：工资性收入	15968	56.95	9.32
家庭经营性收入	4034	14.39	4.70
财产性收入	2044	7.29	11.57
转移性收入	5994	21.37	11.29

【城镇常住居民生活消费支出】 2014年，巴南区城镇常住居民年人均生活消费支出为22199元，比上年增长11.43%。其中：食品消费支出8200元，占消费支出的36.94%；衣着消费支出2333元，占消费支出的10.51%；居住消费支出3059元，占消费支出的13.78%；家庭设备用品及服务支出1832元，占消费支出的8.25%；医疗保健消费支出1925元，占消费支出的8.67%；交通与通信消费支出2354元，占消费支出的10.60%；教育文化娱乐及服务支出2024元，占消费支出的9.12%；其他杂项商品和服务支出472元，占消费支出的2.13%。城镇居民恩格尔系数为36.94%，与上年基本持平。

2014年巴南区城镇常住居民生活消费支出情况

指标名称	金额（元）	构成（%）	与上年同比（±%）
生活消费支出合计	22199	100.00	11.43
其中：食品	8200	36.94	11.25
衣着	2333	10.51	15.72
居住	3059	13.78	6.73
家庭设备用品	1832	8.25	13.09
医疗保健	1925	8.67	9.75
交通通信	2354	10.60	11.62
文化教育娱乐	2024	9.12	14.48
其他商品和服务	472	2.13	12.92

2014年年末每百户城镇居民主要耐用消费品拥有量如下表：

重庆市巴南区每百户
城镇居民家庭主要耐用消费品拥有量

品名	计量单位	2013 年	2014 年	比上年 ±%
家用汽车	辆	15	16	6. 7
洗衣机	台	101	102	1. 0
电冰箱	台	104	110	5. 8
彩色电视机	台	165	170	3. 0
家用电脑	台	85	90	5. 9
组合音响	套	25	26	4. 0
摄像机	架	15	15	0. 0
照相机	架	65	70	7. 7
微波炉	台	88	92	4. 5
空调器	台	220	235	6. 8
淋浴热水器	台	112	113	0. 9
消毒碗柜	台	13	14	7. 7
普通电话	部	80	88	10. 0
移动电话	部	240	260	8. 3

【农村常住居民可支配收入】 2014 年，巴南区农村常住居民年可支配收入 12548 元，比上年增长 11. 30%。其中：工资性收入 4978 元，占可支配收入的 39. 67%；家庭经营性净收入 4792 元，占可支配收入的 38. 19%；财产性收入 927 元，占可支配收入的 7. 39%；转移性收入 1851 元，占可支配收入的 14. 75%。

2014 年巴南区农村常住居民可支配收入情况

指标名称	金额（元）	构成（%）	与上年同比（±%）
可支配收入合计	12548	100. 00	11. 30
其中：工资性收入	4978	39. 67	11. 64
家庭经营性收入	4792	38. 19	5. 81
财产性收入	927	7. 39	14. 16
转移性收入	1851	14. 75	25. 58

【农村常住居民生活消费支出】 2014 年，巴南区农村常住居民年人均生活消费支出为 9178 元，比上年增长 11. 51%。其中：食品消费支出 4320 元，占消费支出 47. 07%；衣着消费支出 535 元，占消费支出 5. 83%；居住消费支出 1225 元，占消费支出 13. 34%；家庭设备用品及服务支出 693 元，占消费支出 7. 55%；医疗保健消费支出 894 元，占消费支出 9. 74%；交通和通信消费支出 690 元，占消费支出 7. 52%；文化教育娱乐服务支出 689 元，占消费支出 7. 51%；其他商品和服务支出 132 元，占消费支出 1. 44%。农村居民恩格尔系数 47. 1%，比上年下降 0. 3 个百分点。

2014 年巴南区农村常住居民生活消费支出情况

指标名称	金额（元）	构成（%）	与上年同比（±%）
生活消费支出合计	9178	100. 00	11. 51
其中：食品	4320	47. 07	10. 74
衣着	535	5. 83	11. 46
居住	1225	13. 34	6. 61
家庭设备用品	693	7. 55	13. 61
医疗保健	894	9. 74	14. 62
交通通信	690	7. 52	16. 16
文化教育娱乐	689	7. 51	13. 88
其他商品和服务	132	1. 44	17. 86

2014 年年末每百户农村居民主要耐用消费品拥有量如下表：

重庆市巴南区每百户农村居民
家庭主要耐用消费品拥有量

品名	计量单位	2013 年	2014 年	比上年 ±%
洗衣机	台	65	66	1. 5
电冰箱	台	95	99	4. 2
空调	台	31	32	3. 2
热水器	台	26	29	11. 5
家用汽车	辆	1	1	0. 0
摩托车	辆	18	18	0. 0
电话机	部	36	36	0. 0
移动电话机	部	194	215	10. 8
微波炉	台	13	13	0. 0
彩色电视机	台	117	115	-1. 7

续表

品名	计量单位	2013 年	2014 年	比上年 ±%
照相机	架	12	13	8.3
家用计算机	台	3	4	33.3

（左辉富）

民政事业

【概况】 重庆市巴南区民政局（简称：区民政局）机关内设6个科室（办公室、优抚安置科、救灾救助科、基层政权和社会事务科、老龄福利科、社会组织和区划地名科）；下属事业单位8个（光荣院、军休中心、救助管理站、殡葬管理服务所、最低生活保障管理中心、社区和社会福利企业指导中心、婚姻登记处、老年活动中心）。机关行政工作人员编制20名、后勤服务人员编制2名，事业单位工作人员编制46名。现在岗干部职工61人（其中：机关21人、事业单位40人）。

2014年，区民政局认真贯彻执行党和国家有关民政工作的方针、政策和法律法规，积极创新地开展巴南区民政事业各项工作：一、社会救助。在全国率先建立困难群众重特大疾病和慢性疾病救助制度。代表重庆市区（县）在全国重特大疾病医疗救助和慢性疾病救助座谈会上作经验交流发言。城乡医疗救助稳步推进，着力缓解困难群众就医负担，切实做到应救必救。全年共救助患病群众10.74万人次，累计支出医疗救助资金2515.97万元。住院救助平均水平达到87%，为全市最高。在全市率先建立社会救助信息管理平台，畅通群众救助渠道，提高救助时效性，市民政局发专题简报在全市推广，并受到民政部、财政部专题调研组的充分肯定。全年共临时救助2729人，发放临时救助资金650.12万元。及时做好受灾群众应急救助、过渡性生活救助和冬令春荒救助，下拨冬春救助和倒房恢复重建补助资金570余万元，救助3.5万人次，修复损坏房屋302户，分期建房201户，确保受灾群众得到妥善安置。二、社会治理。全面完成第九届村（居）委会换届选举工作，组织开展换届选举后的建章立制和新当选的村（居）干部任职培训，并不断完善“村规民约”修订。有序地开展村（社区）减负工作，制定印发村（社区）减负实施意见和准入制度配套文件，规范村（社区）挂牌和印章管理。城乡社区建设稳步推进，协议还建社区组织工作用房3198.37平方米。投入建设资金1415万元，新改（扩）建6个社区服务站，实现289个村（社区）“中国社区”标志全覆盖。社会组织管理健康有序，对“四类社会组织”（行业商会类、公益慈善类、科技类、城乡社区服务类）实行直接登记。三、社会福利。在全市率先开展城乡养老服务业综合改革试点。努力推进“医养融合”养老，建立社会办养老机构建设补贴和运营补贴制度，试点开展敬老院公办民营工作，拓展智能化养老服务。全区新增养老机构3家、床位700张，协议引进企业5家、新增床位约1000张。投资4550万元，建成50个城乡社区养老服务中心（站）。进一步加强敬老院建设和规范化管理，投资2000万元改扩建镇街敬老院2所，新增床位350个。全年享受农村五保供养5345人、发放供养金2868.2万元。扶老救孤保障有力，为全区4820名老人发放高龄营养补贴共计278.99万元，为231名孤儿及困境儿童发放基本生活费和生活补贴153.18万元，为445名“三无人员”（无生活来源、无劳动能力、无法定赡养抚养人）发放生活费216.48万元。福利企业健康发展，全区现有福利企业67家，集中安置残疾职工2667人，缴纳五大社会保险2186万元。四、民政专项事务。抓好区划地名界线管理，全面启动第二次全国地名普查工作，完成丰盛古镇修缮和巴南与涪陵、南岸与巴南边界年检工作。强化流浪乞讨救助。率先实行流浪乞讨救助数字化管理和联络员制度，全年共救助各类对象2168人次，发放救助咨询卡1800余张和8万余元救助物资。推行惠民殡葬救助，为全区农业人口及困难群众减免殡葬费用250余万元，火化区内死亡人口遗体火化率达到并保持100%。完善婚姻收养登记服务，实现婚姻登记处与婚事服务机构彻底分开。开展婚姻登记免费颁证、网上咨询、365预约、周六延时等特色服务。全年共办理结婚登记10041对、离婚登记4989对，补发婚姻证件3027件，出具婚姻登记记录证明16868件，群众满意率100%。五、双拥优抚安置。推进全国双拥模范城创建工作，抓好创建宣传，落实节日慰问机制，开展春节、建军节、烈士纪念日、拥军优属慰问等活动。切实维护优抚对象权益。认真落实优抚对象各项政策，及时足额兑现优抚对象各类抚恤优待补助3500多万元。完成8个散葬烈士墓抢救保护修缮工程，组织开展清明祭扫烈士墓活动和“9·30”烈士公祭活动。深化退役士兵安置改革。拓宽安置渠道，出台退役士兵安置公招考录政策，搭建企业与退役士兵双向选择平台，引导退役士兵转变择业观念，开设退役士兵职业教育和技能培训课堂，积极扶持退役士兵自主创业，按时足额兑现自主就业一次性经济补助963余万元。

2014年12月，国家民政部、财政部领导到巴南区调研社会救助工作

2014年，先后被民政部评为“全国农村五保供养工作先进单位”“中国社会报民政宣传工作先进单位”，区救助管理站被民政部评为“全国寒冬送温暖专项行动先进单位”；被重庆市民政局评为“2013年全市民政工作优秀奖单位”“2013年度民政工作创新奖”“2013年度社会救助探索创新活动一等奖”；被区委、区政府评为“2014年度区管领导班子先进集体”。

【阳光低保打造】 认真核对城乡低保家庭收入，定期查询低保家庭银行存款、机动车辆、社保等相关信息，提高保障对象信息的准确率。加大张榜公示力度，坚持每季度印制发放城乡低保公示入户告知书47万份，统一制作城乡低保公示牌449块。制发手机短信，宣传低保公示途径及有奖举报电话，累计发送宣传短信154万条。截至年末，全区有城市低保对象4741户、6492人，累计发放城市低保金2985万元（含节日慰问）；有农村低保对象5387户、7959人，累计发放农村低保金1982万元（含节日慰问）。

【临时救助创新】 2014年，在全市率先建立社会救助信息管理平台，将信息管理平台终端延伸至村（居）委会，实行村（居）、镇街、区三级信息联网，实现即时查询和在线审批，畅通群众救助渠道，群众获取救助时间由平均2个月缩短为1个月以内，提高救助的时效性。全年临时救助达2729人，发放临时救助资金650.12万元。市民政局发专题简报在全市推广，并被市民政局评为“社会救助探索创新活动一等奖”。同时，社会救助工作受到民政部、财政部专题调研组的充分肯定。

【医疗救助实施】 2014年，在全国率先建立困难群众重特大疾病和慢性疾病救助制度。以帮助解决因病致贫、因病返贫家庭医疗负担为重点，在制定印发《巴南区城乡困难群众重特大疾病和慢性疾病医疗救助实施意见》，每年由区财政安排专项资金500万元~1000万元，将城乡医疗救助对象用药目录外的医疗费用纳入救助范围，采取病种与费用相结合的方式，按就医自付费用总额分段按比例进行救助，为切实减轻患重特大疾病群众的医疗负担，保障城乡困难群众的基本生活发挥了重要作用。全区高标准、广覆盖、托底线的医疗救助体系全面形成。巴南区代表重庆市区（县）在全国重特大疾病医疗救助和慢性疾病救助座谈会上作经验交流发言。

【灾害救助及时】 确保对受灾群众应急救助、过渡性生活救助和冬令春荒救助及时。全年下拨冬春救助和倒房恢复重建补助资金570余万元，采购发放救灾棉被6000床、防寒服1380件、棉大衣400件，救助3.5万人次，切实做到救助对象准确、程序规范。修复损坏房屋302户、519间，另有灾区群众201户、369间分期建房均已开工建设，确保受灾群众得到妥善安置。加强救灾物资储备，规范救灾资金发放和灾情信息管理。积极开展防灾减灾宣传活动，界石镇桂花社区被国家减灾委员会、民政部命名为“2014年全国综合减灾示范社区”。

【养老服务改革】 努力推进“医养融合”养老，打造善行老年养护院、花溪新屋村老年公寓等“医养融合”的养老机构。建立社会办养老机构建设补贴和运营补贴制度，对符合补贴条件的养老床位，在市级财政给予补贴的基础上，区级财政再给予每张1000元的建设补贴和600元/年的运营补贴，已拨给3家养老机构一次性建设补助359.5万元。在龙洲湾街道敬老院开展公办民营试点，通过招标、评审等方式与具备专业服务资质的社会力量签订承包经营协议，实行所有权与经营权分离，提高公办养老机构专业化、规范化管理服务水平，同时盘活敬老院富余资产。拓展智能化养老服务，在龙洲湾街道龙海社区开展“一键通”养老服务试点，以电话转介服务的方式，面向社区老人全方位提供周全的日（全）托（管）护养服务以及各类低偿、无偿居家养老服务，满足社区老人居家养老服务需求。全年新增养老机构3家、床位700张，协议引进企业5家。投资4550万元，建成50个城乡社区养老服务中心（站）。

【双拥优抚推进】 一、开展特色双拥共建。大力推进“全国双拥模范城”创建，开展春节、建军节、烈士纪念日、拥军优属慰问活动，由区主要领导带队走访慰问驻区部队、优抚事业单位和部分优抚对象，全年共支出慰问经费112.2万元。培育科技拥军基地，开展“送科技、送信息、送电脑、送书籍进军营”活动，为驻区部队援建图书室，为三个基层连队援建电脑室，帮助部队提高信息化建设水平。区财政投入1.3亿元，为武警七支队等部队修建道路、水厂、环境整治等配套工程和购买体育器材、开办双拥农场等。组织区内40余家民政福利企业为武警重庆总队后勤基地赠送空调46台。二、落实优抚对象政策。全年及时足额兑现优抚对象各类抚恤优待补助3500多万元。进一步完善优抚对象生活、医疗、住房保障机制，为全区重点优抚对象解决临时医疗补助208万元；为原建设襄渝铁路的17名伤残民兵民工和240名患矽肺病民兵民工兑现救济补助金229万余元；为44户重点优抚对象实施住房援建。建立老复员军人休养制度，组织在乡老复员军人分期分批到光荣院进行休养。完成8个散葬烈士墓抢救保护修缮工程。组织开展清明祭扫烈士墓活动和“9·30”烈士公祭活动。三、深化退役士兵安置改革。拓宽安置渠道，出台退役士兵安置公招考录政策，有5名退役士兵通过考试进入事业单位工作。搭建企业与退役士兵双向选择平台，共接收转业复员士官、城乡退役士兵407人（其中：实现自主就业401人、工作安置6人），接收安置军休干部及士官2名，圆满完成安置任务。引导退役士兵转变择业观念，开设退役士兵职业教育和技能培训课堂，发放退役士兵职业技能培训宣传资料450余册，举办退役士兵职业技能培训班三期，有340人参加。积极扶持退役士兵自主创业，对407名退役士兵按时足额兑现自主就业一次性补助963余万元，并帮助12名退役士兵审核申请创办微型企业。

【基层政权建设】 2014年4月，全面完成区第九届村（居）委会换届选举工作。组织开展换届选举后的建章立制和新当选的村居干部任职培训，完善村（居）规划民约的修订。有289个村（居）制定届期目标，232个村（居）健全完善规章制度，1500余村（居）干部参训。强化村（居）务公开、民主管理，统一印发《村（居）务公开目录》，规范公章使用，坚持实行“五公开”（即：党务、政务、村务、服务、群众点题）和网络公开，完善农村工程的承包程序，增加农村集体经济开支透明度。有序地开展村（社区）

减负工作，制定出台村（社区）减负实施意见和准入制度配套文件，规范村（社区）挂牌和印章管理。进一步提高村（居）干部待遇，将村、社区专职工作者待遇最高调增至2100元/月/人和2700元/月/人。首次建立居民小组长和村（社区）务监督委员会成员补贴制度。

【社工服务探索】 积极探索和推行多领域社工服务。一、在设立军休中心社会工作室的基础上，与第三军医大学心理学院共建全市首个军休心理健康服务中心，开展心理咨询辅导服务，探索建立“身心灵社”全方位的关怀服务模式，得到军休干部的高度认可。二、将社会工作引入流浪乞讨救助中，结合“流浪孩子回校园”活动，由专业社工对流浪儿童进行心理矫治和心理疏导，已帮助3名流浪儿童回归家庭，4名儿童重新进入学校学习。三、精心打造婚姻辅导室。由具有心理咨询师资质的专业社工开展婚姻家庭服务，提供“离婚劝合”“离婚后生活辅导”等心理咨询服务项目，已辅导85例放弃离婚，有效缓解冲动离婚、协助修复家庭。12月，民政部部长李立国、副部长姜力，副市长刘强到巴南区视察时，对此项工作给予充分肯定。

（陈　婧）

残疾人事业

【概况】 2014年，重庆市巴南区残疾人联合会（简称：区残联）在中共巴南区委、区政府领导和市残联指导下，在社会各界大力支持和鼎力相助下，全年完成残疾人各类辅助器具适配共340件；开展“阳光家园计划”托养项目，对300名居家和65名机构托养的残疾人给予护理资助；举办农业实用技术培训班，300多名残疾人及残疾人家属参训受益；对22个镇街残联干部、社区康复协调员、镇街（中心）卫生院、社区卫生服务中心的康复医生150余人进行业务技能培训；对50户贫困残疾家庭危房进行改造；分别在鱼洞街道、花溪街道、李家沱街道、界石镇对60户残疾人家庭进行无障碍改造建设，改造资金达12万元；对105名贫困残疾人三轮车主进行帮扶，对42名下肢残疾人车辆路桥通行费进行减免，对391名残疾人机动轮椅车燃油费补贴，帮扶资金达50万多元。在区残疾人核查领导小组的部署下，各镇街对残疾人进行全面专项调查，截至12月31日，全区共有残疾人20338人。

【社会保障】 2014年，区残联加强残疾人社会保障服务资助，全区残疾人实现应保尽保。一、对享受城乡居民最低生活保障的残疾人实行差额救助，城市低保户残疾人每人每月增加35元、农村低保户每人每月增加20元的救助金。二、对享受低保的一、二级重度残疾人和一户多残家庭的残疾人实施特殊扶助，给予每人每年240元的生活补助，全区有2272人受益。三、鼓励残疾人参加城乡居民养老保险，凡参加城乡居民养老保险的残疾人由财政每人每年补助40元保险费。

【权益维护】 一、区残联积极开展《中华人民共和国残疾人保障法》《重庆市残疾人保障条例》等法律法规的宣传活动。利用“全国助残日”“群众路线教育实践活动”等开展多种形式的宣传教育活动，发放《重庆市残疾人保障条例》及相关法律法规宣传手册1000余份。二、区残联按照市残联《关于减免下肢残疾人车辆路桥通行费的通知》（渝残联发〔2014〕17号）文件要求，完成下肢残疾人车辆路桥通行费减免审核工作，为42名符合条件的残疾人减免车辆路桥通行费。三、区残联配合有关部门打击机动车非法营运，并做好被帮扶人员残疾人机动三轮车主的稳定工作。四、区残联挂牌建立维权信访办公室，明确专职维权信访人员，畅通残疾人信访、来访渠道。全年转办残疾人来信来访案件11件，自办来信来访案件62件，结案率100%。

【助教扶残】 一、在“六一”儿童节期间，区残联对特殊教育学校的40名儿童每人给予500元的资助，共2万元；9月，对随班就读的84名残疾人儿童每人给予500元入学资助，共4.2万元，缓解贫困残疾学生上学难的问题。二、继续开展“扶残助学·圆我大学梦”大学生入学资助活动。7月，印发《巴南区残联关于开展“扶残助学·圆我大学梦”入学资助的通知》，分市、区两级继续对2014年度残疾大学生和残疾家庭子女大学生进行一次性资助，共资助残疾大学生23名，共计6.3万元；资助残疾家庭子女44名，共计7.1万元。

【扶贫解困】 一、5月，区残联与农技部门在鱼洞、一品、龙洲湾街道分别举办“农村残疾人实用技术培训班”，培训内容为无公害蔬菜栽培技术、农药使用基础、知识与病虫害防治、栽桑养蚕技术、畜禽养殖新技术、沼气综合新利用蔬菜嫁接等技术等，200多名残疾人踊跃参加培训。通过培训，参训残疾人学习掌握了科学知识，为脱贫致富增添了劳动技能。二、鼓励残疾人参加城乡居民合作医疗保险。辖区内农村和城镇重度（一、二级）残疾人选择一档参保的，区财政按每人定额资助60元；城乡三、四级残疾人，区残联按每人40元的标准补助个人应缴部分。三、区残联为提高重度残疾人的护理质量与生活质量，开展重度残疾人护理补贴举措，此项护理补贴举措，惠及全区一级重度残疾人（除聋、哑残疾外）1700名，区残联给予每人每年300元的补贴，补贴资金达51万元。四、根据区委组织部和区残联印发《巴南区农村基层党组织助残扶贫工程实施意见》，提出全区农村基层党组织帮扶80户农村贫困残疾人家庭到2015年脱贫的目标，并把任务分解到各镇街，明确实施步骤与助残扶贫措施。2014年，全区共完成助残扶贫任务20户，落实助残扶贫资金25万余元。

【就业帮扶】 区残联为了帮助残疾人就业，对有就业愿望和具有一定劳动能力的待业、下岗、失业残疾人建立就业登记台账。一、详细掌握残疾人专业技能、求职意向等资料，进行网络登记，及时发布求职及招聘信息，有针对性开展残疾人职业技能培训和向用人单位推荐残疾人就业提供可靠依据。二、开展残疾人“就业援助月”活动，与劳动就业局一起，在李家沱街道召开残疾人零就业家庭和残疾人大学生专场招聘会，为残疾人推荐招聘企业，搭建就业信息交流平台。三、继续做好残疾人按比例就业工作。6月，区残联和区地税局向全区机关和企事业单位送发《重庆市残疾人就业保障金申报通知书》，7月，对按比例要求接纳残疾人就业的用人单位进行有关税额的政策减免，对未安排残疾人就业的单位依法收取残疾人就业保障金，全年共征收916万元。四、鼓励帮扶残疾人自谋职业。对43名残疾人自谋职业进行一次性资助，每人1000元，共资助4.3万元。并对5家残疾人微型企业给予资助。五、组织残疾人职业培训。推荐盲人到江津区参加盲人按摩医师班培训，并有送有接，保证残疾人参训中的安全，共培训初级按摩医师6人，中级按摩医师2人。组织基层残疾人工作者参加全国就业指导员的远程培训，选派石龙镇和木洞镇10名社区残联干部参加培训。六、做好盲人医疗按摩换证和盲人按摩学会工作。对3名盲人按摩医师进行换证申请和审核。与盲协沟通，开展盲人按摩学会活动，组织盲人参加体检，开展知识讲座，提高盲人按摩的行业素质。

【康复服务】 一、视力残疾康复。区残联配合区卫计委和复明手术定点医疗机构做好全区贫困白内障复明手术需求对象筛查。2014年，全区共筛查出符合贫困白内障复明手术对象413例，各定点医院陆续开展对贫困白内障患者复明手术；组织开展盲人定向行走训练10人。二、听力言语康复。组织开展全区听力患者筛查摸底工作，共筛查出听力患者40名（其中：聋儿2名）；3月3日，在开展第十四次“全国爱耳日”宣传咨询教育活动中，组织听力医疗专家为40名听力患者免费测听，并为参测患者每人免费捐赠助听器1台，共计价值15余万元。三、残疾儿童康复。3月，区残联组织各镇街开展贫困残疾儿童康复需求筛查，全区共筛查出有康复需求的贫困残疾儿童（聋儿、脑瘫、智力）27名。3名智力残疾儿童分别进入市级定点康复机构进行免费康复训练；2名肢体残疾儿童在市级定点医疗机构实施免费矫治手术并装配矫形器；4名肢体残疾儿童（少年）转介到涪陵区郭昌毕骨科医院实施矫治手术；为11名残疾儿童免费配送儿童轮椅、助行器、站立架、坐姿椅等残疾儿童辅助器具。对7岁以下的脑瘫、智力、自闭症和听力残疾儿童提供每人500～600元/月的康复训练补贴，为广大残疾儿童康复创造条件，减轻残疾儿童家庭的经济负担。

【辅具助残】 4月9日至18日，区残联组织有关人员深入各镇街、社区和残疾人家庭，分别对450余名辅助器具需求对象进行复查，在“全国助残日”期间全部免费配发到残疾人手中，全区共配发各类辅助器具13个品种391件，适配人数340人。

【无障碍改造】 4月15日，区残联召开贫困残疾人家庭无障碍改造工作会，并对在鱼洞街道、花溪街道、李家沱街道、界石镇的60户残疾人家庭进行无障碍改造建设，改造资金达12万元。

【托养照料】 按照市残联要求，区残联认真开展“阳光家园”托养服务。2014年，全区共资助300名居家托养残疾人，每人每年补助800元；65名在机构托养的残疾人，每人每年补助4000元。

【住房保障】 2014年，区残联认真做好残疾人危房改造工作。对特困残疾人危房进行认真排查，筛查出50户极端贫困急需改造的对象，并统筹多方资金进行帮助改造，对急需改造的残疾人危房户，每户由市残联资助8000元、区建委资助7500元、区残联资助5000元，每户残疾人危房改造可得到资助金2.05万元。

【文体宣传】 一、残疾人事业宣传。区残联与巴南电视台共同举办电视手语新闻节目，得到广大听障人士的欢迎。选送优秀作品参加全国残疾人事业好新闻评选和优秀影视作品展播，并在重庆市主流新闻媒体开办宣传残疾人事业的专栏专版。向报刊、电视台、市残联宣传部报送残疾人事业发展的新闻、信息、专题报道50余条（其中：国家级媒体2篇、市级媒体4篇、区级媒体40余篇）；在《重庆行政》杂志发表“进一步提高残疾人就业率的基本思路与对策”论文。二、区残联积极推进“残疾人文化进社区活动点”项目建设。围绕残疾人自强健身为重点，培养残疾人文体骨干队伍，积极开展“残疾人文化周”“残疾人健身周”“全国特奥日”等主题活动。三、组织残疾人参加全国、市残疾人举重运动会。区残联组织残疾人举重队代表重庆市参加“全国残疾人举重锦标赛”获得1金1银；组织16名残疾人运动员参加“重庆市第五届残疾人运动会”获得5金1银的历史最高成绩。

（何陶军）

人口与计划生育

【概况】 2014年末，据巴南区卫生和计划生育委员会统计：巴南区常住总人口97.37万人。其中：育龄妇女19.93万人，已婚育龄妇女14.71万人；一孩妇女构成比为73.65%，采用避孕措施12.10万人；女性初婚2317人，其中：晚婚1416人，晚婚率61.11%；计划生育手术3213例，其中：节育手术3023例，补救手术190例；出生人口含漏出生9129人，含漏政策性生育率97.25%，当年符合政策生育率97.67%；含漏出生人口性别比101.10，当年出生人口性别比101.26；死亡人口7101人，含漏出生人口增长幅度3.69%，当年出生人口增长幅度10.75%。

【单独两孩政策实施】 3月26日，巴南区实施“单独两孩”政策。通过召开全区计划生育工作会议，学习宣传和贯彻落实“单独两孩”政策，设立咨询台、阳光巴南网站、“12356”阳光计生热线、印发宣传资料、在区内媒体公开政策等方式，以及开展申报委托代办、审批绿色通道等措施，努力提高再生育办证率。全年共办理“再生育服务证”1939个，其中属于“单独两孩”政策再生育的1112个，占57.35%，符合单独政策已生育505人。

【计划生育惠及民生】 全年新增奖扶对象3919人、特别扶助222人。现全区享受奖励扶助对象2.16万人，特别扶助1819人，共计发放奖扶特扶资金3328万元。确认农村独生女报考市属院校照顾录取对象602人，发放独生子女父母奖71.14万元，发放放弃再生育奖励金81.6万元，资助贫困女高中生助学金共计7.2万元。在全市率先推行失独家庭养老帮扶工作，探索以家庭化、人性化、亲情化、均等化、专业化为失独家庭实现“一对一”的服务，帮助失独老人走出阴影、排忧解难、重拾生活信心。5月，重庆市“生育关怀·计生特殊家庭养老帮扶工作座谈会”在巴南区召开。积极构建自由选择、自主结算的计划生育手术并发症对象治疗模式，破解并发症对象治疗难题。

【流动人口管理服务】 积极探索“网格化管理、均等化服务、亲情化关怀”的流动人口管理新模式，提高流动人口卫生计生公共服务水平。与区公安分局、区房管局、区综治办联合开展“实有人口实有房屋”信息清理，将家庭人口情况、婚姻状况、生育情况等纳入清理范围，为流动人口管理网格化提供信息基础，健全流动人口管理队伍，形成区、镇街、村（社区）三级服务网格。截至年底，掌握跨市流入人口4.4万人，市内流入人口11.3万人，流出人口15.5万人。同时，针对流动人口的特点，在服务方式上进行创新，将宣传服务融入社区、企业文化建设，将技术服务融入企业工会服务，基本实现流动人口避孕节育、生殖健康检查以及孕产妇健康管理、传染病防治等免费服务的全覆盖，提高流动人口的健康水平。全年为流入人口开展免费孕优检查735人，开展计划生育手术332例，开展中老年健康检查1万余人次，新生儿保健、妇幼保健260人，走访慰问流动人口困难户1400余户，送出慰问品、慰问金30万余元，与民政、社保等部门联合开展帮扶就业活动60场次。全力做好流动人口动态监测点工作，顺利完成18个国家流动人口动态监测等工作，全区未发生换点、换人等扣分行为，结果排名主城区第一。

【计生政策宣传贯彻】 继续发挥区域文化优势，打造“计生山歌、计生儿歌、计生歌舞”宣传品牌，以表演唱、场景剧、小品、歌舞等通俗易懂、群众易接受的形式宣传计生政策和知识。并结合阶段性工作重点，利用节假日和计生赶场日，开展生殖健康、孕优、单独两孩、奖扶等主题宣传活动156场次，并在《巴南日报》、巴南电视台对“单独两孩政策”进行专题宣传。宣传稿件“避孕药具三进企业，提高均等化服务水平”“三强化、三提高落实单独两孩政策”被《国家人口和计划生育情况》采用。“巴南区搞好单独两孩专项宣传”“突出六个重点推进下半年计划生育工作”被重庆广播电视台重庆之声栏目报道。

【出生性别平衡调控】 一、在全市率先纳入医疗机构绩效考核。利用区机构整合契机，将终止妊娠实名登记制度等涉及综合治理出生性别比内容纳入全区医疗机构考核内容，并实行“一票否决”制度。二、制发科学合理的制度。制度涉及终止妊娠药品使用管理、孕14周以上超声检查、孕14周以上人工终止妊娠手术审批等多个方面，涵盖可能导致发生“两非”（即：非医学需要的胎儿性别鉴定，非医学需要的人工终止妊娠行为）事件的各个领域和环节，确保监管措施无死角，从源头上杜绝“两非”事件的发生。三、联合相关部门开展专项行动。11月3日~5日，与区食品药品监管局、区卫生监督所等部门组成联合执法检查组对全区各大医疗机构、计生技术服务机构、个体药店开展打击“两非”专项执法，进行拉网式检查，对全区的“两非”工作进行全方位摸排，规范医疗机构和药店的执业行为，净化医疗市场，杜绝非法流引产手术、私自销售终止妊娠类药物和违规使用B超等行为。

【孕前优生健康检查】 通过孕前优生的宣传发动、规范服务、强化督查等措施，提高孕优项目的知晓率和群众参检积极性，确保孕优项目量质并重。区生殖健康中心针对上班族不便参加免费孕优检查的实际，采取提前1小时上班和周末轮班的方式，解决上班族检查的后顾之忧。全年共参检1883对，参检率为90.97%，高风险率为18.8%，属正常值范围内，目标人群准确率为91.3%，随访率为88.4%，孕优检查实际效果逐年提升。

（谭琳琳）

街　　镇

街　　镇

概　　述

2014年，全区共有8个街道办事处，14个镇。91个居民委员会，913个居民小组；198个村民委员会，2074个村民小组。

龙洲湾街道

【概况】 龙洲湾街道位于巴南区西部。东依界石镇为伴，南与一品街道接壤，西连鱼洞街道相邻、并与大渡口区的钓鱼嘴隔江相望，北同花溪街道、南泉街道毗连。辖区土地面积39.5平方公里，耕地面积620公顷。辖区北临内环快速公路，南接外环高速公路；境内渝南大道、龙洲大道、巴滨路3条城市干道纵贯南北；轻轨3号线横穿东西；快速的交通枢纽互通主城各区，畅达重庆机场、火车站、客运港口和各滚装码头、物流基地。区行政中心、法院、公安、城建、教育、财政、金融等部门所在地。巴南万达广场即将竣工，重庆高职城基建工程快速推进。是重庆十大重点开发城市片区、主城城市和商业副中心。着力打造“滨江生态新城、商贸金融新区、西部职教高地”。

2014年，街道辖7个行政村，4个社区居委会。年末，总户数19610户，总人口42714人（男性：21083人、女性：21631人；非农业人口27270人、农业人口15444人）。人口出生率13.9‰，人口自然增长率8.7‰。

2014年年末，与区征地办、花溪街道共同荣获区委、区政府“2014年度突出贡献金牛奖”（颁奖主题辞：征地拆迁创巴南新速度）；获区委、区政府“2014年度区管领导班子先进集体”。龙海社区获市人社局、市妇联“重庆市三八红旗集体”；道角村获市委法制办、市民政局、市司法局“重庆市民主法治示范村”称号；龙海社区获民政部“全国和谐社区建设示范社区”。

【征地拆迁】 街道新征集体土地456.6公顷，拆除农房924栋，完成高职城融智学院、五一技校等8宗项目交地；启动渝南大道D段扩宽工程，凤凰项目和龙洲湾交通换乘枢纽站市政道路工程征地拆迁工作。46天完成B区通江广场以北项目164公顷征地拆迁，拆迁农房222栋430户。10月底前，提前6天完成市城投公司78.67公顷项目，拆迁农房175栋319户、企业20家。共分配安置房（包括统建安置房和限价房）530套，完成高尔夫130户144套二期安置房分配工作，解决征地拆迁户长达16年的住房安置难问题。申购限价房共计386套，完成968项目限价房申购安置。与区征地办、花溪街道共同荣获区委、区政府“2014年度突出贡献金牛奖”。

【市政管理】 通过区招投标中心公开竞标完成

2014年5月，重庆市市政委主任谭大辉（右二）一行到龙洲湾街道调研市政管理工作

环卫市场化作业服务项目三年外包事宜，服务外包进一步提高环卫工作效率，提升环卫保洁水平，市民居住环境得到改善。新建百节桥头、相思桥、龙井佳园、红炉场4个公厕，年底竣工投用。更换龙华支路、江南华都支路、窑坝街等支路雨（污）水井盖17套、电力井盖2套、水篦子5套。及时修复窑坝街、百节社区破损道路、老大桥桥头人行道护栏，并对百节社区堵塞下水道进行清掏整修。及时更换辖区内损坏路灯及老化线路，确保路灯亮灯率达到98%。狠抓“两违”整治，建立健全整治各项工作机制，形成立体式监管网络，做到每天巡查报告；引导各村（居）委会将“两违”整治工作纳入《村民公约》，对正在搭建的违法建筑或违法用地行为进行强行制止；全年共出动2500余人次，组织8次大拆违行动，拆除违法建筑2.7万平方米，实现“两违”零增长。

【民生实事】　城镇新增就业人数8830人，全面消除城镇人员“零就业家庭”。各类社保、低保、救助、优抚等民生保障补贴阳光发放。城乡居民医疗保险和养老保险实现全覆盖，参保率分别达到97%和92.5%。认真落实计划生育奖扶政策，加大违法生育立案查处力度，查处违法生育案件34件，征收社会抚养费62.18万元。多次开展老年人健康检查、妇女免费“两癌”筛查、青年夫妇孕优检查等。在每个传统节日到来之时，组织指导村、社区开展群众文化活动，打造龙洲湾“中秋诗会”文化品牌。编辑出版《龙洲圆梦》和《龙洲扬帆》等街道内部刊物。积极评选“身边好人”2个，评选表彰10位“最美龙洲湾人”，举办微访谈活动，努力营造自觉争做善举的“大美巴南”氛围。免费开展书法、绘画、声乐、舞蹈等培训，辅导辖区内少年儿童健康成长。组织5名残疾人参加“巴南区第二届残疾人运动会”，分别获象棋第二名，铅球第三名。

【投资建设】　投资近400万元，新建215平方米街道公共服务中心、11个村（社区）便民服务中心。投资18万元，为机关干部、村（居）专职干部配备群工系统手机终端，方便群众办事。投资980万元，启动因高职城规划调整而停建2年的团结村二期滑坡安置房建设，年末完成招投标。投资830万元，新建龙洲湾街道敬老院和6个社区养老服务站。投资800余万元，新建和改造10条20余公里农村公路，新建人行水泥便道6公里，方便村民出行。投资2000多万元，建设红炉盘龙自来水安装工程，12月正式通水，解决村民饮水难、用水难；投资150余万元，新建沿河等村的饮水安全工程，解决近4000村民的饮水安全隐患。投资38万元，整治山坪塘7口，解除病险库容风险。监管环境保护，完成长凼子水库污染整治工程和辖区所有工业企业环保“四清四治”工作任务。

【安全稳定】　加强社会治安综合治理。建立健全社会治安防控网络，12名社区网格员入户走访登记16447户，及时发现和上报安全隐患130余条。着力整治重点地区，龙华社区刑事案件发案同比下降50%，治安环境有所改善，得到广大群众认可。加大安全生产监督管理，全年无安全生产事故发生。切实抓好特殊人员监管和防邪教工作，无邪教组织聚众滋生事件发生。强化食药和疫病监管，未发生食品安全和药品安全事故。加强森林防火宣传与巡查，全年无森林火灾火情发生。认真做好人民调解，全年调处矛盾纠纷 1556 起，调解成功 1507 起，化解率为 97%。化解群体性社会矛盾 7 件，办结上级交办信访积案 1 件，办结群众来信来访案件 13 件，得到区委书记李建春多次批示表扬。根据街道重点工作多、临时任务多、遗留问题多等实际，建立应急处突“四套体系”（责任落实、组织评价、应急保障、督查督办），确保常态备勤，实现有事迅速到场、及时有效处置，得到区长陈刚批示表扬。

2014 年龙洲湾街道重要经济社会指标

指 标	单 位	数 值	比上年 ±%
地区生产总值	万元	319546	15. 5
其中：1. 第一产业	万元	7818	3. 4
2. 第二产业	万元	133171	10. 8
3. 第三产业	万元	178558	18. 2
农、林、牧、渔总产值（当年价）	万元	10862	6
工业企业个数	个	123	20. 6
工业总产值（当年价）	万元	153562	－36. 4
建筑业总产值	万元	191575	149. 3
固定资产投资	万元	1081346	42. 3
其中：房地产投资	万元	999157	87. 6
社会消费品零售总额	万元	161310	126. 8
本级预算内财政收入	万元	11309	65. 9
本级预算内财政支出	万元	3635	18. 6
辖区内公路里程	公里	79	8. 8
通车行政村	个	7	0. 0
中、小学校	个	5	－16. 7
在校学生数	人	4154	5. 2
教职工人数	人	301	0
医院、卫生院	个	1	0
卫生机构床位数	张	156	0
农村居民人均收入	元	15289	13. 6
城镇居民可支配收入	元	28998	12. 7
城乡养老保险参保率	%	92. 5	2. 8
城乡医疗保险参保率	%	97	1. 9

【商会成立】 8 月 6 日，龙洲湾商会召开第一次会员代表大会，区委副书记杨钟馗、区政府副区长何平、区人大常委会副主任王多富、区政协副主席温永学等领导应邀出席会议，共有 92 家会员企业代表参加大会。会上，区工商联（总商会）副主席张光军宣读《关于同意重庆市巴南区龙洲湾商会选举结果的批复》，同意选举重庆同益爆破有限公司总经理毛永利为龙洲湾商会会长，区委副书记杨钟馗为龙洲湾商会授牌授印，标志着龙洲湾商会正式成立。

【基层党建】 高标准、严要求开展党的群众路线教育实践活动，问题整改完成率达 100%。龙海社区活动开展得到中央活动办和市委督导组的肯定，盘龙村得到区委书记李建春表扬，红炉村后进基层党组织转化得到区委督导一组的好评。党的群众路线教育实践活动开展中涌现的好做法、好经验被中央、市、区级媒体累计报道 31 次。龙海社区、结义食品公司、长坪建筑公司、四方混凝土公司 4 个基层党组织，代表区级示范点接受中央、市检查组检查并获得好评。全方位监督大宗物品采购、工程项目建设，完善农村监督体系，深化约束机制。打造龙海社区区级廉政文化示范点、金源小区廉政文化公园。建章立制，规范权利管理运行，对党工委职权的行使程序和步骤，科学绘制 12 幅权力运行流程图。以党务公开统领农村公开工作，保障党员干部、辖区群众的知情权和监督权，基层干部工作作风和整体形象进一步提升。

（马　驰　胡　健）

鱼洞街道

【概况】 鱼洞街道位于巴南区西部。东与龙洲湾街道为伴，南连一品街道接壤，西同江津区珞璜交界，北临长江与大渡口区跳磴镇隔岸相望。土地面积 55. 6 平方公里，耕地面积 990 公顷。

2014年“荷运园”荣获全国休闲农业与乡村旅游示范点称号

2014年，街道辖9个行政村、73个村民小组，16个社区居委会、276个居民小组。年末，辖区常驻总户数54134户，常驻总人口数139790人（其中：城镇居民118431人，农村居民21359人）。人口出生率达6.19‰，人口自然增长率3.4‰，符合政策生育率96.7%，免费孕前优生健康检查完成率100%，流动人口信息协查率和反馈率均100%；依法查处违法生育23件，结案19件，征收社会抚养费24.27万元。

2014年，街道编制《云篆山生态休闲农业园区规划》，成立环云篆山旅游联盟，制作旅游标志标牌30块及旅游导览图；以“新街里”为重点的特色商街顺利推进。荷韵生态园先后荣获农业部“全国休闲农业精品展园区四季活动银奖”（全国休闲农业与乡村旅游示范点）、重庆市农业委员会农综办“重庆市农业综合开发重点龙头企业”。

【建设项目拆迁推进】 2014年，对辖区内的建设项目征地拆迁和山坪塘整治、城区自来水表改造安装做了大量艰难工作，并取得显著成绩。重庆长安铃木乘用车扩能征地项目签订房屋拆迁协议346幢、513户，拆除房屋346幢、513户；重庆职业技术教育城建设征地项目签订房屋拆迁协议73幢145户，拆除房屋73幢、145户；重庆光宇摩托车制造有限公司搬迁征地项目签订房屋拆迁协议132幢、206户，拆除房屋132幢、206户；重庆长安铃木乘用车扩能项目配套产业园项目签订房屋拆迁协议78幢、125户，拆除房屋78幢、125户；白马山变电站项目签订房屋拆迁协议12幢、24户，拆除房屋12幢、24户；金竹变电站、公租房市政道路建设项目按工程进度要求如期完成交地任务。投入资金197.17万元，完成42口山坪塘编制实施方案，按照“一塘一档一套班子”，高标准完成整治任务。完成城区自来水“一户一表”改造资料申报及缴费16187户，实施改造9000余户，提前超额完成区下达的5500户任务。乔鹤大厦“三无”老旧电梯改造顺利启动。

【城乡一体发展协调】 金竹村等6个村1.17公顷复垦项目完成市级备案，竣工面积0.81公顷，已通过市级验收，复垦农户拿到50%补偿款；干湾等2个村三个项目入库备案2.79公顷，竣工面积1.92公顷，正待区级验收；仙池村复垦项目（B）1.08公顷及干湾等6个村1.83公顷复垦项目已完成设计勘探。完成农村公路规划设计和立项审批12.8公里，硬化撤并村公路15公里，硬化人行便道13公里。坚持“两违”巡查，成功制止新增“两违”20余起，拆除违法建筑2.84万平方米，完成全年任务2.5万平方米的113%。扎实推进“五转一创新工作”，全年发展“无证转有证”292家，完成全年目标任务200家的146%；发展“个体转企业”198家，完成全年目标任务85家的233%；发展“分支转法人”10家，完成全年目标任务9家的111%；发展“规下转规上”12家，完成全年目标任务5家的240%；新增企业599家，其中微型企业69家，注册资金1000万元以上的20家。

【市政环境建设管理】 全年清理暴露垃圾1200余吨，道路冲洗次数2700余车次，用水量达2.16万吨，并对辖区内的258个垃圾收集容器加强维护管理，清掏化粪池100余个1.2万多立方米，疏通管道约 1 万米，新安及更换管道 200 余米，更换雨污水井盖 200 个，清掏更换雨水篦子 300 余个；在云篆山景区入口处和云篆山顶新建公厕 2 座，对新农街 106 号破损阶梯、新市街 11 号至新建街 43 号的人行道、区机关幼儿园大门口地面塌陷和乌洋街 2115 栋至 2119 栋的人行道进行修复改造；完成行道树修枝约 4000 株，补植绿地面积约 4000 余平方米；出动执法人员 1.16 万余人次，对鱼洞农贸市场、金龙市场、大江二市场、半岛康城等重点部位和路段进行整治。落实专人处理“民生 110”反映问题 20 余件，处理群众来电来访问题 590 余件，处理“12319”案卷 298 件，处理“数字化城市管理信息平台”案卷 79532 件，处置率达 99.92%，按期处置数 79098 件，按期处置率达 99.38%。

2014 年鱼洞街道重要经济社会指标

指 标	单 位	数 值	比上年 ±%
地区生产总值	万元	1331536	12.2
其中：1. 第一产业	万元	27700	1.9
2. 第二产业	万元	609941	13.8
3. 第三产业	万元	693896	12.8
农、林、牧、渔总产值（当年价）	万元	36203	5.9
工业企业个数	个	328	-21.7
工业总产值（当年价）	万元	1970482	27.4
建筑业总产值	万元	867171	14.1
固定资产投资	万元	528962	3.93
其中：房地产投资	万元	97446	-56.29
社会消费品零售总额	万元	173885	-47.2
本级预算内财政收入	万元	11784	8.25
本级预算内财政支出	万元	10294	10.83
辖区内公路里程	公里	155	
通车行政村	个	8	
中、小学校	个	14	
在校学生数	人	29992	
教职工人数	人	1840	
医院、卫生院	个	7	
卫生机构床位数	张	1758	
农村居民人均收入	元	13896	13.5
城镇居民可支配收入	元	31049	12.4
城乡养老保险参保率	%	96%	4
城乡医疗保险参保率	%	100%	2

【社会治安综合治理】 全年共检查各类工矿商贸企业、建筑施工点、加油站、歌舞厅、网吧、宾馆、易燃易爆场所 4668 户（次），出动检查人员 833 人次，查出隐患 663 条，完成整改 613 条（其余隐患正在限期整改之中），整改率达 92.5%。投入资金 16.9 万元，完善公路标志标识牌。在急弯、陡坡、连续弯道及阻碍视线的地方完善设置警示标牌 12 套、警告标志 18 套、凸面镜 9 套、减速垫 12 组，限行标志 12 套，公路标线 16 公里。集中全力调处滕王阁小区门面业主聚集、佛耳岩码头阻工、天明村征地补差、物业管理纠纷等非正常上访、聚集等事件 10 余起；大力推进视频监控系统建设，在街道机关、下新新社区和花土湾社区周边区域建成视频监控系统 3 个，在重点部位、重点场所安装高清摄像头 42 个，并加强社区治安志愿巡逻队伍建设。大力推进市级挂牌重点地区花土湾社区周边整治工作及反邪教宣传教育，教育转化邪教“法轮功”及“全能神”邪教人员各 1 人，创建无邪教村（居）11 个；安置刑释解教人员率达 90%、帮教社区矫正人员率达 100%；严格管控具有肇事倾向精神病人、有违法行为的艾滋病人及有危害社会治安嫌疑人员等，管控率均达 100%。

【社会救助公益事业】 核发扶贫济困人员 83 人、资金 19.47 万元，城乡困难群众临时救助 140 人，发放救助金 33 万元，建档城乡特殊困难家庭 162 户 162 人、三无人员 18 人、孤儿 8 人、事实无人抚养儿童 6 人，发放各类生活补助及慰问金 20 万余元。恢复因自然灾害倒塌房屋 135 间，补助救灾资金 1.73 万元，落实农村房屋保险 5238 户。供养五保户 109 人（其中分散供养 82 人，集中供养 27 人），支付五保供养金费 43.15 万元。补助精神病人住院治疗 22 人次 12.17 万元，救助流浪乞讨人员 35 人次。街道享受城市低保待遇的有 1264 户、1886 人，发放城市低保金 900 余万元，人均月补差345元（未含重点保障、残疾人补助和节假日补贴），保障对象占户籍人口的比例为1.6%；街道享受农村低保待遇的有217户、313人，发放农村低保金65余万元，人均月补差174元（未含重点保障、残疾人补助和节假日补贴），保障对象占户籍人口的比例为1.4%。新增农村计划生育奖励扶助对象165人、特别扶助对象23人（累计奖扶对象793人、特扶对象272人）。建成市级社区养老服务中心2个、社区养老服务站3个、农村敬老院4个和居家养老日间照料所12个。建设完成社区便民服务平台及公租房3个社区办公阵地并投入使用。安置城镇新增就业20014人，完成全年计划19500人的102.6%；帮助指导城镇登记失业人员就业2005人，完成全年计划2000人的100.25%；帮助城镇就业困难人员就业1714人，完成全年计划800人的214.25%；期末城镇登记失业人员1987人，期末城镇登记失业率2%。为符合条件的城镇居民办理“就业失业登记证”1201本。初审推荐“心连心”再就业小额贷款8户，贷款金额59万元。辖区征地农转非人员1000余户顺利入驻富达城。完成云篆山村、干湾村生活天然气安装640户，解决城区水鸭凼84号楼27户居民生活天然气安装遗留问题。积极协调公交公司更换车辆，增加班次，解决1.5万余名边远村（社区）居民出行。

【文化体育活动开展】　创建标准示范社区文化室9个，完成行政村文化中心户（图书外借点）的创建申报。投资15万元，加强“村村通”广播的管理维护。开展大型文化活动14场，村（社区）举办群众文化活动50余场，放映惠民电影230余场次。积极做好非物质文化遗产的传承与保护，开展“鱼洞乱针绣”进村（居）展览及现场展示活动10场次，举办“乱针绣”培训班4期，培训学员60余人，创作“乱针绣”作品近50幅；借力国家级编导团队，以鱼洞“乱针绣”为题材，创编舞蹈《闺绣》先后获巴南区“第三届乡村文艺汇演金奖”、重庆市“第六届乡村文艺会演一等奖”“舞蹈大赛创编二等奖”“表演三等奖”等殊荣。聘请辖区著名书画家黄怀清、美术协会熊歆、民间泥塑师刘强举办暑期书画、泥塑培训，培训学员1500余人次。《鱼洞街道志》有序推进，正在完善后续工作。各村（居）建立社会体育指导员2人以上，建成健身场地共74处5200平方米，健身器械380余件，积极组织参加“巴南区第四届职工运动会”“2014环中国国际公路自行车赛巴南站”“重庆市社区运动会”等多项大型运动会。

【基层党建反腐倡廉】　街道党工委通过落实整改责任、选派第一书记、调整领导班子成员、结对帮扶等措施，对农胜村、万泉街社区、花土湾社区、鱼新街社区4个后进基层党组织进行整顿转化。重点把“联系服务”“群众走访”“民意调查”等内容进行修改并纳入村、社区绩效考核，调动村（社区）干部工作积极性。全面清理撤销“两新”组织空壳党组织，规范“两新”组织党组织设置和组织生活。全面落实党风廉政建设“一岗双责”责任制，街道现职副处级以上领导干部到村（居）讲廉政党课23场，党员干部受教育达5300余人次，并组织党员干部观看《悔之

2014年1月，鱼洞街道选送的节目《闺秀》荣获重庆市第六届乡村文艺汇演一等奖

晚矣》等警示教育片，撰写廉政心得体会。对9个行政村进行财务审计，每月对村（居）单笔金额3000元以上的票据进行审核。全年“三公”经费〔因公出国（境）费、公务用车购置费及运行维护费、公务接待费〕共支出239万元，与上年同期542万元（含2013年公务接待费包括伙食团餐费71万元）相比下降56%。其中：无因公出国（境）费；公务用车购置费20万元，公务用车运行维护费89万元，与上年同期149万元相比下降40%；公务接待费130万元，与上年同期393万元（含2013年公务接待费包括伙食团餐费71万元）相比下降67%。大力开展专项整治行动，明察暗访18次，查处违规人员7人；接待群众来访33人次，收到来信57件次，办结57件（其中：办理阳光巴南件21件，评为5星的6件，评为4星的15件）；立案2件，开除党籍处分1人，挽回经济损失2万多元，反腐倡廉保持良好态势。

（龙凤麟）

李家沱街道

【概况】 李家沱街道位于巴南区西北部。东与南岸区接壤，南、西与花溪街道相连，北临长江江畔与九龙坡区、大渡口区隔江相望。土地面积为11.2平方公里。

2014年，街道辖3个行政村，13个社区居委会。年末，总户数27058户，总人口62728人（其中；农业人口1656人，非农业人口61072人）。

2014年，街道先后被国家安监总局、中国职业安全健康协会评为“全国安全示范社区”；被中国关工委、司法部、中央综治办评为“全国‘关爱明天·普法先行’青少年普法教育活动优秀组织奖”；丽都锦城小区被住房和城乡建设部评为“全国物业管理示范住宅小区”，自创小品《门铃叮铛》被重庆市文化委员会评为“重庆市第四届戏剧曲艺大赛二等奖”，体育代表队参加市（区）太极拳、老年门球比赛，先后分别获得一等奖3项和个人金牌3块。

【城市建设管理】 随着巴南都市功能拓展区的发展趋势，不断加强城市建设管理。一、创建网格化管理体系。科学划分街道和村、社区及社会单位的事权范围，将辖区划分为若干管理单元，建立市政管理和环境卫生管理两个网络体系，做到“全覆盖”。二、坚持“日巡周检月评”机制。邀请“两代表（党代表、人大代表）一委员（政协委员）”和群众代表参加，组建督促检查队伍，坚持每天一巡查、一周一检查、一月一评比的工作机制，督导促进作用明显。三、加强综合整治。开展2次“全民动手日”活动，联合辖区工商、食药监、派出所等单位，组织开展城市环境综合整治，规范临时摊位500个，取缔占道经营320起，妥善处理416车站周边少数民族占道经营问题。新增公共停车位420个、交通标志标牌213块，交通秩序日趋规范。

【拆迁改造推进】 为了加快城区规范建设，积极推进征地拆迁。一、快速完成征地拆迁任务。街道全体党员干部坚持以结果为导向的执行模式，通过强化宣传、建立快速决策机制、划片包户等措施，“挂出作战图”“按图索骥”“对单销号”，

2014年12月，新建成的渝安大道

全年共搬迁企业（含小作坊）205家、拆除农房186幢、累计8万多平方米，提前10天完成和谐拆迁任务。区长陈刚两次安排《巴南报》在头版头条刊发报道。二、完成危旧房拆迁扫尾任务。渝纱片区危旧房改造历时7年时间“久拆不完”，经过街道党员干部的千方百计、千言万语、千辛万苦，终于于12月底前全部完成拆迁任务。三、启动棚户区改造计划。通过摸底调查，制定“棚改”计划，林荫、合建两个片区已纳入全市计划，近期启动拆迁。同时采取避险搬迁、维修加固等方式“排危”，保证拆迁群众住用安全。

2014年李家沱街道重要经济社会指标

指　标	单　位	数　值	比上年±%
地区生产总值	万元	620815	12.8
其中：1. 第一产业	万元	96	2.7
2. 第二产业	万元	126700	7.2
3. 第三产业	万元	494019	14.3
农、林、牧、渔总产值（当年价）	万元	121	5.2
工业企业个数	个	227	8.1
工业总产值（当年价）	万元	405944	6.7
建筑业总产值	万元	125538	-5.8
固定资产投资	万元	379556	-49
其中：房地产投资	万元	280651	-54.8
社会消费品零售总额	万元	1242370	31.25
本级预算内财政收入	万元	8752	-15
本级预算内财政支出	万元	5686	19.91
辖区内公路里程	公里	35	9.4
通车行政村	个	3	
中、小学校	个	7	
在校学生数	人	10658	
教职工人数	人	613	
医院、卫生院	个	4	
卫生机构床位数	张	550	
农村居民人均收入	元	18429	13.3
城镇居民可支配收入	元	30347	12.4
城乡养老保险参保率	%	108	6
城乡医疗保险参保率	%	105	3.5

【民生保障落实】　街道把民生保障工作纳入重要的议事日程。一、加快便民设施建设。建立街道公共服务中心，新建9个社区便民服务中心，实现15个村（社区）便民服务中心建设和规范运行全覆盖。二、加强社会事务管理。实施临时救助139人，对2200余名困难群众和60岁以上农村籍退役士兵等重点优抚对象开展帮扶慰问，发放生活补助及慰问金（品）200余万元。三、强化社会保障。新增城镇就业人员10511人，新办城镇职工养老保险334人，核发996人低保金410万元。对1853名退休人员进行核查和指纹采集，资格认证11850人。四、开展“贫困家庭第二代”帮扶工作。在全市率先建立贫困家庭第二代帮扶机制，采集信息2436条，录入帮扶对象284人，投入帮扶资金120万元，实施帮扶456人次，市级主流媒体多次报道，区委、区政府主要领导对此高度评价。

【文体活动开展】　街道十分重视文化体育活动开展。一、加强正能量宣传播送。组织各类正能量宣讲会30余场，更新网站信息239条，推送政务微博260条，各类媒体登载信息140条，自采舆情被采用80余篇，其中2篇被中宣部采用。二、加强文化阵地建设。建成标准化社区文化室5个，农家（社区）书屋7个，拥有藏书25000余册。三、文化室（书屋）免费开放。文体服务中心每周开放时间48小时以上，接待文体队伍12支，开展舞蹈、声乐、摄影、创业等培训300余场次，参与人数达6000余人次。四、文体活动成绩喜人。组织开展社区合唱艺术节比赛、第二届“我爱李家沱”摄影大赛等活动，自创小品《门铃叮铛》获市文委“第四届戏剧曲艺大赛二等奖”，体育代表队参加市（区）太极拳、老年门球比赛，先后分别获得一等奖3项和个人金牌3块。

【社会治安稳定】　加强社会治安综合治理，确保人民安居乐业。一、成功创建全国安全示范社区。秉承“跨界合作、全员参与、持续改进”的安全理念，建立健全隐患排查治理体系，切实加强安全生产监管，实现“零死亡”目标。7月，成功创建“全国安全示范社区”。二、抓好畜禽防疫防控。认真开展业务培训，切实加大督促检查力度，实现疫情普查面、免疫建档率、驱虫面3个100%。三、做好司法调解保平安。定期开展矛盾纠纷排查，成功调解各类纠纷412起，接收社区矫正人员40名，解除矫正53名，办理法律援助案件4起。四、加强社会治安防控。通过组建治安巡逻队，实行“全天候巡逻”，发展治安信息员、“喊话嫂”等积极分子队伍，加强群防群治，社会治安持续好转。

【基层党建指导】 党工委加强对基层党组织的指导和管理，发挥其战斗堡垒作用。一、扎实开展“两新”党建工作。认真检查指导辖区各“两新”党组织开展党的群众路线教育实践活动。新建重庆驰盛汽车城有限公司党支部和重庆搏永物业管理有限公司党支部，撤销重庆玉宇房地产开发有限公司党支部和重庆远东灯具照明有限公司党支部。拨付“两新”党组织党员活动经费32475元、书记岗位补贴29800元、示范点党组织工作经费20000元。二、认真抓好各基层党组织党员发展和管理工作。全年新发展党员31名，转正党员64名。加强流动党员管理，各村（居）和“两新”党组织在开展组织生活和各项活动时都提前通知流动党员参加，不定期听取流动党员的思想和工作汇报。全年共缴纳党费63291元，党员“两日捐”34024元。

【党风廉政建设】 党工委、街道办高度重视党风廉政建设，努力创建“风正、劲足、勤政、廉洁”的领导班子。一、落实领导责任。深化党工委书记主体责任和班子成员“一岗双责”责任，层层签订责任书，定期分析研判党风廉政作为，责任体系不断完善。二、加强宣传教育。通过廉政文化“六进”（进班子、进部室、进班组、进岗位、进社区、进家庭）活动、制作廉政警示牌、建设廉政文化长廊、上廉政党课等方式，教育党员干部筑牢拒腐防变的思想防线。三、强化风险防控。建立完善“正职监管、副职分管、集体领导、民主决策”工作机制，实现主要领导“五不直管”的要求，对征地拆迁等27个廉政风险点，逐一建立风险点台账，引入预警机制，杜绝腐败行为的发生。四、推进效能督察。通过明察暗访等方式，切实加强对“八项规定”等落实情况的监督检查，机关事业单位未发现违规行为，“三公”经费同比下降30%。五、严格信访办案。建立完善办信办案制度，以制度促规范、以规范促长效，办理区交（转）办信访件6件，自办件2件，办理“阳光重庆”（重庆民生服务平台）交办件30件。

（王　为）

花溪街道

【概况】 花溪街道地处重庆市都市功能拓展区核心区域，位于巴南区西部，东与南温泉相接，南与龙州湾街道相邻，西与九龙坡区、大渡口区隔江相望，北与李家沱街道接壤。花溪街道交通便利，境内210国道、内环高速公路、渝南大道、渝南分流道、滨江大道、轻轨3号线纵横交错。辖区面积33.5平方公里，耕地面积93.6公顷（由于建设用地征用，较上年减少90公顷）。

2014年，街道辖6个行政村、77个村民小组，17个社区居委会，205个居民小组。年末，总户数35425户，总人口81837人（其中男性41278人，非农业人口76088万人）；人口出生率10.11‰，自然增长率4.98‰。

2014年，街道代表重庆市参加“全国农民第五套健身秧歌大赛”获二等奖和优秀组织奖；代表巴南区参加重庆市群众坝坝舞展演获“精品节目”荣誉称号；与区征地办、龙洲湾街道共同荣获区委、区政府“2014年度突出贡献‘金牛奖’”（颁奖主题辞：征地拆迁创巴南新速度）。道角社区被重庆市妇女联合会评为“2013年度优秀妇女之家”；红光社区获中国科协、财政部等部门“全国科普示范社区”称号。

【商圈建设】 街道抢抓城市化进程快速推进的新机遇，依托花溪工业园区发展平台，做强做优工业经济，全力打造滨江城市经济带和花溪商圈，推进第三产业发展。建立领导联系服务企业制度，推进市、区重点项目民心工程顺利建设，协调解决各类矛盾纠纷100多件。成功引进“海宁皮草城”入驻。红光大道汽车4S商店（北京现代、雪佛兰、上海大众、雪铁龙、DS）一条街初具规模，全年汽车销售突破1.2万辆，销售收入超16亿元。滨江经济带以君禧天地、珠江城、华宇龙湾、宗申金蓝湾、恒大御景湾、依云江湾为代表的CAZ中央商务休闲活动区项目建设进展顺利，产业转型升级初见成效。

【征地拆迁】　党工委、办事处始终把推进征地拆迁工作纳入全年重点工作，牢固树立全区一盘棋思想，全力以赴保障市、区重点工程项目落地建设。通过强化组织领导、主动靠前指挥，强化宣传发动、严格执行政策，依法强力推进、完成民主城中村改造和五大片区旧城改造任务；完成王家坝棚户区36户征收任务。实施司法和行政强拆、土地清表10余次，全年累计完成征地506.66公顷，拆除房屋3845栋。在短短2个月时间内，圆满完成外河坪项目征地红线范围内302栋农房拆迁任务，经估算为巴南区新增土地收益57亿元，净地出让200公顷。征地拆迁的快速推进，获得区委、区政府认可，因此与区征地办、龙洲湾街道共同荣获区委、区政府“2014年度突出贡献‘金牛奖’”（颁奖主题辞：征地拆迁创巴南新速度）。

【民生实事】　2014年，投入资金2000多万元为民办实事好事。建成建新村、红光社区、清溪园社区、土桥正街社区等11个养老服务站和标准化社保服务平台。举办用工招聘会18场，新增就业9832人，发展微型企业52户。发放低保金393万元，临时救助金31万元。完成养老退休人员人脸采集和指纹认证18472人，办理老年证977个。安排资金43万余元慰问辖区低保户和贫困户。城乡居民合作医疗参合率达98%以上。城区自来水“一户一表”改造申报1433户，已缴费1387户，完成改造500户。完成岔路口村饮水工程和花溪村罗滩桥提灌站改造任务。协调解决困扰群众长达十余年的屏都小区“一房多卖”群体纠纷。改造和维修屏都大厦等区域内小区老旧电梯11部。修复城乡破损道路3.6公里，安装和维修背街小巷路灯113盏，清掏社区无主化粪池79个，新添垃圾桶220个，新建公厕1座，安装人行道防撞桩80根、人行护栏1665米，投入49万元加固整治石龙桥和杨柳滩桥。

【城市管理】　围绕建设“江南新城”的总体目标，树立经营和管理城市新理念，努力提升城市管理能力和水平。一、开展大规模城市环境综合整治行动。投入人力2万多人次、财力500多万元，持续一年多时间对土桥地区、申烨太阳城片区开展城市环境综合整治，取缔非法占道经营、乱摆摊设点2000余个，园林绿化植物修枝整型约8万平方米、清除绿地杂草面积3万平方米，接受3次区季度城市管理综合检查，10次区城市管理月度暗查。二、开展环保“五大行动”“四清四治”行动。对辖区380余家企业进行调查摸底，协助区环保局完成189家企业的环保手续，豁免38家企业环保手续，处理环保投诉20多件。三、认真开展“两违”整治行动。实施土地整治5次，制止乱搭乱建10余起，受理查处违法建设

2014年4月3日，花溪街道在红光社区开展“零距离直通服务”村（居）开放日活动

116 户，拆违 4.2 万平方米；办理农村集体土地使用权登记 35 件，查处违法用地 4 件；对 34 宗闲置土地进行清理（其中：出让 23 宗、划拨土地 11 宗）。四、加强物业管理服务和指导。协调处理各类物业纠纷 30 多起。

【安全稳定】 始终坚持一手抓发展，一手抓稳定，以巩固“全国安全社区”创建成果为抓手，积极化解各类矛盾纠纷，维护辖区和谐稳定。一、实行领导包案化解积案。针对征地拆迁、旧城改造等遗留问题，采取重点人员领导包案、帮扶化解责任到人和做减法的方式，逐个制定解决方案和措施，成功处理一批疑难信访问题和信访积案，确保辖区范围内未发生重大影响、不稳定事件和三级以上群体性事件。群众来信来访和交办件办结率和回复率达 100%。二、认真做好矛盾纠纷排查化解。全年共排查各类矛盾纠纷 1024 起，成功调处 923 起，调解和化解矛盾纠纷成功率达 90% 以上；坚持领导开门接访，完善“社区工作日”“村居开放日”等多种形式联系服务群众，全年共组织“村居开放日”活动 29 起。三、强化征地司法强拆善后处置。针对每个强拆户组建一套班子、制定一个方案，成功处理司法和行政强拆户遗留问题 5 件。四、扎实开展社会治安综合治理。严厉打击违法犯罪活动，全年共立刑事案件 988 件，立案率与上年同比下降 10.5%；共立治安案件 443 件，查处违法人员 157 人。五、高度重视安全生产。全面落实安全生产责任制和“一岗双责”、安全生产督查督办等相关制度，开展基层应急管理规范化建设达标活动，全年共排查隐患 1188 处，治理隐患 1070 处。

2014 年花溪街道重要经济社会指标

指 标	单 位	数 值	比上年 ±%
地区生产总值	万元	1216282	12.2
其中：1. 第一产业	万元	1277	－11.7
2. 第二产业	万元	980644	12
3. 第三产业	万元	234361	13.2
农、林、牧、渔总产值（当年价）	万元	1704	－10.1
工业企业个数	个	261	14.98
工业总产值（当年价）	万元	2399680	0.79
建筑业总产值	万元	218768	－2.39
固定资产投资	万元	665682	50.6
其中：房地产投资	万元	559330	91.8
社会消费品零售总额	万元	150557	－8.3
本级预算内财政收入	万元	11942	14
本级预算内财政支出	万元	6163	12.6
辖区内公路里程	公里	60	/
通车行政村	个	6	/
中、小学校	个	18	/
在校学生数	人	48057	－14.5
教职工人数	人	2525	－12.1
医院、卫生院	个	5	25
卫生机构床位数	张	794	4.2
农村居民人均收入	元	18401	13.2
城镇居民可支配收入	元	31271	12.3
城乡养老保险参保率	%	100	5
城乡医疗保险参保率	%	100	/

【宣传文化】 继续推进“一村一品”特色文化项目建设，确立“6＋1 特色文化村”（即：先锋·博雅村、新屋·雷锋村、民主·尚礼村、花溪·友善村、岔路口·诚信村、建新·孝爱村、红光·道德文化社区）定位并付诸实施。开展红光社区“坝坝龙门阵”活动，建新村“九九重阳节·浓浓敬老情”活动，首届“花溪好人”评选暨“最美家风”梦想沙龙活动、评选出首届花溪好人 10 名。全年在国家、市、区级媒体正面宣传报道 50 余条，首届“花溪好人”评选表彰活动相继被中央电视台新闻联播栏目、《人民日报》《光明日报》等国家级媒体宣传报道。先锋村村民江万芬被授予“全国孝亲敬老之星”和“重庆市孝亲敬老之星”荣誉称号，花溪中学学生李小双、李大双，新屋村村民翁庆容，先锋村村民湛江，红光社区居民周安芬被市委宣传部、市文明办授予“重庆好人”荣誉称号。组织农民文娱表演队代表重庆市参加“全国农民第五套健身秧歌大赛”获二等奖和优秀组织奖；并代表巴南区参加“2014 年重庆市群众坝坝舞展演”获“精品节目”

荣誉称号。

【组织建设】　党工委以深入开展党的群众路线教育实践活动为契机，认真抓好群众路线三个环节各项工作，领导班子突出“十大主题”开展集中学习和中心发言14次，撰写调研文章15篇。创新开展“五个零距离”（网络问政、干群连心、信息公开、自愿服务、村居开放）直通服务系列活动，设立便民公示栏1581个，开展村（居）开放日活动29次，收集意见建议298条，解决群众反映问题189件，办理结果意见反馈满意率100%。组建“心连心”宣讲团，组织学习贯彻党的十八届三中、四中全会精神和习近平总书记系列重要讲话精神宣讲会31场，受教育群众2000余人次。增强选人用人公信度，新提拔2名科级事业干部，面向社会公开招考12名社区专职干部，举办4期村（居）干部培训班。

【党风廉政】　党工委认真落实党风廉政建设责任制，不断强化反腐倡廉体系建设，建立健全长效管理机制，加大宣传教育和监督制约力度。一、深化反腐倡廉体制机制建设。严格执行“三重一大”（重大问题决策、重要干部任免、重大项目投资决策；大额资金使用）事项集体决策制度，制定完善《街道党工委议事规则》，执行主要领导“五不直接分管”制度，督促各村（居）完善“两委”决策制度和村民议事制度，制定《花溪街道农村财务管理制度》，组织开展村级财务审计和财务检查，对发现的问题及时进行督促整改。二、狠抓党员干部廉洁自律教育和“四风”整治。组织学习习近平总书记有关廉洁自律系列重要讲话和有关党纪党风的文件资料，观看警示教育片、举办预防职务犯罪讲座等，整改领导班子“四风”问题123条，梳理涉及群众切身利益问题285条，联系服务群众最后“一公里”问题4条，制定和完善制度28项，不断提高广大党员干部廉洁自律意识。严格规范整治党员干部办理婚丧寿庆、乔迁晋升和公款旅游等行为。在纪工委设立督查室，对重点工作和干部工作作风进行督促检查。认真贯彻落实中央八项规定，全年节约行政开支60多万元，“三公”经费下降47%，文件简报减少37%。

（曹　阳　任　洁）

南泉街道

【概况】　南泉街道位于巴南区中北部，东与惠民街道、南彭街道毗连，南同界石镇相邻，西连花溪街道、李家沱街道，北接南岸区茶园新区。土地面积84.5平方公里，耕地面积1686.13公顷。内环快速公路、渝黔高速公路贯穿境内，辖区正在开发建设鹿角新城。有重庆肺叶之一的铜锣山脉，有南温泉和樵坪山两大风景区，有保护完好的明清建筑彭氏民居、建文庙、樵坪山寨，有抗战陪都遗迹蒋介石校长官邸、林森别墅和孔园以及解放重庆战斗遗址等深厚的人文历史沉淀和旅游资源。被规划为重庆经济技术开发区拓展区和全市21个大型人口聚居区之一。

2014年，街道辖16个行政村、123个村民小组，3个社区居委会、29个居民小组。年末，总户数20429户、总人口46449人（其中：男性人口23040人、女性人口23409人，农村人口34804人、城镇人口11645人）。人口出生率6.65‰，人口自然增长率0.2‰。

2014年5月，辖区内的重庆工程学院（原正大软件学院）扩建项目竣工，被教育部批准升级为本科高等院校。区领导多次督促检查“两违”整治工作，党工委、街道办组织力量并配合有关部门，集中整治保利·小泉别墅区违法建筑，对违法建筑进行强制拆除。为此，荣获区委、区政府“2014年度突出贡献‘金牛奖’”（颁奖主题辞：“三铁”整治“两违”彰显法的力量）。

【都市农业推进】　2014年，打造反季节蔬菜基地66.67公顷，种植水果73.33公顷，巩固樵坪优质稻示范基地66.67公顷。新增流转土地33.33公顷，总计突破866.67公顷。成功举办“首届卡拉草莓采摘节”。完成101口山坪塘整治任务。万河村“美丽乡村”建设有序推进。强化森林防火和松材线虫病防控，确保辖区3466.67公顷森林安全，实现森林覆盖率45%。加强重大动物疫病防控，疫情普查面和免疫面均达到100%。积极稳妥地开展村（居）“三资”清产核资和量化确权试点。

【工商企业发展】 实行领导干部联系企业制度，及时解决企业面临的问题、难题，切实促进企业发展，扶优扶强现有企业。大力推进实施市场主体“五转一创新”，完成“个体转企业”79家，“无证转有证”118家。圆满完成“第三次全国经济普查”工作，登记普查单位783家，个体工商户1859户。

【温泉旅游开发】 争取南温泉市级旅游度假区总规10平方公里、控规3.4平方公里，南温泉旅游度假区整体开发项目取得突破性进展。大型房地产开发项目“融创·启洋”（总投资91.2亿元，总建面126.4万平方米）、“融创·金裕”（总投资169亿元，总建面207.9万平方米）先后开工建设。融创·欧麓花园城一期工程40万平方米基本建成，并于上半年开始销售，南温泉度假小镇销售全面启动。11月，市委常委、宣传部部长燕平，大连万达集团董事长王健林在区委书记李建春、区长陈刚等领导的陪同下，在鹿角组团举办大连万达文化旅游项目招商推介会。

【征地拆迁补偿】 为配合鹿角组团开发，累计实施14个项目征地，涉及9个村40个社，实施征地总面积819.47公顷，交地605.47公顷。全面完成东城大道、协信、润一江、虎啸加油站及水投集团等项目用地和鹿角组团三期扫尾共146.67公顷征地工作。新签拆迁协议101户，拆除房屋199栋，清理丈量房屋500余栋，完成800余户土地丈量及补偿工作。上报征地农转非934人，二、三期征地群众生活补助、租房补助1068万元以及新政策补差3500余万元全部发放到位。

【“两违”整治成效】 2014年，区领导多次到街道督促检查“两违”整治工作，党工委、街道办高度重视，组织“两违”整治分队，全年开展巡查100余次，拆除和回填违法建筑33宗，面积3.9万平方米，超额完成区下达的2.5万平方米违法建筑拆除任务。特别是保利·小泉别墅区22户违法建筑采取集中时间、集中力量、集中整治的措施，拆除地面违法建筑6649平方米，回填地下室和封闭空间4761平方米，处罚面积975平方米，没收违法所得1800万元，成效显著。并被指定为主城区违法建筑整治观摩现场，在全市“两违”整治经验交流会上作为先进典型交流推广。为此，荣获区委、区政府“2014年突出贡献金牛奖”（颁奖主题辞：“三铁”整治“两违”彰显法的力量）。

2014年10月23日，区长陈刚视察指导保利小泉违法建筑集中整治工作

【市政环保管理】 着力市政环保管理。建立健全村（居）辖区内环境卫生责任制，实行网格化管理，城区垃圾清运率、路灯亮灯率、清扫保洁率、下水道疏浚率以及数字化城市管理完成率均达到100%。积极推进环保“五大行动”，开展“四清四治”专项行动，关闭重庆洲欣建材公司自由村采（碎）石场，完成王朝花园片区环境污染综合整治，强化企业污染治理整改，关闭、搬

迁污染企业5家，确保南温泉、樵坪山、花溪河的青山绿水，促进“大美巴南”建设。

【民生实事服务】　1月，争取重庆公交集团开通173路（鹿角—双桥村）公交线路，并出资为170路、173路公交线路各增加1辆客车投入营运。投入近40万元对辖区127公里农村公路进行维修养护。完成红星村老堤龙路、自由村桐黄路硬化改造工程，龙井村新塘路和石金路共计7.5公里泥结石道路硬化改造正抓紧实施。6月，南泉2×240兆伏安输变电工程建设项目比原计划提前竣工并投入运行。先后完成街道办和19个村（居）两级便民服务中心建设，覆盖率和规范化运行率均达100%。先后完善图书室、排练厅、多功能厅以及电子阅览室等配套设施设备，并向辖区群众全部免费开放，丰富群众文化生活。

【社会事业促进】　着力帮扶就业再就业工作，开展家政、物业管理、育婴以及创业等4期就业再就业培训，参训人员共计483人。完成新增就业人员3739人，城镇登记失业人员就业358人，城镇就业困难人员就业273人。累计组织200人到重点电子企业应聘，城镇登记失业率为0.52%。完成转移农村富余劳动力1260人。查处违法生育案件19件，计划生育率达96.3%，保持辖区稳定的低生育水平。累计发放各类救助金600万元。辖区村卫生室的改扩建任务全面完成，开展各类特殊青少年群体的调查帮扶活动298人次，完成鹿角社区敬老院修缮和用电线路更新改造。爱国卫生、妇女儿童、慈善、老龄、残疾人事业得到新发展。

2014年，南泉街道组织就业培训

【安全稳定综治】　以“夏秋社会治安专项整治”“压事故、保安全百日攻坚行动”等专项行动为载体，全面推进“大善巴南”“平安南泉”建设。全年立案查处治安案件1801起，查处违法人员295人。各村（居）均建立专兼职巡逻队，构建社会治安防控体系。街道办领导带队检查企业110次，出动执法人员300余人次，累计检查企业220家次，开展企业“谈心对话”300家次，排查整改隐患80起，辖区安全生产形势进一步好转。完成19个村（居）基层应急管理规范化建设。接待来访群众40批次800余人次，接收办理群众来信53件，排查调处各类矛盾纠纷221件，确保辖区平安稳定。

【教育实践活动】　党工委认真组织开展党的群众路线教育实践活动。区委常委、区纪委书记何永革先后4次到南泉街道检查指导教育实践活动的开展情况，并为党员干部上党课、参加专题民主生活会、深入虎啸村参加专题组织生活会。全街道共计63个单位、1700余名党员参加党的群众路线教育实践活动，根据组织安排，全面完成教育实践活动各项任务。查找并整改班子“四风”问题19条，“服务群众最后一公里”问题4条，涉及群众利益问题56条。按照“查、废、立、改”的要求，新制定5项制度，修订完善15项制度，建立健全长效机制。通过党的群众路线教育实践活动，街道全体党员干部的宗旨意识进一步增强，工作作风进一步转变，精神面貌进一步焕新。“四风”问题得到有力整治，群众反映强烈的问题得到有效解决。

【基层组织建设】　在各基层党组织中积极开展“四联系四服务”活动，领导班子成员和辖区党代表开展“双走服务”，进企业和医院25场次，反馈意见满意率均达100%。机关干部点对点联系服务群众129户，共收集意见建议60条。完成光国村、杨市村两个支部“后进转化”工作。加强“两新”党组织示范点工作，力波、百亚等5个市区级示范点开展党建项目认领工作，共认领心桥驿站等5个党建项目，发放联系服务群众入户走访连心卡1.5万张。组织有关人员参加市、区培训，累计参加区外培训30人次，区内培训10人次，选派到区级部门挂职1人。街道成立以分管纪检、组织及相关部门的领导综合督查组，对机关、村（居）纪律作风进行明察暗访，加强“八小时”外监督，查处违规行为党员干部4人。建立完善村（居）干部管理、村社财务监督、村（居）印章管理等15项制度。对党政办、社保所、征地办开展政风行风评议。选优配强党组织班子，调整村（居）党组织书记4人。严格执行“一报告两评议”选人用人机制，新提拔科级干部4人，调整交流4人。

2014年南泉街道重要经济社会指标

指 标	单 位	数 值	比上年±%
地区生产总值	万元	271607	12.7
其中：1. 第一产业	万元	17320	4.6
2. 第二产业	万元	194425	12.5
3. 第三产业	万元	59862	15.4
农、林、牧、渔总产值（当年价）	万元	23789	9.1
工业企业个数	个	542	6.28
工业总产值（当年价）	万元	644541	9.72
建筑业总产值	万元	81362	-12.06
固定资产投资	万元	405322	123.82
其中：房地产投资	万元	61751	468.24
社会消费品零售总额	万元	24031	-17.8
本级预算内财政收入	万元	5350	91.89
本级预算内财政支出	万元	4015	5.8
辖区内公路里程	公里	127	0
通车行政村	个	16	0
中、小学校	个	8	0
在校学生数	人	12656	11.27
教职工人数	人	583	-15.38
医院、卫生院	个	1	0
卫生机构床位数	张	150	-29.9
农村居民人均收入	元	13005	13.3
城镇居民可支配收入	元	26232	12.5
城乡养老保险参保率	%	73	2
城乡医疗保险参保率	%	95	1

【党风廉政教育】 党工委认真组织学习习近平总书记系列重要讲话精神，举办时事梦想课堂25场次，受众1200余人次。组建20支、7000余人的志愿者服务队伍，完成服务对象500余人次。实行舆情巡查24小时值班制，对巡查到的舆情进行及时处理，舆情信息被市委宣传部采用、宣传信息得分位居全区前列。党报党刊宣传发行被区委宣传部、区邮政局评为“先进单位”。认真落实以党工委为主体责任、纪工委为监督责任，按照“一岗双责”的要求，坚持将党风廉政建设工作与业务工作同布置、同落实、同检查、同考核，层层签订廉政建设责任书，并纳入年度目标考核。严格执行党政主要负责人“五不直管”等制度，并结合实际制定相应的配套实施办法。对群众举报的48件涉及村（居）干部问题进行调查处理。强化“五议一评三透明”机制，将村（居）“四务”公开由原来的每季度改为每月公开，提升“四务”公开透明度。“三公”经费得到有效控制。建立公共资源交易中心，规范公共资源交易行为。

（张　玲）

一品街道

【概况】 一品街道位于巴南区西南部。东与跳石镇、安澜镇为邻，南连安澜镇、江津区杜市镇接壤，西依鱼洞街道为伴，北同龙洲湾街道、界石镇毗连。土地面积58.9平方公里，耕地面积870.87公顷（其中：田565.06公顷，土305.9公顷）。境内有桥口坝国家森林公园，森林覆盖率63.9%。渝黔、绕城高速公路交汇，210国道从西北至东南贯穿全境。

2014年，街道辖7个行政村、54个村民小组，2个社区（居委会）、10个居民小组。年末，总户数10809户，总人口22935人（其中：男性11564人、女性11371人，城镇人口8434人）。人口出生率5.99‰，人口自然增长率-2.8‰。

2014 年，街道关心下一代工作委员会获中国关心下一代工作委员会、司法部、中央社会治安综治委办公室联合颁发“第二届‘关爱明天·普法先行’—青少年普法教育活动中优秀组织奖”荣誉证书；年末，与区委组织部、区行政服务中心共同荣获区委、区政府“2014 年度突出贡献‘金牛奖’”（颁奖主题辞：三级服务体系打通“最后一公里”）。

2014 年 12 月，一品街道荣获 2014 年度金牛奖

【发展规划蓝图绘制】 聘请有关专家学者经考察、调研、论证，先后完成《一品街道总体发展战略规划及中心区总体规划设计》《一品街道特色小镇城市风貌概念方案》《一品街道城市风貌设计方案》《一品街道农业产业规划》。12 月 8 日，《街道总体发展战略规划及中心区总体规划设计》编制完成，规划和设计出“一核两翼三区”（一核：一品城区、桥口坝水上游览景线；两翼：桥口坝森林公园发展翼、乐遥村和四桥村农业旅游发展翼；三区：温泉休闲旅游区、商贸服务区、田园小镇体验旅游区）。《街道特色小镇城市风貌概念方案》以城镇功能区建设为主题，提出新的目标和要求；《街道城市风貌设计方案》以市容市貌建设为主要内容，为温泉休闲旅游、商贸服务、田园小镇体验旅游配套建设；《街道农业产业规划》将在现有种养业的蔬菜、瓜果、水产及林业发展的基础上，大力开发新的农作物品种，突出高品质的生态农林产业，走科技生态农林道路，促进街道成为巴南区生态科技农业示范区。

【拆迁办证难题解决】 解决遗留 10 多年的 221 户拆迁户办证难题。因 1997 年修建渝黔高速公路和 2005 年修建重庆绕城高速公路时，征地拆迁中涉及四桥、乐遥等村的农户 221 户 800 余人，这些拆迁户由村和街道办协助新选址修建房屋。由于种种原因，拆迁户一直未能办理房屋产权证。街道主动与区国土分局、区房屋交易中心等职能部门协调办证事宜。街道主要领导亲自召集专门会议进行安排部署，明确具体责任人和完成时限，采取集中人员、集中时间等“四集中”的办法，分期分批为拆迁户办理房屋产权的相关手续，经过 7 个月的工作，终于在 10 月 20 日前办完。区委常委、区委组织部部长刘永全和街道主要领导带领相关干部亲自到四桥村青草湾村民居住点和乐遥村一社，为拆迁户发放房屋产权证。拆迁户捧着“房屋产权证”，将“人民公仆，心系群众”锦旗赠送到街道和区相关部门，表达拆迁户感激之情。为此，与区行政服务中心、区委组织部共同荣获区委、区政府“2014 年度突出贡献‘金牛奖’”（颁奖主题辞：三级服务体系打通“最后一公里”）。

【场镇市政设施改造】 按照《总体发展战略规划及中心区总体规划设计》的要求，着力打造场镇的基础设施。总投资约 100 万元，拆除原一品新街、民心路及两座桥面的人行道板，新铺透水砂砖，增设宽度 0.6 米盲道，更换树缘石、路缘石、水电检查井盖等，改造人行道路板 5000 平方米，路缘石 1400 米，井盖 136 个。实施人行路面的改造后，无路面积水、平坦防滑便于清洁，受到广大人民群众赞扬。

【生态观光农业引进】 2014年，落户于一品街道乐遥村二社的“阳春巴人公社”都市效益特色农业项目是以“农耕文化·巴文化”为灵魂、高效农业为基础、循环经济为框架、乡村旅游为目标的现代高效益型农业。该项目拟用地20公顷，总投资5000万元，现已投入300余万元，完成土地整治及苗木栽种。位于一品街道四桥村2社的“仙女谷”农业观光项目，拟打造成以“一品故事”为主题，以“鱼乐休闲”为载体的观光型农业园区，已完成土地流转20多公顷，投入资金1000余万元，完成基础设施建设和苗木培植，可见雏形。

2014年一品街道重要经济社会指标

指标	单位	数值	比上年±%
地区生产总值	万元	80397	10
其中：第一产业	万元	11138	7.3
第二产业	万元	43519	13
第三产业	万元	25740	7.5
农林牧渔总产值（当年价）	万元	16076	11.9
工业企业个数	个	23	21.05
工业总产值（当年价）	万元	45819	28.49
建筑业总产值	万元	201115	0.29
固定资产投资	万元	66055	15.07
其中：房地产投资	万元	2045	27.57
社会消费品零售总额	万元	12168	-6.56
本级预算内财政收入	万元	228	-31.11
本级预算内财政支出	万元	2585	2.7
辖区内公路里程	公里	164.6	
通车行政村	个	7	
中、小学校	个	2	
在校学生数	人	1594	
教职工人数	人	112	
医院、卫生院	个	1	
卫生机构床位数	张	99	
农村居民人均收入	元	12315	13.4
城镇居民可支配收入	元	25646	12.6
城乡养老保险参保率	%	89.8	9.9
城乡医疗保险参保率	%	97	0.6

【关心下一代获殊荣】 积极引导青少年儿童树立正确的世界观、人生观、价值观方面做了大量工作，在常年开展的以“中华魂”为核心内容的读书、演讲、征文比赛、歌咏、参观等社会活动实践中，特别注重提高青少年儿童的语言表达和写作能力，力求把他们培养成为建设中国特色社会主义的优秀人才。7月，街道党工委书记、街道关心下一代工作委员会主任谭晓东获中国关心下一代工作委员会和教育部关心下一代工作委员会联合主办的全国“中华魂”主题教育活动组织委员会颁发的“在全国‘中华魂’（中华美德颂）主题教育活动先进个人”荣誉证书；8月，街道关心下一代工作委员会获中国关心下一代工作委员会、司法部和中央社会治安综合治理委员会办公室联合颁发的“第二届‘关爱明天·普法先行’—青少年普法教育活动优秀组织奖”荣誉证书，专职干部蹇泳枰获“青少年普法教育活动先进个人”称号。

【便民服务中心建设】 根据区政府要求，在全街道7个村2个社区原建有的办公楼基础上，又总投资50万多元，新建便民服务中心。新建后的各服务中心共计405平方米，各服务中心都配齐电脑、打印机、复印机、空调等办公设施设备，开设服务窗口2至5个。各便民服务中心能快捷地为群众办理有关事项，做到一般事项不出村（社区），深受广大城乡居民欢迎。

【农民受灾喜迁新村】 12月，七田村农民新村（幸福农庄）建设项目竣工。该建设项目主要是解决七田村等相邻村滑坡地质灾害户的住房问题，建设面积达5.3万平方米，可住500余户。该建设项目位于七田村4社（原土助村3社）原窑罐厂旁，国道210线公路边；距桥口坝温泉仅500米，距一品场镇1000米。农民新村（幸福农庄）三面环山，一面绕一品河，具有青山绿水的自然环境，是宜居好地方，得到受灾搬迁户的赞扬。

【教育实践活动开展】 党工委根据《中共重庆市巴南区委办公室印发〈关于开展党的群众路线教育实践活动的实施意见〉的通知》（巴南委办发〔2014〕1号）精神要求，2月，组织党的群众路线教育实践活动开展，参加单位有街道党工委领导班子、街道机关及所属单位、村（社区）17个党组织。活动内容主要是学习贯彻党的十八大和十八届三中、四中全会精神、市委四届三次、四次全会精神，按照习近平总书记“照镜子、正衣冠、洗洗澡、治治病”的总要求，以为民、务实、清廉为主题。深入贯彻落实中央八项规定、市委七条实施意见，坚持开门整风。以严的标准、严的措施、严的纪律，坚决反对形式主义、官僚主义、享乐主义和奢靡之风，着力解决人民群众反映强烈的突出问题。在学习规定的文件篇目和观看教育影视片的基础上，注重领导带头、突出聚焦“四风”、解决问题；注重敞开大门、群众参与，突出分类指导、统筹推进；注重上下协力、衔接带动，突出严格要求、真督实导方法。把“面对面”与“背靠背”听取群众意见、“个别听”与“集体谈”“走进群众听”与“组织群众评”相结合；找准并查摆突出问题，开展批评与自我批评，认真撰写对照检查材料，增添整改措施。在活动中查出“四风”突出问题22个，整改落实22个，群众满意率100%。这次学教活动做到规定动作不走样，教育活动与中心工作两不误、两促进，触及思想和灵魂，党员和干部受教育，群众看到希望，达到预期效果。

（张兴禄）

南彭街道

【概况】 南彭街道位于巴南区中部，东与天星寺镇相邻、南同接龙镇、跳石镇为伴、西连界石镇接壤、北靠南泉街道、惠民街道毗连。土地面积126.9平方公里，耕地面积1843公顷。辖区内绕城高速、包茂高速公路纵横交错，150余公里乡村公路穿梭其间。随着南彭贸易物流基地的建设运营，华南城、京东商城等多家企业入驻运营。

2014年，街道辖12个行政村、208个村民小组，4个社区居委会、11个居民小组。年末，总户数22117户；总人口52930人（其中：男27097人、女25833人，城镇人口9737人、农业人口43193人）。计划生育率99.7%，人口出生率7.8‰，人口自然增长率3.4‰。街道大力发展生态观光农业。培育出石岗苦瓜、月华西瓜、优质柑橘、黄花梨等特色农产品牌。重庆后村岗蔬菜种植专业合作社种植的44公顷“水藤菜”获市农委“无公害蔬菜产地认证”；130公顷的南彭草莓种植基地被国家工商总局命名“草莓地理生产商标保护区”；重庆锦建生态农业有限公司种植的8公顷“水果”获市农委“无公害水果产地认

2014年南彭街道重要经济社会指标

指 标	单 位	数 值	比上年±%
地区生产总值	万元	170724	17.5
其中：1. 第一产业	万元	34162	1.2
2. 第二产业	万元	66974	20
3. 第三产业	万元	69588	18.6
农、林、牧、渔总产值（当年价）	万元	50475	6.9
工业企业个数	个	73	19.67
工业总产值（当年价）	万元	286535	53.6
建筑业总产值	万元	47474	5.28
固定资产投资	万元	548147	71.17
其中：房地产投资	万元	59299	
社会消费品零售总额	万元	178330	720.51
本级预算内财政收入	万元	2325	122.91
本级预算内财政支出	万元	4548	23.99
辖区内公路里程	公里	150	
通车行政村	个	12	
中、小学校	个	5	
在校学生数	人	2492	-0.32
教职工人数	人	227	-1.73
医院、卫生院	个	1	
卫生机构床位数	张	25	
农村居民人均收入	元	12155	13.8
城镇居民可支配收入	元	25799	12.5
城乡养老保险参保率	%	95.87	0.3
城乡医疗保险参保率	%	95.66	-1

证”。鸳鸯生态园、巴国天潭、锦音臣、萄源社等农业观光蓬勃发展。大力弘扬精神文明。百合子村妇女之家获市妇联“重庆市优秀妇女之家”；水竹村村民刘传芳家庭获市文明办、市妇联“重庆市最美家庭”；水竹村村民刘传芳、卢华奎先后获市委宣传部、市文明办第26期、第28期“重庆好人”；小品《简单与复杂》获市文化委员会“中国梦·巴渝风”重庆市第四届戏剧曲艺大赛戏剧类作品“一等奖”，在首届长江流域小戏小品展演中，获中国戏剧家协会“优秀推荐节目”。大力招商引资，发展区域经济，引进华南城、京东商城等多家大型企业入驻运营。3月28日，重庆华南城举行奠基仪式。为此，与公路物流公司、界石镇共同荣获区委、区政府“2014年突出贡献‘金牛奖’”（颁奖主题辞：商贸物流“航母”：华南城扬帆起航）；年末，获评区委、区政府“2014年区管领导班子先进集体”。

【工业商贸发展】 2014年，街道实现地区生产总值17.07亿元，同比增长17.5%；实现工业总产值28.65亿元，同比增加53.6%，实现全社会固定资产投资54.81亿元，同比增长71.17%；实现商业商品销售总额29.26亿万元，同比增长591.57%；实现社会消费品零售总额17.83亿元，同比增长720.51%；完成本级财政收入2325万元，同比增长122.91%。加快推进市场主体“五转一创新”，完成无证转有证个体户100户，个体户转企业30户，分支机构转法人4户，限下转限上1个。3月28日，重庆华南城在辖区举行奠基仪式。

【农业生产服务】 积极开展农机推广服务，推广农机86台，机插秧133公顷，机耕565公顷，机收割173公顷，创建市级“平安农机”示范村4个。认真开展动物防疫及其产品检疫，共检疫猪胴体6.02万头，检出病害动物77头，未发生重大动物疫情。锦建生态农业有限公司种植的8公顷“水果”和后村岗蔬菜专业合作社种植的44公顷“水藤菜”先后获市农委“无公害农产品产地认证”；南彭草莓基地获国家工商总局“地理标志注册登记”。加强松材线虫病防控，山下疫木（柴）清理焚烧合格率、山上枯死松树伐除率、除治现场合格率、伐桩处理合格率均通过区级验收。认真落实惠农政策，全年发放种粮直补金678万元、退耕还林直补金20万元。

【城乡建设管理】 完成惠南路及30余公里农村公路硬化，铺设泥结石路32.5公里，新建村级公路34.7公里。开展“饮水思源”专项行动。投入244万元，整治山坪塘48口，新建将军湾村村级水厂，实施月华饮水工程项目。开展“美丽南彭”生态环保整治专项行动。对场镇260个垃圾坑、40个垃圾箱进行日清日运，新增垃圾箱39个，垃圾坑6个，基本实现全覆盖。7月28日，新修临时农贸市场投入使用。

【征地拆迁推进】 完成华南城南彭片区、中集物流2个建设项目101.47公顷征地拆迁。完成京东商城建设实际补偿范围内的房屋拆迁95.78%，土地补偿95.47%。四方混凝土项目生产核心区已建成投产。完成远志达项目50公顷用地区域内征地拆迁。完成物流基地南彭二期限价房申购，售出限价420套。扎实推进征地新政补差，全部

南彭家庭农场

完成约666公顷土地补差任务。狠抓“两违整治”，强拆或责令自拆违法建筑21宗、1.51万平方米。完成353户、9.49公顷农村宅基地复垦。

【社会治安综治】 全年立刑事案件103件，破获刑事案件67件，打击处理25人；查处治安案件1084件。对鸳鸯村盗窃案件多发等突出社会治安问题实行B类挂牌整治，刑事案件较去年同期减少11件，同比下降75%，整治效果明显。调解各类民间纠纷2335件，成功率达99%。落实“一岗双责”安全生产责任制，深入开展安全生产、道路交通、食药品、消防安全检查，推进“压事故、保安全”百日攻坚专项行动，巡查整改安全隐患168个。

【文化计生救助】 支持文化事业发展，小品《成长》获“巴南区第三届乡村文艺汇演银奖”；小品《简单与复杂》获“重庆市第四届戏剧曲艺大赛戏剧类一等奖”。完成7576户单独二孩夫妇信息核查工作，办理一孩生育服务证222个，再生育服务证114个，新增农村部分计划生育家庭奖励扶助对象328人；狠抓违法生育查处，全年立案190件，依法征收社会抚养费118万元。完成45527人农村合作医疗保险参保，新增农村养老保险参保588人。向辖区内困难群众发放各类救助金194万元，向795户低保家庭发放低保金350万元，向253名优抚对象发放优抚金134万元。积极落实再就业优惠政策，实现新增就业1345人，新转移农村富余劳动力1128人，帮助指导下岗失业人员就业382人。

【基层组织建设】 党工委认真组织开展党的群众路线教育实践活动。一、建立健全服务群众机制。建立党政领导领导联系1个村（居），党员干部联系1个合作社（居民小组），一般干部包片入户的“三联”走访制度。广泛开展“院坝服务进万家”活动，并为每名村（居）专职干部配备群工系统专用手机。全面减轻村（居）负担，建立村（居）事务准入审批制度。投入资金70余万元，建立完善街道、村（居）二级服务平台，并制作服务群众系列制度汇编，印发便民服务手册2万余册。二、创建廉政防控体系。成立街道公共资源交易中心，30万元以上的工程项目纳入区公共资源交易中心招投标，30万元以下、5万元以上的工程项目纳入街道公共资源交易中心招投标。各村（居）成立监督委员会，村级项目严格按照“一事一议”和“五议一评三透明”程序进行。加大违规违纪查处，对1名村干部实施问责，对1名村干部进行通报，处理不合格党员1名。三、加强学习教育和宣传报道。围绕区委确定的“10个专题”，开展集中学习和个人自学，举行“践行社会主义核心价值观”主题演讲比赛，成功推荐全区教育实践活动先进个人1名。加强对外宣传，在重庆日报等媒体发表外宣新闻稿件79篇，内宣稿件123篇；处理网络舆情83条，未发生舆情回复超时、后续连锁反应等情况。四、助推统战联谊共谋发展。落实领导干部与2名党外代表人士联谊交友，定期召开统战人士联席会议。积极发挥商会桥梁纽带作用，为非公企业搭建交流、互助平台，定期邀请区业务部门为会员企业开展业务培训，开展商会带动微型企业发展，新发展微型企业30个。

（常钦伟）

惠民街道

【概况】 惠民街道位于巴南区北部，东与二圣镇相邻、南与天星寺镇和南彭街道为伴、西与南泉街道接壤、北与南岸区茶园新区毗连。辖区面积63.2平方公里，土地面积2958.26公顷、耕地面积1486公顷。

2014年，街道辖6个行政村、125个村民小组，1个居委会，5个居民小组。年末，总户数12417户、总人口27363人（其中：农业人口21524人、非农业人口数5839人）。人口出生率为9.36‰，自然增长率0‰。实现村村通电话，辖区内公路总共183公里，村村通公路。显林村花椒基地、龙凤村五星大枇杷、辅仁村葡萄等种植业发展趋势良好。

【产业发展】 依托优越的交通区位条件和良好的生态产业基础，致力于打造“五个最美”（即：

最肥美的鱼、最香美的茶、最鲜美的花、最味美的果、最美丽的乡村）惠民。其中，最味美的惠民葡萄“光银葡萄园”已成功举办三届采摘节；最美的渔村已作为月亮湾生态渔村的副中心；最美的茶山正在建设6米宽入口大通道。惠民中小企业园入驻企业15家，众强有色金属、奥卡机械2家规上企业健康发展。办理微型企业280家，其中显林村有85家，被市工商局评为“市级微企示范村”。完成个体转企业28家，分支转法人2家，新办个体户84家，新建成星级农家乐1家，力闯养殖场被评为“市级示范家庭农场”。农业产业结构调整取得较大进展，土地流转率达到48%。

【民生工程】 惠二路（惠民~二圣）“白改黑”工程春节前完工，惠南路（惠民~南彭）硬化工程3月完工，方便沿线5000多群众出行。已筹措惠东路改造资金，正在办理相关手续，力争早日开建。硬化农村公路35公里，新建公路17公里。25口山坪塘全部整治完成。完成农村建设用地复垦任务。打造“惠民谐剧”品牌。支持600年历史的黄金庙恢复重建，正在制定重建方案。扎实做好救灾、医疗救助、节日慰问及就业再就业等工作。积极创新社会管理，妥善化解一批信访事项，全年无进京到市非正常上访和群体性事件发生。高度重视安全生产工作，安全社区创建扎实推进，无一例安全责任事故发生。完成征兵任务，受到区征兵办高度评价。市级在区重点项目主城外环天然气大管道惠民段率先完工，东永及沿线6000余居民成为二环外唯一用上管道天然气的居民。

2014年1月6日，惠民至二圣路段“白改黑”工程完成

【环境保护】 建成晓春、胜天、沙井、显林村规范化的幸福农庄（农民新村），改造农村危旧房47户。扎实开展“美丽中国·环保行动”，完成无扬尘示范镇街、无煤乡镇等创建活动，推进“四清四治”等工作，清漂鱼溪河、整治排污口，保护好迎龙湖。强化市容环境整治，整治率达100%。高度重视松材线虫病除治，加强以明月山为重点的防火工作，确保森林安全。

【群众服务】 街道便民服务平台建成率100%，规范化率100%，实现“双百”目标。利用党务、村务公开栏按时公示财务和重点项目等内容，让群众知晓并接受监督。为机关、村（居）全体干部配备“群工系统服务终端”，群工系统运行良好，上报并解决各类问题30余条。扎实开展“四联系四服务”，清理出不属于基层的工作任务70项。认真落实村（居）办公经费，切实做到有钱办事。

【后进帮扶】 2014年，完成空缺村干部补选工作，增强村（居）班子活力和能力。“一支一策”（一个支部制定一个整改方案）整顿转化后进基层党组织，对前两年评定的2个后进基层党组织开展“回头看”巩固成果，对新评定的后进村采取选优配强村党委班子、外派书记、主任、到区内先进村挂职学习等措施，实现成功转化。对没有党员的空心党支部进行撤销合并，提高“两新”组织的党建工作质量。

【党的建设】 党工委以党建“这个核心”为经济建设“这个

中心”提供坚强的组织保证。以党的群众路线教育实践活动为契机，成立9个指导组，不仅联系指导经济建设、民生事项等，更要指导协助各村（居）、企业抓好党建，所有机关党员参与到街道“大党建”中，抓好党建工作“责任田”，查找问题121个，

扎实整改，整改率99%。党员干部作风得到转变，及时解决群众反映的一些具体问题，领导班子在群众路线教育活动中满意度“好”为100%。充分发挥党代表、人民代表、政协委员的作用，认真听取各方面意见和建议。公开选拔15名村（居）综合治理和综合服务专干。组织机关科级

2014年惠民街道重要经济社会指标

指标	单位	数值	比上年±%
地区生产总值	万元	62189	10
其中：1. 第一产业	万元	20769	7.8
2. 第二产业	万元	23795	0.9
3. 第三产业	万元	17624	18.7
农、林、牧、渔总产值（当年价）	万元	30240	13.6
工业企业个数	个	47	17.5
工业总产值（当年价）	万元	52471	4.89
建筑业总产值	万元	5304	1704.08
固定资产投资	万元	37660	80.02
其中：房地产投资	万元	/	/
社会消费品零售总额	万元	6884	15.27
本级预算内财政收入	万元	134	12.61
本级预算内财政支出	万元	2780	16.76
辖区内公路里程	公里	183	/
通车行政村	个	6	/
中、小学校	个	3	/
在校学生数	人	1350	/
教职工人数	人	117	/
医院、卫生院	个	1	/
卫生机构床位数	张	80	/
农村居民人均收入	元	12881	13.3
城镇居民可支配收入	元	25115	12.5
城乡养老保险参保率	%	95	/
城乡医疗保险参保率	%	96	/

干部参加全市干部选拔知识网上答题竞赛，满分率100%。开展超职数配备干部清理工作。协助区委选拔1名副处级。主动邀请区委书记李建春、区长陈刚、区政协胡能兵等区领导到惠民街道视察，为经济社会发展把脉会诊，定向导航。区领导对惠民街道的工作给予充分肯定，认为“惠民街道党政领导班子有激情、思改革、谋发展、想干事，精神面貌很好”。

【廉政为民】　党工委严格执行党风廉政建设责任制，层层签订责任书。认真落实党工委“主体责任”和纪工委“监督责任”，认真开展机关干部“中梗阻”专项整治和村（居）等基层干部违法违纪专项行动等，着力整治“庸懒散拖”、责任心不强和执行力差等突出问题。开展明察暗访25次，问责1人，办理信访举报件9件，参与协作办案3件。严肃查处“四风”问题，重点治理“四难”问题，办理效能问责2起。开展涉农资金、项目资金、“两违”整治等专项检查。11月，组织全体机关干部前往监狱进行廉政警示教育。

（梁隆静　张　玙）

界石镇

【概况】　界石镇位于巴南区西北部，东连南彭街道为伴、南与一品街道为邻、西靠龙洲湾街道毗连、北与南泉街道接壤。土地面积68.4平方公里、耕地面积1753公顷。

2014年，镇辖6个行政村、181个村民小组，4个社区、15个居民小组。年末，总户数17354户、总人口数45173人（其中：农业人口31682人、非农业人口数13491人）。人口出生率8.5‰，人口自然增长率1.4‰。

2014年，界石镇获重庆市人民政府安全生产委员会办公室和重庆市安全生产监督管理局“重庆市安全社区”和“重庆市安全社区建设先进单位”称号；镇团委获共青团重庆市委“重庆市五四红旗团委”；专著《立德童谣——社会主义核心价值观童谣作品集》荣获市委宣传部、市文明办重庆市第十三届精神文明建设“五个一工程奖”；和平社区居委会获中国关心下一代工作委

员会、中华人民共和国司法部和中央社会治安综合治理委员会举办的第二届“关爱明天、普法先行”青少年普法教育活动“优秀组织奖”；新玉村获中共重庆市委法制建设领导小组办公室、重庆市民政局、重庆市司法局第七批“重庆市民主法治示范村”。年末，与南彭镇、公路物流公司共同荣获区委、区政府“2014 年度突出贡献‘金牛奖’”（颁奖主题辞：商贸物流“航母”：华南城扬帆起航）。

【入驻项目服务】 以入驻项目建设服务为重点，积极促进入驻项目建设发展。安排专人常驻各重点项目施工现场，解决各类矛盾纠纷 1854 件，组织镇、村干部维护施工秩序 31 次，多次牵头协调解决群众阻工、民工讨薪、劳资纠纷和意外伤亡事故，为重点项目建设创造良好环境。华南城、铁公鸡二期、宁辉产业园、耐德工业园、蓝月亮、宗申车谷、惠科、圣美、传化等企业和公安“三所一队”（看守所、拘留所、强制戒毒所、武警中队）等重大建设项目进展顺利。东城大道北段、海棠立交、天然气输气管道、园区排水箱涵、高压电线路、工横二路、工横三路、桂花大道、梨花大道、物流基地海棠污水处理厂等基础设施项目建设有序推进。曙光工业园、铁公鸡一期等项目顺利竣工。认真开展“企业服务周”活动，坚持干部联系企业、一线服务企业制度。为企业解决土地规划调规、门牌号上户、对外宣传、办理工商税务登记、员工子女入学就医等问题，帮助重庆南方阻燃电线电缆厂等企业解决扩展用地问题，重庆巴界金昌不锈钢管有限公司破产工作进入司法程序。筹建界石中小企业信用促进会，为企业融资超 1 亿元。全年新落户企业 300 家、新增微企 31 家、新增注册商标 48 个。顺利完成全国第三次经济普查。

【市政设施建设】 投入 300 余万元新建公厕 2 座、整修污水管网 1540 米和农贸市场综合整治。海棠文明治丧服务站动工建设，垃圾转运站、界石消防站、“樵坪人家”公租房建成竣工，市政公共设施日渐完备。界石镇行政办公楼实现避险搬迁过渡，新建畅想社区办公阵地。新界商街实现开街，万象城市广场、新科城市广场、厚煌财富广场等商业综合体建设全面提速。完成农村危旧房改造 157 户，完成和平社区羊叉巷 26 户危旧房改造工作。成功拆除 2 宗区级挂牌“两违”建筑，制止 47 起“两违”行为，完成拆违任务 25.3 万平方米。继续巩固无烟煤镇创建成果，成功通过市级卫生镇复评。完成老车站“治堵”工程前期工作。扎实开展环保五大行动和“四清四治”专项行动，对辖区 297 家企业进行专项清理，并督促近 220 家企业申请办理环评手续，农村环境连片整治项目和工业企业排污生化处理设施正

2014 年界石镇重要经济社会指标

指标	单位	数值	比上年±%
地区生产总值	万元	361451	16.5
其中：1. 第一产业	万元	19548	-0.6
2. 第二产业	万元	283885	19.1
3. 第三产业	万元	58018	13.8
农、林、牧、渔总产值（当年价）	万元	28614	4.5
工业企业个数	个	171	24.8
工业总产值（当年价）	万元	1081061	32.8
建筑业总产值	万元	2434	-1.5
固定资产投资	万元	649367	15.9
其中：房地产投资	万元	16600	-85.6
社会消费品零售总额	万元	331434	43.9
本级预算内财政收入	万元	4010	65.8
本级预算内财政支出	万元	4201	18.3
辖区内公路里程	公里	156	6.8
通车行政村	个	6	0
中、小学校	个	3	0
在校学生数	人	5614	5.4
教职工人数	人	389	10.5
医院、卫生院	个	1	0
卫生机构床位数	张	484	191.6
农村居民人均收入	元	13761	13.4
城镇居民可支配收入	元	26137	12.6
城乡养老保险参保率	%	95	0
城乡医疗保险参保率	%	97.2	0.2

常运行。

【民生实事办实】 建立企业用工联动信息平台，开展“就业红娘”活动，新增就业6307人，发放创业小额贷款62万元。完成企业职工“五险”和个人参保业务试点，医疗保险、养老保险、低保、小额人身意外伤害险等基本实现全覆盖。全面开展五保户、失业人员、孤寡老人、孤儿、贫困妇女等社会救助，发放抚恤金150余万元，确保困难群众基本生活有保障。投入20多万元改善学校教学条件，积极做好桂花小学建成投用前期工作，大学生升学奖励、“金秋助学”形成常态，儿童学前教育、农民工子女、留守儿童关爱全覆盖。投入180余万元促进医疗卫生事业发展，区精神卫生中心开工建设。全面落实计生政策。认真落实各项惠农政策，完成粮食生产、种粮直补工作，农业新技术、新机器推广为农民节省6.57万元。建成新玉村森林防火公路4公里，辖区内松材线虫病得到有效防控。硬化村级公路9.2公里，完成桂花村同心桥建设。完成公平水厂主水管网改造工程，提升公平片区3500余群众饮水质量。完成山坪塘整治18口，排除病险水利工程安全隐患。水、电、气、通信、闭路电视基本实现“户户通”。新建2个社区文化活动室，公共文化服务设施服务群众5500余人次，开展各类文体活动24次。界石儿歌创作和传唱成绩喜人，《立德童谣》获市“五个一工程奖”。

【社会治安综治】 扎实开展平安社区、平安家庭、平安学校创建活动和夏秋社会治安专项治理活动。强化网格管理和群防群治，安装视频监控摄像头21个。桂花社区重点整治工作得到市委领导肯定，被市安委会、市安监局评为“重庆市安全社区”“重庆市安全社区建设先进单位”。全力化解社会纠纷矛盾，受理群众来信来访55件，办理市交办案件2件、区交办案件30件。安全生产责任分工明确、排查整改措施到位，农产品质量、动物疫情防控、食药品、道路交通等监管实现常态化。完成武新村危岩滑坡76户群众搬迁避让及后续处置工作。8月，新玉村被市法制办、市民政局、市司法局评为“重庆市民主法治示范村”。社区矫正35人，无一人脱管漏管，无重新违法犯罪。

【征地拆迁推进】 组建4个征地拆迁工作组，建立一线办公制度。完成征地542公顷，拆除房屋1374户，动迁人员4500余人，征地拆迁数量居全区第一。创造华南城、东城大道北段征地新速度，全部征地实现提前或按时交地。成功解决多年来应迁未迁农户47户，完成新旧政策补差，为符合政策的人员全部办理农转非、社保并发放生活费。坚持廉洁征地，无一人出现不廉洁行为，无一例到区、市群访集访事件。征地拆迁工作被区委、区政府评为“2014年突出贡献‘金牛奖’”。

2014年6月，帮扶贫困儿童

【政府效能提升】 在全区率先建成公共服务中心并运行，村（居）便民服务中心实现全覆盖，全年共接待群众5200人次，办理各类事项2600余件，成功召开区三级服务体系建设现场会。建成小型公共资源交易中心并投入运转，进一步规范政府投资和采购行为。完成计生指导站机构改革和人员转岗、财物移交工作，完成兽防站由区农委管理到镇管理的移交工作。着力推进节约型政府建设，“三公”经费下降35.4%。认真落实行政首长出庭应诉制度，出庭2件，应诉率100%。自觉接受镇人大主席团和人大代表监督，认真办理人大代表议案建议和政协委员提案。坚持科学民主决策、依法行政，重大问题决策严格按法定程序进行。坚持政务、村务公开，严格财务管理，全面推行“公务卡”结算制度。

【教育活动开展】 镇党委认真组织开展党的群众路线教育实践活动。组织领导班子集中学习17次、撰写学习心得13篇、调研报告13篇、上党课9次、征求意见座谈会32次。查摆“四风”问题19条、涉及群众切身利益问题58条、联系服务群众“最后一公里”问题10条，提出整改措施24条，解决具体事项60个。建立完善镇、村(社区)干部管理制度26项，规范干部行为和办事程序。贯彻落实中央“八项规定”和关于厉行勤俭节约、反对铺张浪费、改进工作作风、密切联系群众的相关规定，明确10大项37条新规定，做到出实招、动真格、见实效。

(朱秀杰)

接龙镇

【概况】 接龙镇位于巴南区东南部，东与石龙镇毗邻，南同石滩镇、綦江县接壤，西连跳石镇、南彭街道为邻，北靠天星寺镇、姜家镇为伴。全镇辖区面积196.4平方公里(其中：场镇建成面积0.8平方公里)，耕地面积7200公顷。镇内矿产、水利、林木资源丰富(其中：优质铁矿石蕴藏量达1800万吨，石灰石、石英砂储量5000万吨以上，还有丰富的天然气资源)；有鸭溪河、五布河、荷花仙河等河流和293口山坪塘以及半边大丘、柴坝、方丘、仙鹤桥、犁树坪、自力6座小二型水库；森林面积9200公顷，森林覆盖率达45%。镇域区位优势明显，古为贵州省桐梓、道真等地通往重庆的旱路要津，今有渝湘高速公路和渝道省级公路贯穿全镇东西。接龙镇属于二环外10分钟车程和距重庆市主城、江北机场、南川区市中心等地30~40分钟车程区域，是巴南区东南部极具辐射带动力的区域中心镇。丰富的民族民间文化资源使接龙镇成为“中国民间文化艺术之乡”，进入区以上非物质文化遗产代表作项目达16个，其中“接龙傩戏”“小观梆鼓舞”“接龙吹打乐”分别为重庆市和国家级非物质文化遗产。是重庆市“市级试点小城镇”。

2014年，镇辖17个行政村、153个村民小组，3个社区居委会，10个居民小组。年末总户数21102户，总人口58896人(其中：农业人口

2014年接龙镇重要经济社会指标

指标	单位	数值	比上年±%
国内生产总值(当年价格)	万元	103064	8.6
第一产业	万元	47680	-0.1
第二产业	万元	17473	-7.5
第三产业	万元	37911	18.4
农林牧渔业总产值(当年价)	万元	69708	6.2
工业企业单位数	个	29	-72.1
工业总产值(当年价)	万元	57720	12.7
建筑业总产值	万元	330	
固定资产投资	万元	233583	11.4
其中：房地产投资	万元	0	
社会消费品零售总额	万元	17940	-18
一般性预算收入	万元	120	-8.4
一般性预算支出	万元	4764	6.7
公路里程	公里	392	2.95
通车行政村	个	17	0
中、小学校数	个	6	0
在校学生数	人	3427	-3.7
专任教师总数	人	295	0.7
医院、卫生院	个	1	0
卫生机构床位数	张	95	0
农村居民人均纯收入	元	12300	13.8
城镇居民可支配收入	元	24942	12.3
城乡养老保险参保率	%	0.95	0
城乡医疗保险参保率	%	0.95	3.8

50196 人，非农业人口 8700 人）；人口出生率 10.2‰，自然增长率 0.028‰。

2014 年，被住房城乡建设部命名为“全国重点镇”；被全国生态文明建设发展论坛评选为“全国生态文明先进镇”；被文化部命名为“中国民间文化艺术之乡”；小观梆鼓舞被列入市级非物质遗产名录，《新接龙吹打之恋》荣获区第三届乡村文艺汇演银奖。获评区委、区政府“2014 年度区管领导班子先进集体”，获区委、区政府“2014 年度工作创新‘金鹰奖’提名奖”（颁奖主题辞：“四堂互映”推动核心价值观生根基层）。

【农业现代化建设】 3 月，巴南区农业生产暨春耕生产现场会在接龙镇召开。发展新型农业组织，成立股份制合作社 14 个、家庭农场 10 个，其中 7 家主体分别获评市、区示范称号。六黑（黑大米、黑大豆、黑花生、黑玉米、黑苕、黑绿豆）基地、水果、花卉等一村一品发展初具规模。接龙蜜柚、普丰葡萄获国家“绿色食品”标志，接龙蔬菜获“无公害蔬菜”认证，春双麻竹通过 QS 专业认证。成功举办“葡萄采摘节”“农耕体验节”“蜜柚采摘节”等活动，广泛宣传农产品品牌，增加农民收入。3 月，全市“质量安全保生产·放心农资送下乡”活动在接龙镇启动，并通过市农机安全示范镇创建。8 月，农业部副部长陈晓华专程视察农产品安全监管并给予好评。

2014 年 8 月，巴南区接龙镇水稻专业合作社

【城乡一体化发展】 12 月，小城镇规划修编通过专家评审，10 公顷的塘边农民新村获评“重庆示范农民新村”，关塘幸福农庄全面入住，荷花村获评“重庆美丽乡村”，农村环境连片整治、道路、水利、消防专职队等项目全面完成，市容管理名列 22 个镇街前茅，复垦工作连续三年全区第一。吸资 5000 万元技改小观砖厂为新型环保旋转式节能砖窑，探索生态文明建设新路。强化对 20 余个农家乐提标指导，新创 5 个星级农家乐。药泉花谷、一舍农庄、竹云间度假区、绿野仙踪生态观光园等农旅结合项目加速推进。

【宣教工作创特色】 以社会主义核心价值观和“中国梦”宣传教育为主题，以“立德树人”为导向，针对不同人群的追梦取向，开展贴近生活、贴近实际的梦想规划和美德传承活动，依托“干部课堂”“百姓茶堂”“家庭厅堂”“农家草堂”四个载体，着力打造“梦想接龙·四堂互映”宣教工作特色。通过设置“善行义举榜”、提炼总结“接龙家礼十循”、评选“五好家庭”、开展“学子成长话感恩”“百姓茶堂论惜福”“田间地头话惜福”“梦想接龙百姓茶堂”“拜寿礼”“农家草堂农耕体验”等活动，在全镇营造人人追求梦想、争做“有梦想有追求的接龙人”的良好氛围，营造“爱物知恩、节俭惜福”的社会风尚，受到中央电视台、人民网、重庆电视台、《重庆日报》等多家重量级媒体多次广泛关注，有关工作经验在中宣部、重庆市委宣传部调研时做经验交流，得到与会领导的高度评价，有关做法被市委办公厅《每日要情》、市委宣传部《重庆思想政治工作研究》等刊物专题宣传推广。在全市核心价值观总结交流会上，作为全市唯一基层镇（街）在大会交流经验。并荣获区委、区政府“2014 年度创新工作‘金鹰奖’提名奖”。

【社会事业惠及民生】 一、加大基础设施建设。投资400万元在马路等3个村实施粮食基础设施建设；争取1000余万元实施场镇小石桥河道整治、3个村人饮工程建设和56口山坪塘整治；争取800余万元完成石小路、凉石路、河东路三条区道改造任务；全面完成高速路口拓宽改造、14公里道路防护栏安装、16公里农村公路以及30公里人行便道建设任务；除治枯死松树3.77万株，落实公益林直补面积5037.07公顷。二、强化社会保障力度。完成城镇新增就业人员1080人，城镇就业困难人员就业54人，市外返乡农民工就业647人，20个村（社区）充分转移就业全覆盖；申报并发放小额担保贷款19户计150万元；5.6万居民自愿参加城乡居民合作医疗保险，办理城乡居民养老保险3.64万人，核查指纹认证1.12万人，完成率达97.83%。完成河嘴村、新槐村和龙潭街居委会3个社区养老服务站服务设施工程建设。三、扎实推进社会救助工作。发放临时困难救助25万元，核对发放建卡贫困户287户；争取各级各方资金20余万元，救助因暴雨引发的山体滑坡等地质灾害。四、统筹抓好其他民生事业。区政协“委员传递正能量，教育实践下基层”履职活动启动仪式在接龙镇举行；办理单独两孩指标16个，投入110万元建成政府专职消防队，成功化解信访积案6件。

【教育实践活动开展】 认真开展党的群众路线教育实践活动，紧密结合基层实际，聚焦作风建设，多措并举，扎实开展学习教育、听取意见，查摆问题、开展批评，整改落实、建章立制3个环节统筹规定。270名民情信息员捕捉百姓信息，创新构建“马上就办”服务群众工作体系等，多项举措被《重庆日报》等主流媒体报道。两次民调满意率分别排列全区第六、第四，全年综合排名第四。

（张　泷）

东温泉镇

【概况】 东温泉镇位于巴南区东部，东与南川区白沙镇、太平镇接壤，南与姜家镇、石龙镇为邻，西与二圣镇隔河相望，北靠木洞镇、丰盛镇为伴。土地面积122.7平方公里，耕地面积3000.53公顷。

2014年，镇辖14个行政村、136个村民小组，4个社区、12个居民小组。年末总户数13353户、总人口37195人（其中：城镇居民6362人，农村居民30833人，男性人口19316人，女性人口17879人）。

2014年，东温泉－南温泉旅游度假区被市政府评为“首批（10家）市级（省级）旅游度假区”之一；东泉车灯《山娃背妈》荣获重庆市第

2014年东温泉镇重要经济社会指标

指标	单位	数值	比上年±%
地区生产总值	万元	72357	8.7
其中：1. 第一产业	万元	26150	－0.4
2. 第二产业	万元	19621	4.2
3. 第三产业	万元	26586	8.4
农、林、牧、渔总产值（当年价）	万元	38948	5.2
工业企业个数	个	18	20
工业总产值（当年价）	万元	7804	－2.9
建筑业总产值	万元	481	－14.9
固定资产投资	万元	103635	10.2
其中：房地产投资	万元		
社会消费品零售总额	万元	16064	－0.4
本级预算内财政收入	万元	254	29.6
本级预算内财政支出	万元	4804	－10.5
辖区内公路里程	公里	380	
通车行政村	个	14	
中、小学校	个	3	
在校学生数	人	1535	
教职工人数	人	165	
医院、卫生院	个	1	
卫生机构床位数	张	60	
农村居民人均收入	元	11965	13.2
城镇居民可支配收入	元	24906	12.4
城乡养老保险参保率	%	107.6	
城乡医疗保险参保率	%	100	

四届戏剧曲艺大赛“曲艺类一等奖”；被住建部等部门列为“全国重点镇”；被重庆市农家乐产业协会、重庆市乡村旅游协会评为“最美乡村旅游度假村（镇）”。10月9日～11日，在三峰泉举办“东温泉·2014中华山水茶道文化节”。与区旅游局、区规划分局共同荣获中共巴南区委、区政府“2014年度工作创新‘金鹰奖’”（颁奖主题辞：“旅游规划”破解城乡一体项目落地难题）。

【现代农业】　根据全区发展特色效益农业的要求，按照“旅游带动、突出特色、形成规模、落实效益”的总要求，规划清和、瓦窑两个现代农业园区，总占地约1200公顷。其中，清和现代农业园区规划“3＋3”产业体系（3个主导产业：高山清和西瓜、高山清和萝卜、高山清和大米＋3个特色产业：高山猕猴桃等伏淡季水果和花木、高山清和茶叶、休闲农业与乡村旅游业）；瓦窑现代农业园区规划“2＋1”产业体系（2个主导产业：优质花卉苗木、反季节蔬菜＋休闲农业与乡村旅游业）。争取实现旅游与现代农业互动，呈现“产业强、农民富、农村美”的发展格局。

【休闲旅游】　全年共接待游客458.8万人次，旅游综合收入8.2亿元，分别比上年增长23.1%和25.2%。先后举办“清和高山萝卜节”“清和高山西瓜生活艺术节”“五布柚采摘节”“年猪美食文化节”及“东温泉·2014中华山水茶道文化节”等，旅游效益显著，农民增收明显。全力推进国家AAAA级风景区创建工作。完成2万平方米人行道路面改造；完成景区路灯管线恢复改造；新建旅游公厕1所，改造旅游公厕1所；完成垃圾处置系统建设，规范废弃物管理，按照AAAA级景区的要求，设计、添置垃圾箱200个，新建垃圾转运站1个；完成五大景区的升级打造及特色商品购物街建设。

【民生实事】　认真落实惠农政策，将养老保险、合作医疗改革等惠农政策渗透到村、社、户。10月，新修建的公共服务中心投入使用。全镇城乡养老保险任务完成率达107.6%，合作医疗保险任务完成率达100%。实现城乡低保“应保尽保”，全年发放低保金243.17万元（其中：城镇低保116.36万元、农村低保126.81万元）。累计发放重点优抚对象定量补助75万余元，发放各类救灾救济补助金45万余元。强化政府帮扶就业，全年举办板刊22期，张贴板画160幅，写大小标语116条，发放政策宣传材料4.26万份，举办农民工专场招聘会2次，完成城镇新增就业人员1008人，完成任务1100人的100.8%。强化计划生育管理，将人口控制在低生育和生育平衡水平，常住人口符合政策出生率95.3%，人口自然增长率为－1.19‰；办理“单独”再生育28件。投资40万余元新建1个村农村饮水工程。完成全镇山坪塘整治38口，打井500口。建成400平方米镇公共服务中心办事大厅，完善18个村居便民服务中心建设。

2014年，巴南区东温泉镇荣获《重庆商报》最美乡村旅游度假村（镇）

【交通运输】　2014年，全镇硬化乡村公路24.4公里，累计硬化乡村公路53.3公里，基本解决群众出行难问题。全镇现有各类公路380余公里（其中：区级以上公路55.2公里，镇级公路

22.89 公里，村级公路 118.48 公里，社道 84 公里，院坝公路 99.43 公里)，已经纳入区级养护补助的有 87.72 公里，未纳入养护补助的有 114 余公里。截至年底，公路密度每平方公里达到 3.1 公里，基本实现“村村通”和 85% 的社通公路，基础交通网络基本形成。

【环境保护】 全年改造场镇、鲜化大道等公路沿线绿化面积 2.5 万平方米，新增绿化面积 2000 余平方米。组织 320 人的 11 支专业松材线虫病除治队伍，山场除治小班 284 个，除治面积 1764 公顷；除治病死枯松树 16.18 万株，占计划的 164.21%；开展林区农户房前屋后流失疫木清理工作，清理疫木村 14 个，农户 1.05 万户，入户率达 100%，强制焚烧疫木 1055.61 吨。

【“两违”整治】 对“两违”(违法用地、违法建筑）实行零容忍。1 月 9 日，在区政府的大力支持下对涉及 69 户购房人的“李 × × 小产权房”，违法建筑 8000 余平方米进行强拆，实现“两违”零增长。

【党建工作】 镇党委认真组织中心组学习，不走过场，以需求为导向，抓干部培训，邀请专家教授举办 11 期专题讲座。举办村（居）干部集中培训 10 余次，党课辅导 18 次。改革考核模式，对村（居）实施有利于发展的有效考核，进一步落实村（居）减负工作。积极开展党员干部“四联系四服务”“双走服务”活动，实现走访群众全覆盖，提高群众满意度。抓实党风廉政建设。“整肃四风”抓干部作风建设，以党的群众路线教育实践活动为契机，收集各类问题 200 余条，并将各类问题梳理归类，落实到责任领导和部门，年底前已全部完成。建立完善党委委员基层联系点制度，建立健全举报、信访、接待等党风廉政制度。

（王丛伟）

木洞镇

【概况】 木洞镇位于巴南区北部，东连丰盛镇为伴、南同东温泉、二圣镇为邻、西与南岸区广阳镇接壤、北接双河口镇并与长江北岸的江北区五宝镇隔江相望。土地面积 104.3 平方公里，耕地面积 2699.4 公顷。

2014 年，镇辖 10 个行政村、42 个村民小组，2 个社区居委会、6 个居民小组。年末，总户数 10458 户，总人口 27463 人（其中：男性人口 14109 万，城镇居民人口 5303 人)。计划生育率 88%，人口出生率 5.9‰，人口自然增长率 -1.2‰。

2014 年，木洞镇先后被重庆市环保局评为“重庆市生态乡镇”，被重庆市司法局、重庆市人社局评为“重庆市优秀人民调解委员会”，被重庆市交安办评为“区县级优秀劝导站”，被区政府评为“安全生产工作优秀单位”。被区司法局评为“先进集体”，被区计生委评为“计划生育工作先进集体”，被区道路交通秩序综合整治执法工作办公室评为“摩托车行车秩序及非法营运专项整治考核一等奖”，消防工作考核被区府办综合评价排名全区第四名，社会治安综合治理经区综治办实绩考核成绩优秀。

【城乡一体发展】 坚持城乡一体统筹发展。一、农民新村建设。木洞镇总投入资金 1.5 亿元，建设农民新村和农村居民聚居点 5 个，建筑面积 7.5 万余平方米，入住农户 1000 余人。二、打造城乡一体示范点。着力建设庙垭美丽乡村项目，项目计划总投资约 3.2 亿元，总规划面积约 14.7 平方公里，项目包括对外交通建设、供水管网建设、新型农村居民点建设和生态农业园建设等。三、组建工程建设“总工办”。总工办由工程建设方面的专业技术人员组成，负责镇村所有工程建设项目的前期工作。严把“设计、预算、监理”三个关口，保障工程质量，杜绝工程“猫腻”和腐败。11 月 23 日，《重庆日报》以《巴南区木洞镇设立“总工办”严把“设计、预算、监理”关》为题作了新闻报道，并被“搜狐”“华龙网”等网站转载。

【服务中心开办】 按照“便民、规范、高效、廉洁”的服务宗旨，构建规范、便捷、透明、高效的镇级公共服务平台，达到群众办事“只进一个门，只找一个人”的目的。公共服务中心由镇项目管理办公室管理，窗口设置涉及社保所、民政办、计生办、农业服务中心、兽医站、建环办、国土所、市政中队、食药监办、组织办等10个部门，工作程序包含受理、承办和回复三个环节。

【路桥修建推进】 着力中坝岛大桥和桃花岛苏家浩大桥修建，累计投资7800万元，苏家浩大桥预计于2015年年底完工。大桥建成后，将为桃花岛整体开发建设起到积极推动作用。木洞镇党委、政府积极协调两岛开发和滨江路建设中的遗留问题，确保群众安定，社会和谐，工程顺利推进。木洞滨江路建设工程进度加快，该路段全长4.96公里，宽20米，双向四车道，共计完成投资1.2亿元。

【基础设施建设】 狠抓基础设施建设。一、农村公路建设。投入1500余万元硬化农村公路40公里，惠及7个村、14个社、6500余名群众。投入333万元修建3公里绕城路，贯通木洞场镇周边道路。二、人行便道建设。争取“一事一议”奖补政策，组织发动1960名村民参与5个村的道路修建，共计25公里。三、山坪塘整治。争取资金450余万元，完成85口山坪塘整治任务。四、投入资金6万元修建长坪广场，面积达600余平方米，惠及群众休闲娱乐。五、污水管道改造，投入7436万元改造污水管网。六、尖顶坡公园建设。一期建设投资125万元，建成多个主题园，绕山公路和350米登山步道，配有观景台、休息平台、观光庭和休闲游乐等设施。

木洞镇硬化农村公路

【社会保障惠民】 全镇城乡居民养老保险累计办理退休446人，办理死亡手续147人，累计新参保189人；采集退休人员指纹525人，累计指纹认证6338人；累计办理职工医保116人；申请救助类别中：就医类75人，意外伤害类6人，突发性意外事故6人，助学3人，其他特殊原因为28人。截至10月份，开展临时困难救助118人次，救助金额34.86万元（其中：救助对象类别为低保户4人，低收入家庭7人，特殊困难家庭107人）。积极开展就业培训，开展各类培训15次，参与培训人员1200余人，通过培训走上岗位有400余人，同比增长4倍多 。农村住房参保6776户，参保金额6.68万元，参保率59.67%（其中：土木结构房屋参保2088户，参保率72.4%；砖瓦结构参保1571户，参保率为48.6%；钢混结构参保384户，参保率为58.2%）。

【文体活动兴盛】 文化体育活动蓬勃发展。一、全镇有17个农家书屋（文化室），共有藏书3万余册，开展图书借阅、电子阅览5000人次。二、组建17个村（社区）山歌队，3个山歌艺术团，开展7场文化体育活动和3场文艺下乡演出。举办20场山歌传承教唱活动，2次培训会，参加2次区级及以上演出活动，送文化艺术活动到各村（社区）17次。1月，木洞山歌剧《迎新郎》参加巴南区第三届乡村文艺汇演喜获银奖。三、完成木洞山歌传承保护项目申报。争取国家项目补助资金到位60万元；完成申报4名区级非遗传承人和市级1人申报工作；完成第三次创建“中国民间文化艺术之乡”专题视频、图片、文本资料，经市文化局审核通过，现已上报国家非遗中心。

【食药监办成立】 按照区政府、区食药监分局要求，正式成立食品药品监管管理办公室。镇党委、政府不仅将食品安全工作纳入全镇经济社会发展总体规划，还把食品药品安全作为对各村（居）年终目标的考核项目，成立以镇安监办、农业服务中心、工商所、派出所、兽防站、区第三人民医院等相关单位为成员的食品安全委员会。

2014 年木洞镇街重要经济社会指标

指 标	单 位	数 值	比上年 ±%
地 区 生 产 总 值	万元	124004	13.9
其中：1. 第一产业	万元	20603	7
2. 第二产业	万元	42168	12
3. 第三产业	万元	61233	13.6
农林牧渔总产值（当年价）	万元	29966	12.8
工业企业个数	个	63	-50.8
工业总产值（当年价）	万元	118740	18.5
建筑业总产值	万元	184511	-9.2
固定资产投资	万元	432748	-9.8
其中：房地产投资	万元	140550	650.8
社会消费品零售总额	万元	38749	115.4
本级预算内财政收入	万元	1135	-74.2
本级预算内财政支出	万元	4760	8.5
辖区内公路里程	公里	191	
通车行政村	个	14	
中、小学校	个	5	66.7
在校学生数	人	3504	-0.24
教职工人数	人	306	-4.7
医院、卫生院	个	1	
卫生机构床位数	张	127	-44.8
农村居民人均收入	元	11733	13.6
城镇居民可支配收入	元	25649	12.3
城乡养老保险参保率	%	49.3	7.3
城乡医疗保险参保率	%	82.2	4.2

镇食药监办受区食药监局委托执法，将生产、流通、消费环节的食品安全和药品安全纳入统一监管，维护辖区内的食品药品安全秩序。

【专职消防队组建】 6月，在区政府和区消防支队的支持下，组建专职消防队。并成立以镇长为组长，政法书记为副组长，相关部门负责人为成员的消防安全领导小组，下设消防安全管理办公室，配备1名专职监管干部。镇消防队占地面积315平方米，配置消防战车、机动手抬消防泵、消防战斗服、消防梯等设施设备，组织专兼职消防队员参加市、区组织的消防培训近3个月。参与扑灭各类火灾4次，为木洞周边群众摘除蜂包10余个。

【道路交通安全】 党委、政府成立道路交通安全工作领导小组，木洞镇政法书记担任组长，成员单位包括镇安监办、交安办、木洞派出所。协助区交安办、区交巡警支队、片区公巡大队多次召开“木洞片区道路交通安全工作会”。同时，与辖区内17个村（居）及重点单位签订交通安全责任书。镇交安办开展“道路交通安全”集中统一执法行动以及摩托车、载重车辆、长途客车、农用车专项整治行动等大型执法活动20余次。设置农村道路交通安全劝导站3处，劝导车辆驾驶人8000多次，庙垭村劝导站获市交安办表彰。

【社会治安综治】 为维护社会稳定，加强社会治安综合治理。一、全年刑事案件立案89件，破获刑事案件28件，立可防性案件57件，打击处理违法人员10人；受理查处治安案件808件、查处治安案件795件，打击处理违法人员116人，共处理警情1000余起。二、全年调处各类矛盾纠纷1465件，调解成功1443件；并按照市委组织部和区委组织部要求，各村（居）公共服务中心办理群工平台接待群众信访事项录入189件，办结率100%。三、排查安全隐患215处，要求立即整改133处，限期整改63处；组织联合执法检查20多次，下发整改通知书19份，并及时跟踪隐患整改情况。

【人口计生工作】　全年出生人口314人、人口出生率9‰；死亡288人，人口自然增长率0.02‰。办理农村独生女考试市内院校加分48人，帮扶计生特殊家庭60人。申报独生子女父母光荣奖65人，共奖励1.75万元；依法申报放弃再生育夫妇21对，共奖励4.2万元。办理“独生子女父母光荣证”82对、“生育服务证”240个、“再生育证”70个、“流动人口婚育证明”16个。依法处理违法生育72件。孕前优生健康检查70对，完成任务107%。

【人大代表活动】　镇人大代表活动不断创新。一、镇人大主席团制定并实施《重庆市巴南区木洞镇人大代表镇人大代表考核管理办法（试行）》，创新人大代表考核机制，量化新规，每位代表全年走访选民不少于30户，少提成绩，多提建议。并将考核机制在“党建网”“华龙网”《公民报》等多家媒体网站进行刊载。二、探索基层民主政治的新形式。打破往年党代会、人代会单独召开的传统模式，集中1天时间，组织党代会、人代会“两会套开”，被《重庆日报》《公民报》、“人民网”等媒体相继报道。

【廉洁从政教育】　组织镇党政领导、二级班子正副职和各村（社区）书记共计60余人到重庆市渝都监狱开展警示教育活动，并撰写心得体会。组织党员干部观看《家财莫为子孙谋》《“蚁贪”之祸》等正反两面警示教育片16部共150场（次）。展以“廉洁青春·铸就中国梦”为主题的宣传活动。请市、区检察院领导到镇开展廉政法制宣传活动。发廉政漫画和《农村基层干部廉洁履行职责若干规定》《党员领导干部廉洁从政“八个禁止”“52个不准”》等资料共计8350份。

（郑佳丽）

跳石镇

【概况】　跳石镇位于巴南区西南部。东与接龙镇为伴，南同綦江区交界，西连安澜镇、一品街道为邻，北靠南彭镇、界石镇毗连。土地面积136.3平方公里，耕地面积3122公顷。

2014年，镇辖11个行政村、149个村民小组，3个社区居委会，10个居民小组；年末，总户数13591户、总人口35191人（其中，非农业人口4896人，农业人口30295人，男性18566人，女性16625人）；人口出生率9.4‰，人口自然增长率1.1‰。

2014年1月，民建巴南区委、渝中区委在跳石镇共同举行“同心·实践”基地授牌仪式，重庆市人大常委会副主任、民建中央常委、重庆市委主委沈金强出席授牌仪式。7月18日，由重庆市体育局、巴南区人民政府共同主办的“2014年

2014年跳石镇重要经济社会指标

指 标	单 位	数 值	比上年±%
地区生产总值	万元	56615	8.6
其中：1. 第一产业	万元	27361	1.6
2. 第二产业	万元	9728	16.8
3. 第三产业	万元	19526	9
农、林、牧、渔总产值（当年价）	万元	38038	6.3
工业企业个数	个	35	94.4
工业总产值（当年价）	万元	5713	-24.5
建筑业总产值	万元	0	-100
固定资产投资	万元	63492	12.1
其中：房地产投资	万元	/	/
社会消费品零售总额	万元	10050	0.9
本级预算内财政收入	万元	94	80.8
本级预算内财政支出	万元	2970	9.0
辖区内公路里程	公里	400	0
通车行政村	个	11	0
中、小学校	个	4	0
在校学生数	人	1074	-12.6
教职工人数	人	129	0
医院、卫生院	个	1	0
卫生机构床位数	张	30	0
农村居民人均收入	元	11873	13.3
城镇居民可支配收入	元	24525	12.2
城乡养老保险参保率	%	82.7	/
城乡医疗保险参保率	%	92.1	/

中国·重庆（巴南）第二届‘佛影峡杯’自然水域国际漂流赛”在跳石镇举行。共青团巴南区跳石镇委员会被市委宣传部、团市委、市精神文明办、市教委联合评为“2013年度重庆市大中专学生志愿者暑期文化科技卫生‘三下乡’社会实践活动先进单位”；石林村劝导站被重庆市人民政府安全生产委员会交通安全办公室评为“2013年度道路交通安全工作先进单位”；思栗村西瓜种植专业合作社被重庆市农业委员会授予“重庆市示范专业合作社”；年末，镇政府荣获区委、区政府“2014年度工作创新‘金鹰奖’提名奖”（颁奖主题辞：“六个一”模式树立基层应急管理新标杆）。

【重点项目建设】 完成圣灯山旅游度假区10公顷开发用地概念性规划，场镇风貌改造建设规划通过区级评审。林海旅游度假区完成9公顷“三养小镇”规划方案，并通过区级评审。光大奶业巴南生态牧场投资1亿元，完成二期牛舍建设。4月，五洲园完成园区配套设施建设正式开园，系主城最大的红枫观赏地，当年接待游客15万人次。5月，佛影峡漂流新建成3公里溯溪项目正式运营，并为周边群众新建商业摊位30个，改造商业摊位15个。7月，巨康建材点火投产，当年产值达723万元。方盛净化、品茗茶业等企业运行良好。全镇工业总产值达5904万元。

【农旅产业推进】 围绕“花木之乡”打造，大力推进都市效益农业和乡村旅游业。全镇茶叶产值2800万元，花木产值达1.29亿元，光大奶业鲜奶产值2607.5万元，三项合计占农林牧渔业总产值的48.2%。5月，重庆泰基科技发展有限公司、重庆环保建设集团有限公司、重庆佛影峡旅游开发有限公司、重庆林海旅业开发有限公司、重庆五洲园林工程有限公司、重庆朗润农业发展有限公司等6家旅游企业成立泛跳石地区旅游战略联盟，并首次以联盟组织举办“2014重庆圣灯山避暑欢乐季暨第二届‘佛影峡杯’自然水域国际漂流赛”“圣灯山避暑消夏夜”“五洲园露营季等旅游节会”活动，推进镇内旅游发展，全年接待游客超过100万人次。

【基础设施改造】 多方筹资1000余万元，硬化跳仁路、砖圣路中段、陈圣路等22.5公里，建成全长54公里的镇内旅游大环线，出镇通道射线7条。投资640万元，安装公路护栏32公里。纳入区统管农村公路182公里，拨付管护资金63万元。投资42万元，新建农村人行便道10.5公里，受益群众3000多人。投资854万元，完成镇内小Ⅱ型水库除险加固，高标准整治113口山坪塘，整治效果得到市级专家好评。投资65万元，完成改扩建陈家梁岗饮水管网和8个村级饮水工程运行管理维护，红层找水打井252口，惠及群众达3189户1.2万人。投资6000余万元，建成永隆35千伏变电站。投资310万元，完成滩子口村幸福农庄电力安装，4台400千伏变压器。投资1050万元，完成滩子口村幸福农庄天然气安装，确保入住农户如期用上天然气。

【惠民环境打造】 筹资460万元，新建镇公共服务中心及沿滩、永隆、两河3个村赶集式服务

2014年7月18日，第二届“佛影峡杯”自然水域国际漂流赛在跳石镇举行

中心，改扩建圣灯山社区等6个村（社区）便民服务中心，方便群众办事。全面完成滩子口村幸福农庄，便民服务中心、卫生室、农贸市场、文化广场等公共服务设施高标准建设，并开通天然气和直达鱼洞的小型客车。围绕“美丽乡村”建设，投资59万元，完成大沟村、两河村、永隆村村庄环境整治，全镇11个村全部创建为“重庆市生态村”，跳石镇荣获“重庆市生态镇”。认真做好“两违”整治，向违法建筑发放停工通知书16份，拆除违法建筑2053平方米，复绿及整治违法用地4宗。完成农村危旧房改造30户。完成4个复垦项目施工并通过区级验收。

【社会事业保障】 坚持以城乡低保为基础、救灾救助为辅助、社会互助为补充的原则。解决农村低保472人，城镇低保132人，保持动态管理下的应保尽保。走访帮扶困难群众930人次，发放慰问金及物资折价合计30万元。社会救助890人次，救助资金57.3万元。城乡合作医疗参保人数31236人，参保率92.1%；城乡居民养老保险参保人数19418人，参保率82.7%。农房保险参保率90%以上。实施教育工作联席会制度，关心和支持学校教育均衡发展。开展文化惠民工程，举办文艺演出5场次。投资近20万元建成无名烈士墓群。全面落实计生奖扶政策，全镇人口信息准确率达97.2%。完成沿滩、两河、圣灯山、石林、滩子口、思栗等村卫生室标准化建设，医疗卫生服务水平大幅提高。举办就业招聘会5场，新增就业356人。

【社会治安综治】 围绕“平安跳石”整治，认真开展社会治安综合治理。扎实开展森林防火、动物、植物防疫，切实落实保稳定、保安全各项工作。扎实开展生猪春秋防疫，无重大动物疫情发生。完成松材线虫病防控目标任务，除治枯死松树9195株。落实森林防火措施，全年无火情火灾发生。成立镇食品药品安全监督管理办公室，为村（居）配齐监管员并落实专项经费，食品、药品、农产品等安全监管成为常态。强化非煤矿山、烟花爆竹、道路交通安全监管，开展交通安全和安全生产大检查，全年无安全责任事故。将每月30日定为“群众工作日”，全年化解市、区交办的积案包案2件，本级信访件51件。积极引导群众通过法律诉讼程序解决矛盾纠纷和信访问题，行政首长出庭应诉2件。同时，全力支持基层公安工作，实现片区警务室全覆盖，群众安全感大幅提高。12月，跳石镇创建重庆市安全社区工作通过市级验收。

【基层应急管理】 针对山高林密、旅游兴旺的镇情，梳理各类危害社会安全的风险隐患，探索出“六个一”（即：编制一套应急预案，重点描述境内40个地质灾害点和主要隐患，以及灾害发生之后的信息报告、先期处置和人员撤离等内容；编录一本应急手册，向群众发放2000余册，普及应急管理知识，增强防范和自救意识；建立一支500余人的应急综合救援队伍，确保来之能战；明确一名联络人员，全镇应急救援联络员共59人，涵盖镇域全境，实现“政府”与“群众”双向交流；准备一批应急物资，建立1个镇级综合应急物资储备库和14个村居储备室，偏远复杂的村还延伸到合作社，救援工具和物资种类共计60余种；指定一个避难场所，因地制宜，在14个村居分别建立1个应急疏散安置场所，悬挂统一标志标牌和疏散路线图，并制定相关管理制度）应急管理模式。“六个一”应急管理模式，通过重庆市人民政府应急办公室“基层应急管理规范化建设”验收，并得到副市长刘强充分肯定，要求在全市推广。区长陈刚也做出肯定性批示，要求在各镇街瞄准此标杆，创新施行。年末，荣获区委、区政府“2014年度工作创新‘金鹰奖’提名奖”（颁奖主题辞：“六个一”模式树立基层应急管理新标杆）。

【机构改革重组】 按照《重庆市巴南区区级部门职能重组组织重构方案》要求，3月2日，跳石畜牧兽医站划归镇人民政府管理，实行区农委和镇政府双重管理，以镇政府行政管理为主，区农委负责业务指导。3月，成立镇食品药品监督管理办公室，开展辖区内食品药品安全监管工作，保障辖区内食品药品安全。4月，按照巴南区小型公共资源交易中心建设工作要求，成立镇公共资源小型交易平台并投入运行，当年有10个项目通过镇公共资源小型交易平台进行公开招标。

【党建廉政为民】 以“为民务实清廉”为主题，扎实开展党的群众路线教育实施活动，各级领导班子整改落实“四风”问题240个，涉及群众切身利益问题187个，联系服务群众“最后一公里”问题123个。建成14个村（社区）便民服务中心，制定实施规范管理制度，方便群众办事。重视党员干部教育培训，选派党员干部参加上级培训49人次，组织班子成员、部门负责人和村（社区）干部先后到市内外实地观摩学习，开阔眼界，拓宽思路。镇村干部全部安装“群工系统”手机APP，通过“党建红云”平台、群工系统等形式收集和解决群众反映的各类问题607条。开展“四联系四服务”和“双走”服务活动，机关干部主动与困难群众结对帮扶194户，为群众办好事办实事300余件。在教育实践活动中，民主测评群众满意率100%，问题整改落实率100%。认真落实党风廉政建设“两个责任”，严格执行党政主要领导“五不直管”的规定，扎实开展正风肃纪专项治理行动，纠正错报城乡低保享受人员17人，全年受理信访举报线索15件，立案查处1件，清退资金3.6万元。

【人大代表履职】 镇人大主席团强化履职监督和法治建设，积极推进依法治镇。组织人大代表对企业法制环境建设调研，联合评议一品法庭依法办案，开展《森林病虫害防治条例》执法检查。围绕“项目建设突破年”，积极开展调研、视察、监督、评议。听取政府关于城乡一体项目进展情况的汇报，视察巨康建材、石林茶厂、佛影峡、五洲园、如来谷等项目。建立人大代表联系服务项目机制，分代表组联系服务重点项目10个，协调解决项目用地、用工矛盾纠纷16件，协助办理有关建设证照6项。对山坪塘整治、公路硬化改造、村卫生室建设、饮水工程建设等政府性投资项目，参与视察、监督、评议有200余人次，组织检查验收23次。广泛开展人大代表主题活动，就“群众出行方便、贫困家庭就业、贫困人口救助、群众饮水安全、群众收入增加”5个方面重点开展调研监督。督办答复人大代表议案、建议23件，办理效果A类、B类共18件。在天坪、圣灯山选区依法按程序补选刁维娜为区人大代表。

【统战促进发展】 1月24日，民建巴南区委、渝中区委共同在跳石镇举行“同心·实践”基地授牌仪式，市人大常委会副主任、民建中央常委、重庆市主委沈金强出席基地授牌仪式，并建立程忧声烈士墓、周渭川烈士墓、跳石无名烈士墓爱国主义教育基地3处。邀请市区专家学者和有关职能部门到镇调研和考察，为旅游度假区建设提供资金和智力支持。引导辖区非公企业抱团发展，成立跳石旅游联盟，积极筹建跳石商会，为工商企业解决发展难题。关心关爱侨台属和非公企业代表人士，解决侨台属生活生产困难。高度重视和支持各民主党派、民族宗教和群众团体公益活动，凝聚社会各界人士智资能量，为跳石镇经济社会发展献计出力。

（白　刚）

安澜镇

【概况】 安澜镇位于巴南区西南部，东与跳石镇相邻、南同綦江县新盛镇交界、西连江津区杜市镇接壤、北靠一品街道、跳石镇毗邻。土地面积122.4平方公里，耕地面积2625公顷，林地面积4943公顷。

2014年，镇辖14个行政村，178个村民小组，4个社区居委会，18个居民小组。年末，总户数16570户，总人口37092人（其中：男性人口19484人，非农人口9026人）。人口出生率8.4‰，人口自然增长率0‰。

2014年，镇政府被市政府安全生产委员会办公室、市安监局评为“2013年度重庆市安全生产社区”；被区委、区政府评为“2014年度区管领导班子先进集体”。

【现代农业发展】 实施“农业立镇、生态美镇、旅游活镇”发展战略。全年规模流转和整治土地200公顷，新培育市级龙头企业1家，区级龙头

2014 年 8 月，安澜镇猕猴桃采摘节现场

企业 6 家，花卉苗木、特色果蔬、优质中药材、生态淡水养殖等 4 大基地建设规模扩大到 1300 多公顷。重点打造九井山猕猴桃、天元升蓝莓、仁流香葡萄、松湖贡米、老巴县金银花、龙井醇等本土品牌。巴联村九井山 20 公顷红心猕猴桃正式投产，产量达 1.5 万余公斤。举办“首届猕猴桃采摘节”，打造“巴南巴适·安澜安逸”名片，接待游客 10 万人次，重庆电视台等媒体对活动进行报道。棋盘村锦绣山乡产业示范园自动化阳光温控大棚投入使用。完成吉祥村民宿旅游项目土地流转。思林村中药材栀子种植基地扩大到 166 公顷，完成思林药材（栀子）种植基地研发中心主体工程，被中国中药协会评为“道地优质药材种植基地”。平滩村锦绣松湖项目流转土地 67 公顷，种植玫瑰花 34 公顷，优质李 10 公顷。顶山村天元升生态园种植蓝莓 27 公顷。巴联村巴廉寺生态园完成规划和土地整治，种植特色水果 34 公顷，被评为 2 星级农家乐。

【美丽乡村建设】　完成小城镇修编申报和特色小镇建设方案编制，实施产业规划和村级规划编制，将棋盘、平滩、顶山、五通、思林、湾湾等村共 17 个项目纳入区旅游专项规划，逐步实现从传统农业转向观光、体验、休闲、度假农业发展。启动顶山村整体开发规划，森林树屋对外开始营业。9 月，市级重点工程容量达 1052 万立方米的龙岗中型水库，通过市专家组验收，12 月下闸蓄水。引进港欧公司，重启白鹭公园建设。启动“龙浒峡漂流”和仁流红旗老年公寓建设。棋盘、小龙、巴联幸福农庄完成环境基础设施建设并交付使用，棋盘、巴联幸福农庄纳入市级示范点。完成宅基地复垦备案 13 公顷、竣工 11.8 公顷，补偿农户资金 1500 余万元。投资 1000 余万元，实施病险水库整治 4 个、饮水工程 8 个、山坪塘整治 59 口。投资 527 万元，实施高效节水灌溉项目全部完工，并通过区级验收。红层找水打井 370 余口，实施水土保持项目 113 公顷。按照“硬化主干道、打通连接道，管好泥石路”的思路，新建公路 20 余公里，硬化公路 30 公里，安装道路安全防护栏 13.7 公里，维护整治泥结石路 200 余公里。完成松材线虫病防控目标任务，除治枯死松树 6 万余株，位居全区第 4 位。森林防火措施落实，全年无火情火灾发生。对 4 个场镇清洁卫生和垃圾转运实施服务外包，规范场镇管理。拆除“两违”面积 1000 平方米，整治成效明显。

【社会民生保障】　全面落实强农、惠农政策，及时兑现种粮直补、退耕还林、农机补助等惠农资金 400 余万元。1 月，投资 1000 万元的安澜镇卫生院正式投入使用，13 个村卫生室建成并开门就医。争取上级补助资金 350 余万元，完成农村危房改造 478 户（其中：农村分散五保户和低保户 89 户）。完成龙岗场镇、小龙村农民新村和周边 400 余户的天然气安装。建成安澜社区文化室及 14 户文化中心户，新建农家书屋、体育设施、老年服务室、卫生室等项目 30 余个。举办首届全民运动会，完成电影惠民工程，共放映 202 场次，累计观众达 2.6 万余人。办理城乡低保 360 余户，为 1046 名城市“三无”人员、农村五保户、城乡低保户发放生活补助及慰问金 512 万元。办理

665名重病患者大病医疗救助，对173名困难群众进行临时救助，发放救助金35.23万元。兑付计划生育奖扶、特扶等扶助金167万余元。发放各种优抚资金、慰问金129.89万元。争取救灾资金20.8万元，解决113户房屋因灾受损群众的燃眉之急。完成229个特殊困难家庭的建档工作。争取28万元资金，完成4个社区养老服务站建设，让老年人晚年有保障。争取8万元资金，修缮村（居）公共服务中心阵地，并配备设施用品等。

2014年安澜镇重要经济社会指标

指 标	单 位	数 值	比上年±%
地区生产总值	万元	50652	12
其中：1. 第一产业	万元	23210	-1.4
2. 第二产业	万元	13200	21.2
3. 第三产业	万元	14243	4.4
农、林、牧、渔总产值（当年价）	万元	33364	4.1
工业企业个数	个	22	0
工业总产值（当年价）	万元	17051	86.5
建筑业总产值	万元	0	-100
固定资产投资	万元	65060	10.1
其中：房地产投资	万元	0	0
社会消费品零售总额	万元	8034	-1.6
本级预算内财政收入	万元	52	30
本级预算内财政支出	万元	3646	3
辖区内公路里程	公里	217	0
通车行政村	个	14	0
中、小学校	个	6	0
在校学生数	人	1273	-4.1
教职工人数	人	144	-5.3
医院、卫生院	个	1	0
医护人员	人	34	0
卫生机构床位数	张	60	50
农村居民人均收入	元	10939	13.4
城镇居民可支配收入	元	24940	12.4
城乡养老保险参保率	%	92	
城乡医疗保险参保率	%	95.6	

【治安综合管理】 开展大下访、大接访，接待群众来访咨询2300余人次，调解纠纷1701件，办结上级交办信访案件26件。强化社会治安综合治理，成立治安巡逻队伍，建立健全社会治安防控网络，严厉打击各类刑事犯罪，破获现行刑事案件25件，打击处理13人，查处治安案件642件，夏秋社会治安专项整治行动第二序列得分排名第一，公众安全感指数达96%。抓好校园周边整治、重点地区综合整治和防邪教工作，全年无邪教组织聚众滋生事件发生。做好生猪春秋防疫工作，无重大动物疫情发生。成立镇食品药品安全监管委员会，为村（居）配齐监管员并落实专项经费，食品、药品、农产品等，安全监管成为常态，强化非煤矿山、烟花爆竹、道路交通安全监管，全年无安全责任事故。4月，被重庆市安全生产委员会办公室和重庆市安全监督管理局评为市级安全社区。

【群众路线活动】 镇党委、政府以党的群众路线教育实践活动为契机，大力开展反腐倡廉教育，规范集体资产和农村财务管理，落实村务公开，“三公”经费下降25%，班子成员“一岗双责”和纪检监察责任全面落实，查办信访案件22件，收回资金12万元。领导班子成员以身作则，廉洁自律，干部形象和作风转变在全区民调中位居第2位。整改涉及群众切身利益问题118条，领导班子“四风”问题27条，服务群众最后“一公里”问题19条，通过“党建红云”平台、群工系统等形式收集和解决群众反映的各类问题162条。开展“四联系四服务”“双走”服务活动，机关干部主动与困难群众结对帮扶124户，筹集帮扶资金60余万元，为群众办好事实事200余件。党员干部和群众代表民主测评满意度100%，区民调对党的群众教育实践活动成效调查，城镇和农村分别位居全区第3名和第1名。全区民意调查综合排名第3名，党政领导班子被区委评为先进集体。

【基层组织建设】 组织开展创建服务型党组织活动，推行村（居）干部轮流坐班制，实行上门服务、代办服务。整顿转化后进村2个，清理撤销21个组织活动不能正常开展的基层支部。新发展党员56人，培训农村党员和干部500余人次。投入20余万元建成镇公共服务中心和公共资源交易中心，使群众办事更方便，工程项目管理更规范。投入100余万元，建成规范的村（社区）便民服务中心18个，新建（改建）村办公阵地8个，方便群众办事。组建民生服务队、志愿者服务队、民情信息员队伍，落实党建工作和活动经费150万元，解决村（居）干部待遇和工作难题。区民调项目中的村委会整体服务水平位居全区第2位，村委会办事解决情况位居全区第1位。

（杨娇姣）

石龙镇

【概况】　石龙镇位于巴南区东南部，东与南川区的白沙、大观、兴隆三镇交界；南连石滩镇和南川区的神童镇接壤；西依接龙镇为伴；北靠东温泉镇、姜家镇毗邻。土地面积110.8平方公里，耕地面积1853公顷（其中：田1250公顷、土603公顷）；林地面积4778公顷，森林覆盖率达58%。

2014年，镇辖9个行政村、102个村民小组，2个社区居委会、10个居民小组。年末，总户数10436户，总人口29599人（其中：非农业人口3765人，男性人口15455人）。人口出生率6.96‰，自然增长率为1.0‰。

2014年1月，巴南区“三下乡”（科技、文化、卫生）活动在石龙镇启动。11月，全国义务教育发展基本均衡区（县）督导组专家一行在区委常委、宣传部部长夏杨松陪同下到石龙中学校评估验收。完成6项特色农产品基地建设，年产值逾2000万元。土地股份合作社经验成功在大桥村、金星村推广，“幸福农庄”功能配套日益完善。率先完成镇级公共服务中心、村（居）便民服务大厅标准化建设，成立镇级公共资源交易平台。圆满完成党的群众路线教育实践活动，“千百十一”主题活动有序开展。镇公共资源交易平台创建的“两化三分离”工作制度，荣获区委、区政府“2014年度工作创新‘金鹰奖’提名奖”（颁奖主题辞：“两化三分离”让农村“三资”源头清）。

【效益农业助推】　引进、培育农业企业8家，投入资金4000多万元，建成3公里河道葡萄长廊、66.67公顷特色蔬菜、3.33公顷铁皮石斛和蓝莓种植等6个特色农产品基地，实现产值2000余万元。建成粮油高产核心示范田66.67公顷、攻关展示田6.67公顷，有效地稳定粮食产量。全镇粮食总产量达1.97万吨。积极开展科技下乡，种植、养殖大户、特色农产品业主专业培训和农技现场培训，受训群众500余人次（其中：300

2014年石龙镇重要经济社会指标

指　标	单 位	数 值	比上年±%
地区生产总值	万元	46497	10
其中：1. 第一产业	万元	26611	－1.1
2. 第二产业	万元	4206	4.6
3. 第三产业	万元	15680	12.4
农、林、牧、渔总产值（当年价）	万元	40372	5.7
工业企业个数	个	19	18.8
工业总产值（当年价）	万元	2723	1.5
建筑业总产值	万元	48160	－19.3
固定资产投资	万元	71720	26.6
其中：房地产投资	万元		
社会消费品零售总额	万元	5608	0.8
本级预算内财政收入	万元	216	980
本级预算内财政支出	万元	2558	－25.7
辖区内公路里程	公里	400	
通车行政村	个	9	
中、小学校	个	3	
在校学生数	人	1658	10
教职工人数	人	144	－2.7
医院、卫生院	个	1	
卫生机构床位数	张	30	30.4
农村居民人均收入	元	11353	13.2
城镇居民可支配收入	元	24525	12.2
城乡养老保险参保率	%	93.2%	0.2
城乡医疗保险参保率	%	96.4%	0.9

余人就地就近参与农业企业务工)。新增流转土地70公顷。牵头组建双寨山—金龙湖旅游联盟,融赏花、摘果、垂钓为一体的“乡村旅游”日渐兴旺。

【城乡一体扩面】 在大桥村、金星村推广大兴村建立土地股份合作社经验,实现统筹城乡综合配套改革从“亮点”到“扩面”。不断完善大兴村幸福农庄“六通六有”(“六通”:道路、电力、供水、排水、广播电视、通信;“六有”:小广场、便民商业、医院、垃圾收运站、农家书屋、幼儿园)功能设施,完成“九位一体”(即:党员活动、就业社保、商贸超市、卫生计生、教育文体、综治警务、民政事务、环境保护、金融服务)的村公共服务中心建设并投入使用,完成小区环境绿化,道路安全护栏等基础设施建设,完成广场入口和景观水体等设计方案区级评审,并启动施工前期准备工作。组建大兴村“兴耀幸福农庄”业主管理委员会,确保幸福农庄管理秩序和后期工作的开展。坚持“成熟一个、推动一个”原则,积极完善大连村农民新村和金星村危房迁建集中居住点建设手续。完成两批土地复垦项目13个、共计13.2公顷,通过市级验收并完成地票交易;完成土地复垦第三、四批共14.6公顷入库资料收集备案工作。启动大兴村、大连村两个市级、区级整村推进土地综合整治项目,投资2000余万元,整治土地333.33公顷。严控“两违”(违法用地、违法建筑)增量,积极消化存量,全年开展强拆行动3次,拆除违法建筑2186平方米,实现全镇无新增“两违”目标。

【城乡环境改造】 开展城乡环境“整脏治乱”专项行动,狠抓场镇市容环卫综合管理,市政考核综合评分排名大幅提前。开展5个村环境连片整治工程,新建合路村、中伦村人工湿地2处,新增污水管网3270米、84个垃圾箱、560个垃圾收集桶和垃圾收运车2辆,新建花石社区、大桥村公厕3座新增路灯57盏,铺设天然气管网6500米,建成花石农贸市场,硬化绿化石龙场镇裸露地面1271平方米,规范停车位近100个,城镇功能不断完善。完成石小路、火锣、合路猫沟、大连寨坪等农村公路硬化25.4公里,完成白马村、柏树村、大园村人行便道24公里,安装中伦、大桥、大园、金星等村农村公路护栏20公里。整治山坪塘170口,新建和改造金星、中伦、合路、花石、大园村的饮水工程5处,解决5000多人的生产生活用水问题。

【民生事业服务】 全年发放低保金92.6万元、重点优抚对象定期补助130余万元、义务兵家属优待金22.5万元、救灾救济金32.05万元。帮助困难人员就业14人,批准发放免息就业小额贷款11户80万余元。全镇城乡养老保险参保率达93.2%,城乡合作医疗参合率达96.42%。全年政策性生育率达99.39%,独生子女父母增发养老金75人,申报放弃再生育奖励75人。落实“关爱女孩”行动,先后申报独生女孩高考加分26人,奖励考上本科的独生女孩10人。建成11个村(居)标准化卫生室,改建石龙社区门诊。筹集资金460多万元,启动石龙敬老院扩建工程,新增住房面积1800平

2014年9月,石龙镇兴耀幸福农庄

方米。新办中伦、合路2个村级普惠性幼儿园，实现2个村70余名儿童就近入园。成功举办“首届坝坝舞比赛”，组织群众性文娱节目12场。完成《石龙镇志》初审，《石龙龙门阵》收集整理取得阶段性成绩。

【社会治安综治】 强化辖区社会治安综合治理，加强安全隐患排查整改。开展建筑工地、交通运输、食药品、烟花爆竹等重点行业单位的安全生产大检查大整治，检查农村聚餐36次，交通运输48次，排查出一般隐患94个，整改94个，排查出交通安全隐患10处，整治10处。开展石龙老街、学校等重点单位消防隐患整治。落实定期信访排查制度，建立镇领导赶场天上午接访、下午入户走访制度，全年调解各类矛盾纠纷520件，完成法律援助11件，开展法制宣传3次，社区矫正人员16人，无进京到市上访事件。完成花石社区的社会治安重点地区排查整治工作，顺利通过“重庆市安全社区”创建和区级“应急管理示范镇”验收。社会治安满意度民意调查排列全区第三。

【工作制度创新】 借助公共资源交易平台，在全区试点创新“两化三分离”工作法（即：村干部权力运行规范化、公共资源交易精细化；预算、变更、结算三分离），规范统管农村“三资”交易，成效凸显。《重庆日报》先后两次专题报道，区委领导在《区委委员专报》上批示：“石龙经验值得推广”，区行政服务和公共资源交易中心决定在全区推广。为此，荣获区委、区政府“2014年度工作创新‘金鹰奖’提名奖”（颁奖主题辞：“两化三分离”让农村“三资”源头清）。该工作制度实施以来，成功交易村级项目36个，纠正违规操作7起，节约集体资金25万元。

【“千百十一”实践】 镇党委结合党的群众路线教育实践活动，将“四联系四服务”“双走服务”行动深化为“千百十一”（即：访千家户、结百家亲、办十件民生实事、成立一个乡贤理事会）的主题实践活动。全镇1000多名党员干部深入辖区走访群众，张贴党群连心卡10282张；机关党员干部每人结对帮扶1户困难家庭，每季度一次上门关心“穷亲”；办好新建敬老院、农贸市场、公厕等十件民生实事；成立一个以老干部、农村老党员、老教师、老模范等人员组成的乡贤会。

（李光胜）

姜家镇

【概况】 姜家镇位于巴南区东部，东连东温泉镇、石龙镇为伴，南与接龙镇为邻，西与天星寺镇接壤，北靠二圣镇毗连。土地面积80.4平方公里，其中耕地面积1729.87公顷。

2014年，镇辖7个行政村、82个村民小组，1个社区居委会、5个居民小组。年末，总户数7929户，总人口21733人（其中：非农业人口数3005人，男性人口11460人）。人口出生率0.41%，同比下降0.46%，人口自然增长率-1.19‰。

2014年，全镇人民安居乐业，经济发展和社会各项事业稳步推进。4月，被重庆市安委办、市安监局评为“重庆市安全社区”；被区政府办评为“2013年度道路交通安全工作先进单位”。

【农村建设】 着力农村基本建设和特色效益农业发展。一、道路交通建设。投入960万余元，硬化和东县道、双沙路、巴黄路、长伍间路、赵家湾路、白清路等5条农村公路共22.9公里；投入96万余元，拓宽姜蔡路、姜水路共计4公里路沿；扩宽狮子岩危险路段，修建堡坎，消除安全隐患；新修农村人行便道11公里，通户率达85%以上；投入31万余元完成农村公路1000余立方米的滑坡泥石清理及堡坎修建，极大保障沿线群众的出行安全。二、水利设施建设。投资89万元整治17口山坪塘，新增蓄水量2.3万立方米，确保45.2公顷农田灌溉和1456人饮用水源，受到市、区领导的高度评价；投资172万元新建文石回龙坝、水源杨家屋基、平原老百元片区饮水工程，解决521户1563人饮水难问题。三、农村危房改造工程。认真推进农村危房改造，其中D级危房改造竣工103户，C级危房改造竣工27

户。审批农房166户（其中：改建57户，新建109户）。四、完成退耕还林和造林任务。完成重点造林任务133.33公顷，退耕还林后续产业33.33公顷，并通过市、区验收；完成2006年实施的退耕还林坡耕地造林33.33公顷，并经市级与国家级的阶段验收；完成1867公顷林地的各种病虫害监测防治，率先在区内实施飞防667公顷。五、积极推进特色效益农业发展。“姜家黑”特色效益农业20公顷试点工作取得较好成果，产品成功挺进“渝交会”，受到区领导及广大市民好评。

2014年姜家镇重要经济社会指标

指标	单位	数值	比上年±%
地区生产总值（当年价格）	万元	55521	8.9
第一产业	万元	21494	2.8
第二产业	万元	16705	-3.7
第三产业	万元	17321	7.3
农林牧渔业总产值（当年价）	万元	33212	9.8
工业企业个数	个	33	-34
工业总产值（当年价）	万元	51096	-12.9
建筑业总产值	万元	/	/
固定资产投资	万元	92969	10.7
其中：房地产投资	/	/	/
社会消费品零售总额	万元	8247	-4
本级预算内财政收入	万元	547	28.1
本级预算内财政支出	万元	2847	11.7
辖区内公路里程	公里	163	/
通车行政村	个	7	/
中、小学数	个	2	/
在校学生数	个	664	-6.5
教职工人数	人	64	-7.2
医院、卫生院	个	1	/
卫生机构床位数	张	30	/
农村居民人均收入	元	11731	13.9
城镇居民可支配收入	元	25056	12.2
城乡养老保险参保率	%	63.7	/
城乡医疗保险参保率	%	95	/

【环境整治】 为保护青山绿水，加强环境保护和整治。一、确定2014年为“环境综合整治”主题年，成立专项领导小组，颁布《姜家镇2014年环境保护和整治工作方案》，与辖区内12家矿山企业签订环境整治责任书，与7个村（居）签订环境保护与整治保证书。二、利用“广播村村通”、流动喇叭与宣传车，播放环保知识350余小时，举办环境保护和整治宣讲会、环保征文比赛，收集环保征文30余篇。三、组织发动志愿者等社会力量参与社会公益活动。组织志愿者200多人，开展志愿者活动4次，开展形式多样的环境保护宣传活动10多次，发放宣传资料5000余份。四、出动环保执法人员30余人，执法车辆110余次，进厂上路检查186次，查处违法车辆22辆，扣除企业环保承诺金2.12万元。五、在市、区环保资金引导下，由姜家石材商会下属的矿山企业每家出资50万元，修建重庆市第一条非煤矿山专用通道。六、按照“无尘、无噪、无撒漏”标准，促使镇辖7家矿山企业投资1500余万元搭建封闭生产厂棚2万余平方米，实现全封闭生产。七、依靠村社连片整治项目，新建日处理700立方米的污水处理池1个，解决周边400余名群众污水排放问题。

【招商引资】 积极招商引资，推动生态农业和休闲旅游发展。一、5～9月，重庆三亭生态农业有限公司投资2000万元，完成三亭园生态餐厅升级改造、生态酒店装修改造、三亭园休闲景观改造，完善亭、廊、运动场、健康步道、停车场等配套设施，一期项目已正式开园营业，二期项目已流转土地64公顷，为现代农业注入新元素。二、10月，重庆强华生物科技产业集团有限公司与平原村签订土地流转合同，共流转田30.73公顷、土38.33公顷以及林地21.13公顷，种植以元宝枫为主的木本粮油作物。

【市政改建】 重视市政设施改建。一、投资近50万元，新建占地2480平方米的白云公园入口广场；旱厕改水厕2座，拆除影响市容市貌的垃圾坑3个，并在相应位置放置车载式垃圾箱体；新增垃圾箱（桶）体80个；对场镇49座化粪池提出管理方案；整修场镇景观树250株；开展取缔违规摊点和亭棚整治活动50多次，对溶洞河等流域进行大面积清漂。二、建立并完善城市管理工作移交社区管理考核机制，全年城市管理工作3次位列全区前三名。三、实施春节灯饰工程，购置LED彩灯3000串，灯笼1500串，马年花灯2个，装饰点缀2000个。

【民生保障】　关注和落实民生保障。一、全年走访慰问困难群众5600余人，发放各类帮扶救济资金约350万元，向民政对象发放生活补助金211万余元，全年62人获得临时救助金13.8万元，发放义务兵家属优待金14.4万元、灾房重建资金6.8万余元、冬令春荒补助金14.5万元，为30余名白内障患者进行康复复明手术。投入7万元完成槐园村社区养老服务站建设并投入使用。二、城乡合作医疗参保19628人，参保率95%以上（其中，2350名70周岁的老年人由镇财政资助参加一档，在二环以外尚属首例；100名精神病患者、16名老复军人、283名城镇“三无”人员、城乡孤儿、农村五保户由镇财政资助参加二档；76名重度一、二残疾由镇财政资助参加一档）。三、根据低保条例，进行严格审核和上门入户调查，经调查核实，享受城市低保135户193人，享受农村低保74户115人，全年共发放低保金65.94万元。四、全镇参加城乡居民养老保险人数13765人，征收养老金90余万元，全年领取城乡居民养老金人员3908人，累计发放养老金375.17万元。六、城镇登记失业人员就业55人，城镇新增就业人员就业267人，困难人员就业44人。全镇富余劳动力非农就业人数7612人，劳力收入1.37亿元，净收入0.82亿元。

【综合治理】　为保城乡居民平安、社会稳定，强化社会治安综合治理。一、全年立刑事案件33件，破获20件，批捕6人，起诉9人；行政拘留3人，警告540人，强制戒毒1人。社会治安秩序明显好转，重点地区整治实现刑事案件零发生，顺利摘牌。二、全年共排查各类矛盾纠纷158件，成功调处152件，接待日常信访人员75次，处置25次，完成区领导包案结案1件。三、11名社区矫正人员无重新犯罪，2名社区戒毒（康复）人员得到稳控，3名邪教“法轮功”人员稳定。四、扎实开展打非治违专项行动，共检查单位44家，发现违法违章行为11起，责令整改9起。烟花爆竹、食品药品、危化物品等领域均未发生安全事故。五、强化非煤矿山企业管理。推行企业标准化建设，在生产的9家非煤矿山企业，1家达到标准化2级，8家达到标准化3级。开展非煤矿山企业安全检查35次，发出整改指令书8起，限期整改5起，暂时停产停业整顿3起，处罚1500元。探索实行矿山安全管理员和爆破员记分管理制度，创建企业文化，促进企业安全生产。辖区内非煤矿山企业连续6年实现安全生产“零死亡”目标。

【人口计生】　全镇常住人口14711人，政策性生育率达95.3%，出生人口性别比105，死亡225人，人口自然增长率-1.19‰，已婚育龄妇女综合节育率达99%，出生缺陷一级干预覆盖达99%，人口个案信息覆盖率达96%，准确率达98%，居住地人口计生服务管理覆盖率达88%，免费孕前优生健康检查参检率达102.7%，开展人口与计生干部业务技能培训5期，管理系统的应知、应会，应做能力得以提升。镇村两级建立规范计生政务公开栏，公告对人口计生法律和社会抚养费征收；公示批准再生育一孩，独生子女父母奖励金和奖扶金发放程序、标准、时限等，接受群众和社会监督。对鉴定符合手术并发症人员每年每人补助1200人。全年为67人发放独生子女父母奖励金1.98万元。

【文体活动】　镇建有业余文艺队伍12支和12人的文化志愿者队伍1支。其中10人以上舞龙骨干文艺演出团队3支，重点打造学生舞龙队、社区舞龙舞蹈队，开展舞龙培训10场次，组织参训人数达600人次。一、全年举办各类文化、体育活动26场次。参加区教委、团区委举办的暑期“红领巾相约中国梦”少先队辅导员职业技能大赛，姜家小学舞龙队的“龙浓深情”荣获最佳表演奖。先后组织“我们的中国梦综合文艺演出”“民间文化活动”“翰墨铸魂百米长卷书法创作”

2014 年 4 月，姜家舞龙传承

"青春姜家·全民健身篮球比赛"。参加区"情系巴南元宵会"舞龙表演，在区"劳动实现巴南梦"第四届职工运动会开幕式跳绳比赛中荣获第七名。二、完成"21·31"（即：21 世纪·一村一月一场）电影惠民工程，全年放映 102 场。三、镇图书阅览室及村（居）公共文化场所全年接待借阅、阅览 5108 人次。建成 21 户文化中心户、2 户文化示范中心户。11 月，首期《书屋专栏》分别在镇综合文化站和各村文化室张贴，营造良好的学习氛围。

（李　坤）

麻柳嘴镇

【概况】　麻柳嘴镇位于巴南区东北部，东靠涪陵区和长寿区接壤、南连双河口镇为伴、西同渝北区洛碛镇隔江相望、北与长寿区辖的重庆钢铁集团毗连。土地面积 77.94 平方公里，耕地面积 1058 公顷，原始生态林 1666 公顷。地形条件为浅丘、高山的阶梯状，海拔在 200 ~ 1000 米之间。

2014 年，镇辖 10 个行政村、42 个村民小组，2 个社区居委会、6 个居民小组。年末，总户数 10458 户，总人口 27463 人（其中：男性人口 14109 万，城镇居民人口 5303 人）。计划生育率 88%，人口出生率 5.9‰，人口自然增长率 -1.2‰。年末，麻柳嘴镇被区委、区政府评为"2014 年度区管领导班子先进集体"。

【城乡一体发展】　坚持"规划先行、建管并重"原则，提速城乡建设。完成全镇产业发展规划编制，小城镇规划修编已初审，水淹凼村村级规划编制已完成初稿。赚宝村幸福农庄主体工程全面竣工。第二期 4 公顷土地复垦通过区级验收，第三期 11 公顷土地复垦正在市级备案。金之癸·凤凰谷农业公园项目完成 23.3 公顷土地标准化整治，科技大棚投入使用，建成生态养殖池 3 口，种植真龙柚、荔枝 4.67 公顷，花艺蔬菜 3.33 公顷，夏季种植的 33.3 公顷葵花吸引大量涪陵区、长寿区等地游客观赏。完成江南柳庄生态园一期 20 公顷土地标准化整治，种植红柠檬 5000 余株，并完成二期 13.33 公顷土地流转工作。泉龙君怡心苑养生养老项目完成建设审批。梓桐村新种植脆红李 3.33 公顷，并打响脆红李绿色产品品牌效应。鱼藏溪水流域水土保持项目种植血橙 200 余公顷。新成立农民专业合作社 3 个，全年新流转土地 133 余

2014 年 12 月，金之癸农业公园项目

公顷。引进赚宝村未来生态农业园和雁栖·生活领地等项目正在完善规划方案设计和开展土地流转工作。赚宝村53.33公顷蔬菜基地项目获国家三建委审批立项。完成水淹凼村、赚宝村村庄环境连片整治工作。完成场镇标志标线、停车场、客运站、社区公园、法治文化广场等场镇综合整治。

【征地拆迁】　采取重点突破、司法助推等有力措施，完成梓桐大道、热岛项目（西南合成制药厂的燃煤锅炉热岛中心）、渝钛白水厂深水井项目征地拆迁及富江能源项目补征地工作。加大对已征地项目的扫尾工作力度，累计征地8宗240余公顷，保障麻柳开发园区的用地需求。完成牌楼村70公顷土地的征用前期工作。西南合成制药厂28栋共计3万平方米的生产车间已开工建设，其中2栋已实现封顶。攀渝钛白项目基础工程正在施工。110千伏梓桐变电站项目基本完工。富江能源项目及安置房8栋5万平方米主体工程全部完工。完成攀渝钛白、西南合成制药厂等项目900余名征地农转非人员参保和已征地项目的征地补差工作。

【惠民实事】　完成敬老院迁建平场和镇机关文化阵地建设。建成牌楼村农村幸福院，新建回龙寺村办公阵地。投入140余万元，完成镇公共服务中心和12个村（居）便民服务中心建设，并实现规范化运行，为群众办理各项服务5000余件次。完成八角村、人和桥村、水淹凼村安全饮水设施建设，完成人和桥村200余户、回龙寺村50余户约7000米供水管道安装，解决1000余人的供水问题。整治山坪塘38口，新建山坪塘4口、蓄水池2口，感应洞水处理场工程、白银洞提灌站工程有序推进。改建硬化赚宝路、麻天路、茶五路、时兴路、新发路、新民路等6条农村公路20余公里，新修人行便道28公里。天池场镇至麻柳场镇、木洞镇恢复客运通行，新开通麻柳场镇至南坪坝岛农村客运线路。完成农村危旧房改造45户。完成赚宝村1000口节柴灶改造。新建村卫生室4个、改建2个。拨付资金16万元支持麻柳小学“乡村少年文化宫”建设和辖区内4所中小学推进义务教育均衡发展，迎接国家有关部门检查验收工作。深入推进文化惠民工程，大力推进文化院坝建设，举办镇“首届坝坝舞比赛”和区级文艺汇演选拔赛，丰富群众文化生活。“麻柳荷叶”入选市级非物质文化遗产，并参加重庆市第四届曲艺大赛获“二等奖”。举办移民、征地农转非人员就业帮扶培训12期，累计培训1250人次，新增就业人员800人。加大困难群体帮扶慰问，筹集资金25.75万元资助困难群众500余户。加强城乡居民合作医疗保险参保宣传、信息录入和核对工作，参保人数24848人，参保率

2014年麻柳嘴镇镇重要经济社会指标

指　标	单 位	数 值	比上年±%
地区生产总值	万元	47203	18
其中：1. 第一产业	万元	17303	11.1
2. 第二产业	万元	14540	12.1
3. 第三产业	万元	15360	14
农、林、牧、渔总产值（当年价）	万元	24608	12.9
工业企业个数	个	50	-81
工业总产值（当年价）	万元	58530	24.2
建筑业总产值	万元	22362	9
固定资产投资	万元	223024	-16.8
其中：房地产投资	万元		
社会消费品零售总额	万元	5300	-36.6
本级预算内财政收入	万元	102	-15.7
本级预算内财政支出	万元	2842	-21.8
辖区内公路里程	公里	341	
通车行政村	个	10	
中、小学校	个	5	
在校学生数	人	1526	3.2
教职工人数	人	136	-6.2
医院、卫生院	个	1	
卫生机构床位数	张	16	-64.4
农村居民人均收入	元	11744	13.7
城镇居民可支配收入	元	24864	12.3
城乡养老保险参保率	%	70	
城乡医疗保险参保率	%	96	

达96%。城乡居民养老保险累计参保11500人，参保率和征缴率均达到区下达的目标任务。投入26万元，加强重大动物疫病防控保障，全年无一起疫情发生。

【社会综治】 继续深化、扩展“五进院坝”（即：干部联系群众进院坝、政策宣传进院坝、民情收集进院坝、文化生活进院坝、党务村务公开进院坝）活动范围及影响，认真开展社会治安综合治理。针对征地、移民、缺水、矿山扰民等矛盾多发领域，镇党政领导干部经常深入群众走访摸排，在走访摸排掌握矛盾源头的基础上，推进司法、综治、信访的大综治工作模式，及时化解群众反映的合理诉求，取得良好的矛盾纠纷调处效果，有效地做到矛盾源头第一时间掌握，信访纠纷第一时间化解，确保和谐发展的良好局面。信访维稳处置工作得到市、区有关领导的批示肯定。人民调解“五个以人”（即：以笑迎人、以情暖人、以诚待人、以法示人、以果矫人）工作法在市、区级媒体上报道、刊载，得到各级领导肯定。全面建成镇、村（居）群工信息平台，接受群众反映的问题136件，处理率达100%，群众满意率达100%。引导村（居）订立村规民约，增强村民的守约意识，促进村民间的相互监督，在推进自治管理方面起到一定作用。进一步加强安全生产工作“五步工作法”〔即：村（居）摸排、镇安监办定期收集、领导签批、责任单位限时处置、镇安监办跟踪落实〕，加大整治摩托车违法和食药品销售市场监管，有效整改查处道路交通安全、中小企业、非煤矿山等行业安全隐患100余起，全年未发生一起重大安全事故，安全生产工作获区安监局“2014年度优秀单位”。平桥村荣获市级“平安农机示范村”。完成麻柳嘴镇、回龙寺村应急规范化建设。加大群防群治，进一步强化综治办、派出所、村（居）巡防联动机制，社会治安实现有效管控，为人民群众营造安全稳定的生产生活环境，群众安全感在全区民意调查中位列镇（街）第四位。

【基层党建】 镇党委认真开展党的群众路线教育实践活动，积极探索和推行领导班子包村、科级干部包社、一般干部包户的“三包”联系服务群众机制，创新开展“3+10”〔打造机关效能提升工程、村（居）规范提质工程、民生实事惠及工程3大工程；积极推进包括机关制度建设、绩效考核管理、执纪监督检查、村居制度建设、强化“四务”公开、建立村居便民服务中心、人畜饮水供给和水利设施整治、农村公路和人行便道硬化、场镇功能完善和综合整治、村居文化建设10项重点工作〕载体活动，镇村干部走访群众8000余户，归纳汇总意见建议571条，梳理班子“四风”问题16条，涉及群众切身利益问题20条，联系服务群众“最后一公里”问题7条，整改率达100%，修订完善《麻柳嘴镇机关制度汇编》等制度20个，进一步密切党群干群关系。在推进后进基层党组织整顿转化工作中，完成群众提出的人行便道、泥结石公路建设，整顿转化工作得到群众充分肯定。狠抓党风廉政建设责任制落实，镇党委与各部门、各村（居）基层党组织签订党风廉政建设工作责任书32份。认真开展党风廉政教育“每月一课”活动，全年共组织镇、村（居）干部学习理论22次，上廉政党课2次，观看反腐倡廉电教片4部，举办专题讲座1次，开展新上任村（居）“两委”干部集体谈话1次，参观市廉政教育基地1次，发送廉政短信550余条。

（陈　鑫）

丰盛镇

【概况】 丰盛镇位于巴南区东北部，东邻涪陵区增幅乡，南接东温泉镇、南川区太平场镇，北连双河口镇，西靠木洞镇。全镇辖区面积69平方公里，耕地面积1576.46公顷（其中：田857.73公顷、土718.73公顷）。

2014年，镇辖8个行政村、41个村民小组，1个居委会、2个居民小组。年末，总户数8317户，总人口20312人。全年出生婴儿169人，死亡198人，人口自然增长率－1.4‰。

2014年，丰盛镇紧紧围绕生态旅游文化特色小镇建设为重点，以完成古镇开街为目标，团结全镇干部群众，开拓创新、艰苦奋斗，取得较好

丰盛镇桥上村入选第三批中国传统村落 刘氏民居

成绩。被重庆出版集团评为"重庆市十大宜居乡镇"；桥上村被住房和城乡建设部、文化部、国家旅游局、农业部等七个国家部门选为"第三批中国传统村落"。

【古镇旅游打造】 完成1.1万平方米古镇新区二期风貌改造，沿江高速公路碉楼式牌坊建设，3000平方米善地文化广场建设，半边街、善地文化广场旅游公厕建设，洛碛场口至一品殿石板街改造，四大古镇场口牌坊安装、1.2万平方米古镇古建筑门面修缮、3000平方米十全堂复建、1.2平方米旅游停车场及古镇景区主入口大道景观工程建设、十里彩色长廊及蔬菜基地建设等涉及旅游内涵的景点工程，安装场镇灯饰，古镇景点标示标牌，古镇店招店牌安装，60个场镇垃圾箱配置。制作开街文化活动方案，举办民俗文化演出、绘画、摄影等系列文化活动。制作古镇LOGO标志、古镇宣传片、导游图、明信片、旅游地图。创作古镇之歌，编撰古镇旅游攻略，开展媒体宣传、电子商务系统建设、触摸屏软件开发，配置游客公共休息设施及景观设施，开展"AAAA"级景区创建策划。积极对接联系各大媒体，召开新闻发布会1次，主流媒体刊登丰盛正面新闻宣传100余篇（次）。与新浪网合作进行网络推广，面向全球征集古镇书法作品10幅，大幅提升丰盛古镇在全市、全国乃至全球游客中的知名度。全年接待旅游人数达28万人次，比上年增长123.77%；旅游综合收入约3000万元，比上年增长156.13%。

【生态农业发展】 全年新租赁67公顷林地，10公顷土地用于建设彩色森林二期工程。新流转土地66公顷，引进景阳园林工程有限公司和金稻惠农业发展有限公司规模种植特色水果、苗木，大力发展生态农业。投入150万元，加大对松材线虫病的防控，森林生态资源得到保护。

【公路交通建设】 全年硬化农村公路18.6公里，改造区、乡、村三级道路25条合计120公里（其中：村级道路98公里），实现全镇水泥路"村村通、社社通"。9月30日，沿江高速丰盛出入口开通。丰盛镇至南坪、鱼洞的客运班车开通，结束丰盛多年来无直达主城客车、不通高速公路的历史。

【居民饮水解决】 投资260万元，完成5.33公顷水面的2个古镇水体建设。整治山坪塘31口，新修人饮蓄水池51口，完成梨坪村、石家村、王家村等3个村的饮水工程扩网及维修。新铺设饮水管道8000米，将桥上村村级饮水工程并入场镇管网，全镇自来水覆盖率达到80%。居民饮水难问题基本解决。

【民生设施改造】 投入800万元，完成场镇6000米天然气管道铺设。实施场镇电力管网综合改造，惠及场镇用户300多户，最高可满足20万人的使用需求。规范古镇房屋电线、电表、有线电视等弱电管线，合理布局弱电系统公共通道。

【服务中心便民】 9月，镇政府新建简易办事服务大厅，配备电脑、打印机、复印机，开启群工系统；9个村居全面推进规范化便民服务中心建设，办公设施完备，办事指南、制度上墙，全部规范投入使用。以镇村两级便民服务中心建设为契机，结合农村书屋、农村卫生室等基础平台，新制定村（居）干部坐班制度，服务群众365天不间断，方便群众办事。

【文化内涵挖掘】 积极挖掘古镇文化内涵，聘请重庆大学专家团队，论证策划孝善文化方案，成立丰盛孝善协会，吸纳会员80余人。举办“九九重阳·孝善传承”活动，邀请西南大学教授、硕士生导师岳跃为主讲嘉宾，讲解孝善相关知识。组织开展“三下乡”文艺演出，书画采风笔会、莲箫表演、梆鼓舞表演等丰富多彩的群众性文体活动。将丰盛莲箫作为特色精品文化予以传承和打造，已培育莲箫传承人千名以上，在第三届巴南区乡村文艺汇演决赛中，丰盛特色舞蹈《下河莲箫》获得银奖。

（冯　招）

2014年丰盛镇重要经济社会指标

指 标	单 位	数 值	比上年±%
地区生产总值	万元	33024	8.4
其中：第一产业	万元	14803	6.5
第二产业	万元	8487	6.2
第三产业	万元	9734	7.0
农林牧渔总产值	万元	22343	12.8
工业企业个数	个	15	25
工业总产值	万元	14496	1.4
建筑业总产值	万元	23645	11.7
固定资产投资	万元	51968	11.7
其中：房地产投资	万元	/	/
社会消费品零售总额	万元	7723	40.5
本级预算内财政收入	万元	80	21.2
本级预算内财政支出	万元	3055	3.8
辖区内公路里程	公里	134.18	/
通车行政村	个	7	/
中、小学校	个	2	/
在校学生数	人	556	-8.6
教职工人数	人	67	/
医院、卫生院	个	1	/
卫生机构床位数	张	28	7.7
农村居民人均收入	元	11106	13.4
城镇居民可支配收入	元	24482	12.1
城乡养老保险参保率	%	81	/
城乡医疗保险参保率	%	92	/

二圣镇

【概况】 二圣镇位于巴南区中北部，东与东温泉镇和姜家镇为伴，南同姜家镇和天星寺镇为邻，西连惠民街道和南岸区迎龙镇接壤，北靠木洞镇毗邻。距区政府驻地约50公里，距绕城高速惠民街道出口约10公里。土地面积59.6平方公里，耕地面积1500.87公顷。

2014年，镇辖6个行政村，61个村民小组，1个社区居委会，5个居民小组。年末，总户数8367户、总人口21790人（其中：农业人口19104人，非农业人口数2686人）。全年出生194人，人口出生率7.5‰，户籍人口自然增长率2.2‰，人口密度365人/平方公里。

2014年，紧紧围绕“都市农业示范镇、乡村旅游特色镇、工业经济新兴镇”的奋斗目标，突出“强规划、抓建设、提档次、惠民生”的工作主线，奋力打造“美丽二圣、幸福茶乡”。

【现代农业发展】 6月19日，中共中央政治局委员、国务院副总理汪洋、农业部部长韩长赋在市长黄奇帆、副市长张鸣的陪同下到镇调研农村改革工作，对全市首个家庭农场“刘昌元家庭农场”和重茶集团、王家河村水稻保险等新型农业主体给予高度评价。10月，集体村被农业部评“中国最美休闲乡村”，系全国29个特色民居村之一。11月，“重庆市巴南区众喜早熟梨专业合作社”被农业部、国家发改委、财政部、国家林业局、水利部、中华全国供销合作社等9个部门评为“国家农民合作社示范社”。11月，重茶集团二圣茶叶公司生产的“定心牌绿茶”在中国茶叶博览会上荣获“2014中国茶叶博览会优秀品牌”称号，“巴渝特早茶”被农业部认定为示范新品种，新改造规范种植33公顷标准化茶叶生产基地，重茶集团二圣茶叶公司冷藏车间和接待中心落成。改造高山梨标准化种植133公顷，续建花木生态长廊5.2公里，改造花椒基地33公顷，更换核桃、无花果、葡萄等新品种。完成勇雪农业茶叶加工标准厂房1200平方米、茶叶冷藏库400平方米建设。新引进重庆泓谊食品厂开工生产，每年收购萝卜、黄瓜等15万公斤，将为天坪山梨园林下经济发挥推动作用。

2014年二圣镇重要经济社会指标

指 标	单 位	数 值	比上年±%
地区生产总值	万元	48250	9.3
其中：1. 第一产业	万元	26093	11.4
2. 第二产业	万元	10658	0.1
3. 第三产业	万元	11498	2.9
农、林、牧、渔总产值（当年价）	万元	37495	14.6
工业企业个数	个	30	-16.7
工业总产值（当年价）	万元	14419	-10.4
建筑业总产值	万元	55706	72
固定资产投资	万元	115660	11.1
其中：房地产投资	万元	/	/
社会消费品零售总额	万元	7620	-23
本级预算内财政收入	万元	70	62.8
本级预算内财政支出	万元	2645	-27.8
辖区内公路里程	公里	127	1.0
通车行政村	个	6	
中、小学校	个	1	
在校学生数	人	717	-1.2
教职工人数	人	74	1.4
医院、卫生院	个	1	
卫生机构床位数	张	20	-42.9
农村居民人均收入	元	11995	13.5
城镇居民可支配收入	元	25007	12.4
城乡养老保险参保率	%	93	
城乡医疗保险参保率	%	99	

【特色小镇建设】　7月，天坪山特色小镇建设方案通过区政府评审，以打造养生休闲小镇为目标，将天坪山打造为村美、民富、宜居宜游的全国美丽乡村。梨园广场片区已完成特色小镇商业街、接待中心、村公共服务中心、幸福农庄、梨园大舞台等建设规划以及施工图、资金预算等方案，正在进行立项、建设手续办理、土地流转、预算评审等工作。清华白鹭潭片区已完成云中漫步葡萄庄园开园。云林天乡山坪塘整治与蓄水、景区公路、人行便道、停车场、公共厕所等基础设施已完成部分建设，汽车营地、儿童乐园等配套设施正在进行建设。格桑花试种引爆天坪山旅游热潮。一碗水片区农房改造已完成设计方案、施工图和建设单位投标，12月初开工改造，赢得村民好评。通过财政“一事一议”，顺利完成集体村学堂、清华寺村民居住片区景观改造。完成中坪村茶文化健身广场等。

【社会民生实事】　镇政府着力社会民生实事见实效。一、抓城镇待业人员和农民工就业。城镇新增就业205人，城镇登记失业人员就业20人，城镇就业困难人员就业9人，办理失业证9人，城镇登记失业率1.76%，再就业优惠政策落实情况良好。农民工回引243人，农民工就业培训50人，农民工新增返乡创业户数25户，农民工新增从业人员224人。二、抓城乡居民养老保险和医疗保险参保。城乡居民养老保险参保率完成93%，缴费率达100%；办理城市职工医保28人，城乡合作医疗参合率达99%。城乡低保保障人口412人，全年发放低保资金和节日慰问费137.12万元。落实小额贷款18人，发放小额担保贷款金额135万元。三、抓农村土地流转和整治。完成农村土地流转4件，流转面积51公顷。启动“美丽乡村”建设，种植各种高端花卉80公顷。完成第一批5.15公顷土地复垦验收和地票交易，涉及5个村、151农户；完成第二批6个村6个复垦项目入库，项目共计24.2公顷、400个片块；完成土地整治10公顷，邓家坝村环境连片整治工程全面完工。四、抓惠及民生的基础设施建设。完成场镇天然气管网建设，彻底解决居民长期反映用气贵问题。硬化水泥路面12条39.58公里，农村人行便道建设12公里。改造山坪塘28口，完成场镇饮用水管网改造，解决5000多人用水安全，完成中坪水厂改扩建工程。改造农村危房45户，确保五保户、低保户人身安全。先后筹资120万元改善学校教学条件，帮助4名家庭困难大学生园大学梦。

【规划编制完成】 编制完成天坪山特色小镇建设规划和“月亮湾”渔村总体规划、“月亮湾”渔村一期建设规划、天坪山全国生态农业创新示范基地规划。镇小城镇修编建设方案通过专家组评审，二圣镇乡村旅游规划、天坪山—白象山休闲旅游度假区规划完成初审。云林天乡、全国青少年国防教育基地等一批项目规划完成并开工建设。

【旅游联盟成立】 为深入挖掘乡村旅游资源，创新乡村旅游发展模式，做强乡村旅游产业。3月，由“众喜早熟梨专业合作社”“优荣农业公司”、天心寺“禅茶会所”负责人等为主要发起人，由30多家天坪山从事旅游活动的企业及个人成立“重庆市巴南区天坪山旅游休闲联盟”。天坪山旅游休闲联盟的成立，集中相关镇村、企业、农家乐的技术、旅游等资源，实现天坪山乡村旅游的优势互补、资源共享、合作共赢，推出天坪山“一日游”“两日游”等旅游小环线产品。

【乡村旅游开发】 成功举办梨花节、采梨节、采茶节三大节会活动，特别是“第五届天坪国际山地自行车越野赛”，吸引来自17个国家300多位选手参赛。“云林天乡”成功创建为全国AAA旅游景区。新添格桑花节受到市民喜爱，掀起乡村旅游热潮。基本形成“春游第一站·巴南天坪山”“定心·白象山”“全世界最好吃的梨子”“重庆最美秋季观花地”等品牌效应，提升二圣镇白象山、天坪山的知名度。强化“天坪餐住安全示范园区”建设，创建三星级农家乐1家、二星级农家乐2家以及一星级农家乐3家。重茶集团二圣茶叶公司和集体村被命名为中共重庆市委党校、巴南区委党校干部培训基地，接待来自重庆市乃至全国的干部培训班、研讨班共20余期。完成天坪山梨园、茶园观光环道生态景观化改造（等高植物廊架、植物栅栏、公共景观点等）；完成天坪山一期标志标牌制作，二期导视图制作也进入方案设计阶段；完成十里花木生态长廊景观打造。全年接待游客98万人，旅游收入突破1.9亿元。

【园林基地建设】 10月16日，“福地生态园”开园迎客。“月亮湾”渔村建设启动，渔村入口大道建设已完成土地流转，新改造旧塘示范片33公顷，推广“池塘鱼鳖混养”技术33公顷、池塘“鱼菜共生”66公顷。“云林天乡”66公顷名贵花木园建成，已形成“北美海棠园”“美国紫薇园”和“格桑花园”。新引进“云海天骄蓝莓园”共流转土地20公顷，已完成土地整治、苗木种植，正在完善基础设施。“中坪书院”完成主体工程，正在进行装修和园区环境美化。“熙可柑橘园”已完成道路和水利设施建设，106公顷的柑橘已开花挂果。11月，“全国青少年国防教育基地”开工建设，已完成场地平整和基础构建。

【人口计生服务】 认真开展《中华人民共和国人口与计划生育法》宣传，落实计划生育奖扶政策，发放独生子女父母奖励金231人，金额3.5

2014年，二圣镇第七届采梨节吃梨大赛

万元；新增奖（特）扶对象195人，发放补助金23.8万元；查处违法生育案件16件，征收社会抚养费16.3万元。常住人口政策性生育率达96.4%，出生人口性别比96.4，死亡人口150人，常住人口自然增长率为-7.2‰；已婚育龄妇女综合节育率达100%，出生缺陷一级干预覆盖面达98%以上；全员人口个案信息覆盖率达99%、准确率达96%，居住地人口计生服务管理覆盖率达85%以上；免费孕前优生健康检查参检率达100%。

【党风廉政建设】　镇党委认真贯彻区委部署，组织全镇机关企事业单位、村（社区）委会，深入开展党的群众路线教育实践活动。坚决反“四风”、改政风，坚持为民执政、依法行政、清廉从政，促进政府服务能力的提高。完成公共服务中心和小型公共资源交易中心建设，以及村（社区）便民服务中心建设，改进政府采购办法，完善政府投资工程比选、招投标工作。加强镇、村财务管理，提高政府规范化管理水平。大力开展“节约型机关”建设活动，有效管控政府债务，积极推进公务卡结算制度，“三公经费”全年支出115.09万元（包括新增车辆、新增节会、新项目启动等费用），比上年减少5.24%。自觉接受人大和社会各界的法律监督、工作监督和民主监督，认真倾听社会各界的意见建议，不断完善涉及经济社会发展的重大决策，使政府工作决策更加科学合理。认真落实党风廉政建设责任制，严格执行中央密切联系群众“八项规定”、市委“八严禁”和“十二不准”，牢固树立艰苦奋斗、勤俭创业的思想，以廉洁务实的作风，卓有成效的业绩，提高工作效率和服务水平，让人民群众放心满意，确保全镇经济和社会各项事业健康发展。

（柳祯坤）

双河口镇

【概况】　双河口镇位于巴南区东北部，濒临长江南岸，东与涪陵区增福镇交界，南与木洞镇、丰盛镇毗连，西与江北区五宝镇隔江相望，北依麻柳嘴镇接壤。土地面积62平方公里，耕地面积1274.6公顷（其中，田689.66公顷、土584.93公顷）。是红六军军长汤慕禹故乡，重庆市首批故事创作基地。

2014年双河口镇重要经济社会指标

指 标	单 位	数 值	比上年±%
地区生产总值	万元	29104	10.3
其中：第一产业	万元	12243	7.2
第二产业	万元	6902	7.1
第三产业	万元	9960	14.7
农、林、牧、渔总产值	万元	19068	12.5
工业企业个数	个	9	50
工业总产值	万元	13405	19.2
建筑业总产值	万元	0	0
固定资产投资	万元	240860	9.6
其中：房地产投资	万元	0	0
社会消费品零售总额	万元	4310	-24.8
本级预算内财政收入	万元	64	52.4
本级预算内财政支出	万元	956	-10.9
辖区内公路里程	公里	165	15.4
通车行政村	个	7	0
中、小学校	个	3	0
在校学生数	人	737	-8.4
教职工人数	人	81	-1.2
医院、卫生院	个	1	0
卫生机构床位数	张	24	0
农村居民人均收入	元	11067	13.1
城镇居民可支配收入	元	24607	12.2
城乡养老保险参保率	%	100	-11.1
城乡医疗保险参保率	%	92.7	0.3

2014年，镇辖7个村、40个村民小组，1个居委会、1个居民小组。年末，总户数7852户，总人口19214人（其中：男性10016人、女性9198人，城镇人口3213人）。出生人口184人，人口出生率5.9‰，人口自然增长率-3‰。年末，双河口镇被中共巴南区委、区政府评为“2014年度区管领导班子先进集体”，并荣获区

委、区政府“2014年度工作创新‘金鹰奖’”（颁奖主题辞：“阶梯水价”破解农饮工程老大难）。

【小城镇规划修编】 小城镇规划修编获市政府审批。此次小城镇规划修编由重庆市三里城市规划设计院进行设计修改，着力巴南沿江经济带的崛起，沿江高速、南涪路等高等级公路的贯通以及区域旅游业兴起，增加对即将建设的渝汉货运专线铁路以及正在建设的沿江高速公路两侧的控制。对辖区建设用地进行拓展，增加羊鹿山片区用地，单独对辖区商业服务设施用地规划。新规划城镇人口增加到8000人，并对用水规模及取水水源、用电负荷预测值、污水量排放等进行调整，增加绿化，学校，体育设施，医疗设施等用地，新增建设用地33.33公顷。结合调整后的小城镇规划，进一步优化产业布局，编制完成2014年特色小镇项目实施方案。启动三峡后续规划二期编制，争取三峡后续项目5个，项目资金4000万元。投入30万元，完成《农业产业发展规划（2013～2020年）》编制，为全镇在缺水情况下农业产业结构调整指明方向。完成北隘口等重点村的村规编制，指导北隘口村与常青重点项目协同发展。与区旅游局、丰盛镇等协助配合，完成区旅游规划编制，推进丰盛古镇～琵琶洞文化探险旅游度假区联盟打造。

【市级卫生镇创建】 以创促建、以创促管、以创促变，不断改善提高居民生活水平和居住环境。12月，被重庆市爱国卫生运动办公室命名为“重庆市卫生镇”。一、通过制定《创建市级卫生镇工作方案》《双河口镇除“四害”工作实施方案》等符合镇情实际的相关文件，从制度上保障创建工作的有效开展。二、全面实施城镇基础设施工程建设，投入资金2545.5万元，对场镇街道1.1万平方米进行“白改黑”；改建中心场镇1200余平方米的农贸市场；新安装和维修路灯120盏；日处理700吨的污水处理厂建成运行；实施单位及公共厕所“旱改水”7座；中心场镇实现居民100%煤改气；实施农村人畜卫生饮水工程12个，农厕改造425户。三、开展市容环境综合整治，完成辖区溪河道清理15余次，共清理垃圾30余吨；疏通下水道、化粪池3处；清理场镇“卫生死角”垃圾近100余吨。改造硬化镇村人行道路58公里，硬化和改造维修农村公路85余公里。四、制定环境保护总体规划。镇、村（居）投入资金添置改造公共场所“四害”防护设施、设备和毒杀药物，有效控制和消除“四害”滋生，辖区卫生防疫环境不断优化。杜绝污染物乱排乱放，保障人畜饮水和生活用水安全。构筑食品安全警戒线，对辖区26家餐饮服务单位，集体食堂、农村聚宴开展不定期卫生监督检查，确保全年食品卫生安全“零”事故。

【“水改旱”农业开发】 化解缺水矛盾，推进“水改旱”农业项目开发。全力打造“羊鹿花果山”农业园区，建成特色水果基地233.33公顷、花卉苗木基地33.33公顷，发展茶叶基地6.67公顷、种植无公害蔬菜20公顷。新发展区级家庭农场1个、专业大户12户，新发展农民专业合作社2个。依托常青集团，建设开心农场10公顷，建

2014年1月，区长陈刚到双河口镇调研“水改旱”农业开发工作

成梨园示范园 46.67 公顷，核桃基地 6.67 公顷。同时对流转的 100 公顷土地，分别轮番种植胡豆、大豆、油菜、红苕和高粱等耐旱作物。依托龙湖集团，种植花卉苗木 23.33 公顷，带动周边群众流转土地 33 多公顷，发展苗圃 9 个。依托扶贫开发项目，大力发展水果、蔬菜等种植，申报通过“石蕊”牌青菜无公害农产品基地。引进农业企业 3 个，建成翠冠梨基地 66.67 公顷，蔬菜基地 26.67 公顷。

【民生好事办实】　始终坚持把改善民生作为工作的最终目标。投入资金 200 余万元，建设镇公共服务中心和 8 个村（社区）便民服务中心并投入运行。村居干部全部安装群工系统，及时办理办结群众各类事项 100 余件，满意度达 95% 以上。城镇新增就业 603 人，困难对象就业再就业 30 人，城镇登记失业率控制在 2% 以内。农村劳动力累计转移就业 1300 余人。推动城乡养老保险及医疗保险扩面提标，城乡居民养老保险参保 12563 人次，农村合作医疗保险参保 15385 人次，参保率分别达 95%、90%。社会救助和保障标准与物价上涨挂钩联动，累计救助困难群众 30 人次，办理城乡低保 292 人，为 36 名困难群众办理廉租住房补贴。推进义务教育均衡发展，顺利接受国家评估验收，初中升高中、职高升学率 95.6%。完成慕禹中学、双河口中心小学、羊鹿小学改厕任务。落实中小学生营养改善计划和各类资助 36.8 万元，惠及贫困学生 554 人次。投入 45 万元启动卫生院改造，完成 5 个村卫生室建设，全年无重大传染疫病疫情发生。“单独两孩”生育政策稳妥实施，免费孕前优生健康检查 21 对，办理再生育 42 对，落实计划生育奖扶、特扶 15 万元，奖励扶助 775 人。深入推进养老服务业建设，投入 4.5 万元改善敬老院日常管理。

【水利设施建设】　大力实施小型水利设施建设，缓解因地下水漏失、气候原因等造成的缺水问题。以政府主导，群众参与，上下联动的方式新建一批水利基础设施。制定印发《关于蓄水池、囤水田等小型水利建设补助办法》，区、镇财政投入 200 余万元，带动社会投入 500 余万元，群众自发投工投劳 3 万余人次，新建、整治蓄水池、囤水田 600 余口，改造和增加蓄水容量 2.6 万立方米。充分整合区水务局及三峡移民后续专项项目资金 437 万元，对五台、临江、太坪、茶店、石门等 8 个村 69 口山坪塘实施整治改造，新增蓄水 18 万立方米，解决有效灌溉面积 34.33 公顷。6 月，完成白沙沱提灌站工程立项、可行性研究、初步设计、施工设计、施工图审查及预算审查等前期工作。

【阶梯水价创新】　为保障农村人饮工程正常运转，切实有效地解决群众节水难、用水计收难、维修管护难等问题，在农村率先实行“阶梯水价”。一、完善定价机制，破解节水难题。发挥价格杠杆，通过价格听证，合理确定不同级别的水量基数及其比价关系，实行阶梯计价，全年节水 4.1 万余立方米。二、建立运行机制，破解计收难题。推行“一户一表”，政府补贴新安装水表 3183 个。同时，给予村社干部补贴，每月在定期走访群众中实现用水登记和水费收取。三、健全奖惩机制，破解管护难题。组织专家对管护人员指导、培训 36 人次，落实维护资金 20 余万元，检查督促整改隐患 17 个，并完善考核奖惩办法，解决管护难题。此创新成果在全区广泛推广，并被新华网、《区委委员专阅》等媒体刊物报道，得到社会各界好评。年末，双河口镇荣获区委、区政府“2014 年工作创新‘金鹰奖’”（颁奖主题辞：“阶梯水价”破解农饮工程老大难）。

【社会治安综治】　全年开展矛盾纠纷排查化解，调解各类矛盾纠纷成功率达 98%，完成区交办信访事项 31 件，办结率 100%。完成法律援助案件 37 件。结合党的群众路线教育实践活动，深入开展走访接访，解决化解缺水、拖欠农民工工资等大量民生问题和矛盾纠纷。加强立体化社会治安防控体系建设，建立村、社区警务室 5 个，实施警务驻村，新增摄像头 5 个，治安案件、刑事案件发案率分别下降 8% 和 40%，公众安全感达 97.75%。加强安全生产管理，落实企业安全主体责任，全年未发生火灾和因工死亡安全事故，获评区级“安全生产工作先进单位”，即将接受市级安全社区检查验收。深入开展市级基层应急规范化建设并通过验收，投入3.88万元为117名应急安全人员购买人身意外险。有效防控应对地质灾害，对农村危房31户、95人实施搬迁避让。成立镇食品药品安全监督管理所，健全镇、村、社三级食品药品监管体系，登记备案农村聚宴155起，现场检查146起。

【代表大会召开】 3月6日，中共双河口镇第十三届党代会第三次会议和镇第十八届人民代表大会第四次会议召开，会期1天。参加会议的党代表有99名，人大代表44名，会议分别由镇党委书记廖川杰和人大主席团主席李中富主持。会议主要听取和审议镇党委工作报告、审议镇纪律检查委员会工作报告。听取和审议镇人大主席团工作报告，政府2013年工作报告，审议镇财政预决算报告。会议表决通过以上5个工作报告和代表议案建议办理落实情况报告。

（张贵彬）

石滩镇

【概况】 石滩镇位于巴南区东南部，东与石龙镇、南川区神童镇接壤，南连綦江县隆盛镇交界，西同接龙镇毗邻，北靠接龙镇、石龙镇相连。境内有主城第一峰之称的“方斗山”海拔1138米，辖区平均海拔843米，素有巴南区“南大门”之称。全镇辖区面积52.09平方公里，土地面积47.4平方公里、耕地面积1129.8公顷。

2014年，镇辖4个行政村、25个村民小组，1个社区居委会、2个居民小组。年末，总户数4939户，总人口15486人（其中：非农业人口1857人）。人口出生率6.8‰，人口自然增长率-2.82‰。

2014年，紧紧围绕巴南区“四区一基地”建设目标和区旅游总体规划布局，着力推进“有机都市农业、乡村旅游业、生态养生养老养心业”，探索实践一条环境保护与生态开发、产业调整与自然和谐的新路。获评市安监局“重庆市安全社区”；获评重庆市爱国卫生运动委员会“重庆市卫生镇”；安绿蔬菜专业合作社被农业部、国家发改委、财政部等9个部门联合评为“国家农民合作社示范社”；万能村被市计划生育协会评为“计划生育基层群众自治示范村”；石滩河社区被市科协、市财政局评为“科普示范社区”。

【市级卫生镇创建】 2014年，成功创建市级卫生镇。一、强化组织领导，狠抓制度保障。成立创市卫领导小组，制定完善方案制度，召开专题会议研商工作，强化督导促进工作。二、强化宣传发动，狠抓健康教育。分别印发创卫宣传、健康教育宣传资料8000份和3万余份，印制书信

2014年石滩镇重要经济社会指标

指 标	单 位	数 值	比上年±%
地区生产总值	万元	21236	7
其中：1. 第一产业	万元	12785	7.2
2. 第二产业	万元	1614	26.8
3. 第三产业	万元	6837	6
农、林、牧、渔总产值（当年价）	万元	19062	12
工业企业个数	个	9	28.6
工业总产值（当年价）	万元	1099	-56
建筑业总产值	万元	0	0
固定资产投资	万元	47950	10.5
其中：房地产投资	万元	0	
社会消费品零售总额	万元	5998	115.8
本级预算内财政收入	万元	9	28.6
本级预算内财政支出	万元	1764	-7.5
辖区内公路里程	公里	192	
通车行政村	个	4	
中、小学校	个	2	
在校学生数	人	812	1.6
教职工人数	人	74	5.7
医院、卫生院	个	1	
卫生机构床位数	张	23	
农村居民人均收入	元	10851	13.6
城镇居民可支配收入	元	24145	12.2
城乡养老保险参保率	%		
城乡医疗保险参保率	%		

2000份、宣传横幅24条、创卫宣传写真画50张、上墙喷绘2幅，开展专题健康教育讲座50余期，全镇中小学开课率达100%，各村（居）、学校、卫生院、镇三岔路口等显眼地段设置公共健康教育宣传栏并定期更新。三、加强城乡环境卫生整治。累计投入资金1996.4万元，全面实施城镇环卫基础设施工程建设。投入资金约300万元，建设重点环保工程。四、加强环卫监督检查。实行公共卫生监督量化分级，确保公共场所和生活饮用水安全，有效开展饮用水专项督查，加强对自来水厂的规范监督和指导。加强日常监管，确保食品安全，健全食品监管网络，对农村聚餐实行重点监管，严格生猪定点屠宰管理。五、实施多措并举，控制病媒危害。建立病媒生物防制体系，加强卫生死角整治，实施病媒生物药品防治。加强疾病预控，坚持传染病报告制度，加强学校免疫接种工作，建立居民健康档案，完善医疗机构传染病预控应急预案。六、加强检查指导，严格督查考核。突出抓好社区卫生工作，推进各村居卫生工作。11月，市爱卫办处长陈垦带领市卫生镇验收审查专家组一行到镇进行创建市级卫生镇实地考核审查验收。12月，被重庆市爱国卫生运动委员会评为“重庆市卫生镇”。

【乡村旅游开发】 完成《2013～2030产业发展战略规划》修订，规划“环双寨山”避暑休闲旅游经济带，激活一带一轴两翼生态旅游布局，打造三大生态旅游开发项目。一、重庆放心村生态农业有限公司建设的有机生活度假小镇项目12.1平方公里总体规划通过评审。现整治和改良土地80公顷，新开张生态有机土猪肉专卖店13家，成立3个专业合作社；开挖水体23处，新增变压器9台；新建生态道路4.16公里、机耕道3.2公里、步游道7.8公里，硬化公路2.16公里；建成温室大棚3000平方米，接待中心500平方米，停车场1个，文化广场2公顷，景观大门、园区内导视系统及文创系统。附近农房改造800平方米。二、配套完善天台花谷观光园项目。整治荒山荒地57.13公顷，累计种植苗木53810株；新建山坪塘5口、二级电力排灌站1座，铺设安装24公顷种植地给水管网；修建景区公路5.3公里、硬化公路3.5公里、人行便道3.6公里；新建停车场、广场公园。三、引进三石绿岛旅游度假项目。一期预计流转土地20公顷，三年内投资1.58亿元建成具有西班牙风情的旅游度假村，集健康体验、特色农业、旅游度假为一体的旅游观光胜地。修复巴乌文化、重建永峰寺、编撰《孝善石滩》、提纯禅茶精髓等，着力打造“雅致、宁静、善美”的新概念石滩。

【效益农业发展】 围绕“无公害农业先导镇”的整体布局，推广种植精品优质稻333.33公顷，在双寨放心村生态农业产业基地种植有机水稻41.33公顷，种植错季、无公害、有机蔬菜，种植金科糯玉米、七彩玉米、早熟玉米433.33公顷。实施品牌战略。“石滩大米”获国家地理商标认证，石滩糯玉米、大米、土豆、土鸡等9类农产品获有机认证，重庆放心村生态农业有限公司养殖的“生态有机猪肉”“琢玉”牌家禽系列农产品、“方斗山”牌大米等土特农产品在中国西部农交会、市农产品展销会上崭露头角。积极

2014年5月29日，区委书记李建春等一行到石滩镇调研双寨有机农业项目工作

深化农村新兴经济体建设，注册登记响山坡水果种植股份合作社1个，安绿蔬菜专业合作社被农业部等9个部门评为“国家农民合作社示范社”。发展科技大户50户、生猪养殖大户5户、渔业养殖大户3户，辖区年产生猪6000头，畜牧渔业经济总量逐年攀升。着力推进种植政策性保险263户，面积80.66公顷，切实增强农业抗灾防灾能力。积极开展农村集体资产清产核资工作，农村集体资产得到有效保护。8月，由水利部组织的贵州省水利厅和财政厅领导和专家到石滩镇检查验收病险水库加固工程。

【民生实事服务】 一、实施道路硬化和公路管护。硬化锅厂坝路5.64公里、漆树湾3.28公里、凉石路5.7公里；打通断头路3公里，硬化生产生活便道29公里，重点维护骨架公路65公里。管护公路90.26公里，补助金额9.76万元，安装公路防护栏7188米。二、解决人畜饮水和农田灌溉。整治山坪塘17口，由原蓄水量不足2万立方米到整治后的5万立方米，解决1190人的生活生产用水难和47.66公顷农田灌溉；新建方斗村学堂社庞家坝、万能村莲花社麻坝饮水工程2处，解决近1000余群众饮水困难；实施饮水安全工程改造3处，解决近1500余群众饮水困难。三、改善农村居民居住环境。实施高山生态扶贫搬迁17户75人，补助资金200万元改造农村危旧房197户。全面完成“双寨幸福农庄”建设工作，56户群众喜迁新居。方斗村磨盘丘农民定居点20户群众入驻新居。四、推进就业与再就业和保险工作。完成城镇新增就业253人，登记失业人员就业21人，就业困难人员就业5人，登记失业率控制在0.46%以内。城乡居民医疗参合率达93.6%，城乡居民养老保险参保率101%，临时救济达16万元，发放城镇农村低保60万元。五、3月，国家发改委就业和收入分配司副司长纪宁、社会保障处处长张新梅、社会保障处干部牛明等一行到石滩镇调研城乡社会保障统筹发展问题。

2014年3月，国家发改委就业和收入分配司副司长纪宁一行到石滩镇调研城乡社会保障统筹发展问题

【公共设施建设】 不断完善公共设施建设。一、场镇基础设施提档升级。投资60万元新增路灯90盏、新建农村垃圾坑70个、污水处理池3座、公厕5所、铺设污水管道6000米。二、建成5个村（居）便民服务中心，设施设备齐全，制度完善。全镇实现群工系统全覆盖，每天9点到18点各村（居）管理员会对群众反映事项进行统计和处理。三、完善村级公共基础设施建设。建成村级卫生室4个、农村整改厕所120个。建立健全社保平台4个、养老服务体系2个，残疾人康复站2个。四、推进公共文化体系建设，新建石滩河社区文化活动室和科普活动室，并成功创建市级“科普示范社区”；筹建文化中心户5户，“有声书屋”建设经验在全区推广。五、率先在全区实现各村（居）指纹采集及认证设备全覆盖，指纹采集和认证都可以在各村（居）进行。

【安全社区打造】 高度重视安全社区创建工作，先后组建安全社区建设领导小组及安全社区促进委员会，按要求制定并细化工作方案，结合实际情况，开展以社会治安、森林消防、交通安全、工作场所、学校安全、地灾安全等领域的防控系列管理。自筹资金25万元建成场镇监控系统，完成应急联动指挥工程建设，新增高清摄像头21处，全年打击处理刑事案件52件，治安案件313件，发案率同比下降52%，成功侦破方斗村古墓被盗等具有影响力的案件，群众安全感指数提升达到96.3%，位居全区第三位。10月，顺利迎接重庆市安全社区评审专家的实地验收，被命名为巴南区第二批“重庆市安全社区”。

【代表大会召开】 2月27日，中国共产党石滩镇第十三届代表大会第三次会议暨第十八届人民代表大会第五次会议召开，会期1天，参加本次大会的党代表82名，人大代表46名。大会主要听取和审议镇党委工作报告、审议镇纪律检查委员会工作报告。听取和审议镇人大主席团工作报告，政府2013年工作报告，审议镇财政预决算报告以及石滩镇农业产业发展规划。表决通过大会各项决议。还选举产生肖红、胡悦为镇纪委委员，封洪波为副镇长。

【应急体系强化】 不断强化应急体系，完成镇级基层应急体系1个、村级5个，实现辖区基层应急体系全覆盖，并代表观巴南区通过市级验收。全年累计投入资金20万元，建成镇（村、居）网格化全覆盖应急体系，建立镇应急物资储备库2个，村级应急物资储备库5个，配备应急救援山地摩托车1辆，皮卡车1辆，落实意外伤害保险投保，购置消防水泵、油锯、电动喷雾器等一批应急救援装备。全面启动应急避难场所建设，建成三类应急避难场地6个，可容纳2000余人应急避难。组建综合应急救援队伍，救援大队1支50人、中队5支123人，应急救援志愿者大队1支35人、中队5支58人。逐步规范和完善突发事件各项机制，建立涉及道路交通、防汛抗旱、森林防火、危险化学品、食品药品安全等11方面的18项管理制度，编制印发《应急预案汇编》。开展消防、反恐演练各1次，组织桌面推演5次，通过不断演练实践，相关预案得到不断地完善。

（熊雪颖）

天星寺镇

【概况】 天星寺镇位于巴南区中东部。东依姜家镇为伴，南与接龙镇相邻，西同南彭镇毗连，北靠惠民街道、二圣镇接壤。土地面积46.10平方公里，耕地面积1237.4公顷。

2014年，镇辖5个行政村、26个村民小组，1个社区居委会、5个居民小组。年末，总户数4585户，总人口12404人（其中：农业人口10797人、非农业人口1607人）。人口出生率

2014年天星寺镇重要经济社会指标

指 标	单 位	数 值	比上年±%
地区生产总值	万元	19806	10
其中：1. 第一产业	万元	13859	2.9
2. 第二产业	万元	1480	40.4
3. 第三产业	万元	4467	11.2
农、林、牧、渔总产值（当年价）	万元	20488	7.1
工业企业个数	个	13	18.2
工业总产值（当年价）	万元	957	-0.8
建筑业总产值	万元	0	0
固定资产投资	万元	58380	53.1
其中：房地产投资	万元	/	/
社会消费品零售总额	万元	3634	41.1
本级预算内财政收入	万元	39	44.4
本级预算内财政支出	万元	1674	-26.2
辖区内公路里程	公里	115	9.5
通车行政村	个	5	0
中、小学校	个	1	0
在校学生数	人	121	-30
教职工人数	人	25	-21.9
医院、卫生院	个	1	0
卫生机构床位数	张	16	6.7
农村居民人均收入	元	10169	13.6
城镇居民可支配收入	元	24156	12.1
城乡养老保险参保率	%	93.4	2
城乡医疗保险参保率	%	96.1	0

4.2‰，人口自然增长率-5.8‰。

2014年，紧紧围绕区委、区政府“四区一基地”建设目标，积极构建本镇“1123”（即：明确一个目标——把天星寺镇建设成为“禅宗圣地·养心福地”特色小镇；抓住一个重点项目——天心寺禅茶文化生态农业项目；依托两大优势——优良的自然资源和厚重的历史文化底蕴；利用好三大平台——重庆市首个合作经济产业园、重庆市现代农业综合开发示范工程区和重庆市城乡一体发展市级示范镇）发展战略。获评区委、区政府“2014年度区管领导班子先进集体”。

【都市农业推进】 2014年，镇党委、政府提出以建设禅茶项目区为核心，创建国家AAAA级旅游景区，推进都市寥发展。天心寺禅茶文化生态农业项目是天星寺镇统筹城乡发展的核心项目，2012年启动建设，一期建设项目已全面竣工。二期工程项目包括仿古商业街、旅游区景观环境改造、旅游标志导识及步行系统、牌坊式景区大门、禅修公寓、农村环境连片整治、种植20公顷猕猴桃、13公顷高山茶叶和33公顷红豆杉观光农业园等项目正在顺利推进。2月25日，天心寺创建国家AAAA级旅游景区研讨会在龙头寺同辉世纪宾馆成功召开，标志着创AAAA级旅游景区工作正式启动。5月，天星寺镇特色小镇建设实施方案通过区级评审，同意天星寺特色小镇定点在禅茶文化生态农业项目区域所在地芙蓉村。天星寺镇与二圣镇联合成立天坪山旅游联盟，共同整合包装策划营销天坪山旅游资源，实现强强联合。

【效益农业发展】 重庆绿满家实业有限公司打造的芙蓉溪谷生态农庄项目已完成基础设施建设，三栋特色生态庄园主体已完成建设。涪蛙农业发展公司岩蛙养殖面积3.33公顷，种植果桑6.67公顷，并已进入高端餐饮界。美堤生态观光体验农业园初步完成基础设施建设，建成葡萄基地20公顷。潍科农业发展有限公司建设的“林海人家·怡和公寓”是镇内第一家养老机构，已完成2500平方米建设任务。7月，250名老人成功入住养老公寓，并开设中华传统美德教学班。

【禅茶文化交流】 3月15～23日，在天心寺禅茶文化生态旅游区成功举办“赏花悟道·借花献佛”民俗文化节。节会由“三生有幸”梵呗音乐会；“自在放下”茶艺沙龙；“以兰会友”禅花、兰画、石刻艺术展和群众自发参与保护生态维护蓝天“借花献佛”民俗活动四部分组成，其中展出的兰画是被誉为“半世竹、一生兰”的闵智廷大师的遗作，为西南地区首次展出。此次节会吸引旅客上万人，并在新华网等多家主流媒体报道，极大地提升天心寺的影响力。10月13～21日，由重庆市人民政府、巴南区人民政府协同重庆虹燃实业公司在天心寺景区举办“中泰国际文化交流大会”，开展同泰国官方和泰国佛教界的文化交流。10月15日，开幕式在天心寺禅茶会所举行，泰国亲王一品诰命夫人娜娃拉葛娣雅纲娜阿玉塔雅，泰国五星上将切塔·他那乍洛，泰国原国会经济改革审计委员会主席索比博士，中泰文化友好促进会萧国刚博士，区委常委、统战部部长廖渝川出席开幕式。开幕式上，天心寺与泰国习俗达喃寺签订了长期合作协议，并在天心寺正

2014年3月，“赏花悟道·借花献佛”民俗文化节在天星寺镇举行

式挂牌“中泰佛教文化交流基地”。同时与泰方签订合作协议，在项目区建设泰国微缩景区，泰国文化、泰国建筑形态、风貌元素和泰国养生养老理念等，通过吸引国际资本共同打造天心寺国际禅心养老社区，将禅茶项目建设成为中泰合作典范。

2014 年，天星寺镇芙蓉村“芙蓉山水”幸福农庄竣工

【社会事业保障】　加大社会事业保障力度，全年累计发放优抚对象补助金 58.67 万元，城乡低保金 105.11 万元，农村五保金 71.41 万元，城市三无补助金 15.77 万元，救灾救济款 7.99 万元。全年新增计生奖扶对象 75 人，特扶对象 3 人，申报农村独生女报考市属院校照顾加分对象 10 人，兑付独生子女父母奖励金 8127 元，申报计划生育困难家庭 4 户。确定 3 名孤儿和 7 名事实无人抚养困境儿童，每月每人发放生活费 600 元，同时为 1 名贫困高中学生申报落实春蕾圆梦补助 3000 元。组织 4 次就业创业招聘会，帮助困难户就业 10 人，城镇新增就业人数 231 人，为 5 户居民办理申报小额担保贷款 28 万元。努力提升城乡养老保险参保率，全年新增城乡居民养老保险参保人员 132 人。

【市政设施管建】　场镇卫生坚持每天清扫保洁，每周一次冲洗，在半年检查中市容市貌整洁度位居全区第一。新建政府广场 4000 平方米，改造安装场镇路灯 39 盏，新修人行便道 27 公里，硬化和东路 6.3 公里，硬化农村公路 9.8 公里。完成农村危旧房改造 155 户，芙蓉村“山水芙蓉”幸福农庄建设项目按时交房。落实惠天路初步建设方案及资金来源和碑二路拓宽改造、竹天路硬化方案和资金。完成污水处理站建设和芙蓉村天星寺社污水管网铺设。整治山坪塘 18 口，改善辖区居民生产生活环境。

【镇村便民服务】　完成镇公共服务中心和 6 个村（社区）便民服务中心的规范化建设，按照实际需求开设办事窗口，实行一站式综合服务。落实村（社区）“两委”专职干部坐班制度和干部下村走访或上门代理代办制度。新建雪梨村、雨台村卫生室，实现村级卫生室全覆盖。建成覆盖全镇的网络视频监控系统，加强治安防控力度。

【基层党建成效】　镇党委经检查核实、讨论通过，确定芙蓉村为后进基层党组织，绿满家实业公司党支部为空壳党支部。决定下派“第一书记”，制定整顿转化工作方案，狠抓办公阵地建设，加大贫困户帮扶，新建基础设施，引进农业项目等措施促使后进基层党组织转化。通过整顿转化，清理空壳党支部 1 个，后进党组织建立规章制度 21 项。新建办公阵地 800 平方米，硬化通村道路 2.2 公里，新建人行便道 15 公里，引进 2 家企业入驻，推动后进基层党组织转化。9 月底，通过党员大会测评为满意，整顿转化率 96%。

（赵　力）

气象谚语

打雷立秋,干断河沟。

处暑落雨十八闹,一天要落七八道。

霜降前降霜,担米如担糠。

白露天气坏,谷在家中晒。

冬至起雾又起风,来年干旱必定凶。

大雪下了雪,来年干五月。

两春夹一冬,十间牛棚九间空。

重阳不打伞,葫豆光杆杆。

进詹落雨出詹晴,出詹落雨一冬淋。

一日黄沙三日雨,三日黄沙九天晴。

人物　光荣榜

旅游环线樵界路(樵坪至界石)

人　物

人物

李建春　男，1959年2月生，山西省偏关县人，研究生，管理学博士，高级经济师任职资格，1976年8月参加工作，1982年8月加入中国共产党。中共重庆市巴南区委书记。

1976年8月至1978年9月，四川省綦江县新盛公社知青。1978年9月至1982年9月，在成都农机学院农业机械化系内燃机拖拉机制造与修理专业学习，获工学学士学位。1982年9月至1985年2月，任红岩机器厂工艺科工艺员。1985年2月至1985年12月，任红岩机器厂金工二车间副主任。1985年12月至1993年5月，任红岩机器厂总经济师。1993年5月至1995年9月，任重庆机械设备进出口公司总经理、党支部书记（其间：1991年9月至1993年7月，在重庆大学工商管理学院管理工程专业第二学位班学习）。1995年9月至1997年6月，任四川省重庆市机械工业管理局副局长。1997年6月至2000年5月，任重庆市机械工业管理局副局长。2000年5月至2001年6月，任重庆市对外贸易经济委员会副主任（其间：1997年5月至2000年12月，在重庆大学工商管理学院工商管理专业学习，获工商管理硕士学位）。2001年6月至2010年12月，任重庆市对外贸易经济委员会党组书记、主任（其间：2001年9月至2005年6月，在重庆大学技术经济及管理专业博士研究生学习，获管理学博士学位）。2010年12月至今，任中共重庆市巴南区委书记。重庆市第二届市委委员、第三届市委候补委员、第四届市委委员。重庆市第二次、第三次、第四次党代会代表。重庆市第三届人代会代表。第十二届全国人大代表。

陈　刚　男，汉族，1964年11月生，重庆市开县人，研究生文化，1982年7月参加工作，1984年5月加入中国共产党。中共重庆市巴南区委副书记、区政府区长。

1982年7月至1983年7月，在四川省城口县鸡鸣乡祝安村校任教师。1983年7月至1984年2月，在四川省城口县桃园乡中心校任教师。1983年7月至1985年7月，在四川省城口县教育局任文书。1985年7月至1986年8月，在四川省城口县委宣传部任通讯干事。1986年8月至1988年6月，全脱产在西南师范大学政教专业专科学习。1988年6月至1989年7月，在四川省城口县纪委信访股任副股长。1989 年 7 月至 1993 年 10 月，在四川省原万县地区（市）纪委教研室工作，历任副科级纪检员、办公室副主任（正科级）。1993 年 10 月至 1997 年 6 月，在四川省万县市委办公厅工作，历任秘书处副处长、人事保卫处处长（其间，1993 年6 月至1996 年7 月，参加西南师范大学经济管理专业在职学习）。1997 年 6 月至 1998 年6 月，在重庆市万县市委办公厅任秘书处副处长、人事保卫处处长。1998 年 6 月至 1998 年7 月，在重庆市万州移民开发区党工委（万州区委）任办公厅副主任。1998 年 7 月至 1999 年 8 月，在重庆市移民局任审计监察处副处长。1999 年 8 月至 2000 年 10 月，在重庆市移民局任办公室副主任。2000 年 10 月至 2003 年 1 月，在重庆市移民局任监察专员、办公室主任（其间，1996 年6 月至 2001 年6 月，参加西南师范大学经济管理研究生班学习）。2003 年 1 月至 2003 年 2 月，任中共重庆市合川市委常委。2003 年 2 月至 2007 年2 月，任中共重庆市合川市委常委、组织部部长（其间，2002 年9 月至2005 年6 月，参加重庆市委党校行政管理专业在职研究生学习）。2007 年2 月至 2009 年 8 月，任中共重庆市合川区委常委、组织部部长、区委党校校长。2009 年 8 月至 2009 年 9 月，任中共重庆市合川区委常委、区政府常务副区长、党组副书记、行政学校校长（兼）；区委组织部部长、区委党校校长（兼）。2009 年 9 月至 2012 年 1 月，任中共重庆市合川区委常委、区政府常务副区长、党组副书记、行政学校校长（其间，2008 年9 月至2011 年6 月，参加重庆大学高级管理人员工商管理专业学习，获高级管理人员工商管理硕士学位；2010 年 4 月至 2010 年 5 月，参加国家行政学院第七期西部地区领导干部培训班学习）。2012 年 1 月至 2012 年 2 月，任中共重庆市合川区委副书记、区政府常务副区长、党组副书记。2012 年 2 月至 2012 年 8 月，任中共重庆市合川区委副书记、区委党校校长、区华蓥山经济走廊开发建设管委会主任。2012 年 8 月至 2013 年 12 月，任中共重庆市双桥经开区党工委书记、管委会主任、中共重庆市大足区委副书记（兼）。2014 年 1 月至今，任中共重庆市巴南区委副书记、区政府区长、区政府党组书记。重庆市第三次、第四次党代会代表。重庆市第三届、第四届人大代表。

李俊文　男，汉族，1957 年4 月生，重庆市巴南区人，在职研究生，会计师任职资格，1977 年 2 月参加工作，1976 年 10 月加入中国共产党。重庆市巴南区人大常委会主任、党组书记。

1977 年 2 月至 1978 年7 月任巴县五布乡、跳石乡、广阳乡基本路线教育工作队副组长；1978 年7 月至 1981 年 1 月任巴县天赐乡干部、革委会委员、副主任、党委委员；1981 年 1 月至 1984 年 1 月任巴县姜家区公所财政办公室主任；1984 年 1 月至 1994 年 12 月历任巴县财政局党组副书记、副局长、党组书记、局长（其间：1988 年 9 月至 1990 年 7 月在重庆市经济管理干部学院脱产学习）。1995 年 1 月至 1997 年 5 月任四川省重庆市巴南区财政局党组书记、局长；1997 年 6 月至 1997 年 12 月任重庆市巴南区财政局党组书记、局长（其间：1995 年 9 月至 1997 年 12 月在中央党校函授学院经济管理专业本科学习）；1997 年 12 月至 1998 年 2 月任中共重庆市巴南区委组织部长、区财政局长；1998 年 2 月至 2003 年 3 月任中共重庆市巴南区委常委、组织部长（其间：1999 年 9 月至 2002 年 6 月在重庆市委党校区域经济专业研究生班学习）。2003 年 3 月至 2006 年 12 月任中共重庆市巴南区委副书记、区直机关党工委书记、区委党校党委书记、校长；2006 年 12 月任中共重庆市巴南区委副书记、区人大常委会党组书记、区直机关党工委书记、区委党校党委书记、校长。2007 年 2 月至今，任重庆市巴南区人大常委会主任、党组书记。中共重庆市第二次党代会代表。重庆市第一届、第二届、第三届、第四届人大代表。

胡能兵 男，汉族，四川省大竹县人，1962年5月生，大学本科文化，政工师任职资格，1984年8月参加工作，1984年6月加入中国共产党。重庆市巴南区政协党组书记、主席。

1980年9月至1984年8月，在西南政法学院法律专业学习，获法学学士学位。1984年8月至1994年10月，历任四川省重庆市纪委信访室、研究室、办公厅干事、副主任干事、主任干事（其间：1987年3月至1988年10月，挂任市委党性党风教育实验区办公室副主任）。1994年10月至1997年6月，任四川省重庆市纪委办公厅副主任（其间：1995年2月至1995年5月，参加重庆市委党校第十期处干班学习）。1997年6月至1997年7月，任重庆市纪委办公厅副主任。1997年7月至1998年5月，任重庆市纪委办公厅主任（其间：1997年8月至1998年1月，参加重庆市委党校第一期青干班学习）。1998年5月至1999年6月，任重庆市纪委纠风室主任。1999年6月至2000年3月，任重庆市纪委副秘书长、办公厅主任。2000年3月至2001年10月，任重庆市纪委副秘书长、办公厅主任（副厅局级）。2001年10月至2006年12月，任重庆市涪陵区委副书记、纪委书记（其间：2006年9月至2006年10月，参加重庆市委党校第26期区县党政领导干部进修班学习，2002年5月，任重庆市第二届纪委委员）。2006年12月至2012年1月，任重庆市巴南区委副书记，区委党校校长、党委书记，区直机关党工委书记（其间：2010年9月至2011年1月，参加重庆市委党校中青年干部培训班学习）。2012年1月至2012年2月，任重庆市巴南区政协党组书记。2012年2月至今，任重庆市巴南区政协党组书记、主席。历任重庆市第二次党代会代表，重庆市第三届人代会代表，重庆市第四届政协委员。

建区二十周年模范人物简介
（1995～2014）

1. **冉元智** 女，汉族，1963年7月15日生，重庆市巴南区人，四川农学院畜牧专业本科毕业，1985年6月加入中国共产党。巴南区畜牧兽医站站长，高级畜牧师。2014年荣获“建区二十周年模范人物”称号。成功培育“渝太I系猪”；曾荣获全国“三八红旗手”“五一劳动奖章”、全国优秀科技特派员、全国三农模范人物、感动中国畜牧兽医功勋人物、振兴重庆争光贡献奖、重庆十大女杰等荣誉称号；中共十七大、十八大代表。

2. **左宗申** 男，汉族，1952年8月生，宗申产业集团有限公司董事长兼总裁，是第十一届全国政协委员、重庆市工商联副会长。其创建的宗申产业集团已连续15年入选重庆工业50强的前15强，先后入选中国民营企业500强、中国机械500强、中国制造500强，并一度跻身中国企业500强阵营。近5年来，在各类公益慈善事业中，累计向社会捐款、捐物超过6000万元，荣获民政部授予的“爱心捐助奖”和“重庆市慈善捐赠贡献奖”等荣誉。荣获重庆市总工会授予的“重庆市再就业工作十佳先进个人”的称号。

3. **张节明** 男，汉族，1950年5月生，重庆市巴南区人，1986年6月加入中国共产党，大专文化，二圣茶业有限公司总经理。2004年获区首届优秀中国特色社会主义事业建设者称号；2005年获市劳模称号；2007年获中国农业部中华农业科技奖三等奖；2008年获区无公害名优茶综合产业开发科技进步

一等奖；2009年获市商委评选的新中国成立60年推动重庆食品行业发展60大功勋人物；2007～2009年获市优秀共产党员称号；2011年被评为市杰出农村实用人才；2011年获“杰出渝商”优秀企业经营管理人才。

4. **王书琴**　女，汉族，1961年2月生，重庆市南岸区人，大专学历，中共党员，巴南区工商分局李家沱工商所所长、党支部书记。先后获得全国“五一”劳动奖章、第十三届全国职工职业道德建设标兵、全国工商系统先进个人、成都军区好军嫂、重庆市人民好公仆、重庆市优秀共产党员、巴南区第三届争光贡献奖等荣誉，记三等功二次，二等功一次。

5. **邹　勤**　男，1951年2月生，汉族，大学文化，中共党员，中学特级教师，物理研究员，原重庆市实验中学（巴县中学）党委书记、校长；全善学校校长。是中国物理学会会员、重庆市物理学会常务理事、重庆市中学物理教学研究会副会长、重庆市教育学会特级教师分会理事、重庆市中小学特级教师评审专家委员会委员、市特级教师评审委员会理科组组长、西南大学物理学院特聘教授、重庆教育学院干训中心特聘教授。全国优秀教育工作者；全国教育科研先进个人；全国科普工作先进个人；全国中小学优秀德育工作者；全国法制宣传教育先进个人；重庆市第三届先进教育工作者。

6. **梁凤梧**　女，汉族，重庆市巴南区人，1954年2月12日生，1980年2月加入中国共产党。下岗女工、私营业主、“凤梧平价超市”董事长。重庆市劳动模范；“再就业明星”；重庆市“自主创业带头人”；全国“三八红旗手”；全国城镇妇女“巾帼建功”标兵；重庆市“十佳创业女性”；重庆市“优秀女企业家”；重庆市连锁业杰出风云人物。

7. **何廷全**　男，汉族，1956年9月生，重庆市巴南区人，1983年12月加入中国共产党，大专文化，原巴南区交通局党组书记、副局长（2005年3月因患肺癌去世）。曾先后被团市委表彰为青少年教育先进个人，市委组织部和计生委计划生育先进工作者、市林业局营业护林先进个人；2002年获重庆市“三个代表”重要思想教育活动先进个人，重庆市第二届人大代表。

8. **李　兵**　男，1974年9月出生。双下肢残疾，区体育运动学校教练。第六届全国残运会举重90公斤级金牌，破全国纪录；新西兰世轮会举重100公斤级银牌；希腊残奥会男子举重100公斤级铜牌；北京残奥会男子100公斤以上级铜牌；市残疾人体育工作贡献奖；2004年市政府授予二等功；2008年市政府授予三等功；重庆市文明市民；“十五”期间重庆市残疾人自强模范；全国残疾人体育先进个人；2008年度感动重庆十大人物。

9. **戚万凯**　男，汉族，重庆市九龙坡区人，大学文化，中共党员，重庆市巴南区文联主席。被中国文联评为重庆唯一的全国文联工作优秀个人，发表儿歌3000余首，出版儿歌集30余本。

10. **徐　永**　女，汉族，重庆市巴南区人，大学文化，中共党员，区委组织部副部长、区委党代表联络办公室主任。2009年被评为市优秀共产党员；2010～2012年连续三年获得区委区政府嘉奖；2013年获市总工会巾帼标兵荣誉称号。

11. **郑晓明** 男，汉族，安徽省凤阳县人，高中文化，中共党员，重庆大江信达车辆股份有限责任公司高级技师。2003 年荣获市“熊谷杯”焊工技能大赛第一名、西南兵工青工大赛焊工第一名；2004 年荣获国家二类焊工决赛第一名。2004 年获“全国技术能手”荣誉称号；2005 获“重庆市劳动模范”称号；2009 年获国务院特殊津贴；2010 年获“中华技能大奖”。

12. **蒋 涛** 男，汉族，1971 年 7 月生，云南省建水县人，大学文化，中共党员，重庆市巴南公安分局交通巡逻警察支队副支队长。先后 11 次被市公安局、区委区府授予“个人三等功”，连续 7 年被评为“优秀公务员”、2012 年被授予“7·23 抗洪抢险先进个人”“十八大安保先进个人”“2012 年度重庆市公安局十佳交巡警”（二等功）和第三届“重庆市人民好公仆”等荣誉称号。

13. **李子硕** 男，汉族，1934 年 1 月生，辽宁省辽阳市人，高中文化，中共党员，原巴县文化馆馆长。几十年来，他亲手培养了千余名业余作者，在全区乃至全市群众文化特别是民族民间文化建设方面做出了卓越贡献，20 世纪 70 年代，被重庆市评为“全市文艺界先进工作者”；90 年代被国家艺术科学规划领导小组评为“国家艺术科学重点研究项目先进工作者。

14. **毛宏敏** 女，汉族，1967 年 5 月生，重庆市巴南区人，大学文化，中共党员，重庆市巴南区人民法院未成年人审判庭庭长。全国青少年普法先进个人、首届重庆市十佳少先队志愿辅导员、全市法院少年法庭工作先进个人、市第二届十佳法官、市“三八”红旗手、首届“感动巴南十大人物”。

15. **连中涛** 男，汉族，1983 年 10 月生，山东省聊城市人，初中文化，中共党员，重庆市巴南区消防支队李家沱中队队长助理。从警 14 年来，该同志业务过硬、成绩突出，先后荣获三等功 2 次，嘉奖 8 次，在 12·19 轻轨垮塌事故、“7·23”抗洪抢险等突发事件中做出突出贡献。

16. **唐学文** 女，汉族，1968 年 8 月生，四川省南充市人，大学文化，中共党员，重庆市巴南区人民医院副院长兼心血管内科主任。巴南区心脏介入治疗的第一人，任市心内科专家委员会委员；市心脏起搏与电生理专家委员会委员；先后荣获市百万女职工素质达标先进个人、市“百名精彩女性”、市职工职业道德先进个人、市“十佳知识型职工”、市“劳动创新奖”、全国知识型职工先进个人、全国巾帼建功标兵等荣誉。

17. **李汉成** 男，汉族，1932 年 11 月生，浙江省杭州市人，大专文化，无党派人士。区对外宣传写作组组长，长期从事新闻工作。连续四年被市政协评为“反映社情民意先进个人”；被区委授予“特别贡献奖”和“突出贡献奖”；被市委统战部授予“重庆市统战信息工作特别贡献奖”；2013 年被市委宣传部、市文明办评为重庆好人。

18. **崔连喜** 男，汉族，山西省闻喜县人，初中文化，中共党员，1930 年 8 月生，鱼洞街道鱼新街社区干部。1986 年离休后扎根社区 20 余年，并坚持每年扶弱济困；10 多次荣获全国社区志愿者先进个人、全国和谐家庭、市城市管理先进个人、市优秀共产党员、区十佳老人、区首届道德模范等荣誉称号，区十

三、十四、十五届人大代表。

19. **王万均**　男，汉族，1971年9月生，重庆市万州区人，大学学历，中共党员，重庆正大软件（集团）有限公司董事长、总裁。正大软件公司是重庆市外经委、信产局唯一认定的对日软件、动漫产品出口基地，重庆市发改委认定的“国家信息产业基地龙头企业”；先后荣获中共重庆市委、市政府“重庆市首届有突出贡献的中青年专家”，共青团重庆市委、市科委、市青联“重庆市青年科技创新奖”，共青团重庆市委“重庆市首届科技创新青年”，中国教育家协会“民办教育卓越成就奖”等荣誉称号。

20. **霍　琴**　女，汉族，1969年12月生，重庆市巴南区人，初中文化，群众，区环境卫生管理处清洁工（农民工）。2012年重庆市第七届“十佳农民工”提名奖；2013年巴南区“感动巴南十大人物”；2014年巴南区十佳“最美家庭”。

光荣榜

国家各部委表彰的先进集体

巴南区动物疫病预防控制中心，2013年12月，“高致病性猪蓝耳病诊断技术研究与推广”项目荣获农业部“2011～2013年度全国农牧渔业丰收奖”“农业技术推广成果奖二等奖”。

巴南区消费者权益保护委员会，2014年2月，荣获“全国消协组织消费维权先进集体”荣誉称号。

巴南区，2014年3月，被全国普法办评为“全国‘六五’普法中期先进区”。

巴南区，2014年3月，被全国成人教育协会评为全国“2013年全民终身学习活动周”优秀组织奖。

巴南区行政中心，2014年3月，被国家机关事务管理局、国家发展和改革委员会、财政部评为全国第一批节约型公共机构示范单位。

巴南区南彭街道，2014年3月，南彭草莓获国家工商总局地理地标认证。

巴南区交委，2014年4月，被交通运输部、公安部等评为2014年春运“情满旅途”活动先进集体。

巴南区工商分局，2014年4月，获得“全国工商系统广告监管工作先进单位”。

巴南区环境卫生管理处清扫保洁科，2014年4月，被中华全国总工会授予“全国工人先锋号”称号。

巴南区法院未成年人审判庭，2014年5月，被共青团中央、最高人民法院评为“全国青少年维权岗”。

巴南残疾人举重队，2014年5月，代表重庆市参加“全国残疾人举重锦标赛”获得男子举重一金一银的优异成绩。

巴南区人力社保局，2014年6月，被人力资源社会保障部评为2014年度《中国劳动保障报》新闻宣传工作成绩突出单位。

巴南职教中心，2014年6月，在教育部主办的全国第七届职业技能大赛中，获一等奖1个，三等奖2个。

巴南区公安分局警务督察支队，2014年7月，被公安部授予“警务督察工作成绩突出”称号。

李家沱街道，2014年7月，被国家安监办总局、中国职业安全健康协会评为国家级安全示范社区。

巴南区救助管理站，2014年7月，被民政部表彰为“全国寒冬送温暖专项行动先进单位”。

巴南区现代教育技术中心，2014年7月，被2014年“第十二届全国中小学信息技术创新与实践活动”“第十五届全国中小学技术创新与实践活动”“第十五届全国中小学电脑制作活动”组委会评为组织工作先进单位。

花溪街道红光社区，2014年7月，在中国科协“基层科普行动计划”中被评为“全国科普示范社区”，获中国科协、财政部表彰奖励。

巴南区关心下一代工作委员会，2014 年 7 月，被中国关工委、教育部关工委、全国“中华魂”主题教育活动组委会评为全国“中华魂”（中华美德颂）主题教育活动先进集体。

巴南区关心下一代工作委员会，2014 年 7 月，被中国关工委、教育部关工委、全国“中华魂”主题教育活动组委会评为全国“中华魂”主题教育活动 20 周年最佳组织奖。

巴南区花溪街道，2014 年 7 月，代表重庆市参加全国农民第五套健身秧歌大赛获得二等奖和优秀组织奖。

巴南区，2014 年 8 月，被中国关心下一代工作委员会、司法部、中央社会治安综合治理委员会评为“全国青少年普法教育示范区”。

巴南区法院，2014 年 8 月，被中国关心下一代工作委员会、司法部、中央社会治安综合治理委员会评为青少年普法教育活动优秀组织奖。

李家沱街道，2014 年 8 月，获中国关心下一代工作委员会、司法部、中央社会综合治理委员会联合颁发全国“关爱明天、普法先行”青少年普法教育活动优秀组织奖。

巴南区一品街道，2014 年 8 月，在中国关心下一代工作委员会、司法部和中央社会治安综合治理委员会办公室主办的第二届“关爱明天、普法先行”青少年普法教育活动中被评为优秀组织奖。

巴南区界石镇和平社区，2014 年 8 月，被中国关心下一代工作委员会、司法部和中央社会治安综合治理委员会在第二届“关爱明天、普法先行”青少年普法教育活动中评为“优秀组织奖”。

巴南区司法局，2014 年 8 月，被中华人民调解员协会评为“全国人民调解宣传工作先进单位”。

巴南区关心下一代工作委员会，2014 年 8 月，被中国关心下一代工作委员会、司法部、中央社会治安综合治理委员会评为全国青少年普法教育先进单位。

巴南鱼洞四小朱朝全科技创新工作室，2014 年 8 月，参加第十二届全国中小学信息技术创新与实践活动竞赛，获发明创新项目小学组一等奖 4 个，二等奖 6 个，三等奖 2 个；重庆市实验中学，获高中组一等奖 1 个。

巴南区教委，2014 年 8 月，被中国关心下一代工作委员会、中华人民共和国司法部、中央社会管理综合治理委员会办公室评为全国青少年普法教育先进单位。

巴南区民政局，2014 年 9 月，被民政部表彰为“全国农村五保供养工作先进单位”。

巴南区侨联，2014 年 9 月，获得中国侨联、中国国际广播电台、中国台联、人民日报海外版、中央电视台等六家单位组织的第十五届世界华人学生作文大赛组织奖。

农工党巴南区委，2014 年 9 月，被农工党中央办公厅授予“2014 年度《前进论坛》发行工作先进单位”荣誉称号。

巴南区二圣镇集体村，2014 年 10 月，被农业部确定为中国最美休闲乡村。

巴南区人民医院外一科，2014 年 10 月，被中国医院品管圈联盟、清华大学医院管理研究院颁发“第二届全国医院品管圈大赛”二等奖。

巴南区疾病预防控制中心，2014 年 10 月，被国家碘缺乏病参照实验室评为全国质控网络并合格的实验室（盐碘实验室）。

巴南区，2014 年 11 月，上田牌柠檬被第 15 届中国绿色食品博览会组委会评为绿色食品金奖。

巴南区，2014 年 11 月，东温泉牌五布柚被第 15 届中国绿色食品博览会组委会评为无公害食品金奖。

巴南区，2014 年 11 月，被国家体育总局环中国国际公路自行车赛组委会授予“优秀组织奖”和“突出贡献”奖；巴南赛段被评为“最美风景赛段”。

重庆茶业（集团）二圣茶叶公司，2014 年 11 月，“定心牌绿茶”荣获“2014 中国茶叶博览会优秀品牌”。

巴南区法院未成年人审判庭，2014 年 11 月，被最高人民法院评为“全国人民法院少年法庭工作先进集体”。

巴南区民政局，2014 年 11 月，被民政部中国社会报表彰为“2014年中国社会报民政宣传工作先进单位”。

巴南区农机推广站，2014年11月，被中国农业机械学会评为2013年全国农机科普先进集体。

巴南区知识产权局，2014年11月，被国家知识产权局评为全国知识产权系统人才工作先进集体。

交通执法巴南区大队，2014年11月，被中华全国总工会评为全国工会职工书屋示范点。

巴南区教委，2014年11月，被教育部关工委评为全国青少年五好小公民“美丽中国我的中国梦”主题教育活动先进集体。

巴南区龙洲湾街道龙海社区，2014年11月，被民政部评为“全国和谐社区建设示范社区”。

巴南区南彭街道，2014年11月，选送的小品《简单与复杂》在首届长江流域小戏小品展演中，被中国戏剧家协会评为优秀推荐节目。

巴南区二圣镇众喜早熟梨专业合作社，2014年11月，被全国农民合作社发展部际联席会议认定为国家农民合作社示范社。

巴南区二圣镇幸福村、巴山村、集体村、中坪村、邓家坝村和王家河村，2014年12月，被重庆市环境保护局命名为市级生态村。

巴南区石滩镇安绿蔬菜专业合作社，2014年11月，被国家农业部评为国家农民合作社示范社。

巴南清华中学，2014年12月，在共青团中央、民政部、中国志愿服务联合会共同主办的首届中国青年志愿服务项目大赛中，该校绿叶仙踪绿色志愿者行动委员会的“中学生野外科考”项目，获银奖。

巴南区法院，2014年12月，被人民日报社、国家行政学院授予“社会治理创新优秀案例”。

巴南区法院，2014年12月，创作的微视频剧本《法网边缘》在全国法院微电影剧本创意征集评选中荣获优秀奖。

巴南区审计局，2014年12月19日，被人力资源社会保障部、审计署评为“全国审计机关先进集体”。

巴南区科委，2015年1月，被国家地震局评为“全国防震减灾工作综合考核先进单位”。

清华中学“绿野仙踪”环保社团，2014年12月，在团中央首届中国青年志愿服务项目大赛全国赛中获得银奖。

国家各部委表彰的先进个人

徐　斌，1966年12月生。巴南区动物疫病预防控制中心工作。2013年12月，其作为《高致病性猪蓝耳病诊断技术研究与推广》项目主研之一，荣获2011～2013年度全国农牧渔业丰收奖农业技术推广成果奖二等奖。

蔡　季，1977年12月生。重庆市公安局巴南区分局禁毒支队工作。2014年1月，被国家禁毒委员会办公室授予“肃毒害、创平安”禁毒百日攻坚会战成绩突出先进个人称号。

王利广，1981年11月生。巴南区人社局工作。2014年1月，获司法部、国家互联网信息办公室、全国普法办举办的“2013年全国百家网站暨“中国普法”官方微博法律知识竞赛活动优胜奖。

何　婕，女，1987年11月生。农发行巴南区支行工作。2014年4月，被中国农业发展银行（亦简称总行）评为“综合业务系统开发先进个人”。

雷　怡，女，1966年3月出生。巴南区麻柳嘴镇工作。2014年4月，在中国关心下一代工作委员会、司法部、中央社会治安综合治理委员会办公室联合主办的第二届“关爱明天、普法先行”青少年普法教育活动中被评为先进个人。

张家才，1958年2月生。巴南区跳石镇工作。2014年8月，被中国关心下一代工作委员会、司法部、中央社会治安综合治理委员会办公室评为第二届“关爱明天、普法先行”青少年普法教育活动先进个人。

杨贵桃，1998年10月生；区特殊教育学校学生；2014年5月，参加中国智力残疾及亲友协会举办的西南地区特奥联谊活动，获体育道德风尚奖。

周玉玲，女，1996年8月生，区特殊教育学校学生。2014 年 5 月，参加中国智力残疾及亲友协会举办的西南地区特奥联谊活动，获体育道德风尚奖。

杨玉婷，女，2002 年 4 月生，莲花小学学生。2014 年 5 月，在教育部、共青团中央、全国少工委主办的“我的梦·中国梦”青少年书信文化活动中获一等奖。

蒋玉辉，女，1977 年 1 月生。重庆实验中学工作。2014 年 6 月，被团中央评为第六届中国青年“丰田环境保护”资助行动先进个人。

蒋富伟，1981 年 5 月生。巴南团区委挂职副书记（重庆理工大学工作）。2014 年 6 月，被全国大学生志愿服务西部计划项目管理办公室评为“2014 年度西部计划志愿者骨干人员培训班优秀学员”。

李幸萃，女，1975 年 1 月出生，重庆市巴南区皮肤病防治院工作。2014 年 6 月，荣获农工党中央办公厅举办的“中国梦·农工情”主题演讲比赛优胜奖。

谭晓东，1966 年 5 月出生。巴南区一品街道工作。2014 年 7 月，在中国关心下一代工作委员会和教育部关心下一代工作委员会主办，全国“中华魂”主题教育活动组织委员会颁发的“在全国‘中华魂’（中华美德颂）主题教育活动中荣获先进个人”。

安正弟，1976 年 6 月生。巴南区人社局工作。2014 年 8 月，被中国劳动保障报社评为 2014 年度《中国劳动保障报》优秀通讯员。

刘秀荣，女，1970 年 6 月生。巴南区法院工作。2014 年 8 月，被中国关心下一代工作委员会、司法部、中央社会治安综合治理委员会评为“青少年普法教育活动先进个人”。

毛宏敏，女，1967 年 5 月生。巴南区法院工作，2014 年 8 月，被中国关心下一代工作委员会、司法部、中央社会治安综合治理委员会评为“青少年普法教育活动先进个人”。

陈　明，1962 年 11 月生。重庆市公安局巴南区分局警令处信访科工作。2014 年 8 月，被司法部、中央社会综合治理委员会、中国关心下一代工作委员会授予 2014 年第二届全国青少年普法教育“全国青少年普法教育先进个人”。

周成清，1967 年 9 月生。巴南区安澜镇工作。2014 年 8 月，被中国关心下一代工作委员会、中华人民共和国司法部、中央社会治安综合治理委员会办公室评为“青少年普法教育活动先进个人”。

冯　华，女，1985 年 2 月生。巴南区检察院工作。2014 年 8 月，被中国关心下一代工作委员会、中华人民共和国司法部、中央社会治安综合治理委员会办公室评为“青少年普法教育活动先进个人”。

蹇泳枰，女，1960 年 9 月出生。巴南区一品街道工作。2014 年 8 月，在中国关心下一代工作委员会、司法部、中央社会治安综合治理委员会办公室主办的第二届“关爱明天、普法先行”青少年普法教育活动中被评为青少年普法教育活动中被评为先进个人”。

谭　勇，1961 年 8 月生。重庆市实验中学工作。2014 年 11 月，被民盟中央授予“民盟社会服务工作先进个人”称号。

徐金豪，1999 年 10 月接龙中学学生。2014 年 8 月，在国家体育总局举摔柔运动管理中心主办的 2014 年全国少年男女举重分龄（U13 – U16）锦标赛中，获得男子 U14 组 52 公斤级抓举 83 公斤铜牌、挺举 95 公斤第四名和总成绩铜牌。

杨陈伟，1962 年 4 月生，接龙镇光彩小学教师。2014 年 9 月，被人力资源社会保障部和教育部评为全国模范教师。

陈忠敏，女，1968 年 1 月出生，重庆理工大学药学与生物工程学院工作。2014 年 9 月，荣获中国侨联颁发的第五届中国侨界（创新人才）贡献奖。

杨小兰，女，1968 年 11 月生；李平，女，1976 年 3 月生，巴南职教中心工作。2014 年 10 月，获教育部、中央文明办、共青团中央、全国妇联、中国关工委、中华职业教育社主办的第 11 届全国中等职业学校“文明风采”竞赛活动“杰出指导教师奖”。

王会前，1961 年 6 月出生。巴南区民政局局长。2014 年 11 月，被民政部《中国社会报》表彰为“2014 年《中国社会报》民政宣传工作先进个人”。

何　描，女，1982 年 10 月出生。巴南区民政局办公室主任。2014 年 11 月，被民政部《中国社会报》表彰为“2014 年《中国社会报》民政宣传工作先进个人”。

汪职坤，1977 年 12 月出生。巴南区民政局办公室工作人员。2014 年 11 月，被民政部中国社会报表彰为“2014 年中国社会报民政宣传工作优秀通讯员”。

於　洪，女，1973 年 7 月生。巴南区委办公室工作。2014 年 12 月，被中共中央办公厅授予“全国党政系统机要密码工作先进工作者”称号。

郑丽娟，女，1962 年 12 月生。巴南区文广新局工作。2014 年 12 月，被人力资源社会保障部、文化部评为全国文化系统先进工作者。

李昌义，1965 年 1 月生。巴南区总工会工作。2014 年 12 月，被中华全国总工会经费审查委员会评为全国工会经审工作优秀干部。

郑界雄，1983 年 1 月生。巴南团区委工作。2014 年 12 月，被中国关心下一代工作委员会、司法部、中央社会治安综合治理委员会评为全国第二届“关爱明天，普法先行”青少年普法教育活动先进个人。

江万芬，女，1954 年 1 月出生，巴南区花溪街道先锋村村民。2014 年 12 月，被全国敬老爱老助老主题教育活动组织委员会评为全国“孝亲敬老之星”。

中共重庆市委、重庆市人民政府表彰的先进集体

巴南区委统战部，2014 年 1 月，在 2013 年度重庆市委对区县党建工作目标考核中排名第一。

巴南区果树站，2014 年 8 月，被重庆市人民政府评为重庆市科技进步奖 3 等奖（第 1 完成单位）。

巴南区，2014 年 11 月，在重庆市政府主办的第三届三峡工程重庆库区职业技能大赛中，获团体优胜奖。

中共重庆市委、重庆市人民政府表彰的先进个人

石光伦，1970 年 9 月生。巴南区跳石镇工作。2014 年 3 月，被重庆市人民政府安全生产委员会交通安全办公室评为 2013 年度道路交通安全工作先进个人。

杨小蝶，女，2001 年 10 月生，鱼洞四小学生。2014 年 4 月，获重庆市科技创新市长奖。

匡正权，1966 年 2 月生，巴南经济作物站工作。2014 年 8 月，其主研的蔬菜嫁接栽培技术体系构建及推广应用被重庆市人民政府评为科技进步二等奖，实现经济效益 1.5933 亿元。

伍加勇，女，1968 年 5 月生。巴南区果树站工作。2014 年 8 月，被重庆市人民政府评为重庆市科技进步奖 3 等奖（第 1 完成人）。

重庆市市属各部门表彰的先进集体

巴南区委统战部，2014 年 1 月，在 2013 年度重庆市委统战部对重庆市统战信息考核工作中排名第一。

巴南区建委，2014 年 1 月，建管科通过重庆市城乡建委“建设系统文明服务示范窗口”复查。

巴南区交委，2014 年 1 月，被重庆市交委评为 2013 年度安全工作目标考核先进单位。

巴南区交委，2014 年 1 月，被重庆市交委命名为全市交通系统第三批文化建设示范单位。

巴南区审计局，2014 年 1 月，获重庆市审计机关 2013 年度审计工作一等奖。

巴南区民政局，2014 年 1 月，被重庆市民政局表彰为“2013 年度全市民政工作优秀奖单位”。

巴南区民政局，2014 年 1 月，被重庆市民政局评为“2013 年度民政工作创新奖”。

巴南区疾控中心，2014 年 1 月，巴南区麻疹网络实验室被重庆市疾病预防控制中心评为 2013 年度重庆市麻疹血清复核成绩优秀。

巴南区疾控中心，2014 年 1 月，巴南区麻疹网络实验室被重庆市疾病预防控制中心评为 2013 年度重庆市麻疹盲样职能考核成绩优秀。

巴南区疾控中心，2014年1月，巴南区麻疹网络实验室被重庆市疾病预防控制中心评为2013年度重庆市风疹血清复核成绩优秀。

巴南区疾控中心，2014年1月，巴南区麻疹网络实验室被重庆市疾病预防控制中心评为2013年度重庆市风疹盲样职能考核成绩优秀。

巴南区鱼胡路小学家长学校，全善学校家长学校，鱼洞二校恒大城校区家长学校，2014年1月，被重庆市妇联命名为第八批“重庆市家长学校示范校”。

巴南区全善学校，2014年1月，被重庆市妇联、重庆市教委评为重庆市家长学校示范校。

巴南日报社，2014年1月，被重庆市文化委评为2013年度“重庆市优秀区县报”。

巴南区南彭街道，2014年1月，重庆后春岗蔬菜种植专业合作社通过重庆市无公害农产品产地认证。

巴南区二圣镇幸福村，南彭街道鸳鸯村，鱼洞街道金竹村，2014年1月，被重庆市妇联命名为2013年度“100个巾帼示范村”。

巴南区石滩镇万能村，2014年1月，荣获重庆市市级计划生育基层群众自治示范村。

巴南区人力社保局，2014年2月，获得重庆市政府办公厅第三届中国·重庆职业技能大赛中心赛优秀组织奖。

巴南区编办，2014年2月，撰写的《公益类事业单位管理体制改革研究》被重庆市编办评为2013年重庆市机构编制合作调研优秀论文二等奖。

巴南区文广新局，2014年2月，被重庆市人力资源和社会保障局、重庆市文化委员会评为重庆市文化广电新闻出版系统先进集体。

巴南区移民局工作科，2014年2月，被市委移民工委评为移民信访三争活动先进集体。

巴南区农村经营管理站，2014年2月，被重庆市农村合作经济经营管理站评为重庆市2013年度农经统计工作先进集体。

巴南区残联，2014年2月，被重庆市残疾人联合会授予“2014年全市残疾人稳定工作先进单位”称号。

巴南区残联，2014年2月，被重庆市残疾人联合会评为2014年全市残疾人工作综合目标考核先进单位。

巴南区烟草专卖局，2014年2月，被重庆市烟草专卖局评为2013年度管理体系建设先进单位。

巴南区烟草专卖局，2014年2月，被重庆市烟草专卖局评为2013年度人力资源管理工作先进单位。

巴南区鱼洞街道云篆山村妇女之家，一品街道七田村妇女之家，花溪街道道角社区妇女之家，木洞镇土桥村妇女之家，南彭街道百合子村妇女之家。2014年2月，被重庆市妇联命名为2013年度十佳妇女之家和优秀妇女之家。

巴南区龙洲湾街道龙海社区，2014年2月，被重庆市人力资源和社会保障局、重庆市妇联评为重庆市三八红旗集体。

巴南区文联，2014年2月，被重庆市委宣传部、重庆市精神文明办公室、重庆市教委授予“立德童谣”征集优秀组织奖。

巴南区法院，2014年3月，被重庆市高级人民法院评为“优秀司法建议”。

巴南区社会保险局，2014年3月，被重庆市人力资源和社会保障局、重庆市档案局评为2013年社会保险业务档案管理达标单位。

重庆市实验中学，2014年3月，被重庆市教育评估院、英国总领事文化教育处评为中英（重庆）学校自评文化与能力建设项目学校。

巴南区交委，2014年3月，被重庆市交委评为2014年春运工作先进集体。

巴南区跳石镇团委，2014年3月，被重庆市委宣传部、重庆市精神文明办、重庆市教委、共青团重庆市委评为2013年度重庆市大中专学生志愿者暑期文化科技卫生“三下乡”社会实践活动先进单位。

巴南区跳石镇石林村劝导站，2014年3月，被重庆市人民政府安全生产委员会交通安全办公室评为2013年度道路交通安全工作先进单位。

巴南区石滩镇石滩河社区，2014 年 3 月，成功创建重庆市市级科普示范社区。

巴南区养护段，2014 年 3 月，被重庆市公路局评为 2013 年度全市公路行业文明创建活动文明路（S104 渝道路 K54 – K79 段）、文明管养单位、文明道班（一品道班）。

巴南区疾控中心，2014 年 3 月，被重庆市疾病预防控制中心评为 2013 年度重庆市艾滋病检测实验室 HIV 抗体血清检测和职能考核成绩优秀。

巴南区疾控中心，2014 年 3 月，被重庆市疾病预防控制中心评为 2013 年重庆市艾滋病检测实验室质量考评优秀。

巴南区总工会女职工委员会，2014 年 3 月，被重庆市总工会女职工委员会授予“女职工关爱帮扶优秀品牌单位”称号。

巴南区邮政局工会，2014 年 3 月，被重庆市邮政工会评为“先进基层工会”。

重庆佳恒淡水鱼养殖场，2014 年 3 月，被重庆市妇联命名为重庆市 2013 年巾帼家庭农场示范点。

巴南区民政局，2014 年 4 月，被重庆市民政局表彰为“2013 年度民政统计工作先进单位”。

界石镇团委，2014 年 4 月，被重庆团市委评为 2013 年度“重庆市五四红旗团委”。

巴南区文联，2014 年 4 月，被重庆市文联、重庆市故事家协会授予“传递正能量·放飞中国梦”重庆市创业故事作品大赛组织工作奖。

巴南区养护段鱼洞管理站，2014 年 4 月，被重庆市总工会评为重庆市工人先锋号。

巴南区交委，2014 年 4 月，被重庆市公路局评为 2013 年公路工作优秀单位。

巴南区文广新局，2014 年 4 月，被重庆市文化委员会评为 2013《重庆广播影视年鉴》编纂工作先进单位。

巴南区总工会，2014 年 4 月，被重庆市总工会评为区县（自治县）、产业（局、集团、公司）工会财务会计工作竞赛一等奖。

巴南区总工会，2014 年 4 月，被重庆市总工会经费审查委员会评为 2013 年工会经审工作规范化建设考核 B 级标准单位（一等奖）。

巴南区社保局公共业务科，2014 年 4 月，获得重庆市总工会表彰的“市工人先锋号”称号。

巴南区经济园区公司，2014 年 4 月，被重庆市总工会授予“重庆市五一劳动奖状”荣誉称号。

巴南区界石镇，2014 年 4 月，被重庆市人民政府安全生产委员会办公室、重庆市安全生产监督管理局评为“重庆市安全社区”和“重庆市安全社区建设先进单位”。

巴南区安澜镇，2014 年 4 月，被重庆市人民政府安全生产委员会办公室、重庆市安全生产监督管理局评为“2013 年安全生产社区”。

重庆市清华中学，2014 年 4 月，被重庆市教委和重庆市公安局命名为 2013 年度“重庆市消防安全教育示范学校”称号。

巴南区邮政局，2014 年 4 月，服务三农项目、服务“新重庆”项目、畅销报刊业务获重庆市邮政公司“2013 年全市邮政重点业务和营销项目先进单位”。

巴南区邮政局，2014 年 4 月，被重庆市邮政公司、重庆市邮政工会授予“电子商务业务发展竞赛第二组三等奖、代理金融基础业务发展竞赛第二组二等奖、代理金融中间业务发展竞赛第二组三等奖。

巴南区委宣传部，2014 年 5 月，被重庆市委宣传部评为 2013 年度舆情信息工作先进单位。

巴南区交委，2014 年 5 月，被重庆市志愿者协会评为第六届重庆市优秀青年志愿服务组织。

巴南区委老干部局，2014 年 5 月，荣获 2013 年度全市老干部工作部门信息工作先进单位。

巴南区委老干部局，2014 年 5 月，获 2013 年度离退休干部统计年报全优报表单位。

巴南区委老干部局，2014 年 5 月，调研文章《关于新形势下扎实推进离退休干部文化养老工作的实践与思考》获 2013 年度全市老干部工作部门优秀调研成果一等奖。

巴南区委老干部局，2014 年 5 月，获重庆市第七届老干部门球比赛优胜奖。

巴南区环保局，2014 年 5 月，被重庆市委办公厅、重庆市政府办公厅评为 2013 年党政一把手环保实绩考核一等奖。

巴南区界石镇团委，2014 年 5 月，被共青团重庆市委评为“重庆市五四红旗团委”。

巴南区界石镇，2014 年 5 月，《立德童谣》一书荣获重庆市委宣传部重庆市第十三届精神文明建设“五个一工程”奖。

巴南区南彭街道，2014 年 5 月，重庆锦建生态农业有限公司通过重庆市农委无公害农产品产地认证。

巴南区第二人民医院巴南区花溪街道土桥社区卫生服务中心，2014 年 5 月，被重庆市卫生和计划生育委员会授予“示范预防接种门诊”称号。

巴南区健康教育所，2014 年 5 月，被重庆市健康教育所评为 2013 年度健康教育工作一等奖。

巴南区健康教育所，2014 年 5 月，被重庆市健康教育所评为 2013 年重庆市健康教育专项工作先进集体。

巴南区鱼洞四小女篮，2014 年 5 月，在重庆市教委主办的重庆市 2014 年小学篮球比赛中，蝉联女篮冠军。

巴南区特殊教育学校，2014 年 5 月，参加中国智力残疾及亲友协会举办的西南地区特奥联谊活动，获 6 金 3 银 3 铜。

巴南区人力资源市场、重庆贝思特人力资源开发有限公司，2014 年 6 月，被重庆市人力资源和社会保障局评为“2014 年度重庆市人力资源服务机构诚信示范单位”。

巴南区教委，2014 年 6 月，在重庆市安监局、重庆市教委、重庆市总工会联合举办的 2014 年重庆市“安全在我心中”美术书法创作大赛中，获组织奖。

巴南区莲花小学，2014 年 6 月，在重庆市教委组织的重庆市学校行进管乐比赛活动中获金奖（全市第一名）；鱼洞四小，获银奖。

巴南区木洞镇人民调解委员会，2014 年 6 月，被重庆市司法局和重庆市人力社保局评为重庆市人民调解先进集体。

巴南区总工会，2014 年 6 月，被重庆市总工会、重庆市安全生产监督管理局评为 2014 年重庆市“安全伴我行”安全文艺创作比赛优秀组织奖。

巴南区邮政局，2014 年 6 月，被重庆市邮政公司评为“2013 年重庆邮政综合计算机网安全运行竞赛先进单位三等奖”。

巴南区规划分局，2014 年 6 月，被重庆市第一次地理国情普查领导小组办公室授予“地理国情普查‘三大战役’信息采集‘攻坚 100 天’组织管理优胜集体”。

巴南区，2014 年 7 月，巴南香桃被重庆市园艺学会评为重庆伏季水果展示优秀奖。

巴南区人大，2014 年 7 月，被重庆市人大常委会办公厅评为 2013～2014 年度《人大信息》工作先进单位。

巴南区人大，2014 年 7 月，被重庆市人大常委会公民报刊社评为 2014 年度公民报刊宣传发行先进单位。

巴南区工商分局团支部，2014 年 7 月，荣获重庆市直机关工委及共青团重庆市委联合颁发的“重庆市青年文明号”称号。

巴南区信产办，2014 年 7 月，被重庆市信息产业人力资源保障工作联席会议办公室评为“2013 年度信息产业企业人力资源保障工作先进单位”。

巴南区邮政局鱼洞支局，2014 年 7 月，被重庆市邮政公司党委评为 2012～2013 年度党建工作“十佳红旗党支部”。

巴南区规划分局，2014 年 7 月，被中共重庆市规划局党组授予“巴南区分局监察科（执法大队）党员示范岗”。

巴南区民政局，2014 年 7 月，被重庆市民政局评为 2013 年度社会救助探索创新活动一等奖。

巴南区南彭街道，2014 年 7 月，选送的小品《简单与复杂》被重庆市文化委评为“中国梦·巴渝风”重庆市第四届戏剧曲艺大赛荣获戏剧类作品一等奖。

巴南区委组织部，2014 年 8 月，被重庆市委组织部评为“2014 年重庆市干部任用政策法规学习宣传活动组织奖”。

巴南区检察院职侦局，2014 年 8 月，“4·8 案”办案组被重庆市检察院记集体二等功。

巴南区文联，2014 年 8 月，被重庆市委宣传部、重庆市教委、重庆市科协授予重庆市首届科普文艺作品创作组织工作奖。

巴南区交委，2014 年 8 月，被重庆市交委评为 2013 年度交通系统政务信息工作先进集体。

龙洲湾街道道角村、鱼洞街道干湾村、李家沱街道群乐村、惠民街道晓春村、一品街道七田村、界石镇新玉村、石龙镇大兴村。2014 年 8 月，被重庆市委法建办、重庆市司法局、重庆市民政局命名为第七批“重庆市民主法治示范村”。

鱼洞街道乌洋街社区、惠民街道社区居委会、接龙镇新正街社区、东温泉镇五布社区、双河口镇慕禹社区。2014 年 8 月，被重庆市委法建办、重庆市司法局、重庆市民政局命名为第五批“重庆市民主法治示范社区”。

巴南天然气公司，2014 年 8 月，被重庆市人社局、重庆市总工会，重庆市企业联合会、重庆市企业家协会、重庆市工商业联合会授予重庆市和谐劳动关系 AAA 企业。

巴南区，2014 年 9 月，被重庆市教委评为 2013 年中职招生工作一等奖；巴南职业教育中心、重庆市机械高级技工学校，被评为先进学校。

巴南区编办，2014 年 9 月，被重庆市人力社保局、重庆市教委评为尊师重教工作先进集体。

巴南区审计局，2014 年 9 月，被重庆市妇联评为 2014 年度重庆市巾帼文明岗。

巴南区人民法院民事审判三庭，巴南区审计局，巴南区市政管理指挥中心，巴南区民政局婚姻登记处，巴南区李家沱小学。2014 年 9 月，被重庆市妇联命名为 2014 年重庆市巾帼文明岗。

巴南区委宣传部，2014 年 10 月，被重庆市委宣传部评为 2014 年党报党刊发行工作先进单位。

巴南区图书馆，2014 年 10 月，被全国文化信息资源共享工程重庆市分中心评为 2013 ~ 2014 年度重庆市文化共享工程培训考核优秀单位。

巴南区就业局，2014 年 10 月，被重庆市就业服务管理局评为第三届“泛海扬帆杯”重庆创业大赛最佳组织单位。

巴南团区委，2014 年 10 月，被重庆团市委、重庆广播电视集团（总台）评为“让爱心在一起”重庆青年摄影大赛优秀组织奖。

巴南区教委，2014 年 10 月，被重庆市教委评为 2013 年度教育事业统计工作先进集体。

巴南区残联，2014 年 10 月，组织残疾人运动员参加重庆市第五次残疾人运动会，举重项目夺得三金一银、羽毛球摘得两枚金牌。

巴南天然气公司党支部，2014 年 10 月，被重庆市燃气集团党委评为党建工作“金点子”二等奖。

巴南区邮政局，2014 年 8 月，被评为重庆市邮政公司评为 2013 年重庆市机要通信质量全红“二十年以上”先进单位。

巴南区邮政局，2014 年 10 月，被重庆市邮政公司评为重庆邮政储蓄系统逻辑集中工程先进单位。

巴南区石滩镇，2014 年 10 月，成功创建“重庆市安全社区”。

巴南区政协，2014 年 11 月，荣获 2014 年度重庆市政协宣传通联工作先进集体一等奖。

鱼洞街道团工委，2014 年 11 月，被重庆团市委评为“2014 年度重庆市大中专学生志愿者暑期‘三下乡’社会实践活动先进集体”。

巴南区二圣供销合作社有限公司，2014 年 11 月，被重庆市供销合作总社命名为“市级基层供销合作社示范社”。

巴南区跳石镇，2014 年 11 月，思栗西瓜种植专业合作社被重庆市农业委员会授予重庆市示范专业合作社称号。

巴南区第二人民医院肿瘤科，2014 年 11 月，被重庆市卫生和计划生育委员会评为重庆市癌痛规范化治疗示范病房。

巴南区交委，2014 年 11 月，被重庆市交委评为2014年度全市交通行业青年安全生产示范岗。

巴南区路政大队，2014年11月，被重庆市交委评为2013~2014年度市级青年文明号集体。

交通执法巴南区大队，2014年11月，被重庆市交委评为2013~2014年度市级青年文明号集体。

巴南区气象局，2014年11月，获重庆市人力社保局、重庆市气象局、重庆市总工会“第六届重庆市气象行业技能大赛”团体二等奖。

巴南区民防办，2014年11月，被重庆市民防办评为重庆市人民防空袭方案修订工作表现突出单位。

巴南区检察院职侦局，2014年11月，“2·26案”办案组被重庆市检察院记集体三等功。

巴南区检察院研究室，2014年12月，被重庆市检察院表彰为“2014年度全市检察信息工作先进单位”。

巴南区法院未成年人审判庭，2014年12月，被重庆市第五中级人民法院授予“集体三等功”。

巴南区文广新局，2014年12月，被重庆市文化委员会评为2013~2014年度全市文化统计工作先进集体。

巴南中学，2014年12月，在重庆市教委、重庆市体育局联合举办的2013~2014年度重庆市校园足球活动中，被评为优秀学校。

巴南区体育局，2014年12月，被重庆市体育局第六次全国体育场地普查领导小组评为“优秀集体”。

区青少年活动中心，2014年12月，被重庆市少工委继续认定为重庆市“红领巾体验教育基地”。

鱼洞第二小学校，2014年12月，被重庆市少工委继续认定为重庆市“红领巾示范学校”。

李家沱小学、大江小学，2014年12月，被重庆市少工委命名为重庆市“红领巾示范学校”；

巴南区农产品质量安全中心，2014年12月，被重庆市农产品质量安全中心评为2014年度农产品质量安全工作先进单位。

巴南区农产品质量安全中心，2014年12月，被重庆市农产品质量安全中心评为2014年度无公害农产品发展工作先进集体。

巴南区农产品质量安全中心，2014年12月，被重庆市农产品质量安全中心评为2014年度绿色食品发展工作先进集体。

巴南区农产品质量安全中心，2014年12月，被重庆市农产品质量安全中心评为2014年度农产品质量安全监管工作先进集体。

巴南区农产品质量安全中心，2014年12月，被重庆市农产品质量安全中心评为2014年度农产品质量安全检测工作先进集体。

巴南区农机推广站，2014年12月，被重庆市农业机械化技术推广总站评为2014年度全市农机推广综合工作优秀单位。

巴南区农机推广站，2014年12月，被重庆市农业机械化技术推广总站评为2014年度农机新机具新技术试验示范工作优秀单位。

巴南区农机推广站，2014年12月，被重庆市农业机械化技术推广总站评为2014年度农机购置补贴政策实施工作优秀单位。

巴南区农机推广站，2014年12月，被重庆市农业机械化技术推广总站评为2014年度农机购置补贴政策监管工作优秀单位。

巴南区农机推广站，2014年12月，被重庆市农业机械化技术推广总站评为2014年度农机信息宣传工作优秀单位。

巴南区农机推广站，2014年12月，被重庆市农业机械化技术推广总站评为2014年度农机技术培训工作优秀单位。

巴南区养护段，2014年12月，被重庆市交委评为2013~2014年度重庆市交通系统五四红旗团支部。

巴南区委党史研究室，2014年12月，被中共重庆市委党史研究室评为全市党史工作先进集体。

民革巴南区委，2014年12月，被民革重庆市委评为2014年度思想宣传工作先进集体。

民革巴南区委，2014年12月，获民革重庆市委2014年提案工作先进集体。

民革巴南区鱼洞支部，2014年12月，被民革重庆市委授予“博爱·牵手”活动十佳基层组织的荣誉称号。

农工党巴南区委，2014年12月，被农工党重庆市委评为2014年度宣传思想工作、组织工作和参政议政工作全市先进集体。

农工党巴南区委鱼洞地区支部，2014年12月，被农工党重庆市委评为2013~2014年度先进支部。

九三学社巴南区三支社，2014年12月，被九三学社重庆市委评为反映社情民意、社会服务、宣传报道工作先进集体。

巴南区烟草专卖局，2014年12月，被重庆市烟草专卖局评为烟草专卖基层对所十佳示范点。

巴南区规划分局，2014年12月，被市规划局评为“2014年度公文起草工作先进单位”。

巴南区科协，2014年12月，被重庆市科协评为2014年度重庆市科协工作考核一等奖。

民盟巴南区委，2014年12月，荣获民盟重庆市委2014年度反映社情民意信息工作三等奖。

区龙洲湾街道龙海社区，2014年12月，被重庆市人力社保局认定为2014年度市级充分就业示范社区。

巴南区石滩镇，2014年12月，被重庆市爱国卫生运动委员会评为“重庆市卫生镇”。

重庆贝思特人力资源开发有限公司，2014年12月，被重庆市人力资源协会评为2014年度重庆市人力资源协会优秀会员。

巴南区志办，2014年12月，被重庆市地方志办公室评为2014年度地方志工作先进单位。

巴南区志办，2014年12月，被重庆市地方志办公室评为2014年度区县年鉴工作先进单位。

巴南区档案局，2015年1月，被重庆市档案局评为2014年度区县档案工作目标考核先进单位。

巴南电视台，2015年1月，获重庆广播电视集团（总台）表彰的2014年度“电视节目交流先进集体一等奖”“内容生产合作先进集体一等奖”“知识产权保护先进集体一等奖”。

巴南天然气公司，2015年1月，被重庆市燃气集团评为“2014年度安全生产先进单位”。

巴南天然气公司，2015年1月，被重庆市燃气集团评为“2014年度统计工作先进单位”；

巴南天然气公司，2015年1月，荣获重庆市燃气公司“2014年度安全标准化场站建设单项奖”。

巴南天然气公司，2015年1月，被重庆市燃气集团评为“2014年度优质服务奖”。

巴南经济作物站，2015年1月，被重庆市农业委员会评为2014年度蔬菜产业工作先进集体。

巴南区动物卫生监督所，2015年2月，被重庆市畜牧技术推广总站评为2014年度特色效益畜牧业技术示范先进单位。

巴南区卫生和计划生育委员会综合监督执法局，2015年2月，被重庆市卫生计生委卫生监督局评为“2014年度卫生计生监督执法目标考核先进单位”。

巴南区司法局，2015年2月，被重庆市司法局评为“2014年度全市人民调解工作优秀单位”。

巴南区司法局，2015年2月，被重庆市司法局评为“2014年度全市区县司法行政系统服务功能区建设优秀单位”。

巴南区司法局，2015年2月，被重庆市司法局评为“2014年度全市区县（自治县）司法局执业执法综合管理目标优秀等次”。

巴南区供销社，2015年2月，被重庆市供销合作总社评为2014年度综合业绩考核特等奖。

巴南区烟草专卖局，2015年2月，被重庆市烟草专卖局评为2014年度全市烟草专卖局管理工作先进单位。

巴南区烟草专卖局，2015年2月，被重庆市烟草专卖局2014年度全市烟草系统职业技能鉴定工作先进单位。

巴南区总工会，2015年2月，被重庆市总工会评为全市2014年度区县工会工作综合目标考核一等奖。

巴南区规划分局，2015年2月，被重庆市规划局评为“2014 年度目标考核先进单位”。

巴南区气象局，2015 年 2 月，被重庆市气象局评为重大气象服务先进集体。

巴南区港航管理处，2015 年 2 月，被重庆市港航管理局评为 2014 年港航管理工作先进单位。

巴南天然气公司，2015 年 3 月，民商用气安装工程的城南未来二期民用气安装工程获重庆市燃气公司 2014 年度优质工程奖

重庆市市属各部门表彰的先进个人

何兴兰，女，1965 年 3 月生。巴南区经济和信息化委员会工作。2014 年 1 月，被重庆市经委评为 2013 年度重庆市技术创新先进工作者。

伍加勇，女，1968 年 5 月生。巴南区果树站工作。2014 年 1 月，被重庆市科委评为 2013 年度优秀科技特派员。

李　义，1963 年 8 月生。巴南区民防办工作。2014 年 1 月，被重庆市民防办评为人防训练比武竞赛重庆赛区优秀组织人员称号。

成志宏，1971 年 1 月生。巴南区民防办工作。2014 年 1 月，被重庆市民防办评为重庆市人民防空袭方案修订工作表现突出个人；撰写的《关于开展防空袭斗争问题研究工作》文章获重庆市民防办三等奖。

邹鼎琴、余堂平、李　雪、王　凤，2014 年 1 月，被重庆市妇联命名为 2013 年度“100 名农村妇女科技致富能手”。

刘世银，1967 年 8 月生。巴南区文广新局工作。2014 年 2 月，被重庆市人社会局、市文化委评为重庆市文化广电新闻出版系统先进个人。

田　熙，1977 年 2 月生。巴南区人大机关工作。2014 年 2 月，撰写的新闻作品《巴南区人大：代表联系群众“零距离”》荣获重庆市人大常委会办公厅、市委宣传部、市新闻工作者协会主办的 2014 年重庆人大新闻奖二等奖。

马　亮，1974 年 7 月生。巴南区人大机关工作。2014 年 2 月，撰写的新闻作品《巴南区人大：代表联系群众“零距离”》荣获重庆人大常委会办公厅、市委宣传部、市新闻工作者协会主办的 2014 年重庆人大新闻奖二等奖。

赵品惠，女，1969 年 4 月生。巴南区农村经营管理站工作。2014 年 2 月，被重庆市农村合作经济经营管理站评为重庆市 2013 年度农经统计工作先进个人。

肖　磊，女，1965 年 8 月生。巴南区农村经营管理站工作。2014 年 2 月，被重庆市农村合作经济经营管理站评为重庆市 2013 年度农经统计工作先进个人。

蒋　涛，1971 年 7 月生。重庆市公安局巴南区分局交通巡逻警察支队工作。2014 年 2 月，被重庆市委组织部、市人社局、市公务员局授予“重庆市第三届人民好公仆”。

万　毅、刘　莉、谭　杨、周世芬、周春燕、苏　雁、何旖旎、李自玲、张海琼，2014 年 2 月，被重庆市妇联评为 2013 年度妇联组织参与社会管理工作先进个人。

潘雪松，女，1969 年 2 月生。巴南区法院工作。2014 年 2 月，被重庆市人社局、市妇联评为重庆市三八红旗手。

许大斌，女，1973 年 9 月生。巴南区人社局工作。2014 年 2 月，被重庆市人社局、市妇联评为重庆市三八红旗手。

万　毅，女，1963 年 10 月出生。巴南区花溪街道工作。2014 年 2 月，被重庆市人社局、市妇联评为重庆市三八红旗手；被重庆市妇联评为 2013 年度“十佳”妇女信访代理员。

蒋效伦，1959 年 5 月生。巴南区木洞镇文化站工作。2014 年 2 月，被重庆市人社局、市文化委评为重庆市文化广电新闻出版系统先进个人。

刘大双，1998 年 1 月出生，巴南区花溪街道花溪中学学生。2014 年 2 月，被重庆市委宣传部、市精神文明办评为第 2 期“重庆好人”。

刘小双，1998 年 1 月出生，巴南区花溪街道花溪中学学生。2014 年 2 月，被重庆市委宣传部、市精神文明办评为第 2 期“重庆好人”。

翁庆容，女，1949 年 3 月出生，巴南区花溪街道新屋村村民。2014 年 2 月，被重庆市委宣传部、市精神文明办评为第 12 期“重庆好人”。

湛　江，1966年9月出生，巴南区花溪街道先锋村人，重庆公路运输（集团）有限公司出租汽车分公司出租车司机。2014年2月，被重庆市委宣传部、市精神文明办评为第18期“重庆好人”。

周　强，1970年8月出生。巴南区交委工作。2014年3月，被重庆市交委评为2014年春运工作先进个人。

谭　华，1964年2月出生。巴南区运管所工作。2014年3月，被重庆市交委评为2014年春运工作先进个人；被重庆市运管局评为运管工作先进个人。

李方超，女，1980年10月出生。巴南区运管所工作。2014年3月，被重庆市运管局评为运管工作先进个人。

郭　岸，1981年2月出生。巴南区运管所工作。2014年3月，被重庆市运管局评为运管工作先进个人。

杨　欣，女，1976年6月出生。巴南区交通执法巴南大队工作。2014年3月，被重庆市交通执法总队评为宣传工作先进个人。

陈　玲，女，1974年10月生，巴南区教委工作。2014年3月，在第三届重庆市普通中学音乐优质课评选活动中，获指导教师奖。

康万洋，1964年11月生。巴南区总工会工作。2014年4月，被重庆市总工会授予“重庆市五一劳动奖章”。

杨　用，女，1967年12月生；巴南区检察院工作。2014年4月，在“检察机关检务督查理论研究”征文评选活动中被高检院纪检监察局、人民杂志社评选为“优秀奖”。

勾香华，女，1975年10月生；巴南区检察院工作。2014年4月，在“检察机关检务督查理论研究”征文评选活动中被高检院纪检监察局、人民杂志社评选为“优秀奖”。

崔晓燕，女，1981年12月生；巴南区检察院工作。2014年4月，在“检察机关检务督查理论研究”征文评选活动中被高检院纪检监察局、人民杂志社评选为“优秀奖”。

罗震宇，1997年8月生。重庆市清华中学高2015级学生。2014年4月，被重庆团市委评为2013年度“重庆市优秀共青团员”。

杨　川，1972年12月生，惠民小学工作；2014年4月，在重庆市科协、市教委主办的第24届重庆市青少年科技模型大赛中，获优秀教师称号。

罗　洪，1990年5月生，界石小学工作。2014年4月，在重庆市科协、市教委主办的第24届重庆市青少年科技模型大赛中，获优秀教师称号。

张志勇家庭、刘传芳家庭、李兵家庭、邓世瑜家庭、蔡远模家庭、霍琴家庭、申强家庭，2014年4月，被重庆市妇联评为重庆“最美家庭”。

张　娟，女，1971年5月生。巴南区邮政局大客户中心客户经理。2014年4月，被重庆市邮政公司、市邮政工会评为“2013年度优秀营销员”和“营销英雄”。

李飞狐，1966年4月生。巴南区邮政局李家沱邮政支局投递员。2014年4月，被重庆市邮政公司、市邮政工会评为“营销英雄”。

傅小裴，女，1985年9月生。巴南区文广新局工作。2014年4月，被重庆市文化委评为2013年度中国文化报重庆记者站优秀记者。

米劲松、曹　珈、白　俊，2014年5月，被重庆市妇联评为“重庆市传承好家风的好妈好爸。

赵　彬，1974年3月生。巴南区邮政局工作。2014年5月，被重庆市邮政公司评为2012～2013年度工程建设管理工作先进个人。

李幸萃，女，1975年1月出生，重庆市巴南区皮肤病防治院工作。2014年5月，荣获农工党重庆市委举办的“中国梦·农工情”主题演讲比赛一等奖；12月，被农工党重庆市委评为2014年度全市先进个人。

李红梅，女，1975年9月出生，巴南区李家沱街道办事处社会事务科工作。2014年5月，荣获农工党重庆市委举办的“中国梦·农工情”主题演讲比赛三等奖。

周安芳，女，1955年2月，巴南区花溪街道红光社区居民。2014年5月，被重庆市委宣传部、市精神文明办评为第23期“重庆好人”。

沈先容，女，1983年4月生，巴南区妇幼保健院工作。2014年7月，被重庆市委宣传部、市关工委、市精神文明办、市教委、市文广局、市新闻出版局、共青团重庆市委评为2014年全市“中华魂”青少年读书活动征文比赛（青年组）一等奖；12月，在重庆市团市委组织的全市“中华魂”主题征文比赛中获三等奖。

张　莎，女，1985年1月生，重庆市第七人民医院工作。2014年7月，被重庆市委宣传部、市关工委、市精神文明办、市教委、市文广局、市新闻出版局、共青团重庆市委评为2014年全市“中华魂”青少年读书活动征文比赛（青年组）一等奖。

彭　锋，1988年5月生，重庆市护士学校工作。2014年7月，被重庆市委宣传部、市关工委、市精神文明办、市教委、市文广局、市新闻出版局、共青团重庆市委评为2014年全市“中华魂”青少年读书活动征文比赛（青年组）二等奖。

司小静，女，1988年7月，重庆市巴南区人民医院工作。2014年7月，被重庆市委宣传部、市关工委、市精神文明办、市教委、市文广局、市新闻出版局、共青团重庆市委评为2014年全市“中华魂”青少年读书活动演讲比赛（青年组）三等奖。

彭朝友，1966年8月生。巴南区政协工作。2014年6月，被民革重庆市委表彰为提案工作做出贡献的个人。

刘　敏，1974年11月生。巴南区发改委工作。2014年6月，被民革重庆市委表彰为提案工作做出贡献的个人。

周良才，1966年3月生。重庆城市职业管理学院工作。2014年6月，被民革重庆市委表彰为提案工作做出贡献的个人。

蒋传宓，1967年5月生。重庆城市职业管理学院工作。2014年6月，被民革重庆市委表彰为提案工作做出贡献的个人。

王康垚，2002年10月生。鱼洞四小学学生。2014年6月，获得重庆市第三届中小学科技节“小科学家”称号。

谢姝怡，女，2003年6月生，鱼洞四小学学生。2014年6月，获得重庆市第三届中小学科技节“小发明家”称号。

胡贤俊，1969年10月生。巴南区南彭街道司法所工作。2014年6月，被重庆市人社局和市司法局评为重庆市人民调解先进个人。

龚正鹏，1974年10月生。巴南区邮政局界石邮政支局公平邮政所工作。2014年6月，被重庆市邮政公司评为重庆邮政金融2013年“基础提升年”营业网点服务明星大堂经理。

田　熙，1977年2月生。巴南区人大机关工作。2014年7月，被重庆市人大常委会公民报刊社评为2013年度新闻宣传工作优秀通讯员；被重庆市人大常委会办公厅评为2013~2014年度《人大信息》工作先进工作者。

李春雨，女，1986年5月生。巴南区人大机关工作。2014年7月，被重庆市人大常委会办公厅评为2013~2014年度《人大信息》工作先进个人。

向　东，1979年11月生。巴南区人大机关工作。2014年7月，被重庆市人大常委会公民报刊社评为2014年度公民报刊宣传发行先进工作者。

卢光榆，1961年9月生。巴南区人大机关工作。2014年7月，被重庆市人大常委会公民报刊社评为2014年度公民报刊宣传发行先进工作者。

梁继卫，1970年4月生。巴南区人大机关工作。2014年7月，被重庆市人大常委会公民报刊社评为2014年度公民报刊宣传发行先进工作者。

彭礼波，1971年8月生。重庆市巴南区人民医院工作。2014年7月，被重庆市卫生计生委评为2013~2014年度重庆市“我最喜爱的健康卫士”。

吴　磊，1985年6月生。巴南区邮政局人力资源部工作。2014年7月，被重庆市邮政公司党委评为2012－2013年度“优秀党员”称号。

周　强，1970年8月出生。巴南区交委工作。2014年8月，被重庆市交委评为2013年度交通系统政务信息工作先进个人。

谭　艺，女，1987年3月出生。巴南区交委工作。2014年8月，被重庆市交委评为2013年度交通系统政务信息工作先进个人。

张　茜，女，1979年7月生。巴南区政协工作。2014年8月，作品《一份“特殊”的报告—巴南区对政协建言开展“回头看”》获重庆市政协好新闻二等奖并被重庆政协报刊登；2014年9月，被重庆市政协评为2014年度宣传通联工作优秀通讯员。

刘传芳，女，1947年08月生。南彭街道水竹村村民。2014年8月，被重庆市委宣传部、市文明办评为第26期“重庆好人”。

卢华奎，1987年06月生。南彭街道水竹村村民。2014年9月，被重庆市委宣传部、市文明办评为第28期“重庆好人”。

刘秀荣，女，1970年6月生。巴南区法院工作。2014年9月，被九三学社重庆市委评为2014年参政党理论研究与社史研究论文三等奖；11月，在“九三青年论坛”中撰写的论文《浅谈九三基层社员参政素质提升路径》被九三学社重庆市委评为二等奖；12月，被九三学社重庆市委评为2014年度反映社情民意先进个人和宣传报道先进个人。

高跃轩，1969年9月生。巴南区政协工作。2014年9月，撰写的《略论基层政协推进协商民主面临的机遇》获重庆市政协2014年度理论研究优秀论文。

李汉成，1932年11月生。巴南区农委退休干部。2014年9月，被重庆市政协评为2014年度宣传通联工作优秀通讯员。

冯亚宏，1954年3月生。巴南区政协工作。2014年9月，被重庆市政协评为2014年度宣传通联工作优秀通讯员。

邓渝欣，1960年1月生。重庆市机械技工学校工作。2014年9月，被重庆市人社局评为“2014年重庆市技工院校优秀教师”；

杨小兰，女，1968年11月生。巴南职教中心工作。2014年9月，被重庆市人社局、市教委评为重庆市优秀教师。

刘玉霞，女，1971年3月生。鱼洞二小工作。2014年9月，被重庆市人社局评为重庆市优秀教育工作者。

何远疆，1962年7月生。区教师进修校工作。2014年9月，被重庆市人社局评为重庆市教育系统先进个人。

钟嘉严，女，1962年11月生，鱼洞片区教育督导办公室工作；2014年9月，被重庆市人社局评为重庆市教育系统先进个人。

王　清，1965年6月生。现代教育技术中心工作。2014年9月，被重庆市人社局评为重庆市教育系统先进个人。

余祥芬，女，1972年11月生。李家沱小学工作。2014年9月，被重庆市教委评为2014年重庆市普通中小学优秀班主任。

李　健，女，1974年4月生。全善学校工作。2014年9月，被重庆市教委评为2014年重庆市普通中小学优秀班主任。

王胜华，1979年6月生。清华中学工作。2014年9月，被重庆市教委评为2014年重庆市普通中小学优秀班主任。

王　琳，女，1982年5月生。鱼胡路小学工作。2014年9月，被重庆市教委评为2014年重庆市普通中小学优秀德育工作者。

余　凤，女，1973年1月生。鱼洞二小工作。2014年9月，被重庆市教委评为2014年重庆市普通中小学优秀德育工作者。

王德华，1965年2月生。重庆市实验中学工作。2014年9月，被重庆市教委评为2014年重庆市普通中小学优秀德育工作者。

刘谦颖，1983年7月生。重庆市实验中学工作。2014年9月，被重庆市教委评为重庆市青少年创新人才培养雏鹰计划项目学校优秀指导教师。

王　宇，女，1981年10月生。清华中学工作。2014年9月，被重庆市教委评为重庆市青少年创新人才培养雏鹰计划项目学校优秀指导教师。

江万芬，女，1954 年 1 月生。巴南区花溪街道先锋村村民。2014 年 9 月，被重庆市老龄委评为重庆市“孝亲敬老之星”。

王功梅，女，1967 年 7 月生。巴南区图书馆工作。2014 年 10 月，被重庆市少年儿童图书馆评为 2013 年重庆市“少年儿童爱心图书接力服务”活动先进工作者。

刘　斌，1970 年 1 月生。巴南区邮政局运行保障部企业保安队工作。2014 年 10 月，被重庆市邮政公司评为 2012 ~2013 年度安全生产和内部保卫工作先进个人。

刘　刚，1973 年 9 月生。巴南区邮政局市场经营部工作。2014 年 10 月，被重庆市邮政公司评为 2013 年度视察检查工作先进个人。

杨念慈，1972 年 9 月生，巴南区教委工作。2014 年 10 月，被重庆市教委评为 2013 年度教育事业统计工作先进个人。

周文佳，女，2003 年 10 月生，仁流小学学生。2014 年 10 月，被重庆市精神文明办公室评选为“最美留守女童”，该生是巴南区唯一一名最美留守女童。

郭中华，1976 年 3 月生。巴南燃气公司工作。2014 年 10 月，荣获重庆市燃气公司 2014 年调压箱安装维护工种技能竞赛二等奖。

王　斌，1985 年 8 月生。巴南燃气公司工作。2014 年 10 月，荣获重庆燃气集团 2014 年输配气工种状元大赛三等奖。

常泽宇，1987 年 10 月生。巴南燃气公司工作。2014 年 10 月，荣获重庆燃气集团 2014 年输配气工种状元大赛二等奖。

张　琦，女，1986 年 6 月生。巴南团区委副书记（挂职）。2014 年 11 月，被重庆市团市委评为“2014 年度重庆市大中专学生志愿者暑期‘三下乡’社会实践活动先进个人”。

熊习立，1963 年 4 月生。巴南区征地办巴源公司。2014 年 11 月，在“九三青年论坛”中撰写的论文《为确保我市安置房品质的建议》被九三学社重庆市委评为三等奖；

邱鹏程，1980 年 8 月生。巴南区法院工作。2014 年 11 月，在“九三青年论坛”中撰写的论文《工伤保险待遇纠纷案件的思考—基于巴南法院案件的实证分析》、《浅议小额诉讼程序中的专家证人制度》被九三学社重庆市委分别评为二等奖、三等奖；12 月，被九三学社重庆市委评为 2014 年度反映社情民意先进个人和社会服务先进个人。

桂广涛，1980 年 12 月生。巴南区法院工作。2014 年 11 月，在“九三青年论坛”中撰写的论文《调解的尺度：对当前诉讼调解的反思和重构》被九三学社重庆市委评为一等奖。

姚永华，1964 年 11 月生。巴南区人大机关工作。2014 年 12 月，在重庆市人大制度研究会年会组织开展的“全面深化改革与推动人大工作与时俱进”主题征文活动中，撰写的《论全面深化改革与推动人大工作与时俱进》被市人大常委会办公厅评为一等奖。

刘茂琴，女，1974 年 12 月生。民盟巴南区委工作。2014 年 12 月，被民盟市委评为“参政议政工作先进个人”。

田荣盛，1973 年 1 月生。巴南区委宣传部工作。2014 年 12 月，被重庆市报业协会评为 2014 年重庆市媒体十佳优秀管理人才。

黄宇锋，1982 年 2 月生。巴南区公安分局交巡警支队工作。2014 年 12 月，在重庆市团市委组织的全市“中华魂”主题演讲比赛中获一等奖。

郭缙云，女，1980 年 10 月生。巴南区现代教育技术中心工作。2014 年 12 月，在重庆市团市委组织的全市“中华魂”主题演讲比赛中获二等奖。

司小静，女，1988 年 7 月生。巴南区人民医院工作。2014 年 12 月，在重庆市团市委组织的全市“中华魂”主题演讲比赛中获三等奖。

张　莎，女，1985 年 1 月生。重庆市第七人民医院工作。2014 年 12 月，在重庆市团市委组织的全市“中华魂”主题征文比赛中获一等奖。

彭　锋，1988 年 5 月生。重庆市护士学校工作。2014 年 12 月，在重庆市团市委组织的全市“中华魂”主题征文比赛中获二等奖。

杨再勇，1978 年 7 月生。巴南区李家沱小学工作。2014 年 12 月，在重庆市团市委组织的全市“中华魂”主题征文比赛中获二等奖。

邓　颖，女，1988 年 2 月生。巴南区住房保障中心工作。2014 年 12 月，在重庆市团市委组织的全市“中华魂”主题征文比赛中获三等奖。

杨凤娇，女，1989 年 6 月生。巴南区农产品质量安全中心工作。2014 年 12 月，被重庆市农产品质量安全中心评为 2014 年度农产品质量安全工作先进个人。

周新民，1952 年 1 月生。巴南区教委退休。2014 年 12 月，被民革重庆市委评为学习实践活动优秀党员。

耿　琴，女，1977 年 6 月生。民革巴南区委工作。2014 年 12 月，被民革重庆市委评为思想宣传工作优秀通讯员。

张仲兵，1973 年 7 月生。重庆城市职业管理学院工作。2014 年 12 月，被民革重庆市委表彰为反映社情民意信息工作做出贡献的个人。

钟世隆，1988 年 8 月，巴南中学工作。2014 年 12 月，在重庆市教委、市体育局联合举办的 2013～2014 年度重庆市校园足球活动中，被评为优秀指导员。

匡正权，1966 年 2 月生，巴南经济作物站工作。2015 年 1 月，被重庆市农委评为 2014 年度蔬菜产业工作先进个人。

吕国梁，1965 年 5 月生。巴南区广播电视台工作。2015 年 1 月，获重庆广播电视集团（总台）表彰的 2014 年度“内容生产合作暨知识产权保护优秀台长”。

高海奕，1979 年 12 月生。巴南区广播电视台工作。2015 年 1 月，获重庆广播电视集团（总台）表彰的 2014 年度“电视节目交流先进个人”。

薛云健，1963 年 9 月生。巴南区司法局工作。2015 年 2 月，被重庆市司法局授予 2014 年度“个人三等功”。

姜莹星，女，1967 年 8 月生。巴南区司法局工作。2015 年 2 月，被重庆市司法局授予 2014 年度“个人三等功”。

廖明富，1966 年 1 月生。巴南区邮政局鱼洞支局投递班工作。2015 年 3 月，被重庆市邮政公司评为 2014 年全市代理速递物流业务发展评优选先竞赛活动“投递员个人揽收优胜奖”。

张灵敏，女，1964 年 10 月生。巴南区邮政局李家沱支局投递班工作。2015 年 3 月，被重庆市邮政公司评为 2014 年全市代理速递物流业务发展评优选先竞赛活动“投递员个人揽收优胜奖”。

中共重庆市巴南区委、巴南区人民政府表彰的先进集体

区城乡一体发展中心，2014 年 1 月，被巴南区委、区政府授予 2013 年度工作创新金鹰奖；

区城乡一体发展中心，2014 年 1 月，被巴南区委、区政府授予 2013 年度区级文明单位称号。

巴南区南泉街道社区卫生服务中心，2014 年 1 月，被巴南区委、区政府评为 2013 年度区级文明单位标兵。

巴南区惠民街道社区卫生服务中心，2014 年 1 月，被巴南区委、区政府评为 2013 年度区级文明单位。

巴南区二圣镇卫生院，2014 年 1 月，被巴南区委、区政府评为 2013 年度区级文明单位。

巴南区委组织部，2014 年 2 月，被巴南区委、巴南区人民政府评为 2013 年度工作创新金鹰奖。

巴南区市政局，2014 年 2 月，《“两项机制”破解城建管理大难题》项目获得巴南区政府 2013 年度工作创新“金鹰奖”。

巴南区文广新局，2014 年 2 月，被巴南区委、区政府评为巴南区 2013 年度工作创新金鹰奖。

区信访办（区委群工部），2014 年 2 月，被巴南区委、区政府评为 2013 年度突出贡献金牛奖。

巴南区人民医院，2014 年 3 月，被巴南区政

府评为“2013 年度消防工作先进单位”。

巴南区环保局，2014 年 5 月，被巴南区委、区政府评为 2013 年区管领导班子先进集体。

巴南区委组织部，2014 年 6 月，被巴南区委评为 2014 年度先进基层党组织。

巴南区发改委，2014 年 6 月，被巴南区委评为“先进基层党组织”。

巴南区旅游局，2014 年 6 月，被巴南区委评为 2013 年先进基层党组织。

巴南区经济园区公司党支部，2014 年 6 月，被巴南区委评为“先进基层党组织”。

巴南区工商分局机关党委，2014 年 6 月，被巴南区委评为 2014 年先进基层党组织。

巴南区人民医院，2014 年 6 月，被巴南区委评为“重庆市巴南区 2014 年先进基层党组织”。

巴南区东温泉镇中心卫生院，2014 年 6 月，被巴南区委评为“重庆市巴南区 2014 年先进基层党组织”。

重庆市护士学校，2014 年 6 月，被巴南区委评为“重庆市巴南区 2014 年先进基层党组织”。

渝兴公司党支部，2014 年 6 月，被巴南区委评为“重庆市巴南区 2014 年先进基层党组织”。

巴南一品街道七田村党委，2014 年 6 月，被巴南区委评为先进基层党组织。

巴南区双河口镇茶店村，2014 年 6 月，被巴南区委评为重庆市巴南区 2014 先进基层党组织。

巴南一品建设集团有限公司党总支，2014 年 6 月，被巴南区委评为先进基层党组织。

巴南区人民医院，2014 年 8 月，《医学实习生心理健康调查及对策研究》项目，被巴南区政府评为“2013 年度科技进步二等奖”。

第七人民医院，2014 年 8 月，《欧普乐喉罩用于髂关节置换手术的气道建立价值》项目，被巴南区政府评为 2013 年度科技进步三等奖。

巴南区疾控中心，2014 年 8 月，《重庆市巴南区重金属污染企业周围人群健康风险评估》项目，被巴南区政府评为 2013 年度科技进步三等奖。

巴南区财政局，2014 年 12 月，龙洲湾滨江片区建设领跑主城十大片区项目获得巴南区 2014 年度工作创新金鹰奖。

渝兴资产公司，2014 年 12 月，三个一百万提速安置房建设项目获得巴南区 2014 年度工作创新金鹰奖。

巴南区安澜镇，2014 年 12 月，被巴南区委、区政府评为“2014 年度区管领导班子先进集体”。

巴南区公路公司，2015 年 1 月，被巴南区政府评为 2014 年安全生产目标考核优秀单位。

渝兴资产公司，2015 年 2 月，获得巴南区政府 2014 年度工作创新“金鹰奖”。

巴南区质监局，2015 年 2 月，荣获巴南区政府 2014 年度工作创新“金鹰奖”。

巴南区规划分局，2015 年 2 月，荣获巴南区政府授予“巴南区 2014 年度工作创新金鹰奖”。

巴南区双河口镇，2015 年 2 月，“阶梯水价”破解农饮工程老大难项目被巴南区委、区政府评为创新金鹰奖。

巴南区金融发展中心，2015 年 2 月，荣获巴南区政府 2014 年度工作创新“金鹰奖”。

巴南区委政法委，2015 年 2 月，获得巴南区政府“2014 年度突出贡献金牛奖”。

巴南区水务局，2015 年 2 月，《整治数千塘库“润泽”巴南大地》项目荣获巴南区政府 2014 年度突出贡献金牛奖。

巴南区经济园区公司，2015 年 2 月，被巴南区委、区政府授予 2014 年度突出贡献金牛奖。

巴南区行政服务中心，2015 年 2 月，被巴南区委、政府授予 2014 年度突出贡献金牛奖。

巴南区公路公司，2015 年 2 月，被巴南区委、区政府授予 2014 年度突出贡献金牛奖。

巴南区一品街道，2015 年 2 月，被巴南区委、区政府授予 2014 年度突出贡献金牛奖。

巴南区科委，2015 年 2 月，被巴南区委、区政府评为“2014 年度区管领导班子先进集体”。

巴南区双河口镇，2015 年 2 月，被巴南区委、区政府评为 2014 年领导班子考核先进集体。

巴南区水务局，2015 年 2 月，被巴南区委、区政府评为“2014 年度区管领导班子先进集体”。

巴南区司法局，2015 年 2 月，被巴南区委、区政府评为“2014 年度区管领导班子先进集体”。

巴南区发改委，2015 年 3 月，2015 年 3 月，被巴南区政府评为 2014 年度消防安全工作先进单位。

巴南区建委，2015 年 3 月，被巴南区政府评为 2014 年度消防安全工作先进单位。

巴南区质监局，2015 年 3 月，被巴南区政府评为 2014 年度消防安全工作先进单位。

重庆市巴南区委、巴南区人民政府表彰的先进个人

石光平，1973 年 5 月生。重庆市巴南区人民医院工作。2014 年 3 月，被巴南区政府评为消防安全工作先进个人。

刘银平，1963 年 5 月生。巴南区委信访办工作。2014 年 5 月，被巴南区委、区政府评为 2013 年度区管领导干部考核优秀等次。

蔺学连，1960 年 1 月生。巴南区信访办工作。2014 年 5 月，被巴南区委、区政府评为 2013 年度区管领导干部考核优秀等次。

周　鑫，1975 年 1 月生。巴南区文广新局工作。2014 年 7 月，被巴南区委评为巴南区委优秀党务工作者。

王家琴，女，1965 年 2 月出生。巴南区一品街道工作。2014 年 7 月，被巴南区委评为优秀党务工作者。

崔　军，女，1975 年 5 月出生。巴南区一品街道工作。2014 年 7 月，被巴南区委评为优秀党务工作者。

苏春利，女，1972 年 3 月生。巴南区双河口镇工作。2014 年 7 月，被巴南区委评为 2014 年优秀党务工作者。

蒋　正，1980 年 4 月生。巴南区双河口镇慕禹社区工作。2014 年 7 月，被巴南区委评为 2014 年优秀党务工作者。

陆泽兰，女，1983 年 3 月生。巴南区民生服务中心工作，2014 年 7 月，被巴南区委评为 2013 年度优秀党务工作者。

杨增君，女，1979 年 9 月生。重庆市第七人民医院工作。2014 年 7 月，被巴南区委评为优秀党务工作者。

张　娅，女，1977 年 11 月生。巴南区疾控中心工作。2014 年 7 月，被巴南区委评为优秀党务工作者。

徐　勇，1975 年 9 月生。巴南区木洞镇中心卫生院工作。2014 年 7 月，被巴南区委评为优秀党务工作者。

黄　辰，女，1986 年 10 月生。巴南区石龙镇工作。2014 年 7 月，被巴南区委评为 2014 年度优秀党务工作者。

毛德均，1961 年 9 月生。巴南区石龙镇金星村工作。2014 年 7 月，被巴南区委评为 2014 年度优秀党务工作者。

刘兆国，1975 年 1 月生。巴南区编办工作。2014 年 7 月，被巴南区委评为优秀共产党员。

刘晓玲，女，1959 年 9 月生。巴南区档案局工作。2014 年 7 月，被巴南区委评为优秀共产党员。

冉海燕，女，1981 年 7 月生。巴南区人防应急指挥所工作。2014 年 7 月，被巴南区委授予 2014 年度优秀共产党员称号。

邹　伟，1967 年 11 月出生。巴南区一品街道工作。2014 年 7 月，被巴南区委评为优秀共产党员。

张　迷，女，1970 年 7 月出生。巴南区一品街道一品社区工作。2014 年 7 月，被巴南区委评为优秀共产党员。

荀中良，1967 年 5 月出生。巴南区一品街道桥口坝村工作，2014 年 7 月，被巴南区委评为优秀共产党员。

许世琴，女，1975 年 11 月 09 日，巴南区第二人民医院工作。2014 年 7 月，被巴南区委评为优秀共产党员。

唐明山，1969 年 3 月生。巴南区人民医院工作。2014 年 7 月，被巴南区委评为优秀共产党员。

吴　欢，女，1981 年 11 月生。巴南区卫生

局卫生监督所工作。2014 年 7 月，被巴南区委评为优秀共产党员。

冉　敏，女，1981 年 4 月生。巴南区中医院工作。2014 年 7 月，被巴南区委评为优秀共产党员。

陈兴碧，女，1971 年 11 月生。巴南区妇幼保健院工作。2014 年 7 月，被巴南区委评为优秀共产党员。

陈江伦，1964 年 3 月生。巴南区一品街道社区卫生服务中心工作。2014 年 7 月，被巴南区委评为优秀共产党员。

金廷芬，女，1970 年 12 月生。巴南区惠民街道社区卫生服务中心工作。2014 年 7 月，被巴南区委评为优秀共产党员。

简　旭，1966 年 11 月生。巴南区界石镇中心卫生院工作。2014 年 7 月，被巴南区委评为优秀共产党员。

刘　星，1978 年 02 月生。巴南区接龙镇中心卫生院工作。2014 年 7 月，被巴南区委评为优秀共产党员。

刘　霞，女，1987 年 9 月生。巴南区石龙镇工作。2014 年 7 月，被巴南区委评为 2014 年度优秀共产党员。

谢立强，1965 年 5 月生。巴南区石龙镇合路村工作。2014 年 7 月，被巴南区委评为 2014 年度优秀共产党员。

刘　刚，1981 年 9 月生。重庆康城建筑劳务有限公司工作。2014 年 7 月，被巴南区委评为 2014 年度优秀共产党员。

郭元辉，1963 年 6 月生。巴南区石龙镇大桥村工作。2014 年 7 月，被巴南区委评为 2014 年度优秀共产党员。

张贵彬，1996 年 4 月生。巴南区双河口镇工作。2014 年 8 月，获巴南区委记三等功。

严永忠，1955 年 12 月生。巴南区双河口镇工作。2014 年 7 月，被巴南区委评为 2014 年优秀共产党员。

余凌霄，女，1989 年 12 月生。巴南区双河口镇太平村工作。2014 年 7 月，被巴南区委评为 2014 年优秀共产党员。

何　敏，女，1975 年 1 月生。巴南区双河口镇临江村工作。2014 年 7 月，被巴南区委评为 2014 年优秀共产党员。

李渐鸿，女，1975 年 3 月生。巴南区财政局工作。2014 年 8 月，被巴南区委、区政府记三等功。

喻良锟，1983 年 1 月生。巴南区人防应急指挥所工作。2014 年 8 月，被巴南区委、区政府记三等功。

黄　平，1972 年 6 月生。巴南区档案局工作。2014 年 8 月，被巴南区委、区政府记三等功。

张兴禄，1961 年 3 月出生。一品街道工作。2014 年 8 月，被巴南区委、区政府记三等功。

戚万凯，1962 年 1 月生。巴南区文联工作。2014 年 12 月，荣获巴南建区二十周年建设模范人物。

王书琴，女，1962 年 1 月生。李家沱工商所工作。2014 年 12 月，荣获“巴南区建区二十周年模范人物”荣誉称号。

徐　永，女，1964 年 8 月出生，巴南区委组织部工作。2014 年 12 月，被巴南区委、区政府评为建区 20 周年建设功臣。

唐学文，女，1968 年 12 月生。重庆市巴南区人民医院工作。2014 年 12 月，被评为巴南区建区 20 周年建设功臣。

黄　曦，1963 年 3 月生，巴南区科委工作。2015 年 4 月，被巴南区委、区政府评为 2014 年度优秀领导干部。

杨　燕，女，1971 年 2 月生。巴南区科委工作。2015 年 4 月，被巴南区委、区政府评为 2014 年度优秀领导干部。

胡　骥，1979 年 7 月生。巴南经济园区公司工作。2015 年 2 月，被巴南区委、区政府评为 2014 年度优秀领导干部。

张　涛，1971 年 5 月生。巴南经济园区公司工作。2015 年 2 月，被巴南区委、区政府评为 2014 年度优秀领导干部。

重要文献

重要文献

中共重庆市巴南区委关于全面深化改革有关问题的决定

（2014年1月15日中国共产党重庆市巴南区第十二届代表大会第三次会议通过）

为贯彻落实十八届三中全会《关于全面深化改革若干重大问题的决定》和市委有关改革的部署要求，坚决破除妨碍发展的体制机制弊端，充分激发创新活力和发展动力，现就深化重要领域改革做出如下决定。

一、把握深化改革的基本原则和重点方向

（一）坚持基本原则。全面深化改革，必须统筹谋划、协同推进，大胆探索、试点先行，有序开展、精准执行，因地制宜、注重实效。要坚持“三个先行”原则：

——条件成熟的先行。对行政体制、生态文明、社会治理、城乡一体发展、权力制约监督等领域已经开展、基础较好、具备条件的改革事项，要按照十八届三中全会部署要求，进一步加快推进和深化改革，不断加以丰富和完善。

——事权在区的先行。对区里有权限的改革事项，要主动作为、积极探索，抓紧制定和实施改革的政策措施，力争尽快取得改革成效。对由中央、全市统一部署开展或需要法律授权的事项，要主动加强对接，及时做好准备，上级的方案出台后抓紧落实。

——制约发展的先行。着眼于解决发展中的深层次矛盾和问题，按照“两个逻辑”先行改革：既按“方向逻辑”，对中央《决定》指明方向、明确要求而我区尚未涉及的改革问题，要尽早研究制定改革措施办法；又按“问题逻辑”，把制约发展的体制机制问题作为改革重点，把群众关心的难点热点问题和群众的实际困难作为改革重点，认真梳理、找准症结，抓住关键环节，解决难点问题，切实破除发展障碍。

（二）把握重点方向。以增进人民福祉为出发点和落脚点，坚持社会主义市场经济改革方向，突出经济体制改革牵引作用，明确全区改革的主攻方向和重点任务。根据巴南改革发展实际，应重点抓好国有企业制度、现代市场体系、行政和权力监督体制、财税体制、城乡一体化体制、民主和法治制度、社会治理和社会事业、文化体制机制、生态文明制度、干部人事制度等10个方面改革工作，带动全区各领域改革全面深入推进，形成系统完备、科学规范、运行有效的体制机制，为巴南持续健康发展积累改革红利。

二、加快国有企业制度改革

（三）准确界定国企功能。逐步将区属投融资公司整合为资产经营公司、专业投资公司或投资控股公司，界定为功能类企业，以完成战略任务或区重大专项任务为主要目标，兼顾经济效益；将公共交通、污水垃圾处理、文化、养老、水利、人力资源等领域的国企界定为公益类企业，以确保社会正常运行和稳定、实现社会效益为主要目标；将其他国企界定为竞争类企业，以企业经济效益最大化为主要目标，兼顾社会效益。

鼓励国有资本、集体资本、非公资本交叉持股；鼓励各类社会资本以出资入股、认购可转债、收购股权、股权置换等多种形式，参与国有企业改制重组。探索推进功能类企业与非公经济组建专业投资公司进行土地联合整治开发，探索园区以土地作价入股入驻企业共同推进项目建设和国有资本以固定分红模式参股非公有制经济模式。支持公益类和竞争类企业以转让、并购、增资扩股等方式引进非公有制经济。

（四）健全融资和债务管控机制。建立融资额度控制机制，平台公司负债总额控制在地区生产总值的20%～30%。建立资金用途管控机制，根据经济社会发展规划和各专项规划编制资金使用计划。建立多元化的政府融资体系，探索发行企业债、私募债、短期融资券、中期票据和发放市政债券，提高直接融资比例和长期债务比例，降低融资成本，优化融资结构。探索建立金融控股公司或产业投资基金，整合各项政府性扶持资金，形成以市场为导向的产业扶持体系。

完善政府债务管理及风险预警机制，加强政府债务举借、使用、偿还制度建设，编制债务主体年度收支计划，确保年度资产负债率合理和中长期收支平衡。完善偿债准备金制度，建立平台公司丧失还债能力时拨备头寸机制，防范财政运行风险。建立债务投资项目绩效评价机制，提高债务投资效益。建立融资成本审核机制，不断优化债务结构。建立全区经济核算制度，编制全区资产负债表，有效控制债务增长。

（五）完善国企内部管控机制。建立职业经理人制度，形成国企高管选聘制、任期制管理体制和任期契约化管理制度，逐步实行全面去行政化，充分激发“企业家精神”。功能类和公益类企业完善扁平化改造，实行“执行董事＋总经理”模式；竞争类企业健全法人治理结构，完善现代企业制度。完善“重大问题决策、重要干部任免、重大项目投资决策、大额资金使用”的决策制度，健全国企决策机制。建立企业工资总额控制机制，健全与业绩挂钩的长效激励机制和延期支付、追索扣回等约束机制。

（六）完善国资监管体制。向管委会充分授权和放权，在事权范围内具有投资自主决策权。利用国企融资和资产信息数据库，建立国企投资管理、财务管理、产权管理、风险管理等专项制度。完善公司考核评价办法，根据不同功能分类制定经营业绩考核体系，提高考核导向性和针对性。规范镇街和部门出资或监管的国企管理，严格控制镇街和部门新出资举办竞争性国企。

三、加快完善现代市场体系

（七）统一市场准入制度。制定与“四区一基地”主体功能建设相适应的准入负面清单，各类市场主体可依法平等进入清单之外领域。取消和废止非普惠性优惠政策，建立完善统一的技术、卫生、安全、环保标准，统一生产、经营企业准入条件、标准、程序、时限，营造公开透明的市场环境。建立内外资企业名称核准和注册直接办理制，促进工商注册制度便利高效化。

（八）改革市场监管体系。探索质监、工商、物价、知识产权、烟酒专卖等市场监管部门联合执法机制，完善屠宰、食品、餐饮等监管职责，探索组建市场综合监管机构，实现统一的市场监管。强化政府、企业、市场、社会组织及个人信用体系建设和信用运用，建立完善信用等级分类监管及黑名单制度，制定部门联合信用惩戒办法，整合形成全区社会诚信体系。整合房屋、林地和土地登记等部门职责，推动建立不动产统一登记制度。

探索对评估公司、基金等机构的有效监管方式，及时掌握小贷、担保公司经营状况。建立融资公司定期报告债权、财务收支制度，有效掌握融资平台运转情况。

加大知识产权运用和保护力度，完善使用司

法和行政手段打击侵犯知识产权机制。加大对虚拟市场监管力度，促进规范运行。

（九）促进资源配置市场化。建立公共资源市场化配置机制，涉及水库水面、采石采沙、商品混凝土搅拌站等资源，机关事业单位资产及罚没物品处置，货物、工程和服务的政府采购，公共设施的户外广告设置权，公共活动冠名权和其他公共资源，均通过招拍挂或其他公平竞争方式进行市场配置（需上报审批的应先报批）。放开竞争性领域市场价格，促进市场主体公平竞争。

（十）完善非公经济发展支持体系。制定非公有制企业进入特许经营的具体办法，建立政府购买服务、规划统一、公平竞争的特许经营市场。用好民营经济发展专项资金政策，激发中小微企业活力和创造力。建立“工商联牵头服务 + 工商部门综合服务 + 行业部门重点服务 + 民营经济协会自我服务”的非公企业发展服务机制，改善民营经济发展环境。

（十一）推进地方金融创新发展。支持具备条件的民间资本依法发起设立中小型银行、村镇银行、消费金融公司、金融租赁公司等金融机构，规范发展融资租赁、融资性担保公司、小额贷款公司、典当行等非银行类金融机构，鼓励设立股权投资基金和创业投资企业。建立区域性农业保险制度，出台农业农村和小微企业发展的财政金融支持政策，试点扩大农业保险险种，提高财政农业保险补助标准。培育发展农村合作金融，推动社区性农村资金互助组织发展。制定在区金融机构农村存款主要用于“三农”的具体办法，有效解决融资难问题。

（十二）深化科技体制改革。完善科技创新引导资金管理办法、科技进步奖励办法、企业技术创新特别贡献奖励办法和专利资助办法，建立鼓励创新的机制。建立产学研协同创新机制，搭建交易平台，通过会员制、合同研发、项目经理制等市场化手段引导创新要素向企业集聚。建立知识产权运用基金，建立主要由市场决定技术创新项目和经费分配、评价成果的机制，完善科普教育体制，构建富有竞争力的区域创新体系。

四、深化行政和权力监督体制改革

（十三）推进行政体制改革。进一步调整和理顺部门间职责关系。整合目标考核、社会保险管理、招商引资、水务一体等职责，提高行政效能。调整救灾、公务接待、金融发展、新兴产业发展、行政审批制度改革、版权、茧丝绸行业、文化产业、国有资产管理和部分派驻镇街等部门职责。明确安全生产、环境保护、养老产业和生物多样性保护、旅游景区等管理职责的主办和协办部门，优化部门间的职责关系。

进一步优化组织结构。经上级批准后，推行“大部门”制，组建区卫生和计划生育委员会，整合镇街卫生院、人口和计划生育生殖健康服务站，整合“五险合一”等管理机构，规范议事协调机构和临时机构。推行“大科室”制，整合职责相近、相似的内设机构，控制非业务科室设置，减少挂牌机构。推进镇街按“五办四中心”、“四办四中心”或“三办三中心”优化综合办事机构和事业单位设置，明确职责分工，形成适合镇街发展特点的管理体制。

（十四）稳步推进事业单位改革。推进行政类事业单位改革，有条件地逐步将行政职能划归行政机构或转为行政机构。清理规范事业单位职责任务，撤并整合职责相近、设置重复分散、规模过小的各类事业单位。明晰公益类事业单位功能定位，完成公益三类类别调整工作。推进条件成熟的经营类事业单位转企改制，促进政企分开、政资分开。深化事业单位配套改革。

（十五）进一步简政放权。推进项目建设、市场主体设立等领域的并联审批改革。完善行政审批项目库，统一规范核准要件；简化审批程序，优化规划、国土、环保、建委等领域互为前置审批环节；推行网上审批，将行政审批事项纳入行政审批电子监察系统；创新管理方式，加强事中事后监管。

深化企业投资体制改革，修订投资项目核准目录，优化核准重点，减少投资项目核准，明确投资备案为服务性工作，逐步推进网上备案；进一步减少投资审批、生产经营活动审批、资质资格许可和认定、达标评定、评估等事项；推进行政审批与技术审查分开，对前置中介服务探索实行统一服务承诺时间、统一规范收费标准和统一服务标准，完善下放、委托或代办等方式，不断改善巴南投资环境。

（十六）完善考核评价机制。改革考核指标体系设置，实绩考核突出科学发展导向，不简单以地区生产总值和增长率衡量发展成效。龙洲湾滨江城市经济带、环樵坪经济区、麻柳沿江开发区等重点开发区域，加强对城市管理、征地安置、社会稳定等的考核；对生态休闲经济区，提高城乡一体发展、生态环境保护、社会稳定等考核指标权重。

（十七）推进政府购买公共服务。制定完善政府购买公共服务办法，将适合市场化方式提供的基本公共服务事项、社会事务服务事项、行业管理与协调事项、技术服务事项、政府履行职责所需要的辅助性和技术性事务以及按政府转变职能要求实行购买服务的事项，交由社会组织、机构和企业等承担。拓宽资金渠道，通过财政投入、经营营利和政策扶持等形式，稳步推进购买服务工作。对改由政府购买服务事项的事业单位人员，通过多种方式分流安置、核减编制，减少财政预算。

（十八）健全权力监督机制。制定政府部门权力清单和运行流程图，健全政府投资项目管理、政府采购等制度，在政府采购、行政审批、项目资金使用和管理、工程建设等重点领域权力运行全环节公开。建立决策评估和纠错机制，跟踪评估执行情况，实行终身责任追究。完善"一把手"五不直管制度，形成科学合理、权责匹配的权力分配与监督机制。加强人大和政协监督、司法监督和舆论监督，促进权力公开透明运行和正确行使。

完善招投标机制。完善招标投标实施办法，将信用报告纳入招投标活动必备条件，进一步明确监督管理部门在招标投标活动中的职能职责。建立招标代理机构库，加强招标代理机构管理。完善招投标公示制度，促进招标投标活动公开、公平、公正。制定小型公共资源交易管理办法，规范限额以下项目管理。健全监管制度，完善项目前期工作责任追究办法。

建立反对"四风"的长效机制。健全完善落实中央八项规定及市委实施意见、《党政机关厉行节约反对浪费条例》和《党政机关国内公务接待管理规定》等的监督制度，促进作风建设常态化。加强对"三公"经费的管理和监督。实行领导干部办理婚庆、生日等报批制度，严禁大操大办、借机敛财。对政务服务中心等窗口单位实行服务满意度实时测评制度。

（十九）推进反腐败体制机制创新。健全反腐倡廉制度体系，制定落实党风廉政建设责任制责任追究办法。建立完善反腐败协调机制，探索大案要案联合查办和大片区大系统共同查办案件工作制度。促进纪检监察工作双重领导体制具体化、程序化和制度化，改进镇街纪委书记、副书记的提名和考察考核方式。探索对区级部门纪检监察组织实行统一派驻和管理的办法。推行巡查"三不固定"制度，推进巡查全覆盖。

五、深化财税体制改革

（二十）改革财政管理体制。建立事权与支出责任相适应的制度，完善龙洲湾滨江城市经济带街道以"税基＋支出责任预算"为基础的财政体制，进一步增加管理事权，增强统筹发展能力；改革环樵坪经济区、麻柳沿江开发区、生态休闲经济区镇街的财政体制，实行"三支付一管理"的"类部门预算"体制。建立平台公司预算平衡制度，明晰平台公司事权与支出责任，经营性项目资金缺口由平台公司自行弥补，公益性项目资金缺口由政府匹配资源加以平衡。完善平台公司财税扶持体系，出台优惠政策兑现细则，增强平台公司经营平衡能力。整合现有专项资金设立产业发展股权投资基金，制定运行规则引导社会资本投入。

（二十一）改进预算管理制度。完善预算编审办法，建立办公设备配置标准，建立定额调整机制，提升预算编制的科学性。完善预算公开制度，从简单的"收支"报账向预算政策公开延展。建立决算公开机制，提高预算执行的透明度。深化国库集中支付改革，取消财政支付中心现金业务，将代管资金和预算专户资金纳入国库集中支付。建立评价结果与预算安排挂钩机制，取消财政超收加分制度，完善追加支出会审制度，探索建立跨年度预算平衡机制，加强预算绩效管理，提高财政资金使用效益。

（二十二）加强税收征管体制改革。强化税

源监管，建立重点税源企业库和涉税信息共享机制，建立重点税源企业纳税趋势模型。有序推进消费税调整、综合与分类相结合的个人所得税改革、环境保护费改税等工作。规范财税扶持政策，制定约束违规出台财税扶持政策的规则，建立长效管控机制。调整部分税务所地点设置和征管范围，解决征管范围与行政辖区交叉问题。逐步探索取消税收管理员制度，探索建立税收专业化管理模式。

六、加快城乡一体化体制改革

（二十三）完善城镇化发展机制。建立城镇发展协调推进机制，统筹土地利用规划、产业发展规划、城镇建设规划，增强城镇综合承载能力，提高土地利用率。深化完善城乡规划编制和管理体制，发挥城乡规划在空间发展中的作用，实现规划编制和管理的全覆盖。加快完成土地利用总体规划中期评估和小城镇修编，推进土地利用规划局部调整（修改），全面启动全域性村级规划，逐步推进乡村建设规划编制。建立城镇建设开发与承载能力协调机制，控制开发体量、建筑外观、城镇风貌以及人口规模，确保城镇建设空间容量。积极稳妥开展农民工户籍制度改革，推进以人为核心的新型城镇化，逐步实现农业转移人口市民化。

完善特色镇村建设机制，统筹建设、农业、水利、交通、国土、旅游、城乡一体发展等资金，打造亮点示范。编制特色小镇实施方案，制定小城镇公共服务体系建设导则。规范幸福农庄（农民新村）手续办理和建设，产权必须为农户或村集体所有。在总量控制基础上，允许按一定比例配套建设集体房屋、办理集体产权，供村集体长期持有性经营，并以此作为集中居住后期管护费用的重要来源。完善项目申报程序，制定工程建设管理办法、竣工验收管理办法、产权办理办法，促进建设管理规范化。

（二十四）推进城乡建设管理创新。完善城镇建设管理联席会制度，统筹推进学校、卫生、商业、居住、社区、道路、环卫等公共基础设施建设。建立城镇基础设施共享机制，制定配套设施、管网沟、通讯基站、公交站台、公厕、垃圾收运、菜市场等公共基础设施规划衔接和共建共享办法，推进市政一体化管理。编制供排水规划，合理布局城乡供排水管网，推进水务一体化管理。完善重大建设项目水资源保护、利用论证制度。建立农村基础设施和基本公共服务规划机制，逐步实现饮水、电力、交通、通讯、教育、卫生、计生等公共服务城乡同质同价，促进基本公共服务均等化。

完善城乡建设投融资机制，以规划定项目、评审核投资、审计控超概等方式，从源头上把握建设投资的合理需求。完善城镇公用事业服务价格形成、调整和补偿机制，吸引社会资本、保险资金、企业投资、股权融资等参与基础设施建设和运营。健全“三农”投入稳定增长机制，完善财政支农政策，建立财政支持与内生发展的农村社区公共服务体系建设双轨制，整合资金投入，引导社会资本参与农村基础设施建设。通过以奖代补、先建后补等方式，探索农田水利基本建设新机制。

（二十五）推进农村土地制度改革。完善小城镇修编后的土地征收和出让机制，建立对被征地农民合理、规范、多元保障机制。完善农村土地承包政策，赋予农民对承包地占有、使用、收益、流转及承包经营权抵押、担保权能；允许承包土地的经营权向金融机构抵押融资。规范农村土地承包经营权流转，对流转方式、流转程序、价格评估、纠纷调处、审核备案、底价指导等进行明确和规范。建立土地流转保证金和流转农户违约惩戒制度，防范土地流转风险，建立土地流转问题调解机制，保护流转双方合法利益。争取农村宅基地制度改革试点，慎重稳妥推进农民住房财产权抵押、担保、转让。按照农业“生产、生活、生态”功能，完善农业设施用地管理。加快推进农村集体建设用地复垦，完善复垦户改退地补偿方案，鼓励项目业主参与复垦和户改退地。加强农转城夹心房、连体房退地补偿工作，建立部门、镇街、村社三级联动的监管和盘活机制。支持城市资本下乡参与土地复垦、“三养”产业等项目建设。严格控制经营性项目占用林地，探索林地用途管制和差别化管理，建立生态有偿使用制度，推进林地流转和林权抵押融资贷款工作。

试点开展农村集体经营性建设用地出让、租

赁、入股工作，探索建立有偿出让制度和合理的土地增值收益分配机制。建立农村承包地、林地等流转、租赁、抵押二级市场，允许农民以承包经营权入股发展农业产业化经营项目。建立农村产权交易市场，制定市场管理规范，加强市场监管，实现农村土地承包经营权、林权、农民住房财产权、农村集体经营性建设用地使用权、集体资产产权、股权等农村产权进场交易。建立土地用途巡查和动态管理制度，防范土地撂荒和擅自改变土地农业用途，严防圈地和违法用地。坚决遏制“小产权房”在建在售行为。

（二十六）构建新型农业经营体系。坚持家庭经营在农业经营中的基础性地位，建立以土地股份合作社、集体经营、专业合作社、专业大户、企业经营、家庭农场等为主体的新型农业经营体系。推广土地股份合作制，制定土地股份合作社章程，提高土地流转效率和经营效益。鼓励集体经营，稳妥推进村社集体、农户以集体资产所有权、集体经营性建设用地使用权、集体土地承包经营权、宅基地及住房入股，与社会资本共同组建公司，参与发展农产品生产加工、养老服务、乡村休闲旅游业。争取市里在年度建设用地指标中单列一定比例专门用于新型农业经营主体建设配套辅助设施。探索推进从预算编制环节清理和归并整合涉农资金，创新资金投入机制，带动金融和社会资金更多投入农业农村。

推进农民专业合作社发展，引导合作社成员建立互助储金，专项用于农产品生产、销售、加工等环节。推进财政支持农民合作社创新试点，引导发展农民专业合作社联合社。支持发展企业经营，做大做强农业产业化龙头企业，推动农业生产经营的集约化、专业化、组织化、社会化。鼓励发展混合所有制农业产业化龙头企业，推动集群发展。支持发展专业大户、家庭农场，规范行业标准和市场准入条件。强化农业专业化、社会化服务体系建设。完善农业职业经纪人、职业农民的培育体系。推行合作式、订单式、托管式等服务模式发展社会化服务，探索建立镇街“三农合作社”，赋予其信用、供销、公共服务、技术推广等综合功能。建立对新型经营主体的补贴制度。逐步建立农产品目标价格制度。完善农村物流服务体系，推进农产品收集市场、集配中心建设，争取农产品现代流通综合示范区创建。

七、加强民主和法治制度建设

（二十七）不断完善发挥人大及其常委会作用的机制。建立健全对常委会组成人员的考核约束机制，提高常委会组成人员议事决策水平。健全人大依法行使重大事项决定制度，将事关全局和长远发展的重大问题、区内人民群众应当一致遵守的行为纳入决定范围，完善区政府重大决策出台前向人大报告制度。完善人大常委会听取和审议专项工作报告、工作评议、询问、质询、特定问题调查、备案审查等监督制度，突出监督实效，积极回应社会关切。健全重点跟踪督办、推动整改和解决问题的长效机制，加大对“一府两院”落实人大决议决定和审议意见情况的监督。建立部门预算执行和决算审查全覆盖制度，探索人大工作机构与财政共享信息机制，开展日常监督和综合分析预测。建立政府投融资项目绩效考评机制，对项目管控情况实施全过程监督，提高财政性资金使用效益。

坚持党管干部的原则和人大及其常委会依法选举、任免国家机关工作人员有机统一，以就职宣誓为切入点，完善干部选后任后监督程序，健全引咎辞职、罢免等制度。

充分发挥代表作用，完善代表联系群众长效机制，建立代表履职登记制度。加大对代表议案建议办理力度，完善议案重点建议常委会领导牵头督办制度，健全跨年度建议跟踪督办工作机制。建立向社会征集人大监督议题、公民旁听代表大会和常委会会议制度，完善代表大会网络和视频直播等制度，不断提高人大议事决策的公开化程度。

（二十八）建立完善民主党派参与协商民主的制度。注重发挥统一战线在协商民主中的重要作用，出台区委同各民主党派政治协商办法，丰富协商内容，采取多种形式听取各民主党派和无党派人士意见。健全民主党派负责人参加重要活动制度，根据需要邀请参加重要会议和重点调研活动。建立各民主党派区委（工委）直接向区委提出意见建议的制度，健全党外代表人士意见建议办理、反馈等制度，完善中共党员领导干部与民主党派无党派人士、民族宗教界人士、港澳台侨界人士联谊交友制度。

（二十九）建立健全人民政协协商民主的工作机制。推进政治协商、民主监督、参政议政制度化、规范化、程序化，建立和完善相关协商制度，出台专题协商、对口协商、界别协商、提案办理协商的具体实施办法。拓展协商民主形式，探索构建政协搭台，党派、团体和无党派人士共同参与的协商格局。探索建立定期协商座谈会制度，筹建政协委员专家库或决策咨询委员会。

围绕重大决策、重要人事任免、各民主党派团体和无党派参与政协共同事务、有关爱国统一战线的其他重大问题等，区委、区政府、区政协党组、区级有关部门负责人共同商议提出协商年度计划和协商议题。完善协商讨论规则，建立协商成果应用反馈机制，制定政协转送意见办理办法。完善委员联络机制，设立区政协委员联络专门委员会，明确各镇街负责政协工作的责任领导、责任科室。建立专委会与部门、委员地区小组与镇街的定期沟通联络机制。

（三十）完善党代会常任制及党代表任期制机制。完善《巴南区党代会常任及党代表任期制实施办法（试行）》及配套制度，进一步探索区、镇两级党代表大会年会制，充分发挥区、镇党代表大会的民主议事和民主决策作用，促进区委、镇党委决策的民主化、科学化。健全完善党代表民主评议党委和纪委领导班子及其成员、党代表列席各级党委（党组、党工委）会议、党代表民主评议党风政风行风、党代表民主监督各类招考、竞岗、领导干部提拔和各级党委领导班子民主生活会前征求党代表意见等制度。深化完善党代表提案、提议制度，充分发挥党代表民主监督、推动工作、促进发展作用。

（三十一）完善基层民主政治制度机制。建立完善社会组织自治与政府管理相结合的社会管理机制。建立健全村（社区）务“四统一、五公开”和公开效果民主评议制度。建立完善党代表、人大代表和政协委员巡视基层民主政治建设制度、纪检监察机关检查基层党风廉政建设制度、村（社区）务监督委员会制度、村（社区）干部任期离任经济责任审计制度。探索村民自治的有效实现形式，开展以社区、村民小组为基本单元的村民自治试点。培育发展村（社区）服务类社会组织，全面实行村（社区）类社会组织备案制，降低或取消注册资本金数额，民政部门加强业务指导。充分发挥国有企业、事业单位职工代表大会作用，提高非公企业职工代表大会建制率。

（三十二）完善法治政府建设机制。健全重大决策合法性审查机制，开展重大行政决策跟踪评估，确保重大行政决策更加科学合理。健全规范性文件备案审查制度，制定《规范性文件起草制定管理办法》，从源头上保障政府抽象行政行为的合法性。推行法律顾问制度，出台《政府法律顾问管理暂行办法》，组建全区政府法律顾问库并实行动态管理，提高依法行政水平和能力。

深化行政执法体制改革，积极推进综合执法工作，探索在城市管理等领域设立综合性执法机构，建立权责统一、权威高效、力量集中的行政执法体制。规范委托执法事项，对专业性、技术性强的事项不得委托执法，对易于识别、易于查处的事项可依法委托镇街执法。完善行政执法程序，强化行政执法监督，确保行政执法行为的程序正义。

完善行政复议工作机制，实行重大行政复议案件集体审查和开庭审理，提高行政复议案件办理透明度和公信力。建立行政复议意见书、建议书使用制度，落实行政首长出庭应诉制度，探索建立行政执法与刑事司法衔接机制，加大环境保护、资源保护、食品安全等重点领域行政执法力度，依法提起公益诉讼。完善普法工作机制，建立社会“大普法”格局。建立健全社区矫正机构，完善社区矫正和刑释解教工作机制，加强矫正帮教管理服务工作。完善法律援助工作制度和便民举措，构建“大法援”格局。

（三十三）建立司法公正保障机制。完善非法证据排除和存疑证据随案沟通制度，妥善处理依法独立审判与检察、公安机关相互配合、相互制约的关系。建立严防发生冤假错案制度，制定《关于落实宽严相济刑事政策的工作意见》。规范查封、扣押、冻结、处理涉案财物的司法程序。完善律师违法违规执业惩戒制度，加强职业道德建设。建立司法公开机制，建设信息公开平台，全面实现审判流程、裁判文书、执行信息的公开透明。推行人民法庭接受辖区镇街人大代表团评议制度，加快“示范民生法庭建设”。完善人民陪审员、人民监督员工作机制，探索建立经费保障标准及定期调整机制。

扩大检务公开内容及范围，健全主动公开和依申请公开制度，实现执法“实体、程序、过程、手段”等“四个正义”的有机统一。完善“检察开放日”等开门评检活动，保障人民群众对法律监督工作的知情权、参与权和监督权。

八、推进社会治理体制和社会事业改革创新

（三十四）建立完善社会治理体系。完善区政务服务中心功能，加强镇街公共服务中心建设，建立村（社区）两委、便民服务中心和社工站为构架的“三位一体”村（社区）运行机制。探索建立社区网格化管理模式，按基本要素配备网格员并明确工作职责。探索建立镇街、企业职工服务中心，提供困难帮扶、就业指导、权益维护、综合服务。重点培育和优化发展行业协会商会类、科技类、公益慈善类、城乡社区服务类社会组织，推动外来工社会组织实体化，健全管理和监督制度，发挥社会组织作用。

（三十五）改进社会治理方式。建立矛盾纠纷综合调处化解机制，推进人民调解组织建设，完善人民调解、行政调解、司法调解联动工作体系。健全特殊人群关怀帮扶机制，落实吸毒人员、社区闲散青少年、有严重不良行为未成年人、孤残流浪儿童、精神病人、“邪教”人员等分级分类稳控管理措施。健全社会治安综合治理机制，加强区域警备战略合作，推进视频监控网建设，推进单体楼物防技防设施建设，探索社区治安巡逻服务购买机制。建立诉调、检调、公调等工作机制，引导群众合理解决诉求。

（三十六）健全公共安全体系。完善农产品、食品、药品安全体系，落实镇街属地管理和企业主体责任，建立完善诚信机制、信息公开机制、社会监督机制、约谈机制、企业黑名单机制、赔偿机制、举报投诉奖励机制、刑事司法衔接机制，严厉查处食品药品安全违法行为，建立最严格的覆盖全过程的监管制度。完善农产品质量和食品安全工作考核评价制度，争取示范区创建。深化安全生产管理体制改革，建立隐患排查治理体系和安全预防控制体系，严格落实责任，建立健全隐患排查治理体系、安全预防控制体系和应急救援体系，有效遏制重特大安全生产事故。理顺国防动员体制，深化军民融合发展机制，整合应急抢险力量，完善“双应一体、军地结合”的指挥体制。

（三十七）推进信访制度改革。健全社会稳定风险评估机制，对拟实施的重大项目、拟出台的重大决策进行风险评估，制定化解方案和维稳预案，切实从源头上预防和减少矛盾纠纷。拓宽群众诉求表达渠道，推行网上信访、视频接访、信访代理、联合接访机制，完善领导公开接访制度，探索建立心理干预机制。完善信访问题处置办法，探索建立信访问题由镇街人大、司法所律师等参与的第三方调解机制。引导群众通过法定途径解决问题，依法处理涉法涉诉信访问题，严格落实诉访分离制度，完善涉法涉诉信访听证终结制度，把涉法涉诉信访纳入法治轨道解决。建立完善违法信访行为处置机制，加大对违法信访行为的处置及反面警示宣传力度。

（三十八）抓好教育事业改革创新。建立优质教育资源扩充机制，继续推广集团化办学，引进优质民办教育，扩大“白云计划”覆盖面。建立义务教育资源均衡配置机制，加大师资引进和培训力度，增强学校选聘优秀人才自主权，扩大校长、教师城乡交流覆盖面，加大教育经费投入，均衡配置设备设施，促进城乡义务教育优质均衡发展。建立多元办学机制，鼓励发展各类民办教育，构建公办、完全民办、公民办混合、购买义务教育教学资源等多元办学格局，满足群众多样化需求。建立体育和艺术教育发展促进机制，推动课堂教学、课外活动和学校文化“三位一体”建设，减轻学生课余负担，促进智商、情商、健商全面协调发展。建立学校设施设备向社会开放机制，采用市场竞争、多方合作等方式，加快中小学校体育俱乐部、少年宫等现有资源向社会开放和职业学校、社区教育学校向社会提供职业技能培训的步伐。逐步取消学校行政级别，探索校长职级制。

（三十九）推进社会保障体系建设。搭建全

区劳动力资源调度平台，建立政府购买基层公共管理和社会服务岗位用于吸纳高校毕业生就业制度。构建“两级经办、三级服务”社会保障服务体系，逐步推进社会保险经办业务向镇街、村（社区）延伸。完善重特大疾病救助机制，将重特大疾病用药目录外医疗费用纳入救助范围。整合各类培训资源，加强职业技能培训，促进解决就业结构性矛盾。完善农民工工资保障长效机制，建立“两网化”监管体系，确保基本无拖欠。建立人口老龄化应对机制，发展老年服务产业，构建社会养老服务体系。健全农村留守儿童、妇女、老年人关爱服务体系和残疾人权益保障、困境儿童分类保障制度。引入社会商业运作机制，推行以城乡家庭户因自然灾害、入室盗抢等造成的家庭财产、人身损害为保险责任的“大善巴南”保险。

（四十）加快卫生事业改革创新。落实政府责任，统筹推进医疗保障、医疗服务、公共卫生、药品供应、监管体制综合改革；加快公立医院综合改革，支持社会资本以多种形式参与医改；允许医师多点执业。鼓励社会办医，优先支持举办非营利性医疗机构。巩固基本药物制度，鼓励非政府办医疗机构使用基本药物，实行药品零差率销售。强化医疗服务行为监管和医药费用综合控制，减轻群众就医负担，减少的合理收入以收取药（医）事服务费和加大财政投入的方式补偿。建立完善区级医院和基层医疗机构相互转诊制度。完善医疗纠纷第三方调解与支付制度，促进医疗纠纷公正、及时解决。

九、推进文化体制机制创新

（四十一）优化完善文化管理体制。处理好文化市场与阵地、资本与导向、企业与事业的关系，形成党委领导、政府管理、行业自律、社会监督、企事业单位依法运营的文化管理格局。完善“六大文化工程”领导机制、协调机制、投入机制和考核机制，形成文化建设合力。优化设置公共文化服务单位，设立区文化遗产保护中心。健全公共文化服务单位聘用制度和岗位管理制度，试行组建理事会。建立文化从业机构监管机制，促进行业组织自我管理、自我服务。建立文化体育协会指导管理机制，制定民营文艺团体扶持办法，壮大文艺协会力量。试行公共文化体育托管机制，对部分服务项目实行外包，通过招投标方式把文化体育阵地承包给文体能人、文体团队来管理运营。

（四十二）建立正确舆论引导机制。加强和改进网络文化建设管理，做大做强巴南网，规范提升政府门户网站群，积极培育商业网站，网聚巴南正能量，传播巴南好声音；加强网上舆论引导，进一步健全舆情监测搜集、分析研判、引导管控机制，准确、及时、有效引导好网络热点，健全完善网络突发事件处置机制，提升舆论引导的反应速度和处置能力；加强网络社会监督管理，探索建立互联网监督管理及网络违法犯罪防范和打击等工作联动机制，加强对网上有害信息、网络谣言的整治，推进网络依法规范有序运行。加强新闻媒体资源整合，推动巴南日报、巴南广播电视台与新兴媒体融合发展，形成整体宣传合力。加强新闻发布制度和平台建设，构建区、镇街（部门）两级新闻发布平台，建立专题新闻发布和自主新闻发布相结合的制度，推动网上新闻发布工作制度化、规范化。

（四十三）建立文化发展多元化投融资机制。组建区文化体育投融资公司，建立文化体育产业发展专项基金，开发利用文化体育旅游资源，支持重点文化体育产业项目建设，鼓励和支持社会资本投资兴办公共文化体育实体、建设公共文化体育设施，建立政府投入、社会资本投资、文化体育发展基金等并存的多层次投融资体系。

（四十四）健全完善文化市场体系。健全完善文化市场准入、退出机制，鼓励各类市场主体公平竞争、优胜劣汰，促进文化资源有序流动。推进一站式服务，建立文化、环保、消防同步审批协商决策机制，提高审批效率。完善文化市场综合执法，探索建立大文化执法监管机制。保护知识产权，建立文化企业诚信考核机制，营造良好的市场环境。引导微型企业走“专、精、特、新”的路子，丰富市场主体层次。探索网吧、歌舞娱乐场所等开展连锁化经营，实现文化产业的规模化、集约化、专业化发展。鼓励各类文化企业、文艺团体积极参与国际国内文化交流活动和项目合作。吸引海外文化企业以独资、合资、合作等形式，从事巴南文化产业开发。

（四十五）构建现代公共文化服务体系。建立公共文化体育服务体系共建共享机制，利用图书馆、文化馆、镇街文体服务中心、体育场等文体设施，整合组织、宣传、文化、群团等资源，提高公共文化服务效能。建立文化资源数字化整合制度，促进数字文化服务网络建设。实行图书馆总分馆制和“一卡通”，推进全区图书资源统一采购、联通使用、属地服务。有效整合各类农村文化惠民项目和资源，推动县乡公共文化体育设施和服务标准化建设。制定完善全区基本公共文化体育服务标准和指标体系，加大对边远镇街、农民工集聚地及弱势群体的服务力度。建立政府购买公共文化体育服务制度，设立区文化体育资源配置中心，实行菜单式公共文化体育服务。完善公共文化体育服务体系绩效评价考核机制，引入第三方建立动态评估系统。健全完善文学艺术创作扶持机制和评奖机制，制定重点文艺作品扶持奖励办法，鼓励创作更多优秀文艺作品。

十、加快生态文明制度建设

（四十六）健全资源利用与生态保护制度。合理布局城市发展、农业发展、生态保护格局，编制《巴南区生态环境保护功能区规划》。确定产业布局、经济社会发展的刚性边界，将自然保护区、风景名胜区、森林公园、次级河流、重要湖库的水源涵养区以及其他生态环境敏感区和生态环境脆弱区划入生态红线管制区。健全完善自然资源有偿利用机制，探索对全区河流、湖库、森林、荒地、滩涂等自然生态空间进行统一确权登记和统一行使自然资源用途管制职责。完善建设项目社会风险评估、环境影响评价信息公告、环评机构信用评价、企事业单位环保信用评估与运用等制度。

（四十七）建立完善环境治理与生态修复机制。设立生态环保治理基金，专项用于环境污染治理与生态修复，完善鼓励社会资本参与生态环保建设与管理的政策。制定生态补偿办法，通过转移支付方式，对生态红线区域给予补偿。探索建立生态补偿保证金制度，企业未按规定履行生态补偿义务，政府可运用保证金进行生态修复治理。加快自然资源及其产品价格改革，凡是新建、改扩建工业项目新增排污指标，全部通过交易有偿获取。

（四十八）建立生态环境损害赔偿与责任终身追究制。设立生态破坏与环境污染损害鉴定评估机构，明确生态破坏与环境污染主体责任、评估范围、损害程度、赔偿金额等。编制自然资源资产负债表，建立生态环境损害责任终身追究制，对因自然资源责任与离任审计出现负增长、镇街及村社擅自引进污染企业、部门违规审批，以及企业违法等造成生态破坏、环境污染和恶劣影响的责任者，严格追究经济赔偿责任，依法追究法律责任。

（四十九）健全完善公众参与生态环境保护机制。制定生态环保信息公开办法，保障公众环境知情权、监督权和参与权。建立生态环保宣传教育机制，把生态环保教育纳入干部培训和中小学教育课程，支持引导环保公益组织参与生态环保宣传教育活动。建立多渠道的公众沟通与对话机制，对出台重大政策、制定重要规划、引进重点项目等建立公开征询公众环保意见制度，保证决策科学性并避免认识误差产生的“邻避”效应。

（五十）改革生态环境保护执法监管体制。充分发挥司法机关的重要作用，探索在区法院民庭设立环保合议庭，有条件时过渡到环保法庭。建立环境公益诉讼机制，充分利用法院、检察院、环境监管部门以及民间环保组织和社会团体力量，用法治方式解决因环境污染引发的社会矛盾，使公众环境诉求实现规范有序管理。建立公安、法院、检察院、环保等部门联合执法办案机制，有效预防和震慑生态环保违法犯罪行为，提升执法效果。

（五十一）建立完善节能减排体制机制。健全节能管理工作体系，实施固定资产投资项目节能评估和专题论证制度，严格执行用能标准和节能设计规范要求，把好节能降耗“进口”关。探索能源消耗计量管理办法，完善能耗统计指标和统计网络体系，定期进行统计分析，为制定节能措施提供科学依据。建立政企共同参与的节能工作新机制，切实发挥政府引导和企业主体作用，充分利用市场力量促进节能工作。建立最严格的水资源管理机制，确立水资源管理的“开发利用、用水效率、限制纳污”三条红线，严格执行取水许可制度，实现对水资源开发利用的全过程管控。

综合运用价格等经济手段调节企业排污行为，建立实施更加严格的排放标准和总量控制指标，全面实行污染物总量控制和排污许可制度，推进污染减排定量化、精细化管理，严格控制污染物增量，大力削减污染物存量。

十一、深化干部人事制度改革

（五十二）完善干部选拔制度。严格执行《党政领导干部选拔任用工作条例》，创新和完善选人用人机制。坚持会议投票推荐与谈话推荐相结合，建立得票情况综合研判机制，防止简单以票取人，强化党委（党组）、分管领导和组织部门在干部选拔作用中的权重和干部考察识别的责任。完善干部初始提名“三推一荐”办法，坚持平时推荐和集中推荐相结合，集中推荐原则上每年不超过一次；空缺区管职位提拔干部，一般在推荐的干部和后备干部中择优比选。坚持领导班子老中青梯次配备，干部提拔和“改非”不简单以年龄画线。规范竞争性选拔干部工作，在本区本单位没有合适人选的，特别是需要补充紧缺专业人才、结构性人才时，可进行公开选拔；科级干部选拔是否实行竞争上岗根据各单位实际情况确定。区属国有公司区管职位干部和内设二级机构负责人的选拔参照机关同级职位选拔标准及办法执行。

改进年轻干部选拔办法，严格干部破格提拔政策，区级部门新提拔年轻干部原则上到较边远镇街和区属国有公司任职；加大镇街、区属国有公司优秀干部的选拔力度，有区管领导职位空缺时，优先从镇街、区属国有公司干部中选拔。探索推行重要岗位人选差额推荐、差额考察办法。

强化非领导职务晋升激励机制，根据工作年限、任职年限、年度考核、评优评先等要素改进处级非领导职务晋升办法。

（五十三）改进干部考核评价制度。修改完善“1+6”考核办法，探索制定领导干部日常考核管理办法，建立健全政绩综合分析机制，提高考核评价的准确度。完善民主测评办法，强化德的考核，探索制定领导干部德的考核办法。进一步改进民意调查，探索实施镇街民意调查研判制度，完善民调工作长效机制。强化考核结果运用，建立将考核结果与干部教育培训、管理监督、选拔任用相结合的良性对接机制，探索建立考核结果排名靠后干部再培训办法，充分发挥考核的激励作用。

（五十四）完善干部教育管理相关制度。完善干部有序交流机制，统筹全区干部资源，促进领导班子多元化、科学化配备。进一步完善领导班子和领导干部回访考察制度，强化结果运用。完善区管领导干部谈心谈话制度。分类制定领导班子和领导干部综合研判实施办法，每届至少研判一次。建立干部管理工作责任追究制度和一把手抓班子带队伍责任制，严格执行领导干部问责制。进一步强化借用人员管理，严格控制从镇街借用工作人员。强化处级“改非”干部管理，“改非”干部应明确工作岗位和工作职责，充分发挥其作用。出台干部教育培训“质量效益工程”实施意见，建立培训质量效益评估机制，制定学分制管理办法，建立学风评分定级机制，完善培训成果转化考核办法。探索建立不适应现职干部的调整办法、受处理干部影响期满重新任用暂行办法等制度，形成干部能上能下的机制。建立专业技术类、行政执法类和聘任人员分类管理办法。

（五十五）建立集聚人才的制度机制。制定出台加快人才特区建设的意见。建立完善人才顺畅流动机制，探索通过政府雇员、聘任公务员、挂职或任职等方式，促进党政机关与企事业单位等实现人才互通；创新人才科学配置机制，在职务、职称、待遇等方面向基层一线人才倾斜，通过智力引进、人才创业、人才派遣等方式，引导人才向基层流动、在一线创业；健全人才市场机制，制定加速人才产业集聚发展的优惠政策，依托职教城建设人才产业园，形成政府引导、市场竞争、行业自律、中介服务的人才市场运行格局。

（五十六）健全干部监督机制。完善规范领导干部配偶子女个人经商办企业行为的制度，建立和完善新提任领导干部任前廉情公示和任职承诺制度，对领导干部报告个人有关事项进行抽查核实，加强核查结果运用和违规惩戒力度。把行政监察渗透到行政管理各个环节和层面，加强对主要领导干部在经济责任方面的审计监督。加强领导干部选拔任用工作的监督，严格执行干部选任四项监督制度，选拔任用前严格审查资格条件，加大“带病提拔”的倒查问责力度。

十二、加强对全面深化改革的领导

（五十七）加强组织领导。成立全面深化改革领导小组，由区委主要领导任组长，负责全区深化改革工作的组织领导、统筹协调、整体推进、督促落实，研究解决改革中的重大问题。设立改革领导小组办公室，负责领导小组日常工作，加强对改革工作的指导、协调，督促改革任务落实。各单位既要各司其职、各负其责，又要紧密配合、通力合作，形成齐抓共管、协力推进的改革合力。

各级领导干部要锐意改革、勇于担当，努力提高思想政治能力、动员组织能力、驾驭复杂局面能力，切实履行对改革的领导责任，准确研判影响改革发展的重大问题和群众反映强烈的突出问题，拿出解决办法，增强改革工作的针对性、科学性、实效性。

（五十八）狠抓任务落实。建立重大改革事项区领导牵头协调、部门镇街责任落实机制；建立宽容改革失误的机制，鼓励干部积极探索、大胆创新。各单位要结合实际，认真制定改革具体方案，落实年度计划，分解工作任务，明确职责任务，配强工作力量，抓好各项改革的组织实施。强化督促检查，抓好跟踪督办，建立定期评估机制，及时总结改革经验，分析解决困难问题，确保各项改革任务落到实处，把改革蓝图变成生动现实。

（五十九）营造良好氛围。利用各种新闻媒体和宣传阵地，采用群众喜闻乐见的生动宣传形式和丰富宣讲活动，大力宣传改革的决策部署、政策措施、工作成效、先进典型等，注重发挥新兴媒体作用，注重做好解疑释惑工作，注重引导干部群众全面准确地把握各项改革举措，充分激发全区人民投身改革的积极性、主动性和创造性，着力营造全社会都理解改革、支持改革、参与改革的良好局面。

全区广大党员和干部群众，要紧密团结在以习近平同志为总书记的党中央周围，锐意进取，勇于创新，攻坚克难，奋力开创巴南全面深化改革新局面，为推进都市功能拓展区建设、全面建成小康社会、加快巴南现代化进程努力奋斗！

2014年巴南区全面深化改革重点任务

巴南区委〔2014〕15号

2014年是全面深化改革的开局之年，是加快建设都市功能拓展区的推进之年。全区各级各部门要牢固树立进取意识、机遇意识、责任意识，坚定改革信心，以更大的政治勇气和智慧、更有力的措施和办法，全面深化各领域改革，把党的十八届三中全会《决定》以及市委提出的各项改革举措，有步骤地落到实处。

2014年要重点推进以下改革任务：

一、深化国有企业改革。推动国有企业完善现代企业制度，准确界定国企功能，逐步将区属国有企业界定为功能类、公益类、竞争类企业。以管资本为主加强国有资产监管，准确界定不同国有企业功能定位，实施分类监管、分类考核、分类指导。健全协调运转、有效制衡的公司法人治理结构。合理增加管理人员市场化选聘比例。完善管理人员薪酬分配机制。推进政府平台融资管理体制改革。建立融资公司定期报告债权、财务收支制度，有效掌握融资平台运转情况。

二、积极发展混合所有制经济。鼓励国有资本、集体资本、非公有资本等交叉持股。完善混合所有制经济制度。鼓励各类社会资本以出资入股、认购可转债、收购股权、股权置换等多种形式，参与国有企业改制重组。推动竞争类国有企业实现投资主体多元化，发展成为混合所有制企业。

三、支持非公有制经济健康发展。启动整合非公经济服务平台建设，建立“工商联牵头服务+工商部门综合服务+行业部门重点服务+民营经济协会自我服务”的非公企业发展服务机制。大力实施“五转一创新”，推进无证转有证、个体转企业、分支转法人、规下转规上、限下转限上，创新服务企业体系。鼓励各类社会资本参与国有企业改制重组。制定非公有制企业进入特许经营领域的具体办法，建立政府购买服务、规则统一、公平竞争的特许经营市场。创建小微企业创业园、示范村、示范基地等平台，完善中小微企业扶持政策，激发各类市场主体活力和创造力。

四、推进现代市场体系建设。制定与“四区一基地”主体功能建设相适应的准入负面清单。建立内外资企业名称核准和注册直接办理制，促进工商注册制度便利高效化。强化分层次、分重点的信用体系建设和信用运用，建立完善信用等级分类监管及黑名单制度，制定联合信用惩戒办法，整合资源，形成全区统一的诚信体系。

五、深化科技体制改革。建立产学研协同创新机制，搭建企业产品和技术展示与交易平台。完善科技创新引导资金管理办法、科技进步奖励办法、企业技术创新特别贡献奖励办法和专利资助办法。

六、推进行政体制改革。完成区卫生计生、五险合一机构职责、机构、人员编制的深度整合。拟定政府职能转变和机构改革方案，贯彻落实“职能重组、组织重构”工作任务，完成职能职责交叉、转移、强化、弱化的职能职责、人员编制、领导职数的调整及深度整合。继续推进“大科室”制改革。完善食品药品监管体制改革，做好职责、机构、人员编制划转工作。出台议事协调机构管理办法，加强机构编制管理，制定全区机关事业单位控编减编方案。

七、稳步推进事业单位分类改革。完成公益类事业单位宗旨和职责任务的批复。撤并整合职责相近、设置重复分散、规模过小的事业单位。推进卫生计生系统事业单位改革。推进条件成熟的经营类事业单位转为企业或社会组织工作。稳步推进行政类事业单位改革。

八、继续推进简政放权。深化行政审批两集中两到位改革，完善并联审批机制，推行重点项目联合审批机制和首席代表制。进一步全面清理行政审批事项，推进一批行政审批事项的“接管放”。完善行政审批项目库，制定行政审批目录管理制度，实施行政审批服务标准化管理。制定行政审批事项改革的后续监管服务制度。建设镇街便民服务中心、村（社区）便民服务站，形成区、镇街、村（社区）三级联动的服务体系。

九、深化投资体制改革。制定和完善政府投资项目管理办法，按要求减少投资项目核准，明确投资备案为服务性工作，逐步推进网上备案。一步简化投资审批程序。进行政审批与技术审查分开，对前置中介服务探索实行统一服务承诺时间、统一规范收费标准和统一服务标准，不断完善巴南投资环境。?

十、推进政府购买公共服务。制定完善政府购买公共服务办法，将适合市场化方式提供的公共服务事项、社会事务服务事项、技术服务事项、政府履行职责所需要的辅助性和技术性事务事项以及按政府职能转变要求实行购买服务的事项，交由社会组织、机构和企业等承担。试点推进机关物业管理、基层综治队伍建设、公园（道路）的绿化养护、计算机软硬件维护管理、会计审计服务等市场化服务。制定政府购买服务政府采购目录。

十一、健全权力监督机制。完善“一把手”五不直管制度，出台修订办法，合理限制“一把手”权力。完善政府投资项目管理、工程招标投标实施办法和权力公开透明运行公开办法以及规范政府采购，土地出让、机关制度公开。制定小型公共资源交易管理办法，规范限额以下项目管理。健全监管制度，完善项目前期工作责任追究办法。出台《全区党员干部从简办理婚丧喜庆事宜的通知》，实行领导干部办理婚庆、生日等报批制度。

十二、推进反腐败体制机制创新。推动党的纪律检查工作双重领导体制和改革完善纪检监察派驻机构制度改革工作。建立查办大案要案协调机构，制定大案要案联合查办和大片区大系统共同查办案件工作制度。改进镇街纪委书记、副书记的提名和考察考核方式。探索对区级部门纪检监察组织实行统一派驻和管理的办法。推行巡查“三不固定”制度，巡查组长不固定、巡查单位不固定、巡查组与巡查对象关系不固定。

十三、深化财税体制改革。完善区对镇街财政管理体制，提出镇街财政体制改革试点方案。建立平台公司预算平衡制度，明晰平台公司事权与支出责任。完善平台公司财税扶持体系，出台优惠政策兑现细则。整合现有专项资金设立产业发展基金。完善预算编审办法，建立办公设备配置预算标准。推进预决算公开，启动5个单位的预算执行公开和决算公开试点。深化国库集中支付改革，取消财政现金业务，将代管资金和预算专户资金纳入国库集中支付。完善追加支出会审制度。健全财政监督检查机制，完善专项资金绩效评价制度，强化检查结果运用。调整部分税务所的设置地点和征管范围，解决征管范围与行政辖区交叉问题，提升税收征管效率。

十四、完善城镇化发展机制。建立和完善市政基础设施建设管理机制，提升城市基础设施建设管理水平；加强制度设计，探索城市基础设施建设投融资体制，拓宽融资渠道。积极稳妥开展农民工户籍制度改革，逐步实现农业转移人口市民化。

十五、培育新型经营主体。稳定农村土地承包关系，鼓励承包经营权在公开市场上规范有序地向专业大户、家庭农场、农民合作社、农业企业流转。稳妥推进村社以集体资产、经营性建设用地、农户以土地承包经营权、林权、宅基地使用权及住房入股，与社会资本共同组建经营主体，参与发展农产品生产、加工、养老服务和乡村旅游业。探索在年度建设用地指标中单列一定比例，专门用于新型农业经营主体建设配套辅助设施。研究制定新型混合所有制经济实现方式，鼓励和引导发展联合社，充实其信用、供销、公共服务、技术推广等综合功能。

十六、试点农村土地制度改革。探索农村土地承包经营权使用、收益等领域的股权化改革。探索农村集体经营性建设用地使用权出让、租赁、入股、市场交易试点，根据农村集体建设用地需求，在城市规划区外适当布局实施农村建设用地增减挂钩项目。继续深化完善集体林权制度改革和统筹城乡综合配套改革工作。

十七、推进农村集体资产股份制改革。稳步开展农村集体经济组织产权制度改革试点，选择1－2个条件成熟的村，实施集体资产量化确股，建立“归属清晰、权责明确、利益共享、保护严格、流转规范、监管有力”的农村集体经济组织产权制度。创新农村集体经济经营模式和发展机制，盘活集体资产和资源，加强农村集体“三资”规范化管理，确保农村集体资产保值增值，增强农村集体经济实力。不断壮大集体经济，确保集体成员共享产权制度改革实惠。

十八、探索农村要素产权流转交易。探索制定农村产权流转交易管理办法。探索建立农村综合性产权交易市场，开展农村资产处置、农业企业产权、农业设施租赁权等一体式综合产权交易试点，规范承包地经营权、林权流转交易。健全土地承包经营权流转市场、机制和区、镇街、村服务管理体系和网络，完善“农村土地经营权流转管理实施办法”。建立区、镇、村三级土地流转风险防控机制。

十九、健全农村流通融通体系。大力推进农村“三权”抵押改革。扩大种植业、养殖业及森林保险范围和覆盖面，探索推进特色优势优产品保险，争取农产品价格保险和水产养殖保险试点。规范发展农村合作金融。加快推进农村现代流通，大力培育农产品流通市场主体，打造农业社会化服务主渠道。加强销售网络和信息平台建设，发展电子交易。构建完善的农产品冷链物流体系。

二十、推进人大工作与时俱进。制定区委关于进一步加强和改进人大工作的意见，完善党委领导人大工作的制度。完善区人代会审查和批准部门预算制度，探索对部门决算情况开展重点审查，深化区人大常委会工作机构与财政部门共享预算信息、联网实施预算监督工作。健全重点建议、跨年度建议跟踪督办工作机制，促进各级各部门不断提高代表议案和建议、批评、意见办理水平。建立向社会征集人大监督议题机制，积极回应群众关切。

二十一、建立完善民主党派参与协商民主的制度。出台区委同各民主党派政治协商办法。健全民主党派负责人参加重要活动制度，根据需要邀请参加重要会议和重点调研活动。建立各民主党派区委（工委）直接向区委提出意见建议的制度，健全党外代表人士意见建议办理、反馈等制度，完善中共党员领导干部与民主党派无党派人士、民族宗教界人士、港澳台侨界人士联谊交友制度。

二十二、发挥人民政协作为协商民主重要渠道作用。出台专题协商、对口协商、界别协商、提案办理协商的具体实施办法。探索建立定期协商座谈会制度。完善协商讨论规则，建立协商成果应用反馈机制，制定政协转送意见办理办法。筹建政协委员专家库或决策咨询委员会。完善委员联络机制，设立区政协委员联络专门委员会。完善委员履职情况通报机制，开展委员述职工作。制定发挥委员地区小组作用的办法，完善委员地区小组与镇街的定期沟通联络机制。探索建立民主评议新机制。探索委员联系界别群众，发出好声音，传递正能量的新方式。开展提案办理工作“回头看”和跟踪问效的新实践、新探索。创新“委派监督员”工作新机制，强化民主监督实效。

二十三、完善党代会常任制及党代表任期制机制。健全完善党代表民主评议党委和纪委领导班子及其成员、党代表列席各级党委（党组、党工委）会议、党代表民主评议党风政风行风、党代表民主监督各类招考、竞岗、领导干部提拔和各级党委领导班子民主生活会前征求党代表意见等制度，丰富和拓展党代表发展党内民主及监督的形式和途径。深化完善党代表提案、提议制度，充分发挥党代表民主监督、推动工作、促进发展作用。

二十四、完善基层民主政治制度机制。建立健全村（社区）务“四统一、五公开”和公开效果民主评议制度。建立完善党代表、人大代表和政协委员巡视基层民主政治建设制度、纪检监察机关检查基层党风廉政建设制度、村（居）务监督委员会制度、村（社区）干部任期离任经济责任审计制度。培育发展村（社区）服务类社会组织，全面实行村（社区）类社会组织备案制。

二十五、完善法治政府建设机制。健全规范性文件备案审查制度，制定《规范性文件起草制定管理办法》，从源头上保障政府抽象行政行为的合法性。推行法律顾问制度，出台《政府法律顾问管理暂行办法》，组建全区政府法律顾问库并实行动态管理，提高依法行政水平和能力。完善行政复议工作机制，试行重大行政复议案件集体审查和开庭审理，建立行政复议意见书、建议书使用制度，落实行政首长出庭应诉制度。

二十六、建立司法公正保障机制。建立严防发生冤假错案制度，制定《关于落实宽严相济刑事政策的工作意见》。建立健全行政执法与刑事司法衔接机制、轻微犯罪快诉快审机制。进一步规范查封、扣押、冻结、处理涉案财物的司法程序。完善律师违法违规执业惩戒制度，加强职业道德建设。建立司法公开机制，建设信息公开平台，全面实现审判流程、裁判文书、执行信息的公开透明。扩大检务公开内容及范围，健全主动公开和依申请公开制度。

二十七、创新社会治理体制。健全重大决策社会稳定风险评估机制。推进信访工作改革，推行网上信访、联合接访、绿色邮政等多种方式拓宽群众诉求表达渠道。落实诉访分离制度，引导群众通过法律途径解决涉法涉诉信访问题，加大对违法信访行为的处置及反面警示宣传力度。健全行政复议案件审理机制。完善人民调解、行政调解、司法调解联动工作体系，建立调处化解矛盾纠纷综合机制。完善食品药品安全监管体系，建立最严格的覆盖全过程的监管制度。建立安全生产隐患排查治理体系和安全预防控制体系。

二十八、深化教育领域综合改革。建立优质教育资源扩充机制，完善集团化办学机制并扩大“白云计划”覆盖面。建立义务教育资源均衡配置机制，改善农村学校和薄弱学校办学条件。建立多元办学机制，开展农村学校附设幼儿园民营化试点。建立体育和艺术教育发展促进机制，开展体育和艺术教育活动。建立学校设施设备向社会开放机制，开放部分中小学体育俱乐部、少年宫，职业教育学校和社区教育学校向社会提供职业技能培训。

二十九、推进社会保障体系建设。建立政府购买基层公共管理和社会服务岗位用于吸纳高校毕业生就业制度。逐步推进社会保险经办业务向镇街、村（社区）延伸。完善重特大疾病救助机制，将重特大疾病用药目录外医疗费用纳入救助范围。完善农民工工资保障长效机制，建立“两网化”监管体系，健全农村留守儿童、妇女、老年人关爱服务体系和残疾人权益保障、困境儿童分类保障制度。引入社会商业运行机制，推行以城乡家庭户因自然灾害、入室盗抢等造成的家庭财产、人身损害为保险责任的“大善巴南保险”。

三十、深化医药卫生体制改革。推行以取消药品加成为主的综合医院改革试点。巩固基本药物制度，鼓励非政府办医疗机构使用基本药物，实行药品零差率销售。鼓励社会办医，优先支持举办非营利性医疗机构。引进社会资本以托管的方式参与区人民医院、市七院的建设、管理与营运；与区人民医院合作共建区健康管理中心；引进社会资本对重庆市护士学校的搬迁和重建；放宽社会办医的限制，优先支持社会资本举办二级以上专科医院。启动实施“单独二孩”的政策。

三十一、推进文化体制机制创新。完善“六大文化工程”领导机制、协调机制、投入机制和考核机制。鼓励和支持社会资本投资兴办公共文化实体、建设公共文化设施，建立政府投入、社会资本投资、文化发展基金等并存的多层次投融资体系。健全完善文化市场准入、退出机制，推进完善一站式服务，建立文化、环保、消防同步审批协商决策机制。探索政府向社会购买公共文化服务长效机制，抓好“公共文化物流网服务”“区图书馆‘一卡通’通借通还服务”向有条件的镇街延伸、“区文图两馆带镇街文化站服务模式”等试点工作，实现文化惠民项目与群众文化需求有效对接。完成全市文化体制机制创新工作任务。

三十二、建立生态环境损害赔偿与责任终身追究制。设立生态破坏与环境污染损害鉴定评估机构。加强镇街环保能力建设，有序推进镇街环保能力达标建设。镇街及村社擅自引进污染企业、部门违规审批，以及企业违法等造成生态破坏、环境污染和恶劣影响的责任者，严格追究经济赔偿责任，依法追究法律责任。严格环境准入，新建、改扩建工业项目新增主要污染物排放量的，必须通过交易有偿获取。

三十三、健全完善公众参与生态环境保护机制。制定巴南区环境信息公开和污染源环境监管信息公开制度，扩大环境信息公开范围，保障公众环境知情权、监督权和参与权。建立生态环保宣传教育机制，将生态环保教育纳入全区党政领导干部培训和中小学教育课程。建立多渠道的公众沟通与对话机制，对出台重大政策、制定重要规划、引进重点项目等建立公开征询公众环保意见制度，保证决策科学性并避免认识误差产生的“邻避”效应。

三十四、改革生态环境保护执法监管体制。探索建立公安、法院、检察院、环保等部门联合执法办案机制，有效预防和震慑生态环保违法犯罪行为，提升执法效果。探索在区法院民庭设立环保合议庭，逐步过渡到环保法庭。

三十五、深化干部人事制度改革。修改完善处级非领导职务干部管理办法，进一步发挥非领导职务干部作用。规范干部任职年龄界限，研究制定领导干部“改非”办法。修订科级干部选拔任用、破格提拔和竞争上岗办法。修改完善干部交流实施办法，推进干部跨领域、跨行业、跨地区交流调整。研究制定干部教育培训“质量效益工程”实施意见，建立健全干部教育培训学分制管理机制。建立健全选派年轻干部挂职锻炼和到基层一线历练的实施办法，强化年轻干部实践培养。

三十六、完善考核评价机制。根据市对区考核指标体系，按照我区功能定位和“一带三区”战略布局，设立科学的、各有特色的考核指标体系，实施差异化考核。建立考核项目申报审批制度，严肃考核工作纪律。修改完善“1+6”考核办法，健全政绩综合分析机制，探索制定日常考核管理办法，提高考核评价准确度。强化考核结果运用，探索制定考核结果排名靠后干部再培训办法，充分发挥考核激励作用。

三十七、健全干部监督机制。规范领导干部配偶子女个人经商办企业行为。建立新提任领导干部任职承诺制度。进一步完善领导干部任期经济责任审计制度，加强对主要领导任期经济责任审计监督，加大审计结果公告力度。制定规范干部言行办法，强化干部日常监督。探索建立领导干部“八小时外”活动监督管理制度。

三十八、创新推动人才事业发展。制定加快推进人才管理改革试验区建设的实施意见，构建具有区域竞争力的人才制度体系。依托重庆高职城规划建设西部人才产业园，明确产业园的建设主体和功能定位。探索建立人才资源共享机制，实施“巴南智库”工程，解决各单位、各行业“阶段性”用才和“专业型”用才难题。

三十九、区委成立全面深化改革领导小组。负责改革统筹协调、整体推进、督促落实，区委主要领导担任组长。各镇街党委、区级各部门党组（党委）要切实履行对改革的领导责任，完善科学民主决策机制，以重大问题为导向，把各项改革举措落到实处。

中共重庆市巴南区委
关于深化干部人事制度改革的意见

（2014 年 4 月 1 日）

为深入贯彻落实党的十八大、十八届三中全会精神，进一步深化干部人事制度改革，努力建设一支适应全区经济社会发展需要的高素质执政骨干队伍，形成人才辈出、人尽其才的生动局面，现提出如下意见。

一、总体要求

高举中国特色社会主义伟大旗帜，以邓小平理论和“三个代表”重要思想、科学发展观为指导，按照加强党的执政能力建设、先进性和纯洁性建设的要求，坚持党管干部原则，坚持正确用人导向，坚持德才兼备、以德为先用人标准，构建有效管用、简便易行的选人用人机制，健全完善干部选拔任用、考核评价、管理监督、激励保障制度，建立集聚人才的体制机制，真正把信念坚定、为民服务、勤政务实、敢于担当、清正廉洁的干部选拔出来、合理使用起来，为“一城一极一区”和“四区一基地”建设提供坚强组织保证。

二、完善干部选拔任用制度机制

（一）完善民主推荐和测评及干部考察制度。坚持把充分发扬民主与加强党的领导结合起来，规范民主推荐、民主测评程序，合理确定参与人员范围，加大领导班子、分管领导和组织部门在推荐干部方面的权重，让知情人投知情票、增话语权，提高干部工作民主质量。坚持会议投票推荐和个别谈话推荐相结合，建立得票情况综合分析研判机制，对多数人不认可的，不能作为考察人选；对得票相对靠前、且票数相近的，结合干部年度考核、日常考核、定期回访、巡查审计等情况，综合考虑确定考察人选，防止简单以票取人，充分发挥党组织的领导和把关作用。进一步完善干部初始提名“三推一荐”办法，坚持平常推荐和集中推荐相结合，集中推荐原则上每年不超过二次；空缺区管职位提拔干部，一般在初始提名推荐的干部和后备干部中择优比选。推行重要岗位人选差额推荐、差额考察办法，做细做实任职考察和延伸考察，注重从履职情况、完成急难险重任务、关键时刻表现和乡语口碑中考察了解干部，真正形成重德才、重实绩、重作风、重口碑的选人用人导向。

（二）规范竞争性选拔干部工作。坚持把常规选拔方式与竞争性选拔相结合，科学合理确定公开选拔和竞争上岗的职位、范围、规模、节奏，不搞“凡提必竞”。领导职位出现空缺且本区没有合适人选，特别是需要补充紧缺专业人才时，可进行公开选拔；领导职位出现空缺，本单位、本系统符合资格条件人数较多且意见不易集中的，可进行竞争上岗。改进竞争性选拔方式，科学规范测试、测评，突出岗位特点，突出实绩竞争，注重能力素质和一贯表现，防止简单以分数取人。

（三）改进优秀年轻干部选拔机制。加强后备干部队伍建设，优化后备干部队伍结构，健全培养锻炼、适时使用、定期调整、有进有退机制。优化干部队伍来源，坚持每年从高校招录一定数量的选调生到镇街工作，注重从优秀大学生村官中考录镇街公务员和事业单位人员，继续推行党政机关面向基层遴选干部制度，拓宽社会优秀人才进入党政干部队伍渠道。对有真才实学、成熟较早的年轻干部，根据岗位需求大胆使用。对破格提拔干部，坚持特别优秀、特殊需要标准，严格按照选拔条件、资格和程序选用，防止拔苗助长、“火箭式”提拔；任职试用期未满或者提拔任职不满一年的，不得破格提拔。不得在任职年限上连续破格。不得越两级提拔。

（四）规范干部任职年龄界限。根据工作需要、班子结构和干部个人情况，注重培养选拔优秀年轻干部，注重使用后备干部，合理使用不同年龄层次干部，坚持老中青梯次配备，除领导班子换届有特殊要求外，在干部选拔任用工作中不简单以年龄画线，规定干部的任职年龄界限和提拔年龄界限，防止任职年龄层层递减。

（五）规范干部配备和非领导职务晋升。根据机构规格和规定的职数、职级、职务名称配备干部，严禁超机构规格、超职数配备干部，严禁擅自设置职务名称或违规提高干部职级待遇。超领导职数配备干部的单位，要尽快调整到规定职数范围内。超机构规格和职务序列配备的干部，要通过交流转任等方式尽快予以消化。不得出现新的超职数、超规格、超职务序列配备干部。严格按照政策开展处级非领导职务晋升工作，改进处级非领导职务晋升办法，根据任职年限、年度考核、评优评先等要素进行计分排名，确定非领导职务晋升人员，建立处级非领导职务晋升激励机制。

三、改革和完善干部考核评价制度

（一）完善考核评价指标体系。围绕“一城一极一区”和“四区一基地”建设，按照四大板块发展定位，根据不同镇街、不同部门的职责要求，建立科学的、差异化的经济社会发展实绩考核指标体系，树立科学发展导向。对龙洲湾滨江城市经济带、环樵坪经济区、麻柳沿江开发区等重点开发区域，加强经济发展贡献度和征地拆迁的考核，提高经济发展类考核指标权重；对生态休闲经济区，不考核地区生产总值，降低经济增长贡献度考核指标权重，提高对城乡一体发展、生态环境保护、社会稳定、土地规划资源控制等考核指标权重；结合市对区实绩考核指标体系，分类设置区级部门和区属国有公司考核指标，强化约束性指标考核，加大资源消耗、环境保护、消化产能过剩、安全生产等指标的权重，重视对科技创新、教育文化、劳动就业、居民收入、社会保障、人民健康状况的考核。加强对考核的统筹整合，精简各类专项业务工作考核，规范简化考核程序，减少考核指标，切实解决多头考核、重复考核、烦琐考核等问题，提高考核效率。

（二）改进考核评价方法。进一步修改完善“1+6”考核办法，探索制定日常考核管理办法，坚持定量考核与定性考核相结合、年终集中考核和日常考核相结合，提高考核评价的准确度。建立健全政绩综合分析机制，注意识别和制止“形象工程”、“政绩工程”，按照好干部的标准，根据干部的德才素质、工作需要、群众公认等情况综合评价干部，不能简单地把经济增长速度与干部的德能勤绩廉画等号，将其作为干部提拔任用、提高干部职级待遇和末位淘汰的依据。进一步完善民主测评，更加注重德的考核，探索完善领导干部德的考核办法，细化评价标准，把理想信念、政治定力、宗旨意识、为民务实、勤政廉政等作为考核重点。进一步改进民意调查，健全完善民调工作长效机制，科学设置民调指标，把发展质量、民生改善、作风转变等作为民意调查重点，提高民调工作实效。

（三）强化考核结果运用。完善评优评先办法，更加注重考用结合，建立将考核结果与干部教育培训、管理监督、选拔任用相结合的良性对接机制，探索制定考核结果排名靠后干部再培训办法，严格将考核评价意见和结果作为领导班子建设和领导干部选拔任用、培养教育、管理监督、激励约束的重要依据，充分发挥考核的“指挥棒”作用。

四、完善干部管理监督相关制度

（一）完善干部有序交流机制。根据“一城一极一区”建设发展的需求，统筹全区干部资源，有序推进干部交流，促进领导班子差异化、科学化配备，更好实现人岗相宜、用当其时、各展所长。认真落实任职回避、关键岗位干部交流等有关规定，加大任职时限交流力度，对镇街、区级部门党政主要领导干部以及管钱、管物、管人和执纪执法等重要岗位的领导干部实行重点交流。逐步建立新提拔重要岗位干部易地任职制度，区级部门和主城镇街新提拔年轻干部原则上到边远镇任职，边远镇表现优秀的干部适时调整交流到区级部门和主城镇街任职，逐步形成干部的双向激励交流机制。积极推进镇街之间、区级部门之间、镇街与区级部门之间、党政机关与企事业单位之间领导干部的有序交流。严格控制选任制领导干部尤其是党政主要领导任期内职务变动，原则上在同一职位未任满三年的不得调整，因工作需要调整职位的，在一个任期内不得超过一次，保持干部任期内相对稳定。加大科级干部跨部门、跨镇街交流力度。

（二）建立干部能上能下机制。进一步建立健全领导干部退出机制，建立调整不适宜担任现职领导干部制度。进一步强化干部年度考核、日常考核、定期回访、谈心谈话和巡查审计等工作的结果运用，对存在问题的领导班子的主要领导和相关领导干部，进行诫勉谈话、调整交流、改任非领导职务等处理；对不能适应新岗位的新任领导干部进行诫勉谈话、延期转正等处理，牢固树立“能者上、庸者下”的用人导向，激发广大干部干事创业积极性。加大对慵懒散的整治力度，坚持实行公务员待岗学习制度，对表现不佳、作风不好、执行力差、慵懒无为但又“大错不犯”的人员安排待岗学习，促使其改进提高。

（三）完善干部教育培训制度。加强对年轻干部的理论武装、党性教育和实践锻炼，多给年轻干部压担子，有计划地选派到急难险重岗位、基层一线磨练，推动形成干部到基层培养、在基层成长、从基层选拔的鲜明导向。对缺少基层工作经历的干部，原则上应选派到基层锻炼。加大干部教育培训改革力度，建立培训质量评估机制，深入实施干部教育培训“质量效益工程”。建立以需求为导向的培训内容更新机制，提高培训针对性。建立健全领导和基层干部上讲台制度，建立兼职师资库，强化师资队伍建设。健全培训项目招标制度，形成竞争择优机制。不断完善干部教育培训“三深入暨挂职（顶岗）锻炼”等实践锻炼制度。完善培训审批（备案）制度，强化统筹管理。建立培训学分考核制度，完善成果转化考核办法，探索建立干部教育培训与干部选用结合新机制。不断健全学风制度体系，狠抓学风建设。

（四）完善从严管理干部队伍制度。进一步完善区管领导班子和领导干部回访考察制度，届中开展回访考察一般不少于2次，强化回访考察结果的运用。完善谈心谈话制度，定期开展区管领导干部谈心谈话活动。分类制定领导班子和领导干部综合研判实施办法，每届对区管班子至少研判一次。建立干部管理工作责任追究制度和一把手抓班子带队伍责任制，严格执行领导干部问责制。建立完善公职人员行为限定和领导干部亲属经商办企业相关制度。建立领导干部个人有关事项报告抽查核实机制，加强核查结果运用。加强和改进巡查工作，强化领导干部任中经济责任审计，加大审计结果公告力度。探索建立领导干部“八小时外”活动监督管理制度、干部廉情电子档案和受处理干部影响期满重新任用暂行办法。加大对“一把手”、关键岗位干部监督力度，增强对重点人员、重点时段、重大事项的有效监督。完善领导班子议事规则和决策程序，探索建立重大事项决策监督制、重大事项台账交接制和重大决策终身负责制。强化处级“改非”干部的管理，“改非”干部应明确工作岗位和工作职责，充分发挥“改非”干部作用。加强借用人员管理，从严控制借用人员，除区委、区政府中心工作外，原则上不得在镇街借用工作人员。

（五）完善选人用人监督制度。坚持教育、警示、预防“三在先”，强化干部政策法规学习宣传，综合运用媒体宣传、专题培训、考试测评等方式，促使党员干部懂规矩、守规矩、不逾矩。推行干部选任工作全程纪实，改进干部任前征求纪检监察机关意见工作，坚持和完善拟提任干部提名情况公示，改进任前公示办法，探索实行新提任干部履职承诺制度，严格执行干部选任四项监督制度，加大选人用人定期监督检查。加强区属国有公司中层干部选拔任用的监督管理，区属国有公司区管职位和中层干部的选拔参照机关同级职位选拔标准及办法执行。完善“一报告两评议”办法，对“一报告两评议”测评满意度分值较低、信访举报问题较多的单位重点抽查，实现全程监督、常态监督。加大对违规用人问题直接调查和立项督查力度，扎实推进违规用人问题专项整治，深入开展“带病提拔”倒查问责，发现一起查处一起、查实一起通报一起，以风清气正确保选人用人公平公正。

（六）健全完善干部激励保障制度。在坚持严格管理干部的同时，更加重视对干部政治上关心、工作上支持、精神上激励、生活上帮助、心理上关怀，让基层干部受关注、年轻干部受锻炼、优秀干部受重用、年老干部受照顾。切实加大基层一线干部培养选拔力度，对新参加工作的人员，原则上安排到基层一线和边远镇锻炼成长；在有区管领导职位空缺时，优先从镇街、区属国有公司干部中选拔使用，从而更好地调动广大干部的积极性、创造性，充分激发干部干事创业的内在动力。认真落实老干部政治、生活待遇，进一步搞好老干部服务工作。根据机构编制情况，每年从优秀村（社区）党组织书记、村（居）委会主任中考录一定数量的镇街公务员和事业单位人员。逐步提高农村基层干部、社区专职工作者的补贴，落实村干部养老保险等待遇。

五、建立集聚人才的制度机制

（一）建立完善人才顺畅流动机制。探索通过政府雇员、公开选拔、人才挂职等办法，促进党政机关与企事业单位等实现人才互通。精简和优化引才手续，畅通紧缺人才引进“绿色通道”。在科研院所、经济园区等探索设立“专家岗位”，通过直接引进、聘任、兼职等方式，集聚“千人计划”、“两江学者”等高层次人才或智力资源，合力推动巴南发展。

（二）创新人才资源科学配置机制。对在基层一线工作、创业的优秀人才，在职称晋升、工作生活待遇、创业扶持等方面倾斜支持。在镇街探索设立一定数量的基层社会管理和公共服务岗位，有序选派区内优秀人才服务基层。加强人才定向培养或订单式培养力度，重点为基层一线按需培养优秀人才，逐步提高基层人才队伍整体素质。加强与高校、科研院所、企业等的合作，促进人才互派挂职，逐步实现优秀人才到镇街挂职全覆盖、不间断，以人才柔性流动打破户籍、地域、身份、人事关系等刚性制约，引导人才向基层流动、在一线创业。

（三）形成具有区域竞争力的人才制度优势。进一步加强党管人才工作，建立健全科学决策、分工协作、沟通交流和督促落实机制。坚持先行先试原则，制定出台加快人才改革管理实验区建设意见。改进和完善人才评价机制，按照德才兼备原则，建立以业绩为核心，由品德、知识、能力和社会满意度等要素构成的人才评价指标体系。健全人才成长激励机制，优化人才奖励办法，对做出重大贡献的个人和集体给予重奖，鼓励优秀人才到境内外学习深造、参与国际交流合作、负责重点项目建设。建立人才和产业协同发展机制，推进人才规划与产业规划、人才政策与产业政策、招才引智与招商引资一体化，确保人才发展与产业发展紧密衔接、相互支撑。

（四）健全人才市场机制。依托重庆高职城建设西部人才产业园，制定加速人才产业集聚发展的优惠政策，同步推进虚拟人才市场和实体人才市场建设，构建现代化的综合性人才服务平台。以“中国西部人才金港（重庆）”和巴南区人才协会为龙头，鼓励和带动人才服务型中介组织发展，支持创办和引进“猎头”公司，做大做强“人才经济”，形成政府部门宏观调控、市场主体公平竞争、行业协会严格自律、中介组织提供服务的人才市场运行格局。

中共重庆市巴南区委
重庆市巴南区人民政府
关于推进城乡一体化进一步加强农业农村工作的意　见

巴南委发〔2014〕10号

（2014年3月24日）

2014年是全面深化改革的开局之年，做好全年城乡一体发展和农业农村工作至关重要。要坚持以邓小平理论、“三个代表”重要思想、科学发展观为指导，全面贯彻落实党的十八大、十八届三中全会精神，紧紧围绕建设“城乡一体发展示范区”目标定位和“生态健康体验区”功能定位，坚持“亮点、扩面、成型”总基调，按照“发展理念实体化、基础设施统筹化、涉农资金捆绑化、用地规模适度化、具体项目产业化”的工作方法，以改革创新和项目推进为抓手，唱响“美丽乡村”品牌，推动特色效益农业、乡村旅游业、生态养生养老养心业融合发展，促进农业增效、农民增收。农业总产值达到63亿元，粮食总产量33万吨，农民人均纯收入增长13%，达到11978元。新培育家庭示范农场10个，新发展股份合作社达到10家；培育农业产业化龙头企业12家、年收入500万元以上的休闲企业8家；培育农产品品牌10个。新建农村人行便道500公里，新增通村通畅公路200公里，全面完成65座病险水库整治任务，整治山坪塘800口。农村土地规模经营度达到28.21%，农村建设用地复垦3000亩以上。

一、强力推进集群发展，做大做强增效产业

优化产业布局，调优产业结构，坚持“品种优、品质精、品牌强”的发展思路，树立“生态、健康、优质、特色”的巴南农产品良好形象。围绕南—南线（南泉—南彭）万亩蔬菜基地和万亩花木走廊、惠—东线（惠民—东温泉）生态休闲渔业带、木—高线（麻柳—接龙高洞）生态农业长廊、环云篆山休闲农业乐园和天坪乡村旅游胜地等“三线二片”，加快发展休闲观光农业、特色水果、花卉苗木等3个特色产业和优质粮油、优质蔬菜、优质茶叶、特色畜牧业、生态渔业等5个优势产业，完善产业链条，推动“3+5产业体系”加快形成；积极推进万亩生态渔村、休闲农业乐园、乡村旅游胜地、花卉苗木之都、万亩蔬菜基地、十里柚果长廊、光大奶业新城等七大亮点项目建设，着力培育内涵丰富、设施完备、增效渠道多样，充分体现农业生产、生活、生态功能的都市效益农业集群。

（一）做活休闲农业。

推进环云篆山休闲农业乐园建设。完成云篆山休闲农业园区规划编制。支持鱼洞云篆山荷韵生态园进一步完善休闲体验和科普配套设施，搞好青少年田间课堂实验基地建设，建成体验参与型和农业科普型示范基地，实现年接待游客5万人次以上、年收入1000万元以上目标；推进云篆山“百果苑”、巴南区现代农业科技推广中心、云篆山红柠檬、巴南香桃基地、鱼洞乌皮樱桃基地等特色精品农业园提档升级；大力推介“云篆山荷韵生态园”和“鱼洞乌皮樱桃”休闲品牌，扩大其知名度和美誉度，力争“环云篆山休闲农业乐园”形成雏形。

推动天坪乡村旅游胜地发展。加强重庆天坪现代农业示范工程区基础设施建设，完成集体村现代生态农业创新示范基地建设项目年度任务，争创全国五大基地之首。推动“云中漫步”休闲中心开园，“云林天乡”1000亩名贵花木园建成；

推进天心寺禅茶文化生态农业园二期、合作经济产业园核心区建设；启动全国青少年户外体育活动营地项目建设，丰富天坪休闲农业内涵。

（二）做强茶业品牌。

支持二圣茶业开发新产品和工艺革新，扩大“巴南银针”、“定心”品牌影响力，带动巴南茶业提质增效。扩大天坪万亩茶叶生产基地规模，提升其他茶叶生产基地种植和加工水平，发展天心寺、白沙寺禅茶文化，开发文化内涵丰富的新产品，培育品牌推介、创意产品开发、市场拓展、覆盖较广的营销体系，推动茶业产业化发展。茶叶种植面积达到4.05万亩，总产量3785吨。

（三）做靓花卉苗木业。

花木世界建成核心区1500亩，重点建设景观设施、休闲设施、市政设施等，开发创意产品，办好年宵花民俗文化节，基本建成集购物、休闲度假于一体的综合性专业交易市场和会展农业基地。在南—南线、惠—东线、安澜跳石片区进一步壮大、提质发展花卉苗木业，建成花卉苗木优势产业带5万亩，推进“花卉苗木之都”建设。

（四）做精特色水果业。

实施五布柚选优提质工程，挖掘文化内涵，增强品牌竞争力；指导五布柚专业合作社规范内部运行机制，推动其组织化生产经营；加强二圣熙可柑橘基地生产管理指导，争取其加工厂尽快落地巴南，推进柑橘产加销一体化，推动“十里柚果长廊”建设。实施丰盛、双河口和麻柳嘴缺水村社“水改旱”工程，新发展早熟梨、桃、李和樱桃等优质特色水果2000亩，累计达到5000亩，夯实当地农民增收致富的产业基础。积极申报“二圣高山梨”地理标志产品，扩大品牌影响力，提升品牌价值。在适宜地区适度发展红心猕猴桃、核桃、果桑等水果种植，培育新的特色水果基地，丰富水果采摘品种，增添更多体验基地，把巴南建成全市体验参与型农业基地。水果面积达到13万亩，总产量4.3万吨。

（五）做大优质蔬菜业。

充分发挥蔬菜专业合作社的带动作用，进一步完善界石金鹅萝卜基地、海棠水藤菜基地、南彭白云基地、石塔基地、东冒山基地、石岗瓜类等蔬菜基地基础设施，扩大南—南线蔬菜种植面积。实施好三峡工程后续项目，大力发展丰盛、木洞片区蔬菜种植，促进“万亩优质蔬菜基地”建设。加强“界石金鹅萝卜”“方斗山干豇豆”“清和高山萝卜”的宣传，培育巴南蔬菜品牌。蔬菜种植面积（含复种）达到35万亩，总产量60万吨。

（六）做实优质粮油业。

坚持严格的耕地保护制度，保证粮油种植面积93万亩，粮食总产量稳定在33万吨。实施水稻高产创建示范建设、倒置山及低山稻区优质稻生产、绿色精品优质稻（米）基地建设、特色粮油“五黑（紫）”基地建设等粮油提质增效项目，在石龙、石滩、安澜、双河口、接龙、姜家等镇街建设30000亩水稻高产创建示范、10000亩大豆高产创建示范、5000亩绿色精品稻（米）基地和“五黑（紫）”特色粮油基地，着力提升粮食综合生产能力。鼓励巴南“樵坪大米”“南泉挂面”“龙泉食品”等传统品牌做大做强；推进惠民显林绿色稻（米）生产基地建设，实施集中商品秧培育、绿色生态种植与加工一体化生产，扶持石滩镇和东温泉镇开发“方斗山大米”、双寨山有机大米和“清和高山清米”等优质大米品牌，打造巴南高端粮食品牌。

（七）做特畜牧业。

推进“光大奶业新城”建设，生态养殖场二期年内建成，启动乳制品加工厂建设，新建沼液生态循环水果基地400亩，建成科技设施型示范基地。稳定姜家黑猪、渝太Ⅰ系猪地方资源品种的保护与开发；推广散户养殖，壮大丰盛、东温泉等地的山羊养殖基地和丰盛、东温泉、石龙、接龙等地的肉兔养殖基地；鼓励巴南长富牛肉干、“黑山基”加工与品牌宣传，推动胜成猪鬃制品出口，促进畜牧业国际化发展。全年出栏生猪50万头，家禽出栏600万只。

（八）做优生态渔业。

以惠—东线为重点区域，加强水产良种基地建设，推广应用“鱼—菜共生生态养殖技术”1000亩，推广“鱼—鳖混养”200亩，实施“吨鱼万元”项目4000亩，促进全区生态渔业发展，实现水产养殖面积4万亩、水产品总产量2万吨的目标。高质量编制“万亩生态渔村”建设规划，抓好项目包装、策划宣传，积极招商；整合涉农资金项目，加快基础设施建设。强化职业渔民培育，组建生产、运输销售、加工专业队伍，建设集渔需物资供应、苗种培育、成鱼生产、产品销售、休闲服务为一体、产业链较为完整的综合性渔业经营组织，调动群众参与积极性。

二、多业并举融合发展，拓展农业增效领域

（一）大力发展乡村旅游业。

突出“中国温泉之乡”品牌，坚持以市场为导向，强化宣传营销，提升巴南休闲旅游品牌形象。重点推进“两泉”（南泉、东温泉）、“五山”（天坪山、双寨山、云篆山、羊鹿山、圣灯山）多种业态融合发展。深化休闲游、赏花游、瓜果游、风光民俗游等传统精品游乐线路。围绕“春观花、夏避暑、秋赏叶、冬泡泉”主题，办好梨花节、漂流节、红叶节、旅游文化节等特色旅游休闲节会活动。力争创建AAA级景区1个以上。

（二）推进生态养老养生养心业。

突出“天下休闲、养在巴南”品牌，以发展生态“三养”产业为方向，推进生态健康城和高品质养生、养心、养老基地建设。在特色小镇探索“三养”新模式，有序有效推进常青国际养生园、如恩天伦城等一批全产业链养老项目。

（三）繁荣农村商贸服务业。

建立完善区、镇、村市场流通商贸服务体系，扩大农村农资、农副产品、日用品和再生资源四大网络覆盖面。拓展农产品销售渠道，组织具备条件的农业企业参加“巴渝农特产网销活动”，推进农副产品销售电子商务发展，巩固提升“万村千乡”市场工程成果，推动电子商务农村网下店建设，扩大农副产品网销规模。支持条件成熟的专业合作社、农业企业建立产品适时供给、消费者适时需求平台，提供生产、消费“点对点”个性化服务。积极创建乡村旅游示范镇（街）及示范村，培育星级农家乐10个以上，提升服务质量和水平。

三、创建“美丽乡村”，促进“大美巴南”建设

（一）积极创建“美丽乡村”示范点。

按照农业部关于“美丽乡村”三十六条要求，大力推广节肥、节药等绿色农业生产技术，推广使用沼气、太阳能等清洁能源，积极开展农村环境整治，保护好生态环境和田园风光及自然人文风貌。结合全国现代生态农业创新示范基地项目，推进二圣集体村国家级“美丽乡村”示范点创建活动，全面完成年度建设任务，大力推进接龙荷花村、鱼洞干湾村等市级“美丽乡村”示范点建设，适时启动区级“美丽乡村”创建活动，扩大美丽乡村覆盖面，着力构建“农业强、乡村美、农民富”的农村发展新格局。

（二）改善农村人居环境。

实施动态扶贫，加强高山生态移民搬迁工作。紧紧围绕国家、市级“美丽乡村”示范点，加快农村环境整治步伐，开展农村危旧房改造2000户，推进行政村环境连片综合整治，实施农村沼气池500户、节柴灶2360个、太阳能热水器1000台。推进场镇集中式供水工程、农村饮水工程建设，解决6.6万人的饮水安全。新建农村人行便道500公里，推进自然村“村村通”工程，新增通村通畅公路200公里，安装生命防护栏200余公里，新开通2条农村客运线路，切实改善农村出行条件。

（三）加强农村生态环境保护。

实施“蓝天行动”“碧水行动”“宁静行动”“绿地行动”“田园行动”，开展五布河专项治理，强化农村生活污水治理，推进垃圾收运系统建设，巩固畜禽养殖污染整治成效，抓好农业面源污染防治，创建木洞、丰盛、东温泉3个市级生态镇，开展国家生态区创建工作。次级河流监测断面达标率达到93%，森林覆盖率达到43.5%。

四、统筹城乡一体发展，不断改善农村民生

（一）稳妥推进幸福农庄（农民新村）建设。

按照“成熟一个，推进一个”的原则，稳妥推进幸福农庄（农民新村）建设，确保建设手续齐全、资金平衡合理、入住对象明确。已建和在建的幸福农庄（农民新村）要及时完善相关手续。加强质量监管及物业管理，严格按规定清理和制止小产权房。

（二）加快农村建设用地复垦及户改退地。

扎实推进农村建设用地复垦，加快地票交易。鼓励城乡一体项目业主通过增减挂钩投资参与土地复垦，实现农村闲置集体建设用地资产功能。

实现全年农村建设用地复垦3000亩以上，基本完成自愿退出夹心房、连体房的户改对象的清理补偿工作。

（三）抓好重点示范项目建设。

坚持“抓重点、重效益、出亮点”，精心打造石龙低碳生态循环农业、石滩美德有机农业、安澜锦绣山乡等项目，推进圣灯山整体开发、二圣及惠民熙可、跳石林海、石滩温馨花卉等项目建设。加大招商引资力度，注重择优招商，引进有实力、有理念的企业参与城乡一体建设。建立引进项目的科学评审机制，提高审查效率，有效促进项目落地。

（四）推进农村公共服务事业。

大力发展农村教育、医疗、文化、卫生和社会保障，促进城乡基本公共服务均衡化，特色小镇公共服务项目实现全覆盖。建成13个村级公共服务标准化示范点，新建4所镇级中心幼儿园和15所农村幼儿园；推进村卫生室建设，完成农村改厕2000口；建设13个公共电子阅览室，建成10个标准社区文化室，完成27940套广播电视直播卫星户户通工程，建成2个镇街健身广场；建设19个村（社区）就业社会保障服务平台，开展各类培训10000人（含城乡），完成城镇新增就业45000人，农村劳动力累计稳定转移就业16万人；改扩建2所敬老院，建成50个城乡社区养老服务中心（站）和6个规范化社区服务站。提高城乡居民医疗保险筹资标准和保障水平，完善城乡居民大病保险和救助制度。落实好市级社会养老保险多缴多得、长缴多得激励机制。

五、深化改革添动力，激发农村发展活力

（一）推进农村改革。

试点农村土地制度改革。稳定农村土地承包关系并保持长久不变。完善承包经营权确权颁证后续工作，加快确权颁证成果应用。推进国有林场改革试点，深化集体林权制度改革。在保障农村土地集体所有权和农户承包权的基础上，把握好农村土地所有权、承包权、经营权之间的关系，研究制定“三权”分离的有效实现形式。继续深化农民工户籍制度改革，切实解决好转户居民的就业、社保、医疗、住房、子女教育等问题。深化完善石龙、天星寺统筹城乡综合配套改革工作。

推进农村集体资产股份改革。加强农村集体“三资”规范化管理，确保农村集体资产保值增值，增强农村集体经济实力。稳步开展农村集体经济组织产权制度改革试点，选择1至2个条件成熟的村，稳步开展农村集体经济组织产权制度改革试点。保障农民对集体资产股份占有、收益、有偿退出及抵押、担保、继承权。建立健全集体成员参与集体股份制经营、管理和监督机制。

推进农村综合产权交易。在市农村土地交易所支持下，探索建立农村综合性产权交易市场，并展农村资产处置、农业企业产权、农业设施租赁权等一体式综合产权交易试点，规范承包地经营权、林权流转交易。探索推进农民住房财产权抵押、担保、转让。建立区、镇、村三级土地流转风险防控机制。

（二）构建新型经营体系。

发展适度规模经营。坚持家庭经营基础地位，规范发展农民合作社，大力培育发展家庭农场、专业大户，扶持龙头企业做大做强。坚持依法有偿自愿的原则，鼓励承包经营权向专业大户、家庭农场、农民合作社、农业企业适度流转。健全土地承包经营权流转市场、机制和区、镇街、村服务管理网络，完善“农村土地经营权流转管理实施办法”，认真落实流转土地合同备案制，探索建立农村土地流转风险保障金制度，建立流转土地巡查制度和动态管理制度，防范土地撂荒和擅自改变土地农业用途。

培育新型经营主体。鼓励集体经营，稳妥推进村社以集体资产、经营性建设用地、农户以土地承包经营权、林权、宅基地使用权及住房入股，与社会资本共同组建经营主体，参与发展农产品生产、加工、养老服务和乡村旅游业。鼓励符合条件的农民合作社、家庭农场、专业大户、龙头企业承担涉农项目建设。探索在年度建设用地指标中单列一定比例，专门用于新型农业经营主体建设配套辅助设施。扩大合作社承担涉农项目的规模，扶持发展农村合作经济。研究制定新型混合所有制经济实现方式，鼓励和引导发展联合社，充实其信用、供销、公共服务、技术推广等综合功能。加大对新型职业农民培育和农村实用人才培训力度，探索其认定管理和政策扶持机制。培育新型职业农民500人，农民技术职称评定50人，开展农民职业技能鉴定500人，农民田间学校累计达到15所。

推进农业生产社会化服务。鼓励组建职业农民专业服务公司，采取财政扶持、税费优惠、信贷支持等措施，引导其开展农业生产全程社会化服务。采取政府购买服务等方式，鼓励和支持有资质的经营性服务组织从事集中育秧（苗）、测土配方施肥、病虫害统防统治、供排水等公用设施运行管护、农产品营销服务。扶持发展农机化专业服务队、防汛抗旱专业队、专业技术协会、农民经纪人队伍。

六、提升能力强保障，促进农业农村持续发展

（一）提升规划保障能力。

充分发挥规划引领作用，大力推进小城镇规划修编和乡村建设规划编制，实现产业、土地与交通、电力、水利、林业等专项规划的融合。全面完成石龙、接龙、石滩等13个小城镇修编，稳步推进石龙大兴、一品七田、麻柳水淹凼等24个重点村规划编制工作，积极推动有城乡一体重点项目的镇村规划全覆盖。有序推进规划指标平移，满足项目落地需求。

（二）提升基础设施保障能力。

坚持“产业发展到哪里，基础设施配套到哪里”，整合农业、农业综合开发、扶贫、水利、移民、国土等部门涉农项目资金，扎实开展土地综合整治、水利设施建设，改造中低产田20000亩。大力推进丰岩二期及其配套工程建设，完成龙岗水库大坝枢纽工程扫尾工作和征地移民工作，实现下闸蓄水；全面完成病险水库和山坪塘整治年度任务，增加耕地有效灌溉面积8000亩以上。

（三）提升科技信息保障能力。

加强农业科技人才队伍建设。坚持对口引进、在职培养，及时补充区、镇街农技推广专业人才，强化知识更新提高，确保农业服务中心技术骨干在编在岗，着力解决各级专业人才缺乏、年龄老化的问题，切实增强农业科技队伍服务“三农”的能力。

加强农业科技应用与创新能力建设。加强科技成果转化，引进示范种养新品种20个以上，加大良种良法推广应用力度，各产业主推品种和主导技术覆盖率达90%以上。强化与西南大学、重庆农科院专家团队的合作，构建“市、区、镇、村”四级科技特派员网络，完善二圣茶业、木犴生猪、光大奶牛科技专家大院软件环境建设。

提升农业机械化和信息化水平。推广先进适用农业机械，加强水稻全程机械化生产示范点建设，实施示范水稻机械化育插秧作业补贴，创新试点“工厂化育秧”700亩，耕种收综合机械化水平达到43%以上。完善“12316”信息服务平台，推进镇、村两级科技信息服务站建设，农信通短信用户达到9000户，实现农业科技、政策、产销等综合信息服务全覆盖。完成区、镇、村农业信息网年度建设任务和200个农产品市场价格调查日报。

加快推进气象现代化工作。继续推进农村气象灾害防御体系和农业气象服务体系建设。以巴南区突发事件预警信息发布平台管理为抓手，扩大预警信息覆盖面。加强对重大气象灾害、极端气候事件的预报预测工作，提高灾害性天气预报预警的超前度和精准度。强化关键农时及重大农业气象灾害监测预警服务，为农业生产提供气象保障服务。

（四）提升农业安全保障能力。

全面落实安全生产监管责任和主体责任，认真排查整改安全隐患，严厉查处各种违法违规行为。加强巡山护林工作，强化森林防火和松材线虫病防控。着力推进执法能力建设，建立农产品生产质量安全事故应急预案，有效提升农业安全监管基础能力和应急能力。严格肥料、饲料、药品等投入品管理，建立健全经营销售档案，大力开展园艺作物标准园、畜禽规模化养殖场、水产健康养殖示范场等创建活动，完善农产品生产企业生产记录及档案建设，推进农产品质量安全追溯体系建设。加强重大动物疫病防控，积极推广病虫害绿色防控技术，扎实开展“三品一标”认证工作和证后监管，保证广大群众“舌尖上的安全”，确保不发生重大动植物疫病、畜产品质量安全事故、渔业船舶和农机安全生产重大责任事故。

（五）提升“三农”投入保障能力。

加大财政支持力度。坚持总量持续增加、比例稳步提高的原则，安排区级都市效益农业创新引导专项资金3000万元，健全稳定增长机制。锁定重点扶持项目，统筹安排各级各部门涉农资金，集中打造。出台支持农业产业化发展扶持政策，改革财政扶持产业资金分配、使用方式，确保资金使用更加公开透明。农业补贴向新型农业经营主体倾斜，调动新型农业经营主体持续投入积极性。改善农村金融服务。扩展涉农商业银行乡镇服务网络，积极发展村镇银行和新型农村合作金融组织。争取扩大农业保险险种覆盖面，提高农业抗灾能力。加快发展农村资金互助组织，探索建立跨区域、跨行业的资金互助社，推行联户担保、批量担保、打包贷款等多种担保融资模式。充分发挥财政资金引导作用，通过贴息、奖励、风险补偿等措施，带动金融和社会资本更多投入农业农村，拓宽“三农”投入渠道。

七、加强组织领导，强化目标考核

（一）强化基层党组织建设。

强化党委统一领导、党政齐抓共管、农村工作综合部门组织协调、有关部门各负其责的“三农”工作领导体制和工作机制。扎实开展党的群众路线教育实践活动，推进农村基层服务型党组织建设，加强农村基层党组织带头人和党员队伍建设，强化村干部教育、管理和监督，着力解决“四风”问题和人民群众反映强烈的突出问题，切实维护农民的合法权益。

（二）创新基层管理服务。

健全党组织领导下的村民自治机制，继续推广“四议两公开”等工作法，发挥农村社会组织的积极功能。深入推进村务、政务和党务公开，探索不同情况下村民自治的有效形式。学习“枫桥经验”，创新群众工作机制。加强农村防灾减灾和重大公共事件应急处置能力建设。广泛开展法制宣传教育，落实党的民族宗教政策，完善治安防控体系，维护农村社会安定。尊重农民的首创精神，充分调动农民生产积极性。

（三）加强目标考核。

建立以结果为导向的执行模式，根据二环内外镇街工作实际，建立以日常工作为重点的考核机制，实行差异化目标考核，明确重点，落实责任，强化措施，突出结果，加快都市效益农业和城乡一体发展，开创农业农村工作新局面。

重庆市巴南区人民政府关于创新政府服务企业体系的实施意见（试行）

巴南府发〔2014〕98号

各镇人民政府、街道办事处，区政府各部门，有关单位：

为认真贯彻落实党的十八届三中全会和市委四届三次、四次全会精神，深入开展党的群众路线教育实践活动，切实解决联系服务群众最后“一公里”问题，提高政府服务市场经济水平，根据巴南“四区一基地”功能定位和关于市场主体“五转一创新”的要求，制定本意见。

一、指导思想和目标

（一）指导思想。坚持以科学发展观为指导，按照十八届三中全会要求，以市场主体需求为导向，顺应企业和群众诉求，全面深化改革，大胆探索创新，坚决破除阻碍发展的体制机制弊端，优化政府组织结构，转变政府职能职责，集成创新服务资源，努力建设创新型、服务型政府，全力打造准入更宽松、审批更高效、监管更到位、服务更贴心的发展环境，充分激发创新活力和发展动力，为加快推进“一城、一极、一区”建设提供坚强保障。

（二）工作目标。大力推进简政放权、优化

前置、并联审批、现场办公、负面清单、信用管理、阳光监管七大举措，建立完善政府服务企业体系。深化行政审批制度改革，完善服务功能，创新服务机制，丰富服务平台，探索事权在区的事项最短时限办结并逐步实现免费代理服务，让依法规范经营的市场主体享受最优服务。力争通过半年努力，基本建成新注册企业与存量企业一站式实体服务平台和网络虚拟服务平台。通过两年努力，基本建立起职能归口、主动问需、全程代办、共享互动的智慧型企业服务体系，政府服务覆盖面、需求满足率和服务满意度明显提高。

二、完善服务功能

（三）规范行政审批流程。坚持依法行政，按照“应减必减、能简则简、能放则放”的原则，在全面清理区级行政审批事项的基础上，规范行政审批服务项目名称、实施主体、实施依据、审批程序、审批时限、收费依据及标准等，优化审批流程，精简办事程序，最大限度地压缩审批时限。继续推进简政放权，对直接面向基层、面宽量大的经济社会事项，主要以委托方式下放镇街；对适合由社会组织提供的公共服务和解决的事项，交由社会组织承担。对照国务院、市政府已取消、下放的行政审批事项，做好行政审批事项“接、放、管”，对取消、下放、委托的行政审批事项，区级部门要加强事中、事后监督，有效履行职责，避免管理“缺位”。

（四）加大“两集中、两到位”推行力度。区级部门要结合“职能重组、组织重构”，理顺职能职责，推行“大科室制”。落实“两集中、两到位”，将行政审批职责集中到一个科室，将各部门审批职能向政务服务中心集中，部门对窗口实行首席代表制授权到位，行政审批事项在政务服务中心办理到位，确保群众办事“只进一个门，只找一个人”，真正实现一站式服务。逐步将邮政、供水、供电、燃气、闭路、通讯等企业提供的便民服务，通过增设服务窗口或分中心等形式纳入政务服务范围。

（五）建设三级联动政务服务体系。在全区22个镇街建成规格较高、功能齐全、管理规范的镇街公共服务中心和村（社区）便民服务中心，建立区、镇街、村（居）三级政务网络并实现上下联动，形成横向到边、纵向到底的政务服务网络体系，实现政务服务网络100%覆盖的目标。

（六）建设标准化政务服务体系。建立科学的政务服务规范和标准体系，使行政审批服务事项、办事依据、申报材料、办事程序、承诺期限、收费标准、服务窗口、行为规范、监督考核等都有标准可依、按标准实施，推动政务服务场所规范化、提供标准化、保障制度化。

三、创新服务机制

（七）推行重点项目全程无偿代理服务。对全区招商引资重大项目开辟绿色通道，实行“全天候、保姆式、一条龙”无偿服务。各开发园区所有项目实行全程代办制度，重点项目由园区专门机构代办。区相关部门要落实专人，具体协调处理为重点项目服务的相关工作。需要上报审批的项目，相应区级部门要负责与上级部门衔接，促进审批项目尽快办结。健全民营企业、小微企业的行政审批服务机制，着力解决准入难、用地难等问题，切实做到能优则优、能减则减、能免则免。

（八）深化工商领域并联审批制度。按照一窗受理、抄告相关、并联审批、限时办结的原则，推行工商领域并联审批服务前移至企业设立登记的前置许可。以优化审批流程、缩短办事时限为重点，坚持推行企业设立登记从办理营业执照到刻制公章、办理组织机构代码证和税务登记证的一窗受理、统一发证，确保企业设立登记整体办结时限从70个工作日压缩至8小时以内，特殊情况3个工作日办结。并联审批过程中需要相关部门联席会审的，由主办部门提出，区政务服务和公共资源交易中心组织，协办部门积极参加会审。为提高并联审批效能，建立联席会审考评机制，对无故不参加联席会审的协办部门，或者未在规定时限内办结的部门，实施政府依法强制办理制，责令相关部门限时办理，并定期通报。

（九）试行项目建设审批联合会审制度。有重点、有步骤地试行立项、规划、用地、建设（验收）四大环节联合会审制度。各环节分别由相应主办部门领衔通知有审批权的协办部门参加会审（协办事项审批权属上级审批机关的，由区级协办部门参加会审）。对无故不参加会审的协办部门，施行政府依法强制办理制，由此产生的相关责任由协办部门承担。会审结束时，出具书面会审结论。

（十）建立企业服务通报制度。定期开展涉企部门评议活动，制定评价结果处理办法，对企业满意度低的行政机关和公共服务单位，由监察部门督促其整改，并视情节轻重给予问责处理。建立企业问题即办即评评价系统，并及时反馈给相关部门。建立企业服务定月通报制度。

（十一）建立企业投资项目负面清单。出台企业投资负面清单，制定污染排放、能源消耗等市场准入标准及具体的监管办法。清单内严格审批；清单外且不属于核准目录内的企业投资项目，政府不再审批，均实行备案管理，备案项目前置审批按准入标准实行自主承诺、竣工统一验收、事中事后“零容忍”监管制度。

四、推进平台建设

（十二）完善行政审批项目库。完成区级行政许可、非行政许可审批、备案类项目清理工作，及时更新《巴南区行政审批服务项目库》。对照国务院、市政府公布的行政审批项目事项，完善区级行政审批事项目录，并通过区政府公众信息网等平台公开发布，接受社会监督。严格执行新设行政许可、非行政许可审批各项标准，加强对行政许可事项的合法性、必要性、合理性审查，切实防止行政审批边减边增、明减暗增。

（十三）建立行政审批信息平台。通过网上公布区级行政审批事项、审批程序、申报条件、办事方法、服务承诺等，实行区级行政审批网上公开申报、受理、咨询和在规定时限内办结，形成公开、透明的网上行政审批服务格局。

（十四）建立企业信用信息平台。加大信用信息征集力度，汇集工商、税务、质监、法院、城乡建委等部门登记的全区企业、个体户信息。按照《政府信息公开条例》，建设完善“诚信巴南”信用信息公开平台并正式投入运行，实现分层次、分重点的企业基本信息、优良信息和不良信息的全公开。强化企业信用信息运用力度，建立黑名单制度，制定失信行为联合惩戒办法，将企业信用信息应用到日常监督管理、行政审批、采购招标、评级评优、信贷支持、安排和拨付有关财政补贴资金等行政管理工作中，形成“一处失信，处处受制”的联合惩戒机制。

（十五）建立企业综合服务平台。建立“资政、诉求、维权、融资、用工、帮扶、信息”等七大功能的服务平台，使市场主体总量和注册资本总额不断增长，企业不断做大做强。创新工商联服务企业机制，探索建立市场主体“工商联主导服务、工商部门综合服务、行业部门重点服务、社团组织自我服务”的机制。在“商会通”“微保通”“商保通”“新工通”等已有的融资平台基础上，进一步探索适合我区新的融资渠道，帮助企业解决融资难题。

（十六）建立企业诉求平台。在区政务服务和公共资源交易中心建立新注册企业一站式实体服务平台和网络虚拟服务平台。形成企业从落地注册、项目建设、要素保障、安全环保等全流程的一口受理、后台办理、前台反馈、阳光监督机制。整合服务群众工作信息管理系统，设立存量企业一站式实体诉求平台，借助“智慧巴南”移动 APP 等方式建立企业网络虚拟诉求平台。对平台诉求信息整理分类，交由相关部门处理。通过实体诉求平台和网络虚拟平台等方式实现网上预约，政府部门提前研究，部门分管领导轮流在区政务服务大厅现场办公，区政府领导每周现场办公，企业符合法规政策的诉求当场解决，确不具备条件的诉求当面答复沟通。

（十七）建立阳光监督平台

通过强化电子监察系统的应用及考核、现场派驻效能监察员等方式，突出实时监控、预警纠错、绩效评估、责任追究四大功能，建立阳光监察平台，全程监控办理行政审批事项的过程，推动行政权力公开透明运行。

五、强化保障措施

2 成立全区创新政府服务企业体系专项工作领导小组，由区政府区长任组长，区政府分管领导任副组长，区政府办、区编办、区监察局、区经信委、区财政局、区城乡建委、区工商分局、区投促办、区商务局、区政务服务和公共资源交易中心、区工商联、区质监局、区公安分局、区国税局、区地税局等为成员单位。领导小组下设办公室，办公室设在区政务服务和公共资源交易中心，统筹协调日常事务，督促工作措施落实。

（十九）各方形成合力。创新政府服务企业体系工作是一项系统工程，需要相关各方各司其职、密切配合、协同推进。区级相关部门、相关服务企业和镇街，要按照“职能归口、主动服务”的要求，努力提供工商、税务、国土、房管、规划、建设、环保、消防、水电气、用工、社保等各方面的最优服务。区编办、区政务服务和公共资源交易中心要牵头推进行政审批制度改革，统筹协调行政审批职能部门创新政务服务工作，打造最优发展环境。

（二十）加大宣传力度。充分利用各种宣传媒体，对全区深化行政审批制度改革，创新政府服务企业进行广泛宣传，让来区投资创业的企业引得进、留得住，享受优质高效便捷的政务服务。

（二十一）落实经费保障。区财政要提供经费保障。对创新政府服务企业体系工作经费、工商领域并联审批建设及运行经费、重点项目全程无偿代理服务、区政务服务标准化建设、企业诉求平台、信息网络平台建设等项目经费核实后按规定安排。

（二十二）强化工作考核。强化对创新政府服务企业体系的考核，完善行政审批绩效考核办法，并将考核结果纳入对区级各部门的发展环境综合目标考核。对违纪违规审批行为进行每月通报。对行政不作为和行政乱作为的，要追究单位负责人和有关人员的责任。

重庆市巴南区人民政府关于加快发展夜市经济的实施意见

巴南府发〔2014〕119号

各镇人民政府、街道办事处，区政府各部门，有关单位：

为促进夜市经济发展，培育新的消费热点，拓宽就业创业渠道，根据市政府《关于发展夜市经济的意见》（渝府发〔2014〕27号）精神，结合我区实际，提出如下实施意见：

一、总体要求

坚持政府引导与市场运作，鼓励发展与规范管理，突出特色与错位发展，行业指导与属地管理相结合的原则，以扩大消费、服务民生为导向，以促进夜间消费、发展夜市经济为目标，以丰富业态种类、完善配套设施、强化日常管理为重点，着力打造一批特色鲜明、业态多元、靓丽美观、整洁卫生的夜市街区，发展形式多样的夜间消费活动，满足不同消费群体的需求，增强夜市消费对经济增长的拉动作用。

二、发展目标

到2016年，重点打造具有一定知名度的特色夜市街区2条以上，创造夜市街区就业岗位3000人以上，新增社会消费品零售总额5亿元以上。

三、主要任务

（一）鼓励引导夜市消费。创新夜市经济发展理念和发展模式，大力发展新型业态，引领新型消费。支持购物、餐饮、娱乐、文化、休闲、洗浴、美发美容、洗染等行业延长营业时间，营造夜间消费氛围。开展美食节、美食街、美食夜市创建活动，丰富夜间餐饮市场。鼓励百货商场、超市、集贸市场开设夜卖一条街，积极举办旺季夜市、消夏节、纳凉节、啤酒节等活动，加大夜间消费打折让利力度，满足和方便居民夜间消费需求。大力发展夜间旅游、体育健身、文化娱乐活动，促进公共文化场馆延时开放，丰富夜间精神文化生活，增强夜市消费活力，带动夜市经济发展。

（二）科学规划夜市街区。夜市街区规划设置要有利于聚集人气，以不影响公共安全、不影响车辆、不扰民为前提，将夜市街区建设与旧城改造和新区开发结合起来，鼓励在新建居民小区周边规划建设夜市街区。近期着力规划打造龙洲湾嘉赢尚河、鱼洞老街、李家沱斯努特啤酒激情小镇、南温泉美食等特色型夜市，在花溪理工大学、南泉工程学院、龙洲湾高职城等规划建设创业型夜市，未来重点在中央活动区（CAZ）、中央休闲购物区（CSD）、经济园区、南彭贸易物流基地、麻柳沿江开发区等进行规划建设。

（三）引导夜市差异化发展。根据夜市街区所处地理位置、目标客群、消费层次、购买能力和需求特征等，找准市场定位，因地制宜，重点打造两类夜市街区：一是特色型夜市。以特色化、专业化、规模化为发展方向，集聚发展老字号、品牌餐饮、风味小吃、时尚酒吧、娱乐休闲、精品购物等业态。打造老字号、风味美食、酒吧、潮流服饰、珠宝、古玩字画一条街等高品质特色夜市。二是创业型夜市。以搭建创业平台、规范占道经营、便民休闲为目的，突出方便、快捷、经济、价廉等特点，划定固定经营区域，开辟以进城务工人员、大学生创业者为主体的小商品、小吃、跳蚤市场等特色夜市街区，满足创业者的场地需求，增加低收入群体收入。要做到市场定位清晰、个性化特征明显、业态结构合理、服务功能互补，实现有序错位发展，规范特色经营。

（四）完善夜市配套设施。加强夜市整体环境建设，开展环境综合整治和绿化工作，全面提高净化、绿化、美化水平。配套完善水电供给、污水排放、垃圾处理等市政、环卫设施建设，加强日常清洁管理，保持夜市环境整洁，防治噪声、油烟扰民。完善夜市布局、交通、卫生、消防、安全警示等各类标志标牌和咨询服务点、车辆停靠点、公共停车场、换乘点等配套设施。

四、保障措施

（一）建立管理机制。按照区政府统一领导、镇街属地管理、区级部门分工监管的原则，各镇街要高度重视发展夜市经济，将其作为经济发展和服务民生的重要任务，结合镇街实际，大力推进。建立区商务局牵头的联席制度，定期研究和解决促进夜市发展中出现的新情况、新问题。

（二）加大政策扶持。在商务发展、非公经济发展、就业、环保等专项资金中切块安排，专项用于支持特色夜市街区建设。失业人员进夜市合法经营的，可按照有关规定享受自主创业人员相关优惠政策。夜市四至范围内公共设施附属广告收益上缴区财政部分全额返还给夜市管理机构，用于夜市街区的建设和管理。美化夜市街景设置的公共照明和装饰照明设施的非经营性用电，接入城市路灯网，相关费用按现行财政渠道承担。创业型夜市经营者其经营性水、电费价格执行民用标准，差额部分由财政补贴。

（三）规范收费管理。规范夜市经济的收费管理，降低夜间营业成本，减轻商户负担。夜市街区管理机构对经营者收取的各种费用实行一费制统一收费。

（四）优化发展环境。在法律法规允许的范围内降低准入门槛，简化审批环节和程序，规划、国土房管、城乡建设、市政、环保、食品药品监管、工商等部门，要将夜市建设管理涉及的相关审批事项纳入绿色通道办理。进一步放宽对夜市经营企业灯饰、广告设置的限制，简化审批手续，提高审批效率。加强夜市治安管理，维护正常经营秩序，营造安全消费环境。

（五）完善配套服务。规划、市政、城乡建设、交通、环保、能源供应等部门要在夜市周边规划设置水电供给、污水排放、公共卫生、交通等配套设施，为夜市经营提供相关便利。交通管理部门要根据夜市经营时间，制定交通组织方案，采取有效措施确保夜市区域及周边良好的交通秩序。

（六）加强宣传引导。充分利用各类新闻媒体，加大对夜市建设和发展工作的宣传。利用节假日促销、大型展会等活动，主流新闻媒体、网站和电子商务平台，加大对重点夜市、品牌夜市的宣传推介力度，打造夜市整体品牌形象，提高知名度和美誉度。

附件：重庆市巴南区夜市街区建设实施方案

附件

重庆市巴南区夜市街区建设实施方案

为推进我区夜市街区建设，促进夜市经济发展，根据《重庆市巴南区人民政府关于加快发展夜市经济的实施意见》，制定本方案。

一、基本原则

（一）政府引导，市场运作。充分发挥政府组织协调、规划指导及政策扶持作用，市场机制在开发建设中的调节作用，以及企业的经营主体作用，形成各方参与、协同推进的工作合力。

（二）鼓励发展，规范管理。正确处理好发展与管理的关系，在大力支持、鼓励夜市经济发展的同时，加强夜市街区日常管理和服务，确保公共秩序、环境卫生、食品安全，不影响市民日常生活。

（三）突出特色，错位发展。充分利用夜市街区作为商业聚集区消费功能的时空延伸的特点，创新夜市经济发展理念和模式，大力发展新型业态，引领新型消费，构建以城市核心商圈为主体，夜市街区为补充，多种消费形态并举，各具特色、错位发展的格局。

（四）统一领导，属地管理。按照政府统一领导、属地管理、部门分工监管的原则，区政府负责统筹夜市街区的规划建设，所在镇街牵头负责日常管理，有关职能部门各司其职、协同实施。

二、功能类型

结合实际，不同夜市街区应定位不同、特点各异，在建筑样式、商品结构、服务内容、经营方式、管理模式、目标客群等方面突出专业性和针对性。

（一）特色型夜市：包括餐饮、酒吧、休闲娱乐、购物、旅游、民俗文化展示等特色街区，集吃、住、游、购、娱于一体，以文化展示、专项商品经营、专业服务集聚为特色，经营品种较全、专业性强，体现城市功能性特征。

（二）创业型夜市：以搭建创业平台、规范占道经营、便民休闲为目的，突出方便、快捷、经济、价廉等特点，划定固定经营区域，开辟以进城务工人员、大学生创业者为主体的小商品一条街、小吃夜市一条街、跳蚤市场等特色夜市，满足创业者的经营场地需求。

三、建设要求

（一）选址要求。夜市街区建设必须符合城市规划和城市管理相关规定，确定选址前应充分、广泛听取和采纳周边居民的意见。特色型夜市宜选址外来人员集聚、消费便利、街区商业等基础设施条件较好的区域。创业型夜市选址应避开城市主干道和车站、广场等重要公共场所，宜选址交通流量相对较小的街区，有条件、按计划逐步实施临时交通管制，实现封闭经营，便于规范经营和秩序维护。涉及食品经营的夜市还应考虑选址周边无污染源，同时经营活动不会对环境造成影响的区域。

（二）经营规模。原则上特色型、创业型夜市街区的长度分别不少于300米、100米，或经营面积不低于3000平方米、1000平方米。特色型夜市街区经营同类商品或提供相关服务的店铺数量或营业面积占比达50%以上。

（三）经营时间。每年5月1日至10月31日，夜市开市时间为19：00；11月1日至次年4月30日，开市时间为18：00。收市时间根据不同街区类型，原则上在23：00至次日凌晨2：00，具体时间由各夜市街区动态管理。

（四）摊位设置。夜市街区入驻商户一般在100家以上，街区街道两侧要有显著的摊位定点画线标志，并设立夜市经营标志牌，经营摊位可不设立日常的固定设施。

（五）配套服务。夜市街区要有完善的水电气供应、排水排污等硬件设施；要配套设置卫生（公厕）、消防、环卫等必要设施；应设有与街区规模相适应的专用机动车、非机动车停车场。涉及食品经营的夜市应统一配置防蝇、防虫、防鼠及工用具或餐具清洗消毒设施。

四、经营管理

（一）统一管理。一是划行归市，经营摊位实行统一编号管理，定点定位，统一摆放，不得越线。经营设施必须符合城市市容、环境保护、消防等方面的要求，做到规格统一、整洁美观、牢固安全。二是夜市街区管理机构对经营者收取的各种费用实行一费制统一收费。三是必须配备专职或兼职保洁人员，负责街区道路保洁和垃圾收集工作，确保收市后2小时内完成经营场地清扫。四是涉及食品经营的夜市应设置食品安全和消防安全责任人，实行摊位卫生责任制，使用统一消毒的餐具，操作台下必须铺设防油布，摊位周围要随时清扫，防止噪声、油烟、污物扰民。

（二）证照齐全。进入夜市街区的经营者必须依法办理相关证照，各种证照要在明显位置展示。食品经营者和从业人员必须具备保障食品安全的基本条件，持有健康证明，取得相关备案手续。

（三）明码实价。夜市出售的商品必须明码标价，经营者要配备规格统一的标价牌，标明主要品种单价，并在明显位置展示。

五、职责分工

商贸部门负责制订夜市街区建设总体规划，会同有关部门完善明确相关支持政策，组织开展夜市街区评定工作，统筹推动夜市街区建设和发展。

财政部门负责落实对夜市街区的财政扶持政策。

交通部门负责结合各类夜市区域实际及经营需求，制订交通组织方案，确保夜市经营交通秩序。

公安部门负责夜市街区交通、综合治安和消防安全日常管理。

人力社保部门负责落实夜市街区创业就业人员相关扶持政策。

国土部门负责落实纳入统一规划建设的夜市街区供地。

规划部门负责将新建夜市街区纳入城市建设统一规划。

市政部门负责做好夜市街区市政设施和环境卫生的日常维护和监督管理，依法对周边游商摊贩进行查处。

文化部门负责休闲文化娱乐类特色街区的规划指导，加强日常管理和服务。

税务部门负责夜市街区相关税务登记证照的办理，落实税收优惠政策，扶持夜市经济发展

工商部门负责对进入夜市街区的经营商户进行审核，按规定核发“营业执照”，受理职能范围内的消费投诉。

旅游部门负责将品牌夜市街区纳入旅游精品线路，给予相关政策扶持，指导评定A级景区，加强营销推介。

食品药品监管部门负责对夜市街区食品安全的监督管理。

经济信息部门负责统筹协调夜市街区供电供气设施建设，保障日常经营能源供应。

水利部门负责统筹协调夜市街区供水设施建设，保障日常经营能源供应。

环保部门负责经营活动中的噪声防治。

各镇街是夜市街区建设的组织实施单位，负责组织实施、协调监督本行政区内夜市街区规划建设工作，负责经营活动中各类矛盾纠纷的协调处理。要明确主办单位负责具体落实，做到“谁主办、谁管理、谁负责”。

夜市街区主办单位负责建设管理夜市街区供水、供电、卫生、消防等经营和安全设施；负责夜市街区经营时限、保洁和日常经营秩序管理；协助市政、工商、公安等部门依法执行公务，维护市场经营秩序。

重庆市巴南区人民政府关于加快推进养老服务业发展的实施意见

巴南府发〔2014〕183号

各镇人民政府、街道办事处，区政府各部门，有关单位：

为积极应对人口老龄化，根据《国务院关于加快发展养老服务业的若干意见》（国发〔2013〕35号）和《重庆市人民政府关于加快推进养老服务业发展的意见》（渝府发〔2014〕16号）精神，推进全区养老服务业快速发展，特提出如下实施意见：

一、发展目标

至2016年基本建成以居家养老为基础、社区养老为依托、机构养老为支撑、信息技术服务为辅助，规模适度、功能完善，制度健全、管理规范，服务专业、运行高效、投资多元、城乡一体的社会养老服务体系，全区社会养老床位数达每千名老年人40张。到2020年，全区社会养老床位数达每千名老年人50—70张，居家和社区养老服务设施覆盖100%城市社区和60%以上农村社区；全区机构养老、居家养老和社区养老服务提供1万个以上就业岗位。以老年生活照料、老年产品用品、老年健康服务、老年体育健身、老年文化娱乐、老年金融服务、老年旅游等为主的养老服务业全面发展。

二、主要任务

（一）完善城乡养老服务规划体系。将养老服务业发展纳入国民经济和社会发展规划，列为服务业发展重点内容；编制《巴南区2014～2020年养老服务体系建设发展规划》及《巴南区养老设施专业规划》，构建区、镇（街道）和社区三级配置的布局体系，明确居家养老环境建设、社区养老服务网络、养老服务机构、养老服务人才队伍建设、养老服务制度建设、养老服务信息化建设等目标、任务和措施。明确政府办和社会办养老机构基本功能和目标定位，建立不同形式养老机构之间的协作机制，整合社会资源，推进养老服务与医疗、家政、保险、教育、健身、旅游等相关领域的互动发展。

（二）建立健全养老支持政策。进一步完善落实基本养老、基本医疗、最低生活保障等政策，适时提高养老保障水平。完善城乡养老服务托底措施，将城乡“三无”、农村五保老人全部纳入供养范围，建立供养标准与物价联动机制，适时提高供养标准；城市“三无”和农村五保老人需入住养老机构的，应及时纳入养老机构供养，政府、集体兴办的养老机构床位优先为城乡“三无”、五保老人提供养老。加快建立养老服务评估机制，完善政府购买养老服务政策体系，建立居家养老服务补贴制度，完善高龄老人津贴政策，并逐步扩大补贴范围和提高补贴标准。建立空巢老人关爱机制。鼓励商业保险公司开展长期医疗护理保险和养老机构综合责任保险业务，支持居民和养老机构投保。大力弘扬孝亲敬老传统美德，深入开展敬老爱老活动，营造尊老助老的社会氛围。

（三）加快推进养老服务设施建设。加快推进城乡养老服务设施建设，新建城区和新建居住（小）区，要按标准要求配套建设养老服务设施；老城区和已建成居住（小）区无养老服务设施的，要通过购买、置换、租赁等方式建设养老服务设施。进一步加强农村养老服务设施建设。将农村养老服务设施建设纳入农村公共服务设施统一规划，充分利用村级公共服务场所、农家院坝、闲置校舍等建设村级养老服务站、幸福院、托老所等养老服务设施。加强政府办养老机构建设。通过新建、改（扩）建社会福利院、敬老院等，增加养老机构床位，改善供养条件，保障城市“三无”和农村五保老人的养老服务需求，同时，利用剩余床位为经济困难的高龄、失能老年人提供低偿服务。加快推进公共交通工具、场站和居住区、城市道路、楼宇、公厕、文体场馆、商业网点、旅游景点等与老年人生活密切相关的公共基础设施无障碍改造。

（四）大力发展社会化养老服务。支持社会力量进入养老服务领域，根据养老市场需求，建设满足不同需求的养老服务机构。鼓励社会力量举办规模化、连锁化的养老机构。由社会力量投资或社会资本与集体资本结合，采取新建、改扩建或开发闲置房等方式，建设中低端与高端相结合的养老机构，发挥机构养老的支撑作用，满足不同层次的养老需求。加大财政投入和社会筹资力度，重点支持供养型、养护型和医护型养老机构发展。区级相关部门要在资金、场地、人员等方面，进一步降低社会力量举办养老机构的门槛，简化手续、规范程序、公开信息，为社会力量举办养老机构提供便捷服务。鼓励境外投资者以独资、合资、合作等方式兴办养老服务机构。

（五）创新发展社区居家养老服务。将社区养老服务设施建设纳入全区重点民生工程，制定运营补贴、规费减免等优惠政策，支持建立以企业和机构为主体、社区为纽带的居家养老服务网络，积极探索公建民营、民办公助、委托管理、合资合作、购买服务等社区养老运营模式。推广和运用“志愿者+社区专职工作者”“日托+全托+居家”和“日托+全托+居家+医疗”三种社区养老服务模式，满足各类老人服务需求。支持家政服务企业与社区、医疗、物业、养老机构合作，利用社区养老服务平台为居家老年人提供助餐、助浴、助洁、助急、助医等上门服务。支持社区充分利用公共服务设施和社会场所，组织开展适合老年人的群众性文化体育娱乐活动。机关、企事业单位内部具有为老年人服务功能的设施，应向社会老人开放。充分利用村（社区）文体服务设施，发展老年人各种文艺健身团体，提高老年人的社会参与度。建立完善居家养老服务智能化信息平台，发展老年电子商务，利用互联网、物联网等技术手段创新居家养老服务模式，通过智能化养老服务平台提供紧急呼叫、家政预约、健康咨询、物品代购、服务缴费等服务项目。积极引导专业养老机构利用自身资源，培训和指导社区养老服务组织和人员，托管社区养老服务中心（站）。

（六）培育发展养老服务社会组织。以社区养老服务设施为依托，建立满足老年人各种服务需求的居家养老服务网络。培育和发展专业化养老服务组织和志愿者服务队伍，开展生活照料、医疗康复、精神慰藉、权益维护、安全援助等居家养老服务。在村（社区）培育发展老年协会，支持老年群众组织开展自我管理、自我服务和服务社会活动，鼓励低龄健康老人参与居家养老服务。重点培育农村社区老年协会开展互助式养老服务，以老年人的互助服务，弥补农村养老服务供给的不足。积极扶持发展各类社会组织，开展为老志愿服务活动。引导建立养老服务行业协会、老龄产业协会、专业人员协会等养老服务社会组织，开展养老服务行业标准制定、服务质量评估、服务行为监督及专业职称评定等工作，发挥社会组织在行业自律、监督评估、沟通协调、服务中介、风险分担等方面的作用。逐步加大政府购买服务的力度，制定政府向社会力量购买养老服务的政策措施。支持社会组织参与管理、运营养老机构，开展养老服务教育培训、研究交流、咨询评估和第三方认证等服务。积极培育发展为老服务公益慈善组织，支持公益慈善组织参与养老机构建设运营、养老产品开发和为困难老人提供养老服务帮助等，使公益慈善组织成为发展养老服务业的重要力量。

（七）着力推广“医养融合”的养老服务模式。通过养老院设立医院、医院举办养老院、养老院与医院联办等形式，构建养老与医疗相互融合的服务模式。符合条件的养老机构可依法设立医疗机构。对养老机构内设的医疗机构，符合城镇职工基本医疗保险和城乡居民合作医疗保险定点条件的，可申请纳入定点范围。入住养老机构的老年人，参加了医疗保险的，在上述定点医疗机构发生的医疗费用，按规定享受医疗保险相关待遇。支持社会资本开办老年护理院、康复医院和提供临终关怀服务的医疗机构。全区二级及以上综合医院要创造条件开设老年病科，增加老年病床数量，做好老年病、慢性病防治和康复护理。

探索推进面向养老机构的远程医疗服务。建立社区卫生服务机构与老年人家庭医疗契约服务关系，开展上门诊视、健康查体、保健咨询、护理指导等服务。鼓励医疗机构、社区卫生服务机构与养老机构、社区养老服务中心（站）加强合作，实现老年人卫生健康服务在养老机构与医疗机构之间的便捷对接。

（八）重视发展养老服务消费市场。区级各部门在制定相关产业发展规划中，要鼓励发展养老服务中小企业，扶持发展龙头企业，实施品牌战略，提高创新能力。要围绕适合老年人的衣、食、住、行、医、文化娱乐等需要，支持企业积极开发安全有效的康复辅具、食品药品、服装服饰等老年用品用具和服务产品，引导商场、超市、批发市场设立老年用品专区专柜。健全市场规范和行业标准，营造安全、便利、诚信的消费环境。开发老年住宅、老年公寓等老年生活设施，提高老年人生活质量。引导和规范商业银行、保险公司、证券公司等金融机构开发适合老年人的理财、信贷、保险等产品。

三、政策措施

（一）完善土地供应政策。全区将各类养老服务设施建设用地纳入城乡建设总体规划和土地利用总体规划。在编制城市总体规划、控制性详细规划时，应按照国发〔2013〕35号文件“人均用地不少于0.1平方米的标准”设置养老服务设施。建立城市社区养老服务设施规划并联审批制度，将开发建设单位在新改（扩）建住宅中足额规划配置社区养老服务设施作为建设项目规划控制审查、竣工验收备案和产权办理的前置条件，并通过由相关职能部门组成的建管联席会议的综合验收，确保建设养老服务设施与住宅同步规划、同步建设、同步验收、同步交付使用。全区养老服务设施建设对纳入专业规划的养老设施用地，要采取多种方式保障用地需求，可将闲置的公益性用地调整为养老服务用地。规划部门应在新区建设的《建设用地规划条件函》中明确需配建的养老服务设施。民间资本和政府投资建设的非营利性养老设施，享有相同的土地供应政策，可依法使用国有划拨土地，如机构停办，土地使用权由政府对土地及地面建筑物评估后折价收回。营利性养老机构建设用地，按照经营性用地的规定依法办理有偿出让手续。农村养老服务设施建设，符合土地利用总体规划和城乡建设规划的，可以使用农村集体建设用地，按照农村公共设施和公益事业建设相关要求，办理土地使用手续；配套建设的公路符合农村道路管理用地的，可按照相关规定作为农用地进行管理，不办理建设用地手续。严禁改变养老设施建设用地性质搞房地产开发，不得将养老服务设施进行分零销售。

（二）完善财政投入政策。全区将养老服务体系建设经费列入年度财政预算，加大对政府办福利院、敬老院的财政投入，完善设施设备，改善供养条件，对达不到福利院、敬老院基本建设标准和入住条件的，进行限期整改，确保城乡“三无”、五保老人得到良好照顾。加快城乡社区养老服务设施建设，对按规定和标准新建的城乡社区养老服务中心（站），由财政给予一次性建设补助；在享受市级资金补助的基础上，对新建、扩建或用自有房屋改建新增床位50张以上以及租用房屋（房屋租期5年及以上）改建新增床位20张以上的社会办养老机构由区级财政给予新增床位1000元/张的建设补贴。建立养老机构运营补贴制度，对已投入运营的养老机构，凡接收入住的巴南区区籍老人，按每人50元/月的标准给予运营补贴。区级彩票公益金，将50%以上的资金用于支持发展养老服务业。

（三）完善税费优惠政策。认真落实国家现行支持养老服务业的税收优惠政策，对养老机构（含家庭服务企业、社区养老服务中心站）提供的养护服务免征营业税，对非营利性养老机构的自用房产、土地免征房产税、城镇土地使用税，对符合条件的非营利性养老机构的收入为免征收入。对企事业单位、社会团体和个人向非营利性养老机构的捐赠，符合相关规定的，准予在计算其应纳税所得额时按税法规定比例扣除。非营利性养老机构设施建设免征行政事业性收费，营利性养老机构设施建设减半征收行政事业性收费；养老机构提供养老服务涉及的行政事业性收费要适当减免。养老机构用水、用电、用气按居民生活类价格执行，天然气初装费降低30%收取，水电气安装工程费用适当减免。有线数字电视收视维护费执行低收入用户减免政策，电话、有线（数字）电视、宽带互联网等安装费用适当减免。境内外资本举办养老机构享有同等优惠政策。

（四）完善人才培养和就业政策。充分利用高等院校、中等职业学校和职业培训机构的教育资源，加快培养老年服务管理、医疗保健、护理康复、营养调配、心理咨询等专业人才。鼓励社会力量举办养老服务培训机构，依托院校和养老机构建立养老服务实训基地。把养老服务技能培训纳入城乡就业培训范围，对符合条件的参加养老护理职业培训和职业技能鉴定的从业人员按规定给予相关补贴。在养老机构和社区开发公益性岗位，吸纳农村转移劳动力、城镇就业困难人员等从事养老服务，按规定落实岗位补贴和社保补贴。建立养老护理员职业资格认证和持证上岗制度，加强养老机构社会工作人才队伍建设。对在养老机构就业的专业技术人员，执行与医疗、福利机构等相同的执业资格、注册考核政策。落实就业扶持政策，本区社会办养老机构（含居家养老服务组织）招用重庆市户籍的就业困难群体和登记失业的高校毕业生，与其签订 1 年以上劳动合同，并按规定缴纳了社会保险费的，可按规定享受社会保险补贴。养老机构应积极改善养老护理员工作条件，加强劳动保护和职业防护，依法缴纳养老保险等社会保险费，逐步提高从业人员收入。

（五）完善融资政策。将养老服务业作为信贷支持类行业，鼓励和引导金融机构创新金融产品和服务，利用财政贴息、小额贷款等方式，加大对养老服务业的信贷投入。各金融机构要加快金融产品和服务方式创新，拓宽信贷抵押物范围，适当提高抵借率，探索养老机构设施设备抵押贷款、经营收益质押贷款等融资模式，满足养老服务业的信贷需求。加强养老服务机构评级及担保增信等信用体系建设，提升融资能力。鼓励和支持保险资金投资养老服务领域，以及开展老年人住房反向抵押养老保险等工作。

四、组织领导

（一）成立工作机构。成立由区政府主要领导任组长，区政府分管领导任副组长，区政府各部门和有关单位为成员的养老服务业发展工作领导小组，明确部门职责，对相关工作进行宏观管理、综合协调、统筹规划。

（二）建立工作机制。建立部门联席会议制度，定期分析养老服务发展情况和存在问题，研究推进养老服务业加快发展的各项政策措施，认真落实养老服务业发展的相关任务要求，形成各司其职、齐抓共管、整体推进的工作格局。

（三）落实责任。建立养老服务业发展目标任务责任制，实行绩效目标管理，将其纳入对区政府各部门、各镇街的年度综合目标考核内容，确保责任到位、任务落实。

重庆市巴南区人民政府
关于进一步扶持小微企业发展的实施意见

巴南府发〔2014〕186 号

各镇人民政府、街道办事处，区政府各部门，有关单位：

为认真贯彻落实《国务院关于扶持小型微型企业健康发展的意见》（国发〔2014〕52 号）、《重庆市人民政府关于印发重庆市完善小微企业扶持机制实施方案的通知》（渝府发〔2014〕36 号）精神，充分发挥小微企业稳定增长、扩大就业、促进创新、繁荣市场等重要作用，推动全区小微企业持续健康发展，结合我区实际，制定本实施意见。

一、工作思路和目标

工作思路是认真贯彻落实党的十八届三中、四中全会和市委四届三次、四次、五次全会精神，紧紧围绕“四区一基地”的功能定位，按照“放开、减负、解难、引导”的要求，以问题为导向，放宽市场准入，缓解企业融资困难，切实减轻企业负担，拓展企业发展空间，优化服务环境，进一步激发创业热情，带动社会就业，增强市场活力，促进企业发展壮大，加快推进全区小微企业持续健康发展。

工作目标是建立具有政策宣传、咨询诉求、帮扶维权、监测统计的政府服务平台；依托企业信用和“诚信巴南”公示系统，建立小微企业名录和动态数据库，汇集工商注册登记、行政许可、税收缴纳、社保缴费等信息，推进小微企业信用信息共享和运用，完善小微企业信用体系；健全完善各部门、镇街落实各项政策措施、细化流程的互联互通、互动服务的运转和责任机制。确保企业对扶持政策的知晓率达100%，全区新增小微企业数量年均增长10%以上，新增小微企业成长率达15%以上，小微企业重点扶持率达10%以上，存量小微企业成长率达5%以上，到2016年底，建成6个市、区级小、微企业创业基地。

二、主要任务

（一）进一步放宽市场准入

1. 执行小微企业注册资本认缴登记和“先照后证”制度，除国家法律法规明确规定外，取消小微公司制企业最低注册资本、首次出资比例、货币出资比例以及出资期限的限制，不再将工商年检、验资报告作为行政审批、证照审验、资质认定和市场准入的前置条件。

2. 建立小微企业申办快速通道，实现申请、受理、审核、公示、发照等全程电子化网上登记管理。推进工商营业执照、税务登记证、组织机构代码证及公章并联审批，一次性办结企业设立的相关证照和手续。

3. 放宽住所（经营场所）登记条件，对市场主体以产业园区（楼宇产业园）内正在建造的房屋作为住所（经营场所）的，可凭相关证明材料办理登记。对利用住宅从事不扰民的经营活动，以及用于行政办公、通讯联络的小微企业，工商登记免予提交相关证明材料。

4. 持续推进市场主体“五转一创新”工作，支持个体工商户转型升级为小微企业，鼓励经营能力强、资产规模大、有发展潜力的个体工商户转型升级为小微企业、公司分支机构转型为独立法人机构，并享受有关扶持政策。

（二）着力缓解融资困难

5. 各商业银行要单列信贷计划，确保小微企业贷款增速不低于各项贷款平均增速，增量不低于上年同期。对引入了抵质押或保险、担保机制的小微企业贷款，利率原则上低于本机构同类同档次贷款利率平均水平。采取续贷提前审批、设立循环贷款等方式，提高贷款审批发放效率。严禁“以贷转存”“存贷挂钩”等行为。积极推广小额贷款保证保险，大力发展支持小微企业获得信贷服务的保险产品，开展“保险 + 信贷”合作。

6. 微型企业可申请15万元以内2年期的创业扶持贷款，贷款利率执行同期基准利率的，财政给予承贷银行1个百分点的奖励。符合条件的微型企业创业者，可按规定享受小额担保贷款财政贴息。对鼓励类行业微型企业当年发生的商业贷款给予财政贴息，贴息时间不超过2年，按不超过同期贷款基准利率的50%予以贴息，每户微型企业每年不超过10万元。

7. 担保机构为中小企业和微型企业融资性贷款收取的担保费率在2%以下的新增担保发生额，由财政补助担保机构0.5个百分点。市属担保公司为中小企业和微型企业融资性贷款收取的担保费率控制在2%以内。

8. 设立微型企业贷款风险补偿周转金，对承贷银行发放的微型企业创业扶持贷款形成的贷款损失部分，经财政、审计、工商等部门审核后即按照市、区两级财政各承担1/3先予以补偿，再予以清算，另外1/3由金融机构和担保机构共同承担。争取国家支持，建立再担保专项资金，对中小企业融资担保予以支持。

9. 吸引社会资金投入，按照股权投资等市场化运作方式，建立小微企业发展产业引导基金，重点支持市场潜力大、创新能力强的小微企业发展壮大。推荐符合条件的小微企业优质项目对接市级产业引导股权投资基金和市级小微企业发展产业引导基金。

10. 积极探索组建小微企业互助基金，为全区小微企业提供融资帮助。协调小微企业金融服务机构开展动产、知识产权、农村产权、股权、商标权、应收账款、仓单、订单、存货、保函等抵质押融资业务。在风险可控前提下，注重企业第一还款来源，适当提高弱担保类贷款比重。

11. 将经营办公文具的微型企业作为区协议供货商纳入政府采购协议供货电子交易平台。在政府采购中对微型企业产品的报价给予10%的扣除；鼓励大中型企业联合微型企业共同投标，微型企业占联合体协议合同金额30%以上的，给予联合体3%的报价扣除，用扣除后的报价参与评审。

（三）切实减轻企业负担

12. 扶持高校毕业生、返乡农民工、失业人员、军队复员人员等重点人群创办的市级、区级鼓励类行业微型企业。符合条件的微型企业在设立登记满2个月后，可申请享受创业补助。符合条件的微型企业还可享受免费培训、水电等运营补贴。

13. 对月销售额或月营业额不超过2万元的小微企业，暂免征收增值税或营业税；从2014年10月1日至2015年12月31日，对月销售额或月营业额不超过3万元的小微企业，暂免征收增值税或营业税。自2014年1月1日至2016年12月31日，对年应纳税所得额低于10万元（含10万元）的小型微利企业，其所得减按50%计入应纳税所得额，按20%的税率缴纳企业所得税。2014年1月1日至2017年12月31日期间新办微型企业，自注册登记之日起按其缴纳企业所得税、营业税和增值税地方留成部分给予2年补贴。2013年12月31日之前成立的微型企业，在2015年12月31日前，按其缴纳企业所得税、营业税和增值税地方留成部分给予补贴，补贴上限为注册资本（最高不超过15万元）中的个人出资部分。小微企业从事国家鼓励发展的投资项目，进口项目自用且国内不能生产的先进设备，按照有关规定免征关税。

14. 政府安排的民营经济发展专项资金，重点用于符合条件的小微企业技术改造（先进设备引进）、新产品开发、技术创新、“五转一创新”企业升级、租用经营场地租金补贴、代理记账、国家有关扶持资金的配套鼓励事项，以及鼓励类产业投资贷款、中小企业有市场有回款有效益产品生产所需流动资金贷款贴息，以降低企业运营成本。

15. 2015年12月31日前，对微型企业新招用毕业年度高校毕业生，签订1年以上劳动合同并按时足额缴纳社会保险费的，给予1年的社会保险补贴。微型企业招用城乡劳动力，与其签订1年以上期限劳动合同，按现行政策享受社保补贴。纳入同等条件下优先招聘离校未就业高校贫困毕业生1200个岗位认定的微型企业，在经认定的岗位上吸纳登记失业高校贫困毕业生，签订1年以上劳动合同并缴纳社会保险费的企业，财政按6000元/人标准给予企业一次性岗位补助。高校毕业生到小微企业就业的，其档案可由区人才交流服务中心免费保管。

16. 清理规范行政审批前置服务项目及收费，并向社会公示。对涉企的行政事业及经营性收费均实行目录清单制度，严禁清单外的涉企收费。对符合规定的各类收费标准进行清理，并对小微企业实行优惠或者减免。清理各类协会、中介机构的涉企收费，坚决查处乱收费、乱罚款和摊派等行为，维护小微企业合法权益。对新办微型企业，自其设立之日起两年内，暂免征收工会经费和筹备金，以及残疾人就业保障金。自工商登记注册之日起3年内，对安排残疾人就业未达到规定比例、在职职工总数20人以下（含20人）的小微企业，免征残疾人就业保障金。

（四）拓展集聚发展空间

17. 采取市场化运作方式，鼓励社会资金投入楼宇产业园建设。利用工业用地新建的市级楼宇产业园、小企业创业基地，其生产性用房及配套用房同等享受工业园区标准厂房扶持政策。根据楼宇产业园的产业功能定位和产出强度要求，在容积率不突破和土地使用性质不改变的前提下，合理确定覆盖率和建筑高度。利用工业用地建设的楼宇应实行限价、定向租售，为小微企业提供低成本、低租金的生产活动空间。用于中小企业发展的财政专项资金对楼宇产业园、小企业创业基地的楼宇维护、配套服务设施建设给予补助。

18. 全区范围内经认定的市级楼宇产业园和市级小企业创业基地，根据其连续3年对市级财政的贡献，通过转移支付实行奖补，用于支持楼宇产业园、小企业创业基地建设及入驻企业的发展；经认定的区级小微企业楼宇产业园和小微企业创业基地，根据其连续3年对区级财政的贡献实行奖补。对重点楼宇产业园，按照市、区两级财政补助和楼宇业主让利的“三个一点”支持方式，对入驻小微企业给予房租补贴。

19. 鼓励企业点对点对小微企业孵化服务，将巴南区科技文化微型企业创业园孵化服务企业的奖励扶持政策扩展至小微企业楼宇产业园和创业基地，参照《巴南区科技文化微型企业创业园奖励扶持实施办法（试行）》执行，孵化服务企业引进1户小微企业，可享受每户1000元奖励，孵化成功1户小微企业，可享受1万元奖励。

（五）协力优化服务环境

20. 建立支持小型微型企业发展的信息互联互通机制。依托工商行政管理部门的企业信用信息公示系统，在企业自愿申报的基础上建立小微企业名录，集中公开各类扶持政策及企业享受扶持政策的信息。通过统一的信用信息平台，汇集工商注册登记、行政许可、税收缴纳、社保缴费等信息，推进小微企业信用信息共享，促进小型微型企业信用体系建设。从小微企业中抽取一定比例的样本企业，进行跟踪调查，加强监测分析。

21. 培育发展服务机构，构建服务网络平台，对服务机构能力建设及其提供的服务给予补助或奖励。加大政府购买服务力度，为小型微型企业免费提供管理指导、技能培训、市场开拓、标准咨询、检验检测认证等服务，相关服务机构可享受西部大开发相关税收政策。

三、保障措施

（一）强化组织领导

各镇街、相关部门要深刻认识小微企业对于促进就业、稳定增长、繁荣市场和推进都市功能拓展区经济社会发展的重要意义，牢固树立支持小微企业发展就是支持地方经济建设的观念，把扶持小微企业作为一件重要的民生工程来抓紧落实。按照市级文件精神，结合本地实际，我区设立扶持小微企业发展工作办公室，建立科学的联席会议制度，负责扶持小微企业的统筹安排和组织协调工作。区政府分管领导担任办公室主任，区经信委和区工商分局主要负责人担任办公室副主任，办公室设在区工商分局，由区工商分局负责办公室日常工作。各镇街、相关部门要实行主要领导负责制，落实工作任务，精心组织实施，确保取得成效。

（二）明确职责分工

区工商分局会同区经信委负责小微企业扶持牵头工作，起草并落实小微企业扶持发展规划、规则和制度；承担小微企业扶持机制的组织实施，调查、研究、监测、分析小微企业发展状况及解决对策；负责与市中小企业局、市工商局和市经信委对接协调，争取和落实小微企业项目专项资金；指导并推进小微企业基地和楼宇产业园区建设；组织创业培训和扶持政策的宣传；做好服务平台搭建和数据共享交换；协助各单位落实发展扶持政策等。

区财政局负责编制小微企业预算、汇申项目、检审资金拨付等工作，监督管理小微企业扶持项目资金落实情况；落实与财政有关的支持小微企业发展政策；制定支持本地小微企业产品和服务进入政府采购目录的具体办法；监督行政事业性执法部门涉及小微企业的罚款和收费执行情况。

区发改委负责将小微企业扶持纳入全区经济社会发展规划和年度计划；在项目审批和资金安排上倾向有创新能力的小微企业；为小微企业提

供产业政策、项目、资金方面的服务；落实涉及对小微企业有关收费的优惠政策，并定期公布汇总。

区人力社保局负责与区工商分局协同做好小微企业创业培训工作，审核培训补贴，办理各种社会保险。

区工商联负责协助做好对小微企业的引导、管理、协调、培训工作；完善小微企业招工平台体系；促进小微企业与境内外商会、企业开展经贸合作。

人民银行巴南中心支行负责配合对融资担保扶持政策的细化、落实，承担账户开立、征信、财政直拨等服务，督促指导相关金融机构做好金融扶持、资金监测等工作。

区地税局、区国税局负责定期统计分析小微企业税收情况；落实支持小微企业发展的各项税收优惠政策。

区统计局负责对小微企业经营基本情况进行统计及数据分析。

巴南日报社、巴南电视台负责做好小微企业扶持政策的宣传工作，为推动小微企业发展营造良好舆论氛围。

区农委、区科委、区教委、区商务局、区移民局、区民政局、区文广新局、区环保局、区残联等部门按照自身职责做好促进小微企业发展的动员、推荐、培训、会审、扶持等相关工作，负责相关鼓励行业的认定。

各镇街负责承担小微企业发展工作的主体责任，动态掌握各自辖区的小微企业生产经营等基本情况，制定适应小微企业发展的目标和帮扶措施，确保各类小微企业扶持政策落实到位，推动企业做大做强。

区监察局、区审计局负责对小微企业扶持发展工作进行全面监督。区政府督查室负责对小微企业发展工作落实情况进行督促检查，对各镇街、相关部门工作完成情况进行通报。

（三）完善工作措施

扶持小微企业发展是一项关涉民生发展的重要工作，各镇街、相关部门要加强紧迫感，加大工作推进力度，按照职责要求，认真研究具体落实方案。定期召开联席工作会议，形成工作合力。牵头单位要及时搭建起扶持小微企业发展工作平台，建立完善小微企业数据库，实现各部门间数据信息共联共享，加强与区民营经济协会、区商业联合会、各行业协会组织的协作力度，发挥行业协会组织的引导帮扶作用。各镇街、相关部门要严格执行小微企业发展的相关政策，不断优化完善工作流程，进一步健全小微企业监督、管理、服务体制，确保小微企业扶持机制高效运行。

（四）落实经费保障

区财政局要合理安排小微企业扶持发展资金，其他相关部门严格按照《重庆市人民政府关于印发重庆市完善小微企业扶持机制实施方案的通知》（渝府发〔2014〕36号）精神，出台相关配套政策，确保小微企业扶持政策的兑现和资金到位。

（五）严格效能督查

将扶持小微企业发展工作纳入区政府对各镇街和相关部门的交办工作，实行扣分制。区扶持小微企业发展工作办公室和区委督查室、区政府督查室定期对各镇街、相关部门的工作推进情况进行督查，及时发现工作中出现的新情况、新问题，并将督查情况进行通报。对工作推进不力、阻挠小微企业发展、违反工作纪律的，将依法追究相关人员责任。

四、其他事项

小微型企业的划分，依据国家中小企业划型标准（工信部联企业〔2011〕300号）确定。若本实施意见的扶持政策与我区现有的产业扶持政策存在类似条款的，按“就高不就低”的原则执行；国家、重庆市另有规定的扶持政策，从其规定。

附件：1. 巴南区扶持鼓励类微型企业产业目录

2. 巴南区扶持小微企业发展任务分解表

气象谚语

一日南风三日曝，三日南风狗钻灶。

太阳戴圈圈，雨落明后天。

早烧雨，晚烧晴。

早上起了蛤蟆口，出门必须带伞走。

云朝东，一场空；云朝南，水满田；

云朝西，披蓑衣；云朝北，雨莫得。

有雨四脚亮，无雨顶上光。

先打雷，后落雨，当不到早上大露水。

日焰长江水，夜焰草头枯。

鱼儿乱跳，大雨来到。

文件索引

文件索引

2014 年

文件名称	发布文号	发文单位
中国共产党重庆市巴南区第十二届代表大会第三次会议关于中国共产党重庆市巴南区委员会工作报告及关于深化改革有关问题的决议	巴南委发〔2014〕1 号	巴南区委
中共重庆市巴南区委重庆市巴南区人民政府关于命名表彰 2013 年度区级文明单位文明村文明社区及其标兵的决定	巴南委发〔2014〕2 号	巴南区委、区政府
中共重庆市巴南区委重庆市巴南区人民政府关于表彰 2013 年度工作创新金鹰奖、突出贡献金牛奖的决定	巴南委发〔2014〕3 号	巴南区委、区政府
中共重庆市巴南区委重庆市巴南区人民政府关于 2013 年度区管领导班子和领导干部考核结果的通报	巴南委发〔2014〕4 号	巴南区委、区政府
中共重庆市巴南区委重庆市巴南区人民政府关于 2013 年度绩效管理考核情况的通报	巴南委发〔2014〕5 号	巴南区委、区政府
中共重庆市巴南区委关于印发《关于围绕都市功能拓展区建设开展 2013－2017 年大规模干部教育培训的意见》的通知	巴南委发〔2014〕6 号	巴南区委
中共重庆市巴南区委重庆市巴南区人民政府关于做好 2014 年重点项目民生工程和重大前期项目工作的通知	巴南委发〔2014〕7 号	巴南区委、区政府
中共重庆市巴南区委重庆市巴南区人民政府关于实施 25 大重点项目群建设的通知	巴南委发〔2014〕8 号	巴南区委、区政府
中共重庆市巴南区委关于全面深化改革有关问题的决定	巴南委发〔2014〕9 号	巴南区委
中共重庆市巴南区委重庆市巴南区人民政府关于推进城乡一体化进一步加强农业农村工作的意见	巴南委发〔2014〕10 号	巴南区委、区政府
中共重庆市巴南区委关于加强和改进人大工作的意见	巴南委发〔2014〕11 号	巴南区委

续表一

文件名称	发布文号	发文单位
中共重庆市巴南区委重庆市巴南区人民政府关于加快推进市场主体“五转一创新”的意见	巴南委发〔2014〕12号	巴南区委、区政府
中共重庆市巴南区委关于印发《中共重庆市巴南区委常委会2014年工作要点》的通知	巴南委发〔2014〕13号	巴南区委、区政府
中共重庆市巴南区委关于深化干部人事制度改革的意见	巴南委发〔2014〕14号	巴南区委
中共重庆市巴南区委关于印发《2014年巴南区全面深化改革重点任务》的通知	巴南委发〔2014〕15号	巴南区委
中共重庆市巴南区委重庆市巴南区人民政府关于给予喻良锟同志记三等功的决定	巴南委发〔2014〕16号	巴南区委、区政府
中共重庆市巴南区委重庆市巴南区人民政府关于旅游休闲产业发展的意见	巴南委发〔2014〕17号	巴南区委、区政府
中共重庆市巴南区委重庆市巴南区人民政府关于进一步加快商贸流通业发展的实施意见	巴南委发〔2014〕18号	巴南区委、区政府
中共重庆市巴南区委关于印发《巴南区贯彻落实中央〈建立健全惩治和预防腐败体系2013－2017年工作规划〉及市委〈实施意见〉的工作方案》的通知	巴南委发〔2014〕19号	巴南区委
中共重庆市巴南区委关于印发《关于改进完善促进科学发展的领导班子和领导干部考核评价机制的实施意见》等考核办法的通知	巴南委发〔2014〕20号	巴南区委
中共重庆市巴南区委关于通报表扬先进基层党组织、优秀共产党员和优秀党务工作者的决定	巴南委发〔2014〕21号	巴南区委
中共重庆市巴南区委重庆市巴南区人民政府关于进一步加强审计工作的实施意见	巴南委发〔2014〕22号	巴南区委、区政府
中共重庆市巴南区委重庆市巴南区人民政府关于给予於洪等85名同志记三等功的决定	巴南委发〔2014〕23号	巴南区委、区政府
中共重庆市巴南区委关于进一步深化“四联系四服务”活动加强党员干部直接联系群众的实施意见（试行）	巴南委发〔2014〕24号	巴南区委
中共重庆市巴南区委关于加强和改进人民政协工作的意见	巴南委发〔2014〕25号	巴南区委
中共重庆市巴南区委关于贯彻落实党风廉政建设党委主体责任和纪委监督责任的实施意见	巴南委发〔2014〕26号	巴南区委
中共重庆市巴南区委重庆市巴南区人民政府关于进一步做好新形势下拥军优属工作的意见	巴南委发〔2014〕27号	巴南区委、区政府

续表二

文件名称	发布文号	发文单位
中共重庆市巴南区委关于印发《中国共产党重庆市巴南区委员会常务委员会工作规则（修订）》等五个文件的通知	巴南委发〔2014〕28 号	巴南区委
中共重庆市巴南区委重庆市巴南区人民政府关于巴南区人民政府职能转变和机构改革的实施意见	巴南委发〔2014〕29 号	巴南区委、区政府
关于巴南区渝南大道岔路口立交桥结构设施加固整治工程实施交通管制的通告	巴南府发〔2014〕1 号	区人民政府
关于认真做好 2014 年元旦春节期间拥军优属拥政爱民工作的通知	巴南府发〔2014〕2 号	区人民政府
关于加强春节期间燃放烟花爆竹管理的通告	巴南府发〔2014〕3 号	区人民政府
关于注销农地承包权（2010）CQ120204050092 号农村土地承包经营权证的决定	巴南府发〔2014〕4 号	区人民政府
关于印发巴南区区级公立医院综合改革试点实施意见的通知	巴南府发〔2014〕5 号	区人民政府
关于开展南彭街道白合子村 13、15、16 社集体土地先行清理工作的通知	巴南府发〔2014〕6 号	区人民政府
关于征收木洞镇水口寺村 1、3、4、5 社集体土地拆迁补偿安置方案的公告	巴南府发〔2014〕7 号	区人民政府
关于征收麻柳嘴镇梓桐坝村 3、4、5 社集体土地拆迁补偿安置方案的公告	巴南府发〔2014〕8 号	区人民政府
关于开展麻柳嘴镇牌楼村 4 社、望江村 1 社部分集体土地清理工作的通知	巴南府发〔2014〕9 号	区人民政府
关于征收木洞镇水口寺村 1、3、4、5 社集体土地的公告	巴南府发〔2014〕10 号	区人民政府
关于开展界石镇钟湾村、金鹅村集体土地先行清理工作的通知	巴南府发〔2014〕11 号	区人民政府
关于进一步加强全区本地松木管理的通告	巴南府发〔2014〕12 号	区人民政府
关于征收界石镇钟湾村 1、4、5、6、7、8、9、10、11、13、16、17、21、22 社集体土地的公告	巴南府发〔2014〕13 号	区人民政府
关于建设接龙镇碑垭村农民新村的批复	巴南府发〔2014〕14 号	区人民政府
关于农村居民建房用地的批复	巴南府发〔2014〕15 号	区人民政府
关于征收界石镇钟湾村 1、4、5、6、7、8、9、10、11、13、16、17、21、22 社集体土地拆迁补偿安置方案的公告	巴南府发〔2014〕16 号	区人民政府
关于确定轨道交通二号线延伸线大江换乘站为国有土地上房屋征收项目的批复	巴南府发〔2014〕17 号	区人民政府
关于对巴滨路浩立碧海湾至宗申金蓝湾路段实行交通管制的通告	巴南府发〔2014〕18 号	区人民政府
关于征收接龙镇塘边村小院子社集体土地的公告	巴南府发〔2014〕19 号	区人民政府
关于征收接龙镇塘边村小院子社集体土地拆迁补偿安置方案的公告	巴南府发〔2014〕20 号	区人民政府
关于同意采取竞争性比选确定的巴南区木洞镇中坝岛功能恢复项目设计单位的批复	巴南府发〔2014〕21 号	区人民政府

续表三

文件名称	发布文号	发文单位
关于完善食品药品监督管理体制的通知	巴南府发〔2014〕22号	区人民政府
关于征收界石镇钟湾村、金鹅村和南彭街道白合子村集体土地的公告	巴南府发〔2014〕23号	区人民政府
印发政府工作报告的通知	巴南府发〔2014〕24号	区人民政府
关于征收南彭街道鸳鸯村12、13、14、16、17、18社集体土地的公告	巴南府发〔2014〕25号	区人民政府
关于征收木洞镇松子村2、3社部分集体土地的公告	巴南府发〔2014〕26号	区人民政府
关于重庆兆易农业发展有限公司实施重庆兆易农业示范园项目修建农业附属设施用地的批复	巴南府发〔2014〕27号	区人民政府
关于重庆五洲园林工程有限公司实施五洲园生态农业产业区项目修建农业附属设施用地的批复	巴南府发〔2014〕28号	区人民政府
关于重庆铠恩农业发展有限公司实施铠恩农业基地项目修建农业附属设施用地的批复	巴南府发〔2014〕29号	区人民政府
关于征收界石镇钟湾村、金鹅村和南彭街道白合子村集体土地拆迁补偿安置方案的公告	巴南府发〔2014〕30号	区人民政府
关于重庆虹燃实业有限公司天心寺分公司实施天心虹燃猕猴桃精品农业项目修建农业附属设施用地的批复	巴南府发〔2014〕31号	区人民政府
关于征收木洞镇松子村2、3社部分集体土地拆迁补偿安置方案的公告	巴南府发〔2014〕32号	区人民政府
关于重庆林圣农业发展有限公司实施农业种植养殖项目修建农业附属设施用地的批复	巴南府发〔2014〕33号	区人民政府
关于征收南彭街道鸳鸯村12、13、14、16、17、18社集土地拆迁补偿安置方案的公告	巴南府发〔2014〕34号	区人民政府
关于重庆过街楼农业发展有限公司实施农业种植项目修建农业附属设施用地的批复	巴南府发〔2014〕35号	区人民政府
转发重庆市人民政府贯彻落实国务院关于严格控制新设行政许可通知的通知	巴南府发〔2014〕36号	区人民政府
关于调整区土地出让工作领导小组的通知	巴南府发〔2014〕37号	区人民政府
关于征收木洞镇土桥村1、7社和松子村3、4社集体土地的公告	巴南府发〔2014〕38号	区人民政府
关于征收李家沱街道其龙村1社集体土地的公告	巴南府发〔2014〕39号	区人民政府
关于重庆乐汉农业发展有限公司实施养殖种植农业项目修建农业附属设施用地的批复	巴南府发〔2014〕40号	区人民政府
关于征收花溪街道建新村6、10、12、13、21、22社及村委会集体土地的公告	巴南府发〔2014〕41号	区人民政府
关于征收一品街道四桥村1社部分集体土地的公告	巴南府发〔2014〕42号	区人民政府
关于开展界石镇海棠村和钟湾村部分集体土地先行清理工作的通知	巴南府发〔2014〕43号	区人民政府
关于征收南泉街道艾乐村、和平村、光国村和杨市村集体土地拆迁补偿安置方案的公告	巴南府发〔2014〕44号	区人民政府
转发重庆市人民政府关于废止第六批市政府规范性文件的决定的通知	巴南府发〔2014〕45号	区人民政府

续表四

文件名称	发布文号	发文单位
关于征收界石镇钟湾村和海棠村部分集体土地的公告	巴南府发〔2014〕46 号	区人民政府
关于征收土桥村 1、7 社和松子村 3、4 社集体土地拆迁补偿安置方案的公告	巴南府发〔2014〕47 号	区人民政府
关于印发《政府投资项目招标投标实施办法》的通知	巴南府发〔2014〕48 号	区人民政府
关于印发《政府投资项目管理办法》的通知	巴南府发〔2014〕49 号	区人民政府
关于征收一品街道四桥村 1 社部分集体土地拆迁补偿安置方案的公告	巴南府发〔2014〕50 号	区人民政府
关于征收龙洲湾街道解放村 7、8 社部分集体土地的公告	巴南府发〔2014〕51 号	区人民政府
关于巴南区长江佛耳岩段防洪护岸综合整治工程社会稳定风险评估报告的批复	巴南府发〔2014〕52 号	区人民政府
关于征收界石镇钟湾村和海棠村部分集体土地拆迁补偿安置方案的公告	巴南府发〔2014〕53 号	区人民政府
关于开展木洞镇松子村 1、5 社、水口寺村 7 社部分集体土地清理工作的通知	巴南府发〔2014〕54 号	区人民政府
关于同意重庆市巴南公路建设有限公司缓交应交税费的通知	巴南府发〔2014〕55 号	区人民政府
关于征收李家沱街道其龙村 1 社集体土地拆迁补偿安置方案的公告	巴南府发〔2014〕56 号	区人民政府
关于重庆绿满藤生态农业有限公司实施放心村有机鱼养殖示范基地项目修建农业附属设施用地的批复	巴南府发〔2014〕57 号	区人民政府
关于巴南区长江木洞镇防洪护岸综合整治工程社会稳定风险评估报告的批复	巴南府发〔2014〕58 号	区人民政府
关于征收花溪街道建新村 6、10、12、13、21、22 社及村委会集体土地拆迁补偿安置方案的公告	巴南府发〔2014〕59 号	区人民政府
关于征收龙洲湾街道解放村 7、8 社部分集体土地拆迁补偿安置方案的公告	巴南府发〔2014〕60 号	区人民政府
关于重庆田趣生态农业有限公司实施放心村有机鱼养殖示范基地项目修建农业附属设施用地的批复	巴南府发〔2014〕61 号	区人民政府
关于重庆渡胜生态农业有限公司实施放心村有机科技育苗基地项目修建农业设施用地的批复	巴南府发〔2014〕62 号	区人民政府
关于重庆市巴南区丹诚果树种植场实施果树种植项目修建农业附属设施用地的批复	巴南府发〔2014〕63 号	区人民政府
关于重庆市秋轩淡水鱼养殖有限公司实施养殖种植项目修建农业附属设施用地的批复	巴南府发〔2014〕64 号	区人民政府
关于重庆宏泽生态农业发展有限公司实施水产养殖项目修建农业附属设施用地的批复	巴南府发〔2014〕65 号	区人民政府
关于重庆安彤农业开发有限公司实施栀子种植示范基地项目修建农业附属设施用地的批复	巴南府发〔2014〕66 号	区人民政府

续表五

文件名称	发布文号	发文单位
关于同意巴南区木洞镇防洪护岸综合整治工程初步设计变更工作的批复	巴南府发〔2014〕67 号	区人民政府
关于重庆市巴南区长江麻柳嘴镇（梓桐坝）河段防洪护岸综合整治工程社会稳定风险评估报告的批复	巴南府发〔2014〕68 号	区人民政府
关于开展界石镇金鹅村 29、34、35、36、37、38 社和跳石镇大沟村 7 社集体土地清理工作的通知	巴南府发〔2014〕69 号	区人民政府
关于重庆杉果蜜生态农业有限公司实施红豆杉、中药材种植基地项目修建农业附属设施用地的批复	巴南府发〔2014〕70 号	区人民政府
关于注销接龙镇塘边村李清会农村土地承包经营权证（2010）第 CQ121007090036 号的通告	巴南府发〔2014〕71 号	区人民政府
关于调整区征兵领导小组成员的通知	巴南府发〔2014〕72 号	区人民政府
关于确定花溪王家坝片区（二）旧城区改建为国有土地上房屋征收项目的批复	巴南府发〔2014〕73 号	区人民政府
关于征求轨道交通二号线延伸线大江换乘站项目房屋征收补偿方案意见的通告	巴南府发〔2014〕74 号	区人民政府
关于开展南彭街道鸳鸯村八、九社和白合子村一社集体土地清理工作的通知	巴南府发〔2014〕75 号	区人民政府
关于重庆宸菀苗木种植场实施宸菀苗木种植项目修建农业附属设施用地的批复	巴南府发〔2014〕76 号	区人民政府
关于重庆特高农业发展有限公司实施现代农业科技示范基地项目修建农业设施用地的批复	巴南府发〔2014〕77 号	区人民政府
关于下达 2014 年度土地储备整治计划的通知	巴南府发〔2014〕78 号	区人民政府
关于下达 2014 年度土地储备整治计划的通知	巴南府发〔2014〕79 号	区人民政府
关于开展界石镇桂花村柏树林社部分集体土地清理工作的通知	巴南府发〔2014〕80 号	区人民政府
关于征收南彭街道白合子村、鸳鸯村和界石镇金鹅村集体土地的公告	巴南府发〔2014〕81 号	区人民政府
关于同意接龙镇申报两个土地整治先建后补试点项目的批复	巴南府发〔2014〕82 号	区人民政府
关于表彰见义勇为先进分子卢帮志同志的通报	巴南府发〔2014〕83 号	区人民政府
关于创新政府服务企业体系的实施意见	巴南府发〔2014〕84 号	区人民政府
关于征收南彭街道白合子村、鸳鸯村和界石镇金鹅村集体土地拆迁补偿安置方案的公告	巴南府发〔2014〕85 号	区人民政府
关于征收鱼洞街道天明村村集体及天明村 10、13、14、15 社集体土地的公告	巴南府发〔2014〕86 号	区人民政府
关于征收龙洲湾街道解放村 4、5、6、7、8 社集体土地的公告	巴南府发〔2014〕87 号	区人民政府
关于重庆展腾农业开发有限公司实施苗木种植场项目修建农业设施用地的批复	巴南府发〔2014〕88 号	区人民政府

续表六

文件名称	发布文号	发文单位
关于重庆枢麓源园林景观艺术有限公司实施枢麓源苗木种植项目修建农业附属设施用地的批复	巴南府发〔2014〕89 号	区人民政府
关于石皎琳实施白马村水产养殖场项目修建农业附属设施用地的批复	巴南府发〔2014〕90 号	区人民政府
关于重庆川雨田农业发展有限公司实施川雨田种植养殖项目修建农业附属设施用地的批复	巴南府发〔2014〕91 号	区人民政府
长江小南海水电站建设征地枢纽工程建设区巴南区移民安置小区规划优化方案公示公告	巴南府发〔2014〕92 号	区人民政府
关于征收界石镇桂花村白羊岗社、新屋社、张家边社、中湾社部分集体土地的公告	巴南府发〔2014〕93 号	区人民政府
关于征收鱼洞街道天明村村集体及天明村 10、13、14、15 社集体土地拆迁补偿安置方案的公告	巴南府发〔2014〕94 号	区人民政府
关于开展麻柳嘴镇梓桐坝村 1 社和牌楼村 3、4 社部分集体土地清理工作的通知	巴南府发〔2014〕95 号	区人民政府
关于认真做好“八一”期间双拥工作的通知	巴南府发〔2014〕96 号	区人民政府
关于印发《重庆市巴南区农村土地承包经营权流转管理暂行办法》的通知	巴南府发〔2014〕97 号	区人民政府
关于创新政府服务企业体系的实施意见（试行）	巴南府发〔2014〕98 号	区人民政府
关于征收龙洲湾街道解放村 4、5、6、7、8 社集体土地拆迁补偿安置方案的公告	巴南府发〔2014〕99 号	区人民政府
关于征求花溪王家坝片区（二）旧城区改建项目房屋征收补偿方案意见的通告	巴南府发〔2014〕100 号	区人民政府
关于接龙供销社片区危旧房改造实施征收的批复	巴南府发〔2014〕101 号	区人民政府
关于调增国有土地上房屋征收货币安置优惠政策的通知	巴南府发〔2014〕102 号	区人民政府
关于红光大道花溪隧道加固整治期间实行交通管制的通告	巴南府发〔2014〕103 号	区人民政府
关于开展界石镇海棠村张家嘴社、海棠院社、周家湾社部分集体土地先行清理工作的通知	巴南府发〔2014〕104 号	区人民政府
关于征收姜家镇白云山村南湾镇白云山村南湾社部分集体土地的公告	巴南府发〔2014〕105 号	区人民政府
关于征收界石镇桂花村白羊岗社、新屋社、张家边社、中湾社部分集体土地拆迁补偿安置方案的公告	巴南府发〔2014〕106 号	区人民政府
关于建设花溪环境噪声达标区的通告	巴南府发〔2014〕107 号	区人民政府
关于授予 2013 年度科技进步奖的决定	巴南府发〔2014〕108 号	区人民政府
关于征收龙洲湾街道独龙桥村 9 社部分集体土地的公告	巴南府发〔2014〕109 号	区人民政府
关于征收龙洲湾街道独龙桥村 1、2、3 社及村委会和道角村 14 社及村委会集体土地的公告	巴南府发〔2014〕110 号	区人民政府
关于轨道交通二号线延伸线大江换乘站项目征收补偿方案收集意见及修改情况的通告	巴南府发〔2014〕111 号	区人民政府

续表七

文件名称	发布文号	发文单位
关于轨道交通二号线延伸线大江换乘站项目国有土地上房屋征收的决定	巴南府发〔2014〕112号	区人民政府
关于轨道交通二号线延伸线大江换乘站项目国有土地上房屋征收的公告	巴南府发〔2014〕113号	区人民政府
关于征收姜家镇白云山村南湾社部分集体土地拆迁补偿安置方案的公告	巴南府发〔2014〕114号	区人民政府
关于印发巴南区创建国家知识产权试点城区工作方案的通知	巴南府发〔2014〕115号	区人民政府
关于进一步加强农村土地整治项目后期利用管护工作的通知	巴南府发〔2014〕116号	区人民政府
关于实施渝南大道D段一期拓宽改造工程的通告	巴南府发〔2014〕117号	区人民政府
关于征收龙洲湾街道独龙桥村1、2、3社及村委会和道角村14社及村委会集体土地拆迁补偿安置方案的公告	巴南府发〔2014〕118号	区人民政府
关于加快发展夜市经济的实施意见	巴南府发〔2014〕119号	区人民政府
关于印发巴南区引入社会资本参与公立医院改革的指导意见的通知	巴南府发〔2014〕120号	区人民政府
关于印发巴南区公立医院综合改革实施意见的通知	巴南府发〔2014〕121号	区人民政府
关于开展木洞镇土桥村2、3社和钱家湾村8、9社部分集体土地先行清理工作的通知	巴南府发〔2014〕122号	区人民政府
关于对木洞镇海眼村实行先建后补实施土地整理的批复	巴南府发〔2014〕123号	区人民政府
关于征收界石镇桂花村胡家湾社、刘家湾社部分集体土地的公告	巴南府发〔2014〕124号	区人民政府
关于征收界石镇武新村下坝社、冲子坝社、永石池社、长生沟社、长滩社、清河湾社部分集体土地的公告	巴南府发〔2014〕125号	区人民政府
关于征收鱼洞街道天明村1、2、3、4、7、8、11、17社及村委会集体土地的公告	巴南府发〔2014〕126号	区人民政府
关于对安澜镇粮站片区危旧房改造实施征收有关问题的批复	巴南府发〔2014〕127号	区人民政府
关于征收麻柳嘴镇梓桐坝村1、2社和牌楼村3、4社部分集体土地的公告	巴南府发〔2014〕128号	区人民政府
关于开展木洞镇水口寺村1、3、7社和松子村2、4社部分集体土地先行清理工作的通知	巴南府发〔2014〕129号	区人民政府
关于“十三五”规划编制工作的意见	巴南府发〔2014〕130号	区人民政府
关于印发镇街财政体制改革试行方案的通知	巴南府发〔2014〕131号	区人民政府
关于重庆远股农业发展有限公司实施永丰农场生态观光园项目修建农业设施用地的批复	巴南府发〔2014〕132号	区人民政府
关于重庆全怡食用菌种植有限公司实施全怡食用菌种植项目修建农业附属设施用地的批复	巴南府发〔2014〕133号	区人民政府
关于重庆至象公司实施乡村印象生态农场项目修建农业设施用地的批复	巴南府发〔2014〕134号	区人民政府

续表八

文件名称	发布文号	发文单位
关于重庆市世福园林绿化有限公司实施惠民苗木基地项目修建农业设施用地的批复	巴南府发〔2014〕135 号	区人民政府
关于重庆大祥茶业有限公司实施茶叶种植项目修建农业设施用地的批复	巴南府发〔2014〕136 号	区人民政府
关于促进网络零售产业发展的意见	巴南府发〔2014〕137 号	区人民政府
关于印发巴南区政府法律顾问管理暂行办法的通知	巴南府发〔2014〕138 号	区人民政府
关于印发《巴南区行政审批服务首席代表制度》的通知	巴南府发〔2014〕139 号	区人民政府
关于征收龙洲湾街道独龙桥村 9 社部分集体土地拆迁补偿安置方案的公告	巴南府发〔2014〕140 号	区人民政府
关于同意重庆市巴南公路建设有限公司缓交应交税款的通知	巴南府发〔2014〕141 号	区人民政府
关于公布 2014 年行政审批制度改革事项目录的决定	巴南府发〔2014〕142 号	区人民政府
关于公布巴南区区级行政审批事项目录的通知	巴南府发〔2014〕143 号	区人民政府
关于开展木洞镇水口寺 3、4、7 社和土地垴 5、6 社部分集体土地先行清理工作的通知	巴南府发〔2014〕144 号	区人民政府
关于征收界石镇桂花村中湾社部分集体土地的公告	巴南府发〔2014〕145 号	区人民政府
关于征收龙洲湾街道解放村 6、7、9 社和团结村 2、3、4 社及独龙桥村 9 社集体土地的公告	巴南府发〔2014〕146 号	区人民政府
关于征收跳石镇永隆村 12 社部分集体土地的公告	巴南府发〔2014〕147 号	区人民政府
关于征收界石镇桂花村胡家湾社、刘家湾社部分集体土地拆迁补偿安置方案的公告	巴南府发〔2014〕148 号	区人民政府
关于征收界石镇桂花村中湾社部分集体土地拆迁补偿安置方案的公告	巴南府发〔2014〕149 号	区人民政府
关于花溪王家坝片区（二）旧城区改建项目征收补偿方案收集意见及修改情况的通告	巴南府发〔2014〕150 号	区人民政府
关于印发巴南区行政机关负责人出庭应诉办法的通知	巴南府发〔2014〕151 号	区人民政府
关于重庆新南城投资有限公司作为有关项目业主单位的批复	巴南府发〔2014〕152 号	区人民政府
关于印发《中共重庆市巴南区人民政府党组党的群众路线教育实践活动整改方案》的通知	巴南府发〔2014〕153 号	区人民政府
关于建设鱼洞街道仙池村地质滑坡安置房的批复	巴南府发〔2014〕154 号	区人民政府
关于花溪王家坝片区（二）旧城区改建项目国有土地上房屋征收的决定	巴南府发〔2014〕155 号	区人民政府
关于花溪王家坝片区（二）旧城区改建项目国有土地上房屋征收的公告	巴南府发〔2014〕156 号	区人民政府
关于印发巴南区农村集体经济组织清产核资实施方案和巴南区农村集体资产量化确权改革试点工作方案的通知	巴南府发〔2014〕157 号	区人民政府
关于一品街道张瑜等 19 户社员联合建房用地的批复	巴南府发〔2014〕158 号	区人民政府
关于办理市人大常委会审议全市依法行政工作意见的通知	巴南府发〔2014〕159 号	区人民政府

续表九

文件名称	发布文号	发文单位
关于印发巴南区大气污染防治与湖库整治重点工作方案的通知	巴南府发〔2014〕160号	区人民政府
关于建设一品街道桥口坝村农村集中居民点的批复	巴南府发〔2014〕161号	区人民政府
关于征收界石镇桂花村柏树林社、金家湾社、刘家坪社、沙坪社部分集体土地的公告	巴南府发〔2014〕162号	区人民政府
关于征收南彭街道鸳鸯村16社部分集体土地的公告	巴南府发〔2014〕163号	区人民政府
关于开展界石镇桂花村刘家湾社和海棠村岗上社、岩口社、张家咀社、周家湾社部分集体土地先行清理工作的通知	巴南府发〔2014〕164号	区人民政府
关于征收界石镇桂花村陈家桥社、金家湾社、刘家坪社、沙坪社、双朝门社及南泉街道双桥村新房子社部分集体土地的公告	巴南府发〔2014〕165号	区人民政府
关于征收跳石镇永隆村12社部分集体土地拆迁补偿安置方案的公告	巴南府发〔2014〕166号	区人民政府
关于第四届区政府专兼职督学任免的通知	巴南府发〔2014〕167号	区人民政府
关于征收龙洲湾街道解放村6、7、9社和团结村2、3、4社及独龙桥村9社集体土地拆迁补偿安置方案的公告	巴南府发〔2014〕168号	区人民政府
关于巴南区花溪河河道管理范围划界工作报告的批复	巴南府发〔2014〕169号	区人民政府
关于禁止采伐利用本地松木的通告	巴南府发〔2014〕170号	区人民政府
关于印发巴南区全面深化统筹城乡综合配套改革的意见的通知	巴南府发〔2014〕171号	区人民政府
关于征收南彭街道鸳鸯村16社部分集体土地拆迁补偿安置方案的公告	巴南府发〔2014〕172号	区人民政府
关于征收界石镇桂花村陈家桥社、金家湾社、刘家坪社、沙坪社、双朝门社和南泉街道双桥村新房子社部分集体土地拆迁补偿安置方案的公告	巴南府发〔2014〕173号	区人民政府
关于征收界石镇桂花村柏树林社、金家湾社、刘家坪社、沙坪社部分集体土地拆迁补偿安置方案的公告	巴南府发〔2014〕174号	区人民政府
关于确定李家沱林荫村片区旧城区改建为国有土地上房屋征收项目的批复	巴南府发〔2014〕175号	区人民政府
关于重庆采撷农业开发有限公司实施玫瑰种苗繁育园项目修建农业设施用地的批复	巴南府发〔2014〕176号	区人民政府
关于建立中小学校舍安全保障长效机制的实施意见	巴南府发〔2014〕177号	区人民政府
关于进一步推进违法建筑整治工作的通知	巴南府发〔2014〕178号	区人民政府
关于2014年巴南区对口帮扶城口县工作任务分解的通知	巴南府发〔2014〕179号	区人民政府
关于调整中小河流治理项目保护对象的批复	巴南府发〔2014〕180号	区人民政府
关于征收花溪街道先锋村10社、11社和新屋村3社部分集体土地的公告	巴南府发〔2014〕181号	区人民政府
关于征收界石镇钟湾村18、21、36、37社和海棠村申田湾社部分集体土地的公告	巴南府发〔2014〕182号	区人民政府
关于加快推进养老服务业发展的意见	巴南府发〔2014〕183号	区人民政府

续表十

文件名称	发布文号	发文单位
关于征收界石镇桂花村柏树林社、陈家桥社、金家湾社、沙坪社部分集体土地的公告	巴南府发〔2014〕184 号	区人民政府
关于重庆天心虹燃猕猴桃种植专业合作社实施天心虹燃猕猴桃种植项目修建农业设施用地的批复	巴南府发〔2014〕185 号	区人民政府
关于进一步扶持小微企业发展的实施意见	巴南府发〔2014〕186 号	区人民政府
关于开展南彭街道白合子村 1、2 社和跳石镇大沟村 2、3 社部分集体土地先行清理工作的通知	巴南府发〔2014〕187 号	区人民政府
关于征收李家沱街道光明村 3、4 社全部集体土地的公告	巴南府发〔2014〕188 号	区人民政府
关于征收界石镇桂花村柏树林社、陈家桥社、金家湾社、沙坪社部分集体土地拆迁补偿安置方案的公告	巴南府发〔2014〕189 号	区人民政府
关于征收界石镇钟湾村 18、21、36、37 社和海棠村申田湾社部分集体土地拆迁补偿安置方案的公告	巴南府发〔2014〕190 号	区人民政府
关于认真做好 2015 年元旦春节期间拥军优属拥政爱民工作的通知	巴南府发〔2014〕191 号	区人民政府
关于贯彻《畜禽规模养殖污染防治条例》的实施意见	巴南府发〔2014〕192 号	区人民政府
关于三峡担保公司委托贷款本息偿还义务的通知	巴南府发〔2014〕193 号	区人民政府
关于重庆万河沐卉花木专业合作社实施万河特色花卉示范基地综合管理及仓库用房项目修建农业设施用地的批复	巴南府发〔2014〕194 号	区人民政府
关于重庆源都园林绿化有限公司实施综合管理用房项目修建农业附属设施用地的批复	巴南府发〔2014〕195 号	区人民政府
关于重庆陌上春秋农业开发有限公司实施山水牧歌生态休闲农业巴南示范基地项目修建农业设施用地的批复	巴南府发〔2014〕196 号	区人民政府
关于重庆展源生态农业综合开发有限公司实施江南柳庄生态园项目修建农业设施用地的批复	巴南府发〔2014〕197 号	区人民政府
关于重庆涵顺农业发展有限公司实施一舍农庄项目修建农业设施用地的批复	巴南府发〔2014〕198 号	区人民政府
关于重庆仙女谷投资发展有限公司实施一品农业发展项目修建设施农用地的批复	巴南府发〔2014〕199 号	区人民政府
关于重庆强牛蔬菜种植专业合作社实施黄草坪茶山项目修建农业附属设施用地的批复	巴南府发〔2014〕200 号	区人民政府
关于重庆川皓农业发展有限公司实施种植水产养殖项目修建农业附属设施用地的批复	巴南府发〔2014〕201 号	区人民政府
关于重庆市巴南区劲量园艺场实施农用地种植项目修建农业附属设施用地的批复	巴南府发〔2014〕202 号	区人民政府
关于重庆如来谷农业发展有限公司实施如来谷生态农业园项目修建农业设施用地的批复	巴南府发〔2014〕203 号	区人民政府
关于商社汇·巴南购物中心项目二期施工单位确定有关问题的批复	巴南府发〔2014〕204 号	区人民政府

统计资料

樵坪山风景区旅游公路

统计资料

2014年巴南区国民经济和社会发展总量与速度指标

指标	单位	2013年	2014年	比上年±%
人口与就业				
人口				
年末总人口	人	898131	902011	0.4
农业人口	人	510196	505664	-0.9
非农业人口	人	387935	396347	2.2
男性人口	人	458974	459730	0.2
女性人口	人	439157	442281	0.7
就业				
年末社会从业人员	万人	51.0	51.3	0.6
第一产业	万人	13.6	13.1	-3.7
第二产业	万人	21.9	22.4	2.3
第三产业	万人	15.5	15.8	1.9
宏观经济				
国民经济核算				
地区生产总值	万元	4659338	5100846	11.5
第一产业	万元	411533	419948	3.2
第二产业	万元	1957772	2228021	12.1
工业	万元	1443161	1611782	11.0
建筑业	万元	514611	616239	15.4

续表一

指标	单位	2013 年	2014 年	比上年 ± %
第三产业	万元	2290033	2452877	12.2
固定资产投资				
固定资产投资总额	万元	5355574	6163146	15.1
建设与改造投资	万元	3541540	3946317	11.4
房地产开发投资	万元	1814034	2216829	22.2
财 政				
地方预算内财政收入	万元	400020	400123	0.0
公共财政预算收入	万元	251908	289421	14.9
地方预算内财政支出	万元	720807	961267	33.4
公共财政支出	万元	534764	564944	5.6
物价指数（上年 =100）				
城市居民消费价格总指数	%	102.7	101.8	-0.9
产业				
农 业				
农业总产值（现价）	万元	601195	624756	3.1
农业	万元	402657	432035	4.7
林业	万元	8371	9254	6.6
牧业	万元	144035	131993	-2.6
渔业	万元	33139	37081	5.5
农林牧渔服务业产值	万元	12993	14393	6.5
农业增加值（现价）	万元	411533	430024	3.2
主要农产品产量				
粮食	吨	357751	333623	-6.7
油料	吨	2215	2181	-1.5
茶叶	吨	3710	3823	3.0
水果	吨	48653	48693	0.1
蔬菜	吨	548402	565050	3.0
肉类	吨	50653	48243	-4.8
猪肉	吨	40374	39205	-2.9
水产品	吨	20375	21463	5.3
工业（规模以上）				
工业总产值（现价）	万元	5248315	6051266	15.3

续表二

指标	单位	2013年	2014年	比上年±%
产品销售收入	万元	4578511	5529564	20.8
利润总额	万元	290539	301579	3.8
应缴税金	万元	366299	416713	13.8
经济效益综合指数	%	234.1	251.7	11.0
主要产品产量				
轮胎外胎	条	15099163	12919490	-14.4
泵	台	32937	62161	88.7
硫酸（折100%）	吨	55277	4033	-92.7
水泥	万吨	9.7	8.8	-8.8
商品混凝土	立方米	4178368	5439918	30.2
成品钢材	吨	90358	116426	28.8
金属切削工具	万件	2.2	2.4	7.8
纸制品	吨	312648	339906	8.7
起重设备	吨	14107	16617	17.8
矿山设备	吨	44554	32181	-27.8
轿车	辆	141986	169536	19.4
摩托车	辆	1796258	1700095	-5.4
水轮发电机组	千瓦	1954546	827390	-57.7
蓄电池	千伏安时	0	53541	0
建筑业				
建筑业总产值	万元	1881681	2075936	10.3
房屋建筑物施工面积	万平方米	1539	1590	3.3
房屋建筑物竣工面积	万平方米	803	594	-26.0
交通运输业				
公路客运量	万人	10258		
公路货运量	万吨	2870	2961	
水运客运量	万人	10.1	—	
水运货运量	万吨	72.1	71.2	
邮电通信业				
邮电业务总量	万元	81725	95399	16.7
移动电话用户	万户	83.9	94.7	12.9
固定电话年末拥有量	万部	17.6	17.6	0.0

续表三

指标	单位	2013 年	2014 年	比上年 ± %
国际互联网用户数	万户	18.9	19.3	2.1
国内贸易				
社会消费品零售总额	万元	2100909	2420247	15.2
批发零售贸易业	万元	1911994	2212440	15.7
住宿餐饮业	万元	188915	207807	10.0
对外贸易				
进出口总额	万美元	132707	106257	-19.9
进口	万美元	16985	29121	71.5
出口	万美元	115723	77136	-33.3
金融业				
各项存款余额	万元	4832602	5530271	14.4
个人存款	万元	3149557	3600474	14.3
各项贷款余额	万元	3956403	4614544	16.6
教育、文化、卫生				
教育				
专任教师	万人			
普通中学	万人	2845	2858	1.5
职高	万人	725	683	9.2
小学	万人	2657	2738	0.9
在校学生	万人			
普高	万人	16796	15744	-6.3
职高	万人	13753	12550	-8.7
初中	万人	21428	21392	0.2
小学	万人	42795	45526	6.4
文化				
群众文化活动				
全区性大型群文活动	场次	170	174	2.4
镇街文化站群文活动	场次	1900	1906	0.3
参与群文活动观众	万人次	312	305	-2.2
全区广播电视覆盖率	%	98.68	98.68	0.0
全区电视人口覆盖率	%	99.30	99.30	0.0
卫生				

续表四

指标	单位	2013年	2014年	比上年±%
卫生机构	个	40	40	0.0
医院	个	37	37	0.0
卫生技术人员	人	4654	4696	0.9
医生	人	1697	1737	2.4
家庭、生活				
家庭				
城市居民平均每户家庭人口	人	2.96	29.97	0.3
婚姻				
登记结婚件数	件	9659	10041	3.95
登记离婚件数	件	4788	4989	4.20
居住				
城镇居民人均住房建筑面积	平方米	35.6	35.8	0.56
农村居民人均居住房屋面积	平方米	38.5	38.6	0.26
工资和收入				
城镇非私营单位在岗职工工资总额	万元	739928	839627	13.5
城镇非私营单位在岗职工平均工资	元	50412	58741	16.5
城镇常住居民可支配收入	元	25677	28040	9.2
农村常作居民可支配收入	元	11274	12548	11.3
城市建设与环境保护				
市政建设				
供水总量	万吨	5464.5	5566.2	1.9
天然气供气总量	万立方米	13809	14604	5.8
城市排水管道长度	公里	741	844	14.0
年末实有公共汽车营运车辆数	辆	288	316	9.7
公共绿地面积	公顷	1459	1361	0.7
环境				
大气可吸入颗粒物	毫克/立方米	0.065	0.094	44.6
二氧化硫	毫克/立方米	0.040	0.029	-27.5
二氧化氮	毫克/立方米	0.042	0.030	-28.6

注：1）本表数据地区生产总值、工业农业增加值速度指标按可比价计算，其余指标均为自然增长。

2）水果产量2013年基数调整，工业、商业数据2013年因经济普查数据调整。

3）本表数据均来自《巴南统计年鉴2013》。

2014 年巴南区各镇街经济社会发展主要指标

镇街名称	行政规划				土地、人口						
								其中			
	村委会（个）	村民小组个数	居委会（个）	居民小组个数	土地面积（平方公里）	年末总户数（户）	年末总人口（人）	非农业人口（人）	男性人口（人）	年内出生人数（人）	年内死亡人数（人）
江南新城	59	753	61	789	419.6	196127	471621	317734	235894	5167	3184
龙洲湾街道	7	69	4	15	39.5	19610	42714	27270	21083	590	221
鱼洞街道	9	73	16	276	55.6	54134	139790	118431	70007	1206	844
李家沱街道	3	22	13	238	11.2	27058	62728	61072	30891	837	441
花溪街道	6	77	17	205	33.5	35425	81837	76088	41278	830	422
南泉街道	16	123	3	29	84.5	20429	46449	11645	23040	551	257
南彭街道	12	208	4	11	126.9	22117	52930	9737	27097	611	520
界石镇	6	181	4	15	68.4	17354	45173	13491	22498	542	479
麻柳沿江开发区	45	291	8	37	370.6	53527	132496	25122	68369	1254	1154
麻柳嘴镇	10	42	2	6	77.9	10458	27463	5303	14109	272	209
双河口镇	7	40	1	1	62.0	7852	19214	3213	10016	184	172
木洞镇	14	107	3	23	104.3	18533	43717	10470	22222	435	381
二圣镇	6	61	1	5	57.4	8367	21790	2686	11387	194	194
丰盛镇	8	41	1	2	69.0	8317	20312	3450	10635	169	198
城乡一体发展示范镇	94	1030	22	87	976.4	115731	297894	53491	155467	2708	2763
一品街道	7	54	2	10	58.9	10809	22935	8434	11564	199	253
惠民街道	6	125	1	5	63.2	12417	27363	5839	14178	256	256
接龙镇	17	153	3	10	188.2	21102	58896	8700	30706	530	531
东温泉镇	14	136	4	12	122.7	13353	37195	6362	19316	306	300
跳石镇	11	149	3	10	136.3	13591	35191	4896	18566	346	324
安澜镇	14	178	4	18	122.4	16570	37092	9026	19484	312	315
石龙镇	9	102	2	10	110.8	10436	29599	3765	15455	294	262
姜家镇	7	82	1	5	80.4	7929	21733	3005	11460	207	234
石滩镇	4	25	1	2	47.4	4939	15486	1857	8110	165	149
天星寺镇	5	26	1	5	46.1	4585	12404	1607	6628	93	139

2014年巴南区各镇街经济社会发展主要指标（续表一）

镇街名称	综合经济									
	地区生产总值（万元）	第一产业（万元）	第二产业（万元）	第三产业（万元）	人均地区生产总值（元）	地区生产总值指数（上年=100）	第一产业（上年=100）	第二产业（上年=100）	第三产业（上年=100）	人均地区生产总值指数（上年=100）
江南新城	4291961	107920	2395739	1788302	91028					
龙洲湾街道	319546	7818	133171	178558	74835	115.5	103.4	110.8	118.2	101.8
鱼洞街道	1331536	27700	609941	693896	95246	112.2	101.9	113.8	112.8	115.9
李家沱街道	620815	96	126700	494019	99013	112.8	102.7	107.2	114.3	101.2
花溪街道	1216282	1277	980644	234361	148690	112.2	88.3	112.0	113.2	114.0
南泉街道	271607	17320	194425	59862	58536	112.7	104.6	112.5	115.4	111.6
南彭街道	170724	34162	66974	69588	32273	117.5	101.2	120.0	118.6	113.1
界石镇	361451	19548	283885	58018	79967	116.5	99.4	119.1	113.8	113.8
麻柳沿江开发区	281585	91045	82755	107785	21252					
麻柳嘴镇	47203	17303	14540	15360	17165	118.0	111.1	112.1	114.0	109.6
双河口镇	29104	12243	6902	9960	15159	110.3	107.2	107.1	114.7	109.1
木洞镇	124004	20603	42168	61233	28376	113.9	107.0	112.0	113.6	111.7
二圣镇	48250	26093	10658	11498	22133	109.3	111.4	100.1	102.9	107.5
丰盛镇	33024	14803	8487	9734	16268	108.4	106.5	106.2	107.0	107.6
城乡一体发展示范镇	568336	231058	151342	185935	19078					
一品街道	80397	11138	43519	25740	35108	110.0	107.3	113.0	107.5	109.3
惠民街道	62189	20769	23795	17624	22697	110.0	107.8	100.9	118.7	108.0
接龙镇	103064	47680	17473	37911	17498	108.6	99.9	92.5	118.4	105.8
东温泉镇	72357	26150	19621	26586	19451	108.7	99.6	104.2	108.4	103.1
跳石镇	56615	27361	9728	19526	16084	108.6	101.6	116.8	109.0	106.9
安澜镇	50652	23210	13200	14243	13653	112.0	98.6	121.2	104.4	105.6
石龙镇	46497	26611	4206	15680	15709	110.0	98.9	104.6	112.4	104.1
姜家镇	55521	21494	16705	17321	25586	108.9	102.8	96.3	107.3	103.6
石滩镇	21236	12785	1614	6837	13701	107.0	107.2	126.8	106.0	107.7
天星寺镇	19806	13859	1480	4467	15973	110.0	102.9	140.4	111.2	109.1

2014年巴南区各镇街经济社会发展主要指标（续表二）

镇街名称	农业					工业				国有及规模以上工业企业		
	乡村户数（户）	乡村从业人员（人）	年末实有耕地面积（亩）	农林牧渔业总产值（当年价）（万元）	农林牧渔业总产值指数上年=100	全部工业企业个数（个）	全部工业总产值（当年价）（万元）	工业销售收入（万元）	全部工业利润总额（万元）	工业企业单位数（个）	主营业务收入（万元）	利润总额（万元）
江南新城	66038	104124	124491	151768		1725	6941805	6580398	298969	157	5439900	293856
龙洲湾街道	7164	10426	9265	10862	106.0	123	153562	153507	13205	5	88966	6066
鱼洞街道	11155	16409	14991	36203	105.9	328	1970482	1866307	14931	32	1645094	12743
李家沱街道	1174	1249	715	121	105.2	227	405944	377527	35850	11	273399	35850
花溪街道	2308	2893	1350	1704	89.9	261	2399680	2284887	96424	52	1999716	119827
南泉街道	15926	24131	25292	23789	109.1	542	644541	597091	39160	13	121229	8551
南彭街道	16509	26603	46569	50475	106.9	73	286535	181309	27506	14	242861	18963
界石镇	11802	22413	26309	28614	104.5	171	1081061	1119770	71893	30	1068635	91856
麻柳沿江开发区	43118	71109	120892	133480		167	219590	149007	16644	5	42891	5442
麻柳嘴镇	8852	15948	15050	24608	112.9	50	58530	43101	2697	0	0	0
双河口镇	6123	10561	19119	19068	112.5	9	13405	13405	1025	0	0	0
木洞镇	13896	17495	40491	29966	112.8	63	118740	64494	8618	3	21668	1586
二圣镇	7689	15471	22513	37495	114.6	30	14419	13514	1148	1	7829	944
丰盛镇	6558	11634	23719	22343	112.8	15	14496	14493	3156	1	13394	2912
城乡一体发展示范镇	95482	167823	314603	339508		248	242453	235390	21518	5	46772	2282
一品街道	7159	9667	13063	16076	111.9	23	45819	44218	2139	0	0	0
惠民街道	8533	13396	17596	30240	113.6	47	52471	51436	3207	2	40708	2028
接龙镇	17054	33401	63589	69708	106.2	29	57720	56228	8812	1	2271	90
东温泉镇	11367	22178	45080	38948	105.2	18	7804	7801	904	0	0	0
跳石镇	11566	23127	46831	38038	106.3	35	5713	3813	192	0	0	0
安澜镇	15079	18997	39374	33364	104.1	22	17051	16934	2812	0	0	0
石龙镇	8734	17977	27836	40372	105.7	19	2723	2576	724	0	0	0
姜家镇	7114	13754	25726	33212	109.8	33	51096	50512	2198	2	3793	164
石滩镇	4570	8624	16947	19062	112.0	9	1099	915	155	0	0	0
天星寺镇	4306	6702	18561	20488	107.1	13	957	957	375	0	0	0

2014年巴南区各镇街经济社会发展主要指标（续表三）

镇街名称	建筑业			固定资产投资		商业							
	建筑企业单位数（个）	建筑企业年末从业人数（人）	建筑业总产值（万元）	全社会固定资产投资（万元）	# 房地产投资（万元）	限额以上批发零售贸易 单位数（个）	限额以上批发零售贸易 从业人数（人）	批发零售限额以下企业（个）	限额以上住宿餐饮 单位数（个）	限额以上住宿餐饮 从业人数（人）	住宿餐饮限额以下企业（个）	社会消费品零售总额（万元）	商业商品销售总额（万元）
江南新城	91	63548	1534322	4258382	2074234	190	7308	1913	79	2521	259	2261917	5566520
龙洲湾街道	5	8252	191575	1081346	999157	5	228	179	11	476	21	161310	282662
鱼洞街道	58	31554	867171	528962	97446	25	645	561	26	718	106	173885	632858
李家沱街道	7	6779	125538	379556	280651	128	4971	699	18	545	31	1242370	3175642
花溪街道	11	9498	218768	665682	559330	22	1017	225	7	248	35	150557	383748
南泉街道	6	5164	81362	405322	61751	3	26	51	5	200	19	24031	35867
南彭街道	2	2231	47474	548147	59299	2	219	48	5	130	22	178330	292570
界石镇	2	70	2434	649367	16600	5	202	150	7	204	25	331434	763173
麻柳沿江开发区	11	10380	286224	1064260	140550	13	212	116	10	173	43	63702	79293
麻柳嘴镇	1	850	22362	223024	0	1	7	28	2	67	3	5300	7434
双河口镇	0	0	0	240860	0	0	0	15	1	18	6	4310	5460
木洞镇	7	7945	184511	432748	140550	9	131	39	6	78	10	38749	46896
二圣镇	1	1320	55706	115660	0	1	51	16	1	10	16	7620	10276
丰盛镇	2	265	23645	51968	0	2	23	18	0	0	8	7723	9227
城乡一体发展示范镇	9	13028	255390	840504	2045	5	104	164	17	491	93	94628	126015
一品街道	2	10066	201115	66055	2045	1	25	19	2	45	10	12168	16139
惠民街道	1	117	5304	37660	0	2	51	24	1	21	17	6884	8195
接龙镇	1	0	330	233583	0	1	20	38	3	29	17	17940	21573
东温泉镇	1	41	481	103635	0	0	0	21	4	284	15	16064	24311
跳石镇	0	0	0	63492	0	0	0	7	1	23	5	10050	17269
安澜镇	1	0	0	65060	0	0	0	12	0	0	2	8034	10755
石龙镇	3	2804	48160	71720	0	0	0	15	1	5	9	5608	7176
姜家镇	0	0	0	92969	0	1	8	14	2	25	2	8247	9183
石滩镇	0	0	0	47950	0	0	0	10	1	6	8	5998	7191
天星寺镇	0	0	0	58380	0	0	0	4	2	53	8	3634	4223

2014年巴南区各镇街经济社会发展主要指标（续表四）

镇街名称	财政、金融					教育				
	地方预算内财政收入（万元）	地方预算内财政支出（万元）	年末金融机构人民币存款余额（万元）	#城乡居民储蓄存款余额（万元）	年末金融机构人民币贷款余额（万元）	学校数（所）	专任教师总数（人）	招生数（人）	在校学生数（人）	毕业生数（人）
江南新城	55472	38542	5127257	3965850	4113095	60	6478	33324	113623	29477
龙洲湾街道	11309	3635	234075	86010	155975	5	301	2668	4154	1067
鱼洞街道	11784	10294	3624456	2978455	3578455	14	1840	7321	29992	8670
李家沱街道	8752	5686	368213	217650	174120	7	613	2545	10658	2434
花溪街道	11942	6163	243458	209326	39315	18	2525	14086	48057	10967
南泉街道	5350	4015	153170	124613	7000	8	583	4161	12656	3389
南彭街道	2325	4548	117458	107244	14830	5	227	535	2492	505
界石镇	4010	4201	386427	242552	143400	3	389	2008	5614	2445
麻柳沿江开发区	1451	14258	232292	172553	12053	16	664	1837	7040	2026
麻柳嘴镇	102	2842	23608	6896	3522	5	136	425	1526	426
双河口镇	64	956	30221	19699	1582	3	81	243	737	199
木洞镇	1135	4760	111914	83936	6828	5	306	901	3504	1094
二圣镇	70	2645	40362	38035	121	1	74	166	717	166
丰盛镇	80	3055	26187	23987	0	2	67	102	556	141
城乡一体发展示范镇	1693	30392	504832	430951	26007	32	1269	3417	13508	3694
一品街道	228	2585	62404	19610	1838	2	112	356	1594	378
惠民街道	134	2780	79005	74054	747	3	117	305	1350	270
接龙镇	120	4764	95687	93652	21077	6	295	1217	3427	1349
东温泉镇	254	4804	64439	61478	460	3	165	341	1535	364
跳石镇	94	2970	47034	41760	300	4	129	160	1074	281
安澜镇	52	3646	56360	46910	368	6	144	286	1273	340
石龙镇	216	2558	31890	31667	320	3	144	372	1658	308
姜家镇	547	2847	32232	32232	892	2	64	161	664	189
石滩镇	9	1764	21059	16816	5	2	74	208	812	182
天星寺镇	39	1674	14722	12772	0	1	25	11	121	33

注：部分存贷款余额未纳入镇街统计

2014 年巴南区各镇街经济社会发展主要指标（续表五）

镇街名称	卫生						人民生活			
	卫生机构数（个）	#医院、卫生院（个）	卫生机构床位数（张）	#医院、卫生院（张）	卫生机构人员数（人）	#卫生技术人员（人）	农村居民人均纯收入（元）	农村居民人均纯收入增长率（%）	城镇居民可支配收入（元）	城镇居民可支配收入增长率（%）
江南新城	20	20	3917	3917	3210	2345				
龙洲湾街道	1	1	156	156	198	166	15289	13.6	28998	12.7
鱼洞街道	7	7	1758	1758	1318	1122	13896	13.5	30149	12.4
李家沱街道	4	4	550	550	486	71	18429	13.3	30347	12.4
花溪街道	5	5	794	794	850	677	18401	13.2	31271	12.3
南泉街道	1	1	150	150	195	177	13005	13.3	26232	12.5
南彭街道	1	1	25	25	46	33	12155	13.8	25799	12.5
界石镇	1	1	484	484	117	99	13761	13.4	26137	12.6
麻柳沿江开发区	5	5	215	215	332	262				
麻柳嘴镇	1	1	16	16	28	12	11744	13.7	24864	12.3
双河口镇	1	1	24	24	18	14	11067	13.1	24607	12.2
木洞镇	1	1	127	127	230	185	11733	13.6	25649	12.3
二圣镇	1	1	20	20	27	26	11995	13.5	25007	12.4
丰盛镇	1	1	28	28	29	25	11106	13.4	24482	12.1
城乡一体发展示范镇	10	10	523	523	565	378				
一品街道	1	1	99	99	162	120	12315	13.4	25646	12.6
惠民街道	1	1	80	80	46	35	12881	13.3	25115	12.5
接龙镇	1	1	95	95	112	31	12300	13.8	24942	12.3
东温泉镇	1	1	60	60	81	53	11965	13.2	24906	12.4
跳石镇	1	1	30	30	54	41	11873	13.3	24525	12.2
安澜镇	1	1	60	60	34	30	10939	13.4	24940	12.4
石龙镇	1	1	30	30	10	15	11353	13.2	24525	12.2
姜家镇	1	1	30	30	31	28	11731	13.9	25065	12.2
石滩镇	1	1	23	23	19	16	10851	13.6	24145	12.2
天星寺镇	1	1	16	16	16	9	10169	13.6	24156	12.1

注：本表数据均来自《巴南统计年鉴（2013）》

附　　录

附　录

2014 年巴南区行政区划一览表

镇街名	村名	社区居委会名
龙洲湾街道（土地面积 39.50 平方公里）	解放村、独龙村、沿河村、团结村、盘龙村、红炉村、道角村	梅家梁社区、百节社区、龙海社区、龙华社区
鱼洞街道（土地面积 55.60 平方公里）	农胜村、金竹村、百胜村、仙池村、云篆山村 、干湾村、新华村、天明村、大中村	江洲路社区、下新新社区、新民街社区、鱼新街社区、化龙路社区、化龙桥社区、花土湾社区、莲花社区、秦家院社区、乌洋街社区、石洋街社区、万泉街社区、广益街社区、东园社区、西园社区、南园社区
李家沱街道（土地面积 11.20 平方公里）	群乐村、光明村、其龙村	李家沱正街社区、马一社区、合建社区、滨江社区、马二社区、桥南社区、渝纱社区、西流沱社区、林荫社区、其龙社区、恒大城社区、青年塘社区、五园湾社区
花溪街道（土地面积 33.50 平方公里）	岔路口村、花溪村、建新村、新屋村、先锋村、民主村	土桥正街社区、岔路口社区、王家坝社区、清溪园社区、苦竹坝社区、走马梁社区、新工地社区、经建社区、道角社区、重工社区、红光社区、屏都社区、民主社区、陈家湾社区、学堂湾社区、柳镇社区、南城社区
南泉街道（土地面积 84.50 平方公里）	红星村、红旗村、自由村、虎啸村、白鹤村、和平村、金古村、立桅村、双桥村、万河村、光国村、艾乐村、杨市村、迎龙村、新式村、龙井村	正街社区、长南桥社区、鹿角社区
界石镇（土地面积 68.40 平方公里）	桂花村、海棠村、武新村、新玉村、钟湾村、金鹅村	和平社区、畅想路社区、公平社区、桂花社区

续表

镇街名	村名	社区居委会名
南彭街道（土地面积126.90平方公里）	大鱼村、鸳鸯村、白合子村、天台山村、清风桥村、塔落村、将军湾村、断桥村、水竹村、巨龙桥村、高碑村、大石塔村	南彭社区、石岗社区、忠兴社区、白合了社区
惠民街道（土地面积63.20平方公里）	沙井村、晓春村、辅仁村、龙凤村、胜天村、显林村	惠民社区
一品街道（土地面积58.90平方公里）	永益村、四桥村、七田村、乐遥村、桥口坝村、金田村、燕云村	一品社区、五角亭社区
安澜镇（土地面积122.40平方公里）	石板垭村、小龙村、石油沟村、棋盘村、柑子村、巴联村、坝上村、院子村、永寿村、顶山村、平滩村、思林村、湾湾村、五通村	安澜社区、龙岗社区、仁流社区、南龙社区
跳石镇（土地面积136.30平方公里）	永隆村、沿滩村、大沟村、圣灯山村、两河村、石林村、大佛村、天坪村、思栗村、梁岗村、滩子口村	圣灯山社区、陈家社区、跳石社区
木洞镇（土地面积104.30平方公里）	墙院村、海眼村、杨家洞村、保安村、庙垭村、土地堖村、土桥村、水口寺村、栋青村、景星村、桃花岛村、中坝村、松子村、钱家湾村	一社区、二社区、三社区
双河口镇（土地面积62.00平方公里）	北隘口村、塘湾村、石门村、茶店村、太坪村、临江村、五台村	慕禹社区
麻柳嘴镇（土地面积77.90平方公里）	平桥村、水淹凼村、回龙寺村、人和桥村、感应村、梓桐村、望江村、八角村、牌楼村、赚宝村	麻柳嘴街社区、牌坊社区
丰盛镇（土地面积69.00平方公里）	街村、油房村、石家村、桥湾村、双碑村、王家村、桥上村、梨坪村	丰盛社区
二圣镇（土地面积57.40平方公里）	邓家坝村、幸福村、巴山村、王家河村、集体村、中坪村	二圣社区
东温泉镇（土地面积122.70平方公里）	锡滩村、东泉村、双星村、梨树村、碾沱村、小桥村、狮子村、河岸村、玉滩村、朝阳村、红峰村、鱼池村、黄金林村、新楼村	东泉社区、五布社区、天赐社区、鱼池坎社区
姜家镇（土地面积80.40平方公里）	槐园村、文石村、白云山村、平原村、河面坝村、蔡家寺村、水源村	姜家社区
天星寺镇（土地面积46.10平方公里）	芙蓉村、单石村、花房村、雨台村、雪梨村	天星寺社区
接龙镇（土地面积188.20平方公里）	塘边村、铁矿村、桂兴村、柴坝村、桥边村、河嘴村、新湾村、碑垭村、石磅村、关塘村、自力村、中山村、马路村、新槐村、青山村、春龙村、荷花村	新正街社区、龙潭街社区、小观社区
石滩镇（土地面积47.40平方公里）	万能村、方斗村、天台村、双寨村	石滩河社区
石龙镇（土地面积110.80平方公里）	大连村、大兴村、白马村、金星村、合路村、柏树村、大园村、大桥村、中伦村	石龙社区、花石社区

巴南区2014年各组织机构及负责人名录

区级领导班子

中共巴南区委

书　　记　李建春
副 书 记　段成刚　2014.01 离任
　　　　　陈　刚　2014.01 任职
　　　　　杨钟馗　2014.03 任职
常　　委　刘永全　2014.05 任职
　　　　　何永革
　　　　　宋　葵
　　　　　周存开
　　　　　何　平　女
　　　　　陈　果
　　　　　夏杨松
　　　　　杨红军
　　　　　涂开祥
　　　　　廖渝川　2014.08 任职
　　　　　吕晓莉　女　2014.01 任职（挂职）

巴南区人大常委会

党组书记　李俊文
主　　任　李俊文
副 主 任　王多富
　　　　　邓世军
　　　　　朱作芳
　　　　　陈先觉
　　　　　梁　挺

巴南区人民政府

区　　长　段成刚　2014.01 离任
　　　　　陈　刚　2014.01 任职
副 区 长　宋　葵
　　　　　何　平　女　2014.03 任职
　　　　　吕晓莉　女　2014.01 任职（挂职）
　　　　　范　勤　女
　　　　　黄　硕
　　　　　张春平
　　　　　朱本权
区长助理　陈昱阳

政协巴南区委员会

党组书记　胡能兵
主　　席　胡能兵
副 主 席　罗　辑
　　　　　付星群　女
　　　　　彭朝友
　　　　　温永学
　　　　　杜　伟
　　　　　朱　亿
　　　　　李　伟
秘 书 长　冯光福

区纪委领导班子

书　　记　何永革
副 书 记　李　威
　　　　　刘宗银
　　　　　吴文莉　女
常　　委　肖春雷
　　　　　杨　舰
　　　　　黄绍贵
　　　　　刘国梅　女
　　　　　周　勇
　　　　　甘　思（兼职）　2014.06 离任
　　　　　余炳友（兼职）　2014.06 任职
　　　　　刘俊涛（兼职）

区委　人大　政府　政协　纪委内设机构领导班子

中共巴南区委办公室

主　　任　杨红军　2014.08 离任
　　　　　涂开祥　2014.08 任职
副 主 任　何平远
　　　　　於　洪　女
　　　　　袁晓宏
　　　　　杨　灵　女
　　　　　王智焱
　　　　　肖帮雷

中共巴南区委研究室

主　　任　肖帮雷

副 主 任　周　斌
　　　　　吴　铭

巴南区目标管理委员会办公室（2014年2月28日划转区委组织部）

主　　任　王智焱　　2014.02离任
副 主 任　蒋　媛　女　2014.02离任

中共巴南区委督查室

主　　任　杨　灵　女
副 主 任　马培东
　　　　　蒋　媛　女　2014.02任职

中共巴南区委机要局（区密码管理局）

局　　长　於　洪　女
副 局 长　刘祥权　　2014.05离任
　　　　　冉允财
专职密码督查员、总工程师　程　亮

中共巴南区国家保密委员会办公室（巴南区国家保密局）

局　　长　袁晓宏

巴南区人大常委会办公室

主　　任　杨天勇
副 主 任　向　东
　　　　　龙海涛
专职委员　姚永华
　　　　　岳大宽
　　　　　张国强
　　　　　秦　芸　女

巴南区人大常委会信访办公室

主　　任　卢开义
副 主 任　王智刚

巴南区人大常委会财经城环工委

主　　任　骆弟强　　2014.05离任
　　　　　齐登文　　2014.05任职
副 主 任　朱艳萍　女
　　　　　李成鹏　　2014.07离任

巴南区人大常委会法制工委

主　　任　陶　健
副 主 任　牟晓冬

巴南区人大常委会教科文卫工委

主　　任　王　琴　女　2014.08离任
副 主 任　喻　静　女

巴南区人大常委会农业和农村工委

主　　任　陈昌福
副 主 任　祝映华　女

巴南区人大常委会人事代表工委

主　　任　严明霞　女
副 主 任　马　亮

巴南区人大常委会预算工委（2014年新设立）

主　　任　李　进　　2014.07任职
副 主 任　李成鹏　　2014.07任职

巴南区人民政府办公室

党组书记　朱激扬
主　　任　朱激扬
副 主 任　杨　松　　2013.11任职
　　　　　冯毅梅　女
　　　　　蒲红冰
　　　　　张永超
　　　　　李　昀
　　　　　袁　泉
　　　　　李晓秋
　　　　　付松柏　　2014.02离任（挂职）
　　　　　曾　兵　　2014.11任职（挂职）
纪检组长　腊丁扬

巴南区人民政府督查室

主　　任　冯毅梅　女
副 主 任　代　波　　2014.01离任
　　　　　雷　达　　2014.01任职

巴南区人民政府法制办公室

主　　任　张永超

巴南区人民政府外事办公室

主　　任　蒲红冰
副 主 任　饶　艳　女

巴南区人民政府接待办公室（2014年2月巴南编委发〔2014〕2号划转到区机关事务局）

主　　任　　（空　缺）

巴南区人民政府应急办公室
主　　任　　杨　松

巴南区人民政府综合应急指挥中心
主　　任　　刘功峰

政协巴南区委员会办公室
主　　任　　冯光福
专职常委　　黄建新
　　　　　　曾朝兴
专职副秘书长　封洪华　女
副 主 任　　张庆祝
　　　　　　陈　洪

政协巴南区委员会提案专门委员会
主　　任　　何绍国
副 主 任　　余应全

政协巴南区委员会经济科技城建环保专门委员会
主　　任　　吴锦彬
副 主 任　　刘　诚

政协巴南区委员会文化教育体育卫生专门委员会
主　　任　　周发荣
副 主 任　　张宗瑜　　2014.08 离任
　　　　　　高跃轩

政协巴南区委员会社会和法制专门委员会
主　　任　　李秋枫
副 主 任　　全　群　女

政协巴南区委员会信息联络专门委员会
主　　任　　韩先胜
副 主 任　　王文霞　女

巴南区纪委办公室
主　　任　　曾凡秀　女　2014.12 任职

巴南区纪委党风廉政建设室（2014 年 12 月撤销）
主　　任　　王　强　　2014.12 离任

巴南区纪委宣传部（2014 年 12 月由巴南区纪委教育调研室更名）
主　　任　　彭　锋　　2014.12 离任
部　　长　　彭　锋　　2014.12 任职

巴南区纪委纪检监察一室（2014 年 12 月由巴南区纪委纪检监察室更名）
主　　任　　路　峰　　2014.12 离任

巴南区纪委监察综合室（2014 年 12 月撤销）
主　　任　　王文全　　2014.12 离任

巴南区纪委案件审理室
主　　任　　刘　芳　女　2014.12 离任
　　　　　　陈远女　　2014.12 任职

巴南区纪委信访室
主　　任　　徐光泽　　2014.12 离任

巴南区纪委行政效能监察室（2014 年 12 月撤销）
主　　任　　曾凡秀　女 2014.12 离任

巴南区纪委纪检监察二室
主　　任　　陈云峰

巴南区纪委纠风工作室（2014 年 12 月撤销）
主　　任　　陈　远　女　2014.12 离任

巴南区纪委组织部（2014 年 12 月新设立机构）
部　　长　　刘　芳　女　2014.12 任职

巴南区纪委宣传部（2014 年 12 月新设立机构）
部　　长　　彭　锋　　2014.12 任职

巴南区纪发党风政风监督室（2014 年 12 月新设立机构）
主　　任　　王　强　　2014.12 任职

巴南区纪委案件监督管理室（2014 年 12 月新设立机构）
主　　任　　路　峰　　2014.12 任职

巴南区纪委纪检监察三室（2014 年 12 月新设立机构）
主　　任　　徐光泽　　2014.12 任职

法院　检察院　公安领导班子

巴南区人民法院

党组书记	蒋友波		
院长	蒋友波		
党组副书记	刘　比		
副院长	刘　比		
	吴德锋		
	刘秀荣	女	
	江　渝		
政治处主任	尹　健		
纪检组长	戴珍萍	女	
执行局长	刘　宇		
专职审委会委员	郑明洁	女	
	宋娅玲	女	
执行局政委	蒋　曼	女	

巴南区人民检察院

党组书记	郭祖祥		2014.12 离任
	张德江		2014.12 任职
检察长	郭祖祥		
党组副书记	袁　谊		
副检察长	刘俊涛		
	江　涛		
	邓维锋		
	黄　卫		
	袁　谊		
政治处主任	江　涛		
纪检组长	杨　用	女	
职侦局局长	许　云		
专职检委会委员	刘怡君	女	
职侦局政治教导员	郭晓晴	女	

巴南区公安分局

党委书记	余兴民		2014.12 离任
	何内平		2014.12 任职
局长	余兴民		2014.12 离任
	何内平		2014.12 任职
政委	许　强	女	
党委副书记	许　强	女	
副局长	刘开明		
	贾　鹏		2014.01 任职
	张理国		
	黄卫东		
	张智彪		
	朱明臣		
政治处主任	白光勇		2014.01 任职
纪委书记	蔡　立		

区人武部领导班子

部长	陈　果		
政委	梁江波		
副部长	彭光明		

区级各部门领导班子

中共巴南区委组织部

部长	杨钟馗		2014.05 离任
	刘永全		2014.05 任职
副部长	甘　思		2013.12 离任
	余炳友		
	徐　永	女	
	黄敏女		2013.12 任职
	刘　莉	女	（兼职）2014.12 离任
	冯　玲	女	（兼职）2014.12 离任
	郭文厚		（兼职）2014.12 离任
区委组织委员	李天明		
	杨庆华		

区委党代表联络办公室

主任	徐　永	女	2011.02 任职

区考核办

主任	黄　敏	女	2013.12 任职
副主任	汪　娟	女	2014.02 任职

电教中心

主任	袁　荣		
副主任	刘　勇		2014.12 任职

巴南区“两新”工委

工委书记	吴章伟		
工委副书记	牟培会	女	

中共巴南区委宣传部

部长	夏杨松		
副部长	陈　浩		

吕国梁
石升伟
田荣盛

中共巴南区委统战部

部　　长	涂开祥	2014.08 离任
	廖渝川	2014.08 任职
副 部 长	陆晓霖	
	刘海翔	
	曹永友	
	和满秀　女	

巴南区精神文明办公室

主　　任	石升伟
副 主 任	涂宏兵

巴南区对外宣传办公室

主　　任	田荣盛
副 主 任	雷　莉　女

巴南区人民政府新闻办公室

主　　任	田荣盛
副 主 任	雷　莉　女

巴南区社会科学界联合会

主　　席	夏杨松
副 主 任	夏　伟　女

中共巴南区委台湾工作办公室、区人民政府台湾事务办公室

主　　任	陆晓霖	
副 主 任	蒋小东	2014.07 离任
	高跃轩	2014.07 任职

中共巴南区委政法委

书　　记	周存开	
副 书 记	刘纯健	
	夏来华	
	胡开彬	
	李天友	2014.01 离任
	杨　舸	（市国安局挂职）
纪检组长	杨太平	
综治办主任	夏来华	
副 主 任	张　斌	
防邪办主任	胡开彬	
副 主 任	王鸿彬	2014.06 辞退
	杨　君	2014.03 任职

中共巴南区直属机关工作委员会

书　　记	杨红军	2014.08 离任
	涂开祥	2014.08 任职
常务副书记	朱　勇	
副 书 记	徐光琴	
纪工委书记	朱　勇	

巴南区机构编制委员会办公室

主　　任	杨成忠
副 主 任	王晓燕　女

中共巴南区委老干部局

局　　长	冯　玲　女
副 局 长	匡　辉

中共巴南区委党校（区行政学校、区社会主义学院）

党委书记	钱建超	2014.05 离任
	杨钟馗	2014.05 任职
党校校长	钱建超	2014.05 离任
	杨钟馗	2014.05 任职
行政学校校长	宋　葵	
社会主义学院院长	涂开祥	2014.08 离任
	廖渝川	2014.08 任职
党委副书记	宋　葵	
	郭文厚	
党校常务副校长	郭文厚	
党校副校长	程　琳　女	
	勾　昆　女	
行政学校副校长	郭文厚	
	程　琳　女	
	勾　昆　女	
社会主义学院副院长	郭文厚	
	程　琳　女	
	勾　昆　女	
纪委书记	谭代英　女	

中共巴南区委党史研究室

主　　任	曾佑华
副 主 任	覃　斌

巴南区土地整治储备中心

党组书记　梁　勇
主　　任　曹　华　　2014.12 离任
副 主 任　梁　勇
　　　　　刘　勇
纪检组长　李禹萍　女

巴南区民族宗教侨务办公室（2015 年与区委统战部合并）

党组书记　刘海翔
主　　任　刘海翔
副 主 任　宋　玲　女　2014.01 离任
纪检组长　宋　玲　女　2014.01 离任
　　　　　童　睿　　2014.01 任职

巴南区投资促进办公室

党组书记　熊　琼　女
主　　任　熊　琼　女
副 主 任　张宇峰
　　　　　舒　姝　女
　　　　　罗　珂　　2014.01 任职
纪检组长　张宇峰

巴南区人民政府征地办公室

党组书记　刘　伟
主　　任　伍晓涛
副 主 任　伍学莉　女
　　　　　夏　秋
　　　　　张　勇
　　　　　唐　奎　　2014.03 任职
纪检组长　申泽建

巴南区行政服务和公共资源交易中心

主　　任　刘荣明
副 主 任　万光杰
　　　　　周　琼　女　2014.01 任职 2014.11 离任
　　　　　袁红亚　女
纪检组长　周　琼　女　2014.01 任职 2014.11 离任

巴南区监察局

局　　长　李　威
副 局 长　黄绍贵
　　　　　周　勇
　　　　　周　滨

巴南区发展和改革委员会

党组书记　杨亚平
主　　任　杨亚平
副 主 任　王成虎
　　　　　黄启容　女
　　　　　叶　奇　　2014.05 离任
　　　　　刘　敏
　　　　　李　晶　女
纪检组长　王和利　　2013.12 离任
　　　　　周　庆　　2013.12 任职

重庆市巴南区城乡一体发展中心

主　　任　王成虎
副 主 任　吴代品
　　　　　简　伟　　2014.03 离任
　　　　　揭　娟　　2014.05 任职

金融发展中心

主　　任　叶　奇
副 主 任　苏孝强
　　　　　李晓姝　女

巴南区经济和信息化委员会

党委书记　杨红军　　2014.08 任职
主　　任　朱明勇
党委副书记　朱明勇
副 主 任　金贵江
　　　　　何兴兰　女
　　　　　黄　伟
　　　　　丁　华
纪委书记　童　睿　　2014.01 离任
　　　　　宋　玲　　2014.01 任职

新兴产业发展中心

主　　任　王　斌　　2014.11 离任

巴南区建设委员会

党组书记　徐江海
主　　任　徐江海
党组副书记　廖　华　　2014.03 离任
副 主 任　廖　华　　2014.03 离任
　　　　　黄　均
　　　　　夏　秋
　　　　　郑　亮

杜　江
纪检组长　何廷明

巴南区教育委员会

党工委书记　赵正荣
党工委副书记　唐松春
张学平　（兼任区考试中心主任）
主　　任　唐松春
副 主 任　周　正　2014.03 离任
唐　毅
李孝琴　女　2014.05 任职
孙翰昌　（挂职）
纪工委书记　文　军
区政府专职督学　李孝琴　女　2014.05 离任
朱济坤　2014.05 任职

巴南区科学技术委员会（地震局、知识产权局）

党组书记　黄　曦
主任（局长）　黄　曦
副主任（副局长）　陈昌荣
杨　燕　女
范守城　（挂职 2 年）
纪检组长　罗隆树

巴南区商务局

党组书记　郑隆敏　2014.03 离任
廖　华　2014.03 任职
局　　长　白　勇
副 局 长　夏志强
杨荣鑫
揭　娟　女　2014.05 离任
周兴伦
周　平
纪检组长　周兴伦

巴南区农业委员会

农工委书记　陈本林　2014.05 离任
邓世明　2014.05 任职
主　　任　何先平
副 主 任　李　明
胥文怀
吕长文　2014.01 任职（挂职）
纪工委书记　车　蓉　女

巴南区农业综合开发办公室

主　　任　何先平
副 主 任　李　明
胥文怀

巴南区水利农机局（2014 年 12 月更名为巴南区水务局）

党委书记　何正慧　女
局　　长　潘富宏
副 局 长　何正慧　女
熊红焰
罗先明　2014.05 离任
周　坤
纪委书记　邹辰连　女

巴南区林业局

党委书记　邓世明　2014.05 离任
陈本林　2014.05 任职
局　　长　齐登文　2014.05 离任
张　超　2014.05 任职
副 局 长　邹天序
何大英　女　2014.05 离任
杨美敏
刘　杰
纪委书记　杨永亮　2014.08 离任
王文全　2014.11 任职

巴南区财政局

党组书记　马义华
局　　长　马义华
副 局 长　苏小平　女
罗　勇
金　斌
周　杰
纪检组长　皮　颖　女

巴南区国有资产管理办公室

党工委书记　陈登明
主　　任　陈登明
副 主 任　陈江屏
刘燕飞　2014.07 任职
纪工委书记　王　俐　2014.01 任职

巴南区人力资源和社会保障局（2014 年 12 月撤党组成立党委）

党组书记　刘　莉　女　2014.12 离职

党委书记 刘 莉 女 2014.12 任职
局 长 刘 莉 女
党组副书记 龚建华 2014.12 离任
党委专职副书记 龚建华 2014.12 任职
副局长 龚建华
胡 进 2014.05 任职
胡跃进
杨忠力
廖华明
纪检组长 周志坚 2014.12 离任
纪委书记 周志坚 2014.12 任职
社保局局长 胡 进
社保局副局长 刘 亮
就业局局长 万晓华

巴南区民政局（巴南区老龄工作委员会办公室）

党组书记 王会前
党组副书记 李 纲
局 长 王会前
副局长 李 纲
蒋 云
陈世清 女
纪检组长 杜晓秋

巴南区司法局

党组书记 薛云健
局 长 姜莹星
副局长 卢珠江
牟小莉 女 2014.01 离任
彭 琼 女
纪检组长 牟小莉 女 2014.01 离任
王 勇 2014.01 任职

巴南区交通委员会

党委书记 陈志宽
主 任 周 强
副主任 李 玲 女 2014.10 离任
郑剑伟
陈 宏 2014.01 离任
纪检组长 王 勇 2014.01 离任
牟小莉 2014.01 任职

原巴南区卫生局（2014 年 1 月与计生委合并）

党委书记 李 纲 2013.12 离任
局 长 罗万云 2013.12 离任
党委副书记 罗万云 2013.12 离任
副局长 曹宗荣
余堂江
陈 红 女 2013.12 离任
张厚彬 2013.12 离任
纪委书记 王 俐 女 2013.12 离任

巴南区卫生和计划生育委员会（2014 年 1 月由原卫生局和计生委合并新组建）

党委书记 甘 思 2014.03 任职
党委副书记 赵昌都 2014.12 任职
主 任 甘 思 2014.03 任职
副主任 曹宗荣 2013.12 任职
余堂江 2013.12 任职
龙超凡 2013.12 任职
叶 璐 女 2013.12 任职 2014.12 离任
陈 红 女 2013.12 任职 2014.07 离任
张厚彬 2013.12 任职
纪委书记 梁 利 女 2013.12 任职

巴南区爱国卫生运动办公室

主 任 罗万云 2013.12 离任
甘 思 2014.03 任职
副主任 陈 红 女 2014.07 离任

巴南区体育局

党组书记 杨林会 女
局 长 杨林会 女
副局长 袁 宏 女
张卫林
纪检组长 袁 宏 女

巴南区文化广电新闻出版局

党组书记 郑丽娟 女
局 长 郑丽娟 女
副局长 夏 洪
吕勇才
周 鑫
赵现淑 女
纪检组长 刘世银
文化执法大队队长 夏 洪

巴南区计划生育委员会（2014 年 1 月与卫生局合并）

党组书记	赵昌都		2013.12 离任
主任	赵昌都		2013.12 离任
副主任	龙超凡		2013.12 离任
	叶璐	女	2013.12 离任
纪检组长	梁利	女	2013.12 离任

巴南区审计局

党组书记	罗今成		
局长	罗今成		
党组副书记	徐仁伟		2014.03 离任
副局长	徐仁伟		2014.03 离任
	王进		
	刘方宇	女	
纪检组长	曹际宏		

巴南区环保局

党组书记	张勇		
局长	张勇		
副局长	罗宗桥		
	张耀东		2013.12 离任
	罗淋		2013.12 任职
	王进		2014.01 任职
纪检组长	吴朝东		
环境监察支队队长	罗淋	女	2013.12 离任
	李洪亮		2014.02 任职

巴南区统计局

党组书记	孟优娟	女
局长	孟优娟	女
副局长	蒋朝宾	
	苟晓彬	
	赖泓宇	
纪检组长	蒋朝宾	

国家统计局巴南调查队

党组书记	黎德伟		
队长	黎德伟		
副队长	王光友		
	袁俐	女	2014.05 离任（挂职）

巴南区移民局

党组书记	刘国秀	女	2014.07 离任
	苏平		2014.07 任职
			2014.12 离任
	刘国秀	女	2014.12 任职
局长	刘国秀	女	
副局长	耿品均		
	陈智敏		
	孔凡学		
纪检组长	耿品均		

巴南区旅游局

党组书记	王伟
局长	王伟
副局长	刘燕飞
	王传华
纪检组长	蒋朝攀

巴南区信访办公室

主任	吴伟	
副主任	刘银平	
	周平	女
督查专员	蔺学连	
	田忠辉	
民生服务中心主任	张国军	

巴南区安全生产监督管理局

党组书记	韦开平	
局长	韦开平	
副局长	唐兴渝	
	董晓伟	
	吴小平	
	罗军	女
纪检组长	唐兴渝	

巴南区市政园林管理局

党组书记	严蕾	女
局长	严蕾	女
副局长	唐家伟	
	江沙	女
	朱波	
纪检组长	沈行军	

巴南区市政管理监察支队

支队长	廖代鹏

巴南区园林绿化建设管理所

所长	任明莉	女

巴南区房地屋管理局

党组书记 何安荣
局长 何安荣
副局长 陈银焱
方淑钧
申伟 女 2014.05 离任
彭琼 女 2014.05 任职
纪检组长 李武进

土地房屋权属登记中心

主任 李永红

巴南区机关事务管理局（2013 年 8 月 14 日由巴南区区级机关后勤管理服务中心更名）

主任 袁杰
副主任 曹显模
刘成素 女

巴南区供销联社

党组书记 周进
主任 张超 2014.05 离任
骆弟强 2014.05 任职
副主任 余立新
谢大平 2014.07 离任
徐继茂
梁军
纪委书记 喻泉

巴南区档案局（档案馆、地方志办公室）

党组书记 潘亚利 女
局（馆）长、主任 潘亚利 女
副局（馆）长、副主任 蒋伟
邱萍 女
纪检组长 邱萍 女 2014.07 离任
李富立 2014.07 任职

巴南区教育考试中心

主任 张学平
副主任 袁贤强
李树斌

重庆市巴南区民防办公室

党组书记 李义
主任 李义
副主任 田荣
周伟

重庆市巴南区公安消防支队

政治委员 郑朝智
支队长 石启林 2014.02 离任
江朝忠 2014.06 任职
副支队长 叶超华 2014.02 离任
孔志全 2014.06 任职
参谋长 邵伟
政治处主任 王建云
后勤处处长 李莉 女
防火处处长 许宇航 2014.06 离任
董生文 2014.06 任职

巴南区广播电视台

党组书记 吕国梁
台长 吕国梁
副台长 李卓光 2014.05 离任
高海龑
纪委书记 徐晓凤 女

巴南区巴南报社

社长、总编 田荣盛

群团 民主党派领导班子

巴南区总工会

党组书记 郝文杰
主席 王多富（兼）
副主席 郝文杰
梁隆兰 女
陈翔
纪检组长 梁隆兰 女

共青团巴南区委员会

党组书记 王俊 2014.01 离任
刁维娜 女 2014.02 任职
团区委书记 王俊 2014.01 离任
刁维娜 女 2014.02 任职
副书记 刁维娜 女 2014.02 离任
余娜 女
纪检组长 刁维娜 女 2014.02 离任

巴南区妇女联合会

党组书记　唐　宁　女
主　　席　唐　宁　女
副 主 席　熊维萍　女
　　　　　魏　红　女

巴南区科学技术协会

党组书记　李光清
主　　席　李光清
副 主 席　李建文
　　　　　方　敏　女
　　　　　王传华　　（不驻会）
　　　　　周发荣　　（不驻会）2013.03 离任
　　　　　李孝琴　女（不驻会）
纪检组长　方　敏　女

巴南区工商业联合会

会　　长　左宗申（不驻会）
党组书记　曹永友
副 会 长　乔　莉　女
　　　　　张光军

巴南区归侨侨眷联合会

主　　席　封洪华　女
副 主 席　蒋小东　　（驻会）2014.07 任职
　　　　　李富立　　（不驻会）
　　　　　董　跃　　（不驻会）
　　　　　杨代南　　（不驻会）
　　　　　刘伟政　女（不驻会）2014.09 任职
　　　　　廖天湖　　（不驻会）2014.09 任职

巴南区残疾人联合会

党组书记　刘照全
理 事 长　刘照全
副理事长　钟　声　女
　　　　　田春兰　女

巴南区文学艺术界联合会

主　　席　戚万凯
副主席、秘书长　朱丽红　女

中国国民党革命委员会重庆市巴南区委员会

主任委员　彭朝友
副主任委员　周良才
　　　　　田　静　女
　　　　　耿　琴　女

中国民主同盟重庆市巴南区委员会

主任委员　邓世军
副主任委员　封洪华　女
　　　　　杨　敏　女
　　　　　陈昌荣
　　　　　谭　勇
　　　　　杨青龙

中国民主建国会重庆巴南区委员会

主任委员　傅星群　女
副主任委员　冯毅梅　女
　　　　　陈智敏
　　　　　曹　明
　　　　　向　莉　女

中国民主促进会重庆市巴南区委员会

主任委员　黄　硕
副主任委员　姜莹星　女
　　　　　谭　斌
　　　　　罗高宇

中国农工民主党重庆市巴南区委员会

主任委员　温永学
副主任委员　白　勇
　　　　　谢武文　女
　　　　　陈　红　女
　　　　　饶世伦

中国致公党重庆市巴南区工作委员会

主任委员　杨　竞　女
副主任委员　李沁阳　女
　　　　　刘　锋
　　　　　文小菊　女
　　　　　余　娟　女

台湾民主自治同盟重庆市巴南区工作委员会

主任委员　邱献锋
副主任委员　连明源
　　　　　林　丹

园区开发及国有公司领导班子

重庆公路物流基地建设有限公司

执行董事、总经理	林　杰	2014.07 离任
	刘剑峰	2014.08 任职
副总经理	刘剑峰	2014.08 离任
	印文静	女
	何先兵	
	慕春容	女
	崔　天	
	杨　铧	女　2014.03 任职

巴南区渝兴建设投资有限公司

董事长	胡　进	2013.12 离任
执行董事、总经理	刘　智	2013.12 任职
常务副总经理	敬　武	2014.05 离任
	马　新	2014.07 任职
副总经理	曾令忠	
	程自礼	女
	刘雪松	
	王　立	
	余　雷	2014.07 离任
	张儒全	
	何国强	2014.11 离任（挂职期满）
	杨　力	女　2014.10 离任（挂职期满）
	武小刚	2014.10 任职（挂职）
	万传飞	2014.07 任职（挂职）

重庆职业技术教育城建设有限公司（根据巴南府人〔2013〕13号对公司领导职务进行调整）

执行董事、总经理	谢成兴	
常务总经理	马　新	2014.01 离任
	王　斌	2014.10 任职
副总经理	甘立海	
	王大银	
	王　斌	2014.10 离任
	王光祥	
	商　怀	

重庆市巴南区经济园区开发建设实业有限公司

执行董事	胡　骥	
总经理	胡　骥	
常务副总经理	代光成	2014.08 任职
副总经理	陈　勇	
	张　涛	
	胡秀军	
	朱　荻	

重庆麻柳沿江开发投资有限公司

执行董事、总经理	彭　勇	
常务副总经理	李　锐	2014.05 离任
	敬　武	2014.05 任职
副总经理	施　硕	
	任良平	
	黄儒林	

重庆市巴南公路建设有限公司

党组书记	刘永华	2013.11 离任
	程昭军	2013.11 任职
常务副书记	刘永华	2013.11 任职
执行董事、总经理	程昭军	
常务副总经理	刘永华	
副总经理	艾建春	
	王家奎	
	尹　科	
	何明伟	
	陈　然	
	李　冰	

驻区的市属单位领导班子

重庆市巴南区工商行政管理局

党组书记	蔡晓波	2014.05 离任
	季　平	2014.05 任职
局长	蔡晓波	
副局长	邓　卫	
	李朝荣	
	王　中	
纪检组长	艾　渝	
机关党委书记	朱　洪	

重庆市巴南区国家税务局

党组书记	刘建明	2014.09 离任
	李　汀	2014.09 任职
局长	刘建明	2014.09 离任
	李　汀	2014.09 任职
副局长	李　林	
	揭　攀	
纪检组长	周　宓	2014.04 任职
总经济师	王劲松	

总会计师　李春雷

重庆市巴南区地方税务局

党组书记　黄　伟
局　　长　黄　伟
副 局 长　龙启君
　　　　　张力跃
　　　　　王　孟
纪检组长　叶秋祎　女

重庆市巴南区质量技术监督局

党组书记　刘小渝　2013.03 任职
局　　长　刘小渝
副 局 长　李明君
　　　　　王晓东
　　　　　楚道国
　　　　　张义彬　2014.08 任职
纪检组长　王晓东

重庆市巴南区食品药品监管分局

党组书记　王龙光
局　　长　王龙光
副 局 长　岳　玲　女
纪检组长　空缺

重庆市规划局巴南区分局

局　　长　刘　睿
副 局 长　何　平
　　　　　周维炜

重庆市巴南区国土资源管理分局

党组书记　刘　伟
局　　长　刘　伟
副 局 长　林　敏　女
　　　　　陈培松
纪检组长　李小亿　2014.03 离任

重庆市巴南区烟草专卖局

党组书记　李锦福
局　　长　张琼华
经　　理　张琼华
副 局 长　李锦福
副 经 理　夏　伟　2013.10 离任
　　　　　詹　胜
纪检组长　李锦福

重庆市巴南区气象局

局　　长　谭　畅　2014.12 离任
副 局 长　李俊英　2014.12 任职（主持工作）
　　　　　王　旭

重庆市巴南区邮政局

党委书记　王红卫
局　　长　王红卫
副 局 长　黄　励
　　　　　刘　鸿　2014.11 任职
业务经理　聂勋勇
纪委书记　黄　励

重庆市渝南自来水有限公司

董 事 长　彭丕声
党支部书记兼监事长　张莉萍　女
经　　理　杨　勇
副 经 理　李　卫
　　　　　李筱修
副 书 记　梅　容　女

中国电信股份有限公司重庆巴南分公司

党委书记　陈洪志
总 经 理　陈洪志
副总经理　石　昂
　　　　　令狐松

中国移动通信集团公司重庆巴南分公司

党委书记　李建生
总 经 理　李建生
副 经 理　余永泉　2014.10 离任
　　　　　王　春

中国联合网络通信公司重庆巴南分公司

总 经 理　杨亚飞
副总经理　张　伟　2014.10 离任
　　　　　汪志勇
综合部经理　陈　瑾

中国银行业监督管理委员会巴南监管分局

党委书记　程卫平　2014.11 离任
　　　　　金利佳　2014.11 任职

局　　长　程卫平　2014.11 离任
　　　　　金利佳　2014.11 任职
副 局 长　万卫能
　　　　　陈　格　2014.06 离任
　　　　　杜渝军　2014.06 任职
纪委书记　万卫能

中国人民银行巴南中心支行（2010 年成立党委）

党委书记　江　洁　女　2014.07 离任
　　　　　李　理　2014.07 任职
行　　长　江　洁　女　2014.07 离任
　　　　　李　理　2014.07 任职
副 行 长　王　平
　　　　　孙董霞　女
　　　　　李柏楼
纪委书记　姚广富

中国工商银行重庆巴南支行

党委书记　张克强
行　　长　张克强
副 行 长　王春晖　女　2014.02 离任
　　　　　万字宏
　　　　　陶庆年　2014.02 任职
　　　　　龙　波　2014.04 任职
纪委书记　王光辉

中国建设银行重庆巴南支行

行　　长　刘　颖　2014.01 离任
　　　　　刘　荣　2014.01 任职
副 行 长　杨　刚
　　　　　杨良明

中国农业银行重庆巴南支行

党委书记　姜栋林　2014.01 离任
　　　　　程　耀　2014.01 任职
行　　长　姜栋林　2014.01 离任
　　　　　程　耀　2014.01 任职
副 行 长　李　强　2014.08 任职
　　　　　刘洪均　女
　　　　　雷飞建
纪委书记　李正宏　2014.08 离任
　　　　　李　强　2014.08 任职

中国银行重庆巴南支行

行　　长　熊　敏　2014.02 离任
　　　　　罗兴琪　2014.02 任职
副 行 长　翁庆飞　2014.02 离任
　　　　　王晓云　女
　　　　　李阅春　2014.02 任职

重庆农村商业银行巴南支行

党委书记　蓝卓群　女　2014.01 离任
　　　　　易　中　2014.01 任职
行　　长　蓝卓群　女　2014.01 离任
　　　　　易　中　2014.01 任职
副 行 长　周建华
　　　　　舒　鹏
纪委书记　周建华

中国农业发展银行重庆巴南支行

行　　长　邱忠文　2014.02 离任
　　　　　邓廉智　2014.03 任职
副 行 长　朱清洪
　　　　　何　平　2013.06 离任

重庆巴南浦发村镇银行

董 事 长　王晓中
行　　长　曹一凡
副 行 长　何　平
　　　　　程永婧　女　2014.01 任职

交通银行重庆巴南支行

行　　长　李世明
副 行 长　赵卫东　2014.05 离任
　　　　　廖永茂　2014.05 任职
　　　　　陈　建

重庆银行巴南支行

行　　长　向　上　2014.01 离任
　　　　　曾　强　2014.01 任职
副 行 长　陈晓玲　女　2014.07 离任
　　　　　张　敏　女

重庆三峡银行巴南支行

行　　长　陈素梅　女
副 行 长　刘四海　2014.12 离任

邮储银行巴南支行

行　　长　张永强　2013.10 任职
副 行 长　袁永平　2013.10 任职
副 主 任　刘海涛　2013.10 任职

成都银行巴南支行（新增）
行　　长　龙　燕　女

广东南粤银行巴南支行
行　　长　石传伟　2014.01 任职

巴南兴农融资担保公司
董 事 长　张文俊　女
总 经 理　王　军
副总经理　张彦鹏

巴南融穗小贷公司
董 事 长　徐在华
总 经 理　徐在中

中国人民财产保险股份有限公司巴南支公司
总 经 理　张国平　2014.10 离任
　　　　　张世海　2014.11 任职
副总经理　罗中华
总经理助理　吴　伟

中国人寿财产保险巴南支公司
总 经 理　肖盛泉　2014.04 离任
　　　　　简　伟　2014.04 任职
副总经理　王　霞　女　2014.03 离任
　　　　　梁小凤　女　2014.03 任职

中国人寿保险股份有限公司（2015 年新增）
党支部书记　徐启伦　2013.11 任职
总 经 理　徐启伦　2013.11 任职
副总经理　霍　春　2012.12 任职
　　　　　马培培　2014.07 离任
　　　　　叶　强　2014.07 任职

中国平安财产保险公司重庆巴南支公司
总 经 理　马培忠
副总经理　王　波　2014.10 离任
　　　　　朱自豪
　　　　　陈　艳　2014.10 任职

中国平安人寿保险公司巴南支公司（新增）
总 经 理　杨　光　2014.09 任职
　　　　　陈　洪　2014.09 任职

中国太平洋财产保险公司重庆巴南支公司
总 经 理　向　勇

阳光财产保险公司重庆巴南支公司
总 经 理　朱思华
　　　　　张远航

街道　镇领导班子

龙洲湾街道
党工委书记　陈晓辉　女
人大工委主任　钟　宏
办事处主任　毛洪刚　2014.01 离任
　　　　　卢黎明　2014.01 任职
党工委副书记　毛洪刚　2014.01 离任
　　　　　卢黎明　2014.01 任职
　　　　　钟　宏
纪工委书记　张　海
政法书记　江明军
办事处副主任　封越颖
　　　　　钱　川
　　　　　陈宗强
人武部长　蹇世水
组织委员　刘成伟
宣传委员　郑承玉　女
统战委员　李　明

鱼洞街道
党工委书记　苏　平　2014.07 离任
　　　　　苏忠良　2014.07 任职
人大工委主任　张守芳
办事处主任　苏忠良　2014.07 离任
　　　　　吴　平　2014.10 任职
党工委副书记　苏忠良　2014.07 离任
　　　　　吴　平　2014.09 任职
　　　　　张守芳
纪工委书记　刘祖兰　女
政法书记　李　静　2014.12 离任
办事处副主任　赵　光
　　　　　李　斌

	刘 洋	
	张志超	
人武部长	朱启明	
组织委员	蒋 永	
宣传委员	余堂琼 女	
统战委员	李平淑 女	

李家沱街道

党工委书记	杨 坤	
人大工委主任	王 琪 女	
办事处主任	张 盛	2014.01 离任
	肖 山	2014.01 任职
党工委副书记	张 盛	2014.01 离任
	肖 山	2014.01 任职
	王 琪 女	
纪工委书记	蔡天华	
政法书记	涂长华	
办事处副主任	张光照	
	袁 强	2014.11 离任
	石 阳	
	吴 伟	
人武部长	田 彬	
组织委员	朱红梅 女	
宣传委员	傅 强	
统战委员	张 波	2014.01 离任
	代 波	2014.01 任职

花溪街道

党工委书记	黄东柏	
人大工委主任	李光旭	
办事处主任	左 川	
党工委副书记	李光旭	
	左 川	
纪工委书记	刘刚伦	
政法书记	李 丽 女	
办事处副主任	李天友	2014.01 任职
	陈 军	
	江 伟	
人武部长	周 循	
组织委员	蔺锡瑜 女	
宣传委员	瞿 华	
统战委员	封 铃	2014.01 离任
	张 波	2014.01 任职

南泉街道

党工委书记	向 平 女	
人大工委主任	杨 军	
办事处主任	苏政荣	
党工委副书记	苏政荣	
	杨 军	
纪工委书记	金普照	
政法书记	简国茂	
办事处副主任	崔国彬	
	王安锐	
	余献海	
人武部长	王 华	
组织委员	刘仁华 女	
宣传委员	朱本国	
统战委员	冯光超	

一品街道

党工委书记	谭晓东	
人大工委主任	张 永	
办事处主任	张兴强	
党工委副书记	张 永	
	张兴强	
纪工委书记	郑 飞	2014.01 任职
政法书记	徐 军	
办事处副主任	徐 军	
	刘 唐	
	彭 刚	
人武部长	彭 刚	
组织委员	王家琴 女	
宣传统战委员	胥盛利	

南彭街道

党工委书记	蒋华江	
人大工委主任	王耀明	
办事处主任	冯 强	
党工委副书记	冯 强	
	王耀明	
纪工委书记	李廷忠	
政法书记	刘晓红	
办事处副主任	任世万	2014.01 任职
	周开宇	
	田贵禄	
人武部长	李 勇	
组织委员	马成凤 女	

宣传委员 彭颖 女
统战委员 赵亮 女

惠民街道

党工委书记	李进		2014.07 离任
	冉仁均		2014.07 任职
人大工委主任	彭光万		
办事处主任	任鹏宇		
党工委副书记	任鹏宇		
	彭光万		
纪工委书记	张志红	女	2014.01 离任
	梅世富		2014.01 任职
政法书记	邓迎春		
办事处副主任	吕志强		
	邓迎春		
	蒋文		2014.07 离任
人武部长	吕志强		
组织委员	田莉	女	
宣传统战委员	张安勇		

界石镇

党委书记	杨军	
人大主席	李朝渝	女
镇长	刘忠杰	
党委副书记	刘忠杰	
	李朝渝	女
纪委书记	李永刚	
政法书记	陈浩	
副镇长	张元彬	
	杨涛	
	蔡贵德	
人武部长	江文钟	
组织委员	罗跃	
宣传委员	李光英	女
统战委员	黄勇	

接龙镇

党委书记	李萍	女	
人大主席	耿镬		
镇长	冯天华		
党委副书记	冯天华		
	耿镬		
纪委书记	石升瑜		
政法书记	唐君臣		
副镇长	任世万		2014.03 离任
	骆滨		
	刘泽全		
	杨金川		2014.03 任职
人武部长	杨成明		
组织委员	薛东涛		
宣传委员	李原锋		2014.02 离职
	李鹏		2014.02 任职
统战委员	刘祥义		

东泉镇

党委书记	李海明		
人大主席	李锦		
镇长	肖山		2014.01 离任
	王俊		2014.01 任职
党委副书记	肖山		2014.01 离任
	王俊		2014.01 任职
	李锦		
纪委书记	郑飞		2014.01 离任
	包清美		2014.01 任职
政法书记	何青云		2014.02 免职
	左萍		2014.03 任职
副镇长	吕应琴	女	2014.07 离任
	李仕泉		
	张翼飞		
	余雷		2014.07 任职
人武部长	张小华		
组织委员	朱宗波		
宣传委员	潘亿兵		
统战委员	王兴平		

木洞镇

党委书记	左鹏		
人大主席	万耀东		
镇长	卢黎明		2014.01 离任
	马新		2014.01 任职
			2014.04 离任
	李锐		2014.05 任职
党委副书记	卢黎明		2014.01 离任
	马新		2014.01 任职 2014.04 离任
	李锐		2014.05 任职
	万耀东		
纪委书记	包清美	女	2014.02 离任
	吕彦侠		2014.03 任职

政法书记	曾小林	
副镇长	蒋　斌	2014.03 离任
	钱　华	
	王　强	
	陈　毅	2014.03 任职
人武部长	唐　智	
组织委员	陈　科	
宣传委员	雷德珍　女	
统战委员	谷光亚　女	

跳石镇

党委书记	盛慧娟　女	
人大主席	朱定凤　女	
镇长	王家桥	
党委副书记	王家桥	
	朱定凤　女	
纪委书记	王　娅　女	
政法书记	岳富良	2014.03 离任
	杨正位	2014.03 任职
副镇长	张朝平	
	岳富良	2014.03 离任
	杨正位	2014.03 任职
	张　颖	
人武部长	张朝平	
组织委员	周敬东	
宣传统战委员	刘国勋	

安澜镇

党委书记	周成清	
人大主席	李文均	
镇长	汤先进	
党委副书记	汤先进	
	李文均	2014.11 离任
纪委书记	肖天福	
政法书记	王孝华	
副镇长	王孝华	
	张世海	
	杨晓海	
人武部长	杨晓海	
组织委员	黄　晓　女	
宣传统战委员	李　容　女	

石龙镇

党委书记	张　盛	
人大主席	刘开远	
镇长	沈忠明	
党委副书记	沈忠明	
	刘开远	
纪委书记	甘廷福	
政法书记	刘必华	
副镇长	郑　凯	
	刘必华	
	李　伟	2014.07 离任
	张钻斌	2014.07 任职
人武部长	郑　凯	
组织委员	黄　辰　女	
宣传统战委员	邱　咏	

姜家镇

党委书记	唐泽奎	
人大主席	周　正	2014.03 任职
镇长	石国全	2014.03 离任
	付显玉　女	2014.03 任职
党委副书记	石国全	2014.01 离任
	付显玉　女	2014.01 任职
纪委书记	陆兴志	
政法书记	曹　茂　女	
副镇长	张东篱	
	曹　茂　女	
	吕永胜	
人武部长	张东篱	
组织委员	赵　晓　女	
宣传统战委员	戴　容　女	2014.01 离任
	李原锋	2014.01 任职

麻柳嘴镇

党委书记	蒋　渝	
人大主席	孟世胜	
镇长	杨　伦	
党委副书记	杨　伦	
	孟世胜	
纪委书记	徐昌兵	
政法书记	陈　毅	2014.03 离任
	蒋　斌	2014.03 任职
副镇长	陈　毅	2014.03 离任
	蒋　斌	2014.03 任职
	肖旭东	
	彭志全	

人武部长　彭志全
组织委员　朱德亚
宣传统战委员　白秀英　女

丰盛镇

党委书记　张华明　2014.07 离任
　石国全　2014.07 任职
人大主席　韦济伦
镇长　付显玉　女　2014.01 离任
　杨治彪　2014.07 任职
党委副书记　付显玉　女　2014.01 离任
　杨治彪　2014.07 任职
　韦济伦
纪委书记　吴兆元
政法书记　江　伟
副镇长　江　伟
　王　程
　黄建军
人武部长　王　程
组织委员　彭君洪
宣传统战委员　朱　珠　女

二圣镇

党委书记　冉仁均　2014.07 离任
　林　杰　2014.07 任职
人大主席　黄晓杰　女
镇长　杨昌菊　女
党委副书记　杨昌菊　女
　黄晓杰
纪委书记　邓　冬　2014.01 离任
　戴　容　女　2014.01 任职
政法书记　杨治彪　2014.07 离任
　张　咏　2014.07 任职
副镇长　杨治彪　2014.07 离任
　向国福　2014.05 离任
　吴　刚
　杨　勇　2014.07 任职
　张　咏　2014.07 任职
人武部长　吴　刚
组织委员　彭绣华　女
宣传统战委员　杨　勇　2014.07 离任

双河口镇

党委书记　廖川杰
人大主席　李中富
镇长　李　军
党委副书记　李　军
　李中富
纪委书记　梅世富　2014.01 离任
　李　强　2014.02 任职
政法书记　秦　逊
副镇长　秦　逊
　刘小文
　丁鹏程
人武部长　刘小文
组织委员　苏春利　女
宣传统战委员　赵正禄

石滩镇

党委书记　张　健
人大主席　熊维才
镇长　田　径
党委副书记　田　径
　熊维才
纪委书记　邓杨彪
政法书记　彭　果　女
人武部长　封洪波　2014.01 任职
副镇长　张钻斌　2014.07 离任
　彭　果　女
　封洪波　2014.01 任职
组织委员　王清华
宣传统战委员　张　谊　女

天星寺镇

党委书记　吴　平　2014.09 离任
　郭猛飞　2014.09 任职
人大主席　白　平
镇长　郭猛飞　2014.09 离任
党委副书记　郭猛飞　2014.09 离任
　白　平
纪委书记　刘祥菊　女　2014.01 离任
　刘　璐　女　2014.07 任职
政法书记　黄德亮
副镇长　黄德亮
　罗庆远
　侯代康
人武部长　罗庆远
组织委员　张　棋
宣传统战委员　万孝基

索　　引

菩木路(东温泉镇菩萨滩至木洞)

索　引

说　明

一、本索引采用主题分析索引法编制。按主题词首字汉语拼音（同音字按声调）顺序排列，若首字拼音相同则按第二字音序排序，以此类推。索引主题词后的阿拉伯数字表示该主题内容所在页码。

二、“大事记”、“统计资料”、“文献”、“附录” 等部目的具体内容和“概况” 未作索引。

三、索引款目后标有2个以上页码的为同一主题的“参见”，为便于读者检索，内容有交叉的款目在索引中重复出现。

四、以引号、书名号等符号开头的索引词与其他索引词混编，以数字、字母开头的索引词集中放在末尾。

A

B

C

D

E

F

G

H

J

K

L

M

N

P

Q

R

S

T

W

X

Y

Z